NOVO PIP

DICIONÁRIO DE PROVÉRBIOS, IDIOMATISMOS E PALAVRÕES

Francês | Português | Português | Francês

2ª EDIÇÃO REESTRUTURADA

NOVOPIP DICIONÁRIO DE PROVÉRBIOS, IDIOMATISMOS E PALAVRÕES EM USO

CLAUDIA XATARA
WANDA LEONARDO DE OLIVEIRA

cultura

Direitos desta edição reservados a
EDITORA DE CULTURA LTDA.
Rua José de Magalhães, 28
04026-090 – São Paulo – SP

Fone: (11) 5549-3660
Fax: (11) 5549-9233

sac@editoradecultura.com.br
www.editoradecultura.com.br

Primeira edição: Junho de 2008
Impressão: 5ª 4ª 3ª 2ª 1ª
Ano: 12 11 10 09 08

Colaboradores

Estagiários da UNESP e do Centro de Consultoria Lingüística (CCLi) São José do Rio Preto que participam desta edição

Abner Fortunato Batista
Bruno César Buani
Cibele Cristhina Santiago
Gabriela Tegami
Huélinton Cassiano Riva
Mirelli Caroline Pinheiro Silva
Najla Roberta Barcelos Barranco
Natália Almeida Ramos
Talita Barizon
Tatiana Helena Carvalho Rios
Thais Marini Succi
Thales E. F. Minelli

Dados Internacionais de Catalogação na Publicação (CIP)
(Elaboração: Aglaé de Lima Fierli, CRB-9/412)

X15n Xatara, Claudia
Novo PIP: dicionário de provérbios, idiomatismos e palavrões em uso: francês-português, português-francês / Claudia Xatara, Wanda Leonardo de Oliveira; colaboração dos estagiários da UNESP e do Centro de Consultoria Lingüística (CCLi) de São José do Rio Preto. 2. ed. reest. - - São Paulo: Editora de Cultura, 2008.
672 p. : 16 x 23 cm

Bibliografia
ISBN: 978-85-293-0125-9

1. Provérbios brasileiros - Dicionário. 2. Provérbios franceses - Dicionário. 3. Expressões idiomáticas portuguesas - Dicionário. 4. Expressões idiomáticas francesas - Dicionário. 5. Palavrões - Dicionário. 6. Dicionário bilíngüe. I. Título II. Oliveira, Wanda Leonardo de.

21.ed. - CDD- 443.69

Índices para catálogo sistemático:

1	Dicionário : Português - Francês : Francês - Português	443.69
2	Língua portuguesa – francesa : Dicionários bilíngüe	469.341
3	Dicionário bilíngüe : Provérbios : Expressões Idiomáticas: Palavrões	443.69
4	Língua portuguesa : Dicionário : Provérbios : Expressões Idiomáticas: Palavrões	469.34
5	Língua francesa : Dicionário : Provérbios : Expressões Idiomáticas: Palavrões	423.69

À professora, pesquisadora e lexicógrafa
Maria Tereza Camargo Biderman,
mentora acadêmica e exemplo de dignidade,
in memoriam

SUMÁRIO

PREFÁCIO À 1ª EDIÇÃO

Para um tradutor, este ***Dicionário de provérbios, idiomatismos e palavrões***, de Claudia Xatara e Wanda Leonardo de Oliveira, será um instrumento de trabalho de enorme valia. Embora a língua-alvo (ou língua de partida) seja o francês, dada a extensão da coleta feita no patrimônio não só do francês, mas também do português, o tradutor de inglês, italiano, espanhol, alemão, ou outra língua qualquer, poderá haurir informações muito úteis neste grande tesouro lexical.

A distribuição da matéria e a apresentação gráfica têm ótima qualidade. É preciso louvar também as introduções enxutas e ricas de informações pertinentes, organizadas de modo a propiciar ao leitor o conhecimento justo sobre o tema.

As explicações sobre o conteúdo do dicionário e os exemplos sobre como consultar a obra foram bem elaborados, orientando bem o consulente. Igualmente importante é o fato de serem registradas muitas variantes de provérbios e expressões idiomáticas.

De fato, neste domínio da herança cultural de uma sociedade, as matrizes de provérbios, ditos, adágios, frases feitas e expressões idiomáticas registram inúmeras variações, visto como esse acervo emana da linguagem coloquial e de situações discursivas orais. Exatamente por isso, uma das grandes dificuldades nesse tipo de trabalho é pôr ordem na variabilidade infinda dos ditos e clichês que emanam da boca do povo.

Importante sublinhar ainda que este trabalho se baseou em extensa e abalisada bibliografia, o que constitui mais um de seus méritos.

Um registro curioso a ser feito: entre os milhares de provérbios e de expressões idiomáticas selecionados pelas autoras, há um certo número de fraseologias que revelam preconceitos, sobretudo em relação ao negro, tanto nas culturas de língua portuguesa (portuguesa e brasileira) como na do francês de França. Como provérbios e idiomatismos fazem parte do acervo vocabular herdado, pode-se aventar a hipótese de que muitas dessas unidades reveladoras de preconceitos sejam vestí-gios do nosso passado, quando vivemos a infeliz e dolorosa experiência da escravidão. Ainda assim, julgo importante levantar esse fato, pelo menos para alertar nossa sociedade para a necessidade de banirmos para sempre de nossa nação tal comportamento aético.

Na primeira parte do *Dicionário de provérbios*, as autoras organizaram uma coletânea de 1.103 *provérbios* do português, com suas devidas equivalências em francês, tendo sido muito felizes no modo como estruturaram seus dados.

A segunda parte registra grandes acervos: 9.000 *expressões idiomáticas* do francês para o português e 6.900 no sentido contrário, do português para o francês.

A terceira parte inclui *palavrões* relacionados com a vida sexual. Esse último conjunto, como os outros, raramente é tratado em obras lexicográficas e menos ainda numa perspectiva bilíngüe; por isso, certamente oferece uma base de dados útil para os tradutores que trabalham com francês-português e português-francês.

A estuturação das nomenclaturas de um *dicionário de provérbios* e de *expressões idiomáticas* não é fácil. No caso dos *provérbios*, a opção de organizar o material por meio de uma palavra-chave mostra-se útil e aceitável, ainda que se possa considerar que alguns agrupamentos e conjuntos tenham certo cunho de subjetividade. Mas, na verdade, é quase impossível ordenar esse tipo de dados em uma estrutura conceitual totalmente satisfatória.

Em contrapartida, na outra extremidade, a reorganização dos mesmos dados na direção inversa – por meio do "Índice remissivo dos provérbios franceses" – resultou bem-sucedida.

Por exemplo: "*ruisseau*" remete ao provérbio 858, onde encontramos: "Les petis ruisseaux font les grandes rivières", uma das equivalências tradutórias possíveis de "Pequenas causas produzem grandes efeitos", que, por sua vez, fora ordenado sob a entrada PEQUENO. Ou então: *Douceur* > 608. Provérbio 608 : "Mais vale o jeito que a força" [registrado sob JEITO como palavra-chave em português], traduzido por "Plus fait douceur que violence".

O provérbio emana de um povo e se enraiza profundamente em sua cultura. Assim, o acervo de provérbios e o adagiário de uma nação constituem um domínio profundamente idiossincrático, que, se de um lado remete à identidade profunda de seu povo, de outro lado constitui domínio lingüístico que levanta inúmeros obstáculos para o tradutor.

Pode-se dizer o mesmo e até muito mais da segunda parte da obra – o *Dicionário de expressões idiomáticas*. Essa é a área mais problemática e que maiores dificuldades apresenta na tradução de uma língua para outra. Exatamente por reunir as idiossincrasias, a idiomaticidade medular de uma cultura. É por isso que são tão raros os dicionários bilíngües que se ocupam dessa difícil tarefa. Até mesmo os bons dicionários bilíngües de uma língua a outra, que registram tais fraseologias como subentradas dos verbetes, são pobres na inclusão dessas unidades complexas do léxico.

E nem falemos da língua portuguesa, pois a nossa pobre língua, então, carece praticamente de quase tudo nessa matéria. Eis por que este ***Dicionário*** deve ser saudado como uma obra pioneira e, ademais, de excelente qualidade.

A pesquisadora e lexicógrafa Claudia Xatara vem estudando há muito tempo as expressões idiomáticas, tendo concluído sob minha orientação duas teses sobre a matéria – sua dissertação de mestrado e sua tese de doutorado. Ela estudou a fundo essa complexa questão, tendo examinado pesquisas feitas por especialistas em outras línguas, como o francês, o inglês, o espanhol.

Xatara é certamente uma *expert* em *expressões idiomáticas* (EIs). Colecionou-as em francês e em português. Durante anos, ocupou-se do lento e difícil trabalho de estabelecer as equivalências possíveis entre EIs francesas e brasileiras. O resultado desse paciente trabalho está aqui registrado para o uso de consulentes de várias nações. Como diz Xatara, "as EIs são unidades lexicais que formam um conjunto, um subsistema em relação ao sistema que é a língua geral", devendo por isso constituir entradas específicas em um dicionário também específico. De fato, um dicionário contendo apenas EIs é, sem dúvida, uma ferramenta imprescindível de que não dispúnhamos em nossa língua. Além disso, esta obra brinda o leitor com um trabalho igualmente cuidadoso relativo aos provérbios e aos palavrões em ambas as línguas – o francês e o português. Por isso, podemos antever um auspicioso destino para esta obra.

MARIA TEREZA CAMARGO BIDERMAN

PREFÁCIO À 2ª EDIÇÃO REESTRUTURADA

Já em sua primeira edição (2002), o *PIP - Dicionário de Provérbios, Idiomatismos e Palavrões*, de Claudia Xatara e Wanda de Oliveira, chamara a atenção dos especialistas pelo rico e muito bem organizado material dedicado a um campo da linguagem de difícil estudo e organização: o das expressões cristalizadas, das lexias complexas e das palavras-tabus, no caso, os palavrões eróticos e obscenos. Presente em todas as línguas-culturas, esses termos e expressões trazem à tona valores e idéias fixados pelo senso comum, sendo transmitidos de geração a geração, sobretudo de forma coloquial e oral, e permitindo ao locutor não apenas mostrar-se inserido em uma coletividade, mas conferindo-lhe também um alto poder de argumentação, uma vez que recorre, como no caso dos provérbios, a um discurso alheio admitido como verdadeiro e, portanto, de difícil contestação.

Como tão bem afirmou Maria Tereza Biderman no prefácio à 1ª edição do PIP, as construções repertoriadas neste dicionário, além de idiossincráticas, remetem à cultura e à identidade profunda de um povo, o que torna ainda mais rico, interessante e difícil seu estudo. Efetivamente, estamos, desde o nosso nascimento, mergulhados em linguagem, linguagem que nos constitui como sujeitos e fundamenta nossa atividade significativa, deixando de ser apenas instrumento para ser fonte de construção de representações socioculturais. Assim, toda palavra que empregamos é ao mesmo tempo a designação de um conceito e um discurso sobre o valor atribuído a esse conceito por uma dada comunidade lingüística.

Trabalhar com provérbios, idiomatismos e palavrões é, portanto, trabalhar com cristalizações cuja origem muitas vezes desconhecemos, mas que, por nossa vivência em uma dada cultura, sabemos utilizar. É esse fato que faz com que nos surpreendamos, por exemplo, ao ouvir um falante não nativo utilizar uma dessas lexias, pois seu uso demanda – sob o risco de graves inadequações – um grande conhecimento da língua estrangeira.

A esse respeito, se analisarmos um dos documentos que hoje regem a didática das línguas estrangeiras, o *Cadre Européen Commun de Référence pour les Langues* (Conseil de l'Europe, 2000), veremos que o domínio das expressões idiomáticas e frases feitas caracteriza os níveis mais avançados de aprendizagem (C1 e C2), aquele do utilizador experiente capaz de, entre outras competências, "ter um bom domínio das expressões idiomáticas e familiares conhecendo seus sentidos conotativos" (p.34)

O *Cadre* também deixa claro que cabe aos professores e formadores a seleção dos provérbios e das expressões idiomáticas que seus alunos deverão reconhecer, compreender e utilizar. Ora, para isso, é preciso que esses profissionais tenham a seu alcance materiais lexicográficos completos, bem organizados e atualizados e que sirvam também à sua própria formação, visto que o trabalho com tal tipo de lexia deixa muito a desejar na didática das línguas como um todo.

É esse material de excelência que hoje nos oferecem as autoras do *NOVO PIP*, um dicionário essencial não apenas para tradutores, mas também para os que ensinam e aprendem francês e português. Não se trata apenas de uma segunda edição, mas como seu próprio título indica, um *NOVO PIP*, que ganhou muito em qualidade com as várias mudanças empreendidas. A primeira delas foi uma redução no número de entradas realizada a partir da importante consideração da freqüência de uso das expressões e termos repertoriados. Como vemos na Introdução, foram considerados freqüentes para os respectivos nativos os termos e expressões que obtiveram ao menos 157 resultados diferentes no google.fr e 56 no google.com.br. Assim, o *NOVO PIP* traz 450 provérbios atestados como freqüentes no português do Brasil, 2.459 idiomatismos do francês da França, 1.459 expressões idiomáticas do português brasileiro e 1.185 palavrões de ambas as línguas.

A apresentação de todas essas entradas prima pela organização e pela facilidade de consulta, tanto em português quanto em francês. Os provérbios, em português, são apresentados em ordem alfabética a partir de palavras-chaves e vêm acompanhados de sua equivalência em francês. No que diz respeito aos idiomatismos, eles foram agrupados, por ordem alfabética, em dois inventários: um partindo do francês e outro do português. Finalmente, os palavrões eróticos e obscenos foram organizados, nas duas línguas, por campos semânticos, e não mais por listagens, o que facilita muito sua consulta e entendimento.

Além dessas alterações, outra mudança muito significativa chamará a atenção dos consulentes: todas as entradas foram abonadas com exemplos extraídos da web, permitindo assim maior compreensão das lexias e fazendo do *NOVO PIP*, como afirma Claudia Xatara, um "dicionário fraseológico de usos". A inclusão de contextos para cada lexia foi, sem dúvida alguma, uma tarefa hercúlea, sobretudo se prestarmos atenção à variedade e diversidade de sites em que tais contextos foram buscados. Trata-se de um enriquecimento sem igual, que nos remete à relação entre língua, discurso e cultura e nos permite melhor construir nossas competências lexicais.

Finalmente, cabe ressaltar e elogiar a ampliação e o aprofundamento dos textos introdutórios a cada uma das partes deste dicionário, textos que cativam o leitor pela ótima intersecção que promovem entre teoria e prática, levando-o a se interessar, cada vez mais, pelo estudo dos provérbios, idiomatismos e palavrões.

Para concluir este prefácio, posso dizer que é pela obra que se conhece o artista. Este *NOVO PIP* deixa claros o empenho e a seriedade de suas autoras que, não bastasse a publicação de um dicionário único em seu gênero, o reeditam agora com uma nova estrutura. Também fica evidente o importante papel que Claudia Xatara tem assumido tanto no campo das pesquisas lexicográficas quanto no ensino do francês língua estrangeira, sendo uma referência para aqueles que desejam atuar nessas áreas.

CRISTINA CASADEI PIETRARÓIA
Professora de Língua Francesa, FFLCH-USP
Presidente da Associação dos Professores de Francês
do Estado de São Paulo (2001-2008)

APRESENTAÇÃO

Depois do lançamento da primeira edição do *PIP* em 2002, tive a oportunidade de orientar outros vários estágios de iniciação científica, dissertações e teses relacionados a essas unidades fraseológicas: os provérbios, as expressões idiomáticas e os palavrões, assim como de fazer um pós-doutorado na França, especificamente sobre os idiomatismos.

Pude também observar a expansão dos estudos da fraseologia popular em todo o mundo. Diversos especialistas debruçaram-se nas peculiaridades restritivas das combinações não-livres das palavras e dos seus significados.

E foi a evolução dos estudos nessa área que me levou a propor uma nova configuração para este dicionário especial bilíngüe, seja com alterações na seleção da nomenclatura, para o que concorre decisivamente a consideração da freqüência de uso das entradas, seja na revisão de algumas propostas de equivalência.

Além de disponibilizar um inventário dessas unidades ditas "especiais" em maior número do que qualquer dicionário de língua bilíngüe e com a preocupação da busca realmente de equivalentes, e não de traduções explicativas, agora o *NOVO PIP* assume a função de um dicionário fraseológico de usos.

Cada entrada é abonada por contexto extraído da web. Decidiu-se utilizar a web como *corpus* de grande dimensão, porque nas bases textuais existentes essas lexias complexas e a linguagem tabu normalmente têm baixa freqüência, uma vez que quase sempre ocorrem apenas uma vez em cada texto e é reduzida a quantidade de textos especificamente coloquiais, maior fonte de ocorrência dos fraseologismos da língua geral.

Quanto ao limiar de freqüência, considerando que:

1. a freqüência na web é estimada por milhões de palavras (segundo COLSON, J-P. "Corpus linguistics and phraseological statistics: a few hypotheses and examples". *In*: BURGER, H. *et al.* (eds.). *Flut von Texten – Vielfalt der Kulturen.* Ascona 2001 zu Methodologie und Kulturspezifik der Phraseologie. Baltmannsweiler: Schneider Verlag Hohengehren, p. 47-59, 2003) e que em cada página internet uma expressão idiomática (EI) pode ter ao menos uma ocorrência;
2. os dados da União Latina (http://dtil.unilat.org/LI/2002/fr/index.htm) asseguram a existência de 156,1 milhões de páginas em francês da França;
3. os estudos realizados por Evans *et al.* (http://www.infonortics.com/searchengines/sh04/04/pro.html.; 2004) anunciam que há na Web 56 milhões de páginas em português do Brasil;

pôde-se determinar que os provérbios, expressões idiomáticas ou palavrões erótico-obscenos considerados freqüentes para os respectivos nativos são os que apresentaram ao menos 157 resultados diferentes no google.fr e 56 resultados diferentes no google.com.br.

A primeira parte – a dos provérbios – traz 450 provérbios atestados como freqüentes no português do Brasil, suas variantes, quando também freqüentes, e as respectivas equivalências em francês, freqüentes ou não.

Na segunda parte, 2.459 idiomatismos do francês da França e 1.459 do português brasileiro estão dispostos por ordem alfabética da primeira palavra da expressão, nas direções francês-português e português-francês.

A terceira parte tem 1.185 palavrões, termos da linguagem erótico-obscena de ambas as línguas, divididos em campos semânticos.

Acrescente-se, ainda, que as três partes são introduzidas por informações quanto à natureza e à organização estrutural dos inventários lexicais apresentados, o que poderá elucidar o consulente, leigo ou não.

Finalmente, não posso deixar de agradecer a acolhida sempre muito positiva do *PIP* (2002) pelos públicos brasileiro e europeu, o que muito honra a dedicação ao trabalho lexicográfico e tanto me motivou a reestruturar a primeira edição, para a qual concorreu decisivamente o trabalho intensivo de meus colaboradores.

CLAUDIA XATARA

PROVÉRBIOS

INTRODUÇÃO

Conceituar, descrever, analisar e inventariar provérbios é tema relevante na fraseologia popular ou, em termos ainda mais específicos, nos estudos paremiológicos. De acordo com Houaiss (2001), paremiologia, do grego *paroimía* (provérbio, parábola), e do latim *paroemia*, ocorre no vernáculo desde o século XVII e representa a área que se preocupa especialmente com a recolha e classificação dos provérbios, dentre outros aspectos.

A palavra provérbio vem do latim *proverbium:* o provérbio aparece pela primeira vez em textos do século XII, e o mais antigo estudo, assinado por Henri Estienne, data de 1579 – embora a mais antiga coleção de provérbios seja a do inglês John Heywood, de 1562. Entretanto, a existência dos provérbios tem origem muito mais remota, e só não é atestada antes porque não puderam ser arquivados, ou porque pertenciam a uma tradição oral, ou porque se perderam tais documentações através do tempo. Sabe-se que faziam parte da filosofia dos gregos, romanos, egípcios, presentes tanto no Ocidente, como no Oriente, perpetuando-se na Idade Média e chegando até nós.

Normalmente, o provérbio é tomado, pelos leigos, por designações genéricas ou pretensamente sinônimas, mas, se observarmos as definições de provérbio e de outros fraseologismos propostas por lexicógrafos e fraseólogos renomados (OLIVEIRA, 1991; SILVA, 1992; ROCHA, 1995; VELLASCO, 2000; HOUAISS, 2001; BRAGANÇA JÚNIOR, 2003), veremos que o provérbio quase sempre é caracterizado por traços comuns a outros fraseologismos, mas não é propriamente definido, justamente para representar uma definição incompleta e insatisfatória.

Entretanto, vistas a variedade, a imprecisão e a complexidade das definições, procuramos por nossa vez também propor um conceito de provérbio, um dos fraseologismos mais conhecidos e consagrados pela comunidade lingüística, com base apenas em suas características mais pertinentes: *provérbio é uma unidade léxica fraseológica fixa, consagrada por determinada comunidade lingüística, que recolhe experiências vivenciadas em comum e as formula como um enunciado conotativo, sucinto e completo, empregado com a função de ensinar, aconselhar, consolar, advertir, repreender, persuadir ou até mesmo praguejar.*

PRINCIPAIS ASPECTOS DO PROVÉRBIO

Entendemos ser o provérbio uma *unidade léxica (UL)* complexa, que não permite que o seu significado seja calculado pelos significados isolados de cada uma das ULs simples contidas em seu interior. Apresentando uma distribuição única ou muito restrita dos seus elementos lexicais, o provérbio é uma UL autônoma, além de complexa, pois encerra todo um discurso, dispensando outras ULs para completar seu significado, como “Tal pai, tal filho”. Note-se também que as ULs “pai” e “filho”, no enunciado proverbial, não são mais unidades independentes e são dispostas em uma ordem pré-determinada na língua, com uma significação estável, ou seja, uma construção reconhecidamente lexicalizada. Por todas essas razões, “Tal pai, tal filho” constitui um provérbio. Essa cristalização rejeita também substituições: “Tal pai, tal primo”, por exemplo, não se configura como provérbio, a não ser que o efeito pretendido seja outro, de ironia ou crítica. Nesse caso, tem-se uma paródia proverbial.

O provérbio, um discurso cristalizado do passado, cuja origem de produção foi apagada, mantém-se surpreendentemente vivo no presente. Além de transmitir e preservar o conhecimento, serve para nos mostrar que o homem em quase nada evoluiu: os sentimentos, os conflitos e guerras, as uniões são experiências comuns a todas as culturas, em todas as épocas, dos gregos aos nossos contemporâneos. Alguns provérbios até conservam palavras arcaicas, justamente porque elas lhes conferem caráter de sabedoria ancestral.

Como ocorrem conforme as necessidades de sua época e uso, podem ser inovados ou cair em desuso. Há provérbios muito freqüentes na língua como: "Tempo é dinheiro"; outros, porém, apresentam formas arcaicas, que dificultam o entendimento de seu significado: "O bom vinho escusa pregão", por exemplo, quer dizer, que bom vinho dispensa elogios. Mas, para um provérbio ser inserido em um dicionário, ele tem que necessariamente ser freqüente, assim como ocorre com qualquer fraseologismo.

Os provérbios fazem parte do folclore de um povo, assim como as superstições, lendas e canções, pois são frutos das experiências desse povo, representando verdadeiros monumentos orais transmitidos de geração em geração, cuja autoridade está justamente nessa tradição; para seus destinatários tão anônimos quanto seus autores.

Aprender provérbios significa, portanto, reforçar a própria identidade nacional, mas a decodificação dessa linguagem figurada representa grande dificuldade para a criança em se tratando da aquisição da língua materna, ou na aquisição de uma língua estrangeira, para adultos.

Elaborado em poucas palavras, de maneira ritmada, na maioria das vezes com bom humor, ora expressando sátira ou crítica, ora configurando-se como sábios conselhos ou princípios de conduta, o provérbio, enunciado falso ou verdadeiro, é em si universal, pode se adaptar aos países e idiomas, cada um à sua maneira e cultura. Por isso, é difícil saber onde ele surgiu primeiro. Isso se dá principalmente entre as línguas latinas, pois não se sabe se determinado provérbio originou-se do latim ou se veio do espanhol ou italiano e foi traduzido para o português, francês ou romeno.

Contudo, nem todos possuem equivalentes em outra língua, há certos provérbios que refletem tipicamente a cor local: "Quem não gosta de samba é ruim da cabeça ou doente do pé", por exemplo, não pode experienciar outra cultura senão a brasileira.

Se alguém cita um provérbio, revela-se em uma condição de igualdade ou superioridade para com o seu interlocutor, pela posse da sabedoria universal. O provérbio funciona como uma citação, porque, se tomamos por empréstimo uma idéia estabelecida, esta dá respaldo àquilo que queremos argumentar. Mas ao contrário da citação que é a idéia do outro, em que consta um autor, o autor do provérbio é toda uma coletividade; daí ser o provérbio uma *UL polifônica*.

No entanto, ao utilizar citação ou provérbio, ao mesmo tempo que o redator ou falante concorda com o que está sendo dito, ele se distancia daquilo que é dito, por atribuir aqueles conteúdos explicitamente a outro. Pode-se dizer, então, que o provérbio é um típico recurso de persuasão de quem não quer se responsabilizar por aquilo que é dito, ou porque não sabe a razão do que diz ou por não ter certeza.

O provérbio também é *ideológico*, apresenta uma transparência que de fato não tem, dissimula as figuras que o tornam persuasivo, colocando sua mensagem como verdade. A ideologia dos provérbios tem um certo caráter maniqueísta, faz a oposição entre o bem e o mal, o certo e o errado. Assim, no lugar de explicar, a ideologia julga e moraliza (AMARAL, 1998).

Um pensamento pode transformar-se em *slogan*, se tiver um tom autoritário, edificante ou moralista, ou transformar-se em sentença, em máxima, em clichê, conforme as circunstâncias. Muitas vezes, porém, estudar a ideologia de um provérbio é também saber ler o que está "por trás", no "não-dito" (DUCROT, 1987), porque a intenção não vem expressa literalmente.

A mentalidade machista, por exemplo, pode ser constatada abundantemente em provérbios brasileiros: "Mulher, cachaça e bolacha, em toda parte se acha"; "A mulher e a mula, o pau as cura"; "Lágrimas de mulher valem muito e custam-lhe pouco"; "A mulher e a cachorra, a que mais cala é a melhor"; "A mulher ri quando pode e chora quando quer", "Mulher é como alça de caixão, quando um larga vem o outro e põe a mão".

Além do preconceito sexual, o preconceito racial é muito evidente, em que o negro é a maior vítima. "Negro não é inteligente, é espevitado"; "Negro não nasce, vem a furo"; "Negro só entra no céu por descuido de São Pedro", "Negro, quando não caga na entrada, caga na saída". É interessante notar, contudo, que em revanche a esses, surgem outros preconceituosos em sinal de protesto: "Carne de branco também fede"; "Penico também é branco"; "Galinha preta põe ovo branco".

Quando o emissor quer que seu receptor crie uma determinada imagem do referente ou mesmo do próprio emissor, ele recorre com freqüência a algum provérbio, sobretudo nos meios publicitários. Para a mídia, o ideal de um *slogan* é ter *status* de provérbio, pois este apresenta características que satisfazem os objetivos das propagandas: sua forma curta e fácil de ser memorizada ganha a simpatia do consumidor, que se identifica com o tema anunciado, despertando confiabilidade ao produto.

Mas os jornalistas fazem paródias de provérbios e utilizam-se de trocadilhos, geralmente por razões ideológicas, como numa reportagem referente a assaltos a ídolos da televisão e do esporte: "Ídolo posto, ídolo assaltado" em vez de "Rei morto, rei posto". As paródias proverbiais, potente recurso jornalístico, então, são identificadas, causam novidade e estranhamento, rompendo com o fio do discurso justamente por se desviar do esperado.

A quebra de um conceito estabelecido é, por sua vez, um recurso moderno e muito interessante em propagandas, que tomam como base provérbios de sabedoria "indiscutível" e os contradizem, inserindo um novo conceito a fim de causar efeito de estranhamento, por vezes até risos, prendendo assim a atenção do receptor e atingindo, conseqüentemente, o objetivo almejado.

Ressalte-se que o provérbio *nunca é desvinculado do discurso*, de um contexto, quer dizer, nunca se dá isolado. Sem dúvida, todos falantes sabem identificar um provérbio referente a um determinado tema, mas, se pedirmos para alguém citar um provérbio sobre um tema, por exemplo, ele dificilmente o falará de imediato. A menção a um provérbio normalmente desencadeia-se após uma seqüência de pensamentos ou de falas, por isso, nas situações em que ele é requerido, surge repentinamente.

Aprovado pelo senso comum, o provérbio é um enunciado que utiliza muitas *metáforas* e sua significação se estabiliza no idioma, pois passou do uso individual para o coletivo. Assim, "Mais vale um pássaro na mão do que dois voando", por exemplo, significa que é melhor se contentar com aquilo que se tem do correr o risco de perdê-lo ao procurar ter mais. Já um enunciado denotativo de mesmo significado, como "Garante o pouco que tens em vez de procurar ter mais" não se consagrou pela tradição cultural; por isso, não se apresenta cristalizado na língua portuguesa.

Diferentemente deles, os ditados têm sentido literal, funcionando como paráfrase: "Não faça aos outros o que não gostaria que lhe fizessem!". Assim, pode-se afirmar que o provérbio tem alto grau de codificabilidade, por sua capacidade de transformar em um "enunciado-código" a análise que faz da realidade, ao passo que o ditado dá preferência ao enunciado explicativo. Mas, apesar de denotativos, também passaram pelo mesmo processo de cristalização.

Provérbios *sinônimos* e *variantes* são aqueles que têm significado comum e se empregam em situações análogas. A diferença entre eles é que os provérbios sinônimos apresentam entre si uma formulação bem distinta, enquanto os variantes sofrem apenas pequenas alterações. Assim, "Filho de peixe, peixinho é" e "Tal pai, tal filho" são exemplos clássicos que veiculam a mesma idéia, mas em formas totalmente diversas. Já "Quem planta vento, colhe tempestade" e "Quem semeia vento, colhe tempestade" são variantes, mas na prática são vistos como apenas um.

Por vezes, é comum encontrar uma série de provérbios sinônimos; nos casos a seguir, por exemplo, todos querem transmitir uma única mensagem – "Pela parte se conhece o todo":

- Pela obra se conhece o artista.
- Pelas garras se conhece o leão.
- Pelo dedo se conhece o gigante.
- Pelo fruto se conhece a árvore.
- Pelo canto se conhece a ave.
- Pela casca se conhece o pau.
- Pelos efeitos se conhecem as causas.
- Pelo punhado se conhece o saco.
- Pela aragem se conhece quem vem na carruagem.

Outra observação refere-se à *relação* que provérbios e ditados apresentam *entre si*. Muitos são antagônicos: "Ruim com ele, pior sem ele" x "Antes só do que mal acompanhado"; "Dinheiro é tudo" x "Dinheiro não é tudo"; "Dinheiro não traz felicidade" x "Dinheiro não traz felicidade, mas ajuda / mas manda buscar". Muitos denotam humor, com imagens engraçadas ou inusitadas: "Urubu, quando está de azar, o de baixo suja o de cima", "Se a vida te dá um limão, faça com ele uma limonada". Outros causam estranheza por sua obviedade: "Maior é o ano que o mês". Ou surpreendem pela criatividade expressa no jogo de palavras ou no emprego polissêmico de palavras: "Relógio que atrasa não adianta". Encontramos ainda provérbios curiosos, que envolvem crenças ou superstições, como: "Agosto, mês de desgosto", "Quem ajuda a preparar a noiva, casa cedo", "Casa de esquina, morte ou ruína", "Sapo n'água coaxando, chuva beirando", "Chuva e sol, casamento de espanhol", "Sol e chuva, casamento de viúva".

Em contos infantis, e sobretudo em fábulas, os provérbios figuram muitas vezes com o intuito de educar ou advertir, pois carregam mensagens que procuram orientar as atitudes do leitor. Exemplificando, a fábula da galinha dos ovos de ouro encerra com a moral da história "Quem tudo quer nada tem"; a fábula da coruja e da águia encerra com "Quem o feio ama, bonito lhe parece"; e a fábula da raposa e as uvas, com "Quem desdenha quer comprar". A da tartaruga e da lebre, com "Devagar se vai ao longe"; a do leão e do rato, com "Ninguém é tão inútil que não possa ser útil a alguém". Na verdade, as fábulas e os provérbios encerram um posicionamento crítico sobre as condutas humanas, demonstrando assim a moral da história.

Por fim, provérbios correntes, muitas vezes, são reinventados para servir de instrumento à jocosidade ou mesmo à inovação, o que confirma a maior infiltração deles entre as camadas populares: "Quem ri por último é retardado", "Quem espera tem criança", "Quem espera sempre alcança ou cansa de esperar", "Antes tarde do que mais tarde", "Antes mal acompanhado do que só".

Em relação à *forma*, aos aspectos estruturais, os provérbios distinguem-se por elaboração trabalhada, ritmo, aliteração, assonância, construções binárias, paralelismo, repetição, violação de sintaxe e termos regionais.

O provérbio "Pelas obras e não pelo vestido é o homem conhecido", por exemplo, não tão usual, pode ter sofrido um processo de transformação e ter resultado neste, mais usual, "O hábito não faz o monge". Já "Se a ser rico queres chegar, vai devagar" pode ter se condensado e evoluído para "Devagar se vai ao longe".

No que concerne aos tempos verbais, a maior parte dos provérbios encontra-se no presente do indicativo "Roupa suja se lava em casa", o que lhes confere um caráter de atemporalidade; ou no imperativo "Jogarás, pedirás, furtarás!" para anunciar uma verdade moral. Em número bem mais reduzido, encontramos ainda provérbios em outros tempos verbais: o pretérito perfeito, para demonstrar uma experiência ainda válida: "Roma não se fez num dia", "De pensar, morreu um burro"; o futuro do presente, para demonstrar o que comumente acontece após certas situações: "Depois da tempestade, sempre haverá bonança", ou para indicar que algo acontecerá em decorrência de uma determinada atitude: "Diga-me com quem andas e te direi quem és". Também, a forma interrogativa pode moldar um provérbio, como "O que seria do verde se todos gostassem do amarelo?".

RESUMINDO...

Conceituar provérbio como enunciado fraseológico implica, em síntese, considerar as seguintes características:

1. Quanto à sintaxe

- é uma UL conotativa e geralmente concisa;
- é conjugado em diferentes tempos verbais, mas sobretudo, no presente ou futuro;
- é impessoal, na maioria das vezes;
- é um enunciado completo, dispensando qualquer especificação de sujeito ou complementos verbais;
- pode combinar com diferentes recursos estilísticos (rima, aliteração, assonância, elipse de artigo, repetição de palavras, hipérbole, antítese, dialogismo, paronomásia, trocadilho etc).

2. Quanto à semântica

- representa uma verdade geral, resumindo experiências vividas por mais de um indivíduo, sejam sentimentos (raiva, decepção, revolta, carinho, saudade etc.), sejam posicionamentos (sobre classe social, idade, raça, sexo, religião etc.);
- tem pretensões de ser válido universalmente, mas às vezes apresenta um valor peculiar, restrito a uma região.

3. Quanto à pragmática

- é atemporal e de maior freqüência na modalidade oral de que na escrita;
- é aprovado pela coletividade e transmitido de geração em geração;
- não tem autoria, pois sua condição de produção foi apagada;
- tem como objetivo comprovar a idéia do usuário, argumentar, aconselhar, persuadir ou controlar condutas;
- pode ser compreendido isoladamente, mas muitas vezes revela intertextualidade e é empregado em função de um contexto;
- funciona como subsídios de orientação do homem em relação a si mesmo, aos outros e às futuras gerações;
- é consagrado por uma determinada comunidade lingüística.

Por fim, cabe destacar que, apesar de não encontrarmos necessariamente todas essas características reunidas em um só provérbio, a tentativa de delimitá-lo em relação aos outros fraseologismos pretende atender a finalidades específicas de estudo; por exemplo, a de estabelecer critérios objetivos de seleção da nomenclatura de obras lexicográficas especiais, denominadas geralmente "dicionários de provérbios".

ESTE DICIONÁRIO

Ao intentarmos um dicionário de provérbios de uma língua em comparação com os de outra, temos provérbios traduzidos segundo a experiência cultural vivida pelo outro povo, em consonância com as tradições e mentalidade desse povo. Trata-se de provérbios equivalentes, e tais equivalências devem encerrar todos os aspectos estruturais aqui mencionados. Mas, por acreditarmos que a maioria dos consulentes de um dicionário dessa natureza geralmente aí procure, além dos provérbios, algumas outras manifestações do pensamento, incluiremos sobretudo:

Ditados, que apresentam elementos não-conotados, em uma forma menos sentenciosa e menos elegante, referindo-se freqüentemente a casos da vida expressos a partir de "impulsos afetivos":

- Se queres cedo engordar, come com fome e bebe devagar.
  Pra comer e coçar, é só começar.
  O que arde cura e o que aperta segura.
  Autant de mariages, autant de ménages.
  Chacun cherche son avantage.
  L'appétit vient en mangeant.

Adágios, que apresentam forma menos elaborada (como os ditados), contudo, encerram elementos conotados (como os provérbios):

- Dois bicudos não se beijam.
  Asno contente vive longamente.
  A quem muito se abaixa, o rabo lhe aparece.
  L'amour apprend aux ânes à danser.
  Ce n'est pas avec la beauté qu'on paie son boucher.
  Sac vide ne tient debout.

Procuraremos, precisamente, especificar o provérbio em francês que corresponda, formal e conteudisticamente, quando possível, a determinado provérbio em português, tendo sempre o cuidado de não esquecer casos como:

a. um provérbio em português para mais de um provérbio em francês;
b. variantes em português para uma só forma em francês;
c. variantes em português para variantes em francês;
d. correspondência literal de provérbios nas duas línguas;
e. correspondência não-literal;
f. provérbios análogos, onde houver versão decalcada sobre o provérbio em português;
g. mesma palavra-chave entre provérbios nas duas línguas;
h. mudança de palavra-chave.

Neste *NOVO PIP*, os 450 provérbios mais freqüentes na língua portuguesa e suas formulações variantes encontram-se em ordem alfabética, indicados a partir de palavras-chaves, por sua vez dispostas também em ordem alfabética, e seguidos de sua equivalência em língua francesa, em itálico, com ou sem variantes, se também forem atestadas como freqüentes. Assim:

ÁGUA

- Água mole em pedra dura tanto bate até que fura.
  Goutte à goutte, l'eau creuse la pierre.

- Águas passadas não movem moinhos.
  Morceau avalé n'a plus de goût.

- Ninguém diga: desta água não beberei.
  Il ne faut pas dire: fontaine, je ne boirai pas de ton eau.
  Il ne faut jurer de rien.

A escolha das palavras-chaves obedece ao critério da expressividade – a palavra (substantivo, adjetivo, verbo no infinitivo, etc) mais "expressiva" de cada provérbio é selecionada, o que não exclui o inconveniente de tal palavra poder não ser tão evidente dentro do provérbio para um eventual consulente; porém, ainda é esse o critério que nos parece menos técnico e mais significativo. Numa tentativa de uniformização, há três casos a considerar:

1. na possibilidade de termos mais de uma palavra-chave, tomamos a primeira. A título de exemplo, "Enquanto há vida, há esperança" tem "vida" como palavra-chave escolhida.

2. palavras-chaves (e os respectivos provérbios), quando pertencerem a uma família lexical, são agrupadas se em alguma delas houver apenas um provérbio, como em PROMESSA/PROMETER, em que há dois provérbios com a palavra-chave "promessa" e apenas um com a palavra "prometer".

A indicação V. (ver) antecede o equivalente em francês, indicando remissão a outra entrada. Por exemplo:

- Cochilou, o cachimbo cai.
  V. PERDER

e em PERDER teremos:

- Quem foi à feira perdeu a cadeira.
  Qui va à la chasse, perd sa place.

3. Por fim, destaca-se a presença de abonações extraídas da web, que contextualizam cada um dos provérbios da nomenclatura em português e todos os equivalentes em francês que atingiram o limiar mínimo de freqüência. Sempre que um provérbio em português ou em francês não apresentar uma abonação, isso significa que esse provérbio não deve ser considerado freqüente. Desse modo, em:

- Beleza não se põe na mesa.
  Ce n'est pas avec la beauté qu'on paie son boucher.

> Você tem se mantido atraente? E ele? Se o parceiro anda se descuidando, dê o exemplo, cuidando de você. *Beleza não se põe na mesa,* mas é um baita tempero. (www.ossel.com.br/News/Detalhe.aspx?idnews=3705 ; acesso em 20/08/07)

o provérbio equivalente não traz qualquer abonação, o que representa baixo índice de freqüência em francês. Já em:

- A cão mordido, todos chicoteiam.
  Les battus paient l'amende.

> *On dit cependant, que* les battus paient l'amende, *répond-il gaiement, mais la France est assez riche pour payer sa gloire.*
> *(reichshoffen.free.fr/Comple/Schirlenhof.html ; accès le 15/08/07)*

foi o provérbio em português que não registrou o limiar mínimo de ocorrências para ser considerado freqüente.

REFERÊNCIAS BIBLIOGRÁFICAS

AMARAL, N. G. Ideologia dos Clichês. *Presença*, Porto Velho. V. 5. n. 11. p. 31-35. mar. 1998.
BRAGANÇA JÚNIOR, A. *A antiguidade clássica nos provérbios medievais*. Disponível em: <http://www.filologia.org.br/alvaro/textosp_antiguidade.htm>. Acesso em: 15 ago. 2003.
DUCROT, O. *O dizer e o dito*. Revisão técnica da tradução de Eduardo Guimarães. Campinas: Pontes, 1987.
HOUAISS, A. *Dicionário eletrônico da língua portuguesa*. Objetiva Ltda: Rio de Janeiro, 2001.
OLIVEIRA, M. L. *Como se faz o provérbio:* uma abordagem da conjuntura do provérbio enquanto realidade discursiva. 1991. 385 f. Tese (Doutorado) – Unesp, Araraquara, 1991.
ROCHA, R. *A enunciação dos provérbios:* descrições em francês e português. São Paulo: Annablume, 1995.
SILVA, J. P. A classificação das frases feitas de João Ribeiro. *In: Anais do III encontro interdisciplinar de Letras*. 1992, Rio de Janeiro, UFRJ, p. 191-200.
VELLASCO, A. M. S. "Padrões de uso de provérbios na sociedade brasileira". *In*: GÄRTNER, E.; HUNDT, C.; SCHÖNBERGER, A. (eds.) *Estudos de lingüística textual do português*. Frankfurt am Main: TEM, 2000. p. 267-313.

BIBLIOGRAFIA

ALBUQUERQUE, M. H. T. *Um exame pragmático do uso de enunciados proverbiais nas interações verbais correntes*. 1989. 169 f. Dissertação (Mestrado da Área de Filologia Românica) – USP, São Paulo.
AMARAL, A. *Tradições populares*. São Paulo: Ipê, 1948.
AMARAL, N. G. *Clichês em redação estratégica discursiva*. 1996. 138 f. Dissertação (Mestrado em Lingüística) – UNICAMP, IEL, Campinas.
BURKER, P.; PORTER, R. "Provérbios e história social". *In*: ______. *Crítica social da linguagem*. São Paulo: UNESP/Cambridge, 1997.
CAMPOS, A. *Dicionário francês-português de locuções*. São Paulo: Ática, 1980.
CASCUDO, L. C. *Locuções tradicionais no Brasil*. Recife: Universidade Federal de Pernambuco, 1970.
CHALLITA, M. *2000 Citações, anedotas e parábolas inesquecíveis*. Rio de Janeiro: Acigi, s.d.
DESRUISSEAUX, P. *Le petit proverbier*. Quebec: BQ, 1997.
FERREIRA, M. C. L. "A antiética da vantagem do jeitinho na terra em que Deus é brasileiro: (O funcionamento discursivo do clichê no processo de constituição da brasilidade)". *In*: ORLANDI, E. P. (org.). *Discurso fundador:* a formação do país e a construção da identidade nacional. Campinas: Pontes, 1993.
FINBERT, E.-J. *Dictionnaire des proverbes du monde*. Paris: Robert Laffont, 1965.
GENEST, E. *Dictionnaire des citations françaises*. Paris: Fernand Nathan, 1957.
GLEASON, N. *Provérbios do mundo todo*. Rio de Janeiro: Gryphus, 2001.
GRESILLON, A., MAINGUENEAU, D. «Polyphonie, proverbe et détournement». *Langages*, n.73, 1974.
GRZYBEK, P. "Foundations of semiotic proverb study: the investigation of proverbs in their semiotic aspect is one of the most gratifying tasks for a folklorist". *De Proverbio*, v. 1, n.1 1995. Disponível em: URL http://www.deproverbio.com/DPjournal/DP,1,1,95/ GRZYBEK.html. Acesso em: 4 de maio 1998.
GUILLOT, H. *Pour enrichir le vocabulaire*. 2 v. Paris: Hatier, 1969.
JOLLES, A. *Formas simples*. Tradução de Álvares Cabral. São Paulo: Cultrix, 1930.
LACAZ-RUIZ, R. *O referencial comum dos provérbios e a personalidade humana*. Disponível em: www.usp.br/fzea/zab/oreferen.htm. Acesso em: ago. 2003.
LACERDA, Roberto Cortes; LACERDA, Helena da Rosa Cortes; ABREU, Estela dos Santos (2000). *Dicionário de provérbios: francês, português, inglês*. Brasil, Rio de Janeiro: Lacerda. (compilação de provérbios franceses por Didier Lamaison).
LERNER, L. S. "Discurso paremiológico y discurso satírico: de la loucura y sus interpretaciones". *Filología*, v.20, n.2, p.51-73, 1985.
MAGALHÃES JÚNIOR, R. *Dicionário brasileiro de provérbios, locuções e ditos curiosos*. 3. ed. Rio de Janeiro: Documentário, 1974.
MAGALHÃES JÚNIOR, R. *Dicionário de provérbios e curiosidades*. São Paulo: Cultrix, s.d.
MAGALHÃES JÚNIOR, R. *Dicionário de provérbios, locuções, curiosidades verbais, frases feitas, etimologias pitorescas, citações*. 6. ed. Rio de Janeiro: Ediouro, s.d.
MALOUX, M. *Dictionnaire des proverbes, sentences et maximes*. 23. ed. Paris: Larousse, 1987.
MIEDER, W. "International bibliography of new and reprinted proverb collections", 1994. *De Proverbio*, v.1, n.1, 1995. Disponível em: www.deproverbiocom/DPjournal/DP,1,195/bibc94. html. Acesso em: maio 1998.
NASCENTES, A. *Tesouros da fraseologia brasileira*. 2. ed. São Paulo: Freitas Bastos, 1966.
PÉREZ, José I. (s/d). *Provérbios brasileiros*. Rio de Janeiro: Editora Tecnoprint: Ediouro.
PINEAUX, J. *Proverbes et dictons français*. Paris: Presses Universitaires de France, 1958.
RAT, M. *Dictionnaire des locutions françaises*. Paris: Larousse, 1957.
RIBEIRO, J. *Frases feitas*. 2. ed. Rio de Janeiro: Francisco Alves, 1960.
RONAI, P. *Dicionário universal de citações*. São Paulo: Círculo do Livro, 1985.
______. *Guia prático da tradução francesa*. 3. ed. Rio de Janeiro: Nova Fronteira, 1983.
SILVA, H. D., QUINTÃO, J. L. *Pequeno dicionário de provérbios* - alemão, francês, inglês, português. Lisboa: Moraes, 1983.

SIMON, M. L. M. *Para uma estrutura proverbial nas línguas românicas.* 1989. Dissertação (Mestrado em Filologia Românica) – UFRJ, Rio de Janeiro.

SIRAN, J.-L. «Signification, sens, valeur». *Poétique*, n.72. Paris: Seuil, 1987.

SOUZA, Josué Rodrigues (2001). *Provérbios & máximas:* coletânea de provérbios, máximas, sentenças e aforismos em 7 idiomas. Brasil, Rio de Janeiro: Editora Lucerna.

STEINBERG, M. *1001 provérbios em contraste.* São Paulo: Ática, 1985.

SUARD, F.: BURIDANT, C. *Richesse du proverbe:* Typologie et fonctions. v. 2. Lille: Université de Lille III, 1986.

SUCCI, T. M. *Os provérbios relativos aos sete pecados capitais*. São José do Rio Preto, 2006. Dissertação (Mestrado em Estudos Lingüísticos) Instituto de Biociências, Letras e Ciências Exatas – Universidade Estadual Paulista.

TAYLOR, A. "The Style of Proverbs". *DeProverbio*: an electronic journal of international proverb studies, Australia, v. 5, n. 1, 1999.

TRISTÁ, M. A . *Fraseología y contexto.* Habana: Editorial de Ciencias Sociales, 1988.

VELLASCO, A. M. S. *Coletânea de provérbios e outras expressões populares brasileiras.* Disponível em: www.deproverbio.com/DPbooks/VELLASCO/COLETANEA.html. Acesso em: ago. 2003.

VELLASCO, A. M. S. *Provérbios:* um estudo sociolingüístico. Dissertação de mestrado em Lingüística – UNB, Brasília, 1996. Disponível em: http://www.utas.edu.au. Acessível em: 20 set. 2003.

XATARA, C. M. "Provérbio: forma e conteúdo". *In*: Seminário do Grupo de Estudos Lingüísticos, 41, 1993, Ribeirão Preto. *Anais de Seminários do GEL*, São Paulo, 1994, v.2, n.23, p.1457-1463.

a | A

ÁGUA

· Água mole em pedra dura tanto bate até que fura.
Goutte à goutte, l'eau creuse la pierre.

> Se o seu sonho é difícil, não desanime. "Insista, persista, não desista". Lembre-se de que *água mole em pedra dura tanto bate até que fura.*
> (www.integracao.gov.br/saofrancisco/opinioes/opiniao.asp?id=28614; acesso em 01/06/06)

· Águas passadas não movem moinho(s).
Morceau avalé n'a plus de goût.

> A vida é cheia de decisões difíceis, mas a maioria delas provocadas por nós mesmos. [...] Embora existam vários métodos anticoncepcionais para o homem, só existe um realmente eficiente: é a camisinha. Os demais dependem da mulher. Mas *águas passadas não movem moinhos.*
> (www.nj.com.br/ca/ca31.php; acesso em 01/06/06)

> *Ne croyez donc pas que votre réforme des retraites est passée dans l'opinion publique, que c'est un* morceau avalé qui n'a plus de goût, *comme on dit chez nous. Pas du tout!*
> *(www.groupe-communiste.assemblee-nationale.fr/.../2003-2004/MGremetz QPformationprofes11dec03CRI.htm; accès le 16/08/07)*

· Ninguém diga: desta água não beberei.
Il ne faut pas dire: fontaine, je ne boirai pas de ton eau.
Il ne faut jurer de rien.

> "*Não posso dizer que dessa água não beberei*", afirmou Covas, depois de se confessar comovido com a pressão dos eleitores que insistem para que seja candidato.
> (www.radiobras.gov.br/anteriores/1998/sinopses_1501.htm; acesso em 13/08/07)

> *Je connais des docteurs en maths qui se sont retrouvés contractuels faute de mieux (et après une thèse en maths et plusieurs années d'ATER j'enseigne dans le secondaire, sans grand enthousiasme, mais au moins mon agreg me permet d'avoir un boulot stable...) donc avant de dire* "Fontaine, je ne boirai pas de ton eau" *il faut être sûr de ne pas le regretter ensuite.*
> *(recherche-en-danger.apinc.org/spip.php?page=commentaires&id_article=1039; accès le 14/08/07)*

> *Mon oncle,* il ne faut jurer de rien, *et encore moins défier personne.*
> *(www.diplomatie.gouv.fr/fr/IMG/pdf/Jurer.pdf; accès le 20/06/06)*

· O que a água dá, a água leva.
Bien mal acquis ne profite jamais.

Ce doit être un vrai crève-cœur de s'être séparé de ce nounours. - Bien mal acquis ne profite jamais! - *Ça vient peut-être d'un cambriolage?*
(henrychiparlart.com/index.php?p=12; accès le 06/01/06)

AJUDAR

· Quem não ajuda não atrapalha.
Qui n'aide pas ne dérange pas.

Já ouviram aquele ditado, *quem não ajuda não atrapalha*??? Pois então, deixa o Greenpeace fazer suas campanhas, que funcionam muito bem.
(www.alerta.inf.br/index.php?news=573; acesso em 15/08/07)

ALEGRIA

· Alegria de uns, tristezas de outros.
Le malheur des uns fait le bonheur des autres.

Feriado, *alegria de uns e tristeza de outros*. Enquanto alguns comerciantes reclamam de ter que fechar as portas, quem vive do turismo agradece a chegada dos feriados.
(www.sebraego.com.br/site/site.do?idArtigo=1562; acesso em 15/08/07)

Il essaiera tout de même de repartir, mais le guidon de sa Yamaha est tordu, il doit abandonner. Mais le malheur des uns fait le bonheur des autres... *Casey Stoner, pourtant parti en pole position, se retrouve rapidement au milieu des 2 Hondas parties sur la même ligne.*
(www.banditworld.fr; accès le 15/08/07)

ALMA

· Alma sã em corpo são.
Esprit sain dans un corps sain.

A dieta da logenvidade: *Alma sã, corpo são* - saúde e bem-estar aplicados à vida esotérica, dietas para emagrecer, anatomia do corpo e alimentação balanceada.
(www.esoterikha.com/saude/dieta-longevidade.php; acesso em 15/08/07)

Des activités comme le sport sont pratiquées non pas comme source de sens, mais comme moyen d'épanouir les Idées, d'avoir un esprit sain dans un corps sain.
(www.barbier-rd.nom.fr/sensibiliteML.html; accès le 06/01/06)

· Sua alma, sua palma.
Le moine répond comme l'abbé chante.

Não se omita e veja aí com que rimas você pretende alimentar a infância dentro da sua casa, *sua alma, sua palma*. Fale com a autora.
(www.anjosdeprata.com.br/aatemas/2003/082rendicao/082docamello.htm; acesso em 01/06/06)

AMAR

· Quem ama corrige.
Qui aime bien, châtie bien.

> *Voilà camarade, je voulais juste vous prévenir, le gouvernement Raffarin vous aime et* qui aime bien châtie bien.
> *(www.legrandsoir.info/article.php3?id_article=363; accès le 20/08/07)*

· Quem ama o feio, bonito lhe parece.
Il n'y a point de laides amours.

> Como diz o velho ditado, "*quem ama o feio, bonito lhe parece*", mas não enxergar certos defeitos é fugir da realidade: sou um fanático por Maverick.
> (www.dodge1800.hpg.com.br/index2.html; acesso em 01/06/06)

AMIGO

· Boas contas fazem bons amigos.
Les bons comptes font les bons amis.

> Se *boas contas fazem bons amigos*, Ciro Gomes ao menos deveria tratar com respeito os seus credores.
> (carosamigos.terra.com.br/da_revista/edicoes/ed62/ricardo_soares.asp; acesso em 15/08/07)

> *Quels que soient les colocataires, s'il n'y avait qu'un conseil à donner, ce serait de se rappeler que* les bons comptes font les bons amis...
> *(www.unef.asso.fr/deliaGo/zoomArticle/article_id-752/extendedSearchWith-/topic_id-0.html; accès le 06/01/06)*

· Na hora do aperto e do perigo que se conhece o amigo.
C'est au besoin et le danger qu'on connaît les amis.

> É *na hora do aperto e do perigo que você realmente conhece seu amigo*, sua amiga, seu irmão ou sua irmã. No caso tive minha companheira que foi o amparo nas horas bem difíceis, por intermédio da misericórdia de Deus, é claro.
> (www.jornaldosamigos.com.br/mensagem_de_fe050605.htm; acesso em 15/08/07)

· Quem avisa, amigo é.
Qui aime bien châtie bien.

> *E quem avisa, amigo é*. Portanto, melhor se prevenir, caminhar devagar com tenência, que o andor é pesado e o santo é de barro, pode cair e se quebrar.
> (www.secrel.com.br/JPOESIA/magalhaescosta1.html; acesso em 01/06/06)

> *L'imprimerie est trop fine. Fournissez-vous la loupe avec l'abonnement? Je vous aime bien mais* qui aime bien châtie bien *et ce courrier veut rester amical.*
> *(www.lire.fr/forum/message.asp?forumId=122&idMessage=2100; accès le 06/01/06)*

AMOR

· Amor com amor se paga.
L'amour ne se paie que par l'amour.

> *Amor com amor se paga,*
> Que outra paga amor não tem!
> Quem com amor não paga!
> Não diga que paga bem.
> (jangadabrasil.com.br/outubro/cn21000d.htm; acesso em 01/06/06)

> *Le triangle lumineux représente l'adorable Trinité qui ne cesse de répandre ses dons inestimables sur l'âme de la pauvre petite Thérèse, aussi dans sa reconnaissance elle n'oubliera jamais cette devise :* L'Amour ne se paie que par l'Amour.
> *(livres-mystiques.com/partieTEXTES/Lisieux/Histoire/fol72a86.html; accès le 20/08/07)*

· Com o amor não se brinca.
On ne joue pas avec l'amour.

> Quando ser feliz passa a ser um objetivo sério, nós logo percebemos que *com o amor não se brinca.*
> (link.estadao.com.br/user/blog/index.cfm?id_usuario=BB1BB95264E3C298AEF23F04CB37E4CC7000190956520; acesso em 01/06/06)

> On ne joue pas avec l'amour *car il ya toujours un coeur qui souffre.*
> *(forum.aufeminin.com/forum/couple1/__f348018_r4550280_couple1-Exact.html; accès le 20/08/07)*

· O amor é cego.
L'amour est aveugle.

> *O amor é cego!* Justino não enxerga nada além do seu ciúme. Há quem pense que ciúme faz bem pra relação... Até faz...
> (sinhamoca.globo.com/Novela/ Sinhamoca/0,,AA1204058-5574,00.html; acesso em 01/06/06)

> L'amour est aveugle *mais le mariage lui rend la vue coincée, bête et radin; il vient chercher la femme de sa vie dans une agence matrimoniale.*
> (www.sortirautrement.com/spectacle.aspx?spectacle_id=1765*; accès le 06/01/06)*

· O amor é forte como a morte.
L'amour est fort comme la mort.

> Põe-me como selo sobre o teu coração, como selo sobre o teu braço, porque *o amor é forte como a morte* e duro como a sepultura o ciúme.
> (www2.uol.com.br/bibliaworld/igreja/mensag/aevan005.htm; acesso em 01/06/06)

Car l'amour est fort comme la mort, *La jalousie est inflexible comme le séjour des morts; Ses ardeurs sont des ardeurs de feu, une flamme de l'Eternel.*
(www.blog-city.info/fr/kellysha.php; accès le 20/08/07)

· O amor pode tudo.
L'amour apprend aux ânes à danser.

Costumo dizer que *o "amor pode tudo".* E pode mesmo. O amor pode tudo aquilo que for belo e desprendido. O amor é uma grande libertação.
(www.bonde.com.br/colunistas/ colunistasd.php?id_artigo=1319; acesso em 01/06/06)

· Um amor cura outro.
Un clou chasse l'autre.

Un clou chasse l'autre, *mais une angoisse... Je me suis installée dans mes meubles. Voici ma nouvelle adresse. En amène une autre.*
(laslavia.blog.lemonde.fr/ laslavia/2005/12/un_clou_chasse_.html; accès le 20/01/06)

ANDORINHA

· Andorinha sozinha não faz verão.
Une hirondelle ne fait pas le printemps.

Como uma *andorinha sozinha não faz verão*, as principais entidades representativas da cadeia automotiva, lideradas pela Anfavea (que congrega as montadoras), Sindipeças (indústrias de autopeças), Andap (distribuidoras de autopeças) e Sindirepa (oficinas de reparação), trabalham para elevar os níveis de qualidade de peças e serviços e alavancar o setor como um todo.
(www.iqa.org.br/website/imprensa_exibe.asp?n=95; acesso em 01/06/06)

Une hirondelle ne fait pas le printemps, *trois dimanches électoraux heureux ne bouleversent pas la face du monde, ni même de l'Europe.*
(www.socialisme-et-democratie.net/article.php3?id_article=103*; accès le 16/07/07)*

APARÊNCIA

· As aparências enganam.
Les apparences sont trompeuses.
Il ne faut pas se fier aux apparences.

As aparências enganam, ainda bem! Do contrário estaríamos fadados ao fracasso resultante de nossas mentalidades preconceituosas.
(www.rhcentral.com.br/artigos/ abre_artigo.asp?COD_TEMA=1466; acesso em 01/06/06)

Evidemment, les apparences sont trompeuses *et les PJ se trouvent mêlés à une affaire bien plus complexe qu'un simple meurtre.*
(www.roliste.com/detail.jsp?id=7372; accès le 06/01/06)

> *A voir ses mains, qui sont très grosses, je n'aurai jamais cru qu'elles renferment tant de talent, mais* il ne faut pas se fier aux apparences.
> *(www.michel-ducruet-artiste.com.fr/salnelle-peintures.htm; accès le 07/01/06)*

APERTAR

· Cada um sabe onde o calo aperta.
Cada um sabe onde o sapato aperta
Chacun sait où le bât le blesse.
Chacun sait où son soulier le blesse.

> Novamente cada um é que deve saber quais as matérias que deve dominar dentro da sua especialidade e *cada um sabe onde o calo aperta*.
> (www.profrios.hpg.ig.com.br/html/artigos/entrelinhas_boachance.htm; acesso em 15/08/07)

> Ou seja, *cada um sabe onde o sapato aperta*, não interessa o quanto se ganhe ou aquilo que se faça. Creio que o Bial seja um excelente jornalista e um bom apresentador, mas que muitas vezes tem que tomar atitudes impostas pela direção do programa.
> (globovox.globo.com/posts/list/5057.page; acesso em 15/08/07)

APRENDER

· Nunca é tarde para aprender.
On apprend toujours.

> *Nunca é tarde para aprender* e desenvolver a sexualidade. No entanto, isso depende unicamente de cada pessoa querer esse crescimento.
> (www.claudecy.psc.br/perguntas/anorgasmia.htm; acesso em 01/06/06)

> *On apprend une chose dans la vie, c'est qu'*on apprend toujours... On apprend toujours *dans la vie, mais on oublie de penser à la vie...*
> *(echodelajeunesse.over-blog.com; accès le 07/01/06)*

· Papagaio velho não aprende a falar.
On n'apprend pas à un vieux singe à faire des grimaces.

> O Povo costuma repetir que "*papagaio velho não aprende a falar*". E isto serve de desculpa a muita gente que começa a aprender e desanima.
> (amaivos.uol.com.br/templates/amaivos/amaivos07/noticia/noticia.asp?cod_noticia=842&cod_canal=31; acesso em 15/08/07)

> *Et* ce n'est pas à un vieux singe qu'on va apprendre la grimace! *Je parle de "mixe" pour décrire le mouvement de doigts de le main sur...un disque en vinyl (www.madanight.com/forums/mitandrema-tsika;-tantely-film-x-t1905.html; accès le 20/08/07)*

· Quanto mais se vive, mais se aprende.
Plus on vit, plus on apprend.

Quanto mais se vive mais se aprende! - Hoje tem muita coisa nova no paiol. Cada um descobre coisas diferentes e se divertem muito com as novidades. (www.cultura.org.br/tvcultura/ destaquetv0411/destaquetv041125.htm; acesso em 05/06/06)

ARGUMENTO

· Contra fatos não há argumento (s).
On n'argumente pas contre l'évidence.

Contra fatos não há argumentos. O desemprego está galopante, a crise cada dia se faz mais evidente e, quando a coisa fica realmente preta, o que fazemos? (www.acontecendoaqui.com.br/at_msw.php; acesso em 05/06/06)

ARRISCAR

· Quem não arrisca não petisca.
Qui ne risque rien n'a rien.

Um dia que vocês estiverem sozinhos, tranqüilos, respira fundo e rouba um beijo dele, assim de repente, sem aviso. *Quem não arrisca não petisca.* (www.izolita.com.br/home_consultorio.dez05.htm; acesso em 05/06/06)

Qui ne risque rien na rien, *ça ne réussi pas à chaque fois mais au moins j'essaye; si ça marche c'est bon, si ça marche pas je me dit au moins je l'ai fait. (melosoft.ifrance.com; accès le 07/01/06)*

ATRAIR

· Os opostos se atraem.
Les opposés s'attirent.

Muitas vezes *os opostos se atraem* e as diferenças, que passam a fazer parte do relacionamento, podem fortalecê-lo e aperfeiçoá-lo. (www.imagick.org.br/zbolemail/Bol04x03/BE03x12.htm; acesso em 05/06/06)

On peut dire que les "hétéros" sont plus "les opposés s'attirent" *: en effet, un homme est l'opposé d'une femme. (www.france-jeunes.net/lire-les-opposes-s-attirent-ou-qui-se-ressemble-s-assemble-14098.htm; accès le 20/08/07)*

· Os semelhantes se atraem.
Les semblables s'attirent.

Para mim, está acontecendo o óbvio: *"OS SEMELHANTES SE ATRAEM"* e seres que se comprazem com ruidos e esgares não poderiam abraçar, assimilando algo que do céu advém em direção daqueles que se comprazem com algo divinal! Que pena! (www.opiniaoenoticia.com.br/interna.php?mat=4960; acesso em 15/08/07)

b | B

BARATO

· O barato sai caro.
Le bon marché coûte cher.

Em muitos casos *o barato sai caro* devido ao uso de peças de qualidade inferior e peças recondicionadas. Seu micro caro funciona bem?
(www.laercio.com.br/enquete/enquetes.htm; acesso em 05/06/06)

Mais d'autre part, si tu as vraiment un trop petit budget, c'est difficile de trouver les éléments de production pour rester dans la course. Et il ne faut pas oublier que même un film bon marché coûte cher!
(www.clapnoir.org/articles/article_2006/tsotsi_itw.html; accès le 20/08/07)

BARRIGA

· Barriga cheia, toda goiaba tem bicho.
Ventre plein, cerises amères.

Falando nisso, lembrem-se que "enquanto se come não convém tomar resolução alguma", isso porque, para a "*barriga cheia, goiaba tem bicho*".
(www.abrali.com/010artigos/010critica_despretensiosa_ao_culto_do_lugar_comum.html; acesso em 15/08/07)

· O sono alimenta.
Qui dort dîne.

On rentre la tête basse et l'estomac vide dans notre grande maison, complètement abattues et on se couche, du genre "qui dort dîne"*.*
(www.moto-net.com/p_leo.php?leo=40; accès le 07/01/06)

BARULHO

· Muito barulho por nada.
Beaucoup de bruit pour rien.

Depois de *muito barulho por nada*, reitores de SP admitem que não há qualquer ameaça à autonomia universitária.
(veja.abril.com.br/blogs/reinaldo/2007/02/depois-de-muito-barulho-por-nada.html; acesso em 20/08/07)

Beaucoup de bruit pour rien *: Les mesures annoncées par le Premier Ministre sont loin de répondre de manière profonde aux besoins (...)*
(www.conso.net/.../Item-itm_ccc_admin_20050906111239_111239_BeaucoupdebruitpourrienCn.txt; accès le 15/08/07)

BELEZA

· Beleza não se põe na mesa.
Ce n'est pas avec la beauté qu'on paie son boucher.

> Você tem se mantido atraente? E ele? Se o parceiro anda se descuidando, dê o exemplo cuidando de você. *Beleza não se põe na mesa*, mas é um baita tempero. (www.ossel.com.br/News/Detalhe.aspx?idnews=3705; acesso em 20/08/07)

BEM

· Não há bem que sempre dure nem mal que nunca se acabe.
Les jours se suivent et ne se ressemblent pas.

> *Não há bem que sempre dure nem mal que nunca se acabe.* A política é um bem necessário. O que não pode acontecer é usar a política para ser um mal político. (ograndematosinhos.com.br/artigos/23.htm; acesso em 07/01/06)

> Les jours se suivent et ne se ressemblent pas *forcément. Un jour la recette est bonne et l'on peut festoyer, le lendemain, on a à peine de quoi manger. (www.paysdepezenas.net/moliere.php; accès le 07/01/06)*

BICHO

· Se correr o bicho pega, se ficar o bicho come.
Si tu marches vite, tu attrapes le malheur; si tu vas lentement, c'est le malheur qui t'attrape.

> O governo federal se meteu numa sinuca de bico, numa situação que os enxadristas chamam de zugzwang, em que *se correr o bicho pega, se ficar o bicho come.* (inexo.com.br/~danton/blog/index.shtml?P=2005-06; acesso em 05/06/06)

BOCA

· A boca fala do que o coração está cheio.
De l'abondance du coeur la bouche parle.

> *A boca fala daquilo que o coração está cheio.* Temos de encher o nosso coração com coisas boas, para só falar coisas boas. Um coração amargurado ... (www.cancaonova.com/portal/canais/mensagemdia/luzia/index.php?id=2007-07-16; acesso em 15/08/07)

> *Il faut même veiller sur ses pensées, car* de l'abondance du cœur la bouche parle. *(www.levangile.com/Bible-Annotee-Ecclesiaste-10.htm; accès le 20/08/07)*

· Em boca fechada não entra mosca.
Dans une bouche fermée, il n'y entre pas de mouche
En bouche close, n'entre mouche.

> Eles não dizem nada, nada, nenhuma satisfação - "*Em boca fechada não entra mosca*". (www.bluebus.com.br/show.php?p=2&id=68730; acesso em 05/06/06)

> *Le silence des premiers faisait écho aussi à la présence du Maître (Jean-Paul Alduy). Ceux-ci n'ignoraient pas que :* "Dans une bouche fermée, il n'y entre pas de mouche!". *Le souverain Jean-Paul était venu là, pensant qu'on s'était réuni pour mettre à bas l'infâme tyran albanais (www.perpignan-toutvabien.com/articles.php?ida=1063&idcb=7; accès le 20/08/07)*
>
> *C'est une autre histoire qui commence lorsque la formation du capital et son augmentation, le choix des membres du conseil d'administration, aboutissent à l'apparition d'un capitalisme d'un type nouveau, plus anonyme. Cet anonymat renforce le secret dont s'autorise, en France, tout ce qui concerne l'argent, la finance.* "En bouche close, n'entre mouche" *disait déjà Jacques Cœur.*
> *(www.eglise-etat.org/Ferro.html; accès le 20/08/07)*

· O peixe morre pela boca.
Trop gratter cuit, trop parler nuit.

> Derrotas, goleadas, vexames e, ainda assim, lá está ele, firme e forte, na segundona. É como diz o velho ditado: *O peixe morre pela boca.*
> (www.diarioweb.com.br/opiniao_leitor/ opiniao_leitor.asp?pagina=43; acesso em 05/06/06)
>
> *J'en conclut bien que* trop gratter cuit, trop parler nuit. *Donc inutile de perdre mon temps dans ces forums.*
> *(forum.doctissimo.fr/psychologie/dieu-religions/rend-elle-savant-sujet_2752_3.htm; accès le 20/08/07)*

· Quem tem boca vai a Roma.
Qui langue a à Rome va.

> Quase não existe sinalização na estradinha de terra, portanto o velho ditado que diz "*quem tem boca vai a Roma*" é de grande valia nesse caso.
> (www.nomad.com.br/destinos/viagem. asp?pag=0&id_hist=621&id=669; acesso em 08/06/06)

BOI

· Aonde a vaca vai, o boi vai atrás.
Un mouton en suit un autre.

> *Aonde a vaca vai, o boi vai atrás!* O Corinthians pode se tornar hoje o primeiro time a ser rebaixado seguindo o rastro da sua torcida principal.
> plins.blog.uol.com.br/arch2004-03-01_2004-03-15.html; acesso em 08/06/06)

BOM

· O ótimo é inimigo do bom.
Le mieux est l'ennemi du bien.

Lembre-se de que *o ótimo é inimigo do bom*. É melhor ter cinco "bons" do que um "ótimo". Pense em tudo isso e comece a agir agora.
(www.bestreader.com/port/txcomosereficiente.htm; acesso em 08/06/06)

Si nous agissons dans le respect de la Loi, ils s'attirent mutuellement pour se compenser. Le mieux est l'ennemi du bien, *un inutile gaspillage d'énergie.*
(home.nordnet.fr/~jdujardin/philo/bienetmal.htm; accès le 07/01/06)

BRIGA / BRIGAR

· Em briga de marido e mulher, ninguém mete a colher.
Entre l'écorce et le bois, il ne faut pas mettre le doigt.

A violência doméstica contra a mulher, infelizmente, é um fenômeno democrático; ultrapassa a fronteira da etnia, da classe social, do grau de escolaridade, da crença religiosa. Presente em diferentes culturas, uma característica preserva-se: a omissão. Por conta dessa omissão, que se reflete em ditados populares como "*em briga de marido e mulher ninguém mete a colher*", é que o Estado brasileiro foi responsabilizado pela Comissão Interamericana de Direitos Humanos.
(www.patriciagalvao.org.br/apc-aa-patriciagalvao/home/noticias.shtml?x=752; acesso em 15/08/07)

· Quando um não quer, dois não brigam.
Il faut être deux pour se quereller.

Agora, homem feito, razão toda do seu lado, ela só sabe dizer que *quando um não quer, dois não brigam*. E por que ele não respeita o irmão mais velho?
(www.ac.gov.br/outraspalavras/outras_9/conto.html; acesso em 08/06/06)

BRINCADEIRA

· Brincadeira de mão não dá certo.
Brincadeira de mão, brincadeira de cão.
Jeu de mains, jeu de vilains.

Jeu de mains, jeu de vilains. *AVERTISSEMENT : cette BD totalement humoristique veut se moquer uniquement des pratiques parfois douteuses des joueurs.*
(www.magictrade.org/index.php?mod=strview5; accès le 20/08/07)

BURRO

· Quando um burro fala, o outro abaixa a orelha.
Quand un seul parle, tous entendent, mais si tous parlent à la fois, qui entend?

Quando um burro fala, o outro abaixa a orelha. Este provérbio, de sutil complexidade, combina arrogância e modéstia em doses iguais.
(jbonline.terra.com.br/jb/papel/colunas/lingua/2004/09/12/jorcollin20040912001.html; acesso em 15/08/07)

c | C

CABEÇA

· Cada cabeça, uma sentença
Autant de têtes, autant d'avis.

> Concordo com você que a mídia e as pressões são fortes, mas *cada cabeça, uma sentença*. Não dá para generalizar. Pense nisso.
> (www.traida.net/traidaresponde/index.cfm; acesso em 08/06/06)

> *Chacun agit selon son goût;* autant de têtes, autant d'avis, *et tous cherchent ce qui est bien, mais par des voies différentes.*
> *(www.jose-corti.fr/titresetrangers/hubin-burton-melancolie.html; accès le 20/08/07)*

· Duas cabeças pensam melhor que uma.
Deux têtes pensent mieux qu'une.

> Os dois tutoriais podem complementar um ao outro... Afinal, *duas cabeças pensam melhor que uma...*
> (www.babooforum.com.br/idealbb/view.asp?topicID=376537; acesso em 08/06/06)

· Quando a cabeça não é boa, o corpo é que padece.
Du mal de la tête, les membres pâtissent.

> *Quando a cabeça não pensa, o corpo padece...* Mike Tyson poderia ser milionário. Não teve cabeça para isso. Encrencou-se dentro e fora dos tablados. ...
> (www.tribuna.inf.br/anteriores/06/outubro/23/orlando.asp; acesso em 15/08/07)

CAÇA

· Um dia é da caça, outro do caçador.
À chacun son tour.

> *Um dia é da caça, outro do caçador.* Certa vez, no sul de Pernambuco, quarenta se juntaram para fugir. O fazendeiro engoliu a ira e o prejuízo. ...
> (www.mulhereshiphop.blogger.com.br; acesso em 15/08/07)

> *Je regarde Jocelyne et lui dis c'est fini.* A chacun son tour, *le nôtre est terminé, je vous souhaite de vivre les mêmes aventures.*
> *(www.elpitchi.com/journal/index.php; accès le 07/01/06)*

CACHORRO

· Cachorro que fuça tatu acha mordida de cobra.
Qui s'y frotte s'y pique.

> *Quand il y a ceux qui veulent se frotter à moi, allez y! Mais n'oubliez pas :* qui s'y frotte s'y pique *et croyez moi ça peut faire très mal!!*
> *(www.orangeblog.fr/web/jsp/blog.jsp?blogID=60723; accès le 15/08/07)*

CAIR

· Cochilou, o cachimbo cai.
V. PERDER

A gente tem que se cuidar muito: *cochilou, o cachimbo cai.* (www.eps.ufsc.br/teses/valeska/cap_10/cap10.htm; acesso em 15/08/07)

· Nem tudo o que balança cai.
Tout ce qui branle ne tombe pas.

Nem tudo o que reluz é ouro e *nem tudo o que balança cai,* já dizia o surrado refrão. Muitas das coisas que sonhamos estão aí, ao alcance de nossas mãos... (www2.uol.com.br/jornaldecampos/407/editorial.htm; acesso em 15/08/07)

CALAR

· Quem cala consente.
Qui ne dit mot consent.

Quem cala consente, portanto, precisamos, mais do que nunca, desenvolver nossa capacidade de comunicação individual e de massa. Como? (rabiola.grude.ufmg.br/.../e76867f1f59135c983256bd8006d3f64/2cd7611d 0507a49283256cf60068af30?OpenDocument; acesso em 08/06/06)

Par le silence on laisse la possibilité de multiples interprétations et en particulier: il se tait donc il est d'accord: qui ne dit mot consent. *(www.philagora.net/corrige/silence.htm; accès le 08/01/06)*

CAMINHO

· Todos os caminhos levam a Roma.
Tous les chemins mènent à Rome.

Como se diz, *todos os caminhos levam a Roma.* Na rua você pode ser preso pela polícia, mas na rua você também pode fugir da polícia! (www.vitruvius.com.br/entrevista/ portzamparc/portzamparc_4.asp; acesso em 13/06/06)

Inutile de préciser qu'ensuite, l'interne a pu prescrire ses drogues avec la bénédiction du patron... Tous les chemins mènent à Rome... *(www.remede.org/spip/article534.html; accès le 08/01/06)*

CANTAR

· Quem canta, seus males espanta.
Qui chante ses maux épouvante.

Em vez de levar o problema para o momento de trabalho, o cantor pode e deve aproveitar o ensaio para fazer uma pequena "terapia", isto é, para relaxar e renovar sua mente, visto que, como diz o provérbio, *"quem canta, seus males espanta."* (www.abrc.com.br/artigo.asp?id=1; acesso em 13/06/06)

CÃO

· A cão mordido, todos chicoteiam.
Les battus paient l'amende.

On dit cependant. que les battus paient l'amende, *répond-il gaiement, mais la France est assez riche pour payer sa gloire.*
(reichshoffen.free.fr/Comple/Schirlenhof.html; accès le 15/08/07)

· Cão que ladra não morde.
Chien qui aboie ne mord pas.

Assim não dá mais, vou terminar- Nada de ameaças! Afinal, *"cão que ladra não morde"*. Se quiser pôr um fim na relação, faça logo.
(www.progresso.com.br/not_view.php?not_id=23355; acesso em 13/06/06)

La sagesse populaire dit "Chien qui aboie ne mord pas". *Cela vise surtout les obsédés impuissants. Mais, dans d'autres domaines aussi, on est parfois amené à constater un décalage entre paroles et actes.*
(www.interdits.net/2001mars/hum.htm; accès le 20/08/07)

· Não desperte o cão que dorme.
Ne réveillez paz le chat qui dort.

Mais ne réveillez pas le chat qui dort; *les apparences les plus tranquilles peuvent cacher une obstination à vivre qui dérange les jeunes malfrats.*
(argoul.blog.lemonde.fr/2006/01/21/2006_01_un_roman_finlan; accès le 20/08/07)

· Os cães ladram e a caravana passa.
Les chiens aboient, la caravane passe.

Não foi fácil, reconhece, mas superou, mesmo porque nos momentos mais difíceis plagiava Ibrahim Sued : *"Os cães ladram e a caravana passa"*.
(www.atontecnologia.com.br/clientes/ndnews/index.php?a=sep_quem_somos.php; acesso em 13/06/06)

Car un de vos ennemis tire les ficelles dans l'ombre, en vue de vous mettre des bâtons dans les roues... Restez zen : les chiens aboient, la caravane passe.
(www.lemoneymag.fr/Kalideo/Partenaires/lotree/corpsFiche_lotree/0,3740,10-7431-0-11822-11823-11825-FIC,00.html; accès le 08/01/06)

· Quem não tem cão caça com gato.
Faute de grives on mange des merles.

Quem não tem cão caça com gato. Artistas se mobilizam para abrir palcos alternativos, diante da falta de espaços oficiais.
(www.dpnet.com.br/anteriores/2000/09/06/viver8_0.html; acesso em 20/08/07)

Faute de grives, on mange des merles : *Le singe qui ne trouve rien à manger se nourrit de fruits.*
(www.gabonforever.com/Proverbes.htm; accès le 20/08/07)

· Quem seu cão quer matar, raiva lhe põe nome.
Qui veut noyer son chien l'accuse de la rage.

Mes mecs font ça régulièrement et y a pas de drame... qui veut noyer son chien l'accuse de la rage, *si tu vois ce que je veux dire.*
(forum.hardware.fr/hardwarefr/EmploiEtudes/Bientot-licencie-puis-esperer-lors-negociation-sujet-14176-3.htm; accès le 08/01/06)

CAPACIDADE

· Capacidade não se mede pela idade.
La valeur n'attend pas le nombre des années.

Florence est toute jeune mais la valeur n'attend pas le nombre des années. *Elle vous accueille et vous conseille, toujours souriante. ...*
(www.memotour.fr/html/qui%20sommes%20nous.htm; accès le 14/01/06)

CARA

· Quem cospe pra cima, cai-lhe na cara.
Qui crache au ciel, il lui retombe sur le visage (la tête).

A única que ainda não tinha sonhado com nadica de nada era a dondoca aqui. Só que como dizem *quem cospe pra cima cai na cara,* hoje (...) sonhei com o dia do meu casamento.
(www.cantinhoapimentado.blogger.com.br/2006_09_01_archive.html; acesso em 20/08/07)

· Quem vê cara não vê coração.
On ne prend pas un homme sur sa mine.

Galera, *quem vê cara não vê coração.* Foi isso que aprendi com meu romance telefônico, algo que não irá se repetir. Pelo menos sem ver cara e coração juntos.
(www.avassaladoras.com.br/per_silvinha.html; acesso em 13/06/06)

CARAPUÇA

· A carapuça é para quem servir.
Qui se sent morveux se mouche.

Qui se sent morveux se mouche, *celui qui se sent coupable des choses qu'on blâme en général, doit prendre pour lui la censure.*
(forum.lokanova.net/viewtopic.php?p=4761&sid=326b3479ca1125492a261b67e9c278a4; accès lê 20/08/07)

CARIDADE

· A caridade começa em casa.
Charité bien ordonnée commence par soi-même.

Queridos pais de família, *a caridade começa em casa*, o marido com a mulher e vice-versa, os pais com os filhos.
(www.loreto.org.br/jan2005_dom_euzebio.asp; acesso em 20/08/07)

Charité bien ordonnée commence par soi-même. *Ce n'est pas de l'égoisme, mais du réalisme. Vous même, si votre famille est composée de 40 personnes, et que 8 ont de gros problèmes, commenceriez vous à aider votre famille ou celles des autres?*
(forums.france3.fr/france3/Ce-soir-ou-jamais/immigration-identite-codeveloppement-sujet_875_1.htm; accés lec20/08/07)

CARNE

· A carne é fraca.
La chair est faible.

Vigiai e orai, para que não entreis em tentação; o espírito, na verdade, está pronto, mas *a carne é fraca.*
(www.athanazio.pro.br/moodle/mod/book/view.php?id=1974&chapterid=15; acesso em 13/06/06)

Plusieurs chrétiens pensent que le péché est une fatalité, car ils se disent : "la chair est faible", *justifiant ainsi leurs mauvaises oeuvres.*
(www.laparolededieu.com/pages/vaincrepag.html; accès le 20/08/07)

CASA

· Cada um em sua casa é rei.
Charbonnier est maître chez soi.

Charbonnier est maître chez soi, *chacun, si humble soit-il, vit chez soi comme il lui plaît.*
(www.patrimoine-de-france.org/mots/mots-acade-57-28371.html; accès le 20/08/07)

CASAMENTO

· Casamento é loteria.
Le mariage est une loterie.

Muita gente diz que *casamento é loteria*. Não importa se o casal namorou seis meses ou seis anos, nunca se terá a garantia de ser feliz para sempre.
(www.cfh.ufsc.br/~evandro/casamentosrelampagos.htm; acesso em 13/06/06)

Ma grand-mère disait aussi que le mariage est une loterie *: on épouse un homme, on en découvre un autre. C'est ce qui m'est arrivé.*
(www.psychologies.com/article.cfm/article/530/temoignages-pourquoi-ils-se-sont-choisis; accès le 20/08/07)

CASAR

· Quem casa quer casa.
Autant de mariages, autant de ménages.

> Para a maioria dos noivos, o casamento é o ponto de partida para a compra do primeiro imóvel, e essa é certamente a tarefa mais difícil em nossa vida financeira. (...) Principalmente você que vai casar conhece muito bem a verdade daquele velho ditado: "*quem casa quer casa*".
> (www.guiadecasamento.com.br/ noiva/obj/noiva.php?guia=imovel_certo; acesso em 13/06/06)

CASTIGO

· O castigo vem a cavalo.
La colère des dieux est lente, mais terrible.

> Mas como *o castigo vem a cavalo*, menos de 48 horas depois de ter sido ofendido por ter desmontado sua história da carochinha no ar, vem a Folha de São Paulo, o maior jornal do Brasil, e estampa uma reportagem intrigante.
> (www.futebolinterior.com.br/news.php?id_news=6579; acesso em 20/08/07)

CAVALO

· A cavalo dado não se olham os dentes.
À cheval donné on ne regarde pas les dents.

> Podem passar um dia inteiro em uma instituição sem ter feito quase nada produtivo e com qualidade. Esta última, coitada, é sempre deixada de lado, pois o voluntário está doando e ele e a instituição julgam que, nesse caso, nada se pode exigir *(A cavalo dado não se olham os dentes.)*
> (www.usecircuitodasaguas.com.br/detalhe.asp?codigo1=19; acesso em 20/08/07)

> *Qu'on se rassure, le programme des Verts a été soigneusement élaboré. C'est justement parce que nous ne sommes que des politiciens de milice davantage préoccupés du contenu que du contenant que je n'ai pas refusé l'offre d'un ami disposé à réaliser mon blog:* à cheval donné on ne regarde pas les dents, *dit le vieux sage.*
> *(revertpolitique.unblog.fr/2006/12/10/3; accès le 20/08/07)*

CEGO

· Em terra de cego, quem tem um olho é rei.
Au royaume des aveugles, les borgnes sont rois.

> Já escutou aquele ditado que diz: "*Em terra de cego quem tem um olho é rei*"? Não esqueça. O mercado é cego! Utilize o seu olho e seja rei!
> (www.widebiz.com.br/gente/cecfarias/simples.html; acesso em 13/06/06)

Au royaume des aveugles, les borgnes sont rois. *Avec un mérite, un savoir médiocre, on brille au milieu des sots et des ignorants. (www.yfolire.net/cite/provcl_a.php; accès le 08/01/06)*

· O pior cego é aquele que não quer ver.
Il n'est pire aveugle que celui qui ne veut pas voir.

Pior cego é aquele que não quer ver. 'Esmeralda' parece uma novela de rádio; elenco é inexpressivo, mas protagonistas seguram bem a peteca. (www.diarioon.com.br/arquivo/3983/lazer/lazer-10190.h; acesso em 20/08/07)

Il n'est pire aveugle que celui qui veut pas voir... *Inversement ce sont les personnes qui sont les plus défiantes vis à vis des institutions et des valeurs démocratiques (honnêteté, égalité, travail) qui portent les jugements le plus sévères sur les atteintes à la probité (les élus sont plutôt corrompues, les institutions très corrompues, la corruption en augmentation.) (soumission.sociale.over-blog.com/article-4238880.html; accès le 20/08/07)*

CHINELO

· Há sempre um chinelo velho para um pé doente.
À chacun sa chacune.

Mas se *para todo pé doente há um chinelo velho*, para toda mulher desconfiada há um homem condescendente. (www.bolsademulher.com/estilo/materia/elas_estao_desconfiadas/3084/1; acesso em 20/08/07)

(...) si à chacun sa chacune *c'est toi que je préfère (...)* (viva.zavatta.free.fr/tordue/torlyric.htm; *accès le 20/08/07)*

CHORAR

· Quem não chora não mama.
Qui ne demande rien n'a rien.

O Ministério da Saúde ofereceu mais recursos ao prefeito do Rio, isso nos leva a refletir que o governo fez sua mea culpa e que, em parte, o choro do prefeito era real. Os outros prefeitos do Brasil logo vão também querer comprar essa briga com o governo, pois conheço o velho ditado "*quem não chora não mama*". (201.7.176.18/online/servicos/blog_v2/comentarios.asp?cod_Post=4305&pagAtual=3; acesso em 13/06/06)

Qui ne demande rien, n'a rien!! *J'espère avoir été assez claire, et que ceci profite à d'autres lectrices... (forum.aufeminin.com/forum/pratique1/__f15813_pratique1-Mutuelle-ucr-quelqu-un-connait.html; accès le 20/08/07)*

CHUVA

· Quem está na chuva, é para se molhar.
Le vin est tiré il faut le boire.

> Vou para a luta, porque *quem está na chuva é para se molhar*. E se for para me molhar não vai ser de graça. Tenho que tirar algum proveito disso", concluí. (www.coamo.com.br/jornalcoamo/gestao.html; acesso em 13/06/06)
>
> *Oui, quand* le vin est tiré, il faut le boire. *Et le temps est aussi venu pour chacun de prendre ses responsabilités. (www.alain-lambert-blog.org/index.php?2005/12/17/252-quand-le-vin-est-tire-il-faut-le-boire; accès le 15/08/07)*

COLHER

· Cada um colhe o que planta.
Qui fait la faute la boit.

> Para os taoístas, o carma segue a lei da causa e efeito: *cada um colhe o que planta*. Isso não quer dizer que haja uma moral dogmática nessa história. (claudia.abril.com.br/edicoes/527/fechado/amor_sexo/conteudo_130936.shtml; acesso em 13/06/06)

COMEÇO

· Tudo tem um começo.
Il y a un commencement à tout.

> É preciso que todos entendam que *tudo tem um começo.* A lei da natureza é fazer o indivíduo nascer pequeno, crescer e se desenvolver no decorrer do tempo. (www.rh.com.br/ler.php?cod=4409&org=2; acesso em 13/06/06)
>
> *Je précise qu'il n'y a pour le moment encore rien de bien concret, mais* il y a un commencement à tout *et si chacun met du sien alors tout devrait aller très vite. (linuxfr.org/2004/05/08/16212.html; accès le 20/08/07)*

COMER

· Quem nunca comeu melado, quando come se lambuza.
Si tu trouves du miel, n'en mange que ce qui te suffit.

> O crédito para as empresas subiu pouco, 0,2% em agosto, mas o das pessoas físicas cresceu 3,1% no mês e 39% em relação a agosto de 2004. *Quem nunca comeu melado, quando come, se lambuza*, mas, por enquanto, não há sinal de que os consumidores estejam se atrapalhando no pagamento. A inadimplência cresceu só um pouco e foi para 6,1% do total emprestado à pessoa física. (clipping.planejamento.gov.br/Noticias.asp?NOTCod=222757; acesso em 13/06/06)

· Comer e coçar é só começar.
L'appétit vient en mangeant.

Aqui cabe aquela velha frase – "*comer e coçar é só começar*". Passar a mão sobre a área cicatrizada é estímulo suficiente para ampliar a sensação de prurido.
(www.drauziovarella.com.br/entrevistas/cicatrizes10.asp; acesso em 15/08/07)

L'appétit vient en mangeant *et au moment de se rendre à Villarreal, pas un joueur n'envisage autre chose que la qualification en huitième de finale. (sports.fr/fr/cmc/football/200549/cmc_81255.html; accès le 08/01/06)*

COMPARAÇÃO

· Comparação não é razão.
Comparaison n'est pas raison.

Bien sûr, "comparaison n'est pas raison"*, mais il est intéressant de comparer le régime de la 5e République à ceux de nos voisins européens. (perso.orange.fr/c6r-etudiants/Pages/C6REtudiants/C6REtudiants.htm; accès le 15/08/07)*

COMPETÊNCIA

· Quem não tem competência não se estabelece.
Qui ne fait son métier doit fermer boutique.

É lamentável o Governador de São Paulo dizer ao povo - povo esse que está esperando palavras de alento e de confiança - que não sabe mais o que fazer. Se não sabe, vá para casa. Não fique causando insegurança para a população. *Quem não tem competência não se estabelece.*
(www.fleuryfilho.com.br/26101999.html; acesso em 13/06/06)

COMPRAR

· Quem desdenha quer comprar.
Qui dénigre veut acheter.

Major, não se preocupe com essas difamações com relação ao Flamengo, pois existe um ditado Árabe que diz: "*quem desdenha quer comprar...*".
(www.pm.al.gov.br/intra/modules/newbb/print.php?form=1&topic_id=9&forum=5&order=DESC&start=0; acesso em 13/06/06)

CONHECER

· Pelo fruto se conhece a árvore.
À l'oeuvre on connaît l'artisan.
C'est au pied du mur qu'on voit le maçon.

Se pelo fruto se conhece a árvore, deixo a cargo da inteligência e sensibilidade de cada um a avaliação se o teor dos textos que repasso são compatíveis com as idéias de Ramatís.
(www.ippb.org.br/modules.php?op=modload&name=Sections&file=index&req=printpage&artid=36; acesso em 20/08/07)

A l'œuvre on connaît l'artisan. *De même, c'est à l'usage qu'on peut se rendre compte de l'excellence ou de l'insuffisance d'une langue internationale.* (*www.filip.ouvaton.org/eo14/gautherot/7.html; accès le 20/08/07)*

La compétence ne peut en effet être appréciée qu'au moment de la performance: comme on dit, c'est au pied du mur qu'on voit le maçon.
membres.lycos.fr/styx/anti_textes/elec.htm; accès le 08/01/06)

· Quem não te conhece que te compre.
Portez à d'autres vos coquilles.

De outros carnavais quem te conhece sou eu, *quem não te conhece que te compre.* Eu te quero bem longe de mim e dos amigos meus.
(jovempan.uol.com.br/jpamnew/interatividade/forumjp/read.php?forum_id=10001&msg_id=2418; acesso em 13/06/06)

CONSELHO

· Quem aconselha não paga contas.
Les conseilleurs ne sont pas les payeurs.

Les conseilleurs ne sont pas les payeurs, *défions-nous parfois des conseilleurs; ni leur personne ni leur bourse ne courent le risque qu'ils conseillent. membres.lycos.fr/clo7/grammaire/provexplique.htm; accès le 08/01/06)*

· Se conselho fosse bom, ninguém dava, vendia.
Si les conseils servaient à quelque chose, nul ne les donnerait, tous les vendraient.

Existe uma série de dicas que podem ser importantes ou não, pois é aquela velha história do *"se conselho fosse bom, ninguém dava, vendia."*
(www.valinor.com.br/content/view/6511/123; acesso em 20/08/07)

CONTAR

· Quem conta um conto aumenta um ponto.
Qui raconte un conte augmente d'un point.

E mais: nem tudo o que ouvimos devemos passar adiante, *pois quem conta um conto aumenta um ponto.* E se o que se conta é um segredo, pior ainda.
abelsidney.vilabol.uol.com.br/inf5.html; acesso em 13/06/06)

CORAÇÃO

· Longe dos olhos, longe do coração.
Loin des yeux, loin du coeur.

É aquela história: *longe dos olhos, longe do coração*. Se na hora da escolha você não está por perto, o consumidor pode se decidir por outro produto. (comercial.redeglobo.com.br/informacoes_comerciais_manual_basico_de_midia/manual_basico_eficacia.php; acesso em 13/06/06)

Non justement pas d'assistanat, ils mourront de faim loin de vos yeux... loin de la "générosité" nationale, loin des yeux loin du coeur. *(lesmassesmuettes.hautetfort.com/archive/2005/12/07; accès le 08/01/06)*

· Mãos frias coração quente.
Mains froides, coeur chaud.

Lorsque j'en parle a ma mère, elle me dit souvent mains froides coeur chaud, *sauf que là je commence à trouver ça bizarre! (forum.doctissimo.fr/medicaments/medicaments-generiques/mains-froides-sujet_144479_1.htm; accès le 20/08/07)*

· O coração tem razões que a própria razão descomhece.
Le coeur a ses raisons que la raison ne connaît point.

Diz o poeta que "*o coração tem razões que a própria razão desconhece*" E Netinho deve ter tido fortes razões para se deixar devorar pelo vicio da bebida.
(www.museudosesportes.com.br/noticia.php?id=21102; acesso em 13/06/06)

Les amoureux savent bien que l'amour est impossible, c'est même ce qui le rend si précieux, et que le coeur a ses raisons que la raison ne connaît point. *(perso.wanadoo.fr/marxiens/psy/chaumier.htm; accès le 08/01/06)*

· O que os olhos não vêem o coração não sente.
L'absence détruit ou affaiblit les affections.

Dizem que "*o que os olhos não vêem o coração não sente*" e por isso é tão difícil ao fumante avaliar o mal que o cigarro faz ao seu organismo.
(www.ufrrj.br/institutos/it/de/acidentes/fumo4.htm; acesso em 13/06/06)

CORDA

· A corda arrebenta sempre do lado mais fraco.
Où il est plus faible, le fil se rompt.

A corda arrebenta sempre do lado mais fraco, e nós não somos os fortes. O senhor acredita na justiça para esse caso? Acho difícil. A indenização já ajudaria ...
(www.mst.org.br/mst/pagina.php?cd=2083; acesso em 20/08/07)

· Em casa de enforcado não se fala em corda.
Il ne faut pas parler de corde dans la maison d'un pendu.

Já ouviu falar naquele ditado *"em casa de enforcado não se fala em corda"*? É um mínimo de respeito e bom senso que a gente carrega pela vida. (www.hikawa.com.br/2004/04/jo-pequeno-pode-estragar-algo-legal.html; acesso em 20/08/07)

On ne parle pas de corde dans la maison d'un pendu.... *On ne parle pas de changement dans un système en danger de changement. (www.institut-famille.com/ift/article.php?art=1; accès le 20/08/07)*

CRIANÇA

· A criança é o pai do homem.
L'enfant est le père de l'homme.

L'enfant est le père de l'Homme... *Nous n'héritons pas de la Terre, nous l'empruntons à nos enfants, c'est pourquoi, ici et maintenant, il nous faut sensibiliser le plus grand nombre au respect de la nature. (mne.asso.free.fr/anim.html; accès le 15/08/07)*

CULPA

· Quem pede desculpa reconhece sua culpa.
Qui s'excuse s'accuse.

Ne vous justifiez plus : " qui s'excuse s'accuse" *dit le proverbe. Plus l'explication est courte, plus elle est convaincante. (perso.wanadoo.fr/laragedevivre/saffirmer.htm; accès le 08/01/06)*

CURAR

· O que arde cura e o que aperta segura.
L'arbre devient solide sous le vent.

"O que arde cura, o que aperta segura": Nossas expectativas e perspectivas são que nossas esperanças e persistências resultarão na certeza da cura. (www.sasp.com.br/a_escola_carnaval.asp?rg_carnaval=21932

d | D

DANÇAR

· Bobeou, dançou.
V. PERDER

Bobeou, dançou! Ricardo diz a Ana que está apaixonado...por outra! Mas durante muito tempo Ana do Véu figurou no pensamento e no coração de Ricardo. (sinhamoca.globo.com/Novela/ Sinhamoca/0,,AA1199481-5574,00.html; acesso em 13/06/06)

DAR

· Ninguém dá nada de graça.
Gratis est mort.

Você não entende porque o Hábil é distribuído GRATUITAMENTE? Nós entendemos suas dúvidas; hoje em dia, *ninguém dá nada de graça.* Mas nós vamos deixar essa nossa estratégia bem clara para você.
(www.habil.com.br/gratuita/egratis.asp; acesso em 20/06/06)

· Ninguém pode dar o que não tem.
À l'impossible nul n'est tenu.

Ninguém pode dar o que não tem. Se não tivermos qualidade pessoal, jamais poderemos dar qualidade para as outras pessoas nas inúmeras e diferentes stuações de nossas vidas.
(www.guiarh.com.br/pp11.htm; acesso em 20/08/07)

En ce qui concerne la qualité des tirages, "à l'impossible, nul n'est tenu*!"; tous les tirages que nous avons reçus tirent vers le rouge.*
(www.presence-pc.com/tests/Comparatif-de-11-sites-de-tirage-photo-online-350/14; accès le 09/01/06)

DEDO

· Vão-se os anéis, mas ficam os dedos.
Mieux vaut perdre la laine que le mouton.

Vou incluí-la nas minha orações, mas lembre-se, *vão se os anéis, ficam os dedos.* Não se deixe abater, você é inteligente e estas provações vão deixá-la mais mais forte, tenho certeza.
(www.odontopalm.com.br/gsf/arquivo/2006/08/inferno_astral.html; acesso em 20/08/07)

DEMAIS

· Tudo o que é demais enjoa.
L'excès en tout nuit.

Tudo o que é demais enjoa: se você é rabugento demais, se você é extremo demais, se você é inconveniente demais, se você é meigo demais... estes são os tipos de pessoas que geralmente vivem à beira de um isolamento total. (www.goticosfelizes.weblogger.com.br; acesso em 20/08/07)

Je dirai maintenant à Mme Yolande Boyer que l'excès en tout nuit : *peut-on accepter, demande-t-elle, que deux droits du travail coexistent?* *(www.senat.fr/seances/s200504/s20050414/s20050414004.html; accès le 09/01/06)*

DESGRAÇA

· Desgraça pouca é bobagem.
Un malheur en entraîne un autre.

Desgraça pouca é bobagem. Falta de senso, para não dizer de valores, produziu contratações apressadas e facão rápido. (webinsider.uol.com.br/vernoticia.php/id/872; acesso em 13/06/06)

· Uma desgraça nunca vem só.
Un malheur n'arrive jamais seul.

Tudo foi muito bem até o dia em que Bernardo, acometido por uma rápida enfermidade, veio a falecer. Dizem que "*uma desgraça nunca vem só*". Verdade ou não, o fato é que, logo depois, o Bernardinho foi acometido por um grave problema visual e perdeu as duas vistas. (www.cuidadoestaoteespiando.blogger.com.br/2004_08_01_archive.html; acesso em 20/08/07)

Comme un malheur n'arrive jamais seul, *Méhémet Ali, bien que vaincu, réclame la Syrie pour prix de son intervention aux côtés du sultan.* *(www.herodote.net/histoire10200.htm; accès le 09/01/06)*

DESTINO

· Cada um é dono de seu destino.
Chacun est maître de son sort.

Chacun est maître de son destin *tout autant qu'il soit conscient de ses capacités et de ses lacunes, de ses forces et de ses faiblesses.* *(www.astrophil.fr/cours/cours_astrologie.htm; accès le 20/08/07)*

DEUS

· Cada um por si e Deus por todos.
Chacun pour soi, Dieu pour tous.

E que a cada dia, está valendo mais o ditado: *Cada um por si e Deus por todos*? As pessoas estão pensando só no bem-estar próprio e não no todo. (www.segs.com.br/index.cfm?fuseaction=clubes; acesso em 13/06/06)

Ils te diront tous chacun pour soi dieu pour tous, *pour te secourir ils ne soulèveront pas une seule pousse.*
(www.lesparoles.fr/html/chanson/Ff/10585.html; accès le 20/08/07)

· Deus ajuda quem cedo madruga.
Aide-toi, le Ciel t'aidera.

"*Deus ajuda quem cedo madruga!*", diz a ascensorista desempregada Maria dos Santos Mendes. E a esperança de cada um é a mesma.
(globoreporter.globo.com/Globoreporter/0,19125,VGC0-2703,00.html; acesso em 20/08/07)

Et c'est alors que la vie se déploiera devant toi "aide toi, le ciel t'aidera", *laissant découvrir des trésors de beauté et de prospérité.*
(www.chantelavie.com/01.htm; accès le 09/01/06)

· Deus dá o frio conforme o cobertor.
Dieu donne le froid selon le drap.

De uma coisa podem ter a certeza, *Deus dá o frio conforme o cobertor* e jamais colocará fardo pesado nos ombros de quem não pode carregar.
(www.supertextos.com/texto1259.html; acesso em 13/06/06)

· Deus escreve certo por linhas tortas.
Dieu écrit droit avec des lignes courbes.

"*Deus escreve certo por linhas tortas*, haverá o dia em que o povo vai começar a perceber o que é o jogo político e que é verdade", completou.
(www.horadopovo.com.br/06/fevereiro/08-02-06/pag3a.htm; acesso em 13/06/06)

Etre créatif, c'est aussi chercher sa vraie vocation, car même si de nombreux détours existent, "Dieu écrit droit avec des lignes courbes" *(...)*
(catholique-metz.cef.fr/index.php?doc=dossiers/20040831_taize/20040831_taize; accès le 20/08/07)

· Deus sabe o que faz.
Dieu sait ce qu'il fait.

Espere um pouco mais, tenha paciência, pois *Deus sabe o que faz.* Ele tem o tempo certo para todas as coisas. Aguarde a sua vez de ser atendido...
(www.lagoinha.com/noticias/ ver_materia.asp?codnoticia=9451; acesso em 13/06/06)

Les pensées ébranlent ma foi, mais je me dis que Dieu sait ce qu'il fait. *Pourquoi? Parce qu'au fond, je suis comme la majorité des croyants.*
(www.afribone.com/article.php3?id_article=7558; accès le 20/08/07)

· Hora a hora Deus melhora.
La fortune vient en dormant.

> C'est parce que *la fortune vient en dormant* qu'elle arrive si lentement. C'est quand on serre une dame de trop près qu'elle trouve qu'on va trop loin. (oferriere.free.fr/Ilsontdit/allais.htm; accès le 09/01/06)

· O homem põe e Deus dispõe.
L'homme propose et Dieu dispose.

> Infelizmente, *o homem põe e Deus dispõe*, e perdemos esse grande amigo. Mas fiquei satisfeito porque 11 milhões de crianças terão uma ajuda substancial. (www.al.sp.gov.br/StaticFile/ integra_sessao/092aSO010626.doc; acesso em 13/06/06)

> M. *Reumaux avait élaboré tous ces projets, mais* l'homme propose et Dieu dispose! *Il était à la veille d'un immense désastre. (www.annales.org/archives/x/eliereumaux.html; accès le 10/01/06)*

DEVAGAR

· Devagar e sempre.
Qui va doucement va sûrement.

> Fiéis ao lema "*devagar e sempre*", os veículos eram fortes e persistentes. De acordo com o Censo realizado em 1950, eram ainda quase 36 mil no país. (www.correiodabahia.com.br/06)/ 06/03/noticia.asp?link=not000134560.xml; acesso em 13/06/06)

> *Soyez prudents.* Qui va doucement va sûrement. *Pourquoi ne pas repousser un peu votre voyage. (www.agadez-niger.com/forum/viewtopic.php?t=1471; accès le 20/08/07)*

· Devagar se vai ao longe.
Qui va doucement va loin.

> Tinha-me esquecido de que a sabedoria das nações, ou a ciência dos provérbios, consagra o princípio de que *devagar se vai ao longe*. (www.fuvest.br/scr/livros.asp?tipo=3&parte=00008&livro=JA002; acesso em 20/08/07)

> *Je pense qu'il faut laisser au temps de se faire connaître et comme le dicton le dis si bien* "qui va doucement va loin", *donc je ne m'inquiète pas. membres.lycos.fr/cdes5080/photoalbum1.html; accès le 10/01/06)*

DEVER

· Primeiro o dever, depois o prazer.
Le travail d'abord, le plaisir ensuite.

> *Qui écrasez-vous en premier?" "Le chef!* Le travail d'abord, le plaisir ensuite!" *(www.abeilleinfo.com/forum/ read.php?f=20&i=55&t=55; accès le 10/01/06)*

· Quem não deve não teme.
À bien faire il n'y a point de reproche.

> Sou favorável à CPI dos Correios, bem como àquela do "Valdomiro/Dirceu" - que me decepcionou. *Quem não deve não teme.* Tudo tem que ser transparente. (blog.radiometropole.com.br/index.php?title=title_517&more=1&c=1&tb=1&pb=1; acesso em 13/06/06)

DIA

· A cada dia basta o seu cuidado.
À chaque jour suffit sa peine.

> *A cada dia basta o seu cuidado.* Por isso, sorria e espante a tristeza e a pre cupação, anime-se porque tudo melhora para aqueles que buscam melhorar. (www.ultimahoranews.com/not_ler.asp?codigo=55115; acesso em 20/08/07)

> *Et comme dit le chirurgien de Rémi :* "A chaque jour suffit sa peine" *... une autre manière de parler de patience ...*
> *(tremplin.free.fr/temoignages/Remi.htm; accès le 10/01/06)*

· Amanhã é outro dia.
Demain il fera jour.

> Entro no carro pensando: "Não foi desta vez que as coisas saíram conforme havia planejado e sonhado, mas, tudo bem, *amanhã é outro dia.*
> (www.aomestre.com.br/cll/V68_cronica.htm ; acesso em 20/08/07)

> *Arrêtez de vous disputer, dit Maria,* demain il fera jour, *après une bonne nuit, tout ira beaucoup mieux. Après le repas Fred se dirige vers la télé.*
> *(echo.levillage.org/312/6066.cbb; accès le 10/01/06)*

· Nada como um dia após o outro.
V. BEM

> No entanto *nada como um dia após o outro.* O Goiás resolveu jogar bola após o afastamento de 4 pernas de pau e o time engrenou. (www.esmeraldino.com.br/layout/index.php?ver=coluna&idcol=456; acesso em 20/08/07)

· Roma não se fez num dia.
Rome ne s'est pas faite en un jour.

> *Roma não se fez num dia.* E não se mudam de uma hora para outra, por lei, os costumes políticos de um país com as mazelas sociais do Brasil.
> (www.senado.gov.br/secs_inter/noticias/senamidia/historico/1999/1/zn012516.htm; acesso em 20/08/07)

> *Tout le monde sais que* Rome ne s'est pas faite en un jour, *la Chine non plus. Patience, mes amis. Quant à la proposition de Mr K de faire la révolution, je ne sais ...*
> *(chine.blogs.liberation.fr/pekin/2005/03/manif.html; accès lê 15/08/07)*

DIABO

· O diabo não é tão feio como se pinta.
Le diable n'est pas si noir qu'il en a l'air.

Afinal "*o diabo não é tão feio como se pinta*", pois para poder tentar os mortais toma todas as formas, mas também "não faz graças para ninguém rir". (jangadabrasil.com.br/maio33/im33050b.htm; acesso em 13/06/06)

DINHEIRO

· Dinheiro chama dinheiro.
L'argent appelle l'argent.

E como bem diz a sabedoria popular, "*Dinheiro chama dinheiro*", e a F1 é uma bola de neve que não pára de crescer. (ultimosegundo.ig.com.br/paginas/grandepremio/materias/449501-450000/449649/449649_1.html; acesso em 20/08/07)

Il tient à me rassurer, ou plutôt à souligner un point important, à savoir que l'argent appelle l'argent *et que les marchands qui se débrouillent le mieux sont ceux qui disposent de grosses structures et d'un imposant fichier de clients. (www.artcult.fr/_Lejournaldunfoudart/Fiche/art-0-1248864.htm?startCat=3&Chapitre=3; accès le 20/08/07)*

· Dinheiro não cai do céu.
Dinheiro não dá em árvore.
L'argent ne tombe pas du ciel.

Quando o filho entende o trabalho dos pais e por que saem todo dia de casa, passa a compreender o velho dito popular "*Dinheiro não cai do céu*". (www.clicfilhos.com.br/site/display_ materia.jsp?titulo=O+valor+do+trabalho; acesso em 13/06/06)

Dinheiro não dá em árvore. Seu filho sabe disso? Ele é novo para ganhar mesada, ainda mais para lidar com dinheiro. (revistapaisefilhos.terra.com.br/dinheiro-429.asp; acesso em 20/08/07)

Pour la grande majorité des français, l'argent ne tombe pas du ciel. *La situation de l'emploi ne favorise pas non plus l'excès d'optimisme. (cathisere.cef.fr/aufait0607/campagne_denier07/accueil_denier07.html; acesso em 20/08/07)*

· Dinheiro não tem cheiro.
L'argent n'a pas d'odeur.

Fraser deu a sorte de já estar trabalhando no sequenciamento do Bacillus anthracis quando houve o 11 de setembro de 2001 e os atentados subseqüentes com a bactéria. O Niaid comparece hoje com algo entre um quarto e um terço do orçamento de pesquisa do Tigr, segundo Brickley, ou cerca de US$ 40

milhões. Muitos pesquisadores nessa situação dirão que *dinheiro não tem cheiro* e que estão produzindo ciência básica, também, enquanto colaboram com a segurança nacional dos EUA.
(www1.folha.uol.com.br/folha/ciencia/ult306u7837.shtml; acesso em 20/08/07)

Je sais que ce n'est pas de leur faute, peut-être que nous aussi on sent mauvais pour eux? Rainui PS Ne dit-on pas que l'argent n'a pas d'odeur?
(www.tahiti-fenua.com/communiquer/forum_messages_detail.php?fid=1&mid=16888; accès le 11/01/06)

· Dinheiro não traz felicidade (mas ajuda).
L'argent ne fait pas le bonheur (mais il y contribue)

Dinheiro não traz felicidade mas ajuda. Pois sem dinheiro não dá nem para dar uma volta no shopping, porque não dá para pagar o bus ou a gasolina.
(advisimplesmente.blogspot.com/06)_04_01_advisimplesmente_archive.html; acesso em 13/06/06)

La vie nous offre tellement de cadeaux même si ce sont les plus riches qui veulent s'accaparer tout! L'argent ne fait pas le bonheur, mais il y contribue!
blog.celib51.gayattitude.com; accès le 11/01/06)

· Dinheiro nunca é demais.
Abondance de biens ne nuit pas.

Dinheiro nunca é demais, não é mesmo? Então, anime-se e prepare um banho com os ingredientes certos no último dia do ano para ter muita fartura.
(minhavida.uol.com.br/MostraMateria.vxlpub?CodMateria=762;

Cette région a également donné vie à un excellent fromage et à une race de vaches très célèbre. Et puis, enfin quoi, abondance de biens ne nuit pas.
(docs.abondance.com/pourquoi.html; accès le 29/01/06)

DONO

· O seu a seu dono.
À chacun son dû.
À chacun le sien.
À chacun selon ses oeuvres.

Em meio à histeria instalada nos últimos meses, só temos a agradecer a você, por sempre procurar dar *o seu a seu dono*. Obrigada por isso.
oglobo.globo.com/online/servicos/blog_v2/comentarios.asp?cod_Post=8002&pagAtual=21; acesso em 13/06/06)

Il s'agit de matérialiser dans l'espace la fonction sans doute la plus importante de l'Etat moderne : rendre, au nom du Droit, à chacun son dû.
(www.avocats-publishing.com/ UN-NOUVEAU-PALAIS-DE-JUSTICE-A; accès le 11/01/06)

Dans le défilé de cérémonies de remises de récompenses qui fleurissent à travers la planète, à chacun le sien. *Celui-ci serait bien le premier du genre!*
(www.africafoot.com/international/ cameroun/fumisterie_fecafoot.html; accès le 11/01/06)

L'humiliation est, dans le mal, et non dans le bien, et nous savons que, tôt ou tard, justice sera rendue à chacun selon ses œuvres...
(www.ephphata.net/la-priere/prieres-pour-autrui.html; accès le 11/01/06)

DORMIR

· Quem dorme com criança acorda molhado.
Qui se couche avec les chiens se lève avec des puces.

" Qui se couche avec les chiens se lève avec les puces" *dit un proverbe. Ce qui signifie que les mauvaises fréquentations ont des suites fâcheuses.*
(www.curiositel.com/les-puces-flea-market/avant-propos.htm; accès le 20/08/07)

e | E

ERRAR

· Errando é que se aprende.
C'est en faisant des erreurs qu'on apprend.

Devemos mudar as nossas maneiras de pensar a partir de que *errando é que se aprende*, assim torna-se interessante lutar contra nossas próprias limitações, e que também podemos aprender com o erro de outras pessoas.
(www.abtd.com.br/artigos2.asp?id=7; acesso em 20/08/07)

Je sais que ce n'est pas évident... mais c'est en faisant des erreurs qu'on apprend... *Alors accepte ton erreur et avance!!*
(forum.doctissimo.fr/doctissimo/deceptions-ruptures/ stupide-betise-fini-sujet-150889-1.htm; accès le 12/01/06)

· Errar é humano.
Se tromper est humain.

Errar é humano por isso todos erram, de alguma maneira. O erro maior do homem é não conhecer as Escrituras e não seguir os ensinamentos ali mencionados.
aleluia.uol.com.br/2002/?section=articles&id=2615; acesso em 13/06/06)

Se tromper est humain, *le pouvoir aurait dû présenter les excuses pour redorer le blason. Loin de se rapprocher des journalistes, le pouvoir ou le parti qui est au pouvoir a franchi le pas en isolant les journalistes des dirigeants.*
(burundi.news.free.fr/actualites/guerrecontrepresse.html; accès le 21/08/07)

· Errar é humano, persistir no erro é burrice.
Se tromper est humain, persister dans l'erreur est diabolique.

E na segunda gravidez foi planejado ou foi por falta de método contraceptivo (camisinha, anticoncepcional, etc...)? Porque se foi pelo mesmo erro da primeira, desculpa... mas... É completa falta de responsabilidade de ambos. Já diria o grande sábio... *errar é humano, persistir no erro é burrice.*
(forum.darkside.com.br/vb/printthread.php?t=2322; acesso em 19/06/06)

ERRO

· Erro não é falta.
Erreur n'est pas compte.

En somme, erreur n'est pas compte, *et d'un malentendu à un crime, il y a loin.*
(www.miscellanees.com/c/courte02.htm; accès le 15/08/07)

ESCOLHIDO

· Muitos são os chamados e poucos os escolhidos.
Beaucoup sont appelés, peu sont élus.

Peço-lhe que reze a Deus que nos mantenha misericordiosamente a seu serviço, já que *muitos são os chamados e poucos os escolhidos.*
(www.montfort.org.br/
index.php?secao=cartas&subsecao=doutrina&artigo=20040811211022&lang=bra; acesso em 19/06/06)

ESMOLA

· Quando a esmola é demais, o santo desconfia.
Quando a esmola é demais, o pobre desconfia.
Quand l'aumône est grande, même l'aveugle se méfie .

Quando a esmola é demais, o santo desconfia? Nem sempre. É cada dia mais difícil achar alguém que não tenha caído pelo menos alguma vez em um conto do vigário.
(www.interney.net/?p=9743513; acesso em 21/08/07)

O ditado que diz *"quando a esmola é demais o pobre desconfia"* se aplica perfeitamente nesse caso. O gabinete mais barato é, geralmente, o que vai te dar maior dor de cabeça e talvez alguns cortes.
(www.timaster.com.br/revista/colunistas/ler_colunas_emp.asp?cod=1016; accès le 21/07/07)

ESPERANÇA

· A esperança é a última que morre.
L'espoir est le dernier qui meurt.

Escolhi este curso por amar Química e Biologia. Vou prestar aqui em Natal na Federal. Não estou tão segura, mas *a esperança é a última que morre...*
(www.sejabixo.com.br/2005/ default2.asp?s=ralando5.asp&id=71; acesso em 19/06/06)

*Aujourd'hui roman réaliste que j'invite à lire ou à relire. Heureusement quelques "libertaires" continuent à faire front,"*l'espoir est le dernier à mourir" *permanent.nouvelobs.com/cgi/debats/aff_mess?id=200209060034&offs=1; accès le 15/08/07)*

ESPERAR

· Quem espera sempre alcança.
La patience vient à bout de tout.

Quem espera sempre alcança. Palhinha chegou ao Cruzeiro em 1964, com apenas 14 anos de idade. Jogou futsal até 1966, quando passou para o futebol de campo.
(www.gazetaesportiva.net/idolos/ futebol/palhinha_timao/alcanca.htm; acesso em 01/06/06)

La patience vient à bout de tout! *Et pour ceux et celles que ça pourrait éventuellement intéresser, quelques humbles rapports personnels sont désormais en ligne.*
(www.le-herisson-a-lunettes.com/rss.php; accès le 20/08/07)

EXCEÇÃO

· Não há regra sem exceção.
Il n'y a pas de règle sans exception.

Dir-nos-ão que *não há regra sem exceção.* O que é indiscutível. Não se pode condenar o camarada que, vivendo no exílio, escreve num jornal qualquer.
(www.piratininga.org.br/novapagina/
leitura.asp?id_noticia=1816&topico=MÃ-dia; acesso em 21/08/07)

C'est ordinairement ainsi que les choses se passent, mais il n'est pas de règle sans exception, *et le Criquet d'Algérie nous en fournit un terrible exemple.*
(www.inra.fr/opie-insectes/be1895-1.htm; accès le 15/08/07)

EXPERIÊNCIA

· A experiência vem com o tempo.
Il faut que jeunesse se passe.

Simplement, il faut que jeunesse se passe, *il faut acquérir un peu de maturité pour apprécier d'autre chose que des Kio ou autre Evanescence.*
(www.resonance-online.com/article.php?fiche=2219; accès le 13/01/06)

EXTREMO

· Os extremos se tocam.
Les extrêmes se touchent.

> Vistos por fora, a criança e o sapiente são muito parecidos, mas por motivos diametralmente opostos, pois *os extremos se tocam*.
> (www.saindodamatrix.com.br/ archives/2005/04/o_evangelho_de_2.html; acesso em 19/06/06)

> Les extrêmes se touchent, *les dégueulasses! Je vis au présent parce que mes moyens ne me permettent plus de vivre autrement.*
> *(pierre.peterlongo.free.fr/2.html; accès le 13/01/06)*

f | F

FALAR

· Falar é prata, calar é ouro.
Il est bon de parler et meilleur de se taire.

> *Falar é prata, calar é ouro.* Roberto Avalone tem que tomar mais cuidado quando faz comentários sobre times do passado.
> (www.futebolinterior.com.br/osite/coluna.php?coluna_id=1856; aceso em 15/08/07)

> *Ne dit-on pas qu'*il est bon de parler et meilleur de se taire*? - Le trafic de drogue: sur ce dossier délicat, le commandant reconnaît implicitement son implication dans ce trafic quand il déclare "qu'en tant que ministre de l'intérieur il suivait des dossiers, mais n'était en rien concerné".*
> *(http://togo.viky.net/home/cgi-bin/view_article.pl?id=9; accès le 21/08/07)*

· Quem fala o que quer ouve o que não quer.
Qui dit ce qu'il veut entend ce qu'il ne veut pas.

> Até o goleiro Sérgio, na boa, mandou Ed ficar de boca fechada. *Quem fala o que quer ouve o que não quer* e paga mico por isso.
> (www.chicolang.com.br/zeruela.php?codeps=Mnw=; acesso em 19/06/06)

FAMA

· Papagaio come o milho e periquito leva a fama.
Les bons pâtissent pour les mauvais.

> Ah, tá... *papagaio come milho, periquito leva a fama..* Está instituído o doping no futebol, e pior... a forma como burlar as leis.
> (www.lancenet.com.br/blogs_colunistas/mariliar/ comentarios.asp?idpost=6539; acesso em 21/08/07)

FAZER

· Cesteiro que faz um cesto, faz um cento.
V. PASSO

Mas os mesmos "elementos" que votaram a alteração monstruosa do código continuam ativos, os mesmos líderes partidários que, " no mínimo", se alienaram da causa da proteção ambiental, continuam a perambular pelos corredores do congresso no embalo de interesses políticos. É como dizia minha avó: "*cesteiro que faz um cesto, faz um cento*". Devemos continuar atentos, vigilantes...
(www.monica.com.br/mauricio/cronicas/cron194.htm; acesso em 19/06/06)

· Em Roma, como os romanos.
À Rome, comme les Romains.

Em Roma, como os romanos. Autenticidade e audácia são as armas com que a série da HBO quer renovar o épico.
(veja.abril.com.br/280905/p_128.html; acesso em 21/08/07)

Alors à Rome comme les Romains... *Et dérouillons notre anglais, ça ne fera pas de mal. Mais déjà, je sens le manque de temps personnel.*
(petaramesh.org/feed/tag/boulot/rss2; accès le 21/08/07)

· Faça o que digo, mas não faço o que faço.
Faites ce que je dis, mais ne faites pas ce que je fais.

Pedro, Pedro, mais uma vez eu lhe dou ajutório, mas lembre sempre do que digo: *faça o que digo, mas não faça o que faço*. Dizem que nem assim Pedro melhorou.
(jangadabrasil.com.br/junho22/im22060b.htm; acesso em 19/06/06)

Faites ce que je dis, mais ne faites pas ce que je fais*! On a beau tenter de se soigner, on retombe toujours dans les travers de ce qu'on détestait.*
(www.20six.fr/Cornichon/ archive/2005/12/23/u45bm9sm9cxf.htm; accès le 13/01/06)

· Falar é fácil, difícil é fazer.
Falar é fácil, fazer é que são elas.
Dire et faire sont deux.

Disse o nosso Presidente: "tudo vai ser diferente, o salário bem maior e a vida melhor!" *Falar é fácil, difícil é fazer.* Para fazer o download clique aqui.
(www.silviocesar.com/letra06.html; acesso em 21/08/07)

Falar é fácil, fazer é que são elas. Colocar turbo em um motor é fácil, fazê-lo trabalhar dentro dos parâmetros ideais é que é o difícil.
(www.aviacaoexperimental.pro.br/aero/turbo/turbo_na_decolagem.htm; acesso em 21/08/07)

· O que está feito, está feito.
Ce qui est fait est fait.

> Entenda que *o que está feito está feito*, e nada do que fizer vai apagar o que aconteceu!
> (www.revistaandros.com.br/tiraduvidas.html; acesso em 19/06/06)
>
> Ce qui est fait est fait, *je laisse le passé dans le passé et me concentre sur mon présent. Mes amis m'aident beaucoup à changer, seul je ne suis rien.*
> *(www.blogg.org/blog-31407.html; accès le 13/01/06)*

FÉ

· A fé remove montanhas.
La foi soulève des montagnes.

> Como *a fé remove montanhas...* Ele acredita que possa ser curado e assim voltar a brilhar nos torneios de tênis.
> (www.ofuxico.com.br/Materias/Colunas/coluna_24955.htm; acesso em 19/06/06)
>
> *Si ailleurs* la foi soulève des montagnes, *en Centrafrique la foi trop brandie de ses dirigeants soulève au contraire des montagnes de cadavres (...)*
> *(www.centrafrique.com/felixammarboua.htm; accès le 22/08/07)*

· Só a fé salva.
Il n'y a que la foi qui sauve.

> Il n'y a que la foi qui sauve, *selon la doctrine des réformateurs, la foi seule assure le salut, indépendamment des œuvres (...)*
> *(www.patrimoine-de-france.org/mots/mots-acade-40-19691.html*; accès le 15/08/07)

FEITIÇO

· O feitiço virou contra o feiticeiro.
Tel est pris qui croyait prendre.

> Brisa depois ficou sabendo que Malvina tinha se apaixonado pelo tal monge, que não correspondia seu amor porque já tinha se comprometido aos votos da igreja, ela inconformada o amaldiçoou para sempre. Mas *o feitiço virou contra o feiticeiro*, pois o lugar que ficou conhecido como Praia das Conchas é tão belo que todos que os visita ficam muito felizes!
> (www.ubatubasp.com.br/claudia/monge.htm; acesso em 19/06/06)
>
> *Il serait dommage de dévoiler la fin, mais* tel est pris qui croyait prendre, *et on se fait avoir par le cinéaste, ce dont on tire grand plaisir.*
> *(pedagogie.ac-toulouse.fr/culture/cinema/9reinas.htm; accès le 13/01/06)*

FERRO

· Batendo ferro é que se torna ferreiro.
C'est en forgeant qu'on devient forgeron.

C'est un travail qui nécessite des connaissances réelles et une motivation nécessaire pour réussir. Mais c'est en forgeant qu'on devient forgeron.
(www.april.org/groupes/doc/install_ll/install_ll-3.html; accès le 14/01/06)

· Em casa de ferreiro, espeto de pau.
Les cordonniers sont les plus mal chaussés.

Em casa de ferreiro, espeto de pau: quem deve dar o exemplo de portar arma devidamente controlada pelo Estado, pode estar em posse de uma arma originalmente ilícita (e, portanto, fora do controle do Sinarm - Sistema Nacional de Controle de Armas de Fogo).
(www.mundojuridico.adv.br/ sis_artigos/artigos.asp?codigo=17; acesso em 19/06/06)

Si les cordonniers sont les plus mal chaussés, *ce n'est pas le cas des assureurs qui sont souvent conduits à s'assurer eux-mêmes.*
(www.studyrama.com/article.php3?id_article=557; accès le 17/01/06)

· Ferro se malha enquanto está quente.
Il faut battre le fer pendant qu'il est chaud.

Je me suis dit : il faut battre le fer pendant qu'il est chaud *et je me suis mis à écrire. J'étais un dingue de l'écriture.*
(www.chronicart.com/dick/ev2.php3; accès le 22/08/07)

· Quem com ferro fere, com ferro será ferido.
Qui tue par l'épée périra par l'épée.

Quando Pedro desembainhou a espada e atingiu a orelha do soldado Malco, Jesus advertiu-o dizendo que *quem com ferro fere com ferro será ferido.*
sites.uol.com.br/souzafernando/vida.htm; acesso em 19/06/06)

La guerre sous-marine est une extraordinaire démonstration et confirmation de cette célèbre phrase tirée de la bible: Qui tue par l'épée périra par l'épée.
(www.manoir3portes.net/articles/silenthunter2.php; accès le 22/08/07)

FESTA

· Festa para ser boa deve durar dois dias.
Il n'y a pas de bonne fête sans lendemain.

Il n'y a pas de bonne fête sans lendemain, *se dit lorsque, après s'être diverti un jour, on se propose de se divertir encore le jour suivant.*
(fr.wiktionary.org/wiki/lendemain; accès le 15/07/07)

· O melhor da festa é esperar por ela.
Le meilleur de la fête, c'est avant la fête.

Não é à toa que *o melhor da festa é esperar por ela.* Os sentimentos que as expectativas trazem são o melhor da festa, porque elas é que são a vida.
(ideia.art.br/blog; acesso em 19/06/06)

FILHO

· Filho de peixe, peixinho é.
La caque sent toujours le hareng.

Em nossa pátria mãe, a frase que diz que *filho de peixe peixinho é* traduz uma realidade na qual o filho do trabalhador nunca vai chegar a ser doutor. (www.programandoofuturo.org.br/ apac/ver_noticia.php?id=43; acesso em 19/06/06)

La caque sent toujours le hareng; *mais qu'un sans-culotte, élevé à un grade éminent, tourne casaque à la république, il y a de quoi se débaptiser. (jccabanel.free.fr/th_la_grande_colere_du_pere_duchesne.htm; accès le 22/08/07)*

· O bom filho à casa torna.
Le lièvre revient toujours à son gîte.

Por fim, como *'o bom filho à casa torna'*, ele atualmente defende as cores do Herediano – clube que o revelou para o futebol. (home.dgabc.com.br/copa/06/selecoes/costarica.asp; acesso em 20/06/06)

· Todos somos filhos de Deus.
Nous sommes tous fils de Dieu.

Ao banir estudantes gays vocacionados de seus seminários, a Igreja Católica confessa sua maior incoerência: *todos somos filhos de Deus.* (www.mgm.org.br/artigos/papanao.htm; acesso em 20/06/06)

C'est le reflet de ce qu'il y a de plus précieux dans notre condition humaine; si nous sommes tous fils de Dieu, *la fraternité ne se réduit pas à un lieu (...) (www.opusdei.fr/art.php?p=18435; accés le 22/08/07)*

FIM

· No fim tudo dá certo.
Tout est bien qui finit bien.

Os personagens de "O Terceiro Tiro" não se abatem com suas desgraças, conduzem suas vidas com leveza ea certeza de que, *no fim, tudo dá certo.* (www.oplanob.com.br/item/144; acesso em 20/06/06)

Tout le monde pensait donc que "tout est bien qui finit bien"... *Mais malheureusement, plusieurs siècles après l'incident, d'étranges événements survinrent. (playnintendo.free.fr/tests. php3?test=dossiers/tests/zelda3_snes; accès le 14/01/06)*

· O fim justifica os meios.
La fin justifie les moyens.

Parece conservado na trama um teor eminentemente critico e que as possíveis reviravoltas são todas abandonadas no meio do caminho, sugerindo

incômodas superficialidade e disfunção. Isso acontece, de algum modo, porém *o fim justifica os meios*, na ocasião. É o caso talvez de esquecer longas de histórias pesarosas e desenlaces aliviantes.
(www.cinemaemcena.com.br/crit_cinefilo_
filme.asp?cod=290&codvozcinefalo=3116; acesso em 20/06/06)

L'ortie se cuisine un peu comme l'épinard; raccourci guère habile pour introduire l'un de mes légumes préféré, mais en cuisine, la fin justifie les moyens.
(www.homeophyto.com/2002/05/recettes.php; accès le 14/01/06)

· Tudo tem seu fim.
Toutes choses ont une fin.

O tempo de faculdade, porém, como *tudo tem seu fim*. Chega a hora da tão sonhada colação de grau. São fotografias, valsa, muita comemoração.
(ernanimotta.zip.net/arch2005-09-18_2005-09-24.html; acesso em 20/06/06)

Et n'oubliez pas que sur cette terre toutes choses ont une fin, *même la pauvreté (heureusement)!*
(pageperso.aol.fr/Mahagagamada/appelj.html; accès le 22/08/07)

FOGO

· Onde há fumaça, há fogo.
Il n'y a pas de fumée sans feu.

Deixem seus comentários sobre o jornal, e tomem cuidado com o que dizem porque... *Onde há fumaça, há fogo!*
(www.livrodevisitas.com.br/ler. cfm?id=93811&begin=31&count=10; acesso em 20/06/06)

*Quand je dis qu'*il n y a pas de fumée sans feu, *je veux plutôt dire que, si la fumée est la croyance en Dieu, le feu n'est pas l'existence de Dieu.*
(forum.doctissimo.fr/psychologie/ dieu-religions/Des-Preuves-sujet-33-1.htm; accès le 14/01/06)

FOME

· O melhor tempero é a fome.
Il n'est sauce que d'appétit.

Luquini, dizem que *o melhor tempero é a fome*, mas esta picanha está especial! Falando com a boca cheia, era o Anselmo, de volta à cidade.
(homembaile.blogspot.com/2004/11/trambiques.html; acesso em 22/08/07)

Ou encore : Il n'est de sauce que d'appetit *: quand on a faim, on trouve n'importe quel aliment a son goût.*
(doc-iep.univ-lyon2.fr/Ressources/Documents/DocEnLigne/News/rfi-mai98/ RFI.29MAI.html; accès le 15/08/07)

FUTURO

· O futuro a Deus pertence.
L'avenir est à Dieu.

Vamos deixar de lado esse assunto, pois eu não quero fazer inimigos. Aceitarei o que vier, e quanto ao futuro... Bem, *o futuro a Deus pertence.*
(www.gafieiras.com.br/
Display.php?Area=Colunas&SubArea=Colunas&css=2&ID=163&IDEscritor=44; acesso em 20/06/06)

L'avenir est à Dieu, *et aucune instance n'est appelée à être l'instrument d'une maîtrise collective du destin.*
(www.protestants.org/foi-extreme-droite/lienhard.html; accès le 15/08/07)

g | G

GALINHA

· De grão em grão, a galinha enche o papo.
Grain à grain, la poule emplit son gosier.

Enquanto buscava informações sobre a John Muir, ia lendo relatos de pessoas que, visando à redução de peso, chegaram a fabricar seus próprios equipamentos. Desprovido da habilidade e dos meios para tal, mas influenciado por essas leituras e convencido de que *de grão em grão a galinha enche o papo,* comecei a eliminar tudo o que não era necessário na minha tralha de caminhada.
(www.paulomiranda.com/johnmuirtrail/rel_19jul.htm; acesso em 20/06/06)

GATO

· Quando o gato sai, o rato faz a festa.
Quand le chat n'est pas là, les souris dansent.

Quand le chat n'est pas là, les souris dansent, *quand maîtres ou chefs sont absents, écoliers ou subordonnés mettent à profit leur liberté.*
samirezgui.ifrance.com/proverbesfr/proverbesfr.htm; accès le 14/01/06)

GOSTO

· Gosto não se discute.
Des goûts et des couleurs on ne discute pas.

Gosto não se discute, e o voto é livre. Olhe bem, sem pressa, aprecie cada uma dessas 22 belezuras e clique na imagem do seu preferido para votar.
(oglobo.globo.com/online/blogs/batom; acesso em 20/06/06)

La sagesse populaire dit que des goûts et des couleurs on ne discute pas. *Mais le film d'Agnès Jaoui montre que si l'on n'en discute pas, on en juge. (www.maisonpop.net/article.php3?id_article=479; accès le 22/08/07)*

· Há gosto pra tudo.
Tous les goûts sont dans la nature.

Nunca vi graça alguma em se ler HQs em micros e acho que nunca vou ver, pra ser sincero, mas...tem gente que gosta, enfim, *há gosto pra tudo.* fotolog.terra.com.br/zinebrasil:104; acesso em 20/06/06)

Les trains cubains ne sont pas des exemples de ponctualité et de confort mais tous les goûts sont dans la nature *et sur les rails de chemins de fer... (www.azureva.com/cuba/magazine/transport.php3; accès le 14/01/06)*

· O que é de gosto regala a vida.
Ce qui est au goût de chacun égaie sa propre vie.

O que é de gosto, regala a vida - minha mãe sempre dizia, para justificar esquisitices.
(www.novoaemfolha.com/000063.html; aceso em 22/08/07)

GUERRA

· Em tempo de guerra, não se limpam armas.
À la guerre comme à la guerre.

J'ai bien l'intention de répendre ce message partout et de faire appel à une association de consommateur. A la guerre comme à la guerre... *(forum.presence-pc.com/presencepc/Internet/ALICE-TRES-MAUVAIS-Fournisseurs-Acces-Temoignage-sujet-2971-1.htm; accès le 14/01/06)*

· Se queres a paz, prepara-te para a guerra.
Qui veut la paix prépare la guerre.

No Iraque, membros de organizações não governamentais humanitárias são tomados como reféns, como se de mercenários se tratassem. No campo de batalha, marcado pela vertigem do ódio, os fazedores da paz tornam-se apetecidos troféus de Guerra. Há quem veja aí a prova de que tem razão de ser o ditado *"se queres a paz, prepara-te para a guerra".*
palombellarossa.blogspot.com/ 2004_11_01_palombellarossa_archive.html; acesso em 20/06/06)

Qui veut la paix prépare la guerre*; la manœuvre a été bien coordonnée parce que ce genre de choses peuvent arriver et l'armée se prépare déjà sur la manière d'organiser l'évacuation des populations, l'hébergement, les soins médicaux et l'alimentation.*
(http://www.congo-site.com/pub/fr/v4x/actualites/article.php?num=5826; accés le 22/08/07)

h | H

HÁBITO

· O hábito é uma segunda natureza.
L' habitude est une seconde nature.

> L'habitude est une seconde nature, *elle nous empêche de connaître la première dont elle n'a ni les cruautés, ni les enchantements.*
> *(www.dicocitations.com/resultat.php?mot=Habitude; accès le 14/01/06)*

· O hábito não faz o monge.
L'habit ne fait pas le moine.
L'air ne fait pas la chanson.

> A arma não faz o assassino assim como *o hábito não faz o monge.* No Rio de Janeiro, um em cada dois jovens que morrem, é vítima de arma de fogo.
> (www.armaria.com.br/soc_desarmada3.htm; acesso em 20/06/06)

> L'habit ne fait pas le moine. *Malheureusement, cet enseignement tend à se perdre, à s'oublier!*
> *(www.e-sante.fr/fr/magazine_sante/sante_psychologie_sexologie/ habit_moine-7669-349-rt.htm; accès le 14/01/06)*

> L'air ne fait pas la chanson... *C'est pas parce que l'on voit un ciel qui ressemble pareil à un évènement passé, que ça va se produire forcément.*
> *(forums.infoclimat.fr/index.php?act=findpost&pid=300290; accès le 15/07/07)*

HOJE

· Não deixe para amanhã o que pode fazer hoje.
Il ne faut remettre au lendemain ce que l'on peut faire le jour même.

> A vida é o que acontece enquanto nos preocupamos com o futuro. Viva intensamente! *Não deixe para amanhã o que pode fazer hoje.* Amanhã pode ser tarde demais. link.estadao.com.br/user/ index.cfm?id_usuario=B61F090C5B70DA3AAD33728396D6881B8000188208271; acesso em 20/06/06)

> *Quoi que, la vie nous apprend qu'*il ne faut pas remettre au lendemain ce que l'on peut faire le jour même. *De plus le christ crucifié pour le pardon de nos péchés peut inciter certains chrétiens à se laissez aller et se reposer essentiellement sur ce don merveilleux.*
> *(http://www.onnouscachetout.com/forum/index.php?showtopic=726&st=100; accès le 22/08/07)*

HOMEM

· Homem prevenido vale por dois.
Un homme averti (prévenu) en vaut deux.

Tudo ele controlava, nada de ruim poderia vir a acontecer com a família dele, prognosticava. Era um homem prevenido, e como Ester de longa data sabia, "*um homem prevenido vale por dois.*"
(www.infonet.com.br/malvabarros/ ler.asp?id=33608&titulo=Malva_Barros; acesso em 20/06/06)

Comme un homme averti en vaut deux, *il importe avant tout d'être bien informé sur le marché de l'emploi doctoral dans le secteur privé.*
(guilde.jeunes-chercheurs.org/Reflexions/Emploi; accès

· O homem é o lobo do homem.
L'homme est un loup pour l'homme.

Fica uma advertência: para qualquer um que não tenha passado os olhos pelos livros de História a respeito do período, a descrição das barbaridades cometidas pela Igreja através da venda de indulgências e da exposição de relíquias pode parecer exagerada. Longe disso. *O homem é o lobo do homem* e é plenamente capaz de tais atrocidades. Mormente se sob a "chancela" de Deus.
(www.verbeat.org/blogs/eporaqui/ arquivos/2004/12/cinematografica.html; acesso em 20/06/06)

Ce livre est un reflet de notre société actuelle, celle dans laquelle nous vivons, et montre une fois de plus que l'homme est un loup pour l'homme.
(www.amazon.fr/exec/obidos/ASIN/2070421783; accès le 14/01/06)

· O que é do homem o bicho não come.
À tout seigneur, tout honneur.

Qual a seu sentimento em relação a sua colocação no CONCURSO? Thiago poderia ser melhor, mas *o que é do homem o bicho não come*!
(www.flogao.com.br/mundovirtualcyber; acesso em 20/06/06)

A tout seigneur, tout honneur, *commençons par le Louvre. Il vous offre un choix d'oeuvres majeures (plus de 600) par département et par périodes.*
(www.service-public.fr/archivechroniques/chronique7.html; accès le 14/01/06)

· Todo homem tem seu preço.
Tout homme a son prix.

Dizem que *todo homem tem seu preço* e é verdade, mas graças a Deus pelo menos para uma minoria o preço ainda é a vergonha na cara.
(www.usinadeletras.com.br/exibelotexto. phtml?cod=3095&cat=Discursos; acesso em 20/06/06)

"Tout homme a son prix" - *cela n'est pas vrai. Mais il peut se trouver pour chacun un appât auquel il doit mordre.*
(www.bribes.org/machiave.htm; accès le 22/08/07)

HORA

· Agir sim, mas na hora certa.
Rien ne sert de courir, il faut partir à point.

> *Un peu de patience est nécessaire! Comme vous le savez rien ne sert de courir,* il faut partir à point. *Bonne chance!*
> *(www.clairevoit.com/horoscope.php; accès le 14/01/06)*

· Tem hora pra tudo.
Il y a un temps pour tout.

> *Tem hora pra tudo.* O que não pode é atrapalhar o rendimento dele dentro de campo e gente sabe que balada, noitada, atrapalha.
> (www.bonde.com.br/folha/folhad. php?id=26794LINKCHMdt=20051129; acesso em 20/06/06)

> *Conclusion :* Il y un temps pour tout, *et Dieu fait toutes choses belles en son temps, et même il a mis dans nos cœurs la pensée de l'éternité.*
> *(www.eeaissy.com/eeaissy/*
> *modules.php?name=News&file=article&sid=446;accès le 1/02/06)*

i | I

IGUAL

· Cada qual com seu igual.
Qui se ressemble s'assemble.

> "*Cada qual com seu igual*", doutrinava o coronel. O que não admitia é que o filho se metesse com gente de laia ruim, que ele, coronel, nunca descera de sua dignidade para tirar o chapéu ou apertar a mão a indivíduos que não tivessem uma posição social definida.
> (www.ig.com.br/paginas/novoigler/ livros/anormalista_adolfocaminha/ cap4.html; acesso em 20/06/06)

> *Les relations sociales sont proportionnelles à l'ascension dans l'échelle sociale:* qui se ressemble s'assemble. *On dira que les médecins ont leurs pairs.*
> *(www.philagora.net/medecine/groupe-social.htm; accès le 16/01/06)*

· Nem todos somos iguais.
Il y a fagots et fagots.

> Mas é claro que *nem todos somos iguais.* Nem temos dias iguais. Nem desejos iguais. Cabe a cada um escolher que lado do prisma vai enxergar.
> (www.28dias.blogger.com.br/2004_04_01_archive.html; acesso em 22/08/07)

Il y a coopérateurs et coopérateurs comme il y a fagots et fagots. *Parmi les hommes, il y a des adversaires de parti; parmi les femmes, il y a des ignorantes (...)*
(www.fondation-besnard.org/article.php3?id_article=252 -

INSUBSTITUÍVEL

· Ninguém é insubstituível.
Un de perdu, dix de retrouvés.

Costuma-se dizer, com verdade, que *ninguém é insubstituível*, até porque quando uma pessoa não está disponível o jeito é substituí-la a qualquer custo.
(www.manager.com.br/reportagem/ reportagem.php?id_reportagem=657; acesso em 20/06/06)

Un de perdu, dix de retrouvés, *comme dit l'adage. Mais quelle que soit votre déception, n'interrompez jamais une relation sur une dispute.*
(www.lentreprise.com/article/4.3071.1.372.html; accès le 16/01/06)

INTENÇÃO

· O inferno está cheio de boas intenções.
L'enfer est pavé de bonnes intentions.

Ora, como foi indicado, inicialmente, não partilhamos o pensamento de Paulo e, por isso, ousamos desafiar a sua palavra afirmando *que o inferno está cheio de boas intenções...* – isto é, que não basta tê-las para que a ação seja correta.
(www.ifch.unicamp.br/forum/viewtopic.php?p=5&; acesso em 20/06/06)

Comme l'enfer est pavé de bonnes intentions, *le chemin pour décrocher un emploi l'est également pour un jeune diplômé au chômage.*
(www.grioo.com/info4614.html; accès le 16/01/06)

· O que vale é a intenção.
L'intention vaut le fait.

Dia dos Namorados acaba virando terrorismo para quem não está namorando e tortura para quem está ficando. Se você está naquela situação em cima do muro com algum Bolinha, ganhar ou não presente define tudo! Nem importa muito o que seja o presente, *o que vale é a intenção.*
(www.noolhar.com/opovo/colunas/ clubedaluluzinha/601582.html; acesso em 20/06/06)

Il peut arriver bien des évênements entre un désir et sa réalisation. L'intention vaut le fait. *L'intention compte comme si elle avait été mise à exécution.*
(www.yfolire.net/cite/provcl_.php; accès le 16/01/06)

l | L

LADRÃO

· A ocasião faz o ladrão.
L'occasion fait le larron.

> Não aceito que saia sozinho de jeito nenhum! Como dizem por aí, *'a ocasião faz o ladrão'*. Eu gosto de sair, então, se ele for eu vou".
> (www.acessa.com/mulher/arquivo/ versao/06)/01/05-individuo; acesso em 20/06/06)
>
> *Elle prend aujourd'hui la forme de ce blog,* l'occasion fait le larron. *Elle ne s'arrêtera pas de ne pas s'arrêter, quitte à prendre une autre forme.*
> *(www.communaute-impossible.net/ blog/index.php/Societe-secrete; accès le 16/01/06)*

· Ladrão que rouba ladrão tem cem anos de perdão.
Bon larron est qui larron vole.

> Os ladrões ricos continuarão a defender seus próprios e inconfessáveis interesses e a acobertar seus crimes (...) em nosso detrimento, que assistimos a tudo esperando pelo bom ladrão, pois *ladrão que rouba ladrão tem cem anos de perdão...*
> (users.hotlink.com.br/fico/refl0007.htm; acesso em 20/06/06)

LAR

· Não há lugar como o lar.
Il n'est point de petit chez soi.

> "Meu corpo está mais bonito e feminino. Quero trabalhar até o dia de dar à luz", diz. Didi espera uma menina para novembro. *Não há lugar como o lar...*
> (www.terra.com.br/istoe/1769/1769gente.htm; acesso em 20/06/06)

LOBO

· Lobo não come lobo.
Les loups ne se mangent pas entre eux.

> Toda criatura de boa vontade e simpática aos bons Espíritos pode sempre, com o auxílio destes, paralisar uma influência perniciosa. Dizemos que deve ser simpática aos bons Espíritos porque se ela atrai os inferiores, é evidente que *lobo não come lobo.*
> (www.novavoz.org.br/docs/kardec; acesso em 20/06/06)
>
> Les loups ne se mangent pas entre eux, *contrairement aux salariés, et c'est ce qui porte le plus de dommages à l'emploi français.*
> *(www.zdnet.fr/actualites/informatique/ 0,39040745,39224473,00.htm; accès le 16/01/06)*

· Quem não quer ser lobo, não lhe vista a pele.
Qui ne se sent pas morveux qui ne se mouche pas.

Qui se sent morveux se mouche *: tu n'as pas commenté mon commentaire, alors c'est donc que tu n'es pas à l'aise avec ton autocritique polpotiste! meslistes.hautetfort.com/ archive/2005/07/01/un_secret.html; accès le 08/01/06)*

LOUCO

· Cada louco com sua mania.
À chaque fou sa casquette.

Pode faltar tudo dentro da minha casa, menos uma máquina fotográfica. Tenho foto de todo o jeito. A minha sala na diretoria da escola é forrada de fotos minhas, dos meus filhos, dos meus alunos e ex-alunos. Sei que é uma coisa feia, mas *cada louco com sua mania*. É uma coisa minha, e eu gosto.
(www.manualdigital.com.br/ index1.asp?qm=p&ed=1&c=102; acesso em 20/06/06)

· De médico e de louco todos nós temos um pouco.
Chacun a un fou dans sa manche.

De médico e louco todo mundo tem um pouco. Por isso, muita gente não resiste à tentação de receitar um remedinho.
(drauziovarella.ig.com.br/entrevistas/auto_wong.asp; aceso em 22/08/07)

LUGAR

· Cada coisa em seu lugar.
Une place pour chaque chose et chaque chose à sa place

Ao argumento "As drogas tornam as pessoas violentas": violência, sem dúvida, é caso de polícia, seja por drogas, embriaguez, ou temperamento. Existem drogados que não são violentos, e violentos que não são drogados. *Cada coisa em seu lugar* e, a cada um, o tratamento merecido.
observatorio.ultimosegundo.ig.com.br/ artigos/jd080820012.htm; acesso em 20/06/06)

Organisé, méthodique, maniaque même: "Une place pour chaque chose et chaque chose a sa place" *aurait pu être sa devise.*
(mfrontere.blog.lemonde.fr/2006/07/31/2006_07_oraison_funbre; accès le 22/08/07)

m | M

MACACO

· Cada macaco no seu galho.
Chacun son métier (les vaches seront bien gardées).

E eu acho meio difícil que uma empresa de alumínio vá entender de creche ou de asilo para leprosos. Para mim é bem claro: *cada macaco no seu galho.*
(www.filantropia.org/artigos/kanitz_entrevista_bbc.htm; acesso em 22/06/06)

"A chacun son métier, les vaches seront bien gardées" *est évidemment un conseil au vacher qui ambitionnerait de devenir régisseur de la ferme.*
(www.cnam.fr/lipsor/dso/articles/fiche/peter_hull.html; accès le 17/01/06)

· Macaco que muito pula (mexe) quer chumbo.
Le singe qui bouge trop pousse au crime.

E, antes de querer mudar de emprego toda hora, pense no que minha avó dizia: *macaco que muito pula quer chumbo.*
(nova.abril.com.br/terapia/7.shtml; acesso em 22/08/07)

· Macaco velho não põe a mão em cumbuca.
Les vieilles mouches ne se laissent pas engluer ni prendre aisément.

Poderia parecer absurdo, ao invés de dizer que já temos idade para saber que algo nos parece uma armadilha, falar: "*macaco velho não põe a mão em cumbuca*".
(www.insite.pro.br/Ensaio%20Nicolau%20Tesouro.htm; acesso em 22/08/07)

MAL

· Há males que vêm pra bem.
À quelque chose malheur est bon.

Foram os piores anos de minha vida, eu sofria nas cadeiras da faculdade. (...) Mas *sempre há males que vêm pra bem*, nesse período eu aprendi muito.
(www.dezine.com.br/zine/003/rafael_003.htm; acesso em 22/06/06)

A quelque chose malheur est bon *: les évènements fâcheux peuvent procurer quelque avantage, ne fût-ce qu'en donnant de l'expérience.*
(membres.lycos.fr/clo7/grammaire/provexplique.htm; accès le 09/01/06)

MÃO

· Mãos frias, coração quente.
Mains froides, coeur chaud.

Mais comme on dit, "mains froides, cœur chaud!"*, et se met à pouffer de rire. Ils entrent ensemble, puis, Il rejoint son bureau et dit en passant bonjour.*
(heroicfantasyworld.free.fr/writing.php?categ=livres&id=49; accès le 15/07/07)

· Uma mão lava a outra.
Une main lave l'autre.

> *Uma mão lava a outra.* Eu acho que um profissional só é bem-sucedido quando está amparado por outros bons profissionais.
> (www.cpopular.com.br/metropole/conteudo/mostra_noticia.asp?noticia=1320636&area=2230&authent=14445...; acesso em 22/06/06)

> Une main lave l'autre. *Il ne reste rien à découvrir. Qu'as-tu fait récemment pour moi? Dis-moi.*
> *(www.musikmania.net/trad/coal_chamber-chamber_music_trad.php; accès le 22/08/07)*

MAR

· As águas (os rios) correm para o mar.
L'eau va toujours à la rivière.

> ADRIANO - Mas graças a esta invenção, graças à só presunção de que me achava rico, fui cercado de respeitos, de obséquios e de amigos; ofereceram-me casa, mulher e dinheiro!...
> CELESTINA - Obrigaram-se a imprimir suas músicas, contrataram-no para uma orquestra e compraram-lhe uma ópera!
> ADRIANO - Puseram-me a salvo das privações da pobreza...
> BEATRIZ - Ora, o que tem isso?... lembremo-nos: *a água corre para o mar.*
> (www.ig.com.br/paginas/novoigler/livros/oprimodacalifornia_joaquimmanueldemacedo/ato2_12a16.html; acesso em 23/06/06)

> Então já não somos apenas um, mas muitos – e há um momento em que nos sentimos perdidos. Entretanto, como diz a Bíblia, *"todos os rios correm para o mar"*. É impossível permanecer em nossa solidão, por mais romântica que ela possa parecer.
> (www.warriorofthelight.com/port/edi114_serc.shtml; acesso em 22/06/06)

· Nem tanto ao mar, nem tanto à terra.
Ni trop ni trop peu.

> E como já se esperava, a grande imprensa passou da euforia à depressão com a má atuação do Brasil. *Nem tanto ao mar, nem tanto à terra,* como diria o velho português. Um jogo difícil já era esperado, pelo menos pelos analistas mais sensatos. Só mesmo os 'pachecos' é que achavam que o Brasil atropelaria o time dos Bálcãs.
> (futeboleuropeu.cidadeinternet.com.br/ article.asp?988~340410; acesso em 22/06/06)

> *Je me répète : pas d'abus (*ni trop ni trop peu*), que ce soit du chimique ou du naturel (une infusion de clous de girofles mal préparée tue comme un poison chimique).*
> *(http://forums.oleocene.org/viewtopic.php?t=1604; accès le 22/08/07)*

· Quem vai para o mar prepara-se em terra.
Qui veut voyager loin ménage sa monture.

> *A l'arrivée, le classement tient compte de la vitesse du cheval et de son rythme cardiaque, montrant ainsi que* "qui veut voyager loin ménage sa monture»!
> *(www.lepays.net/jdj/00/06/08/HS/4/article_24.html; accès le 17/01/06)*

MATAR

· O que não mata, engorda.
Ce qui ne tue pas fait grossir.

> " Como é bom ser criança, diz Suzana sentando-se para comer. Fico com inveja deles. Comer aquelas agas grandes, vermelhas e doces! O pior é que nem lavam, arrancam do pé e comem.
> " Bobagem, diz a velha, *o que não mata engorda*. Além do mais,você não fazia as coisas de forma diferente quando tinha a idade deles.
> (www.redepsi.com.br/portal/ modules/smartsection/item.php?itemid=10; acesso em 22/06/06)

MEDALHA

· Toda medalha tem seu reverso.
Toute médaille a son revers.

> Toute médaille a son revers *et Harry va devoir affronter la rançon du succès : les jalousies et les rivalités.*
> *(www.ecranlarge.com/dossier; accès le 17/01/06)*

MEDO

· Gato escaldado tem medo de água fria.
Chat échaudé craint l'eau froide.

> Eu não generalizei, mas *gato escaldado tem medo de água fria*. Prefiro distância de qualquer motoboy com aparência suspeita.
> (forum.clubedohardware.com.br/index.php?s=8a15b150dc236abdc1aaa603a0172c29&showtopic=378507&pid=18; acesso em 22/06/06)

> *Même si un* "Chat échaudé craint l'eau froide" *et que cela force les personnes à réfléchir à deux fois avant de se jetter à l'eau, ce n'est pas plus mal ...????*
> *(www.carpediem2104.skyblog.com/; accès le 17/01/06)*

MELHOR

· Os melhores perfumes estão nos menores frascos.
Dans les petits pots, les meilleurs onguents.

Sempre ouvir falar que "*os melhores perfumes estão nos menores frascos*"! Realmente este pequeno livro traz as nossas vida uma maneira mais linda de viver.
(www.esextante.com.br/asp/
opiniao_lista.asp?title=Dez%20Leis%20para%20Ser%20Feliz&infoid=740; acesso em 22/06/06)

MENINO

· É de pequenino que se torce o pepino.
Il faut étouffer le monstre au berceau.

Sua filha necessita ser avaliada para que se faça um diagnóstico diferencial entre Depressão Infantil (que poucos profissionais conhecem nesta faixa de idade), Distúrbio de Atenção e Disritmia. Não conheço um Psiquiatra Infantil na região de Campinas que pudesse lhe dar assistência neste sentido...Seguindo o ditado popular que "*é de pequeno que se torce o pepino*" seria recomendável intervir o mais cedo possível.
(www.mentalhelp.com/psiquiatria_infantil_FAQ.htm; acesso em 22/06/06)

MENTIR/MENTIRA

· Criança não mente.
Les enfants disent la vérité.
Les enfants ne mentent pas.

Se tiver lugar, faço o rango!!! Modéstia à parte, cozinho bem! Tanto que, para meus filhos, sou referência na hora da fome!! E olha que *criança não mente*!
(motonline.com.br/forum/forum_posts.asp?TID=3267&PN=1&TPN=2; acesso em 22/08/07)

Par nature, les enfants disent la vérité. *S'ils ne le font pas, c'est qu'ils craignent quelque chose (...)*
(vroumette.fr/index.php?2005/11/01/112-aujourd-hui-plus-encore-je-vous-lis; accès le 22/08/07)

Les enfants ne mentent pas *pour une simple raison, ils n'ont pas suffisamment de jugement pour le faire.*
(www.bigbangblog.net/
forum.php3?id_article=265&id_forum=10516&retour=%2Farticle.php3%3Fid_article%; accès le 22/08/07)

· Mentira tem perna curta.
Le mensonge n'a qu'une jambe, la vérité en a deux.

Quando verificamos a função do marketing não podemos imaginar ações de marketing na tentativa de enganar pessoas. Afinal de contas, *mentira tem perna curta* e terá como resultado final a perda do cliente.
(www.rhoempreendedor.com.br/ materias.asp?ID=789&ID_coluna=5; acesso em 22/06/06)

MEXER

· Quanto mais mexe, mais fede.
Plus on remue la boue, plus elle pue.

Quanto à reeleição, sou do tempo do "*quanto mais mexe mais fede*", o que me leva a achar que é melhor não alterar nada do que está aí.
(observatorio.ultimosegundo.ig.com.br/blogs.asp?id=%7B80D32F9E-8594-4757-9EC5-DFA544ECB225%7D&id_blog=3; acesso em 22/08/07)

MONTANHA

· A montanha pariu um rato.
La montagne a accouché d'une souris.

A corrupção nos Correios, no IRB e estatais explica o esquema? - Tudo indica que, além do relatório sugerindo as cassações, o resultado mais concreto da CPI será a comprovação de que há corrupção nos contratos desses órgãos. Já há provas nesse sentido. Mas se a CPI acabar só nisso dir-se-á que *a montanha pariu um rato*. Dificilmente preencherá as expectativas alimentadas na sociedade sobre a amplitude do suposto megaesquema de corrupção do governo.
(clipping.planejamento.gov.br/Noticias.asp?NOTCod=223603; acesso em 22/06/06)

Il y a un an, l'État finlandais a proposé de constituer une commission pour lancer une stratégie nationale en matière de sécurité informatique. Comme souvent la montagne a accouché d'une souris: *les résultats récemment publiés des travaux de cette commission se dispersant en généralités, en bons sentiments et en grands principes.*
(http://www.info-finlande.fr/economie/nouvelles-technologies/article/Virus_ver_et_spams.html; accès le 22/08/07)

· Se Maomé não vai à montanha, a montanha vai a Maomé.
Si Mahomet ne va pas à la montagne, la montagne à Mahomet.

É a história: "*se Maomé não vai à montanha, a montanha vai a Maomé*". E os feirantes vinham todas as sextas-feiras fazer a feira de roupas.
(www.tribunadobrasil.com.br/?ntc=4377&ned=1457; acesso em 22/08/07)

Puis après protestations des copropriétaires qui lui signalaient ses erreurs, il a modifié - dans le procès-verbal et sans avertir personne - la majorité requise (selon lui), qui est ainsi devenue la majorité simple de l'article 24. Dans le procès-verbal, il a précisé - mais sans explication - que la majorité requise était en fait celle de l'article 24. Comme vous le voyez c'est simple : quand on n'a pas la majorité requise, il suffit de changer la majorité. Comme dit le dicton : "Si Mahomet ne va pas à la Montagne, la Montagne ira à Mahomet".
(*http:*//www.unarc.asso.fr/site/abus/0106/abus666.htm; accès le 22/08/07)

MORRER

· Só peru morre na véspera.
Personne ne meurt la veille.

> *Só peru morre na véspera* e pesquisas, a essa altura do campeonato, não querem dizer nada.
> (blog.estadao.com.br/.../?title=jornal_nacional_dira_se_eleicao_tera_seg&more=1&c=1&tb=1&pb=1; acesso em 22/08/07)

· Para morrer, basta estar vivo.
Pour mourir, il suffit d'être vivant.

> Poxa! que comentário legal, mas eu sou portador do vírus da AIDS e a minha vida mudou muito e lhe digo para melhor, agora que estou com com minha saúde abalada tenho que me cuidar e sei que também não estou doente, pois meu coração tem Deus mais presente e mais forte. O preconceito ainda é grande, mas lembre-se que *para morrer basta estar vivo*, somos além de tudo espíritos e não somente carne.
> (tanga.tipos.com.br/o-exame-de-aids; acesso em 22/06/06)

MORTE/MORTO

· A morte não espera.
La mort n'attend pas.

> Afinal, assim como a vida, *a morte não espera*. Simplesmente vem. Portanto é preciso lutar, é preciso viver.
> (riverside.weblogger.terra.com.br/200502_riverside_arquivo.htm; acesso em 22/08/07)
>
> La mort n'attend pas. *Ce matin là en arrivant au bureau, M. Jean n'en crut pas ses yeux. La porte à peine ouverte, son pied cogna contre un cercueil.*
> *(www.fulgures.com/fulgures.asp?rubrique=1&id=69&rub=573&txt=4467&prec=&iPage=4; accès le 22/08/09)*

· A morte não manda recado.
La mort ne prévient pas.

> Pois é, *a morte não manda recado*, por mais que os problemas com o estopim da tragédia de São Paulo tenham se desenhado há tempos com a falta de investimentos nos aeroportos e a revolta dos controladores de vôos por melhores salários e condições de trabalhos a provocar até falhas humanas.
> (http://www.estadaodonorte.com.br/site/canal.php?canal=45&id=41059; acesso em 22/08/07)

> *Mourir de cette façon; meme si* la mort ne previent pas *toujours, je vous en prie, pensez aux victime et aux familles dechirées par de telles nouvelles.*
> *(www.icilome.com/nouvelles/news.asp?id=17&idnews=4316&f=; accès le 22/08/07)*

· Só não há remédio para a morte.
Plaie d'argent n'est pas mortelle.

> *Bon, on ne va pas se plaindre alors que la planète se réchauffe, après tout,* plaie d'argent n'est pas mortelle, *donc, pas de quoi en faire un vrai drame.*
> *(culexpipiens.skyblog.com/6.html; accès le 18/01/06)*

· Os mortos não falam.
Les morts ont tort.

> Mas, como *os mortos não falam*, falo eu, roubando as palavras de outro poema célebre dele: E os sinos ribombam em lúgubres responsos.
> (forum.cifraclub.terra.com.br/forum/9/42295; acesso em 22/08/07)

> *Quand on est loin,* les absents ont tort *pour les recrutements en France ... Parfois on se demande pourquoi il est parti? Un instable!*
> *(www.aspert.net/echanges/LE_30_05_2001.PDF; accès le 07/01/06)*

MULHER

· Em mulher não se bate nem mesmo com uma flor.
Il ne faut pas battre une femme, même avec une fleur.

> Mesmo assim, ele tinha uma frase que eu adotei pro resto da vida: *em mulher, não se bate nem com uma flor*. Parece piegas, até é.
> (elismmonteiro.blogger.com.br/2006_04_01_archive.html; acesso em 22/08/07)

MUNDO

· O mundo é pequeno.
Le monde est petit.

> Entre em contato com redações/editoras do ramo para oferecer seus serviços, consiga o nome do editor executivo - e certifique-se que sabe soletrá-lo. Mantenha-se em contato, mesmo que não precisem de você por agora - *o mundo é pequeno* neste ramo de negócio.
> (www.universia.com.br/nextwave/ver_materia.jsp?materia=104&subcanal=3; acesso em 23/07/06

> Le monde est petit, petit, *Joel Cano, et tu connais les limites de ta masquarade... "Tout le monde porte un masque à Cuba", dis-tu.*
> *(vdedaj.club.fr/cuba/npa_siete_dias.html; accès le 18/01/06)*

n | N

NEGÓCIO

· A propaganda é a alma do negócio.
La propagande est l'âme des affaires.

Para a sobrevivência dos seus negócios as pessoas devem saber que ele existe o que ele faz, qual é o seu propósito. A melhor forma de fazer isto é a publicidade, pois como se diz "*a propaganda é a alma do negócio*".
(www.helpers.com.br/conteudo.php?secao=2&cod_artigo=118; acesso em 23/07/06)

· Negócios são negócios.
Les affaires sont les affaires.

Além das provas, acompanhamos o dia-a-dia dos candidatos na suíte presidencial da Trump Tower, onde acontecem complôs, brigas e discussões acaloradas. Afinal, *negócios são negócios.*
(www.omelete.com.br/tv/artigos/base_para_artigos.asp?artigo=2695; acesso em 23/07/06)

Je n'aime pas votre fête, mais les affaires sont les affaires. *J'ai bien fait des pin's pour vos copains du parti communiste il ya quelques années.*
(www.blogg.org/blog-659-date-2004-10.html; accès le 18/01/06)

· O segredo é a alma do negócio.
Le secret est l'âme des affaires.

O jogo era muito emocionante, pois ninguém (exceto o aplicador do jogo) sabia quando o mesmo terminaria. Esta informação era crucial, já que de posse dela, qualquer empresa podia elaborar uma estratégia suicida, o que a deixaria longe na frente, mas só por 1 ou 2 trimestres, vindo depois a derrocada completa. Neste jogo, *o segredo é a alma do negócio.*
(www.pr.gov.br/batebyte/edicoes/1993/bb28/flagrantes.htm; acesso em 23/07/06)

NOITE

· A noite é boa conselheira.
La nuit porte conseil.

La nuit porte conseil*: à 16 ans, alors qu'il redouble sa seconde, il décide d'organiser lui-même, avec deux copains, des soirées en discothèque.*
(www.lexpress.fr/mag/tendances/ dossier/nuit/dossier.asp?ida=431551; accès le 18/01/06

· À noite todos os gatos são pardos.
La nuit tous les chats sont gris.

Você devia beijar o Fulano. Acho ele um fofo! - Por que você não beija? - Porque ele é muito baixinho. - Ah! *À noite todos os gatos são pardos.* (www.ble.blogger.com.br/2005_11_01_archive.html; acesso em 23/07/06

Les bâtonnets ne fournissent qu'une réponse photométrique et ne permettent donc pas de déterminer les couleurs: la nuit, tous les chats sont gris. *(telesun.insa-lyon.fr/~telesun/Humain/L01/titre.html; accès le 19/01/06)*

NOTÍCIA

· Falta de notícias é boa notícia.
Pas de nouvelles, bonnes nouvelles.

Il est communément admis de dire : Pas de nouvelles, bonnes nouvelles . *Et bien, que les choses soient claires, ici c'est le contraire. (taian-akita.org/06)/01/06/176-pas-de-nouvelles; accès le 19/01/06)*

NOVO

· Se é novo, é bonito.
Tout nouveau, tout beau.

Comme annoncé il y a quelques temps, nous vous concoctons un site tout nouveau tout beau. *Nous sommes actuellement en phase de tests. (www.aujourdemain.com; accès le 19/01/06)*

o | O

OBRA

· As palavras passam e as obras ficam.
Les paroles s'envolent, les actions restent.

Les paroles s'envolent, les écrits restent *et peuvent faire mal si vous répondez trop rapidement alors que vous êtes encore sous le coup de l'énervement. (www.educnet.education.fr/ecogest/listes/regles.htm; accès le 25/01/06)*

OITO

· Nem oito nem oitenta.
V. MAR (Nem tanto ao mar...)

Nem oito nem oitenta, repressão sexual é fora de questão, mas liberalismo absoluto como se vê hoje também não é o caminho certo. (www.superzap.com/mulher/itudomais.php?cat=relacionamento&page2=gostam_das_dificeis; acesso em 23/07/06

OLHAR

· Quem não olha para frente fica para trás.
Qui n'avance pas recule.

Puis, je pense, une période de décantation mais avec des années perdues et une situation infiniment plus difficile. Car qui n'avance pas, recule.
(www.estrepublicain.fr/extra/2005/referendum-europe/2005053000157452.html; accès le 19/01/06)

OLHO

· Olho por olho, dente por dente.
Oeil pour oeil, dent pour dent.

Pois é, enquanto eu escrevo e você lê, nossa querida cidade está em chamas! Como deixamos as coisas chegarem até este ponto? Como deixamos a barbárie chegar à lei *do olho por olho, dente por dente*?
(www.biologo.com.br/moscatelli13.htm; acesso em 23/07/06)

Le fils d'un caïd de la mafia chinoise américaine est tué par un policier au cours d'un massacre. Oeil pour oeil, dent pour dent, *le père décide de faire.*
(dvd.kelkoo.fr/b/a/cpc_149201_vtl_actor_c20088304.html; accès le 19/01/06)

OURO

· Nem tudo o que reluz é ouro.
Tout ce qui brille n'est pas or.

Mantenha uma pessoa na ignorância e você a terá literalmente em suas mãos, radicalmente excluída; individual e socialmente. Contudo, diploma nunca foi atestado de competência, assim como *nem tudo o que reluz é ouro* (para usar outro ditado ancestral).
(www.sentidos.com.br/canais/materia.asp?codpag=8672&codtipo=1&subcat=105&canal=seuespaco; acesso em 23/07/06

J'aurais plutôt dit économique, vu l'aspect plastique de ces petites bêtes : tout ce qui brille n'est pas or, *mais tout ce qui est en or brille ...*
(forum.presence-pc.com/presencepc/Lesnewsvosreactions/Une-nouvelle-souris-Laser-chez-Trust-sujet-9245-1.htm; accès le 19/01/06)

OVO

· Não se faz omelete sem quebrar os ovos.
On ne fait pas d'omelette sans casser des oeufs.

Il me semble que tout est dit, on ne fait pas d'omelette sans casser des oeufs. *Le mieux à faire, c'est de poser une question précise dès le départ.*
(forums.futura-sciences.com/archive/index.php/t-51530-absorber-des-vapeurs-d-eau-sous-vide.html; accès le 20/01/06)

p | P

PAGAR

· Tristezas não pagam dívidas.
La mélancolie ne paie pas de dettes.

O carioca, todos sabem, é um cara nascido dois terços no Rio e outro terço em Minas, Ceará, Bahia, e São Paulo, sem falar em todos os outros Estados, sobretudo o maior deles o estado de espírito. Tira de letra, o carioca, no futebol como na vida. Não é um conformista — mas sabe que a vida é aqui e agora e que *tristezas não pagam dívidas*.
(www.releituras.com/millor_carioca.asp; acesso em 23/07/06)

PAI

· Tal pai, tal filho.
Tel père, tel fils.

Por aqui, sempre arrasando. Gostei de saber que seu filho também curte e trabalha com a fotografia. *Tal pai, tal filho*. Um abraço carinhoso e boa noite.
(www.flickr.com/photos/frederico_mendes/23697484/in/set-590066; acesso em 24/07/06

La violence serait-elle génétique, tel père, tel fils, *ou concours de circonstance par mimétisme?*
(forums.telerama.fr/forums/ messages.asp?forum=82&msgID=230990&parentmsgID=0&threadID=66616&...; accès le 20/01/06)

PALAVRA

· A bom entendedor, meia palavra basta.
À bon entendeur, salut.

A retomada do crescimento permitirá a recuperação de margens de lucro a ponto de comprometer as metas inflacionárias? Esta é uma pergunta válida, pertinente mas que é difícil de responder. Só quero dizer que não vamos abrir mão do nosso compromisso de preservar a inflação sob controle. Acho que *a bom entendedor, meia palavra basta* ou deveria bastar.
(www.internews.jor.br/Eventos/00/40/files/Pedro_Malan.rtf; acesso em 24/07/06

Elle ne pourra pas dédouaner le ministère de ses responsabilités quant à l'insuffisance des recrutements et des postes. A bon entendeur salut!
(www.snes.edu/docs/spip/article.php3?id_article=770; accès le 20/01/06)

· A palavra é de prata, o silêncio é de ouro.
La parole est d'argent, le silence est d'or.

Si la parole est d'argent, le silence est d'or. *Ceci dit, je tenais à me manifester ma présence et je n'ai peut-être pas dit mon dernier mot.*
(ic.fing.org/news/7.shtml; accès le 25/01/06)

· Palavras não enchem barriga.
V. BARRIGA (De barriga vazia...)

Hoje tive um dia de cão (...) por isso resolvi arregaçar as mangas e colocar a mão no batente, já que *palavras não enchem barriga* e ainda por cima o vento as leva. (poeiradevento.blogspot.com; acesso em 22/08/07)

PÃO

· Nem só de pão vive o homem.
L'homme ne vit pas seulement de pain.

Diz-se que "*nem só de pão vive o homem.*" Aqui, também, nem só a Geologia e a Geomorfologia são estudadas. A Cartografia, a Hidrologia e a Economia estão colocadas ao alcance do leigo. (www.scielo.br/pdf/csp/v10n2/v10n2a16.pdf; acesso em 24/07/06)

D'accord avec toi...l'homme ne vit pas seulement de pain *mais aussi de nourriture spirituelle... c'est ce qui manque à notre société actuelle.*
(l-esperance.hautetfort.com/ archive/2005/12/10/jesus-t-aime.html; accès le 26/01/06)

· Por fora bela viola, por dentro pão bolorento.
Propre à léxtérieur, sale à lintérieur.

Parecia uma estatal tal o descaso com o dinheiro e as pessoas que ali trabalhavam. Antes que atirem a primeira pedra eu não guardo rancor quanto à empresa, apenas desilusão - *por fora bela viola, por dentro pão bolorento* - e nem quero que a empresa feche suas portas porque muitos pais de família dependem do salário pago pela empresa para levar o pão para casa, alguns deles colegas de trabalho, mas o que eu não quero é que o meu dinheiro, sangrado através de dezenas de impostos, vá para a empresa privada, onde fatalmente irá desaparecer no imenso buraco negro que são as contas da empresa.
(www.jetsite.com.br/06)/mostra_fale1.asp?noticia=739; acesso em 24/07/06)

PAPEL

· O papel aceita tudo.
Le papier souffre tout.

Em quarto lugar, é verdade que *o papel aceita tudo,* principalmente num exercício de futurologia que é o Plano de Negócios. Dependendo do objetivo do plano, pouca coisa lá é real, uma grande parte é projeção, é o que o empreendedor 'acha' que vai acontecer, em muitos casos é até o que o empreendedor 'quer' que aconteça. Por isso, um dos fundamentos básicos do Plano de Negócios é que ele seja um 'documento vivo', ou seja, sujeito a

modificações e atualizações o tempo todo
(vocesa.abril.com.br/aberto/colunistas/pgart_0701_07112003_5556.shl; acesso em 24/07/06)

PAREDE

· As paredes têm ouvidos.
Les murs ont des oreilles.

Onde trabalho *as paredes têm ouvidos* e a mensageira das "conversinhas" sempre se faz de amiga de todos e vive comentando o que não deve, com ela falo apenas o primordial relacionado ao meu trabalho, se ela faz alguma pergunta íntima, desconverso e saio de perto
(forum.abril.com.br/nova/forum.php?topico=178441&go_to=13; acesso em 24/07/06)

Les murs ont des oreilles... *et parfois, ils résonnent de coups inexplicables... Un conte à dire à voix haute, le soir, pour jouer à se faire peur.*
(www1.nordnet.fr/fdi/consult. php?letter_id=140&art_id=1; accès le 26/01/06)

PARENTE

· Parentes são os dentes.
On n'est jamais si bien servi que par soi-même.

Moi, je suis chargé de son interview, car comme me l'a dit son assistante, un peu stressée, "on n'est jamais si bien servi que par soi-même".
(leuco-site.net/tv/spip/article.php3?id_article=21; accès le 26/01/06)

PÁSSARO

· De raminho em raminho o passarinho faz o ninho.
Petit à petit, l'oiseau fait son nid.

Petit à petit l'oiseau fait son nid! *Alors persévérez Cat et vous verrez que cette journée n'est pas aussi morose qu'il y paraît.*
(vendredi.joueb.com/news/206.shtml; accès le 26/01/06)

· Mais vale um pássaro na mão que dois voando.
Un tiens vaut mieux que deux tu l'auras.

Nunca fui de amantes, sempre fui fiel... não por virtude, outrossim por incompetência mesmo. Sempre, mais por covardia que por sapiência, achei que *mais vale um pássaro na mão que dois voando*. Entretanto, desta vez, nada poderei fazer... terei que me dividir.
(alefelix.com.br/arquivo/2005/10/ela_e_louca_uma_louca.html; acesso em 24/07/06)

*Pour ceux qui pensent qu'*un tiens vaut mieux que deux tu l'auras, *qui sont sur des versions antérieures à Windows XP SP2 (ou Mac OS X ou Linux), qui*

n'ont pas le courage d'attendre l'année prochaine, Firefox 1.0 est téléchargeable gratuitement, depuis fin 2004...
(standblog.org/blog/2005/03/17/93114066-le-point-sur-le-futur-ie7; accès le 15/08/07)

PASSO

· Difícil é dar o primeiro passo.
Il n'y a que le premier pas qui coûte.

> Seja qual for o seu problema, o que você está esperando para começar a agir na direção daquilo que quer? O mais *difícil é dar o primeiro passo.*
> (extra.globo.com/blogs/vaidarcerto; acesso em 22/08/07)

> *La culpabilité de l'infanticide est donnée comme la cause de la folie meurtrière d'enfants, selon le principe bien connu qu'*il n'y a que le premier pas qui coûte.
> *(www.oedipe.org/fr/spectacle/monpetitdoigt; accès le 15/08/09)*

PAU

· Pau que nasce torto morre torto.
Pau que nasce torto nunca se endireita.
Qui a bu boira.
Chassez le naturel il revient au galop.

> Passava um tempo, ele pedia desculpas e eu dizia que um dia não iria agüentar... nessas horas ele prometia tentar melhorar. Mas sabe como é: *pau que nasce torto, morre torto.* Depois de quatro anos, um dia caí na real...
> (www.vaidarcerto.com.br/artigo.php?acodigo=207; acesso em 24/07/06)

> Sabe aquele ditado "*pau que nasce torto nunca se endireita*"? Pois é, não acredito nele. Muita gente muda.
> (papodehomem.com.br/dr-love/nenhuma-mulher-me-satisfaz; acesso em 22/08/07)

> Qui a bu boira, *affirme la sagesse populaire, et notre expérience ne nous permet guère de contester cette vision pessimiste des choses.*
> *(suzanne.acces-plus.com/annexe1-b.htm; accès le 26/01/06)*

> *Voilà! Tu as ton second rôle, et tu es prête à brûler les planches en décrochant la vedette. Le premier rôle:* Chassez le naturel il revient au galop!
> *((www.moveandbe.com/article_personnalite_role_vie_1.htm; accès le 26/01/06)*

PECADO

· Não há pecado sem perdão.
À tout péché miséricorde.

> À tout péché miséricorde... *Les robots humains obéissant sans vergogne à leur démiurge dément savaient ce qu'ils faisaient, peut-on leur pardonner?*
> *(perso.wanadoo.fr/d-d.natanson/la_shoah_et_le_pardon.htm; accès le 26/01/06)*

· Quem não tem pecado que atire a primeira pedra.
Que celui qui n'a jamais péché lui jette la première pierre.

A perdoar para quebrar a corrente do ódio, que impede o espírito de progredir, pois, *quem não tem pecado, que atire a primeira pedra.* Que a igualdade dos homens foi ordenada por Deus, e que o mando pertence à virtude, isto é, à capacidade. (www.litaurica.com/evangelho/o_doutrinador.htm; acesso em 24/07/06)

Qui peut se prétendre suffisamment blanc pour jeter de la sorte l'opprobre sur d'autres hommes. Que celui qui n'a jamais péché lui jette la première pierre. *(arno.breker.free.fr/brekerpresentation.htm; accès le 15/06/07)*

PEDRA

· Pedra que rola não cria limo.
Pierre qui roule n'amasse pas mousse.

Como dizia o velho ditado: "*pedra que rola não cria limo*". Seria um espaço sempre adaptado, como a pedra polida que sempre está em processo de modificação. (www.taguatinga.df.gov.br/003/00318005.asp?ttCD_CHAVE=16178; acesso em 22/08/07)

Les autres, faites vos calculs, l'immobilier est cher, l'état se sert grassement au passage sur les droits et taxes. Pierre qui roule n'amasse pas mousse... *(www.cadremploi.fr/actualite/ edito.Edito/edtId+24776981.htm; accès le 27/01/06)*

· Quem tem telhado de vidro não atira pedra no dos outros.
Si ton toit est en verre, ne jette pas de pierre sur celui du voisin

Então, não é tão santo assim esse senhor, porque, *quem tem telhado de vidro não joga pedra no dos outros*, senão, receberá também. Ele acusa o Senador Tasso Jereissati e não quer ser acusado?
(http://www.senado.gov.br/sf/publicacoes/diarios/pdf/sf/2004/08/24082004/27550.pdf; acesso em 25/08/07)

PEIXE

· Tudo o que cai na rede é peixe.
Tout ce qui vient est bon à prendre.

Nem *tudo o que cai na rede é peixe* : os desafios da comunicação pública na Internet. Este artigo é, em parte, resultado de pesquisa em curso sobre as relações entre a comunicação pública e a Internet, vistas a partir da experiência de uma prefeitura municipal brasileira na web. Duas perguntas centrais vêm orientando o estudo: o que leva uma instituição pública a entrar na rede? quais as implicações dessa decisão para o órgão e para a comunicação que realiza com os cidadãos?
(www.e-democracy.lcc.ufmg.br/e-democracy.nsf/papers_murad.html?OpenPage; acesso em 24/07/06)

PEQUENO

· Pequenos regatos fazem os grandes rios.
Les petits ruisseaux font les grandes rivières.

> Les petits ruisseaux font les grandes rivières *et mis bout à bout de petites ou plus grandes contributions peuvent faire de grandes choses.*
> *(www.edf-gdf-loire-cgt.com/ modules/news/article.php?storyid=88; accès le 27/01/06)*

PERDER

· Quem foi à feira perdeu a cadeira.
Qui va à la chasse, perd sa place.

> *Seto Kaiba n'existe plus. Il a abandonné son poste donc on me l'a confié.* Qui va à la chasse, perd sa place!!!
> *(universeofyugioh.free.fr/Fanfics/ fanfic_sentiments_apparaissent.htm; accès le 27/01/06)*

PERDOAR

· Perdoar é divino.
Pardonner est divin.

> Se errar é humano e *perdoar é divino*, beijar é o mais próximo que um humano chega do divino.
> (machoperonomucho.uol.com.br/2007/07/13/todo-beijo-e-uma-cicatriz; acesso em 15/07/07)

> *Toujours est-il que se tromper est humain,* pardonner est divin. *On ne lui en tiendra donc pas rigueur, d'autant plus qu'il assume ses bides (...)*
> *(hova06.skyrock.com/4.html; accès le 20/08/07)*

PERGUNTAR

· Quem pergunta quer saber.
Qui demande veut savoir.

> É fundamental que, como educadores, desmistifiquemos essa questão, promovendo exatamente o contrário: *quem pergunta quer saber*, eo saber é o que queremos.
> (www.escola2000.org.br/interaja/reuniao/reuniao_resumo.aspx?id=6; acesso em 24/07/06

PIMENTA

· Pimenta nos olhos dos outros é refresco.
Mal d'autrui n'est que songe.

> *Pimenta nos olhos dos outros é refresco!!* E não é que a polícia, que sempre está a serviço do governo e dos donos do dinheiro combatendo os outros trabalhadores

que paralisam seus serviços e vão às ruas exigir melhores condições de vida, resolveu entrar em greve também?
(http://www.rp-sp.hpg.ig.com.br/boletins/10.htm; acesso em 22/08/07)

PIOR

· Não é tão ruim que não possa piorar.
C'est mieux que si c'était pire.

Bon on dépense aussi 600 fois plus pour l'armement que pour l'éducation, mais on peut se dire que c'est mieux que si c'était pire.
(lalisteasuivre.blog4ever.com/ blog/lirarticle-4524-12886.html; accès le 27/01/06)

· O pior está por vir.
Le pire est à venir.

Somente a obediência àquilo que já sabemos é o que traz mais inteligência espiritual. "Apostasia" significa uma época quando a grande maioria terá abandonado a crença em Deus e se voltado totalmente à vontade própria. Estamos vendo isto hoje acontecendo em todos os lugares, mas *o pior está por vir.*
(www.stories.org.br/2ts_p.html; acesso em 24/07/06)

Le pire est à venir. *Le réchauffement climatique devrait se faire sentir à partir de 2009.*
(lebloglibredemonquartier.midiblogs.com/archive/2007/08/11/le-pire-est-à-venir.html; accès le 22/08/07)

· Pior a emenda que o soneto.
Le remède est souvent pire que le mal.

Já em fins do século XIX, pensou-se em transferir os restos mortais para o Rio e colocá-lo na Catedral Metropolitana, Praça XV. Abriu-se o túmulo, e foi *pior a emenda que o soneto*, encontraram agora seis esqueletos, sendo que um de mulher e um de criança (Imaginem o que não houve de comentários).
(www.riototal.com.br/riolindo/tur046.htm; acesso em 24/07/06)

Ceux qui veulent lutter contre ne se rendent pas compte que le remède est pire que le mal *: le controle total de tous les ordinateurs.*
(www.lemonde.fr/web/article/reactions/ 0,1-0@2-651865,36-724159@51-698751,0.html; accès le 28/01/06)

POBRE

· Quem dá aos pobres empresta a Deus.
Qui donne aux pauvres, prête à Dieu.

As crianças carentes da Creche Santo Antônio contam com sua generosa e indispensável contribuição. *Quem dá aos pobres empresta a Deus!*
(www.passionistas.org.br/vnsvitoria/psociais/projsociais1.htm; acesso em 24/07/06

J'espère que Dieu réalisera sa parole à vous. "Qui donne aux pauvres prête à Dieu". *Je vous en prie monsieur, aidez-nous.*
(www.emarrakech.info/Apres-la-voiture,-Bill-GATES-mise-sur-la-maison-connectee-_a10558.html?; accès le 22/08/07)

· Ser pobre não é defeito.
Pauvreté n'est pas vice.

Lembro-me de muitos momentos em que a senhora nos dizia: meus filhos, *ser pobre não é defeito!* Tenham dignidade, sejam honestos! O resto é uma conseqüência...
(www.180graus.com/deurucui/default.asp?p=7; acesso em 22/09/07)

Pauvreté n'est pas vice, *mais la pauvreté n'a jamais été un sujet de gloire nationale, encore moins de réconfort.*
(www.gouv-exil.org/13_courrier(2)(2)/courB438_01.htm; accès le 27/01/06)

PODER

· Não se pode assobiar e chupar cana ao mesmo tempo.
On ne peut à la fois souffler et avaler.

É como diz o ditado: *não se pode assobiar e chupar cana* ao mesmo tempo, não é mesmo? Às vezes, dá vontade de utilizar o que a tecnologia nos oferece de melhor, ou seja, a possibilidade de tornar nossas atividades mais e mais abrangentes, compartilhando com colegas nosso trabalho e discutindo posições políticas, denunciando, criticando, elogiando... enfim, dialogando. Mas, infelizmente, ou se faz ou se fala.
(www.papai.org.br/campanha-pai2.html; acesso em 24/07/06)

· Quem não pode com mandinga não carrega patuá.
Ne charge pas tes épaules d'un fardeau qui excède tes forces.

São muitos deveres e obrigações? São! Mas *quem não pode com mandinga, não carrega patuá,* diz o ditado popular. O político que não estiver disposto a assumir estes, e centenas de outros, deveres e obrigações que não se candidate a presidente da República!!
(http://www.natalja.com.br/Melhorescomentarios.htm; acesso em 22/08/07)

· Quem pode o mais pode o menos.
Qui peut le plus, peut le moins.

Se a Constituição permite até que o Judiciário cancele uma concessão, quanto mais uma suspensão como medida liminar. Afinal, *quem pode o mais pode o menos.* Essa não é só a minha opinião.
(observatorio.ultimosegundo.ig.com.br/artigos/jd071020031.htm; acesso em 24/07/06

Dans ce cas là, qui peut le plus, peut le moins, *pourquoi situer le personnage dans une culture japonaise si on adapte son physique pour l'exportation?*
(www.forumjapon.com/forum/viewtopic.php?t=4277; accès le 27/01/06)

· Quem pode pode, quem não pode se sacode.
Les gros poissons mangent les petits.

> E aí, pessoal? Como vão? Gravando demais? É... vida dura, né? *Quem pode pode. Quem não pode se sacode.* Estamos crescendo, sem precisar fazer falcatruas ou mentir. Por favor, se algum invejoso ler isso, não fique com raiva...
> (www.dancasgregas.com.br/guest/comments.php?id=48; acesso em 24/07/06)

> *Alors après, oui on peut dire que c'est salaud si* les gros poissons mangent les petits, *mais en toute franchise ça me manque pas moi.*
> *(www.gamers.fr/blog_.php?id=6456&membre=15078; accès le 27/01/06)*

PORTA

· Quando uma porta se fecha, outra se abre.
Quand une porte se ferme, une autre s'ouvre.

> Sabe que *quando uma porta se fecha outra se abre*, e que no fim tudo concorre para seu progresso e felicidade!!!
> (www.eskorpiana1.blogger.com.br; acesso em 24/07/06

> *J'ai distribué des livres aux américains, envoyé la déclaration des droits de l'homme à Sarkosy, fait livrer des bouées aux bébés dauphins et offert des anoraks aux Somaliens. Comme je le dis souvent :* quand une porte se ferme, une autre s'ouvre...
> *(http://www.lycees.regioncentre.fr/home/emag.php?q_num=117&id_categorie=5; accès le 22/08/07)*

· Quem vier atrás que feche a porta.
Après moi le déluge.

> *Les forces, financières et religieuses, qui soutiennent Bush sont colossales, du genre* après moi le déluge *de bombes pourvu que rentrent les dollars.*
> *(www.humanite.fr/journal/2004-04-20/2004-04-20-392266; accès le 28/01/06)*

POUCO

· Um é pouco, dois é bom, três é demais.
A deux c'est mieux.

> Excesso de partidos impede ou esvazia o interesse dos debates, que seguem na TV a regra da casa do caboclo: *um é pouco, dois é bom, três é demais.*
> (observatorio.ultimosegundo.ig.com.br/atualiza/aspas/ent120920002.htm; acesso em 24/07/06)

PRECISO

· O que é preciso, é preciso.
Il faut ce qu'il faut.

Concernant la taxe, il faut ce qu'il faut, *car lorsque celle-ci arrive à doubler le prix du produit, ça devient de la débilité.*
(www.ratiatum.com/news2630_ Un_bel_avenir_pour_le_DVD_vierge.html; accès le 28/01/06)

PREGUIÇA

· A preguiça é mãe de todos os vícios.
L'oisivité est mère de tous les vices.

L'oisiveté est mère de tous les vices. *Je le sais depuis longtemps, et je m'assure toujours d'avoir suffisamment à faire le week-end (...)*
(www.nuitsdechine.org/index.php/2003/09/14/200-Comme-dans-une-tragedie-grecque; accès le 15/06/07)

PRESSA

· A pressa é inimiga da perfeição.
La hâte est mère de l'échec.

O Presidente da República dispunha de quinze dias para poder analisar a importância e mérito desta lei, mas abriu não de sua prerrogativa e o assinou imediatamente. [...] *Mas a pressa é inimiga da perfeição.* Como não podia deixar de acontecer, toda esta trama resultou numa lei de baixíssima qualidade tanto técnica quanto jurídica.
(www.iron.com.br/~kika/voto-e/textos/PLazeredo.htm; acesso em 24/07/06)

· Quem tem pressa come cru.
Trop presser nuit.

"*Quem tem pressa come cru*", afirmou, argumentando que "criatividade" e "motivação" compensariam a falta de dinheiro.
(www1.folha.uol.com.br/folha/dimenstein/gilberto/gd280403.htm; acesso em 22/08/07)

PREVENIR

· É melhor prevenir que remediar.
Mieux vaut prévenir que guérir.

Sempre *"é melhor prevenir que remediar"*. Quando tocamos no assunto despesas, vemos ainda mais claramente a vantagem em se prevenir uma lide judicial.
(www.jfmg.com.br/index.php?centro=colunas/juridico.php; acesso em 24/07/06)

Dans tous les cas, n'hésitez pas à consulter votre avocat afin de vous éviter des erreurs coûteuses. "Mieux vaut prévenir que guérir".
(www.barreau.qc.ca/feuillets/papiercourt.html; accès le 28/01/06)

PROCURAR

· Quem procura acha.
Qui cherche, trouve.

> Já diz o ditado: *Quem procura acha*! Absolutamente infantil mexer na vida alheia! Não interessa se é do namorado, do amigo, da mãe, do cachorro ou da vizinha!
> (www.experience.unisinos.br/site/index.php?option=com_blog&Itemid=81&catid=47; acesso em 24/07/06
>
> Qui cherche trouve *toujours. Il ne trouve pas nécessairement ce qu'il cherche, moins encore ce qu'il faut trouver.*
> *(www.paulcox.centrepompidou.fr/article-176872.html; accès le 28/01/06)*

PROMESSA/PROMETER

· Promessa é dívida
Chose promise, chose dûe.

> Mas enfim, mesmo que o site não seja "alimentado" com arquivos etc., vou manter essa janelinha aqui atualizada daqui pra frente ok? *Promessa é dívida!*
> (www.jimijames.com.br; acesso em 24/07/06
>
> Chose promise, chose dûe. *Je vous ai promis de vous montrer des photos dès que j'en aurais. J'en ai une. Elle n'est pas bonne, c'est une photo d'écran.*
> *(www.eddy-voumlori.over-blog.net; accès le 28/01/06)*

· Prometer é uma coisa, cumprir é outra
Promettre et tenir sont deux.

> Promettre et tenir sont deux, *mes pauvres Juifs. Vous avez un vieux rabbin qui, en lisant vos sages prophéties qui vous annoncent une terre de miel et de lait, s'écria qu'on vous avait promis plus de beurre que de pain.*
> *(http://www.voltaire-integral.com/Html/19/judee.htm; accès le 21/08/07)*

PUXAR

· Cada um puxa a sardinha para o seu lado.
Chacun cherche son avantage.

> O melhor a fazer é mesmo a pesquisa de campo que você mencionou e tirar suas próprias conclusões, porque *cada um puxa a sardinha para o seu lado.*
> (www.4x4brasil.com.br/forum/showthread.php?t=30960&page=9; acesso em 22/08/07)

q | Q

QUEDA

· Quanto maior a altura, maior a queda.
Plus on monte, plus dure sera la chute.

> O Lula que se cuide, pois *quanto maior a altura, maior a queda.* E quanto maior a queda, menor é a probabilidade de reerguer-se.
> (veja.abril.com.br/blogs/reinaldo/2006/09/uma-carta-corajosa-de-fhc.html; acesso 22/08/07)

> *Un traitement ne s'arrête pas comme ça, les effets secondaires se font ressentir parfois au bout de 3 semaines, et* plus haut on est monté, plus dure est la chute*!! Méfies-toi!*
> *(http://64.233.169.104/search?q=cache:fuz4yLkFRxkJ:forum.aufeminin.com/forum/sante13; acesso em 22/08/07)*

QUERER

· Quanto mais se tem, mais se quer.
Plus on a, plus on veut avoir.

> Seja de onde vier, *quanto mais se tem mais se quer*! Mas a fortuna pode ser destruída em apenas uma transação mal realizada.
> (liesa.globo.com/2007/por/18-outroscarnavais/carnaval06/enredos/rocinha/rocinha_meio.htm;

> *Les besoins sont à la fois plus nombreux et plus impérieux en vertu de ce principe que* plus on a, plus on veut avoir.
> *(www.normannia.info/cgi-bin/aurweb.exe/normannia/rechpdoc?idn=deries1908.html;*

· Quem muito abarca pouco aperta.
Qui trop embrasse mal étreint.

> Qui trop embrasse mal étreint! *Il se prend pour le roi du monde!!! Attention, la chute n'en sera que plus dure! Il dirige tout en France (...)*
> *(actualite.aol.fr/ouvertures/515552/p-articleDessin_titre/articleDessin_id/dessin/article.html;*

· Quem tudo quer nada tem.
Qui veut tout, perd tout.

> *Quem tudo quer nada tem.* Na verdade, a maioria de nós já tem muitas coisas das quais poderia se orgulhar: carro, casa,emprego, água encanada, luz, diversão. Mas parece que quase sempre isso não é suficiente para trazer paz e felicidade.
> (forum.abril.com.br/vidasimples/forum.php?topico=198680; acesso em 24/07/06)

· Querer é poder.
Vouloir, c'est pouvoir.

Para ser uma "Pompoarista" não precisa acreditar, basta querer. Na sua vida tenha sempre como principio: "*Querer é Poder*". (www.artessensuais.com.br/premodul.asp?modulo=opompo; acesso em 24/07/06

Les "copains", comme tout le monde en général, aiment à prendre des rêves pour la réalité, et croient volontiers que vouloir, c'est pouvoir.
(endehors.org/news/7254.shtml; accès le 28/01/06)

r | R

RAZÃO

· Tudo tem sua razão de ser.
Tout a sa raison d'être.

Dificilmente, algo acontece naturalmente, e não existe o "por acaso". As coisas não se esbarram e se montam-moldam perfeitamente. *Tudo tem sua razão de ser.*
(satine.smwdesigns.com.br; acesso em 24/07/06)

Tout a sa raison d'être. *Rien n'est superflu. On appelle "hasard" ce que l'on ne comprend pas encore.*
(www.essentielqc.com/articles.php?ID=243;

REI

· Palavra de rei não volta atrás.
Un roi ne reprend pas sa parole.

A promessa dos poderes públicos, porém, é coisa muito diversa: entre as suas crenças está a de que *palavra de rei não volta atrás*. A confiança na honra dos "brancos" e na seriedade dos que tudo podem, e por isso semelhante promessa vinda de tão alto é para ele como a promessa de alforria que lhe faça o senhor e desde a qual, por mais longo que seja o prazo, ele se considera um homem livre. (www.culturabrasil.pro.br/zip/oabolicionismo.rtf; acesso em 24/07/06)

· Quem um dia foi rei, nunca perde a majestade.
Roi d'un jour roi pour toujours.

Quem foi rei nunca perde a majestade. Com um clima de uma grande festa, Silvio Santos celebra o encontro das músicas do passado com as canções do presente. (www.finaflordobrega.com.br/?cat=6; acesso 24/07/06)

· Rei morto, rei posto.
Le roi est mort, vive le roi.

Penso numa música de Stela Campos, ela se chama Fim de Semana, e evoca um congestionamento, no qual se fala que ao fim do mesmo, que começa na sexta, já é a segunda, e *rei morto, rei posto*, já se passou o tempo do descanso! (www.azulcalcinha.com.br/literatura027.htm; acesso em 24/07/06)

Le roi est mort, vive le roi! *Le jeudi de la mi-carême, avec un vidé en rouge et noir, marque une trêve dans le carême et met un point final au carnaval. (membres.lycos.fr/creoljo/dossier/carnaval.html; accès le 28/01/06)*

REMÉDIO

· O que não tem remédio remediado está.
Adieu paniers, vendanges sont faites.

Apesar do coração aquecido pelo sentimento de que os amigos não me abandonariam, a cabeça começara a ficar aquecida pelo velho barreiro e as condições ruins do trecho de subida do vale, aliado ao adiantado da hora, me fariam pernoitar por ali mesmo. Pensei comigo, já levemente alterado: certo, já que *o que não tem remédio remediado está*, vou curtir a noite no acampamento com o pessoal e amanhã cedo eu vou embora.
(www.unb.br/ig/causos/historia_gregelina_02_05_03.htm; acesso em 24/07/06)

· Para grandes males, grandes remédios.
Aux grands maux, les grands remèdes.

Para muitas pessoas de todas as classes a solução seria reintroduzir a pena de morte na legislação brasileira: "*para grandes males, grandes remédios*".
(observatorio.ultimosegundo.ig.com.br/cadernos/cid180420011.htm;

Rien d'étonnant quand on voit à quel point le chaos règne dans les rangs démoniaques : aux grands maux, les grands remèdes.
(www.roliste.com/detail.jsp?id=6423; accès le 28/01/06)

REZAR

· Ajoelhou, tem que rezar.
Le vin est tiré, il faut le boire.

Comigo, *ajoelhou tem que rezar*, não guardo rancor, mas esgoto o mal entendido até o seu mais amargo fim.
(globosat.globo.com/gnt/programas/blog.asp?gid=51&id=129&Pagina=250; acesso em 24/07/06

L'invasion de l'Irak était une erreur et même sans doute une faute. Mais le vin est tiré, il faut le boire. *Partir maintenant est pire que tout. (origine.liberation.fr/page_forum. php?Template=FOR_DSC&Message=156562; accès le 29/01/06)*

RICO

· Favor só a ricos.
On ne prête qu'aux riches.

> *Comme* on ne prête qu'aux riches, *les riches s'engraissent virtuellement, jusqu'à ce que la réalité les rattrape et dégonfle la baudruche.*
> *(www.velo-club.net/article.php?sid=19284; accès le 29/01/06)*

RIR / RISO

· Muito riso, pouco siso.
Plus on est de fous, plus on rit.

> "*Muito riso, pouco siso*", dizia o chefe ao comandar uma linha de produção, recordando-me o outro lado do ditado popular que não motiva riso algum: "Quem ri por último, ri melhor". Sem dúvida ele riu melhor. Fui demitido.
> (http://www.mackenzie.br/capelania/boletins/2004/boletim_marco.htm;

> *Après tout,* plus on est de fous, plus on rit*! Mon vrai frère, je le connais bien, j'ai grandi avec lui, j'ai un passé et des souvenirs communs.*
> *(prolib.net/ethique/203.017.divorce_iza.htm; accès le 29/01/06)*

· Quem ri por último ri melhor.
Rira bien qui rira le dernier.

> Ele foi vencido pelo nervosismo na prova final, a temida entrevista, mas provou que, com o tempo e a experiência acumulada, *quem ri por último ri melhor*.
> (www.grau10.net/Grau10EntrevistaAlexNunes.html;

> *Pour rire, je vais continuer...* rira bien qui rira le dernier. *Lynx accrochez-vous, je vous envoie mes cousins Turkmènes pour qu'ils s'occupent de vous!*
> *(www.elearning.fr/dotclear/index.php?2005/11; accès le 30/01/06)*

ROSA

· Não há rosa sem espinhos.
Il n'y a pas de roses sans épines.

> Il n'y a pas de roses sans épines, *dans la vie professionnelle, dans la vie affective, dans nos aventures...*
> *(www.philagora.net/ph-prepa/dissert-prepas/heureux-vouloir.htm;*

ROUBAR

· Quem rouba um tostão rouba um milhão.
Qui vole un oeuf, vole un boeuf.

(...) alerto estes pilantras que procurem outro caminho, isto dará cadeia, pois *quem rouba um tostão rouba um milhão*. São ladrões, sim, e merecem cadeia.
(www.casadoscontos.com.br/texto.pl?texto=20020176; acesso em 22/08/07)

Une simple voiture volée par un jeune banlieusard de vingt ans et c'est à peu près le même tarif selon la logique de "qui vole un œuf vole un bœuf".
(www.passant-ordinaire.com/revue/39-383.asp; accès le 30/01/06)

ROUPA

· A roupa faz o homem.
L'habit fait l'homme.

Terno novo e gravata de seda não convencem os investidores: eles não acreditam que *a roupa faz o homem*.
(revistaepoca.globo.com/Epoca/0,6993,EPT396249-2609,00.html;

Passez le mot aux victimes de la mode: "L'habit fait l'homme" *les poussera sans nul doute à la réflexion. Sinon, tant pis pour elles.*
(www.planete-ubik.ch/menu/526; accès le 30/01/06)

· Roupa suja se lava em casa.
Il faut laver son linge sale en famille.

Agora mesmo, o Uruguai, rompendo a máxima de que *roupa suja se lava em casa*, deixou pública a dificuldade de relacionamento com os outros membros, especialmente Argentina e Brasil, que não foram capazes de resolver o caso internamente.
(www.usp.br/jorusp/arquivo/06)/jusp768/pag08.htm; acesso em 24/07/06)

*Néanmoins je crois qu'*il faut laver son linge sale en famille. *Cependant je comprends votre situation, je vous souhaite bon courage!*
(www.mjs93.org/blog/2007/07/20/«-l'ecole-du-vice-»-a-encore-frappe;

RUIM

· Não gaste vela com defunto ruim.
Le jeu ne vaut pas la chandelle.

Je trouve que le jeu ne vaut pas la chandelle, *ce n'est qu'un ordinateur personnel utilisé dans le cadre d'un loisir, pas un outil de travail.*
(www.repaire.net/forums/showthread.php?threadid=480; accès le 30/01/06)

· Vaso ruim não quebra.
Mauvaise herbe croît toujours.

Quando acordei, muitos olhares curiosos estavam à minha volta, preocupados se eu havia morrido. "Calma, vermes! Ainda não foi dessa vez que se livraram de mim, *vaso ruim não quebra*!" - Pensei em dizer isso, talvez por estar meio

atordoado pelo impacto, mas deixei pra lá, pois eu queria saber o que havia acontecido comigo.
finalboss.uol.com.br/fb3/perfil.asp?pessoa_id=273; acesso em 24/07/06

*Personnellement je suis très résistante à la maladie (*mauvaise herbe croît toujours*) mais bon, il m'arrive de renifloter, de ci de là.*
(www.ciao.fr/Lotus_Mouchoirs_Blancs_Jetables__Avis_360013; accès le 20/08/07)

s | S

SABER

· Saber é poder.
Savoir, c'est pouvoir.

"Enquanto o povo brasileiro não tiver a possibilidade de adquiri-lo, não haverá no Brasil democracia verdadeira, porque *'Saber é poder'*, e o poder deve ser exercido por um povo instruído e consciente da sua totalidade", destacou.
(www.mst.org.br/informativos/JST/239/projpopular.html; acesso em 24/07/06)

Savoir, c'est pouvoir. *Aujourd'hui, pour rester compétitives, les entreprises doivent gérer efficacement leur patrimoine de connaissances.*
(www.calys.com/fra/html/km.htm; accès le 30/01/06)

SAIR

· Quem sai aos seus, não degenera.
Bon sang ne peut mentir.

Mais até do que o natural e nada condenável orgulho de saber que um dos nossos está sendo aprovado e aplaudido pelos ricos e exigentes senhores da Roma Imperial do negócio globalizado do entretenimento, o sentimento mais positivo que ela pode despertar no Brasil de sua origem é que *quem sai aos seus não degenera* e o trabalho honesto e bem feito ainda compensa.
(www.alomusica.com/modules.php?name=News&file=article&sid=206; acesso em 24/07/06)

Bon sang ne peut mentir! *Maréchal, père, quant à lui ne peut-être égal qu'à lui-même, soit comme metteur en scène soit comme comédien.*
(www.consuls-marseille.org/dandin.htm; accès le 30/01/06)

SANTO

· Santo de casa não faz milagre.
Il n'y a point de héros pour son valet de chambre.
Nul n'est prophète dans son pays.

Bom, eu me despedi da comunidade de software livre, mas acabei não resistindo a um convite que tive da UTFPR, campus de Cornélio Procópio para ministrar uma palestra. Meu sonho era fazer palestras na região onde nasci, fosse em Londrina, fosse em Cornélio, afinal, *santo de casa não faz milagre,* é o que dizem... (eduardo.macan.eng.br/06)/03; acesso em 24/07/06)

Il n'ya pas de héros pour son valet de chambre, *non parce que le héros n'est pas un héros, mais parce que le valet de chambre n'est qu'un valet de chambre. (www.lycee-chateaubriand.fr/cru-atala/publications/lamy_hegel.htm; accès le 15/08/07)*

C'était un être qui était bon, qui était serviable, mais qui n'a pas été apprécié dans son pays. Nul n'est prophète dans son pays... *ça doit être vrai. (gastoncoute.free.fr/le_genre_qui_ne_plaisait_pas.htm; accès le 28/01/06)*

SEGURO

· Seguro morreu de velho.
Prudence est mère de sûreté.

Exagerar ou enganar on-line é muito fácil. Por isso, cautela em relação às intenções, ao estado civil e à aparência da pessoa pretendente. (...)! Vamos combinar, on-line ou off-line, *seguro morreu de velho!* Pode ser namoro, amizade ou o que for... O importante é que combine! (delas.ig.com.br/materias/377501-378000/377735/377735_1.html; acesso em 24/07/06)

Prudence est mère de sûreté. *Pour résumer, il faut faire sa place par ses propres moyens et ne compter que sur ses compétences. (www.directemploi.com/articles/ archive/Jeunes-Diplomes-pgconseil.asp; accès le 30/01/06)*

SERVIR

· Ninguém pode servir a dois senhores.
Nul ne peut servir deux maîtres à la fois.

E este é o artifício sem arte dos aduladores reais. Servem lisonjeiramente aos príncipes para os ganhar ou lhes ganhar a graça, e para se servirem da mesma graça para os fins que só pretendem de seus próprios interesses. E como, por declaração do mesmo legislador do nosso texto, *ninguém pode servir a dois senhores* sem amar a um e ser inimigo do outro, provado fica, sem réplica, e concluído, que quantos forem em palácio os amigos de seus interesses, tantos são os inimigos dos reis. (www.cce.ufsc.br/~nupill/literatura/BT2803028.html; acesso em 24/07/06)

On ne peut servir deux maîtres à la fois. *Le prêtre de Henghiène l'a bien compris. Aussitôt revenu sur le Territoire, il demande sa réduction à l'état laïc. Il se marie avec Marie-Claude Wetta et dès lors se consacre entièrement à la défense de la culture kanak. (http://nouvellecaledonie.rfo.fr/article7.html;*

SÓ

· Antes só que mal acompanhado.
Il vaut mieux seul qu'en mauvaise compagnie.

Bons advogados, em muitos casos, são imprescindíveis. Verdadeiros anjos de guarda. Mas alguns advogados, e em casos em que o cidadão pode, ele mesmo, se defender, podem fazer valer o ditado *'antes só que mal acompanhado'*. (os bons advogados intimamente concordarão, imagino).
(conjur.estadao.com.br/static/text/36798,1; acesso em 25/07/06)

C'est une leçon pour l'avenir mais de toute façon il vaut mieux être seul qu'en mauvaise compagnie. *Toutes les femmes ne sont pas mauvaises (...)*
(femmes.monmaghreb.com/exemples_vie_reelle_13_nourdine.htm;

SOL

· Não há nada de novo sob o sol.
Rien de nouveau sous le soleil.

O senhor se preocupa com a crítica que possa receber de seus "colegas" cartesianos? Não, de modo algum. Para os versados na filosofia e no pensamento holístico, essa é uma oportuna obra de constatação, em que se verifica que "*não há nada de novo sob o Sol*" e que tudo aquilo que hoje consideramos novo, revolucionário e recém-criado na medicina nada mais é do que o velho pensamento dialético grego ou a metafísica tibetana com roupagens modernas.
(www.jornalinfinito.com.br/materias.asp?cod=135; acesso em 25/07/06)

Rien de nouveau sous le soleil, *c'était un argument repris de génération en génération, et l'argument a une base : il suffit de joindre les deux registres.*
(www.editions-verdier.fr/banquet/97/n31/levy5.htm; accès le 30/01/06)

· O sol nasce para todos.
Le soleil luit pour tout le monde.

Se *o sol nasce para todos*, aos pombos é que ele não negaria o ar de sua graça. Sem brioches recheados, pães confeitados e amores enrolados, eles parecem firmar que estão aqui, dividindo espaço com todos nós, e se dedicam ao seu melhor ofício: serem pombos.
(www.umuarama.pr.gov.br/agnewsview.php?id=400; acesso em 25/07/06)

SURDO

· O pior surdo é aquele que não quer ouvir.
Il n'est pire sourd que celui qui ne veut pas entendre.

Le PM a bien dit sur les ondes qu'il n'y avait pas de pauvreté à Madagascar. Il n'est pire sourd que celui qui ne veut pas entendre.
(www.madanight.com/modules.php?name=Forums&file=viewtopic&t=2470&start=20&sid=85a9f042c0e6; accès le 30/01/06)

t | T

TAMANHO

· Tamanho não é documento.
Les hommes ne se mesurent pas à l'aune.

Mas, atenção, se você encontrar um escorpião amarelo fora da Biodescoberta, tome cuidado, porque, embora pequeno, é o mais venenoso do Brasil e sua picada provoca uma dor muito forte! *Tamanho não é documento.*
(www.museudavida.fiocruz.br/publique/cgi/cgilua.exe/sys/start.htm?sid=2&infoid=780&tpl=printerview; acesso em 25/07/06)

TARDE

· Antes tarde do que nunca.
Mieux vaut tard que jamais.

Antes tarde do que nunca. Com o verão batendo à porta do nosso continente, a busca para emagrecer se torna mais imprescindível. Durante uma boa parte do ano, este projeto foi protelado, postergado e desculpado. Mas o calor está aí e as roupas começam a diminuir, não há mais desculpas e justificativas. Então, mãos à obra!
(www1.uol.com.br/cyberdiet/colunas/021004_psy_antes_tarde.htm; acesso em 25/07/06)

Mieux vaut tard que jamais... *J'ai enfin eu mon contrat de travail. Depuis un mois et demi que je me fatiguais à bosser, quand même.*
(spaceruler.free.fr/blog/index.php?2005/ 12/12/83-mieux-vaut-tard-que-jamais; accès le 01/02/06)

TEMPESTADE

· Depois da tempestade vem a bonança.
Après la pluie, le beau temps.

Os projetos de e-commerce não cumpriram suas metas. Na verdade não atingiram nem 50% das metas estabelecidas. As demissões continuam... *Depois da tempestade vem a bonança.* E agora podemos enxergar um pouco melhor os movimentos que, lentamente, começam a se esboçar em direção a uma Nova Internet.
(www.widebiz.com.br/gente/otaha/adaptararealidade.html; acesso em 25/07/06)

Le temps passe et après la pluie, le beau temps. *En effet, finies les souffrances et les privations de la guerre. Tout a changé. Le pays s'est reconstruit.*
(effetlarsen.site.voila.fr/Eltommylefilm.htm; accès le 01/02/06)

· Quem semeia vento, colhe tempestade.
Qui sème le vent, récolte la tempête.

Quando a natureza é preservada, como resultado temos um ambiente equilibrado. No entanto, quando há destruição, a natureza pode responder mostrando toda a sua força. Afinal, *quem semeia vento, colhe tempestade!*
(www.drm.rj.gov.br/item.asp?chave=123; acesso em 25/07/06)

Celle-ci qui ne saurait accepter sa propre déstabilisation réagira en bonne conséquence. Ne dit- on pas que "qui sème le vent récolte la tempête?".
(www.lefaso.net/article.php3?id_article=10210; accès le 01/02/06)

TEMPO

· Cada coisa a seu tempo.
Chaque chose en son temps.

De acordo com o tradicional processo de aprendizado dos japoneses, com *cada coisa a seu tempo*, ele considerou que só a partir daquela ocasião é que poderíamos entender e aplicar o 3P em toda sua plenitude.
(www.lean.org.br/bases.php?&interno=artigo_14; acesso em 25/07/06)

Chaque chose en son temps. *Avant de pouvoir contribuer, créez un compte: Vous ne pouvez pas participer sans disposer d'un compte.*
(codex.wordpress.org/fr:Codex:Contribuer; accès le 25/08/07)

· Há tempo pra tudo.
Il y a un temps pour tout.

Há tempo pra tudo! TUDO tem o seu tempo determinado, e há tempo para todo o propósito debaixo do céu. Há tempo de nascer, e tempo de morrer.
(www.vidadeadoracao.blogger.com.br; acesso em 25/07/06)

Il y a un temps pour tout, *Lou. Un temps pour se rebeller, un temps pour s'interroger, un temps pour analyser, et un temps pour agir.*
(www.sardou.com/page-des-fans/forum/viewtopic.php?t=280; accès le 14/01/06)

· O tempo ensina.
Le temps est un grand maître.

O tempo ensina, mas de nada vale para quem não está disposto a aprender.
(www.folhadaregiao.com.br/
noticia?74129&PHPSESSID=674dd8e943256c7471f1ef19bb3c4e75; aceso em 25/08/07)

En un certain sens, c'est l'époque privilégiée de la sagesse, qui est en général le fruit de l'expérience, parce que "le temps est un grand maître".
(rblin.club.fr/crescendo/6.textes/jp2/jp2fra.htm; accès le 01/02/06)

· O tempo não volta atrás.
Le temps perdu ne se rattrape pas.

Com certeza *o tempo não volta atrás*, mas podemos resgatar e reviver o que de bom aconteceu, e melhor, com mais maturidade e experiência, jogando fora o ruim e multiplicando o bom.
(www.namorando.com.br/ index.php?option=com_content&task=view&id=47&Itemid=50; acesso em 25/07/06)

Tu as raison le temps perdu ne se rattrape pas! *Mais tu es jeune et tu n'as pas d'enfant! Ne te marie pas. Après c'est galère!*
(www.orangeblog.fr/web/jsp/blog.jsp?blogID=177155&articleID=7055653; accès le 25/08/07)

· Tempo é dinheiro.
Le temps c'est de l'argent.

A máxima "*tempo é dinheiro*", moveu e ainda move gerações por um futuro melhor. Quem nunca ouviu alguém dizer: "correr agora, para descansar depois"?
(www.rhcentral.com.br/artigos/ abre_artigo.asp?COD_TEMA=1061; acesso em 13/06/06)

L'individu tenaillé sans répit par le besoin d'argent, le temps est réellement devenu une abstraction. Désormais, le temps, c'est de l'argent.
(perso.wanadoo.fr/xarm/capital.html; accès le 11/01/06)

TRABALHAR

· Nem relógio trabalha de graça.
Toute peine mérite salaire.

Pelo que me consta as companhias telefônicas foram privatizadas e hoje *nem relógio trabalha de graça.*
(www.al.sp.gov.br/StaticFile/integra_sessao/123aSO991015.htm; acesso em 25/08/07)

Personnellement, j'adore mon métier, mais je me refuse de travailler bénévolement. C'est la première chose qu'on m'a apprise, toute peine mérite salaire.
(www.u-blog.net/briographe/note/57620; accès le 09/02/06)

· Quem não trabalha, não come.
Qui ne travaille pas ne mange pas.

O país ficou duas décadas buscando encaixar-se na terceira Revolução Industrial, perseguindo o ideal enunciado na tão falada "equação japonesa": duas pessoas fazendo o serviço que antes era feito por quatro. (...) Para o país, chegou a hora de lembrar que os dois que sobram nesta equação não desapareceram, continuam por aqui e num mundo regido pela ética do "*quem não trabalha, não come*", eles continuam a ser um problema.
(www.diap.org.br/agencia/Anexos/ Ref_Trab_Redu%E7%E3oJornadaTrabalho.doc; acesso em 25/07/06)

Face à la scène, le slogan trône, à la soviétique: "Qui ne travaille pas ne mange pas". *Le spectateur est dans le spectacle.*
(www.regard-est.com/home/breve_contenu.php?id=498; accès le 25/08/07)

TRABALHO

· Todo trabalho é digno.
Il n'y a pas de sot métier.

Todo trabalho é digno, desde que o trabalho não seja chefiar quadrilhas.
(br.answers.yahoo.com/question/index?qid=20061107113413AAIPDeQ; acesso em 25/08/07)

Pour nous il n'ya pas de sot métier *et chaque profession mérite respect.*
(www.lefaso.net/article.php3?id_article=15868&id_rubrique=2; accès le 15/08/07)

TRÊS

· Não há dois sem três.
Jamais deux sans trois.

Não há dois sem três. E no espaço cibernético há novidades. Mais um político tem o seu site online e é preciso clicar na chave para entrar.
(gamvis.blogspot.com/2005/09/no-h-dois-sem-trs.html; acesso em 22/07/07)

Depuis le début de la saison, sur cinq compétitions, ce couple est déjà tombé trois fois comme on dit 'jamais deux sans trois'.
(www.latribune.fr/News/News.nsf/AllByID/OFRSP-SPORT-PATINAGE-EUROPE-DANSE-/06)0119TXT-Patinage—le-couple; accès le 14/01/06)*

u | U

ÚLTIMO(A)

· A última gota transborda o copo.
La dernière goutte qui fait déborder le vase.

A decisão da Bel de reduzir o preço em 0,65 euros por 100 litros de leite é *a última gota que vai fazer transbordar o copo.*
(lanselmo.blogspot.com/2006_01_01_archive.html; acesso em 25/08/07)

La famille a alors laissé sortir ses chèvres pour qu'elles puissent manger l'herbe mais cela a semblé être la dernière goutte qui a fait déborder le vase.
(www.ism-france.org/news/article.php?id=7180&type=temoignage&lesujet=Colonies; accès le 25/08/07)

· Os últimos serão os primeiros.
Les premiers seront les derniers.

Na chegada são colocados espetos para receber as senhas e em seguida vira-se o espeto e *os últimos serão os primeiros* (...)
(www.cordf.com.br/paginas/guiadoatleta/regras/numero.asp; acesso em 25/07/06)

Il a promis de rééquilibrer les inégalités, par exemple les premiers seront les derniers, *et les riches n'iront pas au paradis.*
riensavoir.free.fr/article.php?id_article=36j; accès le 09/02/06)

UNIÃO

· A união faz a força.
L'union fait la force.

A União política européia vem sendo implantada de tratado em tratado (...) Se *a união faz a força*, seu bom desenvolvimento (...) exigirá principalmente um "espírito de equipe", uma gestão mais centralizada e a adaptação do processo de decisão.
(www.ambafrance.org.br/abr/label/label40/dossier/dossier/02.html; acesso em 25/07/06)

Parce que l'union fait la force, *ces pays ont décidé de se rapprocher et de s'allier pour la défense de la paix et le progrès de l'humanité.*
(www.libre-esprit.net/othanie/ pastago_othanie/mois_amitie.html; accès le 09/02/06)

v | V

VALER

· Vale quanto pesa.
Tout vaut tant.

Vale quanto pesa. Será que as estatuetas dos festivais nacionais levam público ao cinema?
(www2.correioweb.com.br/cw/2001-11-27/mat_22517.htm; acesso em 25/07/06)

VAZIA (O)

· Saco vazio não pára em pé.
De barriga vazia ninguém pensa.
Ventre affamé n'a point d'oreilles.

Antes de irmos lá, decidimos almoçar, afinal já eram 14 horas e *"saco vazio não pára em pé".*
(inema.com.br/mat/idmat012183.htm; acesso em 27/08/07)

Afinal, *de barriga vazia ninguém pensa*, ninguém participa. Daí a importância da inclusão dos pobres como o primeiro degrau na construção da participação ...
(www.abruc.org.br/003/00301009.asp?ttCD_CHAVE=18135; acesso em 15/08/07)

Certes, le ventre affamé n'a point d'oreilles. *Mais, le Congo se trouve dans la situation embarrassante d'une mère de jumeaux : pendant que l'un tète, l'autre pleure, mais la maman est obligée de finir avec le premier avant de prendre le second. (www.congo-site.com/pub/fr/v4x/actualites/article.php?num=5293; accès le 20/08/07)*

VELHA

· Panela velha é que faz comida boa.
On fait de bonne soupe dans un vieux pot.

A média alta das idades dos jogadores é sinônimo de experiência, como se diz, "*Panela velha é que faz comida boa*". (www.stiesporte.com.br/notic_con.asp?arquivo=25206062401.htm; acesso em 25/07/06

Dans un vieux pot, on fait de bonne soupe! *Mais pas forcement dans un vieux blog qu'on fait un blog original! (dr-charles-attan.skyrock.com/2.html; accés le 25/08/07)*

VER

· É preciso ver para crer.
Il faut le voir pour le croire.

E cada um destes estudos é uma evidência à parte na compreensão do Universo. Compreensão esta que não se baseia em escrituras: *é preciso ver para crer*; é preciso a evidência. (www.str.com.br/Scientia/evidencia.htm; acesso em 25/07/06)

Les prix qu'atteignent certaines choses sont effrayants; il faut le voir pour le croire. *Les oeufs se vendent 1f50, et le pigeons valent 15 francs pièce. (www.culture.gouv.fr/culture/ cavaille-coll/fr/guerre_1870.html; accès le 09/02/06)*

VERDADE

· A verdade dói.
Il n'y a que la vérité qui blesse.

Certamente você já ouviu está frase: *A verdade dói*. Ela é muito forte realmente, mas a dor precisa existir, só que o sofrimento é opcional. (somostodosum.ig.com.br/conteudo/conteudo.asp?id=5353; acesso em 25/07/06)

Ce sont les esprits réduits qui se sentent obligés d'insulter, car à court d'arguments: la 360 se vend très mal. Comme on dit, il n' y a que la vérité qui blesse. *(news.fr/actualite/commentaires/0,3800002286,39340198-20238707q,00.htm; accès le 15/08/07)*

· A verdade é filha do tempo.
La vérité est fille du temps.

E faço questão de ressaltar que só existe uma verdade. E Sto. Tomás de Aquino lembrou que *"a verdade é filha do tempo"*. Oxalá, ao longo de 2005, seja eu completamente desmentido pelos fatos.
(www.ecbahia.com.br/imprensa/opiniao/nestor_050215.asp; acesso em 25/07/06

· Nem todas as verdades se dizem.
Toutes les vérités ne sont pas bonnes à dire.

Não é correto dizer tudo que é verdade. *Nem todas as verdades se dizem.* Mal me querem as comadres, porque lhes digo as verdades.
(www.psleo.com.br/fr_lat_n12.htm; acesso em 25/08/07)

Je sais, je sais, toutes les vérités ne sont pas bonnes à dire, *c'est du moins ce qui se dit, mais ce n'est pas ce que je pense, comme vous le savez tous.*
(www.sui.ras.eu.org/Duchene/Mode%20d'emploi.htm; accès le 09/02/06)

VERGONHA

· Vergonha é roubar e não poder carregar.
Il n'y a que les honteux qui perdent.

Você que me ensinou que *vergonha é roubar e não poder carregar* – e que por isso a gente deve sempre levar um saco bem grande ou ir assaltar de carro.
(www.letraselivros.com.br/index.php?option=com_content&task=view&id=771&Itemid=65; acesso em 25/08/07)

Il n'y a que les honteux qui perdent, *faute de hardiesse et de confiance, on manque de bonnes occasions.*
(www.patrimoine-de-france.org/mots/mots-acade-47-23281.html; accès le 15/08/07)

VEZ

· Uma vez não são vezes.
Une fois n'est pas coutume.

Il y a bien, en l'occurrence, une exception française et, une fois n'est pas coutume, *elle constitue un vrai sujet de satisfaction.*
(www.dna.fr/france/06)0122_DNA007470.html; accès le 09/02/06)

VIDA

· A vida não é um mar de rosas.
Il n'y a qu'heure et malheur.

No ano passado (2005) passei por algumas dificuldades, até porque *a vida não é um mar de rosas* (...)
(www.montfort.org.br/index.php?secao=cartas&subsecao=rcc&artigo=/06)0209191242&lang=bra; acesso em 25/07/06)

· Enquanto há vida, há esperança.
Tant qu'il y a de la vie, il y a de l'espoir.

Mesmo depois dos 60, descobriu que seu espírito tem só 30 anos e que, *enquanto há vida, há esperança.*
(www.umacoisaeoutra.com.br/cultura/juventino.htm; acesso em 25/07/06

Je tiens à dire que la finale de saison n'est pas encore gagné car tant qu'il y a de la vie il y a de l'espoir *dans l'air, nous serons là pour s'oxygéner!!!*
(kin_ballquebec.tripod.com/arkbry/id3.html; accès le 09/02/06)

VINGANÇA

· Vingança é um prato que se come frio.
La vengeance est un plat qui se mange froid.

A vingança é um prato que se come frio... Estou tranqüilo, desfiando britanicamente minhas memórias de viagem. Talvez hoje fale sobre Roma, depois sobre Verona e Veneza, porém depois a fleugma do viajante tupiniquim será substituída por calculada e implacável vingança.
(www.verbeat.org/blogs/lixotipoespecial/arquivos/2005/12/aconteceu_aquela_noite.html; acesso em 25/07/06

Parfois je m'imagine ma raclant la gorge et envoyer un gros crachat sur sa tombe. La vengeance est un plat qui se mange froid.
(familysecret.centerblog.net/2028971-La-vengeance-est-un-plat-qui-se-mange-froid; accès le 25/08/07)

VIVER

· Quem viver, verá.
Qui vivra verra.

Dentro de alguns anos, os diversos ecossistemas poderão ser facilmente distinguidos, mesmo porque alguns, como o da mata atlântica e a araucária, têm porte avantajado e se destacarão na paisagem. *Quem viver verá.*
(www.usp.br/jorusp/arquivo/1999/jusp459/manchet/rep_res/especial.html; acesso em 25/07/06

Les champs de cannes sont prometteurs et il y aura beaucoup de sucre ... Mais je pense, comme je l'ai déjà dit, que qui vivra verra.
(www.ghcaraibe.org/bul/ghc030/p0391.html; accès le 09/02/06)

· Viva e deixe viver.
Pour vivre, laisser vivre.

Passei muito tempo tentando descobrir um significado de vida e cheguei à conclusão de que não nascemos predeterminados a nada, nós aprendemos com a vida e decidimos o que será nosso futuro, nosso significado de vida é

determinado por nossas vontades; nosso futuro é tentar chegar a esse objetivo (...) *viva e deixe viver*, crie seu futuro e respeite o futuro dos outros, somente assim o mundo irá para a frente.
(tools.hpg.ig.com.br/guestbook/guest_read.php?guest_user=mdmpoesias&pag=250&tampag=25&bExibica; acesso em 25/07/06)

· Vive melhor quem vive na obscuridade.
Pour vivre heureux, vivons cachés.

Pour finir un mot de l'idéologie sous-jacente au film: le monde moderne est mauvais, donc pour vivre heureux vivons cachés *et sous la protection de dieux!*
(www.cinekritik.com/film/ base.php3?titrefilm=Le%20Village&zzz=levillage; accès le 09/02/06)

VOZ

· A voz do povo é a voz de Deus.
La voix du peuple est la voix de Dieu.

A voz do povo é a voz de Deus. Que povo? Que Deus? O que beijou Stálin? O que delirou com Hitler? Ou o que pediu que soltassem Barrabás?
(www.culturabrasil.pro.br/dois_iguais.htm; acesso em 25/08/07)

On dit communément, que la voix du peuple est la voix de Dieu, *pour dire, qu'ordinairement le sentiment général est fondé sur la vérité.*
(portail.atilf.fr/cgi-bin/getobject_?p.11:8./var/artfla/dicos/ACAD_1798/IMAGE; accès le 25/08/07)

ÍNDICE REMISSIVO DOS PROVÉRBIOS FRANCESES

Os provérbios franceses estão dispostos, neste *Dicionário de provérbios*, junto de seus correspondentes em português. Para facilitar a localização dos provérbios em francês, elaboramos o índice remissivo a seguir, que indica a formulação da frase, seguida da palavra-chave em português sob a qual se encontram os provérbios equivalentes ou assemelhados nos dois idiomas. Na seqüência, a palavra-chave em francês é dada apenas a título de ilustração.

Ce n'est pas avec la beauté qu'on paie son boucher.	**BELEZA** / BEAUTÉ
Ce qui est au goût de chacun égaie sa propre vie.	**GOSTO** / GOÛT
Ce qui est fait est fait.	**FAZER** / FAIT
Ce qui ne tue pas fait grossir.	**MATAR** / TUER
C'est en forgeant qu'on devient forgeron.	**FERRO** / FORGERON
Chacun a un fou dans sa manche.	**LOUCO** / FOU
Chacun cherche son avantage.	**PUXAR** / AVANTAGE
Chacun est maître de son sort.	**DESTINO** / SORT
Chacun pour soi, Dieu pour tous.	**DEUS** / DIEU
Chacun sait où le bât le blesse.	**APERTAR** / BLESSER
Chacun sait où son soulier le blesse.	**APERTAR** / BLESSER
Chacun son métier (les vaches seront bien gardées).	**MACACO** / MÉTIER
Chaque chose en son temps.	**TEMPO** / TEMPS
Charbonnier est maître chez soi.	**CASA** / CHARBONNIER
Charité bien ordonnée commence par soi-même.	**CARIDADE** / CHARITÉ
Chassez le naturel il revient au galop.	**PAU** / NATUREL
Chat échaudé craint l'eau froide.	**MEDO** / CHAT
Chien qui aboie ne mord pas.	**CÃO** / CHIEN
Chose promise, chose dûe.	**PROMESSA/PROMETER** / PROMIS
Comparaison n'est pas raison.	**COMPARAÇÃO** / COMPARAISON
Dans les petits pots, les meilleurs onguents.	**MELHOR** / MEILLUER
Dans une bouche fermée, il n'y entre pas de mouche.	**BOCA** / BOUCHE
De l'abondance du coeur la bouche parle.	**BOCA** / BOUCHE
Demain il fera jour.	**DIA** / JOUR
Des goûts et des couleurs on ne discute pas.	**GOSTO** / GOÛT
Deux têtes pensent mieux qu'une.	**CABEÇA** / TÊTE
Dieu donne le froid selon le drap.	**DEUS** / DIEU
Dieu écrit droit avec des lignes courbes.	**DEUS** / DIEU
Dieu sait ce qu'il fait.	**DEUS** / DIEU
Dire et faire sont deux.	**FAZER** / FAIRE
Du mal de la tête, les membres pâtissent.	**CABEÇA** / TÊTE
En bouche close, n'entre mouche.	**BOCA** / BOUCHE
Entre l'écorce et le bois, il ne faut pas mettre le doigt.	**BRIGA/BRIGAR** / DOIGT
Erreur n'est pas compte.	**ERRO** / ERREUR
Esprit sain dans un corps sain.	**ALMA** / ESPRIT
Faites ce que je dis, mais ne faites pas ce que je fais.	**FAZER** / FAIRE
Faute de grives on mange des merles.	**CÃO** / GRIVE
Goutte à goutte, l'eau creuse la pierre.	**ÁGUA** / EAU
Grain à grain, la poule emplit son gosier.	**GALINHA** / POULE
Gratis est mort.	**DAR** / GRATIS
Il est bon de parler et meilleur de se taire.	**FALAR** / PARLER
Il faut battre le fer pendant qu'il est chaud.	**FERRO** / FER
Il faut ce qu'il faut.	**PRECISO** / FALLOIR

Il faut étouffer le monstre au berceau.	**MENINO** / BERCEAU
Il faut être deux pour se quereller.	**BRIGA/BRIGAR** / QUERELLER
Il faut laver son linge sale en famille.	**ROUPA** / LINGE
Il faut le voir pour le croire.	**VER** / VOIR
Il faut que jeunesse se passe.	**EXPERIÊNCIA** / JEUNESSE
Il n'y a pas de roses sans épines.	**ROSA** / ROSE
Il ne faut jurer de rien.	**ÁGUA** / JURER
Il ne faut pas battre une femme, même avec une fleur.	**MULHER** / FEMME
Il ne faut pas dire: fontaine, je ne boirai pas de ton eau.	**ÁGUA** / EAU
Il ne faut pas parler de corde dans la maison d'un pendu.	**CORDA** / CORDE
Il ne faut pas se fier aux apparences.	**APARÊNCIA** / APPARENCE
Il ne faut remettre au lendemain ce que l'on peut faire le jour même.	**HOJE** / JOUR
Il n'est pire aveugle que celui qui ne veut pas voir.	**CEGO** / AVEUGLE
Il n'est pire sourd que celui qui ne veut pas entendre.	**SURDO** / SOURD
Il n'est point de petit chez soi.	**LAR** / PETIT
Il n'est sauce que d'appétit.	**FOME** / APPÉTIT
Il n'y a pas de bonne fête sans lendemain.	**FESTA** / FÊTE
Il n'y a pas de fumée sans feu.	**FOGO** / FEU
Il n'y a pas de règle sans exception.	**EXCEÇÃO** / EXCEPTION
Il n'y a pas de sot métier.	**TRABALHO** / MÉTIER
Il n'y a point de héros pour son valet de chambre.	**SANTO** / HÉROS
Il n'y a point de laides amours.	**AMAR** / AMOUR
Il n'y a que la foi qui sauve.	**FÉ** / FOI
Il n'y a que la vérité qui blesse.	**VERDADE** / VÉRITÉ
Il n'y a que le premier pas qui coûte.	**PASSO** / PAS
Il n'y a que les honteux qui perdent.	**VERGONHA** / HONTEUX
Il n'y a qu'heure et malheur.	**VIDA** / MALHEUR
Il vaut mieux seul qu'en mauvaise compagnie.	**SÓ** / SEUL
Il y a fagots et fagots.	**IGUAL** / FAGOT
Il y a un commencement à tout.	**COMEÇO** / COMMENCEMENT
Il y a un temps pour tout.	**HORA / TEMPO** / TEMPS
Jamais deux sans trois.	**TRÊS** / TROIS
Jeu de mains, jeu de vilains.	**BRINCADEIRA** / JEU
L' habitude est une seconde nature.	**HÁBITO** / HABITUDE
L'air ne fait pas la chanson.	**HÁBITO** / AIR
L'argent appelle l'argent.	**DINHEIRO** / ARGENT
L'argent ne fait pas le bonheur (mais il y contribue).	**DINHEIRO** / ARGENT
L'argent ne tombe pas du ciel.	**DINHEIRO** / ARGENT
La caque sent toujours le hareng.	**FILHO** / CAQUE
La chair est faible.	**CARNE** / CHAIR
La colère des dieux est lente, mais terrible.	**CASTIGO** / COLÈRE

La dernière goutte qui fait déborder le vase. **ÚLTIMO(A)** / GOUTTE
La fin justifie les moyens. **FIM** / FIN
La foi soulève des montagnes. **FÉ** / FOI
La fortune vient en dormant. **DEUS** / FORTUNE
La hâte est mère de l'échec. **PRESSA** / HÂTE
La mélancolie ne paie pas de dettes. **PAGAR** / PAYER
La montagne a accouché d'une souris. **MONTANHA** / MONTAGNE
La mort n'attend pas. **MORTE/MORTO** / MORT
La mort ne prévient pas. **MORTE/MORTO** / MORT
La nuit porte conseil. **NOITE** / NUIT
La nuit tous les chats sont gris. **NOITE** / NUIT
La parole est d'argent, le silence est d'or. **PALAVRA** / PAROLE
La patience vient à bout de tout. **ESPERAR** / PATIENCE
La propagande est l'âme des affaires. **NEGÓCIO** / AFFAIRE
La valeur n'attend pas le nombre des années. **CAPACIDADE** / VALEUR
La vengeance est un plat qui se mange froid. **VINGANÇA** / VENGEANCE
La vérité est fille du temps. **VERDADE** / VÉRITÉ
La voix du peuple est la voix de Dieu. **VOZ** / VOIX
L'absence détruit ou affaiblit les affections. **CORAÇÃO** / ABSENCE
L'amour apprend aux ânes à danser. **AMOR** / AMOUR
L'amour est aveugle. **AMOR** / AMOUR
L'amour est fort comme la mort. **AMOR** / AMOUR
L'amour ne se paie que par l'amour. **AMOR** / AMOUR
L'appétit vient en mangeant. **COMER** / APPÉTIT
L'arbre devient solide sous le vent. **CURAR** / ARBRE
L'argent n'a pas d'odeur. **DINHEIRO** / ARGENT
L'avenir est à Dieu. **FUTURO** / AVENIR
Le bon marché coûte (toujours) cher. **BARATO** / BON MARCHÉ
Le coeur a ses raisons que la raison ne connaît point. **CORAÇÃO** / COEUR
Le diable n'est pas si noir qu'il en a l'air. **DIABO** / DIABLE
Le jeu ne vaut pas la chandelle. **RUIM** / JEU
Le lièvre revient toujours à son gîte. **FILHO** / LIÈVRE
Le malheur des uns fait le bonheur des autres. **ALEGRIA** / BONHEUR
Le mariage est une loterie. **CASAMENTO** / MARIAGE
Le meilleur de la fête, c'est avant la fête. **FESTA** / FÊTE
Le mensonge n'a qu'une jambe, la vérité en a deux. **MENTIR/MENTIRA** / MENSONGE
Le mieux est l'ennemi du bien. **BOM** / BIEN
Le moine répond comme l'abbé chante. **ALMA** / MOINE
Le monde est petit. **MUNDO** / MONDE
Le papier souffre tout. **PAPEL** / PAPIER
Le pire est à venir. **PIOR** / PIRE
Le remède est souvent pire que le mal. **POBRE** / REMÈDE
Le roi est mort, vive le roi. **REI** / ROI
Le secret est l'âme des affaires. **NEGÓCIO** / AFFAIRE
Le singe qui bouge trop pousse au crime. **MACACO** / SINGE

Le soleil luit pour tout le monde.	**SOL** / SOLEIL
Le temps c'est de l'argent.	**TEMPO** / TEMPS
Le temps est un grand maître.	**TEMPO** / TEMPS
Le temps perdu ne se rattrape pas.	**TEMPO** / TEMPS
Le travail d'abord, le plaisir ensuite.	**DEVER** / TRAVAIL
Le vin est tiré il faut le boire.	**CHUVA** / VIN
Le vin est tiré, il faut le boire.	**REZAR** / VIN
L'eau va toujours à la rivière.	**MAR** / EAU
L'enfant est le père de l'homme.	**CRIANÇA** / ENFANT
L'enfer est pavé de bonnes intentions.	**INTENÇÃO** / INTENTION
Les affaires sont les affaires.	**NEGÓCIO** / AFFAIRE
Les apparences sont trompeuses.	**APARÊNCIA** / APPARENCE
Les battus paient l'amende.	**CÃO** / AMENDE
Les bons comptes font les bons amis.	**AMIGO** / AMI
Les bons pâtissent pour les mauvais.	**FAMA** / BON
Les chiens aboient, la caravane passe.	**CÃO** / CHIEN
Les conseilleurs ne sont pas les payeurs.	**CONSELHO** / CONSEILLEUR
Les cordonniers sont les plus mal chaussés.	**FERRO** / CORDONNIER
Les enfants disent la vérité.	**MENTIR/MENTIRA** / VÉRITÉ
Les enfants ne mentent pas.	**MENTIR/MENTIRA** / MENTIR
Les extrêmes se touchent.	**EXTREMO** / EXTRÊME
Les gros poissons mangent les petits.	**PODER** / POISSON
Les hommes ne se mesurent pas à l'aune.	**TAMANHO** / MESURER
Les jours se suivent et ne se ressemblent pas.	**BEM** / JOUR
Les loups ne se mangent pas entre eux.	**LOBO** / LOUP
Les morts ont tort.	**MORTE/MORTO** / MORT
Les murs ont des oreilles.	**PAREDE** / MUR
Les opposés s'attirent.	**ATRAIR** / ATTIRER
Les paroles s'envolent, les actions restent.	**OBRA** / ACTION
Les petits ruisseaux font les grandes rivières.	**PEQUENO** / PETIT
Les premiers seront les derniers.	**ÚLTIMO(A)** / DERNIER
Les semblables s'attirent.	**ATRAIR** / ATTIRER
Les vieilles mouches ne se laissent pas engluer ni prendre aisément.	**MACACO** / MOUCHE
L'espoir est le dernier qui meurt.	**ESPERANÇA** / ESPOIR
L'excès en tout nuit.	**DEMAIS** / EXCÈS
L'habit fait l'homme.	**ROUPA** / HABIT
L'habit ne fait pas le moine.	**HÁBITO** / HABIT
L'homme est un loup pour l'homme.	**HOMEM** / HOMME
L'homme ne vit pas seulement de pain.	**PÃO** / PAIN
L'homme propose et Dieu dispose.	**DEUS** / DIEU
L'intention vaut le fait.	**INTENÇÃO** / INTENTION
L'occasion fait le larron.	**LADRÃO** / LARRON
Loin des yeux, loin du coeur.	**CORAÇÃO** / COEUR
L'oisivité est mère de tous les vices.	**PREGUIÇA** / OISIVITÉ
L'union fait la force.	**UNIÃO** / UNION
Mains froides, coeur chaud.	**CORAÇÃO** / COEUR
Mains froides, coeur chaud.	**MÃO** / MAIN
Mal d'autrui n'est que songe.	**PIMENTA** / MAL

Mauvaise herbe croît toujours.	**RUIM** / MAUVAIS
Mieux vaut perdre la laine que le mouton.	**DEDO** / LAINE
Mieux vaut prévenir que guérir.	**PREVENIR** / PRÉVENIR
Mieux vaut tard que jamais.	**TARDE** / TARD
Morceau avalé n'a plus de goût.	**ÁGUA** / MORCEAU
Ne charge pas tes épaules d'un fardeau qui excède tes forces.	**PODER** / FORCE
Ne réveillez paz le chat qui dort.	**CÃO** / CHAT
Ni trop ni trop peu.	**MAR** / TROP
Nous sommes tous fils de Dieu.	**FILHO** / FILS
Nul ne peut servir deux maîtres à la fois.	**SERVIR** / SERVIR
Nul n'est prophète dans son pays.	**SANTO** / PROPHÈTE
Oeil pour oeil, dent pour dent.	**OLHO** / OEIL
On apprend toujours.	**APRENDER** / APPRENDRE
On fait de bonne soupe dans un vieux pot.	**VELHA** / VIEUX
On n'apprend pas à un vieux singe à faire des grimaces.	**APRENDER** / APPRENDRE
On n'argumente pas contre l'évidence.	**ARGUMENTO** / ARGUMENT
On ne fait pas d'omelette sans casser des oeufs.	**OVO** / OEUF
On ne joue pas avec l'amour.	**AMOR** / AMOUR
On ne peut à la fois souffler et avaler.	**PODER** / POUVOIR
On ne prend pas un homme sur sa mine.	**CARA** / MINE
On ne prête qu'aux riches.	**RICO** / RICHE
On n'est jamais si bien servi que par soi-même.	**PARENTE** / SERVIR
Où il est plus faible, le fil se rompt.	**CORDA** / FIL
Pardonner est divin.	**PERDOAR** / PARDONNER
Pas de nouvelles, bonnes nouvelles.	**NOTÍCIA** / NOUVELLES
Pauvreté n'est pas vice.	**POBRE** / PAUVRETÉ
Personne ne meurt la veille.	**MORRER** / MOURIR
Petit à petit, l'oiseau fait son nid.	**PÁSSARO** / OISEAU
Pierre qui roule n'amasse pas mousse.	**PEDRA** / PIERRE
Plaie d'argent n'est pas mortelle.	**MORTE/MORTO** / MORTEL
Plus on a, plus on veut avoir.	**QUERER** / VOULOIR
Plus on est de fous, plus on rit.	**RIR / RISO** / RIRE
Plus on monte, plus dure sera la chute.	**QUEDA** / CHUTE
Plus on remue la boue, plus elle pue.	**MEXER** / REMUER
Plus on vit, plus on apprend.	**APRENDER** / APPRENDRE
Portez à d'autres vos coquilles.	**CONHECER** / COQUILLE
Pour mourir, il suffit d'être vivant.	**MORRER** / MOURIR
Pour vivre heureux, vivons cachés.	**VIVER** / VIVRE
Pour vivre, laisser vivre.	**VIVER** / VIVRE
Promettre et tenir sont deux.	**PROMESSA/PROMETER** / PROMETTRE
Propre à l'extérieur, sale à l'intérieur.	**PÃO** / PROPRE
Prudence est mère de sûreté.	**SEGURO** / SÛRETÉ
Quand l'aumône est grande, même l'aveugle se méfie.	**ESMOLA** / AUMÔNE
Quand le chat n'est pas là, les souris dansent.	**GATO** / CHAT

Quand un seul parle, tous entendent, mais si tous parlent à la fois, qui entend?	**BURRO** / PARLER
Quand une porte se ferme, une autre s'ouvre.	**PORTA** / PORTE
Que celui qui n'a jamais péché lui jette la première pierre.	**PECADO** / PÉCHÉ
Qui a bu boira.	**PAU** / BOIRE
Qui aime bien châtie bien.	**AMIGO** / AIMER
Qui aime bien, châtie bien.	**AMAR** / AIMER
Qui chante ses maux épouvante.	**CANTAR** / CHANTER
Qui cherche, trouve.	**PROCURAR** / CHERCHER
Qui crache au ciel, il lui retombe avec des puces.	**CARA** / VISAGE/TÊTE
Qui demande veut savoir.	**PERGUNTAR** / DEMANDER
Qui dénigre veut acheter.	**COMPRAR** /
Qui dit ce qu'il veut entend ce qu'il ne veut pas.	**FALAR** /
Qui donne aux pauvres, prête à Dieu.	**POBRE** / PAUVRE
Qui dort dîne.	**BARRIGA** / DORMIR
Qui fait la faute la boit.	**COLHER** / BOIRE
Qui langue a à Rome va.	**BOCA** / LANGUE
Qui n'aide pas ne dérange pas.	**AJUDAR** / AIDER
Qui n'avance pas recule.	**OLHAR** / AVANCER
Qui ne demande rien n'a rien.	**CHORAR** / DEMANDER
Qui ne dit mot consent.	**CALAR** / DIRE
Qui ne fait son métier doit fermer boutique.	**COMPETÊNCIA** / MÉTIER
Qui ne risque rien n'a rien.	**ARRISCAR** / RISQUER
Qui ne se sent pas morveux qui ne se mouche pas.	**LOBO** / MORVEUX
Qui ne travaille pas ne mange pas.	**TRABALHAR** / TRAVAILLER
Qui peut le plus, peut le moins.	**PODER** / POUVOIR
Qui raconte un conte augmente d'un point.	**CONTAR** / RACONTER
Qui se couche avec les chiens se lève avec des puces.	**DORMIR** / SE COUCHER
Qui se ressemble s'assemble.	**IGUAL** / SE RESSEMBLER
Qui se sent morveux se mouche.	**CARAPUÇA** / MORVEUX
Qui sème le vent, récolte la tempête.	**TEMPESTADE** / TEMPÊTE
Qui s'excuse s'accuse.	**CULPA** / S'EXCUSER
Qui s'y frotte s'y pique.	**CACHORRO** / SE FROTTER
Qui trop embrasse mal étreint.	**QUERER** / EMBRASSER
Qui tue par l'épée périra par l'épée.	**FERRO** / ÉPÉE
Qui va à la chasse, perd sa place.	**PERDER** / PERDRE
Qui va doucement va loin.	**DEVAGAR** / DOUCEMENT
Qui va doucement va sûrement.	**DEVAGAR** / DOUCEMENT
Qui veut la paix prépare la guerre.	**GUERRA** / GUERRE
Qui veut noyer son chien l'accuse de la rage.	**CÃO** / CHIEN
Qui veut tout, perd tout.	**QUERER** / VOULOIR

Qui veut voyager loin ménage sa monture.	**MAR** / LOIN
Qui vivra verra.	**VIVER** / VIVRE
Qui vole un oeuf, vole un boeuf.	**ROUBAR** / VOLER
Rien de nouveau sous le soleil.	**SOL** / SOLEIL
Rien ne sert de courir, il faut partir à point.	**HORA** / POINT
Rira bien qui rira le dernier.	**RIR/RISO** / RIRE
Roi d'un jour roi pour toujours.	**REI** / ROI
Rome ne s'est pas faite en un jour.	**DIA** / JOUR
Savoir, c'est pouvoir.	**SABER** / SAVOIR
Se tromper est humain, persister dans l'erreur est diabolique.	**ERRAR** / ERREUR
Se tromper est humain.	**ERRAR** / SE TROMPER
Si les conseils servaient à quelque chose, nul ne les donnerait, tous les vendraient.	**CONSELHO** / CONSEIL
Si Mahomet ne va pas à la montagne, la montagne à Mahomet.	**MONTANHA** / MONTAGNE
Si ton toit est en verre, ne jette pas de pierre sur celui du voisin.	**PEDRA** / PIERRE
Si tu marches vite, tu attrapes le malheur; si tu vas lentement, c'est le malheur qui t'attrape.	**BICHO** / MALHEUR
Si tu trouves du miel, n'en mange que ce qui te suffit.	**COMER** / MANGER
Tant qu'il y a de la vie, il y a de l'espoir.	**VIDA** / VIE
Tel est pris qui croyait prendre.	**FEITIÇO** / PRENDRE
Tel père, tel fils.	**PAI** / PÈRE
Tous les chemins mènent à Rome.	**CAMINHO** / CHEMIN
Tous les goûts sont dans la nature.	**GOSTO** / GOÛT
Tout a sa raison d'être.	**RAZÃO** / RAISON
Tout ce qui branle ne tombe pas.	**CAIR** / TOMBER
Tout ce qui brille n'est pas or.	**OURO** / OR
Tout ce qui vient est bon à prendre.	**PEIXE** / PRENDRE
Tout est bien qui finit bien.	**FIM** / FIN
Tout homme a son prix.	**HOMEM** / HOMME
Tout nouveau, tout beau.	**NOVO** / NOUVEAU
Tout vaut tant.	**VALER** / VALOIR
Toute médaille a son revers.	**MEDALHA** / MÉDAILLE
Toute peine mérite salaire.	**TRABALHAR** / SALAIRE
Toutes choses ont une fin.	**FIM** / FIN
Toutes les vérités ne sont pas bonnes à dire.	**VERDADE** / VÉRITÉ
Trop gratter cuit, trop parler nuit.	**BOCA** / PARLER
Trop presser nuit.	**PRESSA** / PRESSER
Un clou chasse l'autre.	**AMOR** / CLOU
Un de perdu, dix de retrouvés.	**INSUBSTITUÍVEL** / RETROUVÉ
Un homme averti (prévenu) en vaut deux.	**HOMEM** / HOMME
Un malheur en entraîne un autre.	**DESGRAÇA** / MALHEUR
Un malheur n'arrive jamais seul.	**DESGRAÇA** / MALHEUR
Un mouton en suit un autre.	**BOI** / MOUTON
Un roi ne reprend pas sa parole.	**REI** / ROI

Un tiens vaut mieux que deux tu l'auras.	**PÁSSARO** / VALOIR
Une fois n'est pas coutume.	**VEZ** / FOIS
Une hirondelle ne fait pas le printemps.	**ANDORINHA** / HIRONDELLE
Une main lave l'autre.	**MÃO** / MAIN
Une place pour chaque chose et chaque chose à sa place.	**LUGAR** / PLACE
Ventre affamé n'a point d'oreilles.	**VAZIA (O)** / VENTRE
Ventre plein, cerises amères.	**BARRIGA** / VENTRE
Vouloir, c'est pouvoir.	**QUERER** / VOULOIR

IDIOMATISMOS

INTRODUÇÃO

Definimos *expressão idiomática* (EI) ou *idiomatismo* como toda 'lexia complexa indecomponível, conotativa e cristalizada em um idioma pela tradição cultural', baseando-nos, entre tantas outras teorias lexicais, nas de Thun (1975), Biderman (1978), Chafe (1979), Danlos (1981, 1988), Bárdosi (1982, 1992), Gross (1982, 1986, 1988), Carneado Moré, Corbin e Rwet (1983), Tagnin e Messelaar (1988) e nas considerações levantadas em pesquisas anteriores (Xatara, 1994 e 1998).

Desenvolvendo essa definição, cabe ressaltar os seguintes aspectos.

Uma EI é uma unidade locucional ou frasal que constitui uma combinatória fechada, de distribuição única ou distribuição bastante restrita, pois se apresenta como um sintagma complexo que não tem paradigma, ou seja, quase nenhuma operação de substituição característica das associações paradigmáticas pode ser normalmente aplicada.

Seus componentes não podem mais ser dissociados, significando outra coisa, ou seja, sua interpretação semântica não pode ser calculada a partir da soma dos significados individuais de seus elementos (*dar com a cara na porta* significa, por conotação "não encontrar ninguém onde se foi procurar" e não "bater a cara, intencionalmente ou não, numa determinada porta"). Esse processo de conotação inscreve-se na retórica da língua pelo jogo de figuras como sobretudo a metáfora.

Outro fator, que será responsável por seu processo de lexicalização, *sinal verde* para ser incluído na nomenclatura de um dicionário, é a freqüência de seu emprego pela comunidade dos falantes, em outras palavras, é a sua consagração pela tradição cultural que o cristaliza em um idioma, tornando-o estável em significação, o que possibilita sua transmissão às gerações seguintes e seu alto grau de codificabilidade. Em outras palavras, uma EI é o produto de um processo de repetição na diacronia da língua (ZULUAGA, 1980) e, considerando-se duas culturas, o que vale dizer dois modos de ver o mesmo mundo e mundos diferentes, é preciso atentar para a grande dificuldade que o discurso coloquial dos nativos, muitas vezes impregnado de EIs, representa para os estrangeiros (GALISSON, 1988), ou mesmo a língua escrita diária, sobretudo a da imprensa, e a de grandes escritores que abundantemente procuraram retomar, em todos os tempos, o vocabulário da língua falada descontraída.

Sua lexicalização é motivada por lacunas de uma língua para expressar, provocando um efeito de sentido (geralmente eufemístico, enfático ou irônico), certas intenções estilísticas, certas nuanças de sentimento, emoção, ou sutilezas de pensamento dos falantes, que retêm tais combinações em sua memória coletiva. É por isso, aliás, que as EIs se perpetuam, passando do individual para o social, como modo de dizer tradicional, cristalizado, mesmo sem representar "verdades universais" – papel este dos provérbios.

Por normalmente evitarem a abstração na língua falada e privilegiarem tudo o que é subjetivo, concreto e afetivo, os indivíduos fazem uso das Eis – uma linguagem figurada especial, que o impulso individual tende a exagerar –, recorrendo a comparações e a imagens distintas das da literatura, que são quase todas conscientes e refletidas. Ao contrário, as imagens idiomáticas são curtas, surpreendentes e tomadas do mundo sensível mais próximo possível dos falantes (BALLY, 1951).

Elas representam um dos problemas prioritários da descrição léxica, pois sua inclusão nos dicionários gerais, por exemplo, ainda é assistemática, normalmente havendo objeções quanto à extensão da nomenclatura, se vierem como entradas, ou quanto à extensão dos verbetes, se vierem como subentradas. Mas, à diferença da lexia simples ou composta, as lexias complexas geralmente não constituem entrada principal de dicionário, encontrando-se sob a entrada de um ou outro de seus componentes, embora nenhum critério permita saber seguramente sob qual componente elas poderão ser encontradas. A nosso ver, as EIs são unidades lexicais que formam um conjunto, um subsistema em relação ao sistema que é a língua geral, apesar de não integrarem um universo fechado, homogêneo. Acreditamos, portanto, que devam constituir entradas específicas em um dicionário também específico.

A SELEÇÃO DAS EXPRESSÕES IDIOMÁTICAS

Procuramos selecionar como EIs, na direção francês-português e português-francês, as unidades lexicais que julgamos possuírem tais características, distinguindo-as, portanto, de um inventário de unidades heterogêneas e heteróclitas, como lexemas isolados de sentido figurado fixo, todo tipo de anomalias e curiosidades gramaticais, perífrases verbais, provérbios, gírias, vulgarismos, fraseologismos técnico-científicos etc.

O inventário proposto recolhe EIs em uso na sociedade, selecionadas segundo alguns critérios.

Nosso material provém de duas fontes principais: dicionários fraseológicos e dicionários gerais, fontes que se apóiam em uma importante documentação e em experientes dicionaristas. Além disso, em casos duvidosos, a fim de precisarmos com o maior rigor possível o sentido das expressões em francês, recorreremos a informantes franceses; do mesmo modo, para fornecermos a melhor adequação dessas EIs ao português, recorremos a psicólogos, jornalistas, políticos, médicos, estudantes, artistas, joalheiros, bancários, professores, advogados, comerciários, taxistas, economistas, funcionários públicos, enfim, informantes da língua portuguesa, de faixa etária, profissão, grau de escolaridade e sexo diferentes.

Além de freqüentes, foram selecionadas apenas as expressões que não representam formações discursivas ocasionais, ou seja, criações *ad hoc* dos escritores em que se basearam nossas fontes.

Incluímos EIs do português do Brasil e do francês da França, sem contemplar usos particulares ou regionalismos, como *bâti comme quatre sous* (atribuída à região bearnesa), *conduite de onze heures* (da região de Anjou), *donner sa part au chat* (regionalismo borgonhês), ou ainda expressões específicas de outros países francófonos, como *faire une jambette* do Quebec.

No que concerne às marcas sociais ou diastráticas, não há critério realmente preciso para se distinguirem os diversos níveis de língua ou marcas estilísticas. De qualquer forma, sabemos que as EIs encontram-se, em sua grande maioria, no nível *coloquial*:

linguagem informal, que usa palavras novas, imagens pitorescas, revelando intimidade entre os interlocutores, em uma situação de comunicação descontraída.

A TRADUÇÃO DAS EXPRESSÕES IDIOMÁTICAS

Não basta ter plena consciência da noção que as EIs comportam no texto da língua estrangeira, noção que se pode obter satisfatoriamente com os dicionários unilíngües. O domínio dessas expressões é imprescindível para o tradutor, não somente porque evita o freqüente erro de traduzir literalmente os fraseologismos, mas também porque permite eleger entre vários sinônimos o que estilisticamente mais se aproxima do original (TRISTÁ, 1988). Assim, "levar vantagem" ou "enganar" não deve ser considerada a 'tradução' da EI *couper l'herbe sous les pieds*, mas sim "dar uma rasteira", "passar a perna", "passar pra trás " ou "puxar o tapete".

Uma boa tradução, literal ou não, tem de considerar, além do conteúdo de uma EI, o seu uso segundo a situação de comunicação, o que compreende grau de relação ou de ajuste entre emissor e receptor, diversidade entre o oral e o escrito, além das marcas de ordem sociolingüística.

A tradução literal, bem menos freqüente, ocorrida quando as EIs da língua de origem se concretizam na língua de chegada em EIs idênticas, terá as seguintes características: presença de equivalentes lexicais e manutenção da idiomaticidade, da mesma estrutura (classe gramatical e ordem), do mesmo valor conotativo, do mesmo efeito e do mesmo nível de linguagem.

Os idiomatismos traduzidos não literalmente são muito mais numerosos; entretanto, esse mecanismo de tradução é, na verdade, de três tipos:

1. idiomatismos apenas semelhantes (ausência de equivalências lexicais totais, mas com manutenção da idiomaticidade e sem alteração de estrutura, valor, efeito ou nível de linguagem): *promettre monts et merveilles* = "prometer mundos e fundos";
2. idiomatismos completamente diferentes (ausência de equivalências lexicais e alteração de estrutura, valor, efeito ou nível de linguagem, mas com manutenção da idiomaticidade): *avoir plusieurs cordes à son arc* = "ter muitas cartas na manga";
3. paráfrases (ausência de equivalências lexicais e de idiomaticidade, ocasião em que se recorre a glosas – recurso freqüente em culturas muito diferentes (FUCHS, 1982; REY, 1986; RÉZEAU, 1990): *mettre les bouchées doubles* = "dobrar o ritmo".

ESTE DICIONÁRIO

Este dicionário apresenta cerca de 4 mil EIs usuais classificadas alfabético-semasiologicamente.

Nas entradas, os artigos no início das EIs só foram mantidos no caso de expressões que representam frases completas (*les carottes sont cuites:* "acabou-se o que era doce"), complementos circunstanciais (*la queue basse*: "com o rabo entre as pernas") ou paralelismos (*l'alpha et l'oméga:* "o alfa e o ômega").

Os parênteses também podem indicar inclusão ou variação de algum elemento no interior da EI: *avoir une araignée au (dans le) plafond* = "não bater bem"; "ter macaquinhos no sótão"; "ter miolo mole"; "ter um parafuso a menos"

EIs com pronomes que podem variar apresentam apenas o pronome na terceira pessoa do singular masculino (3ª p.s.m.), que é consagradamente a forma mais genérica (*accuser le coup* = "dar na cara"; "dar na vista"), os pronomes dos verbos pronominais e os complementos *en* e *y* vêm após o verbo entre colchetes, indicativo de inversão e presença obrigatória (*dégourdir* (*se*) *les jambes* = "desenferrujar as pernas"; *dire* (*en*) *des belles* = "dizer poucas e boas"; *aller* [*y*] *fort* = "ir longe demais"; "passar da conta"; "passar da medida").

Observamos, ainda, que o verbo *être* vem iniciando as EIs apenas quando sua presença não for facultativa (*être sur le flanc* = "cair de cama"; "estar de cama") e *c'est* ou *il est*, quando representarem fórmula inicial cristalizada (*c'est du tout cuit* = "está no papo"; *il y a de l'orage dans l'air* = "o tempo fechou").

Como a grande maioria dos idiomatismos pertencem por natureza ao nível padrão ou coloquial, os níveis de linguagem empregados para indicar marcas de uso especiais restringem-se a "culto" e "vulgar" (por exemplo em *casser les couilles* [vulgaire]), a fim de evitar maiores impropriedades de terminologia.

Às entradas seguem definições entre aspas, elaboradas principalmente com base nas explicações encontradas no *Trésor de la langue française informatisé* e no *Petit Robert*, e cada expressão, assim como os provérbios, é abonada por contexto extraído da web. Por fim, se estabelece a EI ou as EIs que podem ser consideradas equivalentes em francês:

da boca pra fora "falar por falar, sem embasamento ou verdade" Algumas pessoas me convidaram, porém foram pessoas que falaram comigo em alguns campeonatos, mas nunca houve nada de concreto, só *da boca pra fora*. (www.tenisdemesa.com.br/modules.php?name=Content&pa= showpage&pid= 21; acesso em 25/10/04) = *du bout des lèvres*

Quando a entrada apresenta outras expressões similares, as remissões são indicadas entre parênteses:

à fond de train (à fond la caisse; à fond les baskets; à fond les manettes; à plein gaz; à tire-d'aile; à tombeau ouvert; à toutes jambes; à toute vapeur; au pas de charge; en quatrième [vitesse]; le pied au plancher; plein pot) "très vite" Il dit à peine bonjour, ne quitte pas son manteau et attaque *à fond de train*, sans compter le tempo, Tune up. Par chance, je connaissais. Nous avons assuré. (www.lemonde.fr/web/imprimer_element/0,40-0@2-3246,50-672443,0.html; accès le 01/08/05) = *a jato; a toda; a todo vapor; com o pé na tábua; num pau só*

Nos casos de equivalência não-idiomática, a tradução na outra língua (francês ou português) vem antecedida do símbolo **Ø**: *chaud lapin* = Ø garanhão; tigrão

Dificilmente encontramos idiomatismos polissêmicos, pois eles têm menos mobilidade contextual que uma unidade lexical qualquer, isto é, são privados da possibilidade de se manifestar mais ou menos livremente em relação semântica e gramatical com outras palavras (CARNEADO MORÉ, 1985). Mas os casos encontrados foram mantidos e as diferentes acepções enumeradas: *tomber du ciel* **1.** arriver à l'improviste et fort à propos [sujet: plutôt chose] = "cair do céu"; **2.** être stupéfait [sujet: personne] = "cair das nuvens; cair de costas; cair duro"

Por outro lado, nas traduções de cada entrada, muitas vezes encontramos as mesmas idéias com diferentes formulações idiomáticas. Trata-se de variantes sinônimas, isto é, de EIs em paralelismo semântico, com formulações variantes ou equivalentes no plano da expressão (TAMBA-MECZ, 1981): "abaixar a cabeça" = *baisser la tête; courber la tête; courber l'échine; plier l'échine*

Este inventário de idiomatismos não está sujeito à variabilidade contextual temática: todas as expressões listadas têm sentido figurado, ainda que possam ter também sentido denotativo, como *mettre dans le même panier* = "colocar no mesmo saco".

REFERÊNCIAS BIBLIOGRÁFICAS

BALLY, C. *Traité de stylistique française*. 3. ed. Paris: Klincksieck, 2v., 1951.

BÁRDOSI, V. "Les comparaisons idiomatiques du français". *Annales Universitatis Scientitiarium Budapestinensis de Rolando Eötvös Nominatae*, Budapeste, 1982, p.21-24.

______. "Problèmes posés par le traitement lexicographique des figés dans les dictionnaires français". *Fremdsprachen Lehren und Lernen*, n.21, 1992, p.104-116. BIDERMAN, M. T. C. *Teoria lingüística*: lingüística quantitativa e computacional. Rio de Janeiro: Livros Técnicos e Científicos, 1978. 277p.

CARNEADO MORÉ, Z. *La fraseología en los dicionarios cubanos*. Habana: Editorial de Ciencias Sociales, 1985.

CHAFE, W. L. *Significado e estrutura lingüística*. Trad. Maria Helena de Moura Neves. Rio de Janeiro: Livros Técnicos e Científicos, 1979. 376p. Original inglês.

CORBIN, D. "Le monde étrange des dictionnaires (4): la créativité lexicale, le lexicographe et le linguiste". *Lexique*, n.2, p.43-68, 1983.

DANLOS, L. "La morphosyntaxe des expressions figées". *Langages*, n.63, p.53-74, 1981.

______. "Les expressions figées". *Langages*, n.90, p.23-38, 1988.

FUCHS, C. *La paraphrase*. Paris: PUF, 1982. 95p.

GROSS, M. "Une classification des phrases 'figées' du français". *Revue québécoise de linguistique* (Montréal), v.2, n.11, p.151-185, 1982.

______. "Les nominalisations d'expressions figées". *Langue Française*, n.69, p.64-84, 1986.

______. "Les limites de la phrase figée". *Langages*, n.90, p.7-22, 1988.

MESSELAAR, P.A. "Tentative de systématisation en lexicographie bilingue malgré les limites de la sémantique". *I.T.L.*: review of applied linguistics. Leuven, n.79-80, p.113-33, 1988.

REY, A. "Les écarts culturels dans les dictionnaires bilingues". *Lexicographica*, n.2, p.33-42, 1986.

RÉZEAU, P. "Pour une étude des variantes géographiques et de la phraséologie du français". *Cahiers de lexicologie*, v. 1 e 2, n.56-57, p.131-308, 1990.

RWET, N. "Du bon usage des expressions idiomatiques dans l'argumentation en syntaxe générative". *Revue québécoise de linguistique* (Montréal), v.1, n.13, p.23-43, 1983.

TAGNIN, S. E. O. "A tradução dos idiomatismos culturais". *Trabalhos de lingüística aplicada*, n.11, p.43-52, 1988.

TAMBA-MECZ, I. *Le sens figuré*. Paris: Presses Universitaires de France, 1981. 199p.

THUN, H. "Quelques relations systématiques entre groupement de mots figés". *Cahiers de lexicologie*, v.2, n.27, p.52-71, 1975.

TRISTÁ, M. A. *Fraseología y contexto*. Habana: Editorial de Ciencias Sociales, 1988. 195p.

XATARA, C. M. *As expressões idiomáticas de matriz comparativa*. Araraquara, 1994, 140p. Dissertação (Mestrado em Letras: Lingüística e Língua Portuguesa), Faculdade de Ciências e Letras, Universidade Estadual Paulista.

______. *A tradução para o português de expressões idiomáticas em francês*. Araraquara, 1998, 253p. Tese (Doutorado em Letras: Lingüística e Língua Portuguesa), Faculdade de Ciências e Letras, Universidade Estadual Paulista.

ZULUAGA, A. *Introducción al estudio de las expresiones fijas*. Frankfurt: Peter D. Lang, 1980.

BIBLIOGRAFIA UTILIZADA PARA COMPOR A NOMENCLATURA

ALBOUZE, P. *Les idiomatics francés-portugués / portugués-francés.* Paris: Seuil, 1990.

AMARAL, A. *O dialeto caipira: gramática e vocabulário.* 4. ed. São Paulo/Brasília: Hucitec/INL, 1982. 195p.

ANAYA, M. S. *Mil modismos y origen de muchos de ellos con la equivalencia en frances e ingles.* Salamanca: editado por el autor, 1988. 255p.

ATILF. *Trésor de la Langue Française informatisé.* Paris: CNRS Editions, 2004.

AZEVEDO, D. *Grande dicionário francês-português.* 10. ed. Lisboa: Bertrand, 1988. 1499p.

______. *Grande dicionário português-francês.* 4. ed. Lisboa: Bertrand. 1975.

BERNET, C., RÉZEAU, P. *Dictionnaire du français parlé.* Le monde des expressions familières. Paris: Seuil, 1989. 382p.

BRETAUD, R., MATTOS, J. P. J. *Dicionário de idiomatismos francês-português / português-francês.* Rio de Janeiro: Marques-Saraiva, 1990. 257p.

CAMARGO, S., STEINBERG, M. *Dicionário das expressões idiomáticas metafóricas inglês-português.* São Paulo: McGraw-Hill, 1987. 228p.

CAMPOS, A. M. *Dicionário francês-português de locuções.* São Paulo: Ática, 1980. 301p.

CASCUDO, L.C. *Locuções tradicionais no Brasil.* 2. ed. Rio de Janeiro/Natal: Funarte/UFRN, 1977, 236p.

CELLARD, J. *Ça mange pas de pain!* Paris: Hachette, 1982. 285p.

DUNETON, C., CLAVAL, S. *Le bouquet des expressions imagées:* encyclopédie thématique des locutions figurées de la langue française. Paris: Seuil, 1990. 1378 p.

FERREIRA, A. B. H. *Dicionário Aurélio Eletrônico* – Século XXI. Rio de Janeiro: Nova Fronteira, 1999.

GERMA, P. *Dictionnaire des expressions toutes faites.* Montréal: Libre Expression, 1987.

GIRARD, S. *Dictionnaire des expressions animalières français-anglais-espagnol-allemand-italien.* Bromley: Harrap, 1989.

GRÉVERAND. *Nom d'un chien!* Les animaux dans les expressions du langage courant. Paris-Gembloux: Duculot, 1988.

GROSS, G. *Les expressions figées en français:* noms composés et autres locutions. Paris: Ophrys, 1996.

GROSS, M. "Une classification des phrases 'figées' du français". *Revue Québécoise de Linguistique,* v. 2, n. 11, p. 151-185, 1982.

HOUAISS, A. *Dicionário Houaiss da língua portuguesa.* Rio de Janeiro: Objetiva, 2001.

LAFLEUR, B. *Dictionnaire des locutions idiomatiques françaises.* Berne: Peter Lang, 1979. 661p.

LAIR, M. *A la fortune du pot.* Paris: Acropole, 1989.

______. *On ne prête qu'aux riches.* Paris: Acropole, 1991.

LE NOUVEAU Petit Robert. Dictionnaire alphabétique et analogique de la langue française. Paris: Robert, 1996.

MAGALHÃES JR., R. *Dicionário brasileiro de provérbios, locuções e ditos curiosos.* Rio de Janeiro: Documentário, 1974.

MORGAN, J. R. *Expressões idiomáticas inglês-português.* Ed. C. Q., s.d. 222p

NASCENTES, A. *Tesouro da fraseologia brasileira.* Rio de Janeiro: Freitas Bastos, 1966. 316p.

LE PETIT Robert Dictionnaire de la Langue Française [en CD-ROM] Liris Interactive: Paris, 1996.

PUGLIESI, M. *Dicionário de expressões idiomáticas:* locuções usuais da língua portuguesa. São Paulo: Parma, 1981. 309p.

RAMEAU, L., WEIL, S. *Trésor des expressions françaises.* Paris: Belin, 1981.

REY, A., CHANTREAU, S. *Dictionnaire des expressions et locutions.* 2. ed. Paris: Robert, 1994. 888p.

RIBEIRO, J. *Frases feitas.* Rio de Janeiro: Francisco Alves, 1960.

ROLAND, P. *Skidiz.* Coll. Outils. Paris: Hachette, 1977. 87p.

SABINO, F. *Lugares-comuns.* 3. ed. Rio de Janeiro: Record, 1984. 171p.

SERPA, O. *Dicionário de expressões idiomáticas inglês-português / português-inglês.* 4. ed. Rio de Janeiro: Fename, 1982. 373p.

SIGNER, R. *Dicionário brasileiro francês-português / português-francês.* São Paulo: Oficina de Textos, 1998. 481p.

SILVA, E. C. *Dicionário de locuções da língua portuguesa.* Rio de Janeiro: Bloch, 1975. 419p.

SPITZER, C. *Tesouro de vocábulos e frases da língua portuguesa.* 3. ed. Porto Alegre: Globo, 1952. 389p.

TAGNIN, S. O. *Expressões idiomáticas e convencionais.* São Paulo: Ática, 1989.

TYBERG, S. *D'où vient cette expression?* Bélgica: Chantecler, 1995. 165p.

VIGERIE, P. *La symphonie animale:* les animaux dans les expressions de la langue française. Paris: Larousse, 1992.

XATARA, C. *Dictionnaire électronique d'expressions idiomatiques français-portugais / portugais-français.* Nancy: ATILF/CNRS, 2007. Disponível em http://www.cnrtl.fr/dictionnaires/modernes.

XATARA, C., OLIVEIRA, W. L. *Dicionário de provérbios, idiomatismos e palavrões francês-português / português-francês.* São Paulo: Cultura, 2002. 363p.

Idiomatismos
Francês | Português

a | A

abandonner la partie "renoncer à poursuivre une action" Il n'a plus jamais remarché après son hospitalisation en février 2001. Il a lutté même si les médecins *ont abandonné la partie* et jugé qu'il mourrait. (www.meningitis.ca/fr/my_story/ernest.asp; accès le 28/07/05) = *abandonar o jogo*

à bâtons rompus "peu à peu et d'une façon irrégulière" Cette discussion de rentrée *à bâtons rompus* a été d'autant plus riche que Denis Baupin nous a confié quelques informations exclusives. (www.cnisf.org/club/Club%20sans%20flash/01%2009%2012%20Denis_Baupin.html; accès le 28/07/05) = *aos soquinhos*

abcès de fixation "mesure déplaisante mais nécessaire pour empêcher une chose encore plus désagréable" (...) Il s'agit d'un *abcès de fixation* qui est au cœur des discours politiques régionaux. Son règlement sera un facteur d'apaisement. (www.lemonde.fr/web/chat/0,46-0@2-3218,55-1358@45-1,0.html; accès le 28/07/05) = *Ø mal necessário*

abonder dans le sens de (aller dans le sens de; parler dans le sens de) "exprimer sans réserve, parfois avec excès, la même opinion que quelqu'un" [cultivé] Krivine *abonde dans le sens de* son jeune poulain. "De toute façon, dit-il, nous n'avons jamais pratiqué le socialisme de caserne." (www.lcr-rouge.org/article.php3?id_ article=147; accès le 28/07/05) = *Ø abraçar a opinião de*

abonder dans son sens "être attaché avec opiniâtreté sa manière de voir" La formation de M. Millon a notamment réuni à ce forum une poignée de parlementaires de droite, toutes tendances confondues, qui ont *abondé dans son sens*. (membres.lycos.fr/dnthines/page35M.html; accès le 28/07/05) = *Ø não abrir mão de sua opinião*

à bout de course (à bout de souffle; à la peine [v. être à la peine]) "très fatigué, épuisé, sans ressources" D'autant que les syndicats, liés aux partis politiques et représentant pour eux une base électorale importante, sont *à bout de course* après avoir perdu leur force de frappe. (www.afrique-asie.com/archives/ 2004/181oct/181mar.htm; accès le 05/01/06) = *com a língua de fora; com os bofes de fora*

à bout de souffle (à bout de course; à la peine [v. être à la peine]) "très fatigué, épuisé, sans ressources" Le régime chiraquien est *à bout de souffle* et le gouvernement comme l'UMP n'ont plus rien à proposer si ce n'est leurs divisions et leurs querelles. (www.bruno-megret.com/article.php3?cat=1&id=553; accès le 28/07/05) = *com a língua de fora; com os bofes de fora*

à bras ouverts "avec joie et cordialité" Là nous sommes accueillis *à bras ouverts*. Nous partageons le premier office avec la communauté et au cours du repas nous faisons connaissance. (membres.lycos.fr/ vasy/recits/pelerin.htm; accès le 28/07/05) = *com os braços abertos*

à brûle-pourpoint "à l'improviste, brusquement et sans préparation" Si ces hommes m'attendent ou s'ils viennent jusqu'à moi, *à brûle-pourpoint*, je suis mort. (gustave.club.fr/LGA/analyse_moral.htm; accès le 28/07/05) = *Ø à queima-roupa*

accepter pour argent comptant (prendre pour argent comptant) "croire naïvement comme certain, accorder trop facilement du crédit à" Je sais très bien que, malgré cette énorme perche tendue malgré moi, elle a *accepté pour argent comptant* ma réponse, sans se poser d'autres questions. (princestreet.canalblog.com/ archives/ 2005/03/06/360577.html; accès le 28/07/05) = *ter como líquido e certo*

accuser le coup "laisser paraître qu'on est affecté d'une chose (au physique ou au moral)" Kialany accuse le *coup* mais avale la couleuvre. Elle règle le montant de la concession et d'après ses calculs doit pouvoir s'en sortir. (monsite.wanadoo.fr/ lepetitfada/page5.html; accès le 28/07/05) = *dar na cara; dar na vista*

acheter une conduite "mener une conduite plus régulière" Rafe, le mauvais garçon qui faisait les quatre cent coups en ville avec ses trois frères, s'est-il *acheté une conduite*? (www.lesromantiques.com/ bouquin_comm.php3?xcodeint=924; accès le 28/07/05) = Ø *dar uma de sério*

à ciel ouvert "à découvert, sans aucune couverture ou déguisement" L'épisode du jour de red meat: une mine de comédie *à ciel ouvert*, tiré de l'histoire des cadavres dans le placard (...) (redmeat.lapin.org/index.php?number=37; accès le 28/07/05) = *a céu aberto*

à cor et à cris (à son de trompe) "à grand bruit" Les Etats-Unis réclament *à cor et à cris* un changement de politique de change de la Chine. Celle-ci contribue pourtant à financer les excès américains. (www.alternatives-economiques.fr/ dossiers/ mondialisation.html; accès le 28/07/05) = Ø *com estardalhaço*

à corps perdu "de toutes ses forces, avec une fougue tempérée par la fatigue ou la crainte du danger" Il s'adonne à la drogue, se lance *à corps perdu* dans la vie nocturne berlinoise et multiplie les liaisons avec des jeunes gens. (www.arte-tv.com/fr/cinema-fiction/Thomas-Mann/Contenu/770490,CmC=769914.html; accès le 28/07/05) = Ø *como um louco*

à côté de ses pompes "dans un état anormal, sans le sens des réalités" Un laminage tranquillement assumé par Notat, qui déclare en 1997: "Un syndicaliste est *à côté de ses pompes* quand il combat les horaires variables". (www.cequilfautdetruire.org/ article.php3?id_article=370; accès le 18/07/05) = *fora de órbita; fora do ar* [1]

à couilles rabattues "de toute force" [vulgaire] La question qui hante le livre n'est pas de comment baiser *à couilles rabattues* mais de comment et pourquoi écrire après la mort de l'autre. (lca.chez.tiscali.fr/djian01-48.html; accès le 28/07/05) = Ø *com tudo*

à couper au couteau "d'une extrême épaisseur ou d'une extrême intensité" Sur 400 mètres, à moins que tu habites dans une région où le brouillard est *à couper au couteau*, je ne pense pas que celà risque grand chose. (www.commentc amarche.net/forum/affich-1682141-notion-de-port%E9e-ext%E9rieur-int%E9rieur-en-WIFI; accès le 28/07/05) = Ø *muito denso*

à couper le souffle "étonner vivement, stupéfier" Un rapide tour dans les coulisses nous apprend que le numéro qui va suivre est *à couper le souffle*, et Marilyn démarre le solo du film. (www.filmdeculte.com/culte/culte.php?id=44; accès le 28/07/05) = *de tirar o fôlego*

à courte vue "étroit, borné, mesquin" Stratégie américaine à courte vue. Pour une part, les élections de novembre prochain se joueront sur la réussite ou l'échec de sa politique étrangère. (www.france-palestine.org/imprimersans.php3?id_article=555; accès le 17/09/06) = *de visão estreita*

à couteaux tirés (en guerre ouverte) "en complète inimitié" Je ne suis pas dans l'état d'esprit d'une régate *à couteaux tirés* avec Dominique, au point que je ne mets même plus les positions sur mon ordinateur. (www.tbs.fr/fr/s05_actu/s05p04_detailarchive.php?id=79; accès le 28/07/05) = *em guerra aberta*

à demi-mot "sans beaucoup d'explication" Pour dire vrai, il me comprend *à demi-mot* car je ne dis pas et ne fais pas savoir son nom, comme étant celui d'un fourbe tortueux. (cardenal.free.fr/T44.htm; accès le 28/07/05) = *com meias palavras*

à deux vitesses "en considérant différemment les usagers, en particulier selon leurs revenus" On vit maintenant dans une société *à deux vitesses*: Plus vite pour les nantis, et d'une lenteur exaspérante pour les plus démunis. (www.oulala.net/Portail/article.php3?id_article=828; accès le 28/07/05) = Ø *com atendimento diferenciado*

adopter un profil bas "se montrer stratégiquement discret" "C'est pourquoi l'Iran a *adopté un profil bas* et tente de se faire oublier des Américains", estime Olivier Roy, spécialiste du monde persan. (www.latribune.fr/Dossiers/irak.nsf/ DocsWeb/IDC1256CEC0053CCE2C1256CF3007DAC86?OpenDocument; accès le 28/07/05) = Ø *procurar passar despercebido*

à double tour "très bien gardé" Hebron, ce shabbat, faisait comme un écho aux anciens contes de Sochba, une ville au nord-est de la Roumanie, où tous les dimanches, les juifs s'enfermaient *à double tour* dans leurs maisons. (lapaixmaintenant.org/article267; accès le 17/01/06) = *a sete chaves*

à double tranchant "argument ou moyen qui peut produire un effet contraire à celui qui était escompté" Microcrédit: une alternative *à double tranchant*. Après les pays du Sud, cette pratique se développe dans le Nord, en France particulièrement. (www.humanite.presse.fr/journal/2005-04-02/2005-04-02-459548; accès le 28/07/05) = *de dois gumes*

à faire dresser les cheveux sur la tête "provoquer un sentiment d'horreur" Je peux vous certifier que ce petit homme n'a absolument rien à voir dans l'histoire et que c'est *à faire dresser les cheveux sur la tête*. (membres.lycos.fr/sis4band/newpage0.html; accès le 01/08/05) = *de arrepiar os cabelos; de deixar o cabelo em pé*

affaire classée "sujet considéré comme définitivement conclu" Vous regardez le beau dessin qui se trouve sur la notice, et en moins de 10 minutes c'est une *affaire classée*. (www.matos2000.com/Cs/enceintes/teac-powermax2000/; accès le 01/08/05) = Ø *assunto encerrado*

affaire en or "négociation très avantageuse" J'ai même gagné quelques secondes dans le transfert de gros fichiers face à un maxtor (...) Le prix est plus que raisonnable, c'est une *affaire en or*!! (www.ldlc.fr/critiques/PB00011365-2/ western-digital-80-go-7200t-2-mo-ide-bulk.html; accès le 01/08/05) = *negócio da China*

afficher la couleur (annoncer la couleur; jouer cartes sur table [2]) "faire connaître clairement ses intentions" Face à leurs électeurs et adhérents, les organisations syndicales doivent *afficher la couleur* et prendre leurs responsabilités. (www.cfdt.fr/cfdt_action/evenement/forum_elus/elu_10.htm; accès le 05/01/06) = *abrir o jogo; pôr as cartas na mesa* [2]

à fleurets mouchetés "qui ne vise pas à blesser" En France, la résistance chez les de Montille provoque des duels verbaux *à fleurets mouchetés*. N'y at-il pas un côté romanesque dans le film? (www.mondovino-lefilm.com/entretien9.htm; accès le 01/08/05) = Ø *leve*

à fond de cale "être dépourvu d'argent, de ressources" Des hommes *à fond de cale* dans des conditions inhumaines, serrés comme des sardines dans une boîte. (www.kannelle-magazine.com/index.php?page=14&lg=1; accès le 05/17/06) = Ø *à míngua*

à fond de train (à fond la caisse; à fond les baskets; à fond les manettes; à plein gaz; à tire-d'aile; à tombeau ouvert; à toutes jambes; à toute vapeur; au pas de charge; en quatrième [vitesse]; le pied au plancher; plein pot) "très vite" Il dit à peine bonjour, ne quitte pas son manteau et attaque *à fond de train*, sans compter le tempo, Tune up. Par chance, je connaissais. Nous avons assuré. (www.lemonde.fr/web/imprimer_element/0,40-0@2-3246,50-672443,0.html; accès le 01/08/05) = *a jato; a toda; a todo vapor; com o pé na tábua; num pau só*

à fond la caisse (à fond de train; à fond les baskets; à fond les manettes; à plein gaz; à tire-d'aile; à tombeau ouvert; à toutes jambes; à toute vapeur; au pas de charge; en quatrième [vitesse]; le pied au plancher; plein pot) "très vite" Vous l'aurez compris vous roulez *à fond la caisse* sur votre moto les nuits de pleine lune! (...) (absoluflash.com/recherche-jeux/jeux-recherche.php?mot=moto; accès le 07/01/06) = *a jato; a toda; a todo vapor; com o pé na tábua; num pau só*

à fond les baskets (à fond de train; à fond la caisse; à fond les manettes; à plein gaz; à tire-d'aile; à tombeau ouvert; à toutes jambes; à toute vapeur; au pas de charge; en quatrième [vitesse]; le pied au plancher; plein pot) "très vite" Hier, j'ai vu un beau gros lièvre se sauver *à fond les baskets*!! J'en avais encore jamais vu,alors je suis restée encore un peu interloquée et pis j'me suis (...) (perso.wanadoo.fr/maueturka/; accès le 05/01/06) = *a jato; a toda; a todo vapor; com o pé na tábua; num pau só*

à fond les manettes (à fond de train; à fond la caisse; à fond les baskets; à fond les manettes; à plein gaz; à tire-d'aile; à tombeau ouvert; à toutes jambes; à toute vapeur; au pas de charge; en quatrième [vitesse]; le pied au plancher; plein pot) "très vite" [surtout concernant les motos] Je dois être con mais je ne comprends pas ton commentaire à ma bavette. Je n'ai jamais roulé *à fond les manettes* et la mort rend encore plus prudent. (grebrepuk.indepnet.org/index.php?2005/11/25/160-nos-amis-les-betes; accès le 05/01/06) = *a jato; a toda; a todo vapor; com o pé na tábua; num pau só*

agité du bocal "très agité" L'un d'entre eux, M., jeune *agité du bocal* et d'ailleurs, a passé son temps à changer agilement de place et de travée pendant le voyage de retour. (monstres.tooblog.fr/?Les-bambins-et-leurs-prouesses; accès le 02/08/05) = *com fogo no rabo*

à gogo "autant qu'on le désire, en abondance" Les antibiotiques *à gogo*, c'est fini! Les faits: 90% des angines sont en France traitées par antibiotiques. (www.infobebes.com/ibb/actu/actu_1165.htm; accès le 02/08/05) = *a rodo*

à huis clos "sans que le public soit admis, sans publicité des débats" Le président sortant du groupe a été entendu lundi *à huis-clos* par le CSA avant les quatre autres candidats à sa succession. (permanent.nouvelobs.com/medias/20050704.OBS2333. html; accès le 02/08/05) = *a portas fechadas; entre quatro paredes*

aiguille dans une botte de foin "quelque chose très difficile à trouver" Trouver de l'information de manière fortuite. Ce troisième et dernier cas fait écho à l'une des déclinaisons non citées (...): "Mal *chercher l'aiguille dans la botte de foin* et la trouver quand même". (web.upmf-grenoble.fr/adest/seminaires/sem5mai/gallezot/Gallezot1.pdf; accès le 29/06/08) = *agulha no palheiro*

aimable comme une porte de prison "grossier, désagréable" Je tombe sur une personne *aimable comme une porte de prison* qui me dit de payer rapidement et de remplir au verso de l'amende dans l'encadré ma réclamation. (dbminos.club.fr/libreinfo/plaquette03_48.htm; accès le 02/08/05) = [*gentil como um tubarão com dor de dente*]

air du temps "ce qui caractérise une époque" Cette fiction prend appui sur des évènements réels et met en scène des (...) Certes pas nouveau, mais cette coïcidence reflète un *air du temps*. (passouline.blog.lemonde.fr/ livres/2005/04/air_du_temps.html; accès le 02/08/05) = Ø *condições do momento*

ajouter de l'huile sur le feu (jeter de l'huile sur le feu; mettre de l'huile sur le feu; mettre le feu aux poudres) "attiser les conflits ou exciter des passions déjà très vives entre deux parties adverses" Vous comprendrez aisément que je ne souhaite point *ajouter de l'huile sur le feu*. Dans ce genre de situation, il est utile de garder la tête froide [...] (www.tamazgha.fr/article_leger.php3?id_article=1278; accès le 11/04/05) = *colocar gasolina no fogo; jogar gasolina no fogo*

ajouter son grain de sel (fourrer son nez) "intervenir dans une conversation, une affaire qui regarde à autrui" Bronsart, le deuxième guitariste, ne manque pas *d'ajouter son grain de sel* afin d'obtenir une recette qui aura vite son succès auprès du public. (www.musicproductive.com/ groupes/groupes_perso-1136-1.php; accès le 02/08/05) = *dar pitaco; meter a colher; meter o bedelho; meter o bico; meter o nariz*

à la belle étoile "en plein air" Même si, dans certaines chambres, c'est *à la belle étoile*! Vous vous y plairez, on ne peut imaginer de plus beaux plafonds pour une alcôve. (aboutleter.chez.tiscali.fr/ pages/etexts%20ml/Disneyland2.html%20%20; accès le 02/08/05) = Ø *ao relento*

à la bonne franquette "façon d'agir simple, sans embarras et sans cérémonie" Il y expérimentait justement pour la troisième fois consécutive une nouvelle technique de drague appelée "franchise *à la bonne franquette*". (www.sixi6me-element.com/Art-love_hina.php3; accès le 02/08/05) = Ø *sem cerimônia*

à la cantonnade "à personne en particulier" Alors, je pose la question *à la cantonnade*: "Qui a dit que les Hommes et les Femmes étaient égaux" Hein? qui a dit cette bêtise!!! (etpuis.org/.../article.php?storyid=2&com_mode=thread&com_order=0&com_id=341&com_rootid=2; accès le 06/08/05) = Ø *para qualquer um*

à la côte "désemparé, sans argent" Le marché des habitations se porte toujours aussi bien *à la côte*. Et l'arrière-pays en profite. Entre-temps, les ventes d'appartements ont dépassé celles d'habitations dans l'arrondissement de Bruges. (www.trends.be/fr/vastgoedgids/inhoud.asp ; accès le 05/01/06) = Ø *sem caixa; sem reserva*

à la cravache "avec une nuance d'autorité brutale" (...) Le président combat la pauvreté à sa manière: *à la cravache*. (www.lexpress.fr/info/monde/dossier/madagascar/dossier.asp?ida=434242; accès le 06/08/05) = Ø *na paulada; no chicote*

à la dure "sans douceur, de manière rude, mais non brutale" Internat: une enfance *à la dure* pour un meilleur futur? En septembre 2001, 800 000 écoliers reprenaient le chemin de l'école. (www.casediscutejourapresjour.com/2001/69_internat/; accès le 06/08/05) = Ø *com rigor*

à la flan (à la graisse de hérisson; à la mords-moi le noeud; au rabais; de bazar; de bouts de ficelle) "de peu de valeur, de deuxième catégorie" Dans son crâne résonne un poème *à la flan* dont il retouche un vers, parfois, en grommelant (...) (membres.lycos.fr/cochonfucius/invocation.html; accès le 13/09/05) = *de meia-pataca; de meia-tigela*

à la fleur de l'âge "très jeune" Il ressentit la passion de l'amour et fut épris de la jeune Béatrix, qu'il perd *à la fleur de l'âge* et dont il immortalisa la mémoire dans ses poèmes. (www.cosmovisions.com/Dante.htm; accès le 06/08/05) = *à flor da idade*

à la force du poignet "à un effort physique intense, de ses propres mains" Pourtant ce n'est pas au futur VIP du show-business que s'intéresse notre film mais à une équipe de VRP s'étant fait *à la force du poigné*. (www.angouweb.com/Sortir/ CritiquesCinemas/lesportesdelagloire.htm; accès le 06/08/05) = Ø *com as próprias mãos*

à la fortune du pot (à la bonne franquette) "simplement, sans embarras et sans cérémonie" C'est à la bonne franquette, mon ami, *à la fortune du pot* que je t'ai reçu jusqu'à présent! En fait, si je le voulais, je pourrais t'offrir un banquet dont le coût dépasserait largement celui de tous ceux dont je t'ai régalé jusqu'ici". (www.empereurs-romains.net/empret26a.htm; accès le 05/01/06) = Ø *sem cerimônia*

à la godille "de travers, en zigzag" Le début des élèves *à la godille* ne furent pas très brillants. Tantôt le corps n'était pas en synchronisme avec les mains. Tantôt le godilleur trébuchait. (faq.frbateaux.net/Discussion534.html; accès le 06/08/05) = Ø *irregular; que vai de um lado para o outro*

à la graisse de hérisson (à la con; à la flan; à la mords-moi le noeud; au rabais; bas de gamme; de bazar; bouts de ficelle; de quatre sous) "de peu de valeur, de deuxième catégorie" Il s'en passe des choses dans nos couilles je devrais regarder de plus près. Ca c'est vraiment une réflexion de féministe *à la graisse de hérisson*. (forums.telerama.fr/forums/messages.asp?forum=105&msgID=170138&parentmsgID=0&threadID=52887&am; accès le 06/08/05) = *de meia-pataca; de meia-tigela*

à la lettre (au pied de la lettre) "au sens strict, littéral du terme" Nous allons exiger de l'Etat, si préoccupé de faire respecter la loi par les pauvres, qu'il la respecte *à la lettre*, et qu'il exige des entreprises qu'elles affichent sur l'étiquette si leurs produits contiennent des OGM. (risal.collectifs.net/article.php3?id_article=1316; accès le 06/01/06) = *ao pé da letra*

à la longue "avec le temps, après beaucoup de temps" Lorsque les expositions successives sont finies, il faut enlever ce reste de bichromate, car *à la longue* il endommagerait la photographie. (www.galerie-photo.com/gomme_bichromatee.html; accès le 06/08/05) = Ø *com o tempo*

à la louche "sans soins" Le moulage s'effectue *à la louche*, à partir de caillé frais. L'affinage, qui révèle le goût du fromage, doit être au minimum de onze jours. (perso.wanadoo.fr/peg.escalette/bergerie.htm; accès le 06/08/05) = Ø *sem cuidados*

à la mie de pain "sans classe, sans valeur" Une comédienne célèbre, Régine, est séduite par un explorateur "*à la mie de pain*", doué d'une vive imagination mais pauvre de réelles aventures. (dvd.kelkoo.fr/b/a/cpc_149201_ps_7419578_gs_17513270.html ; accès le 06/01/06) = *que não vale o pão que come* [v. *não valer o pão que come*]

à la mode de Bretagne "parent éloigné ou de parenté douteuse" Mais souvent on connaît moins bien son voisin de palier que sa cousine *à la mode de Bretagne*! J'ose, j'ose pas? J'invite, j'invite pas? (ubacto.com/actualites-la-rochelle/-100042.shtml; accès le 06/08/05) = Ø *(parentes) por parte de Adão e Eva*

à la mords-moi le noeud (à la graisse de hérisson; à la flan; au rabais; de bazar; de bouts de ficelle) "de peu de valeur, de deuxième catégorie" Quant à sujets inutiles, Val, j'entendais également les sondages *à la mords-moi le noeud*. (forum. macbidouille.com/lofiversion/index.php/t134231.html; accès le 13/09/05) = *de araque*

à la nage (au bout du rouleau; au trente-sixième dessous; aux abois; dans la dèche; dans la mouise; dans la panade; dans le pétrin; sur la paille) "dans une situation difficile" J'ai pris avec moi un anti-douleur pour les cas désespérés, je crois qu'il va trouver emploi! Notre infortuné camarade est *à la nage*, moi à la barre, nous échangeons quelques mots. (www.nautique.org/page.php?page_id=47; accès le 05/01/06) = *na lona; na pindaíba; na pior; na rua da amargura; na sarjeta; no fundo do poço; no sufoco*

à la papa "avec calme, sans complication" Tout va *à la papa*, répondit Jondrette, mais j'ai un froid de chien aux pieds. Bon, c'est cela, tu t'es habillée. (fr.wikisource.org/wiki/Les_Misérables_TIII_L8; accès le 05/01/06) = Ø *na maior tranqüilidade*

à la pelle (à tire-langot) "en grande quantité, excessivement" Le problème majeur de cette base de registre est que, suite à l'installation d'un programme, il se crée plusieurs clés dans divers endroits de la base de registre, or, à la désinstallation, les clés sont effacées (dans le meilleur des cas) mais l'arborescence reste... Lorsque vous installez des programmes *à la pelle* et que vous les effacez... le système ralentit... il faut au bout d'un certain temps réinstaller Windows. (www.commentcamarche.net/win/winreg.php3; accès le 17/01/05) = *a dar com pau*

à la sauvette (à la va-vite) "en toute hâte, pour échapper à l'attention" Il s'en est vivement pris à "l'amendement scélérat qui élargit le forfait-jour à l'ensemble des salariés", voté "*à la sauvette*" par la droite. (permanent.nouvelobs.com/politique/20050714.OBS3400.html; accès le 07/08/05) = Ø *às pressas*

à la va comme je te pousse "sans direction ferme, au gré des circonstances" Personne ne sait ce qui va marcher, personne n'a la recette de l'audimat garanti. Alors, oui, j'improvise. Tout se fait *à la va-comme-je-te-pousse*. (www.grasset.fr/chapitres/ch_tison2.htm; accès le 22/08/05) = Ø *seja lá como Deus quiser*

à la va-vite (à la sauvette) "en toute hâte, pour échapper à l'attention" Au lieu de procéder à un nouvel appel afin de recevoir plusieurs offres, le contrat a été signé *à la va-vite*. (risal.collectifs.net/article.php3? id_article=1256; accès le 05/01/06) = Ø *às pressas*

à l'article de la mort (au bord de la tombe) "sur le point de mourir" [cultivé] Alors que Sophia est *à l'article de la mort*, Ken est arrêté. Sa complice Andi, devenue entre-temps la maîtresse de Reese, tue Ken dans sa cellule. (twinpeak.club.fr/19891993.htm; accès le 07/08/05) = Ø *à beira da morte*

aléas du métier "difficultés inhérentes à une profession" [cultivé] Les *aléas du métier*. Il y a un aspect de cette profession auquel je ne parviens pas à me faire, et c'est tant mieux. C'est l'incertitude, l'imprévisibilité. (www.u-blog.net/eolas/note/103; accès le 22/08/05) = *ossos do ofício*

à l'eau de rose "mièvre, sans consistance" Pas vraiment un film *à l'eau de rose*, mais quelle histoire et quelle mise en scène! Certains passages marquent autant l'esprit que l'âme, en particulier un. (www.thisisnotawebsite.com/forumrnz/ ftopic2763-0,debat-film-a-l-eau-de-rose.php ; accès le 22/08/05) = *água-com-açúcar*

aller au charbon "devoir faire le plus difficile, le plus gros d'un travail" Je *vais au charbon* parce que personne ne le fait. Mais on peut arrêter tout de suite. Enterrez ma proposition, je n'ai rien dit. (listes.tice.ac-caen.fr/pipermail/ logiciel-libre-cndp/2003-June/001024.html; accès le 22/08/05) = [*ficar com o osso; pegar o osso*]

aller au petit coin "aller aux toilettes" Margote, une petit fille, trouve trois petites billes brunes sur le chemin du jardin. Elle décide de montrer au petit lapin comment *aller au petit coin*. (www.ricochet-jeunes.org/auteur.asp?id=1015; accès le 22/08/05) = [*ir à casinha*]

aller au tapis (mordre la poussière) "tomber sur un coup de l'adversaire" Sa réflexion paternaliste fit monter une poussée d'adrénaline chez la jeune tueuse. Cette fois-ci, elle frappa tellement fort qu'il faillit *aller au tapis*. (membres.lycos.fr/missedith/lessons_in_love.htm; accès le 22/08/05) = *beijar a lona*

aller bon train "progresser, prospérer plus vite" Une région qui *va bon train* est l'une des régions en pointe pour le développement du transport ferroviaire régional de voyageurs. (www.humanite.fr/journal/2004-02-05/2004-02-05-387615; accès le 22/08/05) = Ø *ter um bom ritmo*

aller comme sur des roulettes (avoir le vent en poupe) "être favorisé par les circonstances, être poussé vers le succès" Logiquement, quand on est issu d'une école comme l'Orchestre de la Marine et même le Zogang de Meiway, les choses devraient *aller comme sur des roulettes* (...) (news.abidjan.net/article/?n=167292; accès le 05/01/06) = *ir de vento em popa*

aller comme un gant "s'adapter exactement à quelque chose, y être très approprié" Cette citation, dont on a oublié l'auteur, semble *aller comme un gant* à la Transamazonienne, cette saignée rouge poussière au milieu du désert vert. (www.parutions.com/index.php?pid=3& s=30&c=auteur&q=G; accès le 22/08/05) = *servir como uma luva*

aller dans le sens de (abonder dans le sens de [cultivé]; parler dans le sens de) "exprimer la même opinion que quelqu'un" On fera tout ce qui est possible pour *aller dans le sens de* la personne aimée et on se fera systématiquement l'avocat du diable. (www.sden.org/gn/vampire/tech_a.htm ; accès le 22/08/05) = Ø *abraçar a opinião de* [cultivé]

aller droit au coeur (parler au coeur) "émouvoir vivement" Elle, plutôt stoïque, lève à peine la tête et nous regarde droit dans les yeux comme pour nous lancer un appel sensé nous *aller droit au coeur.* (www.faubourgdeboignard.com/tour_inde/tour_inde4.html; accès le 22/08/05) = *falar ao coração; falar direto ao coração*

aller [s'en] en fumée "être follement dépensé, disparaître sans laisser des vestiges" Quand tout l'Univers est détruit, il s'*en va en fumée*, c'est pourquoi le pouvoir ultime de la destruction est appelé "la Fumeuse" (Dhuumavaatii). (www.ethno-web.com/articles. php?action=show&numart=44; accès le 22/08/05) = *desaparecer como fumaça*

aller [y] fort (aller trop loin; pousser le bouchon un peu loin) "éxagérer, dépasser ce qui est convenable" On dirait que ça *y va fort* sur l'alcool, qu'est-ce que c'est que ça jeunes sportifs que vous êtes (ou étiez?), comment allez -vous nous revenir? (milox.voilesportive.com/ journal/index.php?2005/07/01/37-pacte; accès le 22/08/05) = *ir longe demais; passar da conta; passar da medida*

aller loin "progresser, prospérer, réussir" J'aimerais *aller loin* dans la vie, avoir un bon métier, une famille, une femme, des enfants, avoir des amis et une maison à la campagne. (195.68.19.213/bonheur/racontemoilebonheur.php; accès le 17/01/06) = *ir longe*

aller plus vite que la musique "mettre trop d'empressement à faire quelque chose" L'identité de ce spécimen n'est pas encore formellement établie (...) C'est comme ça, un magazine qui *va plus vite que la musique* (...) (www.angelicus-(terraqua.com/forum2/viewtopic.php?t=552; accès le 22/08/05) = [*dançar mais rápido que a música*]

aller se rhabiller (lâcher pied; lâcher prise) "cesser d'essayer quelque chose" Evitez par exemple de dire carrément à l'examinateur que vous en savez plus que lui, et qu'il peut *aller se rhabiller*. Il y en a qui sont assez susceptibles (...) (perso.wanadoo.fr/redris/HTML/plume34.html; accès le 05/01/06) = *largar de mão; largar mão*

aller son (petit) bonhomme de chemin (continuer son bonhomme de chemin; poursuivre son bonhomme de chemin; suivre son train de vie) "suivre la voie toute tranquille qu'on a choisie, sans se laisser dérouter par les événements extérieurs" Six ans déjà que Calc *va son petit bonhomme de chemin* sur les sentiers escarpés d'une pop anglaise en équilibre avec la folk américaine. (www.viciouscircle.fr/calc_anydowns.html; accès le 22/08/05) = *tocar a vida pra frente*

aller trop loin (aller [y] fort; pousser le bouchon un peu loin) "éxagérer, dépasser ce qui est convenable" La philosophie *va trop loin*. Fait chier des fois de voir que tout ce qui me plait dans la vie finit, en bout de ligne, par se ramener à la philosophie. (www.20six.fr/O-Didaskalos/ archive/2005/07/04/1hxsvqpzvrqua.htm; accès le 22/08/05) = *ir longe demais; passar da conta; passar da medida*

à l'oeil nu "directement, sans le recours à des verres grossissants" Utilisez des lunettes de protection lorsque vous jardinez, que vous bricolez, protégez-vous du soleil et ne regardez pas les éclipses solaires *à l'oeil nu*. (www.medecine-et-sante.com/vaccinsprevention/blessureocul.html; accès le 22/08/05) = *a olho nu*

à loisir "à satiété, autant qu'on le désire" De ma chambre, je pouvais observer *à loisir* les laveuses battant le linge, les enfants jouant sur la rive et les bergers venus abreuver leurs bêtes. (www.forget-me.net/voyage.php ; accès le 22/08/05) = Ø *à vontade*

à l'ombre de (sous l'aile de) "sous la protection de" C'est enfin cette paix sociale qui a poussé les peuples les plus divers à se mettre *à l'ombre* de l'Islam [...] (www.aceiweb.org/sure.htm; accès le 09/05/05) = *à sombra de; debaixo da asa de*

âme soeur "personne qui a de profondes affinités avec une autre personne (particulièrement du sexe opposé), qui est faite pour vivre en harmonie avec elle" Si vous souhaitez rencontrer l'*âme soeur*, je vous invite à répondre à ce petit test (...) (mapage.noos.fr/plegarrec/rencontrer-ame-soeur.htm; accès le 22/08/05) = *alma gêmea*

amener de l'eau au moulin (apporter de l'eau au moulin) "procurer un avantage à quelqu'un, lui fournir un argument supplémentaire" Et puis cette nouvelle guerre *amène de l'eau au moulin* de tous ceux qui pensent qu'il faudrait mieux laisser tomber et laisser faire. (www.humanite.fr/popup_print.php3?id_article =233114; accès le 22/08/05) = [*colocar mais fermento na massa*]

à mots couverts "en termes moins nets" Le Conseil de sécurité de l'ONU ne s'y est pas trompé qui, lors de sa dernière adresse, a laissé transparaître *à mots couverts* une certaine exaspération face à la mauvaise volonté des Autorités ivoiriennes. (www.zedcom.bf/actualite/op365/editorial.htm; accès le 05/01/06) = Ø *com palavras veladas*

âne bâté "personne très ignorante, d'un esprit lourd" T'es un *âne bâté*, t'es un abruti, comment tu peux tomber amoureux? Même au zoo personne tomberait amoureux de toi t'as pas compris ça? (cyreal.free.fr/cyreal/angegardien.htm; accès le 22/08/05) = *mula manca*

année de vaches maigres "temps difficiles" Après deux années de vaches sinon grasses, au moins correctement nourries, l'hôpital public s'apprête à vivre une *année de vaches maigres*. (www.quotimed.com/journal/index.cfm?fuseaction=viewarticle&DartIdx=210973; accès le 22/08/05) = *ano de vacas magras; tempo de vacas magras*

annoncer la couleur (afficher la couleur; jouer cartes sur table [2]) "faire connaître clairement ses intentions" Il nous reste encore quelques mois pour vous *annoncer la couleur*, pour vous mijoter un programme qui vous comblera et aussi nous comblera, puisque nous (...) (www.canaltizef.infini.fr/NTV4.html; accès le 06/01/06) = *abrir o jogo; pôr as cartas na mesa* [2]

à pas comptés (à pas mesurés; à pas de fourmi; à pas de tortue) "lentement" La parité progresse *à pas comptés*, résume l'Insee dans une étude rendue publique le 7 mars et qui compare les hommes et les femmes face au marché du travail (...) (www.carrefourlocal.org/breves_jour/050311.html; accès le 05/01/06) = *a passos de tartaruga*

à pas mesurés (à pas comptés; à pas de fourmi; à pas de tortue) "lentement" Si vous avez tendance à tomber trop vite amoureux, tâchez d'avancer *à pas mesurés* et soumettez la relation à l'épreuve du temps. (livres.kelkoo.fr/b/a/cpc_5101_ps_7625648_gs_16108478.html; accès le 17/01/06) = *a passos de tartaruga*

à pas de fourmi (à pas comptés; à pas mesurés; à pas de tortue) "très lentement" Bref, l'avancée du GNV est bien réelle, même si elle s'opère *à pas de fourmi*. Mais on sait les fourmis travailleuses et rigoureuses. (www.journalauto.com/infos/article.asp?idarticle=553&idchaine=7; accès le 22/08/05) = *a passos de tartaruga*

à pas de géant "rapidement" Une dynamique en marche (...) *à pas de géant*. L'Asie demeure une zone de forte croissance, alimentée par un commerce. extérieur dynamique. (www.credit-agricole.fr/ca/kiosque-eco/flash-eco/-font-color—ffffff13112003 —font-/FLNo16-2003-IJ.pdf; accès le 22/08/05) = *a passos de gigante*

à pas de loup "sans faire le moindre bruit" Il s'est alors retourné vers moi qui le suivait *à pas de loup* depuis le début de son escapade, avec un miaulement rauque qui ressemblait plus à un plainte. (www.spirou.testot-ferry.com/introduction.html; accès le 22/08/05) = *pé ante pé*

à pas de tortue (à pas comptés; à pas mesurés; à pas de fourmi) "avec une lenteur et une difficulté extrême" Les conditions météorologiques sont désastreuses et les convois progressent *à pas de tortue*. (www.agglo-montbeliard.fr/ kiosque_puissance28.php?id_article=110; accès le 22/08/05) = *a passos de tartaruga*

à plein gaz (à fond de train; à fond la caisse; à fond les baskets; à fond les manettes; à tire-d'aile; à tombeau ouvert; à toutes jambes; à toute vapeur; au pas de charge; en quatrième [vitesse]; le pied au plancher; plein pot) "très vite" Oui vous avez bien entendu 120 décibels, comme un coup de tonnerre ou une tronçonneuse *à plein gaz*. Seul l'avion qui décolle fait mieux avec 140 dB (...) (www.vendeeglobe.org/fr/magazine/2925.html; accès le 11/12/05) = *a jato; a toda; a todo vapor; com o pé na tábua; num pau só*

à poigne "qui fait preuve de beaucoup de fermeté, d'autoritarisme" On ne peut avoir un grand club sans un homme *à poigne* à sa tête. (www.football365.fr/interactif/qu_en_pensez_vous/story_155807.shtml; accès le 22/08/05) = *de pulso*

à point nommé "au moment opportun" Une annonce qui tombe *à point nommé* en période de soldes, et surtout, pour Apple, l'occasion de s'afficher comme un vrai constructeur informatique. (www.macdigit.com/index.php/weblog/comments/cedric_casse_du_bois/; accès le 22/08/05) = Ø *em boa hora; no momento propício*

appel du pied "attirer l'attention d'une personne sur soi; essai de séduction" Beaucoup avaient grincé des dents après que Bush ait proposé de légaliser la situation de milliers d'immigrés clandestins, un étrange *appel du pied* à l'électorat hispanique, reconnu comme tel par les républicains des classes ouvrières et moyennes, et ça les a pas trop fait marrer. (melanine.org/article.php3?id_article=110; accès le 06/01/06) = Ø *cantada*

appeler le ban et l'arrière ban "faire appel à tout le monde" [cultivé] Robert Edouard y réfléchira à deux fois avant de réitérer l'expérience d'*appeler le ban et l'arrière-ban* de son électorat. (www.lexpressmada.com/article. php?id=24589&r=6&d=2004-09-21; accès le 28/08/05) = Ø *apelar pra Deus e o mundo*

appeler les choses par leur nom (appeler un chat un chat) "ne pas se servir d'euphémismes, dire nettement la vérité, sans avoir peur des mots" [cultivé] Pour que nous puissions vivre et mourir dignement, il faut *appeler les choses par leur nom*. Exigeons qu'on nous rende nos mots. (www.monde-diplomatique.fr/2003/02/BERGER/9949; accès le 22/08/05) = *ser pão, pão, queijo, queijo*

appeler un chat un chat "ne pas se servir d'euphémismes, dire nettement la vérité, sans avoir peur des mots" Il faut *appeler un chat un chat*, et parler d'antisémitisme. La réponse de l'historienne Rita Thalmann résume l'enjeu: "Les Arabes aussi sont sémites." (www.col.fr/judeotheque/archive.web/LA%20LICRA%20 DEBAT%20DANS%20L'EMBARRAS.htm; accès le 28/08/05) = *ser pão, pão, queijo, queijo*

appétit d'ogre (appétit de loup; faim de loup) "appétit excessif" La première est une princesse, le second un monstre à l'*appétit d'ogre*. Tout les sépare, et pourtant, ils vont s'aimer passionnément. Classique? (www.croqulivre.asso.fr/spectacles/fabrique.htm; accès le 22/08/05) = *fome de leão*

appétit de loup (appétit d'ogre; faim de loup) "appétit excessif" Invaincu depuis quatorze rencontres, toutes compétitions confondues, c'est avec un *appétit de loup* que le PSG se rendait chez la lanterne rouge. (www.psg.fr/fr/matches/report/report.dml?id_match=1266&PHPSESSID=3c235b394c428bb953d4b8a82da3b14a; accès le 29/08/05) = *fome de leão*

apporter de l'eau au moulin (amener de l'eau au moulin) "procurer un avantage à quelqu'un, lui fournir un argument supplémentaire" Voilà qui allait encore *apporter de l'eau au moulin* de tous ceux qui donnaient crédibilité à la théorie de Nicolas Copernic. (membres.lycos.fr/veloclub/biographies/galilee; accès le 28/08/05) = [*colocar mais fermento na massa*]

apporter sa pierre à l'édifice "contribuer à la construction de quelque chose" Chacun peut *apporter sa pierre à l'édifice*, mais en faisant parvenir à l'équipe de Tatamis leurs éléments à rajouter aux différents thèmes du site. (www.tatamis.info/interactivite.htm; accès le 28/08/05) = [*colocar seu tijolo*]

apporter sur un plateau (d'argent) "faciliter au maximum, céder facilement" Je ne sais même pas pourquoi je dis ça, comme si la vie devait tout m'*apporter sur un plateau d'argent*. (www.yumezone.com/blog/ index.php/Humeur; accès le 29/08/05) = *dar de bandeja*

apprendre à vivre (dire deux mots; faire une scène; passer un savon; prendre à partie; remonter les bretelles; sonner les cloches) "donner une leçon à quelqu'un" Isidore Lechat, après un moment d'incompréhension et de stupeur, se rue sur sa fille tel un fauve: "- Je vais *lui apprendre à vivre à* la demoiselle". (www.cine-studies.net/r7b3.html; accès le 29/08/05) = *chamar na chincha; dar uma dura; mostrar com quantos paus se faz uma canoa; puxar as orelhas*

appuyer sur le champignon (mettre la gomme; mettre les gaz) "accélérer au maximum" J'ai sauté dans un taxi dès que j'ai su que tu étais partie. Je lui ai demandé d'*appuyer sur le champignon*. Mais ça n'a servi à rien. (membres.lycos.fr/ctuniversjeanneserge/newpage19.html; accès le 29/08/05) = *enfiar o pé; pisar fundo*

à prix d'or (au poids de l'or) "très cher" Conférence 2003: des formations *à prix d'or*. Que valent les formations sur la sécurité dispensées durant les conférences internationales? (www.indexel.net/doc.jsp? id=2256; accès le 29/08/05) = *a peso de ouro; a preço de ouro*

à réveiller un mort "à ramener à l'activité, à faire sortir d'un état de nonchalance, d'inaction, d'apathie" J'entre dans le bain avec la crainte, bien que l'eau en soit fraîche *à réveiller un mort*, qu'un retour à la station allongée ne me renvoie à la somnolence. (epidemic.cicv.fr/edition/propagande/page45.html; accès le 29/08/05) = *de levantar defunto*

à revendre "en abondance, en excès" Lui, il a du charisme *à revendre*. Il ne se déplace pas comme n'importe quel humain. Il bouge avec classe, avec son joli imper. (www.jeuxvideo.fr/html/tests/affichage1_203.htm; accès le 29/08/05) = *para dar e vender*

arme à double tranchant "argument ou moyen qui présente autant d'inconvénients que d'avantages" Il considère que son nouveau rôle est une *arme à double tranchant*. Et aurait préféré une élection nationale de représentativité. (www.latribune.fr/Dossiers/quinquennat.nsf/DocsWeb/IDFD0B2AE16B660233C12570130044FC03?OpenDocument; accès le 29/08/05) = *faca de dois gumes* [v. *de dois gumes*]

arriver à bon port "atteindre son objectif sans incident" Blognome *arrive* à *bon port*! Hé oui, une petite note nous attendait ce matin dans la boîte aux lettres de Camila! Nous devons aller le chercher à la poste. (camila-au-pays-des-clementines.hautetfort.com/archive/2005/06/30/blognome_arrive_a_bon_port.html; accès le 28/07/05) = Ø *conseguir o que queria com facilidade*

arriver comme un cheveu sur la soupe (arriver comme un chien dans un jeu de quilles) "arriver à contretemps ou sans aucun propos" Bordel, la vie c'est pas facile! Et moi, je me demande, je m'interroge... Pourquoi? Pourquoi je ne trouve pas les mots pour changer cette situation, pourquoi je ne suis pas là quand il le faut? J'ai l'impression d'*arriver comme un cheveu sur la soupe*, lorsque le conflit est finit et que son issue ne peut plus changer. Je me sens impuissant et quelque part, ça me désespère... (www.y3wpy.org/ reflexion/archives/2003_10.html; accès le 18/01/06); accès le 30/08/05) = Ø *chegar na hora errada; só vir atrapalhar*

arriver comme un chien dans un jeu de quilles (arriver comme un cheveu sur la soupe) "arriver à contretemps ou sans aucun propos" Bonsoir à tous! j'*arrive un peu comme un chien dans un jeu de quille*.....j'ai du mal encore à naviguer à l'aise dans ce Forum. (www.atoute.org/n/forum/ archive/index.php/t-6473-p-2.html; accès le 21/02/06) = Ø *chegar na hora errada; só vir atrapalhar*

arrondir les angles "atténuer les différences conflictuelles" Les fameux Berlingots que le monde entier nous envie, en sucre cuit, aux fruits assortis (...) A sucer lentement pour en *arrondir les angles*! (www.valgourmand.com/cgi-local/env.pl/ p=br/vgm=br-display-conf~spec~berlingot/cat=1; accès le 30/08/05) = *aparar as arestas*

arrondir sa (ses) fin(s) de mois "ajouter quelque somme de plus au salaire" C'est parfait pour *arrondir ses fins de mois*, et les meilleurs gagnent jusqu'à 5000 euros par mois. J'insiste, ce n'est pas une arnaque! (forum.doctissimo.fr/famille/ mamans-solo/ arrondir-fins-mois-pourquoi-sujet-86-1.htm; accès le 30/08/05) = Ø *engrossar o salário*

à sa taille "de son même niveau" Quelque mois plus tard, il me laissa dans une auberge de Ibeth, parce qu'il venait de connaître une femme *à sa taille*. J'ai continué mon voyage seul depuis (...) (wwwdim.uqac.ca/~edallair/silvermoon/ dorian/Arkos/LyathallMoonbow.htm; accès le 05/01/06) = *à sua altura*

as de pique "mal habillé" S'habillent-ils encore comme l'*as de pique* et se gavent-ils de toasts aux haricots blancs? (www.sauramps.com/rubrique.php3?id_rubrique=3983; accès le 30/08/05) = Ø *jeca; palhaço*

à ses risques (et périls) "en prenant sur soi l'entière responsabilité d'une initiative et en acceptant d'en subir personnellement les éventuelles conséquences fâcheuses" C'est *à ses risques et périls:* il faut que Tintin en prenne conscience, soit!! (www.sur-la-toile.com/viewTopic_5283_14_Probleme-lecteur-windows-media-.html; accès le 30/08/05) = Ø *por sua conta*

à six pieds sous terre "au tombeau, enterré" Je hurle, pleure, respire en elle mais rien à faire, elle est déjà *à six pieds sous terre*. (emagans.skyblog.com/; accès le 05/01/06) = *a sete palmos (debaixo da terra)*

à son de trompe (à cor et à cris) "de façon bruyante et ostentatoire, pour attirer l'attention" [cultivé] Cette loi, annoncée *à son de trompe* par Rafarrin, a été adoptée le 8 mai par l'Assemblée Nationale, en dépit d'une pétition massive émanant des internautes. (www.jp-petit.com/Presse/LEN.htm; accès le 30/08/05) = Ø *com estardalhaço*

asperge montée "adolescente ayant grandi trop vite et pour cette raison trop longue et trop maigre" C'était une *asperge montée* en graine, dont le charmant visage, intelligent, était gâté pour le moment par une fâcheuse éruption cutanée. (www.edition-grasset.fr/chapitres/ch_fasquelle.htm; accès le 30/08/05) = Ø *pau-de-cutucar-estrela; pau-de-virar-tripa*

assiette au beurre (vache à lait) "source d'avantages, de profits" [..] Alors même que la politique des partis de gouvernement faisait son lit et qu'ils s'en servaient sans vergogne pour déstabiliser leurs concurrents dans la course à l'*assiette au beurre;* aujourd'hui, c'est celle de limiter ou d'"humaniser" les conséquences de la mondialisation capitaliste. (oclibertaire.free.fr/debat_jacquier-f.html; accès le 06/01/06) = *galinha dos ovos de ouro*

à temps perdu "dans les moments de loisir" *A temps perdu* je vis un jour un homme qui cherchait quelque chose par terre. Il avait l'air vraiment très embêté. (perso. wanadoo.fr/frederic.gerchambeau/pethist3-1.htm; accès le 30/08/05) = Ø *nas horas vagas*

à tire-d'aile (à fond de train; à fond la caisse; à fond les baskets; à fond les manettes; à plein gaz; à tombeau ouvert; à toutes jambes; à toute vapeur; au pas de charge; en quatrième [vitesse]; le pied au plancher; plein pot) "très vite" Le temps s'échappe *à tire-d'aile*? Sois sans peur. Et l'heureux sort n'est pas éternel? Sois sans peur. Profite de l'instant que te vaut la Fortune. (eveilline.free.fr/khayyam.htm; accès le 30/08/05) = *a jato; a toda; a todo vapor; com o pé na tábua; num pau só*

à tire-larigot (à la pelle) "en grande quantité, en abondance" Boire *à tire-larigot*, c'est vider des bouteilles les une après les autres, comme si le goulot des flacons ne quittait plus les lèvres de l'assoiffé. (laurent16.hautetfort.com/archive/ 2005/08/19/boire-a-tire-larigot.html; accès le 30/08/05) = *a dar com pau*

à tombeau ouvert (à fond de train; à fond la caisse; à fond les baskets; à fond les manettes; à plein gaz; à tire-d'aile; à toutes jambes; à toute vapeur; au pas de charge; en quatrième [vitesse]; le pied au plancher; plein pot) "très vite" Par chance, un des hommes de la remorque parle bien anglais et une conversation animée commence pendant que la voiture s'enfonce dans la nuit en roulant *à tombeau ouvert*. Je me dis qu'à cette vitesse-là j'arriverai vite à Makuyuni. (www.thelin.net/laurent/carnets/stop.html; accès le 05/01/06) = *a jato; a toda; a todo vapor; com o pé na tábua; num pau só*

à tort et à travers "de façon inconsidérée, sans discernement" "On parle de développement durable *à tort et à travers*". Le pionnier du commerce équitable ne mâche pas ses mots sur la réalité de l'économie mondiale. (management. journaldunet.com/0506/050688_maxhavelaar.shtml; accès le 31/08/05) = *a torto e a direito*

à tour de rôle "l'un après l'autre, selon l'ordre déterminé par le rang" Tous les deux entourés de quelques militants africains qui vont *à tour de rôle* témoigner de la situation dans leur pays. Pourquoi ce 7 avril? (www.politis.fr/article133.html; accès le 31/08/05) = Ø *cada um por sua vez*

à tous crins "actif, énergique" L'économie *à tous crins* n'est pas la politique. La république est malade, malade de ses gouvernants qui se succèdent (...) (www.antidotes-web.net/public/article.php3?id_article=4; accès le 31/08/05) = *Ø ativo; pleno*

à tous les vents (aux quatre vents) "dans toutes les directions, de tous les côtés" Néanmoins, de magnifiques développements sécurisés sur une infrastructure ouverte *à tous les vents* seront un paradis pour les pirates informatiques. (developpeur.journaldunet.com/ tutoriel/sec/020626_reglessecu.shtml; accès le 31/08/05) = *aos quatro ventos*

à tout bout de champ "sans arrêt" Ce voyeurisme coincé qu'on sent *à tout bout de champ* dans ces films érotiques, est-il un phénomène typiquement allemand? (www.arte-tv.com/fr/cinema-fiction/ Sexe__ argent__et__cinema/769834.html; accès le 31/08/05) = *Ø a toda hora*

à tout casser 1. (du feu de Dieu; du tonnerre [de Dieu]) "fantastique, formidable" Mylène Farmer a une voix de déesse, elle fait des chansons grandioses, des concerts phénomenaux et des clips *à tout casser*. (www.dooyoo.fr/cd-audio/farmer-mylene/ Compte_rendus; accès le 17/01/06) = *de arrasar; de arrebentar (a boca do balão)* **2.** "tout au plus" C'est bien pour ça que c'te boisson doit être vendue et consommée rapidement, elle ne se conserve pas du tout. (deux-trois jours *à tout casser*). (kiki.blog-city.com; accès le 01/09/05) = *Ø estourando; no máximo*

à toutes jambes (à fond de train; à fond la caisse; à fond les baskets; à fond les manettes; à plein gaz; à tire-d'aile; à tombeau ouvert; à toute vapeur; au pas de charge; en quatrième [vitesse]; le pied au plancher; plein pot) "très vite" Le voleur, surpris par le gendarme, part *à toutes jambes* et même prend ses jambes à son cou pour lui échapper: cette image audacieuse illustre bien le (...) (www.rfi.fr/ lffr/articles/072/article_134.asp; accès le 05/01/06) = *a jato; a toda; a todo vapor; com o pé na tábua; num pau só*

à toute vapeur (à fond de train; à fond la caisse; à fond les baskets; à fond les manettes; à plein gaz; à tire-d'aile; à tombeau ouvert; à toute vapeur; au pas de charge; en quatrième [vitesse]; le pied au plancher; plein pot) "très vite" Le colosse gardait son indifférence de machine lancée *à toute vapeur*, inconsciente des morts qu'elle peut faire en chemin. (www.educnet.education.fr/lettres/textimage/bonheur4.htm; accès le 31/08/05) = *a jato; a toda; a todo vapor; com o pé na tábua; num pau só*

attraper la balle au bond (prendre la balle au bond; saisir la balle au bond) "profiter avec à-propos d'une occasion favorable, fortuite mais opportune pour dire ou faire quelque chose" Opportunistes, les chercheurs français ont donc *attrapé la balle au bond* pour lancer hier une pétition à l'adresse de leurs collègues du Vieux Continent. (www.humanite.fr/journal/2004-06-08/2004-06-08-395099; accès le 05/09/05) = *Ø aproveitar a deixa*

au bas mot "au minimum, au moins" Pour le fisc, les sommes dormant loin des comptes bancaires s'élèvent, *au bas mot*, à 150 milliards de francs qu'il va bien falloir échanger. (www.humanite.presse.fr/ journal/2001-12-21/2001-12-21-255439; accès le 05/09/05) = *Ø pelo menos; por baixo*

au beau fixe "stable, solide" Les relations sino-françaises sont *au beau fixe*. Les Chefs d'état de nos deux pays se sont rendu visite dans le courant de l'année 2004. (www.amb-chine.fr/fra/zfzj/t182424.htm; accès le 05/09/05) = Ø *estável*

au bord de la tombe (à l'article de la mort) "sur le point de mourir" *Au bord de la tombe*, il écrivit au Premier consul pour lui confier sa femme et ses enfants, et Bonaparte répondra à l'appel. (www.culture.gouv.fr/culture/ actualites/ celebrations2003/laclos.htm; accès le 02/05/05) = Ø *à beira da morte*

au bord du gouffre "face à un danger" Les kurdes sont toujours *au bord du gouffre*. Peu ont obtenu l'asile politique, malgré les soutiens dans la population et de nombreux élus. (www.humanite.presse.fr/ journal/2004-06-19/2004-06-19-395805; accès le 05/09/05) = *à beira do abismo; à beira do precipício*

au bout du monde (au diable vauvert) "dans un endroit très lointain, inaccessible" Si les quatre premiers tomes de balade *au bout du monde* sont un chef d'œuvre, on ne peut pas en dire autant de huit qui suivent. (www.bedetheque.com/ serie_147.html; accès le 05/09/05) = *no fim do mundo; onde Judas perdeu as botas*

au bout du rouleau (à la nage; au trente-sixième dessous; aux abois; dans la dèche; dans la mouise; dans la panade; dans le pétrin; sur la paille) "dans une situation pénible, sans argent ni énergie" Grosse déprime pour l'acteur australien qui tente d'expliquer son geste de lundi. Il dit ne pas avoir "d'excuses" et affirme être *au bout du rouleau*. (www.lci.fr/news/people/0,,3224756-VU5WX0lEIDUy, 00.html; accès le 15/06/05) = *na lona; na pindaíba; na pior; na rua da amargura; na sarjeta; no fundo do poço; no sufoco*

au chaud "sans bouger, sans sortir de chez soi" Je dois rester *au chaud* ce jour et attendre le médecin de garde, car j'ai dû lui téléphoner ce matin: les efferalgans ne font plus rien!!! (blog.doctissimo.fr/petitbabichon/ index.php/notes/p74107/ 2005/03/13; accès le 14/04/05) = *de molho* [2]

au compte-gouttes "avec parcimonie" L'aide américaine *au compte-gouttes*. L'heure de la reconstruction est venue. Et les besoins sont immenses. Quels projets soutenir? (www.courrierinternational.com/article. asp?obj_id=10161&provenance=zop.archives; accès le 05/09/05) = *em doses homeopáticas*

au creux de la vague (dans le creux de la vague) "au plus bas de son succès, de sa réussite" L'équipe nationale *au creux de la vague*. L'année 2005 aura été sans doute la plus honteuse dans l'histoire du football algérien. La plus cauchemardesque aussi en termes de résultats techniques. (www.elwatan. com/2005-12-22/2005-12-22-32882; accès le 18/01/06) = Ø *numa fase ruim*

au débotté (au pied levé) "à l'improviste, sans préparation" Interdit de l'inviter *au débotté*: il faut lui téléphoner, le solliciter officiellement, veiller à ce qu'il soit bien placé. (www.lexpress.fr/info/france/ dossier/ps/dossier.asp?ida=401512; accès le 06/01/06) = Ø *de supetão*

au diable vauvert (au bout du monde) "excessivement loin" Pour la bruxelloise, elle habite *au diable vauvert* dans le pays flamand, et je n'ai pas souvent l'occasion d'y aller. (forum.aufeminin.com/.../__f48089_psycho1-Je-ne-sais-plus-que-penser-je-cherche-des-avis-impartiaux.html; accès le 06/01/06) = *no fim do mundo; onde Judas perdeu as botas*

au doigt et à l'oeil "exactement, ponctuellement" (...) Les animaux du cirque sont pas si sauvages que ça et les vrais sauvages ce sont ceux qui rigolent de voir le tigre obéir "*au doigt et à l'œil*" comme elle dit la pub du Cirque Jules Verne. (www.fakirpresse.info/frontoffice/main.php?rub=breves.php; accès le 18/01/06) = Ø *prontamente*

au lance-pierre(s) "insuffisamment" Et les fonctionnaires seront payés *au lance-pierre*. Je ne suis pas sûr que les fonctionnaires aient bien compris qu'ils seront les premières victimes de l'immobilisme. (www.lepoint.fr/dossiers_france/document.html?did=126062; accès le 06/01/06) = Ø *pouco*

au nez et à la barbe de "sous les yeux de quelqu'un, souvent avec l'intention de le narguer" C'est le fonds d'investissement américain Carlyle qui remporte le pompon *au nez et à la barbe de* Dassault. Nouvel actionnaire, nouvelle impulsion. (www.technikart.com/article.php3?id_article=376; accès le 05/09/05) = *na cara de; nas barbas de*

à un poil près (de justesse) "pour très peu" Le rocher s'est éboulé. *A un poil près*, je le prenais sur la tête. (www.chilton.com/paq/archive/PAQ-01-187.html; accès le 05/01/06) = *por um triz*

au pas de charge (à fond de train; à fond la caisse; à fond les baskets; à fond les manettes; à plein gaz; à tire-d'aile; à toutes jambes; à toute vapeur; en quatrième [vitesse]; le pied au plancher; plein pot) "très vite" Une semaine après son discours de politique générale, le Premier ministre avance *au pas de charge* pour mettre en route son "plan d'urgence" pour l'emploi. (...) (www.latribune.fr/Dossiers/quinquennat.nsf/DocsWeb/IDC12571300444A 1BC125702000724C7F?OpenDocument; accès le 06/01/06) = *a jato; a toda; a todo vapor; com o pé na tábua; num pau só*

au petit pied "dans de modestes proportions" Le ministre de l'Intérieur de la première cohabitation n'a pas de pudeurs de démocrate *au petit pied*. Il y a belle lurette qu'il a pris langue avec Le Pen. (www.amnistia.net/news/ articles/argsal/pacte/pacte_432.htm; accès le 06/01/06) = Ø *moderado*

au (petit) poil (au quart de poil) "parfaitement, excellemment" Tout est calculé, chronométré *au petit poil*, les gags fusent dans tous les sens et l'action non-stop remplit sans faiblir les 1h30 du film. (rernould.club.fr/FILMS/BlaMen2.html; accès le 06/09/05) = Ø *com perfeição*

au quart de poil "parfaitement, exactement" Et Leconte suit la partition en se calant *au quart de poil* sur les changements de rythme, comme dans un clip pas trop malin. (cinema.telerama.fr/edito.asp?art_airs= M0411081721138%20&srub=2&lettre2=D; accès le 06/09/05) = Ø *com perfeição*

au pied de la lettre "au sens strict, littéral du terme" Je prenais les mots *au pied de la lettre*. C'est ça peut-être l'écriture: le moment où l'on prend les mots *au pied de la lettre*. (www.colline.fr/ressources/auteurs.php?lettre=N; accès le 06/09/05) = *ao pé da letra*

au pied levé (au débotté) "sans préparation, à l'improviste" On m'a appelé pour me dire qu'elle quittait l'antenne un petit peu avant la date prévue et qu'il lui fallait un remplaçant *au pied levé*. (www.afrik.com/article7372.html; accès le 06/09/05) = Ø *de supetão*

au pif (à vue de nez) "approximativement" La recette est très simple, faite un peu *au pif* donc les mesures ne sont pas précises du tout. Chacun fera en fontion de ses goûts. (requia.canalblog.com/; accès le 06/01/06) = Ø *no olhômetro*

au poids de l'or (à prix d'or) "très cher" Les filles vierges et les plus belles femmes sont livrées *au poids de l'or* au pacha, au bey ou à un corsaire retiré de la vie active. (vieilalger.free.fr/belalger/esclaves.htm; accès le 06/09/05) = *a peso de ouro; a preço de ouro*

au rabais (à la graisse de hérisson; à la flan; à la mords-moi le noeud; de bazar; de bouts de ficelle) "de peu de valeur, de deuxième catégorie" Samaritaine: les syndicats refusent un plan social "*au rabais*". (www.lesechos.fr/journal20050909/lec2_services/4312530.htm; accès le 13/09/05) = *de araque*

au trente-sixième dessous (à la nage; au bout du rouleau; aux abois; dans la dèche; dans la mouise; dans la panade; dans le pétrin; sur la paille) "dans une situation pénible" Le cœur dans les talons, le moral *au trente-sixième dessous*, je ne cesse de revoir les images de nos adieux, son corps amaigri serré entre mes bras. (...) (www. franck.pelissier.free.fr/ Litterature/Je_viens_vers_toi.htm; accès le 15/06/05) = *na lona; na pindaíba; na pior; na rua da amargura; na sarjeta; no fundo do poço; no sufoco*

aux abois (à la nage; au bout du rouleau; au trente-sixième dessous; aux abois; dans la dèche; dans la mouise; dans la panade; dans le pétrin; sur la paille) "dans une situation précaire" L'État était *aux abois*, le trésor épuisé, le peuple poussé à bout. Ce qu'on voulut, semble-t-il, c'est étendre plus loin l'impôt en y soumettant les (...) (www.france-pittoresque.com/metiers/33.htm; accès le 06/01/06) = *na lona; na pindaíba; na pior; na rua da amargura; na sarjeta; no fundo do poço; no sufoco*

aux frais de la princesse "aux frais de l'état ou d'une entreprise dans laquelle on travaille" Tous ces grands malades à immunité systématique nous montrent la voie: soyons fous, exigeons l'impossible et vivons tous *aux frais de la princesse*! (www.cequilfautdetruire.org/article.php3?id_article=221; accès le 06/09/05) = Ø *às custas do patrão*

aux prises avec "en lutte contre" La Ville *aux prises avec* les taudis du Centre Logement. La Municipalité s'est engagée sur un "plan d'éradication de l'habitat indigne". (www.centrevillepourtous.asso.fr/ article.php3?id_article=245; accès le 06/09/05) = *às voltas com*

aux quatre vents (à tous les vents) "dans toutes les directions, de tous les côtés" Comme les traces, nos parcours d'aujourd'hui pour recoudre à grand'peine le sens des pierres, *aux quatre vents* du monde. (www.parole-et-patrimoine.org/romanes/terres/maitre/stpere.htm; accès le 06/09/05) = *aos quatro ventos*

aux trousses de "juste après" Les prescriptions de la réglementation en ce qui a trait *aux trousses de* premiers soins entreront aussi en vigueur en janvier 2005. (www.tianb.com/actu_show.php?artID=56; accès le 02/05/05) = Ø *no encalço de*

à vau-l'eau (en roue libre) "sans contrôle" On se prend à croire que décidément tout part *à vau-l'eau* sur la télé publique quand son jumeau Grichka (ou Igor, c'est selon) finit par apparaître. (www.liberation.fr/page.php?Article=321529; accès le 12/09/05) = *sem freio*

à visage découvert "sans masque" Ne se révèle-t-on pas souvent autant derrière un masque qu'*à visage découvert*? Ai-je des craintes qu'on me toise, qu'on me juge? (35heures.blog.lemonde.fr/ 35heures/2005/08/jirais_pas_mont.html; accès le 12/09/05) = *de cara limpa*

avaler des couleuvres "subir des affronts ou éprouver des difficultés sans se plaindre" On ne peut laisser les peuples vivre en paix, ou en guerre, il faut en permanence leur faire *avaler des couleuvres*. Que dis-je! (rapportdethule.canalblog.com; accès le 06/09/05) = *engolir sapo*

avaler la pilule "recevoir une information, subir un déplaisir sans protestation" Et si cette vision apocalyptique n'était finalement qu'un scénario catastrophe pour nous faire mieux *avaler la pilule* de l'austérité? (www.humanite.presse.fr/ journal/ 1990-08-30/1990-08-30-801833; accès le 06/09/05) = *engolir goela abaixo*

avaler sa langue "se taire" Cependant, sur de nombreux sujets qui sont le fait des Etats-Unis, Kofi Annan a refusé d'*avaler sa langue*. (www.lefaso.net/ article.php3?id_article=5087; accès le 06/09/05) = *engolir a língua*

avaler sa salive "tenter de rattraper une parole malheureuse" Le capitaine *avale sa salive*. Les traits de son visage se crispent. Il perçoit distinctement le reproche qui lui est fait. Il pense différemment. (www.thea.fr/roman/extraits/partie1/chap12/ extrait65.php; accès le 06/09/05) = Ø *segurar o que ia dizer*

avant la lettre "avant l'époque du développement complet, avant l'état définitif" Ainsi fit scandale ce Mourir d'aimer d'*avant la lettre*. De cette œuvre autobiographique où l'institutrice Alice a été transformée en Marthe. (www.lire.fr/ critique.asp/idC=37251& idTC=3&idR=219&idG=2; accès le 12/09/05) = Ø *anteci-pado*

avec armes et bagages "entièrement, avec tout ce qu'on a besoin" A la chute du mur il est passé *avec armes et bagages* au capitalisme. Il est au service des américains en occupant une place originale.(www.fluctuat.net/blog/ article.php3?id_article=1831; accès le 12/09/05) = *de mala e cuia*

avec des (les) gants "avec précaution, avec douceur" (...) Allez aux urnes *avec des gants*. Gants Mappa, gants de chirurgien, moufles, gants de cuisine ou de ski. Que, sur toutes les images des élections qui seront tournées en France ce jour-là, soient visibles ces gants, symboles de refus, de dégoût, de rejet de cette élection tronquée. (controlefiscal.free.fr/28avril.html; accès le 18/01/06) = Ø *com cuidado*

avis aux amateurs "avertissement amical, mise en garde de quelqu'un contre quelque chose" Je viens de réaliser un nouveau jeu de prognostics sur mon site de foot, c'est gratuit et fun alors *avis aux amateurs*!!! (www.weborama.fr/news.php3?deb=250&CODE_CAT=11_0; accès le 12/09/05) = *aviso aos navegantes*

avocat du diable "celui qui défend la cause contraire de celle qui vient d'être soutenue devant lui" L'*avocat du diable?* Non, ce n'est pas une officine du pouvoir congolais qui l'écrit mais, jusqu'à preuve du contraire, une agence de presse. (www.mwinda.org/article/marchands.html; accès le 12/09/05) = *advogado do diabo*

avoir à la bonne "avoir de la sympathie pour" Il a l'air de vous *avoir à la bonne*. - C'est un vieux copain. Un type sensas. On était équipiers avant qu'il ne passe commissaire. (perso.wanadoo.fr/black.polar/parmenie_2.htm; accès le 12/09/05) = *ir com a cara de*

avoir à l'oeil (avoir l'œil dessus; veiller au grain) "surveiller quelqu'un sans relâche" Tout ce qu'il sait, c'est que les prisonniers sont des gens dangereux pour la société et qu'il convient de les *avoir à l'œil*. (www.sden.org/jdr/conspirations/scenario/prometheus.htm; accès le 12/09/05) = *ficar de olho*

avoir à l'usure "avoir raison de quelqu'un par une action persévérante et insidieuse" Michel Guilloux, dans [le journal] L'Humanité, annonce la tempête: "Dans ce contexte, prétendre *avoir* les lycéens *à l'usure*, c'est jouer avec le feu. (www.cafepedagogique.net/expresso/index100305.php; accès le 12/09/05) = *vencer pelo cansaço*

avoir (en) assez (avoir les boules; avoir (en) marre; avoir (en) par-dessus la tête; avoir (en) plein le dos; avoir (en) plein les bottes; avoir (en) plein les couilles; avoir ras la casquette) "être excédé, écoeuré, énervé" Je commence à *en avoir assez* de ces mots qui n'ont rien a faire dans un article (...) (sandygestif-merci.joueb.com/news/49.shtml; accès le 06/01/06) = *estar de saco cheio*

avoir bon dos "se voir attribuer des charges, supporter souvent abusivement des torts ou des vexations" Et il est vrai aussi que la colère peut *avoir bon dos* si l'on s'abrite derrière la colère des autres pour justifier son hypocrisie (...) (pro.wanadoo.fr/assas-editions/et/fl-3883.htm; accès le 21/02/06) = *ter costas largas*

avoir bonne presse "voir s'exprimer une bonne opinion" Ce soir (enfin hier soir)... j'ai testé un logiciel qui commence à *avoir bonne presse* sur le net. Il s'agit de Skype, un logiciel de voix sur ip. (www.cyberserveur.net/index.php?2004/10; accès le 12/09/05) = Ø *ter uma crítica favorável*

avoir chaud aux fesses (faire dans sa culotte; faire dans son froc [courant]) "avoir très peur" [vulgaire] Bien contents d'être arrivés après 4 semaines de mer et d'avoir échappé aux canons de la marine iranienne: l'Amiral *a eu chaud aux fesses*! (www.cotweb.com/newsx2.php4?rub=voir&rubrique=voile.; accès le 12/09/05) = *borrar as calças*

avoir dans la peau "être très amoureux de quelqu'un" Je lutte contre le mal, du moins j'essaye. Mais là, j'*ai* Mona Sax *dans la peau*. Après avoir voulu venger la mort de ma femme, me voilà de retour. (www.ciao.fr/Max_Payne_2_ Xbox__519948; accès le 12/09/05) = Ø *estar gamado por; estar vidrado por*

avoir dans le nez "avoir de l'aversion pour quelqu'un" Car, enfin, on peut *avoir eu un monsieur dans le nez*, durant sa vie, sans éprouver le besoin de le renifler encore après son trépas. (alph-allais.chez.tiscali.fr/Parapluie.html; accès le 12/09/05) = Ø *não poder nem sentir o cheiro de*

avoir dans le sang "avoir quelque chose par nature, de naissance" Elle fini sa pochette customisé hype pendant que je me dis que je n'*ai pas le rythme dans le sang* mais que ça donne quand même le sourire. (variations.free.fr/index.php?page=arch&type=2&an=2005; accès le 12/09/05) = *estar no sangue*

avoir dans sa poche "être assuré du succès d'une affaire" La crise Irakienne montre l'intérêt d'*avoir dans sa poche* des petits pays anonymes appelés un jour à avoir un siège au conseil des Nations unies (...) (www.dailyjungle.net/index.php?idarticle=225; accès le 06/01/06) = *ter na palma da mão*

avoir d'autres chats à fouetter "avoir d'autres préoccupations, des problèmes plus graves à débattre" J'ai un bouquin que je n'arrive toujours pas à lire, tellement j'ai tout le temps l'impression que j'*ai d'autres chats à fouetter*! (sguessous. canalblog. com/archives/2005/08/15/726235.html; accès le 12/09/05) = Ø *ter mais o que fazer*

avoir de la bouteille (prendre de la bouteille) "acquérir de l'expérience avec l'âge" Un texte élégamment stylé, une interprète qui *a de la bouteille* en même temps que de l'étoffe, il n'en faut pas plus pour faire plaisir. (www.humanite.fr/journal/2001-09-24/2001-09-24-250755; accès le 12/09/05) = Ø *ficar maduro*

avoir de la gueule (avoir du chien) "avoir quelque chose qui retient l'attention, impressionner par son apparence" Cette Europe-là *a de la gueule*! Près de cent mille personnes ont défilé samedi après-midi, entre République et Nation, pour demander "une autre Europe". (www.humanite.presse.fr/ journal/2003-11-17/2003-11-17-382678; accès le 12/09/05) = Ø *ter um tchã*

avoir de la veine (avoir du bol; avoir du pot) "avoir beaucoup de chance" "Il *a de la veine*, cet Arthur-là!" pense le petit garçon en regardant le grand marronnier, qui semble lui faire signe, juste en face. (www.philagora.net/contes/arthur.htm; accès le 12/09/05) = *ser largo*

avoir de l'esprit comme un demon (avoir (en) sous les bigoudis) "être fortement doté du savoir à fond" La première était belle comme un ange; la seconde *avait de l'esprit comme un démon*; mais la troisième possédait la vraie sagesse. (www.recettes-de-cuisine.com/rechercher.php?cs=iso-8859-1&q=Huile&ch=http:%2F%2Fwww.chefsimon. com%...; accès le 12/09/05) = Ø *ser uma cabeça; ser um crânio; ser um gênio*

avoir de l'oreille (musicale) "avoir l'oreille juste, sensible pour la musique" Il faut seulement *avoir de l'oreille* et le désir d'entendre vraiment la musique. Au départ, une danseuse, c'est un corps? Pas seulement. (www.festival-automne.com/public/ ressourc/publicat/1982ouvr/baba187.htm; accès le 12/09/05) = *ter bom ouvido (musical)*

avoir de qui tenir "avoir quelque chose en commun avec quelque parent" Il paraît que je ne supporte aucune contrariété (et là, je me dis que mes tontons et mes tatas, ils vont dire "il *a de qui tenir*, ce petit"). (phileas.blog.lemonde.fr/phileas/2005/05/a_la_nage.html; accès le 12/09/05) = *ter pra quem puxar*

avoir de quoi (voir venir) "posséder suffisamment d'argent pour parvenir au but recherché" Ce n'est pas grave, on *a de quoi voir venir*. Tu as de l'expérience et des qualifications, et nos parents nous aideront. (maitrechat.canalblog.com/; accès le 12/09/05) = Ø *ter como se manter*

avoir des antennes "avoir de l'intuition, une grande sensibilité" Le CRILJ *a des antennes*! Nous ne sommes pas les seuls à Paris à nous intéresser à la littérature pour la jeunesse. Le CRILJ existe aussi en région. (crilj.club.fr/tableauxantennescrilj.htm; accès le 12/09/05) = Ø *estar ligado*

avoir des oeillères "avoir des préjugés, des idées préconçues" Le maire de Bègles, qui avait procédé à cette union, considère qu'il ne faut pas se laisser impressionner par une justice qui *a des oeillères*. (www.radiofrance.fr/.../information/accueil/fiche.php?diffusion_id=30744&emission_id=55060142&index=6; accès le 12/09/05) = Ø *ser tapado*

avoir deux visages "avoir deux attitudes contradictoires, jouer deux rôles" Que croire dans un pays où la justice *a deux faces*? (www.lmvntd.org/avl/dossier/030228justice.htm; accès le 12/09/05) = *ter duas caras*

avoir deux mains gauches "être très maladroit" Il essaye de survivre dans un monde inadapté, sans jamais se laisser aller au pessimisme. Il *a deux mains gauches* et il assume!!! (lereb.free.fr/ lereb_online/strips/mains.htm; accès le 12/09/05) = Ø *ser muito desastrado*

avoir deux paroles "contredire ses engagements" N'entendez-vous pas le bruit d'un cheval? mon frère ne doit-il pas revenir aujourd'hui ou demain? me connaissez-vous pour un homme qui *a deux paroles*? (www.france.diplomatie.fr/fr/IMG/rtf/LORENZAC.rtf*; accès le 12/09/05)* = *não ter palavra*

avoir du bol (avoir de la veine; avoir du pot) "avoir beaucoup de chance" Donc notre ami Muammar possède mille noms, et presque autant de prénoms. Il en *a du bol*. Peut-être est-ce un Dieu, finalement? (membres.lycos.fr/jlafrite/Kadhafi/; accès le 12/09/05) = *ser largo*

avoir du chien (avoir de la gueule) "avoir quelque chose qui retient l'attention, impressionner par son apparence" Au hasard! Une voiture qui *a du chien* (...) Quoi de plus naturel que s'ébrouer en rentrant de promenade! (www.binnes.com/video_voir,id,1324,Quoi-de-plus-naturel-que-sebrouer-en-rentrant-de-promenade,.html; accès le 12/09/05) = Ø *ter um tchã*

avoir du coffre (avoir du cran) "avoir de l'audace, du courage" (...) Il faut *avoir du coffre* pour prétendre que la petite Clio pollue davantage qu'un trente-huit tonnes! On ne voit pas quelle est la dimension environnementale d'une mesure qui consiste à taxer une petite voiture en évitant de taxer un trente-huit tonnes, c'est complètement incohérent! (www.assemblee-nationale.fr/12/cri/2003-2004/20040024.asp; accès le 18/01/06) = *ter peito; ter raça*

avoir du cran (avoir du coffre) "avoir de l'audace, du courage" Il faut *avoir du cran* et une certaine confiance en soi pour avoir fait ce qu'il a fait. C'est un livre que je recommande à toute personne intéressée par le management et le leadership. (www.amazon.fr/exec/obidos/ASIN/2842111559; accès le 18/01/06) = *ter peito; ter raça*

avoir du culot (avoir du [le] front) "aplomb, audace excessifs" Je n'en reviens pas, cet homme *a du culot* et ne pourrait pas être plus impoli, vraiment, il ne me dit même pas merci! (membres.lycos.fr/richarmi/ Textes/le_voleur_de_biscuits.htm; accès le 12/09/05) = Ø *ser topetudo; ter topete*

avoir du (le) front (avoir du coulot) "aplomb, audace excessifs" C'est pas possible! Sacré Minibout! Il en *a du front*! Tenderkiss mérite une médaille pour sa patience! Bravo pour cette superbe photo! (www.photos-animaux.com/212673-DEU.html; accès le 12/09/05) = Ø *ser topetudo; ter topete*

avoir du métier "avoir beaucoup d'expérience" L'homme *a du métier*. Il est de ceux, nostalgiques des années 50, qui arpente les cafés, en quête de l'âme esseulée, du marginal rêveur. Et il séduit. (coursenligne.sciences-po.fr/ 2004_2005/ m_bertheas/seance_4.pdf; accès le 12/09/05) = [*ter muitas horas de vôo*]

avoir du pain sur la planche "avoir beaucoup de travail en perspective" Le conseil d'administration de la FFQ et le mouvement des femmes *ont du pain sur la planche* pour les prochaines années (...) (www.penelopes.org/xarticle.php3?id_article=2283; accès le 06/01/06) = Ø *estar entupido de trabalho*

avoir du plomb dans l'aile (battre l'aile) "être dans une situation critique" Mais après la réussite des premiers temps, les bénéfices escomptés semblent *avoir du plomb dans l'aile*. (www.latribunedelart.com/Debats_2004/OPA_musees_115.htm; accès le 06/01/06) = *estar mal das pernas*

avoir du plomb dans la tête "avoir de la réflexion, du bon-sens, de la pondération" S'il *a du plomb dans la tête*, il déjouera les pièges de la délinquance, sinon la tentation sera facile. (isstotoche62.orangeblog.fr/ web/jsp/blog.jsp?blogID=6506; accès le 12/09/05) = Ø *ter juízo*

avoir du pot (avoir de la veine; avoir du bol) "avoir de la chance" Après, c'est une question de probabilité, et *d'avoir du pot* (...) ou pas! tu peux très bien faire 25 échecs sur 100 essais, ou plus, et une autre fois, aucun! (forum.dofus.com/topic.php?id=6687; accès le 06/01/06) = *ser largo*

avoir fait son temps "être à la fin de son activité ou de sa vie" Ses yeux sont d'un bleu limpide, presque transparent et je n'arrive pas à lire à l'intérieur (...) ou je ne veux pas (...) voir qu'elle est fatiguée et qu'elle pense *avoir fait son temps* sur cette terre et que son heure est venue (...) (www.blogg.org/blog-12205-date-2005-02.html; accès le 06/01/06) = *dar o que tinha que dar*

avoir (en) gros sur la patate (avoir (en) gros sur le coeur) "avoir beaucoup de chagrin, de dépit, de rancune" *J'en ai gros sur la patate*. C'est dur de se dire que tout est fini après tout ce temps. Mais j'essaie de ne pas le prendre trop mal.

(www.infos-dieppoises.fr/Archives2002/RegmaTristeFin.htm; accès le 19/01/06) = [*estar com um peso no coração; estar com um peso no peito*]

avoir (en) gros sur le coeur (avoir (en) gros sur la patate) "avoir beaucoup de chagrin, de dépit, de rancune" Aujourd'hui, je me sens mal, j'en veux à mon ami de son attitude à mon égard même si je sais bien que c'est difficile aussi pour lui, et j'en veux au corps médical d'être aussi nul dans les cas d'urgence. Je suis désolée d'avoir été si longue mais ça m'a vraiment fait du bien car j'*en ai gros sur le coeur*. (www.atoute.org/dcforum/DCForumID20/1157.html; accès le 19/01/06) = [*estar com um peso no coração; estar com um peso no peito*]

avoir la berlue "s'illusionner" Les astronomes américains ont cru *avoir la berlue* en observant de l'eau gelée sous forme de milliards d'éclats de glace tournant et fondant!!! autour de l'étoile géante CW Leonis, situé à 500 années lumière de la Terre. Mais il ne s'agit pas d'un mirage, cela est bien réel! (www.futura-sciences.com/news-mois-juillet-riche-decouvertes_9.php; accès le 14/09/05) = Ø *estar sonhando*

avoir la bosse "avoir des aptitudes pour quelque activité" Dès le bas âge, dès le premier éveil intellectuel, j'ai la propension aux choses de la nature (...) j'*ai la bosse de* l'observation. (www.barbier-rd.nom.fr/ForumEduc/viewtopic.php?t=522&sid=8b995abd757807e560622c8a83762acf; accès le 14/09/05) = Ø *ser cobra; ser craque*

avoir la bouche en coeur "faire des mines pour plaire, attirer l'attention" Bonne soirée, je préfère ta photo de l'article précédent où tu *as la bouche en coeur*! Bises. (blog.orange.fr/web/jsp/blog.jsp?articleID=438643&blogID =2071&pos=0&cpi=3; accès le 12/09/05) = Ø *fazer dengo*

avoir la boule à zéro "avoir le crâne rasé ou aux cheveux très courts" Bonjour, Moi je rase mes cheveux tous les matins avec mon rasoir électrique, ce qui fait que j'*ai la boule à zéro*, c'est mal vu? Pourquoi? (www.armees.com/forums/index.php?s=f52fa122e8fd3b765112e2bedd7911c6&act=Post&CODE=06 &f=3&t; accès le 12/09/05) = Ø *ter passado máquina zero*

avoir la bride sur le cou "être libre de ses actes" (...) Ces pays *ont eu la bride sur le cou* pour mettre en place des systèmes qui se situent souvent aux antipodes de ces règles de base. (www.cfdt.fr/actualite/inter/ actualite/europe/2005/europe_2005_021.htm; accès le 14/09/05) = Ø *fazer o que bem entender*

avoir la chair de poule "se hérisser sous l'effet d'une émotion, d'une sensation" À la fin d'un sublime morceau instrumental, il s'est tourné vers moi et a juste laché: "C'est fantastique, j'en *ai la chair de poule*!" (www.bluesweb.com/p_message_forum_artiste.php3?id_forum=116; accès le 14/09/05) = Ø *ficar todo arrepiado*

avoir la clef des champs "avoir la liberté d'aller et venir" [cultivé] Il ne se leurre point d'animer de beaux chants. Et veut pour se produire *avoir la clef des champs*. (www.serveurhelene.org/.../files/downloadpl?fiFormat=24&fiBook=1007&fiName=cidle_corneille_1.xml; accès le 04/10/05) = Ø *ter plena liberdade*

avoir la cote "être estimé, apprécié" Et les beaux gosses veulent maintenant sortir avec moi, bon en gros j'*ai la cote* en ce moment, et ben je me suis bien vengée: je les ai jetés! (www.momes.net/mekefer/archives_ 2003.php?start=76&choix=1; accès le 04/10/05) = *estar com a bola toda; estar com moral; estar com tudo*

avoir la cuisse légère "avoir des rapports sexuels fréquents et avec des personnes différentes" Cette femme *a la cuisse légère* (...) Cette créature séduit les hommes et même pire, et vous pique un mari comme je cueille mes roses (...) (entrechiensetloups.hautetfort.com/archive/2005/06/15/ l_interieur_de_la_cuisse_rose_suite.html; accès le 04/10/05) = [*ser muito dada*]

avoir la dalle en pente (avoir le gosier en pente; boire comme un trou; lever le coude; prendre une cuite) "aimer beaucoup boire" Nous connaissons effectivement quelques hommes qui *ont la dalle en pente* prêts à tout pour quelques chopes. (www.intuxication.org/~citedesjeunes/phpBB2/viewtopic.php?p=169&sid=6d2c20ad413 c81f1195ff0770e59e35f; accès le 06/01/06) = *encher a cara; encher a lata; entortar o caneco; estar alto; estar chumbado; estar mamado; tomar todas*

avoir la dent (avoir les crocs; avoir les dents longues; avoir l'estomac dans les talons) "avoir très faim" A ce propos, s'exclama Richard, j'*ai la dent*! Je me farcirai bien quelques feuilles de vignes! Allez, mon Père, je vous garde pour dîner! (www.cyrillejubert.com/syllogismes.html; accès le 04/10/05) = *estar com a barriga roncando; estar com o estômago nas costas*

avoir la dent dure "porter des critiques acerbes" J'*ai la dent dure* contre ce modèle, car il fait de la moins-value au regard de la quantité de très bons élèves qu'il draine [...] (permanent.nouvelobs.com/conseils/ enseignement/218/art218_085.html; accès le 04/10/05) = Ø *ser muito duro*

avoir la frite (avoir la pêche) "être en forme" Je ne prends les perches qu'une ou deux fois sur dix séances, signale-t-il. Même en pleine saison, je ne saute que trois fois sur dix! Faut *avoir la frite* pour ça, il faut emmagasiner du jus et garder son enthousiasme. (www.chez.com/galfione/interviews/070200.html; accès le 18/01/06) = *estar com a corda toda; estar com todo o gás*

avoir la gorge serrée "être incapable de parler, par suite d'une émotion" Quant à moi, j'*ai la gorge serrée* que cette petite chronique journalière soit déjà finie. Ce ne serait pas possible de déborder un peu sur le retour? (forums.telerama.fr/forums/messages.asp?forum=91&msgID=24649&parentmsgID=0&threadID=65119&; accès le 04/10/05) = *estar com um nó na garganta*

avoir la grosse tête (avoir une grosse tête) "s'attribuer un rôle éminent, être vaniteux" Moi je n'arrive pas à la sentir car *elle a la grosse tête*, profite trop de sa blessure, elle est jalouse. (staracademy.tf1.fr/staracademy/forum/0,,3170380e01FU19JRCBVTlZfSUR9IHs0NTQ2OTUgMX0=,00.html; accès le 04/10/05) = Ø *achar-se o máximo*

avoir la haute main sur "avoir tout le contrôle sur quelque chose, commander" Mais les opposants considèrent que le pouvoir *a la haute main sur* les listes électorales et que le scrutin sera biaisé. (www.liberation.fr/page.php?Article=327141; accès le 04/10/05) = Ø *ter o controle sobre*

avoir la langue bien pendue (ne pas avoir sa langue dans sa poche) "être très bavard" Boule de neige, femme *à la langue bien pendue*, la chanteuse à la voix "noire", se mélange avec des musiciens venus de tous horizons. (www.africultures.com/partenaires/evenements/sauve/festival_sauve 02. htm; accès le 04/10/05) = *falar como uma matraca; falar mais que a boca; falar pelos cotovelos*

avoir la peau "se venger de quelqu'un" Tu ne sais pas, moi je sais: si tu *as la peau de* Maria et bien j'ai du sang de José Choeur: ce sont des Mosquera, ce sont tous des Mosquera (...) (www.buscasalsa.com/article.php3?id_article=40; accès le 04/10/05) = [*fazer a pele*]

avoir la pêche (avoir la frite) "être en forme" Pour *avoir la pêche* et le moral, il faut faire l'amour. Et il paraît même que cela permet de vivre plus longtemps! Une bonne raison de le faire plus (...) (absolufeminin.nouvelobs.com/ psycho/psycho2003_1_116.html; accès le 09/01/06) = *estar com a corda toda; estar com todo o gás*

avoir la puce à (derrière) l'oreille "être inquiet, méfiant, sur le qui-vive" Pourquoi personne n'*a la puce à l'oreille* quand ils mangent des FRUITS DE MER? Personne se rend compte qu'il ne s'agit pas de fruits (...)? (www.20six.fr/Jeditheking/weblogCategory/pzaryzqkinku; accès le 04/10/05) = *ficar com a pulga atrás da orelha*

avoir la reconnaissance du ventre "manifester sa gratitude envers la personne qui l'a nourri, servi à manger, à boire, entretenu" Les pauvres devraient *avoir la reconnaissance du ventre* (...) Pauvres trop stupides pour apprécier les hautes valeurs de la partie noble du TCE. (decil.lautre.net/article.php3?id_article=293; accès le 04/10/05) = [*agradecer a mão que o alimentou*]

avoir la tête ailleurs (avoir la tête dans les nuages; être dans la lune; être dans les nuages) "être rêveur, distrait, perdre le sens des réalités" Seulement voilà, les décideurs *ont la tête ailleurs*, ils vivent pour eux et pour profiter de l'instant. Mais l'instant présent c'est aussi pour les futures (...) (www.yannchollet.com/page%20générale%20d'accueil.htm; accès lê 10/09/05) = *viver com a cabeça nas nuvens; viver nas nuvens; viver no mundo da lua*

avoir la tête dans les nuages (avoir la tête ailleurs; être dans la lune; être dans les nuages) "être rêveur, distrait, perdre le sens des réalités" Et moi, au milieu, j'*ai* les pieds bien sur terre et *la tête dans les nuages*. Qu'est-ce que ça peut bien vouloir dire, m. Freud? (la_page_de_ckck.blog.lemonde.fr/la_page_de_ckck/ici; accès le 22/05/05) = *viver com a cabeça nas nuvens; viver nas nuvens; viver no mundo da lua*

avoir la tête de "ressembler à quelqu'un de connu" J'*ai la tête de* mère Thérésa?" - "Ben c'est la politesse quoi..." - "Non la politesse c'est que TOI tu viennes dire bonjour quand tu arrives". (ka-ly.blogspot.com/ 2004_12_01_ka-ly_archive.html; accès le 11/10/05) = *ter cara de*

avoir la tête dure "être entêté" Je crois qu'on peut dire que tu *as la tête dure* quelques fois! Ça me rappelle que je n'ai JAMAIS réussi à te faire prendre une seule bouteille de lait! (mastermat.uqac.ca/edouard/; accès le 11/10/05) = *ser cabeça dura*

avoir la tête sur les épaules "être réaliste, bien équilibré, plein de bon sens" T'es gentil, attentionné, t'*as la tête sur les épaules*. (asheyash.skyblog.com/; accès le 04/10/05) = *ter a cabeça no lugar*

avoir l'air et la chanson de "ressemble bien à quelque chose" C'est bien là le problème. J'aimerai bien que ce soit aussi simple qu'un bête virus. Mais ça a tout *l'air et la chanson de* ne pas être le cas. (ncn.metaboli.fr/mvnforum/printpost?post=13477; accès le 04/04/05) = *ter a cara de*

avoir le beau rôle "être dans une situation avantageuse, qui n'exige aucun effort, aucune peine" L'anecdote du nettoyeur de piscine est montrée dans le rêve, mais ici, au lieu d'*avoir le beau rôle*, Kesher est massacré et ridiculisé. (www.filmdeculte.com/coupdeprojo/mulhollanddrive.php; accès le 19/01/06) = Ø *estar numa posição cômoda*

avoir le bourdon (avoir le cafard; broyer du noir) "s'attrister, se déprimer" J'*ai le bourdon*. Et il ne supporte pas ça. Dernièrement il m'a dit que ça l'usait! (forum.aufeminin.com/forum/conflits/ __f6716_conflits-Le-quitter-si-pas-envie-de-bb.html; accès le 17/10/05) = *estar na fossa*

avoir le cafard (avoir le bourdon; broyer du noir) "s'attrister, se déprimer" Ça arrive d'*avoir le cafard* après l'accouchement... (forum.aufeminin.com/forum/f397/__f49_f397-Baby-blues-et-obsession-sur-le-prenom.html; accès le 19/01/06) = *estar na fossa*

avoir le champ libre "avoir toute liberté d'action" Désarmer toute opposition, afin d'*avoir le champ libre*, égarer les esprits, brouiller les cartes, ce sont des exercices où ils excellent. (refractions.plusloin.org/ refractions7/rondeau_laicite.htm; accès le 17/10/05) = [*ter o terreno livre*]

avoir l'échine souple "être bassement complaisant, servile ou courtisan" Le reste, je m'en fous", conclut-il: "De toutes façons, plus le temps passe, et moins j'*ai l'échine souple*". (www.telesatellite.fr/infos/idisp.asp/i/1148; accès le 17/10/05) = Ø *ser capacho dos outros*

avoir le coeur bien accroché (avoir l'estomac bien accroché) "supporter sans haut-le-cœur un tour très brusque, une odeur, une vue qui inspirent le dégoût" L'idiot a même fait quelques "acrobaties", après que son mentor lui ait demandé "ça va? t'*as le cœur bien accroché* ou bien? alors on y va! ou bien!" (place-au-fussoir.blogspirit.com/ma_personne_mon_ego_et_moi; accès le 17/10/05) = *ter estômago*

avoir le coeur sur la main "être enclin à une grande générosité" Tes amies disent que tu *as le coeur sur la main* et que tu es la personne la plus honnête et la plus discrète qu'elles connaissent. Serais-tu parfaite? (www.webzinemaker.com/admi/m16/page.php3?num_web=18793&rubr=2&id=175886; accès le 17/10/05) = [*ter a mão aberta*]

avoir le compas dans l'oeil "apprécier avec exactitude" La pauvre bête, qui *a le compas dans l'oeil*, s'est aperçue qu'elle ne pouvait brouter que la moitié de l'herbe étalée sous ses yeux. (serge.mehl.free.fr/exos/chevre_poincar.html; accès le 17/10/05) = *ter olho clínico*

avoir le couteau sous la gorge "subir une contrainte, une pression impitoyable" *J'ai le couteau sous la gorge* et l'escroquerie est flagrante mais apparamment légale. Comment sortir de cette situation? (www.commentcamarche.net/forum/ affich-1209512-L-arnaque-permanente-de-Tiscali; accès le 17/10/05) = *estar com a espada na cabeça*

avoir le dernier mot "dire une chose qui met fin au débat" Ce qu'elle fit jusqu'au 21 février dernier, date à laquelle la maladie eut l'air d'*avoir le dernier mot*. (www.humanite.presse.fr/journal/1992-04-10/1992-04-10-476672; accès le 15/05/05) = *ter a última palavra*

avoir le dessous "être terrassé, vaincu dans un combat physique, intellectuel" Tu aimes bien défoncer les autres, mais dès que t'*as le dessous* et qu'on fait comme toi, t'es plus qu'une merde (...) alors reste humble des fois. (archives.jeuxonline.info/fils/9713.html; accès le 17/10/05) = *ficar por baixo; levar a pior*

avoir le dessus (avoir le meilleur; emporter le morceau; enlever le morceau; prendre le dessus; prendre le meilleur) "avoir l'avantage sur quelqu'un" Puis tu croises les gars, et tu te mets à les chercher, ils commencent à te tabasser, mais toi t'es dans ton délire et t'es persuadé que t'*as le dessus*. (mrcrl.free.fr/nouvelles/entite-n3.html; accès le 17/10/05) = *ficar por cima; levar a melhor*

avoir le diable au corps "manifester une grande énergie dans une activité, un sentiment" Que répondre à un homme qui roule les yeux, qui tord la bouche, et qui dit qu'il *a le diable au corps*? Chacun sent ce qu'il sent. (www.voltaire-integral. com/Html/20/possedes.htm; accès le 17/10/05) = *estar com o diabo no corpo*

avoir le gosier en pente (avoir la dalle en pente; boire comme un trou; lever le coude; prendre une cuite) "aimer beaucoup boire" Eh Danielle, t'es comme les curés toi: "faites ce que je dis, pas ce que je fais"! Il n'y a pas que moi qui *ai le gosier en pente*. (www.nafsep.org/forum/index.php?idforumv=588&page affiche =0&PHPSESSID =9611fa640f2ad28813062e68dbc605e9; accès le 17/10/05) = *encher a cara; encher a lata; entortar o caneco; estar alto; estar chumbado; estar mamado; tomar todas*

avoir le meilleur (avoir le dessus; emporter le morceau; enlever le morceau; prendre le dessus; prendre le meilleur) "avoir l'avantage sur quelqu'un" Elle est la plus bruyante quand vous avez à penser, la plus jolie quand vous la provoquez, la plus occupée à l'heure du coucher, la plus tranquille quand vous voudriez la faire parler et la plus séductrice quand il ne faudrait absolument pas que vous lui laissiez *avoir le meilleur sur* vous (...) (blog.orange.fr/web/jsp/blog.jsp?articleID=654383 &blogID=8875&pos=0& cpi=2; accès le 06/01/06) = *ficar por cima; levar a melhor*

avoir le moral "avoir de la confiance, être optimiste" Tu dois *avoir le moral* pour aider ta maman. Je sais que c'est difficile mais elle va s'en sortir! (www.essentielles.net/communaute/public/forums/ forumdetail.asp?s=500&fid=20; accès le 19/01/06) = *estar pra cima*

avoir le moral à zero (avoir le moral dans les chaussettes) "manquer de confiance, être très découragé" Je flânais guéris de tout mes maux c'est assez rare pour que je le précise d'habitude j'*ai le moral à zéro* (...) envoyer un message privé ajouter à mes amis. (depalmas.artistes.universalmusic.fr/ fanzone/forum/ viewtopic.php?idrub=2&idthread=95125; accès le 19/10/05) = *estar pra baixo*

avoir le moral dans les chaussettes (avoir le moral à zéro) "manquer de confiance, être très découragé" En ces périodes de fêtes, les gens seuls ont tendance à *avoir le moral dans les chaussettes*. (www.humanite.fr/journal/2002-12-26/2002-12-26-216138; accès le 19/01/06) = *estar pra baixo*

avoir le pas sur "avoir le droit de précéder quelqu'un, d'agir le premier" Oh ça, Monsieur, nous sommes donc l'un à l'autre, et vous *avez le pas sur* moi. Je serai le valet qui sert, et Vous le valet qui serez servi par ordre. (www.grosmots.com/x/ 1639/2.html; accès le 19/10/05) = Ø *ter prioridade sobre*

avoir le sang chaud (prendre la mouche) "être ardent ou irascible" Le peuple Papou *a le sang chaud* et les attaques entre villages se pratiquent toujours: rapt de femmes, défense du territoire, ou simples actes de bravoure. (joachimj.club.fr/ papous.htm; accès le 19/10/05) = *ter o sangue quente; ter pavio curto*

avoir les boules (avoir (en) assez; avoir (en) marre; avoir (en) plein le dos; avoir (en) plein les bottes; avoir (en) plein les couilles; avoir ras la casquette) "être excédé, écoeuré, énervé" Je suis pas du genre pessimiste mais je commence a *avoir les boules* pour la saison prochaine!!! (www.inferni.com/XMB/Files/ viewthread.php?tid=457; accès le 06/01/06) = *estar de saco cheio*

avoir les chevilles qui enflent (avoir les chevilles qui gonflent; boire du petit lait; ne plus se sentir pisser) "être prétentieux" Nous sommes seulement trois à avoir témoigné en faveur du clandestin (nous sommes les plus courageux......ahahahhh!! j'*ai les chevilles qui enflent*! (...) (www.coupdegueule.com/entreprises2.htm; accès le 19/10/ 05) = *ficar todo cheio (de si)*

avoir les chevilles qui gonflent (avoir les chevilles qui enflent; boire du petit lait; ne plus se sentir pisser) "être prétentieux" Voilà de quoi *avoir les chevilles qui gonflent* en tant que français, héhéhé... Une compil indispensable pour montrer à vos amis étrangers de quoi on est capable ici!!! Une nette préférence pour le CD1, parfait en toutes ciconstances: au réveil, au coucher, à table, en soirée, etc... (www.amazon.fr/exec/obidos/ASIN/B00005K3GM; accès le 19/01/06) = *ficar todo cheio (de si)*

avoir les crocs (avoir la dent; avoir les dents longues; avoir l'estomac dans les talons) "avoir très faim" Il devait vraiment *avoir les crocs* pour vouloir s'attaquer à ce genre de proie! Cela ne doit pas être très facile à mâchouiller la peau d'un crocodile (...) (www.paranormal-fr.net/forum/topic7401.php; accès le 06/01/ 06) = *estar com a barriga roncando; estar com o estômago nas costas*

avoir les dents longues (avoir la dent; avoir les crocs; avoir l'estomac dans les talons) "avoir très faim" Il est pour moi une source de motivation. C'est un peu grâce à lui que j'*ai les dents longues*. Je ne regrette absolument pas sa présence.

(olweb.fr/fr/cmc/event/78/2004/43/2047.html; accès le 19/10/05) = *estar com a barriga roncando; estar com o estômago nas costas*

avoir les deux pieds sur terre (avoir les pieds sur terre) "être réaliste" J'espère que ça va continuer, mais je sais que je suis capable de l'apprécier. J'*ai les deux pieds sur terre* et je suis chanceuse". (lynda.lemay.free.fr/temoignages.htm; accès le 19/10/05) = *ter os pés no chão*

avoir les foies (blancs) (avoir les jetons) "avoir peur, manquer d'audace" Tout le monde va finir par me montrer des doigts, rien que d'y penser j'en *ai les foies*. La tête enfoncée dans les épaules, je remis les pieds sur terre. (perso.wanadoo.fr/toquecine/html/corps.htm; accès le 19/10/05) = *não ter peito* [v. *ter peito*]; *não ter raça* [v. *ter raça*]

avoir les jetons (avoir les foies [blancs]) "avoir peur, manquer d'audace" Après les avoir fustigés pendant longtemps, MicroSoft commence un peu à *avoir les jetons* et même si Linux aura du mal à remplacer Microsoft de manière explosive, il avance petit à petit. (www.oulala.net/Portail/article.php3?id_article=1756; accès le 19/01/06) = *não ter peito* [v. *ter peito*]; *não ter raça* [v. *ter raça*]

avoir les jambes coupées "se trouver sans force pour continuer à marcher" Lors de sorties longues, j'*ai les jambes coupées* au bout de 17 à 18 kms, mes cuisses me "brûlent" et je n'arrive plus à avancer. (www.vo2.fr/forum/forum_ message.php4?forum=3&sujet=311; accès le 19/10/05) = [*não ter mais pernas*]

avoir les mains dans les poches "ne rien faire du tout" C'est un garçon, de l'âge de Jack, qui *a les mains dans les poches*, un sourire joyeux sur les lèvres, une étincelle de vie dans les yeux. (www.jeuxvideo.com/forums/1-58-47700-1-0-1-0-0.htm; accès le 19/10/05) = [*viver coçando; viver com as mãos no bolso*]

avoir les mains libres "avoir (ou laisser à quelqu'un) une totale liberté d'action" Ainsi, les heureux acquéreurs du caresse-chat pourrons dire: "oui, grâce à toi, j'*ai les mains libres* et maintenant je peux faire ce que je veux". (www.blogg.org/blog-8282-themes-25115-offset-15.html; accès le 19/10/05) = Ø *estar livre e desempedido*

avoir les pieds sur terre (avoir les deux pieds sur terre) "avoir un esprit concret, positif, réaliste" Pour te rassurer un peu, il faut que tu saches que j'*ai les pieds sur terre* et que je me sens très concernée par les malheurs du monde. (ossiane.blog.lemonde.fr/ossiane/2005/09/aqua.html; accès le 19/10/05) = *ter os pés no chão*

avoir les portugaises ensablées "être un peu sourd, ne pas entendre bien" Je suis tombé par hasard sur la fin du concert sur Mezzo hier soir. J'*ai les portugaises ensablées* ou Inva Mula a des aigus faux? (site.operadatabase.com.site.hmt-pro.com/modules.php?name=Forums&file=viewtopic&p=9605&sid=d9c; accès le 19/10/05) = [*ter muita cera no ouvido*]

avoir l'esprit d'escalier "trouver trop tard ses reparties" J'en étais sûre déjà depuis longtemps, mais je me le confirme: je suis distraite. Ou plus exactement, j'*ai l'esprit d'escalier*. (jujuly.blogspirit.com/ archive/2005/02/01/index.html; accès le 19/10/05) = *não ter presença de espírito* [v. *presença de espírito*]

avoir l'esprit mal tourné "voir les choses du mauvais côté, interpréter les choses de façon défavorable ou scabreuse" Certes, j'*ai l'esprit mal tourné*. Même sur le tabouret du piano, MON prof resterait UN prof, alors non. Sans musique, la vie serait une erreur. (fr.audiofanzine.com/apprendre/ mailing_forums/ index,idtopic,149258,idsearch,0,page,10000.html; accès le 19/10/05) = Ø *levar as coisas pro mau sentido*

avoir l'estomac bien accroché (avoir le coeur bien accroché) "supporter sans haut-le-cœur un tour très brusque, une odeur, une vue qui inspirent le dégoût" Alors, pour les présentations, j'espère que tu *as l'estomac bien accroché* car tu en auras pour un moment!" (www.ombre-et-folie.com/bibliotheque/ francais/ Fiction/ Cecilia/Maraudeurs/chap13.htm; accès le 19/10/05) = *ter estômago*

avoir l'estomac dans les talons (avoir la dent; avoir les crocs) "avoir très faim" J'*ai l'estomac dans les talons*, j'ai la dalle, j'ai les crocs, j'ai envie de grailler! Bon, on ira au ciné à 16h, ce n'est pas grave. (u-blog.net/error404; accès le 19/10/05) = *estar com a barriga roncando; estar com o estômago nas costas*

avoir le vent en poupe (aller comme sur des roulettes) "être favorisé par les circonstances, être poussé vers le succès" Lyon: la gauche *a le vent en poupe*. Entre Rhône et Saône, l'ambiance au quartier général de la gauche plurielle, place Bellecour, est plutôt à l'optimisme. (www.humanite.presse.fr/ journal/2001-03-12/2001-03-12-240951; accès le 19/10/05) = *ir de vento em popa*

avoir le verbe facile "savoir bien parler" Scientifique de haut niveau, Gérard Berry *a le verbe facile* et l'art de parler de choses horriblement compliquées avec simplicité et enthousiasme. *(annales.org/archives/x/gerardberry.html; accès le 19/10/05)* = Ø *saber falar bem*

avoir le verbe haut "parler fort, avec autorité, présomption" Et tout d'un coup il braille! incroyable comme il *a le verbe haut*! On nous explique qu'il ne nous voit pas encore mais qu'il peut toucher notre poil. (www.refuge-arpa.com/reflexion-protection-009.htm; accès le 19/10/05) = *falar grosso*

avoir le vin triste "être triste après boire beaucoup" Pourquoi tu ris, je t'assure que c'est vrai, il y en a qui ont le vin mauvais, moi j'*ai le vin triste* en général, on peut pas être drôle tout le temps. (www.u-blog.net/titeknacky/note/56; accès le 19/10/05) = Ø *ficar triste*

avoir (en) par-dessus la tête (avoir (en) assez; avoir les boules; avoir (en) marre; avoir (en) plein le dos; avoir (en) plein les bottes; avoir (en) plein les couilles; avoir ras la casquette) "être excédé, écoeuré, énervé" Leporello *en a par dessus la tête* de devoir débrouiller les sales besognes de son maître, mais quelques pièces d'or ont tôt fait de le calmer. (mymozart.free.fr/dongiovanni.htm; accès le 19/10/ 05) = *estar de saco cheio*

avoir pignon sur rue "posséder des biens immeubles importants; être fortuné" Je me demande si tu *as pignon sur rue* et si ton projet de déménagement à Montréal s'est concrétisé. Je suis moi-même d'un tempéramment un peu artiste. (forum.europeanservers.net/cgi-bin/d.eur?5521241; accès le 19/10/05) = *estar bem de vida; estar com a vida feita*

avoir (en) plein le dos (avoir (en) assez; avoir les boules; avoir (en) marre; avoir (en) par-dessus la tête; avoir (en) plein les bottes; avoir (en) plein les couilles; avoir ras la casquette) "être excédé, écoeuré, énervé" 2 exos pour ne pas *en avoir plein le* dos! Je pars en voiture. Les aires d'autoroute sont un très bon moyen de se relaxer. Des espaces y sont souvent prévus (...) (www.biendansmavie.fr/html/archives/bouger/bouger0804.html; accès le 06/01/06) = *estar de saco cheio*

avoir plus d'un tour dans son sac "avoir beaucoup de ruse, d'habileté, d'adresse" Car ce dernier *a plus d'un tour dans son sac.* Il réussit, notamment, à faire goûter les joies de la lecture à des millions d'enfants de par le monde. (www.cndp.fr/actualites/question/harry/intro.htm; accès le 19/10/05) = *dar até nó em pingo d'água*

avoir plusieurs casquettes "avoir des compétences, des rôles différents dans diverses activités" J'*ai plusieurs casquettes*: je réalise des scénarios de films, je joue la comédie [...] Fort heureusement, je ne suis pas retrouvé dans d'énormes succès. (www.loftv.com/index.php3?affich=mag&idmag=1; accès le 19/10/05) = [*tocar sete instrumentos*]

avoir plusieurs cordes à son arc "avoir plusieurs moyens pour parvenir à un but" Guillaume est un jeune comédien plein d'enthousiasme qui n'a pas encore la grosse tête et qui *a plusieurs cordes à son arc.* (www.ecrannoir.fr/stars/starsa.php?s=5; accès le 19/10/05) = *ter muitas cartas na manga*

avoir quelque chose dans le ventre "avoir du courage, de la volonté" Ça va me permettre de me concentrer sur mes projets personnels et ça va me forcer à prouver que j'*ai quelque chose dans le ventre.* (www.comlive.net/sujet-34700.html; accès le 19/10/05) = Ø *ter força interior*

avoir (en) ras la casquette (avoir (en) assez; avoir les boules; avoir (en) marre; avoir (en) par-dessus la tête; avoir (en) plein le dos; avoir (en) plein les bottes; avoir (en) plein les couilles; avoir ras la casquette) "être excédé, écoeuré, énervé" Je commence vraiment à *en avoir ras la casquette.* Tiens, et puisque je suis de bonne humeur, abordons un autre sujet qui m'énerve: le spam. (mammouthland.free.fr/weblog/2001/mai_01.php; accès le 06/01/06) = *estar de saco cheio*

avoir ses têtes "manifester à quelqu'un de l'amitié ou de l'aversion sans motifs précis" Le teckel est un chien social mais il *a ses têtes,* il sera à ce moment là indifférent auprès de la personne tout en l'observant. (perso.wanadoo.fr/motsmagiques/teckel_page_2.htm; accès le 19/10/05) = *ser de lua*

avoir son plein "être ivre" Jusqu'à ce que j'en *ai mon plein.* J'ai nettoyé la maison avec un râteau. J'ai trouvé amusant de me sentir aussi gros. (membres.lycos.fr/chezannette/sillycat/aventure14.html; accès le 19/10/05) = *estar chumbado; estar de fogo, estar mamado*

avoir sous la main "avoir à sa portée, à sa disposition" La clé de ce défi, c'est de savoir ce que l'on *a sous la main* et comment l'utiliser. (www.laviesimplifiee.fr/plaisirsdelatable/plaisirdelatable_8.html; accès le 16/05/05) = *ter à mão*

avoir (en) sous les bigoudis "être ingénieux, plein de ressources" C'est que je dois *en avoir* drôlement *sous les bigoudis* pour résoudre tous les problèmes ardus qui se posent à moi tous les jours. (perso.wanadoo.fr/cironsite/ FauneFlore/Taupe/ TaupeTexte.htm; accès le 19/10/05) = Ø *ser uma cabeça; ser um crânio; ser um gênio*

avoir toute sa tête "avoir la raison saine et claire" Ma grand-mère a 88 ans, elle est alerte comme une jeune fille et surtout, elle *a toute sa tête*, peut-être même un peu trop (je me comprends). (www.20six.fr/ride_to_love/weblogCategory/ ieeevkpa2exy; accès le 19/10/05) = Ø *estar no seu juízo perfeito*

avoir tout faux "s'être complètement trompé" Il *a tout faux*. Tout d'abord, la réalité. Il n'ya pas eu depuis vingt ans de croissance de l'économie américaine mais, en terme physiques, contraction. (solidariteetprogres.online.fr/Jacques/ DSKbis.html; accès le 19/10/05) = *dar bola fora*

avoir un chat dans la gorge "être enroué, ne plus pouvoir parler ou chanter" Casimir a écrit un poème, mais personne n'a le temps de l'écouter. Par contre, Julie et François se pressent autour de M. du Snob qui *a un chat dans la gorge* et lui offrent du lait avec du miel. (http://www.casimirland.com/ile_aux_enfants/ episotheque/ saison3/index.php; accès le 19/01/06) = Ø *parecer um gato engasgado*

avoir un cheveu sur la langue "zézayer légèrement" Bref désolé pour ce commentaire un peu échevelé mais c'est mieux que si je l'avais dit, car j'*ai un cheveu sur la langue*. (linuxfr.org/poll/send,25.html; accès le 19/10/05) = Ø *ter a língua presa*

avoir un coeur d'artichaut "être inconstant en amour" Elle lui disant qu'elle n'était pas amoureuse de lui. Kamel, je ne sais pas pourquoi, semble très atteint par cela, alors qu'il *a un cœur d'artichaut*. (theoblast.free.fr/annees/an033/ a033m07j15.html; accès le 19/10/05) = Ø *ser galinha; ser vassourinha*

avoir un coup dans l'aile (avoir un coup dans le nez; avoir un verre dans le nez) "être en état de légère ébriété" De toute façon, plein ou pas plein j'ai toujours eu le sens de la gravité. Et puis n'ayez pas peur, c'est quand j'en *ai un coup dans l'aile* que je plane le mieux. (ahclub.info/forum/viewtopic.php?t=478& sid=8e6a37040f 82da8fcd8ae1774539fc22; accès le 07/01/06) = *estar meio alto* [v. *estar alto*]

avoir un coup dans le nez (avoir un coup dans l'aile; avoir un verre dans le nez) "être en état de légère ébriété" Oui c'est vrai, je confirme, la Flam est timide. Sauf quand elle *a un coup dans le nez* et qu'elle est en terrain déminé. Bof il ne lui faut pas grand chose, une bière suffit, et je peux vous jurer qu'on rigole. (blog.avoir-alire.com/blog/le_placard_aux_mille_et_une_peaux/mes_mille_et_une_peaux/ 2005/11/20/bb; accès le 19/01/06) = *estar meio alto* [v. *estar alto*]

avoir une araignée au (dans le) plafond (avoir une case en moins; être tombé sur la tête; travailler du chapeau) "être dérangé, avoir une idée fixe, être un peu fou" J'ai toujours pensé que Kevin Coyne était un type un peu dingue, du genre à *avoir une araignée au plafond*. (fperfect.club.fr/1973.html; accès le 09/01/06) = *não bater bem; ter macaquinhos no sótão; ter miolo mole; ter um parafuso a menos*

avoir une case en moins (avoir une araignée au (dans le) plafond; être tombé sur la tête; travailler du chapeau) "être un peu fou" Le spectateur comprend qu'il *a une case en moins*, alors que Virginie ne s'en doute pas. Marielle en rajoute une couche durant cette séquence. (tentatives.canalblog.com/archives/2005/04/09; accès le 19/10/05) = *não bater bem; ter macaquinhos no sótão; ter miolo mole; ter um parafuso a menos*

avoir une chance de cocu (naître coiffé; naître sous une bonne (heureuse) étoile) "avoir une chance exceptionnelle" Là, on peut rien pour toi, si ton adversaire *a une chance de cocu* c'est tant mieux pour lui! QUOTE. Il peut charger comme il veut mes crisis. (forum.warhammer-forum.com/index.php?showtopic=19063; accès le 19/10/05) = *ser virado pra lua*

avoir une dent contre "éprouver de la rancune à l'égard de quelqu'un" Et puis je comprends mieux pourquoi mon copain originaire de Hong Kong *a une dent contre* les japonais (...) sans explication. (hesiem.over-blog.com/article-969761-6.html; accès le 19/10/05) = Ø *tem uma cismar com*

avoir une grande gueule "être bavard et grossier" Hey dis donc, t'*as une grande gueule* toi! Dommage que tu puisses pas aller plus loin que tes pompes. (morello01.skyblog.com/6.html; accès le 19/10/05) = Ø *ser desbocado*

avoir une grosse tête (avoir la grosse tête) "s'attribuer un rôle éminent, être vaniteux" Entre le Monsieur qui me dit "respect" et moi qui comprend "tu *as une grosse tête*!", je me dis que je ne suis pas encore passée en mode réveil. (les-mers-veillees.org/?p=40; accès le 19/10/05) = Ø *achar-se o máximo*

avoir une peur bleue "avoir très peur" Mais c'est pire que de la timidité, j'*ai une peur bleue* de mal travailler, d'avoir un contact avec un supérieur ou un collègue (...) (www.psychologies.com/cfml/ forum/message.cfm?fmid=987018&page1=1; accès le 19/10/05) = *ficar branco de medo*

avoir un verre dans le nez (avoir un coup dans l'aile; avoir un coup dans le nez) "être en état de légère ébriété" Ne vous fiez pas à son air un peu coincé du cul c'est un super comique Riri mais bon faut le voir quand il *a un verre dans le nez*! (membres.lycos.fr/cancoillotteteam/ navigation/T3_2003.ht; accès le 19/10/05) = *estar meio alto* [v. *estar alto*]

avoir un mal de chien "se donner beaucoup de mal pour faire quelque chose" J'*ai un mal de chien* pour trouver une télé; dans un rayon de 50 km, pas un de mes amis ne possède pareil engin. (www.james-taylor.asso.fr/ pages%20articles/ article%20a%20la%20tv.htm; accès le 19/10/05) = Ø *ter uma dificuldade enorme*

avoir un pied dans la tombe (sentir le sapin) "être près de mourir" Toute personne qui dit on n'y peut rien *a* déjà *un pied dans la tombe* et entraîne son voisin. (www.yannchollet.com/Interview%20Alévêque%20page%201.htm; accès le 08/03/06) = *estar com os pés na cova; estar nas últimas; estar no fim*

avoir un poil dans la main "être paresseux" (...) Il ne manque pas une occasion de faire l'apologie de la paresse. L'homme est pourtant loin d'*avoir un poil dans la main*. (http://parispremiere.m6.fr/cms/display.jsp?id=p2_18286; accès le 19/01/06) = *gostar de sombra e água fresca*

avoir voix au chapitre "avoir autorité pour se faire entendre, pour peser sur une décision" Un pays qui a réussi la fusion de l'élément et de l'ensemble, un pays où chacun *a voix au chapitre* et qui pourtant avance d'un seul et même pas. (www.elysee.fr/elysee/francais/interventions/discours_et_declarations/1998/ octobre/ allocution_prononcee_pa...; accès le 19/10/05) = *ter voz*

à vol d'oiseau 1. "en ligne droite, sans suivre de détours" Quelle est la distance *à vol d'oiseau* entre deux villes françaises Saint-Fargeau-Ponthierry 77310 et Brières-les-scellées ou Etampes 91 (...)? (notes.vostyx.net/ note150-distance-terre-lune-a-vol-d-oiseau; accès le 07/01/06) = Ø *em linha reta* **2.** "en regardant de très haut, selon une perspective aérienne" Monument à la gloire de la Révolution française, vue prise *à vol d'oiseau.* (www.museeorsay.fr/ORSAY/orsayNews/Collec.nsf/0/e5bf6b55d6e52ca 8c1256c360032cb21?OpenDocument; accès le 07/01/06) = Ø *do alto*

à vue de nez (au pif) "approximativement" *À vue de nez*, ça fait environ soixante-dix millions de tubes de dentifrice. Pour faire briller l'émail de dents aussi longues, ça n'est pas de trop. (www.cequilfautdetruire.org/article.php3?id_article=484; accès le 19/10/05) = Ø *no olhômetro*

à vue d'oeil "bien plus vite que le normal" Ma mère vieillissait *à vue d'oeil*, sentait mauvais et ne prenait pas toujours ses médicaments. Elle semblait vivre ses derniers jours. (www.afpap.org/temoignage_ maltraitance_residence_07102004.htm; accès le 19/10/05) = *a olhos vistos*

b | B

baigner dans l'huile "aller aisément, facilement" [sujet: chose] Tout semblait *baigner dans l'huile* depuis l'avènement du Front parlé avec le capitaine Blaise Compaoré à sa tête. (www.fasonews.net/?opt=14&newsid=364; accès le 21/03/ 05) = *ir às mil maravilhas*

baiser de Judas "baiser hypocrite, signe de trahison" C'est à la fois le *baiser de Judas*, un baiser d'assassin; mais c'est aussi le baiser du frère, un baiser dérisoire qui scelle la fraternité des hommes. (www.magnard.fr/_pdf/04/LFrstexExt1.pdf; accès le 21/03/05) = *beijo de Judas*

baiser sans moustache "baiser sans langue" Un *baiser sans moustache*, n'est pas un vrai baiser. (wwortw.20six.fr/le_barbier; accès le 21/03/05) = Ø *beijo técnico*

baisser la garde "relâcher son attention" Il reconnaît, d'autre part, que la France a eu tendance à *baisser la garde* en ce qui concerne la surveillance de ses côtes. (www.lemonde.fr/web/article/ 0,1-0@2-3228,36-629068@51-627597,0.html ; accès le 21/03/05) = *abaixar a guarda*

baisser la tête (courber la tête; courber l' échine; plier l'échine) "se soumettre avec résignation, ne pas réagir" On est tous déçu mais il ne faut pas *baisser la tête* ce soir car on n'a pas fait un mauvais match. Il faut continuer à se battre ([...) (olweb.fr/fr/cmc/event/34/04/6/407.html; accès le 22/02/05) = *abaixar a cabeça; colocar o rabo entre as pernas* [vulgaire]; *enfiar o rabo entre as pernas* [vulgaire]

baisser les bras (baisser pavillon; donner sa langue au chat; jeter l'éponge; lever les bras; mettre les pouces) "s'avouer vaincu" A force de voir que les gens pour qui il se bat tiennent un discours allant à l'encontre de ce qu'il défend il finira par *baisser les bras.* (www.huttevirtuelle.com/Forums/viewtopics. php?topic=5549&start=15&viewforum=6; accès le 28/03/05) = *entregar os pontos; jogar a toalha; pedir água; pedir arrego*

baisser pavillon (baisser les bras; donner sa langue au chat; jeter l'éponge; lever les bras; mettre les pouces) "s'avouer vaincu" Le champion du monde a remporté à Monte-Carlo la première épreuve de la saison, mais a dû *baisser pavillon* sur la neige devant Solberg (Subaru) en Suède. (www.lepetitjournal.com/sport/050310-sports.html; accès le 28/03/05) = *entregar os pontos; jogar a toalha; pedir água; pedir arrego*

baisser sa culotte (baisser son froc) "céder en s'humiliant" Un homme ou un joueur n'a pas à *baisser sa culotte* à la première occasion pour faire plaisir à tel ou un tel. (nicolasanelka.sports.fr/Forum/ viewthread.asp?forum=AMB_AP924163977&id=401; accès le 21/03/05) = *abaixar as calças*

baisser son froc (baisser sa culotte) "se soumettre, s'humilier" Au lieu de *baisser son froc* à demander tout le temps des autorisations, demande une participation financière pour cette publication. (www.galerie-photo.info/forum/ read.php?f=1&t=70474&a=1; accès le 28/03/05) = *abaixar as calças*

balancer la purée "tirer à tort et à travers" A l'approche de la grande kermesse mercantile de fin d'année, les producteurs peu créatifs et bourrés (de pognon) profitent de l'euphorie générale pour *balancer la purée*: les traditionnels films d'animation (de moins en moins traditionnels d'ailleurs et de plus en plus virtuels), les contes pour enfants et les adaptations plus ou moins mythiques foisonnent. (www.123cine.com/fr/article.php3?id=678; accès le 21/03/05) = *passar fogo*

balayer devant sa porte "se corriger soi-même avant de critiquer autrui" Chaque pays doit *balayer devant sa porte* et commencer par veiller au respect des droits de sa propre population. (www.aidh.org/ONU_GE/Commission/59/decl_annan.htm; accès le 21/03/05) = *olhar para si mesmo; olhar para o próprio rabo*

ballon d'essai "propos divulgué pour sonder l'opinion d'une personne ou d'un groupe" C'est la stratégie du *ballon d'essai:* lancer une idée ou un chiffre, puis attendre les réactions sur l'opinion. (www.rtl.fr/rtlinfo/article.asp?dicid=87225; accès le 29/03/05) = [*balão-de-ensaio*]

ballon d'oxygène (bouée de sauvetage; planche de saut) "soulagement, bonne issue dans un moment de crise" L'engouement des Français pour les chevaux, poneys et ânes au travers des loisirs et du sport, constitue un *ballon d'oxygène* pour nombre de vétérinaires des campagnes, qui voient ainsi leur activité redynamisée. (www.web-agri.fr/Outils/Fiches/ FichesDetail.asp?idRub=515&id=18965; accès le 29/03/05) = *tábua de salvação*

bander mou "ne pas pouvoir rester en érection dans l'acte sexuel" [vulgaire] Pas de veine: son homme, un beau latino, fougueux au début, finit par *bander mou,* puis tourne carrément impuissant. (www.parutions.com/pages/1-15-162-3777.html; accès le 25/06/05) = *não dar no couro*

baptême du feu "première participation à une expérience difficile" [...] Jeunes cavaliers, aux caractères très différents et pourtant amis, viennent de rejoindre le bataillon: ils vont vivre un terrible *baptême de feu*. (membres.lycos.fr/topphp/fiche/fiche560.htm; accès le 25/04/05) = *batismo de fogo*

bas de gamme (à la graisse de hérisson; à la flan; à la mords-moi le noeud; au rabais; de bazar; de bouts de ficelle; de quatre sous) "d'une importance mineure, de mauvaise facture, de qualité inférieure" Ce livre qui affiche un titre classique est en fait un tissu d'hérésie puisé dans une philosophie *bas de gamme*. (www.alapage.com/b_ MONENFANTETLALIMENTATION_ F_1_DAGOOGL_2880582032.html; accès le 29/03/05) = *de meia-pataca; de meia-tigela*

bas de laine "épargnes, petites économies" Épargne parlé: le *bas de laine* rétrécit. (www.humanite.presse.fr/ journal/1999-07-22/1999-07-22-293450; accès le 22/03/05) = Ø *pé-de-meia*

bas de plafond "borné, peu intelligent" Pour certains habitants un peu *bas de plafond* il faut éviter les lettres trop longues; et d'autres se plaindront que tu leur parles comme à des débiles. (www.gamekult.com/tout/forum/lire_71269_page7.html; accès le 22/03/05) = [*curto das idéias*]

bâtir sur le roc "construire sur des bases solides" Il faut du temps, de la patience, de la persévérance, des talents multiples, de la coopération pour *bâtir sur le roc* et entrer dans la connaissance. (www.ind78.com/Enseignement/lycee.htm; accès le 22/03/05) = *construir sobre a rocha*

bâton de chair "pénis" [vulgaire] Je veux que tu nois ton *bâton de chair* dans mon antre ruisselant de désir, je veux te sentir t'enfoncer. (www.20six.fr/Sensuelle/archive/2004/11; accès le 25/06/05) = Ø *pau; pica*

bâton de vieillesse "soutien affectif pour les personnes âgées" [cultivé] Elle est vieille et malade, je suis sa fille mais quand elle m'appelle son *bâton de vieillesse* ou mon fils, là je craque. (forum.aufeminin.com/forum/psycho1/__f44562_ psycho1-Telephonez-vous-souvent-a-vos-parents.html; accès le 23/03/05) = [*bordão da velhice*]

battre (se) à armes égales "avoir les mêmes conditions que les adversaires" Les entreprises françaises veulent pouvoir se *battre à armes égales* avec leurs concurrents. (fabienma.club.fr/annu-art/medef; accès le 23/03/05) = *utilizar as mesmas armas*

battre à plates coutures "détruire un adversaire, un concurrent, le vaincre définitivement" La concurrence fut si forte que ce fut la faillite. La compagnie s'était fait *battre à plates coutures*. (Baboo.hautetfort.com/archive/ 2004/12/13/histoire_decousue.html; accès le 23/03/05) = Ø *aniquilar, arrasar*

battre (se) comme des chiffonniers "se disputer avec des aggressions physiques" Pour la première fois depuis la reddition du Japon, en 1945, des soldats nippons se battront pour d'autres raisons que la défense de leur territoire. Et contreviendront ainsi à leur Constitution. Le sujet déclenche les passions: cet été, au Parlement japonais, on a vu des dizaines de députés se *battre comme des chiffonniers*.

(www.lactualite.com/bloc_notes/article.jsp?content=20030813_164712_4568; accès le 23/03/05) = [*brigar como dois animais*]

battre comme plâtre "battre quelqu'un très fort, violemment" Mais ma foi, c'est une accident dû à la méconnaissance de l'autre... Chez eux, il est normal de *battre femme comme plâtre*. Qu'est-ce qu'on a à intervenir? (forum.24heures.ch/messages/7103/13199.html?1082486396; accès le 23/03/05) = Ø *espancar*

battre (se) comme un lion "lutter pour se sortir d'une situation compliquée, affronter des situations difficiles avec courage" Il ne supporte pas l'injustice et peut se *battre comme un lion* pour rétablir l'équillibre, restant magnanime quand la bataille se termine. (tecfa.unige.ch/perso/ frete/carte/coeroi.html; accès le 23/03/05) = *como um leão*

battre (se) contre les moulins à vent "lutter contre des problèmes créés par soi-même" [cultivé] Elle m'a enseigné à être forte et à ne pas mâcher mes mots, à être indépendante, à *me battre contre les moulins à vent*. (collection.collectionscanada.ca/100/201/301/hansard-f/35-1/224_95-06-22/224PB1F.html; accès le 23/03/05) = *lutar contra moinhos de vento*

battre de l'aile (avoir du plomb dans l'aile; branler dans le manche) "être très affecté, ne plus avoir de stabilité" "Le mariage de Tom a commencé à *battre de l'aile* au moment où la carrière de sa femme a pris de l'ampleur", a révélé un ami de l'acteur. (www.linternaute.com/0redac_actu/ 0102_fev/010206cruisekidman.shtml; accès le 29/03/05) = *estar mal das pernas*

battre en brèche "repousser une pensée ou une personne" Il faut pousser l'investigation, car des témoignages précis peuvent *battre en brèche* la thèse de la malversation. (www.lefaso.net/article.php3?id_article=2454; accès le 23/03/05) = Ø *rebater*

battre la campagne "divaguer" [...] La confusion mentale gagne aussi les membres du gouvernement dont le sprit semble un peu *battre la campagne*. (www.00dr.com/article.php3? id_article=356; accès le 30/03/05) = Ø *divagar*

battre la chamade "palpiter accélérémment" Il vous plaît tellement que votre coeur ne cesse de *battre la chamade*! (www.affection.org/horoscope/amour/seduire.html; accès le 22/03/05) = Ø *disparar*

battre la semelle "marcher beaucoup à la recherche de quelqu'un, quelque chjse ou une solution" Hurler et *battre la semelle* avec des pancartes ne suffit pas. (endehors.org/news/1273.shtml; accès le 22/03/05) = *gastar sola de sapato*

battre le fer quand il est chaud "profiter de l'occasion quand elle se présente" Il est possible, si la volonté politique existe, de *battre le fer quand il est chaud* et de transformer l'isolement du gouvernement en défaite totale de sa politique, avant 2007. (www.lcr-rouge.org/archives/061704/1 plan.html; accès le 23/03/05) = Ø *aproveitar enquanto é tempo*

battre le pavé (descendre dans la rue) "protester et porter sa cause partout" En 2002, au lendemain du désastre du 21 avril, nous avons été des centaines de milliers à *battre le pavé* pour faire reculer l'extrême droite. (www.humanite.presse.fr/ journal/ 2003-04-30/2003-04-30-371215; accès le 22/03/05) = *ir às ruas*

battre le rappel "rassembler, inciter à se faire réunir" Deux conditions à cela: il faut *battre le rappel* des abstentionnistes et convaincre la gauche, toute la gauche, de la nécessité de bons reports. (www.politis.fr/article204.html) = Ø *congregar*

battre (se) les flancs "s'efforcer beaucoup" On n'a pas besoin de se *battre les flancs*: on est tout de suite inspiré, entraîné. (its.foret-des-songes.net/ contes/auteurs/ Andersen/fauxcol.htm; accès le 23/03/05) = *dar duro*

battre sa coulpe "admettre sa culpabilité, se repentir" [cultivé] Partant du principe que nous sommes responsables de ce que nous devenons, depuis quelques années l'homme a tendance à *battre sa coulpe* et à chercher en quoi il a bien pu fauter pour mériter ses souffrances. (www.i-dietetique.com/?action= depeches&page=la-psychose-de-l-aliment-sain&id=2972; accès le 23/03/05) = *bater no peito* [2]

battre son plein "être à son point culminant" C'était bien d'avoir une rencontre sur terre battue, même si c'était en indoor, alors que la saison en plein air va *battre son plein*? Bien sûr. (www.tennis.gazdefrance.com/infos/story_136124.shtml; accès le 23/03/05) = Ø *estar no auge*

beau brin de fille "femme belle et séduisante" Où vit et travaille la journaliste Julie Lantilly, *beau brin de fille* célibataire qui a une fâcheuse tendance à se mêler de ce qui ne la regarde pas. (www.mauvaisgenres.com/gino_blandin.htm; accès le 31/03/05) = [*pedaço de mulher*]

beau comme le jour (beau comme un camion; beau comme un cœur) "d'une beauté admirable" L'autre oiseau, *beau comme le jour*, s'appelle la colombe. Ecoutez-la chanter. (pageperso.aol.fr/contesetpolars/jour.html; accès le 31/03/ 05) = [*bonito como uma pintura*]

beau comme un camion (beau comme le jour; beau comme un cœur) "d'une beauté admirable" Il est vrai que le film est parfait, *beau comme un camion.* (melanine.org/ article.php3?id_article=81; accès le 31/03/05) = [*bonito como uma pintura*]

beau comme un coeur (beau comme le jour; beau comme un camion) "d'une beauté admirable" Mais tu es *beau comme un coeur*, mon chéri et tu as raison de bien te reposer! Mille baisers! (www.photos-animaux.com/273863,1,137, FRA.html; accès le 31/03/05) = [*bonito como uma pintura*]

beau comme un dieu "à un corps athlétique" Olympio était *beau comme un dieu* de l'Olympe. (gaspardh.blog.lemonde.fr/ gaspardh/05/03/olympio_tait_be.html; accès le 23/03/05) = [*belo como um deus grego*]

beau comme un prince "très élégant et imposant" Surprenant Tariq Ramadan. En quelques années, cet intellectuel musulman *beau comme un prince* du désert est devenu la coqueluche des médias, la star des cités, l'apôtre d'un Islam éclairé et réformateur. (www.lexpress.presse.fr/info/ societe/dossier/mosquees/ dossier.asp?ida=429894; accès le 23/03/05) = [*belo como um príncipe*]

beaucoup de bruit pour rien "beaucoup de commentaires à l'égard de quelque chose qui ne vaut pas la peine" Galeries Lafayette: *beaucoup de bruit pour rien*? Une configuration technique qui reste positive. (w.selectbourse.com/cto/fc/c.php?cid=20050111123105; accès le 23/03/05) = *muito barulho por nada*

beau garçon (beau gosse) "homme d'une allure imposante" Stuart Jones a tout pour lui: riche et *beau garçon*, il attire immédiatement l'attention. (fr.kelkoo.com/b/a/cpc_149201_ps_7427227_gs_ 17513256.html; accès le 31/03/05) = Ø *boa-pinta*

beau gosse (beau garçon) "homme d'une allure imposante" *Beau gosse* le nouveau Superman! Depuis quelques semaines la rumeur est fondé sur celui qui interpretera Superman sur grand écran. (smallville.afterdreams.com/?v=572; accès le 31/03/05) = Ø *boa-pinta*

beau linge "les meilleurs d'un groupe de personnes qui exercent la même activité" Comme chaque année, le Club des Loges reçevait le *beau linge* de Roland-Garros pour remettre les prix Orange et Citron. (www.gala.fr/contenu_editorial/ pages/galatv/rolland.php?rub=; accès le 31/03/05) = Ø *nata*

beau parleur 1. "qui s'exprime bien et facilement" C´était un garçon tendre, pas du tout brutal, un beau parleur mais aussi un beau menteur, comme je l´ai appris ensuite. (www.bouclier.org/article/2504.html ; accès le 31/03/05) = Ø *bem-falante* **2.** "qui ne dit que des futilités et a souvent des arrières-pensées" Je veux juste prévenir ces pauvres filles du monstre humain que tu es, que tu es un lâche, un *beau parleur*, un homme sans scrupule et sans morale. (www.beurfm.net/forum/archive/index.php/t-36768.html; accès le 31/03/05) = *bom de bico*

beauté du diable "beauté qui amène à la perdition" Elle a la *beauté du diable*, méchanceté insoupçonnable. Pour elle je renonce à l'enfer, et brûlerai d'amour sur Terre... (www.e-monsite.com/almond/rubrique-1013306.html; accès le 23/03/05) = Ø *sedutora beleza*

beau ténébreux "beau et très séducteur" On ne va pas bouder notre plaisir: ce mannequin masculin est terriblement photogénique, et le blouson de marque Chevignon qu'il présente lui va comme un gant! Comme quoi le style bad boys, la mèche rebelle et le regard lointain un peu farouche à la James Dean font toujours recette! Qui n'en pincerait pas pour ce *beau ténébreux*? (www.photos-de-pub.com/hommes/chevignon.php; accès le 23/03/05) = Ø *homem fatal*

belle vie "vie sans souci et avec des avantages" On a la *belle vie*, tout va bien, on dort bien au chaud (entretenus par nos parents évidemment), on a mangé le matin, le midi, le soir (...) (blog2choc.skyblog.com; accès le 31/03/05) = *boa vida*

bête à manger du foin (bouché à l'émeri) "niais et très peu intelligent" Quoi de plus naturel alors d'optimiser ces mediums dans le but de conditionner le spectateur, il faudrait être *bête à manger du foin* de ne pas en profiter. (www.vulgum.org/article.php; accès le 30/03/05) = *besta quadrada*

bête à pleurer "très niais" Moi, quand il fait beau, aussi bien maintenant qu'autrefois, je deviens *bête à pleurer*, et quand je suis à la campagne je perds la tête. (perso.wanadoo.fr/association. bredel/adherents.html; accès le 30/03/05) = Ø *bobalhão*

bête comme ses pieds (bête comme un âne) "très peu intelligent, ignorant" Il n'était pas fait pour être clown, il ne faisait pas rire. Tout le monde disait qu'il était *bête comme ses pieds*. Il fut très vexé. (www.intereduc.net/vitruve/ projets2000/ portrait/portr3.html; accès le 24/03/05) = *burro como uma porta*

bête comme un âne (bête comme ses pieds) "très peu intelligent, ignorant" (...) Ils me seront très utiles dans un pays où il n'ya pas de renseignements et ou l'on devient *bête comme un âne*, si on ne repasse pas un peu ses études. (www.imposteur.com/arthur_rimbaud/ rimbaud_correspondance_9.htm; accès le 31/03/05) = *burro como uma porta*

bien dans sa peau "qui s'accepte soi-même, sûr de soi-même" L'équilibre du corps conditionne le psychique. S'il est *bien dans sa peau*, il est ouvert au monde. (www.psychologies.com/ cfml/article/c_article.cfm?id=3181; accès le 23/03/05) = Ø *satisfeito consigo mesmo; seguro de si*

bien dans sa tête "en paix intérieure et en harmonie avec tout autour" Pour améliorer ses relations avec les autres ou se sentir *bien dans sa tête*, il faut apprendre à se connaître. (www.doctissimo.fr/html/psychologie/bien_dans_sa_peau/ developpement_personnel.htm; accès le 23/03/05) = Ø *bem consigo mesmo*

bien fait de sa personne "à un corps sculptural" Il était *bien fait de sa personne*, il avait une figure agréable; sa taille était proportionnée, ses manières polies et aisées. (www.histoire-empire.org/persos/valhubert/valhubert.htm; accès le 24/ 03/05) = Ø *bem feito de corpo*

bijoux de famille "testicules" [vulgaire] Il baisse son pantalon et son caleçon et introduit ses *bijoux de famille* dans la gueule énorme de l'alligator qui la referme délicatement. (phortail.org/blagues/defis-0723.html ; accès le 24/06/05) = Ø *bagos; saco*

bille de clown "visage rond et drôle" Il est la joie de sa petite famille, car même pris en flagrant délit, il sait jouer de son charme et de sa *bille de clown* our faire fondre tout le monde! (perso.wanadoo.fr/oceane-labradorsable/oce8.htm ; accès le 31/ 03/05) = Ø *cara engraçada*

bille en tête "avec fierté" L'auteur attaque *bille en tête* l'idéologie des Lumières, née à Paris au XVIIIe siècle, et énumère ses fâcheuses conséquences pour la France et pour l'Europe. (www.herodote.net/livreFouquet.htm; accès le 23/03/05) = *com a cabeça erguida; de cabeça erguida*

billet doux "lettre d'un amoureux" Il ne vous reste plus qu'à trouver les mots d'un tendre *billet doux*! (ubacto.com/info-conso-la-rochelle/-100019.shtml; accès le 30/03/05) = Ø *carta de namorado*

boire comme un trou (avoir le gosier en pente; avoir la dalle en pente; lever le coude; prendre une cuite) "boire beaucoup d'alcool" Il y a une piste de danse comme dans tous les maquis dignes de ce nom, mais y a aussi de belles affiches et un bar pour *boire comme un trou.* (www.bobodioulasso.net/soir/sorties2.htm; accès le 30/03/05) = *encher a cara; encher a lata; entortar o caneco; estar alto; estar chumbado; estar mamado; tomar todas*

boire du petit lait (avoir les chevilles qui enflent; avoir les chevilles qui gonflent; ne plus se sentir pisser) "rester très flatté, très content de soi-même" Parfois on me félicite pour mes recettes. Quand ça arrive, *boire du petit lait* est toujours agréable. Je reçois également des critiques, du genre: tes recettes sont trop compliquées, trop longues à réaliser, comment faire pour trouver tel produit? Ces récriminations m'empêchent de croire que j'ai tout bon, que mes articles sont parfaits. (www.humanite.presse.fr/journal/2002-09-28/2002-09-28-40481; accès le 23/03/05) = *ficar todo cheio (de si)*

boire la tasse "avaler de l'eau quand on nage" Dans ce rapport, il indique qu'après avoir parcouru plus de 350 mètres, Pierre S. a averti l'un des moniteurs assurant la sécurité des plongeurs au cours de l'épreuve qu'il se sentait fatigué et venait de *boire la tasse.* (ctn.ffessm.fr/proc173.html; accès le 23/03/05) = Ø *tomar um caldo*

boire le calice jusqu'à la lie "subir tout ce qu'il faut" [cultivé] La douleur suprême vient par eux; c'est par l'abandon des amis qu'il apprend à *boire le calice jusqu'à la lie*. Cependant, il ne s'en plaint pas [...] (perso.wanadoo.fr/jean-paul. barriere/divers1/initia12.htm; accès le 30/03/05) = [*beber até a última gota*]

boire les paroles de "se délecter du discours de quelqu'un, en être très admiratif" [cultivé] Sa chambre, son lit. Il se souvenait s'être assis de nombreuses fois dessus, lorsqu'il parlait avec Alice les mois précédents. Des soirées *à boire les paroles de* son amie insomniaque. (avissinguliers.free.fr/ homme_sans_sourire.html; accès le 23/03/05) = Ø *estar embebecido com as palavras de*

boire un coup "boire peu d'alcool" C'est un match de football avec des nains, et à la mi-temps les deux équipes décident d'aller *boire un coup* au bistrot du coin. (www.funhumour.com/home/ blagues/categ/?cat=bistro; accès le 31/03/05) = Ø *tomar uma dose; tomar um trago*

boîte de Pandore "quelque chose qui, sous une apparence innocente, est à l'origine de beaucoup de malheur" [cultivé] Elles ont, en fait, ouvert la *boîte de Pandore,* libérant ainsi les pires forces politiques du pays, en sommeil forcé depuis des années. (www.humanite.presse.fr/ journal/1998-03-24/1998-03-24-412512; accès le 23/03/05) = [*caixa de Pandora*]

bon ami "amant" [cultivé] Quel bonheur! Elle m'aime (...) Relisons encore son billet: "Sois tranquille, mon *bon ami*; ton rival ne doit te donner aucune inquiétude. Je t'aime." (loi.com.free.fr/livres%20gratuit/billets.htm; accès le 23/03/05) = Ø *amante*

bon an, mal an "le temps passe" Ainsi, rien que dans ce petit coin du monde, en France, doux pays de mon errance, *bon an, mal an,* nous sacréficelons encore, vite fait, bien fait, près de dix mille têtes. (jguillor.club.fr/prets-textes/telescopiages/sacreficeles.htm; 23/03/05) = *entra ano, sai ano*

bon chic bon genre "élégant, très classe" Bensaïd, un terroriste *bon chic bon genre*; il est l'un des prévenus du procès qui s'ouvre aujourd'hui. Derrière ses lunettes lui donnant un air d'étudiant appliqué se cache un redoutable tueur. (www.humanite.presse.fr/journal/1999-06-01/1999-06-01-290529; accès le 23/03/05) = Ø *de classe*

bon combat "lutte pour une bonne cause" [cultivé] Mais pour moi, trouver un sens à sa vie, c'est trouver le *bon combat*, et le mener....jusqu'au bout. (www.alliancespirite.org/message-19129. html; accès le 23/03/05) = [*bom combate*]

bon diable "un homme bon, simple et sympathique" Je vous rassure: c'est un *bon diable* et ce sont des choses que je vais essayer de vous démontrer. (www.reseauvoltaire.net/ imprimer9945.html; accès le 3/03/05) = Ø *bom homem*

bonne âme (bonne pâte; bonne pomme) "une personne simple et généreuse" Sinon, je vais essayer de trouver *une bonne âme* pour m'aider en couture comme ça je pourrais le broder et le décorer à mon aise! (forum.doctissimo.fr/grossesse-bebe/ futures-mamans/sujet-37891.htm; accès le 31/03/05) = *boa alma*

bonne chère "des repas copieux et raffinés" La grande gastronomie se met en ligne pour les amateurs de *bonne chère*. (www.nomade.tiscali.fr/cat/forme_sante/alimentation; accès le 31/03/05) = Ø *boa mesa*

bonne foi "atittude ingénue et bien intentionnée" Les juges ont récemment ressenti le besoin de rappeler qu'en matière contractuelle l'employeur est présumé de *bonne foi*. (www.legitravail.com/actualites/ modification-contrat-travail-employeur/131.html; accès le 23/03/05) = *boa fé*

bonne pâte (bonne âme; bonne pomme) "une personne simple et généreuse" Comme je suis une *bonne pâte*, je vais donc faire l'effort de vous informer pour la nième fois de votre infortune. (permanent.nouvelobs.com/cgi/debats/aff_mess?id=200110020051&offs=744; accès le 31/03/05) = *boa alma*

bonne poire "personne qui se laisse duper" Comment savoir si on est une *bonne poire* ou simplement gentille? (forum.aufeminin.com/forum/psycho10/__f941_psycho10-J-ai-une-question. html; accès le 31/03/05) = Ø *trouxa*

bonne pomme (bonne âme; bonne pâte) "une personne simple et généreuse" Elle a le potentiel d'une future gagnante, car elle est une *bonne pomme* pour le public et ne dit jamais un mot plus haut que l'autre [...] (forum.aufeminin.com/forum_f26158_Loisirs11_elodie_pour_moi.html; accès le 31/03/05) = *boa alma*

bon pied bon oeil (en forme) "en très bonne santé" Toujours *bon pied bon oeil*, ce qui est assez rare pour son âge, Mme Ikeba se demande toujours ce qu'elle va mettre pour sortir et adore manger un bon steak. (www.japanbbs.org/; accès le 31/03/05) = *em forma*

bon prince (brave garçon) "qui a un comportament correct, sage" Le Petit Larousse, *bon prince*, s'incline devant le verdict du plus grand nombre et officialise, à la longue, le parler de la rue ou des différents medias. (pedroiy.free.fr/piweb/jeux/parler.htm; accès le 31/03/05) = Ø *bom garoto*

bons mots "paroles expressives et spirituelles" Les *bons mots* sont comme le blé dans les champs: ils moissonnent le pain du bonheur quotidien. (www.chez.com/geniale/ reconfort3.html; accès le 31/03/05) = Ø *dito espirituoso*

bons temps "bons moments" [...] La mémoire nous guidera, nous habitera à jamais et dont nous y puiseront nos forces, nos ressources dans *les bons temps* comme dans les mauvais moments. (www.sangonet.com/FichPartisRCA/mensonge-mlpc-limite-BN.html; accès le 14/04/05) = Ø *bons momentos*

bon teint "qui a des convictions bien établies" [politique] Les libéraux *bon teint* veulent des règles efficaces, pas d'aligner les standards sociaux, juridiques et salariaux en matière de services sur ceux des pays les moins développés de l'Europe. (www.liberation.fr/page_forum.php?Template= FOR_MSG&Message =225427; accès le 31/03/05) = Ø *convicto*

bordée d'injures "beacoup de gros mots et des paroles offensives adressés à quelqu'un" D'une manière absolument inattendue, perdant son calme, Percy a lancé une *bordée d'injures*. (www.dtext.com/raphael-cohen/ondees/ondees 1214.html; accès le 31/03/05) = [*enxurrada de palavrões*]

botte secrète "astuces, maintenues en secret, pour se sortir bien d'une situation" Sa *botte secrète*? La licence professionnelle de développement recherches en arts culinaires industrialisés de Rennes I. (permanent. nouvelobs.com/conseils/enseignement/article/article237; accès le 31/03/05) = *arma secreta*

botter le train "chasser, expulser" Le 6 juin, les troupes américano-anglaises débarquent pour *botter le train* aux envahisseurs. (artistes.autoproduction.net/monsieur_l; accès le 31/03/05) = *pôr pra correr*

bouc émissaire "quelqu'un (ou quelque chose) sur qui on fait retomber les fautes d'autrui" Le rap est un *bouc émissaire* idéal parce que les communautés qui le pratiquent n'ont ni le pouvoir politique ni l'argent nécessaires pour contrôler les images projetées par les médias. (www.unesco.org/courier/2000_07/fr/doss32.htm; accès le 31/03/05) = *bode expiatório*

bouché à l'émeri (bête à manger du foin) "niais et très peu intelligent" Je dois être *bouché à l'émeri*, mais le sens de votre phrase m'échappe. (www.langue-fr.net/index/M/maj-etats.htm; accès le 23/03/05) = *besta quadrada*

bouche bée "surpris ou admiré" Je reste *bouche bée* d'admiration à la lecture de ce message. (origine.liberation.fr/page_forum. php?Template=FOR_MSG&Message=179299; accès le 23/03/05) = *de boca aberta; de queixo caído*

bouche cousue "sans rien dire, sans rien révéler" Quand il a été arrêté la dernière fois, ses responsables lui ont demandé de rester *bouche cousue*, sans dévoiler les identités des membres du réseau. (www.bladi.net/modules/newbb/page-20127-12-170.html; accès le 31/03/05) = *boca de siri*

bouche en cul de poule "bouche petite aux lèvres très arrondies" Ce soir, plusieurs participantes semblent imiter leur pose, toutes gencives dehors ou *bouche en cul* *de poule* exhalant la fumée vers le ciel. (www.caveacigares.fr/print.php?sid=36; accès le 31/03/05) = [*boca de chupar ovo*]

bouche inutile (poids mort) "personne qui ne travaille pas et est cultivée par autrui" Jean, à l'écart, est heureux de pouvoir manger désormais à sa faim, mais se plaint de ne rien entendre au latin et d'être une *bouche inutile*. (www.jules-massenet.com/jong.htm; accès le 31/03/05) = *peso morto*

boucler la boucle "refaire le parcours d'un raisonnement, d'une pensée" La grande fonctionnalité d'aide au pilotage de ISIMAN permet de *boucler la boucle* et d'évaluer les progrès réalisés grâce à des indicateurs qui en toute logique devraient faire partie des politiques Qualité. (www.keyword.fr/sitekeyw/html_val/ru$26___.htm; accès le 23/03/05) = Ø *recuperar o caminho; refazer o percurso*

bouée de sauvetage (ballon d'oxygène; planche de salut) "la seule issue dans une crise" Ces attitudes ne font autre chose que donner une *bouée de sauvetage* à un gouvernement qui, malgré sa faiblesse, se maintient fidèle aux prétentions de l'impérialisme. (perso.wanadoo.fr/apido.gsi/courint/CI-103-bolivie-print.html; accès le 23/03/05) = *tábua de salvação*

bouffer du curé "critiquer les curés" En France, on peut chaque jour, notamment aux "Guignol de l'info" "*bouffer du curé*", se moquer du Pape, de Mère Térésa, du Dalai Lama, mais jamais de l'islam, sous peine d'être accusé de racisme. (www.action-liberale.org/articles/ Politique/Bruckner_LE+CHANTAGE+A+L%92ISLAMOPHOBIE.html; accès le 23/03/05) = Ø *falar mal de padre*

bouffer du lion "s'animer ou s'énerver beaucoup" Mais j'ai tout de même l'impression qu'un certain nombre d'acteurs du marché ont *bouffé du lion*, passant outre tous les principes, l'éthique ou même le bon sens. (standblog.org/blog/2003/09/20; accès le 23/03/05) = *estar com a macaca*

bouffer la chatte "pratiquer le cunnilinctus" [vulgaire] Cela en prend pas plus au mec pour être excité et il commence à lui *bouffer la chatte*. (www.rolus-x.com/favoris.html; accès le 25/06/05) = Ø *fazer minete*

bouffer le nez "se disputer avec violence" Mais quel besoin avez vous donc de ressortir les vieilles histoires pour vous *bouffer le nez*? Vous ne changerez rien au passé, qu'il vous plaise ou non. (www.u-blog.net/bihan/note/141; accès le 23/03/05) = [*querer comer vivo*]

bouillon de culture "milieu favorable" [cultivé] Pour Philip Brittan, les problèmes de sécurité et la multiplication des virus sur les PC sont moins liés à la "monoculture Microsoft" qu'au modèle même du PC: parce qu'il stocke individuellement le système d'exploitation, les identifiants, les logiciels et les données des utilisateurs, chaque PC est un *bouillon de culture* idéal pour les virus. (www.fing.org/index.php?num=4353,3,119,4; accès le 23/03/05) = Ø *meio de cultura*

boule de neige "problème qui s'aggrave progressivement" Est-il possible que ce soit un problème psychologique (le fait d'être dans une période d'examen, effet *boule de neige*: le stress de ce problème). (forum.doctissimo.fr/doctissimo/ erection/sujet-147930.htm; accès le 23/03/05) = *bola de neve*

boulevard des allongés (jardin des allongés) "cimetière" Visiblement nouveau dans le service, il veut se précipiter vers la cellule de Lucien. Les deux autres se marrent. Te presse pas, mon gars. Tu le connais pas, il est pas encore au *boulevard des allongés*, hein Marcel? Il nous fera encore chier longtemps. (www.edition-grasset.fr/chapitres/ch_duprat.htm; accès le 23/03/05) = *cidade dos pés juntos*

bourreau des coeurs "celui qui conquête les filles et les quitte juste après" Celui-ci craint que sa fille soit en troisième position sur la liste des anciennes épouses du *bourreau des coeurs* d'Hollywood. (www.telestar.fr/tele/telestar.nsf/warticles/5BB9DC7FE5338 F5DC1256AAA00529 7E3; accès le 23/03/05) = [*arrebatador de corações*]

bourreau de travail "celui qui aime beaucoup travailler" Autant de moments de respiration qui sont selon moi nécessaires parce qu'inhérents à la création artistique. Je citerais, ici, Philippe Starck affirmant qu'il n'est jamais aussi créatif que couché dans son lit, pourtant beaucoup le considèrent comme un *bourreau de travail*. (marais.evous.com/pro/ateliers/alk/questceque.htm; accès le 23/03/05) = Ø *viciado em trabalho; workaholic*

bourré comme un coing (plein comme une barrique; plein comme une huître; bourré comme un cochon) "très ivre" *Bourré comme un coing*, il est capable de dormir sur un billard dans les bars avant de s'affaler par terre, le matin, quand il est réveillé en sursaut. (www.penofchaos.com/revues/bis_164.htm; accès le 23/12/05) = *bêbado como um gambá*

bourré comme un cochon (plein comme une barrique; plein comme une huître; soûl comme un coing) "très ivre" Cette vérité est on ne peut plus simple. Encore faut-il que je sois *bourré comme un cochon* pour qu'elle m'apparaisse si brillamment. (*www.blogg.org/blog-63068-billet-824162.html;* accès le 26/06/08) = *bêbado como um gambá*

bourrer le crâne "essayer de faire accroire à quelqu'un de fausses idées ou histoires pour le tromper" Comme si une loi contre les signes ostensibles d'appartenance religieuse à l'école suffisait à empêcher de *bourrer le crâne* de ceux qui se trouveraient en dessous. Comme s'il s'agissait de religion et non pas d'une stratégie politique bien organisée. (www.objectif-info.com/Europe_etats-unis/fois.htm; accès le 23/03/05) = *encher a cabeça* [2]

bout de chemin "un pas important qui mène du temps" Je veux faire un bon *bout de chemin* avec mon aide et réussir à passer par dessus ce problème qui touche trop de personnes. Ça fait du bien d'en parler. (www.boulimie.com/fr/michele2_temoin.htm; accès le 31/03/05) = Ø *um passo importante*

bout de chou "bébé, petit enfant" Il était un jour, un Papa, une Maman et un grand garçon qui n'attendaient plus que la venue d'un petit être pour combler leur vie. Ce jour est enfin arrivé, mais quelle surprise! Ce *bout de chou* prénommé Samuel semble bien étrange, il ne ressemble pas vraiment aux autres bébés. Difficile de penser qu'il sera possible de serrer dans ses bras courts et ainsi positionnés ceux que l'on aime... (asso.denise.legrix.free.fr/Articles/temoi3.htm; accès le 23/03/05) = Ø *pingo (pinguinho) de gente; toquinho de gente*

bout d'homme "homme à petite stature" Aujourd'hui âgé de 19 ans, il a conservé son physique de petit garçon. Surnommé "*bout d'homme*" par ses camarades, il subit leurs brimades et vit dans la misère profonde. (www.bdouebe.net/afficher.php?id=boutdh; accès le 23/03/05) = *pintor de rodapé*

bout du tunnel "moment limite dans une situation compliquée" Pascal Nègre, le grand gourou de l'édition musicale française et président d'Universal Music vient de déclarer: "On a le sentiment de voir le *bout du tunnel;* il paraitrait que la traque des internautes amateurs de P2P commence à porter ses fruits". (forums.lefigaro.fr/user/non-frames/message.asp?forumid=229&messageid=503246&threadid=503246&parentid=3; accès le 23/03/05) = *(luz no) fim do túnel*

bouteille à l'encre "situation ou discours difficile à comprendre et à expliquer" Poutine remplit sa mission. Pas exactement comme le voulait la "Famille" de Eltsine mais il a légitimé les "acquis" des privatisations, remis de l'ordre dans l'administration locale, la fiscalité et l'économie. Il lui reste la justice et la sphère financière et la *bouteille à l'encre* de la Russie depuis des siècles: la bureaucratie corrompue. (www.colisee.org/article.php?id_article=1663; accès le 23/03/05) = *situação preta* [v. *a coisa está preta*]

branler dans le manche (avoir du plomb dans l'aile; battre de l'aile) "être très affecté, ne plus avoir de stabilité" Gabriel et Sandrine n'en manquent pas. A preuve: leur mariage a résisté quatre ou cinq ans avant de *branler dans le manche.* Mais, par esprit de charité, ils s'obstinent à se donner mutuellement le change, quitte à convenir en aparté que "ce n'est plus ça, ni ne sera plus jamais ça". (www.lire.fr/critique.asp/idC=45487&idTC =3&idR=218&idG=3; accès le 23/03/05) = *estar mal das pernas*

bras de fer 1. "dispute entre deux adversaires puissants, épreuve de force" Un véritable *bras de fer* entre les parlementaires européens et le Conseil européen semble donc se mettre en place dans cette affaire. (www.clubic.com/actualite-18950-bras-de-fer-pour-les-brevets-logiciels-en-europe.html; accès le 27/04/05) = Ø *queda-de-braço* **2.** (peau de vache) "pouvoir exercé avec rigueur et inflexibilité" Ces hommes qui ont conduit le pays depuis le jour de l'indépendance avec un *bras de fer,* n'ont pu s'accommoder avec l'évolution du monde. (www.amazighworld.org/human_rights/ kabylia/raq_press_release_fr.php; accès le 27/04/05) = *mão de ferro* **3.** "grande force musculaire" Il faut forcer le monde, perclu par la graisse ou la faim, à penser, le secouer avec un *bras de fer,* le réveiller de sa funèbre apathie. (joseph.dejacque.free.fr/libertaire/n08/humanisphere.htm; accès le 27/04/05) = [*braço de ferro*]

bras dessus bras dessous "en commun accord" AOL et Amazon *bras dessus, bras dessous* sur l'Europe. Les deux géants ont signé un accord européen portant sur le marketing et la publicité des offres. (www.journaldunet.com/0109/010928amazon aol.shtml; accès le 03/03/05) = *de braço dado*

bras droit "homme de confiance qui aide quelqu'un dans plusieurs sujets" Les Américains capturent le *bras droit* de Saddam Hussein. (membres.lycos.fr/echocretins/310803_07.html; accès le 03/03/05) = *braço direito*

brave garçon (bon prince) "qui a un comportament correct, sage" Enfin, Antoine était un *brave garçon* qui avait une situation confortable, des principes et semblait-il une certaine conscience politique de gauche. (www.1000nouvelles.com/Florant/bellephrase.html; accès le 23/03/05) = [*bom garoto*]

brebis égarée "celui qui s'est écarté d'une ligne de conduite" Le macho a donc eu raison de recourir à la violence pour ramener la *brebis égarée* à l'hétérosexualité. (www.coordinationlesbienne.org/ article.php3?id_article=135; accès le 15/05/05) = *ovelha desgarrada*

brebis galeuse "personne différente des autres qui l'entourent pour quelque qualité considérée nuisible" Egisthe: Un homme libre dans une ville, c'est comme une *brebis galeuse* dans un troupeau. (www.thionville.com/tpl/spectacles/mouches2.html; accès le 23/03/05) = *ovelha negra*

brève de comptoir "réflexions simples, la plupart comique, qu'on écoute dans les cafés" Son jugement n'est que le reflet de la compassion de cette *brève de comptoir*, à méditer longuement: "on est bien peu de chose". (www.glenatpresse.com/verticalroc/1/billet.htm; accès le 03/03/05) = Ø *conversa de botequim*

briller par son absence "se faire remarquer parce qu'on n'est pas présent" [cultivé; ironie] Contrairement à ses exploits du début du siècle, tout au long des années 50, Bentley va *briller par son absence* sur les circuits. Pas même en endurance, ses quelques participations aux 24 Heures du Mans ne sont pas restées dans les annales de l'Histoire automobile. (www.classicdriver.fr/fr/magazine/3400.asp?id=297&section=2; accès le 23/03/05) = [*brilhar por sua ausência*]

briseur de grève "celui qui ne respecte pas la commande des grévistes" Manifestations et réunions quotidiennes, incidents graves entre grévistes et usiniers émaillent le mois de décembre, les patrons n'hésitant pas à faire appel à Léon Raynier, un *briseur de grève* professionnel pour tenter de mettre un terme au mouvement. (www.anarvorig.com/histoire_bretagne/article-673.php; accès le 23/03/05) = Ø *fura-greve*

brouiller les cartes "rendre confus" Compte tenu des avantages évidents qu'elle offre par rapport à la technique précédente, elle est actuellement en train de *brouiller les cartes* de ce colossal marché du froid en particulier et des techniques antipollution en général où le souci de la préservation de l'environnement et plus particulièrement de la couche d'ozone est plus que jamais de rigueur. (www.chez.com/aksi/ozone1.htm; accès le 23/03/05) = [*embaralhar as cartas*]

brouiller les pistes "rendre difficile à récupérer des traces, des vestiges" D'est en ouest, du Vieux Continent à l'Afrique, la musique électronique se plaît à *brouiller les pistes* culturelles et géographiques. (www.lexpress.fr/mag/arts/dossier/artistes/dossier.asp; accès le 23/03/05) = [*confundir as pistas*]

broyer du noir (avoir le bourdon; avoir le cafard) "s'attrister, se déprimer" Sans doute allez-vous penser que je passe mon temps à *broyer du noir* dans ma triste vie, et ce n'est pas vrai. (www.20six.fr/Illusion_Perdue; accès le 23/03/05) = *estar na fossa*

bruit et fureur "beaucoup d'alarme et de brutalité" [cultivé] Parce que nous n'avons pas une idée claire et générale du contexte politique, social et économique qui est le nôtre, aucun paramètre idéologique n'étant venu remplacer les anciens, la nouvelle ne vient donc pas aider à notre compréhension du monde, mais souligne plutôt notre incapacité à le saisir. Un monde qui n'est plus que *bruit et fureur*, inondations, famines et coups d'État à répétition. (www.ql.umontreal.ca/volume7/ numero10/edito.html; accès le 23/03/05) = [*som e fúria*]

brûler la chandelle par les deux bouts "commettre des excès par rapport à l'argent ou à la santé" Elles ont une jeunesse splendide et prodigue où elles *brûlent la chandelle par les deux bouts* et gaspillent en une brusque flambée une grande partie de leur précieuse matière (...) (www.encyclopedie-marxiste.com/notreprojet_philosophie_f.halbwachs.htm; accès le 03/03/05) = Ø *cometer excessos*

brûler la politesse "supplanter un adversaire" Après avoir lancé la téléphonie sur IP, le fournisseur d'accès Internet indépendant *brûle la politesse* à Wanadoo avec un service de TV ADSL. (www.aevll.org/info/brv04-01.htm; accès le 23/03/05) = [*perder a educação*]

brûler (se) les ailes "mettre sa réputation en jeu" De fait, ce génie exigeant et turbulent, déstabilisant parce qu'il est toujours du côté de la question et rarement du côté de la réponse, n'a guère cessé de me tourmenter pendant les cinq années que j'ai passées au Conseil, m'inspirant la folle présomption de ne pas traiter le droit par le droit mais à l'aune des valeurs et des finalités des personnes et de la société. Il m'est arrivé, ce faisant, de me *brûler les ailes* ou, ce qui est plus grave, d'importuner certains de mes collègues. (www.conseil-constitutionnel.fr/divers/temoignages/lancelot.htm; accès le 23/03/05) = Ø *sair queimado*

brûler les étapes "ne pas suivre toutes les étapes nécessaires à une démarche donnée; s'anticiper et arriver plus tôt à son but" Internet sera bientôt disponible sur le téléphone portable et je suis convaincu que celui-ci peut nous permettre de *brûler les étapes*. (www.unesco.org/courier/2000_ 06/fr/connex2.htm#top; accès le 23/03/05) = Ø *pular etapas; queimar etapas; saltar etapas*

brûler les lèvres "vouloir être manifesté, exprimé" En effet, plusieurs questions nous *brûlent les lèvres* et nous tenterons au mieux d'y répondre dans la première partie de la soirée [...] (www.magiccorporation.com/gathering-news-782-chat-vendredi-soiree-nouveaux-etagames.html; accès le 03/03/05) = [*fazer a língua coçar*]

brûler les planches "faire un succès éclatant" On espère que votre prochain album sera aussi bon que le précédent et qu'on aura ainsi la chance de vous revoir *brûler les planches* en France. (www.toutankeupon.com/worst/zz1_popper.html; accès le 23/03/05) = [*correr os palcos; incendiar os palcos*]

c | C

cacher son jeu "dissimuler ses projets, le but qu'on s'est fixé et les moyens d'y parvenir" Alors *ne cache pas ton jeu*, car pour être heureux, faut pas forcément être deux. Mais il faut avouer que c'est mieux. (membres.lycos.fr/dorch/flush/peekaboo/adieu.htm; accès le 06/07/05) = *esconder o jogo*

ça fait un bail "ça fait très longtemps" *Ça fait un bail* que je ne suis pas venue faute de temps, préparation des fêtes et tout le toin toin habituel blog.aujourdhui. com/ verte/180526/ca-fait-un-bail.html; accès le 26/06/08) = faz uma cara

calmer le jeu "apaiser une querelle; atténuer les tensions, l'agressivité" Cette décision attendue avait été anticipée par l'opposition libanaise qui s'efforce désormais de *calmer le jeu* et de prôner l'apaisement. (www.reseauvoltaire.net/rubrique 1029.html; accès le 28/06/05) = *colocar panos quentes; jogar água na fervura; pôr panos quentes*

ça ne mange pas de pain "cela ne coûte rien, ne demande aucun entretien" J'ai la faiblesse de penser que si j'ai 3 minutes, rien ne m'empêche d'écrire comme je parle, *ça ne mange pas de pain*, et je reste lisible. (linuxfr.org/~Axel584/7443.html/ ; accès le 06/07/05) = Ø *isso não arranca pedaço; isso não custa nada*

ça passe ou ça casse "ou tout se termine sans conséquence fâcheuse ou tout se détruit" Petit à petit tu t'y fais, chaque soir tu ne sais pas ce qui va se passer et j'adorais ça parce que tu étais toujours sur le fil. Avec toutes ces improvisations, *ça passe ou ça casse* et moi j'aime ça dans la musique. surlaroute66.free.fr/html/ freddy%20koella.htm; accès le 27/12/05) = *vai ou racha*

capote anglaise "préservatif masculin" Alors, maintenant, chaque matin, je lui fais avaler une *capote anglaise* et, le soir, il dépose sa crotte bien emballée dans du plastique. (www.c-rigolo.com/affiche.php?c=BLAGUES&r1=Animaux&r2=&total=97 &number=90; accès le 06/07/05) = Ø *camisinha*

carte blanche "liberté d'action, pleins pouvoirs" À l'écoute de ses commanditaires, il aime cependant avoir *carte blanche* pour créer l'espace, le décor et l'image du lieu dont il a la charge. (www.lhotellerie.fr/lhotellerie/Articles/ M_2703_01_Fevrier_2001/ Un-lieu-branche.html; accès le 12/09/05) = *carta branca*

cartes sur table "conditions prédeterminées pour jouer avec franchise, loyauté" Les banques aiment se déresponsabiliser. Voilà la seconde exigence de notre campagne: *cartes sur table*! (www.netwerk-vlaanderen.be/actie/read.php?campaign=1&article=42&lang=fr; accès le 06/07/05) = *cartas na mesa*

casser du sucre sur le dos (déchirer à belles dents; renvoyer dans les cordes) "dire du mal de quelqu'un en son absence" Une deuxième chose essentielle: j'adore mes amis mais ça n'empêche pas que je puisse leur *casser du sucre sur le dos* si ça me chante. (daimonion.skyblog.com; accès le 14/05/05) = *baixar o pau; baixar o sarrafo; descer a lenha, descer o pau; meter a boca; meter a lenha; meter o pau*

casser (se) la gueule "échouer" Je ne souhaite pas que Microsoft *se casse la gueule*, au contraire, trois acteurs sur le marché c'est sain, mais je trouve cela trop dommage de se précipiter de la sorte en oubliant les joueurs Xbox au passage. (www.gamekult.com/blog/ashram_cga/8953/De+la+politique+%5 Bou+non%5D+de+Microsoft.html; accès le 27/12/05) = *quebrar a cara*

casser la gueule à "frapper violemment quelqu'un au visage" Quel genre de philanthrope voudrait *casser la gueule à* quelqu'un juste par ce qu'il est différent?

— C'est la volonté de Yves, et Yves a toujours raison. (perso.wanadoo.fr/chrismich/sciences-ps-kevin.htm; accès le 06/07/05) = *quebrar a cara de*

casser la tête (casser les burnes; casser les couilles [vulgaire]; casser les oreilles; casser les pieds; chauffer les oreilles; foutre les boules; peler le jonc; pomper l'air; prendre la tête) "tourmenter quelqu'un avec insistance" (...) Et toi, *tu me "casses" la tête* avec ta chanson: ça s'appelle "tapage nocturne", tu pourrais chanter moins fort et (...) moins faux. (www.bladi.net/modules/newbb/sujet-15075-14-bonne-humeur; accès le 06/07/05) = *encher a cabeça* [1]; *encher a paciência; encher o saco; pegar no pé*

casser les burnes (casser la tête; casser les couilles [vulgaire]; casser les oreilles; casser les pieds; chauffer les oreilles; foutre les boules; peler le jonc; pomper l'air; prendre la tête) "tourmenter quelqu'un avec insistance" Je ne sais plus si le tchat était aussi accessible aux visiteurs dans sa première version, mais là j'avoue que ça commence vachement A ME *CASSER LES BURNES!* (www.gayattitude.com/html/journal/tous?&1120292383; accès le 06/07/05) = *encher a cabeça* [1]; *encher a paciência; encher o saco; pegar no pé*

casser les couilles (casser la tête; casser les burnes; casser les oreilles; casser les pieds; chauffer les oreilles; foutre les boules; peler le jonc; pomper l'air; prendre la tête) "tourmenter quelqu'un avec insistance" [vulgaire] C'est pas un prof qui va m' *casser les couilles*! T'as compris pourquoi ils étaient là les profs!? Ils sont là pour t'apprendre des trucs, pour un peu qu't'ouvres ta tête à aut'chose. (www.ac-grenoble.fr/CARMI-Pedagogie/dialogues.html; accès le 27/12/05) = *encher a cabeça* [1]; *encher a paciência; encher o saco; pegar no pé*

casser les oreilles (casser les burnes; casser les couilles [vulgaire]; casser les oreilles; casser les pieds; chauffer les oreilles; foutre les boules; peler le jonc; pomper l'air; prendre la tête) "tourmenter quelqu'un avec insistance" Les applaudissements sont peu enthousiastes et la musique *casse les oreilles*. Seul le bruit des frappes ont un bon rendu. (www.jeuxvideo.fr/html/tests/affichage2_664.htm; accès le 06/07/05) = *encher a cabeça* [1]; *encher a paciência; encher o saco* [vulgaire]; *pegar no pé*

casser les pieds (casser les burnes; casser les couilles [vulgaire]; casser les oreilles; casser les pieds; chauffer les oreilles; foutre les boules; pomper l'air; prendre la tête) "tourmenter quelqu'un avec insistance" Alors pourquoi nous *casser les pieds*, nous rabâcher à longueur de journée, remettre sur le tapis par tous et toutes la victoire de Pantani au Ventoux. (perso.wanadoo.fr/black.polar/chronique7.htm; accès le 06/07/05) = *encher a cabeça* [1]; *encher a paciência; encher o saco* [vulgaire]; *pegar no pé*

casser sa pipe (descendre au tombeau; passer l'arme à gauche) "mourir" Mais il n'est plus là pour l'instant, ne lui laissez pas de message après le bi-bip, il ne vous rappelera plus, il *a cassé sa pipe*. Adieu l'ami. (www.allocine.fr/communaute/forum/message_gen_communaute=2&nofil=359226&refpersonne=2115.html; accès le 06/07/05) = *bater as botas; comer capim pela raiz; comer grama pela raiz; descer ao túmulo; esticar as canelas; ir desta para melhor; passar desta para melhor; vestir o pijama de madeira; virar presunto*

casseur d'assiettes "fanfaron, querelleur" Devenu à la télévision *casseur d'assiettes* attitré, il ne casse en fait rien du tout. Il est maintenant très riche et tient à nous le faire savoir. (www.voxnr.com/cogit_content/tribune_libre/Altercationavec BrunoGaccio.shtml; accès le 06/07/05) = Ø *agitador*

causer de la pluie et du beau temps (parler de la pluie et du beau temps) "tenir des propos sans importance" Et l'Emile, au lieu d'y *causer de la pluie et du beau temps*, il y dit: "Vous ne connaissez pas le cul de ma femme, je crois? (ateliercreatif.free.fr/BAUPRAC/EROStextes/castrax3.html; accès le 06/07/05) = *jogar conversa fora*

céder le pas "passer au second plan, se reconnaître ou être inférieur" Celle-ci devrait, en principe, *céder le pas à* la nouvelle reine, Marie Stuart, épouse de François II. (www.livres-online.com/Les_Reines_ de_France_au_temps_des_Valois—277.html; accès le 06/07/05) = Ø *deixar a vez*

ce n'est pas du caviar "ce n'est rien d'extraordinaire" *C'est du caviar* de comédie! Je crois que si Cédric arrive à ça, c'est qu'il a une vision de la vie très juste. Un regard très généreux. (www.eburneanews.net/eb.asp?action=lire&id=22141; accès le 07/07/05) = *não é uma brastemp*

ce n'est pas sa tasse de thé (ce n'est pas son trip; ce n'est pas son truc) "cela ne m'intéresse pas, ne me convient pas" Votre meilleure amie vous l'a susurré à l'oreille il n'ya pas si longtemps, les enterrements de vie de jeune fille déjantés, *ce n'est pas sa tasse de thé*. (www.routard.com/guide_dossier/id_dp/40/num_page/7.htm; accès le 07/07/05) = *não é a sua praia* [v. *não ser a sua praia*]; *não é a sua seara* [v. *não ser a sua seara*] [cultivé]

ce n'est pas son trip (ce n'est pas sa tasse de thé; ce n'est pas son truc) "cela ne m'intéresse pas, ne me convient pas" Avant on se mariait pour fonder une famille, maintenant ce n' est plus forcément le cas. Beaucoup de gens voient simplement cela comme une façon d' officialiser leur amour, et personnellement ça ne me gêne pas, même si personnellement *ce n'est pas mon trip*. (forums.lefigaro.fr/user/non-frames/message.asp?forumid=237&messageid=424066&ar=&parentid=3 ; accès le 27/12/05) = *não é sua praia* [v. *não ser sua praia*]; *não é sua seara* [v. *não ser sua seara*] [cultivé]

ce n'est pas son truc (ce n'est pas sa tasse de thé; ce n'est pas mon trip) "cela ne m'intéresse pas, ne me convient pas" Franchement, les portables tout-en-un, *ce n'est pas mon truc*! Je préfère nettement avoir un iPod pour la musique, un appareil photo pour mes photos et un natel pour... téléphoner! (www.ipodgeneration.com/fr/edito/1424/; accès le 27/12/05) = *não é sua praia* [v. *não ser sua praia*]; *não é sua seara* [v. *não ser sua seara*] [cultivé]

cercle vicieux "raisonnement circulaire, sophisme qui consiste à s'appuyer sur la proposition elle-même qu'il s'agit de démontrer" Afrique: comment sortir du *cercle vicieux* de la pauvreté? (www.rfi.fr/Fichiers/Mfi/EconomieDeveloppement/687.asp; accès le 07/07/05) = *círculo vicioso*

cerise sur le gâteau "détail qui couronne une entreprise" Le direct, la *cerise sur le gâteau* pour tous les amoureux de sport, c'était encore l'ultime épreuve de la première journée du décathlon, le 400 mètres. (www.humanite. presse.fr/ journal/1995-08-08/1995-08-08-731291; accès le 07/07/05) = *cereja do bolo*

cervelle de moineau (cervelle d'oiseau; tête creuse; tête de linotte; tête en l'air) "personne très étourdie" Parce que j'ai une *cervelle de moineau* et que des fois je ne sais plus après une lecture de plusieurs minutes ou j'étais si je reviens en arrière. (forum.alsacreations.com/topic-6-7098-2-Pseudo-class-focus-et-active.html; http://64.233.187.104/search?q=cache:ejd3bYGsAS4J:forum. alsacreations.com/topic-6-7098-2-Pseudo-class-focus-et-active.html+%22%3F+cervelle+de+ moineau%22&hl=fr accès le 27/12/05) = *cabeça de melão; cabeça de vento; cabeça oca*

cervelle d'oiseau (cervelle de moineau; tête creuse; tête de linotte; tête en l'air) "personne très étourdie" Elle vit avec ses parents et sa soeur, Quinn, qui est son opposé: *cervelle d'oiseau* qui ne pense qu'aux garçons et à la mode. (seriesquest.free.fr/genres/fiches/fiche.php?sp=4&ncat=1 - 24k – 27/12/05; http://64.233.187.104/search?q=cache: ejd3bYGsAS4J:forum.alsacreations.com/topic-6-7098-2-Pseudo-class-focus-et-active.html+%22%3F+cervelle+de+moineau%22&hl=fr accès le 27/12/05) = *cabeça de melão; cabeça de vento; cabeça oca*

c'est bonnet blanc et blanc bonnet "ce sont deux choses ou de deux personnes identiques malgré les apparences" Que ce soit le beurre ou la margarine, *c'est bonnet blanc et blanc bonnet* consommée à froid, il n'y a qu'en cuisson que la margarine sera la mieux tolérée. (www.bio-(conseil.com/PageHTML/equialimen1.html; accès le 07/07/05) = Ø *tanto faz assim como assado*

c'est dans la poche (c'est du tout cuit) "c'est désormais comme si c'était gagné" Et voilà, *c'est dans la poche*! J'ai son Portable! Trop fière de moi, j'ai esquivé ce matin lorsque Franssouye m'a emmenée faire ma rentrée! (miss-draiggy.joueb.com/news/72.shtml; accès le 07/07/05) = *está no papo*

c'est de l'hébreu (c'est du chinois) "c'est très difficile, compliqué" Passons sur les fautes mais le langage informatique *c'est de l'hébreu* pour moi alors tu peux parler de uploader et de threadmachin chose... encore que load je connais. (www.thesaurus-tv.com/viewtopic.php?topic=843&forum=10; accès le 27/12/05) = *isso é grego*

c'est du billard (c'est du gâteau) "c'est une activité ou une situation extrêmement facile et agréable" Les premières années sont un peu dures, mais après *c'est du billard*!! Patience alors... (www.atoute.org/dcforum/DCForumID12/5153.html; accès le 07/07/05) = *é bolinho; é canja; é fichinha; é mole; é moleza; é sopa*

c'est du chinois (c'est de l'hébreu) "c'est très difficile, compliqué" Avec le site que tu m'as indiqué, on m'explique que je ne peux pas faire ce test car j'utilise un "serveur proxy anonyme" (*c'est du chinois* pour moi). (www.infos-du-net.com/forum/31597-8-impossible-tester-ligne-adsl; accès le 07/07/05) = *isso é grego*

c'est du gâteau (c'est du billard) "c'est une activité ou une situation extrêmement facile et agréable" Lancer une pub pour un yaourt, *c'est du gâteau* pour les pros. Mais faire grimper les ventes d'un laxatif ou d'un cercueil, c'est une autre paire de manches. (www.capital.fr/contenu_editorial/ pages/magazine/sommaire.php; accès le 07/07/05) = *é bolinho; é canja; é fichinha; é mole; é moleza; é sopa*

c'est du pipeau "ce n'est pas sérieux" Je vous le répète, *c'est du pipeau*, cette idée de troisième aéroport, une simple démarche politique, un point totalement négatif de la part du gouvernement. (membres.lycos.fr/acast/parisien_12_11.htm; accès le 07/07/05) = Ø *é papo-furado*

c'est du tout cuit (c'est dans la poche) "c'est désormais comme si c'était gagné" La vitesse et la maniabilité ont été accrues, et désormais vous pourrez même configurer vos touches! Evidemment il vous faudra un temps d'adaptation pour la 3d, mais une fois que vous avez comprit le fonctionnement, *c'est du tout cuit*! (www.clubic.com/shopping-avis-109547-0-1-worms-4-mayhem.html; accès le 27/12/05) = *está no papo*

c'est la croix et la bannière "cela représente beaucoup d'embarras, de difficultés" Tu aurais d'autres idées d'adresses? Je trouve ça dingue, *c'est la croix et la bannière* pour trouver un meuble tout con pour ranger ses films! (www.ecranlarge.com/forum/archive/index.php/t-131.html; accès le 19/07/05) = Ø *é a maior dificuldade*

c'est la fin des haricots "c'est un absurde" Que la pratique ou l'esprit du pratiquant glisse d'un côté ou de l'autre, négation du monde, ou affirmation du Sujet absolu, et *c'est la fin des haricots*. (florence.ghibellini.free.fr/flo/perefilsesprit.htm; accès le 07/07/05) = *é o fim da picada*

c'est le monde à l'envers "c'est aberrant" C'est eux qui t'ont violé l'esprit! La Raison! Bousillé l'entendement! C'est à cette bande de chiens de s'excuser, *c'est le monde à l'envers*. (www.lorgane.com/ index.php?action=article&id_article=92382; accès le 07/07/05) = [*está tudo virado de cabeça para baixo*]

c'est une autre paire de manches "c'est une chose bien différente" Faire des petits yeux d'amoureuse et des soupirs, c'est OK, mais se mettre à engueuler quelqu'un dans le vide, *c'est une autre paire de manches*. (canoe.qc.ca/artdevivrecarriere/ mars24_04_stars_c-can.html; accès le 07/07/05) = *são outros quinhentos*

changer d'air "s'en aller vivre ailleurs" Bon ben vous me verez plus jusqu'au 17 car je pars en vacances en Irlande!!!! Je vais *changer d'air*, ça va me faire du bien car ici on étouffe!!!! (emarco.orangeblog.fr/web/jsp/ blog.jsp?blogID=5063&categoryID=2; accès le 07/07/05) = *mudar de ares*

changer de disque "changer de sujet de conversation" Voyons, voyons, *changez de disque* car non seulement vous êtes lassant mais en plus votre argumentation et votre sarcasme deviennent franchement épuisants! (www.liberation.fr/page_forum.php?Template=FOR_DSC&Message=18817; accès le 29/12/05) = *mudar o disco; virar o disco*

changer de peau "changer d'apparence" Ce n'est pas facile de changer de vie... Lui a presque réussi. Il savait lire, il était instruit. Il a pu apprendre rapidement la langue de l'autre pour survivre, pour se frayer un passage. Il a pu rapidement assimiler symboles et sigles de cette nouvelle vie. Mais il n'a pas pu *changer de peau* ni d'âme. (www.accents-poetiques.com/article.php3?id_article=70; accès le 29/12/05) = *mudar de aparência*

changer de ton "changer son comportement" La découverte du petit être sauvagement égorgé les fit *changer de ton*. Un interrogatoire serré commença pour savoir la vérité. (www.1000nouvelles.com/Frederic/sang.html; accès le 07/07/05) = *mudar o tom*

chasse aux sorcières "élimination des membres jugés indésirables dans un corps social" La *chasse aux sorcières* perpétrée par la Commission sur les activités anti-américaines fait des ravages dans les milieux du spectacle. (www.commeaucinema.com/europe2/news.php3?nominfos=9859; accès le 08/07/05) = *caça às bruxas*

château de cartes "projet fragile et éphémère" Je fermerai fermement les poches de vos changeurs et laisserai votre économie tomber comme un *château de cartes*. (detarle.club.fr/catho/Teresa.htm; accès le 16/05/05) = *castelo de cartas*

château en Espagne "projets, rêves chimériques" Elle ne cesse de voyager – avec escorte et en première s'il vous plaît – et s'offre le luxe d'une résidence secondaire, Valence ou son *château en Espagne*. (www.letemps.ch/dossiers/dossiersarticle.asp?ID=156580; accès le 08/07/05) = *castelo no ar*

chaud lapin "homme qui a les sens ardents, porté sur les plaisirs sexuels" Oui, mais quand je dis cela nul ne saurait m'entendre qui n'a pas vu ce monument du septième art qu'est "le *chaud lapin*". (www.20six.fr/spiritus_mundi/nextEntries/1m2bkbh6d8qgd; accès le 08/07/05) = Ø *garanhão; tigrão*

chauffer à blanc "enflammer quelqu'un, attiser son zèle" Les frappes occidentales vont *chauffer à blanc* des populations arabes et musulmanes qui ne supportent plus de voir s'ajouter l'insulte à l'injustice. (www.tunisie2004.net/articles/attentat.html; accès le 08/07/05) = *tirar do sério*

chauffer les oreilles (casser les burnes; casser les couilles [vulgaire]; casser les oreilles; casser les pieds; chauffer les oreilles; foutre les boules; peler le jonc; pomper l'air; prendre la tête) "tourmenter quelqu'un avec insistance" C'est ensuite à Sami de se faire *chauffer les oreilles* par le directeur, pour ne pas avoir su protéger Clot malgré ses promesses. (www.station-delta.com/academie/semaine06/semaine06.htm; accès le 08/07/05) = *encher a cabeça* [1]*; encher a paciência; encher o saco; pegar no pé*

chemin des écoliers "parcours que l'on a délibérément voulu le plus long et le plus agréable" Vingt-six ans plus tard, tu prends le *chemin des écoliers*. Je voulais que tu restes. Je ne te l'avais jamais écrit. Je pensais que tu le savais. (www.yannminh.com/french/TxtCyaneRictusMalus020.html; accès le 08/07/05) = Ø *caminho mais longo e agradável*

chier dans les bottes "offenser quelqu'un en lui jouant un tour impardonnable" [vulgaire] Et surtout, surtout, qu'on arrête de me *chier dans les bottes* quand j'essaie de donner un peu de perspicacité à mon fils! (ashotherway.free.fr/blog; accès le 17/09/06) = *jogar bosta; jogar pedra* [courant]

cinq contre un "masturbation" [vulgaire] Je les écoutais avec avidité, j'apprenais beaucoup mais ça finissait immanquablement à *cinq contre un*. (www.videos-hardcore.org/histoires/histoires/histoire-3598.html – 26 =; accès le 25/06/05) = Ø *cinco-contra-um*

cinquième roue du carrosse "une personne qui ne sert pas à grand-chose" Barthez remplace un Runje solide jusqu'à ce qu'il se rende compte qu'il n'a plus la confiance de ses dirigeants: "je suis la *cinquième roue du carrosse*". (www.maxifoot.fr/articles/589/; accès le 09/07/05) = *zero à esquerda*

cire molle "personne malléable, sans caractère" Oui, c'est de la *cire molle* que ce petit enfant, en qui s'impriment si aisément les premiers caractères soit de la vertu, soit du vice. (www.salve-regina.com/Catholicite/De_l'education_des_enfants.htm; accès le 09/07/05) = *maria-vai-com-as-outras*

cirer les bottes (cirer les pompes; lécher les bottes; passer de la pommade; passer la main dans le dos) "flatter servilement autrui pour en tirer avantage" Il ne faut surtout pas croire que la pensée unique a plié bagage. Les prêcheurs du "politiquement correct" continuent de prêcher; les ordonnances du consensus continuent de *cirer les bottes* des hussards noirs du libéralisme, toujours en campagne, toujours sabre au clair. (www.humanite.presse.fr/journal/2000-11-25/2000-11-25-235324; accès le 29/12/05) = *lamber as botas; lamber os pés; puxar o saco de*

cirer les pompes (cirer les bottes; lécher les bottes; passer de la pommade; passer la main dans le dos) "flatter servilement autrui pour en tirer avantage" Donc, je n'attends rien d'autre, et, dire qu'arriver au 500 c'est l'exploit, c'est pas *cirer les pompes à* mes patrons en écriture chronique. (archive.lien-social.com/dossiers1999/491a500/500-4.htm; accès le 09/07/05) = *lamber as botas; lamber os pés; puxar o saco de*

claquer du bec "avoir très faim" Et on peut toujours faire confiance aux imbéciles pour déclarer que *claquer du bec* fait la gloire de l'artiste... (www.oulala.net/Portail/article.php3?id_article=1138; accès le 23/02/06) = *estar com a barriga roncando* [v. *com a barriga roncando*]

clé de voûte "personne ou chose essentielle dont dépend l'existence, l'équilibre d'une autre chose ou d'autres personnes" Fruit de l'expertise Dolby en matière de traitement des matrices surround, Dolby Pro Logic a été la *clé de voûte* des systèmes de cinéma à domicile à multicanaux, et s'est imposé comme le décodeur de référence pour avoir créé la piste son surround de milliers de cassettes vidéo commerciales, de disques laser, de DVD et d'émissions télévisées. (www.dolby.fr/consumer/technology/tech_overview.html; accès le 30/12/05) = *viga mestra*

coeur à coeur "avec sincérité" Quand vous priez, soyez extrêmement simple avec le Seigneur, un *cœur à cœur*. Il est un frère, un homme qui a souffert comme nous, et il est Dieu. (membres.lycos.fr/vasy/decouvr/parisot.htm; accès le 11/07/05) = *de coração para coração*

coeur de glace "insensibilité" Partez, partez, et dans ce *coeur de glace* Emportez l'orgueil satisfait. Je sens encor le mien jeune et vivace, Et bien des maux pourront y trouver place. (poesie.webnet.fr/poemes/France/musset/55.html; accès le 11/07/05) = *coração de gelo*

coeur de lion "homme brave" Comme le général, il était animé d'un esprit de service, du bien commun plutôt que la poursuite effrénée d'ambitions personnelles ou la soif du pouvoir (...) un homme au *cœur de lion*, un prince de l'esprit". (www.lefaso.net/article.php3?id_article=8781; accès le 30/12/05) = *Ø bravo homem*

cœur de pierre “insensibilité, cruauté” Un *cœur de pierre* est impénétrable. Un cœur de chair est vulnérable, ouvert; il permet à un autre de l’habiter et nous d’habiter dans le cœur d’un autre. (www.och.asso.fr/article19.html; accès le 11/07/05) = *coração de pedra*

coeur d’or “preuve d’une grande bonté” La gaîté de son caractère, son sens de l’organisation, sa cordialité, son *cœur d’or* l’ont fait apprécier de milieux opposés. (www.amis-musees-castres.asso.fr/MuseeGoya/Batutleopold.htm; accès le 11/09/06) = *coração de ouro*

coiffer sainte Catherine “continuer célibataire après la vingt-cinquième année” Au contraire, mes amies m’avaient offert un beau chapeau! Une de mês amies s’est mariée pour ne pas *coiffer Sainte Catherine*. (www.seniorplanet.fr/write.php?id=8722; accès le 11/07/05) = *ficar pra titia*

coiffer sur le poteau “battre son rival au dernier moment et juste sur la ligne d’arrivée” [relatif à un sportif quelconque] Il se classe 2e au “ Six Provinces” après une échappée de 30 kilomètres et il se fait rejoindre à l’entrée du Vélodrome et *coiffer sur le poteau*. (perso.wanadoo.fr/bernard.venis/ Alger/sport/pages_liees/cyclisme/cyclisme1_n31.htm; accès le 11/07/05) = Ø *vencer raspando*

coincer la bulle “ne rien faire” Et puis cela ira mieux, vous vous direz que vous avez de la chance d’habiter un si beau pays où il y a des bulles et où on peut *coincer la bulle*! (forums.lesechos.fr/download_thread.php?bn=echos_immobilier 3&thread=1113809294&cpag=41; accès le 11/07/05) = *coçar o saco* [vulgaire]

collet monté “guindé, affecté” On peut avoir de l’hospitalité une conception moins vieux jeu, moins *collet monté*, moins restrictive (...) Il y a notamment la navrante tristesse. (perso.wanadoo.fr/renaud.camus/affaire/lanzmann.html; accès le 11/07/05) = Ø *pedante*

comme chien et chat “en ennemis” Pour ne pas finir dans un éclat de voix, *comme chien et chat*, découvrez votre attitude face à ce couple imaginaire, composé de deux contraires. (www.club-internet.fr/psycho_tests/ tests.phtml?idRub=3&idTest=54; accès le 11/07/05) = *como cão e gato*

comme dans un moulin “facilement, sans surveillance” Il n’existe pas de police européenne aux frontières. On entre et sort *comme dans un moulin*. (www.liberation.fr/page_forum. php?Template=FOR_MSG&Message=70176; accès le 11/07/05) = *como na casa da mãe Joana; como na casa da sogra*

comme un coq en pâte “dans une situation de confort douillet, ayant tout à satiété” Et tout à côté, la terrasse (...) Du vin, du pain, au bord du bassin (...) Si ce n’est pas cela vivre *comme un coq en pâte* (...) (www.monplaisir.be/frans/Levenals.htm; accès le 11/07/05) = Ø *como um marajá; como um pachá*

comme un poisson dans l’eau “très à son aise dans quelque chose” Bon c’est sûr, ce n’est vraiment pas compliqué à diriger, vous vous sentirez très vite *comme un poisson dans l’eau*. (www.jeuxvideo.com/articles/0000/00004028_test.htm; accès le 11/07/05) = *como um peixe na água, como um peixo dentro d’água)*

comme un poisson hors de l'eau "mal à aise dans quelque chose" A force de jouer avec des violoncellistes, je connais très bien l'instrument. Alors que faire du jazz au piano serait m'aventurer dans un monde inconnu, un monde où tout n'est pas écrit. Je serais *comme un poisson hors de l'eau*. (www.radiofrance.fr/chaines/orchestres/journal/portrait/fiche.php?port=140000036; accès le 30/12/05) = *como um peixe fora d'água*

connaître comme sa poche "connaître quelqu'um ou quelque chose dans les moindres détails" Cet homme *connaît* MAYA *comme sa poche*. Même les IA ne peuvent plus à anticiper ses réactions [...] (www.bm-houilles.fr/animation/contri32.pdf; accès le 12/07/05) = *conhecer como a palma da mão*

connaître la musique "connaître bien tous les propos rebattus" Les électriciens et gaziers *connaissent la musique!* Ils ne laisseront pas privatiser EDF et GDF. Ils exigent le retrait du projet Sarkozy! (www.fnme-cgt.fr/documentation/doc.phtml?partie=&id=11346; accès le 30/12/05) = Ø *conhecer a conversa; conhecer a história*

connaître le terrain "connaître bien tout ce qui concerne un sujet ou les intentions d'une personne" La police de proximité était une bonne chose. On l'a éliminé. Certes elle ne suffisait pas, mais elle contribuait à *connaître le terrain* et à limiter les éruptions, en douceur. (www.e-torpedo.net/article.php3?id_article=539; accès le 30/12/05) = *conhecer o terreno*

connaître (en) un bout (connaître (en) un rayon) "être très compétent dans un domaine donné" Je suis moi-même atteint de pso depuis maintenant + de 10 ans et je commence à *en connaître un bout* sur cette fichue maladie auto-immune. (forum.doctissimo.fr/sante/acne-psoriasis/psoriasis-sujet-151605-2.htm; accès le 13/07/05) = *entender do riscado*

connaître (en) un rayon (connaître (en) un bout) "être très compétent dans un domaine donné" Bonjour, toi qui semble *en connaître un rayon*, quelles sont, à ton avis, les bonnes utilisations de la choucroute? (faq.frbateaux.net/Discussion710.html; accès le 30/12/05) = *entender do riscado*

conte à dormir debout (histoire à dormir debout) "récit, propos illogique, fallacieux ou invraisemblable auxquel il n'est pas raisonnable de croire" Ce que je vais vous relater est un *conte à dormir debout* me direz-vous. On se pose des questions: qui le premier eut l'idée de boire du café? (perso.wanadoo.fr/daniel.lacouture/Divers/ Dossiers_Nature/culture_nature_013.htm; accès le 13/07/05) = *conversa fiada* [1]; *conversa mole* [1]; *conversa pra boi dormir; história da carochinha; história pra boi dormir*

conter fleurette "faire la cour à quelqu'un" Et Gaëtan plaît beaucoup à Micaëla. Le prince *conte fleurette à* la fausse Joséfa. Il avoue épouser la princesse par raison d'Etat. (perso.wanadoo.fr/anao/oeuvre/coeuretlamain.html; accès le 13/07/05) = Ø *dar uma cantada em*

continuer son bonhomme de chemin (aller son (petit) bonhomme de chemin; poursuivre son bonhomme de chemin; suivre son train de vie) "continuer à vivre normalement, selon ce qu'on peut attendre" (...) Je sens, avec le plus grand regret, que c'est sa dernière année avec Lyon, après il va partir pour un plus grand club et *continuer son bonhomme de chemin!* (olweb.fr/forum/

viewtopic.php?p=1246052& sid=ca6f1b3010d3ea7ea71de0331937c91e; accès le 13/07/05) = *tocar a vida pra frente*

coq du village "homme jouissant d'une certaine notoriété dans une ville ou un village par le fait de sa profession, de sa fortune ou de son pouvoir de domination sur les autres" Mais il n'y avait pas de fille à marier. En revanche, le dernier des fils, le *coq du village*, m'a emmené pour la tournée des grands ducs! (www.cycles-lapierre.fr/webfiles/Evelo/opinel.htm; accès le 13/07/05) = [*rei do terreiro*]

corde sensible "sujet délicat qui touche le plus une personne" Je marche facile au cinéma, il ne faut pas trop titiller ma *corde sensible* avec des histoires de père, et si c'est des histoires de grand-père alors là. (emmanueldarley.9online.fr/journal.html; accès le 13/07/05) = *corda sensível*

corps et âme "tout entier, totalement" "Je suis à vous, *corps et âme*!" est l'expression même du dépit amoureux. (www.ac-dijon.fr/pedago/music/bac2001/jazz/chanson3.htm; accès le 13/07/05) = *de corpo e alma*

couille molle "poltron" [vulgaire] Je te hais avec tes idées dépassées, t'es une *couille molle* qui a peur de la différence alors t'as des pensées de fennec. (loom13000.free.fr/?&offset=80; accès le 13/07/05) = Ø *bundão*

couler de l'eau sous les ponts "arriver beaucoup de choses" Elles n'iront pas bien loin et même dans le cas contraire, avant de voir la couleur de l'argent, il risque de *couler de l'eau sous les ponts*. (ct1si.canalblog.com/archives/2005/02/15/; accès le 13/07/05) = Ø *rolar muita coisa*

couler de source "se produire de façon naturelle, spontanée, logique" Il a à faire l'apprentissage du non-dit, et nous devons nous efforcer de rendre explicite pour lui ce qui nous paraît *couler de source*. (perso.wanadoo.fr/sesame.autisme44/autisme/bay126/; accès le 13/07/05) = Ø *correr naturalmente*

couler entre les doigts (filer entre les doigts; passer sous le nez) "s'échapper au dernier moment, juste avant d'être ratrappé" Mais la vie ne doit pas *couler entre les doigts* des individus. Ces individus qui se plaignent du froid, du chaud, du vent (...) (zora.journalintime.com/2004/06/01-il-y-a-longtemps/; accès le 13/07/05) = *escapar pelos dedos; escorrer entre os dedos*

couleur locale "ensemble des détails caractéristiques d'un lieu ou d'une époque" D'autre part, pour se fustiger, l'Espagne s'imprègne de *couleur locale*. Elle n'est pas noire, ni jaune, ni rouge: elle est totalement locale. (www.edition-grasset.fr/chapitres/ch_arroyo.htm; accès le 13/07/05) = *cor local*

coup bas (mauvais coup) "procédé déloyal" La réforme constitutionnelle: un *coup bas* contre la République. (perso.wanadoo.fr/libres-penseurs.am/r%E9fconsthtm.htm; accès le 13/07/05) = *golpe baixo*

coup de balai "changement brusque faisant place nette" C'est un grand *coup de balai* dans la hiérarchie militaire espagnole. Au nom de la modernité et de l'efficacité, a dit le ministre socialiste de la Défense José Bono, le chef d'état-major interarmes et les chefs de l'armée de terre et de l'aviation sont remplacés. (www.latinreporters.com/espagnepol25062004.html; accès le 30/12/05) = Ø *faxina; limpeza*

coup de bélier "choc causé par une force physique ou morale" Carte scolaire: un nouveau *coup de bélier* contre l'école publique à Paris. Depuis février, parents, enseignants et élus se mobilisent contre la carte (...) (www.cpe75.org/cdpe/pdf/050620cartescolairecp.pdf; accès le 23/02/06) = Ø *embate*

coup de coeur "enthousiasme, plaisir soudain" Les offres *coup de cœur* sont les offres de location sélectionnées par la rédaction de Homelidays.com. Nous avons été séduits. Et vous [...]? (www.homelidays.com/FR-locations-vacances/330_Help/Help_our_selection.asp; accès le 13/07/05) = Ø *paixão*

coup de collier "effort énergique mais épisodique" Du coup, je vais être moins présente à partir de jeudi, tant pis pour la semaine qui commence là, mais va vraiment falloir mettre un *coup de collier*. (llaeryn.over-blog.com/; accès le 13/07/05) = Ø *esforço sobre-humano*

coup de foudre "passion violente et subite pour quelqu'un ou quelque chose" Le *coup de foudre* est facile à comprendre. Mais c'est quand deux personnes se regardent depuis des années que cela devient un miracle. (www.evene.fr/citations/mot.php?mot=foudre; accès le 13/07/05) = *amor à primeira vista*

coup de fouet "ce qui hâte une affaire" Comment vous comportez-vous face au café, réputé pour donner un *coup de fouet*? Vous enchaînez café sur café jusqu'au moment de partir à votre réunion. (www.e-sante.fr/fr/tests_sante/etes_vous_bien_prepare_e_pour_reunion_marathon-112-quizz.htm; accès le 13/07/05) = Ø *empurrãozinho; estimulada*

coup de grâce "coup qui achève quelqu'un en mettant fin à ses souffrances" Cette chute est-elle le *coup de grâce*? (...) La Yam agonise, elle vient de se tordre la colonne vertébrale - le cadre a méchamment reçu. (motoplanete.com/bol-d-or-2004/choc-element.php; accès le 13/07/05) = *golpe de misericórdia*

coup de Jarnac "mauvais tour joué à quelqu'un" D'accord pour l'Union mais pas les yeux fermés!! La CARPIMKO serait-elle en train de nous préparer un *coup de Jarnac*?? (www.fni.fr/ Magic_Npds.php?Extention=viewthread&tid=243; accès le 13/07/05) = Ø *golpe traiçoeiro*

coup de jeune "actualisation, rajeunissement" Le *coup de jeune* des véhicules historiques. Les autos les plus filmées, les plus photographiées n'étaient pas, hier matin, celles que l'on croit. (www.midilibre.com/actuv2/article.php?num=1120932183&aveyron; accès le 13/07/05) = Ø *renovada*

coup de main "aide accordée à quelqu'un à l'impromptu" On pourra peut-être te donner un *coup de main* si tu nous disais ce que tu veux! Tu demandes des exemples. Mais des exemples de quoi?! (www.bladi.net/modules/newbb/sujet-48774-5-demande-coup-de-main.html; accès le 13/07/05) = Ø *mãozinha*

coup de maître (tour de force) "action qui dénote grande habileté" Née en 1967 de la volonté de principales banques françaises, elle fut parfois boudée à l'origine par les commerçants et longtemps diffusée auprès d'une petite élite de porteurs. Son *coup de maître* fut la démocratisation grâce à la mise en oeuvre de l'interbancarité en 1984. (www.cherche-midi.com/Fr/catalogue/fichelivre.asp?id=947; accès le http://64.233.179.104/search?q=cache:vgTyp2CZdSwJ:www.cherche-midi.com/Fr/catalogue/fichelivre.asp%3Fid%3D947+%27%27coup+de+ma%C3%AEtre%22&hl=fr27/12/05) = *golpe de mestre*

coup de pied de l'âne "attaque lâche à quelqu'un qui est hors d'état de se défendre" Ils disent à mi-voix que ce *coup de pied de l'âne* à l'Europe ne pouvait venir que d'une France "décalée", de plus en plus "différente". (www.lepoint.fr/europe/document.html?did=163625; accès le 13/07/05) = Ø *rasteira*

coup de poignard "tout ce qui peut blesser, offenser d'une manière profonde" Le 21 janvier 1962 Joël Cormeral employé blessé d'un *coup de poignard*. Un obus explose dans une boucherie, il fait cinq morts dont Melle Andrée Zammit. (www.bartolini.fr/bone/titre_rubrique/listes%20de%20victimes/victimes-bone.html; accès le 13/07/05) = Ø *punhalada*

coup de poignard dans le dos "manière d'agir déloyal, traître" Une fois encore, la journée a été effroyable pour François Lefort et un ultime *coup de poignard dans le dos* a eu raison de ses dernières forces. (www.lemonde.fr/web/imprimer_element/0,40-0@2-3226,50-665367,0.html; accès le 13/07/05) = *punhalada nas costas*

coup de vieux "vieillissement subite, obsolescence" Ces jeunes là dans leur garage en train de fabriquer les machines du futur, vont finir par nous quitter. L'informatique va prendre un bon *coup de vieux*. (odr.mon-blog.org/index.php/2005/02/27/3933-jef-raskin-est-mort; accès le 13/07/05) = Ø *depreciação*

coup d'envoi "action réalisée pour engager le début de quelque chose" Le 3 février, le Premier ministre donne le *coup d'envoi* de cette réforme des retraites qui est absolument essentielle pour notre pays. (www.maire-info.com/articles/archive.asp?param=2652; accès le 13/07/05) = *ponta-pé inicial*

coup d'épée dans l'eau "effort inutile" Combien de fois je me suis dit qu'il fallait que j'arrête ou surtout que je modère ma conso mais autant de *coup d'épée dans l'eau*. (www.atoute.org/n/forum/archive/index.php/t-1646.html; accès le 13/07/05) = *murro em ponta de faca*

coup dur (sale coup (pour la fanfare) "situation difficile et décevante" *Coup dur* pour les restaurateurs. Les restaurateurs français hésitent entre déception, colère et consternation. (www.radiofrance.fr/reportage/ laune/?rid=255000056&arch=1; accès le 23/02/06) = *golpe duro*

couper court "terminer hâtivement un entretien ou un écrit" Il fallait *couper court*, il l'a fait, et ceux qui le jugent doivent le faire, en s'inspirant des raisons qu'il aura avancé à cet effet. (www.comores-online.com/mwezinet/ histoire/nestpasoilihiste.htm; accès le 13/07/05) = *ser curto e grosso*

couper dans le vif (tailler dans le vif) "utiliser des moyens très énergiques" Du moment où l'Administration avouait que le jury académique ne valait rien, il lui fallait *couper dans le vif*, détruire l'institution (...) (www.cahiers-naturalistes.com/Salons/20-12-68a.html; accès le 22/05/05) = Ø *ser drástico*

couper la parole "interrompre quelqu'un" Bon, je suis obligé de lui *couper la parole à* ce poivrot, je ne peux quand même pas le laisser vous dire tout de suite ce qu'il vient de voir. (fguyot.club.fr/Histoires/Le_poivrot.htm; accès le 13/07/05) = *cortar a palavra*

couper la poire en deux "adopter un moyen terme" Ouais, je crois que j'peux *couper la poire en deux* (...) Douze et demi pour cent pour moi (...) Remarque, c'est pas moi qu'aie eu l'idée du braquage hein. (perso.wanadoo.fr/murmures/autres.htm; accès le 13/07/05) = Ø *dividir lucros e prejuízos*

couper le cordon "devenir adulte, autonome" Il faut *couper le cordon* avec le politique: le coordonnateur est un technicien, qui doit penser politique; ce qui n'est pas la même chose. (www.clspd-ffsu.org/clspd/ thematique_texte.aspx?idrub=5&id=43; accès le 13/07/05) = *cortar o cordão (umbilical)*

couper les cheveux en quatre "se perdre dans les subtilités, raffiner à l'extrême" Où le héros prétend que lui et son amie font la connaissance d'un drôle de zigoto qui n'hésite pas à *couper les cheveux en quatre*... (pserve.club.fr/feuillechap7.htm; accès le 13/07/05) = [*ficar bordando*]

couper le sifflet "mettre quelqu'un dans l'impossibilité de s'exprimer, en présentant des preuves irréfutables" Et puis question liberté d'expression t'es pas mal non plus, tu essayes de *couper le sifflet* à tous ceux qui ne sont pas d'accord avec toi (...) (forum.m6.fr/ftopic24476-25.php& sid=c3a587aaccac45c81c16b069a35a9678; accès le 13/07/05) = *tapar a boca*

couper les cheveux en quatre "se perdre dans les subtilités, raffiner à l'extrême" Où le héros prétend que lui et son amie font la connaissance d'un drôle de zigoto qui n'hésite pas à *couper les cheveux en quatre* (...) (pserve.club.fr/feuillechap7.htm; accès le 13/07/05) = *preocupar-se com minúcias*

couper les ponts (rompre les ponts) "interrompre toute relation avec quelqu'un ou quelque chose" José a alors décidé de *couper les ponts* définitivement avec sa famille. "Aujourd'hui, je suis orphelin, ma famille c'est celle que j'ai créé". (www.casediscute.com/2001/95_belle_famille/invites/invites.shtml; accès le 05/05/05) = *cortar os laços*

couper l'herbe sous le pied (savonner la planche) "empêcher quelqu'un de réussir dans une entreprise, le supplanter" Avec cette façon de faire une politique libérale tout en restant de gauche, il a pu au pays du gazon *couper l'herbe sous le pied à* toute opposition. (christopher.mon-blog.org/index.php/?2005/05/05; accès le 13/07/05) = *dar uma rasteira; passar a perna; passar pra trás; puxar o tapete*

coup fourré "attaque perfide portée et reçue en même temps par chacun des deux adversaires" Espérant que ce genre de *coup fourré* ne se renouvellera pas, nous vous prions de croire, Monsieur le Directeur, à nos sentiments attristés. (www.ap15.com/lettredu15_221.htm; accès le 13/07/05) = *chumbo trocado*

coup monté "action ourdie, manigancée contre quelqu'un" Mais tout cela n'était qu'un *coup monté* par le vieil homme qui, grâce à la complicité d'Ellen, souhaitait piéger son cupide neveux. (www.bandedessinee.fr/bd/bleu_ lezard_l_alliance_du_crocodile. html; accès le 13/07/05) = Ø *armação*

courber la tête (baisser la tête; baisser son froc; courber l' échine; plier l'échine) "se soumettre avec résignation, ne pas réagir" Les pauvres n'ont d'autre solution que de *courber la tête* pour recevoir leur part de l'aide internationale, distribuée selon le bon vouloir du dictateur. (www.herodote.net/19910117.htm; accès le 13/07/05) = *abaixar a cabeça; enfiar o rabo entre as pernas* [vulgaire]*; pôr o rabo entre as pernas* [vulgaire]

courber l'échine (baisser la tête; baisser son froc; courber la tête; plier l'échine) "se soumettre avec résignation, ne pas réagir" Et selon lui, "dès lors, il n'y a que deux alternatives: ou on *courbe l'échine* ou on confirme notre désaccord. Nous choisissons la seconde solution". (www.radiofrance.fr/reportage/ laune/?rid=140000029&arch= 1; accès le 03/01/06) = *abaixar a cabeça; enfiar o rabo entre as pernas* [vulgaire]*; pôr o rabo entre as pernas* [vulgaire]

courir après "chercher à atteindre, à obtenir une chose par tous les moyens" Je ne veux plus *courir après* mes rêves Qui me fuient et m'achèvent, Je ne veux plus de ces combats, Je veux m'arrêter là. (gotika1989.skyblog.com/; accès le 13/07/05) = *correr atrás*

courir la gueuse "fréquenter les prostituées" "Je vais *courir la gueuse*". "Il est inconvenant de fréquenter les putes. Tu m'en donnes la moitié, juste et tu me culbutes". (perso.wanadoo.fr/poesierotique/ChansBrassens02.html; accès le 13/07/05) = Ø *ir pra zona*

course contre la montre "activité effrénée, lutte opiniâtre contre la fuite du temps" Aujourd'hui, c'est une véritable *course contre la montre* qui se joue entre les médecins et la maladie. Les traitements progressent, mais le cancer aussi. (www.surlering.com/ article.php/id/3697; accès le 13/07/05) = *corrida contra o relógio*

courte vue "façon bornée, peu perspicace d'analyser les choses" Mais, dans une lettre ouverte aux maires de France, il leur demande de résister à d'éventuelles pressions d'"intérêts à *courte vue*". (www.maire-info.com/articles/ archive.asp? param=4413; accès le 28/07/05) = *de visão estreita*

cousu de fil blanc "peu élaboré, grossier" C'est gravement triste, pitoyable, et c'est aussi *cousu de fil blanc*, je me demande si notre système des médias ne va pas s'effondrer sur lui-même. (www.humains-associes.org/forum/loftstory/messages/ 358.html; accès le 13/07/05) = Ø *mal acabado*

cousu d'or "très riche" Tandis que le train du Havre déverse sa cargaison d'étrangers de toute provenance dont un brésilien *cousu d'or* qui s'apprête à en dépenser une bonne partie. (membres.lycos.fr/andros/o/vparis.htm; accès le 13/07/05) = Ø *cheio da grana; cheio do tutu; podre de rico*

coûter cher "imposer de lourds sacrifices à quelqu'un, lui provoquer de graves inconvénients" C'est le moment d'ouvrir son esprit, et non de rester prisonnier de celui-ci. Les illusions sur la valeur personnelle peuvent *coûter cher*. Il faut comprendre sa contribution réelle dans ce qu'on fait, sans nous perdre dans une dévalorisation ou survalorisation. (mabrouka.hautetfort.com/archive/2005/11; accès le 31/12/05) = *custar caro*

cracher au bassinet "donner de l'argent à contre-cœur" Je ne vois pas pourquoi on s'emmerderait à dire des choses qui tiennent debout alors qu'il y a toujours des tocards pour *cracher au bassinet*. (leuco-site.net/PROMO/ap/eve.htm; accès le 14/07/05) = *enfiar a mão no bolso*

cracher dans la soupe "critiquer vivement ce qui permet de vivre, assure la subsistance" Depuis le 1er janvier, voilà une remontée qui m'est sympathique. On pourra toujours regretter des temps plus anciens, mais, il ne faut pas *cracher dans la soupe*. Et puis mieux vaut une remontée tranquille, j'allai dire sereine, qu'un feu de paille. (www.boursorama.com/forum/message.phtml?symbole=1rPCA &id_message=334960296; accès le 31/12/05) = *cuspir no prato em que comeu*

cracher en l'air "proférer une malédiction qui peut arriver dans l'avenir avec soi-même" On m'a toujours dit de ne pas injurier Dieu, car *cracher en l'air* vous retombe toujours dessus. (blog.france3.fr/Uneautrequemoi/index.php/2005/05/26/1341-larnaque-du-millenaire-au-moins; accès le 18/03/06) = *cuspir pra cima*

cracher son venin "critiquer" Son éditorialiste en profite pour *cracher son venin* sur une gauche que visiblement elle n'aime pas et accuse de tous les maux de la terre. (bonvol.chez.tiscali.fr/coupgueul/2002.htm/; accès le 14/07/05) = *destilar seu veneno*

crâne d'oeuf (tête d'oeuf) "très intelligent" [souvent ironique] C'est donc avec ces quatres nouvelles images que le célèbre *crâne d'oeuf* nous montre tout son savoir. (www.xboxsite.be/Informations/ News/?News_ID=1738&Page=; accès le 07/06/05) = Ø *cabeça; crânio*

créer un climat "favoriser une certaine atmosphère morale" Elle préfère s'efforcer de *créer un climat* positif et un milieu attrayant pour les transactions et les investissements. (www.est-emb.fr/lang_8/rub_563/rub2_2367; accès le 19/06/05) = *criar um clima*

crêpage de chignon "violente altercation entre deux personnes" *Crêpage de chignon* à "Sex and the City". Copines dans "Sex and the City", les actrices de la série s'ignorent dans la vraie vie. (www.telestar.fr/tele/telestar.nsf/ warticles/9096EFE0B487DA6CC 1256A940044ABA7; accès le 14/07/05) = Ø *arranca-rabo*

creuser (se) la tête (creuser (se) la cervelle) "réfléchir beaucoup pour essayer de résoudre un problème" Bravo pour ce site, tres complet, et de quoi *se creuser la tête!* Une exellente idée aussi a part d'avoir crée ce site, c'est d'avoir fait un concours! Bonne continuation, et je vais y participer! (www.mots-de-tete.com/menu-haut/livredor/livredor.php3; accès le 31/12/05) = *fundir a cuca; quebrar a cabeça*

crever l'abcès (prendre le mal à la racine; vider l'abcès) "détruire la cause de quelque chose et l'empêcher de se reproduire" [cultivé; surtout dans les domaines politique ou administratif] Au-delà du retour très médiatisé sur une scène inhabituelle pour lui, la déposition de J2M doit permettre en principe de *crever l'abcès* sur la folle inflation des rémunérations. L'idée étant pour le législateur de savoir raison garder et de ne plus décorréler les salaires des PDG des résultats de leurs sociétés. (www.lexpansion.com/actualite_economique/l_assemblee_ausculte_les_salaires_des_patrons.htm; accès le 31/12/05) = *cortar o mal pela raiz*

crever la dalle (tirer la langue; tirer le diable par la queue) "vivre dans le besoin, avec très peu de ressources" Et être de gauche n'est pas synonyme de pauvre. C'est pas parce qu'on est de gauche qu'on doit *crever la dalle*! La réussite appartient a tout le monde. (www.comlive.net/sujet-78442-new.html; accès le 31/12/05) = [*não ter um gato pra puxar pelo rabo*]

crever la gueule ouverte "mourir sans aucune assistance, privé de secours" Ils ont bien fait puisque maintenant Tony Blair se propose de les laisser super tranquilles dans leur coin à *crever la gueule ouverte*. (paupolette.blog.lemonde.fr/ paupolette/2005/07/et_pendant_ce_t.html; accès le 14/07/05) = Ø *morrer à míngua*

cri du coeur "voix intérieure puissante, traduisant spontanément une opinion sincère, un élan de l'âme" Le poète aurait pu commencer son poème par le *cri du coeur*. (ahaggar.cybersahara.com/articles. php?l=content/articles/colo.fr.inc; accès le 14/07/05) = *voz do coração*

crier dans le désert (prêcher dans le désert) "parler à qui ne veut pas entendre" "J'ai tant de fois eu l'espoir de servir la cause afghane et tant de fois eu l'impression de *crier dans le désert*", confie t-il dans son dernier livre. (www.cyberscopie.info/pages/art_sources/art34_sources.html; accès le 14/07/05) = *pregar no deserto*

crier misère (pleurer misère) "se plaindre" Hier les patrons des transports routiers font semblant de *crier misère;* le gouvernement fait diligence et cède à leurs exigences. (www.lutte-ouvriere-journal.org/ article.php?LO=1739&ARTICLE=14; accès le 14/07/05) = *chorar miséria; chorar as pitangas*

crier sur les toits "divulguer, répandre quelque chose à tout le monde" Ben c'est normal de garder les rush secret je trouve, je veux dire je vais aller le *crier sur les toits* que je rush, il y a déjà eu des mauvaises surprises. (w-game.net/miniBB/1_2240_0.html; accès le 14/07/05) = *gritar aos quatro cantos; botar a boca no mundo; botar a boca no trombone*

crier victoire (vendre la peau de l'ours avant de l'avoir tué) "se prévaloir bruyamment d'un succès encore peu assuré" Toutefois, Remésy sait qu'il ne faut pas *crier victoire* trop tôt. Surtout sur un parcours comme l'Albatros qui ne permet aucune erreur. (sports.lefigaro.fr/article_ golf_deux_francais_sinon_rien_2995.html; accès le 14/07/05) = *cantar vitória; contar com o ovo dentro da galinha*

croiser (se) les bras (tourner (se) les pouces) "ne rien faire, être dans l'oisivité" S'ils *croisent les bras*, le monde s'arrêtera. Les travailleurs sont plus puissants les mains dans les poches que tous les capitalistes. (increvablesanarchistes.org/articles/etranger/Iww.htm; accès le 16/05/05) =*cruzar os braços*

cuver son vin "dissiper son ivresse en se reposant au lit, en dormant" Le lendemain, l'âne s'était volatilisé et le bon Clément ronflait, la tête dans le crottin. Sans doute n'avait il pas fini de *cuver son vin*. (www.vosges-traditions.com/conte_sotre.htm; accès le 14/07/05) = [*cozinhar o porre*]

d | D

dans de beaux draps "dans une situation embarrassante" Ça alors, eh bien, nous sommes *dans de beaux draps*! Qu'allons-nous faire? Qu'allons-nous en découdre! Qu'allons-nous prendre! Nous sommes perdus! (www.sasi.fr/kapistrel/04Contes/Serge_RESTOG/417Unecampagne. htm; accès le 21/05/05) = *em maus lençóis*

dans la boue (dans la mélasse) "dans une situation fâcheuse" De même qu'une personne dont l'esprit est "*dans la boue*" vivra conformément à ses pensées, ceux qui "ont les tendances de l'Esprit" vivront en harmonie avec ce qu'Il révèle. (www.unpoissondansle.net/homo/ebh6.php?d=; accès le 08/08/05) = *na lama*

dans la dèche (à la nage; au bout du rouleau; au trente-sixième dessous; aux abois; dans la mouise; dans la panade; dans le pétrin; sur la paille) "dans une situation pénible, dans la misère" Vous pensez bien, si Suez, qui est *dans la dèche* financière et surendetté, achète ces actions en ce moment, c'est sûrement par esprit charitable (...) (www.globenet.org/aitec/reg/actualites/CNR/cnr16.html; accès le 15/06/05) = *na lona; na pindaíba; na pior; na rua da amargura; na sarjeta; no fundo do poço; no sufoco*

dans la dernière ligne droite "dans la dernière étape pour arriver à ses fins" L'harmonisation européenne de l'évaluation de la réaction au feu des produits de construction entre *dans la dernière ligne droite*. (www.cstb.fr/dos_presse/fichiers/DP52_10_00_RTF.rtf; accès le 22/05/05) = *na reta final*

dans la fleur de l'âge "dans la jeunesse" Mais pour tous la douleur est terrible lorsqu'on voit partir impuissants tous ceux que l'on aime sans pouvoir les aider! En particulier les jeunes enfants, adolescents et jeunes filles arrachés *dans la fleur de l'âge*. (membres.lycos.fr/historel/ moyenage/14e/peste.html; accès le 21/05/05) = *à flor da idade*

dans la force de l'âge "dans la maturité" Le lion est le plus grand et le plus puissant des carnivores d'Afrique; un lion *dans la force de l'âge* est un spectacle impressionnant. (www2.ac-toulouse.fr/col-jmoulin-toulouse/ 4c298/felins/felins07.htm; accès le 21/05/05) = Ø *na idade madura*

dans la foulée "immédiatement après" Plusieurs autres sociétés ont été créées *dans la foulée* dont Ilog, en 1987, qui est aujourd'hui cotée au Nasdaq et à Euronext. (www.inria.fr/actualites/inedit/inedit49_actu.fr.html; accès le 21/05/05) = *no vácuo*

dans la mélasse (dans la boue) "dans une situation fâcheuse" Il se retrouve emprisonné et c'est en revisitant son passé qu'il découvrira le nom de celui qui l'a plongé *dans la mélasse*. (www.mauvaisgenres.com/iain_banks.htm; accès le 15/06/05) = *na lama*

dans la merde jusqu'au cou "dans une situation inextricable" Elle éclata en sanglots et se mit à rire en même temps, car au fond c'était drôle: *Dans la merde jusqu'au cou*, c'est le cas de le dire. (remould.club.fr/e0init.htm; accès le 21/05/05) = *atolado até o pescoço*

dans la mouise (à la nage; au bout du rouleau; au trente-sixième dessous; aux abois; dans la dèche; dans la panade; dans le pétrin; sur la paille) "dans une situation pénible, dans la misère" Louis est *dans la mouise*... Son logeur ne veut plus entendre parler d'un nouveau report de loyer et brandit la menace de l'expulsion. (www.bandedessinee.fr/bd/louis_ferchot_le_fusil.html; accès le 15/06/05) = *na lona; na pindaíba; na pior; na rua da amargura; na sarjeta; no fundo do poço; no sufoco*

dans la panade (à la nage; au bout du rouleau; au trente-sixième dessous; aux abois; dans la dèche; dans la mouise; dans le pétrin; sur la paille) "dans une situation pénible, dans la misère" La faiblesse du dollar, le coût des billets d'avion qui augmentent et l'économie américaine *dans la panade* y sont pour beaucoup. (www.mathurin.com/article1066.html; accès le 15/06/05) = *na lona; na pindaíba; na pior; na rua da amargura; na sarjeta; no fundo do poço; no sufoco*

dans le bain "dans une affaire compromettante, difficile ou dangereuse" Franchement, pour être *dans le bain* depuis 6 mois, j'te dis que Le Crazy Horse c'est pas terrible... Pas très bien payé en plus. (www.novaplanet.com/forums/viewtopic.php?id=7722; accès le 09/09/05) = *numa fria*

dans le cirage (à coté de ses pompes) "dans une sorte de léthargie, sans raisonner normalement, sous l'effet d'un choc, une maladie etc" Quelques heures après l'opération, quand l'infortuné Rachid se réveille, il est encore *dans le cirage.* (www.rigoler.com/newsletter/ archives/rigoler2002_04_18.phtml; accès le 09/09/05) = *fora de órbita; fora do ar*

dans le creux de la vague (au creux de la vague; dans une mauvaise passe) "au plus bas de son succès, de sa réussite" Ceci étant, si Tatiana est en super forme et qu'une autre, a contrario, est un peu *dans le creux de la vague*, je n'hésiterai pas à l'intégrer. (www.top-tennis.com/articles/avril/3-1.htm; accès le 15/06/05) = Ø *numa fase ruim*

dans le feu de l'action "dans le moment où les émotions sont intenses" [cultivé] Il reste le souvenir de ces jours glorieux, où, *dans le feu de l'action* nous fabriquions, jour après jour, le tissu de l'histoire. (viergedelagarde.free.fr/ choix/histo/bataille/bataille.htm; accès le 22/05/05) = *no calor do momento*

dans le fond "tout bien considéré, en dernière analyse" Je commence à penser que je, *dans le fond*, je l'avais peut-être bien mérité. Il est vrai que ces derniers temps j'avais vraiment été infecté avec lui. (disciplinedomestique.online.fr/vosrecits/fondecran.php; accès le 22/05/05) = *no fundo*

dans le pétrin (à la nage; au bout du rouleau; au trente-sixième dessous; aux abois; dans la dèche; dans la mouise; dans la panade; sur la paille) "dans une situation pénible, dans la misère" Ces compagnies que je ne nommerai pas ont fermé avant l'impression et du coup je suis *dans le pétrin* financièrement, mais j'ai toujours trouvé un moyen de m'en sortir. (www.roliste.com/bio.jsp?id=1768; accès le 15/06/05) = *na lona; na pindaíba; na pior; na rua da amargura; na sarjeta; no fundo do poço; no sufoco*

dans le plus simple appareil "dans l'état de nudité, qui est dépouillé de tous ses vêtements" Je me rapproche, espérant la surprendre en pleine séance de bronzage sur le pont, *dans le plus simple appareil* (...) (www.nwt.fr/amnesty-loire-ocean/tduboisai/nouvellespreced.html; accès le 22/05/05) = *em pêlo*

dans les bras de Morphée "dans le sommeil" [cultivé] Sabine a le plaisir de converser avec chacun et ce n'est qu'après les douze coups de minuit qu'elle nous abandonnera *dans les bras de Morphée.* (www.sudradio.fr/public/ sr/html/fr/programmes/progsem.php; accès le 22/05/05) = *nos braços de Morfeu*

dans les fers (derrière les barreaux) "en prison" Et puis même si ces lois étaient appliquées, ne croyez-vous pas que la condition d'esclave spolie de sa propre vie celui qui *est dans les fers*? (www.site-magister.com/txtarg2b.htm; accès le 19/09/05) = *atrás das grades*

dans les grandes largeurs "largemente, entièrement" Mais comme je l'ai dit dans un autre fil, on se moque de nous *dans les grandes largeurs* dans cette affaire. (www.aquabase.org/forum/view.php3?f=2&mid=273175; accès le 15/09/05) = Ø *amplamente; em grande escala*

dans le sillage de "en suivant la pensée, les atitudes de quelqu'un" Évoluant dès lors *dans le sillage de* ceux qui forment bientôt le " Groupe des Six ", il cherche à obtenir une commande. (www.cndp.fr/balletrusse/portraits/poulenc.htm; accès le 22/05/05) = Ø *nas pegadas de*

dans les pommes "évanoui" Pourquoi m'avoir assommée, pourquoi je suis attachée et que j'ai les yeux bandés, où on est, et ça fait combien de temps que je suis *dans les pommes*? (perso.wanadoo.fr/badestiny/fanfics/whoareyoureally.html; accès le 22/05/05) = Ø *sem sentidos*

dans le tuyau de l'oreille "à voix basse et en secret" En douce, les prolos de l'usine se glisseront le mot d'ordre *dans le tuyau de l'oreille:* "Hé, les copains, on sabotte (...), faut aller piano, piano! (...)" (kropot.free.fr/Pouget-Sabottage.htm; accès le 22/05/05) = *ao pé do ouvido*

dans tous ses états "dans un état d'agitation extrême" Flip et ses copains conduisent en état d'ivresse et renversent la petite Hélène. Fonzie est *dans tous ses états.* (perso.wanadoo.fr/paco.oliva/saison10.html; accès le 22/05/05) = Ø *em polvorosa*

dans une bonne passe "dans une période où les circonstances sont particulièrement favorables" Lorient est *dans une bonne passe* et commence à gagner les duels en milieu de terrain. (www.sports.fr/fr/football/d2/2003/0/directsuite3.html; accès le 22/05/05) = Ø *numa fase boa*

dans une mauvaise passe (au creux de la vague; dans le creux de la vague) "dans une période où les circonstances sont particulièrement défavorables" Deuxièment, la conférence est intervenue dans un contexte où les économies occidentales se retrouvaient *dans une mauvaise passe.* (www.lesnouvelles.org/P10_magazine/16_analyse02/16051_ilwaadnuur.html; accès le 10/09/05) = Ø *numa fase ruim*

d'arrache-pied "tout de suite et avec un acharnement ininterrompu" Cette nouvelle formation se remet au travail *d'arrache-pied* et à l'occasion de montrer ce qu'elle sait faire à Metz le 23 septembre 2001. (membres.lycos.fr/badriot/destin.html; accès le 22/05/05) = *de sol a sol*

de bas étage "de condition médiocre et de moralité douteuse; de mauvais goût ou de piètre qualité" Dès le début du film le ton est lancé: ce film est nul! L'humour est *de bas étage* et souvent dégoulinant. (www.allocine.fr/film/critique_gen_cfilm=23460 &affpress=&affpub=1&page=14.html; accès le 22/05/05) = Ø *de baixo nível*

de bazar (à la graisse de hérisson; à la flan; à la mords-moi le noeud; au rabais; bas de gamme; de bouts de ficelle; de quatre sous) "de peu de valeur" En tant que théorie notre téléologie *de bazar* nous semble avoir beaucoup plus de valeur que la physique, les mathématiques et le marxisme réunis. (www.teleologie.org/OT/ deboard/2054.html; accès le 13/09/05) = *de meia-pataca; de meia-tigela*

déblayer le terrain (poser des jalons) "atténuer les difficultés avant d'aborder l'essentiel d'une question" Il faut leur *déblayer le terrain*, les débarrasser des questions secondaires, leur soumettre les points cruciaux, leur proposer des solutions à choisir. (www.diplomatie.gouv.fr/mae/missions/fr/action/ negociation.html; accès le 10/ 09/05) = *preparar o terreno*

de bon aloi "de bonne qualité intrinsèque" Une excitation légère, pour profiter de la peau, de l'odeur, de la chaleur, de façon très sensuelle, pour piquer un peu son impatience, est *de bon aloi*. (membres.lycos.fr/lecarpediem/fellation.htm; accès le 22/05/05) = Ø *muito bom*

de bon coeur (de grand coeur; de tout coeur) "avec la meilleure volonté" Quand il t'a donné cet argent, il te l'a donné *de bon coeur*. (forums.voila.fr/read_message.php?idmessage= 563952&idsection=864; accès le 10/09/05) = *de coração* [2]; *de coração aberto*

de bonne composition "facile de faire faire ce que l'on veut" Heureusement que sa femme est *de bonne composition*! Elle est sa première lectrice et lui laisse toute la liberté qu'il souhaite. (perso.wanadoo.fr/calounet/ biographies/ouaknine_ biographie.htm; accès le 22/05/05) = Ø *de gênio bom*

de bonne famille "de famille honnête, bien considérée" Ici repose une demoiselle *de bonne famille*. Chaque fois qu'elle se trouvait en société, il fallait qu'elle parle de son talent de chanteuse (...) (www.chez.com/feeclochette/Andersen/ humeur.html; accès le 02/10/05) = *de família*

de bonne heure "tôt ou avant l'heure fixée, l'époque habituelle, l'âge normal" [..] Je suis plutôt contre, j'ai un fils qui a eu 3 ans fin décembre, il est donc rentré à l'école à 32 mois et déjà je trouve que c'est *de bonne heure!* (www.maman.fr/ maman/Online/sondagejour.php3?ID=22&page=15 &source=; accès le 22/05/05) = Ø *antes da hora; bem cedo*

de bon poil "de bonne humeur" J'aime bien les journées où je fais de bonnes affaires, ça me met tout de suite *de bon poil*! (www.20six.fr/ModernMonkey/ weblogCategory/ 3grhochsi4ix; accès le 22/05/05) = [*de boa lua*]??

de bon ton "conforme au bon goût, raffiné" L'humour des serveurs n'est pas toujours *de bon ton* (un peu lourds à mon goût) si jamais ils ne tirent pas la tronche! Dommage, vraiment dommage. (www.fra.webcity.fr/restaurants_bordeaux/le-cafe-maritime_75384/Avis-Lieu; accès le 22/05/05) = Ø *de bom-tom*

de bouche à oreille "sans intermédiaire" Le résultat d'un bon marketing *de bouche à oreille*, c'est que toute personne qui est au parlé n'a qu'une seule envie, celle de parler de votre entreprise. (www.microsoft.com/france/entrepreneur/Produits/FichesPratiques/LeMarketingDeBoucheA OreilleAvecPublisher.mspx; accès le 12/09/05) = Ø *no boca-a-boca*

de bouts de ficelle (à la graisse de hérisson; à la flan; à la mords-moi le noeud; au rabais; bas de gamme; de bazar; de quatre sous) "de peu de valeur" Plus personne n'utilisait des moyens pareils, des agendas *de bouts de ficelle*, pour gérer sa journée. (www.legrandsoir.info/article.php3?id_ article= 1967; accès le 13/09/05) = *de meia-pataca; de meia-tigela*

de bric et de broc "constitué d'éléments de nature diverse et de toute provenance" (...) Où ont élu domicile une poignée d'anars, vivant dans de vieilles caravanes et des cabanons *de bric et de broc*, à l'existence plus ou moins légale. (www.lonelyplanet. fr/article/weekend/index.php?article=camargue; accès le 22/05/05) = *como uma colcha de retalho* [v. *colcha de retalho*]

de but en blanc "directement, sans préparation, brusquement" Quelle est la question que personne n'a jamais osée te poser *de but en blanc*? (www.infrarouge.fr/interviews/treil.html; accès le 22/05/05) = Ø *de chofre; de supetão*

de chair et de sang (de chair et d'os) "réel, sensible" Pourtant, ces êtres fantastiques ne sont pas des fantômes, mais de véritables êtres *de chair et de sang* possédant des émotions et une famille. (membres.lycos.fr/payper007/animdragon.html; accès le 23/05/05) = *de carne e osso*

de chair et d'os (de chair et de sang) "réel, sensible" Toutefois, quand ils ne parviennent pas à cette attitude, ils leur devient nécessaire d'avoir un roi *de chair et d'os*. (www.loubavitch.fr/pages/sidra.asp; accès le 13/09/05) = *de carne e osso*

déchirer à belles dents (casser du sucre sur le dos; descendre en flammes; renvoyer dans les cordes) "calomnier quelqu'un, lui faire de sévères critiques" Loin de s'agenouiller devant le maître de Rome, il le *déchire à belles dents*. (quintus.horatius.free.fr/jym/odes_1/O_I_12.htm; accès le 09/05/05) = *baixar o par; baixar o sarrafo; descer a lenha; descer o pau; meter a boca; meter a lenha; meter o pau*

déchirer le coeur (fendre l'âme; fendre le coeur; percer le coeur) "exciter la compassion" Tout en éprouvant une peine à *déchirer le cœur*, et en dépit de cela, l'entourage se doit d'aider et de soulager ceux qui ont subi cette si grande perte. (www.lamed.fr/kaddich/etapes.asp; accès le 03/03/06) = *cortar o coração; partir o coração*

de cocagne "d'un air de fête, agréable, facile et abondant" Aux saveurs *de cocagne*, spécialités gastronomiques du Tarn et de Midi-Pyrénées. Produits fins et produits fermiers du terroir. (saveurs.de.cocagne.free.fr; accès le 23/05/05) = Ø *paradisíaco*

de coeur "doté de grandes qualités de cœur" [après *homme, femme, gens*] La lutte pour l'équité est une composante de la vie chrétienne, mais, en même temps, le chrétien est un homme *de coeur*: Sa présence va aux plus pauvres. (catho92.bois-colombes.cef.fr/homelie3.htm; accès le 23/05/05) = *de bom coração; de coração* [1]

de connaissance "bien connu" Les passages étaient très fréquentés et en cas de pluie soudaine on était sûr d'y rencontrer quelqu'un *de connaissance*. (www.remydegourmont.org/esprit_de_rg/pqr.htm; accès le 13/09/05) = Ø *bem conhecido*

décrocher la lune "vouloir faire même l'impossible au nom de l'amour" Je suis un romantique et je pourrais *décrocher la lune* pour celle que j'aime. (www.telestar.fr/tele/telestar.nsf/ warticles/47B50A349B49509EC1256A54004F9D22; accès le 23/05/05) = *dar o céu*

décrocher la timbale (décrocher le pompon) "obtenir un objet convoité, un résultat important" Finalement, le plus jeune des avocats *décroche la timbale*, et son associé vient aux nouvelles: - Alors, dis-moi comment ça s'est passé? (www.xxltv.fr/chaine/histoire/histoire.asp?page=106; accès le 23/05/05) = Ø *conseguir o prêmio*

décrocher le pompon (décrocher la timbale) "obtenir un objet convoité, un résultat important" S'il peut produire le même jeu d'ici mai prochain, Monaco ne sera pas loin de *décrocher le pompon*. (www.footpro.fr/ligue1/detail_article_ligue1.asp?id=2326; accès le 13/09/05) = Ø *conseguir o prêmio*

de cuisine "de mauvaise qualité" [placé *après une langue étrangère*] Les participants venus de 23 pays différents et assis côte à côte dans les tribunes discutent technique dans un anglais *de cuisine*. (www.liberation.fr/page.php?Article=321275; accès le 14/09/05) = Ø *macarrônico*

de derrière les fagots "de bonne qualité, admirable" Conserves-tu pour les soirées d'hiver une solution *de derrière les fagots* en ce qui concerne l'immortalité? Peut-on croire en Dieu et être ton ami? (hermaphrodite.fr/article696; accès le 23/05/05) = *de se tirar o chapéu*

de droite et de gauche "de tous côtés" La boule monte, descend, va *de droite et de gauche*, revient en arrière, tout en continuant à voler élégamment dans les airs. (www.magix.fr/tours/rubriques_tours/ zone15_levitation_tours.htm; accès le 23/05/05) = Ø *de tudo quanto é lado*

de façade "qui n'a que l'apparence de la réalité" C'est pourquoi il a été décidé de maintenir une démocratie *de façade*, et de déplacer le pouvoir réel vers de nouveaux centres. (perso.wanadoo.fr/metasystems/Topics2.html; accès le 23/05/05) = *de fachada*

défaut de la cuirasse "le point sensible, le point vulnérable" En somme, le principal *défaut de la cuirasse* reste, pour l'un comme pour l'autre, le poids de l'inconnu à ce stade de la compétition. (www.humanite.presse.fr/ journal/1991-05-29/1991-05-29-468516; accès le 23/05/05) = Ø *ponto vulnerável*

défenseur de la veuve et de l'orphelin "ce qui se met au service des malheureux, des opprimés" Ce dernier est également un fervent *défenseur de la veuve et de l'orphelin* puisqu'il attaquera les ennemis tel un vrai chien policier. (www.jeuxvideo.fr/html/news/news_6004.htm; accès le 23/05/05) = *defensor dos fracos e oprimidos; defensor dos pobres e oprimidos*

de fil en aiguille "de propos en propos, par le jeu naturel des associations d'idées ou de l'enchaînement des faits" Poussé par une curiosité instructive, il s'est penché, *de fil en aiguille*, sur bien d'autres généalogies que celle de sa famille! (www.senior planet.fr/articles-famille.18.html; accès le 23/05/05) = Ø *de um assunto pro outro*

de fond en comble "entièrement, complètement" Je viens d'avoir un nouveau pc et je veux le tester *de fond en comble*! (forum.hardware.fr/hardwarefr/Hardware/quels-logiciels-bench-sujet-505141-1.htm; accès le 23/05/05) = *de cabo a rabo*

de fortune "improvisé, réalisé à la hâte et avec ce dont on dispose" La réparation est *de fortune* mais semble réellement solide: en retendant maintenant complètement la roue nous arrivons même à la dévoiler un peu! (carnetsvoyages.free.fr/bolivie2.html; accès le 23/05/05) = Ø *improvisado*

défrayer la chronique "occuper le centre des propos, des conversations" Si des animaux comme "Dolly" ou "Marguerite" *ont défrayé la chronique*, ils sont pourtant les survivants d'une hécatombe quelque peu ignorée. (www.inapg.inra.fr/ensrech/bio/biotech/textes/techniqu/clonage/clonage4.htm; accès le 23/05/05) = Ø *ser o centro das atenções*

dégourdir (se) les jambes "marcher pour prendre un peu d'exercice" On aperçoit parfois la silhouette imposante d'un patient qui se dirige vers la salle d'attente ou vers sa chambre, après s'être *dégourdi les jambes*. (mcsinfo.u-strasbg.fr/article.php?article_id=5070&cPath=10; accès le 23/05/05) = *desenferrujar as pernas*

de grand coeur (de bon coeur; de tout coeur) "avec la meilleure volonté" Il y eut un long silence. - Je les réclame tous, dit enfin le Sauvage. Mustapha Menier haussa les épaules. - On vous les offre *de grand coeur*, dit-il. (membres.lycos.fr/extraits livres/newpage4.html; accès le 23/05/05) = *de coração* [2]; *de coração aberto*

de guerre lasse "en abandonnant toute résistance" Je connais des gens qui plutôt que de se mettre en conformité avec la nouvelle loi ont préféré rendre leurs armes *de guerre lasse*. (mapage.noos.fr/afmr/france/france2b.htm; accès le 24/05/05) = Ø *já sem resistência*

de haut rang (de haute volée; de haut vol) "de haute condition, de grande importance" Le nouveau Parlement était constitué de barons mais également d'ecclésiastiques *de haut rang* et de représentants des grandes villes. (helmous.club.fr/Dossiers/MoyAge/Epoque/Feodal.htm; accès le 24/05/05) = Ø *de grande importância; do alto escalão*

de haut vol (de haute volée; de haut rang) "de haute condition, de grande importance" A ne pas confondre avec l'intérim dans le domaine du secrétariat, le management intérimaire est réservé aux managers *de haut vol*. (www.latribune.fr/Dossiers/focusemploi.nsf/DocsWeb/IDC1256F5F00539D03C125701C002C1EEF?OpenDocument; accès le 14/09/05) = Ø *de grande importância; do alto escalão*

de haute volée (de haut rang; de haut vol) "de haute condition, de grande importance" Colloque *de haute volée* au Sénat français en pleine commémoration du génocide. (www.liaison-rwanda.com /article10427.html; accès le 24/05/05) = Ø *de grande importância; do alto escalão*

de haute lutte "après grands efforts" (...) Mais ces conditions de détention, nous les avons gagnées *de haute lutte*. Les prisonnières ont en effet multiplié les grèves de la faim. (www.monde-diplomatique.fr/1999/01/DELTEIL/11500.html; accès le 24/05/05) = Ø *com muita luta*

de justesse "de très peu" Les Lions Indomptables l'emportent *de justesse* sur les Lions de la Teranga. (www.rfi.fr/actufr/articles/062/foot_33920.asp; accès le 14/09/05) = *por um triz*

de la cave au grenier "partout" On les entendait courir *de la cave au grenier*, s'appeler de leurs voix graves et discordantes, mener dans toutes les chambres un affreux remue-ménage. (membres.lycos.fr/adicorpusangelus/ Celte/(Celte)korrigan.htm; accès le 24/05/05) = Ø *por todos os cantos da casa*

de la même eau (de la même étoffe; du même tabac; du même tonneau) "de la même nature" Puritains et libérés sont *de la même eau*. Les uns cachent, les autres exhibent. Mais pour les uns comme pour les autres, il s'agit de se débarrasser de ça. (www.mag-paris.org/magazette/magazette-38/l-origine-du-monde-246.html; accès le 14/09/05) = *do mesmo barro; do mesmo estofo; farinha do mesmo saco; vinho da mesma pipa*

de la même étoffe (de la même eau; du même tabac; du même tonneau) "de la même nature" (...) Le fils n'était pas fait *de la même étoffe* que son père. Pas d'ambition: il n'irait pas loin. (perso.wanadoo.fr/mondalire/equimonde.htm; accès le 24/05/05) = *do mesmo barro; do mesmo estofo; farinha do mesmo saco; vinho da mesma pipa*

de la plus belle eau "le plus pur, sans impuretés ni corps étrangers" Drôle de guerre des étoiles, où l'irrationnel *de la plus belle eau* est enrôlé dans un combat sans merci contre l'hydre du libéralisme. (www.lefigaro.fr/europe/20050422.FIG0264.html; accès le 24/05/05) = Ø *da mais pura fonte*

de long en large "en allant et en venant dans tous les sens" Mano va *de long en large* entre les deux files et entonne le chant d'affirmation abe galo qui est tout de suite repris par les soldats. (www.vjf.cnrs.fr/lms/sf/R3b.htm; accès le 24/05/05) = Ø *de um lado para outro*

de longue haleine "qui demande de la persévérance dans le temps et l'effort" L'accord du 20 septembre 2003 ouvre un chantier *de longue haleine*, celui du droit effectif à la connaissance pour tous les salariés. (www.droit-individuel-formation.fr/article.php3?id_article=19; accès le 24/05/05) = *de (muito) fôlego*

de longue main "après beaucoup de temps et travail" Il fallait enfin organiser la garde des condamnés et jeter *de longue main* les premiers fondements d'une vaste institution pénitentiaire et coloniale.(gmarchal.free.fr/Le%20Bagne%20de%20Guyane/Rapport%20sur%20les%20differents% 20convois.htm; accès le 24/05/05) = Ø *de longa data*

de main de maître "d'une manière magistrale, avec une grande habileté" Un connaisseur ayant dit qu'ils étaient peints *de main de maître*, on les restaura. (www.hattemer.fr/Noel_contes/ Conte_Andersen_chacun_chaque_chose_place.htm; accès le 24/05/05) = *com mãos de mestre*

demander la main de "demander quelqu'un en mariage" Mon Roi, je vous *demande la main de* votre fille. (artic.ac-besancon.fr/arachnoe/ eliminatoires/gradus/ lelivresecret.htm; accès le 24/05/05) = *pedir a mão de*

demander la parole "demander le droit de parler" Le demandeur peut *demander la parole* et répondre aux propos du défendeur, mais la parole doit revenir en dernier au défendeur, s'il la redemande. (membres.lycos.fr/malatesta/ droit/defendre/ plaidoir/plaidoir.htm; accès le 24/05/05) = *pedir a palavra*

de marque 1. "de qualité garantie" [concernant des produits] L'interdiction a été ajoutée au règlement d'un établissement. À l'école, pas d'habits *de marque* (...) (www.ouest-france.fr/ofinfosgene.asp?idDOC= 248005&idCLA=3636; accès le 14/ 09/05) = *de marca* **2.** "de qualité, éminent" [s'applique à une personne] Au 6ème tour, la course perdait un acteur *de marque* en la personne de Louis Bureau, trahi par un élément de transmission. (ffsa.iside.net/printArticle.php?id=1420; accès le 24/05/05) = *de peso*

de mauvais aloi "peu important" Sans condition particulière pour raison d'économie *de mauvais aloi*, ce versement devrait se monter, au total, à 24 millions d'euros. (www.humanite.fr/journal/2004-05-08/2004-05-08-393340; accès le 24/05/05) = Ø *de menor importância*

de mauvais poil "de mauvaise humeur" Ce matin je suis *de mauvais poil*. J'aurais vraiment mieux fait de rester dans mon lit. (missnina.hautetfort.com/archive/2005/ 07/18/ce_matin_je_ suis_de_mauvais_poil.html; accès le 14/09/05) = [*de má lua*]

de mauvais ton "mal poli conforme au bon goût, pas raffiné" Nous avons développé le thème de la politesse, du savoir-vivre et des comportements de bon ou *de mauvais ton* dans nos pays réciproques. (www.ac-rouen.fr/lycees/monet/allemand/ deutsch4.html; accès le 24/05/05) = Ø *indelicado*

démêler l'écheveau "débrouiller une affaire compliquée" On éprouve la joie d'un chercheur, d'un détective qui découvre des indices oubliés, et qui peu à peu *démêle l'écheveau* compliqué de cette histoire. (www.allocine.fr/communaute/ forum/message_gen_nofil=237230&cfilm=28682&cpersonne=&car ticle=&am; accès le 24/05/05) = *desatar o nó*

de même acabit (de même calibre) "de la même valeur" [souvent péjoratif] Dans la première technique, l'expérimentateur explique aux témoins, placés face à un test *de même acabit* que le premier, la logique du test. (www2.cnrs.fr/presse/ journal/1411.htm; accès le 24/05/05) = *do mesmo calibre; do mesmo naipe*

de même calibre (de même acabit) "de la même valeur" Mais la prochaine fois que tu nous sors ce genre de sondage, tâche de mettre des concurentes *de même calibre* plus ou moins. (www.forum-moto.com/sqlforum/section30/sujet 251745.htm; accès le 24/05/05) = *do mesmo calibre; do mesmo naipe*

démon de midi "exacerbation sentimentale et sexuelle qui se manifeste chez les êtres humains, vers le milieu de leur vie" [en particulier chez les hommes] J'aurais pu être plus prosaïque pour aborder le sujet du *démon de midi*, cette crise de la quarantaine que je ne vais pas tarder à aborder. (standblog.org/blog/2004/09/05/93113652-changement-dherbage-rejouit-les-veaux; accès le 24/05/05) = *idade do lobo*

démontrer par A + B "prouver par des arguments logiques" Certains baissent les armes plus rapidement, c'est tout. Et d'autres acceptent de s'avouer vaincus quand on leur *démontre par a+b* qu'ils ont tort. (kupo.free.fr/home.php?start=350; accès le 24/05/05) = *provar por A mais B*

dénominateur commun "élément commun à des choses, des personnes différentes" Leur *dénominateur commun?* Tous oeuvrent par leur action à la préservation et à la promotion de la diversité de notre planète. (www.planetexperiences.com/partenaire.htm; accès le 24/05/05) = *denominador comum*

de pair avec "être sur un pied d'égalité avec quelqu'un ou quelque chose" La fausseté de son jugement va *de pair avec* une intelligence normale. La pensée logique est perturbée par la méfiance, l'orgueil et la subjectivité. (www.doctissimo.fr/html/sante/encyclopedie/sa_1006_ personnalites_ pathologiques.htm; accès le 24/05/05) = *no mesmo pé*

de par le monde "quelque part dans le monde" Mais, contrairement à la formule 1, qui possède des circuits *de par le monde,* nous ne disposons pas de pistes permanentes de descente. (www.lemonde.fr/web/article/ 0,1-0@2-3242,36-648430@51-648523,0.html; accès le 24/05/05) = Ø *em qualquer lugar do mundo*

de parole "qui respecte ses engagements" [après un nom] Homme *de parole* et d'honneur, son pays passe avant tout: il aime sa patrie et sert son roi sans jamais servir ses intérêts. (www.jeandebonnot.fr/bayard.htm; accès le 24/05/05) = *de palavra*

de père en fils "d'une génération à l'autre" Chez les Gaetano, on travaille la pizza *de père en fils.* Le nom de l'enseigne est connu, car ici la cuisine tient sa réputation. (www.fra.webcity.fr/restaurants_toulon/ pizzeria-gaetano-fils_62745/Profil-Lieu; accès le 24/05/05) = *de pai para filho*

de pied en cap "complètement, tout à fait" Désormais, le célèbre chausseur habille ses clients *de pied en cap.* (www.lexpansion.com/art/6.0.114328.0.html; accès le 14/09/05) = Ø *dos pés à cabeça*

de pied ferme "sans crainte" Après avoir été fan assez longtemps de Brice de Nice, j'attendais *de pied ferme* ce film, mais on se retrouve assez vite dans la gadou. (www.allocine.fr/film/critiquepublic_ gen_cfilm=56143&note=1.html; accès le 24/05/05) = *de pé firme*

de plein fouet "carrément" Les matières premières subissent *de plein fouet* l'effet de l'ouragan. (www.lesechos.fr/info/rew_industrie/4309379.htm; accès le 14/09/05) = *em cheio*

de plus belle "encore plus fort" La polémique continue donc *de plus belle,* et l'on ne connaît à celle-ci nulle réponse plus appropriée que celle de l'intéressé lui-même (...) (www.lemonde.fr/web/article/0,1-0@2-3246,36-353747,0.html; accès le 24/05/05) = Ø *com força total*

déposer son bilan "se déclarer en cessation de paiement" Quand une entreprise vient *déposer son bilan* devant le tribunal de commerce, théoriquement tout est fait pour éviter les réactions en chaîne. (www.lentreprise.fr/article/6.2828.1.363.html; accès le 24/05/05) = Ø *abrir falência*

de premier ordre "important, remarquable" Je ne connais pas de moraliste qui soit poète *de premier ordre*. (www.cavi.univ-paris3.fr/phalese/ MaldororHtml/lexique/ ordre.htm; accès le 24/05/05) = *de primeira ordem*

de premier plan "d'excellente qualité" J'ai la conviction que la France sera un acteur *de premier plan* de cette nouvelle révolution économique et technologique qui s'amorce. (www.parti-socialiste.fr/tic/discours_03021998.php; accès le 24/05/05) = *de primeira linha; de primeiro nível*

de première main 1. "(savoir quelque chose) d'avance" Les réponses constituent un témoignage *de première main* sur la vie lycéenne et sur les changements que souhaitent les élèves. (www.education.gouv.fr/magazine/1998/1/consulta.htm; accès le 24/05/05) = *em primeira mão* **2.** "(acquis) directement à la source, sans intermédiaire" "Véhicule *de première main*": Le véhicule a été acheté neuf et n'a connu qu'un seul conducteur principal. (www.gmf.fr/pages/editorial/ prosp_edito_fiche_1_4_g.html; accès le 14/09/05) = *de primeira mão*

de près ou de loin "de quelque manière, plus ou moins" Cette liste francophone est réservée aux gens concernés - *de près ou de loin* - par des troubles du sommeil. (www.medicalistes.org/sommeil; accès le 14/09/05) = Ø *de uma maneira ou de outra; por pouco que seja*

de prix "qui vaut cher" Le marché actuel ouvre aux femmes la possibilité d'acheter (ou de se faire offrir) à la fois des bijoux fantaisie et des bijoux *de prix*. (terrain.revues.org/document3230.html; accès le 14/09/05) = Ø *de valor*

depuis que le monde est monde "depuis toujours" *Depuis que le monde est m*onde, les civilisations humaines ont présenté deux groupes sociaux bien distincts: les exploiteurs et les exploités. (membres.lycos.fr/quelibre/prison_niee/numero_0/; accès le 24/05/05) = *desde que o mundo é mundo*

de quatre sous (à la graisse de hérisson; à la flan; à la mords-moi le noeud; au rabais; bas de gamme; de bazar; de bouts de ficelle) "de peu de valeur" Cette campagne avec ses 28 listes en France a surtout été marquée par l'absence de programme aussi bien à gauche qu'à droite entre les conneries socialo-égalitaristes et les rêveries du libéralisme *de quatre sous*, nous avions de quoi sourire de malheur ou pleurer de rage. (www.penseurs.org/ home/politique.php3?id_article=724; accès le 14/09/05) = *de meia-pataca; de meia-tigela*

de quel bois je me chauffe "(montrer, savoir) les qualités, les sentiments, les habitudes selon lesquelles on vit, agit" Sacré baron! Tu sauras *de quel bois je me chauffe*, en trouvant un matin ta fille déshonorée (...) (lolita.unice.fr/~brunet/BALZAC/Sp/ Sp325632.htm; accès le 24/05/05) = *com quantos paus se faz uma canoa*

dernier cri "ce qu'il y a de plus actuel" Pinocchio le robot est née en 1998, de la volonté de croiser un mythe de la littérature du XIXe siècle, avec le *dernier cri* de la technologie numérique. (cinema9.neuf.fr/film/fichefilm_gen_cfilm=58041.html; accès le 24/05/05) = *última moda; última palavra* [2]

dernier mot "réponse définitive; dernière ressource" Pour savoir qui aura le *dernier mot* de l'homme instruit ou des paysans crédules, rendez-vous au théâtre de la Sinne à la fin du mois. (gorgibusetcie.free.fr/Pressbook.htm; accès le 24/05/05) = *última palavra* [1]

dernier salon où l'on cause "lieu (généralement à la mode, parfois inattendu) où l'on se rencontre pour bavarder" Zoom sur un endroit où les relations humaines sont particulièrement privilégiées: c'est le salon de coiffure, le *dernier salon où l'on cause!* (education.france5.fr/dicodes metiers/W00401/4/113911.cfm; accès le 24/05/05) = [*local do burburinho*]; *Ø lugar da moda; point*

dernier sommeil "mort, repos éternel" Près des miens, jusqu'au jour du grand réveil, je dormirai comme en un lit tranquille, mon dernier rêve et mon *dernier sommeil*. (poesie.webnet.fr/poemes/Canada/beauchemin/10.html; accès le 24/05/05) = *sono eterno; último sono*

dernière carte (dernière cartouche) "dernière ressource" La grève de la faim est l'arme des désespérées, c'est la *dernière carte*. Je dois à ma fille ce dernier combat même s'il restait sans résultat (...) (1libertaire.free.fr/Serenade01.html; accès le 14/09/05) = *última cartada*

dernière cartouche (dernière carte) "dernière ressource" Brandir l'horreur économique est la *dernière cartouche* du gouvernement pour forcer la main aux Français, pour les pousser à voter "oui" ou à s'abstenir le 29 mai. (www.humanite.presse.fr/journal/2005-05-20/2005-05-20-634679; accès le 14/09/05) = *última cartada*

dernière demeure "le tombeau, le cimetière" Saint Ysicius, évêque de Grenoble, donne la dernière communion à saint Érige. Le saint est conduit à *sa dernière demeure* par un boeuf et un ours. (www.culture.gouv.fr/culture/medieval/francais/a-zooma1.htm; accès le 24/05/05) = *última morada*

dernière heure "derniers moments avant la mort" Malgré cette déception, le marché a remonté dans la *dernière heure*. (www.latribune.fr/News/News.nsf/0/C12570010072D892C1257000005A0CC9?OpenDocument; accès le 24/05/05) = *últimos momentos; último sono*

derrière le dos de "secrètement ou hypocritement" Tom est choqué de ce que Lynette lui raconte. Tous deux trouvent Alisa adorable et méprisent Dennis d'être si méchant *derrière le dos de* la pauvre femme. (mpmedia2.free.fr/episodes/117.html; accès le 24/05/05) = *nas costas de*

derrière les barreaux (dans les fers) "en prison" A 67 ans, Lucien Léger, condamné dans les années 60 pour le meurtre d'un enfant, a passé 41 années de sa vie *derrière les barreaux*. (up.news.tf1.fr/news/france/0,,3215666,00.html; accès le 24/05/05) = *atrás das grades*

descendre au tombeau (casser sa pipe; passer l'arme à gauche) "mourir" L'ignorance est une mort anticipée pour ceux qui y sont plongés, leurs corps sont des tombeaux avant de *descendre au tombeau*. (generationadlania.free.fr/index.php; accès le 24/05/05) = *bater as botas; comer capim pela raiz; comer grama pela raiz; descer ao túmulo; esticar as canelas; ir desta para melhor; passar desta para melhor; vestir o pijama de madeira; virar presunto*

descendre dans la rue (battre le pavé) "participer à une manifestation, protester" Les "marketers" doivent *descendre dans la rue*. Le style de la rue et de la culture jeunesse sont des tendances qui doivent être empruntées et adoptées. (www.ac-versailles.fr/pedagogi/ecogest/creg_travaux/mercatique/street_ marketing/ street_marketing.htm; accès le 24/05/05) = *ir às ruas*

descendre en flammes (casser du sucre sur le dos; déchirer à belles dents; renvoyer dans les cordes) "calomnier quelqu'un, lui faire de sévères critiques" On n'est pas utile à grand-chose lorsqu'on *descend* un film *en flammes*. (www.liberation.fr/ cinema/archives/critique/991025actu.html; accès le 14/09/05) = *baixar o par; baixar o sarrafo; descer a lenha; meter a boca; meter a lenha; meter o pau*

descendre la pente "déchoir socialement, sombrer moralement" "J'*ai descendu la pente* tu sais, autrefois, on me demandait: Madame prendra-t-elle la Rolls ou la Mercedes ce matin?" (perso.normandnet.fr/jpbarrau/Madame%20X.html; accès le 24/05/05) = *descer ao fundo do poço*

de second ordre "d'importance ou qualité moyenne" L'empereur tranche seul, même les affaires *de second ordre*. Le caractère dictatorial du régime ne fait alors plus de doute. (www.memo.fr/articleRoute.asp?ID=PER_MOD_090; accès le 24/ 05/05) = *de segunda ordem*

de ses propres deniers "avec son argent" Celui qui par erreur a payé la dette d'autrui *de ses propres deniers* a, bien que non subrogé aux droits du créancier, un recours contre le débiteur. (www.courdecassation.fr/_BICC/530a539/537/cour/ cass537.htm; accès le 24/05/05) = *com o próprio bolso*

des hauts et des bas "des alternances de bon et de mauvais état concernant la santé, l'humeur, les affaires..." D'un point de vue historique, le prix des écrans à cristaux liquides a connu *des hauts et des bas* au gré de l'offre et de la demande. (www.eetimes.fr/ at/news/showArticle.jhtml?articleID=26800114; accès le 24/05/05) = *altos e baixos*

des mille et des cents "beaucoup, une grande somme" Du coup, c'est l'investissement qui est soupçonné de traîner la patte, alors même que les entreprises gagnent *des mille et des cents*. (www.lesechos.fr/info/rew_france/4266738.htm; accès le 24/05/05) = *rios de dinheiro*

dès potron-minet "à la pointe du jour, de bon matin" *Dès potron-minet* ils sont à pied d'œuvre pour arracher les pétales et en remplir leur sac qui sera déversé dans les distillateurs. (www.arri.fr/cahiers/cahier9/cahier9-2.html; accès le 24/05/05) = [*desde o cantar do galo*]

dessus du panier "personnes considérées comme les meilleures, les plus remarquables d'un groupe, d'une communauté" Lui et Lestrade sont le *dessus du panier*, ce qui ne veut pas dire qu'ils valent grand-chose! (www.sshf.com/ index.php3?dir=fr/holmeso&file=h_police; accès le 14/09/05) = Ø *a nata*

de taille (de marque [2]) "très grand, très important" Avant de diriger le bureau d'études du Renault F1 Team, le directeur technique de l'équipe a œuvré sur un projet *de taille*: le record du monde de vitesse! (www.renaultf1.com/fr/team/people/bell/index.php?news=tcm:4-37327; accès le 14/09/05) = *de peso*

déterrer la hache de guerre "ouvrir les hostilités" Qui peut croire sérieusement que les Indiens ne sauraient que crier, tuer, scalper, voler, fumer le calumet et *déterrer la hache de guerre*? (perso.wanadoo.fr/aetius/amerika/Sioux1.htm0; accès le 24/05/05) = [*abaixar a bandeira branca*]

de tête "par coeur" [après des verbes comme *dire, parler, savoir*] Je veux bien te répondre mais il faudrait me dire lesquels ils te manquent car je n'arrive pas à tous les dire *de tête*... (www.jeuxvideo.fr/html/forum/aff_sujet.php?forumid=50002&sujid=66379&act=1; accès le 24/05/05) = *de cabeça*

de tous les diables (du diable) "extrême, excessif" Et en plus, il se pourrait bien qu'on ait un vent *de tous les diables!* Mais heureusement, il paraît que le beau temps reviendra dès que l'expo sera terminée. (www.lapanse.com/pages/archive_blog/2004_05_02_archive_blog.htm; accès le 14/09/05) = *de todos os diabos*

de tout coeur (de bon coeur; de grand coeur) "avec la maeilleure volonté" Bien que je ne serve pas à grand chose pour le moment si je peux faire quelque chose, ce sera *de tout coeur* notamment pour les enfants. (secouristes_asie.blog.lemonde.fr/secouristes_asie/2005/01/on_se_rend_comp.html; accès le 24/05/05) = *de coração* [2]; *de coração aberto*

de tout [tous] poil[s] "de toute espèce, de toute sorte" Des enigmes *de tous poils*, renouvellées au fur et à mesure. Elucidez les énigmes et gagnez l'admiration de tous! (www.aceboard.fr/?rub=annuaire& l=fr&cat=2&subcat=30&p=21; accès le 24/05/05) = Ø *de todo tipo*

deuxième couteau (second couteau) "personnage de second plan" En cas de refus ou d'échec, c'est le *deuxième couteau* qui sera montré du doigt, et non les industries américaines. Ce n'est pas de la maffia, mais presque (...) (www.echosmouche.com/article.php3?id_article=519; accès le 14/09/05) = Ø *figura de segundo escalão*

deux poids et deux mesures "deux manières de jugement selon l' occasion" Il y a *deux poids et deux mesures* et messieurs les fonctionnaires devraient bien s'appliquer à eux mêmes ce qu'ils exigent des contribuables. (forums.lefigaro.fr/.../message.asp?forumid=32&messageid=281300&threadid=281300& parentid=4; accès le 24/05/05) = *dois pesos e duas medidas*

de vieille souche "de famille très ancienne" Mon voisin lui, *de vieille souche* française n'a pas eu ces problèmes, les racines de sa souche sont tellement vieilles qu'elles ont prises le ver. (perso.wanadoo.fr/black.polar/chronique15.htm; accès le 24/05/05) = Ø *quatrocentão*

dévorer des yeux "regarder avec un intérêt intense, convoitise ou indignation" Il faudra donc se contenter de *dévorer des yeux* le chevreuil et son méli-mélo de figue, de mirabelle, de raisin et d'oignon glacé! (campus.france2.fr/campus_cettesemaine.php3?id_rubrique=22; accès le 24/05/05) = *devorar com os olhos*

dialogue de sourds "conversation où tous se refusent à écouter le point de vue de l'autre" C'est pourquoi il faut cesser le "*dialogue de sourds*" pour laisser place à une réelle coopération. Il en va de la cohésion de notre pays. (www.senat.fr/presidence/forum_ville.html; accès le 24/05/05) = *conversa de surdos*

dindon de la farce "la victime dans une affaire en même temps que l'objet de la risée publique" De plus en plus d'écoles préfèrent en effet "vendre" une formation généraliste. Une mode que stigmatise la Commission des titres d'ingénieurs: "La dérive généraliste, c'est le plus grand danger qui menace nos écoles", assure Louis Castex, son président. Car *le dindon de la farce*, au final, c'est l'étudiant. (www.lepoint.fr/management/1635/document.html?did=140886; accès le 24/05/05) = *bobo da corte*

dire amen "exprimer l'adhésion, le consentement" Je ne suis pas pour *dire amen* à tout ce que ferait le gouvernement. Si le Parti socialiste veut jouer ce rôle, je lui laisse. (www.humanite.fr/journal/1999-10-11/1999-10-11-297445; accès le 24/05/05) = *dizer amém*

dire deux mots (apprendre à vivre; faire une scène; passer un savon; prendre à partie; remonter les bretelles; sonner les cloches) "réprimander quelqu'un" Dis-moi qui te fait des misères, que j'aille lui *dire deux mots*. (www.volcreole.com/forum/impression-21142.html; accès le 24/05/05) = *chamar na chincha; dar uma dura; mostrar com quantos paus se faz uma canoa; puxar as orelhas*

dire son fait "dire franchement et sans ménagement à quelqu'un ce qu'on pense de lui, de sa conduite (répréhensible)" Il aurait été bien inutile de *dire son fait à* cette dame, car elle n'aurait rien compris. (forums.voila.fr/read_message.php?idmessage=20442&idsection=1687; accès le 24/05/05) = *dizer umas verdades*

discuter le coup "s'entretenir librement, bavarder" On restait là à traîner, à *discuter le coup*; même que la mère Victor nous a dit... (www.lettres.ac-aix-marseille.fr/reponses/defi11bis.htm; accès le 24/05/05) = Ø *bater um papo*

disparaître dans la nature (prendre la poudre d'escampette) "être dans un lieu inconnu" Pendant que l'on fait le plein, l'homme *disparaît dans la nature*, abandonnant le bizarre véhicule. (sfmag.net/article.php3?id_ article=802; accès le 22/05/05) = *desaparecer no ar; tomar chá de sumiço*

disparaître de la circulation (être dans la nature [1]) "n'être plus vu" (...) Le frère est devenu prêtre, et Bibi a *disparu de la circulation*. (theoblast.free.fr/annees/an033/a033m07j23.html; accès le 24/05/05) = *não dar mais sinal de vida* [v. *dar sinal de vida*]

donnant-donnant "en ne donnant pas une chose sans en recevoir une autre" Je vous préviens que je montre tout et que c'est du *donnant-donnant*, donc vous aussi vous montrez quelque chose!!! (forum.doctissimo.fr/doctissimo/ados-sexo/Je-suis-chaude-pour-plan-CAM-MSN-avec-nana-sujet-158833-1.htm; accès le 24/05/05) = *toma lá, dá cá*

donner (se) à fond "tout à fait, entièrement, jusqu'au bout" D'ailleurs, la principale caractéristique de Y. est l'excès, il se *donne à fond* dans tout ce qu'il fait ou alors il ne bougera pas d'un poil. (www.20six.fr/kazavelas/ archive/2005/02/24/ cjcnhkpqqrug.htm; accès le 24/05/05) = *ir a fundo; ir fundo*

donner à pleines mains "donner avec générosité" Je serais heureuse de la voir au Cayla, et de rendre un peu de ce qu' elle me *donne à pleines mains*, tendresses, amitiés, tout ce que le coeur donne. (gallica.bnf.fr/Fonds_textes/T0088583.htm; accès le 24/05/05) = *abrir a mão*

donner corps "donner à quelque chose forme ou consistance; la matérialiser; la concrétiser" Il *donne corps à* ses émotions et à ses angoisses, à ses croyances et à ses désirs. En renonçant à son enveloppe, il se modèle un corps à son image. (delirium.lejournal.free.fr/le_corps_desire.htm; accès le 24/05/05) = *dar corpo*

donner cours "accréditer une nouvelle, une rumeur" Ne vous imaginez pas que j'aye dessein de *donner cours* à une nouvelle opinion, au desavantage de la nouveauté, et au prejudice des paraphrases. (gallica.bnf.fr/Fonds_textes/ T0087454.htm; accès le 24/05/05) = Ø *dar crédito*

donner (se) de l'air "se libérer de certaines contraintes" Lyon, indéboulonnable leader, file vers son quatrième titre. Derrière, Strasbourg *se donne de l'air* alors que Paris s'enfonce encore un peu plus. (sport24.fr/dis1.asp; accès le 14/09/ 05) = *dar uma respirada*

donner (se) du bon temps "se permettre profiter pleinement" Ensuite quand je suis venu à Paris pour cette télé de merde, Apostrophes, nous avons passé une semaine à aller de bar en bar, à *nous donner du bon temps.* (perso.wanadoo.fr/ resister/hankfrmain.htm; accès le 24/05/05) = Ø *curtir*

donner du fil à retordre "causer des ennuis, des embarras; créer des difficultés" J'espère que vous n'avez pas pris cela comme une attaque de ma part, essayant de vous *donner du fil à retordre* dans votre nouveau travail. (www.ryzom.fr/forum/ printthread.php?t=14145; accès le 24/05/05) = [*deixar um abacaxi*]

donner (se) du mal "faire de grands efforts" Il aurait pu commander chez le traiteur, mais il pensait, naïvement, que le fait de *se donner du mal* à préparer lui même le repas, pourrait toucher sa mère. (www.1000nouvelles.com/Anthony/ femmeideale.html; accès le 14/09/05) = Ø *esfalfar-se*

donner (se) du mouvement "s'employer fortement à" Je voudrais à tout prix être belle et *donner du mouvement* une représentation à la hauteur de ce moment. Au fond, je prends la pose. (www.normandie-magazine.fr/NM_mag142.stm; accès le 24/05/05) = Ø *empenhar-se em*

donner du temps au temps "être patient; laisser venir les choses quand elles sont mûres" Les paysans savent *donner du temps au temps*: pour une vache laitière, il faut deux ans et demi. On n'a pas tout tout de suite. (catholique-saint-etienne.cef.fr/ 12temporaire/fm433mondeagricole.htm; accès le 24/05/05) = *dar tempo ao tempo*

donner froid dans le dos "causer une vive émotion, le plus souvent la peur" Tout cela commençait à me *donner froid dans le dos.* Le film fini, nous allâmes nous coucher. Je laissai le singe dans le salon. (membres.lycos.fr/ecrirecfantastic/2005/peluche.html; accès le 24/05/05) = *dar frio na espinha*

donner le bourdon "provoquer la mélancolie" La poésie de l'architecture industrielle est plus difficile d'abord, il n'ya pas de cigales et le ciel bas peut bien sûr *donner le bourdon*. (awalis.blog.lemonde.fr/awalis; accès le 24/05/05) = *pôr pra baixo*

donner le jour (mettre au monde) "donner (la) vie à quelqu'un, faire naître quelque chose" Au contraire, les progrès sur la sémantique du multimedia et la lemmatisation pourraient *donner le jour* prochainement à de nouvelles méthodes. (...) (www.revue-referencement.com/ encours/referencement_et_semantique.htm; accès le 07/11/04) = *dar à luz; trazer à luz; trazer ao mundo*

donner le la (donner le ton) "déterminer la conduite à suivre" Son rôle est de représenter et promouvoir l'activité du conseil, défendre les intérêts de ses membres, *donner le "LA"* de la profession. (www.forumduconseil.ccip.fr/index.asp?idmetapage=204; accès le 24/05/05) = *dar o tom*

donner le ton (donner le la) "déterminer la conduite à suivre" L'ensemble du marché pèse au total 50 milliards de dollars par an. Philips entend donc y "*donner le ton*". "Dans les trois à quatre années à venir, nous espérons dégager un chiffre d'affaires de 700 millions à un milliard d'euros", souligne Kleisterlee. (http://www.zdnet.fr/actualites/informatique/0,39040745,39178573,00.htm; accès le 14/09/05) = *dar o tom*

donner l'exemple "exemplifiquer" Alors moi je pense que toute l'éducation n'incombe pas seulement aux mamans, et que le papa se doit de *donner l'exemple* sur ce qu'est le respect dans le couple. (www.maman.fr/maman/Autre/Forum/read.php?f=29&i=16175&t=15854; accès le 24/05/05) = *dar o exemplo*

donner libre cours "laisser s'écouler sans retenue, laisser éclater" Une occasion unique pour l'homme de coexister avec une autre espèce intelligente ou de *donner libre cours* à ses vieux fantômes... (www.amazon.fr/exec/obidos/tg/browse/-/494770; accès le 24/05/05) = *dar vazão*

donner matière (donner prise; prêter le flanc) "donner prétexte, opportunité à des critiques, des attaques" Dans tous les cas, évoquer votre bilan lors d'un entretien d'embauche ne doit pas *donner matière à* digression sur vos motifs personnels. (www.generation-formation.fr/redac/bilan/home_bilan.asp; accès le 24/05/05) = *dar brecha; dar lado; dar margem*

donner prise (donner matière; prêter le flanc) "donner prétexte, opportunité à des critiques, des attaques" Pour être vulnérable, la personne doit être faible, exposée, *donner prise* à une attaque ou susceptible d'être attaquée ou blessée. (perso.wanadoo.fr/cbad/journees/jour3/textes/plan.htm; accès le 24/05/05) = *dar brecha; dar lado; dar margem*

donner sa langue au chat (baisser les bras; baisser pavillon; jeter l'éponge; lever le bras; mettre les pouces) "renoncer à découvrir la clef d'une énigme, d'une charade, etc" L'avenir de nos enfants et de notre village passe par des choix!

Seront-ils faits? On *donne sa langue au chat.* (beninois.free.fr/beninois-2.htm; accès le 24/05/05) = *entregar os pontos; jogar a toalha; pedir água; pedir arrego*

donner sa parole "promettre" Or, comment *donner sa parole* à l'enfant, quand on nous la refuse ainsi, en marquant du sceau de l'impossible, l'énonciation même du désir de sa venue? (membres.lycos.fr/micheline_carrier/sisyphe/article.php3?id_article=217; accès le 24/05/05) = *dar sua palavra*

donner signe de vie "donner des nouvelles" Je suis avec quelqu'un depuis quelques mois et subitement il espace ses appels jusqu'à ne plus *donner signe de vie* depuis 5 jours. (forum.doctissimo.fr/psychologie/celibat/manque-courage-sujet-150663-1.htm; accès le 23/05/05) = *dar sinal de vida*

donner un coup de pied dans la fourmilière "provoquer volontairement une grande agitation, une grande inquiétude" Il a donc choisi de *donner un coup de pied dans la fourmilière* pour crever l'abcès et arriver à une solution chirurgicale. (kountras.magic.fr/index.php?publid=119&articleno=5; accès le 23/05/05) = *mexer em casa de marimbondo*

dorer la pilule "présenter de façon séduisante une chose désagréable" Le coeur sur la main et la tête (qui pense haut et clair) près du bonnet, Richard Bohringer ne *dore la pilule* à personne, surtout pas à lui-même. (www.humanite.presse.fr/journal/1992-03-05/1992-03-05-474257; accès le 23/05/05) = *dourar a pílula*

dormir à poings fermés "dormir très profondément" Pendant ces 6 jours passés ici, nous avons *dormi à poings fermés* et mangé sans soucis digestifs même avec une vaisselle lavée dans l'eau du lac... (terravelo.free.fr/recits/Malaisie/malaisie.htm; accès le 23/05/05) = *dormir como uma pedra*

dormir comme une marmotte (dormir comme um loir) "dormir très longtemps et profondément" Vous veillerez au lait, Christophe, rapport au chat. - Comment, Sylvie, voilà dix heures quart moins, vous m'avez laissée *dormir comme une marmotte!* (www.lyc-hoche-versailles.ac-versailles.fr/cdi/litter/data/ balzac/1perego.htm; accès le 23/05/05) = *dormir a sono solto*

dormir comme un loir (dormir comme une marmotte) "dormir très longtemps et profondément" Lili adore les histoires, qui la font *dormir comme un loir.* (www.croqulivre.asso.fr/spectacles/ theatreasornettes.htm; accès le 13/0905) = *dormir a sono solto*

dormir sur ses deux oreilles "dormir en toute quiétude" Guignol peut *dormir sur ses deux oreilles* place Bellecour. En attendant c'est lui qui fait rentrer les grands plats dans les petits souliers. (perso.wanadoo.fr/vinc.ravanne/accueil/autres_infos/une_histoire/histoire/corps_histoire.html; accès le 23/05/05) = Ø *dormir no silêncio*

dormir sur ses lauriers "se reposer après avoir réussi" De même il est vain de croire qu'il suffit de *dormir sur ses lauriers,* ses connaissances, son métier, pour se mettre à l'abri de l'avenir. (lucien.samir.free.fr/journal/page/mai.html; accès le 23/05/05) = *dormir sobre os louros*

doux comme le miel "qui est empreint de douceur" Ce dernier peut-être le signe d'un vieillissement annoncé, comme l'agréable présage d'un bon vieux rivesaltes ambré *doux comme le miel*. (www.lepoint.fr/vins_guide/document.html?did=92307; accès le 23/05/05) = *doce como mel*

dresser l'oreille "rester attentif" Diane fait observer au maître des dieux que lui-même n'est pas tellement respectueux du qu'en-dira-t-on, et la jalouse Junon *dresse l'oreille*. (membres.lycos.fr/andros/o/orphe.htm; accès le 23/05/05) = *ficar de orelha em pé*

du bon pied (du pied droit) "avec bonne chance ou bonne humeur" C'est prendre les choses comme elles viennent, toujours optimiser et se lever *du bon pied* tous les matins. (perso0.free.fr/cgi-bin/guestbook. pl?login=fancyfullmoon&color=FF99C; accès le 14/04/05) = *com o pé direito*

du bout des dents "à contrecoeur, avec réticence" Ces montagnards caucasiens, qui ne sont musulmans que *du bout des dents*, sont beaucoup plus proches des Arméniens que des Arabes. (www.les4verites.com/articles/Pierre+Lance%20Pierre+Lance-489.html; accès le 23/05/05) = *na marra*

du bout des lèvres "sans conviction ou sincérité" Sa demande a été entendue par la CFDT, un syndicat qui ne s'était rallié que *du bout des lèvres* à la mobilisation générale du 10 mars. (www.rfi.fr/actufr/articles/062/impr/article_34289.asp; accès le 23/05/05) = *da boca pra fora*

du coin de l'oeil "à la dérobée" Vous ébriéterez alors à votre tour vos intimes secrets sans vous soucier ce jour de ce muet confident parfois si éloquent *du coin de l'oeil*. (sampy.club.fr/html/granit.html; accès le 23/05/05) = *de rabo de olho*

du cru de "de ce qui est propre à un individu" On choisit de répéter un grand nombre de fois la simulation, et on détermine ensuite la valeur moyenne (avec un algorithme rusé *du cru de* Richard). (www.eleves.ens.fr/home/julou/york/tricheurs/result1.html; accès le 23/05/05) = *Ø de autoria de*

du diable (de tous les diables) "extrême, excessif" De plus, un bruit *du diable*, une musique assourdissante mêlée aux voix des gens! (www.oubouffer.com/restaurant.php/fr/uz39231; accès le 14/09/05) = *de todos os diabos*

du feu de Dieu (à tout casser [1]; du tonnerre [de Dieu]) "fantastique, formidable" Le site d'Andie, une charmante jeune fille qui a fait un site sur Sakura qui est *du feu de Dieu*, à voir absolument. (mapage.noos.fr/micmurat/liens%20divers.htm; accès le 23/05/05) = *de arrasar; de arrebentar (a boca do balão)*

du jour au lendemain (d'une minute à l'autre) "de façon brusque et souvent irréfléchie; dans un délai très court" "Un patron peut licencier un salarié *du jour au lendemain*... et un salarié peut partir *du jour au lendemain*", explique Nathalie Francisci. (www.lexpress.fr/reussir/dossier/expatrier/dossier.asp?ida= 431067; accès le 23/05/05) = *de uma hora pra outra; do dia pra noite*

du mauvais pied (du pied gauche) "avec malchance ou mauvaise humeur" Depuis quelques semaines, Jacques, 28 ans, avait pris l'habitude de se lever *du mauvais* *pied*. Il s'en voulait d'être irritable à l'égard de Martine [...] (psychologuebraem.free.fr/sexualite.htm; accès le 14/04/05) = *com o pé esquerdo*

du même tabac (de la même eau; de la même étoffe; du même tonneau) "de la même nature" La frontière pour séparer deux territoires a seulement un défaut, mais elle est sérieuse: elle symbolise qu'ils sont *du même tabac*, s'il puis à dire. (lituraterre.free.fr/txts/english.htm; accès le 23/05/05) = *do mesmo barro; do mesmo estofo; farinha do mesmo saco; vinho da mesma pipa*

du même tonneau (de la même eau; de la même étoffe; du même tabac) "de la même nature" [péjoratif] Je pense - cela n'engage que moi et jusqu'à preuve du contraire - que le texte est *du même tonneau* et que l'on est en train de se payer notre tête. (vadeker.club.fr/ipri/sl9_rumeur/critiques_HB_01.htm; accès le 23/05/05) = *do mesmo barro; do mesmo estofo; farinha do mesmo saco; vinho da mesma pipa*

d'une minute à l'autre (du jour au lendemain) "incessamment, dans l'instant qui suit" Je m'autorise un dernier doute en me disant que *d'une minute à l'autre* le moment de vérité sera là et le point de non retour atteint. (marathoninfo.free.fr/amateurs/stephane.htm; accès le 23/05/05) = *de uma hora pra outra; do dia pra noite*

d'une simplicité biblique "très simple à comprendre" Ce que pouvait faire ou non un journaliste de télévision dans les années 1960 était *d'une simplicité biblique*. (www.ina.fr/produits/publications/ da/106/annexes/MarcelTrillat.fr.html; accès le 13/09/05) = [*de uma simplicidade bíblica*]

d'un [seul] jet "sans interruption" Dans ce livre, j'ai tendu à aller de l'avant et à écrire une centaine de pages *d'un seul jet* puis je me suis enlisé dans des révisions. (www.interpc.fr/mapage/westernlands/sontag1fr.html; accès le 23/05/05) = Ø *de uma assentada; de uma só vez*

d'un seul tenant "qui forme avec une ou plusieurs autres surfaces un espace continu" Le texte est *d'un seul tenant*, avec quelques rares anticipations. Pas un seul dialogue en style direct. Parfois, le discours est narrativisé. (www.regards.fr/archives/1999/199907/199907cre09.html; accès le 23/05/05) = Ø *um só corpo*

du pain et des jeux "symboles des deux appétits primaires du peuple: se nourrir et se divertir" [cultivé] (...) Pour satisfaire le peuple qui réclame "*du pain et des jeux*" dans des arènes dont les plus grandes peuvent accueillir jusqu'à 20000 personnes. (perso.wanadoo.fr/jean-francois. mangin/romains/z_jeux.htm; accès le 23/05/05) = *pão e circo*

du pied droit (du bon pied) "avec bonne chance ou bonne humeur" Amir Peretz a démarré *du pied droit* dans sa nouvelle fonction (www.protection-palestine.org/article.php3?id_article=2625); accès le 26/06/08 = *com o pé direito*

du pied gauche (du mauvais pied) "avec malchance ou mauvaise humeur" Se lever *du pied gauche*, c'est pas l'idéal pour voir la vie en rose. (www.moveandbe.com/thema_semaine/bien_etre.html; accès le 05/04/05) = *com o pé esquerdo*

dur à avaler "difficile à croire, à admettre" [relatif à chose] Prévenir les modérateurs en cas d'abus. Tu as raison, c'était plutôt en novembre 2003, mais c'est encore plus *dur à avaler*! (forum.hardware.fr/hardwarefr/HardwarePeripheriques/impression-verdatres-canon-i865-sujet-11330.htm; accès le 23/05/05) = *duro de engolir*

dur à cuire "difficile à admettre" [relatif à personne] Steve est un *dur à cuire*, viré du New York Times après divers scandales retentissants, porté sur la bouteille et les épouses de ses confrères. (www.humanite.presse.fr/ journal/1999-04-21/1999-04-21-288126; accès le 23/05/05) = *carne de pescoço; osso duro de roer*

dur à la détente 1. "avare" C'était un vieillard riche et avare (prétendait-on), *dur à la détente*, c'était le mot... qui s'impose tant de sacrifices de temps, d'argent (...) (www.fille-douai.rencontres-ici.com/ fille/ronde/belle-ronde-dodue.html; accès le 13/ 09/05) = Ø *mão-de-vaca; mão-fechada; pão-duro; unha-de-fome* **2.** "lent à comprendre" Ben aussi est *dur à la détente*. Il faut que ce soit Debbie, puis Vic, qui lui fassent comprendre qu'il n'est qu'un substitut... (www.pinktv.fr/forum/ viewtopic.php?p=34870; accès le 23/05/05) = Ø *difícil de entender*

dur de dur "difficile à convaincre" Sous son air débonnaire, il était pourtant un aventurier sans tatouages, un *dur de dur*, fort couillu d'avoir osé affronter l'Océan, seul, sans vivres (...) (pangloss.blog.lemonde.fr/pangloss/2005/08/ la_fin_des_cent.html; accès le 13/09/05) = *duro na queda*

dur de la feuille "dur d'oreille, un peu sourd" Bon pied, bon oeil, mais un peu *dur de la feuille*, son sourire semblait s'amuser d'être devenu une sorte de curiosité de foire au bénéfice de l'âge! (mamilitance.blog.lemonde.fr/ mamilitance/2005/05/ par_monticules.html; accès le 23/05/05) = *duro de ouvido*

du tonnerre [de Dieu] (à tout casser [1]; du feu de Dieu) "fantastique(ment), formidable(ment)" En plus, c'est bien l'une des rares fois où je trouve que le système de mise à poing fermée marche *du tonnerre de Dieu*. Un excellent jeu. (lgimet.free.fr/ KarawaneD.htm; accès le 23/05/05) = *de arrasar; de arrebentar (a boca do balão)*

e | E

éclairer la lanterne de "aider quelqu'un à comprendre quelque chose" Un regard du côté de l'Espagne post-franquiste pourrait sans doute *éclairer la lanterne de* qui voudrait réfléchir, au lieu de brandir l'anathème. (89.snuipp.fr/ article.php3?id_article=188; accès le 02/05/05) = Ø *esclarecer as idéias de alguém*

échange de bons procédés "services que l'on se rend mutuellement" Vous n'en avez pas marre que tout soit *échange de bons procédés?* Un simple échange de service contre des morceaux de métal un peu brillant. (www.20six.fr/ weblogCategory/485e22orjgv9; accès le 02/05/05) = *troca de gentilezas*

économie de bouts de chandelle "économie sordide et dérisoire" Lui qui a pourtant pris l'habitude de faire des *économies de bouts de chandelle* ne devrait pas être pris à défaut par ces coupures d'électricité! (lecaustique.chez.tiscali.fr/ txt_privatisationedf.htm; accès le 02/05/05) = *economia de palitos*

écorcher les oreilles "gêner, offenser celui qui écoute" On a même tendance à utiliser un euphémisme: les non-croyants, comme si le mot "athée" risquait d'*écorcher les oreilles* des enfants ou des bien-pensants. (atheisme.free.fr/Atheisme/Carnet_2004_3t.htm; accès le 02/05/05) = *machucar os ouvidos*

écorché vif "personne trop sensible, qui se sent facilement blessée" Accompagnée de chansons, cette ballade poétique fait le portrait d'un artiste obstiné à décliner les maux du temps, avec une sensibilité d'*écorché vif*. (www.quidam.fr/librairie.php; accès le 02/05/05) = *casca de ferida*

écrire comme un chat (écrire comme un cochon; écrire comme un porc) "avoir une écriture malpropre, illisible" Je laisse le soin à ma maîtresse de s'occuper des chèques, etc (...) moi j'*écris comme un chat!* (www.beauregard.fr/PAGES/COURRIER.html; accès le 16/09/05) = *ter letra de médico*

écrire comme un cochon (écrire comme un chat; écrire comme un porc) "avoir une écriture malpropre, illisible" A défaut de savoir dessiner j'*écris comme un cochon* à un point ou je n'arrive pas à me relire. (www.20six.fr/moimoimoi/archive/2005/08/02/1wwk63s1fbbfs.htm; accès le 16/09/05) = *ter letra de médico*

écrire comme un porc (écrire comme un chat; écrire comme un cochon) "avoir une écriture malpropre, illisible" Tu peux te calmer maintenant, en arrêtant d'*écrire comme un porc*, parce que gueuler et faire des fautes tout le monde peut le faire. (www.infos-du-net.com/forum/50924-10-linux; accès le 02/05/05) = *ter letra de médico*

emboîter le pas à "faire pareil, donner suite" Nous appelons Monsieur Fodé Sylla à renoncer à *emboîter le pas à* des pratiques opposées aux combats qui ont fait sa réputation et sa carrière. (www.survie-france.org/article.php3?id_article=191; accès le 02/05/05) =Ø *dar seqüência a*

éminence grise "conseiller intime qui agit dans l'ombre" Dès lors commence une folle course poursuite entre l'*éminence grise* de l'empereur Basam-Damdu, le cynique colonel Olrik et les héros. (www.artelio.org/article.php3?id_article=874; accès le 02/05/05) = *eminência parda*

emporter le morceau (avoir le dessus; avoir le meilleur; enlever le morceau; prendre le dessus; prendre le meilleur) "avoir gain de cause, triompher" Les groupes espagnols semblent cependant aussi douter de leur capacité à *emporter le morceau*. (www.liberation.fr/page.php?Article=318722; accès le 16/09/05) = *ficar por cima; levar a melhor*

en bonne intelligence "avec entente, accord, harmonie" MARSEILLE - La ville où juifs et musulmans vivent *en bonne intelligence*. (www.courrierinternational.com/article.asp?obj_id=48447&provenance=accueil&bloc=02; accès le 02/05/05) = Ø *em harmonia*

en [de] bonnes mains "sous la surveillance d'une personne sérieuse et compétante" Il part avec la certitude de laisser ses intérêts *en bonnes mains*. (www.musicologie.org/sites/d/dreigroschen.html; accès le 16/05/05) = *em boas mãos*

en bonne voie "prêt de se produire, de se réaliser, de réussir, de parvenir à son terme" Le chantier est *en bonne voie*. Et oui... ce week-end de Pâques a été productif... Les broderies ruban sont presque terminées. (trencavel.blogspirit.com/archive/2005/03/30/le_chantier_est_en_bonne_voie.html; accès le 02/05/05) = *Ø no bom caminho; no caminho certo*

en catastrophe "au dernier moment, sans délibération suffisante, pour parer au plus pressé ou éviter le pire" Napoléon III décide de repatrier le corps expéditionnaire *en catastrophe*. (www.herodote.net/histoire04301.htm; accès le 02/05/05) = *Ø às pressas*

en cause "en question" C'est donc bien le concept même d'hypermarché et le gigantisme qu'il implique qui sont remis *en cause*. (www.eurostaf.fr/fr/01etudes/ distribution/remise_cause_hypermarche; accès le 02/05/05) = *em xeque*

encéphalogramme plat "absence de réaction" L'euro a un *encéphalogramme plat*? Tout le monde se détourne de lui? (www.chez.com/euroscepticisme/actualite16.html; accès le 02/05/05) = [*eletro reto*]

encyclopédie vivante "personne qui possède des connaissances étendues en de nombreux domaines" Il va devenir une *encyclopédie vivante* du cinéma notant tout sur les films qu'il voit et établissant des fiches sur le réalisateur et les acteurs. (www.blue.fr/tarantino/vie.htm; accès le 14/07/05) = *dicionário ambulante*

en chair et en os "sous une forme sensible, en personne" Elle console une petite fille qui pleure, la prend dans ses bras, lui dit que tout va bien il faut se calmer elle est *en chair et en os*! (membres.lycos.fr/coeurdelinou/ resumes%20de%20concerts.htm; accès le 02/05/05) = *em carne e osso*

en charpie "en morceaux" Elle se porte en bandoulière autour du cou par-dessus ses habits *en charpie*. (www.humanite.presse.fr/ journal/2000-10-14/2000-10-14-233059; accès le 17/09/05) = *Ø aos frangalhos*

en chien de fusil "replié sur soi-même, les genoux ramenés vers le ventre" Ce sont des douleurs abdominales à début rapidement progressif, intenses et permanentes, avec position antalgique *en chien de fusil*, vomissements. (www.snfge.asso.fr/02-Connaitre-maladie/0G-pancreas/faq/pancreas_pancreatite-aigue.htm; accès le 02/05/05) = *Ø em posição fetal*

en dents de scie "qui présente une alternance des hauts et des bas" Humeur *en dents de scie* ces derniers temps. (www.20six.fr/fleur_bleue/archive/2005/03; accès le 14/07/05) = *cheio de altos e baixos*

en dessous de la ceinture "avec bassesse" [vulgaire] A bout d'arguments face à une communauté du libre en plein essor, il attaque *en dessous de la ceinture*. (sourisdudesert.free.fr/index.php?p=35; accès le 14/07/05) = *Ø com baixaria; mesquinho; vulgar*

en deux temps [et trois mouvements] "très rapidement" *En deux temps et trois mouvements*, il en fit l'acquisition et mit cinq ans pour remettre le gîte à neuf et en faire "L'Etoile" actuelle. (www.etoile.fr/france-gite-fr.htm; accès le 14/07/05) = *em dois tempos*

en deux mots (en quatre mots; en trois mots; en un mot) "brièvement, en peu de mots" Je vais vous le dire, moi, ça tient *en deux mots*: on dit Scarlett Johansson. (www.ciao.fr/Lost_in_translation__Avis_774407; accès le 14/07/05) = *em duas palavras; em uma palavra*

endormir [s'] sur ses lauriers (reposer (se) sur ses lauriers) "jouir d'un repos mérité après de nombreux et grands succès" Pas question en effet pour lui de *s'endormir sur ses lauriers*. Le French Cook remet sans cesse en cause sa manière de travailler. (www.lhotellerie.fr/lhotellerie/Articles/M_2686_05_Octobre_2000/The-French-Cook.html; accès le 11/05/05) = *dormir sobre os louros*

en douce (en tapinois) "sans bruit, de façon discrète, dissimulée, sans se faire remarquer" Une fugue *en douce*. Quand ça ne va pas, il faut partir à la mer, disait Eric. (www.decitre.fr/service/search/ fiche_detail/-/ean-9782841565900/index.dhtml; accès le 14/07/05) = *na surdina*

en douceur "sans brusquerie, sans à coups, par une gradation insensible, avec précaution ou ménagement" Autre avantage d'une transmission *en douceur*: il n'y a même pas eu de baisse de chiffre d'affaires à la reprise. (www.pme.gouv.fr/mde/f_reportages/report4/douceur.htm; accès le 14/07/05) = Ø *paulatino; paulatinamente*

en droite ligne "directement, sans intermédiaire, sans détour" Cette décision s'inscrit *en droite ligne* avec sa stratégie: renforcement du maillage commercial de proximité et recrutement régional. (www.sodifrance.fr/index.php?t=30&r=36&n=14; accès le 14/07/05) = *em linha direta*

en écharpe "en évidence, de manière à attirer l'attention" Les rêves *en écharpe* et les vacances terminées en eau de boudin. (www.glenatpresse.com/alpirando/241/mag.htm; accès le 14/09/05) = Ø *em destaque*

enfant de la balle "personne dont l'enfance s'est déroulée dans l'atmosphère d'une profession exigeante ou bien typée" (...) Il fut acteur dès l'âge de 4 ans, et appartient à la tribu Maurin, où l'on est *enfant de la balle* de père en fils (...) (www.lexpress.fr/mag/arts/dossier/cafegare/dossier.asp; accès le 14/07/05) = Ø *filho que segue a profissão dos pais*

enfant de l'amour "un enfant naturel, né hors mariage" Sa mère l'a rassurée sur son père, sur le fait qu'elle était une *enfant de l'amour*, et lui a donné les raisons de son abandon. (www.france5.fr/ecole/006226/35/113853.cfm; accès le 14/07/05) = Ø *filho bastardo*

en file indienne "l'un derrière l'autre" Ces poussettes permettent de promener des jumeaux, triplés ou quadruplés en face à face, côte à côte, ou *en file indienne*. (www.aubert.fr/guide_aubert/baladeur/ bebe_promene/poussettes_jumeaux.htm; accès le 14/07/05) = *em fila indiana*

enfiler des perles (allonger la sauce) "faire quelque chose qui ne sert à rien" Ils savent que si les grandes puissances envoient autant de troupes dans le Golfe, ce n'est pas exactement pour *enfiler des perles*. (www.humanite.presse.fr/ journal/ 1990-09-29/1990-09-29-803145; accès le 15/09/05) = *encher lingüiça*

en flèche 1. "rapide, abrupte, important" Cette croissance *en flèche* de la population a entraîné son rajeunissement! (www.diocese-poitiers.com.fr/poitiers-nord/migne-pres.htm; accès le 14/07/05) = Ø *vertiginoso; vertiginosamente* **2.** "à l'avant-garde" La Pologne est *en flèche*, mais les autres pays paraissent plus modérés, voire plus divisés sur le plan interne. (www.diploweb.com/forum/rupnik.htm; accès le 15/ 09/05) = Ø *na dianteira*

enfoncer le clou "recommencer inlassablement une explication afin de se faire bien comprendre ou de persuader" Histoire d'*enfoncer le clou*, je vais le répéter: le piratage, c'est comme le tabasco dans le café, c'est mal. (www.macgamezone.com/reaction/ ?id=3196&type=news; accès le 17/09/05) = *bater na mesma tecla*

enfoncer le couteau dans la plaie (mettre le doigt sur la plaie; remuer le couteau dans la plaie; retourner le couteau dans la plaie) "raviver une peine, un chagrin" Du reste, la presse ne laissait passer aucune occasion pour *enfoncer le couteau dans la plaie*. (site.ifrance.com/justf/WRESCRIS.htm; accès le 11/05/05) = *colocar o dedo na ferida; pôr o dedo na chaga; pôr o dedo na ferida*

enfoncer une porte ouverte "déployer beaucoup d'efforts pour prouver ce qui est déjà avéré ou pour réaliser ce qui est déjà accompli" Je suis assuré ainsi de ne pas *enfoncer une porte ouverte*. Non, la pensée de Marx n'a jamais été critiquée. Donc tous les espoirs sont permis. (perso.wanadoo.fr/leuven/lettre8.htm; accès le 14/07/ 05) = [*arrombar porta aberta*]

en guerre ouverte (à couteaux tirés) "en complète inimitié" Les voilà rendus responsables de l'avilissement des salaires, les voilà cloués au pilori et *en guerre ouverte* avec leurs camarades de travail et de misère. (barthes.ens.fr/clio/revues/ AHI/ressources/documents/avtguer.html; accès le 17/09/06) = *em guerra aberta*

engueuler comme du poisson pourri "dire des injures à quelqu'un; le réprimander, lui adresser des reproches d'une manière violente et souvent grossière" Un conseil, ne garez pas vos vélos sur le pont, vous allez vous faire *engueuler comme du poisson pourri*! (www.velo77.org/v2/zoom4.htm; accès le 14/07/05) = *dizer cobras e lagartos; dizer poucas e boas*

en goguette "de bonne humeur, sous l'effet du vin et de la bonne chère" L'Armada est un peu le rendez-vous galant des marins *en goguette* et des jeunes filles en fleur. Esteban est chilien, Anne-Laure normande. (www.paris-normandie.com/ dossiers/2003/01Armada/01armadaJOUR/07-04-vendredi/amours.htm; accès le 14/07/05) = Ø *de pileque; meio alto*

en haut lieu "parmi les dirigeants, les cadres d'une nation, d'une entreprise" Alors, d'un côté les relations *en haut lieu*, de l'autre la signature d'une pétition de soutien, à laquelle Hawas a ajouté son nom. (www.jp-petit.com/EGYPTOLOGIE/ BIFAO/crise_ifao.htm; accès le 14/07/05) = Ø *entre os cabeças*

en lettres de feu "en termes saisissants, violents" Elle a regardé un papier blanc qu'Anastasia avait ramassé par terre, et sa déposition contre l'industriel s'y est inscrite *en lettres de feu*. (www.eleves.ens.fr/home/aze/reves/anastasia.html; accès le 14/07/05) = *com letras de fogo* [2]

en lettres d'or "pour garder toujours présent à la mémoire" Vous venez d'écrire *en lettres d'or* une nouvelle page de l'Aviron français en remportant le titre olympique en deux de couple aux Jeux d'Athènes. (www.elysee.fr/.../lettres_et_messages/2004/aout/lettre_de_felicitations_a_m_sebastien_vieilledent. 22144.html; accès le 02/05/05) = *com letras de fogo* [1]; *com letras de ouro*

enlever le morceau (avoir le dessus; avoir le meilleur; enlever le morceau; prendre le dessus; prendre le meilleur) "avoir gain de cause, triompher" Richardson en équipe de France explique pourquoi Chambéry a *enlevé le morceau*, alors que des clubs comme Barcelone ou Flensburg l'ont sollicité. (www.humanite. presse.fr/ journal/ 2005-03-25/2005-03-25-459118; accès le 14/07/05) = *ficar por cima; levar a melhor*

en long et en large [et en travers] "alternativement dans un sens, puis dans l'autre" C'est grotesque *en long et en large et en travers*. Ça vaut même pas le coup d'être vu, excepté peut-être pour l'excellente interprétation. (www.allocine.fr/film/fichefilm_gen_cfilm=17616.html; accès le 14/07/05) = Ø *de tudo quanto é jeito*

en [de] mauvaises mains "être sous la surveillance d'une personne irresponsable ou incompétante" Comme les élèves ne se méfient pas, il peut y avoir des informations et des adresses emails qui ne doivent pas tomber *en de mauvaises mains*. (danzcontrib.free.fr/exemple16.php; accès le 16/05/05) = *não estar em boas mãos* [v. *em boas mãos*]

ennemi public numéro 1 "individu (considéré comme) très dangereux pour l'ordre social" Dans un spot publicitaire belge, *l'ennemi public numéro 1* apparaît en pyjama et en pantoufles devant sa télévision. (www.marianne-en-ligne.fr/exclusif/virtual/bizarre/edocs/00/00/3D/F9/document_web.md?type=text. html; accès le 14/07/05) = *inimigo público número 1*

en pays de connaissance "entre personnes qui se connaissent bien" Mais là, ils étaient *en pays de connaissance*, avec des amoureux du genre, des amateurs authentiques de sensations fortes et noires. (www.13emerue.fr/ncache_dev/dossier13_ colidfc10d79eeb7e4e0e86a3f96ed52fe188.htm; accès le 14/07/05) = Ø *entre conhecidos*

en peau de lapin "par hasard, sans conviction" Les libéraux *en peau de lapin*: 'Faites ce que je dis et pas ce que je fais'". (www.unsa.org/infos/UNSA-Infos-95.rtf; accès le 14/07/05) = *de araque*

en [père] peinard "tranquillement; sans s'en faire, sans se presser" On espère que la qualité du travail déjà accompli et celle des produits réalisés l'aideront à passer le cap *en père peinard*. (manoamano.free.fr/visages/inde/inde_nappe_ambiance.htm; accès le 14/07/05) = *na maciota*

en phase avec "en harmonie avec" Puis il se marre avant de conclure: "Aujourd'hui, je suis *en phase avec* moi-même. Je suis plutôt heureux (...) Mais je changerai probablement d'avis". (www.zicline.com/an5/semaine42/bowie.htm; accès le 19/07/05) = Ø *em sintonia com*

en plein boum "en pleine expansion" Le marché européen de la fourgonnette - aussi bien adaptée aux livraisons qu'aux loisirs ou aux déplacements en famille - est *en plein boum*. (auto.excite.fr/display/visualizzanews.php3?id=9575; accès le 14/07/05) = Ø *em plena expansão*

en proie à "tourmenté par, livré à l'action hostile de" Lorsqu'elle rencontre celui qui deviendra son mari, elle est *en proie à* l'angoisse: "j'ai écrit dans mon journal intime que je préférais me suicider. "(www.monpso.net/plus/plus_sexualite.html; accès le 19/07/05) = Ø *atormentado por*

en quatre mots (en deux mots; en trois mots; en un mot) "brièvement, en peu de mots" En effet, la "théorie" des téléologistes modernes tient *en quatre mots*: tout a une fin. Ceci n'est pas une question mais une affirmation. (www.teleologie.org/OT/deboard/2503.html; accès le 14/07/05) = *em duas palavras; em uma palavra*

en quatrième [vitesse] (à fond de train; à fond la caisse; à fond les baskets; à fond les manettes; à plein gaz; à tire-d'aile; à tombeau ouvert; à toutes jambes; à toute vapeur; au pas de charge; le pied au plancher; plein pot) "très rapidement" E*n quatrième vitesse,* il a réécrit ses textes de meeting. Avec une idée fixe: convaincre qu'il peut agir sur d'autres terrains que celui de la sécurité. (www.liberation.fr/page.php?Article= 188662; accès le 14/07/05) = *a jato; a toda; a todo vapor; com o pé na tábua; num pau só*

en rade 1. "abandonné" E*n rade* au milieu de nulle part. A 9h30, un gentil mexicain accepte de nous amener au relais routier le plus proche (The Flying J). (usa-roadtrip.ifrance.com; accès le 15/09/05) = Ø *abandonado, encalhado* **2.** "en panne "[relatif à informatique] Disque dur *en rade*. Que celui qui n'a jamais perdu de données lève le doigt! C'est le truc le plus affreux qui peut vous arriver. (www.macdigit. com/index.php/ weblog/recuperation_donnees_pertec; accès le 19/09/05) = Ø *emperrado*

en rang d'oignons "sur une seule ligne" Une ficelle tendue est toujours le moyen le plus simple de tracer un sillon rectiligne ou d'aligner des légumes *en "rang d'oignons"*. (www.castorama.fr/conseils/ guide_achat/guidplantoirs.jhtml; accès le 14/07/05) = Ø *em linha reta*

en rase campagne "sans cachette ni protection" Le gouvernement ne capitule *en rase campagne* sur le sujet, une fois passé le référendum sur la constitution européenne. (www.ambitioneurope.org/article/articleview/534/1/277/; accès le 14/07/05) = *em campo aberto*

en roue libre (à vau-l'eau) "sans contrôle, sans prise" Le chômage *en roue libre*: Le nombre de demandeurs d'emploi a encore augmenté en septembre, de 1%. (www.lexpansion.com/actualite_economique/ le_chomage_en_roue_libre.htm; accès le 15/09/05) = *sem freio*

en sommeil "sans être utilisé pour une période" [sujet: chose] Plusieurs administrateurs s'interrogent sur l'intérêt d'une telle enquête. En l'absence d'objectifs suffisamment précis, le projet reste *en sommeil.* (fralac.free.fr/grandinf2003.html; accès le 14/04/05) = *de molho* [1]

en souffrance "en retard, en suspens" Projets *en souffrance* au Parlement. (www.01net.com/rdn? oid=187664& rub=3375&page=1-187662; accès le 15/09/05) = Ø *em suspenso*

en tapinois (en douce) "sans bruit, de façon discrète, dissimulée en cachette, sans se faire remarquer " Finalement, cette loi du 3 janvier 2003, appliquée *en tapinois* par le gouvernement, met en péril la mission de service public de l'entreprise (...) (www.csc-cmp.org/doc.php?id=760; accès le 15/09/05) = *na surdina*

en temps utile "au bon moment, dans le temps prescrit" La Commission informe le Conseil *en temps utile* avant d'abroger les règlements ou décisions européens fixan 024 IV-P9 ements constatés. (www.up.univ-mrs.fr/cgi-veronis/concord-tce?forme=utile; accès le 14/07/05) = *em tempo hábil*

entendre [s'] comme des larrons en foire "s'entendre à merveille, surtout pour accomplir un mauvais coup, faire une mauvaise farce (à quelqu'un)" Chaque discussion, ou presque, est prétexte à une boutade ou un regard complice. Ces trois là, visiblement, *s'entendent comme des larrons en foire.* (www.lyonne-republicaine.fr/dossiers/ collocal/cljoigny/20040226.YON_D0268.html; accès le 14/07/05) = [*entender-se como a tampa e a panela*]

entendre raison "se laisser convaincre de prendre un parti raisonnable, prêter attention à des conseils judicieux" Aidez moi, j'ai une amie qui se laisse mourrir d'anorexie... Moi et ses parents, nous n'arrivons pas à lui faire *entendre raison.* (www.vivelesrondes.com/forum/viewtopic_12776.htm; accès le 14/07/05) = *ouvir o bom senso*

enterrer la hache de guerre "mettre fin aux hostilités" Jamais contente, la CRIA ne se satisfait pas de cette reprise des ventes et ne compte pas du tout, loin s'en faut, *enterrer la hache de guerre.* (www.tout-savoir.net/actualites.php?rub=news&code=318; accès le 14/07/05) = *erguer a bandeira branca*

enterrer sa vie de garçon "passer joyeusement avec ses amis sa dernière soirée de célibataire" L'enterrement de la vie de garçon est donc différent, pas très différent, simplement différent. Faut-il *enterrer sa vie de garçon* avec sa future femme? (www.fiesta-i-fiesta.com/fiesta.asp?typefete=1&fic=1295&fete=126&numrub= 2&numsousrub=8&...; accès le 15/07/05) = Ø *fazer sua despedida de solteiro*

entre chien et loup "à l'heure crépusculaire où l'on ne fait pas de distinction entre un chien et un loup, où les objets se confondent" De cette légère crainte, excitante comme une liqueur, qui aiguillonne sa vigilance tandis qu'il franchit le pas, à cette heure *entre chien et loup.* (www.larevuedesressources.org/ rubrique.php3?id_rubrique=38; accès le 15/09/05) = Ø *ao lusco-fusco*

entre deux âges "à la limite de la jeunesse et de la vieillesse" Il y avait un homme *entre deux âges* dont certains cheveux étaient encore noirs et d'autres déjà blancs; il possédait deux épouses. (membres.lycos.fr/siddartha/homme_age.htm; accès le 15/07/05) = *de meia-idade*

entre deux chaises “dans une situation incertaine entre deux exigences opposées, entre des intérêts contradictoires” C’est une position assez difficile à tenir car on est *entre deux chaises*. Mais pour les juifs pratiquants que j’ai rencontré il n’y a pas de demi juif. (www.col.fr/forum/topic.asp?TOPIC_ID= 3735&whichpage=13; accès le 15/07/05) = *em cima do muro*

entre deux eaux “entre deux partis opposés, en évitant de s’engager à fond” L’action culturelle universitaire est *entre deux eaux*. Les services culturels se sont multipliés, mais leurs moyens sont insuffisants. (www.animafac.net/article.php3?id_article=350; accès le 15/07/05) = *com os pés em duas canoas*

entre deux feux “entre deux dangers” Une fois de plus, la population irakienne est coincée *entre deux feux*. Et on se demande encore dans quel camp jouent les États-Unis. (www.temoignagechretien.fr/journal/ ar_article.php?num=3071&categ= Monde; accès le 15/07/05) = *entre dois fogos*

entre deux portes “rapidement, à la sauvette” Note *entre deux portes*... Parce que c’est bien la fusion du corps et de l’esprit... Mais non, pas quand ça va pas, parce que justement rien ne va. (www.20six.fr/Clara65/archive/ 2005/04/25/ nz2t2ausrbp9.htm; accès le 15/07/05) = [*entre uma porta e outra*]

entre guillemets “hypothétiquement” Mais il faut mettre tout *cela entre guillemets* car la décision officielle ne sera prise qu’à l’issue de l’assemblée générale de la fédération (...) (www.hockeyarchives.info/presse/2002/2002-05-23-NR.htm; accès le 16/09/05) = *entre aspas*

entre la poire et le fromage “moment qui favorise l’échange de propos” Certes, la belle-famille communiste d’Antoine permet, *entre la poire et le fromage*, d’évoquer l’espoir déçu de la gauche. (www.samizdat.net/~rouge/article.php3?id_article=1208; accès le 15/07/05) = Ø *no momento propício*

entre l’arbre et l’écorce (entre le marteau et l’enclume) “entre deux camps adverses et exposé à recevoir des coups des deux côtés” Les médecins du travail sont pourtant, le plus souvent, des salariés comme les autres, à ceci près qu’ils sont *entre l’arbre et l’écorce*. (calle-luna.org/article.php3?id_article=134; accès le 15/07/05) = *entre a cruz e a caldeirinha; entre a cruz e a espada; entre o martelo e a bigorna*

entre la vie et la mort “en grand danger de mort” Said Mourtasaliyev, 26 ans, se trouve *entre la vie et la mort* à l’hôpital de Moscou après avoir reçu deux coups de couteau au coeur au cour d’une rixe. (www.sport.fr/combat/lut/ Said-Mourtasaliyev-entre-la-vie-et-la-mort-14252.shtm; accès le 15/07/05) = *entre a vida e a morte*

entre le marteau et l’enclume (entre l’arbre et l’écorce) “entre deux camps adverses et exposé à recevoir des coups des deux côtés” Nous sommes pris *entre le marteau et l’enclume*. Le marteau, ce sont les militaires, et l’enclume, les Tchétchènes qui nous combattent. (www.assos.utc.fr/plaider/calimero/28/tchetchenie.html; accès le 15/ 07/05) = *entre a cruz e a caldeirinha; entre a cruz e a espada; entre o martelo e a bigorna*

entre les lignes “ce qui est sous-entendu” C’est vrai! La plupart ont quelque chose à dire, de plus, ceux-ci ne sont pas capables de voir *entre les lignes!* Ils ne restent qu’au premier degré! (www.momes.net/mekefer/archives_ 2004_1.php?start=53&choix=6; accès le 15/07/05) = Ø *entrelinhas*

entre parenthèses "de côté, exclu" Dans ce contexte, en France, la République est mise *entre parenthèses*. (www.assemblee-nationale.fr/histoire/histoire; accès le 16/09/05) = *entre parênteses*

entre quatre murs "à l'intérieur d'un logement, chez soi, dans l'intimité" Mais j'espère que cet exemple aura démontré que la lutte reste possible, même *entre quatre murs* à partir du moment où il y a une volonté. (journalenvolee.free.fr/envolee8/numero8/collectivite47.shtml; accès le 15/07/05) = *entre quatro paredes*

entre quatre planches "dans un cercueil" J'ai 36 ans et après deux grossesses je me demande comment passer ces épreuves sans terminer le parcours *entre quatre planches*. (www.concours.mobilite-territoriale.net/ forum/viewtopic.php?t=986; accès le 15/07/05) = [*no pijama de madeira*]

entre quatre yeux "en tête à tête, seul à seul" Elle pris Mparlé *entre quatre yeux* et lui dit ses vérités à propos du pot. Et bien, à partir de ce mercredi, Mparlé comprit l'utilité de la chose. (www.mahtribu.net/aroblog/ index.php?2004/06/07/49-le-popo; accès le 15/07/05) = Ø *a sós*

entrer dans la danse (entrer dans la ronde) "se mettre à participer à quelque chose, à une action déjà en cours" Ces économies sans capitalistes ni marché intérieur sont bien en peine *d'entrer dans la danse* souvent mortelle de "l'économie globale ". (www.monde-diplomatique.fr/1998/03/LEYMARIE/10153.html; accès le 15/07/05) = *entrar na dança; entrar na roda*

entrer dans la ronde (entrer dans la danse) "se mettre à participer à quelque chose, à une action déjà en cours" Tous n'étaient pas en train de danser et quelques-uns se tenaient tranquillement à proximité immédiate du cercle, attendant *d'entrer dans la ronde*. (www.sagesse-primordiale.com/Cercles.htm; accès le 15/07/05) = *entrar na dança; entrar na roda*

entrer dans le jeu (entrer dans le système) "accepter les règles d'un groupe" Des personnes responsables doivent être disponibles quand les enfants jouent, mais cela ne signifie pas qu'il leur faut *entrer dans le jeu* des enfants. (www.chez.com/sylviecastaing/extrait3.htm; accès le 18/07/05) = *entrar no esquema; entrar no jogo*

entrer dans le système (entrer dans le jeu) "accepter les règles contraignantes d'un groupe, d'une société" La conséquence inévitable est de permettre à la médecine privée à but lucratif d'*entrer dans le système*, ne serait-ce que par la porte arrière. (www.wsws.org/francais/ News/2000/nov00/21nov00_sante.shtml; accès le 18/07/05) = *entrar no esquema; entrar no jogo*

entrer dans le vif du sujet "aborder le plus difficile, le plus important d'un sujet" La dernière partie du livre, "Les religions dans la société", *entre dans le vif du sujet*: Dieu et la politique, la famille, l'école, la guerre. (www.comptines.fr/ARCHVIT.dir/Vit37.dir/14-05-04.htm; accès le 22/05/05) = Ø *tocar no cerne da questão*

entrer en jeu "participer, intervenir" Normalement c'est la RC véhicule qui devrait *entrer en jeu* (...) Maintenant à voir au contrat si les biens appartenant à la famille sont couverts? (forum.actufinance.fr/degats-materiel-responsabilite-civile-P100890/; accès le 18/07/05) = *entrar em jogo*

entrer en ligne de compte "passer à être considérés" Il existe pourtant des solutions, qui font *entrer en ligne de compte* des facteurs parfois inattendus. J'ai essayé le petit comprimé bleu. (www.seniorplanet.fr/index/viagra.php; accès le 18/07/05) = *Ø passar a ser levado em conta*

entrer en matière "commencer à traiter d'un sujet" Puis, *entrant en matière* sur la religion, il déclare vouloir s'y borner, et il tient parole. (membres.lycos.fr/laphilosophie/telechargement.php?id=96; accès le 18/07/05) = *Ø entrar no assunto*

entrer en piste "prendre part à une action commencée, intervenir dans une affaire en cours" La Marseillaise sera envoyée gratuitement chaque semaine aux raseteurs avec le classement qui fera foi pour *entrer en piste*. (www.ffcc.info/article691.html; accès le 18/07/05) = *entrar em cena*

entrer par la bonne porte (entrer par la grande porte) "commencer sa carrière dignement, sans rien devoir à personne" Cette offre est destinée aux managers qui veulent rapidement *entrer* dans l'ère de la Net Economie *par la bonne porte*. Un portail personnalisé? (www.australis.fr/veille/concurrence/; accès le 26/07/05) = *entrar pela porta da frente*

entrer par la grande porte (entrer par la bonne porte) "commencer sa carrière dignement, sans rien devoir à personne" Si vous n'avez pas encore de site internet, c'est un bon moyen pour vous *d'entrer par la grande porte* sur le net et à moindres frais. (www.terascia.com/annonceur.php; accès le 15/12/05) = *entrar pela porta da frente*

entrer par la petite porte "commencer sa carrière par un petit emploi et suivre la filière" Mes parents ne pouvaient plus continuer à financer mes études et j'ai dû *entrer par la petite porte* dans une société de courtage informatique. (www.lexpress.fr/info/societe/dossier/integration/dossier.asp?ida=431757; accès le 26/07/05) = *entrar pela janela; entrar pela porta dos fundos*

en toutes lettres "explicitement" L'Amour *en toutes lettres* nous parle d'un temps qu'on dirait très reculé mais au fond pas si lointain - les années 30 - où la morale cognait très dur. (www.liberation.fr/page.php?Article=309456; accès le 15/07/05) = *com todas as letras*

en trois mots (en deux mots; en quatre mots; en un mot) "brièvement, en peu de mots" Tout comme les énarques adorent décliner en trois points leurs merveilleuses perspectives les créateurs disent souvent les choses *en trois mots*. (passouline.blog.lemonde.fr/ livres/2005/05/smanciper_de_la.html; accès le 18/07/05) = *em duas palavras; em uma palavra*

en un clin d'oeil (en un tour de main) "dans un laps de temps très court "Évaluez et étiquetez vos photos *en un clin d'œil* dans Adobe Bridge, et repérez instantanément vos meilleurs clichés. (www.adobe.fr/products/photoshop/overview2.html; accès le 18/07/05) = *num abrir e fechar de olhos; num piscar de olhos*

en un mot (en deux mots; en trois mots; en quatre mots) "brièvement, en peu de mots" Ce qui est en jeu, au fond et *en un mot*, c'est la démocratie. (www.medito.com/po2410i.htm; accès le 18/07/05) = *em duas palavras; em uma palavra*

en un tour de main (en un clin d'oeil) "dans un laps de temps très court" Ta maison on va te la monter *en un tour de main*. Je vois bien ça; nous on s'occupe du chantier et toi tu nous abreuves et tu nous nourris. (comedie-feuilleton.breizhoo.fr; accès le 16/05/05); accès le 18/07/05) = *num abrir e fechar de olhos; num piscar de olhos*

en vase clos "sans communication avec l'extérieur, en milieu fermé" En Turquie, nos jeunes sont élevés *en vase clos*. Plus tard, certains, souvent à l'occasion d'études à l'étranger, découvrent la réalité. (www.lexpress.fr/info/monde/dossier/turquie/dossier.asp?ida=415949; accès le 18/07/05) = Ø *no isolamento*

en veux-tu en voilà "à foison, à satiété, en abondance" Aaahhh, les atterros de nuit sur l'aéroport international de KC, une pure merveille pour les yeux, avec des lumières *en veux tu en voilà!* (www.aeronet-fr.org/pilote_ligne/USA/temoins.php3?pnt=5; accès le 18/07/05) = Ø *em demasia*

envoyer balader (envoyer paître; envoyer promener; envoyer sur les roses; envoyer valser) "se débarrasser de façon brusque d'une personne gênante" Et c'est très désagréable de s'entendre *envoyer balader* sans que l'on juge nécessaire de vous donner des explications (...) (je sais, ça m'est arrivé). (forum.magicmaman.com/magic1118ans/orientation-scolaire/colleges-prives-colleges-publics-sujet-1833405-1.htm; accès le 16/09/05) = *mandar às favas; mandar catar coquinho; mandar chupar prego; mandar lamber sabão; mandar passear; mandar pastar* [vulgaire]; *mandar pentear macacos; mandar tomar banho (na soda (cáustica)*

envoyer paître (envoyer balader; envoyer promener; envoyer sur les roses; envoyer valser) "se débarrasser de façon brusque d'une personne gênante" Il voit dans la formule "interactive" La possibilité d'*envoyer paître* les snobs dans leurs académies respectives (...) (www.humains-associes.org/ forum/loftstory/messages/151.html; accès le 18/07/05) = *mandar às favas; mandar catar coquinho; mandar chupar prego; mandar lamber sabão; mandar passear; mandar pastar* [vulgaire]; *mandar pentear macacos; mandar tomar banho (na soda (cáustica)*

envoyer promener (envoyer balader; envoyer paître; envoyer sur les roses; envoyer valser) "se débarrasser de façon brusque d'une personne gênante" J'ai aussi envie de voir certaines personnes, envie *d'envoyer promener* les autres, envie de crier, de pleurer, d'avoir mal. (au-coin-du-feu.joueb.com/news/23.shtml; accès le 18/07/05) = *mandar às favas; mandar catar coquinho; mandar chupar prego; mandar lamber sabão; mandar passear; mandar pastar* [vulgaire]; *mandar pentear macacos; mandar tomar banho (na soda (cáustica)*

envoyer sur les roses (envoyer balader; envoyer paître; envoyer promener; envoyer valser) "se débarrasser de façon brusque d'une personne gênante" Les délégués syndicaux des autoroutes s'efforcent de s'occuper du problème. Mais ils se font *envoyer sur les roses*. (humanite.presse.fr/journal/2004-08-09/2004-08-09-398569;

accès le 18/07/05) = *mandar às favas; mandar catar coquinho; mandar chupar prego; mandar lamber sabão; mandar passear; mandar pastar* [vulgaire]; *mandar pentear macacos; mandar tomar banho (na soda (cáustica)*

envoyer valser (envoyer balader; envoyer paître; envoyer promener; envoyer sur les roses) "se débarrasser de façon brusque d'une personne gênante" Il faut du courage pour tout *envoyer valser*. Sans compter l'opprobre sur la famille, cette meme famille qui vous enlève toute son affection. (forum.doctissimo.fr/psychologie/superstitions-chance-hasard/Frustration-femmes-musulmanes-sujet-144748-3.htm; accès le 16/09/05) = *mandar às favas; mandar catar coquinho; mandar chupar prego; mandar lamber sabão; mandar passear; mandar pastar* [vulgaire]; *mandar pentear macacos; mandar tomar banho (na soda (cáustica)*

épater la galerie "étonner au point de faire tomber à la renverse" Il voulait *"épater la galerie "*. Cette provocation est un fiasco complet pour la peinture qu'il présente, couleurs vives et autodérision virulente. (www.art-memoires.com/letrbis/33dp_magritte.htm; accès le 18/07/05) = *Ø chocar; provocar*

esprit de chapelle (esprit de clan; esprit de clocher; esprit de parti) "attachement borné, excessif à son village, à sa ville" L'assomptionniste se tient au milieu de la nef, soucieux des grands équilibres de la foi et réticent à tout *esprit de chapelle*. (www.assomption.org/Ressources/ActesChapitreGeneral99/NousRedireLeCharisme.htm; accès le 18/07/05) = *Ø bairrismo*

esprit de clan (esprit de chapelle; esprit de clocher; esprit de parti) "attachement borné, excessif à son village, à sa ville" Il est vital que chacun travaille sans *esprit de clan* à réconcilier et rassembler la société (...) (www.confrontations.org/publications/lettres/55/edito.php; accès le 18/07/05) = *Ø bairrismo*

esprit de clocher (esprit de chapelle; esprit de clan; esprit de parti) "attachement borné, excessif à son village, à sa ville" Toutefois, le choix du régionalisme favorise aussi l'expression des susceptibilités locales, voire de l'*esprit de clocher*. (www.adpf. asso.fr/adpf-publi/folio/olympisme/albert.html; accès le 18/07/05) = *Ø bairrismo*

esprit de contradiction "attitude de se mettre systématiquement dans ses actions et dans ses paroles en opposition avec ce que fait ou dit autrui" Le 7, les transactions sont déconseillées, surtout dans le secteur de l'immobilier. Votre *esprit de contradiction* n'est guère propice aux investissements! (www.lemoneymag.fr/.../Fiche_Pratique/s_FichePratique/0,1729,10-7431-0-11822-11823-11824-FIC,00.html; accès le 18/07/05) = *espírito de contradição*

esprit de corps (esprit d'équipe) "désir de collaborer dans un travail que l'on réalise collectivement" Le commandement s'est appliqué à développer au sein de ces unités un *esprit de corps* particulièrement fort. (www.net4war.com/e-revue/dossiers/legion/elite/elite01.htm; accès le 18/09/05) = *espírito de corpo; espírito de equipe; espírito de grupo*

esprit de parti (esprit de chapelle; esprit de clan; esprit de clocher) "attachement borné, excessif à son village, à sa ville" Cet engagement, mûrement réfléchi, est fort sans que mon *esprit de parti* se transforme en parti-pris. (strasbourgjardindelademocratie.blogspirit.com/about.html; accès le 18/07/05) = Ø *bairrismo*

esprit d'équipe (esprit de corps) "désir de collaborer dans un travail que l'on réalise collectivement" Carré final initie *l'esprit d'équipe* indispensable au management participatif par l'intervention sportive d'un champion. (www.carre-final.com/prestations/esprit_equipe.html; accès le 18/07/05) = *espírito de corpo; espírito de equipe; espírito de grupo*

esprit de suite "suite dans une idée, une attitude, une action" Lors de ces contacts avec ces Esprits frappeurs, on fut étonné de l'à-propos et de l'*esprit de suite* qui présidaient à leurs réponses sommaires. (www.ephphata.net/Spirite/spirite7.html; accès le 18/07/05) = *espírito de seqüência*

étouffer dans l'oeuf (tuer dans l'oeuf) "empêcher que quelque chose se développe" Il tente d'*étouffer dans l'oeuf* toute synchronisation entre la crise intellectuelle et la révolte sociale. (www.lcr-rouge.org/ archives/031804/1plan.html; accès le 18/07/05) = *matar no ninho*

être à cheval sur "être sévère, strict au sujet de quelque chose" Je suis venue à 18h30 précises, et j'ai bien fait, Richard Morgiève *est à cheval sur* les horaires. (www.mouvement.net/ref/557/La_boite_a_mots.html; accès le 18/12/05) = *seguir à risca*

être à côté de la plaque "se tromper lourdement" Ça m'éviterait d'*être à côté de la plaque*, et vous ça vous évitera peut être de dire que les politiques ne vous demandent jamais votre avis. (iledefrance.skyblog.com; accès le 28/07/05) = [*dar nota fora*]

être à cran (être en pétard; fâcher (se) tout rouge) "être sensiblement énervé, en colère" Il faut prévenir l'entourage que l'on arrête de fumer, pendant un mois on va *être à cran*, et puis ça fait un peu nul de reprendre quand on l'a annoncé. (www.e-sante.fr/forums/forum_posts.asp?TID=139&PN=1; accès le 18/07/05) = *estar fulo da vida; estar louco da vida; estar por conta*

être à la barre (mener la danse; tenir les ficelles; tenir les rênes) "commander" Et c'est Federico qui est *à la barre*... nous arrivons cependant dans une petite anse d'une soixantaine de mètres de large bordée de sable et de blocs. (www.clipperton.fr/journalsuite8.htm; accès le 02/08/05) = *comandar o barco; ter as rédeas*

être à la bourre "être en retard" On se regarderait bêtement, je foncerai à la douche et j'allumerai la radio parce que sinon je vais *être à la bourre* et je raterais les dernières infos. (yann_hoffbeck.blog.lemonde.fr/ yann_hoffbeck/2005/02/salle_journe.html; accès le 18/07/05) = [*ficar para trás*]

être à la masse "être en dehors du coup, n'avoir pas un comportement normal" Oui, je sais, je *suis à la masse*. Mais euh je l'ai vu tout de suite, mais j'ai pas eu le temps de poster! (www.moimoije.com/rubrique_twen-culture.html; accès le 18/07/05) = Ø *estar atordoado*

être à la page (être au parfum; être dans la course) "être au parlé des dernières nouveautés "[relatif à la mode, aux usages, etc.] C'est pour cela que lorsque je suis arrivé en France j'*étais à la page* en matière de rock et de rythm'n'blues. (surlaroute66.free.fr/html/vigon.htm; accès le 22/09/05) = *estar por dentro*

être à la peine (être à bout de course [v. à bout de course]; être à bout de soufle [v. à bout de soufle]) "être très fatigué" Suite à un effort mal jaugé en contre-attaque, je *suis à la peine* en fin de course, victime d'une panne sèche dans le dernier col. (www.fredonotrepro.com/archive4.htm; accès le 18/07/05) = *estar com a língua de fora* [v. *com a língua de fora*]; *estar com os bofes de fora* [v. *com os bofes de fora*]

être à la pointe (en flèche [v. être en flèche]) "être à l'avant-garde" Depuis plusieurs années, Angers *est à la pointe* du développement durable et mène une politique volontariste et pragmatique qui imprègne la vie quotidienne. (www.angers. fr/page/p-171/art_id-362/; accès le 18/07/05) = Ø *estar na dianteira*

être à l'eau (tomber à l'eau; tomber dans le lac) "échouer, ne plus avoir lieu, ne plus avoir d'aboutissement" Le résultat de tous ses rêves et de tout son travail va donc bientôt *être à l'eau* et j'ai vraiment hâte de voir ce que cela va donner. (www.francetelecom.com/fr/groupe/ initiatives/sponsoring/voile/yves_parlier/pros; accès le 18/09/05) = *cair por terra; dar com os burros n'água; dar em água de barrela; ir a pique; ir por água abaixo; ir pro brejo*

être à plat (être sur les nerfs) "être sans force, sans courage" Voilà, ce matin, je *suis à plat* (...) Devrais-je faire une cure de Badoit? Dernière semaine d'école pour Lisa. Encore un mois et nous sommes en vacances aussi! (www.20six.fr/miss-lucy/archive/2005/06; accès le 18/07/05) = *estar só o pó; estar um caco; estar um trapo; sem gás*

être à prendre avec des pincettes "devoir être analysé avec prudence" L'information est *à prendre avec des pincettes* cependant car les dirigeants auxerrois espèrent bien récupérer des indemnités. (www.maxifoot.fr/jt30.php; accès le 07/05/05) = Ø *dever ser visto com precaução*

être à sec "être dépourvu d'argent" Ce soir, week-end de 4 jours, il y a les francos qui commencent mais là je *suis à sec* pour y aller. Tant pis, un peu de repose me fera pas de mal. (ninon.over-blog.com; accès le 18/07/05) = *estar duro; estar liso*

être au ciel (être au septième ciel; être aux anges; être sur un petit nuage) "être au comble du bonheur" Aujourd'hui je *suis au ciel*. Certes j'ai eu une vie irrélle mais je laisse derrière moi seuls ma femmes, mes gosses et mon linceul! (punchchaos. site.voila.fr/textes.html; accès le 18/07/05) = *estar nas nuvens; estar no céu; estar no paraíso; não caber em si*

être au coin "ne pas pouvoir sortir de chez soi ou de sa chambre, comme punition" La puce n'est pas aussi terrible que les vôtres mais on a son petit caractère, tout de même: elle *a été au coin* quelques fois. (forum.magicmaman.com/.../FLOCONS-DE-NEIGE-ET-FLAMBOYANTS-fetent-chandeleur-sujet-3660815-10.htm; accès le 19/09/05) = Ø *estar de castigo*

être au diapason (être dans la note; être dans le ton) "être conforme aux circonstances ou en harmonie avec quelque chose" On ne s'ennuie pas, la réalisation est impeccable, la technique *est au diapason* et les acteurs font honnêtement leur job. (www.allocine.fr/communaute/forum/identite_gen_userid=259814320000414174612.html; accès le 09/09/05) = Ø *estar nos conformes*

être au parfum (être à la page) "être au courant des dernières nouveautés" Dès les premières pages, le lecteur *est au parfum*. (perso.wanadoo.fr/calounet/resumes_livres/indridason_resume/indridason_jarres.htm; accès le 20/09/05) = *estar por dentro*

être au pied du mur "être acculé à prendre une décision, être contraint d'agir" Je *suis au pied du mur*. Je commence à lui dire qu'à l'âge de 11 ans, je jouais dans un orchestre et je la vois blémir. Elle a déjà compris. (www.sosfemmes.com/faq/questions/69_petit_garcon.htm; accès le 18/07/05) = *ser colocado contra a parede*

être au septième ciel (être au ciel; être aux anges; être sur un petit nuage) "être au comble du bonheur" Technique hors pair, toucher d'une extrême finesse, tout cela s'oublie dans une écoute qui nous transporte où nous *serons au septième ciel*: une merveille absolue. (x-musique.polytechnique.org/pub/disco/disco0308.html; accès le 09/09/05) = *estar nas nuvens; être no céu; estar no paraíso; não caber em si*

être au taquet "avoir atteint l'échelon (de salaire) le plus élevé dans sa catégorie" Green Day *est au taquet* et ne connaît pas une seule seconde la médiocrité ni même le moyen ou le juste bon. (www.albumrock.net/critiquesalbums/Green-Day-Nimrod-1369.html; accès le 19/07/05) = Ø *estar no topo*

être aux anges (être au ciel; être au septième ciel; être sur un petit nuage) "être au comble du bonheur" Je suis *aux anges*, toute en sachant que je vien juste de me faire braquer mon portable!! Bref une journé qu'on a vite envie d'oublier. (forum.hardware.fr/hardwarefr/Discussions/Ma-voiture-fourriere-depuis-mois-AIE-sujet-45363-1.htm; accès le 19/07/05) = *estar nas nuvens; être no céu; estar no paraíso; não caber em si*

être aux petits soins pour "s'occuper de quelqu'un avec diligence, sans ménager sa peine" Kevin *est aux petits soins pour* Lucy et elle se demande pourquoi il est si gentil. (famillecamden.free.fr/8.11.htm; accès le 19/07/05) = Ø *ser cheio de atenção (de mimo) com; tratar na palma da mão*

être aux premières loges "être le premier concerné, pour mieux apprécier" Chercheurs et ingénieurs seront *aux premières loges* de la révolution technologique majeure annoncée pour les cinq à dix ans à venir (...) (www.ciep.fr/delfdalf/exdalfb4otsm1.htm; accès le 19/09/05) = *assistir de camarote; tratar na palma da mão*

être bien dans ses baskets "se comporter bien à l'aise" Je veux te dire de ne pas te faire de souci pour ton fils. Il va à son rythme, et il *est bien dans ses baskets*. Alors je te conseillerais de ne rien changer. (forums.famili.fr/forum2.php?config=famili. inc&cat=2&post=154780&position=2; accès le 19/07/05) = *estar como peixe n'água*

être bien loti "être favorisé par le sort" Vous arrivez au Brésil comme beaucoup de français, avec l'idée que vous êtes dans un pays nécessairement moins *bien loti* que la France. (olive.blog.lemonde.fr/ olive/2005/07/vous_reprendrez.html; accès le 19/09/05) = Ø *estar bem arrumado*

être coiffé de "avoir une attirance pour une personne" Oui, oui, nous savons que vous *êtes coiffé d'elle*, et que le voisinage est cause que vous vous enterrez dans votre château. (lelouptheatre.free.fr/penser.html; accès le 19/07/05) = *estar de quatro por*

être comme Saint Thomas "éprouver par le toucher" L'officier de police qui *est comme Saint Thomas*, et se refuse à croire aux dires de Jason Kemp, est interprété par Robert Foster. (www.ciao.fr/Fenetre_sur_cour__Avis_233682; accès le 19/07/05) = *ser como São Tomé*

être dans la course (être à la page; être au parfum) "être au parlé" Cette mythologie était peu présente côté européen, où on voulait surtout *être dans la course*. (www.cieletespace.fr/cat/espace_du_mythe_ a_la_realite.html; accès le 15/07/05) = *estar por dentro*

être dans l'air "être considéré, examiné" Le souci du palace est le manque d'espace, alors que l'idée d'un spa *est dans l'air*. (www.lesechos.fr/info/rew_metiers/4293847.htm; accès le 31/08/05) = *estar no ar*

être dans la lune (avoir la tête ailleurs; avoir la tête dans les nuages; être dans les nuages) "être rêveur, distrait, perdre le sens des réalités" ANITA doit l'accompagner au chant, mais elle est toujours *dans la lune*!!! Une cascade de gags! (magicomique.free.fr/clown.spectacle.htm; accès le 21/05/05) = *viver com a cabeça nas nuvens; viver nas nuvens; viver no mundo da lua*

être dans la note (être au diapason; être dans le ton) "être conforme aux circonstances ou en harmonie avec quelque chose" Le fait que nos acteurs s'expriment parfois dans des langues étrangères ne m'a pas déconcerté: on sait tout de suite si un comédien *est dans la note* ou s'il en fait trop. (www.voxlatina.com/vox_dsp2.php3?art=1416; accès le 09/09/05) = Ø *estar nos conformes*

être dans la peau de (mettre (se) dans la peau de) "être à la place de quelqu'un" Il est bon *d'être dans la peau* d'un personnage qui est "trop". On n'est plus dans une relation au réalisme, à la normalité. (www.figaroetudiant.com/cinema/20041208.FIG0731.html; accès le 14/05/05) = *colocar-se na pele de; estar na pele de*

être dans le même bateau (être logé à la même enseigne) "être dans la même situation fâcheuse ou délicate" Tous deux reprennent un rôle quasiment décalqué de leur précédent film. Cette fois ils *sont dans le même bateau*, et forment un couple à l'écran. (www.lesauna.net/auteurs-51; accès le 19/07/05) = *estar no mesmo barco*

être dans le noir "ne rien comprendre à quelque chose, ne plus s'y retrouver" Ne pas connaître son père, c'est *être dans le noir*. Mais le père souffre aussi; il a abandonné la musique parce qu'il était rongé par le remords. (www.parutions.com/index.php?pid=1& rid=1&srid=140&ida=5249; accès le 19/07/05) = *estar no escuro*

être dans les nuages (avoir la tête ailleurs; avoir la tête dans les nuages; être dans la lune) "être rêveur, distrait, perdre le sens des réalités" J'oublie notre anniversaire de mariage, et que j'égrène la cendre sur la mousseline de sa mère, parce que je *suis dans les nuages*. (www.chartreuse.org/Site/Cnes/Archives/ Archives_Data/ResidSept-Dec04/Marchais_Stephanie/Marchais. htm; accès le 19/07/05) = *viver com a cabeça nas nuvens; viver nas nuvens; viver no mundo da lua*

être dans le rouge "être à découvert" Je *suis dans le rouge*. Je vais d'ailleurs payer cet effort, car les kilomètres suivants sont très pénibles, je suis asphyxié. (perso. wanadoo.fr/tri.valence/ embrun04CR.htm; accès le 19/07/05) = *estar no vermelho*

être dans le secret des dieux "connaître un savoir important réservé à un petit nombre" Je crois que Léo l'a aidé à gérer la situation, mais... bon, je *ne suis pas dans le secret des dieux*, mais je l'ai vu après l'annonce en direct. (membres.lycos.fr/missheather/fanfic25.html; accès le 22/05/05) = [*estar por dentro da jogada*]

être dans le ton (être au diapason; être dans la note) "être conforme aux circonstances ou en harmonie avec quelque chose" Ensuite, si les acteurs sont mauvais en général, Depardieu est dans le ton, et c'est suffisamment rare de nos jours pour le souligner (...) (213.41.41.201/cinema/crit.cfm?idV=50; accès le 09/09/05) = Ø *estar nos conformes*

être dans le vague "ne pas voir clair, avec précision" On *est dans le vague*, lorsqu'on se demande ce qui est remarqué. (www.univ-paris12.fr/iup/8/urbanism/881/burckhar.htm; accès le 22/05/05) = Ø *estar confuso*

être dans le vent "être à la mode" Variez les plaisirs, portez-le autour du cou, en version paréo ou en turban, c'*est dans le vent*! (www.infoprix.fr/offres_accèssoires-vetements_12.aspx; accès le 22/05/05) = Ø *estar na moda*

être dans les choux "être dans une position très fâcheuse; être le dernier d'un classement" Ce qui m'avait sauvée car je m'étais pris un mémorable 04 en didactique et sans mes bons résultats aux écrits, j'*aurais* certainement *été dans les choux*. (agreg-ink.com/forum/index.php?act=Print& client=printer&f=50&t=528; accès le 19/07/05) = *ser o lanternina*

être dans sa poche "être conquis, séduit par quelqu'un" Sentant que le public *est dans sa poche*, l'artiste commence à raconter des blagues sur les blondes. (www.lecerclelibertin.com/forums/viewtopic.php?p=39676&sid= a2114345ae03ede2232ca24dcb89e4f9; accès le 09/09/05) = Ø *estar dominado, conquistado*

être dans ses prix "être financièrement abordable" Je me porte plutôt sur la télé qui *est dans mes prix* (...) (ex.cyna.net/theme-br-8.html; accès le 09/09/05) = Ø *dentro das possibilidades financeiras de alguém*

être dans son assiette "se sentir physiquement bien" Elle croit que dans certains domaines elle *est dans son assiette*... mais pour pas longtemps... (high.school.free.fr/mouth1.htm; accès le 19/09/05) = Ø *sentir-se em forma*

être dans son élément "se sentir bien dans une activité, généralement l'occupation que l'on a et qui convient parfaitement" L'artiste "principal", celui que l'on connaît le mieux, *est dans son élément* et rencontre vraiment son public lorsqu'il chante sur scène. (www.chanson-net.com/tranchesdescenes/principe.htm; accès le 19/07/05) = *sentir-se em casa*

être dans un bon jour "être dans des jours où tout vous réussit" Si le buteur de service *avait été dans un bon jour*, l'addition aurait été encore plus corsée. Les girondines réduisaient l'écart par une pénalité. (www.pays-de-bergerac.com/pages/Journal/archives/sports/rugby/index-2004.asp; accès le 19/07/05) = *estar num bom dia*

être dans un mauvais jour "être dans des jours où rien ne vous réussit" Je suis là encore *dans un mauvais jour* et je décide d'abandonner assez rapidement en prévision du Tour de Castille-et-Leon. (perso.wanadoo.fr/christophe.oriol/2003/ligne03.htm; accès le 19/07/05) = *estar num mau dia*

être de glace "être complètement insensible" Tu as trop de noeux dans ton coeur pourtant il brûle d'amour mais ton coeur *est de glace* (...) Un amour brûlant pour un coeur de glace (...) (amourtendre02.skyblog.com/; accès le 19/07/05) = *ser uma geladeira*

être de mèche avec "être de connivence avec quelqu'un ou complice dans une affaire qui doit rester secrète" Carla *est de mêche avec* Perry, pour que JD n'ait pas de boulot aujourd'hui. Forcément ça se répercute sur le boulot de Perry qui double d'un seul coup. (www.leflt.com/usa/article.php3?id_article=885; accès le 19/07/05) = Ø *estar de combinação com (alguém)*

être du bâtiment "être spécialiste en la matière" Giono, qui suit le procès pour le compte d'un journal parisien, se présente comme une sorte d'expert en paysans de Provence: "Je *suis du bâtiment*. (195.101.94.237/mx/?type=1&tp=F&donnee_appel=RFRAN2&l_isbn=2070113752; accès le 19/07/05) = Ø *ser do ramo*

être du même bord "d'accord avec les opinions de quelqu'un, d'une entité politique, sociale ou idéologique" J'exige de vous tous, une entière coopération, ce qui ne devrait pas poser de problèmes puisque tous ici, nous *sommes du même bord*. (perso.wanadoo.fr/black.polar/enigme6.htm; accès le 23/05/05) = *estar do mesmo lado*

être écrit "être fixé par le destin" On meurt tous, c'*est écrit*, tout ce qui commence doit finir. (forum.games-creators.org/showthread.php?t=1528&goto=newpost; 21/09/05) = *estar escrito*

être en chair "avoir des formes pleines "[relatif surtout aux femmes] Elle *est en chair* cette fille, elle a un air de santé époustouflant et en plus elle est très jolie. (www.savarts.com/index.php?showtopic=502&st=240; accès le 02/05/05) = Ø *ser cheinha*

être en éveil "être attentif, sur ses gardes" C'est elle qui *est en éveil* dans la compréhension. En comprenant une chose, nous levons un voile d'étrangeté entre elle et nous. (sergecar.club.fr/cours/reflexph.htm; accès le 19/07/05) = Ø *estar de sobreaviso*

être en froid avec "ne plus avoir de rapports cordiaux, chaleureux avec quelqu'un" En effet, Dieudonné *est en froid avec* plusieurs personnalités de la télé. On peut citer Arthur ainsi que Patrick Sébastien. (aubonsketch.ifrance.com/plusdieudonne.htm; accès le 19/07/05) = Ø *estar de relações estremecidas com*

être en jeu "être engagé dans une affaire qui peut comporter des risques" La Liga *est en jeu.* Même si nous n'avons pas fait un grand match, car on ne peut pas parler de grand match, on a quand même marqué quatre buts à Barcelone. (www.zidane.fr/FR/itw/story_169606.shtml; accès le 19/07/05) = *estar em jogo*

être en nage "être en sueur, transpirer" Il *est en nage*, s'affale sur une banquette. Je l'ai en coin d'oeil, sa respiration est courte, son regard absent. Il y a une souffrance sous ce blouson usé. (hrundi.blog.lemonde.fr/ hrundi/2005/04/descendu_la_pro.html; accès le 19/07/05) = Ø *estar nadando em suor*

être en perte de vitesse "avoir l'activité, le prestige, la crédibilité, etc. en chute" Toutes les études depuis la guerre le prouvent d'abondance: quel que soit le critère abordé, le préjugé antisémite classique *est en perte de vitesse.* (www.ldh-toulon.net/article.php3?id_article=270; accès le 19/07/05) = Ø *estar em queda*

être en pétard (être à cran; fâcher (se) tout rouge) "être sensiblement énervé, en colère" Et maintenant qu'elle *est en pétard*, on va pouvoir la défier avec un pokémon Électrique ou Plante. (www.pixalgo.free.fr/jeux/part3.php; accès le 19/09/05) = *estar fulo da vida; estar louco da vida; estar por conta*

être en reste avec "devoir encore quelque chose sur une somme" Je sens bien, ma petite didine, que je *suis en reste* avec toi, mais je n'ai pour t'écrire que les soirées et les dimanches. (www.chronologievictor-hugo.com/pages/corp1833(3,1).htm; accès le 19/07/05) = Ø *estar em débito com*

être en voix "être en mesure de bien chanter" Il veut que je me construise.. je *suis en voix* car il est là. Il sera toujours là d'une façon ou d'une autre.. Mais un nouveau sentiment m'anime. (123maigrir.com/monjournal1/delfinette.html; accès le 19/07/05) = Ø *estar com vontade de sair cantando*

être fait [comme un rat] (être sans issue) "se trouver pris au piège, dans une situation sans d'autres perspectives" Diantre, je *suis fait comme un rat*! elle sait! Saleté de ville de province dans laquelle tout se répand comme une traînée de poudre. (www.eretzvaju.org/2005/01/21/; accès le 19/07/05) = *estar sem saída; não ter pra onde correr; não ter saída*

être juge et partie "être intéressé directement dans une affaire que l'on devrait considérer, apprécier avec impartialité et sérénité" Il *est juge et partie* dans le procès de Figaro. Il a d'ailleurs décidé avant l'audience que Figaro perdrait son procès. (teamalaide.free.fr/dissert/french/Beaumarchais/maitre_valet_mariagefigaro.html; accès le 19/07/05) = Ø *ser juiz em causa própria*

être la croix et la bannière "être très difficile, compliqué" Le matin, une société de transport spécialisé me dépose au niveau du parking. Là, un unique ascenseur me permet d'accéder aux salles de cours. Quand il ne fonctionne pas, c'*est la* *croix et la bannière* pour arriver à l'heure! (www.u-cergy.fr/article3122.html; accès le 04/04/05) = *ser um Deus nos acuda*

être logé à la même enseigne (être dans le même bateau) "être dans la même situation fâcheuse ou délicate" Ce n'est pas facile de présenter un grand statique quand il pleut et qu'il y a des rafales de vent mais tout le monde *est logé à la même enseigne*. (miztral. free.fr/miznet/3emerevevolant.htm; accès le 19/07/05) = *estar no mesmo barco*

être l'ombre de "accompagner fidèlement quelqu'un ou quelque chose" Il *est l'ombre* de lui-même, indifférent aux aventures sentimentales de sa femme. (terresde crivains.com/article.php3?id_article=318; accès le 19/07/05) = *ser a sombra de*

être mal loti "être défavorisé par le sort" Comme quoi en France, même si c'est pas encore le top du top en matière de prévention on est pas trop *mal loti*. (forum.doctissimo.fr/doctissimo/sida/Voila-fait-froid-dans-sujet-148468-1.htm; accès le 19/09/05) = Ø *estar mal-arrumado*

être plus royaliste que le roi "s'occuper des intérêts d'une personne plus qu'elle ne le fait elle-même; être intransigeant, trop dogmatique" Mais ne *soyez* pas *plus royaliste que le roi*: ce sont seulement des horaires indicatifs, que vous pouvez changer facilement selon vos activités. (www.pratique.fr/sante/forme/em24b05.htm; accès le 27/07/05) = *ser mais realista que o rei*

être rangé des voitures "être revenu à une vie calme, honnête" Car même s'il *est rangé des voitures* depuis quelques lustres, Senelle reste un conseiller très écouté dans les cénacles nordistes. (minorites.org/article.php?IDA=1881; accès le 19/07/05) = Ø *voltar a levar uma vidinha pacata*

être sans issue (être fait [comme um rat]) "se trouver pris au piège, dans une situation sans d'autres perspectives" Car lorsque le projet de formation ne concorde pas avec les besoins de l'entreprise, la voie semble *être sans issue* pour le salarié. (www.cite-sciences.fr/universite/ texte/telecharge/uort9923.pdf; accès le 19/09/05) = *estar sem saída; não ter pra onde correr; não ter saída*

être sur la bonne route "savoir comment faire pour arriver à ses fins" Voitures vertes : la France sur *la bonne route*. (http://tf1.lci.fr/infos/sciences/environnement/0,,3447537,00-voitures-vertes-france-sur-bonne-route-.html) = *estar na direção certa*

être sur la brèche "être toujours en activité" Cela fait dix-sept ans qu'il *est sur la brèche* comme médecin du secours em montagne, urgentiste très spécial (...). (www.liberation.fr/page.php?Article=318871; accès le 19/07/05) = Ø *estar na ativa; estar em plena atividade*

être sur la mauvaise pente "prendre une direction contraire aux exigences sociales, morales, qui risque d'entraîner quelqu'un à sa perte" La jeune fille, étant sorcière depuis son enfance, doit très probablement sentir que Willow, sans le savoir, *est sur la mauvaise pente*. (sunnydale04.skyblog.com/; accès le 19/07/05) = Ø *começar do jeito errado*

être sur la touche (ne pas être dans le coup; rester sur la touche) "être tenu à l'écart d'une affaire" C'est donc une vingtaine de personnes qui vont *être sur la touche* à partir du mois de septembre. (rso.wanadoo.fr/sudptt34/janvier_2003.htm; accès le 05/05/05) = *estar de fora*

être sur le flanc "être très malade" Sinon, je vous tiendrai au parlé. Déjà, pour le corydora, je pense qu'il ne passera pas la nuit. Il *est sur le flanc* et il fait la carpe. (www.aquariophilie.org/forum/viewtopic.php?t=19826; accès le 19/07/05) = *cair de cama; estar de cama*

être sur les nerfs (être à plat) "être très fatiguée et n'agir que par des efforts de volonté" Mais j'en ai marre de me priver, je *suis sur les nerfs*, le moral pas terrible et au lieu de maigrir, je grossi! Pourtant, je ne grignotte pas. (123maigrir.com/monjournal1/080173.html; accès le 19/07/05) = *estar só o pó; estar um caco; estar um trapo; sem gás*

être sur les rangs "faire partie du nombre des concurrents" Paris *est sur les rangs* pour organiser les jeux 2012, en concurrence avec Madrid, Londres New-York et Moscou... (rezore.blogspirit.com/sports; accès le 19/07/05) = Ø *estar em concorrência*

être sur un petit nuage (être au ciel; être au septième ciel; être aux anges) "se sentir si heureux, voire bienheureux qu'on en perd la conscience des réalités" En avril, inutile de dire que vous êtes *sur un petit nuage* et que votre forme est excellente. (www.astro-et-voyance.com/ horoscope-gratuit-2005/balance.html; accès le 20/06/05) = *estar nas nuvens; estar no céu; estar no paraíso; não caber em si*

être tombé sur la tête (avoir une araignée au [dans le] plafond; avoir une case en moins; travailler du chapeau) "être un peu fou, dérangé" On tombe parfois sur des commentaires amusants sur les blogs remarquant avec consternation que Bill *est tombé sur la tête*. (standblog.org/blog/2005/01/09/ 93113916-bill-gates-est-passe-sur-la-tranche; accès le 19/07/05) = *não bater bem; ter macaquinhos no sótão; ter miolo mole; ter um parafuso a menos*

être une sainte nitouche "agir comme s'il y avait peur de l'amour charnel "[sujet: fille/femme; expression souvent péjorative, moqueuse] C'*est une sainte nitouche* qui renie son passé de prostituée, explose-t-elle. Elle pense pouvoir dissocier le travestissement de la prostitution (...) (www.jir.fr/impression.php3?id_article=109464; accès le 07/04/05) = *ser santinha do pau oco*

être un prêté pour un rendu "donner la riposte, prendre la revanche" Bon, ok, j'aurais pu le faire, ça lui aurait évité de passer pour une conne auprès de la Trésorerie Générale, mais c'*est un prêté pour un rendu*, non? (foutriquet.site.voila.fr/page3.html; accès le 09/05/05) = *ficar elas por elas*

examen de conscience "examen approfondi de ses pensées, de ses intentions, de ses actes du point de vue de leur valeur morale" Yom Kippour approche, et c'est l'occasion de procéder à un *examen de conscience* et a un réexamen de la situation à la lumière du passé. (lapaixmaintenant.org/article543; accès le 19/07/05) = *exame de consciência*

f | F

fâcher (se) tout rouge (être à cran; être en pétard) "se mettre vivement en colère" Gambitt *se fâche tout rouge*. Ah, cela vous énerve que l'on puisse dire que le pouvoir a été usurpé par le gouvernement actuel. (permanent.nouvelobs.com/ cgi/ debats/aff_mess?id=200308280028&offs=75; accès le 20/07/05) = *estar fulo de raiva; estar louco da vida; estar por conta*

faim de loup (appétit de loup; appétit d'ogre) "très grande faim" Car, ici ce qui fait peur a aussi besoin d'affection. Une *faim de loup* à vite partager et qui saura, sans nul doute, faire réagir les enfants. (www.ricochet-jeunes.org/parudet.asp?livrid= 7645; accès le 20/07/05) = *fome de leão*

faire amende honorable "reconnaître sa faute et en demander pardon" Dans ce cas, cela ne veut pas dire que ceux qui ne sont pas d'accord doivent *faire amende honorable*. (www.humanite.presse.fr/ journal/1990-03-30/1990-03-30-796754; accès le 20/07/05) = *dar mão à palmatória*

faire (se) avoir (faire (se) entuber; foutre (se) dedans) "être dupé, trompé, subir un préjudice" On peut pas *se faire avoir* cette fois. On peut maintenant parler librement ou rester à la traîne. Quand tout cela sera-t-il finit? (www.musikmania.net/trad/ box_car_racer-box_car_racer_trad.php; accès le 20/ 07/05) = *levar uma rasteira*

faire bon marché "accorder peu d'importance à quelque chose" La Pologne, par exemple, et les autres pays frontaliers de la Russie doivent penser que l'on *fait bon marché de* leur opinion. Je préfère l'Europe politique. (www.udf.org/ presse/interviews/fb_lefigaro_210305.html; accès le 20/07/05) = *deixar barato; deixar por menos*

faire bon ménage avec "s'entendre bien avec quelqu'un" Elle *fait bon ménage avec* lui puisqu'il lui rend service régulièrement quand il s'agit par exemple de calculer la QRB avec mon correspondant. (monsite.wanadoo.fr/f8ahq/page6.html; accès le 20/07/05) = Ø *dar-se bem com*

faire bonne figure (faire bonne mine; faire bon visage) "être à son avantage, se montrer sympathique" Quant à moi, qui conduisais le deuil, j'ai *fait bonne figure* jusqu'aux discours. Exclusivement. J'aime la littérature plus que personne. (perso.wanadoo.fr/ jb.guinot/pages/Bouilhet.htm; accès le 20/07/05) = [*fazer uma cara boa*]

faire bonne mine (faire bonne figure; faire bon visage) "être à son avantage, se montrer sympathique" Elle voyait que c'était la mode, à la cour, de trahir ses amis par intérêt; de *faire bonne mine* à ceux que l'on haïssait, et de mentir à tout moment. (www.chez. com/feeclochette/Beaumont/veuve.htm; accès le 02/10/05) = [*fazer uma cara boa*]

faire bouillir la marmite "assurer la subsistance, l'entretien d'un ménage" Brillante avocate - "c'est elle qui *fait bouillir la marmite*", explique-t-il -, elle défend souvent des Tsiganes victimes de discriminations. (www.lepoint.fr/europe/ document.html?did=137739; accès le 20/07/05) = *colocar o pão na mesa*

faire boule de neige "augmenter, se compliquer progressivement" L'entrevue accordée au Soleil la fin de semaine dernière a *fait boule de neige* dans les médias cette semaine.(www.quoide9.org; accès le 20/07/05) = *crescer como bola de neve*

faire bon visage (faire bonne figure; faire bonne mine) "faire bon accueil à quelqu'un/ quelque chose, en particulier lorsqu'on lui est hostile" Je suis Mathilde (...) Mathilde Loisel. Elle n'a pas l'air enchantée de la rencontre, Mme Forestier; pourtant, elle *fait bon visage*. (www.ac-nantes.fr:8080/peda/disc/lettres/ ressourc/multimed/LYPTICE/ session1/DEVOIRS/evalparu.htm; accès le 20/07/05) = [*fazer uma cara boa*]

faire cavalier seul "personne qui agit de manière indépendante" Toutefois, l'union n'a pas été complète puisque le Mouvement serbe du renouveau (SPO) a *fait cavalier seul* aux élections de septembre 2000. (www.defense.gouv.fr/sites/das/dossiers/la_question_serbe_apres_le_conflit_au_kosovo; accès le 20/07/05) = Ø *agir por conta própria*

faire chorus "se manifester verbalement avec un autre (avec d'autres)" Je *fais chorus* avec lui lorsqu'il s'agit de condamner les actes violents qui furent perpétrés. C'est intolérable. (www.elysee.fr/cgi-bin/auracom/aurweb/search/file?aur_file=discours/2000/UENIC00.htm; accès le 20/07/05) = *fazer coro*

faire chou blanc "échouer dans une démarche, une entreprise" Après quelques années, les mineurs qui *avaient fait chou blanc*, mais aussi appris à prospecter, cherchèrent de nouveaux territoires. (www.america-dreamz.com/arizona/paysages/ chiricahua_national_monument.php; accès le 20/07/05) = *dar-se mal; sair-se mal*

faire comme les copains "se débrouiller comme tout le monde" Si j'avais voulu faire joujou avec un tonomètre, *j'aurai fait comme les copains*: continuer mes études de médecine. Répondre à ce message. (www.lestroiso.org/phorum/ read.php?f=1&i=3496&t=3108; accès le 20/07/05) = Ø *fazer como todo mundo*

faire contre mauvaise fortune bon coeur "prendre du bon côté les désagréments qu'on subit" Malgré cette incertitude de poids, Aulas *fait contre mauvaise fortune bon coeur* et il réfléchit à la saison à venir avec son coach préféré. (www.maxifoot.fr/ articles/1893/; accès le 20/07/05) = *fazer o jogo do contente*

faire couler beaucoup d'encre "faire écrire beaucoup à son sujet" Le tourisme adapté *fait couler beaucoup d'encre* depuis 4 ans sans que les personnes handicapées n'en voient encore les effets concrets.(www.handica.com/acces_themes/ article_rw_88.html; accès le 13/07/05) = [*dar o que falar; fazer correr tinta*]

faire coup double (faire d'une pierre deux coups) "atteindre deux objectifs par la même action" La nouvelle loi sur la "maîtrise de l'immigration" réussit à *faire coup double*: elle casse le droit du travail en tapant sur les sans papiers. (www.federation-anarchiste.org/fa/article.php3?id_article=86; accès le 02/10/05) = *matar dois coelhos (com uma cajadada só)*

faire cul sec "vider d'un seul trait un verre d'une boisson alcoolique" Le Belge prend sa gueuze et *fait cul sec*. – Patron ressers donc une gueuze pour toi, une gueuze pour moi et une gueuze pour tous ceux qui sont derrière. (perso.wanadoo.fr/ mag2000/his/arc03.htm; accès le 20/07/05) = Ø *virar o copo*

faire dans sa culotte (avoir chaud aux fesses [vulgaire]; faire dans son froc) "avoir très peur" Tu sais, l'intelligence, ce n'est pas *faire dans sa culotte* dès que tu entends une langue inconnue: c'est d'essayer de la comprendre. (cybermilitant.org/ viewtopic.php?t=217&view=previous; accès le 03/01/06) = *borrar as calças*

faire dans son froc (avoir chaud aux fesses [vulgaire]; faire dans sa culotte) "avoir très peur" Des nouveaux monstres, des nouvelles armes, et encore plus d'occasions de faire dans son froc. (www.nofrag.com/2005/fev/25/16329; accès le 03/01/06) = *borrar as claças*

faire date (faire époque) "marquer dans l'histoire ou dans la vie" Nous reproduisons ci-après le fac-similé de cette lettre qui *fait date* dans la petite histoire de l'informatique, version gauloise. (www.defidoc.com/initiation_infor/ Ordinateur50ans.htm; accès le 20/07/05) = *fazer época; marcar época*

faire (se) de la bile (faire (se) du mauvais sang) "se faire du souci, se tourmenter" Je sais être quelqu'un de stressé, aux colères rentrées, mais je n'imaginais pas à quel point je pouvais *me faire de la bile*!!! (www.atoute.org/dcforum/DCForumID5/ 10465.html; accès le 20/07/05) = *esquentar a cabeça*

faire de l'esprit "vouloir absolument se montrer spirituel, chercher avec affectation à faire preuve d'esprit" [souvent péjoratif] Il jongle avec les mots, les expressions toutes faites et *fait de l'esprit* tout le temps. (www.gauthier-fourcade.com/revuede presse.htm; accès le 20/07/05) = Ø *fazer gracinhas*

faire de l'oeil (faire les yeux doux) "adresser des regards amoureux à quelqu'un" On vous a rapporté que votre meilleure amie *avait fait de l'oeil* à votre homme. Vous allez la voir pour en avoir le coeur net. (theatre.canalblog.com/archives/les_cours/ ; accès le 20/07/05) = *dar bola*

faire (en) des caisses (faire (en) une maladie; faire (en) une montagne; faire (en) un fromage; faire (en) un plat) "exagérer les difficultés de quelque chose" Mais j'avoue que, dans le premier chapitre, il m'a bluffée. Et, finalement, même s'il *en fait des caisses*, je le trouve génial. (www.ecranlarge.com/forum/archive/index.php/t-498.html; accès le 20/07/05) = *fazer disso o fim do mundo; fazer disso uma novela; fazer disso um carnaval; fazer disso um cavalo de batalha; passar da medida; passar da conta*

faire (se) des cheveux blancs (faire (se) de la bile; faire (se) du mauvais sang) "avoir des soucis pour quelqu'un ou pour quelque chose" Depuis que j'ai mon camion, je *me fais des cheveux blancs*, à cause des jaloux qui m'ont lacéré les pneus, etc (...) mais je ne regrette rien. (forum.aceboard.net/12980-1229-21243-1-maxi-code-FORD.htm; accès le 20/07/05) = *esquentar a cabeça; ficar de cabelos brancos*

faire des étincelles "avoir de brillants résultats" Mordant, cynique, il *fait des étincelles*, remporte un Golden Globe et une nomination à l'Oscar du meilleur second rôle masculin. (www.filmdeculte.com/portrait/ portrait.php?id=87; accès le 20/07/ 05) = *fazer bonito*

faire des fleurs "exalter quelqu'un ou quelque chose" En effet, elle n'est pas du genre à *faire des fleurs* à qui que ce soit. Et sa prose n'a rien non plus de très fleuri. (netx.u-paris10.fr/faaam/article.php3?id_article=22; accès le 03/10/05) = *jogar confete(s)*

faire des galipettes “se livrer à des ébats amoureux” Aujourd’hui vous avez bien rigolé, il faisait beau alors vous vous êtes baladé, vous avez peut-être même *fait des galipettes*? (www.20six.fr/littlefrench/archive/ 2005/05/; accès le 20/07/05) = Ø *viver na farra*

faire des gammes “faire des exercices pour acquérir une technique, une faculté” Les grands musiciens ont toujours *fait des gammes* (...) alors je sais que c’est grâce à elles que tes doigts retrouveront les fourmillements bouillonnants. (icare.canalblog.com/archives/2005/05/20/513906.html/; accès le 20/07/05) = Ø *treinar*

faire des gorges chaudes (foutre (se) de la gueule) “se moquer de (quelqu’un, quelque chose) par des plaisanteries plus ou moins malveillantes” S’il l’avait saisi, il en aurait sûrement *fait des gorges chaudes*, car malgré tout il ne manquait pas d’humour. Mon nom prête à la raillerie hors d’ici. (www.metailie.info/reponses/debut.asp?ID=826; accès le 20/07/05) = *tirar sarro*

faire des pieds et des mains “faire tous ses efforts pour arriver à ses fins” Chaque villageois était tenu de *faire des pieds et des mains* pour retrouver les talents perdus. (catholique-arras.cef.fr/eep4/ea0409a.htm; accès le 02/10/05) = *brigar com unhas e dentes*

faire des vagues “créer des difficultés, inquiéter, scandaliser” On espère ce jour-là voir un peu plus clair dans cette affaire qui ne passera sans *faire des vagues* au sein du clergé local. (www.wagne.net/ouestechos/regional/region07b.html; accès le 02/10/05) = *fazer onda*

faire double emploi “répétition inutile” La lettre de motivation complète le CV sans pour autant *faire double emploi*. (www.studyrama.com/newsletter/newsletter-2004-05-05.html; accès le 02/10/05) = *chover no molhado*

faire dresser les cheveux sur la tête “provoquer la stupéfaction, saisir quelqu’un d’épouvante ou de colère” Une vision qui ne manquera pas de *faire dresser les cheveux sur la tête* des féministes convaincues ou des machos triomphants! (www.doctissimo.fr/html/dossiers/troubles_erectiles/8210-troubles-erection-victimes-portrait-02.htm; accès le 20/07/05) = *deixar de cabelo em pé*

faire du boudin “bouder” Parfois, ma mère fait les premiers pas; d’autres fois, c’est moi qui vais vers elle. Il t’arrive sûrement aussi de “*faire du boudin*”, comme on dit. (www.actuados.fr/article,1203,0.html; accès le 20/07/05) = Ø *emburrar*

faire du foin (faire su suif) “faire un scandale” Il faut dire que nous *avions fait du foin* dans le refuge et que le quelqu’un qui avait fait le coup devait se sentir passablement morveux. (perso.wanadoo.fr/vtt.compostelle/ete2003.htm; accès le 06/10/05) = *armar o barraco; armar um circo*

faire du genre “vouloir se distinguer en affectant certaines manières” Je n’ai jamais menti sur ce blog, jamais cherché à *faire du genre* (si l’on omet mes frasques de bloggeuse débutante), à passer pour une autre. (www.20six.fr/Clara65/archive/2005/02; accès le 20/07/05) = *fazer gênero*

faire du gringue "parler à une femme dans le but de la séduire" Elle en profita pour me *faire du gringue* et comme je devais me persuader que je n'étais pas Gay, je lui fit comprendre que j'étais accessible. (peripeties.hautetfort.com/archive/2005/09/13/ismael.html; accès le 02/10/05) = Ø *dar uma cantada*

faire (se) du mauvais sang (faire (se) de la bile) "se faire du souci, se tourmenter" J'ai tellement peur de me tromper que je *me fais du "mauvais sang"*: je ne peux retenir aucune nourriture et commence à maigrir. (perso.wanadoo.fr/sidasante/temoigna/temyan.htm; accès le 20/07/05) = *esquentar a cabeça*

faire du rentre-dedans "faire des avances pressantes" Jonathan devient un macho, Lana *fait du rentre-dedans* très osé à Clark, et Pete tente de tuer Lex (...). (virtualdarko.chez.tiscali.fr/smallville_saisons.htm; accès le 20/07/05) = *dar em cima*

faire du vent 1. (peigner la girafe) "se dépenser sans efficacité, pour rien" Le débat est un peu vain et ne sert qu'à *faire du vent*. Par contre, il convient de noter que le jeu couronné est un jeu d'ambiance qui détonne un peu dans le petit monde ludique actuel. (www.machdiespuhl.org/editoriaux/juin05.htm; accès le 02/10/05) = *enxugar gelo* **2.** "chercher à impressionner" Une activité qui peut être pratiquée, plutôt en cycle 2, pour construire cette notion peut être de leur demander de *faire du vent* en classe. (www.inrp.fr/lamapphp/ questions/affqr.php?ref=93; accès le 20/07/05) = Ø *dar uma de importante*

faire du zèle "en faire plus qu'il n'est nécessaire, déployer ostensiblement un zèle inhabituel ou excessif" [péjoratif] Je crois simplement que le toubib qu'à vu Mysa a voulu *faire du zèle* auprès de ses collègues (...) (forum.doctissimo.fr/sante/arthrose-os/toute-seule-sujet-147224-7.htm; accès le 20/07/05) = *mostrar serviço*

faire d'une pierre deux coups (faire coup double) "atteindre deux objectifs par la même action" Romain a *fait d'une pierre deux coups*, puisqu'il décroche également l'indispensable minima pour les championnats d'Europe espoirs d'Erfurt en Allemagne. (membres.lycos.fr/fcmathle/index.php?op=show&aftersid=205; accès le 20/07/05) = *matar dois coelhos (com uma cajadada só)*

faire échec "empêcher la réalisation de quelqu'un ou quelque chose" Rennes a fait le jeu et son nouveau gardien Bernard Lama *a fait échec à* Marcello Gallardo en arrêtant un penalty de l'Argentin. (www.humanite.presse.fr/journal/2000-08-28/2000-08-28-230487; accès le 20/07/05) = *dar xeque-mate*

faire école "avoir des disciples ou des imitateurs" [cultivé] Pour un jeune coureur qui y *fait école*, une place modeste peut avoir donné lieu à un progrès essentiel pour sa future progression. (www.vo2.fr/report.php3?Num=75&type=Entrainements; accès le 20/07/05) = *fazer escola*

faire (se) entuber (faire (se) avoir; foutre (se) dedans) "être dupé, trompé, subir un préjudice" Les salariés pourraient même *se faire entuber* un peu plus. Car nombres d'entreprises sont déjà en surcapacité de production. (fabienma.club.fr/annu-art/articles/pentecote.htm; accès le 02/10/05) = *levar uma rasteira*

faire époque (faire date) "marquer dans l'histoire ou dans la vie" Le dix-septième siècle doit *faire époque* dans l'histoire de la boulangerie parisienne (...) (www.france-pittoresque.com/metiers/33.htm; accès le 02/10/05) = *fazer época; marcar época*

faire étalage de "montrer quelque chose avec ostentation pour provoquer l'admiration dans son entourage" On *fait étalage de* nos bons sentiments au moindre prix et on distrait le plus longtemps possible avec la complicité inconsciente et imbécile des journaleux. (andre.bourgeois.9online.fr/democratie_totalitaire.htm; accès le 20/07/05) = *fazer propoganda de*

faire face (faire front) "être en mesure de répondre à quelque chose, de résister" Le transport aérien *fait face* à la crise économique. L'aviation continue à se moderniser avec l'apparition du Boeing intercontinental en 1969. (www.ina.fr/voir_revoir/aviation/crise.fr.html; accès le 20/07/05) = *fazer face*

faire fausse route "se tromper sur la direction à prendre" Il m'apparaît clairement maintenant que *j'ai fait fausse route*, on est pas ici pour discuter mais pour se lamenter, râler, critiquer et crier au scandale. (forums.france2.fr/france2/ tdf/Jeremiades-chaine-sujet-471-1.htm; accès le 20/07/05) = *tomar o bonde errado*

faire faux bond 1. "manquer un rendez-vous" (...) Il me reproche qu on ne se rencontrera jamais alors que c'est lui qui m'*a fait faux bond* deux fois. (forum.doctissimo.fr/doctissimo/fidelite-infidelite/sentiments-virtuels-realite-fiction-sujet-149965-1.htm; accès le 08/11/05) = *dar o bolo* **2.** "ne pas tenir un engagement pris envers quelqu'un, renoncer au dernier moment" Les systèmes GPS doivent avoir une très bonne autonomie pour ne pas vous *faire faux bond* au moment fatidique. (www.bestofmicro.com/pr/g1/279/guide-d-achat-navigation-gps.jsp; accès le 12/09/05) = *dar pra trás; deixar na mão* [1]

faire feu de tout bois "employer tous les moyens possibles pour parvenir à ses fins" Car Chéri Samba est rusé, malicieux et suprêmement orgueilleux: de la sorte il *fait feu de tout bois*, y compris de son image de "naïf". (www.rfi.fr/fichiers/MFI/CultureSociete/1222.asp; accès le 22/07/05) = *queimar todos os cartuchos*

faire flèche de tout bois "employer tous les moyens possibles pour parvenir à ses fins" Conscient des handicaps multiples au plan national et international, la stratégie est de *faire flèche de tout bois* pour les combler (...) (www.sanfinna.com/ARCHIVES/Archives257/TempsForts.htm; accès le 02/10/05) = *queimar todos os cartuchos*

faire foi "porter témoignage" [sujet: chose] Seule cette lettre *fait foi* de notre engagement. L'admission est effective sous réserve de l'obtention du bac à la première session. (insesisar.inpg.fr/; accès le 22/07/05) = *fazer fé* [2]

faire front (faire face) "être en mesure de répondre à quelque chose, de résister" Aujourd'hui, le FN *fait front* pour les municipales et les cantonales (...). (votants.free.fr/UE/stirbois3.htm; accès le 22/07/05) = *fazer face*

faire fureur "être l'objet d'un engouement excessif" L'e-mail mobile *fait fureur.* Recevoir automatiquement ses mails sur un terminal mobile est une fonction très prisée par les utilisateurs nomades. (www.silicon.fr/getarticle.asp?ID=6432; accès le 22/07/05) = *fazer furor*

faire la chaîne "se placer à la suite les uns des autres pour manifester l'union autour d'un même sentiment, d'une même pensée" Les jeunes qui *ont fait la chaîne* de l'amitié autour de Paris, en proposant à tous les Parisiens de s'y associer, avaient un message clair. (www.france-catholique.fr/ archi/articles/article1997,031.html; accès le 22/07/05) = *fazer uma corrente*

faire la fine bouche "faire le difficile face à ce qui est apprécié ordinairement" D'ailleurs, j'*ai fait la fine bouche* en ne disant pas oui tout de suite. Vous avez tout de même gagné dix ans en termes de notoriét. (forum.m6.fr/ ptopic14009.php& sid=baf21f801c4245a6562ad6f359c7fcae; accès le 22/07/ 05) = *fazer (cu) doce* [vulgaire]

faire la grasse matinée "se lever tard dans la matiné" L'homme *fait la grasse matinée*, la femme dépense beaucoup pour la nourriture. (pageperso.aol.fr/Mahagagamada/ proverb_amour.html; accès le 22/07/05) = Ø *ficar até tarde na cama*

faire la gueule (faire la moue; faire la tête) "bouder, manifester par une expression fermée du visage sa mauvaise humeur, son mécontentement ou ses réticences, à l'égard d'une proposition" [vulgaire] Lorsqu'il voit que je suis mal, il m'engueule, me dit que ça l'emmerde de rentrer chez lui et de voir quelqu'un *faire la gueule*. (forums.telerama.fr/ forums/messages.asp?forum=91&msgID=205352&parentmsgID=0&threadID=607 68; accès le 04/10/05) = *amarrar a cara; fazer cara feia; fechar a cara; ficar de cara amarrada; ficar de cara fechada; ficar de cara feia; ficar de cara virada*

faire la java (faire la nouba) "s'amuser dérèglement" Quelques éléments de déco et des miroirs tout autour confèrent une certaine originalité à cette boîte rémoise où l'on vient *faire "la java"* à tout âge. (www.cityneo.fr/ reims_club_fun_la_java=,id_51100,n_reims,tp_2c,x_724000,y_2474500,cc_null,p_9999.1.2440412; accès le 04/10/05) = Ø *cair na farra*

faire la lumière sur "élucider ce qui est confus ou énigmatique" L'étude du jeu d'enfant *fait la lumière sur* les valeurs fondamentales et les axes du développement d'une civilisation donnée. (www.recherches-slaves.paris4.sorbonne.fr/Cahier3/ Nesalenis.htm; accès le 22/07/05) = *lançar luz sobre*

faire (se) la main "s'éxercer" L'admiration qu'il ressent pour ces deux artistes le stimule et il *se fait la main* en travaillant d'après leurs oeuvres. (artactif.fr/indexT/ tchinai.htm; accès le 22/07/05) = Ø *praticar*

faire (se) la malle (ficher le camp; foutre le camp; mettre les bouts; mettre les voiles; prendre la clef des champs; tourner les talons) "partir, s'en aller sans prévenir" Quelle déception, ces dernières se décousent déjà, le rembourrage *se fait la malle*!!! Moi qui envisageait des Doc Martens pour remplacer mes TBS (...) (forum.hardware.fr/hardwarefr/Discussions/FASHYOONEVICTIME-chaussures-docteur-martines-sujet-42263-4.htm; accès le 22/07/05) = *cair fora; cair no mundo; dar no pé; dar o fora* [1]; *puxar o carro; virar as costas*

faire la manche "demander et recueillir des dons, généralement en argent, pour soi, pour les pauvres, pour une œuvre de bienfaisance, etc." Et ces mots, fondus à la litanie urbaine, toujours les mêmes: "Enfants à nourrir, RMI en fin de droits, si je *fais la manche* ce n'est pas par plaisir". (www.humanite.presse.fr/journal/2002-07-24/2002-07-24-37619; accès le 22/07/05) = *passar o chapéu*

faire la moue (faire la gueule; faire la tête) "bouder, manifester par une expression fermée du visage sa mauvaise humeur, son mécontentement ou ses réticences, à l'égard d'une proposition" En termes d'image pour une grande entreprise, *faire la moue* à Internet peut donc être nuisible. (www.emarketing.fr/V2/Archives.nsf/0/6F0DF76D5A94E84CC1256A17005B3940?OpenDocument; accès le 02/10/05) = *amarrar a cara; fazer cara feia; fechar a cara; ficar de cara amarrada; ficar de cara fechada; ficar de cara feia; ficar de cara virada*

faire la nouba (faire la java) "s'amuser dérèglement" Musiques électroniques, rythmes syncopés et garde-robe polychrome de rigueur. Et quand on n'a plus d'occasion officielle de *faire la nouba*, on s'en invente. (www.lexpress.presse.fr/info/societe/dossier/bonheur/dossier.asp?ida=407800; accès le 04/10/05) = Ø *cair na farra*

faire (se) la paire (faire (se) malle; ficher le camp; foutre le camp; tourner les talons) "partir rapidement, s'enfuir" A part ça, malin comme un démon et violent comme un dément, il attendait l'occasion de *se faire la paire* et de régler ses comptes avec ses boureaux. (auto.yahoo.fr/pdb/culturalCategory.jsp?catId=5101&pageType=productSheet&pid=7482097& genreId=1; accès le 02/10/05) = *cair no mundo; dar no pé; dar o fora* [1]; *puxar o carro; virar as costas*

faire la part belle à "avantager, faire une place de choix à quelqu'un" Certains organes de presse privés sont accusés par le pouvoir de *faire la part belle à* l'opposition politique. (www.cefod.org/Tchad%20et%20Culture/Tc227/presse7.htm; accès le 02/10/05) = Ø *favorecer, dar destaque para*

faire la part des choses "tenir compte des contingences, ne pas être trop exclusif" Pour les seconds, les investisseurs doivent *faire la part des choses* entre les fausses idoles et les prochaines déesses. (www.lesechos.fr/patrimoine/bourse/articles/4181422.htm; accès le 23/07/05) = Ø *ponderar bem*

faire la part du feu "sacrifier certaines choses pour ne pas tout perdre" Dès lors qu'on ne vaccine pas les élevages européens, il faut se résoudre, en cas de réapparition du virus, à *faire la part du feu*. (www.lepoint.fr/sante/document.html?did=6845; accès le 23/07/05) = [*deixar os anéis (para salvar os dedos)*]

faire la peau de "tuer quelqu'un" Et je suis sûre qu'au fond de chacun de nous sommeille un vengeur qui voudrait *faire la peau de* celui qui ferait du mal à l'un de ses proches. (forums.france2.fr/.../index.php?forumid=130&themeid=99094840&sujetid=233591&client_key=985bd750; accès le 23/07/05) = [*fazer a pele de*]

faire la pige à "faire mieux que quelqu'un, dépasser quelqu'un" La plus jeune mamie de France et de Navarre *fait la pige à* certains de mes collègues qui ne savent toujours pas que le Web existe! (perso.wanadoo.fr/paul.carbone/Commissaire.tristan/Chapitres/chap44.htm; accès le 23/07/05) = *dar um baile em*

faire la pluie et le beau temps "disposer de tout et de tous" Elle *fait la pluie et le beau temps*. Julie Malaure. Seize ans qu'à la fin du JT elle assassine - ou pas - tout espoir de week-end ensoleillé. (www.lepoint.fr/litterature/document.html?did=164996; accès le 23/07/05) = Ø *ser um manda-chuva*

faire la roue "se pavaner, chercher à se mettre en valeur" Si vous observez ce phénomène qui se produit plusieurs fois par jour, alors vous pouvez être sûr que le sujet qui *fait la roue* est un mâle. (pvnf.free.fr/page7.htm; accès le 23/07/05) = Ø *exibir-se*

faire la rue (faire le tapin; faire le trottoir) "racoler des passants dans un but de prostitution" [vulgaire] Une femme peut-elle choisir entre aller vendre des hamburgers chez McDo ou danser dans un club, *faire la rue* ou être escorte? (endehors.org/news/3774.shtml; accès le 25/06/05) = *rodar bolsinha*

faire la sourde oreille "ignorer ce que quelqu'un dit, refuser d'accepter une demande" Le Ploutch *fait la sourde oreille.* J'essaye de lui expliquer. J'essaye de lui expliquer toutes les choses chouettes qui l'attendent. (fragola.20six.fr/archive/2005/02/22/6dkh3e0 vempz.htm; accès le 23/07/05) = *fazer ouvidos de mercador; fazer ouvidos moucos*

faire la tête (faire la gueule; faire la moue) "bouder, manifester par une expression fermée du visage sa mauvaise humeur, son mécontentement ou ses réticences, à l'égard d'une proposition" Reste qu'il n'y a pas de quoi *faire la tête* ni aucune raison pour laisser monter la colère et la violence. (www.protestants.org/textes/violence/biblique.htm; accès le 02/10/05) MAUVAISE = *amarrar a cara; fazer cara feia; fechar a cara; ficar de cara amarrada; ficar de cara fechada; ficar de cara feia; ficar de cara virada*

faire le jeu de "favoriser les intérêts de quelqu'un" Et si le Président décidait de *faire le jeu* des islamistes? (www.courrierinternational.com/article.asp?obj_id=36450&provenance=hebdo; accès le 23/07/05) = *fazer o jogo de*

faire le mort "faire semblant de rien savoir pour ne pas intervenir" Plutôt que de *faire le mort*, ayez le courage de vous expliquer clairement, mais fermement, sur cette double exigence, conseille-t-il. (www.lentreprise.com/article/3.1065.1.225.html; accès le 02/10/05) = *fazer-se de morto*

faire le pied de grue (faire le poireau) "attendre debout, à la même place, pendant un certain temps" Pour leurs transactions, nombre d'usagers continuent, par exemple, à *faire le pied de grue* devant certains bureaux de la douane. (www.quotidienmutations.net/mutations/1127275960.php; accès le 02/10/05) = *ficar plantado*

faire le poireau (faire le pied de grue) "attendre longuement" Assez de *faire le poireau* pendant des heures sur un quai de gare pour pouvoir rentrer chez soi, sans aucune informations. (www.coupdegueule.com/ transp5.htm; accès le 03/10/05) = *ficar plantado esperando*

faire le pont "chômer un ou plusieurs jours ouvrables, situé(s) normalement entre un jour férié et un week-end" Il est étendue de Pâques à Pentecôte, et *fait le pont* entre ces deux événements de la foi et de la vie de l'Eglise. (www.epal.fr/epal/theo/notes/jean16_20-23.htm; accès le 23/07/05) = Ø *emendar (feriados)*

faire le saut "prendre une décision importante, avoir une attitude décisive qui implique un changement brusque" Deux cent cinquante mille habitants, cinq cent mille vaches: la Mayenne, traditionnellement rurale, *fait le saut* vers le futur. (www.radiofrance.fr/chaines/france-inter01/emissions/rde/fiche.php? numero=2244; accès le 23/07/05) = *dar um salto*

faire le tapin (faire la rue; faire le trottoir) "racoler des passants dans un but de prostitution" [vulgaire] On y voyait un jeune homme *faire le tapin* pour payer les travaux qui devaient empêcher la maison de sa grand-mère de s'écrouler tout à fait. (www.lire.fr/critique.asp/idC=35834&idTC=3&idR=218&idG=3; accès le 25/06/05) = *rodar bolsinha*

faire le trottoir (faire la rue; faire le tapin) "racoler des passants dans un but de prostitution" Je *n'ai pas fait le trottoir* pour payer mes études ou autre galère. J'avais le choix et ai choisi de vendre mon corps. (www.20six.fr/volyo/archive/2005/03; accès le 23/07/05) = *rodar bolsinha*

faire les cent pas "marcher de long en large, attendre" En attendant, le fiancé (qui va devenir méchant, j'en suis convaincue) *fait les cent pas* et l'enguirlande comme elle rentre à des point d'heure. (laurence.blog.lemonde.fr/laurence/2005/06/dolmen_pisode_2.html; accès le 23/07/05) = Ø *andar de um lado para outro*

faire les yeux doux (faire de l'oeil) "chercher à plaire, chercher à gagner les bonnes grâces, regarder amoureusement" Certaines formations étrangéres n'ont-elles pas *fait les yeux doux* à Jacky Durand afin d'obtenir une invitation pour la grande boucle! (allezjackydurand.free.fr/1995-6.html; accès le 23/07/05) = *dar bola*

faire l'oeuf "faire l'idiot" Jusqu'à ce que je décide de plus *faire l'œuf* et de revenir vous voir. Et si vous m'embêtez de nouveau, je m'en fiche, tant que je peux *faire l'œuf* [...] (artlibre.free.fr/galerie_02_03/39.html; accès le 02/10/05) = Ø *dar uma de idiota*

faire long feu "manquer son but, échouer" Tout ceci *fait long feu*, notamment parce que la loi n'étant pas promulguée, les entreprises n'ont plus fait vraiment l'effort de recycler leurs vieux parcs. (blogs.zdnet.fr/index.php/2005/ 07/12/on-acheve-quand-les-vieux-micros/; accès le 23/07/05) = *dar bode; dar chabu; dar galho; entrar areia*

faire machine arrière "renoncer à poursuivre une enterprise et revenir à la situation d'avant" Notre conseil: Prenez le temps de la réflexion avant de résilier votre bail car ensuite, vous ne pouvez plus *faire machine arrière.* (www.direct-assurance.fr/habitation/reponse_en_pratique_bien_louer.htm; accès le 05/05/05) = *voltar atrás*

faire main basse "s'emparer de quelque chose, voler" Un éditorial de Courrier International analyse la façon dont la caste des "très riches" *ont fait main basse* sur l'Amérique. (perso.wanadoo.fr/metasystems/ElectionsUS.html; accès le 23/07/05) = *bater carteira*

faire monter la mayonnaise (ajouter de l'huile sur le feu; jeter de l'huile sur le feu; mettre de l'huile sur le feu; mettre le feu aux poudres) "attiser les conflits ou exciter des passions déjà très vives entre deux parties adverses" Elle a tout de suite compris l'intérêt de *faire monter la mayonnaise* en se posant comme les vrais défenseurs des valeurs morales. (www.hachette.com/HomePageFO/servlet/

CtlAuteurs?ACTION=1&ID=1850; accès le 02/10/05) = *colocar gasolina no fogo; colocar lenha na fogueira; jogar gasolina no fogo; pôr lenha na fogueira*

faire mouche (mettre dans le mille) "atteindre son but, toucher au point sensible" A la différence du livre, le cinéma ne saurait s'accommoder d'une "explication de texte"; il doit *faire mouche* immédiatement. (yann_hoffbeck.blog.lemonde.fr/yann_hoffbeck/2004/12/rois_et_reines.html; accès le 11/05/05) = *acertar na mosca; acertar no alvo*

faire nombre "servir tout simplement à former un ensemble nombreux" Selon les vieilles méthodes du parti unique, les fonctionnaires sont réquisitionnés pour *faire nombre* dans les meetings présidentiels. (www.liberation.fr/page.php?Article=326841; accès le 02/10/05) = *fazer número*

faire partie des meubles "être un habitué d'un lieu, un familier d'un groupe" Je n'ai pas *fait partie des meubles* durant ces quatre ans passés dans ce groupe. J'ai marqué le rugby français à mon niveau. (www.humanite.presse.fr/journal/2003-11-19/2003-11-19-382797; accès le 25/07/05) = [*fazer parte da mobília*]

faire patte de velours "se donner une apparence douce et inoffensive, alors qu'on est en mesure de blesser" Le terme "modéré" veut seulement dire que le pouvoir turc actuel n'ayant pas encore les moyens de sa politique *fait patte de velours*. (www.liberation.fr/page_forum.php?Template=FOR_ MSG&Message=224677; accès le 25/07/05) = [*esconder as garras*]

faire peau neuve "changer d'apparence, de manière d'être" Le site de Marianne va *faire peau neuve*! Crée le 23/06/2005 à 9 h 00. Début Juillet, le site va se moderniser. (www.marianne-en-ligne.fr/exclusif/virtual/confidentiel/e-docs/00/00/46/BD/document_web.md?type=text.html; accès le 02/10/05) = Ø *tomar um novo rumo*

faire pencher la balance "favoriser l'un entre deux aspects d'une situation, l'une entre deux personnes" Mon amour *fait pencher la balance* incertaine et tombe tout entier du côté de ma haine. (membres.lycos.fr/cultureg/Extrais/hernani.html; accès le 25/07/05) = *fazer pender a balança*

faire pièce à "s'opposer à, être en contradiction avec" Cela *fait pièce à* ceux qui pensent que nous ne servirions à rien" (www.assemblee-nationale.fr/connaissance/collection/3.asp; accès le 25/07/05) = Ø *fazer objeção a*

faire place nette "débarrasser un lieu de tout ce qui gêne, de tout ce qui paraît inutile" L'énergie vaguement inquiétante d'alors a *fait place nette*. Jacques ne rattrape plus Claire dans l'escalier, Bertin attend désormais que la porte s'ouvre. (velen.chez.tiscali.fr/bertin/cr_blonde.htm; accès le 25/07/05) = *fazer uma limpeza*

faire question "être sujet à discussion, être douteux" [cultivé] Si, chez Emmanuel Levinas, la politique *fait question*, au sens fort et rigoureux, c'est parce que, comme telle, elle vient après l'éthique. (revel.unice.fr/noesis/document.html?id=9; accès le 25/07/05) = Ø *oferecer dúvida*

faire rage "se déchaîner brutalement et avec une intense violence" Dans le Japon contemporain, une guerre sanglante *fait rage* entre les élèves de sept lycées et académies de la région de Tokyo. Tous ces jeunes gens ont. (dvd.kelkoo.fr/b/a/cpc_149201_azi_title_2.htm; accès le 25/07/05) = Ø *fazer estragos*

faire recette "avoir du succès et rapporter beaucoup d'argent" La création d'entreprise numérique *fait recette*. Les organismes locaux d'aide à la création sont nombreux. Le secteur est un des plus performants. (www.latribune.fr/Dossiers/pmelyon2005.nsf/DocsWeb/ID0ED53857BD63C34AC125701C00342C18?OpenDocument; accès le 25/07/05) = *dar dinheiro*

faire ripaille "boire et manger avec excès; mener une vie de plaisirs" Le pays reste pauvre tandis qu'une oligarchie, souvent liée à celle de la Russie voisine, *fait ripaille* et tire toutes les ficelles du pouvoir. (www.lefigaro.fr/international/20041129. FIG0352.html; accès le 25/07/05) = Ø *comer e beber do bom e do melhor*

faire (se) sauter la cervelle "se suicider" Une femme à un homme: Si tu me rejettes, je *me fais sauter la cervelle* [...] Et comment ferais-tu, tu n'en as pas! (1000blagues.free.fr/antifemmes/antifemmes6.htm; accès le 25/07/05) = *estourar os miolos*

faire ses besoins (naturels) "évacuer les matières fécales" Il est aussi possible d'entraîner votre chien à *faire ses besoins* sur commande. (www.pedigree.fr/Pedigree/fr-FR/Articles/Chiot/Conseils+de+ dressage/La+propret+en+un+rien+de+temps.htm; accès le 02/10/05) = *fazer suas necessidades*

faire ses premières armes "faire son apprentissage" Ce représentant de la French Touch, version dance-floors, *fait ses premières armes* à 18 ans derrière les platines des plus grands clubs de la capitale. (www.funradio.fr/fun-mag/artistes/artiste.asp?dicid=232554; accès le 25/07/05) = Ø *fazer sua iniciação*

faire son affaire à "posséder sexuellement" Un gars du coin, il aurait voulu *faire son affaire à* cette pauvre fille, il aurait été plus loin. (www.manuscrit.com/catalogue/textes/fiche_texte.asp?idOuvrage=4982; accès le 02/10/05) = [*fazer o serviço*]

faire son coming-out (sortir du placard) "assumer sa préférence homosexuelle" Il est impératif de réfléchir à la manière de *faire son coming-out*. Peut-on un matin annoncer: " bonjour, je suis gay, je vis avec un homme " (...) (homoedu.free.fr/article.php3?id_article=127; accès le 17/09/06) = *sair do armário*

faire son compte "commettre une maladresse" Comment *as-tu fait ton compte* (...) et pourquoi n'as-tu rien dit? - Ben, il m'avait offert des caramels pour que je vienne m'asseoir sur ses genoux. (membres.lycos.fr/ricolas/blagues/voeux/voeux.htm; accès le 25/07/05) = Ø *comportar-se*

faire son deuil "renoncer à quelque chose, en admettre la perte" Mais ce dernier *a fait son deuil* de leur passé commun et se prépare à vivre une première relation poussée avec Nobuko. Ai les observe, souffrant en silence. (videogirlai.free.fr/manga.htm; accès le 25/07/05) = Ø *dizer adeus*

faire son trou "se faire une place dans la société, une situation stable dans la vie" Ayant debuté comme simple fossoyeur, il *a*, depuis, *fait son trou*. Depuis quelques mois, il emplit une secrétaire. Avec le feu vert du département. (komik.free.fr/perles/presse2.php3; accès le 25/07/05) = *conseguir uma boquinha*

faire suisse "boire ou manger seul, sans inviter personne, en cachette" Un soldat français ne doit pas *faire suisse*, ne boit jamais seul. (abu.cnam.fr/DICO/excent/s.html; accès le 02/10/05) = *Ø beber sozinho; comer sozinho*

faire table rase "rejeter quelque chose ce qui était accepté au préalable" Beaucoup d'eau à coulé sur les pistes et la Psylo *fait table rase* de la technologie utilisée jusqu'ici par RS, en l'occurrence l'Hydracoil. (ppan.club.fr/rock_shox_psylo.html; accès le 25/07/05) = *fazer tábua rasa de*

faire tache d'huile "se répandre de manière lente, insensible et continue" Le phénomène urbain *fait tache d'huile* en province, et la problématique restauration est au coeur du développement de la fréquentation des musées. (www.lhotellerie.fr/hotellerie-restauration/articles/2005/2930_23_Juin_2005/Les_restos_des_musees.htm; accès le 25/07/05) = *Ø infiltrar-se*

faire tapisserie "ne pas être appelé à participer à une activité ou discussion collective et continuer à l'attendre" Comme Delphine, le film fait des longueurs. Il va d'un homme à l'autre, et retour. Pendant ce temps, le spectateur *fait tapisserie*. (www.figaroscope.fr/cinema/20040120000008267.html; accès le 25/07/05) = *tomar um chá de cadeira*

faire tilt "frapper l'attention de quelqu'un, susciter des réflexions ou des initiatives, donner des idées" J'ai relu ça et ça m'*a fait tilt* (...) on peut être porteur sans en subir les symptômes? parce que là ça me paraît bizarre (...) (forum.doctissimo.fr/doctissimo/virginite-premiere-fois/contraception-premiere-fois-sujet-149914-1.htm; accès le 25/07/05) = *Ø ter um estalo*

faire (se) tirer l'oreille "se faire prier, être peu enclin à faire quelque chose" A Bruxelles, le soleil *se fait tirer l'oreille* et il continue à faire très froid pour un mois de juin, mais soyons positifs c'est mieux pour les étudiants. (becquevortfamilytravel.blog.expedia.fr/archive/2005/06/10/bon_ann1versaire_chantal.html; accès le 25/07/05) = *fazer-se de rogado*

faire tomber le masque "montrer la vérité" [cultivé] Mystérieuse au début, elle se révèlera alors au grand jour et *fera tomber le masque* dans le 26ème épisode. (dvdalliance.com/article.php?sid=8194; accès le 08/11/05) = *tirar a máscara*

faire tourner en bourrique (mettre à bout; porter sur les nerfs; pousser à bouts; taper sur les nerfs; taper sur le système) "exaspérer quelqu'un par des taquineries" C'est pas possible, cette nana; elle a vraiment l'art de me *faire tourner en bourrique* sous ses airs de froide pacificatrice. (paroles2drd.free.fr/article.php?id_article=124; accès le 11/06/05) = *dar nos nervos; deixar uma pilha (de nervos)*

faire tourner la tête de "étourdir, troubler" Il fait chanter BB et tombe amoureux de "La" Femme, alors en pleine gloire, et qui *fait tourner la tête de* toute une génération d'hommes. (perso.wanadoo.fr/chanson_francaise/Gainsbourg/Bio_gainsbourg.htm; accès le 25/07/05) = *virar a cabeça de*

faire (se) tout petit "éviter de se faire remarquer, se faire humble" Lorsque son élève arrive enfin avec deux heures de retard, Cyril, très en colère, l'ignore. David *se fait tout petit* et se met discrètement à la plonge. (www.m6.fr/html/emissions/oui_chef/emission/emission3.shtml; accès le 25/07/05) = *Ø procurar passar despercebido*

faire (se) trouer la peau "se faire tuer par des tirs" Je me faisais l'effet d'un de ces personnages de pigeons dans les films de mafia où l'on *se fait trouer la peau* pour avoir trop regardé la poule du patron. (mondesimaginaires.free.fr/Fazi_1.html; accès le 25/07/05) = *Ø levar chumbo*

faire un carton "réussir, remporter une victoire très nette" Aujourd'hui, son premier album, 16/9, *fait un carton*. A l'occasion de son passage pour un Tchat, la jeune femme s'est confiée à Plurielles. (plurielles.tf1.fr/plurielles/viesdefemmes/cesttoutmoi/0,,3203771,00.html; accès le 25/07/05) = *marcar pontos*

faire une fleur "faciliter quelque chose à quelqu'un sur une affaire" Moi on *m'a fait une fleur* à cause de mes antécédents. - Tu sais pas? Ce petit salopard passait son temps chez les clients à baver sur Layot. (perso.wanadoo.fr/black.polar/serf_9.htm; accès le 25/07/05) = *dar uma canja; dar uma colher de chá*

faire (en) une maladie (faire (en) des (dix) caisses; faire (en) une montagne; faire (en) un fromage; faire (en) un plat) "exagérer les difficultés de quelque chose" Moi innocent, j'avais dit à ma fiancée de m'appeler. Franquin *en a fait une maladie* et le lendemain, le numéro était modifié et on ne l'a jamais connu. (michele.chez.tiscali.fr/jidehem.html; accès le 02/10/05) = *fazer disso o fim do mundo; fazer disso uma novela; fazer disso um carnaval; fazer disso um cavalo de batalha; passar da medida; passar da conta*

faire (en) une montagne (faire (en) des (dix) caisses; faire (en) une maladie; faire (en) un fromage; faire (en) un plat) "exagérer les difficultés de quelque chose" On *en a fait une montagne* alors qu'il ne visait qu'à résoudre des problèmes comme ceux que j'ai exposés. (www.senat.fr/seances/s199703/s19970311/sc 19970311022.html; accès le 02/10/05) = *fazer disso o fim do mundo; fazer disso uma novela; fazer disso um carnaval; fazer disso um cavalo de batalha; passar da medida; passar da conta*

faire (se) une place au soleil "conquérir une position stable" Outre les sonorités modernes de Radio Tarifa, la musique cubaine *se fait une place au soleil* ici, dans cette manifestation musicale. (www.ville-vence.fr/nds/html/pOchoa99.htm; accès le 25/07/05) = *conseguir seu lugar ao sol*

faire une quête "demander et recueillir des dons, généralement en argent, par plaisanterie" Moi, j'ai acheté le disque solidarité Asie, donné 20 euros et *fait une quête* dans mon collège et ancienne école primaire. (forum.m6kid.fr/ptopic105.php&sid=65c4db44633e2d0b912c24ddf1110dc1; accès le 25/07/05) = *Ø fazer uma vaquinha*

faire (se) une raison "accepter à contre-cœur une situation qu'on ne peut pas changer" Jamais le confort de Dangel n'a été égale, mais bon, on *se fait une raison*. (www.lafuma.fr/lafuma/fr/outdoor/outdoor.asp? cd_sous_rubrique=70&cd_langue= FR&cd_page=498; accès le 25/07/05) = *Ø aceitar sem discutir*

faire une salade "provoquer des malentendus" Parce que tu mélanges tout, tu en *fais une salade* et tu la retranscris en ayant eu l'impression de dire quelque chose de réfléchi. (www.20minutes.fr/forums/show_thread.php?forum_id=4 &theme_id=3&thread_id= 97186&hl_msgs=97186,97186; accès le 25/07/05) = *fazer uma salada*

faire une scène (apprendre à vivre; dire deux mots; prendre à partie; remonter les bretelles; sonner les cloches) "se fâcher violemment contre quelqu'un" (...) Alice *fait une scene à* Bill, l'accusant de s'être absente un peu trop longtemps durant la soirée. Sûr de sa bonne foi, Bill s'explique. (membres.lycos.fr/rienquunreve/ lhistoire.htm; accès le 25/07/05) = *chamar na chincha; dar uma dura; mostrar com quantos paus se faz uma canoa; puxar as orelhas*

faire une tartine "faire un long développement sur un sujet, souvent sans intérêt" Bref (je suis désolée d'avoir *fait une tartine*) on va continuer chez cette nourrice pour le moment. J'espère que ça ira. Merci d'être là. (allaitement.celeonet.fr/index.php?showtopic= 1843&view=getlastpost; accès le 25/07/05) = Ø *escrever todo este livro*

faire (en) un fromage (faire (en) des (dix) caisses; faire (en) une maladie; faire (en) une montagne; faire (en) un plat) "exagérer les difficultés de quelque chose" Maintenant, il ne faut pas *en faire un fromage*. Ça m'est arrivé juste avant le départ et ça ne m'a pas handicapé, ça n'a entamé en rien ma lucidité. (www.ouestfrance-bateaux.com/scripts/ consult/actu/DetailActu.asp?IdCla=7389&IdArt=242430&IdThe=51; accès le 02/10/05) = *fazer disso o fim do mundo; fazer disso uma novela; fazer disso um carnaval; fazer disso um cavalo de batalha; passar da medida; passar da conta*

faire un malheur "remporter un succès retentissant" [souvent relatif au spectacle] Après *avoir fait un malheur* à Londres et un triomphe en Allemagne, ils se lancent à l'assaut du monde, avec un crochet par Paris, déjà conquis. (musique.france2.fr/ actu/606871-fr.php; accès le 25/07/05) = *arrebentar a boca do balão* [v. *de arrebentar a boca do balão*]

faire (se) un nom "devenir célèbre" Cependant c'est avec des comédies que l'acteur *se fait un nom*, grâce notamment à Super Noël, qui récolte 144 millions de dollars au box-office en 1994. (cinema9.neuf.fr/personne/ fichepersonne_gen_cpersonne=22914.htm; accès le 25/07/05) = *fazer seu nome*

faire un pied de nez "contrefaire, par moquerie, un nez allongé, à l'aide d'un geste de la main" Marino *fait un pied de nez* à ceux qui croient pallier à leur manque de créativité en confiant leurs photos à un retoucheur numérique, si génial soit-il. (www.photo.fr/pixelclub/conseilsvay.html; accès le 25/07/05) = Ø *fazer fiau*

faire (en) un plat (faire (en) des (dix) caisses; faire (en) une maladie; faire (en) une montagne; faire (en) un fromage) "exagérer les difficultés de quelque chose" Le logiciel, c'est une question de goût, si tu préfères Photoshop ya pas de quoi *en faire un plat*. (forums.macgeneration.com/vbulletin/archive/index.php/t-29683.html; accès le 20/07/05) = *fazer disso um cavalo de batalha*

faire un sort à 1. "améliorer la situation matérielle de quelqu'un" Le bon docteur Mirouet, touché par ce récit, offre de *faire un sort à* la pauvre fille en l'épousant.

(w1.neuronnexion.fr/~goninet/ombre.htm; accès le 02/10/05) = Ø *dar uma vida melhor para* **2.** "finir de manière radicale avec quelque chose" En une centaine de pages, de manière cursive et non moins éclairante, il *fait un sort à* toute une série de clichés contemporains qui pèsent sur les Arabes. (www.politis.fr/article1364.html; accès le 25/07/05) = Ø *dar um fim em*

faire un tour de cochon (jouer un mauvais tour; jouer un sale tour; jouer un tour de cochon; jouer un vilain tour) "agir sournoisement pour causer du tort à quelqu'un" En refusant de m'aider sur ce projet, il m'*a fait un tour de cochon*. (www.p-interactif.com/article.php3?id_article=28; accès le 121/05/05) = Ø *dar uma enganada*

faire un tour de table "donner la parole successivement à chaque participant d'une réunion" On *a fait un tour de table*, tout le monde pour le oui. Il y a eu un silence. De soulagement: on allait manger sans s'engueuler. (www.liberation.fr/page.php?Article=297340; accès le 25/07/05) = Ø *fazer uma rodada (dando a palavra a cada um da mesa)*

faire un tour d'horizon "aborder brièvement toutes les questions concernant un sujet" Nous avons *fait un tour d'horizon* des principales préoccupations du concepteur d'un système d'entraînement pour télescope. (serge.bertorello.free.fr/mecano/entraint.html; accès le 25/07/05) = *dar uma geral*

faire (en) voir (de toutes les couleurs) "faire subir des épreuves à quelqu'un" Le petit jeunot n'est même pas majeur mais *en fait voir* à tout le monde. Comme quoi on peut être doué sans pour autant avoir des années d'expérience. (dieppeglisse.free.fr/pages/people/robin/robin1.htm; accès le 25/07/05) = *fazer passar por poucas e boas* [v. *passar por poucas e boas*]

faiseur d'anges "avorteur" J'ai alors expliqué que mon père était un "*faiseur d'anges*", mais que c'était quelqu'un de bien parce qu'il avait aidé des femmes en difficulté à avorter. (www.psychomag.com/cfml/article/c_article.cfm?id=535; accès le 02/10/05) = [*fazedor de anjos (iron.)*]

fait acquis "ce qui peut être constaté de façon certaine" Non, aucune étude sérieuse. C'est un *fait acquis* de la médecine. (forum.hardware.fr/hardwarefr/Discussions/Le-lait-dangereux-pour-sante-sujet-42983-8.htm; accès le 25/07/05) = *ponto pacífico*

fait du prince "acte insensé de celui qui fait usage de son autorité" "Le nouveau contrat est le *fait du prince*. Le salarié ne peut contester devant le juge son licenciement puisqu'il n'en connaît pas le motif". (info.france3.fr/france/12398906-fr.php; accès le 25/07/05) = Ø *ato inconseqüente*

faits et gestes "l'ensemble de sa conduite telle qu'elle se donne à voir" Traditionnellement, il servait à illustrer les *faits et gestes* de la vie quotidienne, comme la cuisson du fruit de l'arbre à pain ou une scène de pêche.(polynesie.rfo.fr/article33.html; accès le 25/07/05) = Ø *costumes*

fauché comme les blés "sans aucun argent" En revanche, même *fauché comme les blés*, un Américain trouvera toujours 4 ou 5 organismes de crédit pour le lui financer sur 60 mensualités! (forums.lesechos.fr/view.php?bn=echos_immobilier 2&key=1102614239&pattern=; accès le 25/07/05) = [*quebrado como arroz de terceira*]

fausse note "ce qui n'est pas en harmonie avec l'ensemble auquel on se réfère" Aucune *fausse note* pour cette production américaine que le cinéma français a du mal à égaler dans cette catégorie. (www.amazon.fr/exec/obidos/tg/detail/-/dvd/B00005Y3TI/customer-reviews; accès le 25/07/05) = *bola fora; nota fora*

fauteur de troubles "celui qui provoque une action blâmable ou néfaste" Le premier contact entre homme et esprit est presque toujours douloureux pour le premier: l'esprit est un *fauteur de troubles*. (www.ehess.fr/centres/ceifr/assr/N112/027.htm; accès le 25/07/05) = [*criador de caso*]

faux frais "menues dépenses, généralement imprévues, s'ajoutant à la dépense principale" Car la canicule de l'été dernier nous a donné le goût du *faux frais*: depuis un an, les ventes de climatiseurs ont augmenté de 40% dans l'Hexagone. (www.lexpress.fr/info/sciences/dossier/climatisation/dossier.asp; accès le 25/07/05) = *Ø gastos extras*

faux frère "celui qui trahit les amis" (...) Cette gauche extrême, devenue plus foisonnante à mesure qu'elle trouvait dans la gauche plurielle une alliée, une ennemie, un exemple ou un *faux frère*. (solcidsp.upmf-grenoble.fr/cidsp/ publications/articles/pina_extreme_gauche.htm; accès le 25/07/05) = *amigo da onça*

faux jeton "personne hypocrite et fourbe" On ne saurait faire plus *faux jeton*, car même un analphabète a loisir de se renseigner. (www.cequilfautdetruire.org/article.php3?id_article=503; accès le 17/09/06) = *falso como uma nota de 3 reais*

faux pas "faute, erreur" Ces "*faux pas* " de la diplomatie sud-africaine font partie des défis qu'auront à relever prochainement les héritiers de Nelson Mandela. (www.afrique-asie.com/ archives/1998/109oct/109edito.htm; accès le 06/10/05) = *passo em falso*

femme de mauvaise vie (fille de joie; fille des rues) "prostituée" C'est plutôt une *femme de mauvaise vie* ou une intrigante. Cela est peut-être l'une des raisons du scandale. (www.u-grenoble3.fr/espace_pedagogique/pinson1.htm; accès le 25/06/05) = *mulher da rua; mulher da vida; mulher de vida fácil*

femme du monde "femme de la société" C'est une *femme du monde* qui a des manières. Elle est habillée de façon extravagante et agite un éventail. Elle a un parler très snob. (membres.lycos.fr/nukua/spect01.html; accès le 25/07/05) = *mulher da sociedade*

femme fatale "femme très attirante et séductrice" Pour le général Holopherne, Judith est une *femme fatale*. Pour de nombreux peintres, elle est l'occasion de leur morceau de bravoure. (rad2000.free.fr/glosdj07.htm; accès le 25/07/05) = *mulher fatal*

fendre l'âme (déchirer le coeur; fendre le coeur; percer le coeur) "exciter la compassion, toucher au point le plus sensible" Une de ses tantes lui demanda ce qu'elle avait à gémir de la sorte et à pleurer *à fendre l'âme*. Mon enfant est mort! Mon enfant est mort! On me l'a tué! (www.lapoesie.com/atelier1d.html; accès le 01/08/05) = *cortar o coração; partir o coração*

fendre le coeur (déchirer le coeur; fendre l'âme; percer le coeur) "exciter la compassion, toucher au point le plus sensible" Tous les récits les concernant ont de quoi *fendre le cœur*, et le présent épisode pourrait bien se révéler le pire de tous. (perso.wanadoo.fr/calounet/resumes_livres/jeunesse_resume/junior/ouragan surlelac_resume.htm; accès le 25/07/05) = *cortar o coração; partir o coração*

fenêtre ouverte "occasion de comprendre, de découvrir" Sa rubrique est une *fenêtre ouverte* sur l'ailleurs, avec des histoires insolites, des parcours extraordinaires, des récits de voyages. (www.france5.fr/toute-la-nuit-ensemble/animateurs.php; accès le 25/07/05) = *janela aberta*

fer de lance "ce qui, dans un ensemble, est le plus dynamique, le plus important" [cultivé] Nous pouvons vous accompagner dans la mise en œuvre de votre accueil téléphonique, *fer de lance* de la communication téléphonique. (www.arcane-communication.fr/arcane/Accueil-telephonique.php; accès le 25/07/05) = *ponta de lança*

fermé comme une huître "d'un air très grave, sérieux" (...) Il pleure souvent et dit qu'il nous aime alors qu'avant il ne disait rien, il était *fermé comme une huître*. (forum.doctissimo.fr/psychologie/ schizophrenie/medoc-Abilify-effet-sujet-148925-1.htm; accès le 25/07/05) = [*fechado como uma ostra*]

fermer boutique "cesser une affaire" Un beau jour, les services vétérinaires débarquent: adhésion oblige, il faut tout mettre aux normes européennes - ou *fermer boutique*. (www.latribune.fr/Dossiers/europe.nsf/DocsWeb/IDC1256CEC00540 EEFC1256E9F0071 BD17?OpenDocument; accès le 25/07/05) = *fechar as portas* [1]

fermer la parenthèse "mettre fin à une digression" Menée par le communiste Jean-Claude Sandrier, la gauche espère bien *fermer la parenthèse* ouverte par la victoire de la droite en 1995. (www.humanite.presse.fr/journal/2000-06-05/2000-06-05-226437; accès le 25/07/05) = *fechar o parêntese*

fermer les portes 1. (fermer boutique) "faire faillite, mettre fin à ses activités dans un établissement" Il y a 2 ans pourtant, après *avoir fermé les portes* de son restaurant pour se concentrer sur son activité d'hôtelière [...] (www.lhotellerie.fr/lhotellerie/Articles/2769_16_Mai_2002/Une_nouvelle_association.html; accès le 19/06/05) = *fechar as portas* [1] **2.** "nier une opportunité à quelqu'un ou à quelque chose, ne pas admettre sa participation" Reculer devant ces changements, c'est sans doute *fermer la porte* au futur. (www.unaf.fr/article.php3?id_article=820; accès le 121/05/05) = *fechar as portas* [2]

fermer les yeux "essayer d'ignorer" Le jeu qui consiste à bannir les modérés et à *fermer les yeux sur* les radicaux me semble bien dangereux et, par certains aspects, pervers. (ternisien.blog.lemonde.fr/ternisien/2005/07/salafistes.html; accès le 25/07/05) = *fazer vista grossa; fechar os olhos*

fermer l'oreille "refuser d'entendre" Sardanapale, qui *ferme l'oreille* à toutes les remontrances [chrestiennes] qu'on luy peut faire, et traite de billevezées tout ce que nous croyons. (membres.lycos.fr/moliere/scen_juan.html; accès le 25/07/05) = *tapar os ouvidos*

feu croisé "situation troublée par des intérêts contradictoires ou opposés" Au contraire, les médecins sont soumis à un *feu croisé* d'informations dont la qualité va du meilleur au pire. (www.esculape.com/cqfd/decision_partagee.html; accès le 16/09/05) = *fogo cruzado*

feu de paille "quelque chose qui dure peu" Par contre, l'envolée de Google nous semble plus relever du *feu de paille*. (www.lesechos.fr/patrimoine/bourse/articles/4191018.htm; accès le 25/07/05) = *fogo de palha*

feuille de chou "journal insignifiant" Comment expliquer qu'autant d'allemands lisent le Bild? Ce journal est une *feuille de chou* où l'actualité est traitée sous l'angle du sensationnel. (www.20six.fr/melanie_in_germany; accès le 25/07/05) = Ø *jornal mequetrefe*

feu roulant de "suite ininterrompue de quelque chose" Sous le *feu roulant de* la critique postmoderniste, la raison anthropologique a congédié, de façon semble-t-il définitive, l'idée de primitif. (www.ehess.fr/html/html/S_1156_227.htm; accès le 25/07/05) = Ø *salva de*

feu vert "autorisation donnée à quelqu'un de faire quelque chose" Les ministres de transports des Quinze viennent de donner leur *feu vert* au lancement du système de navigation par satellite Galileo. (www.rfi.fr/actufr/articles/027/article_16366.asp; accès le 25/07/05) = *sinal verde*

ficelles du métier "secrets de la profession, les procédés cachés" Il optimise votre connaissance de l'entreprise et vous enseigne toutes les *ficelles du métier* pour devenir un commercial d'excellence. (www.manpower.fr/rh/ecole-vente.htm; accès le 25/07/05) = Ø *segredos do ofício*

ficher à la porte (jeter à la porte [1]; jeter à la rue [1]; jeter sur le pavé [1]; mettre à la porte [1]; mettre à la rue [1]) "expulser quelqu'un" Le but n'est bien évidemment pas de faire travailler plus longtemps des gens âgés que le patronat *fiche à la porte* vers 50 ans. (listes.rezo.net/archives/pap-infos/2003-04/msg00033.html; accès le 02/10/05) = *pôr na rua* [1]

ficher la paix "laisser quelqu'un tranquille" Pour mon accouchement, je ne me suis pas gênée, j'ai dit au docteur de s'asseoir par terre et de me *ficher la paix*. (sorella.club.fr/soral/interview_22.html; accès le 25/07/05) = Ø *deixar em paz*

ficher le camp (faire (se) malle; foutre le camp; mettre les bouts; mettre les voiles; prendre la clef des champs; tourner les talons) "partir rapidement, s'enfuir" Trop taxer incite les riches à *ficher le camp*. (www.vsd.fr/contenu_editorial/pages/magazine/kiosque/duel/duel160.php; accès le 04/10/05) = *cair fora; cair no mundo; dar no pé; dar o fora* [1]; *puxar o carro; virar as costas*

fier comme Artaban (fier comme un coq) "qui est sottement imbu de sa personne" Goret, *fier comme Artaban*, prit la parole et dit: "Amis cochons, à l'époque de l'inéluctable cochonisation, nos maisons sont trop petites!" (www.argent.fr/animalfarm.html; accès le 25/07/05) = [*exibido como um pavão; orgulhoso como um galo*]

fier comme un coq (fier comme Artaban) "qui est sottement imbu de sa personne" Tu l'aurais vu après sa promotion, *fier comme un coq.* (www.p-interactif.com/article.php3?id_article=20; accès le 01/03/06) = [*exibido como um pavão; orgulhoso como um galo*]

fil conducteur (fil d'Ariane) "principe qui guide une conduite, une recherche" Elle participera ainsi à la réalisation des objectifs du millénaire pour le développement, *fil conducteur* pour l'ensemble des acteurs. (www.diplomatie.gouv.fr/.../mondialisation_plus_3029/introduction_3032/prioritaires_aide_6304. html; accès le 25/07/05) = *fio condutor; fio d'Ariadne*

fil d'Ariane (fil conducteur) "principe qui guide une conduite, une recherche" Un *fil d'Ariane* nous guide: Le respect de l'Homme et de la Terre. Nous l'exprimons dans diverses pratiques au travers de la charte Ethique du voyageur. (www.terra-incognita.fr/present.html; accès le 25/07/05) = *fio condutor; fio de Ariadne*

file indienne "file où tous se placent l'un derrière l'autre" Nous le ficelâmes assez pour qu'il tînt au petit bonheur, puis nous partîmes *à la file indienne*, en bon ordre et sans un mot. Il faisait nuit noire. (www.adpf.asso.fr/adpf-publi/folio/ecrivainsvoyageurs/ecrivain-voy03.html; accès le 06/08/05) = *fila indiana*

filer à l'anglaise "se retirer discrètement et rapidement pour échapper à quelqu'un ou à quelque chose" Quel est le dernier chic parisien? C'est d'aller dîner au Ritz, de *filer à l'anglaise* et de terminer en boîte. (www.internenettes.fr/rire/blague01.html; accès le 25/07/05) = *sair à francesa; sair de fininho*

filer doux "se soumettre, obéir humblement, n'opposer aucune résistance" L'ex-détenteur du titre national des légers *file doux* et retrouve le chemin de la rectitude. (www.humanite.presse.fr/journal/2005-01-29/2005-01-29-455706; accès le 25/07/05) = Ø *ficar mansinho*

filer entre les doigts (couler entre les doigts; passer sous le nez) "s'échapper au dernier moment, juste avant d'être rattrapé" C'est le coup de foudre, pour ne pas risquer de le voir vous *filer entre les doigts*, seriez-vous prête à faire les premières avances? (europe2.horoscope.fr/tests/test/femmefatale/femmefatale.php; accès le 25/07/05) = *escapar pelos dedos; escorrer pelos dedos*

filer un mauvais coton "être dans une situation inquiétante" [relatif à la santé, la carrière, la réputation, etc.] Depuis "Une lueur d'espoir", essai rédigé en quinze jours à la suite des attentats du 11 septembre, Nabe semble *filer un mauvais coton.* (megalo-monjournal.chez.tiscali.fr/nabeenfonceleclou.htm; accès le 25/07/05) = *passar um mau pedaço* [v. *mau pedaço*]; *passar por maus bocados* [v. *maus bocados*]

fille de joie (femme de mauvaise vie; fille de mauvaise vie; fille des rues; fille publique; fille soumise) "prostituée" Le oui de son regard ne me parut pas l'accord d'une *fille de joie* à un client, mais celui d'une femme qui avait envie de se donner à un homme. (www.1000nouvelles.com/Maxime/mafille.html; accès le 25/06/05) = *mulher da rua; mulher da vida; mulher de vida fácil*

fille des rues (femme de mauvaise vie; fille de joie; fille publique) "prostituée" Ses seuls soutiens: un cafetier, une *fille des rues*, et les maximes ésotériques d'un vieux sage adepte du soufisme. (adab.chez.tiscali.fr/mahfouzbottom.htm; accès le 25/07/05) = *mulher da rua; mulher da vida; mulher de vida fácil*

fille d'Ève "femme incarnant la tromperie ou la luxure" Dès sa naissance, Sara, *la fille d'Eve*, se dévelope et se transforme en l'extraterrestre la plus parfaite qui soit. (membres.lycos.fr/cimetierehorreur/monstre/ monstre.htm; accès le 25/07/05) = *filha de Eva*

fille publique (femme de mauvaise vie; fille de joie; fille de mauvaise vie; fille soumise; fille des rues) "prostituée" Non seulement il vit maritalement avec elle mais, en plus de cela, il est encore en société avec Philippine Plateaux, une *fille publique* de Bruxelles. (membres.lycos.fr/histoirespadoise/hugo.html; accès le 25/06/05) = *mulher da rua; mulher da vida; mulher de vida fácil*

fils à papa (gosse de riche) "jeune ou adulte gâté, qui ne travaille pas et a tout ce qu'il veut" C'est fou de considérer un *fils à papa* un gars boursier échelon 5. (forums.remede.org/marseille/sujet_15903_2.html; accès le 06/04/05) = *filhinho de papai*

fils de famille "jeune homme appartenant à une famille riche" James Arthur Monroe, troisième du nom, natif de La Nouvelle-Orléans *est un fils de famille*, un dilapideur d'héritage, un coureur de jupons et un escroc! (www.lire.fr/critique.asp/idC=40336&idTC=3&idR=218&idG=3; accès le 25/07/05) = Ø *moço de família rica*

fin de non-recevoir "refus véhément" Les jeunes qui voudraient les renifler de plus près se voient opposer une *fin de non-recevoir* par les deux vigiles postés à l'entrée (...) (www.peripheries.net/i-eura.htm; accès le 02/10/05) = *redondo "não"*

fine mouche "personne fine et rusée dont l'intelligence est rapide et insaisissable" Isabelle Gélinas est une tornade, *fine mouche*, psychorigide ou amoureuse débridée, elle est aussi à l'aise sur un plateau de théâtre que devant les caméras. (www.ville-moulins.fr/fr/actualite/article-17_09_2004-40.html; accès le 25/07/05) = *raposa*

foi du charbonnier "croyance naïve dans les vérités de la religion sans se poser de questions" A l'île d'Aran, c'était la *foi du charbonnier* jusqu'à la réouverture d'une distillerie voilà moins de dix ans! Pas d'eau gazeuse avec le whisky. (perso.wanadoo.fr/photo.voyage/ecosse/web/distillerie.htm; accès le 25/07/05) = Ø *crença simplória*

foire d'empoigne "lieu de luttes, de rivalités où l'on essaie par tous les moyens d'obtenir ce que l'on désire" Le débat entamé hier soir tenait plus de la *foire d'empoigne* que de l'échange serein d'arguments. Mais l'enjeu peut tout expliquer. (membres.lycos.fr/acast/le_parisien_3_10.htm; accès le 25/07/05) = *palco de batalha*

foncer dans le brouillard "ne plus savoir exactement que faire" Un article récent paru dans le Nouvel Observateur titrait: Avenir des jeunes: la France *fonce dans le brouillard:* quels métiers recruteront demain? (biblio-fr.info.unicaen.fr/rencontres98/minutes/formbib/rouhet.html; accès le 09/09/05) = *navegar no escuro*

foncer tête baissée (sauter à pieds joints) "entreprendre quelque chose avec courage; se lancer sans hésitation ou sans réfléchir" Nous prenions un personnage – ou un groupe – et nous le laissions *foncer tête baissée sur* un problème apparemment insoluble. (membres.lycos.fr/cinemaparlant/animation/semaine_ anglaise/ king_hearts_and_coronets.htm; accès le 25/07/05) = *entrar de cabeça; ir de cabeça*

fond de tableau "l'ensemble des évènements vécus" Coup de foudre teinté d'inhibitions qui ouvre la porte à un parcours initiatique pour ces jeunes gens sur *fond de tableau* d'une société particulière. (www.6nema.com/BandeDuDrugstore/ critic_BandeDuDrugstore.htm; accès le 25/07/05) = *pano de fundo*

fond de tiroir "où on met des choses vieilles, de peu de valeur" (...) J'ai ressorti d'un *fond de tiroir* une petite histoire que j'avais écrite quand "Fait Divers" devait être une trilogie d'histoire courtes parisiennes. (www.laurentking.com/ index.php?page=film&id_film_aff=11; accès le 25/07/05) = *fundo do baú*

forcer la main "imposer quelque chose à quelqu'un contre son gré" [coloquial] Le moment propice pour *forcer la main à* l'autre et lui faire avouer que son drapeau est le coupable. Là éclate toute l'absurdité du conflit. (membres.lycos.fr/ genresmineurs/Rubrique_Cine.htm; accès le 25/07/05) = *forçar a barra de*

fort comme un turc "très fort physiquement" Le quatrième était fidèle comme un chien La cinquième était méchante comme une teigne Et le dernier était *fort comme un Turc*. Quelle joyeuse famille! (ecthycre.edres74.ac-grenoble.fr/famille/ famille.htm; accès le 25/07/05) = Ø *forte como um touro*

fort en thème "élève qui obtient de brillants résultats" [coloquial] Brett est le *fort en thème* de service, préféré du professeur Turner, et qui évidemment, se pâme pour la Claudia Chou-Fleur de la classe. (www.penofchaos.com/revues/bis_122.htm; accès le 25/07/05) = Ø *melhor aluno*

fou à lier "celui qui a un comportement, des idées, des propos extravagants" A zéro point de moral le personnage est *fou à lier* (le joueur n'est plus maître de son personnage, c'est le meneur qui le contrôle). (membres.lycos.fr/jclb/regles3.htm; accès le 25/07/05) = *louco de pedra; louco varrido*

fouetter le sang "en activer la circulation" Elles pensent ainsi *fouetter le sang* et les ardeurs. Mais la prise des chocolats excite autant l'imagination que les fantasmes du corps. (www.choconline.com/chocolat-en-ligne.htm; accès le 25/07/05) = Ø *fazer o sangue correr nas veias*

fouler aux pieds "marcher avec violence sur quelque chose ou quelqu'un" J'aime à *fouler aux pieds* tes monuments épars; j'aime à sentir le temps, plus fort que ta mémoire, effacer pas à pas les traces de ta gloire! (www.exploesie.com/poemes/ de-lamartine/7_18_488.html; accès le 25/07/05) = Ø *espezinhar*

fourrer (se) le doigt dans l'oeil "se tromper grossièrement" Où l'amateur de matériel photographique se projette maladroitement dans l'avenir sans savoir s'il *se fourre le doigt dans l'œil* ou s'il voit juste. (nicolaslambert.free.fr/blog/index.php/ 2005/02/21/5-les-apn-du-futurs; accès le 25/07/05) = Ø *enganar-se redondamente*

fourrer son nez (ajouter son grain de sel) "intervenir dans une conversation, une affiare qui regarde à autrui" Dans ce recueil de 6 histoires courtes, elle joue au Père Noël, *fourre son nez* dans une histoire d'espionnage commercial, affronte un gorille mécanique (...) (fraphael.free.fr/Yoko%20terre.htm; accès le 25/07/05) = *dar pitaco; meter a colher; meter o bedelho; meter o bico; meter o nariz*

foutre (se) dedans (faire (se) avoir; faire (se) entuber) "être dupé, trompé, subir un préjudice" Si au milieu du paysage désertique il n'y a qu'un arbre qui se dresse, vous avez 90 chances sur 100 de vous *foutre dedans*. Un comble non? (pdgnr.free.fr/arfar.htm; accès le 02/10/05) = *levar uma rasteira*

foutre (se) de la gueule de (faire des gorges chaudes de) "se moquer de quelqu'un" La liberté, ça ne veut pas dire *se foutre de la gueule de* l'autre. J'espère que Pif va être a contrario un espace de liberté. (www.pif-collection.com/nouveau_pif_gadget_1.html; accès le 25/07/05) = *tirar sarro de*

foutre (se) en l'air "se tuer" Elle voudrait parfois *se foutre en l'air* pour ne plus entendre ses parents lui dire qu'ils sont tant déçus de cette fille unique qui a gaché sa vie! (smogcityleparisdemavie.hautetfort.com/ archive/2005/02/27/au_detour_d_une_rue_2_ans_apre.html; accès le 25/07/05) = Ø *se matar*

foutre le camp (faire (se) malle; ficher le camp; mettre les bouts; mettre les voiles; prendre la clef des champs; tourner les talons) "partir rapidement, s'enfuir" Soudain, j'ai vu dans le drame de la guerre d'Algérie la même histoire que la nôtre: les chrétiens étaient obligés de *foutre le camp*. (www.lepoint.fr/europe/document.html?did=162027; accès le 04/10/05) = *cair fora; cair no mundo; dar no pé; dar o fora* [1]; *puxar o carro; virar as costas*

foutre les boules (casser la tête; casser les burnes; casser les couilles [vulgar]; casser les oreilles; casser les pieds; chauffer les oreilles; peler le jonc; pomper l'air; prendre les boules) "frapper quelqu'un, se battre avec quelqu'un" Je me suis attaché aux gens ici, à mes collègues, qui sont bien plus que de simples collègues désormais... Bref, ça commence à me *foutre les boules*. (pulsahr.free.fr/blog.php?deb=42; accès le 25/07/05) = *encher a cabeça* [1]; *encher a paciência; encher o saco; pegar no pé*

foutre (se) sur la gueule "frapper quelqu'un, se battre avec quelqu'un" Un peu partout sur la planète, les humains développent une étonnante ténacité à se *foutre sur la gueule* pour conserver chacun leur petit carré (...) (fabienma.club.fr/annu-art/cultures-monde.htm; accès le 25/07/05) = *quebrar o pau*

franchir le pas (sauter le pas) "prendre une décision difficile" Qu'avez-vous envie de dire à ceux de nos lecteurs qui ont un projet de création d'entreprise, mais qui hésitent encore à *franchir le pas*? (www.lhotellerie.fr/lhotellerie/Articles/2856_22_Janvier_2004/Dutreil_vous_aide.html) = Ø *tomar uma resolução*

franchir le Rubicon "prendre une décision irréversible" Ce faisceau de raisons a-t-il poussé Boris Elstine à *franchir le Rubicon* et à devenir l'homme par qui la confrontation peut arriver? (www.humanite.presse.fr/journal/1991-02-21/1991-02-21-639362; accès le 25/07/05) = *atravessar o Rubicão*

franchir un cap (passer un cap) "dépasser une certaine limite" Il s'agit à présent de *franchir un cap* dans un grand club français. La pression est immense quand on sait les remous qui ont secoué le PSG cette année. (www.maxifoot.fr/articles/2139/; accès le 25/07/05) = Ø *ultrapassar uma marca*

frapper à toutes les portes "solliciter l'aide de tout le monde" Pensez à *frapper à toutes les portes*. Ca ne mange pas de pain et si vous pouvez gratter quelques sous ça et là, c'est toujours ça de pris! (mots.d.emploi.free.fr/financement_formation.htm; accès le 25/07/05) = *bater em todas as portas*

frère de lait "enfant nourri par le lait de la même mère sans être son frère légitime" Mais elle a un *frère de lait*, parti depuis six ans, et c'est son seul espoir. Un jour qu'elle était allée chercher de l'eau, elle croise un chevalier blessé (...) (perso.wanadoo.fr/per.kentel/ar_breur_mager3.htm; accès le 25/07/05) = *irmão de leite*

frère de sang "issu des mêmes parents" Il faut tous les lire, il y a une évolution intéressante et le dernier tome paru en novembre nous permet de revoir son *frère de sang* (...) (www.oasies.com/article.php3?id_article=33; accès le 25/07/05) = *irmão de sangue*

froid de canard "froid intense" Il fait un *froid de canard* dans la petite ville de Bolungarvick, isolée entre fjords et volcans, quelque part au nord de l'Islande. (www.alterites.com/cache/center_cinema/id_358.php; accès le 25/07/05) = *frio de rachar*

fruit défendu "chose d'autant plus désirée qu'elle est interdite" Il s'agit, une fois de plus, de cueillir le *fruit défendu*, n'en déplaise aux puissances d'ombre, à Dieu l'ignoble en particulier. (www.fabula.org/actualites/article3670.php; accès le 25/07/05) = *fruto proibido*

fumer le calumet de la paix "faire un pacte de paix, de réconciliation" Après une dispute, *fumer le calumet de la paix*, c'est très certainement la meilleure solution pour se réconcilier. (duchemol.connerie.free.fr/calumet.htm; accès le 25/07/05) = *fumar o cachimbo da paz*

g | G

gagner du terrain "prendre de l'ampleur, se répandre" Le nombre des allergiques à l'ambroisie est important; il risque de s'accroître si cette plante continue à *gagner du terrain*. (www.rhone.pref.gouv.fr/ ddass/sante_publique/ambroisie.html; accès le 03/04/05) = *ganhar terreno*

gagner le gros lot "avoir énormément de chance" Oui, mais il y a Betty, belle comme le sont les filles qui portent des minijupes avec insouciance et qui espèrent toujours *gagner le gros lot*. (www.livrenpoche.com/livre/372_le_matin/42292.html; accès le 22/04/05) = *tirar a sorte grande*

gagner sa croûte "exercer un métier qui permet de subsister" Alice, une veuve épeurée qui chante son désespoir dans des pubs minables pour *gagner sa croûte* et de quoi élever sa fille. (www.ecrannoir.fr/stars/starsa.php?s=183 - 24k - 2 avr 2005; accès le 03/04/05) = *ganhar o pão (de cada dia)*

gagner sa vie "vivre de son travail" Là-bas, très loin, dans une montagne, près de la Chine, vit un pauvre homme qui s'appelle Li Chang. Il *gagne sa vie* en coupant du bois. C'est un travailleur infatigable. (netia59.ac-lille.fr/haz/PEDAGO/MALLEPRI/FRANCAIS/CM/Anaphor/Page3.htm; accès le 03/04/05) = *ganhar a vida*

gai comme un pinson "plein de vivacité, de bonne humeur" Satisfait, le jeune homme est *gai comme un pinson* (...) Désireux de s'excuser auprès de sa douce, il se surprend même à lui dire "Je t'aime"... (whitehood.myblog.fr/Sacrees-soirees-_cat3.html; accès le 03/04/05) = [*alegre como um passarinho*]

gamin des rues "enfant qui n'a pas de famille ou qui s'enfuit pour vivre dans les rues" Peter est un *gamin des rues* de Londres qui sait si bien raconter aux autres enfants perdus les caresses d'une maman chérie, et aussi les mots qui font chaud, qui font du bon dans le cœur. (webpublic.ac-dijon.fr/pedago/cdi/biblio/bd0204.htm; accès le 03/04/05) = *menino de rua*

garanti sur facture "qui a toutes les garanties" Consomme, mon gars, et sois heureux, l'art fournit du bonheur, c'est à pas cher et c'est absolu, *garanti sur facture*. Ce n'était que du vent. (velen.chez.tiscali.fr/bertin/malin/corneau.htm; accès le 03/04/05) = Ø *com todas as garantias*

garçon manqué "fille aux allures masculines" Espiègle, elle préfère de loin jouer au football plutôt qu'à la poupée, si bien que ses parents la considèrent comme un vrai *garçon manqué*. (www.cinequanon.fr/breve.php3?id_breve=22; accès le 03/04/05) = Ø *mulher-macho*

garder la chambre "rester en repos quand on est malade" De santé délicate, il doit *garder la chambre* jusqu'à l'âge de huit ans. (perso.wanadoo.fr/oscurantis/biogstoker.htm; accès le 02/04/05) = *ficar de cama*

garder la ligne "se maintenir mince" Aujourd'hui ses propriétés reconnues diététiques en font un aliment parfaitement équilibré pour *garder la ligne*! (pourelles.wanadoo.fr/Pages/BienEtre/64/ ART/EMW_EMWD-69UFUA.html; accès le 02/04/05) = *manter a linha*

garder le silence "trouver plus avantageux ne rien dire" L'opposition parlementaire qui avait fait bruit autour des fameux 3 millions pour se justifier *garde silence*. (www.bendre.africa-web.org/article.php3?id_article=350; accès le 28/06/05) = *fechar-se em copas*

geler (se) les couilles "avoir trop froid" [vulgaire] Ils ont conclu que le type en avait eu marre de *se geler les couilles* et qu'il avait bien trouvé le moyen de descendre tout seul. (nicolas.gamby.free.fr/montagne/aiguille.htm; accès le 02/04/05) = [*gelar até a alma*]

gens de lettres (homme de lettres) "personnes dédiées à la littérature et à la philosophie" [cultivé] L'habile cardinal a alors l'idée de s'attacher les *gens de lettres* et de les mettre au service de l'État et du pouvoir monarchique. (www.herodote.net/histoire01291.htm; accès le 06/04/05) = Ø *letrados*

gens en place "personnes hauts placées dans la société, titulaires d'une charge importante" Ces intérêts-là savent bien qu'un effondrement du système est inévitable et s'emparent d'actifs pour se couvrir, avec la complicité des *gens en place*. (solidariteetprogres.online.fr/Editoriaux/Texte9915.html; accès le 02/04/05) = Ø *gente de boa situação*

gibier de potence "individu malhonnête qui mériterait d'être arrêté" [cultivé] C'est l'histoire d'un *gibier de potence*, miraculeusement sauvé de l'échafaud par la grâce d'une élection présidentielle et lentement revenu au monde des hommes ordinaires par le biais des livres et de la culture. (livres.lexpress.fr/portrait.asp/idC=2173/idTC=5/idR=12/idG=8; accès le 02/04/05) = Ø *mau-caráter*

gosse de riche (fils [fille] à papa; fils [fille] à maman) "jeune ou adulte gâté, qui ne travaille pas et a tout ce qu'il veut" Lui, habillé comme un *gosse de riche* par une vieille dame aisée qui l'adore, va à l'école épisodiquement. (perso.wanadoo.fr/familyprevot/Claudette/EnfanceReuil14Juillet.html; accès le 06/04/05) = *filhinho(a) de papai; filhinho(a) da mamãe*

goulet d'étranglement "passage étroit" L'ouverture du tronçon Perpignan-Barcelone va créer un surcroît de circulation ferroviaire et nous devons éviter de créer un *goulet d'étranglement*. (www.senat.fr/cra/s20011024/s20011024H10.html; accès le 02/04/05) = Ø *estreitamento da passagem*

goutte d'eau qui fait déborder le vase "petite chose pénible qui s'ajoute à une situation déjà compliquée pour la rendre insoutenable" Une ultime défaite à l'extérieur contre Bologne (3-1) symbolise la *goutte d'eau qui fait déborder le vase*. (www.maxifoot.fr/articles/1644; accès le 06/0/05) = *gota d'água que faz transbordar (o copo)*

grain de folie "un peu d'irresponsabilité et de déraison" Dans le style "*grain de folie*", voici comment passer le temps dans un supermarché pendant que votre conjoint fait ses emplettes! (www.20six.fr/Scalea1/archive/2004/06/ - 74k - 31 mar 2005; accès le 02/04/05) = *grão de loucura*

graisser la patte (à qqn) "donner de l'argent à quelqu'un en échange de faveurs illicites" [vulgaire] Ils avaient présenté leurs passeports français à la garde et avaient même passé la barrière sans *graisser la patte à* personne. (livres.lexpress.fr/premierespages. asp/idC=9843/idR=6/idG=4; accès le 02/04/05) = *molhar a mão (de alguém)*

grand argentier "responsable de l'argent" Autre casse-tête, Laurent Fabius n'entend pas revenir sur les baisses d'impôts promises, une mesure qui devrait pourtant coûter 38 milliards de francs. Il est vrai que le *grand argentier* compte sur la consommation des ménages pour relancer la croissance. (www.rtl.fr/rtlinfo/article.asp?dicid=34308; accès le 02/04/05) = *dono do cofre; dono do dinheiro*

grande vie "vie luxueuse et sans souci" Depuis, Hannibal Lecter vit sous nom d'emprunt à Florence, en Italie, où le faux docteur, vrai serial killer, mène la *grande vie*. (www.amazon.fr/exec/obidos/tg/browse/-/1068534; accès le 02/04/05) = Ø *vidão*

grenouille de bénitier "femme qui va très souvent à l'église" La douceur de sa voix, l'angélisme de sa bouche, la pétillance de son regard font d'elle une hirondelle de clocher plus qu'une *grenouille de bénitier*. (cinema.telerama.fr/edito.asp?art_airs=MAG2146781%20%20%20%20%20&srub=2&lettre2=L; accès le 03/04/05) = [*ratazana de sacristia*]

grimper aux rideaux "être très excité sexuellement" Elle me mange avec gourmandise, fait plein de petits mouvements de la langue et des lèvres, joue avec moi et me fait salement *grimper aux rideaux*. (jeniquecestmythique.free.fr/Couette/Vanessa.html; accès le 03/04/05) = *subir pelas paredes* [1]

gros bonnet (grosse légume) "une personnalité" Les vestiges du 1er port naturel au Sahara en 1524 font aujourd'hui le bonheur d'un *gros bonnet* de Rabat par la culture des coquilles Saint-Jacques. (sahara_opinions.site.voila.fr/rguiby5.htm; accès le 03/04/05) = Ø *figurão*

grosse légume (gros bonnet) "personne riche ou personnage important" Ils amenèrent un blessé, quelque *grosse légume*, sans doute, car ils furent aux petits soins pour lui et défendirent de pénétrer dans sa chambre [...] (batmarn1.club.fr/vielsmaisons.htm; accès le 06/04/05) = Ø *figurão*

grossir les rangs (serrer les rangs) "se grouper, augmenter le nombre pour affronter les difficultés" Cette soif d'engagement née du 21 avril va *grossir les rangs de* nombreuses associations, syndicats ou partis politiques. (www.lycees.regioncentre. fr/ home/emag.php?q_num=78&id_categorie=6; accès le 03/04/05) = *engrossar as fileiras*

guerre des nerfs "dispute où se prétend briser l'autocontrôle de l'adversaire" Avec mon frère et ma soeur, nous sommes devenus la marchandise dans une *guerre des nerfs*. Quand tes parents se critiquent, tu ne retiens que la cruauté. (www.lepoint.fr/education/document.html?did=94981; accès le 03/04/05) = *guerra de nervos*

gueule de bois "mauvais goût dans la bouche (sec et amer) après avoir trop bu" Or, et c'est bien malheureux à dire, il n'y a pas de remède miracle contre la *gueule de bois*! Il faut attendre que le foie ait éliminé l'alcool. (tatoufaux.com/article.php3?id_article=169; accès le 06/04/05) = *gosto de cabo de guarda-chuva na boca*

gueule de l'emploi "physique adéquat à une fonction" Hélas, Duris, qu'on aime si bien par ailleurs, n'a pas les épaules assez larges ou la *gueule de l'emploi* pour le rôle. (www.ecrannoir.fr/films/04/arsene.htm; accès le 03/04/05) = Ø *físico, porte*

gueule d'enterrement (tête d'enterrement) "semblant triste" Bosser et voir des gens faire une *gueule d'enterrement* a tendance a attaquer ma bonne humeur. (matt.journalintime.com/2005/04/01/ ManqueDeBonneHumeur; accès le 03/04/05) = *cara de enterro; cara de velório*

gueule du loup "danger imminent" Maintenant je suis sûre que nous marocains, on n'hésiterait pas à se jeter dans la *gueule du loup* pour une poignée d'argent!! (www.bladi.net/modules/newbb/ sujet-10906-12-ou-va-le-monde.html; accès le 06/04/05) = *boca do lobo*

h | H

habiller [s'] de neuf "être remis à neuf" [sujet: chose] Tout ceci suppose que l'Europe s'adapte, *s'habille de neuf*. Le traité de Nice, adopté en décembre 2000, n'est pas de ce point de vue l'outil idoine. (www.icp.fr/fasse/pdf/cgsept04appeljuin.pdf; accès le 29/03/05) = *estar de cara nova; estar de roupa nova*

hausser les épaules "montrer indifférence" Le passant ne peut pas se reconnaître dans ces propos; il va simplement *hausser les épaules*. (forum.doctissimo.fr/nutrition/vegetarien/repondre-438-1.htm; accès le 29/03/05) = *dar de ombros*

haut comme trois pommes "bas" [ironie] il s'exclame: "Quand on voyait un bâtiment pareil, c'était beau comme un château: quand t'es *haut comme trois pommes*, c'est Buckingham Palace!" (www.esj-lille.fr/atelier/ friches/rubJaune/mp_article2.html; accès le 29/03/05) = Ø *pequeno, baixinho*

haut de gamme "de première catégorie" Vous êtes propriétaire d'un véhicule *haut de gamme*, sportif ou classique dont la valeur neuve est comprise entre 33539 et 150000 euros. (www.miralles.superassureur.com/pages/FicheProduit/FicheProduitVehicules.asp; accès le 29/03/05) = *classe A; nota 10*

haut en couleur "pittoresque, vivace" Le spectateur y découvre des illustrations qui ont su allier délicatesse et prosaïsme, reflets d'un quotidien exubérant, sensuel et *haut en couleur*. (www.lidealiste.com/article.php/id/4763; accès le 11/04/05) = *cheio de cor*

haut la main (les doigts dans le nez) "sans difficultés, sans souci" Actrice remarquée, elle passe *haut la main* l'épreuve de la chanson et devient une figure incontournable de la pop internationale. (www.free-scores.com/boutique/boutique-frame-eur.php?clef=62729; accès le 29/03/05) = *com os pés nas costas; de olhos fechados* [1]

hautes sphères "milieu d'influence des puissants" Nous les "petits" ne savons rien de ce qui se passe vraiment dans les *hautes sphères* de notre administration et de notre gouvernement. (forums.voila.fr/read_message. php?idmessage=568308&idsection=864; accès le 29/03/05) = *altas esferas*

heure creuse "pendant la matinée" EDF indique que l'on peut gagner 10% par rapport au tarif "*heures creuses*". (www.lemoneymag.fr/.../Application/Fiche_Pratique/s_FichePratique/0,1729,7-4166-0-9738-9744-9739-FIC,00.html; accès le 29/03/05) = *hora morta*

heure de pointe "période d'intense circulation d'automobiles" Comme un relent de cauchemar, une nouvelle panne a privé d'électricité plus d'un quart de million de Montréalais, hier après-midi, paralysant le métro et ses milliers d'usagers au centre-ville en pleine *heure de pointe*. (membres.lycos.fr/incendieqcca/actbref.html; accès le 29/03/05) = *hora do rush*

heure de vérité "moment décisif quand la vérité sera révélée" 1999 pourrait bien être *l'heure de vérité* pour le célèbre prophète! (www.alchimiste.fr/boutique/page_actus_page.cfm?num_actus= 1&code_1g=1g_fr; accès le 29/03/05) = *hora da verdade*

heure du laitier "très tôt le matin" Ils s'éveillent à *l'heure du laitier* pour s'écrouler à l'heure du thé et dormir à l'heure de plus rien. (www.eleves.ens.fr/home/jmoreau/Paumes.html; accès le 29/03/05) = *com o cantar do galo*

heure H "moment exact où une action est prévue et mise à l'épreuve" Les bombardements seront interrompus quelques minutes avant l'*heure H*. (www.liberation.fr/page.php?Article=21128; accès le 29/03/05) = *hora H*

heure suprême "heure de la mort" O danger! irrésistible convertisseur! à l'heure suprême l'athée invoque Dieu et le royaliste la République. On se cramponne à ce qu'on a nié. (www.ac-strasbourg.fr/pedago/lettres/ Victor%20Hugo/Histoire%20d'un%20crime/I_12.htm; accès le 22/08/05) = Ø *hora da morte*

heureux comme un pape (heureux comme un poisson [dans l'eau]; heureux comme un roi) "très satisfait et tranquille" Il restait assis là, *heureux comme un pape*, tandis que sa femme s'en allait travailler en forêt. (atheles.org/editeur.php?ref_ livre=&main=lyber&ref_lyber=340; accès le 24/04/05) = *feliz como uma criança*

heureux comme un poisson [dans l'eau] (heureux comme un pape; heureux comme un roi) "très satisfait et tranquille" Pauvre petit trésor, il est tout seul mais il est *heureux comme un poisson dans l'eau*. Je suis certaine que tu t'inquiètes pour rien. (alain.digiovanni.free.fr/vpf8.htm; accès le 29/03/05) = *feliz como uma criança*

heureux comme un roi (heureux comme un pape; heureux comme un poisson [dans l'eau]) "très satisfait et tranquille" Je la quittait donc après avoir pris la décision de se revoir. Je rentrais chez moi fier et *heureux comme un roi*. (hphiver.free.fr/clinik7.htm; accès le 29/03/05) = *feliz como uma criança*

histoire à dormir debout (conte à dormir debout) "récit, propos illogique, fallacieux ou invraisemblable auxquel il n'est pas raisonnable de croire" Ajoutons à cela, une *histoire à dormir debout* et une intrigue aux abonnées absentes qui rendent ce film totalement inintéressant, à moins d'avoir 6 ans. (www.lagalaxie.com/Fun/dvd.php; accès le 29/06/05) = *conversa fiada* [1]; *conversa mole* [1]; *conversa pra boi dormir; história da carochinha; história pra boi dormir*

histoire de brigand[s] "vieilles histoires, intéressantes et fantastiques" La verve malicieuse de Voltaire peut servir de conclusion à ce texte en peu de mots, lui qui savait habilement inverser les rôles des uns et des autres devant des amis éblouis: "Je vais vous raconter une *histoire de brigand*: il était une fois un fermier général... j'ai oublié le reste." (www.ville-corenc.fr/7-p2-028_impots.htm; accès le 29/03/05) = *história do arco-da-velha*

homme à femmes "homme qui est toujours prêt à séduire encore une autre femme" Thésée est l'homme de la séduction, un *homme à femmes*, qui interdit à Hippolyte d'être homme à son tour et de trouver sa place vis à vis des femmes. (opus-all.paris.iufm.fr/littecompa/racine/racine_1.htm; accès le 11/04/05) = Ø *mulherengo*

homme à poigne "individu ferme, énergique et qui s'impose par son autorité" *Homme à poigne* cruel et sans état d'âme, il n'hésite pas à menacer, torturer et massacrer les opposants du régime ainsi que leurs femmes et leurs enfants. (www.herodote.net/histoire07310.htm; accès le 11/04/05) = *homem de pulso*

homme de bien "individu honnête" Il était une fois un *homme de bien*. On disait en ce temps-là un preux d'homme, un prud'homme, un homme de bon service pour Dieu et pour ses frères. (www.bealiban.com/rubrique24.html; accès le 29/03/05) = *homem de bem; homem direito; homem reto*

homme de couleur "individu d'une autre race que la blanche, surtout noir" Je n'ai pas le droit, moi *homme de couleur*, de rechercher en quoi ma race est supérieure ou inférieure à une autre race. (pedagogie.ac-martinique.fr/lgtfanon/apftz.htm; accès le 29/04/05) = *homem de cor*

homme de la rue "individu considéré comme représentatif des intérêts et des opinions de l'homme commun, dans une société donnée" L'*homme de la rue* existe à tous les niveaux de notre société, ce qui permet de conserver l'espoir d'une réaction salutaire. (www.jeunesplus.org/violence/ ecole/causes.htm ; accès le 29/03/05) = *homem da rua; homem do povo*

homme de lettres (gens de lettres) "individu dédié à la culture en général (lettres, littérature, philosophie)" Le plus grand malheur d'un *homme de lettres* n'est peut-être pas d'être l'objet de la jalousie de ses confrères, la victime de la cabale, le mépris des puissants du monde; c'est d'être jugé par des sots. (www.voltaire-integral.com/19/lettres.htm; accès le 06/04/05) = *homem de letras*

homme de main "assassin professionnel" Elle aurait décidé de faire justice en commanditant un *homme de main* pour lui faire peur. (www.infos-dieppoises.fr/Archives2005/ InstitEtBoxeurPrison.htm ; accès le 11/ 04/05) = Ø *assassino profissional*

homme de paille "homme qui se présente comme responsable d'un fait d'autrui qui ne veut pas ou ne peut pas apparaître" Homme de bon sens, ayant prévu la défaite, annoncée par tous, il a préféré ne pas se présenter et envoyer un *homme de paille* à la place. (prairial.free.fr/humeurs/B1176401709/C686204727/E1242703605; accès le 29/03/05) = Ø *testa-de-ferro*

homme de peine "employé pour les travaux lourds" Puis il sortit de la ville et parcourut la campagne pour trouver un peu de travail comme *homme de peine*; car il n'avait appris d'autre métier que celui de soldat. (www.chez.com/feeclochette/Grimm/lalumirere.htm ; accès le 29/03/05) = Ø *trabalhador braçal*

homme de plume "écrivain" [cultivé] Le premier item informationnel suggère que l'acception première est celle de l'*homme de plume*, secrétaire, greffier ou copiste. (www.mshs.univ-poitiers.fr/gehlf/caron/litterature/ belleslettres.htm; accès le 29/03/05) = Ø *escritor*

homme de rien "individu qui n'est pas important ni intéressant" Mais ces renseignements sont entièrement défavorables; on me l'a présenté comme un *homme de rien* qui ne jouit d'aucune considération. (site.ifrance.com/justf/MAGSOUP.HTM ; accès le 11/04/05) = Ø *joão-ninguém, zé-povinho*

homme des bois "homme du temps des cavernes" Véritables "*hommes des bois*" à la carrure et la démarche imposantes, quoi qu'on en dise, les hommes de Néanderthal étaient adaptés à leur environnement. (www.astrosurf.org/lombry/bioastro-origine-avenir-homme3.htm; accès le 29/03/05) = Ø *homem do tempo das cavernas*

homme du monde "individu qui appartient à l'élite sociale" C'est un *homme du monde*, il s'est illustré au service; il est âgé, il a été marié; il a une fille et deux fils qu'il aime et dont il est chéri. (membres.lycos.fr/jccau/ressourc/romem/diderot.htm; accès le 29/03/05) = *homem da sociedade*

homme en blanc "médecins et infirmiers" Les *hommes en blanc* viennent me faire des piqûres, m'apporter à manger, parfois me parler. (fguyot.club.fr/Histoires/Le_rideau_effr.htm; accès le 11/04/05) = *homem de branco*

homme fait "jeune homme qui devient adulte" Mais si c'est un *homme fait* qu'on entend ainsi balbutier et qu'on voit jouer, cela semble ridicule, indigne d'un homme, et mérite le fouet. (pedagogie.ac-aix-marseille.fr/etablis/lycees/lyc_st_exupery/philo/dessertine/corrige/philo-temps.ht ml; accès le 29/03/05) = *homem feito*

hors concours (hors pair; hors série) "exceptionnel" Un film extraordinaire, dans le concours du plus grand navet de tous les temps, il est *hors concours*. (www.allocine.fr/film/fichefilm_gen_cfilm=6972.html; accès le 11/04/05) = *fora de série*

hors [de] combat "sans avoir plus des conditions pour faire quelque chose, sans pouvoir rien faire" Des Etats *hors combat* mais une Europe qui reste dans la guerre. (erra.club.fr/Correction-guerre.html ; accès le 11/04/05) = *fora de combate; fora de ação*

hors de saison "inopportun dans une situation donnée" Si la matière est sérieuse, il *est hors de saison*; on ne joue point quand on a en tête une affaire importante. (lescontesdefees.free.fr/Memoires/Premierepartie.htm; accès le 29/03/05) = Ø *fora de propósito*

hors de soi "troublé, sans arriver à se commander" Tomber hors de l'amour, c'est tomber *hors de soi*, hors du langage, hors de la mère. (femmes.msn.fr/amours/couple_sexualite/article2/; accès le 30/03/05) = *fora de si*

hors série 1. (hors concours; hors pair) "exceptionnel" Je comprends pourquoi cette conférence est *hors série*. C'est ELLE, Anne-Sophie, qui est *hors série*, hors normes, hors tout ce qu'on voudra! (culture.planete.qc.ca/vie/ adulte/adulte-8122002-50982.html; accès le 30/03/05) = *fora de série* **2.** "publication supplémentaire et généralement thématique" La revue Parvis consacre un *hors série* original de 60 pages sur le thème de la place des femmes dans le discours et la pratique liturgique. (reseaux.parvis.free.fr/1999_ hors_serie_liturgies_ partenaires.htm; accès le 11/04/05) = Ø *número especial*

hors pair (hors concours; hors série) "être en évidence" Le Bolomètre: un détective *hors pair* pour sonder l'Univers. Nouvelles étoiles, nouvelles galaxies, nouvelles planètes... (www.savoirs.essonne.fr/essonne/servlet/ getDoc?id=1084&printable=yes; accès le 11/03/05) = *fora de série*

huitième merveille du monde "quelque chose d'extraordinaire" La fosse n'est pas visitée mais elle est exceptionnelle. Je crois que la fosse des Mariannes devrait être la *huitième merveille du monde.* (cyberpresse.cndp.fr/num20/rubr_do.htm; accès le 30/03/05) = *oitava maravilha do mundo*

humeur de chien "très mauvaise humeur" Je suis d'une *humeur de chien,* mais, faute de chien pour me défouler, je battrai d'autres culs (et je sacrerai Chirac reine d'un jour, d'un jour mais d'un seul). (www.parages.ens.fr/livre-d-or/f27.html; accès le 30/03/05) = *humor de cão*

hurler à la mort "désirer la mort en l'appelant" Plantés sur le trottoir, deux Allemands en vacances regardent, bouche bée, les manifestants *hurler à la mort.* "On a l'habitude, chez nous, des manifs écologistes. Mais là, pour des loups et des ours, en France, ça fait beaucoup de monde! (...)" (loup.org/spip/article389.html; accès le 30/03/05) = *chamar a morte*

hurler avec les loups "se comporter comme ceux avec qui on se trouve" [péjoratif] Le Comité Anti-Répression n'a pas pour habitude, face à des agissements brutaux et répressifs, de se taire et encore moins de *hurler avec les loups.* (www.alta-frequenza.com/infos/2005/mars_2005/15_mars.htm; accès le 30/03/05) = Ø *fazer parte da gangue*

hypothèse d'école "supposition dont on connaît d'avance l'impossibilté de réalisation" [cultivé] Par exemple, si les ministres pouvaient afficher leurs cultes dans l'exercice de leurs fonctions (c'est une *hypothèse d'école,* bien sûr). (perso.wanadoo.fr/alain.complido/Documents_laicite_Kintzler.htm; accès le 30/03/05) = Ø *conjectura*

i | I

idée fixe "idée qui nous poursuit comme une obsession" La meilleure façon de ne pas avancer est de suivre une *idée fixe.* (jlhuss.blog.lemonde.fr/jlhuss/2005/02/prvert.html; accès le 04/03/05) = *idéia fixa*

idées noires "mauvaises pensées, pessimisme" Son état la désole, elle est de plus en plus souvent la proie d'*idées noires* depuis plus de deux semaines. (www.doctissimo.fr/html/sante/mag_2000/mag0908/ dossier/sa_2268_deprime_ ou_depression.htm; accès le 30/03/05) = *pensamentos negros*

illustre inconnu "personne qu'on ne connaît pas du tout" [ironie] Serait-ce plus nul que l'opinion d'un *illustre inconnu* sur un sujet d'une si grande importance qu'on se demande même comment ce n'est pas devenu le moyen principal de lutter contre l'illettrisme? (www.alaintale.com/page08gadgets.html; accès le 30/03/05) = *ilustre desconhecido*

il n'y a pas à tortiller "il n'y a pas à hésiter" C'est pour cela que je conseille de cuisiner les produits séparément. La cuisine de demain c'est celle que je fais. *Il n'y a pas à tortiller*! (www.amazon.fr/exec/obidos/tg/feature/-/99568/; accès le 30/03/05) = Ø *não tem o que pensar*

il n'y a pas de quoi fouetter un chat "il n'y a pas une bonne raison pour se donner du mal" Jusqu'ici, *pas de quoi fouetter un chat* puisque nous n'avons fait que reproduire en local le comportement de ce qui se passe sur le site officiel [...] (www.kommando.com/stat_exemple.htm; accès le 04/03/05) = Ø *não precisa fazer um drama por causa disso*

il y a [avait] à boire et à manger "c'est une chose qui présente (présentait) de bons et de mauvais aspects" S'il est vrai qu'il *y a à boire et à manger* dans les messages qui circulent sur ces news (...), cela permet de maintenir un éveil et une émulation quotidienne pour vivre avec la maladie. (membres.lycos.fr/thraffin/fibrointro.htm ; accès le 30/03/05) = Ø *prós e contras*

il y a [avait] anguille sous roche "il y a (avait) quelque chose de caché dont on soupçonne l'existence" Si un travail sous-qualifié comme celui là est si bien payé, c'est bien qu'*il y a anguille sous roche.* (forum.hardware.fr/hardwarefr/Discussions/job-d-ete-votre-avis-sujet-42180-1.htm; accès le 30/03/05) = *aí tem truta*

il y a [avait] de l'orage dans l'air "il y a (avait) une atmosphère de nervosité laissant prévoir une querelle" J'ai remarqué qu'il *y avait de l'orage dans l'air,* mais que se passe t-il? Tout le monde a des problèmes on n'est pas là pour se disputer. (www.aufeminin.com/__f1455_Handicaps_Pour_amaury.html; accès le 30/03/05) = *o tempo fechou*

il y a [avait] quelque chose de pourri [dans le royaume du Danemark] "il y a (avait) un scandale, un abus qui doit être dénoncé" Il *y avait quelque chose de pourri* chez nos responsables, quelque chose qui nous affaiblissait depuis plusieurs années. (mapage.noos.fr/johnny.lapin/html/vsc/vsc06.html; accès le 30/03/05) = [*há alguma coisa podre (no reino da Dinamarca)*]

imbécile heureux "personne limitée intellectuellement, qui ne se pose pas trop de questions et vit, de ce fait, dans une espèce de bonheur un peu niais" Son héros est un *imbécile heureux,* obsédé par la fumette, et qui a le don de créer des turbulences. (www.akata.fr/phpBB2/viewtopic.php?t=119&start=0&; accès le 30/03/05) = Ø *imbecil convicto*

inconnu au bataillon "qui n'est pas connu où il existe" Il ne manquait plus que le SRAS, le Syndrome Respiratoire Aigu Sévère. L'Asie, la seule région de la planète où la croissance résistait encore, est aujourd'hui frappée de plein fouet par ce coronavirus, mortel et *inconnu au bataillon.* (www.lexpansion.com/art/0.0.67018.0.html; accès le 30/03/05) = Ø *desconhecido pela população local*

inscrire [s'] en faux "être contre quelque chose" Mais ils sont également nombreux à l'UMP à *s'inscrire en faux* contre ce type de raisonnement. (www.la-croix.com/afp.static/pages/050323173104.7vhak25k.htm; accès le 30/03/05) = Ø *ser contra*

inspecteur des travaux finis "celui qui se présente pour donner sa contribution à un travail quand on n'en a plus besoin" [ironie] Aujourd'hui, je joue le rôle de l'*inspecteur des travaux finis* en barrant, soulignant et ponctuant grassement d'un gros feutre rouge tout ce qui me paraît susceptible d'être modifié. (www.20six.fr/Tenner/archive/2004/01/26/zlcuhl28kgt6.htm ; accès le 30/03/05) = Ø *fiscal do trabalho dos outros*

inventer la poudre (inventer le fil à couper le beurre) "proposer quelque chose déjà connue comme si c'était une nouveauté" Alors, ne cherchons pas à *inventer la poudre* en créant des contrats territoriaux fondés sur une réglementation drastique qui romprait tous les équilibres. (www.assemblee-nat.fr/cri/leg11/html/19980007.asp; accès le 30/03/05) = *descobrir a América; descobrir a pólvora; inventar a roda*

inventer le fil à couper le beurre (inventer la poudre) "proposer quelque chose déjà connue comme si c'était une nouveauté" Il n'*a* pas forcément *inventé le fil à couper le beurre*, mais Michael est original et n'a pas peur du ridicule [...] (www.col.fr/forum/topic.asp?TOPIC_ID=3117; accès le 04/05/05) = *descobrir a América; descobrir a pólvora; inventar a roda*

ironie du sort "fait aussi dérisoire qu'il semble une plaisanterie" Fait souvent ignoré et curieuse *ironie du sort*, ces deux précurseurs ne se rencontrèrent jamais! (www.caradisiac.com/php/actu_enq/saga/europ/ mg_1349_benz.php; accès le 30/03/05) = *ironia do destino*

j | J

jacasser comme une pie "bavarder, parler sans cesse" Aussi, je ne vais pas perdre de temps à *jacasser comme une pie* (c'est le plus souvent ce que pensent nos mecs adorés!). Passons aux choses sérieuses. (perso.wanadoo.fr/jo.simone/archives/garfem.htm; accès le 31/03/05) = Ø *parecer uma matraca*

jambe de coq "jambe maigre et longue" J'ouvre la porte et il est là, planté au bout de son lit, sur ses deux *jambes de coq* et trépigne d'impatience quand il entend le bruit de la porte [...] (www.20six.fr/Naty/archive/2003/12/25/btwnm5kml9ui.htm; accès le 12/04/05) = *perna de saracura*

jambe en coton "jambe molle, sans fermeté" Elle a les *jambes en coton*, et, mollement, elle tombe. Elle sent qu'on la ramasse, qu'on la met dans l'ambulance qui démarre et qui s'élance. (www.mburlot.com/se_perdre.html; accès le 31/03/05) = Ø *perna bamba*

jardin des allongés (boulevard des allongés) "cimetière" Il aurait suffi d'un loupé que je gagne une entrée gratis pour le *jardin des Allongés*. (www.cof.ens.fr/pmort/feuilletons/chrysanthemes.html; accès le 30/03/05) = [*cidade dos pés juntos*]

jardin secret 1. "activité ou lieu préféré auquel on revient toujours" Chaque chef d'Etat a son *jardin secret*. Giscard avait l'Afrique et la chasse pour parfaire son image de polytechnicien à particule. Mitterrand cultivait Venise et Assouan pour achever son personnage d'écrivain rentré et de séducteur aiguisé, devenu bâtisseur de pyramide contre le passage du temps. (www.liberation.fr/page.php?Article= 285099; accès le 31/03/05) = *jardim secreto* [1] **2.** "le plus intime de sa personnalité" Il a suffit d'une petite fleur comme toi Emilie pour que mon *jardin secret* fleurisse à nouveau. (home.nordnet.fr/~cnicq; accès le 12/04/05) = *jardim secreto* [2]

jeter à la face 1. "objecter quelque chose à quelqu'un" Il se voit tout-à-coup contraint de jeter un regard sur ses choix actuels lorsque Carlo vient violemment lui *jeter à la face* son engagement passé. (c84.free.fr/page_urto.htm; accès le 30/03/05) = *esfregar na cara* [1]; *jogar na cara* [1] **2.** "faire quelque chose exprès pour montrer à quelqu'un qu'on en est capable" Une maîtresse fière de sa condition, qui n'a pas peur de *jeter à la face* du monde ce qu'elle est et le revendique fièrement! (www.maitresse-cyn.com/ vitrine/maitresse/cru.html; accès le 12/04/05) = *esfregar na cara* [2]; *jogar na cara* [2]

jeter à la porte 1. (ficher à la porte; jeter à la rue [1]; jeter sur le pavé [1]; mettre à la porte [1]; mettre à la rue [1]) "expulser quelqu'un" Ils ne pourront plus répudier leur femme du jour au lendemain et la *jeter à la porte*, ni prendre une deuxième femme sans une bonne raison. (www.bladi.net/modules/newbb/ sujet-22156-1-nouvelle-moudawana-l-opinion-de-la-rue.html; accès le 30/03/05) = *pôr na rua* [1] **2.** (jeter à la rue [2]; jeter sur le pavé [2]; mettre à la porte [2]; mettre à la rue [2]) "licencier quelqu'un" A hurler: ce sont des fonctionnaires, qu'on devrait révoquer et *jeter à la porte* comme tous les salariés du privé qui travaillent mal [...] (permanent. nouvelobs.com/cgi/debats/ aff_mess?id=200402170099&offs=5; accès le 30/03/05)= *pôr na rua* [2]

jeter à la rue 1. (ficher à la porte; jeter à la porte [1]; jeter sur le pavé [1]; mettre à la porte [1]; mettre à la rue [1]) "expulser quelqu'un" Il s'agit de détruire des centaines de milliers de maisons et de *jeter à la rue* des millions de civils. L'objectif est de démoraliser la population, de briser son moral, de manière à ce qu'elle exige de ses dirigeants la paix. (juin1940.free.fr/cologne.htm; accès le 30/03/05) = *pôr na rua* [1] **2.** (jeter à la porte [2]; jeter sur le pavé [2]; mettre à la porte [2]; mettre à la rue [2]) "licencier quelqu'un" Peut-être même que l'infirmière chef va me *jeter à la rue*. (mimile.joueb.com/news/755.shtml; accès le 30/03/05) = *pôr na rua* [2]

jeter (se) à l'eau (mettre (se) à l'eau) "oser, risquer" Si vous décidez de *vous jeter à l'eau*, respectez au minimum les trois règles suivantes: 1 - optez pour les grandes valeurs du CAC 40; 2 - évitez les produits hautement risqués et complexes, tels que les warrants et les bons d'option; 3 - ne suivez pas les cours en direct tous les jours. (www.notretemps.com/article/ index.jsp?docId=135400&rubId=1530; accès le 12/ 04/05) = *lançar-se ao mar*

jeter au panier "ne plus prendre quelque chose en considération" L'Académie s'occupe de notre Mémoire sur la catalepsie, que vous avez eu tort de *jeter au panier* des excommunications. (perso.wanadoo.fr/charles.kempf/rs1860/18600905.htm; accès le 13/04/05) = *pôr no lixo*

jeter aux lions "laisser quelqu'un dans une situation difficile" Pourquoi un employeur devrait-il *jeter aux lions* un employé qui lui pose des problèmes? (www.webzinemaker.net/lacamerounaise/index.php3?action=page& id_art=69671; accès le 13/04/05) = *jogar aos leões*

jeter aux orties (jeter au panier) "ne plus prendre quelque chose en considération, abandonner" [cultivé] Le tableau de la situation est plutôt inquiétant, certains parlent maintenant de *jeter* l'Internet *aux orties*, là encore la réaction paraît bien excessive. (www.rfi.fr/actufr/articles/051/info_express_8383.asp; accès le 30/03/ 05) = [*jogar às urtigas*]; *pôr no lixo* [courant]

jeter (se) aux pieds "se soumettre à quelqu'un, lui supplier" On ne perd sa foi en un dieu que pour mieux *se jeter aux pieds* d'un autre. (www.igor-yannkasper.net/correspondance/lettre002.htm; accès le 13/04/05) = *atirar-se aos pés de; jogar-se aos pés de*

jeter de la poudre aux yeux "dévier l'attention des vrais enjeux" Il ne connaît bien sûr rien du tout aux sciences et aux techniques, mais il a l'art *de jeter de la poudre aux yeux*. (www.canalplus.fr/cid3379-pid129-tpl77.htm; accès le 31/03/05) = *jogar poeira nos olhos*

jeter de l'huile sur le feu (ajouter de l'huile sur le feu; mettre de l'huile sur le feu; mettre le feu aux poudres) "attiser les conflits ou exciter des passions déjà très vives entre deux parties adverses" Certaines associations préfèrent passer sous silence la racialisation de la violence, sous prétexte de ne pas *jeter de l'huile sur le feu*. (www.lexpress.fr/info/france/ dossier/racismes/dossier.asp; accès le 12/05/05) = *colocar gasolina no fogo; colocar lenha na fogueira; jogar gasolina no fogo; pôr lenha na fogueira*

jeter en pâture "abandonner à, exposer à" Conscientes de cette situation, des personnes malveillantes exploitent la naïveté de nos sœurs africaines pour les y envoyer et les *jeter en pâture* à la prostitution et la pornographie. (www.topvisages.net/dossier564.htm; accès le 31/03/05) = Ø *expor*

jeter l'ancre "s'établir dans une situation, se fixer dans un lieu" Bien sûr les poissons n'ont plus de secrets pour eux et ils savent *jeter l'ancre* aux endroits les plus judicieux. (ffxi.jeuxonline.info/univers/index5.php; accès le 13/04/05) = *lançar âncora*

jeter le bébé avec l'eau du bain "éliminer l'essentiel avec l'accessoire" La grande aventure humaine pour un homme consiste à se libérer de sa dépendance infantile, sans *jeter le bébé avec l'eau du bain*. (perso.wanadoo.fr/mondalire/intim.htm; accès le 31/03/05) = Ø *jogar fora o que é importante junto com o que não é* [*jogar a criança com a água da bacia*]

jeter le gant "lancer un défi" Malheureusement notre "champion" de la république a préféré *jeter le gant*... laissant les Français en imaginer les raisons. (membres.lycos.fr/luckshield/Dossiers/coups_de_coeur/Coups_de_coeur_19.htm; accès le 31/03/05) = [*lançar a luva*] [cultivé]

jeter le masque "se montrer en toute vérité" Au fur et à mesure que son pouvoir s'éteignait, les langues autour de lui se déliaient, et on avait l'impression que cela répondait à son désir, d'enfin avouer, d'enfin *jeter le masque* après toutes ces années de faux-semblant. (membres.lycos.fr/ovive/Magazine/QuestionsDeSociete/Mensonge DansLaViePublique.htm; accès le 31/03/05) = *tirar a máscara*

jeter l'éponge (baisser les bras; baisser pavillon; donner sa langue au chat; lever les bras; mettre les pouces) "abandonner la lutte, renoncer à poursuivre" Vous avez beau jeu de *jeter l'éponge* sans même prendre la peine de formuler ce qui vous pose réellement problème. (mes.cyberprofs.com/v2/n.pl/c/cyberprofs/quest-lire/20041114123415; accès le 31/03/05) = *entregar os pontos; jogar a toalha; pedir água; pedir arrego*

jeter par les fenêtres (jeter par terre) "ignorer, gâcher, ne pas profiter de quelque chose" La Banque centrale, dira-t-on, est le temple de l'argent et a certains droits. Mais peut-elle se permettre de *jeter* ainsi *par les fenêtres* de l'argent public? (www.lagazettedgi.com/v2/

pagefr.php?genre=readarchive&id=24514&rubune=politics& MONTH=D%C3% A9cembre%202004; accès le 31/03/05) = *jogar pela janela*

jeter par terre (jeter par les fenêtres) "ignorer, annuler" La réalité dépasse souvent la fiction et vient *jeter par terre* certains tabous qui ont la vie dure. (garscontent.com/ 411-Novembre/09/Page%20du%2041109.htm; accès le 13/04/05) = *jogar por terra*

jeter son dévolu sur "choisir" Quand on est dans un état d'énervement et/ou de désespoir extrême, on a tendance à ne plus réfléchir et à *jeter son dévolu sur* ("d'un coup du cœur enlace") la première solution qui se présente à nos yeux, quelle futelle ("l'ombre qui passe"). (membres.lycos.fr/poukipsy/tristana2.htm; accès le 31/ 03/05) = Ø *não ver senão*

jeter sur le dos (mettre sur le dos) "attribuer à quelqu'un la responsabilité de quelque chose, souvent abusivement" il faut qu'on se prenne en charge un peu et ne pas tous *jetter sur le dos* du roi car il en fait beaucoup déjà = *jogar nas costas*

jeter sur le pavé 1. (ficher à la porte; jeter à la porte [1]; jeter à la rue [1]; mettre à la porte [1]; mettre à la rue [1]) "expulser quelqu'un" Ces mesures ont seulement jeté *sur le pavé* des villes des milliers d'hommes qui ne savent où aller, comment se nourrir, comment se protéger de l'hiver, comment vivre. (www.lutte-ouvriere-journal.org/ article.php?LO=1797&ARTICLE=14; accès le 12/04/05) = *pôr na rua* [1] **2.** (jeter à la porte [2]; jeter à la rue [2]; mettre à la porte [2]; mettre à la rue [2]) "licencier quelqu'un" [...] La fermeture des entreprises et des institutions non rentables auraient *jeté sur le pavé* des dizaines de millions de salariés. (www.regards.fr/archives/ 1996/199606/199606pla03.html; accès le 12/04/05) = *pôr na rua* [2]

jeter un froid "créer une grande gêne, un grand malaise autour de soi" Je crois que je préfère quand même qu'on reste amis plutôt que de *jeter un froid* en lui avouant mon amour si lui ne le partage pas. (www.20six.fr/pale_impseste; accès le 31/03/05) = Ø *criar um embaraço*

jeter un pont "concilier" Au cours d'une carrière de plus de quarante ans Richard Williams s'est montré un véritable innovateur et a su, avec succès, *jeter un pont* entre l'âge d'or de l'animation traditionnelle et l'animation par ordinateur. (www.amazon.fr/exec/obidos/tg/detail/-/books/2212112610/reviews/402-8324218-4226515; accès le 31/03/05) = *fazer uma ponte*

jeu de bascule "mouvement d'alternace" Il paraît que l'infernal *jeu de bascule* entre le pétrole qui monte et le dollar qui baisse est la cause de ces oscillations. (humanite.presse.fr/journal/2004-12-02/2004-12-02-451143; accès le 31/03/05) = Ø *gangorra*

jeu de dupes "situation où il y a une tromperie" Tant il faut pouvoir demeurer complètement lucide dans le *jeu de dupes* qui s'est substitué au jeu de rôles qui nous gouverne à notre corps défendant. (www.internenettes.fr/rire/cliche.html; accès le 31/03/05) = Ø *conto-do-vigário*

jeune dans sa tête "à un esprit ouvert, disposé, malgré l'âge" Dame cinquantaine *jeune dans sa tête* ne cherchant pas vie à deux mais un homme ne dépassant 55 ans, libre ou pas mais qu'il puisse m'offrir de jolis moments, sympa, pas trop mal physiquement, aimant les sorties me consacrant du temps, me gâter comme une princesse affectivement et financièrement. (www.corse-hebdo.fr/consulter.php4?zone=&rub=13; accès le 31/03/05) = *jovem de espírito*

jeune loup "jeune avide" Nouvel arrivant à Paris, le héros de roman d'apprentissage, même s'il est un "*jeune loup*" aux dents longues, a l'estomac vide. Tous ses appétits férocement aiguisés, il souffre, le ventre et la bourse désespérément vides. (cartoflash.free.fr/regards/heros.htm; accès le 31/03/05) = Ø *jovem ganancioso*

jeune premier "jeune amoureux" Apollon: ou les mésaventures d'un *jeune premier*. Il était le dieu de la divination, de la prophétie, des arts et de la musique. (membres.lycos.fr/astavros/apollon.htm; accès le 31/03/05) = Ø *jovem apaixonado*

joindre les deux bouts "arriver à équilibrer le budget avec son salaire du mois" Les salariés ont du mal à *joindre les deux bouts*. Deux ans d'inflation et une stagnation des revenus depuis dix ans ont fait chuter le niveau de vie des salariés de l'autre côté des Alpes. (www.cfdt.fr/actualite/inter/actualite/europe/2004/europe_2004_34.htm; accès le 31/03/05) = Ø *equilibrar as despesas*

jouer au chat et à la souris "se guetter par jeu en reculant toujours l'instant de la rencontre" La France doit donc cesser de *jouer au chat et à la souris* avec le peuple malgache. Elle doit clarifier son jeu et sa position. (nah296.free.fr/les_enjeux_du_choix_de_la_france.htm; accès le 31/03/05) = *brincar de gato e rato*

jouer au docteur "se rendre à toucher et à se faire toucher des parties les plus intimes du corps" Pour ma part, j'en ai assez de me comporter en adolescent onaniste et j'ai hâte de *jouer au docteur* dans la cabane au fond du jardin! (www.ifrance.fr/alibautin/iphp/ Aztek/forum_1.php?msg=2876&return=1; accès le 31/03/05) = *brincar de médico*

jouer au plus fin "aller jusqu'aux dernières conséquences" Elles peuvent être très dangereuses et il ne faut jamais *jouer au plus fin* avec elles car leurs réactions peuvent être complètement imprévisibles. (lapetroleuse.free.fr/chapt3.html; accès le 31/03/05) = Ø *ver quem sai ganhando*

jouer avec le feu "s'occuper d'une dangereuse affaire" "S'approprier une photo, c'est *jouer avec le feu*". La politique sort souvent les images de leur contexte. (www.letemps.ch/dossiers/dossiersarticle.asp?ID=67215; accès le 1 3/03/05) = *brincar com fogo*

jouer cartes sur table 1. (mettre (se) à table) "éclairer une question sans rien omettre" Vous avez tout intérêt à *jouer cartes sur table*. SCO sommé par la justice de *jouer cartes sur table*. Le juge fédéral en charge du procès (...) veut y voir plus clair. (www.zdnet.fr/actualites/informatique/0,39040745,39133148,00.htm; accès le 26/06/08) = *pôr as cartas na mesa* [1] **2.** (afficher la couleur; annoncer la couleur) "déclarer ouvertement ses intentions" Vous avez tout intérêt à *jouer cartes sur table*. Elle annonce de nombreux problèmes à résoudre, des charges et des responsabilités à assumer. (www.astro-et-voyance.com/Horoscope-mensuel-amoureux/lion.html; accès le 13/04/05) = *abrir o jogo; pôr as cartas na mesa* [2]

jouer dans la cour des grands "faire partie du groupe de ceux qui ont réussi à se faire accepter" Lyon ou Marseille constatent leurs impuissances à *jouer dans la cour des grands* et regrettent d'être contraints à évoluer en seconde division. (fc.parti-federaliste.fr/combat.htm; accès le 31/03/05) = Ø *fazer parte do grupo dos grandes*

jouer des poings "battre quelqu'un dans une dispute" Vous allez donc vous retrouver derrière Donald en train de sauter pour éviter des pièges ou *jouer des poings* pour se défaire de vos ennemis. (www.playfrance.com/ps2-Donald-quot-Cou-k-Att-ck-quot/test; accès le 13/04/05) = *sair no braço*

jouer double jeu (jouer sur deux tableaux) "tenir deux rôles, avoir deux attitudes opposées dans la même affaire" En ce sens, il doit *jouer double jeu* avec eux et être plus rapide, tout en anticipant le moindre élément qui risquerait de l'incriminer. (goldenscore.free.fr/music.php?numero=856; accès le 31/03/05) = *fazer jogo duplo*

jouer du pipeau "mentir, tromper" Dans la pratique du marketing, l'habitude de *jouer du pipeau*, autrement dit de gonfler les performances des produits vendus, est un usage parlé. (1libertaire.free.fr/Espritcritik12.html; accès le 31/03/05) = *passar a conversa*

jouer franc jeu "agir loyalement, franchement" Je regrette que nous n'ayons pas tous choisi de *jouer franc jeu*, c'est-à-dire de refuser des dispositions qui sont inacceptables. (www.senat.fr/seances/s200003/ s20000302/sc20000302071.html; accès le 31/03/05) = *jogar limpo*

jouer la comédie "simuler par une mise en scène des sentiments que l'on n'éprouve pas" Dans la séduction, tout le monde *joue la comédie*. Les femmes sont réputées pour ça. Réel: En tout cas, elles accusent les hommes de le faire. (www.mieux-etre.org/interactif/article.php3?id_article=957; accès le 13/04/05) = Ø *ficar representando*

jouer le jeu "accepter ce qui a été accordé" Le décor étant posé et l'histoire lancée, la réussite de la partie tient aussi à la capacité et à la motivation des participants à *jouer le jeu*. (membres.lycos.fr/ernstbrun/soirees/main.htm; accès le 31/03/05) = *aceitar o jogo; jogar o jogo*

jouer les Cassandre "prédire un malheur" Il ne s'agit pas de *jouer les Cassandre*. Il s'agit, aujourd'hui, dans ce monde désabusé et qui tourne en rond, d'être porteur d'une espérance. (perso.wanadoo.fr/leon.paillot/B01Avent.htm; accès le 31/03/05) = [*ser uma Cassandra*]

jouer le tout pour le tout "risquer tout d'un seul coup" Il voulait *jouer le tout pour le tout*. Fred (Magné) attendait de se placer. Mais cela a toujours roulé très vite, il n'a jamais pu placer son attaque. (www.lequipe.fr/Jo/piste_journee6.html; accès le 31/03/05) = [*apostar tudo numa única corrida*]

jouer sa dernière carte "faire une dernière tentative pour obtenir quelque chose" Grégoire en profite aussi pour *jouer sa dernière carte* dans le coup qu'il avait préparé pour fêter l'anniversaire de notre départ, il y a un an. (eleves.ensmp.fr/P99/99leperl/ CySMiC_Site/live/newsletter45.htm; accès le 31/03/05) = *dar a última cartada; queimar o (seu, um) último cartucho*

jouer serré “agir avec beaucoup de précaution” Il faudra *jouer serré*. - Tu crois que les Suisses viendront? - Il en est question. J'ai entendu dire hier qu'ils étaient en route. (dveditions.free.fr/extraitch3MC.htm; accès le 31/03/05) = *pisar em ovos*

jouer sur les deux [sur tous les] tableaux “se ménager un intérêt dans deux côtés opposés pour ne rien perdre” De toute façon, compte tenu des moyens financiers des clubs français, il est impossible de *jouer sur les deux tableaux*.” (www.lequipe.fr/Rugby/demi_castres_1.html; accès le 31/03/05) = *ter os pés em duas canoas*

jouer une carte “entreprendre quelque chose” Le président du PSD et Premier ministre démissionnaire, Pedro Santana Lopes, *joue une carte* décisive de sa vie politique ce 20 février. (www.luso.fr/cgi-bin/luso/luso-lettres?ticket=c1_ 1328&oid=132788908&first=41&num=12&total=1328; accès le 31/03/05) = *dar uma cartada*

jouer un mauvais tour (faire un tour de cochon; jouer un sale tour; jouer un tour de cochon; jouer un vilain tour) “agir sournoisement pour causer du tort à quelqu'un” Céline fait de son perroquet un compagnon d'écriture, le capitaine Haddock s'en sert pour *jouer un mauvais tour* à la Castafiore. (louisferdinandceline.free.fr/indexthe/herge/alliot.htm; accès le 31/03/05) = *Ø dar uma enganada*

jouer un sale tour (faire un tour de cochon; jouer un mauvais tour; jouer un tour de cochon; jouer un vilain tour) “agir sournoisement pour causer du tort à quelqu'un” Mais surtout il risque de vous *jouer un sale tour* à la Préfecture de Police, puisque votre situation de réfugié ne s'expliquerait plus. (www.centrafrique.com/moncoeurbalance.htm; accès le 12/05/05) = *Ø dar uma enganada*

jouer un tour de cochon (faire un tour de cochon; jouer un mauvais tour; jouer un sale tour; jouer un vilain tour) “agir sournoisement pour causer du tort à quelqu'un” Surpris, le pilote ne perdit pas pour autant le contrôle - ni le nord - et se demanda quel maudit farfadet lui *jouait un* tel *tour de cochon*. (www.culture. gouv.fr/php/php/ dglf/reponse_texte_bis.php3?complet=vrai; accès le 12/05/05) = *Ø dar uma enganada*

jouer un vilain tour (faire un tour de cochon; jouer un mauvais tour; jouer un sale tour; jouer un tour de cochon) “agir sournoisement pour causer du tort à quelqu'un” Parce qu'il a voulu *jouer un vilain tour* à un lutin bienfaiteur résidant dans a ferme, le jeune Nils Holgersson est puni par ce dernier. (www.manga-distribution.fr/md/index.php?script=fiche_serie&id_serie=653; accès le 12/05/05) = *Ø dar uma enganada*

jour J “jour décisif” Le *jour J*: Comparez les prix et achetez-le dans la boutique sur Internet il est le moins cher avec le comparateur de prix. (www.clubic.com/shopping-59738-0-le-jour-j.html; accès le 13/04/05) = *dia D*

jurer ses grands dieux “jurer en toute sincérité” Le négociateur européen Pascal Lamy *a juré ses grands dieux* avoir exclu de ses offres l'audiovisuel, l'eau, la santé et l'éducation. (harribey.u-bordeaux4.fr/ledire/eco-atypique.html; accès le 01/04/05) = [*jurar pelo que há de mais sagrado*]

jus de chaussette “café très doux, mauvais” Elle m'a offert un café, un “bon *jus de chaussette*” fait dans la tradition, avec un arrière-goût de chicorée. (perso.wanadoo.fr/fabrice.dubois/aujourdhui.htm; accès le 13/04/05) = [*água de batata*]

jusqu'à la corde (jusqu'à la dernière goutte; jusqu'à la moelle) "au maximum, jusqu'au bout" J'ai commencé à travailler ici, il n'y avait pas de linge, les draps étaient usés *jusqu'à la corde* et les réserves de médicaments pratiquement épuisées. (www.msf.fr/site/site.nsf/pages/tuberculosetemoignage; accès le 01/04/05) = *até a última gota; até o caroço; até o osso; até o sabugo*

jusqu'à la dernière goutte (jusqu'à la corde; jusqu'à la moelle) "jusqu'au bout, totalement" L'objectif: réduire la consommation d'énergie et user les piles *jusqu'à la dernière goutte* [...] (perso.wanadoo.fr/jean.drevet/techniqu/led/ description.htm; accès le 13/04/05) = *até a última gota; até o caroço; até o osso; até o sabugo*

jusqu'à la garde (jusqu'au cou) "complètement" [surtout après adjectifs] Je suis dans une tristesse profonde, et dans l'état moral le plus déplorable, découragé, désabusé, embêté *jusqu'à la garde.* (perso.wanadoo.fr/jb.guinot/pages/lettresBouilhet.html; accès le 01/04/05) = *até as tampas*

jusqu'à la moelle (jusqu'à la dernière goutte; jusqu'à la corde) "au maximum, complètement" Nos pneus sont lisses, on a usé *jusqu'à la moelle* nos chaussures, et le croisillon de transmission du cardan vient tout juste de nous lâcher. (sidetour.free.fr/carnets/alaska/fr_alaska2.html; accès le 01/04/05) = *até a última gota; até o caroço; até o osso; até o sabugo*

jusqu'à plus soif (tout son soûl) "jusqu'à ce qu'on ne puisse plus" Il pleure ainsi *jusqu'à plus soif,* déshydratant, déshydraté, et déshérité, sec jusqu'à la moelle, comme les feuilles sur le plancher. (www.ventdelaitue.org/laicture/P430-La-parole-est-d-argent-mais-l-age-est-d-or.html; accès le 01/04/05) = [*até se fartar*]

jusqu'au bout des doigts (jusqu'au trognon; jusqu'aux yeux; jusqu'au bout des ongles) "à un degré rarement égalé, tout à fait" [se rapporte à une qualité] Un gros hurlement provient alors de l'arrière, ça y est le monstre respire, les vibrations vous arrivent *jusqu'au bout des doigts* [...] (www.automobile-sportive.com/guide/alpine/a110.php; accès le 30/05/05) = *até a raiz dos cabelos; até os ossos*

jusqu'au bout des ongles (jusqu'au trognon; jusqu'aux yeux; jusqu'au bout des doigts) "à un degré rarement égalé, tout à fait" [se rapporte à une qualité] Mon ami Néraud, un vrai savant, artiste *jusqu'au bout des ongles* dans la science, avait essayé de m'apprendre la botanique. (www.mairie-chambery.fr/sand/pages/ 08botanique.htm; accès le 01/04/05) = *até a raiz dos cabelos; até os ossos*

jusqu'au cou (jusqu'à la garde) "presque entièrement" [se rapporte à une situation] Corsaire Sanglot était enfoui *jusqu'au cou* dans un immense champ d'éponges. Elles pouvaient être trois ou quatre cent mille. (www.robert.desnos.online.fr/chap4.html; accès le 01/04/05) = *até o pescoço; até as tampas*

jusqu'au trognon (jusqu'au bout des doigts; jusqu'au bout des ongles; jusqu'aux yeux) "tout à fait, entièrement" C'est un civil *jusqu'au trognon,* les armes ça le répugne. Il n'est décidément pas en phase avec son époque et il le gueulera parfois. (thegrou.chez.tiscali.fr/francois_cavanna.php; accès le 01/04/05) = *até a raiz dos cabelos; até os ossos*

jusqu'aux yeux (jusqu'au bout des doigts; jusqu'au bout des ongles; jusqu'aux yeux) "fortement, énormement" Toute la richesse du témoignage est dans cette frénésie et ce sentiment que le jazz, tel que l'a vécu Chet Baker, était bien une aventure anti-académique, menée par des jeunes types fougueux, drogués *jusqu'aux yeux*, alcooliques et nymphomanes au dernier degré. (www.fluctuat.net/livres/chroniques01/baker.htm; accès le 13/04/05) = *até a raiz dos cabelos; até as tampas*

l | L

la balle est dans son camp (à lui de jouer) "cela ne dépend plus que de lui" Maintenant, *la balle est dans son camp* et on attend vivement la sortie du premier véritable album studio en souhaitant que ce soit une grosse claque. (www.hardrock80.com/groupes/privateline/privateline.htm; accès le 14/04/05) = Ø *só depende dele*

lâcher du lest "se débarrasser de quelqu'un ou de quelque chose" [cultivé] Le revers de la médaille est que si l'Empire traverse une période de vaches maigres, et qu'il faut *lâcher du lest*, on commence par les Indépendants. (sancti.online.fr/matos/empiremaraude.html; accès le 04/04/05) = [*soltar lastro*]

lâcher pied (lâcher prise) "cesser d'essayer quelque chose" Son rédacteur n'est pas homme à *lâcher pied* facilement. Ce n'est pas lui qui cédera en esclave au cri de sauve-qui-peut général. (joseph.dejacque.free.fr/libertaire/n07/lib01.pdf; accès le 04/04/05) = *largar de mão; largar mão*

lâcher prise (lâcher pied) "cesser d'essayer quelque chose" Microsoft *lâche prise* sur le segment Wi-Fi. L'éditeur a annoncé son retrait du marché des matériel Wi-Fi. (solutions.journaldunet.com/0405/040513_ microsoft_wifi.shtml; accès le 14/04/05) = *largar de mão; largar mão*

la corde au cou "avec des difficultés financières" Le monde se divise en deux mon ami, ceux qui ont *la corde au cou*, et ceux qui la leur coupe. Oui, seulement celui qui a *la corde au cou*, c'est moi. (vadeker.club.fr/humanite/culture/citations1.html; accès le 04/04/05) = *com a corda no pescoço*

laid comme un pou "très laid" Ils retournèrent au château, se marièrent et eurent beaucoup d'enfants. Samy Cao. Il était une fois un prince qui était *laid comme un pou*. (membres.lycos.fr/campostal/cadrcontes.html; accès le 04/04/05) = *feio de doer; feio que dói*

laisser au vestiaire "abandonner pour un laps de temps déterminé" L'école est un lieu dans lequel on *laisse au vestiaire* ses convictions religieuses, culturelles, idéologiques, philosophiques pour entrer dans un espace de neutralité, de tolérance, de liberté. (www.ac-grenoble.fr/patrimoine-education/seminaire/momment_ferry.htm; accès le 14/04/05) = *deixar na gaveta*

laisser aux mains de (laisser entre les mains de) "laisser sous la responsabilité de quelqu'un" Les médias sont choses trop importantes pour les *laisser aux mains* des seuls spécialistes. (www.ina.fr/inatheque/publications/index.fr.html; accès le 04/10/05) = *deixar nas mãos de; deixar por conta de*

laisser [s'en] conter "se laisser tromper" Un jour, le voyant aux prises avec des sauterelles peu désireuses de *s'en laisser conter*, je suis tout naturellement venu à son secours. (perso.wanadoo.fr/insectes.net/ historiettes/poissons/engola.htm; accès le 04/04/05) = *ir na conversa*

laisser couler "laisser aller" J'ai beau essayé de *laisser couler* pour pas me prendre la tête et bien là elle a réussi à me fâcher avec mon zhom qui a pas coupé le cordon!! (forums.famili.fr/famili/Papa/sujet-152366-43.htm; accès le 04/04/05) = *deixar o barco correr*

laisser de côté "abandonner, mépriser" J'ai préféré *laisser de côté* les circuits organisés pour résolument partir à l'aventure. Merde, on est nécronaute ou on ne l'est pas!" (frban.club.fr/chaps/chap4.html; accès le 04/04/05) = *deixar de lado*

laisser des plumes "perdre beaucoup d'argent" Les classes dominantes se cherchent des formules et voies de contournement qui leur éviteraient d'y *laisser des plumes*. (perso.wanadoo.fr/collectif-communiste-polex/ debat_mondialisation/ cont_teitelbaum.htm; accès le 04/04/05) = [*ficar depenado*]

laisser en plan (laisser en rade) "lâcher, abandonner soudain" Tout le monde sait qu'une voiture nécessite un entretien mécanique et des produits de qualité, sinon, elle risque de vous *laisser en plan*. (www.lamed.fr/spiritualite/48voies/ 1089.asp; accès le 04/04/05) = *deixar na mão*

laisser en rade (laisser en plan) "lâcher, abandonner soudain" La batterie du T3 m'*a* encore *laissé en rade* en plein milieu d'une réunion, mercredi dernier. (www.palmbavardages.net/archives/2004/10; accès le 16/06/05) = *deixar na mão*

laisser entre les mains (laisser aux mains de) "laisser quelqu'un ou quelque chose sous la responsabilité de quelqu'un" Pourtant, les politiciens ont préféré les *laisser entre les mains* de l'appareil judiciaire plutôt que d'essayer de les solutionner eux-mêmes. (www.barreau.qc.ca/journal/vol32/no13/magistrats.html; accès le 17/06/05) = *deixar nas mãos de; deixar por conta de*

laisser la porte ouverte "favoriser l'apparition de quelque chose, négliger de se prémunir contre qquelque chose" Vous venez de *laissez la porte ouverte* à la collusion, aux arrangements hors parties, et à l'allumage d'un joueur dès qu'il s'installe. (forums.multimania.lycos.fr/use/sabbat/800323/800457/ read.phtml; accès le 04/04/05) = *dar sopa pro azar; deixar a porta aberta*

laisser le champ libre "éliminer les obstacles" L'armée soudanaise chasse les populations pour *laisser le champ libre* aux multinationales du pétrole. Ces paysans ont tout perdu. (membres.lycos.fr/corruptn/06-31.htm; accès le 04/04/05) = *deixar o campo livre*

laisser (se) marcher sur les pieds "permettre d'être offensé, traité sans ménagements" Si l'on veut arriver à ses fins, il ne faut pas *se laisser marcher sur les pieds*. (contenu.aolfr.monster.fr/salaires_contrats/ articles/mythes_et_realite/imprimer; accès le 28/06/05) = [*deixar (alguém) montar*]

laisser pisser [les mérinos] "attendre la situation s'améliorer" Je dirais qu'en l'absence de préjudice immédiat et de détournement de clientèle existante, il faut mieux *laisser pisser.* (www.webrankinfo.com/forums/posts_membre_drgenius.htm; accès le 14/04/05) = *deixar a poeira baixar (abaixar, assentar); esperar a poeira baixar (abaixar, assentar)*

laisser pour compte "ne pas se soucier de quelqu'un ou de quelque chose qui a besoin d'attention" Le Conseil régional s'est fixé quatre objectifs: [...]éviter de *laisser pour compte* ceux qui n'auront pas les moyens ou la formation nécessaire pour participer à ces évolutions. (www.parti-socialiste.fr/tic/collectivites_midi-pyr.php; accès le 10/04/05) = *deixar por conta da sorte*

laisser (se) prendre "être influencé" Au plus haut degré de l'auto-dérision, il n'est pas interdit *de se laisser prendre,* comme eux, au rire franc et débraillé d'une salle bien pleine. (allocine.msn.fr/film/critique_ gen_cfilm=28560&affpub=0.html; accès le 04/04/05) = *deixar-se levar*

laisser tomber "abandonner, rompre avec" Kyle sauve Eric après avoir appris qu'il n'a encore rien fait avec sa femme. Il *laisse tomber* Amanda et lui dit qu'il ne peut plus avoir d'avenir avec elle puisqu'il n'y aucune confiance entre eux. (www.melroseplace4616.freesurf.fr/semaine.html; accès le 04/04/04/05) = *deixar pra lá*

l'alpha et l'oméga "ce qui est le plus important dans une question" [cultivé] Le partenariat public-privé n'est pas *l'alpha et l'oméga* du développement local [...] (www.businessimmo.info/pages/ lettre/fiche.php?s_code=041117N57; accès le 04/04/05) = *o alfa e o ômega*

la mayonnaise prend "les choses prennent une tournure favorable" Au début, quelques consommateurs, en terrasse, écoutent d'une oreille distraite. Puis, petit à petit, la *mayonnaise prend.* Les gens s'arrêtent, écoutent, restent, forment progressivement un auditoire compact, chaleureux et attentif. Ce sont ces instants-là, de "capture", que les musiciens aiment particulièrement (...) Encore un grand moment de plaisir. (assowhat.free.fr/Pages-html/PorquerollesCR200407.htm; accès le 04/04/05) = *agora a coisa vai*

la mer à boire "chose très difficile à faire" Avec quelques petits conseils simples dans le sac, emmener votre compagnon sur la plage ne sera vraiment pas *la mer à boire.* (www.30millionsdamis.fr/FR/Emission/ Lespossiblesde2004/Sebaigneravecsonchien.asp; accès le 04/04/05) = [*bicho-de-sete-cabeças*]*; coisa do outro mundo*

la mettre en veilleuse "se taire" Comme je suis moins vif que vous, je n'ai pas compris et j'ai préféré *la mettre en veilleuse.* (droit.univ-lille2.fr/avenircapa/bicentenaire/voixdunord/La%20Voix%20du% 20Nord.htm; accès le 08/05/05) = Ø *calar-se; ficar quieto*

lancer des éclairs "être très énervé" Ses yeux gris enfoncés dans leurs orbites, surmontés d'énormes sourcils brousailleux, semblent *lancer des éclairs* lorsqu'il est en colère. (artic.ac-besancon.fr/college_laroue/ Grimoire/pirate.htm; accès le 04/04/05) = *cuspir fogo*

lancer des piques "parler de manière ambiguë, détournée" Je savais que je pouvais me permettre d'être arrogant, je pouvais lui *lancer des piques*, mon âge justifiait ma défiance et mes silences. (www.20six.fr/jake/archive/2003/10/; accès le 04/04/05) = Ø *dar indiretas*

lancer le bal "prendre une attitude qui déchaîne quelques faits" Neuf Télécom *a lancé le bal* en annonçant ces jours-ci son intention de devenir un Opérateur Mobile Virtuel. (www.dslvalley.com/news/news.php3?id=533; accès le 14/04/05) = *dar o chute inicial; dar o pontapé inicial*

langue de bois "discours vague, imprécis" Différente de la langue de communication parlée, donc, au même titre que la langue poétique, par un glissement hors des rails des significations admises, des idées reçues, des stratifications en tous genres, à commencer par la *langue de bois* de la bureaucratie et du politique. Elle ne possède ni de code spécial ni de règles. Elle se signale plutôt par un style, un ton. (melior.univ-montp3.fr/ra_forum/fr/individus/scherer_rene/langue_utopie.html; accès le 04/04/05) = *conversa fiada; conversa mole;* [*lero-lero; papo-furado*]

langue de vipère (mauvaise langue) "des commentaires toujours médisants et calomniateurs" Oui, rosse, je sais que vous avez une *langue de vipère*, que vous ne pouvez pas vous tenir de parler! (s.huet.free.fr/dialektos/folio/alrdtp2.htm; accès le 04/04/05) = *língua de cobra; língua ferina*

langue fourrée "baiser très long, avec forte pression des lèvres" Votre *langue fourrée* me ravit à l'extrême. Ah, mais je vais crier, je crie! Ah j'aime, j'aime! J'aime le chant du corps quand il est aux abois! (perso.wanadoo.fr/paul.carbone/lavoileetlavapeur.htm; accès le 04/04/05) = [*beijo de desentupir pia*]

langue verte "argot" C'est en lisant nos écrivains classiques que Dontcho Dontchev s'est aperçu de l'importance de la *langue verte* au pays de Molière. (www.lire.fr/critique.asp/idC=39224& idTC=3&idR=213&idG=8; accès le 04/04/05) = Ø *gíria*

lanterne rouge "le dernier placé" La victoire contre Rennes, suivie d'une seconde consécutive à Lille, offre à Toulouse l'opportunité de quitter sa position de *lanterne rouge*, mais le TFC reste en position inconfortable de relégable. (www.football365.fr/infos_clubs/toulouse/story_140020.shtml; accès le 04/04/05) = Ø *lanterninha*

la queue basse (la queue entre les jambes) "en éprouvant de la honte d'un échec" N'ayant pas de tournevis, j'ai dû rentrer *la queue basse* à la maison. Maintenant j'ai un petit tournevis dans mon sac. (cesarigd.club.fr/photo2d.htm; accès le 04/04/05) = *com o rabo entre as pernas*

la queue entre les jambes (la queue basse) "en éprouvant de la honte d'un échec" Il ne s'est pas enfui du Nord pour revenir *la queue entre les jambes* faute d'avoir réussi à gagner sa vie ailleurs. Son père serait trop content. (www.alire.com/Romans/JeuExtrait.html; accès le 14/04/05) = *com o rabo entre as pernas*

l'arme au pied "prêt à agir" Le dimanche 2 août 1914, la France mobilisée, *l'arme au pied*, n'avait pas encore perdu tout espoir d'arrangement par voie diplomatique. (jacki_s.club.fr/Pages/JVHdrame1.htm; accès le 04/04/05) = Ø *pronto para atacar*

larmes de crocodile "pleur hypocrite" Les *larmes de crocodile* de ce gouvernement ne sont pas de saison. Il faut d'autres mesures, d'une tout autre ampleur. (www.humanite.presse.fr/journal/2004-12-21/2004-12-21-453368; accès le 04/04/05) = *lágrimas de crocodilo*

la roue tourne "la situation change, les positions s'inversent" Grandes entreprises: *la roue tourne* en Bourse. Depuis 1970, le peloton de tête des entreprises françaises à la Bourse de Paris s'est profondément modifié; (www.alternatives-economiques.fr/site/51B1.html; accès le 04/04/05) = *o mundo dá voltas*

la semaine de quatre jeudis (tous les trente-six du mois) "jamais" C'est vrai, la vie n'est pas un long fleuve tranquille, aussi est-il utopique d'attendre *la semaine des quatre jeudis* pour mettre en application vos bonnes résolutions. (fderad.club.fr/edit0202.htm; accès le 17/06/05) = *em 31 de fevereiro; no dia de São Nunca*

la sentir passer "subir quelque chose de pénible, de douloureux" S'il a un compagnon de cellule, il va *la sentir passer*! (www.chambresecrete.net/felthyriam/forum/index.php?showtopic=53&st=40; accès le 14/04/05) = *ver o que é bom pra tosse*

laver [s'en] les mains "se dégager de toute responsabilité" Après tout si Candaule me croit complice, il se méfiera d'autant moins! je *m'en lave les mains* (...) Et je m'en rince l'oeil. (singevert.free.fr/bc/gyges.html; accès le 04/04/05) = *lavar as mãos*

l'avoir dans l'os "subir les conséquences" Jurisprudence ou pas si tu vas crier sur les toits que tu pompes des produits copyrightés et ben tu vas *l'avoir dans l'os* sauf si tu prouves que tu as l'original [...] (www.e-carabin.net/archive/index.php/t-3111.html; accès le 14/04/05) = [*levar no coco*]

l'avoir mauvaise "être mécontent" Il commençait franchement à "*l'avoir mauvaise*", David Favé, à force de voir la victoire lui filer, à la manière d'une anguille, entre les doigts. (www.bretagne-online.tm.fr/telegram/ htdocs/archive/1996/19960819/resume/somm_199.htm; accès le 04/04/05) = *a coisa está feia; a coisa está preta; a coisa está ruça*

l'eau à la bouche "grande envie d'un aliment appétissant ou de faire une chose très agréable" J'aimerais t'offrir un pays tout neuf, bordé de bleu quotidien, et sans trou dedans! Et quand je pense à ça petit, j'en ai *l'eau à la bouche* (...) (www.vigile.net/ds-chroniques/docs3/av-03-9-23.html; accès le 11/10/05) = *com água na boca*

l'échapper belle "échapper pour peu" Les voisins appellent les flics mais heureusement Jack va *l'échapper belle*. (www.mtv.fr/mtv.fr/jhtml/evt/MaEventHandler.jhtml?s=home&p=theosbournes/ MaDefaultOpenerP4.html; accès le 04/04/05) = *escapar por um triz* [v. *por um triz*]

lécher les bottes (cirer les bottes; cirer les pompes; passer de la pommade; passer la main dans le dos) "flatter servilement autrui pour en tirer avantage" Je pars donc de ce forum qui n'est pas du tout intéressant ni accueillant, puisqu'ici il faut *lécher les bottes* de Pascale pour avoir sa place. (forum.doctissimo.fr/psychologie/ astrologie-voyance-esoterisme/citer-145450-2935-1.htm; accès le 04/04/05) = *lamber as botas; lamber os pés; puxar o saco de*

lécher les vitrines "passer le temps à regarder les vitrines" Sous le charme, nous passons deux heures à *lécher les vitrines*, ponctuant notre lente déambulation de photos et de plans vidéo. (membres.lycos.fr/monaigle3/02-irlande/irlande-05.html; accès le 04/04/05) = [*ficar namorando as vitrinas*]

le dernier des mohicans "le dernier représentant" André Gouiran, 44 ans, est *le dernier des Mohicans*, comme il se surnomme lui-même. Ou, plus justement, le gardien de la mémoire de ces collines. (www.lepoint.fr/dossiers_villes/document.html?did=148411; accès le 04/04/05) = *o último dos moicanos*

le gîte et le couvert "protection qui consiste à donner l'abri et l'alimentation à qui en nécessite" Si vous êtes " écolos ", vous rechercherez des essences naturelles fournissant *le gîte et le couvert* aux oiseaux et mammifères alentour. (membres.lycos.fr/sauxrobert/copie-de-le-bricolage/copie-de-le-jardinage/ a100a-chacun-sa-haie.htm; accès le 04/04/05) = Ø *casa e comida*

le pied au plancher (à fond de train; à fond la caisse; à fond les baskets; à fond les manettes; à plein gaz; à tire-d'aile; à tombeau ouvert; à toutes jambes; à toute vapeur; au pas de charge; en quatrième [vitesse]; plein pot) "très vite" Ainsi, les Français, qui avaient pris l'habitude jusqu'ici d'entamer leurs rencontres sur un rythme piano-piano, démarraient cette fois *le pied au plancher*. (www.sport24.com/port24_ article_actualite_sportive_handball__euro_2006__france_slovenie__ compte_rendu; accès le 13/02/06)) = *a jato; a toda; a todo vapor; com o pé na tábua; num pau só*

le sort en est jeté "tout ce qui pouvait être fait l'a été, il reste à attendre les résultats" La fortune aime les gens peu sensés; elle aime les audacieux et ceux qui ne craignent pas de dire: "*Le sort en est jeté*". (www.evene.fr/celebre/fiche.php? id_auteur=712&topic=Didier_Erasme; accès le 04/04/05) = *a sorte está lançada; os dados estão lançados*

le tour est joué "c'est tout fait, tout prêt" A priori, la solution "sans fil" est la plus pratique: vous posez le récepteur bien en vue, l'émetteur à proximité des appareils, et *le tour est joué*. (www.dsr.fr/technique/domicile/salle/report_ir.php; accès le 04/04/05) = [*está feito o jogo*]

les bras ballants (les bras croisés) "sans rien faire" Tout le monde restait là, *les bras ballants*, n'osant pas faire un pas. (re1so2.club.fr/Textes/seine.html; accès le 11/05/06) = *de braços cruzados*

les bras croisés (les bras ballants) "sans rien faire" Rester *les bras croisés* reviendrait à accepter la disparition de nos emplois et une dégradation irréversible de nos conditions de travail. (www.sudptt.fr/Pdf/3152.pdf; accès le 11/06/05) = *de braços cruzados*

les carottes sont cuites "il n'y a plus rien à faire pour empêcher un événement" "C'est catastrophique pour nous, *les carottes sont cuites*", déclarait-il à l'issue de cette matinée cauchemardesque. (sports.fr/fr/cmc/jo_2004/200435/cmc_46970.html - 31k - 2 avr 2005; accès le 04/04/05) = *acabou-se o que era doce*

les doigts dans le nez (haut la main) "sans difficultés, sans souci" Et sans la présence de l'autre, on voit bien que chacun l'aurait gagnée *les doigts dans le nez* et bien moins vite. (www.nouvelobs.com/articles/p2100/a262234.html; accès le 14/04/05) = *com os pés nas costas; de olhos fechados* [1]

les doigts de pieds en éventail "bien à l'aise, sans rien faire" Mais avant de partir en vacances *les doigts de pieds en éventail*, ces cinq-là devront passer bon nombre d'obstacles périlleux. (ww.ff-mag.net/article.php3?id_article=33; accès le 04/04/05) = *de pernas pro alto; de pernas pro ar* [1]

les lendemains qui chantent "un avenir plein d'espoir" L'ordre manichéen a disparu où il était possible de choisir monadique, où la jouissance était remise à plus tard avec *les lendemains qui chantent*. (www.e-marketing.fr/V2/Archives.nsf/0/2686E15DF4E16840C1256C620052717E?OpenDocument; accès le 04/04/05) = [*dias que prometem*]

les mains liées "impossibilité d'agir, réduit à la passivité" Je meurs d'envie de vous venir au secours, mais j'ai *les mains liées*. Mes efforts restent encore timides et le silence règne. Le mal accumule ses victoires. (www.droitsenfant.com/livredor1.htm; accès le 19/10/05) = *com as mãos atadas; de mãos amarradas; de mãos atadas*

les nerfs à fleur de peau (les nerfs à vif; les nerfs en boule) "très énervé" Depuis quelques jours, j'ai *les nerfs à fleur de peau*. Je ne sais pas pourquoi, Vu que je suis seule, ce qui est sûr c'est que c'est personne qui m'énerve. (blog.france3.fr/narco-hypersomnie/index.php/Au-jour-le-jour; accès le 19/10/05) = *com os nervos à flor da pele*

les mains vides 1. "sans aucune réussite" Partis la peur au ventre, les Européens sont revenus *les mains vides*. Alger ne voulait que d'une commission-alibi pour des discussions sans lendemain dans l'enceinte feutrée du ministère des Affaires étrangères, loin du fracas des armes, de la fureur et des cris de désespoir et de révolte de populations à l'abandon. (www.afrique-asie.com/archives/1998/101fev/101alg4.htm; accès le 04/04/05) = *com as mãos abanando*. **2.** "sans rien à offrir" C'est la Saint Valentin. Il arrive les *mains vides*. (www.aufeminin.com/carriere/05testrupture/05testrupture1__page=3&rep=1&-C-est-la-Saint-Valentin-Il; accès le 04/04/05) = *de mãos abanando; de mãos vazias* [2]

les murs ont des oreilles "quelqu'un peut entendre ce qui doit rester en secret" [...] Je ne le dis pas trop fort car *les murs ont des oreilles* [...] (echo.levillage.org/139/1510.cbb?mode=&order=; accès le 04/04/05) = *as paredes têm ouvidos*

les nerfs à vif (les nerfs à fleur de peau; les nerfs en boule) "très énervé" Je suis en train de tout mettre en oeuvre pour devenir un ex-fumeur et j'ai *les nerfs à vif*. J'ai envie de tout casser et il vaut mieux que mon entourage me parle avec des pincettes! (http://www.jarreteetvous.org/trucs.asp?pg=4; accès le 19/01/06) = *com os nervos à flor da pele*

les nerfs en boule (les nerfs à fleur de peau; les nerfs vif) "très énervé" L'absence de silence de ma voisine me heurte, m'irrite et me met *les nerfs en boule* ce qui ne m'aide pas à retrouver ce lieu calme au fond de moi. (plumebleue.blog4ever.com/blog/forum_msg-2567-1382-1045.html; accès le 19/01/06) = *com os nervos à flor da pele*

les places sont chères "la concurrence est dure" J'ai très peur après ma grossesse de retrouver du travail. Je suis dans le secteur bancaire et *les places sont chères*.

Merci à toutes pour vos réponses. (forums.famili.fr/famili/Naissance/sujet-4002-1.htm; accès le 04/04/05) = Ø *a concorrência é cerrada*

les trois quarts du temps "presque tout le temps" Le salarié est devenu un malade, souffre *les trois quarts du temps* de troubles psychiatriques, et pour le reste de maladies psychosomatiques. (perso.wanadoo.fr/fabie.thuilliez/aaharcelmt14psy.htm; accès le 04/04/05) = Ø *quase o tempo todo*

les yeux fermés "en toute confiance, sans avoir examiné" Savez-vous que le Parlement français n'a pas de moyens sérieux de contrôler la Dépense publique et doit donc voter le budget quasiment *les yeux fermés*? (www.ifrap.org/6-actualite/Fourgous/ANNONCE-ACDP.pdf; accès le 26/02/06) = *de olhos fechados* [2]

lettre morte "lois ou règles qui ne sont pas appliquées" [cultivé] Le groupe de la CFTC souhaite que l'ensemble des remarques et interrogations très pertinentes de l'avis, ne reste pas *lettre morte*. (pageperso.aol.fr/_ht_a/cftc02/lettre1049.htm; accès le 04/04/05) = *letra morta*

lettre ouverte "lettre adressée à tous" Ils me sont devenus familiers, si bien que j'ai éprouvé le besoin de m'adresser directement à eux sous la forme d'une *lettre ouverte*. (www.diocese-poitiers.com.fr/documents/b-abraham.html; accès le 04/04/05) = *carta aberta*

levée de boucliers "mouvement d'indignation, révolte" Dans les faits, la *levée de boucliers* suscitée par l'invalidation du 8e congrès du FLN est en train de prendre la forme d'un front anti-Bouteflika. (humanite.presse.fr/journal/2004-01-01/2004-01-01-385391; accès le 04/04/05) = Ø *levante, motim*

lever (se) de bonne heure "se prédisposer à travailler beaucoup pour obtenir un bon résultat" Vous vous dites qu'il faut vraiment *se lever de bonne heure* pour faire respecter la loi, même sous les cieux d'un paradis des droits de l'homme. (www.gisti.org/doc/plein-droit/44/loi.html; accès le 04/04/05) = *arregaçar as mangas*

lever la main [sur qqn] "menacer de frapper quelqu'un" Je ne tolèrerais pas que l'on *lève la main* sur moi, ni sur mon enfant. (forum.aufeminin.com/forum/couple1/__f173609_couple1-Il-a-leve-la-main-sur-moi.html; accès le 05/04/05) = *levantar a mão (para alguém)*

lever l'ancre "partir" Pour ceux qui voudraient voyager sans *lever l'ancre*, rendez-vous au Centre culturel français pendant toute la durée de l'escale. (www.lefigaro.fr/dossiers/portes_afrique/revuepresse/ walfadjri/1906.htm; accès le 13/04/05) = *levantar âncora*

lever le camp "se préparer pour s'en aller" Les soldats eurent le plus grand mal à rassembler les bêtes, victimes d'une terrible panique, et ils décidèrent de *lever le camp* aussitôt. (saharadecouverte.free.fr/poemes.html; accès le 05/04/05) = *levantar acampamento*

lever le coude (avoir la dalle en pente; avoir le gosier en pente; boire comme un trou; prendre une cuite) "boire beaucoup d'alcool" Ce restaurant porte bien son nom tant il est vrai que sa riche carte de vins avec sa sélection du mois est une invitation à *lever le coude.* (www.fra.cityvox.com/bars-et-boites_paris/ le-coude-fou_5330/Profil-Lieu; accès le 14/04/05) = *encher a cara; encher a lata; entortar o caneco; estar alto; estar chumbado; estar mamado; tomar todas*

lever le pied "mener une vie plus calme" La fatigue et le stress sont partout. [...] Apprenez à *lever le pied,* détendez-vous. (www.maison-facile.com/ 012article_rubrique.asp?num=25; accès le 14/04/05) = *tirar o pé do acelerador*

lever les bras (baisser les bras; baisser pavillon; donner sa langue au chat; jeter l'éponge; mettre les pouces) "renoncer à poursuivre au milieu d'une activité difficile" Miraculeusement, l'enfant qui *lève les bras* au premier plan, survivra à tout cela. (perso.wanadoo.fr/d-d.natanson/ghetto_varsovie.htm; accès le 05/04/ 05) = *entregar os pontos; jogar a toalha; pedir água; pedir arrego*

libre comme l'air "sans contraintes ni contrôle" Je suis *libre comme l'air.* Mon château ne m'enferme pas. Tout juste abrite-t-il les cendres encore brûlantes de mon amour et la fin de celui-ci. (perso.wanadoo.fr/frederic. gerchambeau/ commeunsouffle.htm; accès le 05/04/05) = *livre como um pássaro*

ligne de mire "centre des attentions" Avec son ami en prison, l'ancien baron du gaullisme et ex-ministre de l'Intérieur se retrouve en première *ligne de mire.* (www.marianne-en-ligne.fr/exclusif/virtual/urgent/e-docs/00/00/04/5B/ document_web.md?type=text.html; accès le 05/04/05) = *linha de fogo*

lire entre les lignes "savoir interpréter ce qui est dit ou écrit" C'est pareil avec le Livre des Actes: quand on *lit entre les lignes* et qu'on veut reconstruire la réalité cachée, c'est très difficile. (www.arte-tv.com/fr/histoire-societe/origine-christianisme/Les_20grandes_20th_C3_A9matiques/416400.html; accès le 05/ 04/05) = *ler nas entrelinhas*

liste noire "liste de noms suspects ou à surveiller" On pouvait introduire dans *la liste noire* toutes les personnes portant des noms " ressemblant " à ceux de criminels avérés. (www.lautrinfo.org/janvier2003.html; accès le 05/04/05) = *lista negra*

l'œil aux aguets (l'oreille aux aguets) "en regardant avec attention" Même si le patrimoine architectural n'y est pas exceptionnel, vous partirez *l'oeil aux aguets* pour découvrir quelques jolies choses. (www.routard.com/guide/code_dest/ bourgogne/id/313.htm, accès le 28/03/05) = *de antenas ligadas*

loi de la jungle "situations où sont favorisés les plus forts" Il convient donc de favoriser tous ces traits d'union, car le repli sur la misère de groupe dans le quartier favorise la *loi de la jungle.* (www.humanite.fr/journal/1998-03-11/1998-03-11-411521; accès le 05/04/05) = *lei da selva*

loi du silence "décision de ne pas dénoncer des crimes ou des criminels par peur de répression ou vengeance" C'est beau tout ce stéréotype de banalités sur les banlieues, de *loi du silence* de représailles etc. J'en verserais une larme [...]tiens. (forum.hardware.fr/hardwarefr/Discussions/Polemique-sur-Jamel-Debbouze-sujet-38649-6.htm; accès le 05/04/05) = *lei do silêncio*

l'oreille aux aguets (l'œil aux aguets) "en écoutant avec attention" Mickey avançait toujours droit devant lui, l'*oreille aux aguets*, tenant sa mitraillette en plastique contre lui. (www.mauxdauteurs.com/aurore/chasse.php3; accès le 08/06/05) = *de antenas ligadas*

loup dans la bergerie "quelqu'un qui peut aisément faire beaucoup de mal dans un lieu, un poste" Donner ce rôle d'éducateur aux alcooliers, c'est ouvrir la porte à toutes les dérives, c'est *laisser entrer le loup dans la bergerie*, c'est discréditer les associations, c'est tuer la politique sociale qu'elles développent, c'est privilégier l'argent sur l'homme. (perso.wanadoo.fr/vie.libre/242chacun.htm; accès le 04/04/05) = *raposa no galinheiro*

louper le coche (manquer le coche; marquer le pas; rater le coche) "échouer pour avoir laissé passer l'occasion" Comment ne pas manquer sa première fois ou ne pas *louper le coche* à cause d'une timidité excessive? (www.doctissimo.fr/html/sexualite/mag_2000/mag0707/se_1967_amour_vac_niv2.htm; accès le 11/05/05) = *dormir no ponto; marcar boboeira; marcar passo; marcar touca*

lune de miel "des jours d'amour et de câlins, normalement juste après le mariage" Les suites 'Mediterranéen' sont plébiscitées par les jeunes mariés en *lune de miel*. Elles se prêtent tout aussi bien aux petits cocktails privés. (www.lemeridien.fr/spain/barcelona/accommodation_es1601.shtml; accès le 04/04/05) = Ø *lua-de-mel*

m | M

mâcher la besogne (mâcher le travail) "expliquer quelque chose dans le détail pour en faciliter à quelqu'un la compréhension et l'assimilation" Ne cédez pas à la tentation de lui *mâcher la besogne*, il est nécessaire qu'il comprenne que l'effort ne peut venir que de lui. (membres.lycos.fr/apepaysbas/private/articles/concentration.htm; accès le 15/05/05) = *dar mastigadinho*

mâcher le travail (mâcher la besogne) "expliquer quelque chose dans le détail pour en faciliter à quelqu'un la compréhension et l'assimilation" La solution de *mâcher le travail* dès le départ n'a pas été retenue, pour permettre aux élèves de travailler en temps réel [...] (etab.ac-orleans-tours.fr/clg-jracine-maintenon/ textes/bilan_00.htm; accès le 15/05/05) *dar mastigadinho*

maison close (maison de passe; maison de rendez-vous; maison de tolérance)"bordel, maison de prostitution" Cet écrivain, attaché à la description des mœurs de son temps a côtoyé le vrai monde et les demi-mondaines, de même qu'il a fréquenté les prostituées des *maisons closes* et celles exerçant pour leur compte (www.cliosoft.fr/01_03/ecrivains_maisons_closes.htm; accès le 29/07/05) = *casa de tolerância*

maison de passe (maison close; maison de rendez-vous; maison de tolérance) "bordel, maison de prostitution" Nous avons décidé de nous marier dès que possible, en espérant ouvrir notre propre *maison de passe*. Je compte pour cela sur la bonne connaissance qu'a ma fiancée de l'industrie du sexe. (perso.wanadoo.fr/deltaphi/Detente/detente_51.htm; accès le 24/06/05) = *casa de tolerância*

maison de rendez-vous (maison close; maison de passe; maison de tolérance) "bordel, maison de prostitution" Le couvent des Ursulines avait semble-t-il mauvaise réputation, et aurait servi de *maison de rendez-vous*. (jeanmichel.messiaen.free.fr/ Pages/mariageT2.html; accès le 29/07/05) = *casa de tolerância*

maison de tolérance (maison de passe; maison close; maison de rendez-vous) "bordel" [cultivé] En revanche, l'existence de *maison de tolérance*, connue donc de tous, prouve bien que la sexualité s'exporte aussi en dehors du foyer. (www.e-troubadourz.org/ pestka/material/tolerance.htm; accès le 24/06/05) = *casa de tolerância*

mal dans sa peau "déprimé, mal à l'aise" Lucia, asthmatique, fragile, est *mal dans sa peau*. Pour ses 15 ans son père l'emmène à l'Opéra; Révélation! Elle veut devenir cantatrice. (savoirscdi.cndp.fr/Tribune/Contributions/musique.htm; accès le 19/04/05) = Ø *mal consigo mesmo*

mal dans sa tête "désorienté, sans une vision claire des choses" Cette France est si *mal dans sa tête*, elle crève tellement d'assistanat qu'elle est prête à tous les renoncements! (communautes.hexali.fr/showtopic-11384.html; accès le 19/04/ 05) = Ø *desorientado*

mal du pays "regret profond de la patrie qu'on a quitée" Je l'ai mise ici pour les toulousains expatriés qui ont le *mal du pays*, et pour les autres même si c'est peut-être moins évocateur. (membres.lycos.fr/coleno/toulouse.htm; accès le 19/ 04/05) = Ø *saudade de seu país*

malade comme un chien "très malade" Une chance sur deux soit vous vivez heureux éternellement soit y'en a un d' vous deux qui en sera *malade comme un chien*. (lola-majeure.skyblog.com/4.html; accès le 15/05/05) = Ø *muito doente*

mal du siècle "mélancolie profonde éprouvée par les jeunes générations" Un *mal du siècle*? Comme le sont: la dépression, le cancer? Comme le fut la tuberculose? l'hystérie? (perso.wanadoo.fr/michel.rault/fr/spasmo.html; accès le 19/04/ 05) = *mal do século*

manger à tous les râteliers "profiter de tous les côtés d'une situation, même si l'on se sert des intérêts opposés" Double nationalité jusqu'à l'âge de 18 ans oui, mais je pense qu'après il est normal de choisir et de ne pas vouloir *manger à tous les râteliers*. (www.20minutes.fr/.../show_thread.php? forum_id=3&theme_id=84& thread_id=52379&hl_msgs=52379,52419; accès le 19/04/05) = [*mamar em todas as tetas*]

manger de la vache enragée "mener une vie misérable, de privations" De 1968 à 1978, avec leurs enfants tout petits, ils ont *mangé de la vache enragée*. Un jour, quatre huissiers se disputaient leurs meubles. (www.ifrance.com/chantalgoya/ collections/art3.htm; accès le 09/05/05) = *comer o pão que o diabo amassou*

manger des yeux "regarder avec convoitise" Le repas fut marqué de regards pleins de promesses, nous n'en pouvions plus de nous *manger des yeux*. (membres.lycos.fr/ nouvellelesbienne/ Nouvelles/Vers_le_chemin_de_son_coeur.htm; accès le 19/04/ 05) = *comer com os olhos*

manger du lion "être combatif et plein d'énergie" Une fois remis de leurs émotions fortes, les deux compagnons se levèrent de bon matin en pleine forme, gais et souriants, prêts à *manger du lion*. (blogs.aol.fr/nihilcec/Aubonventdemonhumeur/entries/286; accès le 19/04/05) = *matar um leão*

manger sur le pouce "manger très vite" Au lever, de nombreux enfants se contentent de *manger sur le pouce*, quand ils ne partent pas carrément le ventre vide. (www.doctissimo.fr/html/nutrition/bien_manger/nu_8067_petit_dejeuner_obligatoire_enfants.htm; accès le 10/05/05) = *Ø engolir a comida*

manque de bol (manque de pot) "manque de chance" J'ai voulu vous mettre quelques photos, *manque de bol*, OverBlog refuse catégoriquement de les charger! (gajulie.over-blog.com/article-237384.html; accès le 08/05/05) = *Ø falta de sorte*

manque de pot (manque de bol) "manque de chance" En matière de sexe, la plupart des hommes se prennent pour des dieux. *Manque de pot*, en matière de sexe, la plupart des femmes sont athées. (www.clicanoo.com/forum/viewtopic.php?pid=70810; accès le 25/03/08) = *Ø falta de sorte*

manquer le coche (louper le coche; marquer le pas; rater le coche) "échouer pour avoir laissé passer l'occasion" Je pense qu'on a *manqué le coche* en première mi-temps où l'on n'a pas su marquer. L'impact physique a fait la différence du côté de Lyon. (www.rclens.fr/2005_avril_02_lyon_lens_reactions.asp; accès le 11/05/05) = *dormir no ponto; marcar bobeira; marcar passo; marcar touca*

marché de dupe(s) "affaire où quelqu'un est trompé" Par contre, la définition plus restrictive du licenciement économique, censée mieux protéger les salariés, risque de se transformer en *marché de dupes*. (www.cfdt.fr/actualite/presse/comm/comm184.htm; accès le 20/04/05) *Ø conto-do-vigário, furada, roubada*

marcher sur les pas (marcher sur les traces; suivre les pas; suivre les traces) "suivre l'exemple, la manière de vivre de quelqu'un" Ils rêvent de *marcher sur les pas* de "Juni" dont les supporters aimeraient qu'il porte de nouveau un jour le maillot rouge et noir. (olweb.fr/fr/cmc/event/115/2005/14/3087.html; accès le 20/04/05) = *seguir os passos*

marcher sur les plates-bandes de quelq'un "s'avancer sur le domaine de compétence de quelqu'un" Il faut être particulièrement riche et téméraire pour venir marcher *sur les plates-bandes de* concurrents déjà bien installés et connus.(perso.wanadoo.fr/claude.beck/la_concurrence_imparfaite.htm; accès le 20/04/05) = *invadir seara alheia*

marcher sur les traces (marcher sur les pas; suivre les pas; suivre les traces) "suivre l'exemple, la manière de vivre de quelqu'un" Je pense que Google *marche sur les traces* de MS, en maîtrisant la recherche sur Internet, il va maîtriser l'avenir comme l'a fait Billy il ya 20 ans. (www.webrankinfo.com/forums/viewtopic_ 17754.htm; 09/05/05) = *seguir os passos*

marée noire "phénomène difficile à refréner et à briser" Spam: la nouvelle *marée noire*. C'est la plaie du Web, même si son ampleur reste difficile à mesurer. (www.journaldunet.com/dossiers/spam; accès le 10/05/05) = [*onda negra*]

mariage blanc "mariage non consommé" Après son *mariage blanc*, il entre dans une colère noire. Histoire. Trois anciens SS sur le banc des accusés, en Italie. (www.marianne-en-ligne.fr/exclusif/ virtual/faitsdivers/index.md?type=text.html; accès le 20/04/05) = *casamento branco*

marquer le coup "manifester l'importance que l'on attache à quelque chose" Même si la marge est étroite, nous devons *marquer le coup* par des gestes symboliques mais non provocateurs, pour marquer notre désapprobation. (perso.wanadoo.fr/ devedjian/international.html; accès le 21/04/05) = *Ø demonstrar*

marquer le pas (louper le coche; manquer le coche; rater le coche) "cesser de progresser et perdre toutes les opportunités" Alors que les stratégies actuelles semblent *marquer le pas*, la découverte d'un nouvel ennemi pourrait relancer la lutte contre ce fléau. (www.doctissimo.fr/html/sante/mag_2003/sem01/mag0530/ sa_6699_syndrome_metabolique.htm; accès le 21/04/05) = *dormir no ponto; marcar bobeira; marcar passo; marcar touca*

mauvais coucheur "personne querelleuse et désagréable" J'étais pris entre le désir de réagir et la crainte de passer pour un *mauvais coucheur* (qui m'incitait donc à une certaine "philosophie"). (parole_a_tous.blog.lemonde.fr/ parole_a_tous/2005/ 02/statistique_pub.html; accès le 21/04/05) = *Ø ranheta*

mauvais coup "action malhonnête" Aidez le à supplanter ces mauvaises rumination après son *mauvais coup*. Aidez le plutôt à chercher comment il va faire un bon coup de golf. (lefred.blog.lemonde.fr/lefred/coaching/; accès le 21/04/05) = *golpe sujo*

mauvais esprit "malveillant" Dans une chirée d'alcool, le *mauvais esprit* prend le monopole, et fait de toi ta vraie personne qui est le chétanne qui t'empoisonne. (pedagogie.ac-toulouse.fr/ lp-bourdelle-montauban/loisirs/musique/said1.htm; accès le 21/04/05) = *Ø indivíduo de má índole, malévolo*

mauvaise graine "enfant dont on ne prédit rien de bon" Poète engagé ou voyou aux yeux de tous, qu'importe, la *mauvaise graine* fuit par la fenêtre, sa guitare serrée contre son coeur. (www.tamazgha.fr/article_texte.php3?id_article=220; accès le 21/04/05) = *Ø pinta-brava*

mauvaise langue (langue de vipère) "des commentaires toujours médisants et calomniateurs" Une grande leçon pour nous tous français qui avons si *mauvaise langue* concernant ce pays qui nous est historiquement et humainement proche! (forums.france3.fr/message/?forumid=81&themeid=86786447&sujetid=186640& client_key=985bd750; accès le 21/04/05) = *língua ferina*

mauvais œil "regard jugé capable de porter malheur" Harm décide de voler avec le dernier survivant afin de prouver que le *mauvais œil* n'existe pas... (jag.france2.fr/ jag_episodes_ detail.php3?id_article=207; accès le 21/04/05) = *Ø mau-olhado*

mauvais pas "situation fâcheuse" Nous le sortons finalement de ce *mauvais pas*. C'est la fin pour lui d'un long cauchemar, il est trempé et il a froid. (www.polarlys.asso.fr/ projet/polarlys/Encycl.nsf/0/369a65be67cba910c125663a0044f9e3?OpenDocument; accès le 21/04/05) = *Ø embrulhada, enrascada*

mauvais quart d'heure "mauvais moment" Il bat l'air de ses bras nerveux et souhaiterait que la lampe se transformât en homme; il lui ferait passer un *mauvais quart d'heure*, il se le promet. (www.cavi.univ-paris3.fr/phalese/ MaldororHtml/ lexique/quart.htm; accès le 21/04/05) = *mau pedaço; maus bocados*

mélanger (se) les pédales (mélanger (se) les pinceaux) "perdre ses repères, ne pas maîtriser une tâche complexe" Pour raconter ma vie de merde, de bordel de vie dans un parler approximatif, un français passable, pour ne pas *mélanger les pédales* dans les gros mots, je possède quatre dictionnaires. (www.unice.fr/ILF-CNRS/ofcaf/15/dumont.html; accès le 10/05/05) = *trocar as bolas*

mélanger (se) les pinceaux (mélanger (se) les pédales) "perdre ses repères, ne pas maîtriser une tâche complexe" Vous pouvez utiliser un générateur de tableaux pour éviter de vous *mélanger les pinceaux* avec les balises d'ouverture et de fermeture! (www.e-monsite.com/calvofamily/rubrique-4777.html; accès le 10/ 05/05) = *trocar as bolas*

mémoire d'éléphant "extraordinaire capacité de se souvenir de tout" On est ainsi jamais certain du nombre qui va apparaître, sauf si la face cachée de la carte a déjà été visible et qu'on possède une *mémoire d'éléphant*. (jeuxsoc.free.fr/t/ titus.htm; accès le 21/04/05) = *memória de elefante*

ménager la chèvre et le chou "régler avec adresse deux groupes à opinions contraires" Quand on est séparatiste, on n'a pas le choix de tenter l'impossible et de *ménager la chèvre et le chou*, peu importe le prix à payer. (membres.lycos.fr/echocretins/ reverend/reverend10.html; accès le 21/04/05) = *acender uma vela a Deus e outra ao diabo; agradar gregos e troianos*

mener à la baguette "conduire durement, en imposant son autorité" Ne vous laissez pas *mener à la baguette* comme un chien de cirque. Arrêtez de le harceler. La tactique secrète de l'équipe adverse. (www.decitre.fr/service/search/ fiche_detail/-/ean-9782915320220/index.dhtml; accès le 21/04/05) = [*trazer no cabresto; trazer no cortado*]

mener la danse (être à la barre; tenir les ficelles; tenir les rênes) "diriger une action collective, être le leader" Il est sympathique de voir Enermax continuer à *mener la danse* avec des idées novatrices dans le domaine des alimentations. (www.tomshardware.fr/articletendance. php?IdArticle=429&NumPage=21; accès le 21/04/05) = *comandar o barco; ter as rédeas*

mener par le bout du nez "conduire quelqu'un comme on l'entend" Ces messagers invisibles et inodores pourraient finalement nous *mener par le bout du nez*. Découvrez la vérité sur ces parfums invisibles. (www.doctissimo.fr/html/sexualite/dossiers/ pheromones/pheromones-attirance-sexuelle.htm; accès le 21/04/05) =[*pôr o cabresto*]

mener (quelqu'un) en bateau "inventer une histoire pour tromper quelqu'un" Vous vous dites que pour monter en grade, il faut se montrer rude, sans pitié, et vous êtes bien décidé à ne pas vous laisser *mener en bateau*. (contenu.aolfr.monster.fr/ salaires_contrats/ articles/mythes_et_realite/imprimer; accès le 21/04/05) = *levar na conversa; levar no bico; levar no papo*

mener sa barque "réussir personnellement, même si c'est au détriment de la collectivité" Malgré tout [ou à cause de cela], HAMILTON étant un vrai professionnel, il sait *mener sa barque* pour rendre l'histoire attrayante jusque la fin. (www.cafardcosmique.com/Critik/critik/h/Hamilton. ValleeCreation.html; accès le 21/04/05) = Ø *levar seu negócio*

mer d'huile "mer très calme, sans vague" Kito de Pavant (Navy Lest) pointe son étrave en tête des solitaires à 97 milles du Solent sur une *mer d'huile* à la recherche de la moindre risée. (lasolitaire.lefigaro.fr/main.cfm?class=historique; accès le 21/04/05) = Ø *mar que parece piscina*

mettre à bout (faire tourner en bourrique; porter sur les nerfs; pousser à bout; taper sur les nerfs; taper sur le système) "irriter quelqu'un excessivement" L'immense machine capitaliste parait vaciller et semble même *mettre à bout* la majorité des citoyens. (www.protection-palestine.org/ article.php3?id_article=174; accès le 14/ 05/05) = *dar nos nervos; deixar uma pilha (de nervos)*

mettre à côté de la plaque (faire mouche; mettre dans le mille) "manquer son but" Il est bien gentil, ce docteur, sûrement efficace dans bien des domaines, mais là, il a *mis à côté de la plaque*, et dans les grandes largeurs. (www.humanite.presse.fr/ journal/2000-04-29/2000-04-29-224441; accès le 10/01/06) = *errar o alvo*

mettre à gauche "économiser de l'argent" Les entrepreneurs préfèrent *mettre à gauche* plutôt qu'embaucher. (www.humanite.presse.fr/ journal/1994-02-25/ 1994-02-25-520436; accès le 10/05/05) = Ø *guardar o dinheiro*

mettre à jour "actualiser" Quelques secondes suffisent pour *mettre à jour* vos coordonnées sur eBay, y compris votre adresse et votre numéro de téléphone. (pages.ebay.fr/help/account/ updating-contact-information.html; accès le 21/04/ 05) = *pôr em dia*

mettre à la porte 1. (ficher à la porte; jeter à la porte [1]; jeter à la rue [1]; jeter sur le pavé [1]; mettre à la rue) "expulser quelqu'un" En partie grâce à nos conférences de presse, une réglementation de ce qu'on appelle le permis de location a été instaurée. Mais comme elle n'a pas de dimension sociale, l'un de ses effets pervers est de permettre de *mettre à la porte* des personnes sans permis de location. (www.globenet.org/aitec/chantiers/urbain/actes3.htm; accès le 12/04/05) = *pôr na rua* [*1*]. **2.** (jeter à la porte [2]; jeter à la rue [2]; jeter sur le pavé [2]; mettre à la rue [2]) "licencier quelqu'un" De toute évidence, ce chef de section est con et le chef de division envisage de le *mettre à la porte*. (f1bjj.free.fr/communi.htm; accès le 12/04/05) = *pôr na rua* [*2*]

mettre à la rue 1. (ficher à la porte; jeter à la porte [1]; jeter à la rue [1]; jeter sur le pavé [1]; mettre à la porte [1]) "expulser quelqu'un" Il n'est pas tolérable que l'on puisse aujourd'hui *mettre à la rue* des familles entières sans que des solutions de relogement ne soient proposées. (ww.bernard-defrance. net/deifr/index.php?liendei=37; accès le 12/04/05) = *pôr na rua* [*1*]. **2.** (jeter à la porte [2]; jeter sur le pavé [2]; mettre à la porte [2]; mettre à la rue [2]) "licencier quelqu'un" Il fallait bien récompenser l'efficacité de ces messieurs, qui, pour faire le bonheur d'actionnaires pour faire le bonheur d'actionnaires toujours plus gourmands, n'ont pas hésité à *mettre à la rue*

1.600 personnes. Quel courage! (artsetspectacles.nouvelobs.com/ people/ people2109_064.html; accès le 12/04/05) = *pôr na rua [2]*

mettre (se) à l'eau (jeter (se) à l'eau) "oser, risquer" Décidez, jusqu'aux fêtes, de vous *mettre à l'eau*, vous aurez tout le temps d'apprécier de bons crus pendant les agapes de fin d'année. (www.doctissimo.fr/html/nutrition/ mag_2000/mag1208/ nu_3139_fetes.htm; accès le 21/04/05) = *lançar-se ao mar*

mettre à l'ombre "enfermer, emprisonner quelqu'n" Si vous n'avez plus de prisons, ni d'armes, vous aurez du mal à *mettre à l'ombre* les perturbateurs. (membres.lycos.fr/ corruptn/06-44.htm; accès le 09/05/05) = *Ø recolher; prender*

mettre à l'index "indiquer qui doit être exclu, condamné" Mais il est nécessaire qu'une relation de confiance s'établisse pour ne pas *mettre à l'index* ceux qui n'innovent pas. (innovalo.scola.ac-paris.fr/ Seminaire_transferer/syntheseC.htm; accès le 21/04/05) = *Ø apontar como culpado*

mettre à pied "destituer à quelqu'un son emploi, de façon temporaire" [droit] Je voudrais donc le *mettre à pied* quelque temps pour qu'il comprenne. Mais je voudrais savoir si je suis obligé de respecter une procédure et laquelle? (www.lhotellerie.fr/lhotellerie/Articles/2850_04_Decembre_2003/actualite_chr/ courrier_des_lecteurs_2.htm; accès le 21/04/05) = *Ø despedir temporariamente*

mettre à plat "analyser en détails" Le ministre délégué aux Relations du travail propose de *mettre à plat* la situation dans toutes les branches. Premier bilan des travaux en juin. (www.cfdt.fr/actualite/emploi/salaires/salaires_0011.htm; accès le 21/04/05) = *Ø checar*

mettre (se) à table (jouer cartes sur table [1]) "éclairer une question sans rien omettre" [coloquial] La question des haras, beau sujet de discussion parlementaire.... Il semble qu'il n'y a plus qu'à se *mettre à table*. (www.abelard.net/ dir-flaubert.pdf; accès le 19/03/06) = *pôr as cartas na mesa [1]*

mettre à toutes les sauces "employer imprudemment quelqu'un à toutes sortes de travaux" JC Super Star valait mieux et c'était amusant. On a tort de *mettre* Christ *à toutes les sauces*. (forums.lemonde.fr/perl/showthreaded.pl?Cat=&Board=cinema& Number=1197522&page=2&view=expan...; accès le 21/04/05) = *Ø usar e abusar de (alguém)*

mettre au clair (tirer au clair) "éclairer, expliquer" Ce rapport explore les conditions dans lesquelles les professionnels de l'information pourraient *mettre au clair* les bases d'une déontologie commune. (www.esj-lille.fr/docpresse/Journalisme/ deontologie.htm; accès le 21/04/05) = *Ø deixar claro*

mettre au coin "ne pas permettre à un enfant de sortir de chez soi ou de sa chambre, en signe de punition" Quand je dis que je l'ai *mis "au coin"* j'ai demandé à mon fils d'aller sur son lit et d'en decendre quand je le lui dirai. (forum.magicmaman.com/ .../psychologie-fessee-hyperactivite/ Mon-fils-plastique-tete-soeur-sujet-3660560-1.htm; accès le 19/09/05) = *Ø pôr de castigo*

mettre au jour (mettre en lumière) "découvrir quelque chose qui était caché, rendre connu" 1967 à 1976: les campagnes de fouilles qui se succèdent permettent de *mettre au jour* l'essentiel des bâtiments résidentiels de la villa. (perso.wanadoo.fr/pierre.caubisens/ seviac_fr/historiq2.htm; accès le 21/04/05) = *trazer à baila; trazer à luz; trazer à tona*

mettre au monde (donner le jour) "donner le jour à" L'enfant qu'elle *met au monde* lui est attaché comme à un fil d'amour. (forums.famili.fr/famili/Naissance/sujet-154640-1.htm; accès le 21/04/05) = *dar à luz; pôr no mundo; trazer à luz; trazer ao mundo*

mettre au panier "rejeter avec mépris" C'est incroyable le nombre de choses qui chez moi tombent en panne à l'époque des soldes. Aussi, début février, *j'ai mis au panier* mon vieux balladeur. (www.ciao.fr/Archos_JUKEBOX10_Studio__246263/TabId/2; accès le 21/04/05) = *pôr no lixo*

mettre au pas "obliger quelqu'un à suivre une discipline, un ordre donné" L'Empire, fort de son complexe militaro-industriel qu'il ne cesse de renforcer, compte *mettre au pas* les récalcitrants de tous bords. (amd.belfort.free.fr/25derive.htm; accès le 21/04/05) = *colocar na linha; colocar nos trilhos*

mettre au pied du mur "mettre dans l'impossibilité de s'en sortir" Je ne sais pas où ça en est ça mais ce serait une bonne chose de pouvoir *mettre au pied du mur* les sociétés qui abusent de ce procédé. (www.infos-du-net.com/forum/69-1-spamming-lutter-contre; accès le 09/05/05) = *colocar contra a parede; encostar na parede*

mettre au point **1.** "perfectionner un travail intellectuel" Il sera demandé aux organismes de formation d'une part et de recherche d'autre part de se concerter pour *mettre au point* un tel module. (...) (www.cnt.fr/AVIS/ Transport_d_ enfants_la_nuit_ en_autocar_sur_longue_distance.htm; accès le 25/04/05) = Ø *fazer uns ajustes*. **2.** "donner à quelqu'un des éclaircissements nécessaires" Voici quelques sources efficaces pour *mettre au point* certaines énigmes [...] (membres.lycos.fr/fofone/EnigmeOcculte.html; accès le 09/05/05) = Ø *dar os esclarecimentos necessários*

mettre (se) au vert "aller à la campagne pour se reposer ou pour changer d'airs" Pour se *mettre au vert*, ils ont recommencé de zéro. Qui n'a jamais rêvé de quitter la ville, sa pollution et ses embouteillages, pour aller s'installer. à la campagne? (www.lentreprise.com/creation/50.2.106.1085.1.0.html; accès le 10/05/05) = Ø *ir para o campo*

mettre aux prises "pousser à se quereller, à se battre" La première course du dimanche après-midi, autrement appelée pré-finale, allait donc *mettre aux prises* tous ces garçons. (ffsa.turbo.m6.fr/pratiquer/comites/ detailArticle.php?id=8818&comite=comite12; accès le 21/04/05) = [*colocar em pé de briga*]

mettre dans la balance "évaluer deux choses, l'une par rapport à l'autre" Si vous aviez à *mettre dans la balance* d'un côté vos qualités, de l'autre vos défauts, de quel côté feriez-vous pencher la balance? (europe2.horoscope.fr/tests/test/vsaimezvs/vsaimezvs.php; accès le 21/04/05) = *pôr na balança*

mettre (se) dans la peau de (être dans la peau de) "se mettre à la place de quelqu'un" Enfin, l'approche policière vise à se *mettre dans la peau de* l'attaquant, à identifier les menaces et améliorer par conséquent la sécurité du système. (signs.symantec.fr/?none=& archives=paraphe&viewarticle=21; accès le 21/04/05) = *colocar-se na pele de; estar na pele de*

mettre dans la tête "faire quelqu'un comprendre quelque chose, le persuader, l'influencer" Klemmer Tu tousses seulement parce que tu es trop coincée! Erika Je n'ai pas de sentiments, Walter, vous feriez bien de vous *mettre* ça *dans la tête*. (www.festival-cannes.fr/films/fiche_film.php?langue=6001&id_ film=1100085; accès le 21/04/05) = *botar na cabeça; colocar na cabeça; pôr na cabeça*

mettre dans le même panier (mettre dans le même sac) "estimer, juger les uns les autres de la même façon" Actuellement, catégorie facile pour *mettre dans le même panier*: Empédocle, Parménide, Héraclite, Démocrite, etc. (perso.wanadoo.fr/ michel.onfray/5_nov.htm; accès le 21/04/05) = *colocar no mesmo saco*

mettre dans le même sac (mettre dans le même panier) "estimer, juger les uns les autres de la même façon" Lula et Berlusconi sont tous deux favorables à la libre entreprise: peut-on les *mettre dans le même sac*? (blogs.nouvelobs.com/ Laurent_Joffrin; accès le 10/05/05) = *colocar no mesmo saco*

mettre dans le mille (faire mouche) "atteindre son but, toucher au point sensible" Sur un sujet des plus sensibles, qui concerne chacun d'entre nous, Piem, une fois de plus, *met dans le mille*. (www.radiofrance.fr/divers/thematiques/ radiodulivre/alaune/ fiche.php?numero=90070181; accès le 11/05/05) = *acertar na mosca; acertar no alvo*

mettre dans sa poche "gagner la confiance de quelqu'un" [...] c'est l'assistante. Bras droit du décideur, c'est elle aussi qui peut débloquer les situations. Il est donc indispensable de la *mettre dans sa poche*. (www.lentreprise.com/article/ 4.1210.1.246.html; accès le 09/05/05) = [*pôr (alguém) no bolso*]

mettre de côté (mettre à gauche) "réserver de l'argent économisé" Qu'est-ce que Danielle a dû faire pour épargner de l'argent et le *mettre de côté*? (www.osca.ca/ modifiee/Lesson4.pdf; accès le 11/05/05) = *Ø guardar o dinheiro*

mettre de l'eau dans son vin "être moins exigeant, moins ambitieux" Il est vrai que chacun doit *mettre de l'eau dans son vin* si on veut éviter que les petits conflits deviennent grands. (forums.famili.fr/famili/Modesdegarde/sujet-128303-1.htm; accès le 21/04/05) = *Ø não ser muito exigente*

mettre de l'huile dans les rouages "faire ce qu'il faut pour que tout se déroule bien" Simple question: peut-on faire de la Politique et *mettre de l'huile dans les rouages*? Ou bien ces deux actions sont elles incompatibles? (www.ossau.net/ossau/ sujet_663_message_20.htm; accès le 09/05/05) = [*colocar óleo nas engrenagens*]

mettre de l'huile sur le feu (ajouter de l'huile sur le feu; jeter de l'huile sur le feu; mettre le feu aux poudres) "attiser les conflits ou exciter des passions déjà très vives entre deux parties adverses" [relatif à des personnes] Galilée annonça qu'il ne faisait qu'interpréter différemment les écrits bibliques, ce qui contribua finalement à *mettre* *de l'huile sur le feu.* (membres.lycos.fr/veloclub/ biographies/galilee; accès le 12/05/05) = *colocar gasolina no fogo; colocar lenha na fogueira; jogar gasolina no fogo; pôr lenha na fogueira*

mettre des bâtons dans les roues (mettre des grains de sable dans les rouages) "entraver, retarder la marche d'une affaire en suscitant des obstacles" Selon le Wall Street Journal, Microsoft agirait en coulisses pour *mettre des bâtons dans les roues* de la fusion AOL/Time Warner. (www.technosphere.tm.fr/news_internet/dossieractu.cfm?motcle=aoltw; accès le 06/06/05) = *jogar areia*

mettre des gants "agir avec ménagements et précaution" Le tout sur fond d'une fermeté officielle lourdement exprimée par un chef du gouvernement qui n'a pas estimé nécessaire de *mettre des gants* pour promettre des jours sombres à tous ceux qui se risqueraient à contester le bien-fondé de ses augmentations. (www.lejourdalgerie.com/rubriques/edito%202.htm; accès le 11/05/05) = *ficar com dedos*

mettre des grains de sable dans les rouages (mettre des bâtons dans les roues) "entraver, retarder la marche d'une affaire en suscitant des obstacles" Entre complicité et rivalité, Leila et Ibrahim *mettent des grains de sable dans les rouages* de l'institution, tout en gardant l'anonymat. (www.prix-scenariste.org/PJMS/scenarios.html; accès le 11/05/05) = *jogar areia*

mettre du beurre dans les épinards "améliorer une situation" Pour l'instant, les négociations coincent, mais la prime de fin d'année est un moyen rapide et efficace de *mettre du beurre dans les épinards.* (www.epsy.com/management/liberation00.htm; accès le 11/05/05) = *Ø aliviar a situação*

mettre du cœur (à l'ouvrage) "se consacrer à quelque chose avec enthousiasme" Les demoiselles de l'équipe ont promis pour la prochaine fois *mettre du cœur à l'ouvrage* pour aussi marquer des paniers. (perso.wanadoo.fr/gite.reverdy/page/infocto2003.htm; accès le 21/04/05) = *colocar o coração*

mettre (se) en boule "se mettre en colère" Picandou est adopté mais il s'empresse de dire qu'il n'aime pas le bruit car ça lui fait peur et qu'alors il se *met en boule.* (materalbum.free.fr/mascotte.htm; accès le 21/04/05) = *ficar uma pilha*

mettre en branle "mettre en mouvement, en action" L'introduction d'un chiot dans le foyer suffit à *mettre en branle* l'histoire, allégrement déclinée sur une variation de la Carmen de Bizet. (www.lemonde.fr/web/imprimer_element/ 0,40-0@2-3476,50-635536,0.html; accès le 21/04/05) = *Ø dar movimento*

mettre (se) en campagne "commencer une recherche méthodique" Mais, dès le lendemain de mon arrivée, j'ai dû me *mettre en campagne* pour mon roman, chercher un quartier, visiter des ouvriers. (www.acorleanstours.fr/crdp/themadoc/genevoix/repere6%20les%20carnets%20d'enquete.htm; accès le 21/04/05) = *Ø começar a se mexer*

mettre en chantier "commencer un travail" Votre rapporteur, compte tenu du contexte budgétaire actuel, s'interroge sur la nécessité de *mettre en chantier* rapidement plusieurs lignes de TGV. (www.senat.fr/331-rap/331-rap14.html; accès le 21/04/05) = *Ø dar andamento*

mettre en jeu "engager une chose importante dans une affaire généralement sérieuse" Le créancier d'une telle obligation ne peut *mettre en jeu* la responsabilité de son débiteur que s'il prouve que ce dernier a commis une faute [...] (www3.ac-clermont.fr/pedago/ecogest/PEDAGOGIE_ECO_DROIT/ coursdroitBTS1/ obligations.doc; accès le 09/05/05) = *colocar em jogo*

mettre en lumière 1. (mettre au jour) "découvrir quelque chose qui était caché, rendre connu" J'ai préféré *mettre en lumière* des peintres moins bien connus mais géniaux [...] (www.framasoft.net/article2558.html; accès le 11/05/05) = *trazer à baila; trazer à luz* [*1*] [*cultivé*]; *trazer à tona*. **2.** "élucider" Roger Sperry, prix Nobel de médecine en 1973, a *mis en lumière* le rôle spécifique des hémisphères cérébraux; accès le 11/05/05) = *trazer à luz* [*2*] [*cultivé*]

mettre en selle (mettre le pied à l'étrier; pousser à la roue) "aider quelqu'un à s'établir, à réussir une entreprise" Sans plaisanter, je dois insister sur notre préoccupation qui est de *mettre en selle* ceux qui vont prendre la suite [...] (www.rhseniors.com/rh_seniors/interview.php?numi=2613&idrb=3; accès le 09/05/05) = *dar um empurrãozinho*

mettre en sommeil "interrompre quelque chose pour un certain temps" Toutes les associations sont autant de structures que leurs dirigeants peuvent *mettre en sommeil*, puis réveiller si le besoin s'en fait sentir. (ww.reseauvoltaire.net/ article7110.html; accès le 21/04/05) = *dar um tempo*

mettre en veilleuse "se calmer" Enfin ma tête le voulait. Mon coeur lui avait décidé de se *mettre en veilleuse*. Mais mon ex ne l'entendait pas de cette oreille. (forum.doctissimo.fr/ psychologie/ amour/sujet-128547-1.htm; accès le 19/06/05) = *sossegar o facho* [*2*]

mettre la charrue avant les boeufs "ne pas suivre l'ordre des choses et avancer inconvenablement quelques démarches" C'est en quelque sorte *mettre la charrue avant les boeufs* et donner aux intentions politiques une force supérieure à celle de la loi. (www.centrevillepourtous.asso.fr/article.php3?id_article=457; accès le 21/04/05) = *colocar a carroça na frente dos bois; colocar o carro na frente dos bois*

mettre la clé sous la porte 1. (mettre la clé sous le paillasson [1]) "partir furtivement" La veille, ils ont *mis la clé sous la porte* de leur belle demeure de Drancy (93) et roulé toute la nuit. (www.objectif-lr.com/hserie/numero/grille3.htm; accès le 11/05/05) = Ø *mudar-se no quieto*. **2.** (mettre la clé sous le paillasson [2]) "faire faillite" Nous étions absolument persuadé du contraire et nous pensions que, privé de notre clientèle, il ne tarderait pas à *mettre la clé sous la porte*. (thierry.francois.free.fr/ version1/chapitre2.htm; accès le 21/04/05) = *fechar as portas* [*1*]

mettre la clé sous le paillasson 1. (mettre la clé sous la porte) "partir furtivement" Au moment ou nos dernières industries textiles *mettent la clé sous le paillasson* ça ce serait peut être une idée de s'inspirer de ce "modèle". (journaldevincent.canalblog.com; accès le 11/05/05) = Ø *mudar-se no quieto*. **2.** "faire faillite" La direction avait *mis la clé sous le paillasson*, selon la méthode américaine: rien ne lie l'entrepreneur au personnel de l'entreprise. (catholique-arras.cef.fr/chronq/41_metaleurop.htm; accès le 21/04/05) = *fechar as portas* [*1*]

mettre la gomme (appuyer sur le champignon; mettre les gaz) "accélérer au maximum" *Mettre la gomme*! Le Grand Prix d'Italie, temple de la vitesse par excellence, se profile à l'horizon. (www.radiofrance.fr/thematiques/ sport/accueil/ articles.php?id=10003294&nid=121; accès le 09/05/05) = *enfiar o pé; pisar fundo*

mettre la main à la pâte "intervenir dans un ouvrage" Il participait à toutes les manifestations et n'était jamais le dernier pour *mettre la main à la pâte*. (perso.wanadoo.fr/black.polar/enigme_enfant5.htm; accès le 22/04/05) = *colocar a mão na massa; pôr a mão na massa*

mettre la puce à l'oreille "éveiller les soupçons de quelqu'un" Fièvre, perte d'appétit, gonflements des glandes salivaires sont autant de signes qui doivent *mettre la puce à l'oreille* des parents. (www.doctissimo.fr/html/sante/ mag_2001/mag1019/ troubles_orl_niv2.htm; accès le 22/04/05) = *deixar com a pulga atrás da orelha*

mettre (se) la tête à l'envers "ne penser qu' à quelqu'un ou quelque chose" Pourquoi toujours se *mettre la tête à l'envers* pour chercher à tout prix un sens à chaque détails. (www.forumschoixpc.com/viewtopic.php?topic=72648& forum=10&start2=30&start=28&43; accès le 10/05/05) = *estar de cabeça virada*

mettre le comble "accentuer quelque chose au maximum" Dieu ne veut vous imposer aucune charge; mais il veut vous rendre purs et *mettre le comble* à ses bienfaits, afin que vous lui soyez reconnaissants. (lorencio1.free.fr/citations/ religion.htm; accès le 22/04/05) = *Ø acentuar ainda mais*

mettre (se) le doigt dans l'œil (jusqu'au coude) "se tromper grossièrement" Ben là, il peut se *mettre le doigt dans l'œil*, car depuis la messe de minuit, je reste à présent seule dans la maison et je suis très sage! (membres.lycos.fr/chezmanon2/ pethist/32/32.htm; accès le 22/04/05) = *Ø enganar-se redondamente*

mettre le doigt sur la plaie (enfoncer le couteau dans la plaie; remuer le couteau dans la plaie; retourner le couteau dans la plaie) "raviver une peine, un chagrin" Un auteur alla même jusqu'à *mettre le doigt sur la plaie*, en évoquant une irrégularité dans la désignation de l'Uparaja en 1868. (www.univ-tlse1.fr/ publications/Colloques/Juridiction/Siam.html; accès le 22/04/05) = *colocar o dedo na ferida; pôr o dedo na chaga; pôr o dedo na ferida*

mettre le feu aux poudres (ajouter de l'huile sur le feu; jeter de l'huile sur le feu; mettre de l'huile sur le feu) "faire éclater un conflit qui était latent" L'élection de Lincoln *met le feu aux poudres*. La victoire de Lincoln à la présidentielle de 1860 conduit la plupart des Etats du Sud à faire sécession de l'Union. (www.historia.presse.fr/data/thematique/94/09404401.html; accès le 11/04/05) = *colocar gasolina no fogo; colocar lenha na fogueira; jogar gasolina no fogo; pôr lenha na fogueira*

mettre le grappin 1. "arrêter quelqu'un" Pour dire que si, dans les minutes qui allaient suivre, elle *mettait le grappin* sur le présumé assassin pédophile, elle ne lui ferait pas de cadeau. (perso.wanadoo.fr/patrick.lanneau/ expos/thirion/ poisson/poisson03.htm; accès le 11/05/05) = *pôr as mãos*. **2.** "s'emparer de quelque chose" Les revoici, deux décennies plus tard. Pour combattre, cette fois, le monstre nazi, qui menace de *mettre le grappin* sur le pays de Pancho Villa. (livres.lexpress.fr/critique.asp/ idC=5334/idTC=3/idR=10/www.lexpress.fr; accès le 22/04/05) = *pôr as mãos* [2]

mettre le holà "faire cesser quelque chose déplaisante" À aucun moment, il n'y a eu la volonté politique de *mettre le holà* à certaines dérives, ni de mettre un peu d'imagination en inventant "autre chose". (www.humanite.presse.fr/ journal/ 2001-05-31/2001-05-31-245096; accès le 22/04/05) = *pôr um paradeiro*

mettre le nez dehors (montrer (le bout de) son nez) "sortir de chez soi" Un jour, alors qu'il avait très envie d'aller se promener, il décida de *mettre le nez dehors*. Il se dit que le renard ne le verrait peut-être pas. (www.ac-amiens.fr/etablissements/ 0020666n/Herisson.html; accès le 22/04/05) = *pôr o nariz pra fora*

mettre le paquet "faire tous ses efforts, employer tous ses moyens pour obtenir le résultat désiré" Il faut d'autant plus *mettre le paquet* sur ce point qu'une fois encore tout est fait pour nous dégoutter de la politique et du vote. (www.humanite.presse.fr/ journal/2005-03-09/2005-03-09-458092; accès le 22/04/05) = *Ø ir com tudo*

mettre le pied à l'étrier (mettre en selle; pousser à la roue) "aider quelqu'un à s'établir, à réussir une entreprise" C'est le seul moyen de progresser. Il ne faut pas oublier que c'est le Festival de Glyndebourne qui m'a *mis le pied à l'étrier*, à 19 ans. (lexpress.fr/mag/arts/dossier/ entretienmusiqu/dossier.asp?ida=354815; accès le 22/04/05) = *dar um empurrrãozinho*

mettre les bouchées doubles "imposer un rythme de travail plus rapide" Il reste moins de quatre semaines et la plupart des responsables politiques entendent *mettre les bouchées doubles*. (np.www.lci.fr/news/europe/0,,3216571-VU5WX0lEIDUy,00.html; accès le 11/05/05) = *Ø dobrar o ritmo*

mettre les bouts (faire (se) malle; ficher le camp; foutre le camps; mettre les voiles; prendre la clef des champs; tourner les talons) "partir rapidement" On décide de *mettre les bouts*. Antoine veut continuer visiter le Portugal, et surtout essayer de retrouver une meuf à Coimbra. (404.free.fr/articles.php? lng=fr&pg=391&prt=1; accès le 22/04/05) = *cair fora; cair no mundo; dar no pé; dar o fora* [1]; *puxar o carro; virar as costas*

mettre les gaz (appuyer sur le champignon; mettre la giomme) "accélérer au maximum" J'eut à peine le temps de me vautrer la tête la première dans la banquette arrière que déjà Joe avait *mis les gaz*. (xjardin.club.fr/Siegfried01.htm; accès le 22/ 04/05) = *eniar o pé; pisar fundo*

mettre les pieds dans le plat "évoquer gauchement un sujet épineux" Oubliez votre sacro-sainte prudence et vos principes. Bravez l'interdit et *mettez les pieds dans le plat*. Une pointe d'insolence aura sa récompense. (tfl1.free.fr/horoscope/ horoscope.htm; accès le 22/04/05) = *meter os pés pelas mãos*

mettre les points sur les i "s'expliquer plus nettement mais avec irritation" Avant de commencer les répétitions, Stéphane Jarny a tenu à *mettre les points sur les "i"* avec les cinq candidats restants. (www-org.m6.fr/html/emissions/ nouvelle_star/ news/news11_ep11.shtml; accès le 22/04/05) = *pôr os pingos nos is*

mettre les pouces (baisser les bras; baisser pavillon; donner sa langue au chat; jeter l'éponge; lever les bras) "s'avouer vaincu" Leurs enfants ne veulent pas connaître la même désillusion et *mettre les pouces* d'entrée de jeu. (www.mip-paris.com/phare/article.asp?id=119; accès le 11/05/05) = *entregar os pontos; jogar a toalha; pedir água; pedir arrego*

mettre les voiles (faire (se) malle; ficher le camp; foutre le camp; mettre les bouts; prendre la clef des champs; tourner les talons) "s'en aller rapidement" Deuxième possibilité: *mettre les voiles*. Si tout vous paraît noir et révoltant comme l'hiver, pourquoi ne pas vous offrir un peu d'été? (www.lme.be/html/10mars2004.html; accès le 08/05/05) = *cair fora; cair no mundo; dar no pé; dar o fora [1]; puxar o carro; virar as costas*

mettre (se) martel en tête "s'inquiéter, se faire du souci" On ne va pas se *mettre martel en tête*. Il n'y a rien d'autre à en faire. Rien! (pedagogie.ac-aix-marseille.fr/etablis/ lycees/sevigne/cdi/lecture/ascension2001/2demeurees.html; accès le 22/04/05) = Ø *pôr caraminholas na cabeça*

mettre [s'en] plein la gueule "manger beaucoup" On s'en *met plein la gueule*! Bien sur, c'est pas nous qui paye, c'est vous! Et puis y a toujours un ministre. Évidemment puisque c'est pas lui qui paye. (www.coluche.free.fr/sketches/ancien.htm; accès le 22/04/05) = Ø *comer até estourar*

mettre plus bas que terre (vouer aux gémonies) "rabaisser, dénigrer quelqu'un" Parfois elle est si vulgaire dans ses propos que le narrateur préfère ne pas répéter les injures qu'elle leur adresse: Elle nous mit *plus bas que terre*. (yz2dkenn.club.fr/la_chronique.htm; accès le 27/07/05) = [*colocar abaixo de cachorro*]

mettre (se) quelqu'un à dos "indisposer quelqu'un contre soi, s'en faire un ennemi" Les soldats américains, en pratiquant la torture, ont réussi à se *mettre à dos* une très large majorité de la population irakienne. (www.humanite.presse.fr/ journal/2004-05-18/2004-05-18-393884; accès le 21/04/05) = Ø *indispor (alguém) contra si*

mettre son grain de sel (ajouter son grain de sel; fourrer son nez) "se mêler à un sujet qui ne le regarde pas" Que penser lorsque l'on développe, pour un marché important, le seul et unique logiciel et qu'un concurrent de renom vient y *mettre son grain de sel*? (www.graphiland.fr/news_t/news_t.asp?Code=1165&Code_Cat=&month=&rn=3; accès le 22/04/05) = *dar pitaco; meter o bedelho; meter o bico; meter o nariz*

mettre sur la touche "mettre à l'écart d'une affaire" Le grand risque de l'intranet: *mettre sur la touche* les salariés qui n'ont pas d'accès informatique. (management.journaldunet.com/dossiers/ 031115cominterne; accès le 05/05/05) = *deixar de fora*

mettre sur le dos (jeter sur le dos) "attribuer à quelqu'un la responsabilité de quelque chose, souvent abusivement" Mais il ne faut pas lui *mettre* cela *sur le dos*. Nous les joueurs n'avons pas fait notre boulot. En tout cas, il avait raison dès le début.(www.humanite.fr/journal/2002-09-14/2002-09-14-448236; accès le 22/04/05) = *jogar nas costas*

mettre sur le tapis "faire venir en discussion une question, une affaire" Je n'ai pas aimé non plus l'insistance à *mettre sur le tapis* l'affaire Bousquet, comme si le président était traqué par ce sujet tabou. (cinema.telerama.fr/edito.asp?art_airs=M0502071137572; accès le 22/04/05) = *colocar na mesa*

mettre un bémol "baisser de ton dans ses propos" Cela dit, sans changer radicalement de position, il nous arrivait de modifier l'angle, de *mettre un bémol* à un point de vue. (www.place-publique.fr/article1036.html; accès le 22/04/05) = *abaixar o tom*

mettre un point final "conclure, donner fin à quelque chose" Cette dénomination conforme à la vérité historique aurait permis de *mettre un point final* à la polémique. (perso.wanadoo.fr/felina/carref/lepoint.htm; accès le 09/09/05) = *colocar um ponto final; pôr um ponto final*

mettre une croix sur "mettre quelque chose de côté" Sans bourse, elle a, entre temps, décidé de *mettre une croix* sur ses études et de travailler dans un magasin d'articles de sport.(www.rfi.fr/fichiers/MFI/Sport/801.asp; accès le 22/04/05) = *colocar uma pedra em cima; pôr uma pedra em cima*

mi-figue, mi-raisin "ni excellent ni déplorable" Une saison *mi-figue, mi-raisin.* Les professionnels du tourisme n'ont cessé de le répéter: en France, la saison estivale n'a pas été bonne. (www.lhotellerie.fr/lhotellerie/Articles/2898_11_ Novembre_ 2004/Une_saison_mi_figue.htm; accès le 22/04/05) = Ø *nem tão bom, nem tão ruim*

mine de rien "comme si de rien n'était" Déjà parce que je connais les mariés et *mine de rien,* ça joue vachement. Ensuite parce que ça me fait plaisir de les voir heureux. (fleafou.free.fr/2004_06_01_index-archive.htm; accès le 22/04/05) = Ø *como quem não quer nada*

mine d'or "affaire fructueuse d'où on peut tirer profit" Après Blind Shaft, la mine de charbon est décidément une *mine d'or* pour le cinéma chinois. Mais cette fois, on ne descend jamais au fond. (cinema.telerama.fr/edito.asp?art_ airs=M05013117570410&srub=2&lettre2=J; accès le 22/04/05) = *mina de ouro*

miroir aux alouettes "tromperie, piège" L'Amérique de l'abondance et de la sexualité épanouie est un *miroir aux alouettes* pour tous les déshérités du tiers-monde. (www.lire.fr/extrait.asp/idC= 42923& idTC=13&idR=202&idG=3; accès le 22/04/05) = Ø *enganação*

monnaie de singe "fausse récompense" Bientôt la parole ne sera plus qu'une dérisoire *monnaie de singe,* et les signes sur la page de négligeables pattes de mouche. (pretexte.club.fr/revue/critique/ articles_fr/articles/dupin_la-question-du-singe.htm; accès le 22/04/05) = Ø *moeda falsa*

monnaie parlée "chose habituelle, pratique parlée" Ils préfèrent rester sur leurs positions et ne pas assumer les erreurs et les fautes des autres. Dans la vie, c'est *monnaie parlée.* (perso.wanadoo.fr/eglise-sainte-marie/chron0500.htm; accès le 07/07/05) = *feijão-com-arroz*

monsieur tout le monde "individu commun, n'importe qui" D'ailleurs, il n'a pas la grosse tête, il dit de lui qu'il est un *monsieur tout le monde*...mais tout le monde n'a pas le même parcours que lui. (sport.rfo.fr/article26.html; accès le 22/04/05) = Ø *qualquer um*

monstre sacré “grand comédien de renom” Elle est vite devenue un petit *monstre sacré* de la scène, au naturel époustouflant. Sa voix fait vibrer les salles; les publics chavirent. (www.ville-nevers.fr/evenements/guide/0001206.htm; accès le 22/04/05) = *monstro sagrado*

monter au créneau (monter au filet) “s’engager dans une action combative" De son côté, la direction du groupe se refusait mardi à tout commentaire, pourtant, cette dernière n’avait eu de cesse de *monter au créneau* [...] (www.lexpansion.com/articles-presse/ economie3/bruxelles-epargne-en-partie-france-telecom.htm; accès le 11/05/05) = *Ø contra-atacar*

monter au filet "s’engager dans une action combative” Concurrencé par une pléthore d’opérateurs de téléphonie fixe, l’opérateur historique France Télécom *monte au filet* et adapte ses coûts [...] (www.gasperitsch.com/pages/technologie_02.html; accès le 22/04/05) = *Ø contra-atacar*

monter (se) la tête (monter (se) le bourrichon) “s’illusionner sur quelqu’un ou quelque chose” A vrai dire je me force de ne pas trop me *monter la tête* pour ne pas être déçue le jour des résultats du concours si j’échouais. (nany.joueb.com/news/80.shtml; accès le 09/05/05) = *Ø iludir-se*

monter sur ses grands chevaux “se mettre en colère et parler avec hauteur” Vous verrez, petit à petit, on accepte l’idée que tout le monde n’est pas d’accord, sans pour autant *monter sur ses grands chevaux* comme vous le faites. (www.liberation.fr/page_forum.php?Template=FOR_MSG&Message=113400; accès le 23/04/05) = *subir nas tamancas*

montrer (le bout de) son nez (mettre le nez dehors) “apparaître, sortir” Marcel est trop timide pour *montrer le bout de son nez*. (programmes.france3.fr/66581-fr.php; accès le 23/04/05) = *pôr o nariz pra fora*

montrer les dents 1. (sortir les griffes) “menacer” Um gouvernement à qui tout sourit (...) mais à qui les travailleus ont toutes les raisons de *montrer les dents*. (www.convergencesrevolutinaires.org/article439.html; accès le 19/06/05) = *mostrar as garras; mostrar as unha; mostrar os dentes* [2]. **2.** “sourire franchement” Et que s’il s’agit de pactiser avec le diable, pour faire avancer une cause juste, s’il faut *montrer les dents*, pour avoir l’air de sourire, il ne faut pas empêtrer son énergie dans des dogmes. (www.largeur.com/expDebat.asp?pagePos=3&debID=1895; accès le 19/06/05) = *mostrar os dentes* [1]

montrer patte blanche “donner la preuve que l’on appartient à un groupe ou est digne d’y appartenir” Bien sûr, il faudra me fournir quelques éléments justificatifs de ton identité pour faire un laisser-passer, et *montrer patte blanche*. (forum.hardware.fr/hardwarefr/Discussions/ -RTC-Le-topic-de-NOS-photos-d-avions-sujet-12535-174.htm; accès le 23/04/05) = *Ø dizer a senha*

morceau de choix (morceau de roi) “aliment ou partie d’aliment considérés comme parmi les meilleurs” Après ces petits amuse-bouche, nous passons a un *morceau de choix*, une langouste! (c’est pas tous les jours l’anniversaire de ma grand-mère). (www.20six.fr/Davidintersideral; accès le 23/04/05) = *Ø filé-mignon*

morceau de roi (morceau de choix) "aliment ou partie d'aliment considérés comme parmi les meilleurs" La préparation s'élabore en utilisant les meilleures huiles d'olive pour respecter le *morceau de roi* que constitue les filets de thon. (www.brittany-shops.com/pdts_entreprise/ produits_entreprise-27.php; accès le 11/05/05) = Ø *filé-mignon*

mordre à l'hameçon (tomber dans le filet; tomber dans le panneau) "finir par perdre dans un rapport de forces" Je crois qu'il y a des metteurs en scène qui profitent de la faiblesse d'esprit et de l'incrédulité de certains pour les faire *mordre à l'hameçon.* (cine.voila.fr/film/critique_gen_cfilm=22092&affpress=0&affpub=1&page=17.html; accès le 23/04/05) = *cair na rede; cair no laço; morder a isca*

mordre (se) la langue 1. (tenir sa langue) "se retenir de parler" Il vaut mieux se *mordre la langue*, que d'avoir une langue mordante. Appliquez-vous à édifier les gens et non pas à les démolir. (perso.wanadoo.fr/parprosel/SLB_sur_le_banc/ citations.htm; accès le 23/04/05) = *segurar a língua.* **2.** "se repentir d'avoir parlé ce qu'on ne devait pas" Je crois que je vais *"me mordre la langue"* après avoir envoyé mon petit message mais que veux-tu, j'avais tout ça "sur le bout de la langue". (www.toutelapoesie.com/archives/ archive/o_t/t_5454/illumination.html; accès le 11/05/05) = *morder a língua*

mordre la poussière (aller au tapis) "tomber dans une lutte" Bien mal leur en pris, car les homards de sa très gracieuse majesté leur firent *mordre la poussière* en les accablant de leur feu meurtrier. (ipoclub.free.fr/encours/fontenoy/fontenoy.htm; accès le 23/04/05) = *beijar a lona*

mordre (se) les doigts "regretter quelque chose" Vous savez, à chaque fois qu'on a bousculé le dialogue, on a eu à s'en *mordre les doigts*. Moi, je prends le temps du dialogue et de la concertation.(www.archives.premier-ministre.gouv.fr/raffarin_version1/fr/ie4/ contenu/37197.htm; accès le 23/04/05) = Ø *arrepender-se de ter tentado*

moulin à paroles "personne qui parle beaucoup et souvent à tort et à travers" Maman m'a dit que j'étais un *moulin à paroles*, Matthias. Maman m'a dit de ne pas sortir parce qu'il pleuvait des cordes, des chiens et des chats. (www-brestecoles.enst-bretagne.fr/4moulins/archives/archives2000-2001/expressions%20imagees/maman1.htm; accès le 23/04/05) = *língua solta*

mourir debout "mourir lucide, conscient" Je vous le dis mes amis, cette femme là était de la trempe de ces humains qui *meurent debout*, victorieux, magnifiques! (www.20six.fr/Cealano/archive/2003/10/; accès le 23/04/05) = Ø *morrer lúcido*

mouton de panurge "personne qui se laisse influencer par les autres sans réfléchir" Le spectateur ne doit pas etre un *mouton de panurge* qui broute là ou on lui dit de le faire. Trop suivent le son de la cloche...dommage!! (bernarderick.site.voila.fr/ page7.html; accès le 23/04/05) = Ø *maria-vai-com-as-outras*

mystère et boule de gomme "grand secret qui doit continuer gardé" Pour l'heure, *mystère et boule de gomme*. Personne ne sait encore si Patrick Hoornaert sautera le pas et se présentera. (www.infos-dieppoises.fr/Archives2002/ ElectionMaireDimanche.htm; accès le 23/04/05) = *segredo a sete chaves*

n | N

naître coiffé (avoir une chance de cocu; naître sous une bonne étoile) "avoir beaucoup de chance depuis toujours" Mais le futur héritier au lieu de *naître coiffé* est né un mauvais jour sans nez. Or pour gouverner, comme chacun le sait, il faut du nez. (perso.wanadoo.fr/theatre95/spectacles/jeunes96.html; accès le 24/04/05) = *nascer virado pra lua; ser virado pra lua*

naître sous une bonne étoile (avoir une chance de cocu; naître coiffé) "avoir beaucoup de chance depuis toujours" Hugo a dû *naître sous une bonne étoile* car au bout d'une semaine il est sorti de son boxe et a commencé a marcher sur trois pattes. (refugestam. free.fr/refuge/histoire.shtml; accès le 24/04/05) = *nascer virado pra lua; ser virado pra lua*

naître sous une mauvaise étoile "avoir de la malchance depuis toujours" J'ai du *naître sous une mauvaise étoile*, celle qui s'occupe du linge sale. En tous cas elle ne m'a pas épargné et tout ce qu'elle veut c'est m'achever! (membres.lycos.fr/odtv/paroles/mauvaise%20%E9toile.htm; accès le 24/04/05) = [*nascer sob uma má estrela*]

n'avoir que la peau sur les os "être très maigre" A son retour, le père, sur les instances de la première femme, fait tuer la vache, qui se révèle *n'avoir que la peau sur les os*. (www.univ-tours.fr/ arabe/396.htm; accès le 24/04/05) = *ser só pele e osso*

n'avoir qu'une parole "s'en tenir strictement à ses engagements et les respecter scrupuleusement" Il *n'avait qu'une* parole et je savais pouvoir compter sur lui en toutes circonstances. J'ai connu trop peu de gens comme lui. (laupo.free.fr/les-yeux-au-ciel.html; accès le 24/04/05) = *ter uma só palavra*

ne dormir que d'un oeil "dormir à demi pour rester vigilant" C'était déplaisant de *ne dormir que d'un oeil* la nuit, guettant les bruits suspects tandis que les autres chameaux dormaient paisiblement. (perso.wanadoo.fr/jean-paul.barriere/enfant/claude.html; accès le 24/04/05) = *dormir com um olho aberto e outro fechado*

ne faire ni chaud ni froid "être indifférent à quelqu'un" Ennuyeux, il dure, dure, dure, pour quelques rebondissements qui *ne font ni chaud ni froid*... Un film crade, qui n'a pas grand chose à dire... (www.allocine.fr/film/critiquepublic_gen_cfilm=52306&note=1.html; accès le 07/05/05) = *nem feder nem cheirar*

ne faire qu'une bouchée "gagner facilement de quelqu'un dans une dispute ou une comparaison" "Gladiator" *ne fait qu'une bouchée* de la concurrence, et s'apprête à reigner pendant longtemps sur les classements des meilleures ventes. (www.dvdfr.com/news/news.php?id=1090; accès le 04/04/05) = [*pôr (alguém) debaixo do braço*]

n'en avoir rien à battre (n'en avoir rien à branler [vulgaire]; n'en avoir rien à cirer; n'en avoir rien à foutre; n'en avoir rien à secouer) "ne pas s'en soucier de rien" La ménagère de moins de 50 ans *n'en a rien à battre* des déchêts nucléaires! EDF a fait de la pub à la télé, pour la rassurer... (zdeltec.free.fr/complique.htm; accès le 24/04/05) = *não dar a mínima; não dar bola; não estar nem aí*

n'en avoir rien à branler (n'en avoir rien à battre; n'en avoir rien à cirer; n'en avoir rien à foutre; n'en avoir rien à secouer) "ne pas s'en soucier de rien" [vulgaire] Je n'ai pas besoin de toi, *j'en ai rien à branler* de tes remords, je n'ai pas envie d'avoir a subir tes plaintes sans cesse. (lycaenaphlaeas.canalblog.com/archives/2005/03; accès le 04/05/05) = *não dar a mínima; não dar bola; não estar nem aí*

n'en avoir rien à cirer (n'en avoir rien à battre; n'en avoir rien à branler [vulgaire]; n'en avoir rien à foutre; n'en avoir rien à secouer) "ne pas s'en soucier de rien" Me voilà donc complètement démotivée et découragée, au point de raconter tout ceci à des inconnus qui *n'en ont* probablement *rien à cirer*. (forums.remede.org/questions_generales/sujet_16271.html; accès le 04/05/05) = *não dar a mínima; não dar bola; não estar nem aí*

n'en avoir rien à foutre (n'en avoir rien à battre; n'en avoir rien à branler; n'en avoir rien à cirer; n'en avoir rien à secouer) "ne pas s'en soucier de rien" Rêve et crêve en démocratie, personne *en a rien à foutre* de toute façon. (forum.teamatic.net/viewtopic.php?p=139345; accès le 04/05/05) = *não dar a mínima; não dar bola; não estar nem aí*

n'en avoir rien à secouer (n'en avoir rien à battre; n'en avoir rien à branler [vulgaire]; n'en avoir rien à cirer; n'en avoir rien à foutre)"ne pas s'en soucier de rien" J'aurais préféré le désert saharien, mais les scorpions et les chameaux *n'ont rien à secouer* de la littérature française moderne, les bienheureux. (www.librairie-gaia.com/ FeteToulon/VanDePutte/VanDePutte.htm; accès le 04/05/05) = *não dar a mínima; não dar bola; não estar nem aí*

n'en faire qu'à sa tête "faire ce qu'on veut" A 58 ans, l'auteur de L'Exposition coloniale, prix Goncourt en 1998, veut *n'en faire qu'à sa tête*. Pas question toutefois de se laisser aller. (www.lefigaro.fr/culture/20050419.FIG0115.html; accès le 24/04/05) = *fazer o que der na cabeça*

ne pas arriver à la cheville "être inférieur à quelqu'un" C'est Busy qui l'a convaincu de tenter sa chance en tant qu'acteur, malgré ses craintes de *ne pas arriver à la cheville* de son célèbre papa: Tom Hanks. (leprieultbmo.free.fr/Florie/Amour/amourcolin.htm; accès le 24/04/05) = *não chegar aos pés*

ne pas attacher son chien avec des saucisses "être très avare" Il *n'attache pas son chien avec des saucisses*, mais je préfère rentrer avant la bousculade (berurier-x-noir.org/forum/viewtopic.php?p=28032&sid=ae3c285db27eed9d17cb345d329df15e; accès le 21/02/06) = *não amarrar cachorro com lingüiça* [*v. amarrar cachorro com lingüiça*]

ne pas avoir froid aux yeux loc. verb.**1.** (ne pas manquer d'air; ne pas manquer de souffle) "manifester de la hardiesse et de l'effronterie" Audace, stratégie, humour et sang-froid: Mission Espace est une expérience réservée aux joueurs qui *n'ont pas froid aux yeux*! (www.achatnature.com/boutic/bou_new.cgi; accès le 04/05/05) = *ter topete*. **2.** "ne pas hésiter à prendre l'initiative, avec une connotation sexuelle" [sujet: femme] La fillette qui *n'avait pas froid aux yeux* a demandé si nous couchions ensemble et Georgina, ma nouvelle compagne, a simplement acquiescé sans plus de commentaire (www.teenoo.org/histoires/histoire249.html; accès le 12/05/05) = Ø *ser bem atrevida*

ne pas avoir gardé les cochons ensemble "n'être pas intime, parlé avec quelqu'un qu'on croit inférieur ou qu'on connait très peu" Pour D'Arcy qui me vouvoie, ça me fait très bizarre, tu peux me tutoyer, tu sais même si on *n'a pas gardé les cochons ensemble*. (www.20six.fr/Erica; accès le 24/04/05) = Ø *não admitir intimidades*

ne pas avoir les yeux dans sa poche "observer tout ce qui est autour, avec une curiosité indiscrète" Monsieur Bourghart *n'a pas les yeux dans sa poche*: dans les vignes derrière sa maison, il aperçoit le fugitif tapi sous le feuillage. (perso.calixo.net/~knarf/guerre/bourghar/bourghar.htm; accès le 06/05/05) = Ø *estar de olho em tudo*

ne pas avoir sa langue dans sa poche (avoir la langue bien pendue) "parler constamment beaucoup et avec vivacité" On peut très bien *ne pas avoir sa langue dans sa poche* et tout faire pour éviter de la sortir. C'est pas facile, je te l'accorde. (bdolheguy.free.fr/2002/ html/interviewmetalintegral2002.htm; accès le 24/04/05) = *falar como uma matraca; falar mais que a boca; falar pelos cotovelos*

ne pas bouger le petit doigt (ne pas lever le petit doigt) "ne rien faire pour aider quelqu'un, ne prendre aucune mesure pour résoudre un problème" On sait que les droits de l'homme y sont bafoués, mais pour autant la communauté internationale *ne bouge pas le petit doigt*. (www.routard.com/mag_invite/id_inv/203.htm; accès le 06/05/05) = *não levantar nem um dedo; não mexer nem um dedo; não mexer uma palha; não mover uma palha*

ne pas céder d'un pouce de terrain "rester ferme dans ses convictions" La dictature dans sa partition habituelle *ne cède pas un pouce de terrain* et c'est là justement son rôle. (www.letogolais.com/article.html?nid=1444; accès le 06/05/05) = [*não ceder um palmo (de terreno)*]

ne pas connaître son bonheur "être heureux mais ne pas en rendre compte" Celui qui est en bonne santé *ne connaît pas son bonheur*. Je t'assure que ceux qui sont passés entre ses mains s'en souviennent. (pedagogie.ac-toulouse.fr/ occitan/ressorgas/lenga/gramatic2.html; accès le 24/04/05) = Ø *ser feliz e não saber*

ne pas entrer dans la tête "ne pas paraître logique, acceptable" Ainsi, pour rendre un fait, il *n'entre pas dans la tête* d'un Nègre de livrer ses jours et ses nuits à qui que ce soit pour un salaire quelconque. (www.humanite.presse.fr/ popup_print.php3?id_article=352866; accès le 25/04/05) = *não entrar na cabeça*

ne pas être à la noce "être dans une situation critique" Pourtant notre équipe *n'est pas à la noce* depuis le début de saison. Justement on s'étonne car votre médecin paraît étrange? Ahaha, yes! (membres.lycos.fr/clagadic/VELO/DSDL2.html; accès le 25/04/05) = Ø *estar em uma situação crítica*

ne pas être à prendre avec des pincettes "être de très mauvaise humeur" Il *n'était pas à prendre avec des pincettes* et plus d'une fois il s'était engueulé avec Mick ou Falcon à propos de son comportement. (hojofancity.free.fr/fanfictions/101.html; accès le 25/04/05) = Ø *não estar pra brincadeiras*

ne pas être aux pièces "n'être pas très pressé" Bon, en même temps, ça peut attendre un peu, on *n'est pas aux pièces*! (bonnesnouvelles.ifrance.com/bonnesnouvelles/pluie.htm; accès le 07/05/05) = [*não precisar correr como se fosse tirar o pai da forca*]

ne pas être dans le coup (être sur la touche; rester sur la touche) "ne pas faire partie de quelque chose, ne pas être inclus" Et les verts qui *n'étaient pas dans le coup* encore une fois, étaient remarquablement critiqués par le maire d'alors. (www.gazette-vicoise.com/monde/lettremartyavril2004.htm; accès le 09/09/05) = *ficar de fora*

ne pas être de bois "ne pas manquer de sensualité" Un peu de mystère, un peu d'érotisme (les décolletés plongeants, et oui, je *ne suis pas de bois*), j'aimais bien çà, avant. (jesuisgothique.free.fr/histoires/texte-05.htm; accès le 07/05/05) = *não ser de se jogar fora* [*1*]

ne pas être de fer "ne pas être résistant, vigoureux" Et puis on travaillait le dimanche, et sans compter qu'on *n'est pas de fer* et qu'on a besoin de repos, ça bouleversait toutes les idées de ma jeunesse. (egodoc.revues.org/souvenirs/docs/D852712/Sect852812.htm; accès le 13/09/05) = *não ser de ferro*

ne pas être de la roupie de sansonnet "être quelque chose d'important" Et tenez-vous le pour dit, ce *n'est pas de la roupie de sansonnet* comme dirait mon rossignol, qui décidément, aime bien les réveils en fanfare. (www.francparler.com/archives.php?id=7; accès le 07/07/05) = *não ser de se jogar fora* [*2*]

ne pas être en odeur de sainteté "ne pas inspirer confiance" La Turquie, qui a éliminé le Japon, *n'est pas en odeur de sainteté*. Et le Sénégal a du mal à mobiliser les foules. (www.lequipe.fr/Football/CM2002_CARNET_TOKYO_2306.html; accès le 25/04/05) = *não ser flor que se cheire*

ne pas être né de la dernière pluie "n'être pas ingénu, être expérimenté" Il a perdu les pédales!!!! ca m'énerve!!! pourtant il *n'est pas né de la dernière pluie* et a voyagé déjà dans des pays pauvres? (forum.doctissimo.fr/psychologie/ couples-relations/Aidez-moi-SVP—sujet-155920-1.htm; accès le 25/04/05) = *não ter nascido ontem*

ne pas être tombé de la dernière pluie "n'être pas ingénu, être expérimenté" La sortie des Lions de l'Atlas fut loin d'être convaincante mais, faut-il le souligner, l'adversaire *n'était guère tombé de la dernière pluie*. (www.bladi.net/+-coupe-d-afrique-+.html; accès le 19/03/06) = *não ter nascido ontem*

ne pas faire dans la dentelle "faire quelque chose sans raffinement, sans délicatesse" Certes, on *ne fait pas dans la dentelle*. On s'en doutait un peu vu le sujet du film. Gérard Jugnot nous avait habitués à plus fin. (www.fra.webcity.fr/cinema_metz/boudu_900036436/Avis-Eve; accès le 25/04/05) = *Ø não fazer no capricho*

ne pas faire de cadeau "être dur avec quelqu'un, ne lui rien faciliter" Seule une cabane est entretenue pour les chasseurs occasionnels; le blizzard d'hiver *ne fait pas de cadeau* aux frêles constructions humaines. (www.lexpress.fr/voyage/destinations/dossier/vdanemark/dossier.asp?ida=345064; accès le 25/04/05) = *não dar mole* [*v. dar mole*]; *não dar moleza* [*v. dar moleza*]

ne pas faire de mal à une mouche "être incapable de causer du tort à qui que ce soit" Pour résumer, je pense que les propos sont virulents mais non violents. Grandes gueules nous sommes, mais on *ne fait pas de mal à une mouche.* (www.gamekult.fr/tout/forum/lire_212023.html; accès le 25/04/05) = *não fazer mal a uma mosca*

ne pas faire long feu "ne pas durer longtemps" Trop élitiste, l'utilisation combinée du XHTML et des feuilles de style risque de *ne pas faire long feu* devant la majorité du Web [...] (www.media-box.net/article.php?article=4; accès le 06/05/05) = Ø *não terá vida longa*

ne pas faire un pli "ne pas faire de difficulté ou de doute" Ce garçon a des talents cachés, ça ne fait pas un pli. (www.20six.fr/maia/archive/2003/08/04/1uerdotwlnwb5.htm; accès le 06/05/05) = *não haver sombra de dúvida* [*v. sem sombra de dúvida*]

ne pas fermer l'oeil "ne pas dormir" "La véritable nuit blanche, durant laquelle on *ne ferme pas l'oeil,* est très exceptionnelle", explique, dans son ouvrage, Olivier de Ladoucette. (www.seniorplanet.fr/article.complet.2328.fr.html; accès le 25/04/05) = *não pregar o olho*

ne pas lâcher d'une semelle (ne pas quitter d'une semelle) "suivre quelqu'un partout" Il est suivi par une fillette un peu plus âgée qui *ne le lâche pas d'une semelle* et qui porte une hache noire à lame luisante sur son épaule. (merelle.net/cas1/d23.php; accès le 06/05/05) = *não largar do pé*

ne pas lever le petit doigt (ne pas bouger le petit doigt) "ne rien faire pour aider quelqu'un, ne prendre aucune mesure pour résoudre un problème" Le cher papa *ne lève pas le petit doigt*. Inflexible à ses supplications, il attendait de sa fille une soumission plus tangible que ses pleurs. (perso.wanadoo.fr/jean-pierre.proudhon/ memoires/jbv3.htm; accès le 25/04/05) = *não levantar nem um dedo; não mexer nem um dedo; não mexer uma palha; não mover uma palha*

ne pas mâcher ses mots (trancher le mot) "s'exprimer clairement et sans réserves" Silence... on tourne marque le retour à ses origines de l'incorrigible optimiste du cinéma égyptien, qui *ne mâche pas ses mots.* (humanite.presse.fr/journal/2001-12-12/2001-12-12-254977; accès le 25/04/05) = *não medir as palavras*

ne pas manger de ce pain-là "refuser certains procédés qui contrarient son système de valeurs" De même, on peut toujours par effet d'annonce *ne pas manger de ce pain là,* mais de nos jours les territoires sont différents de ceux d'hier. (www.terre-net.fr/actus/actus_ detail.asp?id=37304&periode=s; accès le 25/04/05) = Ø *não ser dessas coisas*

ne pas manquer d'air (ne pas avoir froid aux yeux [1]; ne pas manquer de souffle) "être audacieux" Cet as de la zenitude attitude *ne manque pas d'air* et tient tête aux plus grands, pour faire ce qu'il aime et se bonifier avec les ans. (www.tv5.org/TV5Site/webtv/ index.php?rub=9&srub=52; accès le 06/05/05) = *ter topete*

ne pas manquer de souffle (ne pas avoir froid aux yeux [1]; ne pas manquer d'air) "être audacieux" Car pour avancer, il ne suffit pas d'avoir une bonne Constitution, il faut aussi *ne pas manquer de souffle.* (catholique-dijon.cef.fr/actualite/revue_presse.php; accès le 06/05/05) = *ter topete*

ne pas quitter d'une semelle (ne pas lâcher d'une semelle) "suivre quelqu'un partout" Ce dernier s'impose d'emblée comme un être envahissant, et *ne quitte pas* Jérôme *d'une semelle*, sa "victime", comme il se plaît à le dire. (www.ciao.fr/Cosmetique_de_l_ennemi__Avis_625647; accès le 25/04/05) = *não largar do pé*

ne pas savoir sur quel pied danser "ne savoir que décider" Les pays concernés *ne savent pas sur quel pied danser*, alternant déclarations tonitruantes et concessions discrètes. (eklektik2.free.fr/ monde170802.htm; accès le 25/04/05) = *Ø não saber o que fazer*

ne pas valoir la chandelle "ne pas valoir les efforts nécessaires" Vous pouvez aussi vous dire, qu'après tout 2 ko de code Javascript dans une page n'est pas si énorme et que l'enlever *ne vaut pas la chandelle.* (www.en1heure.com/optimiser_le_code_source_des_pages_de_son_site.php; accès le 25/04/05) = *Ø não compensar; nao valer o esforço*

ne pas valoir la corde pour le pendre "être une personne méprisable et incorrigible" Cet homme *ne vaut pas la corde pour le pendre*, sauf pour moi peut-être. Emmène-le, fais-en ce que tu veux, débarrasse m'en et alors peut-être. (www.souffre-jour.com/nouvelles/cadavre_exquis.htm; accès le 25/04/05) = [*não valer a comida que come*]

ne pas voir plus loin que le bout de son nez "n'être pas capable d'un grand discernement, d'une grande clairvoyance" C'est *ne pas voir plus loin que le bout de son nez* que de dire que républicain ou démocrate c'est du pareil au même. (www.carnetsdetoile.ca/index.php/ 2005/01/11/mug-shots-de-candidats; accès le 06/05/05) = *não enxergar um palmo diante do nariz*

ne pas y aller avec le dos de la cuiller (ne pas y aller de main morte) "agir avec une certaine brutalité, sans beaucoup de retenue" Pour faire payer la grève aux cheminots, la direction générale de la SNCF *n'y va pas avec le dos de la cuiller.* (ww.lutte-ouvriere-journal.org/ article.php?LO=1822&ARTICLE=24; accès le 25/04/05) = *pegar pesado*

ne pas y aller de main morte (ne pas y aller avec le dos de la cuiller) "agir avec une certaine brutalité, sans beaucoup de retenue" Cependant, vos adversaires *ne vont pas y aller de main morte*, et ils ont accès à une multitude d'armes pour vous ralentir. Avez-vous des nerfs d'acier? (www.jxp.ca/critiques/page.php?idJeu=102&idConsole=3; accès le 06/05/05) = *pegar pesado*

ne pas y aller par quatre chemins "agir d'une manière directe, objectivement" Ils *n'y vont pas par quatre chemins* et s'offrent le genre de publicité que peu de séries ont pu recevoir précédemment, même par les voies officielles. (tazey.club.fr/actions.html; accès le 25/04/05) = *ir direto ao ponto*

ne plus se sentir pisser (avoir les chevilles qui enflent; avoir les chevilles qui gonflent; boire du petit lait)"être extrêmement content de soi-même" Il doit *plus* *se sentir pisser*, il a obtenu ce qu'il voulait, une communauté entière passe du temps à parler de lui, il est au centre des conversations. (www.cafzone.net/ipb/lofiversion/index.php/t7598.html; accès le 07/05/05) = *ficar todo cheio (de si)*

nez au bec d'aigle "nez crochu et recourbé" Est-ce moi, un homme malingre de trente ans, aux épaules étroites et au *nez en bec d'aigle*, qui n'a jamais eu le courage de se remettre à la natation? (www.jimmysabater.com/Ecrits/Manumenard/Vieanterieure.HTML; accès le 23/03/05) = *nariz de tucano*

ni fait ni à faire "très mal fait" Or la plupart des sites que j'ai visité ne présente pas beaucoup d'intérêt, un bon nombre n'étant *ni fait ni à faire* [...] (membres.lycos.fr/tarotmarseille/ lienscad/liensfranc11.htm; accès le 07/05/05) = *Ø muito mal-acabado*

ni queue ni tête (sans queue ni tête) "absurde, sans une suite logique" Cette histoire de donner votre argent au gouvernement n'a *ni queue ni tête* [...] (www.routard.fr/comm_forum_detail_message/ debut/120/pere/34772/ordre/120/forum/90/msg/45811.htm; accès le 24/04/05) = *sem pé nem cabeça*

nid de vipères (panier de crabes) "milieu dont les membres cherchent à se nuire, à se déchirer" La cour impériale d'Occident était un véritable *nid de vipères* où l'espérance de vie des souverains était extrêmement limitée. (www.empereurs-romains.net/emp76.htm; accès le 25/04/05) = *ninho de cobras; ninho de ratos; ninho de víboras*

noir sur blanc "d'une manière incontestable" C'est écrit *noir sur blanc* sur l'avis officiel. Pourtant, Mathilde refuse d'admettre cette évidence. Si Manech était mort, elle le saurait! (www.cote.azur.fr/ film_un-long-dimanche-de-fiancailles_1779.htm; accès le 07/05/05) = *preto no branco*

nom à coucher dehors "nom difficile" Là vous prenez Beschatnyk, hormis un *nom à coucher dehors*, il vous rendra de fiers services et il ne coûte vraiment pas grand chose. (www.totalfootball.com.fr/extratime/193.php; accès le 25/04/05) = *Ø nome difícil*

nom à rallonge "nom long, composé de plusieurs noms, normalement d'origine noble" Comme son nom l'indique, ici il y a de tout.. enfin, y'a un peu de tout plutôt, vous imaginez *le nom à rallonge* du site. (perso.wanadoo.fr/joriane/menu_general.htm; accès le 25/04/05) = *Ø nome comprido*

nom de guerre "pseudonyme" Roland Lecavelé, l'écrivain, a choisi, en débutant dans les lettres, son *nom de guerre* en souvenir de séjours thermaux de sa mère à Argelès. (membres.lycos.fr/jeff31/roland.html; accès le 25/04/05) = *nome de guerra*

nom de plume "pseudonyme utilisé par les écrivains" Elle fait publier ses propres romans: Indiana, Valentine, La Marquise, signés George Sand et quitte celui à qui elle a emprunté son *nom de plume*. (www.cram-nordpicardie.fr/LaCram/ publications / presence/presence68/pres_13.html; accès le 25/04/05) = *Ø pseudônimo*

nourrir son homme "assurer des revenus pour vivre" [sujet:chose; tournure généralement négative] Avec des craintes aussi parce que l'avenir du métier de marin pêcheur risque un beau jour de ne plus *nourrir son homme*. (www.humanite.presse.fr/ popup_print.php3?id_article=373448; accès le 25/04/05) = *dar pro gasto*

noyau dur "centre le plus important, le plus résistant" A l'intérieur des bâtiments s'était retranché le *noyau dur* d'al-Qaïda en Arabie saoudite. (www.rfi.fr/actufr/articles/064/article_35429.asp; accès le 07/05/05) = *Ø cerne*

noyer le poisson "embrouiller des choses pour se dérober à une question" Ta réaction est typique du mec qui est coincé par une question, et qui tente de *noyer le poisson*. (forum.hardware.fr/hardwarefr/Discussions/ecrire-a-Ray-Liotta-sujet-30177-2.htm; accès le 07/05/05) = *Ø ficar enrolando*

nuit blanche "nuit passée sans dormir" Nous avons visité les ruines de Jérash après avoir passé une *nuit blanche*, installés dans un champ d'oliviers en terrasse. (www.eastofeden.com. fr/jordanie/french/jerash.htm; accès le 25/04/05) = *noite em claro*

nuit des temps "époque reculée dont on n'a pas d'informations" Depuis la *nuit des temps*, l'homme était en quête d'un espace d'expression pouvant lui permettre de matérialiser ses idées. (www.gerstaecker.fr/gerstaecker_421.html; accès le 25/04/05) = *noite dos tempos*

n'y voir que du bleu (n'y voir que du feu) "ne rien comprendre d'un sujet, d'une situation" On *n'y voit que du bleu*, pas la moindre allusion qu'on pourrait apparenter à de la diffamation. Encore moins à de l'insulte. (www.le-bouche-a-oreille.com/os/surcharge.html; accès le 25/04/05) = *não entender patavina*

n'y voir que du feu (n'y voir que du bleu) "ne rien comprendre d'un sujet, d'une situation" Il avait été facile de retourner ensuite chercher la rançon avec la voiture de location, les flics *n'y ont vu que du feu*. (osiris.blog.lemonde.fr/ osiris/2005/04/rupture_part15_.html; accès le 25/04/05) = *não entender patavina*

o | O

occuper (s') de ses oignons "s'occuper de ses affaires" *Occupe-toi de tes oignons*! bougonna son frère. - Bon, allez, il est temps d'aller faire vos devoirs. Arrêtez de vous chamailler, trancha maman. (perso.wanadoo.fr/enotero/roman_fantast_tout_exos_possessifs_verbpronominaux_demonstratifs. PUB.pdf;accès le 28/03/05) = *cuidar da (sua) vida*

occuper le devant de la scène (tenir le haut du pavé) "être en évidence" Il faut attendre le milieu des années 1970 pour voir enfin les femmes *occuper le devant de la scène*. (membres. lycos.fr/boumerdes/femme-algerienne/femme-algerienne; accès le 28/03/05) = *ocupar a primeira fila; ganhar a cena*

occuper le terrain "marquer sa présence dans un domaine avant les autres, pour assurer que la place ne soit pas prise" Evene.fr veut *occuper le terrain* de l'Internet culturel. Après Citations du Monde, Stricto Senso lance un portail culturel plus large. (www.journaldunet.com/0309/030929evene.shtml;accès le 28/03/05) = *ocupar o terreno*

oeil au beurre noir (œil poché) "œil blessé par des coups" Dans l'Alexander Memorial Coliseum, autour du ring, les spectateurs encouragent les combattants. Lagaffe frappe le premier. L'autre tombe, et se relève. Gaston lui redonne un coup de poing. L'autre a un *oeil au beurre noir*. L'adversaire commence à être énervé et il frappe à son tour. (www.ac-grenoble.fr/mureils/romans/atlanta/5atlanta.htm;accès le 28/03/05) = Ø *olho roxo*

oeil de bronze (porte de derrière) "anus" [vulgaire] Je prends ses fesses dans mes mains, je les pétris, les caresse, les écarte et les resserre, sans me décider à aller vers son *oeil de bronze*. (amoure.se-rencontrer.com/week-end-amoureux;accès le 24/06/05) = *porta dos fundos* [*courant*]

oeil du maître "les attentions du patron, son engagement personnel" Ils frissonnent sous l'*oeil du maître*, Son ombre les rend malheureux; Ces enfants n'auraient pas dû naître, L'enfance est trop dure pour eux! (www.chez.com/poete/49.htm;accès le 28/03/05) = *olho do dono*

oeil poché (œil au beurre noir) "œil blessé par des coups" Il a un oeil poché, ses lèvres ont doublé de volume, il crache deux dents sanguinolentes, mais il lève le doigt pour attirer l'attention de la jeune. (www.internenettes.fr/rire/censure.html; accès le 28/03/05) = Ø *olho roxo*

oeuf de Colomb "solution ingénieuse d'un problème qui paraît simple après coup" [cultivé] Le problème de l'immigration est comme l'*oeuf de Colomb*, il trouve une solution très simple, si l'on s'y prend comme il faut. www.vdfr95.com/Journal70/editorial_70.htm;accès le 28/03/05) = *ovo de Colombo*

oeuf sur le plat "sein très peu volumineux" Merci les filles! Mes seins avant, c'étaient plutôt du genre *oeuf sur le plat* et maintenant, c'est carrément Pamela Anderson! (forum.doctissimo.fr/grossesse-bebe/Grossesse/sujet-150586.htm;accès le 28/03/05) = [*ovo estrelado*]; *ovo frito*

offrir en pâture (apporter, porter sur un plat d'argent;apporter sur un plateau) "concéder gratuitement, sans résistance" Devons-nous *offrir en pâture* à nos chères têtes blondes ces informations sur le Mexique? (www.yahoo.fr/selection/anciennes/sel115.html ;accès le 28/03/05) = *dar de bandeja*

oiseau rare "quelqu'un ou quelque chose d'admirable et incommun" Unique dans son genre, c'est un guide pour les entreprises qui souhaitent trouver l'*"oiseau rare"*. (www.freelance-annuaire.com/revue_de_presse.html;accès le 28/03/05) = *jóia rara*

ombre au tableau "disparité qui nuit à l'harmonie de l'ensemble" Il n'est pas accepté parce que le passé de l'autre, qu'il représente de manière permanente et si vivante, est une *ombre au tableau*? (www.apel.asso.fr/unapel/bases/vivrefamille.nsf/0/1c40b01e32880d8480256bff0058b757?OpenDocument;accès le 28/03/05) = *pedra no sapato*

opiner du bonnet "adhérer à l'avis de quelqu'un sans donner ses raisons" [cultivé] La contestation de nos propos est faible, sans passion. Certains, lors de nos interventions, *opinent du bonnet*, sans sourire, sans contredire. (www.energiecadre.org/options/models/articles.phtml?id_art=814&id_num= 455;accès le 08/03/05) = *ser vaquinha de presépio*

or en barre "quelqu'un ou quelque chose très de précieux" Pourquoi vous avez toujours un avis positif sur les vieux trucs? Franchement, je respecte Kirby: c'est lui qui a pratiquement tout inventé des sup'héros (entre autres), mais bon, vous allez pas me faire croire que tout ce qui est paru dans les 60's-70's, c'est de l'*or en barre*! (heroes.chez.tiscali.fr/h-ftmbox/html/ftmb1100.htm;accès le 28/03/05) = *ouro em pó*

où le bât le blesse "cause d'embarras ou de problèmes" "Il est amusant de constater que chaque âne réagit par *où le bât le blesse*", écrivait le rédacteur en chef Ecrivio. (www.affection.org/ forum/topic.asp?topic_id=16410&forum_id=46&forum_title=Philosophie+-+Th%E9ologie;accès le 28/03/05) = *onde o calo (lhe) dói;onde o sapato (lhe) aperta*

ours mal léché "très mal poli, grossier" (...) la vie peut paraître dure quand on s'appelle Nozomi et que l'élu de son cœur est peu enclin à faire le premier pas, vu qu'il est un *ours mal léché*. (mtflerenard.free.fr/shenmue.htm;accès le 28/03/05) = *Ø casca-grossa, grosseirão*

ouvrir des horizons "faire connaître des choses nouvelles" Elle va *ouvrir des horizons* extérieurs, nous faisant découvrir des cultures différentes. (www.cg47.fr/bd47/actualite/soirees_contees/ retrospective_soirees_contees/retro98.htm;accès le 29/03/05) = *abrir os horizontes*

ouvrir la bouche "parler" Le chef est resté trente secondes bien sonnées derrière moi sans *ouvrir la bouche* et l'idée m'est alors venue qu'il allait me poignarder [...] (mapage.noos.fr/sacados/ lectures/lectures34.htm;accès le 29/03/05) = *abrir a boca*

ouvrir la(les) porte(s) "donner une opportunité, accepter la participation de quelqu'un" Ce brave Cezar préférerait *ouvrir la porte* à la mort plutôt qu'à la vie. (www.fenetreeuropetv.com/forum/ read.php?f=1&i=25649&t=25398;accès le 29/03/05) = *abrir as portas* [2]

ouvrir la voie "favoriser, rendre possible" Nous nous efforçons d'être en avance sur ce tournant et d'*ouvrir la voie* pour un avenir juridique sûr pour le logiciel libre. (gnu.mirror.fr/philosophy/ sco/subpoena.fr.html ;accès le 08/04/05) = *abrir a porteira;abrir o caminho*

ouvrir le feu "commencer à tirer" Selon elle, les militaires ont été contraints d'*ouvrir le feu* sur "certains manifestants qui cherchaient à s'emparer de véhicules de l'armée". (www.rfi.fr/actufr/articles/053/article_ 28371.asp;accès le 29/03/05) = *abrir fogo*

ouvrir les bras "bien accueillir" Le cœur sec et plein de rancune, elle ne peut se résoudre à lui *ouvrir les bras* et à lui pardonner. (www.ecranlarge.com/fiche-cinema-190.php;accès le 29/03/05) = *abrir os braços*

ouvrir l'esprit "faire accepter des idées nouvelles" Jeter un regard nouveau peut nous *ouvrir l'esprit* et clarifier nos idées, en même temps que cela donnera plus de sens à nos existences. (www.lamed.fr/judaisme/Judaisme123/231.asp - 39k - 27 mar 2005;accès le 29/03/05) = *abrir a cabeça*

ouvrir l'œil "être attentif" Pour éviter de vous faire verbaliser, il vous faudra *ouvrir l'oeil* et vous devrez vous tenir informé en consultant régulièrement le site. (www.radars-auto.com/editos.php;accès le 29/03/05) = *abrir os olhos*

ouvrir l'oreille "sensibiliser auditivement" Il est donc possible d'*ouvrir l'oreille* d'un sujet aux sons d'une langue qui lui est étrangère. (www.tomatis-toulouse.com/app.htm;accès le 29/03/05) = *abrir os ouvidos*

ouvrir ses portes "commencer ses activités dans un établissement" Le parc astérix est aujourd'hui le second parc d'attraction français, il a *ouvert ses portes* en mai 1989. (pageperso.aol.fr/__121b_ryOx5hE7Fk5pPtQi8U2aTd0Hm8bqxmDJO0JgCn0EPIZyGhWn4+bzcg==;accès le 19/06/05) = *abrir as portas* [*1*]

ouvrir son cœur 1. "confier un secret à quelqu'un" Lorsque la grand-mère de Liz est hospitalisée, son seul réconfort est d'appeler Max. A lui, elle peut tout dire, *ouvrir son cœur* et lui dire toute la douleur et la peur qu'elle éprouve et, combien sa présence serait agréable. (membres.lycos.fr/ufocenter/ Relations/MaxEtLiz/1ADA03.html;accès le 30/05/05) = *abrir o (seu) coração* [*1*]. **2.** "être réceptif à quelque chose" Il est inutile de savoir comment se déplace et travaille l'énergie de guérison;il suffit d'*ouvrir son cœur* et de laisser couler son amour. (www.erenouvelle.com/messhile.php;accès le 29/03/05) = *abrir o (seu) coração* [*2*]

ouvrir une parenthèse "introduire un commentaire parallèle dans un raisonnement" Si vous me permettez d'*ouvrir une parenthèse*, je voudrais souligner que ce dynamisme fait écho aux bons résultats économiques de la France. (www.archives.premier-ministre.gouv.fr/ jospin_version3/fr/ie4/contenu/22202.htm;accès le 29/03/05) = *abrir um parêntese*

p | P

pain quotidien "nourriture ou ce qui garantit l'existence de quelqu'un" Souvent mentionné comme le mal numéro un de l'entrepreneur, le stress est effectivement son *pain quotidien*. (www.lesechos.fr/formations/ entreprendre/articles/article_5_5.htm; accès le 26/07/05) = *pão nosso de cada dia*

panier de crabes (nid de vipères) "milieu dont les membres cherchent à se nuire, à se déchirer" Aujourd'hui, il décide de faire carrière dans la musique, dont l'industrie semble être un *panier de crabes* encore plus dangereux que celui du cinéma. (www.lexpress.fr/mag/cinema/ dossier/cine/dossier.asp?ida=432207; accès le 26/07/05) = *ninho de cobras; ninho de ratos; ninho de víboras*

panier percé "personne dépensière, qui ne peut rien conserver" J'accorde très peu d'importance à l'argent, on me reproche d'être assez *panier percé*. Mais maintenant j'en ai marre et suis devenu un moins bon samaritain. (forums.france2.fr/france2/cinema/ Quelques-mots-Basquiat-sujet-106-1.htm; accès le 26/07/05) = *Ø mão-aberta; mão-furada*

paquet de nerfs "personne très nerveuse" Il y a, en premier lieu, Antoine Paruso, dit Toinou, magasinier, la quarantaine, emporté, enthousiaste, véritable "*paquet de nerfs*". (perso.wanadoo.fr/paul.carpita/synopsis_homards.htm; accès le 26/07/05) = *pilha de nervos*

par acquit de conscience “pour se tranquilliser après avoir fait honneur à une obligation” Avant d’écrire une lettre incendiaire à l’éditeur, j’ai *par acquit de conscience* vérifié dans mon dictionnaire, et bien m’en prit. (www.langue-fr.net/index/S/soit-soient.htm; accès le 28/07/05) = *por desencargo de consciência*

par-dessus la jambe “de façon désinvolte, sans application” Un Batman épiqué, donc, très bien ficelé, dont on regrettera les chorégraphies de bastons de rue, filmées par-dessus la jambe. (allocine.msn.fr/film/critique_ gen_cfilm=51013&affpub=0.html; accès le 26/07/05) = *nas coxas*

par-dessus le marché “en outre, en supplément, en plus de cela” De plus, il a un grand sens des interprétations classiques, *par-dessus le marché*. L’originalité ressort. Peut-être est-il un franc-tireur, après tout. (salon.fumeurs.pipe.free.fr/pagedanois.php; accès le 26/07/05) = *Ø ainda por cima*

parer (se) des plumes du paon “chercher à tirer parti, se vanter d’avantages, de mérites qui reviennent à autrui” Il n’y a, dans cette attitude, aucun désir de geai de *se parer des plumes du paon* (...) (maupassant.free.fr/ntassart/intro.html; accès le 26/07/05) = *fazer caridade com (o) chapéu alheio; fazer cortesia com (o) chapéu alheio*

par le fer et par le feu “cruellement, violemment” Le sort des combattants, c’est la mort, et on mène le jeu *par le fer et par le feu*. Voilà ce qui se passe pendant l’entracte. (perso.wanadoo.fr/alain.canu/Munera/venatio.htm; accès le 26/07/05) = *a ferro e fogo*

parler à coeur ouvert “parler avec franchise, sincérité” Enfin, il faut avec vous *parler à coeur ouvert*, partager les moments heureux dans nos fêtes et nos victoires. (albignysursaone.fr/sections. php?op=viewarticle&artid=164; accès le 26/07/05) = *abrir o (seu) coração [1]*

parler au cœur (aller droit au coeur) “émouvoir” Tout comme la rose blanche qui porte son nom, Michèle Torr sait enchanter et *parler au cœur* de chacun des spectateurs présent dans la salle. (www.nostalgie.fr/lejukebox/starsaaz/article_3479.php; accès le 26/07/05) = *falar ao coração; falar direto ao coração*

parler à un mur (parler à un sourd) “parler à une personne insensible, inébranlable dans ses opinions, ses résolutions.” On entend aussi souvent: autant *parler à un mur*. Et bien justement non: le mur, lui, ne répond jamais. Il ne dit pas “je vous ai entendu”. (perso.wanadoo.fr/topologie/Le%20silence.htm; accès le 26/07/05) = *falar com uma porta; falar para as paredes*

parler à un sourd (parler à un mur) “parler à une personne insensible, inébranlable dans ses opinions, ses résolutions.” *Parler à un sourd*, à un mur, à toi! Toi tu n’as jamais voulu m’écouter. Ecouter les autres, pour toi, quelle perte de temps. (pageperso.aol.fr/lesombresrouges/pyro01.html; accès le 01/03/06) = *falar com uma porta; falar para as paredes*

parler dans le sens de (abonder dans le sens de [cultivé]; aller dans le sens de) “exprimer la même opinion que quelqu’un” L’ensemble de l’aphorisme *parle dans le sens de* l’assimilation des juifs par les allemands. (minotaure.over-blog.net; accès le 17/09/06) = *Ø abraçar a opinião de [cultivé]*

parler dans le vide (parler en l'air) "parler sans effet" Parler d'infini est *parler dans le vide* car c'est user d'un terme impossible à définir expérimentalement. (www.dstu.univ-montp2.fr/GRAAL/ perso/magnan/Pomme78.html; accès le 15/12/05) = *falar no vazio*

parler de la pluie et du beau temps (causer de la pluie et du beau temps) "tenir des propos sans importance" Je ne parle pas des conversations banales de tous les jours, quand on *parle de la pluie et du beau temps* et qu'on utilise des formules toutes faites. (membres.lycos.fr/instantclic/mar02/marp2.htm; accès le 26/07/05) = *jogar conversa fora*

parler d'or "tenir des propos pleins de sens ou d'utilité" Cible de maintes agressions, le penseur *parle d'or*: Même si sa réflexion nourrit le discours présidentiel, Soroush reste de facto interdit d'enseignement. (www.lexpress.fr/info/monde/ dossier/iran/dossier.asp?ida=417228; accès le 26/07/05) = *Ø dizer bem*

parler en l'air (parler dans le vide) "parler sans effet" Que peut-on espérer avec une telle justice qui ne fait que *parler en l'air*? (www.mwinda.org/forum/forum310/affichage1.php; accès le 15/09/05) = *falar no vazio*

parole d'honneur "engagement, promesse auquel on ne peut manquer sans se déshonorer" Je t'en donne ma *parole d'honneur*. Le Baron. Hé bien donc, selon toutes les règles de la physionomie, vous êtes un fat. Que cela soit secret entre nous. (hillerin.club.fr/Destouchetambournocturne.htm; accès le 26/07/05) = *palavra de honra*

partager (se) le gâteau "partager un profit" *On se partage le gâteau* avec le bureau régional. Toulouse est très riche en événements, différents chaque jour et il reste du travail pour tout le monde. (www.ejt.fr/traj/decembre03/tlsemedia2.html; accès le 26/07/05) = *repartir o bolo*

part du gâteau "part des profits" Les Juifs semblaient donc être d'un bon rapport, et il est logique que la Municipalité ait voulu avoir à son tour sa *part du gâteau*. (www.sdv.fr/judaisme/histoire/ villes/strasbrg/hist/hist1.htm; accès le 26/07/05) = *parte do bolo*

part du lion "la plus grosse part d'un partage" Dans le plan d'urgence du gouvernement, si la flexibilité se taille la *part du lion*, la référence à la sécurité a complètement disparu. (www.senat.fr/cra/s20050707/s20050707H6.html; accès le 26/07/05) = *parte do leão*

par tête de pipe "par personne" [rel. à un groupe] (...) je recompte, on est 44, une demie heure d'attente chacun, ça fait 22 heures, à deux, ça vous fait onze heures *par tête de pipe*, crânes de piafs! (www.lpi.ac-poitiers.fr/doc/arts_plastiques/paris05/dyonisiac.html; accès le 26/07/05) = *Ø por cabeça*

partie cachée de l'iceberg la partie la plus importante d'une affaire" L'hébergement est la *partie cachée de l'iceberg*, mais une condition sine qua non au bon fonctionnement de votre site Internet. (www.oriline.fr/site-flash/html/hebergement.html; accès le 26/07/05) = *Ø parte escondida do iceberg*

partie de jambes en l'air "relation sexuelle" [vulgaire] Une fois arrivés dans la chambre d'hôtel, ils se déshabillent pour la *partie de jambes en l'air.* (www.xxltv.fr/chaine/histoire/histoire.asp?page=75; accès le 25/06/05) = Ø *bimbada, estocada, trepada*

partir en couille "se gaspiller, ne pas aboutir" [vulgaire] Moi, le gars le PaCa, je dis: heureusement que la vie, quoi qu'il arrive et où que tu sois, ne peut pas faire autrement que de *partir en couille.* (membres.lycos.fr/pacakohler/affichage.php?id=115; accès le 26/07/05) = *ir pra(s) cucuia(s); ir pro bebeléu*

parti pris "position préconçue qui empêche de juger objectivement" (...) je ne crois pas que ce soit un texte de *parti pris.* (www.senat.fr/seances/s200010/ s20001019/sc20001019101.html; accès le 26/07/05) = Ø *idéia preconcebida; prevenção*

pas besoin d'être sorti de Polytechnique "il ne faut pas être supérieurement intelligent pour comprendre telle ou telle chose" [souvent dans des tournures négatives] *Pas besoin d'être sorti de Polytechnique* pour comprendre que les Lorrains ne sont pas prêts de monter dans le TGV-Est européen. (www.infodujour.com/scripts/act_det.php?actID=2244; accès le 06/05/05) = Ø *não é preciso ser algum gênio*

pas de clerc "action maladroite dans une affaire" Si tu m'avais consulté, tu n'aurais pas fait ce *pas de clerc*! Nous arrivons à l'article couronné, qui, je le reconnais volontiers, n'est pas sans mérite. (membres.lycos.fr/fcollard/2barbe.html; accès le 26/07/05) = Ø *mancada*

passage à vide "moment où une activité cesse d'être efficace" Pour tes potes "Agents fumeurs" tu es grillé(e) si ce *passage à vide* persiste. Comment donnes-tu le change s'ils se pointent chez toi? (www.megacomik.com/tabac2.htm; accès le 26/07/05) = Ø *marasmo*

passer à la casserole "subir le sort malheureux dont il a été question, celui auquel tout le monde pense" C'est sûr que d'ici Décembre le buddy aura une bonne taille, assez bonne pour *passer à la casserole,* mais le fera t-il? Probablement que non [...] (lyricis.canalblog.com; accès le 26/07/05) = [*entrar no samba*]

passer à tabac "battre quelqu'un, lui rouer de coups" Ils en arrêtent quelques uns qu'ils vont sauvagement *passer à tabac.* Un caporal filme la scène. Le film dure une minute. 42 coups seront assénés. (www.m6.fr/html/m6_infos/articles/irak.shtml; accès le 01/03/06) = [*encher de porrada*]

passer à travers les mailles du filet "échapper au piège, ne pas se faire attraper" Depuis des années, celui-ci avait réussi à *passer à travers les mailles du filet,* malgré ses activités de grand banditisme en pleine période de prohibition. (www.amb-usa.fr/az/a/alcapone.htm; accès le 26/07/05) = *fugir da raia*

passer au peigne fin "examiner minutieusement, sans oublier une seule partie" Il faut que chaque crime soit *passé au peigne fin* et que les auteurs soient identifiés, jugées et punis en bénéficiant de toutes les garanties de justice. (www.arib. info/BizimanaaRugambarara161003%20.htm; accès le 26/07/05) = *passar o pente fino*

passer comme une ombre "être momentané, fugace, rapide" Nous, nés d'hier, nous ne savons rien, notre vie sur terre *passe comme une ombre.* (motsdauteurs.free.fr/mot.php?mot=savons; accès le 01/03/05) = [*passar com um raio; passar como um raio*]

passer de la pommade (cirer les bottes; cirer les pompes; lécher les bottes; passer la main dans le dos) "flatter servilement autrui pour en tirer avantage" Tu racontes vraiment bien, c'est pas pour te *passer de la pommade*: c'est un vrai plaisir. (www.samantdi.net/dotclear/index.php?2004/10/05/35-mon-interpretation-de; accès le 01/03/06) = *lamber as botas; lamber os pés; puxar o saco de*

passer du coq à l'âne "passer brusquement d'un sujet à un autre" On *passe du coq à l'âne*? Je parle pour ne rien dire? Et bien je l'ai fait exprès! Parce qu'il paraît que c'est typiquement frenchie. Allez, à demain! (www.carnetsdimages.org/index.php?p=7&pb=523&debut=0; accès le 26/07/05) = *mudar de pato pra ganso*

passer du noir au blanc "passer d'un extrême à l'autre" On a eu des disputes comme des temps merveilleux, on est *passé du noir au blanc* et vice versa, du triste au joyeux (...) (www.skyblog.com/blog.php/fd-vil41; accès le 13/02/06) = *mudar da água pro vinho*

passer entre les gouttes "se sortir d'une situation difficile" "À Madagascar, la mode était au complot"[...] Avez-vous eu à subir des complots? En gardez-vous un bon souvenir? Non. Je suis *passé entre les gouttes.* (www.entre2noirs.com/itwallemand. html/; accès le 26/07/05) = *conseguir atravessar o campo minado* [*v. campo minado*]

passer la main "abandonner, renoncer" J'ai craqué à 15 minutes de la fin! Voilà, maintenant je *passe la main,* c'est le cas de le dire, à Richard, juste pour lui rendre la pareille! (www.bourzeix.com/weblog/index/ 2005/07/02/134-da-bourz-et-les-films; accès le 26/07/05) = *passar a vez*

passer la main dans le dos (cirer les bottes; cirer les pompes; lécher les bottes; passer de la pommade) "flatter servilement autrui pour en tirer avantage" Ce n'est pas parce que le médecin vous *passe la main dans le dos* que ce qu'il vous demande devient légal. (www.infirmiers.com/frm/viewtopic.php?t=20370; accès le 01/03/06) = *lamber as botas; lamber os pés; puxar o saco de*

passer l'arme à gauche (casser sa pipe; descendre au tombeau; passer l'arme à gauche) "mourir" (...) les malchanceux, en cas de famine, les premiers à *passer l'arme à gauche* seront ceux qui ont besoin de beaucoup de calories pour vivre. (www.medecine-et-sante.com/ nutrition/pertedepoidsetregimes.html; accès le 03/10/05) = *bater as botas; comer capim pela raiz; comer grama pela raiz; descer ao túmulo; esticar as canelas; ir desta para melhor; passar desta para melhor; vestir o pijama de madeira; virar presunto*

passer la surmultipliée "accélérer, forcer l'allure" Le Lion's Club des Trois-Villages a *passé la surmultipliée* les 24 et 25 mars dernier pour la tenue de son second marché de l'art. (www.montigny78.fr/journal/archive01/avril/culture.htm; accès le 26/07/05) = Ø *dar uma arrancada*

passer le flambeau (transmettre le fambeau) "passer à autrui la responsabilité de donner continuité à une enterprise" [cultivé] C'est ce qu'a déclaré vendredi le ministre des Affaires étrangères sortant juste avant de *passer le flambeau* à son successeur. (permanent.nouvelobs.com/etranger/20050603.OBS8876.html; accès le 12/06/05) = *passar a bandeira*

passer l'éponge (tirer un trait) "oublier quelqu'un ou quelque chose, ne plus considérer important" Mais la loi d'amnistie prévoit expressément de *passer l'éponge* pour les "infractions d'atteinte (...) à la législation et à la réglementation en matière d'institutions représentatives du personnel dans les entreprises. (www.freewarriors.org/marksandspencer.htm; accès le 09/06/05) = *passar uma borracha*

passer le temps "faire paraître le temps plus court à quelqu'un, à travers une certaine occupation" Un tiers des internautes américains surfent pour *passer le temps*. (www.lexpansion.com/Pages/ PrintArticle.asp?ArticleId=140219; accès le 03/03/06) = *passar o tempo*

passer par les armes "fusiller" Si dix hommes d'une même unité fuyaient et que le centenier dont ils dépendaient ne les rattrapait pas, tout le centenier était *passé par les armes*. (www.histoiredumonde.net/article.php3?id_article=178; accès le 26/07/05) = [*passar pelas armas*]

passer par toutes les couleurs (de l'arc-en-ciel) "devenir pâle ou rougir à cause d'une vive émotion" Et c'est à peu près à ce moment là que j'ai dû *passer par toutes les couleurs de l'arc en ciel* et que je me liquéfiais de honte ...(www.gros-boulet.com/bouletstorys/index.php/Owned; accès le 01/03/06) = *mudar de cor*

passer ses nerfs "décharger son agressivité sur quelqu'un ou quelque chose qui n'en est pas la cause" Prise au piège, Jaine ne sait plus comment s'en sortir et *passe ses nerfs* sur son voisin dont les mauvaises manières l'agacent prodigieusement. (www.polarfeminin.com/html/livres/bkhoward.htm; accès le 26/07/05) = *Ø descarregar a raiva*

passer sous le nez (couler entre les doigts; filer entre les doigts) "échapper à quelqu'un après avoir être presque à sa portée" Gardant jalousement secrète l'identité de son composé, elle attend d'en obtenir le brevet de peur qu'elle ne lui *passe sous le nez*. (www.doctissimo.fr/html/sexualite/femmes/8436-pheromone-libido-seniors-menopause.htm; accès le 26/07/05) = *escapar pelos dedos; escorrer pelos dedos*

passer sur le billard "subir une chirurgie" Je vais voir ma future carrière d'agilitiste légèrement ralentie car je *passe sur le billard* mercredi 2 octobre matin pour une luxation de la rotule. (beacol.free.fr/Gazette.htm; accès le 26/07/05) = *entrar na faca*

passer sur le ventre "triompher sans aucun scrupule d'une personne qui se présente comme un obstacle sur son chemin" Il fallait *passer sur le ventre* à toutes ces troupes avant que d'arriver devant le camp, qui était muni d'un rempart et d'un double fossé. (www.voltaire-integral.com/Html/16/09CHARL4.html; accès le 26/07/05) = *passar por cima*

passer un cap (franchir un cap) "passer une limite difficile à obtenir" Depuis cet automne, vous avez la certitude d'avoir *passé un cap*? Désormais, on se positionne comme une grande équipe sur l'échiquier mondial. (www.lequipe.fr/Rugby/T02_irl_merceron.html; accès le 26/07/05) = Ø *ultrapassar uma marca*

passer un sale moment "passer par une situation honteuse" Il attaque aussitôt ce président. Un membre de la famille de M. Louis, entendu comme témoin, en fait les frais et *passe un sale moment*. (www.anvi-france.org/1.temoignage22.htm; accès le 26/07/05) = *pagar um mico; passar um carão*

passer un savon (apprendre à vivre; dire deux mots; faire une scène; prendre à partie; remonter les bretelles; sonner les cloches) "réprimander quelqu'un" Un patron *passe un savon* à sa secrétaire: - Mademoiselle, vous avez fait quelques vingt fautes dans cette lettre! Vous ne l'avez donc pas relue? (glandeclub.free.fr/blaguesecretaire1.htm; accès le 26/07/05)= *chamar na chincha; dar uma dura; mostrar com quantos paus se faz uma canoa*

pas un iota "absolument rien" Avant que ne passent le ciel et la terre, *pas un iota*, pas un trait ne passeront en aucune façon de la loi, que tout ne soit accompli. (perso.wanadoo.fr/stranitchka/ VO12/EXPLIC_ST_EVANGILE12.html; accès le 26/07/05) = *nem uma letra; nem uma vírgula*

pas un traître mot "pas un seul mot" Sa folie pour Partre est d'une totale superficialité (il n'en comprend *pas un traître mot*!) et d'une complète déraison. (ecume.jours.online.fr/perso.html; accès le 26/07/05) = Ø *nem uma só palavra*

patience d'ange "patience extraordinaire, exemplaire" Il vous faudra une loupe d'horloger, des pinces très fines, de la colle cyanolite (...) et une *patience d'ange*. Mais c'est faisable! (perso.wanadoo.fr/jlf/repro2.htm; accès le 26/07/05) = *paciência de Jó*

patte de mouche "écriture très petite, irrégulière et difficile à lire" Nos quatre vaisseaux dispersés, séparés à tout jamais, réduisant notre incommensurable puissance de frappe à la chiquenaude d'une *patte de mouche*. (www.franck-braine.com/nouvelles/images_memoire/memoire_ ermite.PDF; accès le 26/07/05) = [*letrinha de formiga*]

patte folle "jambe malade dont le mouvement régulier ne peut pas être contrôlé" Charles étire sa *patte folle*, il a sa tronche des mauvais jour et renvois un sourire jaune à la serveuse qui lui tend son café de synthèse. (membres.lycos.fr/ordalie/_private/scenari3.htm; accès le 26/07/05) = [*perna boba*]

pauvre d'esprit (pauvre en esprit) "personne qui ne jouit pas de toutes ses facultés intellectuelles" Tous les problèmes mondiaux s'éclairaient brusquement pour le *pauvre d'esprit* dont l'acquis politique se borne à cette formule: "C'est la faute des Juifs. (...)" (www.ac-orleans-tours.fr/hist-geo-dossiers/crapouillot/P19.rtf; accès le 11/12/05) = *pobre de espírito*

pauvre diable "une personne misérable, qui inspire la pitié" Homme politique aussi, tu n'aimais guère Badinguet. C'est ce qui te vaut d'être exilé au diable vauvert, *pauvre diable*! (www.ac-nancy-metz.fr/enseign/lettres/ Inspection/Noe_aca3/essey/Diablographie.htm; accès le 26/07/05) = *pobre diabo*

pauvre en esprit (pauvre d'esprit) "personne qui ne jouit pas de toutes ses facultés intellectuelles" Bienheureux si je suis *pauvre en esprit*, car alors le Royaume des

Cieux est à moi! Bienheureux si je suis doux, parce que j'aurai la Terre en héritage! (maria.valtorta.free.fr/beatitudes.htm /; accès le 26/07/05) = *pobre de espírito*

pavé de l'ours "action (notamment un éloge) accomplie avec bonne intention mais qui, par sa maladresse, se retourne contre celui que l'on voulait aider" La conversation tomba net, et chacun parut éviter de regarder son voisin. La phrase du maçon atteignait ces messieurs, roide comme le *pavé de l'ours*. (www.madchat.org/esprit/textes/ebooks/Zola%20Emile/La%20cur%E9e.htm; accès le 26/07/05) = Ø *ajuda que só prejudica*

payer de sa personne "s'engager personnellement et entièrement dans une entreprise pénible et difficile" Il fallut payer (...) il dût en *payer de sa personne*. Il paya en premier des dédommagements et intérêts auprès cette petite famille d'immmigrés. (ecrits.net/ecrit/nouvelles/0/15/Le_conte_de_Grimm_Ace/; accès le 26/07/05) = Ø *dar o sangue*

payer en monnaie de singe "payer par de belles paroles, des promesses creuses" Ces derniers ont pu *payer en monnaie de singe*, avec des titres de la dette publique qui ne valaient pas (et ne valent toujours pas) grand-chose (...) (www.lagauche.com/gauche/lghebdo/1997/1997-38-02.html; accès le 03/03/06) = *dar uma banana*

payer (se) la poire de "dédaigner quelqu'un, ne pas prendre au sérieux" Se *payer la poire* de toutes les femmes du site, en glissant au passage un mot aux "jeunes et vigoureux puceaux" de l'endroit. (echo.levillage.org/163/2363.cbb; accès le 26/07/05) = *fazer pouco de*

payer les pots cassés "réparer le mal comme si l'on en était le coupable" Descente pas spécialement dure, mais c'est le lendemain qu'on *paye les pots cassés*, avec une petite déprime proportionnelle à l'excès. (www.planet-tekno.com/dossiers/drogues.asp; accès le 26/07/05) = *pagar o pato*

payer rubis sur l'ongle "payer exactement et avec rigueur" Tu ne comprends pas mais tu n'es pas *payé rubis sur l'ongle* pour comprendre. Ton métier n'est pas de trouver des solutions à ces problèmes. (jesuisininadapte.blogspirit.com/ archive/2005/04/26/vie_quotidienne.html; accès le 26/07/05) = [*pagar na ficha*]

payer son écot "apporter sa contribution dans une manifestation, pour une idée" L'Eglise a déjà *payé son écot* et plus peut-être. Elle a bien gagné sa place dans ce voyage organisé vers le paradis laïc sur la terre. Souvenons-nous! (certitudes.free.fr/nrc14/nrc14032.htm; accès le 26/07/05) = Ø *dar sua parte*

peau de balle "rien du tout" Neuf mois à bosser pour *peau de balle*. Aurais-je la mesquinerie de mentionner qu'il m'a quand même fallu payer mes 6000 euros d'impôts sur le revenu? (www.u-blog.net/stephane; accès le 01/03/06) = Ø *porcaria nenhuma*

peau de vache (bras de fer [2]) "personne d'une sévérité excessive et parfois injuste ou sournoise" Elle est des fois *peau de vache*, mais elle est réglo, elle paye bien et ne considère pas son équipe comme jetable, alors ça baigne. (www.chez.com/cybereb/pjs9.html; accès le 26/07/05) = *mão-de-ferro*

pêcher en eau trouble "profiter d'une situation confuse (provoquée ou non), pour en tirer avantage de manière plus ou moins malhonnête" C'est un parfait exemple de quelqu'un qu'on paie pour *pêcher en eau trouble*, un agitateur salarié que l'on utilise pour semer la discorde entre les Noirs. (www.jazzmagazine.com/Interviews/Dhier/mingus/Mingusitv71b.htm; accès le 26/07/05) = *pescar em águas turvas*

pêcheur d'hommes "celui qui convertit à la doctrine du Christ" Viens à ma suite, je ferai de toi un *pêcheur d'hommes*!" Laissant là l'épervier, il part aussitôt à la suite de Jésus. Il devient son disciple. (www.christicity.com/article.php3?id_article=1418; accès le 26/07/05) = *pescador de homens*

pédaler dans la choucroute (pédaler dans la semoule; pédaler dans le yaourt) "faire des efforts en vain" Autre défaut copié: même non utilisé, le système de navigation est inutilement bruyant avec un disque qui semble *pédaler dans la choucroute*. (auto.club-internet.fr/essais&id=91761363DACAAC74C1256F72005 71722&r=1; accès le 26/07/05)= *patinar na lama*

pédaler dans la semoule (pédaler dans la choucroute; pédaler dans le yaourt) "faire des efforts en vain" A force de *pédaler dans la semoule*, vous vous êtes rendu compte que la perte de temps était considérable. Ne cherchez plus!!! Certaines entreprises ont souvent recherchés des logiciels répondant à leur demande personnel. Si vous êtes de ces gens qui sont à la recherche d'un logiciel sur mesure, nous vous proposons les services de nos analystes programmeurs qui pourront par le biais de vos souhaits et un cahier des charges vous proposez plusieurs stratégies pour votre logistique. (membres.lycos.fr/askka/Solution.php; accès le 15/12/05) = *patinar na lama*

pédaler dans le yaourt (pédaler dans la choucroute; pédaler dans la semoule) "faire des efforts en vain" La France *pédale dans le yaourt*. Avec plus de 22,4 milliards de litres de lait en 2003, la France représente 20 % de la production européenne. Cependant, le cheptel et la collecte régressent. Les produits industriels diminuent par rapport à ceux de grande consommation et le prix au litre baisse. La filière demande à être restructurée sur des valeurs solides. (www.fnsea.fr/publications/information_agricole/Extraits/ia783dossier.pdf; accès le 26/07/05)= *patinar na lama*

peigner la girafe (faire du vent [1]) "se dépenser sans efficacité, pour rien" Mince, ça aussi ça peut se tenir comme argument: comment peut-il faire avancer quoi que ce soit si ses employés passent leur journée à *peigner la girafe*? (forum.telecharger.01net.com/.../la_cnil_dit_non_a_la_delation_en_entreprise-281407/messages-1.html; accès le 01/03/06) = *enxugar gelo*

peintre du dimanche "peintre qui pratique la peinture en amateur" Il va se mettre en scène comme le *peintre du dimanche*, le doublant de la mise en situation d'un peintre mythique, objet perdu de son désir. (pedagogie.ac-toulouse.fr/ culture/epargne/legacartiste.htm; accès le 26/07/05) = *Ø pintor de fim de semana*

peler le jonc (casser la tête; casser les burnes; casser les couilles [vulgar]; casser les oreilles; casser les pieds; chauffer les oreilles; foutre les boules; pomper l'air; prendre la tête) "tourmenter quelqu'un avec insistance" Flingue-toi et arrête de nous *peler le jonc* avec tes jérémiades!!!!! (i-rebelles.com/ modules.php?name=Forums&file=viewtopic&t=335; accès le 01/03/06) = *encher a cabeça [1]; encher a paciência; encher o saco; pegar no pé*

pendre la crémaillère "Donner (ou aller à) une fête pour célébrer son installation dans un nouveau logement" Le 24 octobre, Peugeot Vire invitait tous ses clients à venir p*endre la crémaillère* pour l'inauguration du nouveau site. 1200 personnes étaient présentes. (www.soficham.fr/actualitesgroupe/15004.html; accès le 26/07/05) = *Ø dar uma festa para inaugurar casa nova*

percer à jour "découvrir complètement" Il aura *percé à jour* les secrets des marabouts et appris de la bouche d'un griot vieux comme les pierres quelque interminable légende avec métamorphoses. (chevillard.chez.tiscali.fr/html/actualite.htm; accès le 26/07/05) = *Ø conseguir perceber, trazer à tona*

percer le cœur (déchirer le coeur; fendre l'âme; fendre le coeur) "exciter la compassion" Les Arnaqueurs VIP ont maintenant encore cinq semaines pour *percer le coeur* des téléspectateurs sur M6. (www.serieslive.com/news.php?n=1996; accès le 23/05/05) = *cortar o coração; partir o coração*

perdre connaissance "s'évanouir" L'enfant ne tombe pas, mais *perd connaissance* pendant quelques secondes. (doc-iep.univ-lyon2.fr/Ressources/Documents/DocEnLigne/News/rfi-avril97/RFI.08AVRIL.html; accès le 26/07/05) = *Ø perder os sentidos*

perdre du terrain "reculer devant la pression ennemie" L'auto française *perd du terrain* face aux étrangères. Le marché français a stagné l'an dernier, avec quelque 2 millions de voitures neuves vendues. (www.latribune.fr/Dossiers/Automobile.nsf/DocsWeb/IDC1256C3D004E9DA7C 1256F7E0075F1CF?OpenDocument; accès le 26/07/05) = *perder terreno*

perdre la boule (perdre la tête; péter les plombs) "perdre son sang-froid" Et ses 43 milliards de milliards de combinaisons ont de quoi vous faire *perdre la boule*! (www.gecif.net; accès le 01/03/06) = *perder a cabeça*

perdre la boussole (perdre la carte; perdre le Nord; perdre son latin) "être décontenancé, ne plus savoir comment ni où diriger sa pensée" Je *perd la boussole*, je ne peux pas le croire, vais-je vraiment crever sous ce lampadaire? Je me suis fait shooter, ce mec avait un revolver. (pageperso.aol.fr/pichtounettte/ParolesChansons2.html; accès le 26/07/05) = *perder o chão; perder o norte; perder o rumo*

perdre la carte (perdre la boussole; perdre le Nord; perdre son latin) "être décontenancé, ne plus savoir comment ni où diriger sa pensée" L'alcool peut décidément faire *perdre la carte* à beaucoup de monde. (membres.lycos.fr/fdesbiens1789/france98/hooligan.html; accès le 03/03/06) = *perder o chão; perder o norte; perder o rumo*

perdre la face "perdre son prestige en tolérant une atteinte à son honneur, à sa dignité, à sa réputation" Celui-ci *"perd la face"*, comme disent les chinois, il perd du prestige. Le père dans cette fantaisie devait comprendre que son refus était absurde. (www.megapsy.com/Textes/Reik/biblio026.htm; accès le 26/07/05) = *sujar a barra; perder a face* [*cultivé*]

perdre la tête (perdre la boule; péter les plombs) "perdre son sang-froid" Au même instant, la fille *perd la tête*, elle sort, elle traverse les prés, les collines, elle va par monts et par vaux, suivie par sa mère. (perso.wanadoo.fr/choisy/contes/cervolant.htm; accès le 26/07/05) = *perder a cabeça*

perdre le fil (perdre les pédales) "s'empêtrer dans un raisonnement, dans ses propos" De manière générale, m'explique-t-il, on vient nous voir avec le sentiment d'avoir *perdu le fil* ou d'être à la croisée des chemins. (www.psychologies.com/cfml/article/c_article.cfm?id=2957; accès le 01/03/06) = *perder o fio (da meada)*

perdre le Nord (perdre la boussole; perdre la carte; perdre son latin) "être perdu, désorienté" Pour comparaison, l'image de SOHO à la même date (sorry, j'ai oublié de noter l'orientation de mon dessin, on en *perd le nord* (...) (www.astrosurf.com/borealis/obs_soleil.html; accès le 26/07/05) = *perder o chão; perder o norte; perder o rumo*

perdre les pédales (perdre le fil) "s'empêtrer dans un raisonnement, dans ses propos" "Le président *perd les pédales*". Avez-vous déjà reçu un prix littéraire? Oui, j'ai reçu plusieurs prix littéraires. Quel est votre écrivain préféré? (www.ac-versailles.fr/etabliss/ec-curie-tunis/Auteurs/HBK.htm; accès le 26/07/05) = *perder o fio (da meada)*

perdre pied "perdre contenance, ne plus maîtriser les événements, la situation" Quand on *perd pied* et que l'on se sent en danger, c'est chez le médecin qu'il faut aller, où chez un ami, mais pas sur un forum. (www.atoute.org/dcforum/DCForumID30/914.html; accès le 26/07/05) = *perder o pé (da situação)*

perdre son latin (perdre la boussole; perdre la carte; perdre le Nord) "être confus, plus rien comprendre" Vous allez me faire *perdre mon latin* avec vos calculs.... www.sur-la-toile.com/viewTopicNum_ 1460_3_1980_les-bogdanov.html; accès le 26/07/05) = *perder o chão; perder o norte; perder o rumo*

perdre son temps "s'occuper en pure perte" Souvent Jésus a été critiqué à cause de cela: "il ne devrait pas aller manger dans cette maison-là, il *perd son temps*!" (perso.wanadoo.fr/avaljb/7cotecate/kt1A.activ.13-24.htm; accès le 26/07/05) = *perder tempo*

perte sèche "perte que ne compense aucun autre bénéfice" A part ça, je ne vois pas en quoi il y a *"perte sèche* de 30 minutes par serveur", mis à part que ça dégrade la qualité de la ligne. (forum.hardware.fr/hardwarefr/OSAlternatifs/IP-COP-Load-Balancing-sujet-42827-1.htm; accès le 26/07/05) = *perder tempo*

peser dans la balance "être d'une grande importance" Guides à destinations des adultes et ados, campagnes de communication [...] les autorités sanitaires ont décidé de *peser dans la balance*! (www.doctissimo.fr/html/nutrition/ poids/obesite_bien_manger_niv2.htm; accès le 26/07/05) = *pesar na balança*

peser ses mots "Parler avec circonspection" Je le suis parfois un peu trop et j'ai déjà dit des choses que la personne en face a mal pris (...) Il faut apprendre à *peser ses mots*. (www.comlive.net/sujet-65943-57.html; accès le 26/07/05) = *medir as palavras*

péter le feu "être débordant d'entrain, de vitalité" Depuis des années, ce scientifique s'intéresse à l'impact de l'alimentation sur la santé et travaille à l'élaboration de stratégies alimentaires dont l'objectif avoué est de *"péter le feu* grâce à un mode de vie sain". (www.servicevie.com/01Alimentation/Rencontre/Ren23102000/ren23102000.html; accès le 14/12/05) = *pegar fogo*

péter les plombs (perdre la boule; perdre la tête) "sortir de son état normal, perdre momentanément la raison, ne plus se contrôler" Pourquoi *"péter les plombs"*? Imaginez-vous comme un circuit électrique. Si vous tirez trop sur l'installation, elle peut exploser. (www.biendansmavie.fr/html/archives/psycho/psycho1204.html; accès le 02/10/05) = *perder a cabeça*

petite bière (pipi de chat) "chose sans valeur, sans importance" A côté de "la Guerre des mondes", "Titanic", c'est de la *petite bière*, et "Armageddon" du pipi de chat. Avec malice, Spielberg a évité tous les clichés. (www.nouvelobs.com/articles/p2121/a272065.html; accès le 27/07/05) = *café pequeno; titica de galinha*

petite phrase "propos bref d'un homme politique, qui sert à frapper l'opinion" C'est une *petite phrase* que l'on répète silencieusement, mentalement dans le creux de son intimité au début et à la fin de chaque séance (...) (tempointerieur.free.fr/psychotherapie.html; accès le 27/07/05) = Ø *frase de efeito*

petites gens (petit monde) "personnes de condition sociale modeste" Toutes ces *petites gens* avaient leurs misères, et leurs plaisirs, aussi. (bjpquich.club.fr/histoires_d'hier.html; accès le 27/07/05) = Ø *gentalha*

petits souliers "situation embarrassante" il joue une hôtelier complètement déjanté et visiblement dangereux à un Jacques VILLERET de passage, et visiblement dans ses *petits souliers* (...) (www.rireetchansons.fr/riroscope/artiste3.php?id=240; accès le 22/05/05) = *saia justa*

pied à pied "pas à pas, fermement" Il va donc falloir qu'on se batte *pied à pied*. Nous avons prévu une mobilisation tournante pour coordonner la lutte au niveau national. (www.humanite.presse.fr/journal/2005-02-25/2005-02-25-457361; accès le 27/07/05) = *palmo a palmo*

pieds et poings liés "impuissant" L'intervention de l'expert inquiète souvent l'assuré, qui craint de se retrouver *pieds et poings liés*, soumis à une décision qui lui serait défavorable. (www.dossierfamilial.com/html/art_397.html; accès le 27/07/05) = *de pés e mãos atados*

piège à cons "attrape-nigaud" Visiblement il n'est pas doué pour les injures, même quand il s'essaie à la vulgarité en déclarant tout de go que le Nouveau Roman est un *"piège à cons"*. (www.magazine-litteraire.com/archives/ar_402.htm; accès le 27/07/05) = Ø *pegadinha*

pierre angulaire "élément fondamental" [cultivé] Le Système d'Information devient ainsi la *pierre angulaire* de toute organisation. (www.consulting-systems.fr/; accès le 27/07/05) = *pedra angular*

pierre d'achoppement "obstacle particulièrement difficile à surmonter" [cultivé] Ils risquent de constituer la *pierre d'achoppement* de nombreux mariages au cours de la prochaine décennie. (www.seniorscopie.com/actu/article. asp?id=050711221145&rub=intgene; accès le 27/07/05) = *pedra no meio do caminho* [*courant*]

pierre de touche "ce qui sert à reconnaître la valeur de quelqu'un ou de quelque chose" [cultivé] L'extrême lenteur est la pierre d'achoppement du vélocipédiste; elle est en même temps la *pierre de touche* de son art. (perso.wanadoo.fr/pacemaker/Pages/Textes/Larousse.html; accès le 27/07/05) = *pedra de toque*

pipi de chat "chose sans valeur, sans importance" A côté de "la Guerre des mondes", "Titanic", c'est de la petite bière, et "Armageddon" du *pipi de chat*. Avec malice, Spielberg a évité tous les clichés. (www.nouvelobs.com/articles/p2121/a272065.html; accès le 27/07/05) = *café pequeno; titica de galinha*

piquer au vif "prononcer une parole caustique, pour blesser" Brulle est *piqué au vif*: - "M.de Monts, vient d'accaparer à lui tout seul le meilleur des quelques trouvailles qui restent à découvrir à Gavarnie." (www.pyrenees-passion.info/roger_de_monts.php; accès le 27/07/05) = *pegar no ponto fraco; tocar no ponto fraco*

piquer un fard "rougir sous l'effet d'une émotion soudaine" Je *"pique un fard"* moi aussi dès qu'on m'adresse la parole et c'est vraiment handicapant autant au niveau personnel que professionnel. (www.atoute.org/dcforum/DCForumID5/484.html; accès le 27/07/05) = *Ø ficar vermelho*

piquer un roupillon "faire une somme" Les filles en profitent pour bronzer pendant que je *pique un roupillon* à l'ombre. (www.traduc.org/~gleu/dotclear/index.php?2005/ 04/25/219-egypte-jour-3-memnon-hatshetsout-et-vallee-des-rois; accès le 09/01/06) = *tirar uma pestana*

place au soleil "opportunité dans un classement à une compétition, à une épreuve, à un concours, à une situation favorable" Comme des centaines de milliers d'autres, il a contribué à tisser une Françalgérie qui a droit à sa *place au soleil*. (www.ldh-toulon.net/article.php3?id_article=742; accès le 19/10/05) = *lugar ao sol*

planche de salut (ballon d'oxygène; bouée de sauvetage) "ultime ressource dans une situation désespérée" C'est vrai pour quelques-unes, mais elles touchent des populations limitées et ne pourront servir de *planche de salut* en termes de sources de profits. (www.alternatives-economiques.fr/ lectures/L215/NL215_01.html; accès le 27/07/05) = *tábua de salvação*

plein aux as "très riche" Tout comme on ne saura jamais ce qu'a fait le jeune homme riche, qui s'en allait tout triste loin de Jésus parce qu'il était *plein aux as*. (www.groupes-jonas.com/prophete2.html; accès le 27/07/05) = *Ø montado na grana*

plein comme une barrique (bourré comme un coing; plein comme une huître; soûl comme un cochon) "très ivre" De temps en temps, un convive *plein comme une barrique*, sortait jusqu'aux arbres prochains, se soulageait, puis rentrait avec une faim nouvelle aux dents. (www.chez.com/feeclochette/Maupassant/farce.html; accès le 23/12/05) = *bêbado com um gambá*

plein comme une huître (bourré comme un coing; plein comme une barrique; soûl comme un cochon) "très ivre" Vas pas t'imaginer qu'il y a une semaine que je suis *plein comme une huître*. Je suis juste soûl aujourd'hui, là, maintenant. L'alcool n'est pas la solution. (www.20six.fr/WilliamKramps/ archive/2005/01/31/4taocpr3brqs.htm; accès le 23/12/05) = *bêbado com um gambá*

plein comme un œuf "tout à fait plein" Le Moscone Center est *plein comme un oeuf* à l'ouverture de cet événement qui constitue également la plus grande diffusion en Mpeg-4 sur internet (...) (www.macgeneration.com/mgnews/depeche.php?aIdDepeche=96240; accès le 08/12/05) = *Ø abarrotado, lotado*

plein pot (à fond de train; à fond la caisse; à fond les baskets; à fond les manettes; à plein gaz; à tire-d'aile; à tombeau ouvert; à toutes jambes; à toute vapeur; au pas de charge; en quatrième (vitesse); le pied au plancher) "très vite" Lorsque le download a du mal à partir essaye le bouton "manual announce" Quoi dire d'autre, pas tous les fichiers se téléchargent *plein pot*. (www.infos-du-net.com/forum/4300-7-bittorrent; acesso em 11/12/05) = *a jato; a toda; a todo vapor; com o pé na tábua; num pau só*

pleurer misère (crier misère) "se plaindre" Donc peut-on quand meme lire le CD (avec un programme ou autre) ou bien on peut oublier et *pleurer misère*? (forum.hardware.fr/hardwarefr/OSAlternatifs/Comment-lire-CD-CopyProtected-sous-Linux-sujet-30934-1.htm; accès le 27/07/05) = *chorar miséria; chorar as pitangas*

pleuvoir à seaux (pleuvoir à verse; pleuvoir comme une vache qui pisse [vulgaire]; tomber des cordes) "pleuvoir très fort" Quand nous débarquons, il *pleut à seaux* sur le toit en palmes du bar de la plage. (www.courrierinternational.com/voyage/article.asp?obj_id= 2586&provenance=voyages; accès le 15/12/05) = *chover a cântaros [cultivé]; chover canivete(s)*

pleuvoir à verse (pleuvoir à seaux; pleuvoir comme une vache qui pisse [vulgaire]; tomber des cordes) "pleuvoir très fort" Nous dormons ensuite sur la terrasse, heureusement couverte car *il pleut à verse* toute la nuit. (membres.lycos.fr/mondevelo/thailande.htm; accès le 09/06/05) = *chover a cântaros [cultivé]; chover canivete(s)*

pleuvoir comme une vache qui pisse (pleuvoir à seaux; pleuvoir à verse; tomber des cordes [courant]) "pleuvoir très fort" [vulgaire] *Il pleut comme vache qui pisse* et après quelques centaines de mètres nous rentrons à l'hôtel en nous demandant comment nous allons tuer le temps. (membres.lycos.fr/als/voyage_4.htm; accès le 15/12/05) = *chover a cântaros [cultivé]; chover canivete(s)*

plier bagage "se préparer pour partir" L'armée française "devrait immédiatement *plier bagage*", dit-il en s'interrogeant plus largement sur les accords de coopération entre les deux pays. (www.rfi.fr/actufr/articles/060/article_32377.asp; accès le 27/07/05) = *arrumar a trouxa*

plier l'échine (baisser la tête; baisser son froc; courber la tête; courber l'échine "se soumettre avec résignation, ne pas réagir" Même si vous êtes raides comme un bâton, rassurez-vous, un danseur vous fera *plier l'échine* et chavirer le coeur le temps d'une danse. (www.femmexpat.com/Files/FileDetail.php?RQ_File=96; accès le 27/07/05) = *abaixar a cabeça; enfiar o rabo entre as pernas [vulgaire]; pôr o rabo entre as pernas [vulgaire]*

poids mort (bouche inutile) "masse inerte" Impossible d'avancer sans se débarrasser de ce *poids mort*. Il faut les éliminer avant qu'ils n'arrivent à entraver une mission désormais perçue comme voulue (...) (www.monde-diplomatique.fr/2003/05/EVANGELISTI/10163; acesso em 11/12/05) = *peso morto*

poignée d'amour "accumulation adipeuse sur les hanches" Pourriez vous me conseiller ou me raconter vos expériences qui vous ont permis d'avoir un ventre plat et d'eliminer la *poignée d'amour* definitivement. (www.courseapied.net/forum/msg/5764.htm; accès le 27/07/05) = Ø *gordurinha, pneuzinho*

pointe de l'iceberg "la partie la plus visible d'un problème" Le Tibet n'est que la *pointe de l'iceberg*. D'ores et déjà la Chine a perdu la face, point crucial de sa culture. Il ne faut surtout pas pour les chinois "perdre la Face", surtout devant des étrangers. (tempsreel.nouvelobs.com/.../commentaires/20080319.OBS5718/le_tibet_nest_que_la_pointe_de_liceberg.html; accès le 17/06/08) = *ponta do iceberg*

point de mire "objet ou personne cible" Il en est le *point de mire* culturel. Ce théâtre comporte un portique situé derrière la scène, ce qui est une caractéristique romaine. (pedagogie.ac-toulouse.fr/ histgeo/monog/comminge/rhthea1.htm; accès le 27/07/05) = *centro das atenções*

point de non-retour "situation ou lieu d'où on ne peut plus faire marche arrière, renoncer" La bagarre qui éclate à la cent trente-sixième minute marque le *point de non-retour* d'une dérive, qui mènera Birju vers le banditisme de grand chemin. (www.objectif-cinema.fr/article.php3?id_article=3106; accès le 27/07/05) = *ponto sem volta*

point d'interrogation "ce qui est douteux, incertain" En ce qui concerne la suite du programme, il reste un *point d'interrogation* sur ma participation au tournoi de Sydney. (www.amelie-mauresmo.com/fr/gab_journal.asp; accès le 27/07/05) = *ponto de interrogação*

point faible (point sensible) "faiblesse physique ou morale" L'étude de RSA révèle qu'il existe un *point faible* inattendu dans les outils de sécurité mis à la disposition des utilisateurs, les mots de passe. (www.silicon.fr/getarticle.asp?ID=4228; accès le 27/07/05) = *ponto fraco*

point sensible (point faible) "faiblesse physique ou morale" Quel est notre *point sensible*? C'est notre servilité (...) Poutine a juste effleuré notre point sensible, et comme des grenouilles de laboratoire. (www.diploweb.com/russie/tchetchenie.htm; acesso em 11/12/05) = *ponto fraco*

poire pour la soif "des épargnes pour les jours difficiles à venir" Toutefois, il vaut toujours mieux garder une *poire pour la soif*, sinon les choses peuvent se compliquer: personne n'est à l'abri des dettes. (https://www.postfinance.ch/pf/content/ fr/topics/dossiers/Family/familydet7.popup.html; accès le 27/07/05) = Ø *reservas para o inverno*

politique de l'autruche "attitude de ceux qui refusent de voir le danger" Le passage de l'une à l'autre s'annonce d'autant plus périlleux que les leaders politiques ont choisi la *politique de l'autruche*. (www.herodote.net/editorial0501.htm; accès le 27/07/05) = *política do avestruz*

pomme de discorde "sujet, cause de désaccord" Je ne souhaite pas qu'il soit une *pomme de discorde* entre la France et nous. (www.afrique-express.com/archive/OUEST/ cotedivoire/cotedivoirepol/258lepresidentquivoudrait.htm; accès le 27/07/05) = *pomo de discórdia*

pomper l'air (casser les burnes; casser les couilles [vulgaire]; casser les oreilles; casser les pieds; chauffer les oreilles; foutre les boules; prendre la tête) "tourmenter quelqu'un avec insistance" En plus, contrairement aux CHRS classiques, pas d'éducateurs sur le dos pour te *pomper l'air*, tu fais ta vie comme tu l'entends dans la limite du règlement. (webxclusion.ifrance.com/dossiers/asile.htm, accès le 15/12/06) = *encher a cabeça [1]; encher a paciência; encher o saco [vulgaire]; pegar no pé*

pomper le dard (pomper le gland; pomper le nœud; tirer une pipe) "pratiquer de la fellation dans un homme" [vulgaire] Elle se penche alors pour lui *pomper le dard* avec sa gorge profonde! (–HYPERLINK "http://www.sex-videos.fr/videos/soixante-neuf.html" —www.sex-videos.fr/videos/soixante-neuf.html; accès le 24/06/05) = *fazer uma chupeta*

pomper le gland (pomper le dard; pomper le nœud; tirer une pipe) "pratiquer de la fellation dans un homme" [vulgaire] Ça en prend pas plus pour exciter la jeune fille qui commencer à *pomper le gland* du cochon! (www.sex-videos.fr/videos/toutes-les-categories/ toutes-les-categories-148.html; accès le 24/06/05) = *fazer uma chupeta*

pomper le noeud (pomper le dard; pomper le gland; tirer une pipe) "pratiquer de la fellation dans un homme" [vulgaire] C'est ce que l'on appelle *pomper le nœud* ou j'ai vraiment besoin de revoir mon éducation sexuelle. (www.du-live-show-gratuit.com/live/live-cam.html; accès le 24/06/05) = *fazer uma chupeta*

pont aux ânes "chose banale et facile à faire" Et dimanche, une nouvelle fois, ils seront des milliers à passer sur ce *"pont aux ânes"* qui deviendra ainsi le passage obligé vers la convivialité. (jlpilate.club.fr/hi-han/lalibrairie/presse/evenements/cherisay/cherisay_article.html; accès le 27/07/05) = *Ø óbvio ululante*

pont d'or "situation très lucrative" Ces entreprises ont donc bénéficié d'un *pont d'or*! Peu nombreuses, elles se sont partagé le marché à des prix nettement supérieurs aux prévisions. (www.lutte-ouvriere-journal.org/ article.php?LO=1796&ARTICLE=14; accès le 27/07/05) = *rio de dinheiro*

porte de derrière (oeil de bronze) "anus" Retour de la sodomie par la petite *porte de derrière*. (www.0plus0.com/article.php?sid=599; accès le 24/06/05) = *porta dos fundos*

porter à faux "ne pas se baser sur une théorie solide" L'ascétisme, condition de la rationalité économique: la formule est séduisante, mais ce tour de force dialectique semble *porter à faux*. (www.cgm.org/Forums/Confiance/ notes-de-lecture/Steconf.html; accès le 27/07/05) = *pisar em falso*

porter aux nues "attribuer des mérites excessifs à quelqu'un, le surestimer" Naguère, il avait, pourtant, *porté aux nues* ses incalculables fans, accrocs de la musique orientale. (www.nomadsland.net/Actus-News-Infos-00072-Musique-Orientale.html; accès le 27/07/05) = *pôr nas nuvens*

porter beau “avoir un beau port de tête” Lundi soir, je débarque épuisé à La Maroquinerie vers 20h. Rasé de près, je *porte beau*, mais personne ne daigne m'accorder un regard. (boblog.over-blog.com/archive-12-2004.html; accès le 27/07/05) = Ø *ter um belo porte*

porter (se) comme un charme “avoir une très bonne santé” Il se *porte comme un charme*, et nous avouons être très loin aujourd'hui de ces épreuves, même si elles resteront à tout jamais inscrites dans nos mémoires. (membres.lycos.fr/passrele/eridel.htm; accès le 27/07/05) = *ter saúde de ferro* [*v. saúde de ferro*]

porter des cornes “être cocu, trompé” Ben (...) *Tu portes des cornes* (...) Tu te laisses donc influencer par autrui, ce qui n'était guère le cas auparavant (...) (www.fear-mornieo.org/archives/phpBB2/viewtopic.php?t=7392&sid=5bdf1dd15946aae3332510ae306c1f9f; accès le 27/07/05) = Ø *ser chifrudo*

porter ombrage “indisposer, inspirer de l'effroi, du dépit” Les succès de Marigny avaient *porté ombrage* à Stofflet et à Charette. Ils lui firent proposer une entrevue pour régler un plan de campagne. (www.vacances-en-vendee.com/histoire/ch36.htm; accès le 27/07/05) = *fazer sombra*

porter sa croix “passer par des dures épreuves” Dieu *porte sa croix* avec nous. Il porte toutes nos croix avec nous. Ce n'est plus un Dieu magicien. C'est un Dieu de compassion, au sens fort du mot. (www.stignace.net/homelies/12C.htm; accès le 27/07/05) = *carregar sua cruz*

porter sur le système (faire tourner en bourrique; mettre à bout; porter sur les nerfs; pousser à bout; taper sur les nerfs; taper sur le système) “exaspérer quelqu'un” Vous comprenez, la constipation et moi c'est une histoire qui a plus de trente ans, j'ai tout essayé vous pensez, ça marche deux trois jours et puis c'est fini, pas moyen d'aller normalement. A la fin, ça finit par me *porter sur le système* et mon mari rouspète. (www.eurafecam.org/ateliers_du_relief/Documents/bibliotheque/sachs/CHAPI031.HTM; 07/12/05) = *dar nos nervos; deixar uma pilha (de nervos); mexer com os nervos*

porter sur les nerfs (faire tourner en bourrique; mettre à bout; porter sur le sustème; pousser à bout; taper sur les nerfs; taper sur le système) “exaspérer, irriter quelqu'un excessivement” Aime tes ennemis. C'est le meilleur moyen de leur *porter sur les nerfs*. (www.evene.fr/citations/mot.php?mot=nerfs, accès le 06/02/07) = *dar nos nervos; deixar uma pilha (de nervos); mexer com os nervos*

portion congrue “revenu ou traitement minimum à la subsistance” Brève radiographie d'une fracture sociale (...) 17 millions de ses compatriotes détiennent 79,85 % du patrimoine, pendant que 17 autres millions sont réduits à la *portion congrue*: 1,21 % seulement. (www.monde-diplomatique.fr/1995/06/JULIEN/1551; accès le 07/12/05) = *pão e água*

portrait vivant “la réplique, l'incarnation de quelqu'un ou de quelque chose” Sa ressemblance avec son père présumé est angoissante. Aucun *portrait vivant* de Beethoven n'impressionne plus que cette photographie. (www.lvbeethoven.com/Famille/Minona.html; accès le 27/07/05) = *retrato vivo*

poser des jalons (déblayer le terrain) "faire les premières démarches nécessaires à la réussite d'une entreprise quelconque" Ce "dictionnaire du cinéma français des années vingt" a pour objectif de *poser des jalons*, d'esquisser des directions, de dégager des perspectives. (www.afrhc.fr/pub_numero33.htm; accès le 27/07/05) = *preparar o terreno*

poser une colle "poser une question difficile" Comme il a déjà un peu creusé la question, vous pouvez être sûr qu'il va vous *poser une colle*, du genre qui suscite chez les aficionados des standards (www.blog-and-blues.org/weblog/2004/06/23/252-pour- en-finir-avec-les-ayatollahs-des-standards; accès le 01/03/06) = Ø *fazer um pega*

pot à tabac "personne petite et grosse" Elle avait connu la plupart des "papes" de l'univers libertaire, d'Emma Goldman ("un *pot à tabac*", disait-elle) à Louis Lecoin. (biosoc.univ-paris1.fr/actu/VidCin/presse5.htm; accès le 27/07/05) = *saco de batata* [2]

pot aux roses "secret d'une affaire" Le *pot aux roses* est peut-être découvert: quel est le lien entre le logiciel libre et la constitution européenne? Réflexions ouvertes et non brevetées (...) (www.silicon.fr/getarticle.asp?ID=9926; accès le 27/07/05) = Ø *mistério, segredo, véu*

pot de colle "personne importune dont on ne peut se débarrasser" Pucca est un *pot de colle* qui use de tas de stratagèmes pour parvenir à ses fins et parfois elle se fait "aider" par Mio, le chat noir de Garu. (carpediem.hautetfort.com/pucca/; accès le 27/07/05) = Ø *carrapato, grude*

poudre aux yeux "manœuvre qui cherche à faire impression en faisant illusion" Ce projet de loi n'est en fait que *poudre aux yeux* pour répondre aux milliers de licenciements que le pays connaît aujourd'hui. (grcio.org.free.fr/siteGR/e87p5a1.html; accès le 27/07/05) = *poeira nos olhos* [*v. jogar poeira nos olhos*]

poule mouillée "personne lâche et peureuse, qui se plaint souvent" William est une *poule mouillée*. Vous le voyez ici en train d'écraser une malheureuse araignée. William est désordonné. Il ne range pas sa chambre. (vanderput.over-blog.com/article-399266.html; accès le 27/07/05) = Ø *banana, monte, molóide, pamonha*

pour des clopinettes (pour des prunes; pour des queues de cerises) "pour rien" C'est la loi de l'offre et de la demande qui nous oblige à accepter de jouer *pour des clopinettes* parce qu'on a envie de jouer et de se produire avant tout. (belladonne.site.voila.fr/page4.html; accès le 27/07/05) = Ø *a troco de nada; por uma ninharia*

pour des prunes (pour des clopinettes; pour des queues de cerises) "pour rien" Les producteurs travaillent *pour des prunes*. L'année 2004 est marquée par la qualité des produits et des bas prix payés aux agriculteurs (...) (www.humanite.presse.fr/journal/2004-08-06/2004-08-06-398408; accès le 01/03/06) = Ø *a troco de nada; por uma ninharia*

pour des queues de cerises (pour des clopinettes; pour des prunes) "pour rien." Nombreuses sont les entreprises qui cherchent des salariés, alors que le chomâge augmente. Travailler pour *des queues de cerises* ne permets pas de se loger. (forums.lefigaro.fr/user/non-frames/

message.asp?forumid=233&messageid=338707&ar =&parentid= 3; accès le 07/12/05) = *Ø a troco de nada; por uma ninharia*

pour la frime "uniquement pour sauvegarder les apparences" Comme sur la CL, le pneu avant est un 150 de large, idéal *pour la frime* mais pas vraiment joyeux pour la maniabilité ni pour la vivacité en courbe. (motoplanete.com/bmw/R1200C-montauk.php; accès le 27/07/05) = *para inglês ver*

pour pas un rond (sans bourse délier) "gratuitement" Un grand merci à la personne qui s'est tapé la traduction pour pas un rond, ça mérite des aplaudissements. *Pour pas un rond*? ah bon (...) (www.pcinpact.com/actu/news/Gmail_parle_enfin_le_francais.htm?vc=; accès le 27/07/05) = *na faixa*

poursuivre son bonhomme de chemin (aller son bonhomme de chemin; continuer son bonhomme de chemin; suivre son bonhomme de chemin) "poursuivre ses objectifs sans hâte, mais sûrement" La pharmakina de Bukavu *poursuit son bonhomme de chemin* malgré la conjocture économique difficile. Installée depuis 1942 à Bukavu, la Pharmakina, filiale de la société allemande Boehringer Mannheim, est l'usine pharmaceutique la mieux intégrée de la RDC. (www.laconscience.com/article.php?id_article=2082; accès le 30/12/05) = *tocar a vida (pra frente)*

pour une bouchée de pain "très bon marché" Des compagnies acquises *pour une bouchée de pain*: Les compagnies pétrolières qui tiennent aujourd'hui le haut du pavé ont été acquises pour une poignée de dollars au milieu des années 90. (latribune.fr/Dossiers/petrole.nsf/ DocsWeb/IDC1256EBC002F8867C1256D12007 1208A?; accès le 21/02/06) = *a preço de banana*

pousser à bout (faire tourner en bourrique; mettre à bout; porter sur les nerfs; taper sur le système) "exaspérer, irriter quelqu'un excessivement" Je ne suis pas méchant mais je sens que je vais le devenir avec certains s'ils continuent à me *pousser à bout*. (www.webastro.net/forum/lofiversion/index.php/t484.html; accès le 06/06/05) = *dar nos nervos; deixar uma pilha (de nervos); mexer com os nervos*

pousser à la roue (mettre en selle; mettre le pied à l'étrier) "aider quelqu'un à s'établir, à réussir une entreprise" Révélateur, la corporation des directeurs financiers a plutôt tendance à *pousser à la roue* pour ne pas attendre 2002 et passer au plus vite à l'euro. (www.lexpansion.com/art/6.0.122743.0.html; accès le 01/03/06) = *dar um empurrãozinho*

pousser comme un champignon "grandir très vite" Et comment il a amené ce trait extraordinaire du quatorzième vers – qui cesserait d'être extraordinaire s'il avait *poussé comme un champignon*. (abardel.free.fr/recueil_de_douai/venus/sonnet.htm; accès le 27/07/05) = [*crescer como erva daninha*]

pousser des cris d'orfraie "protester violemment" Pour le coup, c'est Livie, l'épouse respectée, et influente, d'Auguste et mère de Tibère, qui aurait *poussé des cris d'orfraie*! (www.empereurs-romains.net/empret43c.htm; accès le 27/07/05) = *Ø gritar como uma maritaca*

pousser (se) du col "se faire valoir, montrer un orgueil provocant" Réduire ses dettes, moderniser sa vieille charpente étatique, retrouver le goût du courage et du travail, avant de se *pousser du col.* (www.lepoint.fr/europe/document.html?did=149215; accès le 27/07/05) = *empinar o nariz*

pousser le bouchon un peu loin (aller [y[fort; aller trop loin) "éxagérer, dépasser ce qui est convenable" Non, je *pousse le bouchon un peu loin*, car j'ai en fait bien approché ces deux mégalo-tropoles, incontournables comme on ne dit plus guère. (fred.ferchaux.free.fr/kalforny.htm; accès le 27/07/05) = *ir longe demais; passar da conta; passar da medida*

prêcher dans le désert (crier dans le désert) "parler à qui ne veut pas entendre" D'ailleurs, il reconnaît que, durant trente ans, il a *prêché dans le désert*, face aux autorités qui ne prenaient pas les mesures adéquates. (www.arabies.com/Archives%2006.htm; accès le 27/07/05) = *pregar no deserto*

prêcher le faux pour savoir le vrai "donner des éléments déguisés pour amener quelqu'un à dire la vérité" Les policiers comme les tortionnaires sont passés maîtres dans l'art de *prêcher le faux pour savoir le vrai*. (www.philophil.com/philosophe/zweig/joueur.htm; accès le 06/01/06) = *jogar verde para colher maduro*

prêcher pour sa paroisse "parler dans son propre intérêt" Les échanges entre les deux sont fréquents, il y a dialogue même si chacun *prêche pour sa paroisse*. Il faut créer du lien et tout se passe bien. (solutions.journaldunet.com/imprimer/itws/041208_it_anyway.shtml; accès le 27/07/05) = *puxar a brasa para sua sardinha*

premier communiant "celui qui fait quelque chose par la première fois" A 48 ans, M. Thomas a pour lui une allure de *premier communiant* et la liberté de ton de celui qui a rompu, voilà huit ans, avec toute activité politique. (www.lemonde.fr/web/archive/1,0-0,50-653711@45-20050525,0.html; accès le 27/07/05) = *marinheiro de primeira viagem*

premier mouvement "la réaction immédiate, spontanée" Le révolté, au contraire, dans son *premier mouvement*, refuse qu'on touche à ce qu'il est. Il lutte pour l'intégrité d'une partie de son être. (perso.wanadoo.fr/libertaire/portraits/camus.html; accès le 27/07/05) = *Ø primeira reação*

premier pas "des initiatives pour obtenir quelque chose" C'est bien d'avoir fait le *premier pas*, c'est le début qui est difficile, après, il est là pour t'aider. (forum.aufeminin.com/forum/psycho7/__f567_psycho7-Premier-rdv-chez-le-psychologue.html; accès le 27/07/05) = *primeiro passo*

prendre à cœur "prendre quelque chose à son compte, s'en charger" Il faut *prendre* cette histoire *à coeur* car tout peut se reproduire et quand on voit ça on comprend à quel point les guerres sont stupides! (www.nord-cinema.com/fiches/critiques661-3.html; accès le 27/07/05) = [*tomar a peito*]

prendre à partie (apprendre à vivre; dire deux mots; faire une scène; passer um savon; remonter les bretelles; sonner les cloches) "attaquer quelqu'un en lui attribuant le mal qui est arrivé" Elle met son mari en cause et le *prend à partie*: elle dit ne plus le désirer. Elle déclare ne plus avoir besoin ni de boire, ni de manger, ni de dormir. (www.infirmiers.com/etud/cas-concret/cas-psy.php; accès le 27/07/05) = *chamar na chincha; dar uma dura; mostrar com quantos paus se faz uma canoa; puxar as orelhas*

prendre aux tripes (remuer les tripes; retourner les tripes) "émouvoir profondément" Que vous soyez habitué ou non de son univers graphique, la puissance qui se dégage de ce film ne peut que vous *prendre aux tripes*. (www.allocine.fr/film/revuedepresse_gen_cfilm=43226.html; accès le 11/05/05) = Ø *mexer com*

prendre corps "prendre forme, de l'importance, devenir consistant, prendre un aspect réel" Deux petites filles tiennent une taverne sur le port d'Amsterdam et le soir, se racontent des histoires d'épouvante qui vont *prendre corps* sous leurs yeux. (www.ricochet-jeunes.org/auteur.asp?id=7886; accès le 27/07/05) = *criar corpo; ganhar corpo*

prendre de haut "prendre un ton arrogant, menaçant" Je le répète il ne faut pas *prendre de haut* les personnes qui s'adressent au forum, on doit se respecter mutuellement (...) (fr.neroforum.org/viewtopic.php?p=25300& sid=54cb83abd05c600d9ac2ce4e816c6d89; accès le 01/03/06) = *olhar de cima*

prendre de court "ne pas donner à quelqu'un le temps de se ressaisir" En avance sur les autres producteurs, la marque affirme pouvoir produire sa GDDR4 en masse dès le mois de mars, pour ainsi *prendre de court* ses concurrents. (www.pcinpact.com/actu/news/26672-La-GDDR4-de-Samsung-se-dit-la-RAM-la-plus-ra.htm; accès le 01/03/06) = Ø *pegar de surpresa*

prendre de la bouteille (avoir de la bouteille) "acquérir de l'expérience avec l'âge" Une amitié qui *prend de la bouteille* à une saveur que l'on aime retrouver. (perso.wanadoo.fr/laplume.a.lamain/carnet_smiley_nice/page2.htm; accès le 27/07/05) = Ø *ficar maduro*

prendre (en) de la graine "se servir d'un exemple pour en tirer des conséquences et déterminer la conduite à venir" Il en *prend de la graine*, la remercie pour tout et dit qu'une autre fois, peut-être, il paiera ce qu'il faut pour savoir l'effet qu'il lui fait. (www.nouvelobs.com/archives/nouvelobs_1789/art3.html; accès le 27/07/05) = Ø *seguir o exemplo*

prendre (avec) des gants "agir avec précaution, avec ménagement" C'est tout simplement, comme il le dit, parce qu'il *prend des gants* avec chacun de ses albums. Et c'est vrai que ce CD est indéniablement très agréable. (www.chez.com/guitaremag/larrycar.htm; accès le 27/07/05) = *ser cheio de dedos;* [*tratar com dedos*]

prendre des vessies pour des lanternes "faire une confusion absurde et naïve" Une personne qui *prend des vessies pour des lanternes* signifie, dans notre langage, qu'elle croit une bêtise plutôt qu'une autre. (dispourquoipapa.free.fr/homme/ho0056.htm; accès le 27/07/05) = *comer gato por lebre; comprar gato por lebre*

prendre du champ "s'éloigner" Si l'animal *prend du champ* et va un peu plus loin, n'insistez pas: il vous surveille et vous ne l'approcherez pas de plus près. (membres.lycos.fr/chernature/cours/cours2.htm; accès le 27/07/05) = Ø *tomar distância*

prendre du recul "attitude de détachement par rapport à ce qui touche de près" Toutefois, dès que l'on *prend du recul*, et c'est un peu le travail quotidien du journaliste, les motifs d'inquiétude ne manquent pas. (www.chez.com/journaldessavants/Environnement09.html; accès le 27/07/05) = Ø *tomar certa distância*

prendre en grippe "manifester une prévention motivée ou non contre quelqu'un ou quelque chose" La FIA *prend en grippe* les insolents. Schumacher est disqualifié à deux reprises, et se voit en plus suspendu pour deux courses au cour de l'été. (www.f1-legend.com/histoire/pilotes/pil_schumacherm.htm; accès le 27/07/05) = *estar de pé atrás*

prendre la balle au bond (attraper la balle au bond; saisir la balle au bond) "profiter de l'occasion" Ca tombe très mal, compte tenu de mes projets en cours, mais heureusement, j'ai un ami qui sait *prendre la balle au bond* et me sortir de la mélasse. (standblog.org/blog/2003/10/13; accès le 01/03/06) = *Ø aproveitar a deixa*

prendre la clef (clé) des champs (faire (se) malle; ficher le camp; foutre le camp; mettre les bouts; mettre les voiles; tourner les talons) "partir rapidement, s'enfuir" Las de la vie parisienne, Dieudonné *prend la clef des champs* et découvre la vie à la campagne. (dieudo.net/sommaire.php?lien=curric.php; accès le 03/03/06) = *cair fora; cair no mundo; dar no pé; dar o fora* [1]; *puxar o carro; virar as costas*

prendre la main dans le sac (prendre sur le fait) "surprendre quelqu'un au moment où il est en train de faire quelque chose interdite" Mais, comme beaucoup de ceux qu'on *prend la main dans le sac*, il croit que lui et son entreprise ne font qu'un. Il n'a donc pas l'impression d'abuser. (www.lentreprise.com/dossier/447.html; accès le 27/07/05) = *apanhar com a boca na botija; pegar com a boca na botija; pegar com a mão na cumbuca; pegar no pulo*

prendre la mouche (avoir le sang chaud) "s'irriter beaucoup pour un léger sujet" Il ironise parfois sur le sérieux de son frère François, et par jeu, aime provoquer sa cousine Claude, qui *prend la mouche* pour un rien. (perso.wanadoo.fr/serge.passions/ c5_portrait_des_cinq.htm; accès le 27/07/05) = *ter pavio curto; ter sangue na veias; ter sangue quente*

prendre la poudre d'escampette (disparaître dans la nature) "prendre la fuite" Et ils risquent bien de prendre leur retraite à peu près au moment où vous comptiez *prendre la poudre d'escampette*. (www.cadremploi.fr/.../fr.cadremploi.publi.page.visu_article.VisuArticleView?prov=evol&artId=14992242; accès le 01/03/05) = *tomar chá de sumiço*

prendre la température (prendre le pouls; tâter le pouls; tâter le terrain) "évaluer comment une situation se présente" Cela nous permet de *prendre la température* du marché. C'est la manifestation à laquelle nous envoyons le plus grand nombre de personnes. (www.01net.com/article/294265.html; accès le 27/01/06) = *sentir o terreno*

prendre la tête (casser les burnes; casser les couilles [vulgaire]; casser les oreilles; casser les pieds; chauffer les oreilles; foutre les boules; peler le jonc; pomper l'air) "tourmenter quelqu'un avec insistance, monopoliser toute son attention" En ce moment, ya un des mes trente arrière petit-fils qui me *prend la tête*. Il a retrouvé des photos de l'époque ou je faisais du snowboard. (www.skipass.com/carnets/carnet.php?id=244&art=1594; accès le 27/07/05) = *encher a cabeça* [1]; *encher a paciência; encher o saco; poegar no pé*

prendre le dessus (avoir le dessus; avoir le meilleur; emporter le morceau; enlever le morceau; prendre le meilleur) "vaincre, prendre l'avantage" Dommage, encore une technologie inférieure qui *prend le dessus* sur une autre plus performante, le firewire ça déchire tout mais bon voilà. (www.pcinpact.com/actu/news/Une_maree_de_peripheriques_USB_sur_le_marche.htm?vc=; accès le 27/07/05) = *ficar por cima; levar a melhor*

prendre le mal à la racine (vider l'abcès [cultivé]) "détruire la cause de quelque chose et l'empêcher de se reproduire" (GF; accès le) Pour *prendre le mal à la racine*, l'Etat emploi des milliers de chômeurs pour détruire ou recycler les végétaux encombrants. (www.afrik.com/article7459.html; accès le 06/02/07) = *cortar o mal pela raiz*

prendre le meilleur (avoir le dessus; avoir le meilleur; emporter le morceau; enlever le morceau; prendre le dessus) avoir l'avantage sur quelqu'un" En première manche, Townley *prend le meilleur* sur Everts dans les derniers tours. Ses progrès depuis le début de saison sont impressionnants. (www.motomag.com/spip/article.php3?id_article=735; accès le 28/07/05) = *ficar por cima; levar a melhor*

prendre le mors aux dents "se mettre soudainement et avec énergie à un travail" Aussi, nous devons nous extraire du contexte franco-français et nous demander pourquoi soudain l'histoire *prend le mors aux dents*. (solidariteetprogres.online.fr/Editoriaux/fn1edito.html; accès le 28/07/05) = [*tomar o freio nos dentes*]

prendre le pli de "adopter un comportement, une attitude morale, et ne plus en changer" Je suis de tempérament fort peu gaillard; mais le corps se sent toujours un peu de l'âme, le gant *prend le pli de* la main. (www.univ-rouen.fr/flaubert/03corres/conard/outils/1846.htm; accès le 28/07/05) = Ø *criar o hábito de*

prendre le pouls (prendre la température; tâter le pouls; tâter le terrain) "évaluer comment une situation se présente" Le 35e festival d'été de Québec a été à nouveau l'occasion pour la capitale francophone de *prendre le pouls* du monde et de ses musiques. (www.humanite.presse.fr/ journal/2002-07-30/2002-07-30-37890; accès le 01/03/05) = *estudar o terreno; sentir o terreno; sondar o terreno*

prendre les devants "devancer quelqu'un dans une affaire, pour agir avant ou l'empêcher d'agir" L'instauration d'un système de qualification devient indispensable. La profession *prend les devants*. (www.odonto.uhp-nancy.fr/accueil/histo/19S/histod-19.htm; accès le 28/07/05) = Ø *tomar a dianteira*

prendre (se) les pieds dans le tapis (mettre les pieds dans le plat) "commettre une maladresse" Mais là où j'ai du mal à avaler c'est quand il se *prend les pieds dans le tapis* en voulant faire de l'humour à deux balles et qu'il en devient vulgaire. (www.lemague.net/dyn/article.php3?id_article=505; accès le 28/07/05) = *meter os pés pelas mãos*

prendre le taureau par les cornes "agir en s'attaquant de front à ce que l'on a à faire, à des difficultés que l'on doit surmonter" Au bout d'une semaine, voyant que le conflit tourne mal (comme le lait), le gouvernement *prend le taureau par les cornes* et organise une table ronde. (lsoron.free.fr/humour/pages_html3/2vaches.html; accès le 28/07/05) = *pegar o touro à unha; pegar o touro pelos chifres*

prendre le tournant "opérer une adaptation, une mutation." De fait, à ce moment-là, la psychanalyse *prend le tournant* vers l'institution internationale qui aura à partir de là l'autorité qu'on lui connaît. (...) (www.recalcitrance.com/tablronde.htm; accès le 28/07/05) = Ø *dar uma guinada; dar uma virada*

prendre le train en marche "s'associer tardivement et opportunément à une action en cours" Notre Barreau *prend "le train en marche"* à l'initiative du Bâtonnier Yves DAREL. La formation des médiateurs s'organise, initiale et continue. (www.barreau-valdoise.avocat.fr/pages/dispo_aide/val04_ accesdroit_mediation.htm; accès le 28/07/05) = *pegar o bonde andando*

prendre le voile "entrer en religion" La jeune fille, n'ayant pu obtenir le consentement de son père, entre à son insu chez les Clarisses et y *prend le voile* sous le nom de Claire. (www.catholique.org/saint-1059.php; accès le 28/07/05) = Ø *entrar para o convento*

prendre ombrage "s'inquiéter, s'offusquer de, jalouser" Enfin après trois ans, elle cède à François, son mari *prend ombrage* de la liaison de sa femme avec le roi. Mais peu à peu il se fait à cette idée. (r.castelain.free.fr/maitress/francois.htm; accès le 28/07/05) = Ø *ficar com ciúmes*

prendre pied "sétablir solidement sur un terrain, dans un lieu" Des équipements aériens permettent de jouir pleinement du décor grandiose. On *prend pied* à -64m sur un plancher stalagmitique. (membres.lycos.fr/csbienne/ Grotregion/ Creuxentier/Creux.htm; accès le 28/07/05) = Ø *assentar-se*

prendre (en) plein la gueule "recevoir les pires affronts, les pires critiques" Regardez cette vidéo, le gars d'en bas s'en *prend plein la gueule*! Apparemment, ça ressemble à du SFR à cause du rouge. (www.humour.fr/ video_voir,id,4789,Enooorme-Regardez-cette-video—le-gas-den-bas-sen-prend-plein-la-gueule-...; accès le 28/07/05) = *levar na cara*

prendre pour argent comptant (accepter pour argent comptant) "croire naïvement comme certain, accorder trop facilement du crédit à" Il ne faut pas *prendre pour argent comptant* ce que disent les indicateurs. (animatlab.lip6.fr/ ~gouricho/ sab2002photos/origine/IMG_6232.html; accès le 21/02/06) = *ter como líquido e certo*

prendre (en) pour son grade "se faire réprimander rudement" C'est une galerie de portraits où tout le monde *en prend pour son grade* sans vraiment se sentir visé. Rien n'échappe à la sagacité de cette comédienne (...) (www.anneroumanoff.com/ affiche/pres.htm; 13/02/06); accès le 03/03/06) = *levar uma dura*

prendre racine "s' installer d'efinitivement sur un endroit TLF S'enraciner dans (quelque chose)" Puisque tout amour *prend racine*. J'en planterai dans mon jardin. J'en planterai avec patience. Chaque jour, à chaque saison. (membres.lycos.fr/ maryruss/toutamourprendracine.htm; accès le 28/07/05) = *criar raízes*

prendre ses aises "s'étendre de façon peu discrète" Peu à peu, elle *prend ses aises* et s'installe. Elle se rend dans la cuisine et à l'aide de sa casserole, arrose ses plantes qui dépérissent. (www.theatre-granit.asso.fr/SIVS5XW6B8/terrier_plus.jsp; accès le 28/07/05) = Ø *ser folgado*

prendre ses jambes à son cou "se sauver le plus rapidement possible" Pierre, épouvanté, *prend ses jambes à son cou.* (perso.wanadoo.fr/p.benier/lecture/ leloupsentimental/ leloupsentimental.htm; accès le 28/07/05) = *passar sebo nas canelas*

prendre son courage à deux mains "surmonter sa peur pour faire quelque chose" Il *prend son courage à deux mains* et l'aborde. - Est-ce vrai que vous êtes une prostituée? - Bien sur, mon grand loup. Que puis-je pour toi? (www.xxltv.fr/chaine/histoire/histoire.asp?page=91; accès le 28/07/05) = *Ø encher-se de coragem*

prendre son mal en patience (tenir bon) "supporter les difficultés sans faiblir" Le plus souvent il suffit de *prendre son mal en patience* et d'attendre que le rhume passe, ce qu'il fait assez facilement. (www.zoomsante.com/content; accès le 09/01/06) = *agüentar a barra; agüentar a mão; agüentar as pontas; agüentar o repuxo; agüentar o rojão; agüentar o tranco; enfrentar a parada; segurar a barra; segurar a onda; segurar as pontas*

prendre son parti de "accepter ce qu'on ne peut éviter, quelque chose de pénible, de déplaisant" L'Univers analyse ainsi l'état de l'opinion publique: "elle ne prend pas parti pour la révision, elle *prend son parti de* la révision." (www.sdv.fr/judaisme/perso/dreyfus/affaire2.htm; accès le 28/07/05) = *Ø conformar-se com*

prendre sur le fait (prendre la main dans le sac) "surprendre quelqu'un au moment où il est en train de faire quelque chose interdite" L'important est qu'il faut gronder le chat lorsqu'on le *prend sur le fait*, et pas quand on constate les dégats, car c'est alors trop tard. (forum.aufeminin.com/forum/animaux/__f40054_ animaux-Besoin-d-aide-mon-chat-fait-pipi-dans-notre-it.html; accès le 28/07/05) = *apanhar com a boca na botija; pegar com a boca na botija; pegar com a mão na cumbuca; pegar no pulo*

prendre un bol d'air "se recréer un peu" Nous avons la solution à vos problèmes, une offre de dernière minute pour *prendre un* bon *bol d'air* avant les prochains examens. (www.unef.asso.fr/deliaGo/zoomArticle/ article_id-1328/topic_id-0.html; accès le 23/03/05) = *refrescar a cabeça*

prendre une cuite (avoir la dalle en pente; avoir le gosier em pente; boire comme un trou; lever le coude) "boire beaucoup d'alcool" Je ne comprends pas bien l'intérêt de *prendre une cuite*! J'ai des potes qui font ça tous les WE, qui se rendent malades, qui risquent même leur vie. (fhm.concileo.com/user/non-frames/message.asp?forumid=18&messageid=4481&threadid=4481&parentid=3; accès le 01/03/06) = *encher a cara; encher a lata; entortar o caneco; estar alto; estar chumbado; estar mamado; tomar todas*

prendre une gamelle (prendre une pelle; prendre une veste) "subir un échec" La droite doit *prendre une gamelle*, faisons sonner nos casseroles pour faire entendre que la victoire électorale de la gauche est celle du mouvement social (autrechose.lautre.net/mars2004.php3; accès le 03/03/06) = *levar um chão*

prendre une pelle (prendre une gamelle; prendre une veste) "subir un échec" Je passe d'ailleurs avec un sourire à l'endroit où j'avais *pris une pelle* monumentale l'année dernière. (www.cycles-lapierre.fr/webfiles/ Compet/RESULTATS/transves2005.htm; accès le 03/03/06) = *levar tinta*

prendre une veste (prendre une gamelle; prendre une pelle) "subir un échec" Le gouvernement s'est *pris une veste* en voulant défroquer les quelques millions d'internautes adeptes du téléchargement de musique et de films sur Internet. (www.razorback2.com/fr/news/116?dadvsi++le+vrai+debat+repousse+par+le+gouvernement; accès le 03/03/06) = *levar um chão*

prendre une pinte de bon sang "s'amuser bien" Je viens de lire votre "Femme au canapé" et *pris une pinte de bon sang*. Vos trois petites comédies sont à la fois très gaies et très vraies. (membres.lycos.fr/crcrosnier/ouvrages/canapegirard.htm; accès le 27/07/05) = *Ø momento de satisfação*

prendre une piquette "être battu, mis en déroute" Larvo, tu as la mémoire courte. Qui est invaincu sur Puzzle fighter? Tu n'aurais pas *pris une piquette* la dernière fois par, au hasard, moi? (www.dojontsc.com/phpBB2/viewtopic.php?p=1646&sid=fe467b55495c989b604d5c45e51bf088; accès le 28/07/05) = *Ø levar uma surra*

présence d'esprit "le fait de réagir rapidement avec à propos" Un corps alerte permet donc une plus grande *présence d'esprit* pour percevoir les nuances et réagir promptement et correctement. (www.chez.com/affection/afect/livre2/chapitre1j.htm; accès le 28/07/05) = *presença de espírito*

prêter le flanc (donner matière; donner prise) "donner prétexte, opportunité à des critiques, des attaques" Qui osera se présenter à sa place? Et plus Say veut expliquer la propriété sur cette donnée, plus il *prête le flanc* à ses adversaires. (aboutleter.chez.tiscali.fr/pages/etexts%20Bastiat/Calm%8Ftes18201.html; accès le 28/07/05) = *dar brecha; dar lado; dar margem*

prêter l'oreille "prendre en considération" Si tu sais comprendre, écoute ceci, *prête l'oreille* au son de mes paroles. (www.biblia-cerf.com/BJ/jb34.html; accès le 28/07/05) = *dar ouvidos*

prise de bec "dispute, altercation" Il ya eu une *prise de bec*, mais c'est la seule que j'ai vu depuis que je suis là et encore ce n'était pas vraiment très grave. (polygonweb.online.fr/chris.htm; accès le 28/07/05) = *bateção de boca*

promettre la lune "vouloir faire quelque chose d'impossible" Voilà bien les promesses du piranha: elle nous a *promis la Lune* pour nous attirer dans ses filets, et maintenant elle veut nous bouffer tout crus. (www.lutte-ouvriere-journal.org/article. php?LO=1679&ARTICLE=25; accès le 28/07/05) = *bateção de boca*

promettre monts et merveilles "faire des promesses exagérées et trompeuses" Le client ou le "croyant" à qui l'on a *promis monts et merveilles* doit attendre l'étape suivante pour parvenir au résultat escompté. (www.prevensectes.com/manip7.htm; accès le 28/07/05) = *prometer mundos e fundos*

prophète de malheur "celui qui annonce des choses funestes, des événements fâcheux" Le *prophète de malheur* qui annoncerait la catastrophe finale et l'exode d'un million de Pied-Noirs soulèverait une tempête de rires. (membres.lycos.fr/annelanta/perrault.htm; accès le 28/07/05) = *mensageiro do apocalipse*

prouver par A + B "démontrer les preuves d'une affirmation" J'aimerais pouvoir *prouver par A+B* que des trous de sécurité existent dans les réseaux de mes clients. Ils ont pour la plupart un routeur cisco de base (forum.hardware.fr/hardwarefr/OSAlternatifs/ trouver-failles-chez-clients-sujet-30560-1.htm; accès le 01/03/06) = *provar por A mais B*

puits de science "personne très savante." Il acquit des connaissances de plus en plus vastes et devint un réel *puits de science*. Mais il garda toujours une compréhension synthétique de tout (...) (www.sdv.fr/judaisme/histoire/ rabbins/jobloch/jobloch.htm; accès le 28/07/05) = *poço de sabedoria*

pur et dur "authentique, exact, sans dissimulation" Vous êtes confronté à un problème de management *pur et dur*: comment intégrer un élément a priori hétérogène dans une équipe soudée? (lemagchallenges.nouvelobs.com/ articles/p233/a252327.html; accès le 28/07/05) = *nu e cru*

q | Q

quand les poules auront des dents "époque qui n'arrivera jamais" Le Sénat connaîtra l'alternance *quand les poules auront des dents*. (origine.liberation.fr/page_forum.php?Template= FOR_MSG&Message=66063; accès le 16/06/05) = *quando as galinhas tiverem dentes*

quartier chaud "quartier où se trouvent les prostituées" En installant trois caméras de surveillance dans son quartier chaud, la municipalité vient de déclencher la fureur des prostituées. (www.largueur.com/expArt.asp?artID=610; accès le 24/06/05) = *zona (do meretrício)*

question à 2 (10, 100) balles (question à 2 euros; question à 1000 euros) "question dont la réponse est difficile à trouver" *Question à deux balles*: tu sais que tu peux télécharger les pdf des manuels officiels facilement et en français? (www.alionet.org/lofiversion/index.php/t2787.html; accès le 28/04/05) = *pergunta difícil*

question à 2 (1000) euros (question à 2 balles; question à 10 balles; question à 100 balles) "question dont la réponse est difficile à trouver" Une *question à 2 euros*: Il n'y a pas moyen de faire un import automatique d'une police sur le serveur en CSS? (linuxfr.org/~Mitsuaki/16400.html; accès le 28/04/05) = *pergunta difícil*

quitter la partie "abandoner une enterprise délicate dont l'enjeu est important" Il devra se conformer au choix de l'hôte ou décliner l'offre poliment et *quitter la partie*. (www.france-simulation.com/faq_fb/page001.htm; accès le 28/04/05) = *abandonar o barco*

r | R

rabattre le caquet à "obliguer quelqu'un à se taire ou à lui faire baisser le ton" Et puis c'est tellement gai de posséder un animal intelligent qui, de temps en temps, peut *rabattre le caquet* à certains prétentieux bien de chez nous (membres.lycos.fr/scrameustache/interview.htm; accès le 28/04/05) = *baixar a bola de; baixar a crista de*

raccrocher les wagons "retrouver le point à partir duquel la situation est devenu confuse" pour ceux qui auraient râte le premier épisode. Un retour en arrière permettra de *raccrocher les wagons* (premier jour de stage de lutherie). (www.bassfusion.com/atelierLutherie4.php; accès le 28/04/05) = *reatar o fio da meada*

raide comme la justice 1. "très rigide, compassé" Les balances de la justice trébuchent et pourtant l'on dit *raide comme la justice*. La justice serait-elle ivre? (journalenvolee.free.fr/envolee3/numero3/325.shtml; accès le 05/05/05) = *muito intransigente*. **2.** "très excité" Je lui retire son caleçon: sa queue est devant moi, *raide comme la justice*. (u-blog.net/endymion/article/espoir2; accès le 24/06/05) = *de pau duro; de pica dura*

ramener au bercail "ramener à une ligne de conduite celui qui s'en est égaré" Pendant de plus en plus de main- d'œuvre, les propriétaires campaniens commencèrent à s'inquiéter et envoyèrent une milice pour nous *ramener au bercail*. (membres.lycos.fr/crash/lachute/articles/003003000.html; accès le 04/05/05) = *reunir as ovelhas desgarradas*

ramener sa fraise "intervenir en protestant" Tu dis plein de gros mots et tout le monde *ramène sa fraise* en te demandant où tu as mal..Tu les envoie tous balader grossièrement. (i.dutailly.free.fr/hchaudiere.htm; accès le 05/05/05) = *reclamar*

ranger (se) des voitures "mener une vie plus paisible et plus régulière que précédemment" Se souvient-on de la scène où Elvire, toute empanachée de Dieu et mortifiée par ses péchés, vient supplier Dom Juan de se *ranger des voitures*? (perso.wanadoo.fr/paul.carbone/lesbons.htm; accès le 05/05/05) = *sossegar o facho*

rat de bibliothèque "personne qui passe son temps à consulter des livres dans les bibliothèques" Un *rat de bibliothèque* reste un rat de bibliothèque! Et c'est exactement ce qu'elle a fait, avec l'aide de son mari et de sa mère. (ww.harlequin.fr/auteurs/biographie.php?auteur=103; accès le 05/05/05) = *rato de biblioteca*

rater le coche (louper le coche; manquer le coche; manquer le pas) "échouer pour avoir laissé passer l'occasion" Et dans la plupart des cas, si le bien est potable, il part sans négociation dans la semaine, il ne faut pas *rater le coche*. (forums.lesechos.fr/download_thread.php?bn=echos_immobilier&thread=1088689229&cpag=50; accès le 05/05/05) *dormir no ponto; marcar bobeira; marcar passo; marcar touca*

ratisser large "réunir le plus d'éléments possible qui s'en tirera sans autre inconvénient que de dépasser" Pour rédiger votre CV, vous devez être attentif à deux écueils: "*ratisser large*" ou au contraire exprimer un objectif professionnel trop spécifique. (www.ccm-recrutement.fr/redigercv.htm; accès le 05/05/05) = *ir além*

ravitaillé par les corbeaux "abandonné, oublié" Vatry est un véritable désert, *ravitaillé par les corbeaux*. La piste est belle, l'aérogare presque à la fin de sa construction. Pas un seul avion. (www.pilotlist.org/balades/paris/paris.htm; accès le 05/05/05) = *jogado às traças*

raz de marée "bouleversement soudain d'une situation politique, de l'équilibre social" Il y a eu aux régionales un *raz de marée* contre la droite au pouvoir et une victoire électorale massive du Parti socialiste. (www.reseauxcitoyens-st-etienne.org/ article.php3?id_article=281; accès le 05/05/05) = *onda que arrasa*

rebattre les oreilles "ennuyer en répétant toujours la même chose" Mais elle évite de sortir, s'isole même pour ne pas *rebattre les oreilles* de ses amies avec son histoire et ses mêmes interrogations. (up.tf1.fr/plurielles/amours/couple/ 0,3197842,00.html; accès le 05/05/05) = *martelar nos ouvidos*

recevoir cinq sur cinq "entendre quelqu'un parfaitement" Je crois que mon message a été *reçu cinq sur cinq*. (www.rtl.fr/rtlinfo/breves.asp?dicid=285146&rubid=50; accès le 15/05/05) = *ouvir alto e claro*

recharger les accrus (recharger les batteries) "reprendre ses forces" De courtes visites qui lui permettent de *recharger les accrus* pour mieux se replonger dans l'entraînement et la compétition. (www.ifrance.com/athleweb/athleweb/ barber.htm; accès le 11/05/05) = *recarregar as baterias*

recharger les batteries (recharger les accrus) "reprendre ses forces" Lors de mon dernier break (chaque expatrié s'arrête une semaine tous les trois mois de mission, histoire de *recharger les batteries*) j'ai passé trois jours dans un village en Israël. (www.serpsy.org/psy_bout_monde/Israel_Palestine/Naplouse3.html; accès le 11/ 05/05) = *recarregar as baterias*

reculer pour mieux sauter "faire des concessions en attendant un meilleur moment pour agir" Nous demandons la prise en charge par l'Etat, des cotisations sociales, car le report ne règle rien: ce n'est que *reculer pour mieux sauter*. (www.fnsea.fr/ actualites/actu_suite.asp?IdArticle=654; accès le 05/05/05) = *Ø aguardar o melhor momento para atacar*

redorer son blason "rétablir son prestige par l'intermédiaire d'une réussite" La station savoyarde compte *redorer son blason*. Val d'Isère (73) L'obtention des championnats du monde de ski 2009 a sonné l'heure des grands travaux. (www.lhotellerie.fr/lhotellerie/Articles/2905_30_Decembre_2004/La_station_ savoyarde.htm; accès le 05/05/05) =*restabelecer seu prestígio*

réduire en bouillie (réduire en cendres; réduire en poussière) "annihiler, détruire, ruiner" On peut être contents, on fait honneur à la France: c'est de l'obus bien de chez nous qui va nous *réduire en bouillie*! (www.editions-verdier.fr/v2/oeuvre-guerillero.html; accès le 05/05/05) = *reduzir a cinzas; reduzir a pó*

réduire en cendres (réduire en bouillie; réduire en poussière) "annihiler, détruire, ruiner" Nous, Français, observons et comprenons aisément, quotidiennement, cet engrenage dialectique qui, en Irak, va *réduire en cendres* les ambitions des néo-impérialistes américains. (www.survie-france.org/article.php3?id_article=426; accès le 05/05/05) = *reduzir a cinzas; reduzir a pó*

réduire en poussière (réduire en bouillie; réduire en cendres) "annihiler, détruire, ruiner" A intervalles réguliers, un boss, souvent immense, essaiera de vous *réduire en poussière*, à vous de trouver son point faible pour le défaire. (www.playfrance.com/ps2-Maximo-Vs-Army-of-Zin/test; accès le 05/05/05) = *reduzir a cinzas; reduzir a pó*

refaire surface "réapparaître en public après un temps d'absence, faire de nouveau parler de soi" Mais Charlie entame ce voyage en oubliant ses médicaments, permettant par la-même à son alter ego dérangé, Hank, de *refaire surface*. (www.rueducommerce.fr/Films-DVD/Comedie-Humour/Tous-nos-films/4968-Fous-d-Irene.htm; accès le 05/05/05) = *dar o ar da graça*

refiler le bébé "se décharger sur un autre d'une responsabilité difficile à assumer, d'un problème difficile à résoudre" Mais entre nous, vu le naufrage du navire comme le montrent les différentes analyses, c'est peut-être le bon moment de réellement *refiler le bébé*! (declerck.chez.tiscali.fr/giga/ democratie.php; accès le 05/05/05) = *passar a bola*

regard de chien battu "regard afligé" Son *regard de chien battu* et la tristesse infinie qui s'en dégage laissera une empreinte indélébile dans la galerie des personnages forts de l'année. (perso.wanadoo.fr/abusdecine/ films3etoiles/cette-femme-la.htm; accès le 05/05/05) = [*olhar de cão sem dono*]

regarder de travers "regarder avec hostilité, d'un air mécontent" Il m'a *regardé de travers*, et m'a demandé "quoi?" J'ai redoublé de sourires et l'ai de nouveau invité à me suivre. (scribouilleuse.free.fr/21nov; accès le 04/05/05) = *olhar de atravessado; olhar feio; olhar torto*

regarder (se) en chiens de faïence "se regarder en se défiant" Après 5 ans de mariage sans pilule, on commençait à se *regarder en chiens de faïence*. D'ailleurs, c'est pour ça qu'on a pris un cocker. (fabienma.club.fr/annu-art/tombe/tombe4.htm; accès le 27/04/05) = [*olhar feio um para o outro*]

regarder (se) le nombril "attacher une grande importance à sa personne" Les autres fabricants sont trop occupés à se *regarder le nombril* (...) et s'auto féliciter (...) Comme si ils le méritaient (...) (communaute.meubledeco.fr/?p=forum& aiguille=read.php&f=3&i=418&t=418; accès le 27/04/05) = *olhar para o próprio umbigo*

regarder par-dessus l'épaule "regarder avec dédain, mépris" Radlehk regarde alors *par dessus l'épaule* de son voisin qui feuillette le carnet, l'air très intrigué. Odolïniis entre à son tour, le visage grave. (malvoort.free.fr/bibliotheque/ cultes/Carnet%20Momoye/entree.htm; accès le 27/04/05) = *olhar por cima do ombro*

régler son compte "appliquer à quelqu'un une correction ou punition qu' on estime qu'il mérite" Ils commencèrent par *régler son compte* au géant Tityos qui avait, avant leur naissance, tenté de violer leur mère. D'une flèche, ils l'envoyèrent dans le Tartare subir un châtiment éternel. (www.ibelgique.com/ mythesgrec/apollon.htm; accès le 11/05/05) = *acertar as contas*

relever la tête "agir sans honte, sans plus se laisser reprocher, intimider" Ce n'est pas brillant, brillant... plutôt solide, mais il était indispensable d'arrêter les opérations portes ouvertes pour *relever la tête*. (olweb.fr/fr/cmc/saison/2005/14/3117.html; accès le 27/04/05) = *erguer a cabeça; levantar a cabeça*

relever le gant "accepter un défi" La rénovation de la salle Drouot, qui devait avoir lieu à partir de cet été, a pris du retard, ce qui n'augure rien de bon pour l'avenir de quelques groupes désireux de *relever le gant* contre l'omnipotence anglo-saxonne. (www.artcult.com/ed9.html; accès le 13/04/05) = [*levantar a luva*] [*cultivé*]

remède de bonne femme "remède préparé selon une tradition parlée" Surtout le Suprême de noix, ancestral *remède de bonne femme* – "digestif, stomachique et anticholérique" – qui a fait le prestige de la dynastie. (www.lepoint.fr/dossiers_villes/document.html?did=122849; accès le 27/04/05) = *Ø remédio caseiro*

remettre (se) à flot "sortir d'une situation financièrement pénible" C'est un garçon courageux qui n'a pas hésité à venir travailler en vacances pour se *remettre à flots*. (www.sluc-basket.org/asp/zon_ actualites/act_det.asp?actid=16130; accès le 15/05/05) = *endireitar a vida*

remettre aux calendes grecques (renvoyer aux calendes grecques) "ajourner à une date indeterminée, à jamais" Ceci afin de ne pas *remettre aux calendes grecques* la réhabilitation de la maison pour tous, actuellement fermée pour cause de sécurité publique. (membres.lycos.fr/saintjulien05/conseilm.htm; accès le 27/04/05) = *ficar para as calendas grega; ficar para o dia de São Nunca*

remettre (se) en selle (reprendre du poil de la bête) "retrouver une situation stable" A bout de forces, il compte sur ses collègues pour se *remettre en selle*. "Sinon, on reprend tous le boulot demain, c'est sûr." (www.sauv.net/ctrc.php?id=440; accès le 15/05/05) = *dar a volta por cima*

remettre les compteurs à zéro (repartir à zéro; revenir à la case départ) "recommencer du début" L'occasion est donnée par ce vote de *remettre les compteurs à zéro*, mais le risque est que, dans ces conditions, ils y restent. (solidariteetprogres.online.fr/Editoriaux/Texte9912.html; accès le 27/04/05) = *recomeçar da estaca zero; voltar ao ponto de partida*

remonter la pente "rétablir une situation déplorable" Il *remonte la pente* progressivement, espérant retrouver à partir de 2006 un équilibre financier et d'indispensables bénéfices pour perdurer. (www.lhotellerie.fr/hotellerie-restauration/Articles/2005/2915_10_Mars_2005/L_union_fera_la_force.htm; accès le 27/04/05) = *sair da lama; sair do atoleiro; sai do fundo do poço; sair do sufoco; tirar o pé da lama*

remonter le courant "s'imposer face à une opinion majoritaire contraire" Et c'est la troisième question, Monsieur le Premier ministre, comment *remonter le courant*, comment convaincre les Français de l'importance de cette ouverture à la Turquie? (www.deputes-socialistes.fr/dossiers/turquie/ayrault2112.htm; accès le 15/05/05) = *nadar contra a corrente; nadar contra a correnteza; nadar contra a maré*

remonter les bretelles (apprendre à vivre; dire deux mots; faire une scène; passer un savon; prendre à partie; sonner les cloches) "réprimander quelqu'un" La présidente du club vaudais a prévu cette semaine de *remonter les bretelles* à ses joueuses qui accueilleront le leader Bègles, samedi. (www.20min.fr/journal/sport/article.php?ida=48773; accès le 11/05/05) = *chamar na chincha; dar uma dura; mostrar com quantos paus se faz uma canoa; puxar as orelhas*

remuer ciel et terre "faire tous ses efforts pour le succès d'une enterprise" "(...) Le mien est humain, sans haine, sans xénophobie mais dont la colère peut *remuer ciel et terre* pour manifester sa légitimité", écrit Rachid Hakkari. (www.humanite.fr/journal/2002-03-30/2002-03-30-31388; accès le 04/05/05) = *mover céus e terras*

remuer le couteau dans la plaie (enfoncer le couteau dans la plaie; mettre le doigt sur la plaie; retourner le couteau dans la plaie) "raviver une peine, un chagrin" Je sais que je suis nul, c'est pas la peine de *remuer le couteau dans la plaie* [...] (blost.skyblog.com; 11/05/05) = *colocar o dedo na ferida; pôr o dedo na ferida*

remuer les tripes (prendre aux tripes; retourner les tripes) "émouvoir profondément" Mais il y a aussi les cloches de l'église et une "gralla dolça" à vous *remuer les tripes*. J'en reparlerai en détail tant je suis enthousiaste. (membres.lycos.fr/jpgelu/portraits.html; accès le 04/05/05) = *Ø mexer com*

renaître de ses cendres "réapparaître, se manifester de nouveau" Mais sur place la vie tente de *renaître de ses cendres*, et les forestiers s'interrogent: faut-il reboiser ou laisser faire la nature? (www.cemagref.fr/Informations/ Ex-rechr/rural/foret-cendres/foret-cendres.htm; accès le 04/05/05) = renascer das cinzas

rendre gorge "restituer ce qui a été pris par des moyens illicites" Je serais curieux de savoir comment notre petite protégée a pu faire *rendre gorge* à un démon faisant le double de sa taille! (membres.lycos.fr/shadowofdeath/ compagnons_II/cdt2_chapitre_19.htm; accès le 04/05/05) = *Ø devolver na marra*

rendre la monnaie (de sa pièce) (rendre la pareille) "utiliser envers quelqu'un les mêmes procédés qu'on a employés envers nous" [souvent: sens négatif] Quand un monsieur vous a tout donné, la moindre des choses, c'est de lui *rendre la monnaie* de sa pièce. (www.monnaiedeparis.fr/jeunes/citations.htm; accès le 11/05/05) = *dar o troco; pagar com a mesma moeda*

rendre la pareille (rendre la monnaie (de sa pièce)) "utiliser envers quelqu'un les mêmes procédés qu'on a employés envers nous" [souvent: sens négatif] Un grand merci à FB pour ces excellents conseils Very Happy J'espère un jour pouvoir vous *rendre la pareille*... (www.phpnuke-europe.org/ftopic-1409-5.html; accès le 11/05/05) = *dar o troco; pagar com a mesma moeda*

rendre son tablier "démissionner" Il a aussi présidé longtemps aux destinées de la société de gymnastique de la commune, avant de *rendre son tablier* [...] (archives.strasbourg.fr/cus-magazine/ 20/page40.html; accès le 04/05/05) = *pedir as contas*

rentrer dans le système "accepter les règles préétablies par une société considérée idéologiquement contraignante" Et je ne tiens pas à me corrompre moi-même afin de mieux *rentrer dans le système*. On me dit qu'il n'est jamais trop tard pour trouver sa voie. (cacoquinou.blog.lemonde.fr/ cacoquinou/2005/02/lettres_mawie_1.html; accès le 05/05/05) = *entrar no esquema; entrar no jogo*

rentrer dans sa coquille "se refermer sur soi-même" Chacun *rentre dans sa coquille* et aucun des deux ne cherche à aller au contact. (www.menshealth.fr/html/archives/sexe/sexe0304.html; accès le 05/05/05) = *entrar no casulo*

renverser la vapeur "changer sa façon d'agir" Si nous réussissons ensemble à *renverser la vapeur*, le pays peut trouver dans ce département des sources d'énergie formidables. (www.humanite.presse.fr/ journal/1998-03-19/1998-03-19-412105; accès le 05/05/05) = *tomar outro rumo*

renverser le jeu "redresser une situation défavorable, compromise" "Avant d'aborder cette rencontre, j'avais demandé aux gars de jouer plus collectif de manière à *renverser le jeu* plus rapidement. (www.voixdujura.fr/archives/voir_archive.asp?archive=1489&dossier=&chronologie=oui&page=110; accès le 05/05/05) *virar o jogo*

renvoyer aux calendes grecques (remettre aux calendes grecques) "ajourner à une date indeterminée, à jamais" Quant au débat public sur l'entrée de la Turquie dans l'Union, il est *renvoyé aux calendes grecques.* (perso.wanadoo.fr/quefaire/EditoRebellion 0501.html; accès le 27/04/05) = *ficar para as calendas gregas; ficar para o dia de São Nunca*

renvoyer dans les cordes (casser du sucre sur le dos; déchirer à belles dents; descendre en flammes) "calomnier quelqu'un, lui faire de sévères critiques" Par ailleurs, quand les femmes commencent à charrier les mecs, à ne pas hésiter à les *renvoyer dans les cordes*, à se moquer d'eux, il n'y a plus de problème de harcèlement sexuel, car le rapport de domination est rompu (embruns.net/mt3/reactions.cgi?entry_id=905; accès le 11/05/05) = *baixar o par; baixar o sarrafo; descer a lenha; descer o pau; meter a boca; meter a lenha; meter o pau*

renvoyer dos à dos "ne donner raison ni à l'un ni à l'autre" Ce n'est pas tout d'avoir des convictions et de *renvoyer dos à dos*, comme vous dites (c'est à voir), les deux autres prétendants. (www.liberation.fr/page_forum. php?Template=FOR_DSC&Message=20651; accès le 05/05/05) = *Ø não dar razão nem a um nem a outro*

renvoyer la balle (river son clou) "donner la réplique avec vivacité" Les gens ne te touchent pas, il faut faire le premier pas, tu voudrais dialoguer sans *renvoyer la balle*, Impossible d'avancer sans ton gilet pare-balle. (membres.lycos.fr/sportcartoon/lyrics/fra/trust.htm; accès le 05/05/05) = [*devolver na lata*]

renvoyer l'ascenseur "être reconnaissant" Je me rends compte que c'est à moi, à présent, de *renvoyer l'ascenseur*, affirme l'écrivain Daniel Picouly, car le modèle ne fonctionne plus. (www.lexpress.fr/info/france/ dossier/domtom/dossier.asp?ida=428684; accès le 04/05/05) = *Ø retribuir favores*

repartir à zero (remettre les compteurs à zéro; revenir à la case départ) "calomnier quelqu'un, lui faire de sévères critiques" Loin d'ici, *repartir à zero*, sans connaitre personne, voyager, vivre de nouvelles choses, voir d autres tetes! il nya que des avantages. (blogs.aol.fr/jeni130585/Maviemes19ans/entries/594; accès le 05/05/05) = *recomeçar da estaca zero; voltar ao ponto de partida*

réponse de normand "réponse évasive, ambiguë" Dans la réponse peser le contre et le pour et conclure sur une formulation plus adéquate en évitant la *réponse de normand*, déplacer le point de vue. (www.chambery.grenoble.iufm.fr/ home/SHS/ CAPSAIS/simulation_soutenance.htm; accès le 05/05/05) = Ø *resposta evasiva*

réponse du berger à la bergère "réponse qui clôt une discussion" *Réponse du berger à la bergère*, les scénarios de sortie du nucléaire ne sont donc pas plus chers; alors chiche, sortons et vite! (www.lcr-rouge.org/archives/111600/ semain5.html; accès le 05/05/05) = Ø *pra terminar a conversa*

reposer (se) sur ses lauriers (endormir [s'] sur ses lauriers) "jouir d'un repos mérité après de nombreux et grands succès" Un vrai passionné qui n'est pas encore prêt à se *reposer sur ses lauriers*. N'hésitez donc pas à visiter son site! (les.arbres.free.fr/passion.php; accès le 05/05/05) = *dormir sobre os louros*

reprendre du poil de la bête (remettre (se) en selle) "retrouver petit à petit une meilleure santé, une situation favorable" Aujourd'hui, la Pologne semble *reprendre du poil de la bête* après plusieurs années noires. (www.beskid.com/ espagne82.html; accès le 15/05/05) = *dar a volta por cima*

rester à la traîne "ne pas progresser comme les autres du groupe" Il était temps, car en Italie il existait depuis 1898 un bataillon d'éclaireurs skieurs au Col de TENDE, et la France ne pouvait pas *rester à la traîne*. (pageperso.aol.fr/cartepostalemuse/ SKIindex.html; accès le 05/05/05) = *ficar para trás, ficar na rabeira*

rester (en) comme deux ronds de flan "rester frappé de stupeur" Quand on l'a réveillé pour lui rendre sa fugueuse, le papa en est *resté comme deux ronds de flan*. Il ne s'était encore aperçu de rien. (membres.lycos.fr/ramsessworld/page6gg.htm; accès le 05/05/05) = *ficar com cara de tacho*

rester court (rester sec) "rester sans arguments, sans repartie" Quatre ans plus tard, il constate que la réflexion et l'attention ont perdu leur force, que la mémoire s'est affaiblie au point qu'il ne peut plus se rappeler les noms qui lui sont les plus familiers, qu'il *reste court* en parlant ou même en écrivant, parce qu'il ne se souvient pas du nom des personnes ou des choses. (www.cosmovisions.com/ Biran.htm; accès le 12/06/05) = Ø *não ter o que dizer*

rester de marbre "rester impassible, insensible" Le roi du politiquement incorrect a choisi le bon filon: impossible de *rester de marbre* devant cette farce en forme d'hymne à la crétinerie humaine. (www.allocine.fr/film/ revuedepresse_ en_cfilm=52644&note=3&ccritique=18426007.html; accès le 05/05/05) = Ø *nem se mexer*

rester en plan "être remis à plus tard" On ne peut pas *rester en plan*, comme ça, pour rien, deux semaines de plus... Qui pourrait nous garantir quoi que ce soit si on reste une semaine de plus? (www.ac-nancy-metz.fr/enseign/CinemaAV/levent/ 11_decoup19.htm; accès le 05/05/05) = *ficar em segundo plano*

rester en travers (de la gorge) (rester sur l'estomac) "gêner, n'être pas admis, accepté" J'en pense que la demie bouchée comme tu dis pourrait *rester en travers* de la gorge des iraniens! (forums.voila.fr/read_message. php?idmessage=132284&idsection=951; accès le 05/05/05) = *estar atravessado na garganta; ficar entalado na garganta*

rester sec (rester court) "rester sans arguments, sans repartie" Elle vous évitera de *rester "sec"* à la suite d'une question jugée délicate parce que trop ouverte, du type: "parlez-moi de vous" (www.jobscampus. com/etudiant/entretien.asp?n_c=2; accès le 05/05/05) = *Ø não ter o que dizer*

rester sur la touche (être sur la touche; ne pas être dans le coup) "rester à l'écart d'une affaire" Fini les superbes pelouses des plus beaux stades du monde, bienvenue sur le goudron dur et sale. Les mauviettes peuvent *rester sur la touche*. (www.jeuxvideo.fr/html/rechercher_3948.htm; accès le 05/05/05) = *ficar de fora*

rester sur l'estomac (rester en travers de la gorge) "n'être pas admis, accepté, gêner" Vous gardez souvent pour vous ce que vous aimeriez dire, c'est pourquoi cela vous *reste sur l'estomac*. (pgiani.jupitair.org/les_signes_du_ zodiaque.htm; accès le 05/05/05) = *estar atravessado na garganta; ficar entalado na garganta*

retomber sur ses pattes (retomber sur ses pieds) "se débarasser à son avantage d'une situation difficile" La lecture du livre dira si l'écrivain sait aussi bien *retomber sur ses pattes* comme le critique. (www.holambecomores.com/ public/ rubrique19.html; accès le 05/05/05) = *cair de pé*

retomber sur ses pieds (retomber sur ses pattes) "se débarasser à son avantage d'une situation difficile" L'offensive de l'islamisme est dissoute dans une problématique socio-économique qui permet au progressisme de *retomber sur ses pieds*. (lmsi.net/ article.php3?id_article=192; accès le 05/05/05) = *cair de pé*

retourner à ses moutons (revenir à ses moutons) "reprendre le sujet initial après une digression" Néanmoins, *retournons à nos moutons*, le côté didactique du logiciel que je vous présente ci-après est surprenant [...] (optipalm.free.fr/graf_partout.php; accès le 05/05/05) = *voltar à vaca fria*

retourner le couteau dans la plaie (enfoncer le couteau dans la plaie; mettre le doigt sur la plaie; remuer le couteau dans la plaie) "raviver une peine, un chagrin" Pour en revenir au sujet (...) il en a marre de tout alors est ce le moment de *retourner le couteau dans la plaie* pour quelques meubles? (www.vivelesrondes.com/ forum/viewtopic_12802.htm; accès le 11/05/05) = *colocar o dedo na ferida; pôr o dedo na ferida*

retourner les tripes (prendre aux tripes; remuer les tripes) "émouvoir profondément" Il m'a *retourné les tripes* avec tout ce qu'il met de lui dans sa musique. Un grand monsieur à n'en pas douter. (loreillebleue.free.fr/Festivals/ Bougy/bougy_edition_2004.htm; accès le 11/05/05) = *Ø mexer com*

retourner sa veste (tourner casaque) "changer de parti, d'opinion, en reniant ses idées par opportunisme" Euh...parce qu'elle a été ministre sous VGE, tu dis qu'elle a *retourné sa veste*? Tu sais de qui tu parles? (forum.hardware.fr/hardwarefr/Discussions/ Francoise-Giroud-decedee-matin-sujet-429-1.htm; accès le 05/05/05) = *virar (a) casaca*

retrousser ses manches "se préparer à travailler avec courage" C'est le moment où il faut véritablement *retrousser ses manches* au jardin pour le préparer à la future éclosion de la nature. (www.leroymerlin.fr/mpng2-front/pre?zone=zonecatalogue&renderall=on&idLSPub=1091200526; accès le 05/05/05) = *arregaçar as mangas*

réveiller les vieux démons "raviver les sujets anciens de discorde" Paris a *réveillé les vieux démons* en donnant l'impression de soutenir la victoire contestée de Faure Gnassingbé. Parfois, le silence est d'or. (www.lexpress.fr/info/monde/ dossier/Togo/dossier.asp?ida=432888; accès le 05/05/05) = [*desenterrar defunto*]

revenir à la case départ (remettre les compteurs à zéro; repartir à zero) "reprendre une situation qu'on croyait déjà dépassée" Semblablement, cet être aime les voyages, le changement, les rencontres, mais il a une fâcheuse tendance à "*revenir à la case départ*". (www.delemme.fr/vedette.htm; accès le 05/05/05) = *voltar ao ponto de partida; voltar ao ponto de partida*

revenir à ses moutons (retourner à ses moutons) "reprendre le sujet initial après une digression" Mais pour en *revenir à nos moutons*, j'aime montrer une certaine vulnérabilité et je ne pense pas qu'il s'agisse d'un signe de faiblesse. (amandatapping.free.fr/itwseriestv_HS2.htm; accès le 05/05/05) = *voltar à vaca fria*

revenir bredouille "rentrer sans avoir obtenu ce qu'on désirait" Mon contrat de travail à Sida Info Service arrive à échéance. Février 1999, je rentre à Rouen, avec la bizarre impression de *revenir bredouille*. (abcedaire.free.fr/temps3/repli1.htm; accès le 05/05/05) = *voltar de mãos abanando*

revenir de loin "échapper d'une grave maladie ou danger" Renaud vient de *revenir de loin*: dépression, alcool, divorce auraient pu le tuer. Heureusement Renard veillait sur notre Poulbot préféré. (www.amazon.fr/exec/obidos/tg/feature/-/60974; accès le 05/05/05) = *Ø escapar dessa, escapar de boa*

revenir sur le tapis "devenir de nouveau un sujet de conversation" La question des engagements financiers devrait toutefois *revenir sur le tapis* lors du Sommet des pays industrialisés à Munich, dès le mois de juillet. (www.inra.fr/dpenv/sousss05.htm; accès le 05/05/05) = *voltar à baila; voltar à cena*

revers de la médaille "le côté désagréable et inconvénient d'une chose qui n'avait montré que ses aspects positifs" Désabusé, il dévoile surtout le malaise d'une génération de trentenaires Qui n'a connu que le *revers de la médaille* révolutionnaire. (perso.wanadoo.fr/calounet/resumes_livres/padura_ resume/padura_automnecuba.htm; accès le 05/05/05) = *reverso da medalha*

rincer (se) l'oeil "regarder avec jouissance une scène érotique, une femme" Pinocchio des Balkans, l'oeil dans le rétro vous emmène dans un voyage qui abolit les frontières et rassemble les générations. Venez vous *rincer l'oeil!* (projetbob.free.fr/Jeudis_d%E9couverte/7_avril/l'oeildansler%E9tro_jabuz.htm; accès le 05/05/05) = *Ø ficar vidrado*

rire à gorge déployée (rire aux éclats) "rire sans retenue" Le reste c'est de l'allopathie avec des produits homéopathiques qui donne de très mauvais résultats et font que les anti peuvent *rire à gorge déployée.* (forum.doctissimo.fr/medicaments/homeopathie/herpes-que-dois-je-prendre-sujet-145836-1.htm; accès le 05/05/05) = *rir a bandeiras despregadas [cultivé]*

rire aux éclats (rire à gorge déployée) "rire sans retenue" L'important c'est de faire la fête et de *rire aux éclats* (www.bide-et-musique.com/song/4552.html; accès le 27/02/06) = *rir a bandeiras despregadas [cultivé]*

rire jaune "rire de façon contrainte, en dissumulant sa gêne" Oui bien entendu que c'est pour rire, le seul problème c'est que c'est un *rire jaune* violacé. (www.liberation.fr/page_forum. php?Template= FOR_DSC&Message=195924; accès le 05/05/05) = *rir amarelo*

rire sous cape "rire dissimulé" En rentrant du show la limousine et tout, ça avait comme un côté ironique, même la pute sur la banquette alternait *rire sous cape* et regards consternés. (hermaphrodite.fr/article607; accès le 05/05/05) = *Ø sorriso sorrateiro*

risquer sa peau "s'exposer à un risque" Qu'est ce qu'une fille comme elle pouvait bien fuir pour *risquer sa peau* si loin entourée de races qu'elle méprisait et craignait à la fois? (joueursdechimeres.free.fr/Skyrealms%20of%20Jorune.htm; accès le 05/05/05) = *arriscar a (própria, sua) pele*

river son clou à (qqn) (renvoyer la balle) "donner la réplique avec vivacité" il fait mouche!. Personne mieux que lui ne peut *river son clou à* la grande Buffy et rien que ça ça vaut de l'or. (www.ciao.fr/Buffy__Avis_475956; accès le 05/05/05) = *[devolver na lata]*

rompre la glace "faire cesser la gêne entre deux personnes" A notre connaissance, le projet a désormais été retiré (...) avec en conclusion qu' il n' y a rien de mieux que la concertation (...) pour *rompre la glace*!!! (pro.wanadoo.fr/herault-tribune/pages/HT19.html; accès le 05/05/05) = *quebrar o gelo*

rompre les ponts (couper les ponts) "interrompre toute relation avec quelqu'un ou quelque chose" Il pourra rester chez des amis au moins une semaine pour *rompre les ponts* avec ses congénères et sa mère et apprendre à fonctionner par lui-même. (perso.wanadoo.fr/dalmatien/page206.html; accès le 05/05/05) = *cortar os laços*

ronger son frein "contenir son impatience ou colère" Les huîtres sont bonnes toute l'année, alors, pourquoi *ronger son frein* en attendant les fêtes de fin d'année? Aucune raison de se priver! (www.coquillages.com/h_saisons.htm; accès le 05/05/05) = *Ø segurar-se*

rouleau compresseur "grand dynamisme qui ne s'arrêter par aucune difficulté" Le travail social face au *rouleau compresseur* des orientations gouvernementales: la solidarité et la protection sociale mises à mal! (www.cemea.asso.fr/actu_96.html; accès le 05/05/05) = *rolo compressor*

rouler dans la farine "tromper quelqu'un" Je n'aime pas me faire *rouler* ainsi *dans la farine*!! Selon lui, la commission des finances n'est pas représentée en assez grand nombre. (www.senat.fr/seances/ s199905/ s19990512/sc19990512062.html; accès le 05/05/05) = Ø *enrolar, ficar enrolando (alguém)*

rouler sa bosse "changer continuellement de résidence sans avoir de situation stable" A force de *rouler sa bosse*, ce nomade en voie de sédentarisation, né en 1955 à Lille, en a vu d'autres, rayon frissons et perfidies. (www.lexpress.fr/ mag/arts/ dossier/paf/dossier.asp?ida=400616; accès le 05/05/05) = Ø *não ter paradeiro*

rouler un patin (rouler une pelle) "donner un baiser de langue" J'ai l'impression qu'il va me *rouler un patin* alors je recule doucement la tête. (www.u-blog.net/ coffeeshop/note/168; accès le 05/05/05) = Ø *dar um beijo de língua*

rouler une pelle (rouler un patin) "donner un baiser de langue" Je m'en vais car il m'a suffit de *rouler une pelle* à un mec que je connais depuis quelques temps pour oublier Kris. (impressive.joueb.com/news/243.shtml; accès le 05/05/05) = Ø *dar um beijo de língua*

s | S

sac à viande "sac de couchage" Ne pas oublier que les nuits sont relativement fraîches et qu'un duvet léger et/ou un "sac à viande" est nécessaire. (www.nouragues.cnrs.fr/ NourAnnexes.htm; accès le 07/04/05) = Ø *saco de dormir*

sac à vin "alcoolique invétéré" Je lui ai raconté que vous avez dit qu'il était un *sac à vin* sans talent. (mathieu.alloin.free.fr/cercle/magie/aprenti.htm; accès le 07/ 04/05) = Ø *cachaceiro; pau-d'água*

sac d'embrouilles (sac de nœuds) "confusion, désordre" La vie de Kevin devient vite un dangereux *sac d'embrouilles*. (www.gallimard.fr/gallimard-cgi/AppliV1/affied.pl? ouvrage=210520012177200; accès le 07/04/05) = *saco de gatos*

sac de nœuds (sac d'embrouilles) "confusion, désordre" Enfin, la candidature turque ajoute son propre noeud de difficultés au *sac de noeuds* européen. (www.lepoint.fr/ edito/document.html?did=145262; accès le 21/04/05) = *saco de gatos*

sage comme une image "enfant qui se présente tranquille et silencieux" Annette est *sage comme une image*. Elle regarde la couverture de son livre. Sur le bout de son nez, il ya de fausses lunettes en plastique. (www.etab.ac-caen.fr/ecauge/Ecriture/ Ateliers 0102/ NFeron/PropoenfaN/propoenfanat2.htm; accès le 07/04/05) = Ø *muito comportado*

sain et sauf "physiquement intact après être exposé à quelque danger" Le petit skieur de 9 ans retrouvé *sain et sauf* dans les Vosges. (www.bouclier.org/article/ 1135.html; accès le 21/04/05) = *são e salvo*

saisir à bras-le-corps (prendre à bras-le-corps) "s'attaquer à un problème de façon décidée, avec l'intention de le résoudre" la jeune fille révélait un caractère déterminé, prêt à *saisir à bras-le-corps* les difficultés de la vie [...] (jacques-coeur.bourges.net/ macee.htm; accès le 21/04/05) = *dar um basta*

saisir la balle au bond (attraper la balle au bond; prendre la balle au bond) "profiter de l'occasion" Une telle situation est pourtant source d'espoir et d'opportunités mirabolantes pour ceux qui savent *saisir la balle au bond.* (www.kvschweiz.ch/sw10894.asp; accès le 21/04/05) = Ø *aproveitar a deixa*

sale coup (pour la fanfare) (coup dur) "situation difficile et décevante" *Sale coup* pour le modèle allemand. L'Allemagne a passé le cap des cinq millions de chômeurs. (humanite.presse.fr/journal/2005-02-03/2005-02-03-456002 l; accès le 07/04/05) = *golpe duro*

salir (se) les mains "se compromettre avec quelque chose d'illicite" S'il faut se *salir les mains* ou accepter la mort d'innocents, je choisis de me salir les mains au risque de perdre mon âme. (www.humanite.fr/journal/2004-05-14/2004-05-14-393654; accès le 08/04/05) = *sujar as mãos*

salle des pas perdus "salle d'attente" Gare Saint Lazare n'est désormais plus qu'une brume vague dans son esprit pressé, et pourtant, ses pas continuent d'errer dans *la salle des pas perdus.* (www.ciao.fr/General_SNCF__Avis_655472; accès le 08/04/05) = Ø *sala de fazer hora*

sang bleu "ascendance noble" L'un s'exclame, un tantinet gêné: " J'ai du *sang bleu* qui coule dans mes veines." Regard interloqué de ses amis. "Pas du sang des grands d'Espagne". (new.humanite.fr/popup_print.php3?id_article=286590; accès le 08/04/05) = *sangue azul*

sans aveu (sans feu ni lieu)"sans domicile fixe et sans provenance sociale définie" Il est spécialement chargé de la police envers les gens *sans aveu*, les vagabonds, les perturbateurs de la tranquillité publique [...] (www.histoire-empire.org/docs/bulletin_des_lois/colonies/ile_de_france_02_02-1803.htm; accès le 21/04/05) = *sem eira nem beira*

sans bourse délier (pour pas un rond) "gratuitement" Non! La plupart des jeux sont proposés en version de démonstration qui vous donne la possibilité de jouer *sans bourse délier*! (boonty.tiscali.fr/faq.php; accès le 08/04/05) = *na faixa*

sans cervelle "irresponsable" Donner de l'autruche à une enfant de 11 mois.... il faudrait dénoncer cette mère *sans cervelle* et lui retirer son enfant. (forum.doctissimo.fr/nutrition/ vache-folle-esb/sujet-74724.htm; accès le 08/04/05) = Ø *desmiolado*

sans cœur "insensible, méchant" Ce n'est pourtant pas une femme *sans cœur* qui écrivit ces centaines de lettres d'amour à l'écrivain américain Nelson Algren, devenu son amant en 1947. (www.lire.fr/critique.asp/idC=33753& idTC=3&idR= 213&idG=8; accès le 08/04/05) = *sem coração*

sans crier gare (tout à trac) "soudain, sans avertir" Il débarque *sans crier gare* un beau jour de 1963 dans les pages de l'hebdomadaire Pilote. (www.amazon.fr/exec/obidos/tg/browse/-/541290; accès le 08/04/05) = *sem mais nem menos*

sans débander (sans désemparer) "sans relâche" En plus avec mon nouveau job, je ne vais sûrement pas avoir le temps de m'y remettre (j'ai minimum 6 mois de boulot *sans débander*!). (kyrom.free.fr/News.htm; accès le 08/04/05) = *sem sair de cima*

sans déconner (déc) (blague à part; blague dans le coin) "à parler sérieusement" L'innovation n'est la bienvenue que lorsque qu'elle apporte suffisament pour valoir la peine d'être crée. Vous n'êtes pas d'accord, *sans déconner*? (www.zdnet.fr/ actualites/informatique/ 0,39040745,39197390,00.htm; accès le 08/04/05) = [*fora de brincadeira*]; *no duro*

sans désemparer (sans débander) "sans relâche" Une quête de l'inaccessible n'est jamais terminée et pourtant, paradoxalement, elle se poursuit malgré tout *sans désemparer* et sans désespérer. (perso.wanadoo.fr/ credh.benar/impertinent.htm; accès le 21/04/05) = *sem sair de cima*

sans fard "authentique, sans cacher la vérité" Rarement ce thème aura été mis en littérature avec autant d'économie de mots, avec autant de profondeur et d'émotion, *sans fard*. (www.editions-verdier.fr/v2/oeuvre-mortnue.html; accès le 08/04/05) = *sem máscara; nu e cru*

sans feu ni lieu (sans aveu) "sans domicile fixe et sans provenance sociale définie" C'était lui qui m'avait montré la caverne, alors que j'allais au hasard, désemparée, *sans feu ni lieu*. En ce temps-là, c'était un enfant. (www.editions-verdier.fr/v2/oeuvre-miryam.html; accès le 08/04/05) = *sem eira nem beira*

sans fleurs ni couronne "sans aucune reconnaissance au moment de la mort" Cet homme [...] disparaît *sans fleurs ni couronne*, ignoré de ceux qui lui doivent pourtant des pans entiers de leur carrière. (www.sexologie-fr.com/TextesSexo/WHMasters.htm; accès le 21/04/05) = Ø *sem flores nem coroa*

sans mélange "complet, total" [sujet: chose abstraite] Il n'ya pas de joie *sans mélange*, sans souffrance... souffrance qui sera elle-même source de volupté, comme chez les romantiques. (perso.wanadoo.fr/cite.chamson.levigan/doc_pedagogie/espace_eaf/cours/mvt_litteraires/preromantisme.htm; accès le 08/04/05) = Ø *completo*

sans phrases "directement, sans prendre trop de précautions" [...] M. Montaigne accepte courageusement et *sans phrases* la charge supplémentaire de Provicaire Apostolique de Pao-ting-fu, en attendant la nomination d'un nouvel évêque. (hazebrouck.histo-nord.com/paul_alphonse_baron.htm; accès le 06/05/05) = Ø *sem rodeio*

sans prix "d'une valeur inestimable" Où est Gautier, âme *sans prix*? Flaubert, bon géant chez les gnomes? Las! dissipés dans le pourpris Du temple d'azur aux sept dômes! (poesie.webnet.fr/ poemes/France/bergerat/1.html; accès le 08/04/05) = *sem preço*

sans queue ni tête (ni queue ni tête) "absurde, sans une suite logique" Répétant, les uns après les autres, les pronoms, qui n'avaient plus rien de personnel, agitant des idées *sans queue ni tête*. (www.nouvellescles.com/ Jeux/Mamou-Mani/ Chapitre03.htm; accès le 03/05/05) = *sem pé nem cabeça*

sans retour "définitif, irréversible" La philosophie selon laquelle l'histoire représente un mouvement *sans retour* fut à la base de toute la constitution des Temps Modernes Occidentaux. (www.barbier-rd.nom.fr/metissagestructurel.doc; accès le 29/04/05) = *sem volta*

sans retour 1. "définitivement, irréversiblement" [...] tous ceux qui n'ont pas passé les quinze dernières années dans leur retraite sont privés *sans retour* de leur ésotérisme de chapelle. (www.teleologie.org/OT/ deboard/1895.html; accès le 08/04/05) = Ø *em definitivo.* **2.** "sans attendre une compensation" Commencer à donner de petites choses à des gens que vous savez capables de gratitude pour ensuite donner *sans retour.* (www.litastlaurent.com/aide/nouvellita/0406_ notre_ego.htm; accès le 29/04/05) = Ø *sem esperar retorno*

sans rime ni raison "sans explication plausible" Et pourquoi certains meurent *sans rime ni raison*? C'est ce sens caché que chacun doit trouver pour accepter la vie qui lui est proposée. (membres.lycos.fr/deferry/musique/agnes.htm; accès le 08/04/05) = *sem mais nem menos* [*2*]; *sem mais nem porquê*

sans sourciller loc. adv. "sans manifester aucun trouble, impassible et sans hésiter" Quand il faut choisir d'assumer ce besoin vital [...] d'écrire? Quand il faut choisir de s'en occuper. Quand il faut accepter *sans sourciller* de lui consacrer toute son énergie. Je dis sans sourciller parce que personne ne vous a forcé la main. (www.coupdegueule.com/medias8.htm; accès le 27/04/05) = *sem pestanejar*

sans tambour ni trompette "sans attirer l'attention" Les vins nouveaux *sans tambour ni trompette*? Habituellement, l'arrivée des vins primeurs se fait avec tout un battage publicitaire. (www.lapingourmand.com/archives/000132.html; accès le 15/04/05) = [*sem o rufar dos tambores*]

santé de fer "santé stable et inébranlable" Bien s'alimenter pour une *santé de fer*, c'est choisir intelligemment ses aliments et user de quelques ruses pour mettre la nature de son côté! (www.servicevie.com/01Alimentation/Manger_sante/Mange03122001/mange03122001.html; accès le 15/04/05) *saúde de ferro*

sauter à pieds joints (foncer tête baissée) "entreprendre quelque chose avec courage, se lancer sans hésitation ou sans réflechir" Je *saute à pieds joints* dans la vie. On est fait de chair et d'un peu d'amour où sont les issues de secours. (fandejenifer.myblog.fr/Paroles-de-chansons_cat2.html; accès le 22/08/05) = *entrar de cabeça; ir de cabeça*

sauter au cou 1. "embrasser quelqu'un avec ardeur" Je suis couché sur mon lit et je m'imagine encore comment ça serait de lui *sauter au cou*, de l'embrasser, comme si c'était naturel. (www.mattenjahre.de/fr/1203_170396.html; accès le 15/04/05) = *pular no pescoço* [*1*]. **2.** "attaquer quelqu'un, le battre" Cette dernière serrait les lèvres et bougeait de droite à gauche comme si l'envie de *sauter au cou* de la surveillante livrait un combat sans merci avec sa raison qui lui commandait de ne pas agir. (www.fulgures.com/jean-luc/idriss.asp?id=8; accès le 29/04/05) = *pular no pescoço* [*2*]

sauter aux yeux "être facile à remarquer, à comprendre" A priori cela doit te *sauter aux yeux* mais si tu préfères le garder pour toi et balancer tes réflexions, ya pas de blême!" (www.allhtml.com/forum/ index.php?t=l&f=1&i=454130; accès le 15/04/05) = *saltar aos olhos*

sauter le pas (franchir le pas) "prendre une décision difficile" Les chats, nous aimons tous, mais il est très important de se dire, avant de *sauter le pas*, que personne ne nous oblige à en avoir un. (www.sheba.fr/aliment_chat/heba.html; 29/04/05) = Ø *tomar uma resolução*

sauter sur l'occasion "se presser pour ne pas rater une opportunité" Je ne crois pas que, dès qu'une difficulté se présente, il faille *sauter sur l'occasion* pour "évacuer" l'enfant vers une école spéciale. (www.enseignement.be/prof/espaces/ fondam/ theme/difficulte/instit.asp; accès le 15/04/05) = Ø *não perder a oportunidade*

sauvé par le gong "délivré d'une situation désagréable à la dernière minute" Celui qui, à l'image du boxeur, a toujours été *sauvé par le gong* est-il en train de jouer son dernier round? Est-il victime de son propre piège. (www.lesoleil.sn/dossiers/ dossier.CFM?dossier__id=113; accès le 15/04/05) = *salvo pelo gongo*

sauver la face (sauver la mine) "sauvegarder sa dignité, après s'être exposé dans une situation compromettante" INDONÉSIE - Les corrompus ne cherchent plus à *sauver la face*. (ww.courrierinternational.com/article.asp?obj_id=9182& provenance=hebdo; accès le 29/04/05) = *limpar a barra; livrar a cara; salvar a face* [*culto*]

sauver la mine (sauver la face) "sauvegarder sa dignité, après s'être exposé dans une situation compromettante" Des députés n'ont cessé de se préparer et de travailler pour *sauver la mine*! (hydra.unine.ch/ fen/index.php?option=com_ content&task=view&id=56&Itemid=120; accès le 29/04/05) = *limpar a cara; livrar a cara; salvar a face* [*culto*]

sauver les apparences "cacher tout ce qui puisse nuire la réputation" J'étais décidé à *sauver les apparences* à tout prix, attitude qui devait se révéler utile. J'y suis parvenu: personne ne sembla rien remarquer d'anormal. (www.lire.fr/extrait.asp/ idC=43128/idR=202/idTC=13/idG=8; accès le 15/04/05) = *salvar as aparências*

sauver les meubles "préserver ce qui est indispensable dans une situation critique" La fin de saison risque donc d'être très longue, et il ne reste plus qu'à *sauver les meubles*. Mais les têtes sont déjà tournées vers l'année prochaine. (eurosport.tf1.fr/home/pages/v4/l3/s22/e6873/sport_lng3_spo22_evt6873_ sto687427.shtml; accès le 15/04/05) = Ø *preservar só o que interessa*

sauver sa peau "éviter une situation dangereuse ou gênante" C'est fou ce qu'on peut être courageux quand il s'agit de *sauver sa peau*. Comme dit la chanson: quand faut y aller, faut y aller. Et c'est parti! (perso.wanadoo.fr/black.polar/legende_enfant10.htm; accès le 15/04/05) = *salvar a pele*

savonner la planche (couper l'herbe sous le pied) "se servir des procédés malhonnêtes pour faire échouer quelqu'un" Sauf qu'il apparaît un peu pressé et donc trop voyant dans sa tendance à *savonner la planche* de l'actuel titulaire du poste. (c6r-fr.org/IMG/pdf/maquette_n_16.pdf; accès le 06/10/05) *dar uma rasteira; passar a perna; passar pra trás; puxar o tapete*

scène de ménage "querelle domestique" C'est à une véritable *scène de ménage* télévisée que les différentes composantes de la droite se sont livrées, lundi soir, sur France 2. (www.humanite.presse.fr/ journal/1999-06-09/1999-06-09-291048; accès le 15/04/05) = Ø *incidente doméstico; briga de marido e mulher*

second couteau "personne de second plan, moins importante" Le *second couteau* qu'il a toujours été, malgré ses diplômes et ses états de service, goûte-t-il alors les promesses d'une notoriété naissante? (www.lexpress.fr/info/monde/ dossier/ otagesirak/dossier.asp; accès le 15/04/05) = [*figura de segundo escalão*]

seconde nature "trait de caractère acquis qui modifie la personnalité originnelle" Dans l'Allier, l'agriculture est véritablement une *seconde nature*, génératrice d'une activité économique indispensable pour notre département (www.cg03.fr/pages/ front/index.asp?PageId=1134_2; accès le 15/04/05) = Ø *segunda natureza*

secret d'alcôve "secret intime" Le gardien du riche expatrié va raconter dans le quartier ce qui se passe chez le Blanc; il va briser le *secret d'alcôve* (...) (pascalfroissart.online.fr/0-htm/froi-95.html; accès le 11/03/06) = *segredo de alcova*

secret de polichinelle "faux secret puisque tout le monde le connaît" Pour que, dans sa pratique, le secret partage ne degenere pas en *secret de polichinelle*, des precautions semblent necessaires. (www.uhb.fr/ccb/BASES/4decouv/ 2ltissec.htm; accès le 15/04/05) = *segredo de polichinelo*

sel de la terre "ce qu'il y a de plus pur et intègre, l'élite morale" Nous espérons qu'ils seront le *sel de la terre* d'un nouveau souffle de ce cinéma documentaire. (www.biennalecinemarabe.org/ palmares_fr.php?p=documentaire; accès le 15/ 04/05) = *sal da terra*

semer la zizanie "faire naître la mésentente, la désunion" C'est un tabou qui peut toujours *semer la zizanie* chez un public pourtant bien habitué à voir la chose, mais dans les films des autres. (www.radiofrance.fr/chaines/france-culture2/emissions/ avoixnue/fiche.php?diffusion_id=28534; accès le 15/04/05) = Ø *semear a discórdia*

sens dessus dessous "dans un grand désordre, dans un état de grand bouleversement" Il ya un an, la Mission 2003 était en vedette et les journaux spéciaux, les réunions et autres sondages mettaient la DGI *sens dessus dessous*. (www.snui.fr/agt_adh/ hebdo/745/745vote.html; accès le 16/04/05) = *de pernas para o ar* [2]

sentiers battus "procédés déjà très connus" Pour traiter les sujets qui font vendre, rien ne vaut les *sentiers battus* par les "concurrents". (www.homme-moderne.org/ plpl/n12/p3.html; accès le 29/04/05) = Ø *lugar-comum*

sentir le brûlé (sentir le roussi) "se rendre compte que les choses tournent mal" [surtout avec le sujet ça] [...] alors l'excuse de l'ancien gouvernement commence à *sentir le brûlé* un peu, là, commence à sentir le chauffé, et on a besoin maintenant d'un gouvernement qui est responsable de ses actes [...] (www.assnat.qc.ca/fra/conf-presse/2004/041018MD.HTM; accès le 16/04/05) = *cheirar mal; não cheirar bem*

sentir le roussi (sentir le brûlé) "se rendre compte que les choses tournent mal" [surtout avec le sujet ça] La communauté s'impatiente, commence à rédiger des pétitions pour la mise à disposition d'un SDK complet, bref, ça commence à *sentir le roussi*. (sylvain.douce.club.fr/electronicarts.html; accès le 16/04/05) = *cheirar mal; não cheirar bem*

sentir le sapin (avoir un pied dans la tombe) "être près de mourir" Ceci dit, l'aristo asthmatique commence sérieusement à sentir le sapin. (www.radiochango.com/ francais; accès le 16/04/05) = *estar com o pé na cova; estar nas últimas; estar no fim*

sentir le vent du boulet "sentir le danger qui s'approche" Haussmann a suscité trop de jalousies parmi les grands corps de l'Etat et à la cour des Tuileries pour ne pas *sentir le vent du boulet.* (www.lire.fr/critique.asp/idC=38634/idR=214/idTC=3/ idG=6; accès le 16/04/05) = [*sentir o cheiro do perigo*]

sentir le vent tourner "pressentir que la situation va changer" Ce qui ne l'empêche pas de *sentir le vent tourner.* Il s'oriente de plus en plus vers l'administration des environnements virtuels. (www.01net.com/article/255716.html; accès le 16/04/ 05) = Ø *perceber que as coisas estão mudando*

séparer le bon grain de l'ivraie "distinguer le bien et le mal, le vrai et le faux" Les journalistes sont des gens qui *séparent le bon grain de l'ivraie,* et puis impriment l'ivraie. (membres.lycos.fr/herweb/divermu4.htm; accès le 16/04/05) = *separar o joio do trigo*

série noire "distinguer le bien et le mal, le vrai et le faux" La *série noire* continue pour l'avionneur américain: après une année délicate, la perte de son statut de leader au profit d'Airbus, le groupe est à nouveau lâché par le Pentagone, qui résilie un contrat d'hélicoptères d'environ 30 milliards d'euros. (www.lexpansion.com/actualite_ economique/boeing_lache_une_nouvelle_fois_par_le_pentagone.htm; accès le 29/04/ 05) = *maré de azar*

serrer de près 1. "analyser avec exactitude et précision" Au sortir du village, on entre dans un champ de lave brisée et réduite en poussière: on *serre de près* le mont Rossi, d'où partit l'éruption de 1669 5 [...] (decobed.club.fr/Didier.html; accès le 06/05/05) = Ø *observar de perto.* **2.** "suivre ou poursuivre à petite distance, en exerçant une pression physique ou morale" Cette fois, il est détaché par son équipe pour *serrer de près* les opportunistes du jour. (www.humanite.presse.fr/ journal/1994-07-07/1994-07-07-529308; accès le 06/05/05) = *apertar o cerco*

serrer (se) la ceinture 1. "diminuer sa nourriture, réduire les calories ingérées" Il n'est jamais trop tard pour se *serrer la ceinture*: une souris qui freine sur les calories, même à un âge avancé, peut espérer vivre plus longtemps que ses congénères. (www.harmonieterre.org/ fr/ ressources/alim-sante/obesite.html; accès le 16/04/05) = *fechar a boca.* **2.** "se passer de quelque chose, faire des économies" Du coup, pour tenir la norme globale de dépense, les autres ministères ont été priés de se *serrer la ceinture* à hauteur de 900 millions d'euros. (www.latribune.fr/Dossiers/raffarin.nsf/DocsWeb/IDC1256C3D0052932BC1256 DAF0072ADC3?OpenDocument; accès le 02/05/05) = *apertar o cinto*

serrer le cœur "provoquer du chagrin et de l'angoisse chez quelqu'un" Les animateurs écrivent sous la dictée, les phrases qui accompagnent les dessins et ne manqueront pas de *serrer le cœur* des parents. (www.ivry94.fr/web/52143.htm; accès le 16/04/ 05) = *apertar o coração*

serrer les boulons "mettre au point, mettre en ordre" La sortie de Schrempp a causé un électrochoc à Smart, qui a dû revisiter sa politique commerciale et *serrer les boulons* en matière de qualité. (lemagchallenges.nouvelobs.com/ articles/ p240/a261733.html; accès le 16/04/05) = *arrumar a casa*

serrer (se) les coudes (tenir (se) les coudes) "s'aider les les autres dans une tâche commune" Une fois que vous avez atteint ce point, vous devez *serrer les coudes*. (www.benchpresschampion.com/ENTRAINEURS/FinH. htm; accès le 16/04/05) = *dar-se as mãos*

serrer les rangs (grossir les rangs) "se grouper pour affronter les difficultés" Mais si les prolétaires de tous les pays ont cessé de s'unir, les tenants de l'horreur économique ont su, eux, *serrer les rangs*. (www.humanite.presse.fr/ journal/2004-09-10/2004-09-10-400272; accès le 16/04/05) = *engrossar as fileiras*

servir de pont "être un intermédiaire entre des persones ou des choses" Il peut également *servir de 'pont'* entre les différent élément de votre réseau sans fil, permettant d'en augmenter la portée.(www.comtrade.fr/1024/trendnet/tew-410apb-plus.php3; accès le 16/04/05) = *servir de ponte*

ses cliques et ses claques "tout ce qui appartient à quelqu'un" Le lendemain du vernissage, Marko a remballé *ses cliques et ses claques*. Parce qu'une de ses toiles représentait un bloc de shit, produit illégal. (www.nouvelobs.com/epoque/ epoque1.html; accès le 16/04/05) = *Ø toda a tralha*

signe des temps "trait caractéristique d'une époque" *Signe des temps*, alors qu'aujourd'hui on commence à s'extasier devant des ordinateurs munis de puces Pentium cadencées à 200 MHz et pouvant supporter une memoire vive de presque 100 Mo (...) (www.serveur87.com/articles.php? lng=fr&pg=15; accès le 16/04/05) = *sinal dos tempos*

signes des temps "indices prophétiques de la fin du monde" Sachons plutôt veiller et prier (...) et lire les *signes des temps* tout en restant dans la joie et la confiance!! (forum.croire.com/ view.php?site=croire&bn=croire_diable&key=1106296458&first=1114096065&l; accès le 02/05/05) = *sinal dos tempos*[2]

silence de mort "silence absolu qui provoque certain malaise" Pendant ce temps, la foule, fortement impressionnée par ce lugubre spectacle auquel elle venait d'assister, s'était dispersée dans un *silence de mort*. (www3.clicanoo.com/impression.php3? id_article=100756; accès le 16/04/05) = *silêncio de morte*

soir de la vie "les années de vieillesse" [cultivé] Louis Lecoin était au *soir de la vie* quand il fut interviewé pour ce film qui chronique les combats de sa longue vie. (melior.univ-montp3.fr/ra_forum/ en/cinema/desvilles_lecoinfr.html; accès le 16/04/05) = [*inverno da vida, outono da vida*]

solide au poste "vigoureux, résistant" Aujourd'hui subsistent seulement quelques artisans, parfois âgés, et l'entreprise Mallet qui reste *solide au poste*. (membres.lycos.fr/jpax/volvic.html; accès le 02/05/05) = *duro na queda*

sommeil de plomb "sommeil profond" J'ai dormi d'un *sommeil de plomb*. En me réveillant je regarde dormir mes compagnons. (www.polarlys.asso.fr/projet/

polarlys/Encycl.nsf/0/a45684b7 a5d84919c125667b005576ba?OpenDocument; accès le 16/04/05) = *sono de pedra; sono pesado*

sommeil éternel “la mort considérée fin aussi pour l’esprit” Endymion était un berger légendaire grec, aimé de Séléné. Il obtint de Zeus qu’il conserverait sa beauté dans un *sommeil éternel*. (membres.lycos.fr/ansembourg/400x300/english/p43.html; accès le 18/04/05) = *sono eterno*

son de cloche “opinion d’une personne en particulier sur un événement” Au ministère, on entend un tout autre *son de cloche*. L’administration explique que la demande d’eau va continuer de croître (...) (www.unesco.org/courier/2000_12/fr/planet.htm (membres.lycos.fr/drumsandco/test/test10.htm; accès le 27/02/06) = *Ø um lado da história*

sonner les cloches (apprendre à vivre; dire deux mots; faire une scène; prendre à partie; remonter les bretelles) “réprimander rudement” Je vais lui *sonner les cloches* jusqu’à se qu’il pleure toutes les larmes de son corps! (www.simpsonspark.com/scripts/s7/3f14.php; accès le 02/05/05) = *chamar na chincha; dar uma dura; mostrar com quantos paus se faz uma canoa; puxar as orelhas*

sortir (se) bien (faire chou blanc) “être favorisé, réussir” Il a été en difficulté en seconde mi-temps mais *s’est bien sorti* des duels. (www.lesgirondins.net/info/index.php/2001/07/12/50-bordeaux-cracovie-2-1-les-commentaires; accès le 09/01/06) = *dar-se bem; sair-se bem*

sorti de la cuisse de Jupiter “d’une telle importance sociale ou d’une telle beauté qu’il semble supérieur aux autres” [souvent dans des tournures négatives] Se croyant *sorti de la cuisse de Jupiter*, il estime que tout lui est dû. D’une intelligence superficielle il aime avant tout le luxe, la parade, l’esbroufe. (site.ifrance.com/sciencemagie/lion.html; accès le 06/05/05) *Ø descendente dos deuses*

sortir de ses gonds “se mettre en colère” C’est un journal concurrent du sien qui a publié la nouvelle. Parions qu’il a dû une fois encore *sortir de ses gonds* (...) (www.actustar.com/actualite/ 200109/20010904f.html; accès le 11/06/05) = *perder a esportiva; perder a linha; perder as estribeiras; virar o bicho*

sortir du placard (faire son coming-out) “assumer sa préférence homosexuelle” Il est temps pour toi de *sortir du placard*. Tu ne trompes personne. La référence à son éventuelle homosexualité, une rumeur de longue date, est évidente... (www.allocine. fr/article/fichearticle_ gen_carticle=18380712.html; accès le 11/03/06) = *sair do armário*

sortir du rouge “couvrir le déficit” La réforme des entreprises publiques s’est poursuivie, des efforts ont été intensifiés pour aider les entreprises déficitaires à *sortir du rouge*. (french.people.com.cn/french/ 200012/01/fra20001201_44363.html; accès le 02/05/05) = *sair do vermelho*

sortir du ton “être en désaccord avec un ensemble” Cela est bien, mais il faut *sortir du ton* apologétique qui caractérise nos ministres et voir aussi ce qui est plus agaçant. (www.parl.gc.ca/36/1/parlbus/chambus/senate/deb-f/120db_1999-03-16-f.htm?Language=F&Parl=36&Ses=1; accès le 18/04/05) = *sair do tom*

sortir les griffes (montrer les dents) "être agressif" Lorsque les circonstances vous obligent à *sortir les griffes*, vous avez toujours exploité, avant, toutes les possibilités de trouver un terrain d'entente ou un compromis. (www.e-voyance.com/annuaire/horoscope_balance.htm; accès le 02/05/05) = *mostras as garras; mostrar as unhas; mostrar os dentes* [1]

sortir par les trous de nez (sortir par les yeux) "irriter parce qu'excessif" Je passe quasiment tout mon temps sur Guitariste.com, vu que mon boulot d'informaticien commence à me *sortir par les trous de nez*. (www.guitariste.com/mini-interviews/guitariste,6.html; accès le 18/04/05) = *sair pelos olhos*

sortir par les yeux (sortir par les trous de nez) "irriter parce qu'excessif" Autant dire que l'ancien layout devait vraiment me *sortir par les yeux* pour que je le refasse.(asshiah.free.fr/updates.html; accès le 18/04/05) = *sair pelos olhos*

souffler le chaud et le froid "changer alternativement d'avis" Etats-Unis: La reprise incertaine: Les statistiques américaines font *souffler le chaud et le froid* sur les marchés. (www.lexpansion.com/actualite_economique/ etats_unis_la_reprise_incertaine.htm; accès le 02/05/05) = *Ø cada hora falar uma coisa*

soûl comme un cochon (bourré comme un coing; plein comme une barrique; plein comme une huître) "très ivre" Lorsqu'il est sorti du bar, il était encore *soûl comme un cochon*. (www.p-interactif.com/article-imprim.php3?id_article=28; accès le 23/12/05) = *bêbado como um gambá*

soupe au lait "coléreux, irascible" Il faudra bien sûr pour Ursule tenir compte des remarques déjà faites sur son caractère (elle est *soupe au lait*, difficile à vivre (...)). (jeanbaptiste.durand.9online.fr/livres/vert.htm; accès le 18/04/05) = *barril de pólvora*

sourd comme un pot "tout à fait sourd" Il a gardé des manières d'avant guerre et ne supporte pas le moindre bruit mais ça ne nous empêche pas d'en faire car il est *sourd comme un pot*. (perso.wanadoo.fr/kadnax/aurel.htm; accès le 18/04/05) = [*surdo como uma porta*]

sourire Colgate "sourire aux dents très blanches" Avec son *sourire Colgate* et sa parfaite éducation européenne, il veut incarner "la Libye nouvelle", avide de rejoindre le giron occidental. (www.lepoint.fr/dossiers_monde/document.html?did=150966; accès le 18/04/05) = *sorriso colgate*

sous la griffe de "sous le pouvoir de" Cette dernière école établie à Dharamsala (Inde) comprend de jeunes enfants européens tombés *sous la griffe* de la secte avec l'assentiment irréfléchi de leurs parents désabusés. (www.prevensectes.com/enfant1.htm; accès le 02/05/05) = *nas garras de (alguém)*

sous la houlette de "sous l'autorité de quelqu'un qui joue un rôle moteur" *Sous la houlette* de Bernard Fabrizio, le théâtre déménage et s'installe dans des locaux plus spacieux, mais toujours dans le même arrondissement. (www.mairie-marseille.fr/vie/images/mi1104/30-32_04-05.pdf; accès le 18/04/05) = *sob o cajado de*

sous l'aile de (à l'ombre de) "sous la protection de" L'Europe prend sous son aile les passagers aériens (www.liberation.fr/page.php?Article=275984; accès le 09/01/06) = *à sombra de; debaixo da asa de*

sous le couvert de 1. "sous la protection de quelqu'un" Mais, prisonniers de leur image exécrable dans le monde arabo-musulman, ils n'interviennent que *sous le couvert de* l'ONU et du Royaume-Uni. (...) (www.partisocialiste.fr/ ps/admin/doc/documents/ consult_actu.php?para0=presse&id=NDEzNg==; accès le 18/04/05) = *com a cobertura de.* **2.** loc. nom. "sous les apparences de quelque chose" Lorsque ce "mal du pays" cessa, il resta en lui une force intérieure qui s'était épanouie *sous le couvert de* la souffrance. (mapage.noos.fr/fredericmars/musil-torless.html; accès le 18/04/05) = *Ø sob o pretexto de*

sous le manteau "secrètement, illicitement" Deux garagistes bernois accusent un employé du Département fédéral de la défense de revendre *sous le manteau* des véhicules de l'armée suisse. (www.interet-general.info/article.php3?id_article=1101; accès le 18/04/05) = *por baixo da mesa; por baixo do pano; por debaixo da mesa; por debaixo do pano*

sous le même toit "dans la même maison" Les plus modestes habitations traditionnelles sont du type en bloc-à-terre, abritant *sous le même toit,* gens, bétail et fourrage. (millevaches.free.fr/ patrimoine.htm; accès le 18/04/05) = *sob o mesmo teto*

sous le nez "de bien près" Ce mois-ci, les jobs d'été se ramassent (encore) à la pelle. Profitez-en, avant que les meilleures propositions ne vous passent *sous le nez*. (www.e-go.fr; accès le 18/04/05) = *debaixo do nariz*

sous le sceau du secret "sous la protection de l'inviolabilité du secret" La divulgation *sous le sceau du secret* doit rester limitée et ne concerner que les personnes indispensables aux essais ou aux négociations commerciales. (www.irpi.ccip.fr/faq/ question/2001/octobre01.htm; accès le 18/04/05) = *Ø mais absoluto sigilo*

sous le signe de "marqué ou caractérisé par" Depuis, j'ai aussi découvert que les relations de travail étaient placées ici *sous le signe de* l'ouverture d'esprit. (www.fr.capgemini.com/ carrieres/ esprit/colette.php; accès le 02/05/05) = *sob o signo de*

sous les verrous "en prison" L'identité du kamikaze serait désormais connue des autorités égyptiennes et trois complices présumés sont *sous les verrous*. (news.tf1.fr/ news/monde/0,,3212601,00.html; accès le 18/04/05) = *Ø no xadrez*

sucer le sang "épuiser toute l'énergie de quelqu'un" D'un côté la bête noire, c'est l'étranger, de l'autre les patrons accusés de *sucer le sang* des ouvriers. (linuxfr.org/ ~houplaboom/10725.html; accès le 18/04/05) = *chupar o sangue*

suer sang et eau "s'efforcer au maximum" Une puissance qui écrase les peuples, pillent leurs richesses, fait *suer sang et eau* aux travailleurs et s'offre des gratte-ciel au gré de sa fantaisie. (culture.revolution.free.fr/en_question/ 2001-10-13-Humanite_en_otage.html; accès le 18/04/05) = *suar sangue*

suivre le mouvement "faire comme les autres" ceux qui ne s'y résoudraient pas, perdent. Car grâce à l'inflation, vaut mieux investir aujourd'hui que de payer cher demain pour *suivre le mouvement*. (www.liberation.fr/page_forum.php?Template= FOR_MSG&Message=234692; accès le 18/04/05) = *ir na onda*

suivre les pas (marcher sur les pas; marcher sur les traces; suivre les traces) "suivre l'exemple, la manière de vivre de quelqu'un" Il faut croire avant de comprendre pour pouvoir ensuite *suivre les pas* de Dieu qui éclaire notre vie. (atheisme.free.fr/ Votre_espace/ Comment_catholiques.htm; 09/05/05) = *seguir os passos*

suivre les traces (marcher sur les pas; marcher sur les traces; suivre les pas) "suivre l'exemple, la manière de vivre de quelqu'un" Pour continuer à *suivre les traces* de Da Vinci Code, il faut sortir de Paris en direction du Val d'Oise où se trouve le château de Villette.(www.tourisme.fr/lieu-touristique/da-vinci-code.htm; accès le 18/04/05) = *seguir os passos*

suivre sa pente "s'abandonner à ses tendances" Et si je vis mal, en attendant d'avoir décidé comment vivre? – Ceci même vous instruira. Il est bon de *suivre sa pente*, pourvu que ce soit en montant. (www.ac-rouen.fr/pedagogie/equipes/ lettres/ archives_bac/annales/a11.html; accès le 18/04/05) = *seguir suas inclinações*

suivre son train de vie (aller son (petit) bonhomme de chemin; poursuivre son bonhomme de chemin; continuer son bonhomme de chemin) "continuer à vivre normalement, selon ce qu'on peut attendre" Ce dernier refuse de *suivre son train de vie* jusqu'elle soit envoyée en prison pour une histoire de meurtre. (cinema9. 9online.fr/film/ fichefilm_gen_cfilm=48024.html; accès le 02/05/05) = *tocar a vida pra frente*

supplice chinois "torture physique ou morale très cruelle et raffinée" C'est un gars qui est condamné au *supplice chinois* très raffiné de la grosse dame. (www.humour. fr/ index2,p,blagues_ voir,cat,sexe,numeropage,6.html; accès le 18/04/05) = *tortura chinesa*

suppôt de Satan "individu méchant, pervers" Valentin et ses amis comprennent alors qu'ils ont affaire à quelque *suppôt de Satan* et lui présentent la garde de garde de leurs glaives. (membres. lycos.fr/andros/o/faust.htm; accès le 18/04/05) = *Ø braço direito de Satã*

sur la corde raide "dans une situation difficile, délicate, instable" Aujourd'hui encore, le pays est *sur la corde raide* et les élections nationales prévues pour juillet viennent d'être reportées. (www.humanite.fr/journal/2005-06-18/2005-06-18-808905; accès le 19/07/05) = *na corda bamba*

sur la paille (à la nage; au bout du rouleau; au trente-sixième dessous; aux abois; dans la dèche; dans la mouise; dans la panade; dans le pétrin) "dans une situation pénible, dans la misère" Michael Jackson *sur la paille*. Le roi de la pop, qu'on voyait dans le documentaire diffusé sur M6 dépenser des millions de dollars lors d'un shopping complètement indécent, serait en fait criblé de dettes et proche de la ruine. (www.kelma.org/ musique/ michael_ jackson.php; accès le 15/06/05) = *na lona; na pindaíba; na pior; na rua da amargura; na sarjeta; no fundo do poço; no sufoco*

sur la sellette "comme objet de critiques cultivées" Plus que jamais, le capitalisme est *sur la sellette* et il s'agit, toujours contre lui, de travailler à changer le monde. (www. regards.fr/archives/ 1999/199910/199910edi01.html; accès le 18/04/05) = *na berlinda*

sur le chantier (sur le métier) "en cours de réalisation" C'est la contrepartie de la détermination qui est la mienne à faire aboutir un projet qui est *sur le chantier* depuis maintenant deux ans [...] (www.interieur.gouv.fr/rubriques/c/ c7_le_ministre_delegue/c18_medias_cope/2004_05_03_itelevision; accès le 18/ 04/05) = *Ø em andamento; em execução*

sur le métier (sur le chantier) "en cours de réalisation" Un projet est *sur le métier* depuis de nombreuses années au sein de la Fédération internationale des vins et spiritueux [...] (www.centrepatronal.ch/ actuel/actualite.php?id=49; accès le 18/04/05) = Ø *em andamento; em execução*

sur le pied de guerre "prêt à réagir hostilement" En mars 1914, l'état-major français envisageait comme il suit l'organisation de l'armée italienne *sur le pied de guerre.* (batmarn1.club.fr/effecti2.htm; accès le 18/04/05) = *em pé de guerra*

sur les chapeaux de roues (à bride abattue; à toute bride; à fond de train; à fond la caisse; à fond la gomme; à fond les ballons; à fond les gamelles; à tombeau ouvert; à tout va) "très rapidement" Et bien me revoilà, toujours prête, à démarrer *sur les chapeaux de roues*!! lol!!! J'ai commencé ma semaine de formation sur le bon pied on va dire! (www.20six.fr/ptitebulledamour; accès le 18/04/05) = *a toda; com o pé na tábua*

sur les talons de "très près de" Ils remontent et finissent en deuxième position *sur les talons de* "Rambo". (asso.ffv.fr/cinquo/Niewport02.html; accès le 02/05/05) = *nos calcanhares de*

sur son trente-et-un "avec des habits beaux et élégants" Le lendemain, Hector s'était mis *sur son trente et un*, il avait repassé lui-même son pantalon du dimanche, amidonné sa chemise blanche. (www.ac-rouen.fr/lycees/bruyeres/ Nouvelles/ 2nde4/LaDechirure.htm; accès le 22/04/05) = *nos trinques* [1]

sur toutes les coutures "dans tous les sens" Je n'ai pas été épié *sur toutes les coutures* dans cet endroit décontracté. Sympa, à fréquenter. Pour la bouffe, j'essaierai et je vous dirai. (www.fra.webcity.fr/bars-et-boites_lyon/ le-patit-truc_92570/Profil-Lieu; accès le 18/04/05) = *sob todos os ângulos*

surprise du chef "surprise gardée jusqu'au dernier moment" Péraud, *la surprise du chef*, 3 sur 3! Fin du 4ème tour, je vais carrément dans la dernière descente, la plus boueuse du circuit, et de loin. (www.cycles-lapierre.fr/webfiles/ Compet/ RESULTATS/gueret04.htm; accès le 18/04/05) = *Ø grande surpresa*

t | T

tableau de chasse "collection d'amants" Après Olga et Marie-Thérèse, avant Françoise et Jacqueline, Dora occupe une place centrale dans ce *tableau de chasse*. (www.lepoint.fr/artexpos/document.html?did=95384; accès le 11/05/05) = Ø *coleção de amantes*

taille de guêpe "taille très fine" Moi, ma femme a une *taille de guêpe*. Ce soir je vais la "piquer". (perso.wanadoo.fr/chezmaevina/devinettes6.htm; accès le 11/05/05) = *cintura de pilão; cintura de vespa*

tailler dans le vif (couper dans le vif) "prendre les résolutions qui s'imposent en utilisant des moyens très énergiques" Les dividendes en seraient affectés et l'envolée de l'action freinée: Il faut donc *tailler dans le vif*, sabrer dans l'emploi. (www.

humanite.fr/journal/2001-01-16/2001-01-16-238028; accès le 22/05/05) = Ø *tomar medidas drásticas*

tailler des croupières "créer des dommages à quelqu'un" Peu de gens en sont encore conscients, mais " l'hyperpuissance américaine " se fait déjà *tailler des croupières* sur le plan économique! (www.globeco.fr/croissance.htm; accès le 11/05/05) = Ø *causar prejuízo*

tailler une bavette "bavarder" Je viens de *tailler une bavette* avec Clive, annonce-t-il. Que dirais-tu d'aller en vacances avec les Roper cet été? (www.lire.fr/extrait.asp/idC=31866/idR=202/idG=4/%5C magazine%5Cdefault.asp/index.asp; accès le 11/05/05) = Ø *bater um papo*

tailler un short "frôler quelqu'un en voiture" Non mais ça va pas? vous avez failli lui *tailler un short*! Janet ne répondit pas. Elle s'arrêta au feu rouge. Elle fixait la route. (perso.wanadoo.fr/stargatesg1/ rubriques/multimedia/fanficsrep/fanfic72.htm; accès le 11/05/05) = Ø *dar uma raspada*

talon d'Achille "point faible de quelqu'un, partie vulnérable de quelque chose" Les armes biologiques et chimiques constituent bien le *"talon d'Achille"* des systèmes de défenses ultra-perfectionnés de cette fin du XXe siècle. (doc-iep.univ-lyon2.fr/Ressources/Documents/ DocEnLigne/News/rfi-avril98/RFI.16AVRIL.html; accès le 11/05/05) = *calcanhar-de-aquiles*

tambour battant "rapidement et efficacement" Les Français attaquent *tambour battant* la partie avec deux essais et un jeu fait de passes et d'envie ce qui leur manquait ces derniers temps. (www.francerugby.fr/info/arc1-2005.html; accès le 11/05/05) = Ø *com força total*

taper dans le tas (tirer dans le tas) "battre sans viser d'individu" Plus question de *taper dans le tas*, il faudra se protéger et savoir anticiper les coups de l'adversaire pour parer et contrer dans la foulée. (www.gamers.fr/lire_test.php?id=733; accès le 06/06/05) = Ø distribuir socos; distribuir tapas

taper dans l'œil "plaire, faire une impression positive" C'est le temps pour l'attaquant brésilien de *taper dans l'oeil* d'un recruteur du Standard de Liège et de prendre un vol en direction de la Belgique. (www.lequipe.fr/Football/Santos_portrait.html; accès le 11/05/05) = *encher os olhos*

taper sur les nerfs (faire tourner en bourrique; mettre à bout; porter sur les nerfs; pousser à bout; taper sur le système) "exaspérer" Ils ont donc beaucoup de pouvoir pour nous *taper sur les nerfs* avec leur discours anti-obésité pour encore plusieurs années. (w.chez.com/affection/actual/juin04b.htm; accès le 06/06/05) = *dar nos nervos; deixar uma pilha (de nervos); mexer com os nervos*

taper sur le système (faire tourner en bourrique; mettre à bout; porter sur les nerfs; pousser à bout; taper sur les nerfs) "exaspérer" En plus la réforme des livres scolaires japonais sur le massacre des coréens et la colonisation chinoise par l'autre connard me *tape sur le système*! (www.20six.fr/gotojapan; accès le 11/05/05) = *dar nos nervos; deixar uma pilha (de nervos); mexer com os nervos*

taquiner (se) le bouton "se masturber" [vulgaire; sujet: femme] Elle prend le sexe en main, se *taquine le bouton* puis le met en place. Lentement, il s'enfonce. (rencontre-sex.se-rencontrer.com; accès le 24/06/05) = *tocar siririca*

tarte à la crème "lieu commun" Le CV anonyme, déjà pratiqué aux États-Unis, va-t-il devenir la nouvelle *tarte à la crème* des discriminations à l'embauche tricolores? (www.seniorplanet.fr/article.9928.fr.html; accès le 11/05/05) = *carne-de-vaca*

tas de boue (tas de ferraille; tas de merde) "vieille automobile" [...] vends mon *tas de boue* qui pue si tu m'achètes une voiture neuve. forum.hardware.fr/hardwarefr/Discussions/citer-21372-1643802-9.htm; accès le 06/06/05) = *lata velha*

tas de ferraille (tas de boue; tas de merde) "vieille automobile" [...] maintenant je me retrouve avec une voiture qui ne veut plus se fermer à clé, en plus, il pleut mais PUTIN DE MERDE, J'EN AI MARRE DE CE *TAS DE FERRAILLE*. (www.forum-auto.com/sqlforum/ section5/sujet119883-1050.htm; accès le 06/06/05) = *lata velha*

tas de merde (tas de boue; tas de merde) "vieille automobile" Depuis, j'ai changé ce *tas de merde* pour une vraie automobile. (homepage.sunrise.ch/mysunrise/aborel/renault.html; accès le 06/06/05) = *lata velha*

tâter le pouls (prendre la température; prendre le pouls; tâter le terrain) "évaluer comment une situation se présente" Ces journaux, comme le dieu indien Vichnou, auront des centaines de mains dont chacune *tâtera le pouls* de la changeante opinion publique. (ikissprepa.free.fr/blog/entry_blog-blog-34.html; accès le 11/05/05) = *estudar o terreno; sentir o terreno; sondar o terreno*

tâter le terrain (prendre la température; prendre le pouls; tâter le pouls) "évaluer comment une situation se présente" S'il s'agit d'un produit ou d'un service nouveau ou très récent, il est prudent de *tâter le terrain* auprès d'éventuels clients pour tester leurs réactions. (www.pic-inter.com/Sections/ Franchises/Conseil_Franchises.htm; accès le 06/06/05) = *estudar o terreno; sentir o terreno; sondar o terreno*

tempête dans un verre d'eau "beaucoup d'agitation pour quelque chose de peu d'importance" Cette escalade dans les mesures préventives constitue une *tempête dans un verre d'eau*. (www.cite-sciences.fr/actu/ numeros/N56_fev98/kiosques/html/une5.html; accès le 11/05/05) = *tempestade em copo d'água*

temps de chien "très mauvais temps" Un nouveau didacticiel sur le trucage de photo ou comment faire pour q'un beau jour ensoleillé devienne un *temps de chien*. (pageperso.aol.fr/tutourien/accueilintro.php; accès le 11/05/05) = *Ø tempo de merda*

temps mort "période d'inactivité" Le débat sur la réduction du temps de travail ne souffre d'aucun *temps mort*. (www.humanite.presse.fr/journal/1997-08-28/1997-08-28-611314; accès le 07/06/05) = *tempo morto*

tendre enfance "première enfance" Depuis sa plus *tendre enfance*, Vanix avait toujours entendu dire par les anciens que les esprits habitaient la vallée de l'ours. (lesplumesdunet.fr/Vanix.pdf; accès le 16/05/05) = *Ø pequenininho*

tendre la joue gauche (tendre l'autre joue) "s'exposer à un redoublement d'outrage plutôt que de réagir à une insulte" La veangeance ne sert à rien d'autre qu'à se faire du mal; mais quant à *tendre l'autre joue*, il faut être un peu con. (pierrec.over-blog.com/article-178914-6.html; accès le 06/06/05) = *dar a outra face*

tendre la main loc. verb. **1.** "avoir une attitude cordiale et conciliante" Il l'entend, d'aimer ses ennemis, de donner sa vie, de *tendre la main* à l'étranger, de tendre la main aux publicains et aux prostituées. (catholique-troyes.cef.fr/ spip/article.php3?id_article=260; accès le 16/05/05) = *dar a mão [1]; estender a mão [1]*. **2.** (tendre la perche; tendre les bras) "venir en aide à quelqu'un" La paix c'est *tendre la main* aux personnes en difficulté. (perso.wanadoo.fr/lycee.bonne-terre/messagesdepaix.html; accès le 06/06/05) = *dar a mão [2]; estender a mão [2]; estender os braços*

tendre la perche (tendre la main [2]; tendre les bras) "venir en aide à quelqu'un" Ma famille qui connaissait ma mère s'empressait de me *tendre la perche* en accueillant mes propos avec bienveillance et m'encourageaient à poursuivre avec quelques questions. (www.20six.fr/mamansursaplanete/archive/2004/09; accès le 06/06/05) = *dar a mão [2]; estender a mão [2]; estender os braços*

tendre l'autre joue (tendre la joue gauche) "s'exposer à un redoublement d'outrage plutôt que de réagir à une insulte" Je n'ai pas eu l'impression de juger, mais plutôt de défendre mon opinion, je suis de nature pacifique mais on ne peut pas tout le temps *tendre la joue* gauche. (www.evene.fr/forum/discussion.php?id_discussion=1812&id_message=22256&page=1; accès le 06/06/05) = *dar a outra face*

tendre les bras 1. (tendre la main [2]; tendre la perche) "venir en aide à quelqu'un" J'ai appelé votre grand-mère au secours. Elle a fini par accourir et me *tendre les bras*. (www.actes-sud.fr/impr_ud.asp?codud=F75278; accès le 06/06/05) = *dar a mão [2]; estender a mão [2]; estender os braços*. **2.** "désirer, souhaiter quelque chose" Pourquoi ne pas *tendre les bras* à l'aventure et dire oui à ses rêves qui font partie intégrante de nous-même? (www.forum-montagne.com/read.php?23,27140, page=1; accès le 06/06/05) = *Ø entregar-se*

tendre l'oreille (dresser l'oreille) "être attentif" La caméra, installée à quelques mètres des acteurs, invite à *tendre l'oreille* pour comprendre ce qu'ils se disent. (www.ifrance.com/davidlynch/cdc/cdc4.htm; accès le 06/06/05) = *Ø prestar atenção*

tenir (se) à carreau "rester sur sa réserve par prudence" Quand on est connu en Grande-Bretagne, il vaut mieux *se tenir à carreau*. (www.bbc.co.uk/languages/ french/news/media/tabloids_uk.shtml; accès le 06/06/05) = *Ø ficar na defensiva*

tenir à cœur "être considéré important" J'avais décidé de garder le bébé, la grossesse commençait à me *tenir à coeur*. (forums.famili.fr/famili/Enfant/sujet-2254-1.htm; accès le 06/06/05) = *Ø ser caro (a alguém)*

tenir à l'œil (avoir à l'oeil; avoir l'œil dessus; veiller au grain) "surveiller quelqu'un sans rêlache" Ces équipes devront aussi nous *tenir à l'oeil*. Je suis très confiant et je suis persuadé qu'à Barcelone, nous nous battrons à nouveau pour la victoire.

(www.cololotwin.com/pages/invboard/upload/index.php?showtopic=4231; accès le 15/05/05) = *ficar de olho*

tenir à un fil "être fragile, précaire, passager" La Vie ne *tient* qu'*à un fil* (...) Un jeune joueur de football américain, mort subitement, rappelle à Nate son problème vasculaire. (programmes.france2.fr/ 7995592-fr.php; accès le 25/04/05) = *estar por um fio* [*v. por um fio*]

tenir bon (prendre son mal en patience) "supporter les difficultés sans faiblir" La France a raison de *tenir bon* pour la paix. (www.courrierinternational.com/article.asp?obj_id=4944&provenance=hebdo; accès le 27/02/06) = *agüentar a barra; agüentar a mão; agüentar as pontas; agüentar o repuxo; agüentar o rojão; agüentar o tranco; enfrentar a parada; segurar a barra; segurar a onda; segurar as pontas*

tenir comme à la prunelle de ses yeux "attacher beaucoup d'mportance" Pour vous montrer au combien, on ne se rend pas assez compte de la beauté de notre Ile... Et qu'il faudrait y *tenir comme à la prunelle de ses yeux*. (www.volcreole.fr/forum/message-313562.html; accès le 16/05/05) = [*querer bem como à menina dos olhos*]

tenir en haleine tenir quelqu'un dans une attente angoissé" Le tir reprend la nuit par intervalles de façon à causer des alertes fréquentes aux postes prussiens et à les *tenir* constamment *en haleine*. (biosoc.univ-paris1.fr/ histoire/biblio/smaitron/smait5.htm; accès le 16/05/05) = *Ø manter na expectativa*

tenir en laisse "empêcher quelqu'un d'agir librement, lui imposer sa volonté" Quand quelqu'un vous *tient en laisse*, vous n'avez plus la liberté totale de vos mouvements et c'est bien ce qui se passe pour notre pays. (www.wmaker.net/leconfident/index. php?action=article&id_article=156608; accès le 07/06/05) = [*trazer na coleira*]

tenir la barre "assumer les responsabilités" [coloquial] *Tenir la barre* d'une entreprise internationale requiert évidemment une gestion qualité et d'autres principes de gestion auxiliaires [...] (www.telindus.fr/companyprofile/quality.asp; accès le 28/06/05) = *conduzir o barco*

tenir la chandelle "servir de tiers complaisant dans un rendez-amoureux" Et voilà. Elle a invité Gabriel!!!!! Et comme Lucie va peut être pas venir je vais *tenir la chandelle* aux deux tourtereaux! (www.20six.fr/weblogEntry/8q09nontaizk.htm; accès le 16/05/05) = *segurar vela*

tenir la corde "être en bonne position" La carte à puce semble *tenir la corde* comme support d'authentification et de gestion des relations entre les administrés et les organismes de protection sociale. (www.microsoft.com/france/secteurpublic/secteurs/organismes-securite-sociale/europe.aspx; accès le 23/03/08) = [*ter as rédeas na mão*]

tenir la route "être réalisable, solide" Ça a beau *tenir la route*, on n'est pas emballés pour autant. Il manque tout simplement une composante essentielle: l'émotion. (www.eleves.ens.fr/home/glafon/ cinema/aviator.html; accès le 16/05/05) = *Ø ser viável*

tenir le bon bout "être sur le point de réussir" La formation nantaise repartait sur les mêmes bases qu'en première période et croyait même *tenir le bon bout* quand Frédéric Da Rocha faisait trembler les filets corses sur un centre de Jérémy Toulalan. Mais Bruno Auffray, l'arbitre de la rencontre, n'accordait pas l'avantage aux visiteurs en raison d'une faute de Claudiu Keserü sur Vanney (49e) (ww.fcna.fr/articles/20042005/BastiaFcnantes120105.php; 18/01/06) = *estar com a faca e o queijo na mão*

tenir le haut du pavé "occuper dans un groupe une place ou une position très en vue" L'Argentine et le Brésil continuent de *tenir le haut du pavé*. Il ya eu un nivellement par le haut, qui a bénéficié à des équipes comme la nôtre. (fifaworldcup.yahoo.com/06/fr/050412/1/1r0p_pf.html; accès le 07/06/05) = *ocupar a primeira fila*

tenir les cordons de la bourse "disposer des finances du pays, de la famille etc" Les maires à qui vous accordez des miettes de décentralisation ou vous qui continuez à *tenir les cordons de la bourse*? (www.mairie2.paris.fr/mairie2/ jsp/Portail.jsp?id_page=451; accès le 16/05/05) = *ter a chave do cofre*

tenir (se) les coudes (serrer (se) les coudes) "s'aider les uns les autres dans une tâche commune" Une fois que vous avez atteint ce point, vous devez *serrer les coudes*. (www.benchpresschampion.com/ENTRAINEURS/ FinH.htm; accès le 16/04/05) = *dar-se as mãos*

tenir les ficelles (être à la barre; mener la danse; tenir les rênes) "être celui qui commande" D'autres ont imaginé des intégristes barbus en train de *tenir les ficelles* d'un mouvement de révolte qui ne pouvait pas être spontané. (www.humanite.presse.fr/ journal/1994-09-29/1994-09-29-534187; accès le 16/05/05) = *comandar o barco; ter as rédeas*

tenir les rênes (être à la barre; mener la danse; tenir les ficelles) "être celui qui commande" On en retire que l'expérience est tout aussi indispensable que les compétences pour *tenir les rênes* d'une entreprise. (www.accenture.fr/htm/point_ de_vue_l_experience_du_leadership.html; 13/06/05) = *comandar o barco; ter as rédeas*

tenir sa langue (mordre (se) la langue [1]) "se retenir de parler" Si quelqu'un se croit religieux sans *tenir sa langue* en bride, mais en se trompant lui-même, vaine est sa religion. (www.cc-pays-de-gex.fr/assoc/aspdg/ bible/jacques.htm; accès le 16/05/05) = *segurar sua língua*

tenir tête "s'opposer à d'autres personnes, défendre ses opinions" C'est le moment de stimuler leurs repousses pour effacer les méfaits de l'hiver et mieux *tenir tête* aux chutes d'entrée de saison. (www.doctissimo.fr/html/forme/ cheveux/soins/cheveux_printemps.htm; accès le 16/05/05) = *fazer frente*

tenir (en) une couche "être sot, borné" [...] elle accepte cette situation sans en avoir honte: pas de doute, pour se retrouver avec un con pareil il faut egalement en *tenir une couche*. (www.forum-auto.com/sqlforum/section19/sujet263153.htm; accès le 07/06/05) = *ser uma besta quadrada* [*v. besta quadrada*]

tenter le diable "courir des risques en se mettant dans une situation dangereuse" [coloquial] Alors quand on vous dit que les ennuis ne viennent jamais seuls, pourquoi *tenter le diable*? (www.pam.presse.fr/dn_auto_2roues/ constat_europeen_accident.html; accès le 28/06/05) = *cutucar a onça com vara curta*

terrain d'entente "base sur laquelle un accord peut être réalisé entre deux parties qui s'opposent" Si elles ont réussi à trouver un *terrain d'entente*, si tout le monde s'est mis d'accord. - quand les débatteurs comprennent les idées du camp adverse. (www.ac-rennes.fr/pedagogie/ lettres/lycee/seconde/debat/modele.htm; accès le 16/05/05) = *Ø comum acordo*

terrain glissant "situation délicate où on risque de commettre des impairs" C'était difficile pour les deux équipes avec un ballon qui allait très vite et sur un *terrain glissant*. Il ne pouvait pas y avoir d'erreurs techniques. (www.lequipe.fr/Football/ Aus_Fra_reacs.html; accès le 16/05/05) = *terreno escorregadio*

tête à claque "personne très sotte qu'on a envie de la gifler" On ne s'occupe pas de lui; ça se réveille la nuit; ça a une *tête à claque* et ça meurt sans même vous dire merci pour tout, stupidement, un beau matin. (www.regards.fr/archives/1997/ 199709/199709res08.html; accès le 16/05/05) = *Ø cara de idiota*

tête brûlée "énervement, irritation" Gabriel n'eut pas la *tête brûlée*, et il eut sa pâtisserie viennoise qu'il avait bien mérité. (www.etsectera.org/autres/ bertelse.html; accès le 07/06/05) = *cabeça quente*

tête creuse (cervelle de moineau; cervelle d'oiseau; tête de linotte; tête en l'air) "personne très étourdie" On prend une quinzaine de personnes avec la *tête creuse* et on les enferme quelques semaines!!!! On en a marre de ces émissions débiles! (www.toluna.fr/Les_colocataires_ l_emission-av-532290.html; accès le 16/05/05) = *cabeça de melão; cabeça de vento; cabeça oca*

tête de bois (tête de bois; tête de fer; tête de lard; tête de mule; tête de pioche) "têtu" Il faut avoir une vraie *tête de bois* pour parler de l' "aventurisme"de la révolution d'octobre, après la bataille d'idées qui a fait rage bien des années avant la révolution. (www. marxists.org/francais/ trotsky/livres/bilanp/bilan_persp_0.html; accès le 07/ 06/05) = *Ø cabeça-dura*

tête de fer (tête de bois; tête de lard; tête de mule; tête de pioche) "têtu" Per Bacco! reprit Mazarin, qui commençait à s'impatienter, il ya une heure que je ne vous demande pas autre chose, *tête de fer* que vous êtes. (www.dumaspere.com/pages/ biblio/chapitre.php?lid=r42&cid=2; accès le 07/06/05) = *Ø cabeça-dura*

tête de lard (tête de bois; tête de fer; tête de mule; tête de pioche) "têtu" Un peu *tête de lard*, comme il le dit lui-même, il va retrouver l'équipe du Mans qui a "oublié" de lui faire confiance au moment de l'accession en Ligue 1. (www.fcgueugnon.com/championnat/ 2004-2005/champ05/champ05.htm; accès le 07/06/05) = *Ø cabeça-dura*

tête de linotte (cervelle de moineau; cervelle d'oiseau; tête creuse; tête en l'air) "personne très étourdie" Peu après 9h15, tout le monde est prêt, sauf la *tête de linotte* du groupe qui se rend qu'elle a oublié son sac à dos sur le campus!!! (forum.leo.org/cgi-bin/dico/

forum.cgi?action=show&sort_order=&list_size=30&list_skip=0&gro; accès le 16/05/05) = *cabeça de melão; cabeça de vento; cabeça oca*

tête de mule (tête de bois; tête de fer; tête de lard; tête de pioche) "têtu" Il est intelligent, mais *tête de mule*, capable du pire et du meilleur. (perso.wanadoo.fr/faust/mam3.htm; accès le 07/06/05) = Ø *cabeça-dura*

tête d'enterrement (gueule d'enterement) "semblant triste" Quelques idées pour célébrer le passage d'une copine vers le mariage sans qu'elle fasse une *tête d'enterrement*! (www.coupdepouce.ca/CoupDePouce/ client/fr/MIEUX_VIVRE/DetailNouvelle.asp?idNews=1093&idSM=357; accès le 07/06/05) = *cara de enterro; cara de velório*

tête de pioche (tête de bois; tête de fer; tête de lard; tête de mule) "têtu" J'étais pour qu'on prenne une autre voie de pénétration, mais Wallace a une *tête de pioche*. (mneia.org/biling/clf/fiches/clavel/clavel.htm; accès le 07/06/05) = Ø *cabeça-dura*

tête d'oeuf (crâne d'oeuf) "intelligent" [souvent ironique] Il leur faut savoir qu'il ne suffit pas d'être une *"tête d'oeuf"* pour y être admis. Les sélectionneurs s'accordent à respecter un profil. (www.lexpansion.fr/art/6.0.120426.2.html; accès le 16/05/05) = Ø *ser cabeça; ser crânio; ser cobra*

tête en l'air (cervelle de moineau; cervelle d'oiseau; tête creuse; tête de linotte) "personne très étourdie" Mais étourdie dilettante et *tête en l'air* incorrigible, il y a toute une nuance. (www.cajoling.net/test-distraite.php; accès le 07/06/05) = *cabeça de melão; cabeça de vento; cabeça oca*

tiré à quatre épingles "soigneusement vêtu" Un petit homme vif et chauve, toujours *tiré à quatre épingles* et qui parlait en sautillant comme un boxeur, les jambes légèrement pliées. (www.lemonde.fr/web/imprimer_element/ 0,40-0@2-3230,50-642271,0.html; accès le 16/05/05) = *nos trinques* [2]

tiré par les cheveux "inacceptable, parce qu'il lui manque de solidité et de naturel" [relatif à un raisonnement, une interprétation, une argumentation] Pourquoi admettre sans preuve un principe *tiré par les cheveux*? (www.webastro.net/forum/lofiversion/index.php/t1394.html; accès le 07/06/05) = *duro de engolir*

tirer à boulets rouges (tomber à bras raccourci) "critiquer violemment" Dans ce contexte, fait surprise la belle unanimité des médias français pour *tirer à boulets rouges* sur Israël, renvoyé à tous ses péchés. (www.revuepassages.fr/Article.php?IdArticle=102; accès le 16/05/05) = *cair de pau; cair matando*

tirer à hue et à dia "agir en employant des moyens contradictoires" [...] chacun continuera à *tirer à hue et à dia* pour en tirer les avantages qu'il souhaite. (www.seniorplanet.fr/forumsp/ index.php?showtopic=11603&st=10; accès le 16/05/05) = Ø *dar uma no cravo e outra na ferradura*

tirer au clair (mettre au clair) "éclairer, expliquer" Le ministre a réitéré la demande de Rome de *tirer au clair* toute l'histoire et de punir les responsables. (www.rtl.fr/rtlinfo/article.asp?dicid=265967; accès le 08/06/05) = *deixar claro*

tirer au flanc "se soustraire à ses tâches, à une obligation" J'y restai un jour et le soir je décidai de me faire porter malade. On se communiquait entre nous toutes les ruses possibles pour *tirer au flanc.* (perso.wanadoo.fr/aetius/kg/KGPilet03.htm; accès le 16/05/05) = *fazer corpo mole*

tirer dans le dos "trahir quelqu'un lâchement" Il est même capable de *tirer dans le dos* de ceux qui ont eu le malheur de le contrarier. (perso.wanadoo.fr/viney.nancy/hoverbttf/buford.html; accès le 16/05/05) = *atacar pelas costas*

tirer dans le tas (taper dans le tas) "battre sans viser d'individu" J'ai eu un coup de bol; je l'ai réussis du premier (au bout de la deuxième partie). Pas vraiment de conseil à donner sauf de *tirer dans le tas.* (www.grandtheftauto.fr/gtasanandreas/ soluce/missions/air-raid.php; accès le 16/05/05) = *Ø distribuir socos; distribuir tapas*

tirer des plans sur la comète "faire des projets audacieux, parfois chimériques" Même les économistes les plus reconnus s'abstiennent aujourd'hui de *tirer des plans sur la comète* pour l'exercice à venir. (www.lhotellerie.fr/lhotellerie/Articles/2853_25_Decembre_2003/La_guerre_des_prix.html; accès le 16/05/05) = *Ø fazer planos estratosféricos, faraônicos*

tirer la langue (crever la dalle; tirer le diable par la queue) "vivre dans le besoin, avec très peu de ressources" Mais le scénariste, lui, il peut cumuler les projets et les contrats et donc augmenter les rentrées. Mais avant que les sous ne rentrent (six mois, un an) grâce aux royalties, il va *tirer la langue.* (www2.zonealta.net/~edmondt/archive/index.php/t-1339; accès le 08/06/05) = [*não ter um gato pra puxar pelo rabo*]

tirer la manche "attirer l'attention de quelqu'un" C'est le genre de chansons qui reviennent vous *tirer la manche* à tout moment de la journée. (musique.telerama.fr/edito.asp?art_ airs=M0501251127363%20&srub=2&lettre2=A; accès le 16/05/05) = *Ø ficar cutucando*

tirer le bon numéro "être chanceux" Il faut donc se réinventer en permanence sans jamais être sûr de *tirer le bom numéro*: l'erreur est moins dangereuse que l'inertie. (www.lexpansion.fr/Resumes/ 1463.36.57867.html; accès le 16/05/05) = [*tirar a bola preta; tirar a bola sete*]

tirer l'échelle "ne savoir plus quoi faire pour résoudre un problème" Il ne reste plus qu'à *tirer l'échelle* et à pleurer sur les poissons cancéreux, stériles et handicapés cognitifs. (www.univ-st-etienne.fr/ crenam/chercheur/dupre/Tiretaine.htm; accès le 16/05/05) = *abandonar a causa*

tirer le diable par la queue (crever la dalle; tirer la langue) "vivre dans le besoin, avec très peu de ressources" *Tirer le diable par la queue* pendant un an ou deux, passe encore, mais pendant quinze ou vingt ans, cela ne se fait pas sans dommage sur la qualité de vie. (www.lexpress.fr/services/immobilier/dossier/immobilier/dossier.asp?ida=395261; accès le 08/06/05) = [*não ter um gato pra puxar pelo rabo*]

tirer le mauvais numéro "être malchanceux" D'autres n'avaient pris aucun risque et ont le sentiment d'avoir *tiré le mauvais numéro* à la loterie de la vie. (www.chez.com/hepatite/presse4.htm; accès le 08/06/05) = [*tirar o número errado*]

tirer les ficelles "être l'instigateur, le manipulateur qui agit masqué, caché" Puis, un jour, on a compris qu'ils passait le plus clair de son temps à *tirer les ficelles* de complots plus machiaveliques les uns que les autres. (frsr.free.fr/frsr/paral001.html; accès le 09/06/05) = *mexer os pauzinhos*

tirer les marrons du feu "entreprendre une action difficile, risquée, pour le seul profit d'autrui" [...] et le syndicat de médecins n'a rejoint le mouvement qu'il n'y a quelques jours pour tenter d'en *tirer les marrons du feu*. (www.gie-sml.fr/tout_sml/sml72comm020119.htm; accès le 16/05/05) = [*tirar as castanhas do fogo com a mão do gato; tirar a sardinha com a mão do gato*]

tirer les vers du nez "faire parler, obtenir de quelqu'un une information qu'il ne savait pas donner tout seul" Soyez actif dans la discussion: rien n'est plus désagréable pour un examinateur que d'avoir l'impression de "*tirer les vers du nez* du candidat". (www.ac-nancy-metz.fr/enseign/BTSTransport/ pedagogique/stagedossier.htm; accès le 16/05/05) = [*puxar pela língua*]

tirer sa révérence "renoncer à quelque chose" On sent qu'il veut *tirer sa révérence* à la Bande Dessinée mais la séparation se fait dans la douleur. (www.bulledair. com/index.php?rubrique= album&album=lapinot9; accès le 16/05/05) = Ø *renunciar*

tirer son épingle du jeu "se dégager adroitement d'une situation délicate" L'hôtellerie parisienne *tire son épingle du jeu* en avril tandis que la province peine encore. (www.lhotellerie.fr/lhotellerie/Articles/2875_03_Juin_2004/L_hotellerie_parisienne.html; accès le 05/05/05) = *tirar o corpo fora; tirar o seu da reta* [*vulgaire*]

tirer sur la corde (tirer sur la ficelle) "exagérer" Fonction publique: A trop *tirer sur la corde*, la situation financière de nombreux cantons est précaire, particulièrement en Suisse romande. (www.domainepublic.ch/archives/Delley_ Jean_Daniel__Fonction_publique___A_tro__.html; accès le 09/06/05) = *forçar a barra*

tirer sur la ficelle (tirer sur la corde) "exagérer" Mais votre décision initiale de suspendre un moment votre blog n'était-elle pas plus sage que de trop *tirer sur la ficelle*? (virgile.blog.lemonde.fr/virgile/ 2005/05/post_2.html; accès le 09/06/05) = *forçar a barra*

tirer sur l'ambulance "porter préjudice à quelqu'un déjà assez éprouvé par le sort" Un peu souriant, souvent ennuyeux, jamais passionnant: pas de quoi *tirer sur l'ambulance*, mais aucune raison d'aller y faire un tour non plus. (cine.voila.fr/film/fichefilm_gen_cfilm=33865.html; accès le 16/05/05) = Ø *acabar de matar*

tirer un trait (passer l'éponge) "oublier quelqu'un ou quelque chose, ne plus considéré important" J'ai décidé de *tirer un trait* sur lui, et j'ai repris une vie normale de célibataire, sortant, m'amusant, ce que je n'osais plus faire avant. (www.femmeactuelle.fr/contenu_editorial/pages/contacts/main-tendue/appels/030501.php; accès le 16/05/05) = *passar uma borracha*

tirer une pipe (pomper le dard; pomper le gland; pomper le noeud) "pratiquer de la fellation dans un homme" [vulgaire] J'aimerai bien qu'une nana me *tire une pipe* avec des glaçons dans la bouche. Un pote m'a raconté son expérience et depuis je n'en dors plus. (www.20six.fr/elblanco/archive/2004/07; accès le 24/06/05) = *fazer uma chupeta*

toilette de chat "soins du corps faits de manière très superficielle" [...] condition cependant de ne pas faire une *toilette de chat* mais d'imbiber 2 ou 3 cotons pour la préparer à affronter la journée. (adosurf.free.fr/beaute/maquillage.html; accès le 16/05/05) = *banho de gato*

tomber à bras raccourcis (tirer à boulets rouges) "sauter sur quelqu'un pour le critiquer, l'agresser" On ne s'amusera donc pas ici à *tomber à bras raccourcis* sur Offspring (qu'il est devenu tout aussi branché de casser gratuitement) et ses suiveurs. (fabienma.club.fr/annu-art/musique/burning-heads.htm; accès le 28/07/05) = *cair de pau; cair matando* [*1*]

tomber à la renverse (tomber de haut; tomber de la lune; tomber des nues; tomber du ciel [2]) "être stupéfait" j'ai bien failli *tomber à la renverse*: Une cloche de bonne taille était emberlificotée dans le treillis qui supporte la vigne grimpante! (leger.alain.free.fr/Cloches/Rencontre.htm; accès le 16/05/05) = *cair das nuvens; cair de costas; cair duro*

tomber à l'eau (être à l'eau; tomber dans le lac) "échouer, ne plus avoir lieu, ne plus avoir d'aboutissement" Poséidon déclencha une terrible tempête qui nous fit tous *tomber à l'eau* mais Athéna aveugla le monstre ce qui nous aida beaucoup. (www.ac-versailles.fr/etabliss/clg-pompidou-orgerus/Activites_ 0304/Odysse_62/dicovachosorus.htm; accès le 16/05/05) = *cair por terra; dar com os burros n'água; dar em água de barrela; ir a pique; ir por água abaixo; ir pro brejo*

tomber à plat "n'avoir aucun succès" Sa campagne de publicité peut être opérante, mais également, parfois, *tomber à plat*. (www.lesechos.fr/formations/ finance/articles/article_2_5.htm; accès le 09/06/05) = *fazer feio*

tomber comme des mouches "mourir en grand nombre" Une fois l'aigle abattu, le sort des conscrits qui continuaient à *tomber comme des mouches* ne leur fait ni chaud ni froid. (mapage.noos.fr/leradeschamps/fifre.html; accès le 16/05/05) = *Ø morrer aos montes*

tomber comme un fruit mûr "se produire naturellement, sans qu'on ait forcé les circonstances" [sujet: chose] "Et soudain le débat semble *tomber comme un fruit mûr*", estime la journaliste. (www.cite-sciences.fr/actu/ numeros/N69_mai99/kiosques/html/rdp3.html; accès le 16/05/05) = [*ir como quiabo*]

tomber dans le lac (être à l'eau; tomber à l'eau) "échouer, ne plus avoir lieu, ne plus avoir d'aboutissement" Le projet LOC est *tombé dans le lac*. (www.humanite.presse.fr/ popup_print.php3?id_article=296684; accès le 09/06/05) = *cair por terra; dar com os burros n'água; dar em água de barrela; ir a pique; ir por água abaixo; ir pro brejo*

tomber dans le panneau (mordre à l'hameçon; tomber dans le filet) "finir par perdre dans un rapport de forces" Pour éviter de *tomber dans le panneau*, privilégiez systématiquement les contrats dont la promesse de remboursement est facile à comprendre. (www.apeps.com/espace_entrepreneurs/ sante/sante_pieges.htm; accès le 09/06/05) = *cair na rede; cair no laço*

tomber dans les filets de quelqu'un (mordre à l'hameçon; tomber dans le panneau) "finir par perdre dans un rapport de forces" vous débrouiller vous-même sans *tomber dans les filets* des éditeurs à compte d'auteur abusifs qui prospèrent sur le dos des personnes mal informées. (membres.lycos.fr/esfsite/netesf4.htm; accès le 16/05/05) = *cair na rede; cair no laço*

tomber dans les pommes "s'évanouir" Astérix fuma une cigarette qui le fit *tomber dans les pommes*. Obélix n'était pas venu avec lui. 2 heures plus tard Obélix entra et ne vit plus rien. (perso.wanadoo.fr/ecole.chabure/ textes/novembre2002/ novembre.htm; accès le 16/05/05) = *Ø ficar sem sentidos*

tomber dans l'oreille d'un sourd "n'être pas pris en considération" Vos prudentes mises en garde (fréquentations, premières cigarettes, plus tard contraception...) vous semblent *tomber dans l'oreille d'un sourd*. (membres.lycos.fr/psd61/Msg/ 10387.htm; accès le 16/05/05) = *entrar por um ouvido e sair pelo outro*

tomber de Charybde en Scylla "échapper à un mal pour inévitablement retomber dans un autre pire" La France va *tomber de Charybde en Scylla*: de la guerre européenne à la guerre civile et religieuse. (his.nicolas.free.fr/Histoire/Panorama/TempsModernes/Renaissance/Renaissance.html; accès le 16/05/05) = [*sair da lama pra cair no atoleiro*]

tomber de haut (tomber à la renverse; tomber de la lune; tomber des nues; tomber du ciel [2]) "être stupéfait" Jusqu'à la nuit où, ayant trouvé une lune et s'étant allongé sur son dos, il a vu un autre monde (...) ce qui l'a fait *tomber de haut*! (www.comptines.fr/ARCHVIT.dir/ Vit22.dir/Fetes2002.htm; accès le 16/05/05) = *cair das nuvens; cair de costas; cair duro*

tomber de la lune (tomber à la renverse; tomber de haut; tomber des nues; tomber du ciel) "être stupéfait" Je suis *tombé de la lune* en apprenant la nouvelle. Nous n'avions alors pas le choix. (www.velo101.com/actualite/default.asp?Id=3446&Section=elites1; accès le 09/06/05) = *cair das nuvens; cair de costas; cair duro*

tomber des cordes (pleuvoir à seaux; pleuvoir à verse; pleuvoir comme une vache qui pisse [vulgaire]) "pleuvoir très fort" Il y a un de ces bruits bizarres! des grondements comme si une montagne allait nous arriver dessus et il va *tomber des cordes*! (perso.photos-animaux.com/im292437—19536—FRA-321.html; accès le 09/06/05) = *chover a cântaros* [*cultivé*]; *chover canivete(s)*

tomber des nues (tomber à la renverse; tomber de haut; tomber de la lune; tomber du ciel [2]) "être stupéfait" Je suis *tombée des nues*, c'était vraiment incroyable ce que je découvrais là. (www.routard.com/mag_invite/id_inv/186.htm; accès le 09/ 06/05) = *cair das nuvens; cair de costas; cair duro*

tomber du ciel 1. "arriver à l'improviste et fort à propos" [sujet: plutôt chose] Cela se réduit à exagérer une propriété superbe, qui vient de nous *tomber du ciel*, que l'on ne connaît pas, et de la possession de laquelle on est assuré. (www.acommeamour.

com/stendhalappr.html; accès le 09/06/05) = *cair do céu*. **2.** "être stupéfait" [sujet: personne] [...] car pour mon fils, je suis *tombée du ciel* quand l'instinct m'a demandé d'établir ce genre de contrat simplement pour une histoire de goûter collectif (...) (forum.magicmaman.com/magic37ans/ ecole-maternelle-cp/Contrat-PAI-sujet-3660237; accès le 09/06/05) = *cair das nuvens; cair de costas; cair duro*

tomber du lit "se lever très tôt, contrairement à son habitude" (...) le pioupiou est *tombé du lit* ce matin et il en veut à tout le monde. J'ai autre choses à faire que de compter les billes avec toi. (forum.framasoft.org/search.php?search_author=AntoineP; accès le 19/07/05) = *cair da cama*

tomber en poussière "disparaître complètement" Beaucoup d'idées reçues et de concepts cosmétiques vont *tomber en poussière*. (www.marketingdecombat.tm.fr; accès le 16/05/05) = *virar pó*

tomber en rideau "tomber en panne" Ainsi, le mois dernier, le système de détection d'incendie est *tombé en rideau*, le matin même de la première des Contes d'Hoffmann. (www.lexpress.fr/info/economie/ dossier/gdtravaux/dossier.asp?ida=244802; accès le 16/05/05) = *Ø dar pane*

tomber mal "arriver à un mauvais moment" Tout ce que je peux vous dire c'est que le jeu ne peut pas *tomber mal*, tout simplement car je vais aider au bon développement du jeu. (www.jeux-france.com/news5386_ devil-may-cry-3-nouvelles-images.html; accès le 10/06/05) = *Ø chegar na hora errada*

tomber pile "arriver au bon moment" Je ne sais pas, monsieur le rapporteur, si je vais *tomber pile*, mais je crois que personne ne perdra la face! (9www.senat.fr/ seances/s200411/ s20041117/s20041117003.html; accès le 16/05/05) = *Ø chegar na hora certa*

tomber sous la main loc. verb. "être à la portée, à la disposition" Samarie et sa population ont connu des années de prospérité avant de *tomber sous la main* de Sargon. (www.interbible.org/interBible/caravane/sites/index.htm; accès le 16/06/08) = *cair na mão*

tomber sous le sens "être évident" Peut-il *tomber sous le sens* que le plus faible ait la puissance d'offenser le plus fort? Que sommes-nous relativement à la matière? (desade.free.fr/njustine/5.html; accès le 16/05/05) = *estar na cara*

tomber sur le dos "incomber à quelqu'un comme quelque chose de pénible" [sujet: chose] Les pénalités qui vont te *tomber sur le dos* parce que tu ne peux plus payer les mensualités de ton crédit. C'est quoi encore? (www.decitre.fr/ indexPart.asp? action=NOTICE& part=ALTERECO&cdpdt=9782226142061; accès le 16/05/05) = *cair nas costas*

tomber sur un os "trouver un obstacle, une difficulté imprévue" Il était convenu de revenir sur Terre après cette partie de ball-trap mais ce que nous n'avions pas prévu c'était de *tomber sur un os*. (www.20six.fr/Pim/archive/2004/01/; accès le 16/05/05) = *pedra no meio do caminho*

tomber tout cuit dans le bec "vouloir profiter de biens, d'avantages sans fournir aucun effort pour les obtenir" J'ai comme l'impression que la "jeune génération d'animefans" souhaite lui voir tout *tomber tout cuit dans le bec*, sans fournir le moindre effort. (ndj.blog.free.fr/index.php?id=1386; accès le 16/05/05) = *Ø vir tudo prontinho*

tordre le nez "prendre un air méprisant, mécontent" Les Auriverde n'ont pas *tordu le nez* sur EDMILSON, mais la presse française, si. (forums.voila.fr/read_message.php?idmessage=621265& idsection=865; accès le 16/05/05) = *torcer o nariz*

toucher du doigt "percevoir quelque chose clairement" C'est parfois un travail un peu ingrat parce qu'on n'a pas le sentiment de *toucher du doigt* les résultats, de façon concrète. Restez mobilisés. (www.anacej.asso.fr/public/conseil_du_mois_avril2005.htm; accès le 16/05/05) = *Ø ver claramente*

toucher le fond "arriver à la limite extrême d'un état moralement ou d'une situation dégradante" J'éprouve du bonheur à me laisser aller au désespoir, à *toucher le fond*. C'est l'ivresse. (perinatalite.chez.tiscali.fr/temoignage-barthelemy.htm; accès le 16/05/05) = *chegar ao fundo do poço*

toucher sa bille "se sentir compétent, confiant" En une demie heure, on doit progresser de 10 ou 20% dans son style de conduite mais pas plus. Je pense qu'il faut pas mal d'heures pour *toucher sa bille*. (www.gamekult.fr/tout/forum/lire_208512.html; accès le 16/05/05) = *confiar no seu taco*

toujours la même chanson "toujours les mêmes propos rebattus" Cette après-midi elle nous a remit ensemble mais s'est *toujours la même chanson*. (pageperso.aol.fr/planete 0chichis/ albumsphotostephanie.htm; accès le 16/05/05) = *sempre a mesma história*

tour de cochon "action méchante" Il est encore amusé du *tour de cochon* qu'il vient de faire à son chef. Il avait marre de ces nez rouges. (www.20six.fr/tabasco314; accès le 16/05/05) = *Ø sujeira*

tour de force (coup de maître) "action qui dénote grande habileté" A ce jeu de l'intelligence égocentrique, les magiciens ont réussi le *tour de force* de convaincre le public qu'ils ne sont pas plus magiciens que lui. (climagic.free.fr/climagic/article/a002/art027.htm; accès le 16/05/05) = *golpe de mestre*

tour de table loc. nom. masc. "réunion où chacun des participants a la parole successivement" Le premier ministre a annoncé à ses interlocuteurs qu'un *tour de table* financier serait organisé dès que le choix du site serait fait. (www.humanite. presse.fr/ journal/1991-01-15/1991-01-15-462014; accès le 16/05/05) = *Ø reunião de consulta*

tour d'ivoire "isolement pour éviter des contacts et engagements, éloignement des choses pratiques et concrètes" Ressemble à votre *tour d'ivoire* où pendent mille boucliers. Femmes, croyez-vous qu'elle sorte? Elle reste au logis et tourne son fuseau. (poesie.webnet.fr/poemes/France/hugo/399.html; accès le 16/05/05) = *torre de marfim*

tourner à l'aigre (tourner au vinaigre) "se détériorer" Dot, en invitant la sœur de celle-ci, Mary, pour les fêtes – mais la surprise est pour Ellen quand la réunion de famille *tourne à l'aigre*. (ellendegeneres.free.fr/ TESsaison1.html; accès le 16/05/05) = *Ø azedar*

tourner à vide (tourner rond) "ne pas avoir l'effet attendu" Arrêtez votre cinéma qui *tourne à vide* dans un monde déshabité, nous avons un monde commun à construire ensemble, maintenant! (perso.wanadoo.fr/marxiens/philo/antiscep.htm; accès le 16/05/05) = *não estar redondo* [*v. estar redondo*]; *rodar em falso*

tourner au vinaigre (tourner à l'aigre) "se détériorer" [sujet: une situation, une discussion] Au parc, votre petit s'est fait un ennemi et ça commence à *tourner au vinaigre*. (www.infobebes.com/htm/accueil/ tous_les_sondages.asp; accès le 16/05/05) = *Ø azedar*

tourner autour du pot (ne pas y aller par quatre chemins) "user des circonlocutions" Quand quelqu'un lui achète un de mes bouquins, il lui pose des questions, *tourne autour du pot* et finit par dire "Vous savez, je suis son papa". (membres.lycos.fr/trondheim/interview.html; accès le 16/05/05) = *dar voltas*

tourner casaque (retourner sa veste) "changer de parti, d'opinion, en reniant ses idées par opportunisme" [familier] Au bout de 10 minutes, ils ont *tourné casaque* et annoncé que les meilleures chances d'observation étaient situées sur la Normandie. (v.tomeno.free.fr/eclipse; accès le 16/05/05) = *virar (a) casaca*

tourner en eau de boudin (être à l'eau; tomber à l'eau; tomber dans le lac) "échouer, ne plus avoir lieu, ne plus avoir d'aboutissement" Mais cet "acte" ne va-t-il pas *tourner en eau de boudin*? Mon papier va-t-il servir à quelque chose? J'attends l'épluchage des torche-culs... (kropot.free.fr/Pouget-muselage.htm; accès le 16/05/05) = *cair por terra; dar com os burros n'água; ir a pique; ir por água abaixo*

tourner la page "changer de sujet, de situation" Lorsqu'il veut que son lecteur lit un mot précis, il le liront, lorsqu'il voudra que le lecteur *tourne la page*, il la tournera. (pageperso.aol.fr/snacky32sf/mapage/bourse.html; accès le 16/05/05) = *virar a página*

tourner le dos à "cesser de s'occuper de quelque chose ou quelqu'un" Un non du PS français signifierait son complet isolement et lui ferait *tourner le dos* à son engagement de toujours. (www.ouisocialiste.net/article.php3?id_article=98; accès le 11/06/05) = *virar as costas para*

tourner (se) les pouces (croiser (se) les bras) "ne rien faire, être dans l'oisivité" Je connais des rentiers qui se *tournent les pouces* et attendent que le bénéfice du travail des autres leur tombe tout droit dans l'escarcelle. (www.rendez-vous.fr/scripts/friends/forums/ForItems.cfm?IdSubject=0503112739; accès le 16/05/05) = *cruzar os braços*

tourner les talons (faire (se) la malle; ficher le camp; foutre le camp; mettre les bouts; mettre les voiles; prendre la clef des champs) "partir rapidement" Une augmentation brutale de tarifs, un accueil décidément pas à la hauteur, et le client hurle au scandale avant de *tourner les talons*. (www.lentreprise.com/dossier/297.html; accès le 11/06/05) = cair fora; cair no mundo; dar no pé; dar o fora [1]; puxar o carro; virar as costas

tourner rond loc. verb. "fonctionner bien" Qu'est qui empêche mon coeur de *tourner rond*? J'en sais carrément rien!!! (www.20six.fr/weblogEntry/u4okwif8n18q; accès le 12/06/05) = *estar redondo*

tous les trente-six du mois (la semaine de quatre jeudis) "jamais" Enfin bon, le truc qui m'emmerde assez c'est que le phénomène appelé "attirance physique" se produit *tous les trente six du mois* pour mon cas [...] (www.20six.fr/weblogCategory/1s2wlx6g3eyz9?d=22.4.2004; accès le 12/06/05) = *no dia de São Nunca; em 31 de fevereiro*

tout à trac (sans crier gare) "d'un seul coup, soudainement, sans crier gare" *Tout à trac*, la question avec ce livre est de savoir comment on doit le lire: confession? pamphlet d'une époque idéologique contre une autre? fiction? (lafemelledurequin.free.fr/intervenants/bertini/confessions_dun_sale_gosse/droite_confessions.htm; accès le 12/06/05) = *à primeira vista; sem mais nem menos* [1]

tout craché "très ressemblant" C'est *tout craché* Mademoiselle Solène. Un buveur de vin. Qui fait toujours le malin. Qui mange du pain. (www.ac-amiens.fr/etablissements/0802033a/cm1k/2004-2005/prenoms/poesie.htm; accès le 16/05/05) = *cuspido e escarrado*

tout de go "directement, librement" Votre œuvre est à ce point identifiée à ce pays qu'on a envie de vous demander, *tout de go*, non pas comment vous allez, mais comment va le Québec... (www.lexpress.fr/info/monde/dossier/ francophonie/dossier.asp?ida=357289; accès le 16/05/05) = *Ø sem reserva*

tout feu tout flamme "passionné, enthousiaste" Camille est une comédienne *tout feu tout flamme*. Elle a sacrifié sa vie conjugale et familiale pour se consacrer à son métier. (www.cinecinema.fr/ ftc/index_ html?canal=2&id_prog=21435; accès le 16/05/05) = *Ø animadíssimo, entusiasta*

tout n'est pas noir "tout n'est pas difficile" Bon bah voilà, *tout n'est pas noir*, tout n'est pas rose, la vie virtuelle c'est comme la vie réelle. La communication sur le web a montré ses limites. (www.ed-wood.net/ed-parle-internet-retour.htm; accès le 16/05/05) = *nem tudo são espinhos*

tout n'est pas rose "tout n'est pas facile" Bon bah voilà, tout n'est pas noir, *tout n'est pas rose*, la vie virtuelle c'est comme la vie réelle. La communication sur le web a montré ses limites. (www.ed-wood.net/ed-parle-internet-retour.htm; accès le 16/05/05) = *nem tudo são flores; nem tudo são rosas*

tout son soûl (jusqu'à plus soif) "jusqu'à ce qu'on ne puisse plus" Je tiens ma logique soigneusement à l'écart pour laisser mon inconscient s'amuser *tout son soûl*. (perso.wanadoo.fr/mondalire/fatext36.htm; accès le 12/06/05) = [*até se fartar*]

tout sucre tout miel "très gentil" *Tout sucre tout miel* qu'elle était avec moi, ma chef. On dirait qu'elle préfère m'avoir comme alliée... (virgile.blog.lemonde.fr/virgile/2005/04/rester_proche_s.html; accès le 12/06/05) = *Ø uma seda*

train de sénateur "marche lente et majestueuse" C'est un étouffoir, ce Sar avance à un *train de sénateur*, fulmine le maire de Saint-Paul. C'est une catastrophe pour la Réunion". (www3.clicanoo.com/article.php3?id_article=102650; accès le 16/05/05) = [*passo de senador*]

traîner dans la boue "dénigrer, diffamer" Ce livre choc démontre tout le processus de fiel qui a été mis en place pour *traîner dans la boue* un homme innocent. (www.lelitteraire.com/article1302.html; accès le 12/06/05) = *jogar na lama*

traîner ses guêtres "être très long à faire quelque chose" Même si cela fait un bout de temps qu'il y *traîne ses guêtres*, Toko blaze est l'un des toasters les plus prometteurs de la scène marseillaise. (www.mondomix.com/fr/artist.php?artist_id=521; accès le 16/05/05) = [*arrastar as sandálias*]

traîner (comme) un boulet "supporter une charge dont on ne peut pas se débarasser" Au début, c'est l'affrontement: le fils se sent de trop, le père croit *traîner un boulet*. (librairie.auchandirect.fr/ librairie_livres/ vive_revolution_274590955X.htm; accès le 12/06/05) = *carregar um peso (nas costas)*

traiter de tous les noms (d'oiseaux) "bombarder quelqu'un d'injures" ils peuvent publier toutes les alertes que j'ai postées depuis l'ouverture du forum et Dieu sait si on m'a *traité de tous les noms*? (communautes.hexali.fr/ index.php?showtopic=12269&st=0; accès le 16/05/05) = Ø *xingar de tudo quanto é nome*

trancher dans le vif "être très énergique, rigoureux" Alors que le PS a étalé ses divisions durant des mois, cette fois la direction avait décidé de *trancher dans le vif*. (www.la-croix.com/article/ index.jsp?docId=2224502&rubId=4076; accès le 16/05/05) = *ter pulso (firme, forte)*

trancher le mot (ne pas mâcher ses mots) "s'exprimer clairement et sans réserves" [cultivé] Hermès *tranche le mot*, disant qu'il n'y a point de vraie teinture que du Soleil et de la Lune, c'est-à-dire du Soleil et de la Lune des Philosophes. (perso.wanadoo.fr/chrysopee/anonyme/ariadane.htm; accès le 16/05/05) = [*não fazer circunlóquios*]

transmettre le flambeau (passer le flambeau) "passer à autrui la responsabilité de donner continuité à une enterprise" [cultivé] [...] il devait en effet ce soir-là *transmettre le flambeau* à son successeur à la présidence du groupement après quatre années de dévouement [...] (www.groupehec.asso.fr/revue/revue304/article1.php; accès le 12/06/05) = *passar a bandeira; passar o bastão*

travail de bénédictin "travail intellecutel, long et minitieux" Elle a donc entrepris un *travail de bénédictin* qui donnera naissance à une publication d'ici 2 ans, ayant déjà analysé une centaine de ces copies. (www.alesia.asso.fr/pg/Publications/ Presse/presse-lvj1251096.htm; accès le 16/05/05) = [*trabalho beneditino, trabalho de monge*]

travail de fourmi "travail continuel et minutieux" Un *travail de fourmi* dont l'objectif est d'établir une sorte de cartographie du développement et de ses innombrables acteurs. (www.novethic.fr/novethic/site/article/index.jsp?id=35899; accès le 16/05/05) = *trabalho de formiga*

travail d'Hercule "entreprise qui exige de grands efforts" La recherche documentaire était un *travail d'Hercule*. (www.cyberecoles.org/acteurs/DeE_18.htm; accès le 12/06/05) = *trabalho de Hércules*

travailler au corps "talonner quelqu'un pour le persuader de quelque chose" Selon Alexandre, Marie *"travaille* Vanessa *au corps"* afin de la persuader qu'elle est celle qui correspond le mieux à Karl. (bachelor.m6.fr/html/emissions/ bachelor3/ soirees/index.shtml; accès le 16/05/05) = *fazer a cabeça*

travailler du chapeau "être fou" Même si l'espiègle Amélie Nothomb s'est forgé une réputation de "fofolle", il serait bien exagéré de dire qu'elle *travaille du chapeau!* (membres.lycos.fr/fenrir/ nothomb/chapeau.htm; accès le 16/05/05) = *não bater bem*

trier sur le volet "choisir très soigneusement" Le public est *trié sur le volet* mais on ne le sait pas et on croit que tout le pays est avec lui. Un communiqué de Kerry. Kerry aussi était à Las Vegas. (clesnes.blog.lemonde.fr/ etatsunis/2004/10/ j18_toupies.html; accès le 16/05/05) = *escolher a dedo*

trou à rats "logement exigu et misérable" De son quartier insalubre, du *trou à rats* de ses parents, de la souillarde où ils vivaient à dix, il était parti à seize ans. (www.olivier-robin.com/ecrits/ textes/texte12.htm; accès le 13/06/05) = Ø *cabeça-de-porco*

trou perdu "lieu retiré" C'est un île oubliée de tout le monde, un *trou perdu* qui dépend de Sainte-Hélène, autre trou perdu de l'Atlantique [...] (www.20six.fr/nuxips/ weblogCategory/ 1bs66uznzpm4g; accès le 16/05/05) = Ø *cafundó-do-judas*

trouver chaussure à son pied "trouver une femme ou un mari qui convient" Ça y est! Antoine a enfin *trouvé chaussure à son pied*, la femme de ses rêves, la plus sexy, pas trop snob, la plus "classe". Bref, il l'épouse. (cine.voila.fr/film/ fichefilm_gen_cfilm=12259.html; accès le 16/05/05) = [*encontrar a fôrma para seu pé; encontrar o chinelo para o pé doente*]

trouver le filon "trouver un moyen d'améliorer sa situation financière" Son patron a *trouvé le filon*: le hammam, au rez-de-chaussée, et la salle de sports, à l'étage, attirent de plus en plus de monde. (www.ac-versailles.fr/PEDAGOGI/ ses/themes/ violences-sexuelles/simon.html; accès le 16/05/05) = [*encontrar uma boca; encontrar um filão*]

tu as perdu ta langue? "pourquoi tu ne réponds rien?" *Tu as perdu ta langue?* - Heu... excusez-moi. Fit timidement le garçon. Mais... vous pouvez me voir? - Bien sûr, toi et ta drôle de machine. (perso.wanadoo.fr/listes.sf/scientifictif/ Puat3GB.htm; accès le 16/05/05) = *o gato comeu sua língua?*

tuer dans l'oeuf "empêcher que quelque chose se développe" On compte des entreprises qui conçoivent des logiciels destinés à contrôler et *tuer dans l'oeuf* toute véléhité de contestation sur l'Internet chinois. (membres.lycos.fr/uzine/ ARNO/eff.html; accès le 16/05/05) = *matar no ninho*

tuer la poule aux œufs d'or "détruire, par avarice ou imprudence, la source d'un profit important" Probablement craignèrent-ils les reproches de leurs chefs à Berlin pour avoir *tué la "poule aux œufs d'or"*. (membres.lycos.fr/ terminales2/jeanmoulin/jean moulinderniersvoyages2.htm; accès le 16/05/ 05) = *matar a galinha dos ovos de ouro*

tuer le temps "occuper le temps pour le faire passer plus facilement" La nuit "et je *tue le temps*" pour ne pas penser à la seule chose qui me préoccupe, "je *tue le temps* c'est devenu une obsession". (mapage.noos.fr/mylenekoziel/pss.html; accès le 16/05/05) = *matar o tempo*

u | U

un peu fort de café "exagéré, improbable" Mais que la France d'en bas paye pour la France d'en haut, je trouve cela *un peu fort de café*. (www.alternatives-economiques.fr/site/218_002.html; accès le 09/05/05) = Ø *um exagero, um pouco demais*

un train peut en cacher un autre "une réalité peut en masquer une autre" Démographie et financement des retraites: *un train peut en cacher un autre*. (www.domainepublic.ch/archives/Nordmann_Roger__Demographie_et_financement_de__.html; accès le 18/05/05) = Ø *uma realidade pode esconder outra*

usine à gaz "projet ou construction très compliquée, incohérents ou inexécutables" GPV (Grand projet de ville): une *usine à gaz* qui ne marche pas! (www.convention citoyenne.com/ elus04_07_16.htm; accès le 18/05/05) = Ø *projeto mirabolante*

v | V

vache à lait (assiette au beurre) "personne, chose que l'on exploite pour son argent" Longtemps considérés comme une simple source de devises, pour ne pas dire une *vache à lait*, leur image a aujourd'hui complètement changé. (www.bladi.net/modules/newbb/sujet-76-1-mre-vache-lait; accès le 18/05/05) = *galinha dos ovos de ouro*

valoir son pesant de cacahuètes "être cocasse, amusant" Alors même si des fois c'est vraiment dur, la vie à 6 *vaut son pesant de cacahuètes*!! (forum.aufeminin.com/forum/famille1/__f280_famille1-6-petits-bouts-que-du-bonheur.html; accès le 18/05/05) = Ø *valer boas risadas*

valoir son pesant d'or "être d'une grande valeur, d'un grand intérêt" La finale qui se déroulera en Suisse (une descente, un super-G, un géant, un slalom) devrait *valoir son pesant d'or*. Où plutôt de cristal. (www.radiofrance.fr/thematiques/ sport/accueil/articles.php?id=70003872&nid=155; accès le 11/05/05) = *valer quanto pesa*

veiller au grain (avoir à l'oeil; avoir l'œil dessus; tenir à l'oeil) "surveiller quelqu'un sans rêlache" [...] surveiller n'est pas seulement *"veiller au grain"*, c'est aussi être facteur de construction de la personne et du groupe. (ursulines-ur.cef.fr/article.php3?id_article=296; accès le 11/05/05) = *ficar de olho*

vendre (se) comme des petits pains "être vendu très rapidement" [...] si elle ne prévoit pas de version grand public de ce produit qui, à raison d'un prix plus attractif, pourrait se *vendre comme des petits pains*. (www.msncnet.fr/produits/

materiels/assistants_personnels/test/0,39030995,39130585,00.htm; accès le 11/05/05) = [*vender como água*]

vendre la mèche "dénoncer un complot, dévoiler une combinaison" On peut également *vendre la mèche*, c'est-à-dire, porter la plainte officiellement auprès d'instances supérieures tenues de gérer ce genre d'affaires. (www.orientation.ac-versailles.fr/formation/Fiufm/docs/JOBARD.PDF; accès le 11/05/05) = *entregar o ouro*

vendre la peau de l'ours avant de l'avoir tué "faire comme si le résultat escompté d'une action était déjà acquis" Bon, c'est vrai aussi qu'il ne faut peut-être pas *vendre la peau de l'ours avant de l'avoir tué*, car jusqu'à présent les conditions météo ont été assez favorables à la tête de course (très favorable même des Sables aux Kerguelen), mais et la boucle n'est pas encore bouclée (...) Tout peut arriver. (nam.over-blog.com/article-39151.html; accès le 18/05/05) = *contar com o ovo antes de a galinha botar; contar com o ovo dentro da galinha*

venir au jour "se manifester, apparaître" L'analyste est là, comme catalyseur, pour permettre à ces paroles enfouies de *venir au jour*. Dans le quotidien également, le transfert existe. (www.lexpress.fr/idees/tribunes/dossier/oeilpsy/dossier.asp?ida=431674; accès le 11/05/05) = *vir à tona*

venir (en) aux mains "en venir à se battre" Le football est tellement important en Italie que l'on a déjà vu des députés en *venir aux mains* au parlement, au lendemain d'un Inter-Milan AC controversé. (www.abelard.net/italie.htm; accès le 18/05/05) = *Ø sair no tapa*

vérité toute nue "la pure réalité" Autant dire qu'elle dit la *vérité toute nue*, qu'elle dévoile l'Etre et non le phénomène, que sa parole est vérité plus qu'opinion. (membres. lycos.fr/ patderam/parole.htm; accès le 11/05/05) = *verdade nua e crua*

viande froide "un mort" Une bande de lamentables couilles molles!!!!! J'espère, simplement, qu'il n'arrivera pas une aventure similaire à l'un d'entre eux!! Ils finiront raide, en *viande froide* ou dingue! Je ne pense pas qu'ils s'en sortiraient!! (resistance. apinc.org/tribulat/vaincu.htm; accès le 18/05/05) = *Ø presunto (cadáver)*

victoire à la Pyrrhus "victoire si difficile à acquérir que celui qui l'obtient ne peut s'en réjouir" Une *victoire à la Pyrrhus* qui laisse comme un goût très amer en bouche. S'ils avaient su, ils ne seraient peut-être pas passé par là. (www.oulala.net/Portail/breve.php3?id_breve=865; accès le 18/05/05) = *vitória suada*

vider l'abcès (prendre le mal à la racine; crever l'abcès) "détruire la cause de quelque chose et l'empêcher de se reproduire" [cultivé; surtout dans les domaines politique ou administratif] Le président du groupe socialiste à l'Assemblée nationale Jean-Marc Ayrault est monté au créneau, lors de la réunion du bureau national du PS, le 8 mars pour tenter de *"vider l'abcès"* en rappelant à l'ancien Premier ministre socialiste le respect des procédures collectives www.horizons-politiques.com/fait-politique237.htm; accès le 18/05/05) = *cortar o mal pela raiz* [*courant*]

vider ses couilles "jouir" [vulgaire] Un des types est tellement excité qu'il doit *vider ses couilles* à peine 5 minutes après avoir commencé à baiser la jeune chienne! (www.portaildusexe.fr/galerie-webcam.htm; accès le 24/06/05) = Ø *encher de porra*

vider son sac "dire tout ce qu'on a sur le cœur de manière directe et sans ménagement" Ce sera lui qui va incarner la nécessité de *"vider son sac"* quand la fin approche. La vérité doit apparaître, car on ne peut tricher avec la mort. (sergecar.club.fr/cinema/ joeblack.htm; accès le 11/05/05) = [*despejar o saco*]

vie de patachon "vie instable, mouvementée et dissolue" Bien qu'elle confesse mener une *vie de patachon* et de polarde, Claire aime toujours faire les boutiques, les chaussures et les trucs pétillants. (ptgptb.free.fr/0025/once25.htm; accès le 11/05/05) = Ø *gandaia*

vieille école "école fondée sur des méthodes ou des principes vieillis" La lutte contre la *vieille école* était juste, mais la réforme n'était pas si simple qu'on le croyait, il ne s'agissait pas de schémas programmatiques, mais d'hommes, et non des hommes qui sont directement des maîtres, mais de tout le complexe social dont les hommes sont l'expression www.marxists .org/francais/gramsci/intell/intell2.htm; accès le 18/05/05) = Ø *escola tradicional*

vieille fille "femme célibataire d'un certain âge" Et la *vieille fille* souffre d'être seule et de ne pas avoir d'enfant. (www.robert.desnos.online.fr/fils.html; accès le 11/ 05/05) = Ø *solteirona*

vieille taupe "personne (souvent âgée) revêche ou bourrue, d'humeur difficile à supporter" J'entrebâille la porte et rappelle Junior. Ses jappements pourraient bien réveiller notre voisine. Elle ne tolère rien et se plaint souvent à notre propriétaire. "La *vieille taupe*", comme il nous arrive de la surnommer, déteste les couples. Elle ne supporte ni les bruits, ni les fêtes. (bonnesnouvelles.ifrance.com/ bonnesnouvelles/PIEGE.HTM; accès le 18/05/05) = Ø *bruxa*

vieux garçon "homme célibataire d'un certain âge" Ce *vieux garçon* entretient des relations tendues avec son père, un flic à la retraite, et son frère, un psychiatre snob et prétentieux. (www.devedenaute.fr/ index.php?page=recherche&mode=intid& id=9688; accès le 11/05/05) = Ø *solteirão*

vieux jeu "suranné, démodé, dépassé" C'est un combat perdu d'avance, s'il est engagé sous cet angle. L'homme sera toujours gagnant. Je sais combien mon point de vue est *vieux jeu*. Je sais combien cette entrée est confuse. J'y reviendrai certainement. (ct1si.canalblog.com/archives/2005/04/27/463243.html; accès le 18/05/05) = Ø *antiquado; fora de moda; quadrado*

vieux routier "celui qui possède une solide expérience dans un domaine particulier" C'est souvent un *vieux routier* dans son domaine d'activité, son expérience est ce qui le rend crédible auprès de ses collaborateurs. (www.isalariat.fr/info/dossier.asp; accès le 11/05/05) = *macaco velho; velho de guerra*

vilain petit canard "personne ou chose qui n'est pas en harmonie avec un ensemble" Je suis le *vilain petit canard* de la boxe, tout s'acharne sur moi. Mais encore une fois il y aurait dû avoir un no-contest... (www.lequipe.fr/Aussi/lorcy_itw10.html; accès le 18/05/05) = *patinho feio*

violon d'Ingres "activité d'élection qu'une personne cultive, en dehors de son activité principale" Il est enrichi d'une précieuse iconographie composée de 250 illustrations et de 60 photographies, la plupart prises par le compositeur, car l'art de la photographie était son *violon d'Ingres*. (claudet.club.fr/Bloch/Documents/LewinskiDijon.html; accès le 18/05/05) = *Ø mania, paixão*

virer sa cuti "changer radicalement son style" Dans un univers visuel flirtant avec le surréalisme, le cinéaste *vire sa cuti* misogyne et réinvente l'amour toujours. (www.allocine.fr/film/revuedepresse_gen_cfilm=58136&note=4&ccritique=18480708.html; accès le 18/05/05) = *Ø dar uma guinada*

visage en lame de couteau "visage mince, creux, aux angles vifs" Un sourire affable démentait la première impression que son visage *en lame de couteau* et ses yeux tristes imposaient à ceux qui le découvraient. (membres.lycos.fr/erikabyr/newpage11.html; accès le 11/05/05) = *rosto chupado*

vivre d'amour et d'eau fraîche "vivre avec quelqu'un sans se soucier de ses besoins matériels" Dorénavant, nous ne vivrons plus que *d'amour et d'eau fraîche*. Sur ce, celui-ci part bosser pour la journée. (www.amouretamitie2002.com/blagues.htm; accès le 18/05/05) = [*viver de amor e uma cabana*]

vivre dans un autre monde "paraître très différent, étrange, singulier" Le chercheur ne devrait plus être considéré comme quelqu'un qui *vit dans un autre monde*, et qui est inaccessible. (www.u-psud.fr/Orsay/default.nsf/Page/EGROrsayContriIBP; accès le 22/05/05) = *viver num outro mundo*

vivre de l'air du temps "ne pas se soucier de l'argent pour sa subsistance" Pas plus que de nos jours, le trésor, au XVe siècle, ne *vivait de l'air du temps*. Il fallait aux Ducs beaucoup d'argent pour entretenir et faire marcher les services publics (www.memodoc.com/articles-laigue.htm; accès le 18/05/05) = *viver de brisa*

voir arriver avec ses gros sabots "deviner aisément les intentions, les projets grossiers ou sans finesse de quelqu'un" Justin: Tu le *vois arriver avec ses gros sabots* n'est-ce pas? Dorothée: Ouais. Quant à son bouquet, voilà ce que j'en fais. Elle le jette à la poubelle. (volleyball3000.free.fr/francais/sportetsentiment.html; accès le 30/08/05) = *Ø adivinhar as intenções*

voir (en) des vertes et des pas mûres (voir (en) toutes les couleurs) "rencontrer toute sorte de choses désagréables" Ce site est consacré aux animaux, dans leurs délires les plus fous, car l'air de rien, ils nous en font *voir des vertes et des pas mûres*. (aikijulie.skyblog.com/; accès le 11/05/05) = [*ver poucas e boas*]

voir (en) de toutes les couleurs (voir (en) des vertes et des mûres) "rencontrer toute sorte de choses" Si vous souhaitez être le témoin privilégié de quelques moments de vies de notre association, choisissez votre ambiance et attention à vos yeux: vous allez en *voir de toutes les couleurs*... (www.harmonie-bonneville.com/annee-ambiances.html; accès le 19/05/05) = [*ver poucas e boas*]

voir grand "concevoir de vastes projets, des visées ambitieuses" Une publicité de l'Université de Montréal en faveur de son fonds de développement met de l'avant cette idée, qu'il faut *voir grand*. (www.er.uqam.ca/nobel/c3410/PLLanalogues suite.html; accès le 11/05/05) = *pensar grande*

voir la vie en rose (voir tout rose) "ne voir que les aspects positifs des choses" Mais, bonne nouvelle, elle a un endroit pour *voir la vie en rose*; ça se passe là-bas. Merci encore au travail de Bulle. (elleblog.net/index.php?p=308; accès le 18/05/05) = *ver tudo azul*

voir le jour "naître, surgir" Les premiers concours de tirs sur cible vont *voir le jour* alors que la France est en pleine guerre de cent ans. (www.linternaute. com/histoire/ motcle/3088/a/1/1/tir_sportif.shtml; accès le 18/05/05) = *ver a luz do dia*

voir les choses en noir "être très pessimiste" Un observateur attentif sera frappé d'une tendance assez marquée à *voir les choses en noir*, à soupçonner le mal plutôt qu'à croire au bien. (www.les-bayards.com/mono16.htm; accès le 18/05/05) = *Ø ser muito pessimista*

voir loin "prévoir avec perspicacité les conséquences d'une situation, d'un évenement" Le politique doit *voir loin* dans l'espace et doit *voir loin* dans le temps. ECOLO me semble seul à voir les choses comme cela. Et cela me paraît urgent. (www.grezdoiceau-ecolo.be/article. php3?id_rubrique=18&id_secteur= 5&id_article=24; accès le 11/05/05) = *enxergar longe*

voir midi à sa porte "chercher et voir son intérêt avant toute autre considération" Pour ma part je l'estime regrettable, mais libre à chacun de *voir midi à sa porte*, et donc d'y entendre chanter ou pas. (perso.wanadoo.fr/insectes.net/grillon/grill2.htm; accès le 11/05/05) = *Ø ver só o que lhe interessa*

voir rouge "être en colère et perdre le contrôle de ses actes" Ne croyez pas que ce soit si facile que cela d'être le gardien du trésor. Il a *vu rouge*... mais est-ce une raison pour se venger? (pageperso.aol.fr/unmomentdecalme/page105Rouge.html; accès le 11/05/05) = [*ficar roxo de raiva*]

voir tout en rose (voir la vie en rose) "ne voir que les aspects positifs de la vie, ne pas mettre en valeur les problèmes" Un nouvel art de vivre: *voir tout en rose*! Voulez-vous être heureux? Apprenez le bonheur, apprivoisez-le! Savourez nos conseils, maximes et propositions. (www.journalfrancophone.net/item.php?d=55; accès le 18/05/05) = *ver tudo azul*

voir trente-six chandelles "être étourdi par un coup" Il avait des maux de tête abominables, des étourdissements qui lui faisaient *voir trente-six chandelles*. (expositions.bnf.fr/brouillons/pedago/37.htm; accès le 18/05/05) = *ver estrelas*

voix de la conscience "directives de la conscience relative à des actions de chacun" Les hommes ivres font vivre les maisons de tolérance. On connaît la capacité du vin pour étouffer la *voix de la conscience* [...] (www.drogue-danger-debat.org/page_ det.php?id=272&theme=divers& motcle2=pointdevue; accès le 11/05/05) = *voz da consciência*

voler de ses propres ailes "agir sans la protection d'autrui" Il est temps pour le Québec de *"voler de ses propres ailes"*, comme il le disait à Bernard Landry, quelques jours avant son départ. (membres.lycos.fr/quebecunpays/ FETE-NATIONALE-24-

JUIN.html; accès le 11/05/05) = *andar com as próprias pernas; caminhar com as próprias asas; voar com as próprias asas*

vouer aux gémonies (mettre plus bas que terre) "outrager quelqu'un publiquement, l'accabler de mépris" Dans un monde où la concurrence du marché est officiellement *vouée aux gémonies*, une compétition féroce se met en place, parfois dès la maternelle. (www.lesechos.fr/journal20050421/lec1_idees/4254870.htm; accès le 11/05/05) = [*colocar abaixo de cachorro, pôr (alguém) abaixo de cu de cobra*]

vue de l'esprit "conception théorique qui ne s'appuie pas suffisamment sur le réel" Pour certains le SIDA existe, pour d'autres c'est une *vue de l'esprit* et ils pensent que c'est le mari légitime qui a miné sa femme. (www.unimedia.fr/homepage/sftg/Benin/JB7.html; accès le 11/05/05) = Ø *especulação*

y | Y

y avoir de l'eau dans le gaz (y avoir quelque chose qui cloche) "y avoir quelque chose d'anormal, qui ne va pas" Et le chapitre est fini. Il commence à *y avoir de l'eau dans le gaz* du côté des méchants. Est-ce que Mélody serait la cause de tout cela? (perso.wanadoo.fr/revelunaire/chap48kaoru.htm; accès le 11/05/05) = *ter algo que está pegando* [*v. algo que está pegando*]

y avoir quelque chose qui cloche (y avoir de l'eau dans le gaz) "y avoir quelque chose d'anormal, qui ne va pas" Evidemment il *y a quelque chose qui cloche*. Ce qui cloche c'est que l'énergie ne tourne pas toute seule. (forums.futura-sciences.com/post361739-81.html; accès le 19/10/05) = *ter algo que está pegando* [*v. algo que está pegando*]

yeux de biche "yeux peureux et tendres" On vous donne tous les trucs et astuces pour avoir des *yeux de biche* même avec des lunettes. (www.m6.fr/html/emissions/belle_zen/maquillee_derriere_lunettes.shtml; accès le 11/05/05) = Ø *olhos assustados*

yeux de braise "yeux sensuels" Peau mate, *yeux de braise*, belle, sereine, indifférente, hautaine. On se retourne sur son passage. Subjugue par sa beauté précoce. (etoilecasting.tf1.fr/site/ficheoffre.php?num=1397; accès le 18/05/05) = Ø *olhar fogoso*

yeux de gazelle "grands yeux doux et brillants" Tu es trop stylée, sexy, attirante, belle (...). En plus tu as un atout: tes beaux *yeux de gazelle* et ton sourire rayonnant de soleil. (www.sable.book.fr/guestbook-1.htm; accès le 18/05/05) = [*olhos de gazela*]

yeux de lynx "yeux perspicaces" Il lui a donné ce nom car vu la luminosité des étoiles de cette constellation, il faut *"des yeux de lynx"* pour les distinguer. (gibouin.club.fr/constellation/lynx. htm; accès le 11/05/05) = *olhos de lince*

yeux de merlan frit "yeux levés au ciel, qui ne montrent que le blanc de l'oeil" Qui est cette blonde bécasse qui te regarde avec des *yeux de merlan frit*? (www.doctissimo.fr/html/psychologie/ bien_avec_les_autres/couple_famille/ps_2566_jalousie.htm; accès le 18/05/05) = Ø *olhos revirados*

Idiomatismos
Português | Francês

a | A

abaixar a cabeça (colocar o rabo entre as pernas [vulgar]; enfiar o rabo entre as pernas [vulgar]) "aceitar com resignação, não reagir" O PT não pode nem ser atrevido o suficiente para desafiar tudo, nem pode ser muito dócil e *abaixar a cabeça* diante de tudo. (www.terra.com.br/istoe/1798/1798vermelhas.htm; acesso em 30/03/04) = *baisser la tête; courber la tête; courber l' échine; plier l'échine*

abaixar a guarda "parar de se preocupar, descuidar-se" A conscientização é a principal responsável pelo excelente resultado alcançado em 1997. No entanto, não se pode *abaixar a guarda* para a febre aftosa. (an.uol.com.br/1998/jun/07/0ecc.htm; acesso em 30/03/04) = *baisser la garde*

abaixar as calças "ceder, humilhando-se" E, como os credores não têm confiança de se arriscar a trocar os seus títulos a uma taxa menor, o governo é obrigado a *abaixar as calças*. (www.bastter.com.br/colunas/bastter10.asp; acesso em 28/03/05) = *baisser sa culotte; baisser son froc*

abaixar o tom "modalizar o seu discurso" Mas o cara apertou forte o seu braço e, ainda sussurrando, mandou Norberto se acalmar e *abaixar o tom*. (gilsongiuberti.blog.uol.com.br; acesso em 08/05/05) = *mettre un bémol*

abandonar a causa "deixar de lutar por aquilo em que acredita" Eu quero que o meu povo saiba que eu não esmoreço, vou continuar lutando, não vou *abandonar a causa* e vou provar a minha inocência. (www.gazeta.inf.br/4749/gazeta.php?page=mercosul; aceso em 13/04/05) = *tirer l'échelle*

abandonar o barco "desistir de uma empreitada já iniciada" Não podemos *abandonar o barco*, pois certamente o time vai enfrentar muitas dificuldades, e será nessa hora que ele mais vai precisar de nós, torcedores. ((www.gamagol.com.br/colunas_renatopereira.htm; acesso em 30/03/04) = *quitter la partie*

à beira do abismo (à beira do precipício) "diante de um perigo iminente" (...) pior é que o Governo entregou todo o nosso patrimônio público, cortou os gastos sociais, seguiu à risca a cartilha do FMI e o Brasil está *à beira do abismo*... (www.mst.org.br/informativos/JST/221/editorial.html; 02/04/04) = *au bord du gouffre*

à beira do precipício (à beira do abismo) "diante de um perigo iminente" Marianne, que já sofria de alcoolismo, se vê *à beira de um precipício* quando encontra, no cofre do marido, sete diamantes que a incentivam a lutar... (choveu.com.br/choveu_buscas/choveu_busca_capa.asp?codigo=332&tipo=vhs; acesso em 02/04/04) = *au bord du gouffre*

abrir a boca (abrir o bico) "falar o que sente, o que pensa ou o que sabe" Se você não *abrir a boca*, se não souber expressar seus sentimentos, jamais poderá reclamar que não é compreendida. (www.revistaandros.com.br/fale3_2004.html; acesso em 02/04/04) = *ouvrir la bouche*

abrir a cabeça "aceitar novas idéias" Nunca perca a oportunidade de viajar para o exterior. É uma experiência que faz você crescer, *abrir a cabeça* e sentir que pode qualquer coisa. (www.univates.br/handler.php?module=univates&action=view&article=1106&dbname=&sys_date=; acesso em 02/04/04) = *ouvrir l'esprit*

abrir a mão "dar com generosidade" Finalmente Fernando Henrique Cardoso "resolveu *abrir a mão*"; agora o salário minimo aumentou. (venus.rdc.puc-rio.br/kids/kidlink/kidcafe-esc/cidadao.htm; acesso em 02/04/04) = *donner à pleines mains*

abrir a porteira (abrir as portas [2]; abrir o caminho) "dar uma oportunidade, aceitar a participação de alguém" [coloquial] A importância de conquistar a primeira medalha do Brasil aqui em Atenas é muito grande e sei que ela vai *abrir a porteira* para um monte de outras medalhas. (www.mediaguide.com.br/noticia.php?id=946; acesso em 02/04/04) = *ouvrir la voie*

abrir as portas "iniciar uma atividade comercial em um estabelecimento" **1.** Elaborar um plano de negócios, fazer previsões e estimativas de gastos e investimentos e analisar o mercado em que se pretende comercializar os produtos são algumas das ações que qualquer empreendedor, mesmo os criativos artesãos, devem executar antes de *abrir as portas* de sua loja ou oficina de artesanato. (www.biscoitofino.com.br/bf/art_cada.php?id=69&mostra=texto&id_texto=61; acesso em 02/04/04) = *ouvrir ses portes.* **2.** (abrir a porteira; abrir o caminho) "dar uma oportunidade, aceitar a participação de alguém" E eu achei que aquilo poderia me *abrir as portas* para virar cantora, mas não, na verdade me *abriu as portas* para a carreira de atriz. (www.biscoitofino.com.br/bf/art_cada.php?id=69&mostra=texto&id_texto=61; acesso em 02/04/04) = *ouvrir la(les) porte(s)*

abrir fogo "começar a atirar" Um homem armado *abriu fogo* em um restaurante de Tel Aviv nas primeiras horas de terça-feira (05, pelo horário local), deixando três mortos. (www.estadao.com.br/ agestado/noticias/2002/mar/05/3.htm; acesso em 05/04/04) = *ouvrir le feu*

abrir o bico (abrir a boca) "falar o que sente, o que pensa ou o que sabe" Os invasores olham um pro outro, com cara de susto, ninguém querendo falar, até que o Vitrolino resolve *abrir o bico*. (www.vaniadiniz.pro.br/ea_na_missa_ninguem_poe_pinto.htm; acesso em 05/04/04) = *ouvrir la bouche*

abrir o caminho (abrir a porteira; abrir as portas [2]) "dar uma oportunidade, aceitar a participação de alguém" Pesquisa desenvolvida na Holanda também pode *abrir o caminho* para o desenvolvimento de novos biosensores. (www.sbc.org.br/index.php?language=1&content=news&id=1177; acesso em 05/04/04) = *ouvrir la voie*

abrir o (seu) coração 1. "confiar seus sentimentos, desabafar" Com o amigo você pode *abrir o seu coração* e contar os seus segredos, expor sua intimidade, contar os seus sonhos sem temor de ser ridicularizado. (www.sfnet.com.br/~central/osquatroniveisderelacionamentocomdeuswalter.htm; acesso em 05/04/04) = *ouvrir son coeur* [1]; *parler à coeur ouvert.* **2.** "ser receptivo" *Abra seu coração* e deixe a brisa natalina entrar e remunerar o seu corpo cansado das labutas terrenas, ávido por novas esperanças de dias melhores [...] (immortalpain.bigblogger.com.br/index.php?mes=12&ano=2004; acesso em 30/05/05) = *ouvrir son coeur* [2]

abrir o jogo (pôr as cartas na mesa) "revelar a verdade" Fui para casa e resolvi *abrir o jogo* com minha esposa e contar o que havia acontecido, ela ficou muito brava e quase me deixou. (www.abcdaids.com.br/ depoimento41.htm; acesso em 05/ 04/04) = *afficher la couleur; jouer franc jeu; mettre [se] à table*

abrir os braços "dar acolhida" Cabe a nós romper com o conceito de amor definitivo e *abrir os braços* para os amores provisórios. (almas.zaz.com.br/almas/martha/ martha_ 10_09_2001.htm; acesso em 05/04/04) = *ouvrir les bras*

abrir os horizontes "conhecer coisas novas" O trabalho em conjunto com outras turmas serve ainda para *abrir os horizontes* para outras realidades, vividas por crianças e adolescentes. (www.aprendebrasil.com.br/projetos/clone/conheca.asp; acesso em 05/04/04) = *ouvrir les horizons*

abrir os olhos "estar bem atento" Mas como esse é um negócio milionário, onde o governo é o maior beneficiário e a sociedade a maior prejudicada, o consumidor deve *abrir* bem *os olhos*. (an.uol.com.br/2000/dez/11/0evi.htm; acesso em 05/04/ 04) = *ouvrir l'oeil*

abrir os ouvidos "sensibilizar pela audição" E, graças a isso, consegue *abrir os ouvidos* de centenas de músicos e milhões de ouvintes para o gênero que é a raiz do rock, jazz, country, funk, soul [...] (www.sobrecarga.com.br/node/view/2169; acesso em 05/04/04) = *ouvrir l'oreille*

abrir um parêntese "introduzir um comentário paralelo em um raciocínio" Ia começar a escrever sobre o Natal, mas vou *abrir um parêntese* para falar sobre a Quarta-Feira de Cinzas. (porlosangeles.weblogger.terra.com.br/200312_porlosangeles_arquivo. htm; acesso em 05/04/0) = *ouvrir une parenthèse*

acabou-se o que era doce "não há nada mais a fazer para impedir o fim de um acontecimento ou de uma situação" E *acabou-se o que era doce*, terminou o festival mais badalado da história, cujo objetivo primordial era o de fazer "um mundo melhor". (www.abacaxiatomico.com.br/osomdoabacaxi/framerockinrio. htm; acesso em 14/04/05) = *les carottes sont cuites*

aceitar o jogo (entrar no esquema; entrar no jogo; jogar o jogo) "aceitar o que foi acordado" [...] que quem confunde moral com política esconde em si uma inclinação totalitária e intolerante, incapaz de conviver e *aceitar o jogo* democrático. (www.olavodecarvalho.org/convidados/0171.htm; acesso em 16/ 04/04) = *jouer le jeu*

acender uma vela a Deus e outra ao diabo (agradar gregos e troianos) "atender dois grupos de interesses contrários" Essa voga naturalista e esse pluralismo de saberes sobre medicina, cérebro, saúde, estresse e outras tantas coisas são bem sintoma de um tempo em que se *acende uma vela a Deus e outra ao Diabo*. (www.lsi.usp.br/~hdelnero/Viver6.html; acesso em 08/05/05) = *ménager la chèvre et le chou*

acertar as contas "corrigir ou punir alguém que, na nossa opinião, fez por merecer isso" Catarina resolve ir *acertar as contas* com Grundling, em quem ela colocava toda a culpa pelas desgraças que aconteceram em sua vida. (www.feranet21.com.br/livros/resumos_ordem/a_ferro_e_fogo. htm; acesso em 16/04/04) = *régler son compte*

acertar na mosca (acertar no alvo) "acertar em cheio, precisamente, conseguir atingir seus objetivos" Quase nunca citado na grande imprensa, o Instituto Toledo & Associados, contratado da revista Istoé, foi o único a *acertar na mosca* a votação de Lula. (www.canaldaimprensa.com.br/editorias/ quintedição/olhovivo.htm; acesso em 16/04/04) = *faire mouche; mettre dans le mille*

acertar no alvo (acertar na mosca) "acertar em cheio, precisamente, conseguir atingir seus objetivos" A TM Web desenvolveu uma ferramenta para empresas que desejam *acertar no alvo* na hora de vender seus produtos na internet. (www.tmweb.com.br/index.php?option=displaypage&Itemid=51&op=page&SubMenu=; acesso em 16/04/04) = *faire mouche; mettre dans le mille*

a céu aberto "ao ar livre, sem proteção ou disfarce" Avenida Paulista é museu *a céu aberto*. Palco de protestos e shows, vitrine do mercado financeiro, cartão-postal de São Paulo... (www.jornalexpress.com.br/ noticias/detalhes.php?id_jornal=8006&id_noticia=1252; acesso em 16/04/04) = *à ciel ouvert*

a coisa está feia (a coisa está preta; a coisa está ruça) "a situação está ruim" Nós, pobres mortais, só sabemos que *"a coisa está feia"* quando o dinheiro acaba antes do final do mês. (www.nix.com.br/exibe_noticia.php?noticia=342; acesso em 19/04/04) = *l'avoir mauvaise*

a coisa está preta (a coisa está feia; a coisa está ruça) "a situação está ruim" Mas, infelizmente, *a coisa está preta*: o dólar continua subindo, o Rio é uma cidade em pânico... (www.mel.blogger.com.br/2002_09_29_archive.html; acesso em 19/04/04) = *la trouver mauvaise; l'avoir mauvaise*

a coisa está ruça (a coisa está feia; a coisa está preta) "a situação está ruim" Mas *a coisa está ruça*. Muito cachalote e nenhuma lula. Enquanto Roper tiver dinheiro para tocar a expedição, ela prossegue. (www.terra.com.br/istoe/ciencia/143403.htm; acesso em 10/03/06) = *la trouver mauvaise; l'avoir mauvaise*

a dar com pau "em grande quantidade" [...] tinha gente *a dar com pau*, a fila estava enorme e não parava de chegar gente [...] (www.toputo.com.br/?show=mostrarMateria&id_materia=935; acesso em 23/04/04) = *à la pelle*

advogado do diabo "aquele que defende a causa contrária que acaba de escutar" Mas houve quem atuasse como *advogado do diabo*, entregando os "podres" de uma área tradicionalmente fechada como é a ciência. (www.radiobras.gov.br/ct/1999/materia_291099_1.htm; acesso em 23/04/04) = *avocat du diable*

a ferro e fogo "brutalmente" Na Europa, as unidades nacionais tiveram de ser construídas *a ferro e fogo*, nos campos de batalha ou nas fogueiras da Inquisição. (www.ufmg.br/copeve/download/pdf/1999/hist99_2.pdf; acesso em 23/04/04) = *par le fer et par le feu*

agora a coisa vai "tudo começa a engrenar" O 3° trimestre já nos aproxima do fim do ano e *agora a coisa vai*: dólar cai, inflação cai, taxa de juro cai, superávit comercial bate recordes, reformas demoram [...] (www.marciobamberg.com.br/portal_conteudo_visitantes_31.html; acesso em 26/04/04) = *la mayonnaise prend*

agradar gregos e troianos (acender uma vela a Deus e outra ao diabo) "atender dois grupos de interesses contrários" É possível *agradar gregos e troianos*? Muitas vezes pode ser difícil conseguir essa proeza, de satisfazer pessoas diferentes com a mesma ação ou produto. (www.freedom.inf.br/notasDetalhe.asp?IdNota=1195; acesso em 08/05/05) = *ménager la chèvre et le chou*

água com açúcar "ingênuo, bobo" Há quem diga que Iracema é um livro para 'moças', no melhor estilo *água com açúcar* de ser, mas não é. Estamos falando de uma história trágica. (www.nordesteweb.com/not01_0304/ne_not_20040315c.htm; acesso em 26/04/04) = *à l'eau de rose*

agüentar a barra (agüentar a mão; agüentar as pontas; agüentar o repuxo; agüentar o rojão; agüentar o tranco; enfrentar a parada; segurar a barra; segurar a onda; segurar as pontas) "suportar as adversidades, as dificuldades, sem fraquejar" Foram as amizades que fiz aqui e o carinho que recebi que me ajudaram a *agüentar a barra* de ficar tão longe de casa", confessa. (www.unifran.br/processoSeletivo2006/ index.php?corpo=conhecaFranca.html; acesso em 09/01/06) = *prendre son mal en patience; tenir bon*

agüentar a mão (agüentar a barra; agüentar as pontas; agüentar o repuxo; agüentar o rojão; agüentar o tranco; enfrentar a parada; segurar a barra; segurar a onda; segurar as pontas) "suportar as adversidades, as dificuldades, sem fraquejar" Eu disse para ele *agüentar a mão*, que eu iria encontrar uma solução que não prejudicasse ninguém. Aí, aconteceu o que todos sabemos. (extralagoas.com.br/index.php?e=00148&n=3000; acesso em 09/01/06) = *prendre son mal en patience; tenir bon*

agüentar as pontas (agüentar a barra; agüentar a mão; agüentar o repuxo; agüentar o rojão; agüentar o tranco; enfrentar a parada; segurar a barra; segurar a onda; segurar as pontas) "suportar as adversidades, as dificuldades, sem fraquejar" Mas o mundo perfeito de Cathy está ruindo por dentro: ela sofreu uma forte desilusão e busca forças para *"agüentar as pontas"*. (adorocinema.cidadeinternet.com.br/colunas/especiais/longe-do-paraiso.htm; acesso em 30/04/04) = *prendre son mal en patience; tenir bon*

agüentar o repuxo (agüentar a barra; agüentar a mão; agüentar as pontas; agüentar o rojão; agüentar o tranco; enfrentar a parada; segurar a barra; segurar a onda; segurar as pontas) "suportar as adversidades, as dificuldades, sem fraquejar" Você vai embora e ele, pobre-diabo, terá que *agüentar o repuxo* e ainda se dar por satisfeito se conseguir salvar a pele. (sherlockholmesbr.vilabol.uol.com.br/seuultimo.htm; acesso em 09/01/06) = *prendre son mal en patience; tenir bon*

agüentar o rojão (agüentar a barra; agüentar a mão; agüentar as pontas; agüentar o repuxo; agüentar o tranco; enfrentar a parada; segurar a barra; segurar a onda; segurar as pontas) "suportar as adversidades, as dificuldades, sem fraquejar" O segredo do negócio é procurar as melhores opções e aproveitar ao máximo o período de descanso, para poder *agüentar o rojão* do resto do ano. (www2.uol.com.br/JC/_1998/0607/if0107q.htm; acesso em 30/04/04) = *prendre son mal en patience; tenir bon*

agüentar o tranco (agüentar a barra; agüentar a mão; agüentar as pontas; agüentar o repuxo; agüentar o rojão; agüentar o tranco; enfrentar a parada; segurar a barra; segurar a onda; segurar as pontas) "suportar as adversidades, as dificuldades, sem fraquejar" As botas de caminhada, que podem ser encontradas nas lojas de montanhismo, são fabricadas para *agüentar o tranco* sem machucar o seu pé. (www.ibimm.com.br/ecoturismo/trilhadicas.htm; acesso em 30/04/04) = *prendre son mal en patience; tenir bon*

agulha no palheiro "algo impossível de encontrar em meio a tantas outras coisas semelhantes" Como não ser a *agulha no palheiro*... e usar a criatividade para divulgar o site e obter recursos financeiros. (novomilenio.inf.br/ano01/0102c027.htm; acesso em 08/01/06) = *aiguille dans une botte de foin*

aí tem truta "há algo escondido e suspeito" Cuidado que *aí tem truta*. Por exemplo: com a posterior desculpa de que há uma lei a ser cumprida, dificultarão ainda mais a demarcação de terras indígenas. (ww.ambientebrasil.com.br/espaco_leitor/viewtopic.php?id=687986; acesso em 23/02/06) = *il y a (avait) anguille sous roche*

a jato (a toda; a todo vapor; com o pé na tábua; num pau só) "muito rapidamente" Para inaugurar as fotos gastronômicas resolvi fazer uma jantar *a jato*. Daqueles que ficam prontos em meia horinha. (www.bolsademulher.com/revista/ 15.976.1462/file_a_jato.html; acesso em 15/09/05) = *à fond de train; à fond la caisse; à fond les baskets; à fond les manettes; à plein gaz; à tire-d'aile; à tombeau ouvert; à toutes jambes; au pas de charge; à toute vapeur; en quatrième (vitesse); le pied au plancher; plein pot*

algo que está pegando "algo que não está bem, que incomoda" A questão da alienação é *algo que ta pegando* bastante ultimamente, o Daniel tem falado mto e isso tem ficado na minha cabeça. (www.mleite.com.br/blog/arquivo/2003_07_20_index.htm; acesso em 12/03/06) = *de l'eau dans le gaz* [v. *y avoir de l'eau dans le gaz*]; *quelque chose qui cloche* [v. *y avoir quelque chose qui cloche*]

alma gêmea "pessoa com quem se tem profundas afinidades, geralmente do sexo oposto" (...) pelo judaísmo o casamento é sagrado (...) e que Deus reservou para cada pessoa a sua escolhida, a sua *alma gêmea*. (www.morasha.com.br/conteudo/artigos/artigos_view.asp?a=388&p=0; acesso em 07/05/04) = *âme soeur*

altas esferas "meio de influência dos poderosos" [...] herói de guerra, transitava com desenvoltura nas mais *altas esferas* da sociedade (www.cpdoc.fgv.br/revista/arq/181.pdf; acesso em 11/04/05) = *hautes sphères*

altos e baixos "alternâncias de bom e de mau estado" [relativo à saúde, humor, negócios] Notícias ruins alternadas com as boas, fizeram deste primeiro semestre um período cheio de *altos e baixos* onde quem mais teve trabalho foram os institutos [...] (www.2s.com.br/opiniao.asp?id=9; acesso em 10/05/04) = *des hauts et des bas*

amarrar a cara (fechar a cara; fazer cara feia; ficar de cara amarrada; ficar de cara fechada; ficar de cara feia; ficar de cara virada) "emburrar, manifestar seu mau humor ou seu descontentamento" O Ambrósio *amarrou a cara*, porque a coisa pior que lhe podem fazer é perguntar pelo estado do sítio. (www.arybarroso.com.br/sec_coisas_ list.php?language=pt_BR&page=1&id=18; acesso em 10/05/04) = *faire la gueule; faire la moue; faire la tête*

amarrar cachorro com lingüiça "esbanjar ou facilitar demais para se apoderarem ilicitamente de bens, dinheiro" [...] permitir que somente o Banco Central (BC) controlasse as empresas financeiras seria o mesmo que *amarrar cachorro com lingüiça*... (br.groups.yahoo.com/group/Biodireito_Medicina/message/9798; acesso em 10/05/04) = *attacher son chien avec des saucisses* [*v. ne pas attacher son chien avec des saucisses*]

amigo da onça "aquele que trai os amigos" Os repórteres também correram e só conseguiram alcançá-lo graças a um involuntário *amigo da onça* do ministro, que chamou o elevador antes dele. (www.tribunadonorte.com.br/anteriores/2004/08/29/colunas/chumberto.html; acesso em 10/05/04) = *faux frère*

amor à primeira vista "paixão repentina por algo ou alguém" Não existe *amor à primeira vista*, o que existe sim é a pessoa certa no momento certo. (www.mensagensvirtuais.com.br/msgs.php?id=2202; acesso em 17/05/04) = *coup de foudre*

andar com as próprias pernas (caminhar com as próprias pernas; voar com as próprias asas) "agir sem a proteção de alguém" O presidente Lula anunciou orgulhosamente que, com o pagamento, o Brasil dava provas de que agora pode *andar com as próprias pernas*. (www.brasildefato.com.br/v01/impresso/151/debate/materia.2006-01-21.4903755538; acesso em 23/02/06) = *voler de ses propres ailes*

ano de vacas gordas (tempo de vacas gordas) "tempos de fartura, de prosperidade" Para os Estados e os municípios brasileiros que recebem *royalties* sobre a produção de petróleo, 2001 foi um *ano de vacas gordas*. (infoener.iee.usp.br/infoener/hemeroteca/imagens/56530.htm; acesso em 21/02/06) = [*année de vaches grasses*]

ano de vacas magras (tempo de vacas magras) "tempos difíceis" Mas as perspectivas para 2003 são de um *ano de vacas magras*. Além de ter esgotado o dinheiro da privatização, as verbas federais devem ser escassas. (www.pernambuco.com/diario/ 2003/01/01/especialdesafios12_0.html; acesso em 21/02/06) = *année de vaches maigres*

a olho nu "visto apenas com os olhos, sem a ajuda de equipamentos" Afinal, os primeiros cientistas da civilização descobriram muito sobre os astros apenas observando o céu *a olho nu* e transferindo o que já sabiam... (novaescola.abril.com.br/ed/153_jun02/html/ciencias.htm; acesso em 21/05/04) = *à l'oeil nu*

a olhos vistos "bem mais rápido que o normal" É com sua colaboração que manteremos a construção do Centro de Tratamento, que, a cada dia que passa, se amplia *a olhos vistos*. (www.gacc.com.br/n290702.htm; acesso em 21/05/04) = *à vue d'oeil*

ao pé da letra "literalmente" Derivada do grego, que, traduzido *ao pé da letra*, quer dizer ciência que estuda o pé, a podologia não se resume só a isso [...] (www.sapatosonline.com.br/saúdedospés.htm; acesso em 21/05/04) = *à la lettre; au pied de la lettre*

ao pé do ouvido "em voz baixa e em segredo" A sessão de ontem foi interrompida durante uma hora e foi marcada pelas conversas *'ao pé do ouvido'* entre vereadores aliados e oposicionistas. (valeparaibano.com.br/sjc/gati1.html; acesso em 21/05/04) = *dans le tuyau de l'oreille*

aos quatro ventos "em todas as direções, de todos os lados" A minha indignação é pelo fato de o Governo do PT estar enrolando os nossos agricultores, porque prometeu, em sua campanha, *aos quatro ventos*, no Estado do Rio Grande do Sul, implantar um seguro agrícola imediatamente. (www.al.rs.gov.br/anais/50/Plenario/1999/991209.htm; acesso em 16/05/04) = *aux quatre vents; à tous les vents*

aos soquinhos "pouco a pouco e de modo irregular" Levantou a cabeça. Virou o pescoço *aos soquinhos*, devagar, para um lado e outro, trejeitos de ave de rapina. (www.pd-literatura.com.br/pd2003/ cadernos/folhetim/italianinho3.html; acesso em 21/02/06) = *à bâtons rompus*

apanhar com a boca na botija (pegar com a boca na botija; pegar com a mão na cumbuca; pegar no pulo) "surpreender alguém em flagrante num ato ilícito" O único erro foi deixar-se *apanhar com a boca na botija*. Essa é a sina dos marginais, não podem errar, nem uma vez sequer. (www.pdt-rj.org.br/colunistas.asp?id=191; acesso em 11/12/05) = *prendre la main dans le sac; prendre sur le fait*

aparar as arestas "solucionar as diferenças" Mais uma sugestão: conversar, tentar resolver desentendimentos e *aparar as arestas* da relação são maneiras eficientes de resgatar o prazer de ficar junto. (www.terra.com.br/mulher/sexo/laura/2004/03/17/000.htm; acesso em 21/05/04) = *arrondir les angles*

a passos de tartaruga "lentamente" A reforma agrária está *a passos de tartaruga*, no tamanho e na qualidade. (www.mst.org.br/informativos/mstinforma/mst_informa81.htm; acesso em 21/02/06) = *à pas comptés; à pas mesurés; à pas de fourmi; à pas de tortue*

a passos de gigante "rapidamente" A biotecnologia aplicada às vacinas e os programas de vacinação avançam *a passos de gigante*. (www.aventispasteur.com.br/voce/vacinas_template.php3?pagina=valor2; acesso em 21/05/04) = *à pas de géant*

apertar o cerco (cercar por todos os lados) "seguir ou perseguir a curta distância, exercendo uma pressão física ou moral" Desta vez não se trata apenas de prender camelôs e, sim, *apertar o cerco* a quem fabrica ou comercializa produtos de origem ilícita. (www.direitonaweb.com.br/dweb.asp?ctd=1372&ccd=1; acesso em 21/05/04) = *serrer de près* [2]

apertar o cinto "privar-se de algo para fazer economia" Assim, quando uma pessoa está endividada, ela tem que *apertar o cinto* para poder pôr as contas em dia, cortando o que é supérfluo para pagar as contas. (www.library.com.br/Economia/Cap213.htm; acesso em 21/05/04) = *serrer [se] la ceinture* [2]

apertar o coração "provocar tristeza e angústia em alguém" E assim, os dois passam por situações de dificuldade de *apertar o coração*, até o clímax de desespero no final, que transforma todo o resto do filme. (www.protons.com.br/megazine/filmes/FLperdidosnanoite.html; acesso em 21/05/04) = *serrer le coeur*

a peso de ouro (a preço de ouro) "muito caro" O sal, onde faltava, era comercializado literalmente *a peso de ouro* - grama de pó branco contra grama de metal dourado. (www.salcisne.com.br/osal_gerais.html; acesso em 21/05/04) = *à prix d'or*

a portas fechadas (entre quatro paredes) "sem acesso do público" O centro das ações será em Praga, na República Checa, onde o FMI e o Banco Mundial devem se reunir *a portas fechadas* para decidir o futuro de todos nós. (www.acaoglobal.cjb.net; acesso em 21/05/04) = *à huis clos*

a preço de banana "bem barato" Eu viajo pelo Brasil vendendo camisetas *a preço de banana* nas ruas e principais praças de muitas cidades brasileiras. (gxangalo.com/brazilo/modules/ news/article.php?storyid=1; acesso em 21/05/04) = *pour une bouchée de pain*

a preço de ouro (a peso de ouro) "muito caro" A assistência médica é fornecida *a preço de ouro* pelos planos de saúde e clínicas particulares, embora o Estado também nos cobre por isso. (www.sociedadeinuteis.pop.com.br/texts/brasil.htm; acesso em 21/05/04) = *à prix d'or*

armar o barraco (armar um circo) "fazer um escândalo" A garota entrou em pânico e começou a *armar o barraco*, dizendo que pagou caríssimo pelo abadá e que ela tinha o direito de subir (...) (www.jcorreio.com.br/ver_noticia.asp?CodNoticia=1762&Secao=; acesso em 22/05/04) = *faire du foin; faire du suif*

arma secreta "meio astucioso de se sair bem de uma situação" Jovem surfista quer fazer da dificuldade sua *arma secreta*. (www.amputadosvencedores.com.br/jovem_surfista.htm; acesso em 22/04/05) = *botte secrète*

armar um circo (armar o barraco) "fazer um escândalo" Porém este segundo chassis era uma peça de ficção e os técnicos da FIA não entraram na armação. Deu muita discussão, pois o pessoal da Lotus *armou um circo* em torno do assunto. (www.gptotal.com.br/pergunteedu/pergunte_2quin_jan03.htm; acesso em 29/07/05) = *faire du foin; faire du suif*

a rodo "em grande quantidade" Sites são criados *a "rodo"*, sem qualquer aplicação de métodos ou conceitos de usabilidade. (www.grito.com.br/artigos/caio012.asp; acesso em 22/05/04) = *à gogo*

arregaçar as mangas "preparar-se para trabalhar com afinco" [...] mas as empresas que buscam a excelência têm que *arregaçar as mangas* e trabalhar duro por anos a fio, envolvendo todas as pessoas. (www.indg.com.br/info/entrevistas/entrevista.asp?23; acesso em 05/05/05) = *retrousser ses manches*

arriscar a (própria, sua) pele "expor-se a um risco" A televisão israelense não quer *arriscar a pele* ao exibir documentários que abordem o conflito entre israelenses e palestinos na disputa pela mesma terra. (www.no.com.br/revista/secaoparaimpressao/1713/47749/1007351407000; acesso em 22/05/04) = *risquer sa peau*

arrumar a casa "colocar as coisas em ordem" Temos hoje um quadro, um retrato bem mais detalhado do funcionamento da instituição e um desenho de como a gente pode conseguir *arrumar a casa*. (www.jornaldadanca.com.br/artig_72(ag).htm; acesso em 22/05/04) = *serrer les boulons*

arrumar a trouxa "preparar-se para ir embora" Por mais filhos ou objetos pessoais que tivesse na casa, podia, a qualquer momento, ver-se obrigado a *arrumar a trouxa* e sair porta afora. (www.buscalegis.ccj.ufsc.br/arquivos/EngelsaorigemFPPE.pdf; acesso em 22/05/04) = *plier bagage*

a sete chaves "muito bem guardado" Como se sabe, é comum que uma empresa tradicional guarde *a sete chaves* a fórmula secreta responsável pelo seu sucesso. (www.vanderhoeven.com.br/empresa.htm; acesso em 23/05/04) = *à double tour*

a sete palmos (debaixo da terra) "no túmulo, enterrado" Tive de colocá-la *a sete palmos* e ainda a ouço se queixar. Costumava amá-la, mas tive que matá-la (letras.terra.com.br/imprimir-letra/65683; acesso em 21/02/06) = *à six pieds sous terre*

à sombra de (debaixo da asa) "sob a proteção" Alexandre não podia viver *à sombra de* seu pai, Felipe, rei da Macedônia. (www.militar.com.br/artigos/artigos2001/dalpiero/bucefalo.htm; acesso em 23/05/04) = *à l'ombre de; sous l'aile de*

a sorte está lançada (os dados estão lançados) "tudo o que podia ser feito já foi feito, resta apenas esperar os resultados" *A sorte está lançada* e temos de usá-la em benefício dos nossos empregos, da melhoria dos nossos salários, do bem-estar das nossas famílias. (www.sindmetsp.org.br/presmsg_maio_2002.ht; acesso em 23/05/04) = *le sort en est jeté*

as paredes têm ouvidos "alguém pode ouvir o que deve permanecer em segredo" Só não entro em maiores detalhes porque *as paredes têm ouvidos*, se é que vocês me entendem! (www.deluxy.com/2004_04_25_hitemup_archive.html; acesso em 23/05/04) = *les murs ont des oreilles*

assistir de camarote "poder apreciar um acontecimento, acompanhando-o de perto" Como para o mercado toda concorrência é bem-vinda, vamos *assistir de camarote* a essa disputa que promete ser muito animada. (www.timaster.com.br/revista/materias/main_ materia.asp?codigo=496&pag=; acesso em 23/05/04) = *être aux premières loges*

a sua altura "de seu mesmo nível" Não chegou a publicar nenhum livro, apesar de possuir inúmeros escritos, pois não encontrava editor *a sua altura*. (www.pucsp.br/~filopuc/verbete/peirce.htm; acesso em 21/02/06) = *à sa taille*

às voltas com "em luta contra" Dividido em 6 episódios, apresenta uma turma de adolescentes *às voltas com* as dúvidas e inseguranças próprias dessa faixa etária [...] (www.ecos.org.br/paginas/videos.htm; acesso em 06/02/06) = *aux prises avec*

atacar pelas costas "trair alguém covardemente" [...] num planeta dominado por países malvados que fingem ser nossos "amiguinhos", mas na verdade pretendem nos *atacar pelas costas* na primeira oportunidade. (www.russianet.com.br/ftopico-responder30.html; acesso em 24/05/04) = *tirer dans le dos*

até a raiz dos cabelos (até os ossos) "totalmente, inteiramente" [...] fiquei emocionada *até a raiz dos cabelos* com os pequenos presentes que me trouxeram, além das bebidas e guloseimas. (www.undp.org.br/unifem/mariamaria/ano4_n4/textos/ograndeberco.rtf; acesso em 01/04/05) = *jusqu'au bout des doigts; jusqu'au bout des ongles; jusqu'au trognon; jusqu'aux yeux*

até a última gota (até o caroço; até o osso; até o sabugo) "ao esgotamento" Hollywood quer extrair *até a última gota* do seriado ''Friends'', um dos maiores sucessos da história da TV americana. (www.friendstv.com.br/filmefriendsnew. htm; acesso em 24/05/04) = *jusqu'à la corde; jusqu'à la dernière goutte; jusqu'à la moelle*

até as tampas (até o pescoço) "completamente" [após adjetivos] Quem está endividado *até as tampas* pode considerar a morte como uma opção. Pagar dívidas é privilégio de quem está vivo. (www.nao-til.com.br/nao-68/roberto2.htm; acesso em 13/04/05) = *jusqu'à la garde; jusqu'au cou*

até o caroço (até a última gota; até o osso; até o sabugo) "ao máximo, até o fim" Um novo jeito de olhar para a economia incorpora conceitos ecológicos e propõe que o mundo pare de crescer para não ser consumido *até o caroço*. (super.abril.com.br/super/revista/200.shtml; acesso em 13/04/05) = *jusqu'à la corde; jusqu'à la dernière goutte; jusqu'à la moelle*

até o osso (até a última gota; até o caroço; até o sabugo) "usando ao máximo, desgastando" Eles entregaram o país, endividam *até o osso*, pegam dinheiro emprestado sem parar [...] (www.consciencia.org/neiduclos/jornalismo/brizola01.html; acesso em 13/04/05) = *jusqu'à la corde; jusqu'à la dernière goutte; jusqu'à la moelle*

até o pescoço (até as tampas) "quase inteiramente" É que estou atolado, *até o pescoço*, na criação de um jornal diário em Juiz de Fora, o Panorama. (www.abi.org.br/colunistas.asp?id=31; acesso em 24/05/04) = *jusqu'au cou*

até o sabugo (até a última gota; até o caroço; até o osso) "usando ao máximo, desgastando" Roía as unhas *até o sabugo*. Pintava as unhas de vermelho berrante. Quando acordava, não sabia mais quem era. (www.visitamazonas.com.br/bibliotecavirtual/detalhesEstudosLiterarios.php?idResumo=2&idLivro=1512&.; acesso em 18/05/05) = *jusqu'à la corde; jusqu'à la dernière goutte; jusqu'à la moelle*

até os ossos (até a raiz dos cabelos) "totalmente" Enquanto isso, o resto de nós chegamos, encharcados *até os ossos*, em Rashka e fomos confortados com sopa e chocolate quente, em um horrível casebre no qual os que tinham chegado antes estavam alojados. (http://www.grandesguerras.com.br/relatos/text01.php?art_id= 114; acesso em 17/02/05) = *jusqu'au bout des doigts; jusqu'au bout des ongles; jusqu'au trognon; jusqu'aux yeux*

atirar-se aos pés (jogar-se aos pés) "submeter-se a alguém, suplicar-lhe" Ora esteve a ponto de *atirar-se aos pés* do marido e contar-lhe tudo. (www.odialetico.hpg.ig.com.br/literatura/werther.htm; acesso em 13/04/05) = *jeter [se] aux pieds*

a toda (a jato; a todo vapor; com o pé na tábua; num pau só) "muito rapidamente" Chamei logo o Pedro, meu vizinho, que estava aqui em casa e tinha ido beber água na cozinha. Ele veio *a toda*. (www.caleidoscopio.art.br/ linodealbergaria/livro72_texto.htm; acesso em 05/01/06) = *à fond de train; à fond la caisse; à fond les baskets; à fond les manettes; à plein gaz; à tire-d'aile; à tombeau ouvert; à toutes jambes; au pas de charge; à toute vapeur; en quatrième (vitesse); le pied au plancher; plein pot*

a todo vapor (a jato; a toda; com o pé na tábua, num pau só) "muito rapidamente" Sempre passo por ali à tarde, hora em que o comércio funciona *a todo o vapor*, inclusive os bancos. (www.revelacaoonline.uniube.br/cidade03/estacionamento.html; acesso em 26/05/04) = *à fond de train; à fond la caisse; à fond les baskets; à fond les manettes; à plein gaz; à tire-d'aile; à tombeau ouvert; à toutes jambes; au pas de charge; à toute vapeur; en quatrième (vitesse); le pied au plancher; plein pot*

atolado até o pescoço "em situação desfavorável, comprometedora" O governo não pode ficar escondendo, o Brasil está *atolado até o pescoço* em dívidas. (an.uol.com.br/1998/set/06/0pot.htm; acesso em 26/05/04) = *dans la merde jusqu'au cou*

atrás das grades "na cadeia" Bolsista no presídio, Márcia conheceu a vida *atrás das grades*, encontrou seu caminho profissional e ajudou a resgatar a cidadania dos detentos. (www.unisc.br/publicacoes/jornal_unisc/41/extensao.htm; acesso em 26/05/04) = *dans les fers; derrière les barreaux*

atravessar o Rubicão "tomar uma decisão irreversível" Como se sabe, a essa experiência não era estranha a tentação de *atravessar o Rubicão* e dar vida a um projeto político e não apenas acadêmico. (www.artnet.com.br/gramsci/arquiv158.htm; acesso em 26/05/04) = *franchir le Rubicon*

aviso aos navegantes "aviso amigável para alertar alguém em relação a algo" *Aviso aos navegantes*: todas as letras, poesias e músicas de Arnaud Mattoso estão registradas e protegidas pela Fundação Biblioteca Nacional, no Rio de Janeiro [...] (www.arnaudmattoso.com.br/tex.php?flag=2; acesso em 06/02/06) = *avis aux amateurs*

b | B

baixar a bola de (baixar a crista de) "fazer alguém se calar ou diminuir o tom" Quem se recusar a falar com o chefiado, esconder informações, fofocar ou *baixar a bola* do empregado sem motivo também poderia ser punido. (hosting.pop.com.br/glx/casadamaite/vida/faq/info/info62.html; acesso em 05/06/05) = *rabattre le caquet à*

baixar a crista de (baixar a bola de) "fazer alguém se calar ou diminuir o tom" Disparou contra toda e qualquer voz que tentou *baixar a crista* de seu partido ou do presidente, a quem jura dever fidelidade por amizade e ideais. (epoca.globo.com/edic/19990524/brasil1b.htm; acesso em 11/11/04) = *rabattre le caquet à*

baixar o pau (baixar o sarrafo; descer a lenha; descer o pau; meter a boca; meter a lenha; meter o pau) "falar mal de alguém ou de alguma coisa" Era ali que a esquerda se reunia na década de 70 para *baixar o pau* na ditadura militar. (www.terra.com.br/istoe/1765/comportamento/1765_cheio_graca.htm; acesso em 27/05/04) = *casser du sucre sur le dos; déchirer à belles dents; descendre en flammes; renvoyer dans les cordes*

baixar o sarrafo (baixar o pau; descer a lenha; descer o pau; meter a boca; meter a lenha; meter o pau) "falar mal de alguém ou de alguma coisa" E aí começa a *baixar o sarrafo*, dizendo que um é viado, a outra é sapatão, o outro é boçal, o outro é ladrão, a outra é envolvida com tóxicos... (www.panoramaespirita.com.br/colunas/alamar_regis/artigos/o_critico_espirita.html; acesso em 27/05/04) = *casser du sucre sur le dos; déchirer à belles dents; descendre en flammes; renvoyer dans les cordes*

banho de gato "banho tomado de modo muito superficial" [...] quando o ônibus não atrasa, toma *banho de gato*, engole o prato e monta na sua bicicleta e às 19:00h tem que estar na faculdade. (www.seges.ms.gov.br/Seges/Artigos/mulher_negra.htm; acesso em 27/05/04) = *toilette de chat*

barril de pólvora "perigo iminente" As grandes cidades brasileiras são hoje um *barril de pólvora*, onde ondas de saque e arrastões atemorizam os comerciantes e o povo. (www.akrito.com.br/caos/ambient1.htm; acesso em 27/05/04) = *soupe au lait*

bateção de boca "discussão, altercação" Isso só vai abrir para os debates, que vão descambar para a *bateção de boca*, baixaria, discussão, mais choradeira, flagelação e o caos. É pra terminar? (uhodoborogodo.weblogger.terra.com.br; acesso em 06/01/06) = *prise de bec*

bater as botas (comer capim pela raiz; comer grama pela raiz; descer ao túmulo; esticar as canelas; ir desta para a melhor; passar desta para a melhor; vestir o pijama de madeira; virar presunto) "morrer" [...] a velhinha tem 81 anos e logo vai *bater as botas*, assim o casal poderá finalmente ter o apartamento todo só para eles. (www.guiadasemana.com.br/ film.asp?ID=11&cd_film=268; acesso em 27/05/04) = *casser sa pipe; descendre au tombeau; passer l'arme à gauche*

bater com a cara na porta (bater com o nariz na porta) "não encontrar a pessoa com quem se quer falar" Se alguém tiver alguma novidade, por favor informe o mais rápido possível, pois pretendo ir de Brasília até lá e não gostaria de *bater com a cara na porta*. (br.groups.yahoo.com/group/cevmkt-L/message/377; acesso em 27/05/04) = *[casser [se] le nez à la porte de]*

bater com o nariz na porta (bater com a cara na porta; dar com a cara na porta; dar com o nariz na porta) "não encontrar a pessoa com quem se quer falar" Quem foi ao Inca doar sangue *bateu com o nariz na porta*. (www2.uol.com.br/pagina20/23042004/ancelmo_gois.htm; acesso em 06/01/06) = *[casser [se] le nez à la porte de]*

bater em todas as portas "recorrer a muitas pessoas" Na comunidade de Jolnishtie, o novo bispo se comprometeu a *bater em todas as portas* em busca de solução para os problemas enfrentados pelos indígenas. (ospiti.peacelink.it/zumbi/news/semfro/sf244p25.html; acesso em 10/06/04) = *frapper à toutes les portes*

bater na mesma tecla "recomeçar sempre uma explicação para se fazer entender ou para convencer alguém" Daí a necessidade de *bater* sempre *na mesma tecla*: Não tomar sol entre 10h da manhã e 3h da tarde e usar sempre protetor ou filtro solar. (www.iov.com.br/biblioteca/ artigos42.htm; acesso em 12/06/04) = *enfoncer le clou*

batismo de fogo "prova difícil que se passa pela primeira vez" Esta crise, quaisquer que sejam os seus desdobramentos e desfechos, reapresenta um verdadeiro *batismo de fogo* do governo Lula. (www.vermelho.org.br/diario/2004/0227/editorial_0227.asp?NOME=Editorial&COD=2966; acesso em 12/06/04) = *baptême du feu*

bêbado como um gambá "muito bêbado" Algumas horas depois, *bêbado como um gambá*, vai dar início a uma série de atitudes cujo desenlace é uma desastrosa tragédia familiar. (www2.uol.com.br/mostra/p_exib_filme_arquivo_4113.htm; acesso em 12/06/04) = *bourré comme un coing; plein comme une barrique; plein comme une huître; soûl comme un boudin*

beijar a lona "sair derrotado em uma luta, em uma disputa" [...] esquivando, atacando somente no tempo certo, as lutas durarão vários Rounds, sendo decidida ponto a ponto, até um não resistir mais e *beijar a lona*. (www.misterpsx.hpg.ig.com.br/reviews/k1granprix99.htm; acesso em 12/06/04) = *aller au tapis; mordre la poussière*

beijo de Judas "gesto de falsidade" Dou adeus ao poucos amigos e mando um *beijo de Judas* aos inimigos, pois aqui não encontrei abrigo e tudo que escrevemos se torna um perigo [...] (www.theliteraturefactory.com/exibelotexto.phtml?cod=2789&cat=Cordel; acesso em 12/06/04) = *baiser de Judas*

besta quadrada "ingênuo e muito pouco inteligente" Trabalhei com a maior *besta quadrada* do mundo tempos atrás. O cara não tinha capacidade para realizar as quatro operações básicas da matemática [...] (www.sitedoescritor.com.br/sitedoescritor_escritores_alima_texto017.html ; acesso em 30/05/05) = *bête à manger du foin; bouché à l'émeri*

bobo da corte "vítima em algum caso ou negociação que é motivo de chacota" Um outro sujeito, aspirante a *bobo da corte*, que responde pelo nome de Tony Blair, balança o rabo como serviçal [...] (www.vermelho.org.br/diario/2003/0320/rovilson0320.asp?NOME=Rovilson+ Robi+Britto&COD=1662; acesso em 14/06/04) = *dindon de la farce*

boca de siri "sem dizer nada, sem revelar nada" Murilo continua com *boca de siri*, desconversando toda vez que é perguntado sobre sua candidatura a prefeito. (www.oprogresso.com.br/not_view.php?not_id=4513; acesso em 14/06/04) = *bouche cousue*

boca do lobo "local perigoso para se freqüentar" Aos poucos Meg vai descobrindo que está na *boca do lobo*. O restaurante é apenas o ponto de encontro de mafiosos que ganham fortuna traficando drogas. (www.video21.com.br/padrao.php?page=acervos_&res=5492; acesso em 06/04/05) = *gueule du loup*

bode expiatório "pessoa sobre quem recaem os erros de outrem" O governo achou o que precisava, achou um *bode expiatório* para toda essa crise. (www.anpr.org.br/

noticias/releases/midia/ANPRnamidia/ofensiva_contra_mp.htm; acesso em 14/06/04) = *bouc émissaire*

bola de neve "problema que se agrava progressivamente" Uma desavença até certo ponto inesperada entre as elites se transformou em uma *bola de neve*, por ocasião da sucessão presidencial de 1930. (www.mec.gov.br/seed/tvescola/historia/entrevista_3b.asp; acesso em 10/03/06) = *boule de neige*

bola fora (nota fora) "gafe, aquilo que destoa do conjunto a que se refere" Meu temor é ainda maior, quanto a este aspecto: temo que o desarmamento acabe sendo a maior *bola fora* desde a lei de crimes hediondos. (www.letraselinhas.com.br/tpm/2005/10/diga-no.html; acesso em 11/03/06) = *fausse note*

bom de bico "que só diz futilidades e tem quase sempre segundas intenções" Você deve cuidar pra valer da sua imagem, sondando melhor qual é o tipo de gato com quem está se envolvendo, pois tem carinha que é muito *bom de bico*. (www.historiadeamor.com.br/noticia_ mostra.asp?s=37&Cod=3424&titulo=Testes; acesso em 10/03/06) = *beau parleur* [2]

borrar as calças "ter muito medo" Nossa infância teria sido bem menos divertida sem as lendas urbanas, que na época nos faziam *borrar as calças*. (twistedsisters.blogspot.com/2003_08_01_twistedsisters_archive.html; acesso em 14/06/04) = *avoir chaud aux fesses* [vulgaire]; *faire dans sa culotte; faire dans son froc*

botar a boca no mundo (botar a boca no trombone; gritar aos quatro cantos; meter a boca no trombone) "falar algo para todo mundo" Temos é que mudar nossa mentalidade de aceitar tudo e achar natural, temos que *botar a boca no mundo*, exigindo punições. (www.neu.com.br/cgi-bin/mt-comments.cgi?entry_id=196; acesso em 14/06/04) = *crier sur les toits*

botar a boca no trombone (botar a boca no mundo; gritar aos quatro cantos; meter a boca no trombone) "falar algo para todo mundo" Vamos votar bem e *botar a boca no trombone*, exigindo dos prefeitos e vereadores uma atuação séria e responsável. (www.refrigerista.com.br/materias/geral012.htm; acesso em 14/06/04) = *crier sur les toits*

botar na cabeça (colocar na cabeça; levar na conversa; levar no bico; levar no papo; pôr na cabeça) "fazer alguém compreender algo, persuadi-lo, influenciá-lo" Se estivesse de capacete, com certeza o impacto seria menor, mas vai *botar na cabeça* de adolescente que ele precisa usar capacete. (www.leonardomelo.blogger.com.br; acesso em 14/06/04) = *mettre dans la tête*

braço direito "pessoa de confiança que ajuda em vários assuntos" Justiça bloqueia bens de *braço direito* de deputado federal. (www.gospelmais.com.br/noticias/1612/justica-bloqueia-bens-de-braco-direito-de-deputado-federal.html; acesso em 16/06/08) = *bras droit*

brincar com fogo "meter-se com algo perigoso" "Brincar coma questão de Jerusalém é *brincar com fogo*", declarou Mubarak na coletiva conjunta realizada depois do encontro. (an.uol.com.br/1998/jul/06/0mun.htm; acesso em 16/06/04) = *jouer avec le feu*

brigar com unhas e dentes "esforçar-se tenazmente para conseguir seus objetivos" Todos essas jogadas enfeitadas acabaram colocando o time adversário no jogo novamente que agora está prometendo *brigar com unhas e dentes* pelo resultado. (www.primeirahora.com.br/artigos/view.htm? ma_id=59830; acesso em 03/10/05) = *faire des pieds et des mains*

brincar de gato e rato "fazer com que seja procurado" É claro que a lei americana também reprime este tipo de comportamento, mas parece que os hackers adoram *brincar de gato e rato* com o FBI. (www.revistacriacao.hpg.ig.com.br/diario_harcker.htm; acesso em 16/06/04) = *jouer au chat et à la souris*

brincar de médico "tocar e se deixar tocar partes mais íntimas" Quando pequeno, eu gostava muito de *brincar de médico* com as minhas primas. (www.ufrgs.br/favet/imunovet/debate-1.htm; acesso em 16/06/04) = *jouer au docteur*

burro como uma porta "muito pouco inteligente, ignorante" O problema é que o infeliz é *burro como uma porta*, são quase nulas as suas chances de passar nas provas [..] (www.mercadolivre.com.br/jm/item?site=MLB&id=14448342; acesso em 16/06/04) = *bête comme um âne, bête comme ses pieds*

c | C

cabeça de melão (cabeça de vento; cabeça oca) "muito distraído, sem juízo" Não lembro mais!!! Se você postou, eu, *cabeça de melão*, já esqueci! (www.forumnow.com.br/vip/mensagens.asp?forum=101639&grupo=192967&topico=2364750&pag=1; acesso em 07/06/05) = *cervelle de moineau; cervelle d'oiseau; tête creuse; tête de linotte; tête en l'air*

cabeça de vento (cabeça de vento; cabeça oca) "muito distraído, sem juízo" [...] vou falar sobre a mocinha rica *cabeça de vento* que passa seus dias a tentar arranjar os pares perfeitos... (www.contracampo.com.br/28/clueless.htm; acesso em 18/06/04) = *cervelle de moineau; cervelle d'oiseau; tête creuse; tête de linotte; tête en l'air*

cabeça oca (cabeça de melão; cabeça de vento) "muito distraído, sem juízo" Quer dizer que a Mary Jane agora não é mais alienada e *cabeça oca* como no início das HQs? E que até curte ciências? Vamos ver no que vai dar [...] (www.omelete.com.br/quadrinhos/artigos/base_para_news.asp?artigo=528; acesso em 18/06/2004) = *cervelle de moineau; cervelle d'oiseau; tête creuse; tête de linotte; tête en l'air*

cabeça quente "nervoso, irritação" O técnico Cuca entende a revolta do seu atacante, mas acredita que o desabafo foi feito apenas em um momento de *cabeça quente*. (www.dgabc.com.br/Esportes/Esportes.idc?conta1=425609; acesso em 18/06/04) = *tête brûlée*

caça às bruxas "procura de culpados pelo problema" Começam uma busca insana de "culpados" e instalam uma *"caça às bruxas"* que leva toda a empresa a um profundo clima de desmotivação. (www.guiarh.com.br/pp137.htm; acesso em 18/06/04) = *chasse aux sorcières*

caçador de talentos "pessoa que procura por pessoas talentosas" Nos anos 70, o AR começou por ser um *caçador de talentos* que percorria bares e salas de ensaio à procura de músicos promissores [...] (www.dizquedisse.com/lavagante/cronicas/industriamusical.html; acesso em 18/06/04) = Ø *découvreur de talents*

café pequeno (titica de galinha) "pessoa ou coisa sem importância, sem valor" A poluição existente em uma cidade industrial em pleno funcionamento é *café pequeno*, se comparada à poluição tabágica. (www.cigarro.med.br/cap18.htm; acesso em 03/03/05) = *petite bière; pipi de chat*

cair da cama "acordar inabitualmente muito cedo" Já estava saindo quando a porta se abriu e o sorriso largo de Jonnie, ainda com cara de sono, apareceu. - O que aconteceu com você, *caiu da cama*? (www.anjosdeprata.com.br/autores/r/rodrigo/03borboleta.htm; acesso em 21/09/05) = *tomber du lit*

cair das nuvens (cair de costas; cair duro) "ficar estupefato" Num conhecido hospital, o presidente acaba de *cair das nuvens* onde placidamente estava, ao descobrir que vai ter de refazer um banco de dados. (novomilenio.inf.br/ano99/9912bnat.htm; acesso em 26/06/04) = *tomber à la renverse; tomber de haut; tomber de la lune; tomber des nues; tomber du ciel* [2]

cair de cama (estar de cama) "ficar muito doente" Ficar doente faz parte da vida de qualquer pessoa. Mesmo quem toma todas as precauções possíveis não está livre de *"cair de cama"*. (www.sulmix.com.br/variedades_beleza/paginas/beleza071. html; acesso em 26/06/04) = *être sur le flanc*

cair de costas (cair das nuvens; cair duro) "ficar estupefato" Prepare-se para não *cair de costas* ao folhear este catálogo da DeMoulin Bros.& Co, uma empresa que vendia produtos maçon nos anos 30. (www.aqueri.com/default.asp?arq= 2002_11_01_arquivo.htm; acesso em 26/06/04) = *tomber à la renverse; tomber de haut; tomber de la lune; tomber des nues; tomber du ciel* [2]

cair de pau (cair matando) "criticar duramente" Há alguns meses, ela *caiu de pau* em cima de uma garota que veio provocá-la dizendo que era uma traidora do punk. (www2.opopular.com.br/ultimas/ noticia.php?cod=167605; acesso em 26/06/04) = *tirer à boulets rouges; tomber à bras raccourcis*

cair de pé "sair-se bem de uma situação difícil" O empregado entende as reais necessidades das organizações e até espera ser demitido, mas deseja *cair de pé*. (www.cetead.org.br/dez_pag4.htm; acesso em 26/06/04) = *retomber sur ses pattes; retomber sur ses pieds*

cair do céu "chegar de repente e a propósito" Todo diretor jovem tem que montar seu próprio texto e dar a cara pra bater, não adianta ficar esperando que alguém vá *cair do céu* pra montar o seu texto. (www.revistaetcetera.com.br/15/bortoloto/bortoloto2.htm; acesso em 27/06/04) = *tomber du ciel* [1]

cair duro (cair das nuvens; cair de costas) "ficar estupefato" Ele, de blusa listrada aberta até o umbigo, com o peito emoldurado por um medalhão que faria o Rei Roberto *cair duro* de inveja. (www.eueopoeta.blogger.com.br/ 2003_04_01_archive.html; acesso em 27/06/04) = *tomber à la renverse; tomber de haut; tomber de la lune; tomber des nues; tomber du ciel* [2]

cair fora (cair no mundo; dar no pé; dar o fora [1]; puxar o carro; virar as costas) "ir embora rapidamente" Quando estamos passando dificuldades, quando falta o dinheiro para comprar comida, a gente pensa em *cair fora*, porém não temos para onde ir. (www.correiodabahia.com.br/2004/06/23/noticia.asp?link=not000094349.xml; acesso em 27/06/04) = *faire [se] malle; ficher le camp; foutre le camp; mettre les bouts; mettre les voiles; prendre la clef des champs; tourner les talons*

cair matando 1. (cair de pau) "criticar duramente" [...] no começo da cena toda a mídia elogia horrores para logo depois *cair matando*, destruindo grande parte das bandas [...] (www.geocities.com/CollegePark/Hall/3340/gcust3.html; acesso em 27/06/04) = *tirer à boulets rouges; tomber à bras raccour cis.* **2.** "paquerar" Deve ser algum coleguinha de trabalho dela louco pra eu me separar pra ele *cair matando* em cima [...] (www.cinebr.com/roteiro.php?id=17) = Ø *draguer*

cair na mão "ficar à disposição" Tão frustrante quanto não achar emprego é *cair na mão* de empresas que só querem se aproveitar do momento. (www2.uol.com.br/aprendiz/guiade empregos/primeiro/info/artigos_100303.htm; acesso em 10/06/05) = *tomber sous la main*

cair na rede (cair no laço; deixar-se levar; ir na conversa; ir na onda; morder a isca) "acabar enganado, envolvido" E por aqui, o Júnior foi o último peixe a *cair na rede* da Sonia Braga. (www.vermis.blogspot.com; acesso em 27/07/04) = *mordre à l'hameçon; tomber dans le filet; tomber dans le panneau*

cair nas costas "ser atribuído a alguém como" Quando o sistema quebrar, aí o peso vai *cair nas costas* dos aposentados. (www.mp.pe.gov.br/imprensa/imprensa_clipping/noticias/2005_maio/10_o%20buraco.htm; acesso em 11/06/05) = *tomber sur le dos*

cair no laço (cair na rede; deixar-se levar; ir na conversa; ir na onda; morder a isca) "acabar enganado, envolvido" Acredito que se não tivermos o devido cuidado quanto a adoração e o servir a Deus, poderemos *cair no laço* do formalismo, tradicionalismo e frieza espiritual. (www.miba.org.br/index.php?materia=416; acesso em 27/07/04) = *mordre à l'hameçon; tomber dans le filet; tomber dans le panneau*

cair no mundo (cair fora; dar no pé; dar o fora [1]; puxar o carro; virar as costas) "ir embora rapidamente" Mas foi só a voz engrossar que Manezinho *caiu no mundo* e foi buscar seu lugar no sol. (jangadabrasil.com.br/colaboracoes/09.htm; acesso em 27/07/04) = *faire [se] malle; ficher le camp; foutre le camp; mettre les bouts; mettre les voiles; prendre la clef des champs; tourner les talons*

cair por terra (dar com os burros n'água; dar em água de barrela; ir a pique; ir por água abaixo; ir pro brejo) "fracassar, não servir para mais nada" Evidentemente que todos esses fenômenos fazem *cair por terra* o velho conceito de que Vênus é o planeta irmão da Terra. (www.cdcc.sc.usp.br/cda/aprendendo-basico/sistema-solar/venus.html; acesso em 27/07/04) = *être à l'eau; tomber à l'eau; tomber dans le lac*

calcanhar-de-aquiles "ponto fraco de alguém, parte vulnerável de alguma coisa" No fundo, o *calcanhar-de-aquiles* continua sendo a péssima formação dos nossos professores. (www.braudel.org.br/paper33b.htm; acesso em 28/07/04) = *talon d'Achille*

caminhar com as próprias pernas (andar com as próprias pernas; voar com as próprias asas) "agir sem a proteção e alguém" Com o pagamento da dívida externa para o Fundo Monetário Internacional (FMI) a promessa agora é que o País irá *caminhar com suas próprias pernas*. Será? (www2.uol.com.br/jbaixada/editor.htm; acesso em 23/02/06) = *voler de ses propres ailes*

canoa furada "empreendimento arriscado" O executivo que é enviado para outro país pode viver uma experiência fascinante ou embarcar numa *canoa furada* [...] (www.vidaexecutiva.com.br/exibir_resumo_artigo.asp?t_seq_artigo=7; acesso em 28/07/04) = *planche pourrie*

cantar vitória "comemorar precipitadamente" Não se pode *cantar vitória* antes de uma decisão de Copa do Mundo. Falou muito e se deu mal. (www2.correioweb.com.br/cw/EDICAO_20020701/col_enc_010702.htm; acesso em 28/07/04) = *crier victoire*

cara de enterro (cara de velório) "semblante triste" O resto do dia foi meio desagradável sabem, aquele clima meio pesado, minha sogra com *cara de enterro* e a gente pouco conversando. (www.meunovolugar.bigblogger.com.br; acesso em 28/07/04) = *gueule d'enterrement*

cara de velório (cara de enterro) "semblante triste" Lavei o rosto e voltei para a sala, fiquei mais um pouco com aquela *cara de velório*, mas em seguida eu já estava bem. (eti.blogger.com.br/2003_11_01_archive.html; acesso 29/07/04) = *gueule de bois*

carne de pescoço (osso duro de roer) "pessoa difícil de tolerar, de superar" [...] tivemos Rubinho Barrichello chegando em segundo em uma corrida que saiu na "pole" e, pelo menos, tentou passar o alemão *carne de pescoço*. (www.timelei.com/archives/000237.php; acesso em 29/07/04) = *dur à cuire*

carne de vaca "lugar-comum" Foi assim que assisti às fitas do Elvis muito antes de ele virar *carne de vaca* da Sessão da Tarde. (www.omelete.com.br/cinema/artigos/base_para_news.asp?artigo=1999; acesso em 02/01/06) = *tarte à la creme*

carregar sua cruz "enfrentar dificuldades" A juventude de hoje é fraca, não tem força nem coragem de *carregar sua cruz*. (www.presecatan.hpg.com.br; acesso em 29/07/04) = *porter sa croix*

carregar um peso (nas costas) "suportar uma carga da qual é impossível se desvencilhar" Nessa vida Brasil, em muitos lugares, sem querer *carregar nas costas o peso* da desigualdade, encontramos os trabalhadores em luta contra a corrupção [...] (www.adufpbjp.com.br/publica/ opi_docente/art002.htm; acesso em 12/06/05) = *traîner comme un boulet*

carta aberta "carta dirigida a todos" *Carta Aberta* à População em geral e aos Alunos dos Cursos de Pós-Graduação em Psicopedagogia. (www.crppr.org.br/comissoes/cartaberta.htm; aceso em 29/07/04) = *lettre ouverte*

carta branca "liberdade de ação, plenos poderes" Talvez este ato tenha sido o seu único equívoco, pois deu *carta branca* ao presidente americano para levar o mundo à guerra fatal. (www2.rnw.nl/rnw/pt/atualidade/arquivo/at030131_havelembora.html; acesso em 29/07/04) = *carte blanche*

cartas na mesa "condições pré-determinadas para se jogar com lealdade e sinceridade" Goste você ou não, esse é o momento para conversar, botar as *cartas na mesa* e decidir se vale a pena investir nesse relacionamento... (ja.bfnet.com.br/home.pas?codmat=20708&pub=2; 04/01/2006) = *cartes sur table*

casa da mãe Joana (casa da sogra) "local sem ordem" Favela é muitas vezes *"casa da mãe Joana"* onde a força policial entra e sai sem pedir licença ou onde o tráfico de drogas impõe o toque de recolher [...] (www.vitruvius.com.br/arquitextos/arq048/arq048_00.asp; acesso em 29/07/04) = *comme dans un moulin*

casa da sogra (casa da mãe Joana) "local sem ordem" Não se pode deixar uma cidade como São Paulo se tornar uma *casa da sogra* [...] (istoe.terra.com.br/dinheirodinamica/forum/lista_respostas.asp?forum_id=4830; acesso em 29/07/04) = *comme dans un moulin*

casa de tolerância "casa de prostituição" Mas isso era o que menos importava, porque o que tínhamos em mente era a incursão prazerosa à *casa de tolerância.* (www.opio.com.br/burlesco.asp; acesso em 24/06/05) = *maison close; maison de passe; maison de rendez-vous; maison de tolérance*

casamento branco "união não consumada" A pesquisadora percebeu também que, para aliviar o preconceito, alguns professores adotaram o *casamento branco* como passaporte de aceitação. (www.usp.br/agen/bols/2003/rede1283.htm; acesso em 09/05/05) = *mariage blanc*

casca de ferida "pessoa sensível demais, que se sente ofendida facilmente" [...] me pergunto como consegui escrever palavras que possam mexer tanto com as pessoas, se eu mesma sou uma pessoa meio *casca de ferida.* (www.osegredodasragreey.blogger.com.br/; acesso em 29/07/04) = *écorché vif*

castelo de cartas "projeto frágil e efêmero" O mercado dos provedores de aplicações está tão instável quanto um *castelo de cartas.* (www.telecomweb.com.br/solutions/servicos/asp/artigo.asp?id=12444; acesso em 29/07/04) = *château de cartes*

castelo no ar "projetos, sonhos quiméricos" É um *castelo no ar* pensar que neste processo eleitoral guiado pela mídia o Kucinich poderia vencer. Pura fantasia. (www.mamoveon.com/danielpwelch/0401st-por.htm; acesso em 29/07/04) = *châteaux en Espagne*

centro das atenções "objeto ou pessoa visado pelo público" Acostumada a ser o *centro das atenções,* de repente ela viu-se presa em uma cela, cercada de estranhos. (www.geocities.com/dadeia2/vida_de_cao.html; acesso em 30/07/04) = *point de mire*

cercar por todos os lados (apertar o cerco) "convencer alguém a todo custo" Procura-se *cercar* o leitor *por todos os lados,* de literatura à auto-ajuda. (www.estadao.com.br/divirtase/noticias/2001/dez/22/108.htm; acesso em 13/04/05) = *serrer de près* [2]

cereja do bolo "detalhe que coroa alguma atividade" A 21ª rodada foi repleta de emoções, mas a *"cereja do bolo"* realmente estava reservada para última bateria do ano, no derradeiro apagar das luzes. (www.cronospeed.com.br/2005/utomobilismo/paulista/01/06bDEZ.htm; acesso em 31/01/06) = *cérise sur le gâteau*

chamar a morte "desejar a morte e chamar por ela" Solidão desgraçada me deixa triste me faz chorar e *chamar a morte*. (orbita.starmedia.com/arcanjocahethel/poesia/Solidao.html; acesso em 30/07/04) = *hurler à la mort*

chamar na chincha (dar uma dura; mostrar com quantos paus se faz uma canoa; puxar as orelhas) "repreender alguém" *Chamar na chincha* é uma especialidade de Zagallo. (www.zaz.com.br/istoe/comport/149236.htm; acesso em 30/07/04) = *apprendre à vivre; dire deux mots; faire une scène; passer un savon; prendre à partie; remonter les bretelles; sonner les cloches*

chegar ao fundo do poço "ficar numa situação muito ruim" Depois de *chegar ao fundo do poço* em 2002, a economia argentina começou a dar sinais de recuperação no ano passado. (www.amcham.com.br/revista/revista2004-06-21a/materia2004-06-21h; acesso em 30/07/04) = *toucher le fond*

cheio de altos e baixos "instável" No entanto, para chegar até aqui, James percorreu um caminho *cheio de altos e baixos*. (www.geocities.com/messysundae/jamestaylor.htm; acesso em 31/07/04) = *en dents de scie*

cheio de cor "pitoresco, vivaz" Nina é bem a materialização estética de um Dostoiévski pós-moderno, *cheio de cor* (ainda que opaca) e fúria (ainda que impotente) em busca dum sentido que nunca chega. (dvdmagazine.virgula.com.br/Fala_Eron/nina.htm; acesso em 11/04/05) = *haut en couleur*

cheirar mal (não cheirar bem) "despertar a desconfiança, parecer suspeito" Alguma coisa começava a *cheirar mal* na Venezuela. Começou a crise ética. (www.horadopovo.com.br/matesp/mat9.htm; acesso em 31/07/04) = *sentir le brûlé; sentir le roussi*

chorar as pitangas (chorar miséria) "reclamar" Em vez de *chorar as pitangas*, convém aproveitar a pedagógica ducha do grotesco para lavar a crosta de ingenuidade ou acomodação, e reagir. (clipping.planejamento.gov.br/Noticias.asp?NOTCod=179754; acesso em 11/12/05) = *crier misère; pleurer misère*

chorar miséria (chorar as pitangas) "reclamar" Até porque só *chorar miséria* não mantém viva a arte teatral. (www.tribunadonorte.com.br/anteriores/990327/viver.html; acesso em 31/07/04) = *crier misère; pleurer misère*

chover a cântaros (chover canivete(s)) "chover muito forte" [culto] *Chovia a cântaros* naquela manhã fria de domingo. O clima prenunciava o fim do inverno e a despedida das nevascas. (www.morasha.com.br/ edicoes/ed42/raizes.asp; acesso em 02/08/04) = *pleuvoir à seaux* [coloquial]*; pleuvoir à verse* [coloquial]*; pleuvoir comme une vache qui pisse* [vulgar]*; tomber des cordes* [coloquial]

chover canivete(s) (chover a cântaros) "chover muito forte" Na entrada, a fila estava enorme, e começou a chover. Por mim podia *chover canivetes* [...]. (planeta.terra.com.br/arte/pemacaco/eu-queria-dizer.htm; acesso em 02/08/04) = *pleuvoir à seaux* [coloquial]; *pleuvoir à verse* [coloquial]; *pleuvoir comme une vache qui pisse* [vulgar]; *tomber des cordes* [coloquial]

chover no molhado "repetir algo que todos já sabem" Falar das qualidades musicais de Altamiro é algo como *chover no molhado*. (www.altamirocarrilho.com.br/artigo.htm; acesso em 02/08/04) = *faire double emploi*

chumbo trocado "troca de ofensas" Apesar dos tropeços, do *chumbo trocado* entre o governo federal e os governadores e do esperneio do empresariado [...] (www.dpf.gov.br/DCS/DCSvelha/editados/clipping/setembro/CS%2003%20de%20Setembro.rtf; acesso em 02/08/04) = *coup fourré*

chupar o sangue "aproveitar-se" O Nordeste [precisa] parar de *chupar o sangue* do país e dar sua contribuição a nosso desenvolvimento. (geocities.yahoo.com.br/dinesil/jur/20030406-a_solucionatica_num_boteco_do_leblon.html) = *sucer le sang*

cintura de pilão (cintura de vespa) "cintura muito fina" [...] um pouco de maquiagem, dentes postiços tortos escondendo seu sorriso perfeito e uma dieta de batatas fritas para aumentar sua *cintura de pilão*. (ultimosegundo.ig.com.br/useg/ cultura/artigo/01466600,00.html; acesso em 02/08/04) = *taille de guêpe*

cintura de vespa (cintura de pilão) "cintura muito fina" Reeditando este look, Dior lança o New Look em uma forma de ampulheta, dando à mulher a *cintura de vespa* há muito retirada de seu guarda-roupa. (www.zinecultural.com.br/home/s_moom_zoom.php?exibir=texto&cod=6325; acesso em 02/08/04) = *taille de guêpe*

círculo vicioso "situação interminável, raciocínio circular» Forma-se um *círculo vicioso*: a pessoa toma aspartame para emagrecer; mas passa a ingerir mais carboidratos, e aí engorda [...] (www.geocities.com/HotSprings/Falls/8669/page2.html; acesso em 10/12/05) = *cercle vicieux*

classe A (de classe; nota 10) "de primeira categoria" Um grupo de jornalistas *classe A* está em Milão, a convite de Alfa Romeo, numa viagem de luxo nababesco". (www.igutenberg.org/manual3.html; acesso em 02/08/04) = *haut de gamme*

coçar o saco "ficar à toa" [vulgar] Depois de ler três ou cinco livros e *coçar o saco* o dia inteiro numa repartição pública, resolvi ser motorista de táxi. (www.aartedapalavra.com.br/31contofernandocosta.htm; acesso em 02/08/04) = *coincer la bulle* [coloquial]

coisa de outro mundo "coisa muito difícil de se fazer" Hoje, com os inúmeros cursos disponíveis de administração, gerenciar uma empresa com dez pessoas não é *coisa do outro mundo*. (www.cdlaltamira.com.br/informativos/jornal_11/pg4.htm; acesso em 02/08/04) = *la mer à boire*

colcha de retalhos "algo constituído por elementos de natureza diversa" A história e o roteiro risíveis são como uma *colcha de retalhos*, de tantos lugares-comuns e poucas surpresas. (www.cinemaemcena.com.br/crit_cinefilo_filme.asp?cod=491&codvozcinefalo=1396; acesso em 10/09/04) = *de bric et de broc*

colocar a carroça na frente dos bois (colocar o carro na frente dos bois) "antecipar inconvenientemente algumas etapas" Investir em Educação é prioridade número um! Mais uma vez, querem *colocar a carroça na frente dos bois*! (www.aprofem.com.br/not_frm.asp?not_id= 101&tip=noticia; acesso em 11/05/05) = *mettre la charrue avant les boeufs*

colocar a mão na massa (pôr a mão na massa) "intervir num trabalho" Para aquelas empresas que não desejam *colocar a mão na massa* para criar uma infra-estrutura de comércio eletrônico, existe outra abordagem a seguir [...] (www.eurosoft.com.br/news07.html; acesso em 11/05/05) = *mettre la main à la pâte*

colocar contra a parede (encostar na parede) "acuar, encurralar" A globalização dos anos 90 *colocou contra a parede* símbolos do capitalismo brasileiro. (www.fgvsp.br/vestibulares/cur_espec/provas_aplicadas_ceahs/rc2_97.htm; acesso em 2802/06) = *mettre au pied du mur*

colocar em jogo "comprometer algo importante em determinada situação" Não podemos *colocar em jogo* o prestígio de nosso futebol. (www2.correioweb.com.br/cw/2002-02-13/mat_32407.htm; acesso em 06/08/04) = *mettre en jeu*

colocar gasolina no fogo (colocar lenha na fogueira; jogar gasolina no fogo; pôr lenha na fogueira) "inflamar conflitos já existentes" Exportar armas para este mundo é o mesmo que *colocar gasolina no fogo*. (www.espacoacademico.com.br/041/41ckibi.htm; acesso em 11/05/05) = *ajouter de l'huile sur le feu; jeter de l'huile sur le feu; mettre de l'huile sur le feu; mettre le feu aux poudres*

colocar lenha na fogueira (colocar gasolina no fogo; jogar gasolina no fogo; pôr lenha na fogueira) "complicar uma situação já tensa" Não é querer *colocar lenha na fogueira*, mas uma nova questão surge: O fato de se incentivar a fidelidade e restringir o aborto é realmente nocivo? (www.verbeat.com.br/blogs/miudos/arquivos/2005/05/deu_no_guardian.html; acesso em 11/05/05) = *mettre le feu aux poudres*

colocar na cabeça (botar na cabeça; levar na conversa; levar no bico; levar no papo; pôr na cabeça) "fazer alguém compreender algo, persuadi-lo, influenciá-lo" É difícil *colocar na cabeça* de um governante de esquerda que a economia não se regula por decreto e que dinheiro não cai do céu. (www.oindividuo.com/alvaro/economia.htm; acesso em 06/08/04) = *mettre dans la tête*

colocar na linha (colocar nos trilhos; pôr nos trilhos) "obrigar a seguir uma disciplina, uma determinada ordem" O arcebispo de Canterbury, Rowan Williams, contará com novos poderes para *colocar na linha* as igrejas anglicanas "rebeldes". (www.novotemposalvador.com.br/noticias.asp?idnot=2868&tiponot=4; acesso em 06/08/04) = *mettre au pas*

colocar na mesa "colocar um assunto em discussão" É preciso *colocar na mesa* uma agenda de pré-requisitos, como a abertura do mercado americano (www.terra.com.br/istoe/1655/ 1655vermelhas_03.htm; acesso em 09/05/05) = *mettre sur le tapis*

colocar no mesmo saco "considerar, julgar uns e outros do mesmo modo" Não é adequado *colocar no mesmo saco* a situação argentina, brasileira e uruguaia. (www.unicamp.br/unicamp/unicamp_hoje/ju/agosto2002/unihoje_ju186pag06.html; acesso em 10/05/05) = *mettre dans le même panier; mettre dans le même sac*

colocar o carro na frente dos bois (colocar a carroça na frente dos bois) "antecipar inconvenientemente algumas etapas" [...] investir em ciência no Nordeste é *colocar o carro na frente dos bois* e é jogar dinheiro fora. (bresserpereira.org.br/ver_file.asp?id=57; acesso em 11/05/05) = *mettre la charrue avant les boeufs*

colocar o coração "dedicar-se a algo com entusiasmo" Por fim, o secretário Eduardo Santos parabenizou a Desenbahia por "*colocar o coração* nas coisas que realiza". (www.desenbahia.ba.gov.br/informe-se_noticias_detalhes.asp?id=405; acesso em 26/08/04) = *mettre du coeur (à l'ouvrage)*

colocar o dedo na ferida (pôr o dedo na chaga; pôr o dedo na ferida) "indicar a causa precisa de um problema complicado" Sem entrar no mérito da proposta, acho que ela *coloca o dedo na ferida* ao apontar uma importante causa do desemprego e oferecer uma solução [...] (www.e-commerce.org.br/Artigos/desemprego.htm; acesso em 15/09/05) = *enfoncer le couteau dans la plaie; mettre le doigt sur la plaie; remuer le couteau dans la plaie; retourner le couteau dans la plaie*

colocar o pão na mesa "assegurar a subsistência da família" Representa mais os diferentes tipos de trabalho que permitem ao homem e à mulher *colocar o pão na mesa* para si mesmos e para aqueles que amam. (www.catolicanet.com.br/interatividade/documentos/doc/cm2000.rtf; acesso em 02/10/05) = *faire boullir la marmite*

colocar o rabo entre as pernas (abaixar a cabeça [coloquial]; enfiar o rabo entre as pernas) "aceitar com resignação, não reagir" [vulgar] Acho que o timinho do remo deve criar vergonha na cara, *colocar o rabo entre as pernas* e aceitar a situação de rebaixado. (www.belemdopara.com.br/forum/viewmessages.cfm?Forum=20&Topic=29; acesso em 26/08/04) = *baisser la tête* [coloquial]; *baisser son froc* [coloquial]; *courber la tête* [coloquial]; *courber l' échine* [coloquial]; *plier l'échine* [coloquial]

colocar panos quentes (jogar água na fervura; pôr panos quentes) "acalmar os ânimos, contemporizar" Esfola deseja *colocar panos quentes* no enfurecimento do público, sensibilizado pelos crimes hediondos cometidos por adolescentes. (observatorio.ultimosegundo.ig.com.br/caixa/cp091220036.htm; acesso em 28/06/05) = *calmer le jeu*

colocar-se na pele de "colocar-se no lugar de alguém" Afinal, se *colocando na pele* de alguém fica bem mais fácil entender essa pessoa, não é? (www.canalkids.com.br/saude/ vocesabia/setembro02.htm; acesso em 09/05/05) = *être dans la peau de; mettre [se] dans la peau de*

colocar todos os ovos na mesma cesta "investir todos os recursos em uma só empresa, correndo o risco de perder tudo" No entanto, manter o mesmo usuário e senha equivale a *colocar todos os ovos na mesma cesta*. (www.widebiz.com.br/gente/rbravim/quantaspessoasvoceenestaeradigital. html; acesso em 11/05/05) = *mettre tous les œufs dans le même panier*

colocar um ponto final (pôr um ponto final) "concluir, dar fim a alguma coisa" Morrendo de medo e de ciúmes, Nina *coloca um ponto final* em seu namoro com o português. (comoumaonda.globo.com/Comoumaonda/0,22985,GVD0-4009-205371,00.html; acesso em 09/09/05) = *mettre un point final*

colocar uma pedra em cima (pôr uma pedra em cima) "deixar algo de lado, não fazer conta de alguma coisa" Ele é um pai muito dedicado e, às vezes, penso que seria melhor *colocar uma pedra em cima* de tudo isso para que ele possa estar junto de seu filho. (www.vaidarcerto.com.br/consultorio2.php?dcodigo=659; acesso em 08/05/05) = *mettre une croix*

com a barriga roncando "com muita fome" Caso a noite tenha sido muito longa, quando chegar em casa, tome um iogurte light para não ir pra cama *com a barriga roncando* (saude.terra.com.br/interna/0,,OI152567-EI1501,00.html; acesso em 02/02/06) = *claquer du bec*

com a cabeça erguida (de cabeça erguida) "com orgulho" Seguimos perdendo posições mas *com a cabeça erguida*. Conseguimos manter o sétimo lugar e chegamos ao final deste longo trecho, cansados mas felizes. (www.rallybrasil.com.br/msie/noticias/santarita.html; acesso em 15/03/06) = *bille en tête*

com a cobertura de "protegido por alguém" É a chamada lei do mais forte ou a lei do morro, onde traficantes atuam deliberadamente *com a cobertura de* mascarados que se escondem atrás do poder. (an.locaweb.com.br/Webindependente/ciencia/sociedade.htm; acesso em 27/08/04) = *sous le couvert de* [1]

com a corda no pescoço "com dificuldades financeiras" A tendência é que os segurados aceitem qualquer proposta, por estarem *com a corda no pescoço*. (www.dataprev.gov.br/imprensa/odia10022004.shtm; acesso em 27/08/0) = *la corde au cou*

com água na boca "com muita vontade" (...) as doceiras escolheram suas melhores receitas, capazes de deixar os visitantes *com água na boca*. (www.nutrinews.com.br/nutrinet1.0/news_view_novo.asp?id=1205; acesso em 27/08/04) = *l'eau à la bouche*

com a língua de fora (com os bofes de fora) "muito cansado, exausto" Há desde percursos de altíssima exigência, daqueles de deixar qualquer um *com a língua de fora*, até os apropriados para a terceira idade. (www.estadao.com.br/turismo/noticias/2001/out/17/204.htm; acesso em 27/08/04) = *à bout de course; à bout de souffle; à la peine* [v. *être à la peine*]

comandar o barco (ter as rédeas) "ter o comando da situação" Saí ontem do Tribunal fatigada, mas pior do que isso com a noção que ninguém *comanda o barco*. (weblog.com.pt/MT/mt-comments.cgi? entry_id=61152; acesso em 27/08/04) = *être à la barre; mener la danse; tenir les ficelles; tenir les rênes*

com as mãos abanando (de mãos abanando; de mãos vazias) "sem nada para oferecer" Os governadores do Nordeste escaparam por pouco de sair *com as mãos abanando*, ontem, da reunião que tiveram com o presidente. (diariodonordeste.globo.com/materia.asp?codigo=14871; acesso em 27/08/04) = *les mains vides*

com as mãos atadas "impossibilitado de agir" O grande problema das tarifas é que elas são estabelecidas e fiscalizadas pelo próprio governo, o que nos deixa *com as mãos atadas* para um questionamento... (www2.uol.com.br/bestcars/leitor2/181c.htm; acesso em 27/08/04) = *les mains liées*

comer capim pela raiz (bater as botas; comer grama pela raiz; descer ao túmulo; esticar as canelas; ir desta para melhor; passar desta para melhor; vestir o pijama de madeira; virar presunto) "morrer" Percebo que continuo fumando demais e que esse ritmo vai me fazer *comer capim pela raiz* em pouco tempo. (www.fotolog.net/consumido; acesso em 28/08/04) = *casser sa pipe; descendre au tombeau; passer l'arme à gauche*

comer com os olhos "olhar com cobiça" Assim que entrei no banco de trás do carro, comecei a *comer com os olhos* aquela linda mulher. (www.apimentado.com.br/contos/lerconto.php?categoria=Orgias&conto=734; acesso em 09/05/05) = *manger des yeux*

comer gato por lebre (comprar gato por lebre) "ser enganado, frustrando suas expectativas" O que tem de picareta nesse meio é uma grandeza! A moçada precisa acordar para não *comer gato por lebre*. (irmaos.com/forum/forum2.jsp; acesso em 06/01/06) = *prendre des vessies pour des lanternes*

comer grama pela raiz (bater as botas; comer capim pela raiz; descer ao túmulo; esticar as canelas; ir desta para melhor; passar desta para melhor; vestir o pijama de madeira; virar presunto) "morrer" E se ele realmente for um clone, vocês já podem encomendar a coroa de flores porque eu vou descobrir e ele vai *comer grama pela raiz*. (www.forumnow.com.br/vip/msgspostadas.asp?usuario=16061; acesso em 27/05/04) = *casser sa pipe; descendre au tombeau; passer l'arme à gauche*

comer o pão que o diabo amassou "levar uma vida miserável, de privações" [...] todo mundo quer saber o endereço do salão de beleza da nordestina que se deu bem na vida depois de *comer o pão que o diabo amassou*. (www.hojemaringa.com.br/13/variedades.htm; acesso em 30/08/04) = *manger de la vache enragée*

com fogo no rabo "muito agitado" Se o Spielberg lança algum filme, você fica *com fogo no rabo* para assistir. (www.usinadeletras.com.br/exibelotexto.phtml?cod=276&cat=Discursos; acesso em 30/08/04) = *agité du bocal*

com letras de fogo **1.** (com letras de ouro) "para ficar sempre presente na memória" [culto] Pois foi ali, em Kioto, no Japão, que ouvi, tempos atrás, uma das muitas verdades budistas que permaneceram guardadas *com letras de fogo* em minha mente. (www.diariopopular.com.br/09_12_01/mr061217.html; acesso em 16/09/05) = *en lettres d'or*. **2.** "com palavras duras" [culto] E muitas vezes, dali mesmo, escrevia combatendo *com letras de fogo* os inimigos da Paraíba. (200.199.20.194/gabinete_revistaphp/Parahyba/Parahyba_Judici%E1ria_vol02.pdf; acesso em 16/09/05) = *en lettres de feu*

com letras de ouro (com letras de fogo [1]) "para ficar para sempre na memória" [culto] Salamanca possuiu e continua possuindo pessoas extraordinárias e universais, nomes reais impressos na história *com letras de ouro*. (www.noolhar.com/opovo/turismo/509825.html; acesso em 16/09/05) = *en lettres d'or*

com mão de mestre "com grande habilidade e perfeição" O filme vale não apenas pela ternura que usa para abordar o fato humano, mas pelo retrato da classe operária inglesa, traçado com *mão de mestre*. (www.terra.com.br/cinema/noticias/2000/09/05/015.htm; acesso em 13/09/05) = *de main de maître*

com meias palavras "expressar a própria opinião" Fui muito clara com ela e sua mãe, mesmo sendo uma criança, não podemos falar *com meias palavras*, claro que na linguagem da criança para ela entender... (www.portalsanto.com.br/modules.php?name=News&file=article&sid=101; acesso em 06/02/06) = *à demi-mot*

com o cantar do galo "de manhã bem cedo" A boa família levantava cedo, *com o cantar do galo* e dormia muito cedo, logo depois das galinhas. (www.ocaixote.com.br/caixote12/cx12_cronicas_claudius1.html; acesso em 11/04/05) = *heure du laitier*

como cão e gato "como inimigos" [...] é espantoso que os maiores fabricantes do mundo briguem *como cão e gato* pelo mercado de creme dental. (www.terra.com.br/istoedinheiro/351/negocios/351_retorno_crest.htm; acesso em 30/08/04) = *comme chien et chat*

com o pé na tábua (a jato; a toda; a todo vapor; num pau só) "rapidamente" Quando a economia à frente pára de repente, é loucura responder *com o pé na tábua* da insensatez. Ou com a freada brusca do susto. (www.basemidia.com.br/artigos/artigos2.asp?c=8; acesso em 11/05/05) = *à fond de train; à fond la caisse; à fond la gomme; à fond les ballons; à fond les gamelles; au pas de charge; à plein gaz; à plein pot; à tombeau ouvert; à toutes jambes; à tout va; en quatrième (vitesse); le pied au plancher; plein pot*

com o pé direito "com sorte" Todo mundo quer começar o ano *com o pé direito*. (www.cremesp.com.br/?siteAcao=Revista&id=131; acesso em 10/09/04) = *du bon pied; du pied droit*

com o pé esquerdo "com azar" Não se pode afirmar que começou *com o pé esquerdo*, mas com certeza não é um jogo que figuraria entre os melhores. (www.pernambuco.com/ diario/2003/07/09/info14_0.html; acesso em 10/09/04) = *du mauvais pied; du pied gauche*

com o próprio bolso "com o próprio dinheiro" E esses, meu caro, na sua maioria, estão mais preocupados *com o próprio bolso*. O povo que se dane. (www.forumpcs.com.br/viewtopic.php?t=110842&start=30; acesso em 17/09/05) = *de ses propres deniers*

com o rabo entre as penas "sentindo vergonha por ter fracassado" Ele foi advertido na frente de todos por ter feito o que não devia e saiu da sala *com o rabo entre as pernas*. (www.portrasdasletras.com.br/pdtl2/sub.php?op=curiosidades/docs/expressoesinteressantes; acesso em 26/02/06) = *la queue basse; la queue entre les jambes*

com os bofes de fora (com a língua de fora) "muito cansado, exausto" Nunca tinha visto o Luiz ficar *com os bofes de fora*. No final ele comentou que nunca tinha encontrado um lugar tão ruim para subir. (sentidos.com.br/canais/materia.asp?codpag=6559&codtipo=1&subcat=95&canal=seuespaco; acesso em 21/09/05) = *à bout de course; à bout de souffle; à la peine* [v. *être à la peine*]

com os nervos à flor da pele "muito nervoso" Como ela se adapta muito bem e com toda calma a situações conflitantes, que deixariam outras pessoas *com os nervos à flor da pele*... (www.revistaandros.com.br/pisciana.html; acesso em 10/09/04) = *les nerfs à fleur de peau, les nerfs à vif, les nerfs en boule*

com os pés em duas canoas "entre dois partidos opostos, sem se engajar de fato nem em um nem em outro" Não adianta querer andar *com os pés em duas canoas*. É preciso decidir entre o projeto de Deus e o projeto do diabo. (www.ecclesia.com.br/sinaxe/mateus10.htm; acesso em 16/09/05) = *entre deux eaux*

com os pés nas costas (de olhos fechados) "com facilidade" Tirando um reparozinho ali, outro aqui, ao contrário da vez passada, a Seleção deve levar com os pés nas costas essas Eliminatórias [...] (www.abacaxiatomico.com.br/esporteesportivo/kichute/21.htm; acesso em 11/04/05) = *haut la main*

como um peixe na água "bem à vontade em alguma atividade" Parece que gostam de falar constantemente, virtude pela qual se adaptam facilmente no campo das vendas *como um peixe na água*. (sites.uol.com.br/xango/rosto.html; acesso em 23/02/04) = *comme un poisson dans l'eau*

como um peixe fora d'água "bem constrangido, nada à vontade em alguma atividade" São todos jovens, mas um jovem de uma tribo em outra é *como um peixe fora d'água*, não tem ambiente. (www.vozes.uniblog.com.br; acesso em 23/02/06) = *comme un poisson hors de l'eau*

comprar gato por lebre (comer gato por lebre) "ser enganado, recebendo algo de qualidade inferior ao que se esperava" Cuidado para não *comprar gato por lebre*. Das 500 empresas que reabastecem cartuchos de impressoras, pelo menos 150 os revendem como se fossem novos. (www.redelitoral.com.br/litoralnet; acesso em 11/12/05) = *prendre des vessies pour des lanternes*

com quantos paus se faz uma canoa "(mostrar, saber) as qualidades, os sentimentos, os hábitos com que se age" Resolveu, ela mesma, tomar satisfações. Ia mostrar pra sujeita *com quantos paus se faz uma canoa*. (www.ac.gov.br/outraspalavras/outras_6/carta.html; acesso em 10/09/04) = *de quel bois je me chauffe*

com todas as letras "explicitamente" A guerra no Iraque é chamada *com todas as letras* de "grave erro estratégico". (www.correiocidadania.com.br/ed405/newton.htm; acesso em 10/09/04) = *en toutes lettres*

conduzir o barco "assumir as responsabilidades" Obviamente existirão aqueles que deixarão o barco correr, mas existem muitos profissionais para quem *conduzir o barco* é mais importante. (gulp.ucpel.tche.br/ modules.php?name=News&file=article&sid=111; acesso em 14/05/05) = *tenir la barre*

confiar no seu taco "sentir-se competente, confiante" Se você se acha preparado e *confia no seu taco*, não se acanhe em argumentar. (rodrigomuniz.blogspot.com; acesso em 17/09/04) = *toucher sa bille*

conhecer como a palma da mão "conhecer algo ou alguém nos detalhes" [...] mostra que o histórico militante da política goiana mantém-se afiado com a realidade política do Estado, que *conhece como a palma da mão*. (www.jornalopcao.com.br/index.asp?secao=Destaques2&idjornal=43; acesso em 17/09/04) = *connaître comme sa poche*

conhecer o terreno "conhecer bem tudo o que envolve um assunto ou as intenções de uma pessoa" Antes de integrar a missão de paz, o sexto batalhão recebeu uma formação de dez semanas que lhe permitiu *conhecer o terreno* e a situação política no local [...] (www.panapress.com/freenewspor.asp?code=por000816&dte=19/07/2003; acesso em 17/09/04) = *connaître le terrain*

conseguir um (seu) lugar ao sol "conseguir uma posição estável" Os pequenos e micros – sem falar dos autônomos – também apostam nessas ferramentas para impressionar o mercado e *conseguir seu lugar ao sol*. (empresasvale.com.br/artigos/netnews.cgi?cmd=mostrar&cod=4&max=10&tpl=; acesso em 17/09/04) = *faire [se] une place au soleil*

conseguir uma boquinha "conseguir uma oportunidade na sociedade" Caso aceite o convite, Romário abre caminho para *conseguir uma boquinha* de comentarista da Globo durante a Copa. (www.terra.com.br/exclusivo/bigbrother/2002/01/29/000.htm; acesso em 17/09/04) = *faire son trou*

construir sobre a rocha "ter uma formação sólida, bem fundamentada" Ao centrar minha vida em princípios corretos, estou *construindo sobre a rocha*. (nilomomm.tripod.com.br/pastoraldasobriedade/ id9.html; acesso em 17/09/04) = *bâtir sur le roc*

contar com o ovo antes de a galinha botar (: contar com o ovo dentro da galinha) "dar por certo um resultado esperado, mas ainda hipotético" O pior de fazer concurso é saber que a grana é muito boa, porém, não dá para *contar com o ovo antes de a galinha botar*. (www.quasetrinta.blogger.com.br/2003_07_01_archive.html; acesso em 15/10/04) = *vendre la peau de l'ours avant de l'avoir tué*

contar com o ovo dentro da galinha (contar com o ovo antes da galinha botar) "dar por certo um resultado esperado, mas ainda hipotético" Já os outros integrantes da família também caem no papo de Agostinho e *contam com o ovo dentro da galinha*. No fim, tudo acaba sobrando para o genro. (www.teledramaturgia.com.br/granfam01ep.htm; acesso em 15/03/06) = *vendre la peau de l'ours avant de l'avoir tué*

conversa de surdos "conversa onde ninguém se entende" As autoridades não vieram, o papo com os exibidores virou *conversa de surdos*, as alternativas não surgiram, os protestos foram tímidos. (www.casacinepoa.com.br/port/conexoes/gramado.htm; acesso em 15/10/04) = *dialogue de sourds*

conversa fiada 1. (conversa mole [1]; conversa pra boi dormir; história da carochinha; história pra boi dormir) "história ilógica, falaciosa ou inverossímil na qual não dá para acreditar" Mensagem diz que a Ericsson e a Nokia estariam doando telefones celulares. Tudo não passa de *conversa fiada*. (www.quatrocantos.com/lendas/23_ericsson_nokia.htm; acesso em 15/10/04) = *conte à dormir debout; histoire à dormir debout*. **2.** (conversa mole [2]) "conversa banal, superficial" A viagem começou com muita *conversa fiada* e cerveja, mas a turma "tava" meio cansada e logo logo cada um procurou sei canto e foi dormir [...] (members.tripod.com.br/pescadoresdepiaba/Ultimas_Pescadas/colisevo_2001.htm; acesso em 15/10/04) = *langue de bois*

conversa mole 1. (conversa fiada [1]; conversa pra boi dormir; história da carochinha; história pra boi dormir) "história ilógica, falaciosa ou inverossímil na qual não dá para acreditar" Essa *conversa mole* de "neutralidade" do governador, no segundo turno da Capital, chega a ser engraçada. (www.an.com.br/0pri.htm; acesso em 15/10/04) = *conte à dormir debout; histoire à dormir debout*. **2.** (conversa fiada [2]) "conversa banal, superficial" Falar sobre água não é *conversa mole*! Há muito o que dizer, o que pensar, mas, sobretudo, o que fazer. (www.cprh.pe.gov.br/ctudo-secoes-sub.asp?idsecao=293&idconteudo=995; acesso em 15/10/04) = *langue de bois*

conversa pra boi dormir (conversa fiada [1]; conversa mole [1]; história da carochinha; história pra boi dormir) "história inverossímil na qual não dá para acreditar" Essa história de jornal que conta as coisas como elas são é *conversa pra boi dormir* [...] (www.bibvirt.futuro.usp.br/textos/humanas/portugues/tc2000/1p3_58b.pdf; acesso em 15/10/04) = *conte à dormir debout; histoire à dormir debout*

coração de gelo (coração de pedra) "insensível" O sorriso, quando verdadeiro, quebra qualquer *coração de gelo* fazendo com que a vida fique mais agradável. (www.vencer-rs.com.br/portal/dicasmarketing/dica.asp?t=pub&r=119; acesso em 15/10/04) = *coeur de glace*

coração de ouro "bondade" Logo descobrimos que Jimmy tem um *coração de ouro*, estando sempre disposto a ajudar os mais necessitados. (www.cinemaemcena.com.br/crit_editor_filme.asp?cod=303; acesso em 15/10/04) = *coeur d'or*

coração de pedra (coração de gelo) "insensível, crueldade" [...] porque sabia que o homem em sua ignorância, em sua mesquinhez e com seu *coração de pedra*, não poderia enxergar o real. (users.hotlink.com.br/fico/refl0034.htm; acesso em 15/10/04) = *cœur de pierre*

coração partido "grande desolação" Quando o conflito do Vietnã surgiu, o filho foi para a guerra e deixou o pai com o *coração partido*. (www.angela.amorepaz.nom.br/opaieofilho.htm; acesso em 30/08/04) = *coeur déchiré*

corda sensível "ponto, assunto delicado" [culto] Para um filme assim, destinado a tocar numa *corda sensível* da sociedade espanhola, a preparação exigia um trabalho de investigação especial. (www.cineclubefaro.com/web/programacao/default.asp?p=e&s=1f&d=092004; acesso em 16/10/04) = *corde sensible*

cor local "conjunto de detalhes característicos de um local ou de uma época" Contudo, o que antes se designava como regionalismo era um conjunto de textos ficcionais que primavam pelo abuso da *"cor local"* [...] (educaterra.terra.com.br/literatura/premodernismo/2003/12/02/002.htm; acesso em 16/10/04) = *couleur locale*

correr atrás "procurar obter algo por todos os meios" [parlé] Era um sonho de criança, por isso comecei a *correr atrás*, a pesquisar sobre a profissão, e acabei gostando cada vez mais. (www.universiabrasil.net/materia.jsp?materia=4935; acesso em 16/10/04) = *courir après*

corrida contra o relógio "atividade obstinada contra o tempo" Uma *corrida contra o relógio* se iniciou, pois começara a fabricar seu trailer em outubro e o salão do automóvel seria em fins de novembro. (www.macamp.com.br/Turiscar.htm; acesso em 22/10/04) = *course contre la montre*

corrida de obstáculos "uma série de dificuldades" Pais têm *'corrida de obstáculos'* para conhecer escolas. Para escolher uma escola, é preciso saber o que levar em conta. (educacao.aol.com.br/fornecedores/age/2004/10/15/0003.adp; acesso em 14/04/05) = *course d'obstacles*

cortar a palavra "interromper" Deixemos que esgote o desabafo sem lhe *cortar a palavra*, concedendo-lhe o direito de pensar como julga acertado [...] (www.feparana.com.br/download/comofazer1.pdf; acesso em 22/10/04) = *couper la chique (la parole) à (qqn)*

cortar o coração "deixar triste" Foi de *cortar o coração* a última cena, quando a Rory demonstra o quanto ficou chateada por perder a formatura! (www.gilmoregirls.hpg.ig.com.br/col291002.htm; acesso em 22/10/04) = *fendre le coeur*

cortar o cordão (umbilical) "tornar-se adulto, autônomo" Tenho medo de ficar presa a ele, a um relacionamento que não tem futuro, já que ele não tem coragem de *cortar o cordão umbilical*. (delas.ig.com.br/materias/ 307501-308000/307588/307588; acesso em 06/01/06) = *couper le cordon*

cortar o mal pela raiz "acabar com as principais causas do problema" Esta estratégia se baseia no velho dito *"cortar o mal pela raiz"*, isto é, punir com rigor as condutas anti-sociais em suas menores manifestações [...] (www.serrano.neves.nom.br/cgd/011201/13a026.htm; acesso em 22/10/04) = *crever l'abcès* [culto]*; prendre le mal à la racine; vider l'abcès* [culto]

cortar os laços "interromper qualquer relação com alguém ou alguma coisa" Em Jacarta, capital da Indonésia, fundamentalistas muçulmanos ameaçam atacar estrangeiros se o governo não *cortar os laços* diplomáticos com os Estados Unidos. (jornal.valeparaibano.com.br/2001/10/09/voto/notas3.html; acesso em 22/10/04) = *couper les ponts; rompre les ponts*

crescer como bola de neve "complicar-se progressivamente" [...] os consumidores que optam por esses instrumentos de crédito acabam não conseguindo arcar com os custos e vêem suas dívidas *crescerem como bola de neve*. (www.estadao.com.br/ext/financas/servicos/bancos1d1.htm; acesso em 14/06/04) = *faire boule de neige*

criar corpo (ganhar corpo) "desenvolver-se, tomar um aspecto real" O projeto que está começando a *criar corpo* e que de fato está em andamento possibilita a integração da universidade com as empresas [...] (www.al.rs.gov.br/anais/49/Comiss%F5es/ced/1998/980415.htm; acesso em 22/10/04) = *prendre corps*

criar raízes "passar a ter vínculos emocionais geralmente com lugar ou cultura em que se nasceu ou viveu" A Guerra Civil levou-me ao país que me possibilitaria *criar raízes*: o Brasil. (www.results-adm.com.br/diretor.htm; acesso em 22/10/04) = *prendre racine*

criar um clima "favorecer certo tipo de atmosfera moral" Todas as contribuições motivaram um vivo interesse dos participantes e contribuíram de maneira significativa para *criar um clima* favorável para uma aproximação... (www.mluther.org.br/Luteranismo/documento_final.htm; acesso em 04/01/06) = *créer un climat*

cruzar os braços "não fazer nada" Cerca de 23 mil metalúrgicos decidiram *cruzar os braços* e paralisar a produção em 40 fábricas na região metropolitana de São Paulo. (www.curriex.com.br/centro_carreira/ver_noticia.asp?codigo=750; acesso em 22/10/04) = *croiser [se] les bras; tourner [se] les pouces*

cuidar da (sua) vida "só se preocupar com o que lhe diz respeito" Larga a mão de ficar procurando emprego para o benzão nos classificados ou fazendo novena para Santo Expedito, se ele não se mexe! Deixe de ficar esperando que ele saia desta maldita depressão, que já dura anos, e vá *cuidar da sua vida*! (www.revistaandros.com.br/esposamae.html; acesso em 11/11/ 04) = *occuper [s'] de ses oignons*

cuspido e escarrado "muito parecido" Até que é bem apessoadinho o sujeito. É a cara do Gianecchini, *cuspido e escarrado*! (www.navedapalavra.com.br/abrir_secao.php?edicao=107&secao= contos&id=115&chave=id_conto; acesso em 22/10/04) = *tout craché*

cuspir fogo (estar fulo da vida; estar louco da vida; estar por conta (com)) "estar muito bravo" [...] mas da última vez que pedi pro meu pai pra viajar por causa de um encontro de RPG, o homem teve um treco que só faltou *cuspir fogo* pela boca. (www.rpg.com.br/modules.php?name=Forums&file=viewtopic&t=4317&view=next; acesso em 22/10/04) = *lancer des éclairs*

cuspir no prato em que comeu "ser ingrato" Flávio Pinto deveria estar grato pelos nossos esforços em desvendar uma fraude que envolveu o seu nome, mas comporta-se como quem *cospe no prato em que comeu*. (observatorio.ultimosegundo.ig.com.br/artigos/fal220720035.htm; acesso em 22/10/04) = *cracher dans la soupe*

cuspir pra cima "falar algo que pode vir acontecer futuramente" Dizem que a gente não deve *cuspir pra cima* que pode cair na cara, por isso não vou falar que não quero mais saber dele, mas o que estou sentindo está bem [...] (www.cinnn.blogger.com.br/2003_05_01_archive.html; acesso em 22/10/04) = *cracher en l'air*

custar caro (sair caro) "trazer graves conseqüências para alguém" As fortes mudanças climáticas que estão sendo observadas nos últimos anos em várias regiões poderão *custar caro* para a economia mundial. (www.agbcuritiba.hpg.ig.com.br/noticias/onu.htm; acesso em 22/10/04) = *coûter cher*

cutucar a onça com vara curta "abusar da situação, estar em perigo iminente" O chefe tem usualmente poder de vida e morte sobre os subordinados, e *cutucar a onça com vara curta* pode ser fatal. (www.guiarh.com.br/PAGINA22L.htm; acesso em 25/10/05) = *tenter le diable*

d | D

da boca pra fora "falar por falar, sem embasamento ou verdade" Algumas pessoas me convidaram, porém foram pessoas que falaram comigo em alguns campeonatos, mas nunca houve nada de concreto, só *da boca pra fora*. (www.tenisdemesa.com.br/modules.php?name=Content&pa=showpage&pid=21; acesso em 25/10/04) = *du bout des lèvres*

dar à luz (pôr no mundo; trazer à luz [3]; trazer ao mundo) "gerar" Uma americana *deu à luz* sétuplos durante a noite de ontem em Washington, capital dos Estados Unidos. (www.terra.com.br/mulher/noticias/2001/07/13/002.htm; acesso em 05/12/05) = *donner le jour; mettre au monde*

dar a outra face "expor-se a novo ultraje sem reagir" É difícil fugir desse sentimento tão execrável, pois nem todos têm a vocação para ser um Jesus Cristo e *dar a outra face* [...] (www.filtrodeoleo.com.br/textos_htms/txedi5/foca5.htm; acesso em 25/10/04) = *tendre la joue gauche; tendre l'autre face*

dar a última cartada (dar uma cartada; queimar o (seu, um) último cartucho) "fazer uma última tentativa para conseguir algo" Assim, imagino, precisou *dar a última cartada*, compartilhando com ele as reminiscências de um amor curtido em boa companhia. (www.noolhar.com/opovo/vidaearte/162794.html; acesso em 13/04/05) = *jouer sa dernière carte*

dar a volta por cima "recuperar-se" Emerson afirmou que a seleção quer *dar a volta por cima* depois da derrota para a França na final da Copa do Mundo de 1998. (www.brasilnews.com.br/News3.php3?CodReg=5131&edit=Esportes&Codnews=999; acesso em 25/10/04) = *remettre [se] en selle; reprendre du poil de la bête*

dar bandeira "deixar transparecer algo que deveria ficar oculto" O marido desconfiado ficou olhando bem de longe, pra não *dar bandeira*. (wn.frizz.com.br/webnews/noticia.php?id_noticia=30483&; acesso em 25/10/04) = *porter le drapeau*

dar bode (dar chabu; dar crepe; dar galho; entrar areia) "haver problema" Fiquei preocupado com isso, perguntei pra ela se não ia *dar bode*, ela me tranqüilizou e disse que não se preocupasse. (www.supervirtual.com.br/ acervo/forum3078.htm; acesso em 25/10/04) = *faire long feu*

dar bola "dar confiança a alguém" Ainda mais se a garota for Nádia, a intercambista gostosa que *deu bola* para o rapaz no primeiro filme. (www.cinemaemcena.com.br/crit_cinefilo_filme.asp?cod=52&codvozcinefalo=467; acesso em 02/10/05) = *faire de l'oeil; faire les yeux doux*

dar bola fora "cometer gafes" Fique bem atenta para não *dar bola fora* numa situação dessas, ainda mais se a relação envolver o chefe ou um cliente importante. (www.feminissima.com.br/alimentacao/calorias.asp?CodMat=353; acesso em 25/10/04) = *avoir tout faux*

dar brecha (dar lado; dar margem) "dar oportunidade para ocorrer comentários, ataques" A estratégia é não *dar brecha* para erros, e claro, contar com a sorte para nada de errado acontecer com o equipamento. (www.brasiloffroad.com.br/park/ etapa_rali.html; acesso em 25/10/04) = *donner matière; donner prise; prêter le flanc*

dar chabu (dar bode; dar crepe; dar galho; entrar areia) "haver problema" [...] eu sei que eu deveria estar discutindo isso com vocês, mas é que *deu chabu* na minha conta do bol, vocês não tinham como mandar as mensagens. (www.forumnow.com.br/vip/ mensagens.asp?forum=15836&grupo=17762&topico=2504739&pag=3; acesso em 05/ 11/04) = *faire long feu*

dar com a cara na porta (dar com o nariz na porta) "não ser atendido em algum lugar" Estive três vezes lá na esperança de achar alguém, mas *dei com a cara na porta*. Fui também na outra empresa e nada"... (www.cliqueseudireito.com.br/ publique/cgi/cgilua.exe/sys/start.htm?sid=6&infoid=37; acesso em 06/01/06) = [*casser* [*se*] *le nez à la porte*]

dar com o nariz na porta (dar com a cara na porta) "não ser atendido em algum lugar" Ele então forçou a entrada e *deu com o nariz na porta*, travada pela corrente de segurança. (www.widebiz.com.br/gente/rribeiro/naoprecisaempurrarmasvenda.html; acesso em 08/01/06) = [*casser* [*se*] *le nez à la porte*]

dar com os burros n'água (dar em água de barrela; ir a pique; ir por água abaixo; ir pro brejo) "fracassar, não servir para mais nada" Posso estar equivocada, mas desconfio que assim como estão, dono e programadores da Fluminense vão *dar com os burros n'água*. (www1.folha.uol.com.br/folha/pensata/ult514u80.shtml; acesso em 05/11/04) = *être à l'eau; tomber à l'eau; tomber dans le lac*

dar corpo "dar forma ou consistência a algo, materializá-lo, concretizá-lo" O sistema foi desenvolvido para *dar corpo* a uma política conjugada, que articula a valorização dos servidores públicos municipais. (www.cut.org.br/negociacao1.htm; acesso em 05/11/04) = *donner corps*

dar crepe (dar bode; dar chabu; dar galho; entrar areia) "haver problema" [...] acabei de escrever um post bem grandão e, na hora de salvar, *deu crepe* aqui e não salvou e eu perdi meu post. (dani-gataplastizada.zip.net/; acesso em 05/11/04) = *faire long feu*

dar de bandeja "facilitar ao máximo, ceder facilmente" Não queremos formar profissionais e *dar de bandeja* para outras empresas. (www.timaster.com.br/revista/ materias/main_materia.asp?codigo=308; acesso em 05/11/04) = *apporter sur un plat d'argent; apporter sur um plateau; offrir en pâture*

dar de ombros "mostrar indiferença" Muitas optam por *dar de ombros* à destruição do País, integrando, como cúmplices, a camada dos cooptados por vantagens equivalentes a milhões de dólares. (www.farolbrasil.com.br/arquivos/ ne_confundir_para_destruir.htm; acesso em 05/1104) = *hausser les épaules*

dar dinheiro "ter sucesso e render" Cana pode *dar dinheiro* por reduzir poluição. O uso de bagaço de cana-de-açúcar em usinas termelétricas reduziria em 44 milhões de toneladas a emissão de gás [...] (ecofalante.terra.com.br/sub/noticias.php? set=714; acesso em 02/10/05) = *faire recette*

dar em água de barrela (dar com os burros n'água; ir a pique; ir por água abaixo; ir pro brejo) "perder-se, não ter êxito" É um negócio, diz muito bem; porque, no fim de contas, estes casamentos por amor *dão* sempre *em água de barrela*. (portalsalesianas.com.br/biblio/ebooks/litport/diversos/deputado.pdf; acesso em 21/09/05) = *être à l'eau; tomber à l'eau; tomber dans le lac*

dar em cima "paquerar com insinuações freqüentes" Acho falta de respeito ficar encarando o namorado de outra, *dar em cima* de homem casado [...]. (www.capitalgaucha.com.br/mulheres/grazi38.htm; acesso em 03/10/05) = *faire du rentre-dedans*

dar frio na espinha "causar assombro, medo" A tempestade de raios é de *dar frio na espinha*. Mas foi a primeira aparição do Tripod que me fez pular na cadeira como nunca antes. (www.cinemaemcena.com.br/crit_cinefilo_filme.asp?cod=3861&codvozcinefalo=5829; acesso em 20/12/05) = *donner froid dans le dos*

dar lado (dar brecha; dar margem) "dar oportunidade para ocorrerem comentários, ataques" Você é muito especial e inteligente para *dar lado* a esses comentários maldosos. (www.aleitamento.org.br/asp/resposta.asp?id=62533; acesso em 10/12/05) = *donner matière; donner prise; prêter le flanc*

dar mão à palmatória "reconhecer seu erro, sua culpa" O ministro desmentiu, ameaçou processar a Folha, a ombudsman do jornal cobrou: alguém errara e deveria *dar mão à palmatória*. (observatorio.ultimosegundo.ig.com.br/circo/cir201198.htm; acesso em 28/02/06) = *faire amende honorable*

dar margem (dar brecha; dar lado) "dar oportunidade para ocorrerem comentários, ataques" A mensagem tem que ser curta, clara e não pode *dar margem* para interpretações que fujam do esperado. (www.blaz.com.br/desdev/designer/materia.asp?ID=9; acesso em 06/11/04) = *donner matière; donner prise; prêter le flanc*

dar mastigadinho "explicar algo detalhadamente para facilitar a alguém a compreensão e a assimilação" A primeira e mais importante das lições é a de que o leitor não tem paciência para ler textos compridos e precisamos *dar* tudo *mastigadinho* a ele. (observatorio.ultimosegundo.ig.com.br/artigos/jd201120001.htm; acesso em 15/05/05) = *mâcher la besogne; mâcher le travail*

dar mole (dar moleza) "facilitar" [muito usual na negativa] Transar sem camisinha é *dar mole* para o azar: pode pintar uma gravidez indesejada ou uma doença venérea (a AIDS, por exemplo). (www.namorando.com.br/abc/?f=Yw==; acesso em 06/1104) = [v. *ne pas faire de cadeau*]

dar moleza (dar mole) "facilitar" [muito usual na negativa] Chega de *dar moleza* a bandidos. (www.cinemaemcena.com.brcrit_editor_filme_respostas. asp?comentario=1564&codfilme=2315; acesso em 06/1104) = [v. *ne pas faire de cadeau*]

dar na cara (dar na vista) "deixar transparecer" Fiz um tratamento estético para poder melhorar minha aparência e continuar a trabalhar sem *dar na cara* que sou doente. (www.aids.gov.br/imprensa/Noticias.asp?NOTCod=59330; acesso em 06/11/04) = *accuser le coup*

dar na vista (dar na cara) "deixar transparecer" Era impossível realizar uma reunião clandestina daquele porte envolvendo centenas de estudantes de todo o Brasil sem *dar na vista*... (www.facasper.com.br/jo/reportagens.php?tb_jo=&id_noticias=181; acesso em 06/11/04) = *accuser le coup*

dar nó em pingo d'água "ter muita habilidade e dar um jeitinho em tudo" A pessoa evolui com o Unix e aprende mais programas para usar, até *dar nó em pingo d'água* com ele. Tem todo um universo que a pessoa aprende. (www.inf.ufsc.br/barata/combah.htm; acesso em 06/02/06) = *avoir plus d'un tour dans son sac*

dar no pé (cair fora; cair no mundo; dar o fora [1]; puxar o carro; virar as costas) "ir embora rapidamente" Então, o meu marido, que não é besta nem nada, resolveu *dar no pé* e abandonou tudo. Casa, mulher e tudo. (www.emcrise.com.br/nao-pereciveis/npjoaoantonio2.htm; acesso em 11/05/05) = *faire [se] la malle; ficher le camp; foutre le camp; mettre les bouts; mettre les voiles; prendre la clef des champs; tourner les talons*

dar nos nervos (deixar uma pilha (de nervos); mexer com os nervos) "irritar alguém excessivamente" Chega a me *dar nos nervos* a falta de visão e falta de sensibilidade das pessoas! (www.alessandrafleury.blogger.com.br/2004_10_01_archive.htm; acesso em 06/11/05) = *faire tourner en bourrique; mettre à bout, porter sur les nerfs; porter sur le système; pousser à bout; taper sur les nerfs; taper sur le système*

dar o ar da graça "reaparecer em público após um tempo ausente" A moça recebeu cerca de US$ 50 mil para *dar o ar da graça* no show da grife Colcci e não decepcionou. (www.terra.com.br/istoe/1813/1813_gente.htm; acesso em 06/11/04) = *refaire surface*

dar o bolo "não comparecer a um compromisso" Demorou um pouco mais e acabei ligando para ele, achando que ele ia *dar o bolo* ou que tinha surgido um imprevisto pra melar tudo. (mydirtypearls.blig.ig.com.br/2004_09.html; acesso em 06/11/05) = *faire faux bond* [1]

dar o céu "querer fazer até o impossível por quem se ama" Quero te *dar o céu* e o mar e tudo o que você sonhar porque eu te amo demais. E só você me faz entender que o amor é tudo. (geocities.yahoo.com.br/ce_123br/estouem.html; acesso em 16/09/05) = *décrocher la lune*

dar o chute inicial (dar o pontapé inicial) "tomar uma atitude que desencadeia alguns fatos" Foi pelo ano de 1832, que Hércules Florence *deu o chute inicial* quando comprou uma tipografia. (www.canaldaimprensa.com.br/cultura/trint9/cultura1.htm; acesso em 14/04/05) = *lancer le bal*

dar o exemplo "servir de modelo" [...] os sindicatos deveriam *dar o exemplo* nas relações trabalhistas que estabelecem com seus funcionários. (integracao.fgvsp.br/ano5/16/opiniao.htm; acesso em 06/11/04) = *donner l'exemple*

dar o fora (cair fora; dar no pé; puxar o carro; virar as costas) "ir embora rapidamente" Nós temos que *dar o fora* daqui, antes que a polícia descubra onde a gente se esconde. (www.riototal.com.br/escritores-poetas/expoentes-037b.htm; acesso em

06/11/04) = *faire [se] malle; ficher le camp; foutre le camp; mettre les bouts; mettre les voiles; prendre la clef des champs; tourner les talons*

dar o pontapé inicial (dar o chute inicial) "tomar uma atitude que desencadeia alguns fatos" China *dá o pontapé inicial* em sua carreira solo, com uma proposta um tanto inusitada, mas ao mesmo tempo, muito. atraente. (www.chinaman.com.br/presskit/relseasechina.pdf; acesso em 26/02/06) = *lancer le bal*

dar o que tinha que dar "estar no final de sua atividade ou de sua vida" Ele já *deu o que tinha que dar*, só não sei por que esse programa ainda existe se é um festival de maus tratos e desinformação. (www.digestivocultural.com/ensaios/ensaio.asp?codigo=100; acesso em 06/02/06) = *avoir fait son temps*

dar o sangue "engajar-se pessoalmente em algo bastante difícil" Escrevi uma carta enorme, e um anjo surgiu, uma assistente social da empresa, que realmente *deu o sangue* para me ajudar. (www.revistapaisefilhos.com.br/htdocs/pf_index.php?id_pg=121&id_txt=577; acesso em 26/03/08) = *payer de sa personne*

dar o tom "determinar a conduta a ser seguida" A música ritual intercalada com o silêncio ajuda a *dar o tom* proposto pelo espetáculo, complementado pela iluminação. (www.se.sesc.com.br/noticias.asp?idmateria=98; acesso em 07/11/04) = *donner le la; donner le ton*

dar o troco (pagar com a mesma moeda) "fazer para alguém o mesmo lhe fizeram" [geralmente: sentido negativo] Um grupo de nerds decide *dar o troco* aos colegas jogadores de futebol, que sempre os humilharam na escola. (www.cinemaemcena.com.br/not_cinenews_filme.asp?cod=3857; acesso em 07/11/04) = *rendre la monnaie (de sa pièce); rendre la pareille*

dar ouvidos "levar em conta" Há muito tempo deixei de *dar ouvidos* às bobagens que ele diz. (www.samba-choro.com.br/s-c/tribuna/samba-choro.9901/0276.html; acesso em 07/11/04) = *prêter l'oreille*

dar pitaco (meter o bedelho; meter o bico; meter o nariz) "intrometer-se em um assunto que não lhe diz respeito" Na empresa: não é novidade cliente *dar pitaco* em texto e layout (se você é publicitário, deve estar sorrindo), então por que seria diferente aqui? (webinsider.uol.com.br/vernoticia.php?id=1992; acesso em 11/05/05) = *mettre son grain de sel*

dar pra trás (deixar na mão [1]) "desistir, no último momento, de fazer o que havia sido confirmado anteriormente" Sim, porque eu após enfrentar mais de uma hora de fila, resolvi *dar pra trás* na montanha russa. (www.minhaprimeirafilha. blogger.com.br/2004_08_01_archive.html; acesso em 07/11/04) = *faire faux bond [2]*

dar pro gasto "assegurar alguma renda suficiente para viver" [sujeito: coisa] Bom até que enfim consegui um emprego, não era o que eu esperava mas *dá pro gasto*. (www.amaluka.blogger.com.br; acesso em 07/11/04) = *nourrir son homme*

dar-se as mãos "ajudar-se mutuamente em uma tarefa comum" Os casais começam a perceber que precisam *se dar as mãos* e trabalhar juntos pelos mesmos objetivos. (www.cylene2003.blogger.com.br; 02/05/05) = *serrer [se] les coudes; tenir [se] les coudes*

dar-se bem (sair-se bem) "ser favorecido, ter êxito" O João era um tipo boa pinta que sempre *se deu bem* com as mulheres. (www.paubrasil.com.br/ineditos/ineditos_cao.html; acesso em 07/11/04) = *sortir [se] bien*

dar-se mal (sair-se mal) "fracassar" Enfim, se este ou aquele político não quiser *se dar mal*, o caminho a seguir é o do respeito às leis vigentes. (www.diariodesorocaba.com.br/editorial.asp?codigo=36; acesso em 07/11/04) = *faire chou blanc*

dar sinal de vida "dar notícias" Trocar e-mails de vez em quando, ligar para marcar um almoço, *dar sinal de vida* pelo menos a cada seis meses faz com que não se caia no esquecimento [...] (www.universiabrasil.net/materia.jsp?materia=2207; acesso em 08/11/04) = *donner signe de vie*

dar sopa pro azar (deixar a porta aberta) "facilitar que um problema aconteça" Você não era de *dar sopa pro azar*, de repente ficou diferente! (www.coquim.hpg.ig.com.br/l16.htm ; acesso em 18/11/04) = *laisser la porte ouverte*

dar sua palavra "prometer" Na campanha, a prefeita *deu sua palavra* a Mercadante de que não entraria na briga pelo Palácio dos Bandeirantes. (www.cruzeironet.com.br/run/4/147107.shl; acesso em 08/11/04) = *donner sa parole*

dar tempo ao tempo "esperar sem pressa" Mas é preciso *dar tempo ao tempo* para conhecer uma pessoa profundamente. (www.diariosp.com.br/servicos/horoscopo/default. asp?day =3&month=4&year=2003; acesso em 08/11/04) = *donner du temps au temps*

dar uma banana "deixar de se importar com alguém após ter feito falsas promessas" A candidata pretendia depois também *dar uma banana* ao Brasil, talvez deixando também espaço para os ratos de sempre continuarem roendo o Tesouro Nacional [...] (www.novomilenio.inf.br/humor/0201f002.htm; acesso em 03/03/05) = *payer en monnaie de singe*

dar uma canja (dar uma colher de chá) "dar uma facilitada para alguém" Mas a programação bem que poderia, na próxima edição, *dar uma canja* para os menos vendidos, assim como jovens autores, misturando-os às celebridades [...] (jbonline.terra.com.br/destaques/bienal/noticias/not2505.html; acesso em 12/11/05) = *faire une fleur*

dar uma cartada (dar a última cartada; queimar o último cartucho) "tomar uma atitude" Como todo plano desse tipo, que para se realizar exige a montagem de esquemas meio clandestinos, é vulnerável, tratava-se de *dar uma cartada* decisiva. (www.e-agora.org.br/conteudo.php?cont=artigos&id=219_0_3_0_M7; acesso em 13/04/05) = *jouer une carte*

dar uma colher de chá "facilitar" A emissora carioca bem que ameaçou *dar uma colher de chá* e liberar ao menos uma música para a MTV incluir na programação. Nem isso foi concretizado. (www.estadao.com.br/divirtase/noticias/2001/ago/13/218.htm; acesso em 08/11/04) = *faire une fleur*

dar uma dura (chamar na chincha; mostrar com quantos paus se faz uma canoa; puxar as orelhas) "repreender alguém" Tive de chamar o pessoal do cinema e *dar uma dura* para eles tirarem um ruído insuportável do canal esquerdo, que só parava quando trocava de projetor. (planeta.terra.com.br/arte/serhumano/2002_04_01_schico_archive.html; acesso em 12/11/04) = *apprendre à vivre; dire deux mots; faire une scène; passer un savon; prendre à partie; remonter les bretelles; sonner les cloches*

dar uma geral "abordar brevemente todas as questões sobre um assunto" Esse artigo vai *dar uma geral* nos vários métodos de manipular uma string, cobrindo coisas de métodos básicos até expressões regulares em Python. (www.pythonbrasil.com.br/moin.cgi/ManipulandoStringsComPython; acesso em 12/11/05) = *faire un tour d'horizon*

dar uma no cravo e outra na ferradura "agir de modo contraditório" Mas Lula cometeu uma contradição. Disse que, para ajudar setores industriais mais afetados pela competição de importados mais baratos, poderia aumentar as alíquotas de importação, como já fez no caso dos têxteis. Ora, então é para importar menos ou mais? (...) *Deu uma no cravo e outra na ferradura.* (colunas.g1.com.br/sardenberg/2007/05/15/lula-e-a-economia; acesso em 28/03/08) = *tirer à hue et à dia*

dar uma rasteira (passar a perna; passar pra trás; puxar o tapete) "utilizar procedimentos desleais para prejudicar alguém" A impressão é que a indústria fonográfica *deu uma rasteira* em todo mundo para abocanhar e reter, justamente, o que antes demonizava. (www.portaldeinformatica.com.br/colunas_rebelo_o_golpe. htm; acesso em 06/10/05) = *couper l'herbe sous le pied; savonner la planche*

dar uma respirada "estar temporariamente livre de pressões" Próxima semana vou estar de férias, *dar uma respirada* e aproveitar para checar algumas máquinas que não fazem parte do trabalho. (www.forumpcs.com.br/viewtopic.php?p=1161182; acesso em 17/09/05) = *donner [se] de l'air*

dar um baile em "fazer algo muito melhor que alguém" Nunca imaginei que uma coisinha pequena como um gatinho, já de certa idade, pudesse *dar um baile em* dois adultos na hora de tomar remédio. (www.ceciliaw.weblogger.terra.com.br/200505_ceciliaw_arquivo.htm; acesso em 02/10/05) = *faire la pige à*

dar um basta (pôr um paradeiro) "impedir firmemente a continuação de um problema" Hoje a sociedade *deu um basta* no aumento do imposto [...] (noticias.aol.com.br/brasil/fornecedores/rts/2005/04/12/0019.adp; acesso em 21/04/05) = *prendre à bras-le-corps; saisir à bras-le-corps*

dar um empurrãozinho "ajudar alguém a se estabelecer, a conseguir fazer algo" Isso serve somente para *dar um empurrãozinho* em quem gostaria de aprender sobre este instrumentos. (www.mvhp.com.br/teclado11.htm; acesso em 09/05/05) = *mettre en selle; mettre le pied à l'étrier; pousser à la roue*

dar um pito "repreender" Bom, hoje estou te escrevendo essa pequena missiva para te perdoar, mas também para te *dar um pito.* (www.broinha.com.br/CRONICAS/LIVRO_6/ tolete_ buchinga_anu_cacapa.htm; acesso em 10/11/04) = *dire deux mots*

dar um salto "tomar uma decisão importante, ter uma atitude decisiva que implica uma mudança brusca" Muitos profissionais experientes procuram o MBA quando querem *dar um salto* na carreira e atingir cargos mais altos. (www.universiabrasil.net/html/noticia_iaedg.html; acesso em 16/11/04) = *faire le saut*

dar um tempo "interromper algo temporariamente" Os recém-casados *deram um tempo* em suas carreiras para poderem curtir uma longa lua-de-mel. (ofuxico.uol.com.br/noticias/notas_95442.html; acesso em 17/11/04) = *mettre en sommeil*

dar um toque "dar uma sugestão" Já que você não tem uma boa amiga pra falar, eu vou te *dar um toque* [...] (banheirofeminino.terra.com.br/especial/toque.htm; acesso em 17/11/04) = *donner l'éveil*

dar vazão "extravasar" Na ceia do Senhor, Jesus escolheu o pão e o vinho para *dar vazão* ao seu amor. (www.caffe.com.br/realtime/aconteceu_09042004162844.shtml; acesso em 17/11/04) = *donner libre cours*

dar voltas "fazer rodeios" Não precisa *dar voltas* e voltas para chegar até a resposta certa. (www.diariosp.com.br/servicos/horoscopo/default.asp?day=23&month=1&year=2004; acesso em 17/11/04) = *tourner autour du pot*

dar xeque-mate "impedir alguém de continuar fazendo algo" PFL vai dar *xeque-mate* em ACM. (www.copa.esp.br/agestado/noticias/2001/mai/07/302.htm; acesso em 02/10/05) = *faire échec*

de antenas ligadas "prestando atenção em tudo que está ao redor" O importante é você estar sempre *de antenas ligadas*, percebendo tudo o que está acontecendo a sua volta [...] (revistaturismo.cidadeinternet.com.br/guardian/capitulo10.htm; acesso em 17/11/04) = *l'oeil aux aguets; l'oreille aux aguets*

de araque "fajuta, sem convicção" A democracia americana é *de araque*. Liberdade para americano significa liberdade para o dinheiro deles circular, e não liberdade individual. (forum.aol.com.br/foro.php?id_top=1&id_cat=41&id_subcat=246&id_foro=5524; acesso em 17/09/05) = *en peau de lapin*

de arrasar (de arrebentar (a boca do balão)) "fantástico, formidável" Soube que a festa ano passado foi *de arrasar*!!! Infelizmente fiquei sabendo no dia seguinte e não fui. Esse ano não faltarei por nada. (www.samba-choro.com.br/noticias/arquivo/5020; acesso em 17/09/05) = *à tout casser; du feu de Dieu; du tonnerre (de Dieu)*

de arrebentar (a boca do balão) (de arrasar) "fantástico, formidável" Essa galerinha vai dar o que falar numa festa de aniversário *de arrebentar a boca do balão*! No aniversário dessas duas malandrinhas, animação vem em dose dupla [...] (www.tipos.com.br/item/25554; acesso em 17/09/05) = *à tout casser; du feu de Dieu; du tonnerre (de Dieu)*

de arrepiar os cabelos (de deixar o cabelo em pé) "de provocar medo" Em Desafios, são apresentados alguns problemas *de arrepiar os cabelos*, que exigem atenção, tempo e raciocínio apurado. (www.planetaeducacao.com.br/dicasnavegacao/exatas.asp; acesso em 17/11/04) = *à faire dresser les cheveux sur la tête*

debaixo da asa (à sombra de) "sob a proteção de" Antes de ser república, o Brasil passou quase 400 anos *debaixo da asa* de reis e imperadores – e olha que nem brasileiros eles eram, mas, sim, portugueses! (www.canalkids.com.br/cultura/historia/republica.htm) = *à l'ombre de; sous l'aile de*

debaixo do nariz "muito perto" Creio que vivemos numa época cujas maiores preciosidades e oportunidades estão *debaixo do nariz* de todos, embora apenas alguns as encontrem. (www.idph.net/artigos/novaeducacao/perfeitamenteimperfeito.php; acesso em 17/11/04) = *sous le nez*

de boca aberta (de queixo caído) "surpreso ou admirado" A nova trama das oito da Rede Globo, Mulheres Apaixonadas, tem deixado as mulheres de todas as idades *de boca aberta*. (www1.uol.com.br/cyberdiet/colunas/030320_vip_rafacal.htm; acesso em 17/11/04) = *bouche bée*

de bom coração (de coração [1]) "generoso" A APAE de Mogi das Cruzes conta com um grupo seleto de pessoas e de empresas *de bom coração* que mensalmente contribuem com pequenas quantias em dinheiro. (www.apaemc.org.br/socio.htm; acesso em 17/11/04) = *de coeur*

de braço dado "de acordo com" [...] que ser honesto, pois acredito que a honestidade é essencial para quem quer governar. Depois, estar realmente *de braço dado* com o povo, estar bastante atento às suas necessidades para que ele possa supri-las. (www.nitideal.com.br/newnit/index.php?display=MATERIAS&action=2&id=1210; acesso em 22/04/05) = *bras dessus bras dessous*

de cabeça "de cor" [depois de verbos como dizer, falar, saber] No último minuto o árbitro deve saber *de cabeça* o tempo restante. (www.pernambucohandebol.com.br/regras.htm; acesso em 17/09/05) = *de tête*

de cabeça erguida (com a cabeça erguida) "com orgulho" Guga é eliminado e deixa Paris *de cabeça erguida*. (www.diariosp.com.br/esportes/default.asp?editoria=52&id=307161; acesso em 18/06/04) = *bille en tête*

de cabo a rabo "do início ao fim" Confesso que nunca tive saco de lê-lo *de cabo a rabo*, como fiz com todos os outros, mas já o utilizei muito como fonte de referência [...] (www.sobresites.com/usabilidade/livros.htm; acesso em 17/11/04) = *de fond en comble*

de cara limpa "sem vergonha" Como é que alguém pode dizer, *de cara limpa*, que o governo que usou armas nucleares contra uma população civil é um governo democrático... (www.oindividuo.com/alvaro/alvaro48.htm; acesso em 17/11/04) = *à visage découvert*

de carne e osso "real, sensível" [...] este seria o primeiro filme em que personagens criados por computação gráfica substituiriam atores *de carne e osso*. (www.omelete.com.br/cinema/ artigos/base_para_artigos.asp?artigo=459; acesso em 17/11/04) = *de chair et de sang; de chair et d'os*

de coração 1. (de bom coração) "generoso, bondoso" [depois de homem, mulher, pessoas] É um erro o homem *de coração* deixar-se endurecer devido às decepções oriundas da ingratidão. (www.cvdee.org.br/est_letexto.asp?id=164; acesso em 17/09/05) = *de coeur*. **2.** (de coração aberto) "sinceramente" E você também pode ajudar esta iniciativa – ajuda pela qual agradecemos *de coração* desde já! (www.nonaarte.com.br/voce.htm; acesso em 17/11/04) = *de bon coeur; de grand coeur; de tout coeur*

de coração aberto (de coração [2]) "sinceramente" Sua experiência de pai-mãe é contada *de coração aberto*, com as palavras de um homem que não tem vergonha da sua imaturidade. (www.portaldafamilia.org/artigos/texto033.shtml; acesso em 17/11/04) = *de bon coeur; de grand coeur; de tout coeur*

de coração para coração "com sinceridade" Conversar *de coração para coração* é estar desarmado(a) e ser capaz de se colocar com honestidade, sem apelar para o sentimentalismo [...] (www.vaidarcerto.com.br/consultorio2.php?dcodigo=7114; acesso em 17/11/04) = *coeur à coeur*

de corpo e alma "completamente, inteiramente" Ausente do palanque de Luiziane no primeiro turno, o PT nacional esqueceu as divergências e aderiu, *de corpo e alma*, à candidatura [...] (www.noolhar.com/opovo/people/409737.html; acesso em 17/11/04) = *corps et âme*

de deixar o cabelo em pé (de arrepiar os cabelos) "de provocar medo" Mas, tem que ser uma história do outro mundo, daquelas *de deixar o cabelo em pé*! (www.transcontinentalfm.com.br/default.asp?act=27&it_formulario=6&it_tipo=2&id_participe=75; acesso em 17/11/04) = *à faire dresser les cheveux sur la tête*

de dois gumes "argumento ou modo de agir que pode produzir um efeito contrário ao esprerado" [...] MBA é uma faca *de dois gumes*, e, se o tempo gasto for mal aproveitado, a frustração será inevitável. (www.timaster.com.br/revista/materias/main_materia.asp?codigo=521&pag=2; acesso em 17/11/04) = *à double tranchant*

de fachada "que só mantém a aparência da realidade" O atleta teria criado uma empresa *de fachada* para desviar os bens que possuía junto com sua ex-mulher Mônica Santoro, pouco antes do divórcio. (www.canalceara.com.br/esporte/ultimas.asp?id=339; acesso em 17/11/04) = *de façade*

de família "de família honesta, bem considerada" Pois é. Um moço *de família* se prestando a esses papéis! (www.daisyduarte.com.br/prosa015.htm; acesso em 15/07/04) = *fils de bonne famille*

defensor dos fracos e oprimidos (defensor dos pobres e oprimidos) "defensor das minorias" O Procon é entendido como o *defensor dos fracos e oprimidos* frente ao descaso dos fornecedores para com seus clientes. (www.ombudsmaneoleitor.jor.br/correios.htm; acesso em 17/11/04) = *défenseur de la veuve et de l'orphelin*

defensor dos pobres e oprimidos (defensor dos fracos e oprimidos) "defensor das minorias" O Serviço Público sempre foi o melhor e mais presente *defensor dos pobres e oprimidos* da nação. (www.anasps.org.br/jornal_novembro_2004/pag_02.htm; acesso em 17/09/05) = *défenseur de la veuve et de l'orphelin*

de fôlego "de muita perseverança e esforço" A matéria foi publicada numa revista mensal, de periodicidade propícia a reportagens *de fôlego*. Onde estão as reportagens *de fôlego* da imprensa brasileira? (observatorio.ultimosegundo.ig.com.br/artigos/al071120011.htm; acesso em 15/09/05) = *de longue haleine*

deixar a poeira abaixar (*deixar a poeira abaixar; deixar a poeira assentar; esperar a poeira abaixar; esperar a poeira assentar; esperar a poeira baixar*) "esperar a situação melhorar" O jeito é *deixar a poeira abaixar* e refazer os planos futuros. (www.odocumento.com.br/registrogeral.php?id=211; acesso em 08/01/06) = *laisser pisser (les mérinos)*

deixar a poeira baixar (deixar a poeira abaixar; deixar a poeira assentar; esperar a poeira abaixar; esperar a poeira assentar; esperar a poeira baixar) "esperar a situação melhorar" *Deixe a poeira baixar* e telefone. Não se sabe o que realmente aconteceu do outro lado. Não faça pré-julgamentos. (www.widebiz.com.br/gente/nepomuceno/euerrotuerraseleerra.html; acesso em 08/01/06) = *laisser pisser (les mérinos)*

deixar a porta aberta (dar sopa para o azar) "facilitar que um problema aconteça" Paulo nunca quis *deixar a porta aberta* para nenhum tipo de ambigüidade, tinha horror de ser tratado como um mercenário! (www.pime.org.br/pimenet/mundoemissao/fadiga.htm; acesso em 18/11/04) = *laisser la porte ouverte*

deixar barato (deixar por menos) "não se importar, não demonstrar interesse por" [muito usual na negativa] Mas sobrevive, acima de tudo, em nossa vontade de *"deixar barato"*, em nossa indiferença, nossa passividade diante dos abusos do presente e do passado. [...] (noticias.aol.com.br/colunistas/maria_rita_kehl/2004/0050.adp; acesso em 01/09/04) = *faire bon marché*

deixar com a pulga atrás da orelha "deixar alguém desconfiado" O que me *deixa com a pulga atrás da orelha* é ver que quem acaba passando nesse tipo de evento sempre é conhecido de alguém no meio. (www.fashionbox.blogger.com.br/; acesso em 18/11/04) = *mettre la puce à l'oreille*

deixar de cabelo em pé "deixar estupefato" Esse método de avaliação costuma *deixar de cabelo em pé* até os profissionais que têm domínio da língua. (www.banco1.net/artigo.asp?artigo=143; acesso em 18/11/04) = *faire dresser les cheveux sur la tête*

deixar de fora "desconsiderar como integrante de alguma coisa" Tentamos aqui concentrar os filmes mais vendidos, sem *deixar de fora* aqueles que possuem sua eficiência também comprovada. (www.aplikfilm.com.br/modelo.htm; acesso em 05/05/05) = *mettre sur la touche*

deixar de lado "abandonar, desprezar, desconsiderar" Se *deixar de lado* a teimosia, poderá viver um dia feliz no amor. (www.diariosp.com.br/servicos/horoscopo/default.asp?day=9&month=7&year=2001; acesso em 18/11/04) = *laisser de côté*

deixar na gaveta "não utilizar algo por certo tempo" Aqueles projetos antigos que você *deixou na gaveta*, achando que jamais teria oportunidade de colocá-los em prática. (www2.opopular.com.br/anteriores/04jun2003/servicos/horoscopo.htm; acesso em 18/11/0) = *laisser au vestiaire*

deixar na mão "decepcionar, desistir no último momento de fazer o que havia sido confirmado anteriormente" Dotado de tração nas quatro rodas, o modelo é ideal para não *deixar na mão* aqueles que procuram aventura fora de estrada. (www.capitalgaucha.com.br/colunistas/vininha/142.html; acesso em 18/11/04) = *faire faux bond* [2]; *laisser en plan; laisser en rade*

deixar na mão "deixar sem socorro, sem apoio; descumprir um compromisso" Ah, meu dentista também me *deixou na mão*. É tanto caso de suicídio que eu não quero nem lembrar mais. (inconfidenciamineira.com; acesso em 16/06/08) = Ø *laisser quelqu'un à soi-même*

deixar na(s) mão(s) de (deixar por conta de) "deixar algo ou alguém sob a responsabilidade de alguém" [...] e conclui que é bom deixar *na mão* de quem entende mesmo. (www.estaile.com/forum/viewtopic.php?topic=610&forum=3; acesso em 18/1104) = *laisser aux mains de; laisser entre les mains*

deixar o barco correr (deixar por conta da sorte) "deixar acontecer" Pois agora só resta mesmo deixar de se preocupar *deixar o barco correr*, deixar a vida rolar. (www.paracrescer.com.br/pasta_poemas/poemas_ges/txt_fimdomundo.htm; acesso em 18/11/04) = *laisser couler*

deixar o campo livre "eliminar os obstáculos" A economia globalizada seria apenas o apogeu dessa tendência: *deixar o campo livre* para a atuação do capital, pois não há lugar para a privacidade. (www.cienciapolitica.org.br/encontro/teopol3.4.doc; acesso em 18/11/04) = *laisser le champ libre*

deixar por conta da sorte (deixar o barco correr) "não se preocupar com algo ou alguém que precisa de atenção" Em geral, temos várias alternativas, mas a de ficar parado ou *deixar* a decisão *por conta da sorte*, é a que custa mais caro no final. (www.coffeebreak.com.br/ocafezal.asp?SE=9&ID=449; acesso em 14/04/05) = *laisser pour compte*

deixar por menos (deixar barato) "não se importar, não demonstrar interesse por" [muito usual na negativa] O melhor é deixar passar o calor da hora e discutir depois, ou mesmo *deixar por menos* a discussão e tentar esquecer esse conflito [...] (www.universia.com.br/materia/materia.jsp?materia=4852; acesso em 03/10/05) = *faire bon marché*

deixar pra lá "abandonar, desprezar, desconsiderar" Às vezes as coisas vão acontecendo e a gente tenta *deixar pra lá*, mas essas coisas acabam se acumulando e chega uma hora em que você não agüenta mais [...] (www.annandinha.blogger.com.br; acesso em 19/11/04) = *laisser tomber*

deixar-se levar (cair no laço; ir na conversa; ir na onda; morder a isca) "ser influenciado" Pode *deixar-se levar* pelos sentimentos e pelo impulso ou pode escolher a resposta adequada a cada problema. (members.tripod.com.br/~lcsm/revendo_numero41.htm; acesso em 19/11/04) = *laisser [se] prendre*

deixar uma pilha (de nervos) (mexer com os nervos) "irritar alguém excessivamente" Qualquer mudança exige uma adaptação do organismo, o que pode deixá-lo *uma* *pilha de nervos.* (vocesa.abril.uol.com.br/edi33/sumario.shl; acesso em 10/05/05) = *faire tourner en bourrique; mettre à bout; porter sur les nerfs; porter sur le système; pousser à bout; taper sur les nerfs; taper sur le système*

de levantar defunto "de animar, de fazer sair de um estado de apatia" No carnaval carioca, a folia está garantida. O som da bateria, dos pandeiros, tamborins são *de levantar defunto*. Não perca esta festa incrível! (www.cvc.com.br/log/estaque_promocao_novo.asp?cd_pessoa=0&tp_log=P&id_systur=S&cd_destino_bas) = *à réveiller un mort*

de mala e cuia "com tudo de que se precisa" Uzan deixou os dois restaurantes, que tocava com a mulher, e mudou-se *de mala e cuia* para o Brasil... (www.aol.taste.com.br/news/templates/noticia.asp?idNoticia=4409; acesso em 24/11/04) = *avec armes et bagages*

de mãos abanando (com as mãos abanando; de mãos vazias [2]) "sem nada para oferecer" Mesmo que não consigam levar uma única estatueta para casa, os indicados ao Oscar deste ano não deixarão a festa, neste domingo, *de mãos abanando* [...] (cinema.terra.com.br/oscar2004/interna/0,,OI273312-EI3202,00.html; acesso em 08/05/05) = *les mains vides* [2]

de mãos amarradas "impossibilitado de agir" Enquanto essa decisão não sai o setor fica *de mãos amarradas* sem poder ampliar seus negócios... (www.midianews.com.br/noticias.php?codigo=195456&editoria=2; acesso em 24/11/04) = *les mains liées*

de mãos atadas "impossibilitado de agir" Iniciativa privada fica *de mãos atadas* porque a politicagem impede qualquer negociação saudável e sem excessos de tributação, descontos e privilégios... (www.swim.com.br/opinioes.php?id=3583; acesso em 24/11/04) = *les mains liées*

de mãos vazias 1. "sem conquistas" Nem precisa que os ricos saiam *de mãos vazias* e os pobres de mãos cheias: nem pobre, nem rico! (www.academus.pro.br/site/p_detalhe_variedade.asp?codigo=133&cod_categoria=&nome_categoria=; acesso em 08/05/05) = *les mains vides* [1]. **2.** (com as mão abanando; de mãos abanando) "sem nada para oferecer" Não podemos passar pela vida *de mãos vazias*. Vamos passar pela vida de mãos cheias de esperança e solidariedade. (www.brasildefato.com.br/forum/dh.htm; acesso em 08/05/05) = *les mains vides* [2]

de marca "de qualidade garantida" O medicamento genérico tem o mesmo efeito do medicamento *de marca*? (www.fazfacil.com.br/Genericos.htm; acesso em 24/11/04) = *de marque* [1]

de meia-idade "entre os 30 e os 50 anos" Nota-se que os economistas de meia-idade ganham cerca de duas vezes mais do que os mais jovens. (www.santacruz.br/iframetonuke.php? file=santacruz/cursos/economia/eco_info1.htm; acesso em 24/11/04) = *entre deux ages*

de meia-pataca (de meia-tigela) "de pouco valor, fajuto" Mas o interessante da coisa é justamente fazer uma análise de como este festival *de meia-pataca* está cada vez mais parecido com o Flamengo de uns tempos atrás (www.omelete.com.br/musica/

artigos/base_para_news.asp?artigo=898; acesso em 21/09/05) = *à la flan; à la graisse de hérisson; à la mords-moi le noeud; au rabais; de bouts de ficelle; de quatre sous*

de meia-tigela (de meia-pataca) "de pouco valor, fajuto" Ninguém o chamou de menino prodígio, a não ser alguns biógrafos *de meia-tigela*. (www.secrel.com.br/jpoesia/nilto14.html; acesso em 21/09/05) = *à la flan; à la graisse de hérisson; à la mords-moi le noeud; au rabais; de bouts de ficelle; de quatre sous*

de molho 1. "sem ser utilizado por um certo período, em estado latente" [sujeito: coisa] A assessoria técnica da Comissão de Justiça deu parecer contrário ao projeto, além de deixá-lo *de molho* por vários meses. E vai continuar na gaveta? (an.uol.com.br/ancapital/2002/abr/14/1ric.htm; acesso em 14/04/05) = *en sommeil*. **2.** "quietinho, sem sair de casa" [sujeito: pessoa] Passei no meu médico hoje, e ele vai me *deixar de molho* por 24 horas, e quer me ver no sábado. (www.lostintime.blogger.com.br/2003_07_01_archive.html; acesso em 14/04/05) = *au chaud*

denominador comum "elemento, aspecto comum a duas ou mais coisas, pessoas, etc" Tente identificar entre as diferentes opiniões o ponto de convergência ou, pelo menos, o mínimo *denominador comum* com o qual todos concordam [...] (www.dacae.org.br/artigo_adm_4.htm; acesso em 25/11/04) = *dénominateur commun*

de olhos fechados 1. (com os pés nas costas) "sem dificuldades, sem cuidados" Este arroz é para *fazer de olhos fechados* e se deliciar. Mais uma superdica da culinarista Evelin Duarte, sua especialista em microondas. (www1.uol.com.br/cybercook/colunas/cl_mo_arrozbrasileiro.htm; acesso em 14/04/05) = *haut la main; les doigts dans le nez*. **2.** "em total confiança, sem ter verificado" Eles acharam que a Câmara ia aprovar tudo *de olhos fechados*, como acontecia antes [...] (www.tribunadobrasil.com.br/?ntc=10703&ned=1558; acesso em 26/02/06) = *les yeux fermés*

de pai para filho "de uma geração a outra" Valores para passar *de pai para filho* nas histórias de quem resolveu descruzar os braços e ajudar os outros, em busca de um mundo melhor. (revistacrescer.globo.com/Crescer/0,9125,ESA366-2211,00.html; acesso em 25/11/04) = *de père en fils*

de palavra "que honra seus compromissos" [após um substantivo] Eu sou uma pessoa *de palavra*, cumpridor dos acordos que eu celebro. (www.asseta.net/oprogressodetatui/ edicao162/siqueira.htm; acesso em 25/11/04) = *de parole*

de pé firme "sem receio" Esperou a onça, *de pé firme*. Quando a fera o atacou, ele ferrou-lhe tamanho murro na cara que a bicha rolou no chão, tonta. (www.projetomemoria.art.br/MonteiroLobato/bibliografialobatiana/contos1.html; acesso em 17/09/05) = *de pied ferme*

de pernas pro alto (de pernas pro ar [1]) "sem fazer nada, na ociosidade" A minha vontade no exato momento é ficar deitado *de pernas pro alto* sem fazer absolutamente nada. (willxu.zip.net/arch2003-08-01_2003-08-31.html; acesso em 14/04/05) = *les doigts de pieds en éventail*

de pernas pro ar 1. (de pernas pro alto) "sem fazer nada, na ociosidade" [sujeito: pessoa] Cheguei em casa cansada [...] afinal duas semanas *de pernas pro ar* quebram o clima escolar. (epic.weblogger.terra.com.br/200308_epic_arquivo.htm; acesso em 25/11/04) = *les doigts de pieds en éventail*. **2.** "bagunçado, desorganizado" [sujeito: coisa] Minha vida está *de pernas pro ar*, uma bagunça geral! (www.agentepink.blogger.com.br; acesso em 25/11/04) = *sens dessus dessous*

de pés e mãos atados "impossibilitado de agir" Ficamos *de pés e mãos atados* se o poder público não nos ajudar. (www.tribunadoplanalto.com.br/mostra_noticia.php?not=1359; acesso em 25/11/04) = *pieds et poings liés*

de peso "de renome" A baiana foi apresentada como uma roqueira de voz potente, uma artista *de peso* – algo que o som de sua anêmica estréia solo desmentia. (www.terra.com.br/istoegente/314/diversao_arte/musica_anacronico.htm; acesso em 14/09/05) = *de marque* [2]; *de taille*

de primeira linha (de primeiro nível) "de ótima qualidade" Universidades particulares dão salário e estudos para ter atletas *de primeira linha*. (www2.uol.com.br/aprendiz/guiadeempregos/estagios/noticias/ge070103.htm; acesso em 17/09/05) = *de premier plan*

de primeira mão "(acquis) directement à la source, sans intermédiaire" Vendo piano Zimmerman, comprado *de primeira mão* em 1998, em ótimo estado, por R$ 2.500. (nossosite.com/secao.php?tipo=Vender&cat=5; acesso em 17/09/05) = *de première main* [2]

de primeira ordem "importante, relevante" Infelizmente, estes impactos econômicos *de primeira ordem* da crise energética não esgotam a pauta. (www.eco.unicamp.br/artigos/artigo185.htm; acesso em 25/11/04) = *de premier ordre*

de primeiro nível (de primeira linha) "de ótima qualidade" Esta área de atuação possui uma remuneração bastante atrativa para os profissionais *de primeiro nível*. (www.contabeis.ufpe.br/contabilidade.htm; acesso em 15/09/05) = *de premier plan*

de pulso "decidido, resoluto, autoritário" Hoje, está à frente do governo da Rússia Wladimir Putin, um homem *de pulso*, astuto, equilibrado e tenaz. (www.diariopopular.com.br/17_06_04/artigo.html; acesso em 25/11/04) = *à poigne*

de queixo caído (de boca aberta) "surpreso ou admirado" Por falar em grandes momentos, Kid Koala deixou a todos *de queixo caído* com sua habilidade ímpar. (musica.terra.com.br/sonar/interna/0,,OI382201-EI4070,00.html; acesso em 25/11/04) = *bouche bée*

de rabo de olho "com desconfiança" Nesse meio tempo, vejo a vendedora me olhando *de rabo de olho* com ar de indignada. (www.relatosepoesias.blogger.com.br; acesso em 25/11/04) = *du coin de l'oeil*

desaparecer como fumaça "desaparecer sem deixar vestígios" Em apenas um dia, US$ 15 bilhões em ações *desapareceram como fumaça*. A tragédia vinha sendo anunciada há tempos e o último alerta foi dado no dia 24 [...] (jbonline.terra.com.br/jseculo/1929.html; acesso em 06/02/06) = *aller* [*s'en*] *en fumée*

desaparecer no ar "estar em local desconhecido, deixar de existir" Dependendo de mudanças no governo, essa garantia *desaparece no ar* [...] (clipping.planejamento.gov.Br/Noticias.asp?NOTCod=118956; acesso em 31/08/05) = *être dans la nature* [1]; *disparaître dans la nature*

desatar o nó "resolver o problema" O resultado é que, sem *desatar o nó* de Itaipu, o governo cai, invariavelmente, em duas alternativas: subir as tarifas de energia ou injetar capital para equilibrar as contas das distribuidoras. (www.terra.com.br/istoedinheiro/317/financas/317_choque_eletricas.htm; acesso em 25/11/04) = *démêler l'écheveau*

descer a lenha (baixar o pau; baixar o sarrafo; descer o pau; meter a boca; meter a lenha; meter o pau) "falar mal de alguém ou de alguma coisa" Um dos truques mais velhos do mundo é *descer a lenha* na imprensa quando as coisas vão mal. (revistaepoca.globo.com/Epoca/0,6993,EPT711783-2117,00.html; acesso em 25/11/04) = *casser du sucre sur le dos; déchirer à belles dents; descendre en flammes; renvoyer dans les cordes*

descer ao fundo do poço "ficar em uma situação muito ruim, sem qualquer prestigio" Os clubes de Pernambuco estão *descendo ao fundo do poço* e, futuramente, entrarão no rol dos times sem expressão e com poucos torcedores. (www.pernambuco.com/diario/2003/08/12/Cartas.html; acesso em 25/11/04) = *descendre la pente*

descer ao túmulo (bater as botas; comer capim pela raiz; comer grama pela raiz; esticar as canelas; ir desta para melhor; passar desta para melhor; vestir o pijama de madeira; virar presunto) "morrer" Se lhe acontecer alguma desgraça na viagem que vocês vão fazer, de tanta dor farão este velho de cabelos brancos *descer ao túmulo*. (www.diocesejoinville.com.br/biblia/biblia.php?livro=0&capitulo=41; acesso em 17/09/05) = *casser sa pipe; descendre au tombeau; passer l'arme à gauche*

descer o pau (baixar o pau; baixar o sarrafo; descer a lenha; meter a boca; meter a lenha; meter o pau) "falar mal de alguém ou de alguma coisa" Posso *descer o pau* nos políticos, na padraiada e na crentaiada à vontade. O que eu escrevo vai pra coluna sem censura nenhuma. (www.forumnow.com.br/vip/mensagens.asp?forum=15836&grupo=17762&topico=2685603&pag=1; acesso em 14/05/05) = *casser du sucre sur le dos; déchirer à belles dent; descendre en flammes; renvoyer dans les cordes*

descobrir a América (descobrir a pólvora; inventar a roda) "propor algo já conhecido como se fosse uma novidade" Essa gente dos anos 90 acha que *descobriu a América* porque "pensa no mercado". (www.nao-til.com.br/nao-61/dois.htm; acesso em 06/04/05) = *inventer la poudre; inventer le fil à couper le beurre*

descobrir a pólvora (descobrir a América; inventar a roda) "propor algo já conhecido como se fosse uma novidade" Depois de anos e anos de receitas amargas, duras, restritivas e de arrochos que o FMI impingiu a vários governos em troca de empréstimos necessários para o equilíbrio de suas contas, finalmente *descobriu a pólvora*: não adianta tentar equilibrar a economia de um país a qualquer custo e deixar seu povo morrendo de fome. Ou seja, o remédio deve curar o doente e não matá-lo. (www.novavoz.org.br/opiniao-231.htm; acesso em 06/04/05) = *inventer la poudre; inventer le fil à couper le beurre*

desde que o mundo é mundo "desde sempre" É sabido que *desde que o mundo é mundo*, há conflitos religiosos. (www.apocalipse2000.com.br/espiritismo.htm; acesso em 25/11/04) = *depuis que le monde est monde*

desenferrujar as pernas "marcher pour prendre un peu d'exercice" No penúltimo dia, cansado de não fazer nada, foi de carro até a ponte e voltou a pé, para *desenferrujar as pernas*. (www.abordo.com.br/marino/contos.htm; acesso em 17/09/05) = *dégourdir [se] les jambes*

desfiar o rosário "falar tudo o que pensa e estava guardado" E Veloso, em seguida, pôs-se a *desfiar o rosário* das calúnias de que já fora vítima em Candeias [...] (www.biblio.com.br/templates/AmadeuAmaral/apulseiradeferro.htm; acesso em 26/11/04) = *vider son sac*

de segunda ordem "de importância ou qualidade inferior" O isolamento também traz efeitos *de segunda ordem*, ao afetar processos ecológicos como a decomposição, a polinização e a dispersão de sementes. (pdbff.inpa.gov.br/sumario.html; acesso em 17/09/05) = *de second ordre*

de tirar o chapéu "admirável" Essa banda é realmente digna *de tirar o chapéu* e merece o respeito e admiração de todas as pessoas ligadas ao rock [...] (www.portaldorock.com.br/especiallurkers.htm; acesso em 26/11/04) = *de derrière les fagots*

de sol a sol "continuamente" O brasileiro comum, aquele que dá duro, trabalha *de sol a sol*, luta com dificuldades para pagar suas contas, salários de funcionários, impostos [...] (www.diarioms.com.br/ver.php?V41ef8940=25580; acesso em 26/11/04) = *d'arrache-pied*

destilar seu veneno "criticar" Mas de uma forma geral, Morrissey *destila seu veneno* à mídia, que sempre questionou sua veia musical, sua sexualidade e seu bom-gosto. (www.prearquiteto.blogger.com.br/2004_01_01_archive.html; acesso em 26/11/04) = *cracher son venin*

de tirar o fôlego "deixar surpreso" Com uma seleção de tops *de tirar o fôlego*, grife levou à passarela da SP Fashion biquínis do jeito que a brasileira gosta. (www.estadao.com.br/divirtase/noticias/2003/jul/04/253.htm; acesso em 26/11/04) = *à couper le souffle*

de todos os diabos "extrema, excessivo" Não posso jejuar; tenho, pelo menos três vezes ao dia, uma fome *de todos os diabos*. (www.ig.com.br/paginas/novoigler/livros/novico_martins_pena; acesso em 17/09/05) = *de tous les diables; du diable*

de uma hora para outra (de um dia para o outro) "repentinamente" Eu acredito em amor à primeira vista, paixão, largar o emprego *de uma hora para outra*, deixar que um pouco de loucura faça parte de nossas vidas. (www.terra.com.br/planetanaweb/flash/337/transcendendo/alma/entre_o_bem_337.htm; acesso em 26/11/04) = *du jour au lendemain; d'une minute à l'autre*

de visão estreita "com um modo limitado, pouco perspicaz de analisar as coisas" O principal entre esses estadistas foi um homem de nobre caráter mas *de visão estreita*:

Abraão Lincoln. (www.samauma.com.br/macons/conteudo/g00301abrahamlincoln.htm; acesso em 26/11/04) = *à courte vue*

devorar com os olhos "olhar fixamente, com grande interesse, cobiça ou indignação" Meus queridos macacos chocaram tanto as pessoas do trem que elas simplesmente se puseram a me *devorar com os olhos*. Não riram, não estavam achando graça, (www.releituras.com/kmansfield_menu.asp; acesso em 16/09/05) = *dévorer des yeux*

dia D "dia decisivo" *Dia D*. Uma final de campeonato sempre vem carregada de uma emoção especial. A torcida fica eufórica, a imprensa não fala de outra coisa. (claricebessa.vilabol.uol.com.br/diad.htm; acesso em 13/04/05)= *jour J*

dicionário ambulante "pessoa que usa palavras complicadas, obsoletas" Não adianta nada você ser um *dicionário ambulante* e ter uma gramática corretíssima se você não sabe estruturar uma frase direito. (planeta.terra.com.br/arte/flaviadurante/real01.htm; acesso em 26/11/04) = *encyclopédie vivante*

dizer amém "concordar, consentir" É verdade também que eu não desejava um filho vivendo como um carneirinho a meu lado, a *dizer amém* a todas as minhas ordens e idealizações. (www.cazuza.com.br/sec_textos_list.php?language=pt_BR&id=9&id_tipo=3; acesso em 27/11/04) = *dire amen*

dizer cobras e lagartos "dizer coisas muito ofensivas ou injuriosas à (ou sobre) alguém" Foi dar o último adeus ao amigo e foi obrigado a *dizer cobras e lagartos* para o administrador do cemitério. (www.portrasdasletras.com.br/pdtl2/sub.php?op= redacao/teoria/docs/lugarcomum; acesso em 27/11/04) = *engueuler comme du poisson pourri*

dizer umas verdades "dizer francamente a alguém o que se pensa dele e de sua má conduta" Irritar-se e *dizer umas verdades* no microfone pra que todo mundo ouça não vai contribuir em nada para tornar a sua semana mais produtiva. (www.jornalcoletivo.com.br/Horoscopo.asp?ed=846; acesso em 17/09/05) = *dire son fait*

do dia para a noite (de uma hora para outra) "repentinamente" Os participantes se tornaram celebridades *do dia para a noite* e o vencedor da empreitada faturou um prêmio de US$ 125 mil [...] (bb1.globo.com/BigBrother/home/0,6993,1356,00.html; acesso em 7/11/04) = *du jour au lendemain; d'une minute à l'autre*

doce como mel "suave, meigo" Eu sabia que o meu nome soava como poesia e era *doce como mel*, mas não sabia que viraria tema pra uma música [...] (www.todkra.blogger.com.br/; acesso em 27/11/04) = *doux comme le miel*

dois pesos e duas medidas "duas formas de julgamento, de acordo com a ocasião" Enfim, em matéria de julgamento, não podemos ter *dois pesos e duas medidas*. Se para Bové coube a expulsão, para Larry Rohter também cabe. (www.tvebrasil.com.br/observatorio/ arquivo/principal_040511.asp; acesso em 28/10/04) = *deux poids et deux mesures*

do mesmo barro (do mesmo estofo; farinha do mesmo saco; vinho da mesma pipa) "da mesma natureza" Nós somos indivíduos feitos *do mesmo barro*, mas que temos a nossa individualidade e podemos ouvir a voz da nossa consciência.

(www.midiasemmascara.com.br/artigo.php?sid=2146; acesso em 27/11/04) = *de la même eau; de la même étoffe; du même tabac; du même tonneau*

do mesmo calibre (do mesmo naipe) "do mesmo valor" Outros são capazes de formatar discos rígidos, remover ou corromper arquivos de dados ou programas e outras maldades *do mesmo calibre* [...] (ww.htmlstaff.org/seguranca/seguranca82.php; acesso em 27/11/04) = *de même acabit; de même calibre*

do mesmo estofo (do mesmo barro; farinha do mesmo saco; vinho da mesma pipa) "da mesma natureza" [...] os americaníssimos Stipe e amigos não eram feitos *do mesmo estofo* angustiado de ingleses e alemães. (pphp.uol.com.br/tropico/html/textos/351,1shl; acesso em 27/11/04) = *de la même eau; de la même étoffe; du même tabac; du même tonneau*

do mesmo naipe (do mesmo calibre) "do mesmo valor" Eu quero muito observá-lo jogando ao lado de craques *do mesmo naipe* que ele. O que eu não tenho dúvidas é quanto ao seu talento. (www.basketrio.com.br; acesso em 17/09/05) = *de même acabit; de même calibre*

dono do cofre (dono do dinheiro) "responsável pelo dinheiro" Nas entrelinhas ficou o recado de Humberto Costa aos seus adversários e aliados: o *dono do cofre*, agora, é o PT. (ww.pernambuco.com/diario/2003/06/10/politica1_0.html; acesso em 27/11/04) = *grand argentier*

dono do dinheiro (dono do cofre) "responsável pelo dinheiro" Um é o *dono do dinheiro*, enquanto o outro é o dono da força de trabalho. (www.empresario.com.br/memoria/entrevista.php3?pic_me=559; acesso em 27/11/04) = *grand argentier*

dormir a sono solto "dormir longa e profundamente" Dava gosto se ver o pobre *dormir a sono solto* no sofá da sala, limpinho, de barriguinha cheia. (www.armazem.literario.nom.br/malvabarros/contos/25_deucertocomodeu.htm; acesso em 27/11/04) = *dormir comme une marmotte; dormir comme un loir*

dormir com um olho aberto e outro fechado "manter um sono bem leve para continuar atento ao que acontece" O ser que dorme ao seu lado parece digno de uma armadilha, e artimanhas para se *dormir com um olho aberto e outro fechado* são feitas e colocadas em prática. (www.usinadeletras.com.br/exibelotexto.phtml?cod=21323&cat=Artigos-26k; acesso em 04/05/05) = *ne dormir que d'un oeil*

dormir como uma pedra "dormir muito profundamente" O homem estava *dormindo como uma pedra*, até ser abordado pela polícia, declara o policial. (www.iftk.com.br/modules.php?name=Forums&file=viewtopic&t=5&view=previous; acesso em 27/11/04) = *dormir à poings fermés*

dormir no ponto (marcar bobeira; marcar passo) "não ter êxito por ter perdido a oportunidade" Para usufruir dos preços atraentes dos corujões, porém, você não pode *dormir no ponto*. A confirmação da reserva deve ser feita em até 72 horas e uma simples mudança de horário ou de destino pode pôr a perder toda a economia. (empresas.globo.com/Empresasenegocios/0,,ERA723746-2934,00.html; acesso em 11/11/04) = *louper le coche; manquer le coche; marquer le pas; rater le coche*

dormir sobre os louros "descansar após ser bem-sucedido" Obviamente, não podemos *"dormir sobre os louros"* mas sim usar esses momentos para buscar mais força e motivação [...] (www.mha.com.br/jornal/maijun04/editorial.htm; acesso em 27/11/04) = *endormir* [*s'*]*sur ses lauriers; reposer* [*se*] *sur ses lauriers*

dourar a pílula "tentar melhorar a aparência de algo" [...] não tente *dourar a pílula*, pode passar um quê de falsidade, de falsa modesta, de arrogância, de piedade, etc. (www.agilitymarketing.com.br/artigos/artigo_jasen1.htm; acesso em 28/11/04) = *dorer la pilule*

duro de engolir "difícil de aceitar" A empresa alega que desde 1996 não "realinha" os seus preços, mas sou assinante há um ano e esse reajuste é *duro de engolir*. (www.estado.estadao.com.br/edicao/pano/00/02/04/cid758.html; acesso em 28/11/04) = *dur à avaler; tiré par les cheveux*

duro de ouvido "um pouco surdo" Desculpem-me, mas eu sou um pouco *duro de ouvido*. Aproximem-se que quero ouvi-los melhor. Eles, sem desconfiar de nada, aproximaram-se. (www.escolaqualquerhora.com.br/paginas/Historinhas/ogatoadoninhaeocoelho/ogatoadoninhaeocoelho.htm; acesso em 17/09/05) = *dur de la feuille*

duro na queda "difícil de ser convencido, derrotado" O time tricolor tem se mostrado *duro na queda*, mas, desta vez, terá dois desfalques importantíssimos. (jc.uol.com.br/2004/10/25/not_76099.php; acesso em 28/1/04) = *dur de dur; solide au poste*

e | E

é canja (é fichinha; é mole; é moleza; é sopa) "é extremamente fácil" Ao tomar conhecimento do problema olhei para o casal e disse: Isto *é canja*! Já já seu radinho estará funcionando. (www.literario.com.br/velinho.htm; acesso em 16/05/04) = *c'est du billard; c'est du gâteau*

economia de palitos "economia sórdida e irrisória" É uma *economia de palitos* em troca de mais uma concessão ao mercado financeiro. Não faltam alternativas às privatizações. (www.joaoalfredo.org.br/detimp.asp?det=241; acesso em 15/09/05) = *économie de bouts de chandelle*

é fichinha (é canja, é mole, é moleza, é sopa) "é extremamente fácil" E olha que isso *é fichinha* perto das pesquisas necessárias para se descobrir antigas civilizações. (www.monica.com.br/mauricio/cronicas/cron188.htm; acesso em 29/03/04) = *c'est du billard; c'est du gâteau*

em boas mãos "aos cuidados de alguém competente" A documentação do seu carro *em boas mãos*. (www.uvel.com.br; acesso em 29/03/04) = *en (de) bonnes mains*

em campo aberto "sem esconderijo nem proteção" Fará bem o governo se (...) partir para a luta *em campo aberto*, fugindo do facilitário que pode enredá-lo nas malhas da cumplicidade. (www.portalpopular.org.br/opiniao2005/varios/varios-67.htm; acesso em 15/09/05) = *en rase campagne*

em carne e osso "em pessoa" Eu queria um sábio à antiga, um sabichão *em carne e osso* em cujo abdome eu pudesse dar piparotes íntimos que me deixassem a certeza da sua erudita realidade [...] (www.universiabrasil.net/materia.jsp?materia=2895; acesso em 31/03/04) = *en chair et en os*

em cheio "com precisão" Atentado atinge *em cheio* a indústria do turismo de Bali. (www.bbc.co.uk/portuguese/noticias/021014_teixeiralmp.shtml; acesso em 31/03/04) = *de plein fouet*

em cima do muro "entre duas exigências opostas, de interesses contraditórios, sem se definir" Pode ser considerado interessantíssimo para alguns ou um grande besteirol para outros, eu fico *em cima do muro*, mas vale a pena dar uma conferida. (www.walkingtoblogger.com.br; acesso em 31/03/04) = *entre deux chaises*

em dois tempos (num abrir e fechar de olhos; num piscar de olhos) "rapidamente" E não sabemos por que, mas por algum motivo louco Frota se mandou *em dois tempos*. (www.cocadaboa.com/archives/00301.php; acesso em 03/04/04) = *en deux temps (et trois mouvements)*

em doses homeopáticas "em pequenas quantidades" O que acontece é que, *em doses homeopáticas*, o ciúme até ajuda, pois é uma prova de que gostamos da pessoa, é tipo uma preocupação. (nagalera.cidadeinternet.com.br/exibe_mulher2.php?id=26; acesso em 14/05/04) = *au compte-gouttes*

em duas palavras (em uma palavra) "resumidamente, em poucas palavras" Isso é uma história muito comprida que não se pode resumir assim, *em duas palavras*. (www1.folha.uol.com.br/folha/almanaque/entcaioprado.htm; acesso em 05/04/04) = *en quatre mots, un, trois, deux*

em forma "em boas condições físicas" Aqui você encontra dicas para manter o seu corpo sempre *em forma*, bonito e com muita saúde. (www.ultralink.com.br/forma/forma.shtml; acesso em 03/04/04) = *bon pied bon oeil; en forme*

em guerra aberta "em total inimizade" Os pequenos desentendimentos em reuniões de diretoria logo se transformaram *em guerra aberta*. (www.terra.com.br/istoedinheiro/146/financas/fin146_01.htm; acesso em 17/09/06) = *à couteaux tirés; en guerre ouverte*

eminência parda "indivíduo com muita influência, mas que permanece anônimo, que não se mostra nem age claramente" [culto] A nosso ver, a Filosofia não existe; sob qualquer forma que a consideremos, essa sombra da ciência, essa *eminência parda* da humanidade não passa de uma abstração hipostasiada. (www.culturabrasil.pro.br/sartre.htm; acesso em 14/05/04) = *éminence grise*

em linha direta "sem intermediário ou desvio" O turismo de negócios e eventos colocou a cidade como ponto estratégico no Mercosul, *em linha direta* com as capitais do mundo. (www.cidadedesaopaulo.com/cidade/dados.asp; acesso em 04/04/04) = *en droite ligne*

em maus lençóis "em situação embaraçosa" Se algum deles soubesse daquela reunião secreta, na calada da noite, todos poderiam estar *em maus lençóis* com a ultraconfederação. (geocities.yahoo.com.br/siteultramidia/hackers6.html; acesso em 16/05/04) = *dans de beaux draps*

em odor de santidade "como se fosse santo" [culto] Três de suas convertidas, por ele dirigidas, morreram *em odor de santidade*, tendo sido favorecidas com grandes graças místicas. (www.lepanto.com.br/HagSJAvila.html; 08/04/05) = *en odeur de sainteté*

é mole (é canja; é fichinha; é moleza; é sopa) "é extremamente fácil" Gosto muito de fazer televisão também porque gostar de cinema *é mole*. (www.sexoamoretraicao.com.br/e_carneiro.htm; acesso em 04/04/04) = *c'est du billard; c'est du gâteau*

é moleza (é canja; é fichinha; é mole; é sopa) "é extremamente fácil" Quem pensa que *é moleza* ser um dos diplomados em MBA está enganado. (www.pernambuco.com/diario/2003/12111/empregos1_0html; acesso em 04/04/04) = *c'est du billard; c'est du gâteau*

em pé de guerra "prestes a reagir com hostilidade" Grevistas admitem que estão *em pé de guerra* com a direção da PF. (www.assist.org.br/noticias.asp?cod=3385&out=0; acesso em 04/04/04) = *sur le pied de guerre*

em pêlo "sem roupa, completamente nu" Na Idade Média e no Renascimento, a nudez nos banhos públicos nunca deixou de existir. Se a isso acrescentarmos os mergulhos *em pêlo* nos rios, açudes e lagos, teremos a continuidade de um costume que se estende até os dias de hoje. (geocities.yahoo.com.br/naturistacristao/historia.html; acesso em 17/11/04) = *dans le plus simple appareil*

empinar o nariz "adotar postura de arrogância ou superioridade" A qualidade mais valiosa neste mundo habitado por celebridades, personal trainers e marxistas é, com certeza, o talento para *empinar o nariz* com desprezo. (www.wunderblogs.com/cgi-bin/mt-comments.cgi?entry_id=3356; acesso em 05/04/04) = *pousser [se] du col*

em primeira mão "antes de todos" Saiba *em primeira mão* das novidades e últimos lançamentos dos produtos Kibon. (www.kibon.com.br/0_1/0_1_2.htm; acesso em 05/04/04) = *de première main [1]*

em tempo hábil "período que atende ao estabelecido pela lei" O acompanhamento dos eventos financeiros é efetuado *em tempo hábil* e mediante números precisos através do fluxo de caixa. (www.rits.org.br/gestao_teste/ge_testes/ge_mat01_financtxt0.cfm; acesso em 05/04/04) = *en temps utile*

em 31 de fevereiro (no dia de São Nunca) "jamais" Todo dinheiro presente na conta de nossa comunidade será destinado a instituições e caridade no dia de São Nunca ou a cada *31 de fevereiro*. (communities.msn.com.br/sociedadeamigosdoplaneta; acesso em 17/06/05) = *la semaine de quatre jeudis; tous les trente-six du mois*

em uma palavra (em duas palavras) "resumidamente, em poucas palavras" *Em uma palavra*, poderíamos dizer que o que há de mais característico no mundo de hoje é o desaparecimento da permanência. (cienciaecultura.bvs.br/scielo.php?script=sci_arttext&pid=S000967252003000400003&lng=pt&nrm=isso; acesso em 16/05/04) = *en deux mots; en quatre mots; en trois mots; en un mot*

em xeque "em dúvida" E toda uma geração começa a pôr em xeque alguns valores cultivados por muito tempo pelos americanos. (www.tvcultura.com.br/aloescola/historia/cenasdoseculo/ internacionais/vietnamanifastacaocontra.htm; acesso em 14/04/04) = *en cause*

encher a cabeça 1. (encher a paciência; encher o saco; pegar no pé) "importunar insistentemente" Não é justo fazê-lo falar no meio de todo esse turbilhão. Ele saiu de um confinamento, não vou *encher a cabeça* dele com problemas. (bbb3.globo.com/BBB3/0,6993,BNP514790-2526,00.html; acesso em 12/06/04) = *casser la tête; casser les burnes; casser les couilles* [vulgar]; *casser les oreilles; casser les pieds; chauffer les oreilles; foutre les boules; peler le jonc; pomper l'air; prendre la tête.* **2.** "tentar enganar alguém com idéias ou histórias falsas" E é isto mesmo que os manipuladores desta máquina querem: *encher a cabeça* das pessoas com esta fantasia e encobrir esses problemas do "país real". (www.milenio.com.br/ingo/ideias/diversos/atv.htm; acesso em 23/02/06) = *bourrer le crâne*

encher a cara (encher a lata; entortar o caneco; estar alto; estar chumbado; estar mamado; tomar todas) "beber muita bebida alcóolica" Ele não liga mais pra nada nessa vida, a não ser *encher a cara* e ser irônico. (www.fezocasblurbs.com/cinema/archives/000986.htm; acesso em 07/04/04) = *avoir la dalle en pente; avoir le gosier en pente; avoir son plein; boire comme un trou; lever le coude; prendre une cuite*

encher a lata (encher a cara; entortar o caneco; estar alto; estar chumbado; estar mamado; tomar todas) "beber muita bebida alcóolica" Vê se não vão *encher a lata* antes do jogo com a desculpa de esquentar. (www.pelosporttudo.com/noticias/detalhes.php?id=6935; acesso em 08/03/06) = *avoir la dalle en pente; avoir le gosier en pente; boire comme un trou; lever le coude; prendre une cuite*

encher a paciência (encher a cabeça [1]; encher o saco; pegar no pé) "importunar insistentemente" Liam está cantando cada vez melhor e Noel, além de cantar, toca bem sua guitarra sem *encher a paciência* de ninguém com solos longos. (www.slidet.pop.com.br/oasis/capricho02.htm; acesso em 07/04/04) = *casser la tête; casser les burnes; casser les couilles* [vulgar]; *casser les oreilles; casser les pieds; chauffer les oreilles; foutre les boules; peler le jonc; pomper l'air; prendre la tête*

encher lingüiça "fazer algo que não serve para nada" O negócio é o seguinte: esses caras estão aí tocando só pra *encher lingüiça*, só enquanto vocês não chegavam. (www.releituras.com/neilopes_menu.asp; acesso em 16/09/05) = *enfiler des perles*

encher o saco (encher a cabeça [1]; encher a paciência; pegar no pé) "importunar insistentemente" Mas o que mais vai me *encher o saco* é ouvir todo dia, pela televisão, o slogan Olimpíada 2004, Rio candidato. (www.marioprataonline.com.br/obra/teatro/cordao/cena10.htm; acesso em 07/04/04) = *casser la tête; casser les burnes; casser les couilles* [vulgar]; *casser les oreilles; casser les pieds; chauffer les oreilles; foutre les boules; peler le jonc; pomper l'air; prendre les boules*

encher os olhos "agradar, atrair a atenção" O Aeroporto Regional em Jaguaruna já começa a *encher os olhos* de empresas de todo o país que vêem na obra uma excelente oportunidade de investimento. (www.jaguaruna.sc.gov.br/aeroporto.php; acesso em 07/04/04) = *taper dans l'œil*

encostar na parede (colocar contra a parede) "acuar, encurralar" Ela vai tentar te *encostar na parede* e querer saber por que você não ficou no emprego anterior, por que nunca trabalhou, do que não gosta numa empresa [...]. (www.bb.com.br/appbb/portal/pjv/unv/PrimeiroEmprego.jsp; acesso em 07/04/04) = *mettre au pied du mur*

endireitar a vida "sair de uma situação moralmente lamentável ou financeiramente difícil" Na trama, bastante elogiada pela crítica à época, o bom rapaz resolve *endireitar a vida* após perder a vaga no submundo. (jbonline.terra.com.br/jb/papel/cadernob/2001/01/13/jorcab20010113005.html; acesso em 11/05/05) = *remettre [se] à flot*

enfiar a mão no bolso "dar dinheiro a contragosto" Eu nunca vi um banco abrir mão dos seus lucros ou um político *enfiar a mão no bolso* e dar 1 real, ao menos, em benefício do País. (www.familia.arantes.nom.br/reversodoavesso/index.asp; acesso em 33/02/06) = *cracher au bassinet*

enfiar o pé (pisar fundo) "acelerar ao máximo" Ele estava com problemas mecânicos na suspensão e não quis *enfiar o pé.* (www.tracao4x4.com.br/igaratracao/modulo/index.php?opcao=74; acesso em 14/05/04) = *appuyer sur le champignon; mettre la gomme; mettre les gaz*

enfiar o rabo entre as pernas (abaixar a cabeça [coloquial]; colocar o rabo entre as pernas) "aceitar com resignação, não reagir" [vulgar] Se minha condição fosse diferente, pararia agora. Já cansei de *enfiar o rabo no meio das pernas* e ir embora. Mas como fazer isso hoje? (tricolorpaulista.com/news/noticia_ver.php?noticia=0215542908.php; acesso em 08/01/064) = *baisser la tête* [coloquial]; *baisser son froc* [coloquial]; *courber la tête* [coloquial]; *courber l' échine* [coloquial]; *plier l'échine* [coloquial]

enfrentar a parada (agüentar a barra; agüentar a mão; agüentar as pontas; agüentar o repuxo; agüentar o rojão; agüentar o tranco; enfrentar a parada; segurar a barra; segurar a onda; segurar as pontas) "suportar as adversidades, as dificuldades, sem fraquejar" O maior sinal de que Rogério vai *enfrentar a parada* foi a saída estratégica do seu irmão da prefeitura. (extralagoas.com.br/index.php?e=00148&n=2987; acesso em 09/01/06) = *prendre son mal en patience; tenir bon*

engolir a língua "ficar obstinadamente silencioso" De tanto ter que *"engolir a língua"* para não expressar o que sentem e pensam e agüentar um número de alunos excessivo em sala de aula, muitos professores [...] (www.vanda.psc.br/entrevista_txt.htm; acesso em 11/12/05) = *avaler sa langue*

engolir goela abaixo "receber uma informação desagradável sem reclamar" Dentre elas pode-se dizer que há muita porcaria por aí produzida pela mídia e que nos fazem *engolir goela abaixo* sem dó nem piedade. (oglobo.globo.com/online/servicos/blog/comentarios_bd.asp?codPost=5141&pagAtual=3; acesso em 06/02/06) = *avaler la pilule*

engolir sapo "tolerar situações desagradáveis sem reclamar" Não foram poucas as vezes em que tivemos de *engolir sapo* por causa de suas posturas. (www.diariodoscampos.com.br/20030605/politica/politica.htm; acesso em 11/04/04) = *avaler des couleuvres*

engrossar as fileiras "agrupar-se para enfrentar as dificuldades" E é por isso que convocamos todos os interessados a *engrossar as fileiras* na luta contra este modelo atual capitalista, concorrente [...] (www.enecos.org.br/democrat.htm; acesso em 02/05/05) = *grossir les rangs; serrer les rangs*

entender do riscado "ser competente em certo domínio" Acho que estamos no caminho certo principalmente porque temos no comando alguém que parece *entender do riscado* (finalmente!!). (www.saopaulofc.com.br/articles.php?id=185; acesso em 14/05/04) = *connaître [en] un bout; connaître [en] un rayon*

entortar o caneco (encher a cara; encher a lata; estar alto; estar chumbado; estar mamado; tomar todas) "beber muita bebida alcóolica" O assunto da coluna desta semana é aquele pessoal que adora *entortar o caneco*, os bêbados. (www.radiocriciuma.com.br/portal/mostraconteudo.php?id_colunista=7&id_conteudo=246; acesso em 08/03/06) = *avoir la dalle en pente; avoir le gosier en pente; boire comme un trou; lever le coude; prendre une cuite*

entrar areia (dar bode; dar chabu; dar crepe; dar galho) "não dar certo, ocorrer um problema" Apesar de eles estarem com tudo acertado verbalmente, *entrou areia* na hora de assinar o contrato. (www.samba-choro.com.br/noticias/arquivo/2398; acesso em 30/04/04) = *faire long feu*

entrar de cabeça (ir de cabeça) "empreender algo com empenho ou sem refletir" Nada mais na moda do que trabalhar com web design e *entrar de cabeça* no mundo virtual. (www.ufpel.tche.br/prg/sisbi/bibct/news.html; acesso em 18/04/04) = *foncer tête baissée; sauter à pieds joints*

entrar em cena (entrar em jogo) "participar, atuar, intervir" Se estamos em guerra, acho que está na hora de o Exército *entrar em cena*, mais do que na hora, melhor dizendo. (www.ana.beskow.nom.br; acesso em 18/04/04) = *entrer en jeu; entrer en piste*

entrar em jogo (entrar em cena)"participar, atuar, intervir" Quando se fala em maximizar ou minimizar algo, invariavelmente, algum modelo matemático deve *entrar em jogo*. (www.if.ufrj.br/teaching/math/mata.html; acesso em 22/11/04) = *entrer en jeu; entrer en piste*

entrar na dança (entrar na roda) "adequar-se a algo já em curso" Hoje em dia, quem não *entrar na dança* vai sair perdendo, porque os clientes desejam mais que uma embalagem bonita. (carreiras.empregos.com.br/carreira/administracao/terceiro_setor/empresa_social_1.shtm; acesso em 18/04/04) = *entrer dans la danse; entrer dans la ronde*

entrar na faca "submeter-se a uma cirurgia" A atriz Tallyta Cardoso foi a primeira a *entrar na faca*: aumentou os seios e mexeu no nariz. (www.pernambuco.com/diario/2004/03/24/revistatv9; acesso em 12/08/05) = *passer sur le billard*

entrar na roda (entrar na dança) "adequar-se a algo já em curso" Para *entrar na roda* o país de George W. Bush quer a privatização dos serviços públicos [...] (www.partidoverde-mg.org.br/agua.htm; acesso em 22/11/04) = *entrer dans la danse; entrer dans la ronde*

entrar no casulo "ficar ensimesmado" E também tenho os meus dias tímidos, em que não gosto de falar com ninguém, e só quero *entrar no* meu *"casulo"* e escutar umas musiquinhas para sonhar!!! (www.bjorkbrasil.com.br/faclub/mes/11_03_leticia.htm; acesso em 11/05/05) = *rentrer dans sa coquille*

entrar no esquema (aceitar o jogo; entrar no jogo; jogar o jogo) "aceitar as regras impostas por um grupo, uma sociedade" Para se publicar, você tem que *entrar no esquema*, ser amigo dos caras e, claro, eles não vão contratar ou dar chance a quem não faz parte da turminha deles. (www.cavernadobk.blogger.com.br/2003_09_28_archive.html; acesso 18//04/04) = *entrer dans le jeu; entrer dans le système*

entrar no jogo (aceitar o jogo; jogar o jogo; entrar no esquema) "aceitar as regras impostas por um grupo, uma sociedade" Já chegaram até mesmo a assassinar um presidente dos Estados Unidos porque ele não queria *entrar no jogo* sórdido de algum poderoso. (www.ecomidia.net/Arquivos/Artigos_e_cronicas/Cristiano_05-12.htm; acesso em 18/04/04) = *entrer dans le jeu; entrer dans le système*

entrar pela janela (entrar pela porta dos fundos) "começar uma atividade de modo irregular" Na CBPDS ninguém *entra pela janela*, estes souberam conquistar suas vagas com honra. (www.antares.com.br/~cbpds/JORNALDAPROACQUA.htm; acesso em 11/12/05) = *entrer par la petite porte*

entrar pela porta dos fundos (entrar pela janela) "começar uma atividade de modo irregular" (...) essa pessoa ridícula tenta promover a imagem de um Zé Ninguém (DM) que *entra pela porta dos fundos* em todos os trabalhos pela influência familiar. (globosat.globo.com/gnt/programas/forum_msg.asp?gid=19&fid=252&pagina=15; acesso em 11/12/05) = *entrer par la petite porte*

entrar pela porta da frente "começar uma atividade dignamente, corretamente" Portanto, não perca esta oportunidade de *entrar pela porta da frente* nesta nova modalidade de negócios que a INTERNET pode lhe oferecer. (www.omelhordobomretiro. com.br/quemsomos.asp; acesso em 08/01/06) = *entrer par la bonne porte; entrer par la grande porte*

entrar por um ouvido e sair pelo outro "não ser levado em consideração" Acho que a gente tem que guardar o que é bom, e o resto deixar *entrar por um ouvido e sair pelo outro*. (www.almbrasil.com.br/historia9.htm; acesso em 24/03/05) = *tomber dans l'oreille d'un sourd*

entre a cruz e a caldeirinha (entre a cruz e a espada; entre o martelo e a bigorna) "entre dois lados opostos e ambos prejudiciais" Na maior parte das vezes ela fica *entre a cruz e a cadeirinha*, porque a dificuldade profissional do marido proíbe que ela se dedique mais a ela. (www.lifeplus.com.br/2003/_htm/ar04/b011.htm; acesso em 18/04/04) = *entre l'arbre et l'écorce; entre le marteau et l'enclume*

entre a cruz e a espada (entre a cruz e a caldeirinha; entre o martelo e a bigorna) "entre dois lados opostos e ambos prejudiciais" Constantemente, bombardeados por produtos multiculturais e grandes pólos consumistas, esses países caminham *entre a cruz e a espada*, ou seja, entre os interesses econômicos das metrópoles e os graves problemas sociais internos. (www.unb.br/acs/acsweb/noticiasdaunb/paranoicas.htm; acesso em 18/04/04) = *entre l'arbre et l'écorce; entre le marteau et l'enclume*

entre aspas "hipoteticamente" Somos uma banda cria de tudo isso; somos um país democrático, mas isso *entre aspas*. Não somos um partido político. (www.combi.com.br/materia_det.php?cod=41&PHPSESSID=12562d4de22c29006dd5740e342a4d38; aceso em 16/09/05) = *entre guillemets*

entre a vida e a morte "em iminente risco de perder a vida" No sétimo mês de gestação, minha mãe teve um problema sério de saúde, até hoje não explicado, e ficou *entre a vida e a morte*. (www.anaalfabeta.hpg.ig.com.br/historia.htm; acesso em 18/04/04) = *entre la vie et la mort*

entre dois fogos (fogo cruzado) "entre dois perigos" A confusão era que você ficava *entre dois fogos*. Quer dizer, você tinha que tapear os militares, para defender o estudante. (www.medonline.com.br/med_ed/med4/entrevista44.htm; acesso em 16/09/05) = *entre deux feux*

entregar o ouro "revelar um segredo, denunciar uma combinação" Só que eu não queria *entregar o ouro*, mas acabei entregando num dos comentários [...]. (www.jogosbr.org.br/v_ideia.php?id=402&action=exibir; acesso em 25/09/05) = *vendre la mèche*

entregar os pontos (jogar a toalha; pedir água; pedir arrego) "desistir no meio de uma atividade difícil" E o BC local pode preferir este estado de coisas, que é meio vexaminoso mas é melhor que *entregar os pontos* diante de riscos de interferência política. (www.econ.puc-rio.br/gfranco/A142.htm; acesso em 30/04/04) = *donner sa langue au chat; jeter l'éponge; lever le bras*

entregue às moscas (jogado às traças) "abandonado, esquecido" [sujeito: coisa] Eu estou trabalhando e nas férias trabalho mais do que o normal. É por isso que esse blog está *entregue às moscas*. (www.podicrequeehnois.blogger.com.br; acesso em 30/04/04) = *ravitaillé par les corbeaux*

entre o martelo e a bigorna (entre a cruz e a caldeirinha; entre a cruz e a espada) "entre dois lados opostos e ambos prejudiciais" Gondor ficaria *entre o martelo e a bigorna*. O anel poderia até ser destruído, mas talvez não houvesse rei e cidade pra serem governadas. (www.valinor.com.br/forum/showthread.php?t=36250; acesso em 16/09/05) = *entre l'arbre et l'écorce; entre le marteau et l'enclume*

entre parênteses "de lado, excluído" Em que medida o Rio é uma cidade ou uma fronteira? Deixemos isso *entre parênteses*, poderemos voltar a esse ponto no debate. (www.cafefilosofico.ufrn.br/angela.htm; acesso em 16/09/05) = *entre parenthèses*

entre quatro paredes "dentro de casa, na intimidade" *Entre quatro paredes* tudo é permitido? Jogos eróticos, brincadeiras, realização de fantasias e tudo o que envolva o bem-estar do casal. Ou não. (www.obaoba.com.br/noticias/revistao/124/papobar.htm; acesso em 16/09/05) = *entre quatre murs*

enxergar longe "prever com perspicácia as conseqüências de uma situação, de um acontecimento" Precisam pensar grande, *enxergar longe*, analisar o país e a sociedade. Essa parte gerencial, do dia-a-dia, exige que estejamos sempre "em cima do lance". (www.unb.br/acs/unbnoticias/un1105-p03.htm; acesso em 30/04/04) = *voir loin*

enxugar gelo "aplicar-se em algo que não resultará em nada" Se não produzir novas moradias e só urbanizar favelas, é um processo de *enxugar gelo*. (www.adusp.org.br/revista/20/r20a09.pdf0; acesso em 30/04/04) = *faire du vent* [1]

é o fim da picada "é um absurdo" Será que uma partida de futebol é mais importante do que um ano letivo de nossa Universidade? Se for, realmente *é o fim da picada*! (www.gazetadooeste.com.br/raiosx.htm; acesso em 30/04/04) = *c'est la fin des haricots*

erguer a bandeira branca "pôr fim às hostilidades" Até que *ergui a bandeira branca*, porque vi que não adiantava mais insistir. (an.uol.com.br/ancidade/2005/jan/17/3esp.htm; acesso em 16/09/05) = *enterrer la hache de guerre*

erguer a cabeça (levantar a cabeça) "agir com coragem, sem mais se deixar intimidar" Muitas pessoas dão as costas, mas você tem que *erguer a cabeça*, seguir em frente, continuar lutando. (www.agenciaaids.com.br/artigos-resultado.asp?ID=40; acesso em 30/04/04) = *relever la tête*

escapar de boa "escapar de grave problema ou perigo" Putz, pelo jeito, *escapei de boa*... Se tivesse ficado na Irlanda, além do frio, teria chuva e ventos fortes, ninguém merece! (www.marcinha.co.uk/archives/2005/11/many_thanks.html; acesso em 28/03/08)

escapar pelos dedos (escorrer entre os dedos) "perder algo que se tinha por certo" Até que enfim as lojas de fotografia brasileiras não precisam *deixar escapar pelos dedos* um faturamento que faz a alegria dos lojistas americanos. (www.fhox.com.br/capa62.htm; acesso em 01/05/04) = *couler entre les doigts; filer entre les doigts; passer sous le nez*

escolher a dedo "escolher cuidadosamente" O segredo de uma boa festa é *escolher a dedo* quem fica de fora. (www2.uol.com.br/gula/saideira/128.shtml; acesso em 01/05/04) = *trier sur le volet*

esconder o jogo "ocultar as verdadeiras intenções" Com a maior paciência e sem *esconder o jogo* ele demonstrou o seu novo estilo de pilotagem, que adquiriu nas competições internacionais. (www.pedal.com.br/noticias/noticias-busca.asp?id=163; acesso em 01/05/04) = *cacher son jeu*

escorrer entre os dedos (escapar pelos dedos) "perder algo que se tinha por certo" Os caminhos de uma CPI são políticos, e a política é fluida, os seus fatos podem *escorrer entre os dedos*, incontroláveis. (www.monitormercantil.com.br/scripts/materia.cfm?Doc_id=2640; acesso em 01/05/04) = *couler entre les doigts; filer entre les doigts; passer sous le nez*

esfregar na cara 1. (jogar na cara [1]) "objetar algo a alguém" Não importa a idade do sujeito, sempre terá um velhinho mais velho para te *esfregar na cara* a tua incompetência. (butterfling.tripod.com.br; acesso em 12/04/05) = *jeter à la face* [1]. **2.** (jogar na cara [2]) "fazer algo de propósito para mostrar a alguém que se é capaz" Taí o superávit, para *esfregar na cara* deles e obrigá-los a oferecer uma festinha para nós, talvez na tradicional data nacional do Halloween. (www.estadao.com.br/ecolunistas/ubaldo/04/06/ubaldo040627.htm; acesso em 02/06/04) = *jeter à la face* [2]

é sopa (é canja; é fichinha; é mole; é moleza) "é extremamente fácil" Aprender *é sopa*. Esta é uma das mais antigas ações sociais do Aché. (www.ache.com.br/scripts/ache/responsabilidade_programas.asp; acesso em 16/05/04) = *c'est du billard; c'est du gâteau*

esperar a poeira abaixar (deixar a poeira assentar; deixar a poeira abaixar; deixar a poeira baixar; esperar a poeira assentar; esperar a poeira baixar) "esperar a situação melhorar" Esperei um pouco *a poeira abaixar*, ver a reação da mídia e da justiça. (www.meirinho.com.br/2003_ 09_01_adriano-meirinho-passado.php; acesso em 08/01/06) = *laisser pisser (les merinos)*

esperar a poeira assentar (deixar a poeira abaixar; deixar a poeira baixar; esperar a poeira abaixar; esperar a poeira assentar; esperar a poeira baixar) "esperar a situação melhorar" É preciso *esperar a poeira assentar* para saber a reação efetiva dos partidos da base, agora desprezada. (www.resenha.inf.br/politica/?page=artigos&actions=view_artigo&artig_cod=11745; acesso em 14/04/05) = *laisser pisser (les mérinos)*

esperar a poeira baixar (deixar a poeira abaixar; deixar a poeira assentar; deixar a poeira baixar; esperar a poeira abaixar; esperar a poeira assentar) "esperar a situação melhorar" Por isso, antes de tomar qualquer decisão, sugiro *esperar a poeira baixar* e ver como o mercado se comporta. (bruxismo.ciberarte.com.br; acesso em 08/01/06) = *laisser pisser (les mérinos)*

espírito de contradição "pessoa que está sempre em desacordo, que gosta de contestar, de contrariar" Segundo Goethe, a dialética é um desenvolvimento do *espírito de contradição*, dado ao homem para que ele aprenda a reconhecer a diferença das coisas. (www.espacoacademico.com.br/023/23cmaciel.htm; acesso em 12/09/05) = *esprit de contradiction*

espírito de corpo (espírito de equipe; espírito de grupo) "desejo de colaborar em um trabalho que se realiza coletivamente" O balanceamento entre aulas teóricas e a prática mantém o entusiasmo e o crescente interesse do grupo, contribuindo para formar um *espírito de corpo*. (www.ambientebrasil.com.br/educacao/index.php3&conteudo=./educacao/artigos/jardinagem_inclusao.html; acesso em 19/09/05) = *esprit de corps; esprit d'équipe*

espírito de equipe (espírito de corpo; espírito de grupo) "desejo de colaborar em um trabalho que se realiza coletivamente" O *espírito de equipe* genuíno só nasce em empresas onde os dirigentes dialogam, escutam, debatem e interagem. (www.fbde.com.br/cartamefev04.htm; acesso em 02/05/04) = *esprit de corps; esprit d'équipe*

espírito de grupo (espírito de corpo; espírito de equipe) "desejo de colaborar em um trabalho que se realiza coletivamente" O que estou dizendo é que um inimigo comum se faz necessário para que nasça e se fortifique o *espírito de grupo*. (carreiras.empregos.com.br/carreira/favoritos/colunistas/botelho/030203-botelho_automotivacao.shtm; acesso em 19/09/05) = *esprit de corps; esprit d'équipe*

espírito de seqüência "seqüência em uma idéia, atitude ou ação" Precisamos compreender o *espírito de seqüência* que rege os quadros evolutivos da vida.

(www.espirito.org.br/portal/artigos/valdomiro/a-evolucao-nas-obras-sexo.html; acesso em 19/09/05) = *esprit de suite*

esquentar a cabeça "preocupar-se demasiado" O que eu quero dizer é que *esquentar a cabeça* não mudará as circunstâncias. (www.bvbv.hpg.ig.com.br/acervo/mat/mat23.html; acesso em 02/04/04) = *faire* [*se*] *de la bile; faire* [*se*] *du mauvais sang*

está no papo "é muito fácil vencer" Se não acontecer nenhum acidente de percurso, a taça já *está no papo*. (www.brasil2000fm.com.br/colunavertebral.php; acesso em 02/05/04) = *c'est dans la poche; c'est du tout cuit*

estar alto (encher a cara; encher a lata; entortar o caneco; estar chumbado; estar mamado; tomar todas) "estar bêbado" Endosso cada sílaba do seu amigo, que podia *estar alto*... mas cheio de sabedoria. (www.roncaronca.com.br/ticotico/arc15.html; acesso em 06/08/04) = *avoir la dalle en pente; avoir le gosier en pente; avoir son plein; boire comme un trou; lever le coude; prendre une cuite*

estar atravessado na garganta (ficar entalado na garganta) "incomodar, não ser admitido, aceito" Para Roberto Carlos o Mundial de 98 ainda *está atravessado na garganta*. (mundial2002.esportes.terra.com.br/noticia/0,4238,OI20775-EI206,00.html; 05/05/05) = *rester en travers (de la gorge)*

estar bem de vida (estar com a vida feita) "ter uma boa situação financeira" Em algumas situações da minha vida profissional, quantas oportunidades para *estar bem de vida*. (www.unimais.com.br/aol/default2.asp?s=suacarreira8.asp&id=62; acesso em 12/06/04) = *avoir pignon sur rue*

estar cagando e andando (não dar a mínima [coloquial]; não dar bola [coloquial]; não estar nem aí [coloquial]) "não se importar, ignorar" [vulgar] Porque assim como você *está cagando e andando* pro respeito para com os outros, muitos *estão cagando e andando* pra sua opinião (eu por exemplo). (www.fromspace.com.br/modules.php?name=Forums&file=viewtopic&p=7391&highlight=; acesso em 04/05/05) = *n'en avoir rien à battre* [coloquial]; *n'en avoir rien à branler; n'en avoir rien à cirer; n'en avoir rien à foutre* [coloquial]; *n'en avoir rien à secouer* [coloquial]

estar chumbado (encher a cara; encher a lata; entortar o caneco; estar alto; estar mamado; tomar todas) "estar bêbado" Estacionou, foi a pé atrás de mim porque, segundo me explicou depois, meu jeito de andar evidenciava que eu *estava chumbado*. (www.etilismo.weblogger.terra.com.br/ 200503_etilismo_arquivo.htm; acesso em 06/08/04) = *avoir la dalle en pente; avoir le gosier en pente; avoir son plein; boire comme un trou; lever le coude; prendre une cuite*

estar com a barriga roncando "estar faminto" Fome? *Barriga roncando*? Salivação abundante? Hei, você está no Depósito de Receitas Damasco! Entre e sirva-se! (www.depositodamasco.blogger.com.br/; acesso em 16/06/08) = *avoir la dent; avoir les crocs; avoir les dents longues; avoir l'estomac dans les talons*

estar com a bola toda (estar com moral; estar com tudo) "estar com prestígio" Após Christian Bale ser confirmado como o novo Batman, o Dark Horizon trouxe mais novidades do projeto, que parece *estar com a bola toda*. (www.cinesaguaverde.com.br/noticia.php?id=78; acesso em 04/05/04) = *avoir la cote*

estar com a corda toda (com todo o gás) "estar disposto, com energia" Para *estar* em 2005 *com a corda toda* e curtir o verão sem aqueles pesinhos adicionais das festas de final de ano, siga os 10 mandamentos abaixo... (www.fitnessbrasil.com.br/detalhe_noticia.asp?noticia=290; acesso em 27/08/04) = *avoir la frite*

estar com a espada na cabeça "estar sob forte pressão" A maioria dá lucro, mas os promotores sempre *estão com a espada na cabeça*, pois não dá para prever se será lucrativo ou não. (www2.uol.com.br/tenisbrasil/profissional/entrevista%20paulo%20ferreira.htm; acesso em 06/02/06) = *avoir le couteau sous la gorge*

estar com a vida feita (estar bem de vida) "ter uma boa situação financeira" Quando eles têm espaço para falar, os professores são indiferentes. "Eles já estão formados, *estão com a vida feita*, não se preocupam", acredita Daniela. (an.uol.com.br/1998/set/19/0ane.htm; acesso em 27/08/04) = *avoir pignon sur rue*

estar com nada (estar sem moral) "estar sem prestígio" Mas vai ter um dia em que as pessoas se darão conta de que beber e fumar não *está com nada* e que para viver tem que parar de se drogar! (www.cp.ufmg.br/Mat%E9ria_Jornal_CP/Naip/artigo2.htm; acesso em 21/02/06) = Ø *ne pas avoir de prestige*

estar com o diabo no corpo "estar com muita energia" Você jogou bem, mas aquele dia o Ramon estava *com o diabo no corpo*. (www.futebolinterior.com.br/paginas/chat.php?chat_id=83; acesso em 30/08/04) = *avoir le diable au corps*

estar com um nó na garganta (ter um nó na garganta) "não conseguir expressar-se; estar triste com algo" *Estou com um nó na garganta* e não consigo conter as lágrimas neste momento. Deve ser revoltante perder uma filha dessa forma... (fotolog.terra.com.br/belezaamericana:215; acesso em 06/02/06) = *avoir la gorge serrée*

estar com todo o gás (estar com a corda toda) "estar disposto, com energia" Ela *está com todo o gás*: já fez de quase tudo na vida e permanece como testemunha viva da história da indústria... (quatrorodas.abril.com.br/classicos/grandesbrasileiros/1104_kombi.shtml; acesso em 10/09/04) = *avoir la frite*

estar com tudo (estar com a bola toda; estar com moral) "estar com prestígio" Essas são algumas das cores da linha de esmaltes Sandy, que vão *estar com tudo* nas próximas estações. (www.she.com.br/secoes/ver.asp?id_mat=63&id_secao_mat=32-1&id=32; acesso em 05/05/04) = *avoir la cote*

estar com a faca e o queijo na mão "estar com todas as vantagens" *Estou com a faca e o queijo na mão* para pedir a guarda compartilhada e conseguir, mas não consegui me estabilizar profissionalmente em Curitiba. (www.apase.org.br/16085-jornaldoestado.htm; acesso em 27/08/04) = *tenir le bon bout*

estar com a macaca "estar muito excitado, alterado" Stelio Frati devia *estar com a "macaca"* quando criou esta obra-prima, um asa baixa que é um verdadeiro caça disfarçado. (www.aviacaoexperimental.pro.br/aero/aviaodados/falco.html; acesso em 04/05/04) = *bouffer du lion*

estar com moral (estar com a bola toda; estar com tudo) "estar com prestígio" Acho que, se a gente estivesse numa fase verde, ia tremer nas bases, mas como estamos vindo de um circuito de shows de ótimo nível, *estamos com moral*... (www.pernambuco.com/diario/2005/10/15/viver4_0.asp; acesso em 06/02/06) = *avoir la cote*

estar como peixe n'água "estar bem à vontade" *Estava como peixe n'água*. E não encontrou, em toda a vida, outra quadra mais feliz, mais tomada de plenitude". (www.letras.ufmg.br/lourenco/banco/PL02.html; acesso em 24/09/05) = *être bien dans ses baskets*

estar com o pé na cova (estar no fim; estar nas últimas) "estar prestes a morrer" E foi tudo interrompido por um monte de velhos inúteis, decrépitos e frustrados, que já *estão com o pé na cova* [...] (tipos.com.br/buga?page=6; acesso em 18/05/04) = *avoir un pied dans la tombe; sentir le sapin*

estar de cabeça virada "só pensar em alguém ou em alguma coisa" [...] a música foi inspirada em um amigo que *estava com a cabeça virada* por uma mulher. (www.renatovivacqua.com/PDF/cantos_encantos.pdf;acesso em 10/05/05) = *mettre [se] la tête à l'envers*

estar de cama (cair de cama) "estar muito doente" Eu, superagitada, via meu marido e meu irmão saírem para correr, pois, apesar da raiva que sentia por *estar de cama*, sabia que o bem-estar em casa dependia da quilometragem do Fernando. (www.copacabanarunners.net/correr.html; acesso em 21/09/05) = *être sur le flanc*

estar de cara nova (estar de roupa nova) "ser reformado, reformulado" A linha de cervejas Eisenbahn *está de cara nova*. Pela primeira vez desde a criação da marca, há três anos, os rótulos ganharam novo design [...] (www.eisenbahn.com.br/main/noticia.php?noticia=110&rolagemIE=0&maisNot=; acesso em 23/02/06) = *habiller(s') de neuf*

estar de fora "ser excluído" Quem incorrer no erro de vestir-se absolutamente fora da moda, dependendo do tipo de personalidade dessa pessoa, experimentará um sentimento de exclusão, de *estar de fora*. http://www.jfservice.com.br/viver/arquivo/psique/2001/10/30-Denise/; acesso em 16/06/08) = *être sur la touche*

estar de pé atrás (passar da conta; passar da medida) "manifestar uma prevenção contra algo ou alguém" Confesso que estar um pouco *"de pé atrás"* com o filme a partir do que Paulo (sempre muito pertinente e equilibrado em suas colocações) escreveu. (www.samba-choro.com.br/noticias/12005; acesso em 05/03/06) = *prendre en grippe*

estar de quatro por "sentir-se muito atraído por alguém" Você foi a melhor que me aconteceu nos últimos tempos; *estou de quatro por* você. Não consigo tirar você do pensamento um só minuto. (www.netqi.com.br/Profile/Profile.php?uid= 44831186503; acesso em 28/02/06) = *être coiffé de*

estar de roupa nova (estar de cara nova) "ser reformado, reformulado" Desde a semana passada o cartão-postal mais famoso do Brasil *está de roupa nova*. Durante o dia, quem visita a estátua do Cristo Redentor, no Rio de Janeiro, já pode ver o monumento novamente em sua cor original. (www.opps.com.br/veja.html; acesso em 11/04/05) = *habiller(s') de neuf*

estar de saco cheio "não suportar mais algo que incomoda" Acho que todo mundo da minha idade já deve *estar com o saco cheio* de quando o pai ou a mãe chega e pergunta: - Você está namorando o Joãozinho? (www.webcanal.com.br/colunas/arturdecarvalho15.htm; acesso em 04/04/04) = *avoir [en] assez; avoir les boules; avoir [en] marre; avoir [en] plein le dos; avoir [en] plein les bottes; avoir [en] plein les couilles; avoir ras la casquette*

estar do mesmo lado "compartilhar das opiniões de alguém, de alguma entidade política, social ou ideológica" Depois de uma hora e meia de conversa, não se chegou a qualquer conclusão, mas ficou claro que todos *estão do mesmo lado*. (www.adunb.org.br/materias_2004/unb_mec_mesmo_lado.htm; acesso em 27/11/04) = *être du même bord*

estar duro (estar liso) "estar sem dinheiro" [...] se ATÉ o Michael Jackson vai abrir visitação à sua casa, porque alega *estar duro*, por que eu não posso apelar? (www.umasecretina.blogger.com.br/2003_08_01_archive.html; acesso em 16/05/04) = *être à sec; être à fond de cale*

estar em jogo "correr riscos" O ataque deste tipo de agressor é perigoso pois ele pretende danificar dados e junto com isso, o nome da sua Empresa passa a *estar em jogo*. (www.netlan.net/redesegura.phtml; acesso em 16/05/04) = *être en jeu*

estar escrito "estar fixado pelo destino" Às vezes penso que o destino nos empurra para cada coisa, parece o que tem que acontecer, acontece mesmo e está predestinado, e já *está escrito*. (www.casadoscontos.com.br/?texto=20050972; acesso em 20/09/05) = *être écrit*

estar fulo da vida (cuspir fogo; estar louco da vida; estar por conta) "estar furioso" Se Lúcifer realmente existir (personificado ou não, como o filme aborda, hahaha), deve *estar fulo da vida* ou morrendo de rir! (www.terra.com.br/cinema/opiniao/corpofechado2.htm; acesso em 16/05/04) = *être à cran; être en pétard; fâcher [se] tout rouge*

estar louco da vida (estar fulo da vida; estar por conta (com)) "estar furioso" Quando você pretende voltar? O Chefe deve *estar louco da vida*. Nunca mais nos comunicamos com ele. (ffsol.com.br/membros/fanfics/cliques.php?url=estirocket.htm&id=28; acesso em 19/09/05) = *être à cran; être en pétard; fâcher [se] tout rouge*

estar mal das pernas "ir mal" Mas não preocupação porque ele vai viajar, mas sim porque a relação de vocês deve *estar mal das pernas*. (www.basico.com.br/vnamoro.php?cod=2669; acesso em 16/05/04) = *avoir du plomb dans l'aile; battre de l'aile; branler dans le manche*

estar mamado "estar bêbado" Olha, o rapaz não consegue parar em pé; deve de *estar mamado*, chapadão, que horror! (www.sdinterior.com.br/foto.asp?pagina=fotos&categoria=260&foto=18077&dominio=eventos%5C260 ; acesso em 06/08/04) = *avoir la dalle en pente; avoir le gosier en pente; avoir son plein; boire comme un trou; lever le coude; prendre une cuite*

estar na cara "ser óbvio, evidente" Se alguém vê luz na cozinha, vai *estar na cara* que tem gente na casa fazendo uma limpeza! (www.hyperfan.com.br/tits/tucao07.htm; acesso em 17/05/04) = *tomber sous le sens*

estar na direção certa "saber como conseguir, realizar algo" A diretoria acredita *estar na direção certa* para cumprir a meta de cortes fixada no final de 2003. (www.bbc.co.uk/portuguese/economia/story/2004/04/040412_dupontcass.shtml; acesso em 07/06/05) = *être sur la bonne route*

estar na direção errada "enganar-se nos métodos para se conseguir realizar algo" Entre os brancos, 60% acreditam que a África do Sul *está na direção errada*, enquanto para 75% dos negros o país tem um futuro promissor. (clipping.planejamento.gov.br/Noticias.asp?NOTCod=119133; acesso em 08/01/6) = [*faire la fausse route*]

estar na fossa "estar muito triste, deprimido" Essa foto em preto e branco é proposital, *estou na fossa*, mas eu não desanimo, levanto, sacudo a poeira e dou a volta por cima. (suafesta.etc.br/inicio.asp?s=1&c=1602&chave=; acesso em 06/02/06) = *avoir le bourdon; avoir le cafard; broyer du noir*

estar na pele de (colocar-se na pele de) "estar no lugar de alguém" *Estar na pele de* um ladrão não é muito fácil. Você está sempre na mira de diversos guardas e tem que usar suas armas com cautela ou, então, não usá-las. (www.magnet.com.br/classic/byo/thief.html; acesso em 14/05/05) = *être dans la peau; mettre [se] dans la peau de*

estar nas nuvens (estar no céu; estar no paraíso; não caber em si) "estar muito feliz" Enfrentei momentos difíceis, mas, como tudo na vida se adquire com sacrifício, hoje posso dizer que *estou nas nuvens*. (www.voudemochila.com.br/loja/aupair.php; acesso em 15/10/04) = *être au ciel; être au septième ciel; être aux anges; être sur un petit nuage*

estar nas últimas (estar com o pé na cova; estar no fim) "estar prestes a morrer" O velhinho *está nas últimas*. O padre está a seu lado para dar-lhe a extrema-unção (www.parananegocios.com.br/.../nova/mostra.php?tipo=Piadas&cat=Velhos&cod=14&qtde=19&id=518; acesso em 27/02/06) = *avoir un pied dans la tombe; sentir le sapin*

estar no ar "estar sendo cogitado" Uma pergunta *está no ar*: os faltosos serão punidos? (clipping.planejamento.gov.br/Noticias.asp?NOTCod=175103; acesso em 09/09/05) = *être dans l'air*

estar no céu (estar nas nuvens; estar no paraíso; não caber em si) "estar muito feliz" "Quando eu entro na minha casa, *estou no céu*. É meu porto seguro. Ninguém me critica, eu converso comigo mesma", diz ela. (globoreporter.globo.com/Globoreporter/ 0,19125,VGC0-2703-6441-4,00.html; acesso em 09/09/05) = *être au ciel; être au septième ciel; être aux anges; être sur un petit nuage*

estar no escuro "não saber o que está acontecendo" A situação era como a de uma batalha travada à noite, porque ambos os lados pareciam *estar no escuro* a respeito dos motivos que os levavam a se acusar mutuamente de cometer abusos. (www.accio.com.br/Nazare/1946/trindd16.htm; acesso em 18/05/04) = *être dans le noir*

estar no fim (estar com o pé na cova; estar nas últimas) "estar prestes a morrer" Sempre fui tão desconfiada, mas nada disso importa muito agora, sinto que *estou no fim*, tenho pouco tempo para deixar algo sobre o que eu fui [...]. (www.sreis.com.br/weblog/mrslactealata.html; acesso em 18/05/04) = *avoir un pied dans la tombe; sentir le sapin*

estar no mesmo barco "estar na mesma situação delicada que outrem, ser companheiro" Amar é olhar junto na mesma direção, é uma unidade, companheirismo, é *estar no mesmo barco.* (www.jornalexpress.com.br/noticias/detalhes.php?id_jornal=9848&id_noticia=117; acesso em 18/05/04) = *être dans le même bateau; être logé à la même enseigne*

estar no paraíso (estar nas nuvens; estar no céu; não caber em si) "estar muito feliz" Tendo você, *estou no paraíso* (mc-marcinho.letras.terra.com.br/letras/75517; acesso em 09/09/05) = *être au ciel; être au septième ciel; être aux anges; être sur un petit nuage*

estar no sangue "ser inato" Para entrar nessa área é preciso gostar do novo e estar sempre experimentando novas tecnologias. Isso tem que *estar no sangue*! (www.timaster.com.br/revista/materias/main_materia.asp?codigo=717&pag=2; acesso em 18/05/04) = *avoir dans le sang*

estar no vermelho "estar sem fundos" Apesar de ainda *estar no vermelho*, as Bolsas reduziram o volume de perdas apresentado ontem. (www1.folha.uol.com.br/folha/dinheiro/ ult91u31346.shl; acesso em 18/09/05) = *être dans le rouge*

estar num bom dia "estar num período em que tudo dá certo" "Os primeiros lugares são deles, mas pode haver alguma surpresa. Eles podem estar num dia ruim e nós podemos *estar num bom dia*", arrisca Lopes. (an.uol.com.br/anjaragua/2003/jul/28/2esp.htm; acesso em 18/05/04) = *être dans un bon jour*

estar num mau dia "estar num período em que tudo sai errado" Era uma mulher grande, bonita e de fala gostosa, eu é que *estava num mau dia* e nessa brecha ela começou a falar. Para ela tudo estava bem, até aquela fila. (ww.loreto.org.br/mai2003_loretando.asp; acesso em 18/0905) = *être dans un mauvais jour*

estar pra cima "ter confiança, estar otimista" Eu pus isso como um lema para a minha vida, dificilmente você vai me ver triste, cabisbaixo, deprimido, eu, graças a Deus, sempre *estou pra cima.* (estaescrito.novotempo.org.br/ee/ee_mostra_palestras.cfm?cod_palestra=5039; acesso em 06/02/06) = *avoir le moral*

estar por conta (cuspir fogo; estar fulo da vida; estar louco da vida) "estar furioso" Quem *está por conta* com o governador é o ex-deputado [...] peemedebista [...]. (an.uol.com.br/2005/fev/14/0pri.htm; acesso em 19/09/05) = *être à cran; être en pétard; fâcher [se] tout rouge*

estar por dentro "estar a par das novidades" Gosto de inventar coisas diferentes e *estar por dentro* de todas as tendências!!! (forum.abril.com.br/manequim/forum.php?topico=177736&go_to=11; acesso em 21/09/05) = *être à la page; être au parfum*

estar por um fio "faltar pouco tempo para que algo aconteça" O anúncio foi feito por um dirigente do Partido Islâmico Iraquiano, adversário dos americanos. O cessar-fogo pode *estar por um fio*. (jornal.publico.pt/publico/2004/04/15/Destaque/X01CX01.html; acesso em 19/05/04) = *tenir à un fil*

estar redondo "funcionar direito" É uma temporada na qual tudo precisa *estar redondo*. Quero colaborar para que o time se ajuste e fique redondinho para chegarmos bem nas competições [...] (www.cbv.com.br/cbv/hotsites/wgp03/imprensa.asp?cod=1450; acesso em 12/06/05) = *tourner rond*

estar sem moral (estar com nada) "estar sem prestígio" O governo *está sem moral* para tomar esta decisão sozinho. Apesar da crise Política, nunca vi tanto otimismo no mercado financeiro. (www.adjorisc.com.br/jornais/ojornal/noticias/index.phtml?id_conteudo=35776; acesso em 21/02/06) = *Ø ne pas avoir de prestige*

estar sem saída (não ter pra onde correr; não ter saída) "não ter outras perspectivas" Percebendo que *está sem saída*, a seqüestradora vai expulsar o homem de sua casa, mas Josivaldo tentará contar a verdade para sua filha. (uaimix.iphotel.com.br/mexerico/blablabla.asp?codigo=5133; aceso em 21/09/05) = *être fait (comme um rat); être sans issue*

estar só o pó (estar um caco; estar um trapo) "sem energia, sem forças" Ontem à tarde também teve treino de luta lá na academia [...] nem preciso dizer que *estou só o pó*, né? (www.patriciafalara.turmadobar.com.br/index.asp?op=1&PaginaAtual=15&Categoria=0; acesso em 24/09/05) = *être à plat; être sur les nerfs*

estar um caco (estar só o pó; estar um trapo) "estar muito cansado, sem energia" A partir daí, é fácil ficar ansiosa, tensa e desesperada, imaginando que no dia seguinte vai *estar um caco* se não conseguir dormir. (www.unisite.com.br/saude/euquerodormir.shtml; acesso em 21/09/05) = *être à plat; être sur les nerfs*

estar um trapo (estar só o pó; estar um caco) "estar muito cansado, sem energia" Não consegui dormir à noite, pensando na vida. *Estou um trapo*, preciso de café. (www.caetano.eng.br/rigues/archives/2003_07_06_archive.html; acesso em 24/09/05) = *être à plat; être sur les nerfs*

estender a mão 1. (dar a mão [1]) "ter uma atitude cordial e conciliadora" E agora foi mesmo um grupo filiado na Internacional Socialista que, num autêntico golpe de teatro, decidiu *estender a mão* a Haider para que ele possa continuar a governar a Caríntia. (botaacima.blogs.sapo.pt/arquivo/2004_03.html; acesso em 06/06/05) = *tendre la main*; **2.** (dar a mão; estender os braços [2]) "oferecer ajuda" Projeto de voluntariado de Universidade Aberta à Terceira Idade, no Rio, estimula idosos saudáveis a *estender a mão* a quem vive em asilo. (www.maisde50.com.br; acesso em 19/05/04) = *tendre la main* [2]*; tendre la perche; tendre les bras*

esticar as canelas (bater as botas; comer capim pela raiz; comer grama pela raiz; descer ao túmulo; ir desta para melhor; passar desta para melhor; vestir o pijama de madeira; virar presunto) "morrer" Porém (sempre tem um porém), logo a mãe do Almofadinha *esticou as canelas*, com saudades do marido. (www.bethynha.com.br/tambu.htm; acesso em 27/05/04) = *casser sa pipe; descendre au tombeau; passer l'arme à gauche*

estourar os miolos "matar(-se)" Às vezes culpo, às vezes agradeço a música porque é por causa dela que ainda estou aqui e não enfiei um cano na boca pra *estourar os miolos*. (www.culturedtheuglypersons.blogger.com.br/; acesso em 19/05/04) = *faire [se] sauter la cervelle*

estudar o terreno (sentir o terreno; sondar o terreno) "procurar conhecer bem um assunto a tratar ou as intenções de alguém" Assim como um samurai, numa luta deve-se *estudar o terreno* antes e depois do combate. (www.niten.org.br/kirempresarial/kirempresarialrelatos.htm; acesso em 14/09/04) = *tâter le pouls; tâter le terrain*

exame de consciência "análise da própria conduta" Os intelectuais brasileiros precisavam fazer um *exame de consciência* e parar de parcialmente criticar as iniciativas dos movimentos negros [...] (www.mulheresnegras.org/doc/zumbi.doc; acesso em 21/05/04) = *examen de conscience*

f | F

falar ao coração "emocionar" A poesia corre o risco de virar "conversação entre homens inteligentes" perdendo sua ligação com a língua e deixando de *falar ao coração* das pessoas. (www.paubrasil.com.br/pedra/pedra_entrevista.html; acesso em 21/05/04) = *aller droit au coeur; parler au cœur*

falar como uma matraca (falar mais do que a boca; falar pelos cotovelos) "falar muito" Ela se limitou a suspirar de alívio e começou a *falar como uma matraca*, contando como passara o dia... (www.umaloirainteligente.weblogger.terra.com.br/200403_umaloirainteligente_arquivo.htm; acesso em 21/02/06) = *avoir la langue bien pendue; ne pas avoir sa langue dans sa poche*

falar com seus botões "falar consigo mesmo" Envelhecer é deixar a lágrima rolar, sorrir condescendente, rir sozinho e *falar com seus botões*. (www.maisde50.com.br/artigo.asp?id=5591; acesso em 11/12/05) = [*parler à son bonnet*]

falar com uma porta (falar para as paredes) "falar em vão" O Cuca falava pro Grafite jogar aberto, quase como um ponta e era a mesma coisa de *falar com uma porta*. O cara não obedecia! (www.fighters.com.br/forum/index.php?showtopic= 108&pid=1489&mode=threaded&show=st=&; acesso em 11/12/05) = *parler à un mur; parler à un sourd*

falar direto ao coração (falar ao coração) "emocionar vivamente" O desafio que nós, profissionais de marketing de relacionamento, vivemos no nosso dia-a-dia é o de entender e *falar direto ao coração* das pessoas. (www.fatepa.anchieta.br/

pub/Cursos/Sistemas/2_ano/Sist.Informacao/A_Reconstrucao_do_CRM.doc; acesso em 21/05/04) = *aller droit au coeur*

falar grosso "falar com autoridade ou presunção" Ainda assim, ele considera absolutamente desnecessário *falar grosso* com grevistas ou ativistas para firmar autoridade e dirimir conflitos. (www.odiarionf.com.br/02052004/opiniao/dora.html; acesso em 21/05/04) = *avoir le verbe haut*

falar para as paredes (falar com uma porta) "falar em vão" [...] não adianta mais tentar mudar a opinião de quem gosta de ver o esporte entregue às marolas e ao amadorismo, é como *falar para as paredes*! (waves.terra.com.br/bodyboard/layout4.asp?id=10909&sessao=bb_ideoe; acesso em 21/05/04) = *parler à un mur; parler à un sourd*

falar pelos cotovelos (falar como uma matraca; falar mais do que a boca) "falar muito" Os políticos, embalados no sucesso eleitoral, tendem a *falar pelos cotovelos*. (www.italiamiga.com.br/NOTICIAS/ARTIGOS/carta_aberta_ao_companheiro_ lula.htm; acesso em 21/05/04) = *avoir la langue bien pendue; ne pas avoir sa langue dans sa poche*

falar mais que a boca (falar como uma matraca; falar pelos cotovelos) "falar sempre muito e com vivacidade" Como *fala mais que a boca*, sem querer acaba espalhando segredos. (ocasulo.weblogger.terra.com.br/200409_ocasulo_arquivo.htm; acesso em 06/05/05) = *avoir la langue bien pendue; ne pas avoir sa langue dans sa poche*

falar no vazio "falar sem efeito" O próprio Supremo Tribunal, guardião da Constituição, parece *falar no vazio*. Sua opinião parece dispensável diante dos princípios e postulados da. ortodoxia Financeira e monetária. (www.senado.gov.br/web/cegraf/pdf/ 26042004/11013.pdf; acesso em 15/12/05) = *parler dans le vide; parler en l'air*

falso como uma nota de 3 reais "hipócrita, desonesto" Há o PT de palanque, light e *falso como uma nota de 3 reais*, e o PT de fato, que governa mal. (www.brasilnews. com.br/News3.php3?CodReg=2513&edit=Frases&Codnews=999; acesso em 17/09/06) = *faux jeton*

farinha do mesmo saco (do mesmo barro; do mesmo estofo; vinho da mesma pipa) "da mesma natureza" [pejorativo] Na cabeça das mulheres, homens são tudo *farinha do mesmo saco*, não valem o que pesam e só querem saber do rala e rola. (www.malamados.hpg.ig.com.br/azaeles2.htm; acesso em 21/05/04) = *de la même eau; de la même étoffe; du même tabac; du même tonneau*

faz uma cara "faz muito tempo" *Faz uma cara* que eu não jogo... meus camaradas de bilhar mudaram pra outras cidades. (forum.cifraclub.terra.com.br/forum/11/173405/p1; aceso em 28/06/08) = *ça fait un bail*

fazer a cabeça "persuadir alguém de alguma coisa" Débora tenta *fazer a cabeça* de Alberto contra ela. (www.tvtambau.com.br/site/novela_travessa.htm; acesso em 12/06/05) = *travailler au corps*

fazer bonito "ter um ótimo desempenho" Henri Castelli dá o seu jeitinho para parecer mais maduro e *fazer bonito* em 'Celebridade'. (dirce.globo.com/Dirce/home/0%2C6993%2CRM619451-533%2C00.html; acesso em 21/05/04) = *faire des étincelles*

fazer cara feia (amarrar a cara; fechar a cara; ficar de cara amarrada; ficar de cara fechada; ficar de cara feia; ficar de cara virada) "emburrar, manifestar seu mau humor ou seu descontentamento" Nada de fazer *cara feia* quando a mamãe vier com um prato de salada para você comer. (www.smartkids.com.br/pergunte/legumes/index.php; acesso em 04/10/05) = *faire la gueule; faire la moue; faire la tête*

fazer caridade com (o) chapéu alheio (fazer cortesia com (o) chapéu alheio) "procurar tirar proveito das vantagens e méritos que cabem a outrem" É absurdo aprovar uma lei que *faz caridade com o chapéu alheio.* Os planos perderam 6 milhões de clientes desde 1995 e vão perder mais. (www.unifesp.br/comunicacao/jpta/ed184/debate.htm; acesso em 15/12/05) = *parer* [*se*] *des plumes du paon*

fazer corpo mole "esquivar-se às suas obrigações" Cafeteira teria recebido uma fortuna para ficar quieto, aceitar a derrota e *fazer corpo mole* em seu recurso junto ao TSE. (www.companheirox.hpg.ig.com.br/roseana.htm; acesso em 22/05/04) = *tirer au flanc*

fazer coro "manifestar-se verbalmente com outras pessoas, juntar-se a elas" Diz que ninguém pode deixar de *fazer coro* contra esse mundo assustador que anda pintando por aí. (www.laboratoriopop.com.br/col_marianatimoteo/col_marianatimoteo_20040114.html; acesso em 22/05/04) = *faire chorus*

fazer cortesia com (o) chapéu alheio (fazer caridade com (o) chapéu alheio) "procurar tirar proveito das vantagens e méritos que cabem a outrem" Os políticos brasileiros que adoram *fazer cortesia com o chapéu alheio* já fizeram muita farra com os recursos do FGTS. (www.brasileira.inf.br/bra17/bra17_c01.htm; acesso em 22/05/04) = *parer* [*se*] *des plumes du paon*

fazer disso um cavalo de batalha "exagerar as dificuldades de algo" O objetivo é estar na final. Seria uma grande vitória. Só que não vou *fazer disso um cavalo de batalha.* Procuro não me torturar. [...] (www.superesportes.com.br/ed_esportes/006/template_esportes_006_5639.html; acesso em 12/11/05) = *faire* [*en*] *des (dix) caisses; faire* [*en*] *une maladie; faire* [*en*] *une montagne; faire* [*en*] *un fromage*

fazer (cu) doce "bancar o difícil frente a algo que normalmente é apreciado" [vulgar] Se a gente aceita transar no início do relacionamento, é uma mulher fácil; se a gente não quer ainda, tá *fazendo cu doce.* (www.cupidosan.com.br/ajudinha/properties.asp?txtCode=1585; acesso em 02/10/05) = *faire la fine bouche* [coloquial]

fazer época (marcar época) "ser marcante na história ou na vida" E, hoje, está acontecendo um evento que pode *fazer época* porque, através deste livro, Giussani revela um novo método de conhecimento do Mistério [...] (www.cl.org.br/46cazaq.htm; acesso em 22/05/04) = *faire date; faire époque*

fazer escola "ter discípulos ou imitadores" [culto] Com o objetivo de desenvolver projetos de pesquisa e consultoria técnica em aplicações laboratoriais e industriais, nasce uma parceria que pode *fazer escola* no campo dos institutos de pesquisas e universidades. (www.saopaulo.sp.gov.br/sis/lenoticia.asp?id=50620; acesso em 22/05/04) = *faire école*

fazer face "estar em condições de responder, de se sustentar diante de um problema" Analisar previamente se o retorno permite *fazer face* aos custos e à remuneração dos recursos investidos deverá ser um outro aspecto a ser contemplado. (www.scielo.br/scielo.php?pid=S0100-39842004000200007&script=sci_arttext&tlng=pt; acesso em 02/10/05) = *faire face; faire front*

fazer fé "testemunhar como verdadeiro" Prova pessoal é toda afirmação pessoal consciente, destinada a *fazer fé* dos fatos. (www.mp.sp.gov.br/justitia/CRIMINAL/crime%2038.pdf; acesso em 09/11/05) = *faire foi*

fazer feio "ter um péssimo desempenho" Vou procurar ver quem são meus adversários, tentar competir em uma ou duas competições e ver quem são os adversários pra chegar e não *fazer feio*. (www.portaldovaletudo.com.br/entantoine.htm; acesso em 22/05/04) = *tomber à plat*

fazer frente "opor-se, defender-se, enfrentar algo ou alguém" A Sony, por exemplo, anuncia o seu PlayStation Portable (PSP) para *fazer frente* ao poderio da Nintendo, que contra-ataca com o DS, seu novo portátil. (www.odia.com.br/info/games.htm; acesso em 22/05/04) = *tenir tête*

fazer furor "obter grande sucesso, agradar extraordinariamente" Recentemente, o lançamento do Prozac chegou a *fazer furor* entre a população, no que toca à cura das depressões. (boasaude.uol.com.br/lib/ShowDoc.cfm?LibDocID=3816&ReturnCatID=1786; acesso em 22/05/04) = *faire fureur*

fazer gênero "procurar distinguir-se, afetando personalidade ou hábitos que não se têm" Para *fazer gênero* ele infantilmente lhe dá uma esnobada, mas os dois continuam apaixonados, apesar de o relacionamento ter ficado em crise. (www.falhanossa.com/Grease.htm; acesso em 22/05/04) = *faire du genre*

fazer jogo duplo "falar uma coisa e fazer outra; mostrar apenas uma parte da verdade" Fábio passou a *fazer jogo duplo*, escondendo muitas coisas de mim. (www.navedapalavra.com.br/contos/nasraiasdanet.htm; acesso em 13/04/05) = *jouer double jeu*

fazer número "servir simplesmente para aumentar o número de pessoas" Mas o fato de contar com dois pesos-pesados no grupo não quer necessariamente dizer que as outras seleções estarão lá só para *fazer número*. (www.trivela.com.br/eliminatorias.htm; acesso em 22/05/04) = *faire nombre*

fazer o jogo de "compactuar com" Santoro é, desde a campanha presidencial de 2002, acusado de *'fazer o jogo'* do então candidato tucano José Serra. (noticias.uol.com.br/uolnews/minuto/ult335u4423.jhtm; acesso em 22/05/04) = *faire le jeu de*

fazer o jogo do contente "procurar ver algo bom mesmo nos momentos de infortúnio" Já que não consigo ser o primeiro, *faço o jogo do contente* e finjo me contentar sendo segundo, terceiro ou quarto. (www2.anhembi.br/publique/cgi/cgilua.exe/sys/start.htm?infoid= 7647&sid=1101; acesso em 02/12/05) = *faire contre mauvaise fortune bon coeur*

fazer onda "provocar alvoroço, criar caso" Logo no primeiro dia, para *fazer onda* com o novo chefe, saiu-se com essa: - Chefe, o senhor nem imagina o que me contaram a respeito do Silva. (www.palavrasdocoracao.com.br/as_tres_peneiras.html; acesso em 22/05/04) = *faire des vagues*

fazer ouvidos de mercador (fazer ouvidos moucos) "ignorar o que dizem, recusar atender um pedido" Mas a imprensa, de modo geral, parece que *faz ouvidos de mercador* diante dos fatos, concentrando suas baterias para o aumento salarial dos parlamentares [...] (www.usinadeletras.com.br/exibelotexto.phtml?cod=2832&cat=Discursos&vinda=S; acesso em 06/10/05) = *faire la sourde oreille*

fazer ouvidos moucos (fazer ouvidos de mercador) "ignorar o que dizem, recusar atender um pedido" No entanto, *fazendo ouvidos moucos* a essa propositura, o governo opta por manter e aprofundar velhas práticas de composição com as forças conservadoras. (www.mmcbrasil.com.br/noticias/030805_consulta.htm; acesso em 06/10/05) = *faire la sourde oreille*

fazer pender a balança "inclinar para uma determinada escolha" Agora, estaria sofrendo defecções entre eleitores independentes, que o favoreceram em 2000 e podem *fazer pender a balança* em 2004. (www.perseuabramo.org.br/periscopio/052003/impressao03.htm; acesso em 22/05/04) = *faire pencher la balance*

fazer pouco de "menosprezar alguém" Mas, como era de se esperar, algumas instituições utilizam este espaço para *fazer pouco de* outras religiões. (www.tafalado.com.br/isis/anteriores/relemark.htm; acesso em 26/06/04) = *payer [se] la poire de*

fazer propaganda de "mostrar algo com ostentação para provocar admiração dos outros" Aproveitou para *fazer propaganda da* sua administração. (...) desde o incentivo aos pequenos produtores e do desenvolvimento de pequenas indústrias até programas de criação de frango caipira e de produção de mel. (www.bocasanta.com.br/index.php?data_in=20030325; acesso em 02/10/05) = *faire étalage de*

fazer-se de morto "fingir que não sabe de nada para não intervir" Afirmar que o meu caso é diferente dos presos políticos, porque os mesmos estavam sob a tutela do Estado quando foram atingidos, é *"fazer-se de morto"*. (www.exibir.com/dhumanos/motivos.htm; acesso em 22/05/04) = *faire le mort*

fazer-se de rogado "fingir não estar disposto a" Sem *fazer-se de rogado*, pegou a cumbuca, recostou-se na cadeira e começou a comer as azeitonas, uma a uma, enquanto vasculhava com os olhos toda a biblioteca. (bohne.tchelinux.com.br/index.php?cat=36; acesso em 22/05/04) = *faire [se] tirer l'oreille*

fazer seu nome "obter fama" Em 1914 viajou para Londres e Paris para *fazer seu nome* e conviver mais de perto com os fenômenos Stravinsky e o Ballet Russo de Diaghilev. (planeta.terra.com.br/arte/compositores/prokofiev.html; acesso em 22/05/04) = *faire [se] un nom*

fazer sombra "inspirar despeito em alguém por diminuir sua importância" É o tal parlamentarismo branco, que de parlamentarismo efetivamente não tem nada, mas que dá ao Legislativo espaço político que *faz sombra* ao Executivo. (www.senado.gov.br/sf/noticia/ senamidia/historico/1999/9/zn09205.htm; acesso em 01/03/06); acesso em 14/05/05) = *porter ombrage*

fazer suas necessidades "urinar e/ou defecar" A maior preocupação ao trazer o animalzinho para dentro de casa é como ensiná-lo a *fazer suas necessidades* no local que determinarmos. (www.canilmarrachowest.vet.br/dicas.htm; acesso em 22/05/04) = *faire ses besoins (naturels)*

fazer tábua rasa "rejeitar algo que antes era aceito" Foram criadas áreas de ocupação exclusiva dos americanos, permitindo-lhes *fazer tábua rasa* de nossa soberania. (joaoherrmann.com.br/discursos/discurso3.htm; acesso em 02/10/05) = *faire table rase*

fazer uma chupeta "praticar felação em um homem" [vulgar] Perguntei o que mais era pra fazer e ele me pediu para *fazer uma chupeta* pra ele. Eu me ajoelhei na sua frente, pus seu pau pra fora e o chupei contrariada. (www.sexyhot.com.br/SHot/0,,OCC184-4555,00.html; acesso em 11/12/05) = *pomper le dard; pomper le gland; pomper le nœud; tirer une pipe*

fazer uma corrente "unir-se para manifestar um mesmo sentimento, um mesmo pensamento" Vamos *fazer uma corrente* e pensar positivo como nos jogos da seleção brasileira, para que essa forcinha possa aumentar. (www.jornalcofen.com.br/section/section_int.asp?InfoID=71; acesso em 23/05/04) = *faire la chaîne*

fazer uma limpeza "retirar o que não é correto" (...) em todos os setores o importante é que se apure tudo e os culpados sejam punidos. É preciso *fazer uma limpeza* no Brasil". [...] (www.correiodabahia.com.br/2005/10/03/noticia.asp?link=not000119555.xml; acesso em 12/11/05) = *faire place nette*

fazer uma ponte "conciliar" Neste artigo mostro o quanto a prática que venho tendo com o Bonsai me leva a *fazer uma ponte* entre essa Arte e as minhas atividades como psicoterapeuta. (www.jlbelas.psc.br/op-texto.htm; acesso em 13/03/05) = *jeter un pont*

fazer uma salada "confundir as coisas e provocar mal-entendidos" Gente, a mulher *fez uma salada* que só! Nem sabia mais do que estava falando, ou melhor, nem sabia o nome dela, pois deu uns dois nomes. [...] (www.sk.com.br/forum/display_message.asp?mid=6968; acesso em 12/11/05) = *faire une salade*

fazer vista grossa (fechar os olhos) "procurar ignorar" Mas, como é grande o número de pessoas que não consegue ser fiel, aprende-se, de geração para geração, que o melhor é *fazer "vista grossa"* [...]. (www.vaidarcerto.com.br/artigo.php?acodigo=93; acesso em 23/05/04) = *fermer les yeux*

fechar a boca "diminuir a quantidade de alimentos ingerida" Atualmente, fazer dieta não significa somente *fechar a boca* para perder peso, fazer um regime. (www.ipgo.com.br/infertilidade/09.htm; acesso em 02/05/05) = *serrer [se] la ceinture* [1]

fechar a cara (amarrar a cara; fazer cara feia; ficar de cara amarrada; ficar de cara fechada; ficar de cara feia; ficar de cara virada) "emburrar, manifestar seu mau humor ou seu descontentamento" Não é porque seu superior disse que o relatório contém vários erros numéricos que você tem que bancar o ofendido e *fechar a cara*. (www.caiuaficha.com.br/testeqe/79a50.html; acesso em 04/10/05) = *faire la gueule; faire la moue; faire la tête*

fechar as portas 1. "falir" A subvenção foi suspensa em janeiro e desde então o SOS tem pedido à população ajuda para não *fechar as portas*. (www.ilustrado.com.br/noticias.php?edi=010504&id=00000064; acesso em 23/05/04) = *fermer boutique; fermer les portes* [1]. **2.** "negar uma oportunidade" O Brasil forma seis mil doutores por ano; não vamos virar as costas para os que já estão aí, mas não podemos *fechar as portas* para os que estão ingressando. (www.jornaldaciencia.org.br/Detalhe.jsp?id=12564; acesso em 23/05/04) = *fermer les portes* [2]

fechar o parêntese "pôr fim a uma digressão" Em um próximo capítulo, nesse mesmo canal, voltaremos ao delicadíssimo tema. Agora, me permita *fechar o parêntese*. (diegocasagrande.com.br/pages/artigos/view.php?uid=218; acesso em 03/03/06) = *fermer la parenthèse*

fechar os olhos (fazer vista grossa) "procurar ignorar" O partido que jamais admitiu deslizes de seus adversários *fechou os olhos* para o esquema de corrupção montado por seus dirigentes [...] (www.radiobras.gov.br/anteriores/2005/sinopses_2908.htm; acesso em 03/10/05) = *fermer les yeux*

fechar-se em copas "calar-se por conveniência" Ex-deputado federal, Eni Voltolini (PP) resolveu mesmo *fechar-se em copas* sobre a política em Joinville e no Estado. (an.uol.com.br/2004/abr/09/0alc.htm; acesso em 23/05/04) = *garder le silence*

feijão-com-arroz "algo comum, rotineiro" Mais uma vez, a Alemanha jogou seu futebol retranqueiro e *feijão-com-arroz*, fez um golzinho miserável e avançou na classificação [...]. (www.concatenum.com/?arquivo=2002_06; acesso em 23/05/04) = *monnaie parlée*

feio de doer (feio que dói) "muito feio" A descrição que Platão, seu amigo, formou foi que Sócrates era feio de doer, mas era extremamente simpático. (www.chpr.com.br/wir/schueler/ibfolder/9klasse2002/clarice/socrates.html; acesso em 23/05/04) = *laid comme un pou*

feio que dói (feio de doer) "muito feio" Suzana me dizia: 'O Paulo é *feio que dói*, mas é muito romântico. (marieclaire.globo.com/edic/ed106/rep_suzana1.htm; acesso em 23/05/04) = *laid comme un pou*

feliz como uma criança "muito feliz" Naquela noite eu dormi tranqüila e acordei *feliz como uma criança* quando a luz do sol invadiu meu quarto. (www.rangonamadrugada.blogger.com.br; acesso em 11/04/05) = *heureux comme un pape; heureux comme un poisson (dans l'eau); heureux comme un roi*

fica elas por elas "tem-se a contrapartida" Por outro lado, como a economia vem crescendo meio ponto percentual acima do projetado, *fica elas por elas*. (www.eco.unicamp.br/artigos/artigo7.html; acesso em 29/03/04) = *c'est un prêté pour un rendu*

ficar branco de medo "estar com muito medo" O criado *ficou branco de medo*, porque era justamente um dos larápios. (jangadabrasil.com.br/revista/setembro82/especial04.asp; acesso em 21/02/06) = *avoir une peur bleue*

ficar com a pulga atrás da orelha "preocupar-se, ficar desconfiado" Um amigo meu disse que pode ser sim por puro e simples respeito e carinho, mas eu *fiquei com a "pulga atrás da orelha"*... (www.bruneca.com.br/blog; acesso em 27/08/04) = *avoir la puce à (derrière) l'oreille*

ficar com cara de tacho "ficar estupefato" Para não *ficar com cara de tacho* no acostamento, é fundamental fazer uma revisão no carro antes de colocar o pé na estrada! (www.canalkids.com.br/cidadania/autoban/revisao.htm; acesso em 11/11/04) = *rester [en] comme deux ronds de flan*

ficar com dedos "agir com cuidados para se relacionar com alguém" Mas a opinião pública não entendeu por que o Governo Fernando Henrique não teve escrúpulo de usar métodos condenáveis para evitar investigação da banda pobre da administração federal e *fica com dedos* para conseguir do Congresso reformas que está devendo desde quando deu prioridade à reeleição em causa própria. (www.radiobras.gov.br/anteriores/2001/sinopses_1305.htm; acesso em 11/05/05) = *mettre des gants*

ficar de cabelos brancos (esquentar a cabeça) "preocupar-se muito" Se alguém, papai ou mamãe, se rebelar contra esse fato, que já está se tornando comum, é *ficar de cabelos brancos* antes da hora. (www.lpnet.com.br/cronicas/cronicas.asp?id=68; acesso em 02/10/05) = *faire [se] de la bile; faire [se] du mauvais sang; faire [se] des cheveux blancs*

ficar de cama "ficar em repouso quando doente" Eu tinha que *ficar de cama* a maior parte do tempo com dores, pois minhas pernas não me davam suporte e tinha extrema dificuldade de andar e sentar. (www.vertex.com.br/users/san/relato4.htm; 06/04/05) = *garder la chambre*

ficar de cara amarrada (amarrar a cara; fazer cara feia; fechar a cara; ficar de cara fechada; ficar de cara feia; ficar de cara virada) "emburrar, manifestar seu mau humor ou seu descontentamento" Nem pense em *ficar de cara amarrada* e se trancar no quarto! Uma pessoa alegre, de bem com a vida, tem mais pontos para atrair pretendentes. (www2.uol.com.br/simbolo/atrevida/1200/namorado03.htm; acesso em 04/10/05) = *faire la gueule; faire la moue; faire la tête*

ficar de cara fechada (amarrar a cara; fazer cara feia fechar a cara; ficar de cara amarrada; ficar de cara feia; ficar de cara virada) "emburrar, manifestar seu mau humor ou seu descontentamento" É falsa a idéia de que para ser respeitado precisa *ficar de cara fechada*. A submissão dos subordinados gera mais contrariedade no inconsciente do grupo. (www.sol.med.br/amelhoropcao.htm; acesso em 04/10/05) = *faire la gueule; faire la moue; faire la tête*

ficar de cara feia (amarrar a cara; fazer cara feia; fechar a cara; ficar de cara amarrada; ficar de cara fechada; ficar de cara virada) "emburrar, manifestar seu mau humor ou seu descontentamento" Nem todo mundo pensa como você e não vai adiantar nada *ficar de cara feia* quando for contrariado. Aprenda a relaxar!

(orepelobrasil.com.br/ped.asp?id=13; acesso em 04/10/05) = *faire la gueule; faire la moue; faire la tête*

ficar de cara virada (amarrar a cara; fechar a cara; fazer cara feia; ficar de cara amarrada; ficar de cara fechada; ficar de cara feia) "emburrar, manifestar seu mau humor ou seu descontentamento" Vai te levar a algum lugar *ficar de cara virada* para o mundo? Claro que não [...] (www.virgula.com.br/boysandgirls/nota.php?tipo=N&id=28; acesso em 04/10/05) = *faire la gueule; faire la moue; faire la tête*

ficar de fora "não fazer parte de algo, não ser incluído" O all-star Allen Iverson irá *ficar de fora* pelo resto da temporada regular da NBA. (www.liveitlive.com.br/pt/index.php?time=20; acesso em 23/05/04) = *être sur la touche; ne pas être dans le coup; rester sur la touche*

ficar de olho "vigiar constantemente" Cada vez mais, o consumidor deve *ficar de olho* no desperdício para evitar o crescimento da conta de luz. (clipping.planejamento.gov.br/Noticias.asp?NOTCod=216785; acesso em 06/02/06) = *avoir à l'oeil; avoir l'œil dessus; veiller au grain*

ficar de orelha em pé "ficar atento" O governo, pois, desacredita a própria política, fazendo com que o investidor *fique de orelha em pé* com o que possa acontecer. (clipping.planejamento.gov.br/Noticias.asp?NOTCod=166350; acesso em 17/09/05) = *dresser l'oreille*

ficar em segundo plano "ser deixado pra depois" Se o mais importante, o mais realizador, é ser mãe, o trabalho deve *ficar em segundo plano*. Se a carreira for o essencial, a família vai ficar atrás [...] (www.bolsademulher.com/hotsite/didm/materia1_texto.html; acesso em 11/11/04) = *rester en plan*

ficar entalado na garganta (estar atravessado na garganta) "não ser admitido, aceito, incomodar" O gol perdido contra o Uruguai *ficou entalado na garganta* de Pelé. Ele se desfez do fantasma ao se despedir do futebol em Bauru. (viomundo.globo.com/site.php?nome=MinhaCabeca&edicao=115; acesso em 05/05/05) = *rester sur l'estomac*

ficar na rabeira "ficar em desvantagem, não progredir como os outros do grupo" Muitos desenvolvedores brasileiros (existem exceções) costumam *ficar na "rabeira"* dos desenvolvedores estrangeiros. Isso geralmente resulta em adaptações atrasadas do que já existe lá fora. (dev.mobbi.com/2008/03/07/iphone-sdk-uma-boa-hora-para-pegar-o-bonde/; acesso em 11/06/08) = *rester à la traîne*

ficar para as calendas gregas (ficar para o dia de São Nunca) "adiar para uma data indeterminada, para nunca" [...] e o discurso de agradecimento programado *ficou para as calendas gregas*. (www.gob.org.br/Default/coletanea_ arquivos/documentos/5deagosto.htm; acesso em 11/05/05) = *remettre aux calendes grecques; renvoyer aux calendes grecques*

ficar para o dia de São Nunca (ficar para as calendas gregas) "adiar para uma data indeterminada, para nunca" Mas é tarde: a chance de o dinheiro voltar para a viúva *fica para o dia de São Nunca*. (www.radiobras.gov.br/anteriores/2002/sinopses_1903.htm; acesso em 11/05/05) = *remettre aux calendes grecques; renvoyer aux calendes grecques*

ficar para trás "ficar em desvantagem, não progredir como os outros do grupo" E para não *ficar para trás*, pequenas e médias empresas investem em tecnologia e aumentam a produtividade e a qualidade de seus produtos e serviços. (tvbahia.ibahia.globo.com/programa/programa_destaques.asp; acesso em 24/05/04) = *rester à la traîne*

ficar por baixo (levar a pior) "ser derrotado, vencido em um combate físico, intelectual" Agora Eduardo tinha por obrigação conseguir o mesmo feito de seu companheiro de equipe para *não ficar por baixo*. (www.clubedexadrez.com.br/portal/copichess/regfg.htm; acesso em 06/02/06) = *avoir le dessous*

ficar por cima (levar a melhor) "ter vantagem sobre alguém" Elas também riem de piadas e comentários que não entendem, apenas para *'ficar por cima'*. (www.mysteri.hpg.ig.com.br/patty.htm; acesso em 21/02/06) = *avoir le dessus; avoir le meilleur; emporter le morceau; enlever le morceau; prendre le meilleur*

ficar todo cheio (de si) "ficar muito satisfeito, muito contente de si mesmo" *Fica todo cheio de si* ao pensar que choramos por você... Saiba que não fazemos um terço do que somos capazes... as capacidades que vocês conhecem são poucas... (mannuu.blogger.com.br; acesso em 24/03/06) = *avoir les chevilles qui enflent; avoir les chevilles qui gonflent; boire du petit lait*

ficar plantado "esperar em pé, no mesmo lugar, por um bom tempo" Muito mais perigosas são as cidades que fazem a gente *ficar plantado* no sofá com três controles remotos na mão por total falta do que fazer na rua [...] (www.cefetsp.br/edu/sinergia/8p4c.html; acesso em 02/10/05) = *faire le pied de grue; faire le poireau*

ficar pra titia "ficar solteira" Sei que corro o risco de *ficar pra titia*, já estou com 23 anos e o tempo não perdoa ninguém. (www.kritz.blogger.com.br/2004_02_08_ archive.html; acesso em 24/05/04) = *coiffer sainte Catherine*

ficar uma pilha "ficar muito nervoso" Problemas sempre vão existir, e eu não vou *ficar uma pilha de nervos* com coisas pequenas. (engels.blogger.com.br/2003_02_16_archive.html; acesso em 13/12/04) = *mettre [se] en boule*

fila indiana "fila em que um se coloca atrás do outro" Os poucos carros que seguiram na pista *ficaram em fila indiana*, atrás do safety car. (www.netesportes.com/speedway/f_um/t2002/melbourne.asp; acesso em 03/04/04) = *file indienne*

filhinho(a) de (da) mamãe (filhinho(a) de (do) papai) "jovem ou adulto mimado, que não trabalha e tem tudo o que quer" O caso se agravou quando descobri que a progenitora comprava as roupas dele. Sim, eu estava namorando um clássico *filhinho da mamãe*. (www1.uol.com.br/02neuronio/fashion/fashion52.htm; acesso em 24/05/04) = *gosse de riche; fils à papa*

filhinho(a) de (do) papai (filhinho(a) de (do) mamãe) "jovem ou adulto mimado, que não trabalha e tem tudo o que quer" Acho que 90% que se vê de banda bad boy, tatuadinho, com cabelo pintado, é tudo *filhinho de papai*, almofadinha. (www.odarainternet.com.br/supers/musica/skank.htm; acesso em 24/05/04) = *fils à papa; gosse de riche*

fio condutor (fio de Ariadne) "princípio que orienta uma conduta, uma busca" A partilha dos bens é o *fio condutor* da história das irmãs que, ainda sob o impacto da perda, se desentendem quanto ao destino dos objetos. (www.cinetv.com.br/cinetv-html/partilha.html; acesso em 24/05/04) = *fil conducteur; fil d'Ariane*

fio de Ariadne (fio condutor) "princípio que orienta uma conduta, uma busca" Ou estamos num túnel que parece não ter mais fim e subitamente lá longe o fio de uma luzinha - o *fio de Ariadne*! (www.rioartecultura.com/guggenheim.htm; acesso em 24/05/04) = *fil d'Ariane; fil conducteur*

fogo cruzado "situação conflituosa entre lados opostos" O presidente nacional do PT prega cautela e calma, mas sabe que comanda uma legenda sob *fogo cruzado*. Como se não bastasse a tensão da corrida eleitoral, ele atua como bombeiro em várias frentes (...). (clipping.planejamento.gov.br/Noticias.asp?NOTCod=144008; acesso em 13/09/04) = *feu croisé*

fogo de palha "algo que dura pouco". Apesar disso, a companhia de Bill Gates colecionou mais vitórias do que derrotas nos tribunais em 2001, e a ameaça de divisão não passou de *fogo de palha*. (www.interdata.com.br/Asp/SiteInterdata/informativo_detalhe.asp?Cod_informativo=22; acesso em 24/05/04) = *feu de paille*

fome de leão "fome exagerada" Ficar em jejum apenas vai levar você para o almoço com uma *fome de leão*! (www.superacao.net/newsletter15082001.htm; acesso em 24/05/04) = *appétit de loup; appétiit d'ogre; faim de loup*

fora de ação (fora de combate) "sem condições de fazer qualquer coisa, sem poder fazer nada" Caso você se lesione, poderá ficar *fora de ação* por algum tempo. Lesões como entorses e torções podem levar semanas para serem curadas. (www.copacabana runners.net/boa-forma-garotas.html; acesso em 24/05/04) = *hors de combat*

fora de alcance "impossível de realizar" Valorize o que já tem em vez de sonhar com o que está *fora de alcance*. (www.joaobidu.com.br/horoscopo_semana.php; acesso em 24/05/04) = *hors de portée*

fora de combate (fora de ação) "sem condições de fazer qualquer coisa, sem poder fazer nada" Em seguida, tive um acidente de carro e fiquei um mês *fora de combate*. (marieclaire. globo.com/edic/ed126/eu_leitora1a.htm; acesso em 24/05/04) = *hors de combat*

fora de órbita (fora do ar) "em estado anormal, alheio à realidade" Você só se dá conta que está *fora de órbita* quando seu quarto não é mais o mesmo, quando suas notas baixam e sua vida gira em torno deste outro ser [...]. (www.namorando.com.br/abc/?f=bw==; acesso em 24/05/04) = *à côté de ses pompes*

fora de série "excepcional" Por melhor que seja o disco – e ele realmente é *fora de série* – o papel de Clapton é o de um profeta [...]. (www.rockwave.com.br/lancamentos/lanca00040; acesso em 24/05/04) = *hors concours; hors pair; hors série* [1]

fora de si "transtornado, sem conseguir se controlar" *Fora de si*, ele se levanta, procura debaixo da cama, dos móveis; derruba uma cadeira; e, no meio do quarto, olha em torno, sem compreender. (www.olharliterario.hpg.com.br/asgemeas.htm; acesso em 28/05/04) = *hors de soi*

fora do ar (fora de órbita) "um pouco letárgico ou sem raciocinar direito, por efeito de alguma doença, choque etc." Tem um problema mental e toma muitos tranqüilizantes. Todos brincam que ele trabalha meio *fora do ar*. (www.redetv.com.br/programas/paniconatv/index.aspx?pcd=145; acesso em 27/08/04) = *à coté de ses pompes; dans le cirage*

forçar a barra "exagerar, passar dos limites" Também não sou petista, mas é fato que a revista *forçou a barra*, se calou durante os anos FHC e agora resolve praticar jornalismo investigativo? Dá licença! (www.fazendomedia.com/diaadia/nota100806.htm; acesso em 16/06/08) = *tirer sur la corde; tirer sur la ficelle*

forçar a barra de "impor algo a alguém contra sua vontade" Mas é importante que entrem em um acordo mínimo de convivência, sem *forçar a barra*, um respeitando o limite do outro. (www2.uol.com.br/topbaby/conteudo/secoes/gravidez/368.html; acesso em 28/05/04) = *forcer la main*

frio de rachar "frio intenso" Estava-se no fim da manhã, a neblina começava a levantar, mas continuava a fazer um *frio de rachar*. (geocities.yahoo.com.br/nuno_teixeira_2000/ongs/unicef/unicef4.html; acesso em 23/05/04) = *froid de canard*

fruto proibido "qualquer coisa que, por ser proibida, se mostra mais cobiçada e tentadora" Como o povo relutava em aceitá-la como alimento, Parmentier usou um truque: guardou a batata sob forte proteção armada. Bastou isso para que o povo se empenhasse em provar desse *"fruto proibido"*. (www.agroclubes.com.br/ficha_tecnica/fichas.asp?ficha=450&codigo_produto=450; acesso em 26/07/04) = *fruit défendu*

fugir da raia "evitar enfrentar ou escapar de situação adversa ou compromisso." Diante da enorme quantidade de informação que hoje é oferecida aos jovens, os pais não têm mais como *"fugir da raia"*. (www.wmulher.com.br/template.asp?canal= etiqueta&id_mater=1762; acesso em 28/05/04) = *passer à travers les mailles du filet*

fundir a cuca (quebrar a cabeça) "pensar muito para procurar resolver um problema" Um jogo já clássico no seu estilo, que você agora pode levar para qualquer lugar, seja para relaxar ou para *fundir a cuca* tentando resolver os desafios propostos pela brilhante equipe do Sonic Team. (http://pt.wikipedia.org/wiki/Chu_Chu_Rocket!; acesso em 16/06/08) = *creuser [se] la cervelle; creuser [se] la tête*

fundo do baú "onde estão coisas antigas, de pequeno valor" A Festa do Coyote continua animando as quartas com show de Rock de Minissaia, que traz repertório de músicas tiradas do *fundo do baú*. (jc.uol.com.br/shows.php?dth=2004-05-26; acesso em 28/05/04) = *fond de tiroir*

g | G

galinha dos ovos de ouro "aquilo que proporciona riqueza" O Brasil era uma espécie de *galinha dos ovos de ouro* de Portugal, a quem tinha de fornecer riquezas e mais riquezas, mesmo à custa de muito sacrifício. (www.canalkids.com.br/cultura/historia/galinha.htm; acesso em 29/05/04) = *assiette au beurre; vache à lait*

ganhar a cena (ocupar a primeira fila) "estar em evidência" Serviço pioneiro em todo o Brasil na utilização da informática para consulta sobre veículos, o Detran virtual de Pernambuco deve *ganhar a cena.* (www2.uol.com.br/JC/conexaoweb/zo131100d.htm; acesso em 25/03/08) = *occuper le devant de la scène*

ganhar a vida "viver de seu trabalho" Existe uma maneira de conseguir *ganhar a vida* fazendo o que se gosta, mas naturalmente existem compromissos e sacrifícios. (www.aventura.com.br/projetos.htm; acesso em 29/05/04) = *gagner sa vie*

ganhar o pão (de cada dia) "trabalhar duro para ganhar o suficiente para sua subsistência" Para o cidadão comum, que precisa *ganhar o pão de cada dia,* viver é apenas sobreviver fisicamente. (www.clinicanephron.com.br/mensagem_diretor.htm; acesso em 29/05/04) = *gagner sa croûte*

ganhar terreno "avançar enquanto se espera por algo" Hernández afirma que tanto o governo quanto a oposição buscam *ganhar terreno* à espera do referendo revogatório previsto para o ano que vem. (www.maurinto.pro.br/atualidades/venezuela.asp; acesso em 29/05/04) = *gagner du terrain*

gastar sola de sapato "andar muito à procura de alguém, de algo ou de uma solução" Basta *gastar sola de sapato,* ir ao local e levantar as informações necessárias. (www.opusmultipla.com.br/sitenovo/happy_main.asp?idHappy=11; acesso em 29/05/04) = *battre la semelle*

golpe baixo (golpe sujo) "ato desonesto" *Golpe baixo* no bolso; Longe de serem coisas do passado, os contos do vigário estão cada vez mais bem elaborados e continuam pegando muita gente de gaiato. (www.bolsademulher.com/revista/6.2039.2672/golpe_baixo_no_bolso.html; acesso em 23/02/06) = *coup bas; mauvais coup*

golpe de misericórdia "ação feita para acabar com algo que já estava em decadência" A mudança da capital foi um *golpe de misericórdia* para a já enfraquecida Roma. (www.historiadaarte.com.br/bizantina.html; acesso em 29/05/04) = *coup de grâce*

golpe de mestre "ação que denota grande habilidade" O que ele apresentava como um *golpe de mestre,* ao renunciar ao governo do Rio, virou motivo de chacota. (www.bafafa.com.br/noticias.asp?cod_categoria=4&cod_subcategoria=1&cod_noticia=119; acesso em 29/05/04) = *coup de maître; tour de force*

golpe duro "situação difícil, decepcionante" *Golpe duro* contra a Democracia. Como outro articulista escreveu, mudar a regra agora é uma traição democrática. (forum.aol.com.br/foro.php?id_top=1&id_cat=41&id_subcat=198&id_foro=4298; acesso em 21/04/05) = *coup dur; sale coup (pour la fanfare)*

golpe sujo (golpe baixo) "ato desonesto" Esta tentativa de derrubar a cientista americana não passa de um *golpe sujo* da indústria, que não tem como provar a segurança dos OGMs. (www.idec.org.br/files/BOLETIM%2054.doc; acesso em 29/05/04) = *coup bas; mauvais coup*

gostar de sombra e água fresca "ser preguiçoso, gostar só do que é fácil" Deus está aonde você o coloca: não gosto de suar, gosto de *sombra e água fresca* [...] (psyfotos.gigafoto.com.br/?id_foto=998242; acesso em 02/11/04) = *avoir un poil dans la main*

gosto de cabo de guarda-chuva na boca "gosto ruim na boca (seco e amargo) após uma bebedeira" A verdade é que há muita gente importante por aí acordando com *gosto de cabo de guarda-chuva na boca.* (www.diariodecuiaba.com.br/detalhe.php?cod=180223&edicao=10915&anterior=1; acesso em 2/11/04) = *gueule de bois*

gota d'água que faz transbordar "acontecimento que torna uma situação insustentável" Um abaixo assinado em favor do aumento salarial, apoiado por todos os 20 vereadores joseenses, foi a *gota d'água que fez transbordar* a crise política. (www.datasafe.com.br/noticias/abrirnoticias.asp?idnot=6687; acesso em 06/04/05) = *goutte d'eau qui fait déborder (le vase)*

grão de loucura "um pouco de irresponsabilidade e atrevimento" [culto] Ao narrar aquele que foi o maior sufoco de sua carreira, mostra que é preciso ter um *grão de loucura* para ser grande em sua área. (www.terra.com.br/istoe/1755/artes/1755_sinfonia_de_beleza.htm; acesso em 06/04/05) = *grain de folie* [coloquial]

gritar aos quatro cantos (botar a boca no mundo; botar a boca no trombone; meter a boca no trombone) "falar algo para todo mundo" Os paulistanos adoram *gritar aos quatro cantos* que São Paulo é a terra da diversidade, que tem gente de todos os tipos, cores, raças, etc [...] (www.maisoumenas.blogger.com.br/2004_04_01_archive.html; acesso em 14/05/04) = *crier sur les toits*

guerra de nervos "disputa em que se pretende fazer o adversário perder o autocontrole" Por isso, o diálogo é fundamental. Se não parar para conversar, ouvir e falar, fica aquela *guerra de nervos*. (www.homemdemello.com.br/psicologia/paisefilhos.htm; acesso em 30/05/04) = *guerre de nerfs*

h | H

história da carochinha (conversa fiada [1]; conversa mole [1]; conversa pra boi dormir; história pra boi dormir) "discurso falso, que visa a enganar" Aquela história de que "algumas pessoas são mais inteligentes do que outras" é *história da carochinha*. (www.camarabrasileira.com/condicionamento1.htm; acesso em 30/05/04) = *conte à dormir debout; histoire à dormir debout*

história do arco-da-velha "histórias, interessantes e fantásticas" Nosso querido Pepe que fez história como um dos maiores extremas do futebol brasileiro, agora nos brinda com algumas *histórias do arco-da-velha*, fruto de sua movimentada vida profissional. (www.detrivela.com.br/historias/casos.htm; acesso em 11/04/05) = *histoire de brigand*

história pra boi dormir (conversa fiada [1]; conversa mole [1]; conversa pra boi dormir; história da carochinha) "discurso falso, que visa a enganar" [...] prometem educação, saúde e dignidade aos brasileiros, porém, mais da metade do que é dito durante a campanha eleitoral é *história pra boi dormir*. (www.revistatpm.com.br/colunas_tpm/index_materia.php?id=14&col=6; acesso em 30/05/04) = *conte à dormir debout; histoire à dormir debout*

homem da rua (homem do povo) "indivíduo que pertence à camada popular da sociedade" E na sua ironia tão ilustrativa, o *homem da rua* já se habituara a dizer que 'o Brasil só caminhava de noite, aproveitando as horas em que os políticos dormiam' [...]. (www.schwartzman.org.br/simon/atualidad.htm; acesso em 30/05/04) = *homme de la rue*

homem da sociedade "indivíduo que pertence à elite social" Tanto a novelesca investigação de paternidade de uma família badalada naquele tempo como o desfecho fatal, em Búzios, de uma briga entre um caseiro e um *homem da sociedade* mostram que alguns valores criados pela mídia são, além de equivocados, ridículos. (observatorio.ultimosegundo.ig.com.br/artigos/iq250420016.htm; acesso em 11/04/05) = *homme du monde*

homem de bem (homem direito; homem reto) "indivíduo honesto" Não se pode negar ao *homem de bem* a possibilidade de defender-se e à sua família. (www.armaria.com.br/epolicia.htm; acesso em 30/05/04) = *homme de bien*

homem de branco "médicos e enfermeiros" *Homens de branco* confabulam: dizem que me acometeu uma hemorragia que não tem causa. (www.secrel.com.br/jpoesia/ag1314johns.htm; acesso em 11/04/05) = *homme en blanc*

homem de cor "indivíduo de outra raça que não a branca, mas principalmente os negros" Devemos tratar o *homem de cor* com o mesmíssimo respeito com que tratamos o branco. (www.advir.com.br/sermoes/M_racismo.htm; acesso em 11/04/05) = *homme de couleur*

homem de letras "homem dedicado à literatura e à filosofia" [culto] Aos 16 anos, foi para o Rio de Janeiro e ingressou no curso preparatório para a Escola Naval, mas pretendia, na verdade, fazer-se *homem de letras*. (www.biblio.com.br/Templates/biografias/goulartdeandrade.htm; acesso em 30/05/04) = *homme de lettres* [coloquial]

homem de pulso "indivíduo firme, enérgico e que se impõe por sua autoridade" Para eles, para comandar um grupo cheio de estrelas como a Seleção, era necessário um *homem de pulso*. E isso o novo técnico tem de sobra. (www2.uol.com.br/JC/_2000/2010/es2010_6.htm; acesso em 11/04/05) = *homme à poigne*

homem direito (homem de bem; homem reto) "indivíduo honesto" Assim, o Barão de Mauá, que sempre foi *homem direito*, vendeu todo o seu império para conseguir sanar esse débito. (planeta.terra.com.br/lazer/santosajundiai/novo/inicio.htm; acesso em 30/05/04) = *homme de bien*

homem do povo (homem da rua) "indivíduo que pertence à camada popular da sociedade" Uma Justiça igual só poderá ser alcançada à medida que desapareça o hiato existente entre o *homem do povo* e o juiz. (www.dhnet.org.br/direitos/militantes/heliobicudo/bicudo_refjudiciario.html; acesso em 30/05/04) = *homme de la rue*

homem feito "jovem que se torna adulto" Não se assuste quando chegar a hora em que você descobrir que seu filho é um *"homem feito"*. (www.dominiofeminino.com.br/filhos/filassustando.htm; acesso em 30/05/04) = *homme fait*

homem reto (homem de bem; homem direito) "indivíduo honesto" [culto] O general era *homem reto*, justo e sincero. Sabe-se que amava muito a sua família, da mesma forma como amou sempre a sua Pátria. (www.alexandriavirtual.com.br/acervo/3/nao_tem_carater.htm; acesso em 30/05/04) = *homme de bien* [coloquial]

hora da verdade "momento decisivo quando a verdade será revelada" Mas, à medida que o tempo passava, ele sentia que a *hora da verdade* se aproximava. (www.sociedadeinuteis.pop.com.br/texts/kafka.htm; acesso em 30/05/04) = *heure de vérité*

hora do rush "período de trânsito intenso" A bomba estava escondida em um pacote, que explodiu em frente a uma agência de um banco basco, na *hora do rush* matutino. (www.brasilnews.com.br/News3.php3?CodReg=2484&edit=Mundo&Codnews=999; acesso em 30/05/04) = *heure de pointe*

hora H "momento exato em que algo acontece e em que se é colocado à prova" Sendo assim, tenho medo de na *hora H*, por causa do nervoso, meus estudos se tornarem algo em vão. (www.sejabixo.com.br/sejabixo/entrevista2.asp?id=423; acesso em 30/05/04) = *heure H*

hora(s) morta(s) "durante a madrugada" Era uma bela mulher, de cabelos escuros, vestida com roupas decotadas e chamativas que caminhava sozinha pelas ruas do bairro nas *horas mortas*. (www.orecifeassombrado.com.br/lug-afo.htm; acesso em 30/05/04) = *heures creuses*

humor de cão "grande mau humor" Todos os dias o Jarbas tinha a gloriosa missão de encher os tinteiros, o que ele fazia com um *humor de cão*. (www.gargantadaserpente.com/coral/contos/rdf_chefe.shtml; acesso em 11/04/05) = *humeur de chien*

i | I

idade do lobo "idade em que se manifesta certa exacerbação sentimental e sexual" [refere-se especialmente aos homens] O homem, quando chega à *idade do "lobo"*, vai procurar uma jovem para mostrar que continua viril. (www.webbusca.com.br/saude/artg_menopausa.htm; acesso em 31/05/04) = *démon de midi*

idéia fixa "idéia que vem sempre ao pensamento, como uma obsessão" Viria um longo período de jejum que duraria treze anos, durante os quais a diretoria viveria, comeria e dormiria com a *idéia fixa* de erguer o estádio. (www.tricolornet.com.br/tricolornet/index.php?pagina=historia2.html; acesso em 31/05/04) = *idée fixe*

ilustre desconhecido "completamente desconhecido" [ironia] Sob tortura, queriam saber quem diabos era aquele *ilustre desconhecido* com quem conversava. (www2.correioweb.com.br/cw/EDICAO_20021006/col_cro_061002.htm; acesso em 31/05/04) = *illustre inconnu*

inimigo público número 1 "aquele que constitui ameaça à ordem social" Não há indicativos de que o *inimigo público número 1*, Osama Bin Laden, será encontrado. (www.gazetadepiracicaba.com.br/mostra_noticia.asp?noticia=1013728&ordem=26180; acesso em 31/05/04) = *ennemi public numéro 1*

invadir seara alheia "entrar abusivamente no domínio de competência de outrem" E também por isso nos mutilamos uns aos outros, *invadindo a seara alheia*: nos formamos matemáticos, mas damos aulas de inglês, de alemão, do que vier [...] (www.sbempaulista.org.br/epem/anais/grupos_trabalho/gdt06-ReginaTancredi.doc; acesso em 10/05/05) = *marcher sur les plate-bandes*

inventar a roda (descobrir a América; descobrir a pólvora) "propor algo já conhecido como se fosse uma novidade" [...] trabalhar em parceria com as organizações que já detêm o conhecimento e as melhores práticas em cada área de atuação e assim evitar *inventar a roda*. (www.fiesp.com.br/consumoconsciente/ batebola.htm; acesso em 31/05/04) = *inventer la poudre; inventer le fil à couper le beurre*

inverno da vida (outono da vida) "os anos da velhice" O *inverno da vida* é tempo de meditação e revelações, porque a Bíblia diz que os velhos sonharão sonhos. (www.ipda.com.br/nova/n_pagina.asp?Codigo=249; acesso em 28/03/08) = *soir de la vie*

ir a fundo (ir fundo) "ir até as últimas conseqüências" Jamais me conformei com meias palavras e respostas incompletas, tendo sempre a necessidade de *ir a fundo* em tudo o que aprendia. (www.edconhecimento.com.br/Galeria_de_autores/Jacinta/Jacinta_machado.htm; acesso em 31/05/04) = *donner [se] à fond*

ir a pique (cair por terra; dar com os burros n'água; dar em água de barrela; ir por água abaixo; ir pro brejo) "fracassar, não servir para mais nada" Diferente é a Fucked Company, uma espécie de bolsa de apostas para ver qual será a próxima companhia pontocom a *ir a pique*. (www.estadao.com.br/ext/magazine/maga40/humor.htm; acesso em 31/05/04) = *être à l'eau; tomber à l'eau; tomber dans le lac*

ir às mil maravilhas "estar muito bem" No início do ano, tudo parecia *ir às mil maravilhas* para a Bolsa do Rio. (www.terra.com.br/dinheironaweb/205/financas/205_ultimo_recurso. htm; acesso em 31/05/04) = *baigner dans l'huile*

ir às ruas "protestar" Aposentados prometem *ir às ruas* para cobrar revisão de benefícios. (www.portusinstituto.com.br/Clipping/clipping2804.htm; acesso em 31/05/04) = *battre le pavé; descendre dans la rue*

ir com a cara de "ter simpatiza por" [...] geralmente eu demoro muito pra *ir com a cara de* uma pessoa. (paginas.terra.com.br/lazer/paydayhc/2003_01_01_merda.html; acesso em 31/05/04) = *avoir à la bonne*

ir de cabeça (entrar de cabeça) "empreender algo com empenho, sem hesitação ou sem refletir" Acho que você não deve querer abraçar tudo de uma vez e sim ser bom na área em que você quer *ir de cabeça*! (www.babooforum.com.br/idealbb/pview.asp?topicID=33250&pageNo=1&num=20; acesso em 06/01/06) = *foncer tête baissée; sauter à pieds joints*

ir desta para a melhor (bater as botas; comer capim pela raiz; comer grama pela raiz; descer ao túmulo; esticar as canelas; passar desta para melhor; vestir o pijama de madeira; virar presunto) "morrer" Já faz muitos carnavais que esse meu amigo que agora me vem à lembrança se *foi desta para a melhor* [...] (www2.correioweb.com.br/cw/2002-02-11/mat_32170.htm; acesso em 03/10/05) = *casser sa pipe; descendre au tombeau; passer l'arme à gauche*

ir direto ao ponto "não fazer rodeios" O tempo ficou tão disputado que é preciso *ir direto ao ponto* daquilo que se quer comunicar. (www.guiarh.com.br/PAGINA22R.html; acesso em 02/12/04) = *ne pas y aller par quatre chemins*

ir fundo (ir a fundo) "ir até as últimas conseqüências" De volta às origens, os sete integrantes do grupo decidiram *ir fundo* no projeto de conquistar o Brasil. (www.sambando.com.br/promocoes.html; acesso em 17/09/05) = *donner [se] à fond*

ir longe "progredir, prosperar" Naquele tempo ainda era possível se destacar, ganhar mais que os outros. Não que fosse simples, mas quem tinha talento e coragem podia *ir longe*. (www.pressing.com.br/punkdish/saudades.htm; acesso em 01/06/04) = *aller loin*

ir longe demais (passar da conta; passar da medida) "exagerar, ultrapassar o que é conveniente" Jovens em uma escola se juntam para praticar bruxaria, porém começam a *ir longe demais* sem medir conseqüências. (www.anjosnet.com.br/filmesmagia.htm; acesso em 06/02/06) = *aller [y] fort; aller trop loin; pousser le bouchon un peu loin*

irmão de leite "criança alimentada pelo leite da mesma mãe sem ser seu irmão legítimo" Adivinhando um dia que Linda gostava do moço, em vez de zelos sentiu contentamento de ver querido seu *irmão de leite* e companheiro de infância. (www.ig.com.br/paginas/novoigler/livros/til_josedealencar/vol2_cap18e19.html; acesso em 10/03/06) = *frère de lait*

irmão de sangue "aquele que tem os mesmos progenitores" Na verdade, Kuankun era o "*irmão de sangue*" de Liu Pei, que mais tarde viria a se tornar um dos reis. (www.shaolincuritiba.com.br/kuankun.html; acesso em 01/06/04) = *frère de sang*

ir na conversa (cair no laço; deixar-se levar; ir na onda; morder a isca) "deixar-se enganar" Hoje percebo o quanto é importante ouvir os nossos pais e professores em vez de *ir na conversa* de alguns amigos [...]. (www.boticario.com.br/portal/site/institucional/responsabilidadesocial_6964.asp; acesso em 01/06/04) = *laisser [s'en] conter*

ir na onda (cair no laço; deixar-se levar; ir na conversa; morder a isca) "agir ou pensar conforme os outros" [...] eu estava começando a *ir na onda* manipuladora do sistema e passando a acreditar que o meu modo de pensar e agir estava errado. (lounge.plasticdrop.com.br/main.html; acesso em 02/05/05) = *suivre le mouvement*

ironia do destino “fato tão incongruente que parece brincadeira” Mais tarde, em 1995, por *ironia do destino*, o ator caiu do seu cavalo e acabou ficando tetraplégico. (shs.cemol.com.br/reportagens/gibis/default.asp; acesso em 01/06/04) = *ironie du sort*

ir para a cidade dos pés juntos (bater as botas; comer capim pela raiz; comer grama pela raiz; descer ao túmulo; esticar as canelas; ir desta para melhor; passar desta para melhor; vestir o pijama de madeira; virar presunto) “morrer” Sabe, amiga, ontem quase *fui para a cidade dos pés juntos*!!! Minha pressão subiu muito de repente e fui parar no hospital com direito a injeção na veia e tudo. (fotolog.terra.com.br/aurearosa_2004:193; acesso em 03/10/05) = *casser sa pipe; descendre au tombeau; passer l’arme à gauche*

ir por água abaixo (dar com os burros n’água; dar em água de barrela; ir a pique; ir por água abaixo; ir pro brejo) “perder-se, não ter êxito” Se o profissional não trabalhou de forma correta, todo o serviço pode *“ir por água abaixo”*. (www1.folha.uol.com.br/folha/equilibrio/comportamento/ult602u82.shtml; acesso em 01/06/04) = *être à l’eau; tomber à l’eau; tomber dans le lac*

ir pra(s) cucuia(s) (ir pro beleléu) “não ter êxito, não virar nada” Da mesma forma, se seu plano falhar, a culpa é toda sua por ter feito o plano original *ir pras cucuias*! (www.falerpg.com.br/.../wfsection/article.php?articleid=296&PHPSESSID=0d703ad25c92927242fc0976b891ca4f; acesso em 03/03/06) = *partir en couille* [vulgar]

ir pro beleléu (ir pra(s) cucuia(s)) “não ter êxito, não virar nada” Resumindo, sua privacidade pode *ir* facilmente *para o beleléu*, juntamente com a integridade de seus dados. (www.iis.com.br/~cat/infoetc/279.htm; acesso em 03/03/06) = *partir en couille* [vulgar]

ir pro brejo (dar com os burros n’água; dar em água de barrela; ir a pique; ir por água abaixo; ir pro buraco) “perder-se, não ter êxito” Nesse meio tempo, nossos irmãos na Terra Santa vêm o turismo desaparecer, a economia *ir pro brejo* e sentem-se novamente isolados num mar de árabes hostis. (www.aleinu.com.br/textos/2003opiniao_nani1.htm; acesso em 01/06/04) = *être à l’eau; tomber à l’eau; tomber dans le lac*

ir pro buraco (dar com os burros n’água; dar em água de barrela; ir a pique; ir por água abaixo; ir pro brejo) “obter maus resultados, não se concretizar” Essas comediazinhas têm a cara da Globo, se continuar assim, o cinema nacional pode *ir pro buraco*. (www.cinemaemcena.com.br/cinemacena/forum/forum_posts.asp?TID=3485&PN=1; acesso em 01/06/04) = *être à l’eau; tomber à l’eau; tomber dans le lac*

isso é grego “isso é muito difícil, complicado” Ficam falando de aliança com esse ou aquele, e *isso é grego* para a maioria dos eleitores. (vejaonline.abril.com.br/notitia/servlet/newstorm.ns.presentation.NavigationServlet?publicationCode=; acesso em 06/01/06) = *c’est de l’hébreu; c’est du chinois*

j | J

janela aberta "ocasião de compreender, de descobrir" Para Daniel de Oliveira, "o Elos Clube de Uberaba é uma *janela aberta* para a elevação cultural e a solidariedade entre os povos". (www.uaisites.adm.br/iclas/ultima6.htm; acesso em 02/06/04) = *fenêtre ouverte*

jardim secreto 1. "lugar ou atividade preferida que se busca sempre" O aikidô é meu *jardim secreto.* (sinestesia.tehospedo.com.br; acesso em 12/04/05) = *jardin secret* [*1*]. **2.** "o mais íntimo de sua personalidade" O instinto de fazer um blog é uma coisa muito corajosa, é expor seu *jardim secreto* para pessoas que você não conhece [...] (w.recantodalua.blogger.com.br/2003_01_01_archive.html; acesso em 12/04/05) = *jardin secret* [*2*]

jogado às traças (entregue às moscas) "abandonado, esquecido" É uma vergonha a situação do ensino no Brasil, simplesmente *jogado às traças*!!! (www.ime.usp.br/~weslley/sobremim.htm; acesso em 02/06/04) = *ravitaillé par les corbeaux*

jogar água na fervura (colocar panos quentes; pôr panos quentes) "acalmar os ânimos, contemporizar" Nesses momentos precisamos *jogar água na fervura*, lembrando que temos turmas vizinhas em aula e que há limite para a vibração e para o barulho.. (www.artefatospoeticos.com/conversa.htm; acesso em 28/06/05) = *calmer le jeu*

jogar aos leões "deixar alguém numa situação difícil" E o que é de doer é ver a facilidade como nos sentimos à vontade para *jogar* um colega *aos leões* só para sermos poupados de maiores desconfortos''. (jbonline.terra.com.br/jb/papel/politica/2001/03/10/jorpol20010310004.html; acesso em 02/06/04) = *jeter aux lions*

jogar areia "dificultar o andamento de algum negócio" Passei anos alimentando sentimentos ambíguos em relação ao alemão casmurro, que parecia ter dentes só pra rosnar, vivia se preocupando com bichos e plantas cujos nomes eu sequer desconfiava e achava um lixo a maioria das coisas que eu consumia, ao mesmo tempo que admirava sua incansável teimosia em *jogar areia* nos planos de quem se preparava para tornar nosso ar, em todos os sentidos, irrespirável. (www.fgaia.org.br/homenagens/issi.html; acesso em 06/06/05) = *mettre des bâtons dans les roues; mettre des grains de sable dans les rouages*

jogar a toalha (entregar os pontos; pedir água; pedir arrego) "desistir de continuar no meio de uma atividade difícil" Diante das adversidades econômicas, algumas redes também começam a *jogar a toalha*, sem fôlego para continuar. (www.varejista.com.br/novo_site/desc_materia.asp?id=22530; acesso em 02/06/04) = *donner sa langue au chat; jeter l'éponge; lever le bras*

jogar bosta (jogar pedra [coloquial]) "criticar severamente; ofender" [vulgar] Ou para ter vontade de *jogar bosta* naquele monte de caras-de-pau que controlam o que chamamos de política do nosso país. (wwwb.click21.mypage.com.br/Myblog/visualiza_blog.asp?site=pensarpri. myblog.com.br; acesso em 17/09/06) = *chier dans les bottes*

jogar confete(s) "exaltar algo ou alguém" Habituada a dar entrevista para revistas especializadas em *jogar confete* nos famosos, durante duas horas Sheila foi bombardeada com perguntas inconvenientes. (www2.uol.com.br/trip/128/tripgirl/05.htm; acesso em 03/10/05) = *faire des fleurs*

jogar conversa fora "conversar sobre assuntos corriqueiros" Saímos de mais um dia exaustivo de trabalho e fomos direto para uma lanchonete para beber e *jogar conversa fora*. (geocities.yahoo.com.br/historiaslibertinas/menageMasculino/doisGatosUmaMulher.html; acesso em 02/06/04) = *causer de la pluie et du beau temps; parler de la pluie et du beau temps*

jogar gasolina no fogo (colocar gasolina no fogo; colocar lenha na fogueira; pôr lenha na fogueira) "inflamar conflitos já existentes ou complicar uma situação já tensa" Esta hora não é de *jogar gasolina no fogo*, nem de esperar que o Governo Lula se acabe. O importante nesse momento é procurar ajudar para sair deste impasse. (www.pernambuco.com/diario/2004/03/27/politica7_1.html; acesso em 12/05/05) = *ajouter de l'huile sur le feu; jeter de l'huile sur le feu; mettre de l'huile sur le feu; mettre le feu aux poudres*

jogar na cara 1. (esfregar na cara [1]) "objetar algo a alguém" Você costuma *jogar na cara* dos seus pais que seu irmão tem mais atenção que você? (www.terra.com.br/mulher/especiais/teste_competitiva.htm; acesso em 12/04/05) = *jeter à la face* [*1*]. **2.** (esfregar na cara [2]) "fazer algo de propósito para mostrar a alguém que se é capaz" A intenção de Juca ao se casar com Van Van era a de *jogar na cara* de Antônia que havia conseguido uma mulher bem melhor do que ela. (dirce.globo.com/Dirce/canal/0,6993,IP1255-700,00.html; acesso em 02/06/04) = *jeter à la face* [*2*]

jogar na lama "denegrir, difamar" Por que o jornalista que tem o poder de *jogar na lama* uma reputação de anos não deve ser fiscalizado e punido por seu conselho de classe? (conjur.estadao.com.br/static/comment/28805; acesso em 12/06/05) = *traîner dans la boue*

jogar nas costas "atribuir injustamente a alguém a responsabilidade de algo" Até que ponto não era o estado, ao contrário da igreja, o verdadeiro responsável pelas mortes, *jogando* tudo *nas costas* da igreja? (forum.aol.com.br/foro.php?id_top=1&id_cat=41&id_subcat=198&id_foro=5404; acesso em 10/05/05) = *mettre sur le dos*

jogar o jogo (aceitar o jogo; entrar no esquema; entrar no jogo) "aceitar o que foi acordado" Com alguma freqüência o professor não quer *jogar o jogo* que a direção da escola e as burocracias governamentais lhe impõem. (www.polbr.med.br/arquivo/cientif3.htm; acesso em 02/06/04) = *jouer le jeu*

jogar pedra (jogar bosta [vulgar]) "criticar severamente; ofender" É fácil a gente começar a *jogar pedra*. Mas [...] eu digo que não posso *jogar pedra* sem ter as provas em mãos. (www.bbcnews.com.br/index.php?p=noticias&cat=59&nome=Policia%20Federal&id=32681; acesso em 16/09/06) = *chier dans les bottes* [vulgar]

jogar poeira nos olhos "desviar a atenção do que realmente tem importância" Há pessoas que vêm aqui para *jogar poeira nos olhos* dos que participam, partem para ataques pessoais, tentando desclassificar os outros [...] (www.estadao.com.br/ext/especiais/forum/pauta/index134.htm ; acesso em 13/04/05) = *jeter de la poudre aux yeux*

jogar por terra (jogar pela janela; pôr no lixo) "ignorar, anular" Entretanto a falta de consciência e de continuidade se encarregará de *jogar por terra*, em curto prazo, os resultados alcançados. (www.institutomvc.com.br/costacurta/artpdr7_logistica_estrategia_competitividade.htm; acesso em 02/06/04) = *jeter par terre*

jogar-se aos pés (atirar-se aos pés) "submeter-se a alguém, suplicar-lhe" Quanto mais a valorizar e ficar computando os "homens" que *se jogaram aos pés* dela, estará reforçando a sua insegurança e colocando-a num pedestal cada vez perigoso [...] (vaidarcerto.com.br/consultorio2.php?dcodigo=3765; acesso em 13/04/05) = *jeter [se] aux pieds*

jogar-se nos braços (pular no pescoço) "confiar-se a alguém" Pus todo o meu coração a lhe falar, a me consagrar a ela, como uma criança que *se joga nos braços* de sua Mãe e lhe pede para velar sobre ela [...]. (www.paroqespiritosto.hpg.ig.com.br/asmais.doc; acesso em 02/06/04) = *jeter [se] au cou*

jogar verde para colher maduro "dar dissimuladamente elementos para levar alguém a dizer a verdade" O melhor é moderar a tirania, ficar na sua, dar umas dicas do tipo *jogar verde para colher maduro*, mas não pressionar a criatura contra a parede [...] (athosgls.com.br/comportamento_visualiza.php?arcd_artigo=1964&arcd_autor=39; acesso em 11/12/05) = *prêcher le faux pour sauver le vrai*

jogo de forças "disputa entre dois pólos antagônicos e poderosos" Na relação a dois não pode existir um *jogo de forças* entre os parceiros. (www.diariosp.com.br/servicos/horoscopo/default.asp?day=18&month=7&year=2003; acesso em 02/06/04) = *tour de force*

jóia rara "alguém ou alguma coisa admirável e incomum" Acho que o Roberto e o Erasmo fizeram a música para a pessoa certa, pois você é realmente uma *"jóia rara"*. (www.individualidade.com.br/mural/ vermsg.asp?tema=35&msg=2572; acesso em 02/06/04) = *oiseau rare*

jovem de espírito "disposto apesar da idade" O interessado em ser sócio precisa, naturalmente, ser simpático, *jovem de espírito*, bem humorado e estar disposto a seguir o nosso estatuto. (www.cearajeep.com.br/dowload/x%20-%20Manual%20do%20S%F3cio.doc; acesso em 02/06/04) = *jeune dans sa tête*

l | L

lágrimas de crocodilo "choro hipócrita" Robert, porém, a define melhor, falando que as lágrimas de Érika são *lágrimas de crocodilo*, apenas para criar simpatia nele. (www.realitycenter.eti.br/episodio.asp?temporada=58&id=578; acesso em 02/06/04) = *larmes de crocodile*

lamber as botas (lamber os pés; puxar o saco) "bajular alguém para ter alguma vantagem" Sempre achei o ato de *lamber as botas* de alguém um ato repugnante, mas concordei e *lambi* suas *botas* até que ela mandou que eu parasse. (geocities.yahoo.com.br/tualisi/conto10.htm; acesso em 14/04/05) = *cirer les bottes; cirer les pompes; lécher les bottes; passer de la pommade; passer la main dans le dos*

lamber os pés (lamber as botas; puxar o saco) "bajular alguém para ter alguma vantagem" [...] a MTV será uma das primeiras emissoras a ir lá *lamber os pés* da banda, pedindo entrevistas e a presença do Brian e do Roger em algum programa. (www.queennet.com.br/QN/html/modules.php?name=Forums&file=viewtopic&p= 8831; acesso em 14/04/05) = *cirer les bottes; cirer les pompes; lécher les bottes; passer de la pommade; passer la main dans le dos*

lançar âncora "estabelecer-se, fixar-se" Nesse sentido, a leitura dos "resumos" das obras indicadas não é um "porto seguro" para o vestibulando *lançar âncora*. (vestibular.unioeste.br/arq/Programas_das_Provas_(Anexo_II).pdf; acesso em 13/04/05) = *jeter l'ancre*

lançar luz sobre "elucidar o que está confuso ou enigmático" [culto] As crateras de impacto também provêem essenciais meios de estabelecer cronologias planetárias e *lançar luz sobre* as histórias evolutivas das populações [...]. (geocities.yahoo. com.br/rgregio2001/cronologia_lunar1.htm; acesso em 02/06/04) = *faire la lumière sur*

lançar-se ao mar "ousar, arriscar" [culto] Se há uma coisa de que você precisa é uma boa dose de energia e impulso para começar e arriscar no novo. Não tenha tanto medo de *se lançar ao mar* e viver uma aventura, ainda que corra certo risco. (ideias-livres.weblogger.terra.com.br; acesso em 13/04/05) = *jeter [se] à l'eau [coloquial]*

largar de mão (largar mão) "desistir, parar de tentar algo" Mesmo com tantos empecilhos, o pessoal não consegue *largar de mão* a vida musical, que, segundo Daniel, "é um caminho sem volta". (www.expoart.com.br/artigos.asp?artigo=68; acesso em 10/06/04) = *lâcher pied; lâcher prise*

largar mão (largar de mão) "desistir, parar de tentar algo" Se não acreditasse no meu trabalho, teria que *largar mão* da profissão. (esportes.aol.com.br/fornecedores/plc/2005/04/06/0009.adp; acesso em 14/04/05) = *lâcher pied; lâcher prise*

lata velha "carro velho" Você não me ajudou quando precisei empurrar essa *lata velha* e agora você está aqui, querendo meu dinheiro? (www.gerolino.blogger.com.br/2004_03_01_archive.html; acesso em 06/06/05) = *tas de boue; tas de ferraille; tas de merde*

lavar as mãos "eximir-se de qualquer responsabilidade" Mas o autor prossegue alheio a Hollywood, preferindo *lavar as mãos* quanto à filmagem de sua ficção, por não acreditar nessa metamorfose. (www.alanmooresenhordocaos.hpg.ig.com.br/artigos01.htm; acesso em 10/06/04) = *laver [s'en] les mains*

lavar roupa suja (em casa) "discutir certos assuntos apenas com os que envolvidos" Quando soube das críticas públicas feitas pela dupla, Marcos reagiu com indignação. "Todo técnico fala que os jogadores devem *lavar roupa suja em casa*. (www.unifolha.com.br/Materia/?id=3176; acesso em 10/06/04) = *laver son linge sale (en famille)*

lei da selva "situações em que os mais fortes são favorecidos" [...] o crime organizado ganha terreno e tem como maior aliado a miséria e o crescimento da informalidade, onde a lei da sobrevivência e a *lei da selva* prevalecem. (acic.2it.com.br/welcome.phtml?sec_cod=31; acesso em 10/06/04) = *loi de la jungle*

lei do silêncio "decisão de não denunciar crimes ou criminosos por medo de repressão ou vingança" Cada profissional que atua nos órgãos de defesa, de segurança, de investigação, de saúde, de educação e assistência na Rede precisa cada vez mais capacitar-se para desenvolver uma atitude comprometida com o sistema de garantia de direitos da criança e do adolescente para aproximar-se dos parceiros, fortalecer o trabalho do outro, romper a *lei do silêncio* que envolve a violência [...]. (www.marica.com.br/2003/1505uff.htm; acesso em 10/06/04) = *loi du silence*

ler nas entrelinhas "saber interpretar o que é dito ou está escrito" Para estudar é preciso saber "ler" diferentes tipos de textos e gêneros, *ler nas entrelinhas*, ler o contexto, interagir com o outro. (www.rainhadapaz.g12.br/projetos/portugues/eurecomendo2/ler.htm; acesso em 14/04/05) = *lire entre les lignes*

letra morta "leis ou regras que não são levadas em conta" [culto] O antepassado mais próximo do atual mecanismo de arbitragem – o juízo arbitral – no Código Civil de 1916, consagrou-se como *letra morta*. (www.direito.com.br/Doutrina.ASP?O=1&T=1251; acesso em 10/06/04) = *lettre morte* [coloquial]

levantar a cabeça (erguer a cabeça) "agir com coragem, sem se deixar intimidar" Para o grupo Capoeira Brasil do Ceará foi difícil no início, mas em pouco tempo conseguimos *levantar a cabeça*, e o trabalho se solidificou novamente. (www.capoeirabrasil-ce.com.br/rato.htm; acesso em 10/06/04) = *relever la tête*

levantar acampamento (levantar âncora) "preparar-se para ir embora" Com uma vantagem: como o tempo máximo permitido de permanência na Zona Sul é de duas horas, os camelôs precisariam *levantar acampamento* a cada 120 minutos. (www.litoralvirtual.com.br/opiniao/marretagem.html; acesso em 10/06/04) = *lever le camp*

levantar a mão "ameaçar bater" Quero que ele saiba que tem alguém olhando por mim e que se ele *levantar a mão* na minha direção isso não ficará impune. (www.belezapura.org.br/publique/cgi/cgilua.exe/sys/start.htm?sid=4&infoid=170; acesso em 12/06/04) = *lever la main*

levantar âncora (levantar acampamento) "partir, mudar" Tô indo. De novo, pro lugar em que devem ter enterrado meus ossinhos em outras encarnações, porque de lá não consigo *levantar âncora*, mesmo pobre de marré marré e, pior, sem ser metida a besta nem a nada. Estou me bandeando pra Paris [...] (osaiti.com.br/rumoaparis.htm; acesso em 13/04/05) = *lever l'ancre*

levar a melhor (ficar por cima) "sair vitorioso em um desafio" Com um ponto comum: se um grupo *levar a melhor*, não significa que o outro leve a pior. (www.aconfraria.com.br/laertebraga/laerte73.htm; acesso em 12/06/04) = *avoir le dessus; avoir le meilleur; emporter le morceau; enlever le morceau; prendre le dessus; prendre le meilleur*

levar a pior (ficar por baixo) "ser derrotado, vencido em um combate físico, intelectual" Nesta "guerrinha" particular entre o Governo e os empresários, como sempre, quem vai *levar a pior* é a população. (www.polibiobraga.com.br/opiniaodoleitor.asp; acesso em 06/02/06) = *avoir le dessous*

levar na cara "ser prejudicado" É cansei de tentar ajudar, ser boazinha e *levar na cara*. (www.mentalsuicide.blogger.com.br/; acesso em 12/06/04) = *prendre [en] plein la gueule*

levar na conversa (botar na cabeça; colocar na cabeça; levar no bico; levar no papo; pôr na cabeça) "inventar uma história para enganar alguém" Tentou me *levar na conversa*, alegando que precisava de alguém para fazer sua segurança pessoal. Eu estava preparado. (www.mundolegal.com.br/?FuseAction=Artigo_Detalhar&did=10390; acesso em 12/06/04) = *mener en bateau*

levar no bico (botar na cabeça; colocar na cabeça; levar na conversa; levar no papo; pôr na cabeça) "inventar uma história para enganar alguém" Eu tenho todos os advogados na minha mão, mas aquele sujeito lá em cima sempre dá um jeitinho de me *levar no bico*. (www.verbeat.com.br/blogs/pralademarrakech/arquivos/2004/10/endiabrado.html; acesso em 10/05/05) = *mener en bateau*

levar no papo (botar na cabeça; colocar na cabeça; levar na conversa; levar no bico; pôr na cabeça) "inventar uma história para enganar alguém" Não somos mais terras de índios; já sabemos de nossos deveres e obrigações, não nos deixamos mais *levar no papo*. (www.bbc.co.uk/portuguese/forum/021009_forumag.shtml; acesso em 11/05/05) = *mener en bateau*

levar tinta "fracassar" No atletismo, *levamos tinta* em todas as modalidades. Até Gustavo Kuerten foi derrotado nas quartas de final por Kafelnikov [...] (www2.uol.com.br/jornaldecampos/384/bola.htm; acesso em 05/03/06) = *prendre une gamelle; prendre une pelle; prendre une veste*

levar uma dura "ser repreendido" Nada de mais *levar uma dura*, mas policial não é pago pra bater em ninguém. (http://forum.cifraclub.terra.com.br/forum/11/133438/p3; acesso em 19/06/04) = *prendre [en] pour son grade*

levar uma rasteira "ser enganado, traído, prejudicado" Cuidado no ambiente de trabalho, pois poderá *levar uma rasteira* de quem você menos esperava. (diariodonordeste.globo.com/1999/05/03/signo.htm; acesso em 19/06/04) = *faire [se] avoir; faire [se] entuber; foutre [se] dedans*

limpar a barra (livrar a cara; salvar a face [culto]) "salvaguardar a dignidade após exposição a uma situação comprometedora" A estratégia do novo vídeo é não só a de *limpar a barra* de Michael Jackson – que foi até procurado pela polícia [...] (www.caffe.com.br/realtime/panorapido_28032003162208.shtml; acesso em 19/06/04) = *sauver la face; sauver la mine*

língua de cobra (língua ferina) "comentários sempre maledicentes sobre os outros" Olha aqui, Wu Fei, você quer fazer o favor de deixar de ser um babaca e segurar essa sua *língua de cobra* nas horas inoportunas!!! (geocities.yahoo.com.br/miscelescrit/animes/shojfinalmenteferias.htm; acesso em 14/04/05) = *langue de vipère; mauvaise langue*

língua ferina (língua de cobra) "comentários sempre maledicentes sobre os outros" É extremamente paciente quando persegue um objetivo, e possui um impiedoso senso crítico e uma *língua ferina*. (planeta.terra.com.br/arte/guiadosastros/smescor.htm; acesso em 19/06/04) = *langue de vipère; mauvaise langue*

língua solta "pessoa que fala demais e a torto e a direito" Tom Peters, o *língua solta*, volta a atacar de passagem pelo país; o polêmico guru questionou o valor das escolas de negócios. (www.icoletiva.com.br/icoletiva/secao.asp?tipo=edtec&id=70&n_page=26; acesso em 19/06/04) = *moulin à paroles*

linha de fogo "centro das atenções, foco" [...] a equipe do ministro da Fazenda, Antonio Palocci, acha que agora, finalmente, sairão da *linha de fogo* a taxa de juros e o ajuste fiscal e ganharão espaço outras medidas [...]. (www.rhcentral.com.br/noticias/noticia.asp?cod_noticia=1583; acesso em 19/06/04) = *ligne de mire*

lista negra "lista de nomes suspeitos ou a serem observados de perto" O Brasil na *lista negra* da pirataria. (www.abert.org.br/D_mostra_clipping.cfm?noticia=17420; acesso em 19/06/04) = *liste noire*

livrar a cara (limpar a barra; salvar a face [culto]) "salvaguardar a dignidade após ter se exposto em uma situação comprometedora" O segundo romance do cara contou a história de uma organização criada para *livrar a cara* de ex-nazistas. (www.omalaco.hpg.ig.com.br/doze/especial12_forsyth.htm; acesso em 19/06/04) = *sauver la face; sauver la mine*

livre como um pássaro "sem restrições nem controle" Nesse momento, enquanto lê estas linhas, você não está na prisão. Em pensamento, *livre como um pássaro*, viaja comigo no maravilhoso país das idéias. (www.espirito.org.br/portal/artigos/simonetti/o-mundo.html; acesso em 20/06/04) = *libre comme l'air*

louco de pedra (louco varrido) "aquele que tem um comportamento ou idéias muito extravagantes, completamente disparatadas" Bom, o Jânio foi o cara mais gozado que houve na comunicação brasileira, porque ele era *louco de pedra*. (www.pucrs.br/famecos/vozesrad/renatopcompl.htm; acesso em 20/06/04) = *fou à lier*

louco varrido (louco de pedra) "aquele que tem um comportamento ou idéias muito extravagantes, completamente disparatadas" Dirigiu pelo trânsito da metrópole como um *louco varrido* a ultrapassar quem estivesse pela frente. (anarcosauro.zip.net; acesso em 20/06/04) = *fou à lier*

lugar ao sol "ter oportunidade de" Afinal, você veio a este mundo não para ser reprovado, rechaçado, repelido. Você está aqui para *ter um lugar ao sol*, para vencer e triunfar. (www.guiadobuscador.com.br/gera.php?cod=194; acesso em 02/11/04) = *place au soleil*

lutar como um leão "lutar para sair de uma situação complicada; enfrentar situações difíceis com coragem" Sabedoria é compreender qual é o momento de parar de *lutar como um leão* e aceitar a perda. (www1.uol.com.br/vyaestelar/vya_estela80.htm; acesso em 20/06/04) = *battre [se] comme un lion*

lutar contra moinhos de vento "tentar algo inutilmente" [culto] Totalmente vetado pela censura, os diretores, cansados de tanto lutar contra *moinhos de vento*, cancelaram o Show Medicina. (www.medicina.ufmg.br/cememor/showmed.htm; acesso em 20/06/04) = *battre [se] contre les moulins à vent* [coloquial]

luz no fim do túnel "possibilidade de resolver um problema; saída de uma situação complicada" Trabalhando junto com outros membros da família e seu médico, você pode descobrir a *luz no fim do túnel*. A depressão afeta toda a família. (www.neurociencia.com.br/buscaPaciente.asp?topico=397&material=557&txtLocal=DEPRESSAO; acesso em 03/03/05) = *(lumière au) bout du tunnel*

m | M

macaco velho (velho de guerra) "aquele que tem grande experiência em determinado domínio" David, que já é *macaco velho* nessa arte de burlar esquemas de proteção em celulares, tendo já quebrado o código CMEA para celulares digitais, afirmou que o código GSM jamais poderia ter sido decifrado tão rapidamente se tivesse sido submetido à revisão pública. (www.iis.com.br/~cat/infoetc/19980420-gsm.htm); acesso em 10/09/04) = *vieux routier*

machucar os ouvidos "incomodar, ofender aquele que escuta" O som estava excelente, sem distorções; alto, mas *sem machucar os ouvidos*. (www.isystems.locaweb.com.br/bah/index.asp?li=4/24/2005&ls=5/1/2005; acesso em 15/09/05) = *écorcher les oreilles*

mal do século "melancolia profunda que a juventude romântica sente" [culto] "A depressão é considerada o *mal do século*", afirma a psicóloga. (osm.sulminas.com.br/noticia5.htm; acesso em 26/06/04) = *mal du siècle*

mandar às favas (mandar catar coquinho; mandar lamber sabão; mandar chupar prego; mandar passear; mandar pastar [vulgar]; mandar pentear macacos; mandar tomar banho (na soda (cáustica)) "livrar-se rispidamente de alguém importuno" O cliente pode até estar recebendo um bom serviço, entretanto, se tratado de forma inadequada, não hesitará em *mandar às favas* a tal 'fidelização'. (www.fenacon.org.br/fenaconservicos/revista94/goaround.htm; acesso em 26/06/04) = *envoyer balader; envoyer paître; envoyer promener; envoyer sur les roses; envoyer valser*

mandar catar coquinho (mandar às favas; mandar lamber sabão; mandar chupar prego; mandar passear; mandar pastar [vulgar]; mandar pentear macacos; mandar tomar banho (na soda (cáustica)) "livrar-se rispidamente de alguém importuno" Prost olhou com desgosto, pensou em *mandar* o brasileiro *"catar coquinho"*, mas engoliu a seco a vitória. (autoracing.cidadeinternet.com.br/show_rep.php?t=Reis%20da%20Chuva%20VI:%20REI%20DOS%20REIS&id=33; acesso em 16/09/05) = *envoyer balader; envoyer paître; envoyer promener; envoyer sur les roses; envoyer valser*

mandar chupar prego (mandar às favas; mandar lamber sabão; mandar passear; mandar pastar [vulgar]; mandar pentear macacos; mandar tomar banho (na soda (cáustica)) "fazer algo que não resultará em nada" Acha que é só colocar gasolina e andar. Na hora que vierem pedir para dar uma voltinha de carro, vou *mandar* todo mundo *chupar prego*. (www.broinha.com.br/CRONICAS/livro_7/uma_vaigem_fordeco.htm; acesso em 03/10/05) = *envoyer balader; envoyer paître; envoyer promener; envoyer sur les roses; envoyer valser*

mandar lamber sabão (mandar às favas; mandar catar coquinho; mandar chupar prego; mandar passear; mandar pastar [vulgar]; mandar pentear macacos; mandar tomar banho (na soda (cáustica)) "livrar-se rispidamente de alguém importuno" Cada invasão ou roubo tem suas características e talvez até seja possível se defender ou *mandar* certos espertinhos *lamber sabão*. (www.numaboa.com.br/informatica/spyware; acesso em 16/09/05) = *envoyer balader; envoyer paître; envoyer promener; envoyer sur les roses; envoyer valser*

mandar passear (mandar às favas; mandar catar coquinho; mandar chupar prego; mandar lamber sabão; mandar pastar [vulgar]; mandar pentear macacos; mandar tomar banho (na soda (cáustica)) "livrar-se rispidamente de alguém importuno" Imagine como seria maravilhoso ter segurança para *mandar passear* aquele chefe que não lhe dá valor. (financenter.terra.com.br/Index.cfm/Fuseaction/Secao/Id_Secao/891; acesso em 26/06/04) = *envoyer balader; envoyer paître; envoyer promener; envoyer sur les roses; envoyer valser*

mandar pastar (mandar às favas; mandar catar coquinho; mandar chupar prego; mandar lamber sabão; mandar passear; mandar pentear macacos; mandar tomar banho (na soda (cáustica)) "livrar-se rispidamente de alguém importuno" [vulgar] O Arthur vai se encher de você de vez e te *mandar pastar* bem longe. (geocities.yahoo.com.br/antenaweb/ofimdomundo/cap186.htm; acesso em 26/06/04) = *envoyer balader; envoyer paître; envoyer promener; envoyer sur les roses; envoyer valser*

mandar pentear macaco (mandar às favas; mandar catar coquinho; mandar chupar prego; mandar lamber sabão; mandar passear; mandar pastar [vulgar]; mandar tomar banho (na soda (cáustica)) "livrar-se rispidamente de alguém importuno" A "cura" ainda está longe. Até lá, o melhor a fazer, caro leitor, é assumir a careca e mandar os detratores dos calvos *pentear macacos*. (www.medicamentogenerico.org.br/template.php3?content_id=313061&type=L; acesso em 16/09/05) = *envoyer balader; envoyer paître; envoyer promener; envoyer sur les roses; envoyer valser*

mandar tomar banho (na soda (cáustica)) (mandar às favas; mandar catar coquinho; mandar chupar prego; mandar lamber sabão; mandar passear; mandar pastar [vulgar]; mandar pentear macacos) "livrar-se rispidamente de alguém importuno" Nossa, dá uma vontade de *mandar* aquela menina *tomar banho na soda*, porque nunca mais eu vou ter confiança nela [...] (maryanndf.weblogger.terra.com.br/200406_maryanndf_arquivo.htm; acesso em 16/09/05) = *envoyer balader; envoyer paître; envoyer promener; envoyer sur les roses; envoyer valser*

manter a linha "manter-se magro e elegante" Diminuir a quantidade de gordura saturada ingerida, comer mais fibras, beber muito líquido (de 1 a 2 litros por dia), evitar doces são exemplos de melhora no estilo de vida que se torna importantíssimo para quem quer *manter a linha*. (www.prodia.com.br/diabetes.htm; acesso em 06/04/05) = *garder la ligne*

mão-de-ferro "poder exercido com rigor e inflexibilidade" Ele conduz com uma *mão-de-ferro*, mas trata muito bem os seus guerreiros e tem feito todos relativamente ricos. (ultimosdiasdegloria.bluehosting.com.br/HTM_artigos_FR/Personalidades_reinos/Prs_rns_120305_02.htm; acesso em 27/04/05) = *bras de fer* [2]; *peau de vache*

marcar bobeira (dormir no ponto; marcar passo; marcar touca) "estar desatento e perder oportunidades" Comprar a passagem em cima da hora, ou *marcar bobeira* ao receber e checar o bilhete, exigindo depois a realização de todos os seus desejos de bordo, não vale [...]. (www.tripsatr.com.br/master_caution/atrnews_antigos/atr11_p5.htm; acesso em 01/07/04) = *louper le coche; manquer le coche; marquer le pas; rater le coche*

marcar época (fazer época) "ser marcante na história ou na vida" Mas acredito que a intenção da autora de Harry Potter não é *marcar época*, e sim vender. Nem por isso deixa de ser legal. (www.valinor.com.br/forum/archive/index.php/t-2965.html; acesso em 03/10/05) = *faire date; faire époque*

marcar passo (dormir no ponto; marcar bobeira; marcar touca) "estar desatento e perder oportunidades" Dentro dela só havia tripas, como nas galinhas comuns, e João Impaciente, logrado, continuou a *marcar passo* a vida inteira, morrendo sem vintém. (bacaninha.cidadeinternet.com.br/home/secoes/contos/galinha_dos_ovos_ouro.htm); acesso em 01/07/04) = *louper le coche; manquer le coche; marquer le pas; rater le coche*

marcar pontos "sair-se bem, ter mérito reconhecido" A organização do evento *marcou pontos* com o estacionamento de graça no Ceagesp e transporte de van até o galpão onde aconteceram os shows. (www.universomusical.com.br/materia.asp?mt=sim&cod=in&id=659; acesso em 05/01/06) = *faire un carton*

maré de azar "definitivo, irreversível" Nunca tive uma *maré de azar* tão grande. Perdemos a consistência do time titular e teremos de ganhar ritmo de jogo durante a primeira fase. (www.gazetaesportiva.net/reportagem/volei/rep013.htm; acesso em 29/04/05) = *série noire*

marinheiro de primeira viagem "aquele que faz algo pela primeira vez" Portanto, se você é *marinheiro de primeira viagem*, estes cães não são os mais aconselháveis para você. (www.dogtimes.com.br/adestramento13.htm; acesso em 01/07/04) = *premier communiant*

martelar nos ouvidos "aborrecer repetindo sempre a mesma coisa" Os antigos protestos voltaram a *martelar nos ouvidos* dos responsáveis. (www.diariopopular.com.br/05_01_04/ editorial.html; acesso em 11/05/05) = *rebattre les oreilles*

matar a galinha dos ovos de ouro "acabar com uma fonte de lucros por ganância ou impaciência" Respeitemos o que sobrou desse importante ecossistema na Costa do Descobrimento! Não vamos *"matar a galinha dos ovos de ouro"*! (www.cidadesimples.com.br/pat/ecossistemas; acesso em 01/07/04) = *tuer la poule aux œufs d'or*

matar dois coelhos (com uma cajadada só) "resolver dois problemas diferentes de uma só vez" Se for mesmo à França, Toninho Silva pode aproveitar para *"matar dois coelhos com uma cajadada só"*. (www.futebolinterior.com.br/news/newsclube.php?nid=55967; acesso em 01/07/04) = *faire coup doublé; faire d'une pierre deux coups*

matar no ninho "impedir que algo se desenvolva" *Matar no ninho* a iniciativa popular de discutir o nepotismo na Câmara Municipal, seja ela de iniciativa de militantes desse ou daquele partido, foi medo mesmo, faltaram argumentos no ninho? (www.folhadaregiao.com.br/ 20050527/entrelinhas.html; acesso em 01/07/04) = *tuer dans l'oeuf*

matar o tempo "ocupar o tempo para que ele passe mais facilmente" Como ela deveria esperar por muitas horas, resolveu comprar um livro para *matar o tempo* e também comprou um pacote de biscoitos. (www.varejista.com.br/novo_site/desc_materia.asp?id=18030; acesso em 09/07/04) = *tuer le temps*

matar um leão "ser combativo e cheio de energia" Vou ter que *matar um leão* todo dia para mostrar que tenho condições de jogar no Cruzeiro. (www.mafiaazul.com.br/noticias.asp?cod=3195; acesso em 10/05/05) = *manger du lion*

mau pedaço (maus bocados) "maus momentos" O pobre coitado passou por um *mau pedaço*, estendido na câmara de tortura e tudo o mais, só sendo salvo do fogo quando se retratou. (www.conceitotecnologia.com.br/entretenimento/index_foiassim.htm; acesso em 06/01/06) = *mauvais quart d'heure*

maus bocados (mau pedaço) "maus momentos" O cantor Belo passou por *maus bocados* no último ano, após ter sido acusado de associação ao tráfico de drogas. (www.radiocidadejf.com.br/cidade_news.htm; acesso em 09/07/04) = *mauvais quart d'heure*

medir as palavras "ponderar o que dizer" [...] sobre como é ser um homossexual é quase tão complicado quanto contar para a família sobre sua sexualidade: você tem que *medir as palavras*, pensar bastante [...]. (www.xteens.com.br/relatos/index.asp; acesso em 09/07/04) = *peser ses mots*

meio alto "levemente alcoolizado" Uma noite, cheguei em casa *meio alto* por umas cervejas a mais que havia bebido [...]. (www.galinhas.com.br/contos/filhaempregada.htm; acesso em 09/07/04) = *en goguette*

memória de elefante "extraordinária capacidade de se lembrar de tudo" Achava que ela não se lembrava mais do aniversário, ledo engano. Minha pequena tem *memória de elefante*. (mundodemaeefilha.blogger.com.br/2003_07_20_archive.html; acesso em 09/07/04) = *mémoire d'éléphant*

menino de rua "criança que não tem família ou que foge para viver nas ruas" *Menino de rua* desde os 6 anos de idade, sem família, entrou para o tráfico e atualmente, com 17 anos, está detido. (www.baraoemfoco.com.br/barao/educacao/menino/menino.htm; acesso em 09/07/04) = *gamin des rues*

mensageiro do apocalipse "aquele que está sempre anunciando a infelicidade, contando os eventos funestos" Francamente, sem querer ser *mensageiro do apocalipse*, não confio nesse time do Bahia, pelos resultados que ele próprio produziu. (www.ecbahia.com.br/imprensa/opiniao/ar_050904.asp; acesso em 05/03/06) = *prophète de malheur*

meter a boca (baixar o pau; baixar o sarrafo; descer a lenha; descer o pau; meter a lenha; meter o pau) "falar mal de alguém ou de alguma coisa" E já que o momento é de protesto, todos estão aproveitando para *meter a boca* nos guardas municipais [...]. (www.bemnafoto.com.br/colunas.php?idColuna=15&idCidade=2; acesso em

13/07/04) = *casser du sucre sur le dos; déchirer à belles dents; descendre en flammes; renvoyer dans les cordes*

meter a boca no trombone (botar a boca no mundo; botar a boca no trombone; gritar aos quatro ventos) "falar algo para todo mundo" Reforma alguma dará certo neste país, se este tipo de permissão para legalizar a impunidade passar. Desta vez, temos mesmo que *meter a boca no trombone.* (www.palanquemarginal.com.br/arquivo/site82/editorial.htm; acesso em 13/07/04) = *crier sur les toits*

meter a colher (dar pitaco; meter o bedelho; meter o bico; meter o nariz) "intrometer-se" O poder público deve *meter a colher*, sim, criando mais delegacias especializadas, mais casas de acolhimento à mulher. (www.senado.gov.br/agencia/noticias/2003/11/not251.asp; acesso em 13/07/04) = *ajouter son grain de sel; mettre son grain de sel; fourrer son nez*

meter a lenha (baixar o pau; baixar o sarrafo; descer a lenha; descer o pau; meter a boca; meter a lenha; meter o pau) "falar mal de alguém ou de alguma coisa" As pessoas deveriam assistir e criticar de forma construtiva, não *meter a lenha* por puro preconceito. (uaimix.iphotel.com.br/cinema/filmes_interna.asp?codigo=127&comentarios=todos; acesso em 25/11/04) = *casser du sucre sur le dos; déchirer à belles dents; descendre en flammes; renvoyer dans les cordes*

meter o bedelho (dar pitaco; meter a colher; meter o bico; meter o nariz) "intrometer-se" Agora me responda, se o que a comunidade quer é assinar um papel, por que a Igreja tem que *'meter o bedelho'* onde não é chamada? (www.br.inter.net/interfel/ exibe_passarela.php?id_noticia=123798; acesso em 14/07/04) = *ajouter son grain de sel; mettre son grain de sel; fourrer son nez*

meter o bico (dar pitaco; meter a colher; meter o bedelho; meter o nariz) "intrometer-se" É uma ameaça para o poder público e também uma ousadia da sociedade civil *meter o bico* no sistema de educação. (www.cefetba.br/vestibular/provas/ensinomedio00.pdf; acesso em 14/07/04) = *ajouter son grain de sel; mettre son grain de sel; fourrer son nez*

meter o nariz (dar pitaco; meter a colher; meter o bedelho; meter o bico) "intrometer-se" Connie é inquisitiva e observadora e simplesmente não consegue resistir à tentação de *meter o nariz* em tudo. (www.revistaimagem.tv.br/d_kids.htm; acesso em 14/07/04) = *ajouter son grain de sel; mettre son grain de sel; fourrer son nez*

meter o pau (baixar o pau; baixar o sarrafo; descer a lenha; descer o pau; meter a boca; meter a lenha) "falar mal de alguém ou de alguma coisa" Logo de cara, ela começou a *meter o pau* em paulistas, com um monte de comentários bairristas. Eu deixei de lado e resolvi ignorar... (www.revistaandros.com.br/estrupicio.html; 04/01/06) = *casser du sucre sur le dos; déchirer à belles dents; descendre en flammes; renvoyer dans les cordes*

meter os pés pelas mãos "abordar sem sutileza um assunto delicado, tomar atitudes intempestivas" Não queremos *meter os pés pelas mãos* e acabar contraindo dívidas que não possamos pagar. (vocesa.abril.uol.com.br/edi39/maisseguro1.html; acesso em 11/04/05) = *mettre les pieds dans les plats; prendre [se] les pieds dans le tapis*

mexer com os nervos (dar nos nervos; deixar uma pilha (de nervos)) "exasperar alguém" Rosinha desenvolve, em 84 páginas, um texto que promete *mexer com os nervos* das feministas. (www.resenha.inf.br/politica/?page=resenhas&actions=viewresen&resen_cod=24132; acesso em 15/07/04) = *faire tourner en bourrique; mettre à bout; porter sur les nerfs; porter sur le système; pousser à bout; taper sur les nerfs; taper sur le système*

mexer em casa de marimbondo "provocar propositalmente grande agitação, grande inquietude" Tá legal, *mexi em casa de marimbondo.* Religião não se discute. E o que eu entendo de religião para estar falando disso? (www.fabiocarmona.weblogger.terra.com.br/20050410_fabiocarmona_arquivo.htm; acesso em 17/09/05) = *donner un coup de pied dans la fourmilière*

mexer os pauzinhos "recorrer a influências e manobras para conseguir o que se pretende" Foi só em 1862 que o pessoal do Rio de Janeiro resolveu *mexer os pauzinhos* e dar início a um projeto de reflorestamento na Tijuca. (www.canalkids.com.br/viagem/vocesabia/setembro02.htm; acesso em 15/07/04) = *tirer les ficelles*

mina de ouro "negócio vantajoso com o qual se pode ter lucro" Clube do DVD é *mina de ouro* para cinéfilos. (www.assimp.hpg.ig.com.br/jornalonline/paginas/geral.htm; acesso em 15/07/04) = *mine d'or*

molhar a mão "dar dinheiro para alguém em troca de favores escusos" Prefiro pagar multa a *molhar a mão* de policiais. (www.desvelar.blogger.com.br/ 2004_11_01_archive.html; acesso em 06/04/05) = *graisser la patte*

monstro sagrado "grande artista de renome" Marlon Brando, um *monstro sagrado* do cinema. (an.uol.com.br/anagora/html/53214.htm; acesso em 15/07/04) = *monstre sacré*

morder a isca (cair no laço; deixar-se levar; ir na conversa; ir na onda) "acabar enganado, envolvido" Devo dizer que você agiu como previ ao *morder a isca.* Mas seu tipo é assim mesmo. Vocês, "super-heróis", são bidimensionais. (www.hyperfan.com.br/tits/arque05.htm; acesso em 09/05/05) = *mordre à l'hameçon*

morder a língua "arrepender-se de ter falado o que não devia" Muitos, entre os quais me incluo, vão *morder a língua* por terem dito um certo dia que a Internet é um mundo sem dono e incontrolável. (www.an.com.br/2000/set/08/0evi.htm; acesso em 11/04/05) = *mordre* [*se*] *la langue* [2]

mostrar as garras (mostrar as unhas; mostrar os dentes [2]) "mostrar agressividade" O atual governo começa a *mostrar as garras.* Não conseguindo censurar a imprensa, ataca o mal pela raiz: quer censurar as palavras. (www.midiasemmascara.com.br/artigo.php?sid=2785; acesso em 11/05/05) = *montrer les dents* [1]; *sortir les griffes*

mostrar as unhas (mostrar as garras; mostras os dentes [2]) "mostrar agressividade" Quem sabe o brasileiro começasse a *mostrar as unhas* pras injustiças sociais, tão distantes da compreensão da maioria das pessoas. (proteus.limeira.com.br/tiroequeda/forum.php?nnot=114; acesso em 02/05/05) = *montrer les dents* [1]; *sortir les griffes*

mostrar com quantos paus se faz uma canoa (chamar na chincha; dar uma dura; puxar as orelhas) "dar uma lição em alguém" Resolveu, ela mesma, tomar satisfações. Ia *mostrar* pra sujeita *com quantos paus se faz uma canoa*. (www.ac.gov.br/outraspalavras/outras_6/carta.html) Acesso em 10/09/04) = *apprendre à vivre; dire deux mots; faire une scène; passer un savon; prendre à partie; remonter les bretelles; sonner les cloches*

mostrar os dentes 1. (mostrar as garras; mostras as unhas) "mostrar agressividade" Mas para que o inimigo saiba do potencial que temos é preciso instigá-lo e *mostrar os dentes* de tigre enraivecido [...]. (www.correiodovale.com.br/cidada.htm; acesso em 18/07/04) = *montrer les dents* [1]; *sortir les griffes*. **2.** "sorrir abertamente" Além disso ele deve chegar e sair sério da sala de aula, pois *mostrar os dentes* para os alunos significa correr o risco de "perder o respeito sobre eles". (www.ufsm.br/gepeis/ana6.htm; acesso em 02/05/05) = *montrer les dents* [2]

mostrar serviço "fazer até mais do que é necessário para aparecer" [coloquial; pejorativo] Os ministros mal tiveram tempo de saber onde ficam seus gabinetes. A pressa para *mostrar serviço* faz sentido do ponto de vista político. (www2.correioweb.com.br/cw/EDICAO_20030107/col_bsb_070103.htm; acesso em 18/07/04) = *faire du zèle*

mover céus e terra "fazer todo o possível para conseguir algo" O trabalhismo vencerá. Para isso, vamos *mover céus e terra*. (www.consciencia.org/neiduclos/jornalismo/brizola02.html; acesso em 18/07/04) = *remuer ciel et terre*

mudança de cenário "mudança" A única *mudança de cenário* poderia ser causada pela recuperação do mercado de trabalho. (www.udop.com.br/geral.php?item=noticia&not_n_cod=14297; acesso em 18/07/04) = *changement de décor*

mudar da água pro vinho "mudar completamente, passar de um extremo a outro" Nunca tinha visto o tempo *mudar da água pro vinho* assim tão de repente! (www.napenumbra.blogger.com.br/2005_08_01_archive.html; acesso em 01/03/05) = *passer du noir au blanc*

mudar de ares "mudar de um lugar para outro, em busca de melhores condições de vida" Depois de quatro anos como jogador, 11 como preparador físico e dois como auxiliar técnico, Ivo Secchi resolveu *mudar de ares* mais uma vez e assumiu a função de treinador profissional em 2003. (www.futebolinterior.com.br/ga/perfil.php?idGA=63; acesso em 16/06/08) = *changer d'air*

mudar de cor "ficar pálido ou ruborizado devido a uma forte emoção" Pensei nas vezes em que, por medo, por conveniência ou mesmo por covardia, *mudei de cor*, ou não deixei perceber minha verdadeira imagem. (www.editorasalesiana.com.br/cfdocs/boletim_interna.cfm?idmat=132; acesso em 03/03/06) = *passer par toutes les couleurs (de l'arc-en-ciel)*

mudar de pato para ganso "mudar de assunto" *Mudando de pato para ganso*, eu acabei de falar com o meu amorzinho. (www.nayalinha.theblog.com.br/20030824-20030830.html; acesso em 02/11/04) = *passer du coq à l'âne; sauter du coq à l'âne*

mudar o disco (virar o disco) "mudar o discurso, já por muitas vezes repetido" Se é para reinventar, ou representar a esquerda, está na hora de *mudar o* *disco*. (www.jubileubrasil.org.br/alcantara/arantes.htm; acesso em 19/07/2004) = *changer de disque*

mudar o tom "mudar o modo de falar" [...] ao se defrontarem com a Lei de Responsabilidade Fiscal, trataram logo de *mudar o tom*, dizendo-se herdeiros de dívidas impagáveis (em ambos os sentidos). (www.drlourival.adv.br/fase2/coluna_cidad.htm; acesso em 22/05/04) = *changer de ton*

mula manca "pessoa muito ignorante" O sujeito se esquiva da responsabilidade de admitir um vacilo que tenha cometido e ainda acusa o seu oponente de ser uma *mula manca*, que não consegue compreender a mais simples das frases. (forum.mmocentral.com.br/showthread.php?goto=lastpost&t=8513; acesso em 07/05/04) = *âne bâté*

mulher da rua (mulher da vida; mulher de vida fácil) "prostituta" A ousadia requerida na relação sexual associa-se mais à *mulher da rua* do que à de casa. (www.scielosp.org/scielo.php?pid=S0102-311X2003000800024&script=sci_arttext&tlng=pt; acesso em 25/06/05) = *femme de mauvaise vie; fille de joie; fille de mauvaise vie; fille publique; fille soumise*

mulher da sociedade "mulher criada no luxo da alta sociedade" [coloquial Como convinha a uma jovem da nobreza, Clara foi educada para ser uma *mulher da sociedade* [...] (www.ffb.org.br/index.php?pg=santaclara; acesso em 01/03/06) = *femme du monde*

mulher da vida (mulher da rua; mulher de vida fácil) "prostituta" A coisa mais engraçada é que o povo acha que Ronda é um hino a São Paulo, mas na verdade ela é sobre uma *mulher da vida*. (www.cliquemusic.com.br/br/entrevista/entrevista.asp?Nu_Materia=1490; acesso em 25/06/05) = *femme de mauvaise vie; fille de joie; fille de mauvaise vie; fille publique; fille soumise*

mulher de vida fácil (mulher da rua; mulher da vida) "prostituta" Fui demitido do meu emprego, a minha mulher fugiu com o meu melhor amigo, minha filha virou *mulher de vida fácil*, meu filho está preso [...] (www.aonp.org.br/fso/revista17/rev1734.htm; acesso em 25/06/05) = *femme de mauvaise vie; fille de joie; fille de mauvaise vie; fille publique; fille soumise*

mulher fatal "mulher muito atraente e sedutora" A atriz vem mostrando versatilidade ao interpretar a masculinizada Maria João, que tem sonhos em que aparece como *mulher fatal*. (www.diariodecuiaba.com.br/detalhe.php?cod=3356; acesso em 19/07/04) = *femme fatale*

murro em ponta de faca "esforço inútil" Uma coisa é certa: enquanto prevalecer essa mania de atribuir os males do País à taxa de juros, continuaremos a dar *murro em ponta de faca* [...] (www.debater.org.br/Frames/Conteudos/Economia/A_taxa_de_juros_e_a_ponta_da_faca.shtm; acesso em 23/02/06) = *coup d'épée dans l'eau*

n | N

na berlinda "em situação delicada, passando por uma reanálise" A formação dos professores está *na berlinda*. Ela tem que ser mudada profundamente, porque senão perdemos o compasso. (www.universiabrasil.net/materia.jsp?materia=2468; acesso em 27/08/04) = *sur la sellette*

na cara de (nas barbas de) "na presença de" Alonso recebeu na área e deu de calcanhar para Leonardo, que, impedido, ficou *na cara* de Sérgio. (placar.abril.com.br/aberto/clubes/meiocampo/072004/072004_236399.shtml; acesso em 27/08/04) = *au nez et à la barbe de*

na corda bamba "em situação difícil, delicada e instável" Embora tenha diminuído a recessão dos últimos meses, permanecemos *na corda bamba*. (www.sinpro-rs.org.br/extra/jul99/entrevista_1.htm; acesso em 27/08/04) = *sur la corde raide*

nadar contra a corrente (nadar contra a correnteza; nadar contra a maré) "opor-se à maioria" Falando devagar, mas claramente, o Papa elogiou as pessoas que ajudam os jovens a *"nadar contra a corrente"* e a "derrotar a tentação do individualismo [...]. (www.gema.org.br/modules.php?name=News&file=article&sid=91; acesso em 12/12/04) = *remonter le courant*

nadar contra a correnteza (nadar contra a corrente; nadar contra a maré) "opor-se à maioria" Fãs de bandas descartáveis como os Beatles (primeira fase) e Beach Boys, três garotos de New York resolveram *nadar contra a correnteza* e fazer música simples [...]. (www.brasilpunk.hpg.com.br/link%20de%20ramones.htm; acesso em 27/08/04) = *remonter le courant*

nadar contra a maré (nadar contra a corrente; nadar contra a correnteza) "opor-se à maioria" O advogado Evandro Lins e Silva, de 90 anos, 70 deles militando nos tribunais, nunca teve medo de *nadar contra a maré*. (www.pfilosofia.pop.com.br/04_miscelanea/04_09_baseado_em_fatos/bf06.htm; acesso em 27/08/04) = *remonter le courant*

na faixa "gratuitamente" Veja quem vai conferir esse show dos caras no Victoria Hall *na faixa*: Alex Sandro [...]. (www.89fm.com.br/promo/loshermanosvictoriahall/; acesso em 27/08/04) = *pour pas un rond; sans bourse délier*

na flor da idade "na juventude" Dois jovens amigos, *na flor da idade* e com os hormônios à flor da pele, resolvem saciar seus desejos caindo de cabeça na noite, à procura de sexo e aventura. (www.submarino.com.br/dvds_more.asp?Query=MixProductPage&ProdTypeId=6&ArtistId=3013047&Type=3; acesso em 17/06/08) = *dans la fleur de l'âge*

na lama "em má situação" Vocês cultivam o orgulho de serem brasileiros, mas quando a seleção perde a Copa do Mundo, por exemplo, todo mundo pensa que o Brasil está *na lama*. (www.bibvirt.futuro.usp.br/textos/hemeroteca/sin/sin08/sin08_12.pdf; acesso em 27/08/04) = *dans la boue; dans la mélasse*

na lona (na pindaíba; na pior; na rua da amargura; na sarjeta; no fundo do poço; no sufoco) "em situação precária" Crise de energia deixa governo *na lona*. (franklinmartins.globo.com/cgi-bin/franklinmartins/coluna.cgi?ID=00028; acesso em 27/08/04) = *à la nage; au bout du rouleau; au trente-sixième dessous; aux abois; dans la dèche; dans la mouise; dans la panade; dans le pétrin; sur la paille*

na maciota "tranqüilamente, sem muito esforço ou dificuldades" Claro que é mais fácil conseguir as coisas *na maciota*. (www.diatribe.com.br/thule/hs06.shtml; acesso em 01/11/04) = *en (père) peinard*

na maior folga (de pernas pro alto) "bem à vontade" Um cara, que estava trabalhando, (...) viu outro deitado numa rede *na maior folga*, sem nada para fazer [...] (www.fiec. org.br/novidades/291104.asp; acesso em 14/04/05) = *les doigts de pieds en éventail*

na marra "à força" Oposição instala *na marra* comissão para MP do Meirelles. (clipping.planejamento.gov.br/Noticias.asp?NOTCod=145748; acesso em 27/08/04) = *du bout des dents*

não bater bem (ter macaquinhos no sótão; ter miolo mole; ter um parafuso a menos) "ser meio maluco" Apesar de assegurar que os cientistas são normais, Magalhães arrisca um palpite sobre de onde surgiu a idéia de que todo cientista *não bate bem*. (www.estadao.com.br/educando/noticias/2004/abr/05/93.htm ; acesso em 12/06/05) = *avoir une araignée au (dans le) plafond; avoir une case en moins; être tombé sur la tête; travailler du chapeau*

não caber em si (estar nas nuvens; estar no céu; estar na paraíso) "estar muito feliz" "Ele disputou três corridas nos Estados Unidos, há duas semanas, venceu duas e foi segundo na outra", explicava o orgulhoso avô, que parecia *não caber em si* ao ver um descendente direto [...]. (www.noolhar.com/esportes/velocidade/354702.html; acesso em 30/08/04) = *être au ciel; être au septième ciel; être aux anges; être sur un petit nuage*

não chegar aos pés "ser inferior a alguém" *Não chega aos pés* de um Indiana Jones, por exemplo, mas diverte. (www.agalaxia.com.br/cinema/resenhas/van_helsing_gelogurte.htm; acesso em 04/05/04) = *ne pas arriver à la cheville*

não cheirar bem (cheirar mal) "despertar a desconfiança, parecer suspeito" Uma série de procedimentos policiais teria sido feita de modo errado e a história contada pela polícia *não cheira bem*. (www.inf.ufsc.br/barata/mentira25.html; acesso em 219/04/05) = *sentir le brûlé; sentir le roussi*

não dar a mínima (não dar bola; não estar nem aí) "não se preocupar" Parece que o melhor, o mais sensato, é viver alienado, como muitos; *não dar a mínima* para a política, ignorar o país e cuidar da minha vida. (www.eclesia.com.br/colunistasdet.asp?cod_artigos=393; acesso em 11/03/06) = *n'en avoir rien à battre; n'en avoir rien à branler* [vulgar]; *n'en avoir rien à cirer; n'en avoir rien à foutre; n'en avoir rien à secouer*

não dar bola (não dar a mínima; não estar nem aí) "não se preocupar" Talvez, mas, mesmo assim, é impossível não gostar dele, pois ele tem consciência de seus defeitos, apesar de *não dar bola* para eles. (www.cinemaemcena.com.br/crit_cinefilo_filme.asp?cod=1626&codvozcinefalo=1510; acesso em 11/03/06) = *n'en avoir rien à battre; n'en avoir rien à branler* [vulgar]; *n'en avoir rien à cirer; n'en avoir rien à foutre; n'en avoir rien à secouer*

não dar um pio "não dizer nada, não responder nada" Ele gritou para nós irmos para dentro de casa e *não darmos um pio*. Nós quase quebramos a porta enquanto entrávamos em casa. (geocities.yahoo.com.br/mesto_fantasma/Relatos_1/sera_que_era_o_chupa_cabra.htm; acesso em 27/05/04) = *ne souffler mot*

não entender patavina "não entender nada de um assunto, de uma situação" O fato de ela *não entender patavina* de futebol não foi problema para a federação [...] (veja.abril.com.br/vejasp/241001/terraco.html; acesso em 31/08/04) = *n'y voir que du bleu; n'y voir que du feu*

não entrar na cabeça "não parecer lógico, aceitável" A Eurocopa nos mostra algo tão comum no futebol europeu e que por aqui parece *não entrar na cabeça* de nossos técnicos e jogadores: os chutes a gol de fora da área. (www.diariopopular.com.br/26_06_04/jogada_ensaiada.html; acesso em 31/08/04) = *ne pas entrer dans la tête*

não enxergar um palmo diante do nariz "não ter bom discernimento" Estamos convencidos de que o governo federal deve ter o povo brasileiro na conta de um bando de néscios que *não enxergam um palmo diante do nariz*. (www.midiasemmascara. com.br/artigo.php?sid=3075; acesso em 06/05/05) = *ne pas voir plus loin que le bout de son nez*

não estar nem aí (não dar a mínima; não dar bola) "não se preocupar" Conversamos com Chrissie Hynde por telefone, que disse *não estar nem aí* para os fãs que reclamam desse novo projeto, entre outras tiradas. (www.dynamite.com.br/revista/destaque2.cfm?id=40; acesso em 01/09/04) = *n'en avoir rien à battre; n'en avoir rien à branler* [*vulgar*]; *n'en avoir rien à cirer; n'en avoir rien à foutre; n'en avoir rien à secouer*

não é uma Brastemp "não é nada de extraordinário" Vou fazer bodas de prata ano que vem, meu relacionamento sexual *não é uma Brastemp*, meu marido tem problemas, precisa tomar Cialis, mas a gente se ama... (www.revistamanuela.com.br/forum.php?pg=3; acesso em 31/01/06) = *ce n'est pas du caviar*

não fazer mal a uma mosca "ser incapaz de prejudicar quem quer que seja" Apesar disto tudo, ele tem um lado bom, é uma pessoa leal e bondosa, *incapaz de fazer mal a uma mosca*, isto é, ele é um plasta! (earthlords.vilabol.uol.com.br/personagens.htm; acesso em 06/05/05) = *ne pas faire de mal à une mouche*

não largar do pé "seguir alguém por todo lado" Acho que o professor Eduardo deve me achar uma garota faladeira, maluca, que *não larga do pé* dele [...] (www.sangochan.blogger.com.br; acesso em 06/05/05) = *ne pas lâcher d'une semelle; ne pas quitter d'une semelle*

não levantar um dedo (não mexer nem um dedo; não mexer uma palha; não mover uma palha) "não fazer absolutamente nada para ajudar alguém ou em prol de alguma coisa" Mas se você *não levantar um dedo* para tentar sair do buraco, ninguém – nem mesmo Hércules poderá ajudá-lo. (www.linkdobebe.com.br/contos/hercules%20e%20o%20carreiro.htm; acesso em 06/05/05) = *ne pas bouger le petit doigt; ne pas lever le petit doigt*

não medir as palavras "expressar-se claramente e sem reservas" Aliado aos seus pontos de visa, ele tem um estilo agressivo e *não mede as palavras* para (des)caracterizar o seu adversário, quem quer seja. (geocities.yahoo.com.br/luiz_erbes/ombu4.html; acesso em 06/05/05) = *ne pas mâcher ses mots*

não mexer um dedo (não levantar nem um dedo; não mexer uma palha; não mover uma palha) "não fazer absolutamente nada para ajudar alguém ou em prol de alguma coisa" A Europa pacifista *não mexeu um dedo* para impedir o massacre dos bósnios pelos sérvios; foram os EUA que acabaram com a guerra na ex-Iugoslávia. (barbela.grude.ufmg.br/gerus/noticias.nsf/0/8bc2534ef5de333683256 cce007b0c19?OpenDocument; acesso em 06/05/05) = *ne pas bouger le petit doigt; ne pas lever le petit doigt*

não mexer uma palha (não levantar nem um dedo; não mexer nem um dedo; não mover uma palha) "não fazer absolutamente nada para ajudar alguém ou em prol de alguma coisa" Depois da primeira assembléia, ficou mais clara a intenção da diretoria de *não mexer uma palha* para estruturar um verdadeiro movimento reivindicatório. (www.pco.org.br/causaoperaria/1979-83/002/2movoperario.htm; acesso em 05/05/05) = *ne pas bouger le petit doigt; ne pas lever le petit doigt*

não mover uma palha (não levantar nem um dedo; não mexer nem um dedo; não mexer uma palha) "não fazer absolutamente nada para ajudar alguém ou em prol de alguma coisa" Não adianta falar que é a favor da greve (como faz o DCE) e *não mover uma palha* para mobilizá-la. (www.estudantesdopovo.hpg.ig.com.br/greve_pr.htm; acesso em 02/09/04) = *ne pas bouger le petit doigt; ne pas lever le petit doigt*

não nascer ontem "não ser ingênuo" Lineu *não nasceu ontem*, conhece bem tipos aproveitadores como ela. (celebridade.globo.com/Celebridade/0,19125,VCV0-3003-124269,00.html); acesso em 02/09/04) = *n'être pas né (tombé) de la dernière pluie*

não pregar o olho "ne pas dormir" Na dúvida, decidiu-se por *não pregar o olho* em nenhuma hipótese. (www.blocosonline.com.br/literatura/prosa/ct/ct001016.htm; acesso em 10/09/04) = *ne pas fermer l'oeil*

"não" redondo "recusa veemente" No entanto, em um mundo que prefere a desculpa esfarrapada, mas gentil, a um *"não" redondo*, esta atitude agride muita gente. (carreiras.empregos.com.br/carreira/favoritos/colunistas/leila/220402-leila_metada.shtm; acesso em 01/03/06) = *fin de non recevoir*

não ser a sua praia (não ser a sua seara [culto]) "não interessar, não convir" Mas, se desenhar *não é* muito *a sua praia*, há também jogos para você se divertir. (br.download.yahoo.com/messenger/allnew.html ; acesso em 03/01/06) = *ce n'est pas sa tasse de thé; ce n'est pas son trip; ce n'est pas son truc*

não ser a sua seara (não ser a sua praia [coloquial]) "não interessar, não convir" Não vou adentrar na política, pois esta *não é a minha seara*, mas não poderia deixar de registrar uma opinião própria [...] (www.fenafisco.org.br/coluna.asp?ms=5&sm=4&seq=207; acesso em 03/01/06) = *ce n'est pas sa tasse de thé* [coloquial]*; ce n'est pas son trip* [coloquial]*; ce n'est pas son truc* [coloquial]

não ser de se jogar fora 1. "ter certa beleza, sensualidade" A carne é fraca, mas não devemos facilitar. Afinal de contas, eu *não sou* uma mulher *de se jogar fora*. (www.usinadeletras.com.br/exibelotexto.phtml?cod=2450&cat=Teses_Monologos; acesso em 07/05/05) = *ne pas être pas de bois*. **2.** "ser considerável, importante" "Os planos gastam de R$ 300 mil a R$ 500 mil por mês com anestesia, *não é de se jogar fora*", disse o presidente regional da Abramge, Flávio Wanderley.

(www.folhape.com.br/hoje/0508economia-07.asp; acesso em 31/08/04) = *ne pas être de la roupie de sansonnet*

não ser flor que se cheire "não inspirar confiança" Te adoro, apesar de você *não ser flor que se cheire*. (inforum.insite.com.br/4854; acesso em 08/10/04) = *ne pas être en odeur de sainteté*

não ter pra onde correr (estar sem saída; não ter saída) "não ter outras perspectivas" Não tem *prá onde correr*. Se queremos coisas de alto nível em nossas coleções, não tem como fugir desses preços, uma vez que é um material caro mesmo. (www.mercadolivre.com.br/jm/item?site=MLB&id=32538830; acesso em 21/09/05) = *être fait (comme um rat); être sans issue*

não ter palavra "não cumprir suas promessas, seus engajamentos" Fica muito feio para o Governo ser acusado de corrupção e agora, também, ser acusado de *não ter palavra*. (www.senado.gov.br/web/senador/odias/trabalho/Discursos/Discursos/Discurso2005/050706.htm; acesso em 21/02/06) = *avoir deux paroles*

não ter saída (estar sem saída; não ter pra onde correr) "não ter outras perspectivas" As pessoas que ainda não foram contaminadas não estarão dispostas a se confrontar com algo que *não tem saída*, nem salvação. Do terror das campanhas se foge. (www.aids.gov.br/betinho/aids_mortal.htm-11k; acesso em 21/09/05) = *être fait (comme um rat); être sans issue*

não valer o pão que come "não ter valor, ser indigno" Desculpa a ira, mas essa gente *não vale o pão que come*. Que Deus me livre e guarde, mas tomara que morram logo!!! (www.verbeat.org/blogs/stuckinsac/arquivos/2005/09/dialogo_relevan.html; aceso em 21/02/06) = *être à la mie de pain* [v. *à la mie de pain*]

na pele de "estar no lugar de" Não queria estar *na pele de* Fred Durst tendo a responsabilidade de compor uma 'nookie' todo ano", diz Chino Moreno [...]. (www.rockbrigade.com.br/pages/artigos_portugues/radicalismo3.htm; acesso em 17/05/04) = *dans la peau*

na pindaíba (na lona; na pior; na rua da amargura; na sarjeta; no fundo do poço; no sufoco) "em uma situação difícil, na miséria" Os paises árabes estão dispostos a forçar seus próprios irmãos a viver *na pindaíba* total para poder comover o mundo vinte e quatro horas por dia com um problema que não é nem a qüinquagésima-sétima prioridade da humanidade, mas que eles fazem ter a ilusão de ser a primeira. (www.jewishbrazil.com/vaiechi.htm; acesso em 13/10/04) = *à la nage; au bout du rouleau; au trente-sixième dessous; aux abois; dans la dèche; dans la mouise; dans la panade; dans le pétrin; sur la paille*

na pior (na lona; na pindaíba; na rua da amargura; na sarjeta; no fundo do poço; no sufoco) "em uma situação difícil, na miséria" É preferível estar *na pior* do que ver uma AMIGA assim. (www.vaiamiga.blogger.com.br/2003_11_01_archive.html; acesso em 17/05/04) = *à la nage; au bout du rouleau; au trente-sixième dessous; aux abois; dans la dèche; dans la mouise; dans la panade; dans le pétrin; sur la paille*

na reta final "na parte final de uma tarefa" Campanha pega fogo *na reta final*. (www.fes.br/cursos/jornalismo/agencia/index.php?cod=615; acesso em 15/10/04) = *dans la dernière ligne droite*

nariz de tucano "nariz pontudo e recurvado" João Francisco é meu amigo de boteco. Mas é feio. Muito feio. Tem orelhas de abano (uma maior que a outra), *nariz de tucano* e, além de tudo isso, é vesgo. (www.morfina.com.br/terminais.asp?texto=372&edicao=23; acesso em 11/03/06) = *nez au bec d'aigle*

na rua da amargura (na lona; na pindaíba; na pior; na sarjeta; no fundo do poço; no sufoco) "em uma situação difícil, na miséria" Será mais uma cooperativa que será obrigada a fechar suas atividades deixando milhares de produtores *na rua da amargura*. (www.leitebrasil.org.br/artigos/jrubez_039.htm; acesso em 15/10/04) = *à la nage; au bout du rouleau; au trente-sixième dessous; aux abois; dans la dèche; dans la mouise; dans la panade; dans le pétrin; sur la paille*

na sarjeta (na lona; na pindaíba; na pior; na rua da amargura; no fundo do poço; no sufoco) "em uma situação difícil, na miséria" Daqui 40 anos ou vou estar *na sarjeta*, ou vou estar rico [...] (www.rafaelumcaranormal.weblogger.terra.com.br/200401_rafaelumcara normal_ arquivo.htm; acesso em 12/06/04) = *à la nage; au bout du rouleau; au trente-sixième dessous; aux abois; dans la dèche; dans la mouise; dans la panade; dans le pétrin; sur la paille*

nas barbas de (na cara de) "na presença de" O que não podemos é deixar o tráfico de drogas e de armas ser feito *nas barbas de* nossas autoridades. (www.amazonia.org.br/ opiniao/artigo_detail.cfm?id=113468; acesso em 15/10/04) = *au nez et à la barbe de*

nascer virado pra lua "ter muita sorte" Dizem que *nasceu virada pra lua*, porque a sorte vive ao seu lado, mas logicamente é exagero. (www.parana-online.com.br/noticias/ colunista.php?op=ver&id=118502&caderno=18&colunista=172; acesso em 03/05/05) = *avoir une chance de cocu; naître coiffé; naître sous une bonne (heureuse) étoile*

nas costas de 1. "secretamente ou hipocritamente" O pai fala, mas *nas* suas *costas*, inconscientemente, a mensagem é diferente e o filho está vendo isso. (www.chalegre.com.br/zendo/texts/index.php?id=22; acesso em 17/09/05) = *derrière les dos de*. **2.** "sob a responsabilidade de" Agência Estado: Governo joga corrupção *nas costas* do Congresso, diz Paulinho. (www.fsindical.org.br/fsindical.php/site/noticias/ id/382; acesso em 17/09/05) = *sur le dos de*

nas coxas "com desleixo" Aliás, seja quem for, o próximo prefeito vai ter de gastar uma fortuna só para refazer o que foi feito *"nas coxas"*. (an.uol.com.br/2000/fev/ 17/0opi.htm; acesso em 15/10/04) = *par-dessous la jambe*

nas garras de (sob o cajado de) "sob o poder de" A noite passada, caí *nas garras de* uma quadrilha de bandidos, que ficaram muito felizes por encontrar-me. (www.chabad.org.br/ datas/ chanuca/cha026.html; acesso em 15/10/04) = *sous la griffe de*

na surdina "discreta ou dissimuladamente" Enquanto a ciência desenvolve medicamentos, a evolução age *na surdina*. (agenciact.mct.gov.br/index.php?action=/content/ view&cod_objeto=26251 em tapinois; acesso em 17/09/05) = *en douce; en tapinois*

navegar no escuro "não saber mais exatamente o que faz" "Sem planejamento você *navega no escuro*", afirma Silva. O plano de negócios surge como uma opção eficaz e exigida cada vez mais pelo mercado [...] (www.saudebusinessweb.com.br/ imprime.vxlpub?id=45951; acesso em 09/09/05) = *foncer dans le brouillard*

nem feder nem cheirar "ser indiferente a alguém" Parece que a nossa senadora no Congresso, mesmo usando agora perfumes finos e importados adquiridos em suas viagens ao exterior, *nem fede nem cheira* [...] (www.mariomoraes.com/anteriores.asp?page=36&intervalo=20; acesso em 07/05/05) = *ne faire ni chaud ni froid*

negócio da China "aquilo que dá muito lucro" Para a Nankin Editorial, a literatura é um *"negócio da China"* não apenas por causa dessas contribuições técnicas [...]. (www.nankin.com.br/perfil/perfil.htm) Acesso em 16/10/04) = *affaire en or*

nem tudo são espinhos "nem tudo é difícil, ruim" Mas *nem tudo são espinhos* no Olimpo. Se as exigências cresceram, as recompensas também são maiores. (www.construcaoecia.com.br/conteudo.asp?ed=27&cont=163; acesso em 13/06/05) = *tout n'est pas noir*

nem tudo são flores (nem tudo são rosas) "nem tudo é fácil, bom" Na vida *nem tudo são flores.* (www.arvelseguros.com.br/funeral.htm; acesso em 16/10/04) = *tout n'est pas rose*

nem tudo são rosas (nem tudo são flores) "nem tudo é fácil, bom" Mas *nem tudo são rosas* nas tentativas de gerenciar e rentabilizar o relacionamento com clientes. (www.imasters.com.br/ artigo.php?cn=2270&cc=59; acesso em 16/10/04) = *tout n'est pas rose*

nem uma letra (nem uma vírgula) "absolutamente nada" Meu blog não terá *nem uma letra* a respeito desta data insignificante.(www.rodrigoghedin.com.br/2005/06/11/abaixo-o-dia-do-namorados) = *pas um iota*

nem uma vírgula (nem uma letra) "absolutamente nada" O mais impressionante foi a forma como foi dito, parecia até que era uma boa notícia, *nem uma vírgula* de constrangimento, de consternação, de pena [...]. (www.anahuac.biz/index.php?pg=caderno&id_item=6&id_menu=10&id=10&item_tipo=; acesso em 19/10/04) = *pas un iota*

ninho de cobras (ninho de ratos; ninho de víboras) "grupo de pessoas que procuram se prejudicar umas às outras" [...] o *Washington Times* diz que Lula está estendendo a sua influência política para o *"ninho de cobras"* da política mundial e destaca o risco que o Brasil corre de azedar as suas relações com os Estados Unidos. (www.bbc.co.uk/portuguese/reporterbbc/story/2005/05/printable/050513_reviewebc.shtml; acesso em 12/06/05) = *nid de vipères; panier de crabes*

ninho de ratos (ninho de cobras; ninho de víboras) "grupo de pessoas que procuram se prejudicar umas às outras" Os afegãos exultariam se alguém pudesse entrar lá, expulsar o Taliban e varrer o *ninho de ratos* que se alojou em seu país. (www.resenet.com.br/perspectivasdoatentado.htm; acesso em 12/06/05) = *nid de vipères; panier de crabes*

ninho de víboras (ninho de cobras; ninho de ratos) "grupo de pessoas que procuram se prejudicar umas às outras" Em um *ninho de víboras* como é a Assembléia Legislativa capixaba, nada melhor do que me aproximar das pessoas corretas. (www.leomeida.com.br/arquivos/2004_06_01_arquivos.php; acesso em 13/06/05) = *nid de vipères; panier de crabes*

no calor do momento "no momento em que as emoções são intensas" Os dois estão perturbados e *no calor do momento* estão fazendo críticas pessoais que não refletem seu pensamento real. (carreiras.empregos.com.br/carreira/administracao/teste/230301-inteligencia_maturidade.shtm; acesso em 20/10/04) = *dans le feu de l'action* [culto]

no dia de São Nunca (em 31 de fevereiro) "nunca" Pra começar, o Brasil não vai ter igualdade social nem *no dia de São Nunca*. (www.guiacatarinense.com.br/colunas/ramires/041112.htm; acesso em 26/11/04) = *la semaine de quatre jeudis; tous les trente-six du mois*

no duro "falando sério" Escuta aqui, o garganta falou isso mesmo, *no duro*? (revistaepoca.globo.com/Epoca/0,6993,EPT368989-1655,00.html; acesso em 25/10/04) = *blague à part; blague dans le coin; sans déconner*

no fim do mundo (onde Judas perdeu as botas) "em local muito distante, de difícil acesso" Aqui *no fim do mundo* a gente acaba tendo que acompanhar apenas futebol europeu, ver debates em espanhol, francês, inglês e até em árabe... (www.showdebola.com.br/debico; acesso em 25/10/04) = *au bout du monde; au diable vauvert*

no fundo "considerando bem, em última análise" *No fundo*, o que temos é uma falsa impressão de que o mundo e as coisas realmente evoluem. (www.revistatpm.com.br/colunas_tpm/index_materia.php?id=117&col=6; acesso em 25/10/04) = *dans le fond*

no fundo do poço (na lona; na pindaíba; na pior; na sarjeta; na rua da amargura; no sufoco) "em uma situação difícil, na miséria" Os acontecimentos da última semana no Flamengo não deixam dúvidas: se o clube não está *no fundo do poço*, está quase lá. (www.papodearquibancada.hpg.ig.com.br/flamengo3.htm) Acesso em 25/10/04) = *à la nage; au bout du rouleau; au trente-sixième dessous; aux abois; dans la dèche; dans la mouise; dans la panade; dans le pétrin; sur la paille*

noite em claro "noite passada sem dormir" Pedia desculpas por trazer alguém que não morava no Amarelo, mas a jovem havia passado a *noite em claro*, de tanto que tossia. (www.drauziovarella.com.br/carandiru/inedito.asp; acesso em 25/10/0) = *nuit blanche*

nome de guerra "pseudônimo" Bom, é o meu *nome de guerra*, entendeu? – expliquei. – Garoto, você não tem curiosidade de saber o meu nome verdadeiro? (www.intempol.com.br/(f5tlrs55jcw3dizkc0azdhvl)/ContoView.aspx?id=15&; acesso em 07/05/05) = *nom de guerre*

no mesmo pé "na mesma situação" Você acha que música eletrônica está *no mesmo pé* que a MPB, por exemplo, ou é outra forma de arte musical [...]? (www.terra.com.br/musica/2002/12/09/001.htm; acesso em 25/10/04) = *de pair avec*

nos braços de Morfeu "no sono" [culto] Para essas pessoas, é difícil entrar no "clima de monotonia", que deve anteceder o mergulho *nos braços de Morfeu*, o deus dos sonhos. (boaforma.abril.com.br/livre/edicoes/191/saude/a.shtml; acesso em 17/11/04) = *dans les bras de Morphée*

nos calcanhares de "bem atrás" Se você for capaz de ficar *nos calcanhares de* quem mereceu o seu voto, para saber se ele está andando na linha e trabalhando direito, parabéns! (www.canalkids.com.br/cidadania/democracia/eleicoes; acesso em 02/05/05) = *sur les talons de*

nos trinques 1. "em ótimo estado" Basta confiar no programa, apertar o botão e relaxar, que o EasyClear deixa o computador *nos trinques*. (baixaki.ig.com.br/site/detail3594.htm; acesso em 26/10/04) = Ø *en très bon état*. **2.** "cuidadosamente vestido" Para um turista desavisado do Brasil, por exemplo, deparar-se com uma gari *nos trinques* pode parecer estranho. (www2.correioweb.com.br/cw/2002-03-16/mat_36581.htm; acesso em 26/10/04) = *sur son trente-et-un; tiré à quatre épingles*

no sufoco "passando por dificuldades" Brasileiro pode *estar no sufoco*, mas não perde o humor. (www.tribunadabahia.com.br/marcospinheiro.htm; acesso em 18/05/04) = *au bout du rouleau*

nota 10 (classe A) "de primeira categoria" Este gabinete é *nota 10*, seu design é inovador deixando muito abaixo os outros. (www.linuxmall.com.br/index.php?product_id=821; acesso em 26/10/04) = *haut de gamme*

nota fora (bola fora) "gafe, aquilo que destoa do conjunto a que se refere" Eu bebo, dou muita *nota fora* e não tenho o mínimo de juízo, enquanto ela não bebe, sempre discreta e é o orgulho para os pais dela. (www.difusorafm.com.br/fuzue/voce-acha-que-no-amor-os-opostos-se-atraem; acesso em 11/03/06) = *fausse note*

no vácuo "imediatamente após" Em seguida as outras fábricas vieram *no vácuo* desta idéia que se revelou extremamente versátil e rapidamente ganhou mercado. (motonline.com.br/noticias/noticias.html; acesso em 17/09/05) = *dans la foulée*

nu e cru (sem máscara) "autêntico, exato, sem dissimulação" A canção evita o tom desafinado dos moralistas e adota o realismo *nu e cru* que os jovens, tão sonhadores, reivindicam com todas as forças de sua inexperiência. (http://www.observatoriodaimprensa.com.br/artigos.asp?cod=304SPE001; acesso em 16/06/08) = *pur et dur; sans fard*

num abrir e fechar de olhos (em dois tempos; num piscar de olhos) "em um lapso de tempo bem curto" A potente lavadora de alta pressão STIHL limpa a sujeira *num abrir e fechar de olhos*. (www.stihlrio.com.br/lavadoras.htm; acesso em 25/10/04) = *en un clin d'oeil; en un tour de main*

numa fria "em situação adversa, embaraçosa" Então minha amiga, você pode estar *numa fria* e, ainda por cima, pagar o maior mico pra turma toda! (www.basico.com.br/tribo.php?cod=1901; acesso em 18/05/04) = *dans le bain*

num pau só (a jato; a toda; a todo vapor; com o pé na tábua) "muito rapidamente" Na ida fui devagar, apreciando bem as paisagens lindas, mas, para voltar, voltei n*um pau só*. (forumxt600.com.br/forum/viewtopic.php?t=4750&start=45&sid=a86b53ea18d97bf2ba3f7aeea79890f0; acesso em 19/03/06) = à *fond de train; à fond la caisse; à fond les baskets; à fond les manettes; à plein gaz; à tire-d'aile; à tombeau ouvert; à toutes jambes; au pas de charge; à toute vapeur; en quatrième (vitesse); le pied au plancher; plein pot*

num piscar de olhos (num abrir e fechar de olhos) "em um lapso de tempo bem curto" Aquilo que a natureza levou milhões de anos para desenvolver pode hoje desaparecer *num piscar de olhos*, graças à letalidade instantânea de nossa mais avançada tecnologia de alto impacto ambiental [...]. (http://inforum.insite.com.br/informatica-veterinaria/1307463.html; acesso em 27/10/04) = *en un clin d'oeil; en un tour de main*

o | O

o alfa e o ômega "aquilo que é mais relevante em um assunto" [culto] Pode-se afirmar, aliás, que Kelsen iniciou e pôs fim à polêmica. Sua conferência representou, felizmente, *o alfa e o ômega* da questão. (gemini.stf.gov.br/netahtml/discursos/discurso_homenagem.htm; acesso em 26/11/04) = *l'alpha et l'oméga*

ocupar a primeira fila "ocupar em um grupo um lugar ou posição de destaque" Conforme já ficou demonstrado no panorama geral das conclusões dos participantes do seminário, o crédito e o financiamento *ocupam a primeira fila* das preocupações dos empreendedores do setor. (www.sebrae.com.br/br/rumo_lei_geral/sugestoes_acesso_credito.htm; acesso em 07/06/05) = *tenir le haut du pavé*

ocupar o terreno "fazer parte" Desde os atentados aéreos ao Pentágono e ao World Trade Center, em 11 de setembro, os cenários mais improváveis passaram a *ocupar o terreno* do possível. (www.escolavesper.com.br/armas_biologicas_quimicas_nucleares.htm; acesso em 08/04/05) = *occuper le terrain*

oitava maravilha do mundo "algo de extraordinário" A *"oitava maravilha do mundo"*. Assim é visto o chocolate por milhares de pessoas em todo o mundo. (msn.brchef.com.br/index.php?page=/html/nutricao/chocolate.php; acesso em 11/04/05) = *huitième merveille du monde*

olhar (de) atravessado (olhar feio; olhar torto) "olhar com hostilidade, desaprovação" Desde que o Governo anunciou a necessidade de economizar energia, muita gente passou a *olhar atravessado* para o coitado do microcomputador. (www.terra.com.br/informatica/especial/apagao.htm; acesso em 02/04/04) = *regarder de travers*

olhar de cão sem dono "olhar triste, de abandonado" Além de um belo par de olhos azuis, o rapaz tem um sorriso maroto e *olhar de cão sem dono*. Foférrimo. Confira dois vídeos do rapaz. (www.xxy.com.br/homens/materia.asp?id=3882; acesso em 28/03/08) = *regard de chien battu*

olhar de cima "ostentar superioridade sobre outrem ou sobre algo" Afinal de contas, não somos um país hegemônico como os Estados Unidos, que podem se dar ao luxo de *olhar de cima* para tudo, tropeços eleitorais à parte. (an.uol.com.br/2001/jan/15/0opi.htm; acesso em 31/03/04) = *prendre de haut*

olhar feio (olhar de atravessado; olhar torto) "olhar com hostilidade, desaprovação" Lançou um *olhar feio* para a corujinha, que se aquietou em seu ombro como papagaio de pirata. (www.alianca3vassouras.com/75/754.html; acesso em 28/03/084) = *regarder de travers*

olhar para o próprio rabo (olhar para si mesmo) "cuidar da própria vida, julgar-se a si mesmo em vez de julgar o próximo" Como eram só estorinhas, a gente parece ter deixado pra lá e, *olhando pro próprio rabo*, nos convencendo de que "é diferente", que nosso mundo não é distópico [...] (www.brunoaccioly.com.br/weblog_arq/000068.html; acesso em 29/03/05) = *balayer devant sa porte*

olhar para o próprio umbigo "dar muita importância para si próprio" É necessário fortalecer o sentido de coletivo, o trabalho voltado pra todos, e não apenas *olhar para o próprio umbigo*. (www.folhadesaopedro.com.br/noticias.asp?IDNews=592; acesso em 05/05/05) = *regarder [se] le nombril*

olhar para si mesmo (olhar para o próprio rabo) "cuidar da própria vida, julgar-se a si mesmo em vez de julgar o próximo" Outros ainda passam o tempo cuidando da vida alheia. Outros passam a comer tudo o que vêem pela frente. Tudo isso para não ter tempo de *olhar para si mesmo*. (www1.uol.com.br/cyberdiet/colunas/030214_psy_fuga.htm; acesso em 19/05/04) = *balayer devant sa porte*

olhar por cima do ombro "olhar com desdém, com desprezo" Mas há preocupações e, à medida que nos movemos no espírito do otimismo, é preciso *olhar por cima do ombro* para ter certeza de que nada vai te atropelar. (www1.folha.uol.com.br/folha/dinheiro/ult91u79465.shtml; 11/11/04) = *regarde par-dessus l'épaule*

olhar torto (olhar de atravessado; olhar feio) "olhar com hostilidade, desaprovação" Se esbarrasse com o Fedor vestido desse jeito num shopping, não daria a mínima pro cara, era capaz ainda de *olhar torto* pra ele. (forum.portaldovt.com.br/forum/lofiversion/index.php/t24641.html; acesso em 28/03/08) = *regarder de travers*

olho do dono "as atenções do patrão, seu engajamento pessoal" *Olho do dono* mantém a empresa, mas não assegura a continuidade [...] (www.farmaexpo.com.br/grade_far.html; 08/04/05) = *oeil du maître*

olho no olho "encontro direto com quem se deseja falar" Todas as segundas-feiras, às 15h, professor e alunos se encontram normalmente na Sala 511 do RDC. "O *olho no olho* não deixou de ser importante, principalmente para iniciar uma discussão", diz Lucena, que acrescenta: "Nos vemos na segunda-feira e depois passamos a semana inteira nos comunicando através da Internet". (http://www.puc-rio.br/jornaldapuc/nov97/lucena.html; acesso em 02/04/04) = *entre quatre yeux*

olhos de lince "visão perspicaz" Façamos disso um jogo: no próximo número tudo estará claro. Neste, porém, só os leitores com *olhos de lince* detectarão o sinal do que está por ocorrer. (www.scielo.br/pdf/ln/n58/a01n58.pdf; acesso em 02/04/04) = *yeux de lynx*

o mundo dá voltas "a situação muda, as posições se invertem" *O mundo dá voltas*. Hoje você se recusa a colaborar ou mente sobre as perguntas feitas e amanhã encontra aquele mesmo profissional numa situação em que precisa dele. (carreiras.empregos.com.br/carreira/administracao/ge/entrevista/dilemas/141003entrevista_desligamento.shtm; acesso em 19/05/04) = *la roue tourne*

onde Judas perdeu as botas (no fim do mundo) "lugar distante, inacessível" Particularmente, eu preferia morar numa cidade *onde Judas perdeu as botas* e ninguém soubesse onde fica do que ouvir a mesma ladainha quando digo onde moro. (www.agitocampinas.com.br/usuario/GerenciaNavegacao.php?texto_id=3; acesso em 19/05/04) = *au bout du monde; au diable vauvert*

onde o calo (lhe) dói (onde o sapato (lhe) dói) "problema que mais incomoda" Encantador, bom e belo contemplarmos a Virgem Mãe, a Senhora que é nossa; a Nossa Senhora que é minha, quando eu sei *onde o calo dói.* (www.uol.com.br/diariodovale/arquivo/2001/abril/30/page/fr-colunas.htm; acesso em 08/04/05) = *où le bât le blesse*

onde o sapato (lhe) aperta (onde o calo (lhe) dói) "problema que mais incomoda" As organizações hoje estão em movimento e uma das características é o líder ser cobrado para realmente desempenhar o papel de agente de mudanças, olhando inclusive o lado do cliente e percebendo *onde o sapato aperta.* (http://www.sit.com.br/SeparataGTI132.htm; acesso em 19/05/04) = *où le bât le blesse*

os dados estão lançados (a sorte está lançada) "tudo o que podia ser feito foi feito, restando aguardar os resultados" *Os dados estão lançados.* Todos estão lançados. Só que, contrariamente a um jogo, nos dados da vida, contam as convicções e conta a memória.. (http://troll-urbano.weblog.com.pt/arquivo/2006/01/os_dados_estao.html; acesso em 16/06/08) = *le sort en est jeté*

osso duro de roer (carne de pescoço) "pessoa difícil de tolerar, de superar" Os chefões dos jogos ainda são grandes e alguns são *osso duro de roer.* Eles vão valer bons desafios e poderão deixar a paciência no chão. (www.seganet.com.br/reviews/saturn_capcomgenerationvol2.htm; acesso em 06/04/04) = *dur à cuire*

ossos do ofício "obrigações que cabem a uma determinada função ou profissão; aquilo que dificulta algum tipo de função, atividade, trabalho etc." Cabe a nós, economistas, analisar a viabilidade econômica dos diversos projetos apresentados. Nessa função, é comum que façamos o papel do estraga prazeres, mas esses são *ossos do ofício.* (http://www.econ.puc-rio.br/Mgarcia/Artigos/Macroeconomica.PDF; acesso em 06/04/04) = *aléas du métier*

o tempo fechou " havia um clima de desentendimento e as brigas começaram" *Fechou o tempo.* Estava calmo até demais o clima no no Goiás, o meia Felipe e o atacante Schwenck esquentaram o ambiente, se desentenderam e trocaram empurrões durante um treino realizado à tarde, na Serrinha. (http://andreisac.blogspot.com/2008/03/fechou-o-tempo.html; acesso em 16/06/08) = *il y a (avait) de l'orage dans l'air*

o último dos moicanos "o último representante" Quintão era *o último dos moicanos* do período Itamar que sobreviveu no Governo. (www.radiobras.gov.br/anteriores/2000/sinopses_2201.htm; acesso em 07/04/04) = *le dernier des mohicans*

ouro em pó "alguém ou alguma coisa de muito valor" Lucidez, num mundo insano como este, é *ouro em pó.* (cesar-manson.flogbrasil.terra.com.br; acesso em 27/04/05) = *or en barre*

outono da vida (inverno da vida) "os anos da velhice" Sempre ligada aos afazeres domésticos e aos filhos em primazia, só mais tarde, no *outono da vida*, ela acorda e retoma seus estudos, graduando-se em Pedagogia. (www.corifeu.com.br/comprar.asp?CODIGO=213; acesso em 28/03/08) = *soir de la vie*

ouvir o bom senso "deixar-se convencer por conselhos razoáveis" Mas quem disse que a gente *ouve o bom senso*, encara a lucidez ou segue a razão quando quer desistir? (www.ippb.org.br/modules.php?op=modload&name=News&file=article&sid=3767; acesso em 16/09/05) = *entendre raison*

ovelha desgarrada "aquele que se desviou de certa linha de conduta" Ele é um dos novos que vão legislar em nossa cidade a partir do ano que vem e está triste porque, pelo visto, já tem *ovelha desgarrada* na parada. (www2.uol.com.br/jornalasemana/edicao107/arpoando.htm; acesso em 15/05/05) = *brebis égarée*

ovelha negra "pessoa diferente das outras que a cercam por alguma característica considerada prejudicial" Tudo bem que toda família tem uma *ovelha negra* e não é porque uma pessoa errou, fez besteira, que a família inteira será julgada [...] (ueba.com.br/forum/index.php?showtopic=23069; acesso em 17/06/08) = *brebis galeuse*

ovo de Colombo "solução de um problema óbvia e inovadora ao mesmo tempo" [culto] Idéia simples, porém de grande utilidade. *Dimensionar e aproveitar esse potencial não deixa, portanto, de ser uma inovação ou invenção, da mesma categoria do ovo de Colombo.* (http://www.cpqd.com.br/cpqd/noticias2.php?id=146&id_idioma=1; acesso em 27/04/04) = *oeuf de Colomb* [coloquial]

ovo frito "seio muito pouco volumoso" Os seios grandes voltaram com tudo. E com tantas modelos e atrizes apelando para o seio artificial, o implante de silicone virou febre e se transformou no tema de um concurso da rádio Jovem Pan. O concurso "*Ovo Frito* Nunca Mais" promete doar um implante de silicone para quem melhor convencer os organizadores. (www2.uol.com.br/tododia/ano2000/julho/dia15/triboz.htm; acesso em 08/04/05) = *oeuf sur le plat*

p | P

paciência de Jó "resignação extrema" Meu pai era "pescador", daqueles com local privado para as tralhas, com dia santo para pescaria e com *paciência de Jó* – de ficar até 8 horas na beira do barranco, arremessando a isca e esperando calmamente o peixe passar [...]. (http://www. pescanet.com.br/Mate_casada_pescador.htm; acesso em 28/04/04) = *patience d'ange*

pagar com a mesma moeda (dar o troco) "fazer para alguém o mesmo que lhe fizeram" [geralmente: sentido negativo] Se por acaso nos sentimos traídos por alguém, imediatamente isto já servirá de causa para trair também, ou seja, *pagar com a mesma moeda* que recebemos. (www.globalsite.com.br/~benedito/30nive.htm; acesso em 10/06/04) = *rendre la monnaie (de sa pièce); rendre la pareille*

pagar o pato "sofrer as conseqüências dos atos de outra pessoa" A manter-se a postura tributária governamental, tornar-se-á a LC 101 uma Lei de Irresponsabilidade Fiscal, e quem efetivamente vai *pagar o pato*, mais uma vez, é o contribuinte. (http://portaltributario.com.br/artigos/irresponsabilidade.htm; acesso em 29/04/04) = *payer les pots cassés*

pagar um mico "passar vergonha na frente de outras pessoas" São saias superfemininas, geralmente godês ou pregueadas, que parecem dançar na gente, mas vamos dar umas dicas de como seria mais legal usá-las, para você não *pagar um mico*. Cuidado para não ficar meio gordinha nesses modelos. (www.copi.com.br/jornal/3/default.asp?secao=18; acesso em 29/04/04) = *passer un sale moment*

palavra de honra "declaração verbal de compromisso com alguém" Os atiradores, abaixo assinados, declaram, sob *palavra de honra*, que se comprometem a cerrar fileiras com a máxima disciplina e a defender até à morte a atitude do glorioso Estado de São Paulo, que, ou vencerá ou lutará até ver tombado o seu último soldado. (www.novomilenio.inf.br/santos/h0186a.htm; acesso em 29/04/04) = *parole d'honneur*

palco de batalha "lugar de lutas, de rivalidades" Que há interesses em fazer da mídia *palco de batalha*, e até mesmo alvo, não há a menor dúvida. (observatorio.ultimosegundo.ig.com.br/artigos/fd241020012.htm ; acesso em 03/03/06) = *foire d'empoigne*

palmo a palmo (pau a pau; taco a taco) "acirradamente" É assim que a qualidade ainda se mantém em alguns países da Europa, onde os canais mantidos pela propaganda disputam *palmo a palmo* a liderança da audiência com as emissoras públicas. (http://www.revistaeducacao.com.br/apresenta2.php?pag_id=374&edicao=262; acesso em 30/04/04) = *pied à pied*

pano de fundo "conjunto dos acontecimentos vividos" MONTANHA GELADA: Tendo como *pano de fundo* a Guerra de Secessão nos Estados Unidos, o filme segue a história do soldado desertor Inman (Law) que, após um grave ferimento na luta entre unionistas e confederados, busca reatar sua ligação com a namorada Ada Monroe (Kidman), filha de um pastor protestante. (http://www.cenafinal.com.br/cenateca/cenatecar2.asp?cod=2311; acesso em 30/04/04) = *fond de tableau*

pão e água "o mínimo para o tratamento ou a sobrevivência de alguém" Será que Tasso acha que só seus aliados podem receber recursos do governo federal e que quem não o apóia deve passar a *pão e água*? (www.oficinainforma.com.br/listas/mês/dia/lista_semama.asp?Data=20020807&Tipo='B'; acesso em 22/05/04) = *portion congrue*

pão e circo "símbolos dos dois apetites primários do povo: alimentar-se e se divertir" [culto] Melhor é manter a humanidade dispersa e distraída com *pão e circo*. Se o pão diminuir, aumentam-se as atrações para dopar e acobertar os obscuros meandros do poder. (http://www.library.com.br/Economia/Cap 100.htm; acesso em 30/04/04) = *du pain et des jeux*

pão nosso de cada dia "o mínimo que mantém a existência de alguém" Todos deveremos trabalhar, mas o Estado deverá garantir o *pão nosso de cada dia* para todo o indivíduo. (http://www.vozdasbeiras.com/index.asp?IdEdicao= 74&id=2485&idSeccao=620&Action=noticia; acesso em 21/05/04) = *pain quotidien*

para dar e vender "em abundância, em excesso" Os políticos, embalados no sucesso eleitoral, tendem a falar pelos cotovelos. A mídia bem que gosta e dá corda, afinal, fica com matéria *para dar e vender*. (www.italiamiga.com.br/NOTICIAS/ARTIGOS/carta_aberta_ao_companheiro_lula.htm; acesso em 03/05/04) = *à revendre*

para inglês ver "apenas aparentemente" Ele lembra que, para ser obedecida, a lei tem que fazer sentido, não podendo ser somente *"para inglês ver"*. (www.netrodas.com.br/entrevistas.asp?id=295; acesso em 11/12/05) = *pour la frime*

parte do bolo "parte dos lucros" O setor financeiro responde pela maior *parte do bolo*. As 17 instituições integrantes do INFO100 movimentaram 280 bilhões de reais na grande rede no ano passado, [...]. (www.login.com.br/novidades.jsp?id=32; acesso em 21/05/04) = *part du gâteau*

parte do leão "a parte melhor e/ou mais significativa em uma partilha" Os membros da Opep sabem que o custo de produção do petróleo na Arábia Saudita, que detém a *parte do leão* das reservas petrolíferas mundiais, é de aproximadamente US$ 2 por barril. (www.joelmirbeting.com.br/noticias.asp?IDgNews=9&IDnews=1306; acesso em 21/05/04) = *part du lion*

partir o coração "causar uma dor moral, afetiva" É que este, apesar de apaixonado por Marianne, prefere *partir o coração da amada* e se casar com Sophia Grey, uma rica dama da alta sociedade. (www.epinion.com.br/arquivos/2005_04.html; acesso em 17/09/05) = *déchirer le coeur*

passar a bandeira (passar a bola) "passar para outrem a responsabilidade de dar continuidade a algo" A grande verdade é que só vence aquele que continua, aquele que persiste, aquele que tem esperança e sabe *passar a bandeira* às novas gerações. (www.unemat.br/noticias/wmview.php?ArtID=1011; acesso em 12/06/05) = *passer le flambeau; transmettre le flambeau*

passar a bola (passar a bandeira) "passar a outrem a responsabilidade de um problema de difícil resolução" Quando questionado a respeito de detalhes técnicos do processo, Collor *passou a bola* para um dos renomados cientistas russos [...]. (www.paudabarraca.com.br/paginas/collor.htm; acesso em 22/05/04) = *refiler le bébé*

passar a conversa "mentir, enganar com histórias" Chega de torrar todo o salário em noitadas repetitivas! Chega de *passar a conversa* em mulheres cheias de amor à arte!! (www.an.com.br/2002/jun/23/0opi.htm; acesso em 22/05/04) = *jouer du pipeau*

passar a mão "apoderar-se de algo, roubar" Os políticos raramente cumprem o que prometem e, o que é pior, costumam *passar a mão* no bolso do povo como os piores bandidos. (www.blocosonline.com.br/literatura/prosa/cron/cb/2004/040323.htm; acesso em 22/05/04) = *faire main basse*

passar a perna (dar uma rasteira; passar pra trás; puxar o tapete) "utilizar procedimentos desleais para prejudicar alguém" Dona Clotilde gostava de nos contar histórias de Pedro Malazarte. Malandro como ele só, esse sujeito costumava *passar a perna* em todo mundo. (www.decorpointeiro.com.br/dona_clotilde_02.htm; acesso em 22/05/04) = *couper l'herbe sous le pied; savonner la planche*

passar da conta (ir longe demais; passar da medida) "ir além do necessário, do permitido" Aos "bebuns" de plantão, um recado: não se preocupem, porque chopp é o que não vai faltar. E para tranqüilizar ainda mais, uma equipe do Pronto Socorro Municipal prestará socorro imediato a quem *passar da conta*. (www.munchen.com.br/outrasfestas/munchen99/minimunchen/19990910; acesso em 22/05/04) = *aller* [y] *fort; aller trop loin; pousser le bouchon un peu loin*

passar da medida (ir longe demais; passar da conta) "ir além do necesário, do permitido" Se você estiver diante de uma situação que não oferece perigo real e mesmo assim você fica apavorado, é sinal de que seu medo *passou da medida*. (www.silvestreconsultoria.com.br/dica_62.htm; acesso em 08/01/06) = *aller* [y] *fort; aller trop loin; pousser le bouchon un peu loin*

passar desta para a melhor (bater as botas; comer capim pela raiz; comer grama pela raiz; descer ao túmulo; esticar as canelas; ir desta para a melhor; vestir o pijama de madeira; virar presunto) "morrer" Quando o tal mago *passou desta para a melhor*, muitos aventureiros apareceram no reino atrás do seu fabuloso tesouro. (www.zerozen.com.br/games/kuf.htm; acesso em 22/05/04) = *casser sa pipe; descendre au tombeau; passer l'arme à gauche*

passar fogo "dar uma rajada de tiros em alguém" Lênin, a seu tempo, mandava *passar fogo* nos "desorganizados", porque atrapalhavam a revolução. (www.primeira leitura.com.br/auto/index.php?edicao; acesso em 29/03/05) = *balancer la purée*

passar o bastão (passar a bandeira) "passar a outro a responsabilidade de dar continuidade a um empreendimento, a uma atividade" Preparar a sucessão em todos os níveis: sentir a época mais adequada para *passar o bastão* e fazer isso programadamente. (tecnologia.terra.com.br/interna/0,,OI1542568-EI4803,00.html; acesso em 16/06/08) = *passer le fambleau, transmettre lê flambeau*

passar o chapéu "pedir ajuda financeira, doações" Os partidos estão *passando o chapéu* para as eleições de outubro e os empresários têm a oportunidade de contribuir para a mudança de práticas nocivas que já se institucionalizaram. (www.amputados vencedores.com.br/ong_importa_aparelho_inedito.htm; acesso em 22/0504) = *faire la manche*

passar o pente-fino "analisar minuciosamente para averiguar se não há irregularidades" O relator e os seis subrelatores do orçamento começam agora o *passar o pente-fino* nas propostas para avaliar se serão acatadas. (www2.correioweb.com.br/cw/2000-11-04/mat_15598.htm; acesso em 22/05/04) = *passer au peigne fin*

passar o tempo "fazer o tempo parecer mais curto, por meio de alguma ocupação" O jogo é muito bom! Pra quem não tem nada pra fazer em casa e quer *passar o tempo* com alguma coisa é excelente. (baixaki.ig.com.br/allcoments.asp?cod=2890; acesso em 22/05/04) = *passer le temps*

passar por cima "derrotar inescrupulosamente uma pessoa que seria um obstáculo" [objeto: pessoa] A receita para enriquecer é esperar, não desistir, *passar por cima* de algumas normas e confiar sempre no mau funcionamento das instituições públicas. (reciclemos.weblog.com.pt/arquivo/076741.html; acesso em 27/05/04) = *passer sur le ventre*

passar por poucas e boas "passar por momentos difíceis" Acredito que o Brasil tenha que *passar por poucas e boas* para aprender que a sua organização deve ser primeiro mundista. (www.santosprimos2.blogger.com.br/2004_02_29_archive.html; acesso em 14/05/2004) = *passer un mauvais quart d'heure* [v. *mauvais quart d'heure*]

passar pra trás (dar uma rasteira; passar a perna; puxar o tapete) "utilizar procedimentos desleais para prejudicar alguém" E eu sempre brigo, porque estou sempre achando que estão querendo me *passar pra trás*. www.fagner.com.br/Reportagens/repo06.htm; acesso em 08/01/06) = *couper l'herbe sous le pied; savonner la planche*

passar sebo nas canelas "apressar-se" Todos os candidatos terão que *passar sebo nas canelas* para não deixar a Starchaser chegar na frente. (istoedigital.terra.com.br/galeria_outras2.asp?id=43; acesso em 11/12/05) = *prendre ses jambes à son cou*

passar uma borracha "esquecer algo ou alguém, não mais considerado importante" Ele criticou a disposição do governo petista de *passar uma borracha* na história recente do país. (www.asduerj.org.br/noticias/1964.htm; acesso em 27/05/04) = *passer l'éponge; tirer un trait*

passo em falso "deslize, erro" Ela tem um tumor muito próximo à região cerebral que controla a linguagem falada, a linguagem verbal. É necessária precisão absoluta na retirada do tumor. Qualquer *passo em falso*, e Sarah pode nunca mais voltar a falar. (www.drauziovarella.com.br/cerebro/palavracerebro.asp; acesso em 29/05/04) = *faux pas*

patinar na lama "fazer esforços em vão" Com esse tipo de relação, a política brasileira continuará a *patinar na lama* pelos próximos 100 anos. (ww.diariodoamazonas.com.br/noticias.php?idN=21973; acesso em 11/12/05) = *pédaler dans la chucroute; pédaler dans la semoule; pédaler dans le yaourt*

patinho feio "algo ou alguém em desarmonia com um determinado conjunto" Desde a semana anterior ao começo dos Jogos, estava muito claro que o futebol era o *patinho feio* aqui na Austrália. E por quê? Porque é um esporte com vida própria e que não se mistura. (www2.uol.com.br/espnbrasil/colunistas/milton/ml7.html; acesso em 29/05/04) = *vilain petit canard*

pé ante pé "vagarosamente, de modo a não ser percebido" Amigo meu surpreendeu um ladrão em casa. Desceu *pé ante pé* a escada e acendeu a luz da sala, rapidamente. O ladrão, ao ver a luz acesa, saiu correndo. (www.releituras.com/i_maxx_millor.asp; acesso em 29/05/04) = *à pas de loup*

pedir água (entregar os pontos; jogar a toalha; pedir arrego) "desistir de dar continuidade a uma atividade difícil e pedir ajuda" O decepcionado Euristeu, que jurava que o herói iria *pedir água* antes de dar conta dos doze encargos, não deixou barato.

(www.praianelson.blogger.com.br/2003_09_01_archive.html; acesso em 29/05/04) = *baisser les bras; baisser pavillon; donner sa langue au chat; jeter l'éponge; lever les bras; mettre les pouces*

pedir a mão de "pedir alguém em casamento" Alguns rapazes ainda seguem a tradição de *pedir a mão* da moça ao pai dela e alguns casais optam por ficar noivos entre eles e depois apenas comunicam o fato [...]. (www.solteiroscristaos.com.br/noivos/significado.htm; acesso em 29/05/04) = *demander la main de*

pedir a palavra "solicitar oportunidade para falar" Guilherme foi chamado para entregar o Troféu a Guga, que, ao *pedir a palavra* para agradecer, se emocionou e chorou. (www.igk.org.br/noticia2003.php?codigo=000038; acesso em 29/05/04) = *demander la parole*

pedir arrego (entregar os pontos; jogar a toalha; pedir água) "desistir no meio de uma atividade difícil" Assim, se continuar com o ritmo, sem maneirar, *sem pedir arrego*, certamente terá uma nova promoção. (geocities.yahoo.com.br/bdsmnordeste/textos/o_homem_perfeito.htm; acesso em 29/05/04) = *baisser les bras; baisser pavillon; donner sa langue au chat; jeter l'éponge; lever les bras; mettre les pouces*

pedir as contas "pedir demissão do emprego" Mesmo que você esteja insatisfeito com seu trabalho atual, não se afobe em *pedir as contas* e ir em busca de outro emprego. (carreiras.empregos.com.br/carreira/administracao/comportamento/260404amor_trabalho_verdade.shtm; acesso em 29/05/04) = *rendre son tablier*

pedra angular "essência de um dado pensamento que o legitima" [culto] O recalque, *pedra angular* da teoria freudiana, é conseqüência do conflito entre uma moção pulsional, que força seu acesso à consciência, e uma contracarga mobilizada pela censura para interditar este movimento. (www.spid.com.br/artigos.htm; acesso em 29/05/04) *pierre angulaire*

pedra de toque "critério utilizado para determinar a qualidade ou a genuinidade de algo" [culto] Dinheiro é a *pedra de toque* em que se testa o caráter dos homens. (quatrorodas.abril.com.br/diversao/parachoque/dinheiro.shtml; acesso em 29/05/04) = *pierre de touche*

pedra no meio do caminho "obstáculo para a execução de uma tarefa" Existe uma *pedra no caminho*, isto é evidente, mas ela só se faz um obstáculo porque me pus a caminho. (www.rubedo.psc.br/artigosb/pedrasca.htm; acesso em 29/05/04) = *pierre d'achoppement* [culto]

pedra no sapato "obstáculo que importuna incessantemente" Uma *pedra no sapato* de Bush: 10 milhões de votos contra a Alca. (www.marxismalive.org/euclides6port.html; acesso em 29/05/04) = *ombre au tableau*

pegar com a boca na botija (apanhar com a boca na botija; pegar com a mão na cumbuca; pegar no pulo) "surpreender alguém em flagrante num ato ilícito" Outra vez pegaram-no *com a boca na botija*, roubando galinhas de uma colônia de peões. (www.apatada.com.br/usuario/texto.php?id_texto=233&id_edicao=16; acesso em 30/05/04) = *prendre la main dans le sac; prendre sur le fait*

pegar com a mão na cumbuca (apanhar com a boca na botija; pegar com a boca na botija; pegar no pulo) "surpreender alguém em flagrante num ato ilícito" *Pegos com a mão na cumbuca*, a única coisa que o núcleo de governo de George W. Bush consegue fazer é desdenhar dos críticos [...] (fraudeorg.terra.com.br/sociedade.php?Tid=528; acesso em 11/12/05) = *prendre la main dans le sac; prendre sur le fait*

pegar fogo "causar grande entusiasmo" Já não nutro qualquer admiração por Schumacher, mas gostei mesmo porque agora o campeonato – que já estava bom – vai *pegar fogo*. (www.abacaxi atomico.com.br/esporte/ponta/12.htm; acesso em 10/06/04) = *péter le feu*

pegar no pé (encher a cabeça [1]; encher a paciência; encher o saco) "importunar insistentemente" Nunca o pressione, não critique os amigos dele e jamais, sob nenhuma condição, comece a *pegar no pé* deste homem que adora ser livre! (amor.americaonline.com.br/astrologia/guia/homem_sagitario.htm; acesso em 01/06/04) = *casser la tête; casser les burnes; casser les couilles* [vulgar]*; casser les oreilles; casser les pieds; chauffer les oreilles; chier dans les bottes* [vulgar]*; foutre les boules; peler le jonc; pomper l'air; prendre la tête*

pegar no ponto fraco (tocar no ponto fraco) "falar algo para magoar, ofender alguém" Mas tio Válter *pegou no ponto fraco* de Harry, falou de seus pais. (fanfiction.com.br/ler.php?id=6750; acesso em 03/03/05) = *piquer au vif*

pegar no pulo (apanhar com a boca na botija; pegar com a boca na botija; pegar com a mão na cumbuca) "surpreender alguém no momento em que está fazendo algo que não devia" Ele espera *pegar no pulo* a pessoa responsável pelo "desvio" da matriz – um jornalista, alguém que trabalhou na produção ou algo do tipo. (www2.mtv.com.br/drops/drops.php?id=9885; acesso em 01/03/06) = *prendre la main dans le sac; prendre sur le fait*

pegar o bonde andando "associar-se oportunamente a uma ação já em curso avançado" Afinal, que graça tem *pegar o bonde andando* numa saga já muito avançada e com cronologia entremeada demais? (www.omelete.com.br/quadrinhos/artigos/base_para_artigos.asp?artigo=799; acesso em 04/10/05) = *prendre le train en marche*

pegar o touro à unha (pegar o touro pelos chifres) "enfrentar com coragem as situações difíceis" Agora, se o povo se decidir a *pegar o touro à unha*, tudo será feito, basta querer! (users.hotlink.com.br/fico/refl0055.htm ; acesso em 05/03/06) = *prendre le taureau par les cornes*

pegar o touro pelos chifres (pegar o touro à unha) "enfrentar com coragem as situações difíceis" Ainda assim, este deve ser o passo imediato para que, pelo menos, seja dada uma sinalização clara da disposição do Ocidente de *pegar o touro pelos chifres*. (www.primeiraleitura.com.br/auto/entenda.php?id=6845; acesso em 05/03/06) = *prendre le taureau par les cornes*

pegar pesado "agir com certa brutalidade, imoderadamente" Não há motivos para uma instituição financeira *pegar pesado* com relação a informática. (forum.clubedohardware.com.br/lofiversion/index.php/t116013.html; aceso em 06/05/05) = *ne pas y aller avec le dos de la cuiller; ne pas y aller de main morte*

pé na tábua "pisando fundo no acelerador ao dirigir ou agilizando ao máximo uma atividade" Nada mais nada menos que 58 jipes que estavam dando a volta na Chapada Diamantina através de trilhas. *Pé na tábua* atrás deles. (www.braziladventure.com.br/brasiladentro/brasil4.htm; acesso em 31/05/04) = *pied au plancher*

pensamentos negros "pensamentos negativos, pessimistas" Mas não se desgaste com *pensamentos negros*. Muitos temores nascem da fadiga e da solidão. (www.expressaofeminina.com.br/DESIDERATA/; acesso em 06/04/05) = *idées noires*

perder a cabeça "agir irrefletidamente por estar muito nervoso" É muito difícil o momento que estamos vivendo, mas não podemos *perder a cabeça* e entrar em desespero, quem não está rendendo vai ter que sair do time [...]. (www.futebolgoiano.com.br/ver.php?id=26245; acesso em 31/05/04) = *perdre la boule; perdre la tête; péter les plombs*

perder a esportiva (perder a linha; perder as estribeiras; virar o bicho) "irritar-se ao extremo" Não vou *perder a esportiva*. Vou fazer de tudo para manter o alto astral e o bom humor!!! (www.kemeniel.com.br/blog/arquivo/dez01_a.htm; acesso em 03/06/04) = *sortir de ses gonds*

perder a face sujar a barra [coloquial]) "estar com a imagem denegrida, sem boa reputação" [culto] A vergonha é um regulador moral muito mais eficaz que a culpa, porque meu sofrimento por *perder a face* não repara minha honra. (www.odebatedouro.com.br/forum/index.php?s=8eed5c433a9defff5bcf29ba8149703e&showtopic=1239&view=new; acesso em 03/06/04) = *perdre la face* [coloquial]

perder a linha (perder a esportiva; perder as estribeiras; virar o bicho) "irritar-se ao extremo" Se, algum dia, talvez, você *perder a linha* e der vazão ao grito, à cólera, à revolta, com ganas de quebrar o mundo ao seu redor, não arrebente tudo, amigo [...]. (www.curingao.com.br/se.htm; acesso em 03/06/04) = *sortir de ses gonds*

perder as estribeiras (perder a esportiva; perder a linha; virar o bicho) "irritar-se ao extremo" O cabelo demora para crescer, a ginástica não está dando resultado, você fica horas no trânsito... Não faltam motivos para a gente *perder as estribeiras*. (boaforma.abril.com.br/livre/canal/viva.shtml; acesso em 03/06/04) = *sortir de ses gonds*

perder o chão (perder o norte; perder o rumo) "não saber o que fazer, ficar desorientado" Será que isso acontece com todo mundo, essa coisa de a gente perder a voz, a noção do tempo, a coordenação, de *perder o chão*, o raciocínio e as palavras [...]? (fantastico.globo.com/Fantastico/0,19125,TFA0-2143-9146-58029,00.html; acesso em 03/06/04) = *perdre la boussole; perdre la carte; perdre le Nord; perdre son latin*

perder o fio (da meada) "atrapalhar-se num raciocínio, nas suas ações" Para não *perder o fio da meada*, organize e estruture ações, pensamentos e idéias. (www.marketingpessoal.com.br/artigos/250404_fio_da_meada.htm; acesso em 11/12/05) = *perdre le fil; perdre les pédales*

perder o norte (perder o chão; perder o rumo) "não saber o que fazer, ficar desorientado" Infeliz é o que já *perdeu o norte* da vida, o lar que o afagou por anos, o lugar que lhe dava a segurança [...]. (www.tipos.com.br/item/10541; acesso em 09/06/04) = *perdre la boussole; perdre la carte; perdre le Nord; perdre son latin*

perder o pé (da situação) “não dominar mais os acontecimentos, a situação” A sua objetividade está a toda. Nada de ficar imerso em seus sentimentos e *perder o pé da situação*. (www5.estrelaguia.com.br/loja/exemplos/exemplo_prod9.html; acesso em 10/06/04) = *perdre pied*

perder o rumo (perder o chão; perder o norte) “não saber o que fazer, ficar desorientado” Várias trocas de mãos em tão pouco tempo fez a empresa *perder o rumo*. Para colocá-la novamente na dianteira, o empresário já investiu R$ 9 milhões em equipamentos e modernização de processos. (jc.plugin.com.br/Comercial/cadernos/empr-cent_13.aspx; acesso em 09/06/04) = *perdre la boussole; perdre la carte; perdre le Nord; perdre son latin*

perder tempo “desperdiçar tempo” Faz parte da honestidade profissional do treinador não *perder tempo* com pessoas desprovidas de qualidades para o voleibol (que não possuam biotipo adequado). (www.amigosdabola.combr/outros%20esportes/outrosesportes3.html; acesso em 10/06/04) = *perdre son temps*

perder terreno “recuar forçadamente, perder uma posição de prestígio” A linguagem pomposa e artificial começa a *perder terreno* para uma expressão mais simples, fiel à fala cotidiana. (www.linguativa.com.br/aprovar/conteudo_aprovar.asp?chamada=47698; acesso em 10/06/04) = *perdre du terrain*

pesar na balança “ponderar e ver se vale a pena” Quando surge uma proposta tentadora, chega a hora de *pesar na balança* itens como salário, ambiente de trabalho, afinidade com as tarefas, benefícios [...]. (www.timaster.com.br/revista/materias/main_materia.asp?codigo=86; acesso em 11/06/04) = *peser dans la balance*

perna de saracura “perna magra e longa” Sofri assédio sexual nesta viagem – bancos apertados só permitiram que sentasse no fundão com as *pernas de saracura* esticadas no corredor. (www.studiosim.com.br/mauris/arquivos/inca_99.doc; acesso em 12/04/05) = *jambe de coq*

pescador de homens “aquele que converte as pessoas para a doutrina cristã” A partir de então, Pedro deixa de ser pescador de peixes para tornar-se *pescador de homens*. (arvoredobem.ig.com.br/materias/25/0701-0800/781_01.html; acesso em 10/06/04) = *pêcheur d'hommes*

pescar em águas turvas “tentar obter vantagem de uma situação desfavorável” E os especuladores saíram à luz do dia, para *pescar em águas turvas*. Que segurança o governo tem oferecido à sociedade brasileira? (www.sindicato.com.br/carta_lula.htm; acesso em 10/06/04) = *pêcher en eau trouble*

peso morto “aquele que é inútil” [...] a velhice, em épocas e culturas diferentes, sempre foi encarada sob pontos de vista diversos: certos povos primitivos desprezavam os velhos por sua inutilidade e por serem um *peso morto* para a sociedade. (www.odontologia.com.br/artigos.asp?id=223&idesp=19&ler=s; acesso em 11/06/04) = *bouche inutile; poids mort*

pilha de nervos “pessoa muito estressada ou nervosa” Eu tinha um colega que quando falava com qualquer pessoa ao telefone era um veludo, mas quando falava com a esposa, era uma *pilha de nervos.* (members.tripod.com.br/~lcsm/revendo_numero30.htm; acesso em 10/06/04) = *paquet de nerfs*

pintor de rodapé "pessoa de estatura baixa" Claro que um pai alto pode ter um filho *pintor de rodapé,* mas seria uma exceção estatisticamente falando. A correlação pai alto = filho alto é forte. (www.coleguinhas.jor.br/2003_12_07_picadinho2_arquivos.html; acesso em 12/06/04) = *bout d'homme*

pisar em falso "não se basear em bons argumentos ou fazer algo que possa acarretar conseqüências desagradáveis" O prefeito de Garanhuns sabe o que está fazendo, como também tem conhecimento de que a oposição é doida para engoli-lo e ele não vai *pisar em falso.* (www.bravil.com.br/jornalimprensa/295/editorial.html; acesso em 12/06/04) = *porter à faux*

pisar em ovos "agir com bastante cautela" É muito chato ter que conviver com gente que nos obriga a *pisar em ovos* o tempo todo. Meu namorado é assim, nunca sei se vou agradar ou não. (ajudaemocional.tripod.com/rep/id23.html; acesso em 12/06/04) = *jouer serré*

pisar fundo (enfiar o pé) "acelerar ao máximo" Além disso, quando entro no carro, não penso em outra coisa a não ser *pisar fundo* e correr o mais veloz que posso sem exceder os limites de segurança... (www.fiat.com.br/br/afiat/fiatnews_1416.jsp; acesso em 06/02/06) = *appuyer sur le champignon; mettre la gomme; mettre les gaz*

pobre de espírito "que tem valores pouco louváveis" Nasce um sistema que se autoprotege. E gente *pobre de espírito* cai na tentação do dinheiro fácil [...] parindo a corrupção. E reclamando do síndico [...] (www.automotivebusiness.com.br/lucianogotadagua.htm; acesso em 12/06/04) = *pauvre d' esprit; pauvre en esprit*

pobre diabo "pessoa infeliz, desventurada" O rei, como todo poderoso, pouco se importou com o *pobre diabo,* que é como eles chamam aqueles que não são de sua laia, [...]. (www.jardimdeflores.com.br/floresearte/a20oreinodasflores.htm; acesso em 12/06/04) = *pauvre diable*

poço de sabedoria "pessoa que conhece a fundo vários assuntos" Lima Duarte, por exemplo, é um *poço de sabedoria.* Ele já fez muito pela televisão e recebe os novos atores como se ele estivesse começando naquele momento. (www2.uol.com.br/aregiao/entrev/e-fabiolago04.htm; acesso em 11/10/05) = *puits de science*

política do avestruz "atitude de quem prefere não enfrentar um problema" A pior situação é a chamada *política do avestruz,* colocar a cabeça no buraco e fingir que não enxerga o problema". (www.praiasonline.com.br/noticias.asp?id_not=263; acesso em 12/06/04) = *politique de l'autruche*

pomo de discórdia "causa de dissenções, desacordos" Joan Mondale, a quem ofereceu a garantia de que os direitos humanos e o programa nuclear brasileiro não são mais *pomo de discórdia* a separar os dois países. (www1.folha.uol.com.br/folha/almanaque/brasil_16mar1979.htm; acesso em 12/06/04) = *pomme de discorde*

ponta de lança "o que é mais dinâmico e importante em um conjunto" [culto] A ocupação militar caracterizou a cidade desde os primórdios, como a *ponta de lança* fundamental para a colonização do vale amazônico. (www.fumbel.com.br/fumbel.htm; acesso em 12/06/04) = *fer de lance*

ponta do iceberg "a parte visível de algo problemático" Lula precisará de autocontrole para dar conta de centenas de demandas do Brasil. O episódio do jornalista americano é apenas a *ponta do iceberg*. (www.pfl.org.br/artigos/1000000176.asp; acesso em 12/06/04) = *partie visible de l'iceberg*

pontapé inicial "ato que estimula o início de algo" John Mcgregor, o inglês que organizou o esporte, provavelmente não poderia imaginar, naquela época, que o seu ato seria o *pontapé inicial* para a prática de uma modalidade esportiva [...]. (www.guiadeaventura.com.br/intro_ canoagem.htm; acesso em 12/06/04) = *coup d'envoi*

ponto de interrogação "aquilo que é incerto, duvidoso" O jogo contra as nigerianas é um *ponto de interrogação* para a gente. Não sabemos nada, não temos nenhuma informação da equipe. (www.estadao.com.br/esportes/basquete/noticias/2004/mai/27/198.htm; acesso em 12/06/04) = *point d'interrogation*

ponto fraco "ponto de vulnerabilidade" O *ponto fraco* da Argentina é o mesmo do Brasil, falta de competência frente a equipes de alto nível, que compromete o nosso desempenho em Campeonatos Mundiais. (ww.amigosdohandebol.com/ENTREVISTA_GONZALO.htm; acesso em 12/06/04) = *point faible*

ponto pacífico "o que pode ser facilmente verificado" [...] naquele momento já considerávamos como *ponto pacífico* a necessidade de construção de uma nova política necessariamente intersetorial em Saúde [...]. (www.diesat.org.br/artigos/artigos_lacaz.htm; acesso em 12/06/04) = *fait acquis*

ponto sem volta "situação ou lugar a partir do qual não se pode mais desistir" Ambas as ações estão comprometendo os ecossistemas além da conta. Em muitos casos, o *ponto sem volta* já foi alcançado. Por isso a vida corre perigo. (www.folhadomeio.com.br/jsp/fma-135/capa.jsp; acesso em 12/06/04) = *point de non-retour*

pôr a mão na massa (colocar a mão na massa) "intervir num trabalho, participar" Gosto de *pôr a mão na massa*. Faço a maioria dos projetos e por enquanto não preciso de uma estrutura grande de produção. (www.universiabrasil.com.br/inove/noticia.jsp?noticia=162; acesso em 11/05/05) = *mettre la main à la pâte*

pôr as cartas na mesa (abrir o jogo) "esclarecer uma questão sem omitir nada, declarar abertamente suas intenções" Isto faz parte do processo de *pôr as cartas na* mesa e mostrar, com transparência, para o público em geral, para os atentos consumidores e para os acionistas [...]. (www.aberje.com.br/jornal/view.asp?id=448; acesso em 13/06/04) = *jouer cartes sur table*

pôr as mãos 1. "capturar alguém" Apesar de os policiais terem passado a madrugada toda de ontem tentando descobrir a qual dos passageiros pertencia a droga, não conseguiram *pôr as mãos* no traficante www.an.com.br/1998/mai/23/0pol.htm;

acesso em 11/05/05) = *mettre le grappin* [1]. **2.** "apoderar-se de algo" Se o plano der certo, ela e seu comparsa Dibs poderão *pôr as mãos* no fabuloso tesouro da mansão. (grandescelebridades.vilabol.uol.com.br/Filmes.htm; acesso em 11/05/05) = *mettre le grappin* [2]

por baixo da mesa (por baixo do pano; por debaixo da mesa; por debaixo do pano) "secretamente, ilicitamente" Se o quadro jurídico for defeituoso, ou as parcerias acabarão não saindo, ou maus governantes e maus empresários se darão as mãos *por baixo da mesa* para concretizá-las à custa do interesse público, acesso em 02/05/05) = *sous le manteau*

por baixo do pano (por baixo da mesa; por debaixo da mesa; por debaixo do pano) "secretamente, ilicitamente" Quem recebe o dinheiro das multinacionais, normalmente os diretores de programação das rádios, também participa da negociação *por baixo do pano.* (www.mvhp.com.br/colunamus11.htm; acesso em 02/05/05) = *sous le manteau*

por debaixo da mesa (por baixo da mesa; por baixo do pano; por debaixo do pano) "secretamente, ilicitamente" Não podemos deixar de especular quanto dinheiro correu *por debaixo da mesa* para que ocorresse essa luta. (www.boxergs.com.br/noticiam.htm; acesso em 02/05/05) = *sous le manteau*

por debaixo do pano (por baixo da mesa; por baixo do pano; por debaixo da mesa) "secretamente, ilicitamente" Mas deu tudo certo, acabou vendendo, pagamos a pessoa, daí com o dinheiro crescemos mais. Naquela época foi tudo *por debaixo do pano.* (www.universopunk.cfu.com.br/entrevistas/garotos.htm; acesso em 13/06/04) = *sous le manteau*

por desencargo de consciência "para não ter arrependimento ou remorso futuro" Os operários da Sorocabana tentavam inutilmente tirar açúcar com pás, porém ele escorregava sobre o garoto novamente, e assim iam passando as horas, já sem esperanças de resgatá-lo com vida. Contudo, continuavam nessa faina, mais *por desencargo de consciência* que por esperanças. (www.cmpp.com.br/Piracicaba/mussolini.htm; acesso em 14/06/04) = *par acquit de conscience*

pôr em dia "atualizar" O descanso semanal é um hábito milenar, que oferece a chance de *pôr em dia* a necessidade biológica atrasada e acumulada. (www.icb.ufmg.br/lpf/4-156.html; acesso em 14/06/04) = *mettre à jour*

pôr lenha na fogueira (colocar gasolina no fogo; colocar lenha na fogueira; jogar gasolina no fogo) "complicar uma situação já tensa" Diferenças culturais *põem lenha na fogueira* das dificuldades enfrentadas em fusões e incorporações de empresas americanas e alemãs [...] (www.amcham.com.br/revista/revista2002-08-27a/materia2002-08-28g; acesso em 11/05/05) = *mettre le feu aux poudres*

pôr na balança "colocar duas coisas em comparação" Queremos colocá-la em debate. Temos que *pôr na balança* quanto custa o prejuízo ambiental e os interesses petrolíferos. (www.envolverde.com.br/terramerica/teste/ter11402e.htm; acesso em 15/06/04) = *mettre dans la balance*

pôr na cabeça (botar na cabeça; colocar na cabeça; levar na conversa; levar no bico; levar no papo) "fazer alguém compreender algo, persuadi-lo, influenciá-lo" Então, queremos *pôr na cabeça* da sociedade a importância de formar as crianças ainda dentro de casa (ext01.tst.gov.br/pls/ext01/no_noticias.Exibe_Noticia? p_cod_noticia=3010&p_cod_area_noticia=ASCS; acesso em 15/06/04) = *mettre dans la tête*

pôr na rua **1.** "expulsar alguém" Houve até uma revolução na empresa. Metade dos executivos seniores queria me *pôr na rua*, porque eu estava colocando a empresa em risco. (www.por.com.br/zin.not.php?pg=zin&id=250; acesso em 15/06/04) = *ficher à la porte; jeter à la porte* [1]; *jeter à la rue* [1]; *jeter sur le pavé* [1]; *mettre à la porte* [1]; *mettre à la rue* [1]. **2.** "despedir do emprego" Houve até uma revolução na empresa. Metade dos executivos seniores queria me *pôr na rua*, porque eu estava colocando a empresa em risco. (www.por.com.br/zin.not.php?pg=zin&id=250; acesso em 15/06/04) = *jeter à la porte* [2]; *jeter à la rue* [2]; *jeter sur le pavé*[2]; *mettre à la porte*[2]; *mettre à la rue* [2]

pôr no lixo (jogar pela janela; jogar por terra) "não levar mais algo em consideração" Na verdade é muito difícil *pôr no lixo* o que ainda prezamos, mesmo que seja uma porcaria. (www.centralgospel.com.br/gospel/reflexoes/Reflexoes_show.asp?id=667; acesso em 16/06/04) = *jeter au panier; mettre au panier*

pôr no mundo (dar à luz; trazer à luz) "dar à luz, parir" Mãe não só é aquela que *põe no mundo*, mas aquela que, vivendo ao nosso lado, nos prepara para enfrentar o mundo. (gabrielian.bigblogger.com.br; acesso em 09/05/05) = *mettre au monde*

pôr nos trilhos (colocar na linha) "obrigar a seguir uma disciplina, uma determinada ordem" A segunda parte deste enredo vai mostrar Palocci e equipe mais ativos no encaminhamento da agenda de reformas microeconômicas, peça básica para atrair o empresariado, e ações para *pôr nos trilhos* e impulsionar os programas sociais, que continuam a nota destoante no governo. (www.superavit.com.br/colunas.asp?id=3824; acesso em 16/06/04) = *mettre au pas*

pôr o dedo na chaga (colocar o dedo na ferida; pôr o dedo na ferida) "indicar a causa precisa de um problema complicado" É preciso *pôr o dedo na chaga* e identificar a relação que existe entre o medo de punir e os seus efeitos anti-sociais. (www.samauma.com.br/samauma%20%20aproximando %20uma%20grande%20familia/ rr00211recado.htm; acesso em 16/06/04) = *enfoncer le couteau dans la plaie; mettre le doigt sur la plaie; remuer le couteau dans la plaie; retourner le couteau dans la plaie*

pôr o dedo na ferida (colocar o dedo na ferida; pôr o dedo na chaga) "indicar a causa precisa de um problema complicado" Seu protesto é menos tímido e *põe o dedo na ferida* que interessa. (www1.folha.uol.com.br/folha/almanaque/machado3.htm; acesso em 15/9/05) = *enfoncer le couteau dans la plaie; mettre le doigt sur la plaie; remuer le couteau dans la plaie; retourner le couteau dans la plaie*

pôr o nariz pra fora "sair de dentro de casa" Hoje sequer *pus o nariz pra fora*, e isso está me deixando louca, porque é culpa de um mal-entendido muito, muito chato. (acre.cubosolar.com/2004_04_01_arquivo.html; acesso em 09/05/05) = *mettre le nez dehors; montrer (le bout de) son nez*

pôr os pingos nos is "deixar claro um ponto confuso" Vamos aqui *pôr os pingos nos 'is'*. O ressurgimento econômico do sul da Itália é inconteste. (www.compasstur.com.br/Europa.htm.; acesso em 11/05/05) = *mettre les points sur les i*

pôr panos quentes (jogar água na fervura; colocar panos quentes) "acalmar os ânimos, contemporizar" Ministro argentino *põe panos quentes* na crise e elogia clima de encontro com Amorim em Paris. (clipping.planejamento.gov.br/Noticias.asp?NOTCod=193251; acesso em 28/06/05) = *calmer le jeu*

pôr pra baixo "desanimar, provocar melancolia" Infelizmente essa pessoa a *põe pra baixo* e para progredir você precisa se distanciar dela. (www.diariopopular.com.br/19_01_05/horoscopo.html; acesso em 17/09/05) = *donner le bourdon*

pôr pra correr "expulsar" O Ernesto não suporta a presença de alguns tipos que aparecem no seu negócio e já *pôs pra correr* alguns que ele considera ave de rapina. (www.an.com.br/ancapital/2002/abr/20/1fal.htm; acesso em 12/03/06) = *botter le train*

porta dos fundos "ânus" Eduardo deitou-se sobre mim e começou a empurrar a máquina contra minha *porta dos fundos*. (hosting.pop.com.br/glx/casadamaite/interatividade/contos/gays/gay399.html; acesso em 24/06/05) = *oeil de bronze; porte de derrière*

pôr uma pedra em cima (colocar uma pedra em cima) "deixar algo de lado, não fazer conta de alguma coisa" Vamos *pôr uma pedra em cima* deste assunto??? (www.beloarte.com.br; acesso em 08/05/05) = *mettre une croix*

por um fio "quase, por pouco" Você não precisa ficar *por um fio* para crescer no mercado de trabalho! (www.aopec.com.br/aopec/06_Promo02.php; acesso em 14/04/05) = *à un fil* [v. *tenir à um fil*]

pôr um paradeiro (dar um basta) "dar um fim a algo que está incomodando" Em meio a essa apuração, uma iniciativa do governo federal estabelece um novo marco legal que tenta *pôr um paradeiro* nos desmandos [...]. (www.socialtec.org.br/download/artigos_download/josecler4.doc; acesso em 18/06/04) = *mettre le holà*

pôr um ponto final (colocar um ponto final) "concluir, dar fim a alguma coisa" A separação, porém, não *pôs um ponto final* nos problemas. (revistamarieclaire.globo.com/Marieclaire/0,6993,EML1026762-1729,00.html; acesso em 09/09/05) = *mettre un point final*

por um triz "por muito pouco" *Por um triz*, tive a sorte de sobreviver e de ainda poder admirar e de ainda poder agradecer. (planeta.terra.com.br/arte/ecandido/mestr171.htm; acesso em 14/04/05) = *à un poil près; de justesse*

pregar no deserto "falar em vão, a quem não quer ouvir" Vencer em casa será glória para Ralf Schumacher e derrotá-lo será uma bela afirmação para JP Montoya. Portanto, a primeira tática dos cartolas da Williams será domar seus fogosos pilotos. Convencê-los de que deve vencer o melhor será *pregar no deserto*, porque ambos se acham o máximo. (grid.abril.com.br/formula1/colunadolemyr/280701.shtml; acesso em 18/06/04) = *crier dans le désert; prêcher dans le désert*

preparar o terreno "agir com cuidado, precaução" Após 25 anos analisando, participando e entrevistando, aprendi que respeitar o candidato é *preparar o terreno* para conquistar amanhã um forte aliado [...]. (carreiras.empregos.com.br/carreira/administracao/ge/entrevista/artigos/141003maneiras_nao_entrevistar.sm; acesso em 18/06/04) = *poser des jalons*

presença de espírito "capacidade de agir de maneira inteligente frente a uma adversidade ou situação inesperada" Já nessa oportunidade, as pessoas perguntavam como é que um apresentador com o carisma, a inteligência e a *presença de espírito* do Fausto Silva não estava na televisão. (www.pauloangelim.com.br/artigos3_28.html; acesso em 18/06/04) = *présence d'esprit*

preto no branco "de uma maneira incontestável" Morre lentamente quem evita uma paixão, quem prefere o *preto no branco* e os pingos nos is a um turbilhão de emoções indomáveis, justamente as que resgatam [...] (www.prosaepoesia.com.br/quem/morre_lentamente.asp; acesso em 19/06/04) = *noir sur blanc*

primeiro passo "primeira providência para se obter algo" O *primeiro passo* para construção de moradias numa propriedade rural é dispor de um projeto bem elaborado. (www.banet.com.br/construcoes/uso_ geral/moradias.htm; acesso em 19/06/04) = *premier pas*

prometer a lua "fazer promessa de dar o que não se pode dar" Uma coisa importante no diagnóstico presente é que os planos, as propostas de governo precisam ser realistas. Não dá hoje para *prometer a lua*. (www.fugpmdb.org.br/20040304aurani.htm; acesso em 19/06/04) = *promettre la lune*

prometer mundos e fundos "fazer promessa de dar muitas coisas e não cumprir" Como ganhar as eleições contrariando interesses e sem *prometer mundos e fundos*? (www.schwartzman.org.br/simon/fernando.htm; acesso em 19/06/04) = *promettre monts et merveilles*

provar por A mais B "apresentar provas cabais, exatas" A mesma realidade se verifica no mercado americano, onde quem busca investimentos para iniciar um novo negócio tem de *provar por A mais B* que seu modelo empresarial é viável. (www.informationweek.com.br/editorial/artigo.asp?id=14185; acesso em 19/06/04) = *démontrer par A + B*

pular no pescoço 1. "brigar com alguém" Estar cabisbaixo, amuado, irritado e pronto para *pular no pescoço* de outro e exigir "seus direitos" é a atitude mais comum que encontramos no dia-a-dia. (almas.terra.com.br/monica/monica_01_03_2002.htm; acesso em 20/06/04) = *sauter au cou* [1]. **2.** (jogar-se nos braços) "abraçar alguém com impetuosidade" Um momento hilário da introdução veio quando uma mulher resolveu *pular no pescoço* de Adam e tentar beijá-lo. Adam, porém, falou: "Hey, Jason". (www.realitycenter.eti.br/episodio.asp?temporada=999&id=1369; acesso em 20/06/04) = *sauter au cou* [2]

punhalada nas costas "traição de alguém de confiança" Haddad, que é ex-senador e ministro da Saúde do governo Itamar Franco, disse que foi vítima de um boicote de diretores que traíram sua confiança. "Recebi uma *punhalada nas costas* de pessoas que eram de minha inteira confiança. (www.oficinainforma.com.br/listas/mes/dia/lista_semana.asp?Data=20030826&Tipo='B'; acesso em 20/06/04) = *coup de poignard dans le dos*

puxar a brasa para sua sardinha "falar em interesse próprio" Aumento da jornada de trabalho contido no consenso entre Siemens e sindicato dos metalúrgicos gerou polêmica entre políticos, sindicatos e empregadores, cada qual tentando *puxar a brasa para sua sardinha.* (www.noticiario.com.br/noticias.asp?cod_noticia=1568; acesso em 11/12/05) = *prêcher pour sa paroisse*

puxar as orelhas (chamar na chincha; dar uma dura; mostrar com quantos paus se faz uma canoa) "epreender alguém" Em recente artigo abrigado pelo Observatório da Imprensa, aliás, Urbano chega a *puxar as orelhas* dos colegas que não aproveitam de forma correta o abundante espaço dado a eles na mídia. (www.olavodecarvalho.org/convidados/0185.htm; acesso em 20/06/04) = *apprendre à vivre; dire deux mots; faire une scène; passer un savon; prendre à partie; remonter les bretelles; sonner les cloches*

puxar o carro (cair fora; cair no mundo; dar no pé; dar o fora [1]; virar as costas) "ir embora rapidamente" É aquele famoso medo de acordar com algum monstro ou ET do seu lado, ativando o Ayrton Senna dentro de você, para *puxar o carro* rapidinho. (www.piadasonline.com.br/MostraPiadas.asp?2795; acesso em 20/06/04) = *faire [se] malle; ficher le camp; foutre le camp; mettre les bouts; mettre les voiles; prendre la clef des champs; tourner les talons*

puxar o saco (lamber as botas; lamber os pés) "bajular alguém para ter alguma vantagem" Mas atenção: ter uma rede de relacionamentos não significa *puxar o saco* das pessoas, e sim conseguir, através de confiança e de suas habilidades, reunir um grupo de pessoas influentes. (www.timaster.com.br/revista/colunistas/ler_colunas_emp.asp?cod=387; acesso em 20/06/04) = *cirer les bottes; cirer les pompes; lécher les bottes; passer de la pommade; passer la main dans le dos*

puxar o tapete (dar uma rasteira; passar a perna; passar pra trás) "utilizar procedimentos desleais para prejudicar alguém" Porque naquela empresa todo mundo só sabe *"puxar o tapete"* de quem quer trabalhar. Aliás, meu chefe é um ladrão e fui bobo de permanecer lá por tanto tempo. (carreiras.empregos.com.br/carreira/administracao/comportamento/030203assertivo_wellington.shtm; acesso em 20/06/04) = *couper l'herbe sous le pied; savonner la planche*

q | Q

quebrar a cabeça (fundir a cabeça, fundir a cuca) "refletir muito para tentar resolver um problema" Qual é o sentido da vida? Ao longo da História, grandes filósofos e pensadores *quebraram a cabeça* à procura de uma resposta. (www.submarino.com.br/books_productdetails.asp?; acesso em 13/01/06) = *creuser [se] la cervelle; creuser [se] la tête*

quebrar a cara "não conseguir atingir seus propósitos" *Quebrei a cara* feio, acertando só três dos meus nove palpites. (www1.folha.uol.com.br/folha/pordentrodosesportes/index_dom_2000set10.htm; acesso em 13/01/06) = *casser [se] la gueule*

quebrar a cara de "bater violentamente em alguém" Derrubou a porta e *quebrou a cara do* vizinho. (www.navedapalavra.com.br/contos/homemcansado.htm; acesso em 13/01/06) = *casser la gueule à*

quebrar o gelo "acabar com um mal-estar entre duas pessoas" Jacobus acredita que uma boa gargalhada pode *quebrar o gelo* e ajudar a resolver situações de conflito na empresa. (www.estado.estadao.com.br/edicao/mulher/comporta/sorriso.html; acesso em 30/06/04) = *rompre la glace*

quebrar o pau "brigar verbal ou fisicamente" Planeta Atlântida não é ringue de palhaço. Os "esquentadinhos" que adoram esses lugares para *quebrar o pau,* é bom procurar briga em outro lugar. (www.marcocezar.com.br/gente_zuera_017.php3; acesso em 01/07/04) = *foutre [se] sur la gueule*

queimar o (seu, um) último cartucho (dar a última cartada; dar uma cartada) "fazer uma última tentativa para conseguir algo" Hitler *queimou*, então, *um último cartucho*: apostar tudo em Luiz Lang – que, com 7,87m no salto em distância, subiria ao degrau mais alto do pódio. (an.uol.com.br/2000/out/26/0mac.htm; acesso em 16/06/05) = *jouer sa dernière carte*

queimar todos os cartuchos "utilizar todos os recursos para conseguir algo" Até seria natural e esperado, pois as outras duas montadoras devem ter *queimado todos os cartuchos* nas estratégias de final de ano. (www.automoveldicas.com.br/catsdetail.asp?consult_ID=429; acesso em 02/10/05) = *faire feu de tout bois; faire flèche de tout bois*

r | R

raposa no galinheiro "alguém que pode facilmente ser desonesto num determinado lugar ou cargo" A surpresa é que o ministro veio a escolher para ser o xerife no Ministério da Saúde a *raposa no galinheiro*, um homem que até já está preso. (www.deputadoaleluia.com.br/asp/discursos_detalhe.asp?IdDiscurso=101; acesso em 14/04/05) = *loup dans la bergerie*

rato de biblioteca "pessoa que passa seu tempo consultando livros em bibliotecas" Poucos estudantes fazem mais jus à definição de *rato de biblioteca* do que o americano Steve Stanzak: ele afirma que passou os últimos oito meses morando em uma das bibliotecas da Universidade de Nova York. (www.fatea.br/biblioteca/home.html?page=pg06&idnoti=1; acesso em 10/08/04) = *rat de bibliothèque*

reatar o fio da meada "reencontrar o ponto a partir do qual a situação ficou confusa" Vamos *reatar o fio da meada*. Para que serve? – Essencialmente, a Internet serve para você se comunicar com agilidade e eficiência. (www.pdt.org.br/diversos/cursonau.asp; acesso em 05/06/05) = *raccrocher les wagons*

recarregar as baterias "recuperar suas forças" As férias estão chegando. Faça como os professores desta reportagem e aproveite ao máximo esses dias para *recarregar as baterias* e aumentar a criatividade. (novaescola.abril.com.br/ed/

148_dez01/html/repcapa.htm; acesso em 12/08/04) = *recharger les accrus; recharger les batteries*

recomeçar da estaca zero (voltar ao ponto de partida) "recomeçar do início" Estamos no limiar de um novo milênio e vemos esgotos a céu aberto, teremos que *recomeçar da estaca zero* o saneamento básico. (www.netbabillons.com.br/entrevistas/01-odilonprefeito/odilon01.htm; acesso em 11/11/04) = *remettre les compteurs à zéro; repartir à zero; revenir à la case départ*

redoma de vidro "local onde se isola alguém que quer evitar contatos e engajamentos" [...] me sinto feliz por ter saído de minha *redoma de vidro*, pois descobri que o mundo é muito mais real e palpável do que eu jamais supus. (www.luzmg.com.br/cantodeluz_1.php; acesso em 11/06/05) = *tour d'ivoire*

reduzir a cinzas (reduzir a pó) "aniquilar, destruir, ruinar" Necessitamos *reduzir a cinzas* a crueldade monstruosa destes tempos, a inveja, que desgraçadamente veio a converter-se na mola secreta de nossas ações [...] (www.gnosis.org.br/_sawpage/livros/psi_rev/ppsi_c04.htm; 11/11/04) = *réduire en bouillie; réduire en cendres; réduire en poussière*

reduzir a pó (reduzir a cinzas) "aniquilar, destruir, arruinar" É imenso o risco de *reduzir a pó* a credibilidade da política monetária, caso se veja obrigado a, em seguida ao corte, retomar o movimento de alta. (forbesonline.com.br/edicoes/63/artigo157-1.asp?o=s; acesso em 26/04/05) = *réduire en bouillie; réduire en cendre; réduire en poussière*

refrescar a cabeça "espairecer" Sempre que tenho um tempinho, vou até a praça *refrescar a cabeça*. O barulho vindo da fonte me faz sentir uns seis anos mais novo!", elogia. (www.mbr.com.br/jornal/93_int_01.asp?cod=3; acesso em 11/12/05) = *prendre un bol d'air*

renascer das cinzas "reaparecer, voltar a se manifestar" Depois dos atrozes atentados perpetrados, simultaneamente, às cidades de Nova York e Washington, por terroristas talibãs, em 11 de setembro de 2001, o Tratado Interamericano de Assistência Recíproca (TIAR), nascido em 1947, pareceu querer *renascer das cinzas* em que se encontrava. (www.esg.br/publicacoes/artigos/a067.html; acesso em 16/08/04) = *renaître de ses cendres*

repartir o bolo "repartir os lucros" A concentração de renda aumentou mais ainda, no processo de "fazer o bolo crescer, para depois dividir", na expressão dos ministros tecnocratas do período militar. Sem *repartir o bolo*, o Brasil passou a ser o país com a pior distribuição de renda no planeta. (www2.rnw.nl/rnw/pt/atualidade/brasil/at040331golpe_militar_40_anos; acesso em 16/08/04) = *partager [se] le gâteau*

retrato vivo "reprodução fiel de algo ou de alguém" Por outro lado, a dimensão e a riqueza da sua obra constituem um *retrato vivo* da sociedade portuguesa, nas primeiras décadas do século XVI, onde estão presentes todas as classes sociais, com os seus traços específicos e os seus vícios, bem como muitos dos problemas que preocupavam os homens do seu tempo. (pwp.netcabo.pt/0511134301/vicente.htm; acesso em 17/08/04) = *portrait vivant*

reverso da medalha "o lado desagradável e inconveniente de algo que só havia mostrado seu aspecto positivo" Embora não apresente alternativas para os sistemas vigentes, sua obra é um antídoto a todos aqueles que mergulham [...] no pensar e no agir presunçosos e dogmáticos. Ele nos mostra o *reverso da medalha*. Ele coloca a existência sobre o fio de uma navalha. (www.italnet.com.br/garatuja/ensaio10/sofiatti.htm; acesso em 21/08/04) = *revers de la médaille*

rio(s) de dinheiro "muito dinheiro" Está na hora de o governo central se preocupar com os problemas internos e deixar de enviar tropas para o estrangeiro gastando *rios de dinheiro*. (www.correiomanha.pt/noticia.asp?idCanal=11&id=92273; acesso em 21/08/04) = *des mille et des cents*

rir amarelo "sorrir a contra-gosto" O marido a abraçava e ria de alguma bobagem. O que ele dizia? Certamente algo machista, certamente algo que a irritaria profundamente. Calem-se, queria dizer, mas apenas *ria amarelo*, junto deles. (www.josephkern. blogger.com.br/2004_02_01_ archive.html; acesso em 21/08/04) = *rire jaune*

rir às bandeiras despregadas "rir muito sem parar" [culto] [...] espasmos de benevolência, pungentes diálogos com inexistências, propostas desavergonhadas de reconciliação, tudo isso me faz *rir às bandeiras despregadas*. (www.usinadeletras.com.br/exibelotexto.phtml?cod=17389&cat=Artigos; acesso em 05/05/05) = *rire à gorge déployée* [coloquial]; *rire aux éclats* [coloquial]

rodar a bolsinha "trabalhar na rua como prostituta" O marido perdeu o emprego e após seis meses de intensa procura foi conversar com a esposa: "Mulher, não tem jeito, você terá que ir para a rua *rodar a bolsinha*". A mulher ficou desesperada, mas, como havia um monte de contas para pagar, foi enfrentar a velha profissão. (www.salinasonline.hpg.ig.com.br/piadas.html; acesso em 30/08/04) = *faire la rue; faire le tapin; faire le trottoir*

rodar em falso "não ter o efeito esperado" No entanto, não passa muito tempo e o filme começa a *rodar em falso*, na medida em que a relação avança rumo à psicose esperada (de parte a parte). (www.revistacinetica.com.br/tendenciafrances. htm,; acesso em 16/06/08) = *tourner à vide, tourner rond*

rolo compressor "aquele que revela grande dinamismo, sem se deter frente a qualquer dificuldade" Se o caso se confirmar, é mais um *rolo compressor* da Microsoft para passar por cima dos concorrentes, comprando quem faz sucesso no mercado dela (e evitando que façam sucesso com os outros!). (jc.uol.com.br/noticias/ler.php?codigo=65110&canal=117; acesso em 30/04/04) = *rouleau compresseur*

Rosto chupado "rosto muito magro, definhado" Sem comer direito durante vários dias, o paciente fica com o *rosto chupado* e o corpo exangue. O nojo tem uma explicação fisiológica. (veja.abril.com.br/arquivo_veja/capa_17041996.shtml; acesso em 16/06/08) = *visage en lame de couteau*

s | S

saber em que pé está "determinar o andamento de uma questão, de uma situação" Gostaria de *saber em que pé está* aquela ação que iria melhorar o benefício de quem se aposentou recentemente. (noticias.uol.com.br/uolnews/finanças/sophia/aposentadoria/ult2590u1.htm; acesso em 06/10/05) = *faire le point* [2]

saco de batata "pessoa gorda e de má aparência" Eu usaria camiseta mas só se tivesse baby look, odeio essas coisas que te deixam parecendo um *saco de batata.* (www.tamoindo.com/mutacao/forum_posts.asp?TID=3327&PN=15&TPN=2; acesso em 09/01/06) = *pot à tabac*

saco de gatos "confusão, desordem" Então, para apreender esse excesso, só há a bagunça, o *saco de gatos.* (pphp.uol.com.br/tropico/html/textos/2375,1.shl; acesso em 21/04/05) = *sac d'embrouilles; sac de noeuds*

saia justa "situação embaraçosa" Menstruação costuma ser sinônimo de *saia justa* para as mulheres. (www.universodamulher.com.br/index.php?mod=mat&id_materia=1339; acesso em 25/11/04) = *petits souliers*

sair à francesa (sair de fininho) "retirar-se discreta e rapidamente para fugir de alguém ou escapar a alguma coisa" Ela prefere ficar quieta em cantos, ou camuflada com a mobília da casa, até encontrar uma oportunidade de *sair à francesa,* sem ser vista por ninguém. (www.advg.org.br/teen/teen-menu.htm; acesso em 01/09/04) = *filer à l'anglaise*

sair da lama (sair do atoleiro; sair do fundo do poço; sair do sufoco; tirar o pé da lama) "sair de uma situação deplorável" Noé tem o prazer de apresentar os seus afilhados que conseguiram *sair da lama* e hoje são excelentes profissionais. Fazem parte deste seleto grupo mais de 75 "imortais", ex-alunos de nossa amada Arca. (www.feop.com.br/arcadenoe/exalunos/exalunos.html; acesso em 01/09/04) = *remonter la pente*

sair de fininho (sair à francesa) "retirar-se discreta e rapidamente para fugir de alguém ou escapar a alguma coisa" Os preços são absurdos e totalmente fora do padrão do resto do litoral por onde passamos. Nós tivemos que pagar o mico de entrar e sentar em um restaurante para, depois de ver o cardápio, ter que *sair de fininho.* (www.bemtevibrasil.com.br/diarioviagem18.htm; acesso em 01/09/04) = *filer à l'anglaise*

sair do armário "assumir sua preferência homossexual" Muitas meninas, adolescentes ainda, escrevem que, embora sintam atração por mulheres, jamais conseguirão *sair do armário* e, por isso, sabem que vão acabar casando e tendo filhos. (www.revistatpm.com.br/colunas_tpm/index_materia.php?id=135&col=9; acesso em 01/09/04) = *sortir du placard*

sair do atoleiro (sair da lama; sair do fundo do poço; sair do sufoco; tirar o pé da lama) "sair de uma situação deplorável" A parceria é a única forma que o governo Lula dispõe para *sair do atoleiro* em que se encontra a infra-estrutura do país, especialmente os setores de energia e transportes.

(www.congressoemfoco.com.br/senado/resumanterior/resumo_ 190804.aspx; acesso em 10/09/04) = *remonter la pente*

sair do fundo do poço (sair da lama; sair do atoleiro; sair do sufoco; tirar o pé da lama) "sair de uma situação deplorável" No entanto, economistas acreditam que assinar um acordo com o FMI, mesmo que seja de curto prazo, ajudará a Argentina a *sair do fundo do poço* em que está metida desde 1998 [...]. (www.bbc.co.uk/portuguese/economia/030113_argentinamcdi.shtml; acesso em 01/09/04) = *remonter la pente*

sair do sufoco (sair da lama; sair do atoleiro; sair do fundo do poço; tirar o pé da lama) "sair de uma situação deplorável" Quem espera e deseja melhoria da economia brasileira para *sair do sufoco* deve estar atento a duas informações: é real o processo de recuperação, mas esse processo, como aconteceu em passado recente, pode ter fôlego curto. (www.rcrunda.com.br/pecesar12.07.htm; acesso em 02/09/04) = *remonter la pente*

sair do tom "estar em desarmonia com um conjunto" Não ser condizente com um dado procedimento, com uma dada situação. Minha doença é causada pelo excesso anormal da proteína PRION, que faz o meu sistema nervoso *sair do tom*! (www.usinadeletras.com.br/exibelotexto.phtml?cod=13748&cat=Humor&vinda=S; acesso em 20/09/04) = *sortir du ton*

sair do vermelho "cobrir o déficit" Com o término das férias escolares, o setor turístico busca alternativas para *sair do vermelho* e equilibrar as contas. (www.folhadoturismo.com.br/especiais/colunas/Editorial2003_08.htm; acesso em 02/09/04) = *sortir du rouge*

sair no braço "bater em alguém em uma briga" Do nada virou um tapão na cara do meu amigo e quis *sair no braço* com ele. (ww2.mtv.com.br/clube/colunas_n/colunas.gen.php?txtid=515; acesso em 02/09/04) = *jouer des poings*

sair pelos olhos "ser muito, excessivo" Nossa alimentação básica era o PF ou bufê da ilha: arroz, feijão, batata frita ou farofa, salada, peixe frito e camarão até *sair pelos olhos*. (www.geocities.com/reginapoemas/regina/parana3.htm; acesso em 02/09/04) = *sortir par les trous de nez; sortir par les yeux*

sair-se bem (dar-se bem) "ser favorecido, obter êxito" [coloquial] *Saiu-se bem de novo*! Esse é o máximo. Ninguém entende como ele consegue isso, mas por mais que a situação seja difícil, ele sempre se dá bem. (www.duna.com.br/horosc.htm; acesso em 09/01/06) = *sortir [se] bien*

sair-se mal (dar-se mal) "fracassar" [coloquial] Conhecer a pontuação dos concorrentes não muda muita coisa, pois você pode ir bem numa etapa e na outra ter algum problema e *sair-se mal*. (www.motoronline.com.br/transparana/2003/diario1.htm; acesso em 02/09/04) = *faire chou blanc*

sal da terra "o que há de mais puro e íntegro, a elite moral" Ele acrescentou que, embora não seja a solução para todos os problemas, o projeto é uma "contribuição". "O PPP não é o *sal da terra*, mas vai dar uma bela contribuição à sociedade, aos empresários e aos políticos, e isso inclui todos os partidos". (www.radiobras.gov.br/materia_i_2004.php?materia=198219&q=1; acesso em 02/09/04) = *sel de la terre*

saltar aos olhos "ser fácil de ser compreendido, notado" As plantas escolhidas devem apresentar cores firmes, folhas vistosas e caule ereto. Seu aspecto geral deve *saltar aos olhos*, apresentando o vigor dos seres saudáveis. (www.maniadebicho.com.br/aab/artigos/plantas_nocoes_gerais.htm; acesso em 02/09/04) = *sauter aux yeux*

salvar a face (limpar a barra [coloquial]; livrar a cara [coloquial]) "salvaguardar a dignidade, o prestígio, após exposição a uma situação comprometedora" [culto] Ao mesmo tempo, as manobras das direções sindicais e o apoio de quase todos os intelectuais famosos do país permitiram ao governo *salvar a face* [...] (www.oolhodahistoria.ufba.br/02vito.html; acesso em 08/03/06) = *sauver la face* [coloquial]; *sauver la mine* [coloquial]

salvar a pele "evitar uma situação perigosa ou embaraçosa" Meu coração de repente acelera como quem corre para *salvar a pele*, fugindo de tira, de onça ou cão brabo [...]. (www.geocities.com/SoHo/6705/schneider.html; acesso em 02/09/04) = *sauver sa peau*

salvar as aparências "disfarçar ou esconder algum erro de conduta para não prejudicar a própria reputação" Já quando esse cidadão é responsável pela política monetária do Banco Central, mesmo que tenha movimentado milhões e milhões de dólares no exterior, em contas bancárias que jamais declarou, não há problema algum. É o caso de Luiz Augusto Candiota, que pediu demissão do cargo *para salvar as aparências* e permitir a continuidade de Meirelles. (www.portal364.com/colunistas/ler.asp?ID=1359; acesso em 02/09/04) = *sauver les apparences*

salvo pelo gongo "livre de uma situação desagradável no último minuto" Foi exatamente nesse ambiente de extrema turbulência que o Brasil foi *salvo pelo gongo*, através de uma surpreendente liberação de US$ 30 bilhões pelo Fundo Monetário para o país, comprovando que, como afirmei no boletim de outubro de 2001, a Patagônia não é aqui. (www.analisefinanceira.com.br/artigos/rd-promessas.htm; acesso em 02/09/04) = *sauvé par le gong*

sangue azul "nobre ascendência" Ele sempre me dizia quando eu era pequena: "Você tem *sangue azul*, sangue real". (www.uaisites.adm.br/iclas/opniao2.htm; acesso em 02/09/04) = *sang bleu*

são e salvo "ileso fisicamente, fora de perigo" Temendo pela vida do rei, Berenice fez um voto, prometendo aos deuses que, se ele regressasse *são e salvo*, ela sacrificaria as suas belas tranças em oferta ao Templo de Vênus. (www.oal.ul.pt/oobservatorio/vol4/n8/vol4n8_7.html; acesso em 02/09/04) = *sain et sauf*

são outros quinhentos "trata-se de outro assunto" O *crossover* acontece, geralmente, depois que duas editoras chegam a um acordo para que seus heróis se encontrem e assim possam gerar maiores lucros com as vendas daquela revista ou minissérie específica. Se teremos uma boa história, isso já *são outros quinhentos*. (www.sobrecarga.com.br/node/view/1628; acesso em 02/09/04) = *c'est une autre paire de manches*

saúde de ferro "saúde perfeita e boa resistência física" Para ter uma *saúde de ferro*, você precisa ter hábitos saudáveis, atividades físicas e, principalmente, ter uma boa alimentação. (www.nelore.org.br/Campanha.asp?Cod_Campanha=13&; acesso em 02/09/04) = *santé de fer*

segredo de alcova “segredo íntimo” Um Alferes que viveu em meio aos conjurados, mas que guardava muitos *segredos de alcova* e que deu a sua vida à Inconfidência Mineira, mas reservou um pouco dela para as suas paixões. (www.iof.mg.gov.br/iodiario/comemorativo/21041999/Amores.htm; acesso em 02/09/04) = *secret d'alcôve*

segredo de polichinelo “falso segredo, pois todo mundo sabe a respeito” Claro está que o anonimato, para os principais participantes, era um *segredo de polichinelo* e não impediu que vários deles sofressem processos políticos, cadeia e até surras pesadas [...]. (www.casaruibarbosa.gov.br/marcos_veneu/main_artes.html; acesso em 02/09/04) = *secret de polichinelle*

seguir à risca “fazer algo rigorosamente conforme o recomendado” Minha esposa *seguia à risca* as orientações do médico. (revistapaisefilhos.terra.com.br/responde-428.asp; acesso em 02/09/04) = *être à cheval sur*

seguir os passos “seguir o exemplo, a maneira de viver de alguém” Adepto do Positivismo, o pai fez batizar o filho na igreja positivista, esperando que o pequeno Paulo viesse a *seguir os passos* de Teixeira Mendes. (www.almacarioca.com.br/joaodorio.htm; acesso em 02/09/04) = *marcher sur les pas; marcher sur les traces; suivre les pas; suivre les traces*

seguir seu curso “prosseguir em seu destino” Nós viajamos através do tempo, ajudando a história a *seguir seu curso* e dando um empurrãozinho quando preciso. (www.a-arca.com/v2/artigosdt.asp?sec=1&ssec=8&cdn=4592; acesso em 02/09/04) = *suivre son cours; suivre son train de vie*

seguir suas inclinações “entregar-se às suas tendências” Cada qual deve ser livre para *seguir suas inclinações* e cumprir seu próprio destino, desde que esse seja um ato legítimo, que não prejudique aos semelhantes. (hospedagem.infolink.com.br/nostradamus/c08q023.htm; acesso em 02/09/04) = *suivre sa pente*

segunda natureza “traço do caráter adquirido que modifica a personalidade original” A Razão Moderna e o imaginário social que ela constitui, fizeram do poder de pensamento uma *segunda natureza* a dominar e a enclausurar a primeira. (www.educacaoonline.pro.br/art_a_procura_do_educador.asp?f_id_artigo=37; acesso em 28/03/08) = *seconde nature*

segundas intenções “verdadeira intenção que se dissimula” Téo convida Helena para tomar um vinho, brinda, coloca uma bela música, cheio de *segundas intenções*. (www.gazeta.inf.br/4431/gazeta.php?page=caderno2; acesso em 02/09/04) = Ø *arrière-pensée*

segurar a barra (agüentar a barra; agüentar a mão; agüentar as pontas; agüentar o repuxo; agüentar o rojão; agüentar o tranco; enfrentar a parada; segurar a onda; segurar as pontas) “suportar as adversidades, as dificuldades, sem fraquejar” É um momento de uma avalanche de coisas, de sentimentos, de pressões. Mas também não é o fim do mundo, e o importante é ficar firme para *segurar a barra*. (www.historiadeamor.com.br/noticia.asp?s=25; acesso em 02/09/04) = *prendre son mal en patience; tenir bon*

segurar a onda (agüentar a barra; agüentar a mão; agüentar as pontas; agüentar o repuxo; agüentar o rojão; agüentar o tranco; enfrentar a parada; segurar a barra;

segurar a onda; segurar as pontas) "suportar as adversidades, as dificuldades, sem fraquejar" Tanto chocolate deve ser uma das fontes de energia para *segurar a onda* de uma rotina que mistura trabalho a toda essa atividade física. (boaforma.abril.com.br/livre/edicoes/200/capa/a.shtml; acesso em 09/01/06) = *prendre son mal en patience; tenir bon*

segurar as pontas (agüentar a barra; agüentar a mão; agüentar as pontas; agüentar o repuxo; agüentar o rojão; agüentar o tranco; enfrentar a parada; segurar a barra; segurar a onda) "suportar as adversidades, as dificuldades, sem fraquejar" O primeiro mês foi fogo, mal consegui *segurar as pontas.* (www.portaldaserenidade.com.br/depoimen.htm; acesso em 09/01/06) = *prendre son mal en patience; tenir bon*

segurar a língua "conter-se para não falar" Mas, no casamento, pode esquecer a idéia de alguém *segurar a língua* ou fingir. Por quê? Porque não há aquele medo de perder o outro, já estão casados. (www.ibnm.ubbi.com.br; acesso em 11/05/05) = *mordre [se] la langue* [1]

segurar vela "pessoa que acompanha um casal enamorado, obrigada ou fortuitamente" Se os namorados se sentavam, agarradinhos, nas beiradas dos bancos, só outro casal ocupava a ponta. Ninguém queria *segurar vela.* (www.noolhar.com/opovo/colunas/ceara/383034.html; acesso em 02/09/04) = *tenir la chandelle*

sem coração "insensível, maldoso" Contudo, a Rainha era uma mulher *sem coração,* que pouco ou nada se preocupava com os problemas e com a fome que existia no seu Reino. (www.abcdobebe.com/index.cfm?Artigo=266&Seccao=107; acesso em 03/09/04) = *sans coeur*

sem eira nem beira "sem domicílio fixo e sem origem social definida" Zé Quirino foi um mendigo que vagava *sem eira nem beira* pelas ruas de nossa cidade, batendo de casa em casa pedindo comida e roupa. (www.ronet.com.br/marrocos/gente.html; acesso em 03/09/04) = *sans aveu; sans feu ni lieu*

sem freio "sem controle" As turbulências que sacodem o mundo globalizado atingem com mais dureza as chamadas nações emergentes, vítimas em grande parte da sanha do capital especulativo, *sem freio,* sem ética e sem pátria. (www.pe.gov.br/governo_governador_discursos8.htm; acesso em 15/09/05) = *en roue libre*

sem gás "sem energia, sem forças" Para mim, segunda-feira é sempre muito cansativa, porque parece que estou *sem gás,* saca? (www.jmarcelo.blogger.com.br; acesso em 24/09/05) = *à plat; sur les nerfs* [v. *être à plat; être sur les nerfs*]

sem mais nem menos 1. "de repente" De repente, alguns leitores nos escreveram contando hipóteses bastante plausíveis sobre por que os CDs explodem *sem mais nem menos* dentro de unidades de CD-ROM. (www.clubedohardware.com.br/d020403.html; acesso em 03/09/04) = *sans crier gare; tout à trac.* **2.** (sem mais nem porquê) "sem explicação plausível" [...] a violência não pode *sem mais nem menos* ser condenada como barbárie. (www.educacaoonline.pro.br/art_a_educacao_contra_a_barbarie.asp?f_id_artigo=532; acesso em 29/04/05) = *sans rime ni raison*

sem mais nem porquê (sem mais nem menos) "sem explicação plausível" Não raro me pego viajando em pensamentos. Chego às vezes a me assustar. *Sem mais nem porquê*, lembro de lugares e pessoas, perto ou distantes de mim. (www.mail-archive.com/goldenlist-l@yahoogroups.com/msg04780.html; acesso em 03/09/04) = *sans rime ni raison*

sem máscara (nu e cru) "autêntico, sem esconder a verdade" Em um capitalismo *sem máscara*, eles procuram somente o lucro próprio. (www.kke.org.br/pt/noticias/capitalismo_sem_mascara.php; acesso em 21/04/05) = *sans fard*

sem pé nem cabeça "idéias sem uma seqüência lógica" Os planos econômicos, a princípio, parecem algo confuso e sem sentido. Mas, à medida que nos aprofundamos em seus detalhes, percebemos aliviados que estamos diante de um todo *sem pé nem cabeça*. (www.abbra.eng.br/ piadas46.htm; acesso em 04/09/04) = *sans queue ni tête*

sem pestanejar "sem hesitar" Estas, quando adultas, de tanta propaganda antibrasileira, aceitarão *sem pestanejar*, até com aplausos, uma decisão qualquer das Nações Unidas ou de outro organismo supranacional, internacionalizando a região. (www.brasilaverdade.hpg.ig.com.br/ amazonia.html; acesso em 04/09/05) = *sans sourciller*

sem preço "de um valor inestimável" Amor *sem preço*: quando uma criança não é suficientemente amada, ou quando é amada, mas não recebe demonstrações desse amor, certamente crescerá com grandes necessidades [...] (www.saudelar.com/edicoes/2001/marco/principal.asp?send=vida_familiar_4.htm; acesso em 04/09/04) = *sans prix*

sem sair de cima "continuamente, sem parar" O mais espetacular *ultraman* brasileiro, oitavo lugar no último mundial do Havaí, já fez tudo isso em 24 horas e 15 minutos, *sem sair de cima*. Sem descanso. (www2.uol.com.br/trip/98/ultraman/01.htm; acesso em 04/09/04) = *sans débander; sans désemparer.*

sem volta "definitivo, irreversível" O mais preocupante é que poluir um aqüífero é, na maioria das vezes, uma ação *sem volta*, principalmente porque a água subterrânea leva um longo tempo para ser reciclada no subsolo, longo demais para conseguir limpar ou diluir os produtos tóxicos. (www.ibps.com.br/index.asp?idnoticia=2031; acesso em 04/09/05) = *sans retour (loc. adj.)*

sempre a mesma história "sempre as mesmas desculpas" É *sempre a mesma história*: as pessoas que mais anseiam o poder e o comando são, exatamente, as que se mostram mais despreparadas para o seu exercício. (www.espiritismogi.com.br/biografias/armanda.htm; acesso em 10/06/05) = *toujours la même chanson*

sentir o terreno (estudar o terreno; sondar o terreno) "procurar conhecer bem um assunto a tratar ou as intenções de alguém" Os petistas, naturalmente, têm outra versão: o ministro da Fazenda estaria *sentindo o terreno* para uma possível candidatura e reforçando a tese de que a oposição no poder é sinônimo de caos. (www.uol.com.br/diariodovale/arquivo/2001/agosto/16/page/fr-mosaico1.htm; acesso em 06/09/04) = *prendre la température; tâter le pouls; tâter le terrain*

sentir-se em casa "estar completamente à vontade em um lugar ou atividade bastante conveniente" Ele disse que *se sente em casa* quando passa os fins de semana na Restinga da Marambaia, no Rio, numa base naval. (www.koinonia.org.br/oq/not_documentacao1.htm; acesso em 28/02/06) = *être dans son élément*

separar o joio do trigo "distinguir o bem do mal, o verdadedeiro do falso" Com tantos livros sobre segurança no mercado, fica muito difícil para o leitor que não tem nenhum conhecimento sobre o assunto *separar o joio do trigo*. (www.clubedohardware.com.br/pagina/livros2001; acesso em 29/04/05) = *séparer le bon grain de l'ivraie*

ser a sombra de "acompanhar fielmente algo ou alguém" O poder *é a sombra do* amor; ao ter poder e controle sobre sentir, fiquei sem "amar". (www.ensaiogeral.blogger.com.br/2003_12_01_archive.html; acesso em 06/09/04) = *être l'ombre de*

ser cabeça dura "ser teimoso" Apesar de eu sempre ajudar no que eu posso, não gosto de pedir ajuda, mas tive que deixar de *ser cabeça dura* e vir até aqui. (www.xoops-themes.com.br/modules/newbb/viewtopic.php?topic_id=63&forum=3&post_id=248; acesso em 06/02/06) = *avoir la tête dure*

ser cheio de dedos "agir com precaução, com cuidado" Não consigo ser amiga se preciso ser *cheia de dedos* com a pessoa. (www.pressa.com.br/deliriosnoturnos; acesso em 17/09/06) = *prendre (avec) des gants*

ser colocado contra a parede "ser pressionado a tomar uma decisão, a agir" Três meses atrás o diretor comercial da subsidiária brasileira de uma das maiores empresas do mundo *foi colocado contra a parede*. (www.dana.com.br/colunas.asp?idcoluna=196&codCol=18; acesso em 28/02/06) = *être au pied du mur*

ser como São Tomé "não acreditar em algo antes de ver as provas" E as empresas têm de provar tudo, porque banco *é como São Tomé*: precisa ver para crer. (www.qualidadeaeronautica.com.br/Fiquepordentro.set03.htm; acesso em 06/09/04) = *être comme Saint Thomas*

ser curto e grosso "ser direto" Na hora H, ele aparece e diz: – É o seguinte, gente! Vou *ser curto e grosso*: é que o meu médico falou que eu vou morrer daqui a seis meses! (humortadela.uol.com.br/piadas/piadas_bichas_46.html; acesso em 06/09/04) = *couper court*

ser de lua "ser de humor inconstante" [parlé] Seria perfeito se não houvesse dois poréns: o botão parece *ser "de lua"*; na grande maioria das vezes funciona, mas em outras ocasiões deixa o usuário na mão (ou no dedo, apertando o tal botão que nem louco). (informatica.terra.com.br/interna/0,,OI219249-EI872,00.html; acesso em 06/09/04) = *avoir ses têtes*

ser largo "ter muita sorte" Nem a união de todos os deuses gregos pode derrubar a sorte que o Felipão tem. O cara *é largo*... (forum.aol.com.br/foro.php?id_top=2&id_cat=48&id_subcat=121&id_foro=2703; acesso em 21/02/06) = *avoir de la veine*

ser mais realista que o rei "seguir uma doutrina com um rigor excessivo" Um governo que pudesse causar temor nos investidores precisava *ser mais realista que o rei* e manter os juros altos para debelar a inflação que se anunciava. (www.artnet.com.br/gramsci/arquiv279.htm; acesso em 26/06/04) = *être plus royaliste que le roi*

ser pão, pão, queijo, queijo "pessoa com quem se tem profundas afinidades, geralmente do sexo oposto" A comunicação de massa não suporta ambigüidade. *É pão, pão, queijo, queijo*. Sim ou não. (oregional.uol.com.br/detalhe_noticias. php?codigo=8294; acesso em 06/02/06) = *appeler les choses par leur nom; appeler un chat un chat*

ser santinha do pau oco "agir como se tivesse medo do amor carnal" [sujeito: mulher; expressão pejorativa] Desdêmona é inocente. Sabemos disso porque acompanhamos Iago. Mas *é santinha do pau oco*. Enganou o pai, Brabantio, quando quis sexualmente Otelo. (www.geocities.com/jczamboni/sala_de_visitas.htm; acesso em 02/09/04) = *être une sainte nitouche*

ser só pele e osso "estar muito magro" Eu apanhei gastroentrite, estive 10 dias sem comer e uma semana a soro, já estava muito cansada e não tinha forças, *era só pele e osso*. (pegadas.online.pt/index.php?accao=forumler&msg=4840&forum=6; acesso em 10/09/04) = *n'avoir que la peau sur les os*

ser uma geladeira "ser extremamente insensível" Não vibra, não reage, nunca muda o seu tradicionalismo. *É uma geladeira* ambulante. Nem o verdadeiro calor do Espírito Santo consegue aquecê-lo. (www.secret_ambition.blogger.com.br; acesso em 11/09/04) = *être de glace*

ser um deus-nos-acuda "ser muito confuso, complicado" E então *é um deus-nos-acuda* para conseguir fazer cumprir a nossa vontade – e o nosso direito – de não mais receber tais mensagens. (www.espacoacademico.com.br/008/08politica.htm; acesso em 25/10/05) = *être la croix et la bannière*

ser um monte (de merda) "ser insignificante ou covarde" Você come com o dinheiro que te mandam todo ano, você depende desse dinheiro, porque sem seu "protetor" você *é um monte de merda*. (www.angelfire.com/empire/entifada/letters/portugese.html; acesso em 11/09/04) = *prendre [s'y] comme un manche*

ser vaquinha de presépio "estar sempre de acordo, sem questionar nada" "O integrador não pode *ser vaquinha de presépio*, não deve fazer o que eu falo, mas trazer coisa nova", diz Marcos Ferrari, diretor da Triple S [...]. (www.resellerweb.com.br/solutions/internet/e-business/artigo.asp?id=10932&p=3&pct=4; acesso em 12/11/04) = *opiner du bonnet*

servir como uma luva "adaptar-se exatamente a alguma coisa, ser muito apropriado" É certo que o pensamento liberal *serviu como uma luva* aos que criticaram a versão socialista, que se firmou no século passado. (www.espacoacademico.com.br/002/02politica.htm; acesso em 13/09/04) = *aller comme un gant*

servir de ponte "ser um intermediário entre pessoas ou coisas" A Fundação Bienal acredita que a arte pode *servir de ponte* para a ampliação das relações entre países. (bienalsaopaulo.terra.com.br/programa.asp; acesso em 13/09/04) = *servir de pont*

silêncio de morte "silêncio absoluto que provoca certo mal-estar" Eles (os judeus) eram impelidos para a morte pelos alemães, mas sem gritos. Pode-se dizer que pairava no ar um *silêncio de morte*, algo muito deprimente". (www.dw-world.de/brazil/0,1594,2192_A_319271_1_A,00.htm; acesso em 13/09/04) = *silence de mort*

sinal dos tempos 1. "traço característico de uma época" Como *sinal dos tempos*, hoje convive-se com uma maneira bem diferente de educar as novas gerações, orientando o filho a entender e compreender, gradativamente, seus problemas, como forma de melhor superá-los e, assim, saber vencer as dificuldades que lhe apresentam. (www.ufpa.br/imprensa/clipping/clipping/clipping%2012%2005% 202003.htm; acesso em 02/05/05) = *signe des temps*. **2.** "indício profético do fim do mundo" Esse evento é muito interessante pois parece anunciar a aproximação do final dos tempos. Se fosse o único *sinal dos tempos*, eu o rejeitaria como irrelevante; mas, é somente um dentre dezenas de profecias que estão se cumprindo agora, ou que já se cumpriram. (www.centralgospel.com.br/gospel/Atualidades/Atualidades_view.asp?id=18; acesso em 13/09/04) = *signes des temps*

sinal verde "permissão para se fazer algo" Com *sinal verde* do presidente Lula para tomar decisões fortes, Antonio Palocci Filho, 43 anos, tornou-se a peça fundamental da política econômica. (port.pravda.ru/brasil/2004/06/11/5436.html; acesso em 13/09/04) = *feu vert*

sob o cajado de "sob a autoridade de" [culto] Vivemos esses anos todos *sob o cajado forte* de Karol Wojtyla, o papa midiático por excelência, o poeta, dramaturgo e ator que herdou o trono de Pedro [...] (www.aol.com.br/revista/impressao/2005/0013.adp; acesso em 02/05/05) = *sous la houlette de*

sob o mesmo teto "na mesma casa" Viver *sob o mesmo teto*, compartilhar tarefas e vida conjugal. Neste ponto de vista, sempre haverá duas unidades – dois corpos separados, com pensamentos particulares e emoções peculiares. (www.chabad.org.br/ciclodavida/casa_B.html; acesso em 14/09/04) = *sous le même toit*

sob o signo de "num ambiente criado por" Durante o governo do presidente Itamar Franco e do ministro da Fazenda, Fernando Henrique Cardoso, foi instituída uma nova moeda: o Real. No mês de julho, no ano de 1994, há 10 anos, o Brasil despertava *sob o signo de* uma nova Unidade Real de Valor. (www.pedagogia.brasilescola.com/plano-real.htm; acesso em 14/09/04) = *sous le signe de*

sob todos os ângulos "em todos os sentidos, sob todos os pontos de vista" Porém, este problema deve ser analisado *sob todos os ângulos*. Em primeiro lugar, a contratação de um advogado não é um procedimento dos mais simples. (www.revistaautor.com.br/artigos/2004/31adb.htm; 02/05/05) = *sur toutes les coutures*

soltar as rédeas "deixar alguém livre, não ficar controlando os atos de ninguém" Por isso, descentralizar é fundamental. Tem que *soltar as rédeas* e deixar acontecer, sem muitos cálculos e reuniões. (www.empresario.com.br/memoria/entrevista.php3?pic_me=465; acesso em 14/09/04) = *laisser la bride sur le cou*

sondar o terreno (estudar o terreno; sentir o terreno) "procurar conhecer bem um assunto a tratar ou as intenções de alguém" E, se possível, escale uma amiga para descobrir o que ele achou da admiradora secreta, para ver se a tática deu certo. O importante é dar um jeito de *sondar o terreno* sempre e, se puder, partir para outro tipo de aproximação depois. (www2.uol.com.br/todateen/edicoes/arquivo/99/material.shl; acesso em 14/09/04) = *tâter le pouls; tâter le terrain*

sono de pedra (sono pesado) "sono profundo" Ele tem um *sono de pedra* do tipo que a gente costuma gritar um com o outro no quarto e ele continua no maior sono. (www.alexmaron.com.br/weblog/index.php?m=2003&w=32; acesso em 14/09/04) = *sommeil de plomb*

sono eterno (último sono) "a morte considerada fim também para o espírito" A ele só restava isso. Se existia pensamento além do corpo, finalmente o saberia. Se não, sua dor findava-se pelo *sono eterno*. (www.cefetsp.br/edu/sinergia/7p11c.html; acesso em 14/09/04) = *dernier sommeil; sommeil éternel*

sono pesado (sono de pedra) "sono profundo" Uma hora mais tarde, o *sono pesado* proporciona sonhos agradáveis. Um terço da população do Brasil não conhece o paraíso descrito acima. (www.webmedicos.com.br/detalhe_print.asp?Id=535; acesso em 02/05/05) = *sommeil de plomb*

sorriso colgate "sorriso perfeito, deixando à mostra belos dentes" Amanhã vou fazer uma visita de rotina ao dentista, para dar um trato em meus dentinhos... vou voltar para faculdade com um *sorriso colgate* [...]. (www.a_smile_like_yours.zip.net; acesso em 14/09/04) = *sourire Colgate*

sossegar o facho 1. "levar uma vida menos agitada e mais regular que antes" Há uns trinta anos ele conseguiu *sossegar o facho*. Pião é um dedicado marceneiro. Faz cadeiras, bancos, armários e tudo o que pode ser confeccionado com madeira. (jc.uol.com.br/2005/03/14/not_85484.php; acesso em 11/05/05) = ranger [se] des voitures. **2.** (tirar o pé do acelerador) "aquietar-se, acalmar-se" Gente, vocês hoje estão numa agitação só. Vamos *sossegar o facho* até o fim da aula! (www.saci.org.br/?modulo=akemi&parametro=11494; acesso em 14/09/04) = *mettre [se] en veilleuse*

suar sangue "esforçar-se ao máximo" Esforçar-se ao extremo para conseguir algo. Sou seu fã e tenho certeza de que vamos ganhar mais uma medalha nesta Olimpíada, vamos *suar sangue* em quadra, pois com garra sairemos vitoriosos. (www.noatonet.com.br/olimpico/contato/mensagens4.htm; acesso em 15/09/04) = *suer sang et eau*

subir nas tamancas "encolarizar-se e falar alto" Quanto à oposição, *subiu nas tamancas*. Acusou o governo de debochar da miséria do povo e fez as contas. (epoca.globo.com/edic/19990524/brasil6.htm; acesso em 09/05/05) = *monter surs ses grands chevaux*

subir pelas paredes "ficar muito excitado sexualmente" Se o seu objetivo for impressionar, não esqueça de fazer ela ter vários orgasmos, não adianta todo esse trabalho se ela não *subir pelas paredes*. (www.magiadoamor.com.br/interna.asp?idunv='424'&colunistas='1'; acesso em 15/09/04) = *grimper aux rideaux*

sujar a barra (perder a face [culto]) "denegrir a imagem, a reputação de alguém" Na Ferrari, quando pifa, os caras dizem que é pane seca. Acho que é para não *sujar a barra* do fabricante. (ultimosegundo.ig.com.br/paginas/grandepremio/materias/174001174500/174303/174303_1.html; acesso em 15/09/04) = *pedre la face*

sujar as mãos "comprometer-se com algum ato ilícito" Os últimos governos atrasaram o país, e o empresário costuma não fazer política partidária para não *sujar as mãos.* (www.empresario.com.br/memoria/entrevista.php3?pic_me=265; acesso em 15/09/04) = *salir [se] les mains*

t | T

tábua de salvação "último recurso em uma situação de desespero" Volto a repetir, cuidado com as suas expectativas e a responsabilidade que você atribui ao relacionamento, para ser a sua *tábua de salvação,* pois as chances de você se decepcionar aumentam assim. (www.parperfeito.com.br/ThaisResponde/opshow/id3600/p-1/f-1/n-1/; acesso em 15/09/04) = *ballon d'oxygène; bouée de sauvetage; planche de salut*

taco a taco (palmo a palmo; pau a pau) "acirradamente" Mais uma vez os dois campeões vão disputar *taco a taco* o primeiro lugar. (www.expressodasnove.com/noticia.php?id=159; acesso em 15/09/04) = *pied à pied*

tapar a boca "apresentar provas irrefutáveis para alguém" Você poderia *tapar a boca* de seu amigo, citando exemplos de inúmeras personalidades de grande influência no mundo moderno que crêem em Deus [...] (www.sampaio.jor.br/nomeiodenos/Edic48/4803tira.htm; acesso em 02/10/05) = *couper le sifflet*

tapar os ouvidos "não querer ouvir" Se somos alvos dessas notícias quase diárias da mídia, por que fechar os olhos ou *tapar os ouvidos* ignorando-as, dizendo, simplesmente, que seu estudo é "coisa de doido"? (www.astronomia-carj.com.br/htdocs/curso1.html; acesso em 25/10/04) = *fermer l'oreille*

tempestade em copo d'água "reação exagerada para algo sem importância" Gostaria de ser mais controlada e de não fazer *tempestade em copo d'água.* Quando estamos juntos, essas coisas não acontecem. (www.vaidarcerto.com.br/consultorio2.php?dcodigo=6561; acesso em 25/10/04) = *tempête dans un verre d'eau*

tempo de merda "tempo muito ruim" Domingo, apesar do *tempo de merda,* fui pra praia com os moleques pegar onda. O tempo tava uma merda mas as ondas estavam iradas! (surtados.weblogger.terra.com.br; acesso em 28/03/08) = *temps de chien*

tempo de vacas gordas (ano de vacas gordas) "tempos de fartura, de prosperidade" Para aproveitar o *tempo de "vacas gordas",* ele vai transferir a fábrica do porão para um pavilhão, pois a produção está crescendo. (www.abicalcados.com.br/index.php?page=noticias&id=558; acesso em 21/02/06) = [*année de vaches grasses*]

tempo de vacas magras (ano de vacas magras) "tempos difíceis" Em *tempo de vacas magras,* economizar recursos é a melhor solução. (www.terra.com.br/noticias/energia/economizar/alternativas.htm; acesso em 21/02/06) = *année de vaches maigres*

tempo morto "período de inatividade" Tais rupturas se tornam ainda mais agudas quando nos damos conta de que o passado não é um *tempo morto,* esquecido nas páginas viradas do livro da existência, mas tempo vivo, pulsante, atual. (www.moderna.com.br/artigos/pedagogia/0001; acesso em 25/10/04) = *temps mort*

ter a cabeça no lugar "ter bom senso, ser realista, equilibrado" Para ele, o bom piloto deve *ter a cabeça no lugar*. "Não adianta querer andar mais do que deve ou do que seu equipamento agüenta, pois pode cair e se machucar". (inema.com.br/mat/idmat008968.htm; acesso em 25/100/04) = *avoir la tête sur les épaules*

ter a cara de "ter características que remetem a algo ou alguém" Assim como perfume lembra a França e charuto é associado a Cuba, o guaraná, a cachaça e as redes do Ceará *têm a cara do* Brasil. (empresas.globo.com/Empresasenegocios/0,19125,ERA452752-2480,00.html; acesso em 25/10/04) = *avoir la tête de* [alguém]; *avoir l'air et la chanson de* [quelque chose]

ter a chave do cofre "ter acesso ao dinheiro do país, da família etc. e poder dispor-se como bem entender" Deputado federal foi eleito para legislar, e não para *ter a chave do cofre*, negociar e fazer barganhas sob o pretexto de arrumar recurso para um mMunicípio ou para uma região, mudando de convicção. (www.al.rs.gov.br/anais/50/Plenario/2001/010510.htm; acesso em 07/06/05) = *tenir les cordons de la bourse*

ter à mão "ter ao seu alcance, à sua disposição" Portanto, a melhor ferramenta *para ter à mão*, num momento mais difícil, é um rígido controle da empresa, com todos os detalhes sobre custos e receitas. (empresas.globo.com/Empresasenegocios/0,19125,ERA450720-2488,00.html; acesso em 25/10/04) = *avoir sous la main*

ter a quem puxar "ter algo em comum com algum parente" Ela joga um bolão, mas *tem a quem puxar*: é filha de Silvio, um dos maiores jogadores de futsal que o América/RN já teve em todos os tempos. (www.tribunadonorte.com.br/anteriores/020914/colunas/afinal.html; acesso em 06/02/06) = *avoir de qui tenir*

ter as rédeas (comandar o barco) "comandar" Talvez nem seja ciúme propriamente o que você vai demonstrar, mas o desejo de *ter as rédeas* da sua vida amorosa em todos os instantes. (www.aol.com.br/astral/especiais/2005/06/0005.adp; acesso em 13/06/05) = *être à la barre; mener la danse; tenir les ficelles; tenir le rênes*

ter a última palavra "dizer algo que põe fim ao debate" Além de tagarela, gostava de *ter* sempre *a última palavra* numa discussão. (www2.uol.com.br/cienciahoje/chc/chc141h1.htm; acesso em 11/11/04) = *avoir le dernier mot*

ter bom ouvido (musical) "distinguir com facilidade os sons, ser sensível para a música" É necessário alguma formação para participar do Coralusp? Não. Não é necessário sequer ler partitura. Precisa *ter bom ouvido* e gostar de cantar. (www.ipen.br/scs/orbita/2003_05_06/entrevista.htm; acesso em 27/10/04) = *avoir de l'oreille (musicale)*

ter cartas na manga "ter outros meios para conseguir seu objetivo" O Sombra está preso e aguarda andamento judicial. Sua fisionomia mostra que ele *tem cartas na manga*, ou seja, que não foi ele sozinho quem agiu e que deve haver muita gente 'casca grossa' envolvida até o pescoço nesta história sórdida. (www.gritosesussurros.blog-se.com.br/blog; acesso em 28/10/04) = *avoir plusieurs cordes à son arc*

ter como líquido e certo "acreditar ingenuamente em alguma coisa" E *têm como líquido e certo* que o crescimento dos EUA irá mais uma vez tirar a economia mundial do colapso. (livrecomercio.embaixadaamericana.org.br/?action=artigo& idartigo=164; acesso em 21/02/06) = *accepter pour argent comptant; prendre pour argent comptant*

ter costas largas "suportar muitas adversidades" Na esquina de Franca e Consolação há um boteco cujo dono deve *ter costas largas*, pois funciona durante toda a noite, acolhendo jogo, drogas [...]. (txt.estado.com.br/editorias/2001/11/04/ cid033.html; acesso em 28/10/04) = *avoir bon dos*

ter duas caras "ter duas atitudes contraditórias" Trata-se do caráter, daquilo que considero ser a essência deste governo, que parece *ter duas caras*, pois se apresenta como defensor dos pequenos, diz-se preocupado em preservar a honestidade, as transparências, capaz de defender os que mais precisam e, ao mesmo tempo, mostra-se rigorosamente um governo que favorece os grandes. (www.al.rs.gov.br/anais/50/Plenario/1999/990818.htm; acesso em 28/10/04) = *avoir deux faces*

ter estômago "suportar o que é repulsivo, repugnante" Em resumo, ser advogado (e não estar) é uma questão de corpo e alma, vocacional. Tem que *ter estômago* e coragem, porque o advogado é a alma da Democracia. (www.jornaldosamigos. com.br/justica3.htm; acesso em 28/10/04) = *avoir le coeur bien accroché; avoir l'estomac bien accroché*

ter letra de médico "ter letra ininteligível" Não é à-toa que, quando alguém tem a caligrafia ruim, dizem que a pessoa tem *letra de médico*. (www.saude.df.gov.br/ 003/00301009.asp?ttCD_CHAVE=27503; acesso em 16/09/06) = *écrire comme un chat; écrire comme un cochon; écrire comme un porc*

ter macaquinhos no sótão (não bater bem; ter miolo mole; ter um parafuso a menos) "ser meio maluco" Decididamente os roteiristas de Hollywood *têm "macaquinhos no sótão"*. Esta é a melhor explicação para o que acontece no filme *Monkeybone*. (www.zerozen.com.br/video/monkeybone.htm ; acesso em 02/11/04) = *avoir une araignée au (dans le) plafond; avoir une case en moins; être tombé sur la tête; travailler du chapeau*

ter miolo mole (não bater bem; ter macaquinhos no sótão; ter um parafuso a menos) "ser meio maluco" Cara, eu não costumo trocar idéia com palmeirense, pois todos eles *têm miolo mole*. (www.sergioramos.com.br/tutoia/Noticia.asp?noticia_no= 3278; acesso em 21/09/05) = *avoir une araignée au (dans le) plafond; avoir une case en moins; être tombé sur la tête; travailler du chapeau*

ter os pés em duas canoas "garantir um interesse em dois lados opostos para não perder nada" Então, que se acabe de vez com a Cetesb, que, diante dessa realidade, *tem os pés em duas canoas*: penaliza uns e abona outros, diante de uma lei com dois pesos e duas medidas. (www.jpjornal.com.br/news.php?news_id=13639; acesso em 10/05/05) = *jouer sur les deux tableaux*

ter pavio curto (ter o sangue quente; ter sangue nas veias) "irritar-se muito por pouco" Um dos candidatos disse *ter pavio curto*, mas não se descontrolou quando o jurado brincou que ele tinha sido descontrolado. (noticias.terra.com.br/imprime/ 0,,OI124394-EI1118,00.html; acesso em 01/11/04) = *prendre la mouche*

ter olho clínico "ser muito perspicaz na análise" Quem *tem olho clínico* também nota que parece que existe um erro de engenharia no projeto, pois as guias colocadas estão abaixo do nível da terra externa e receberam uma camada de concreto no fundo, que se transformam em ciclovia. (www2.uol.com.br/jornalasemana/ edicao161/sub2.htm; acesso em 30/10/04) = *avoir le compas dans l'oeil*

ter os pés no chão "desejar algo dentro das possibilidades verdadeiramente existentes" "Precisamos *ter os pés no chão* e avançar realisticamente dentro do orçamento da Universidade e mesmo do PIB brasileiro" [...]. (www.usp.br/jorusp/arquivo/2004/ jusp672/pag17.htm; acesso em 30/10/04) = *avoir les deux pieds sur terre*

ter peito (ter raça) "ter coragem, audácia, firmeza" Precisa *ter peito* para lutar contra o que está errado e, claro, muita coragem para mudar. (200.101.6.26/ modules/Inicial/adm.php; acesso em 01/11/04) = *avoir du coffre; avoir du cran*

ter pulso (firme, forte) "ser enérgico, rigoroso" O governo federal precisará *ter pulso* firme e não poderá de forma alguma reabrir as negociações sobre os acordos das dívidas dos estados se quiser cumprir as metas. (epoca.globo.com/edic/19981214/ brasil4.htm; acesso em 01/11/04) = *trancher dans le vif*

ter raça (ter peito) "ter coragem, audácia, firmeza" De preferência, a pessoa não deve ter hábitos como o uso de cigarro e álcool. Pois esses dois elementos prejudicam o condicionamento físico, que é muito exigido. Em segundo lugar, tem que *ter raça*, pois os obstáculos exigem que você supere os seus limites. (www.bikesergipe.com.br/ entrevistas_radicais.htm; acesso em 01/11/04) = *avoir du coffre; avoir du cran*

terreno escorregadio "situação delicada em que se corre o risco de não ser imparcial" A autora busca na análise do discurso da corrente francesa o lugar de observação privilegiado para trilhar o *terreno escorregadio* da linguagem, no qual se dão as falhas, os deslocamentos, as rupturas de sentido e pelo qual se percebem os pontos de deriva dos enunciados. (www.discurso.ufrgs.br/projetos.html; acesso em 01/11/04) = *terrain glissant*

ter sangue nas veias (ter sangue quente; ter pavio curto) "irritar-se muito por pouco" Esse daí *tem sangue nas veias* e não é qualquer obstáculo que vai segurá-lo, não. (www.seculodiario.com.br/arquivo/2001/mes_08/20/colunistas/ oswaldo.htm; acesso em 01/11/04) = *prendre la mouche*

ter sangue quente (ter pavio curto; ter sangue nas veias) "irritar-se muito por pouco" Fotojornalista não pode *ter sangue quente*! Tem que ser algo mecânico e racional! Não podemos levar pro lado sentimental. (www.europanet.com.br/euro2003/forum/ read.php?f=7&i=17395&t=17395; acesso em 12/03/06) = *prendre la mouche*

ter topete "ser muito audacioso" Ultimamente, vem mostrando que a reeleição é coisa para quem *tem topete*. (www.tvebrasil.com.br/os10mais/destaques/chicocaruso/ hicocaruso.htm; acesso em 22/04/05) = *ne pas avoir froid aux yeux* [1]; *ne pas manquer d'air; ne pas manquer de souffle*

ter uma só palavra "manter escrupulosamente aquilo que foi dito" Os diáconos devem *ter uma só palavra*, devem ser firmes e confiantes, devem saber o que diz [...] = *n'avoir qu'une parole*

ter um estalo "ocorrer [a alguém] uma idéia repentina" Lia, ao contrário, andava calmamente, refletindo sobre o enigma. – No alto da montanha [...] longe do sol [...] como pode? De repente ela *teve um estalo*: – Claro! O artefato só pode estar em uma caverna! (virtualbooks.terra.com.br/livros_online/mundo_dragao5/02.htm; acesso em 02/11/04) = *faire tilt*

ter um nó na garganta "não conseguir expressar-se; estar triste com algo" [...] como a sopa até ao fim, a falar disto e daquilo, sem dar a entender que estou triste, que *tenho um nó na garganta*, que sinto a minha vida em cacos porque juro-te que não sou tão parvo que vá chorar à tua frente. (www.klickescritores.com.br/pag_mundo/por_escrit/lobo_obr.htm; acesso em 02/11/04) = *avoir la gorge serrée*

ter um parafuso a menos (não bater bem; ter macaquinhos no sótão; ter miolo mole) "ser meio maluco" Teste de sanidade: descubra se você é normal ou *tem um parafuso a menos*. (www.andriushp.hpg.ig.com.br/brincadeiras2.htm; acesso em 02/11/04) = *avoir une araignée au (dans le) plafond; avoir une case en moins; être tombé sur la tête; travailler du chapeau*

ter voz "expressar a própria opinião" Escrever num blog é ter direito a dar sua opinião, é *ter voz*, é refletir sobre essa aventura muiiiito louca que é a vida na Terra [...]. (www.webwritersbrasil.com.br/bloGFFlagrantes/flagrantes/blog_045.htm; acesso em 30/10/04) = *avoir voix au chapitre*

tirar a máscara "mostrar a verdade" Talvez, depois de *tirar a máscara*, ele vire um jornalista sério. (www.nao-til.com.br/cartas/cartas06.htm; acesso em 06/10/05) = *faire tomber le masque*

tirar a sorte grande "ter uma boa razão para se sentir privilegiado" Os signos e você – Você pode *tirar a sorte grande* com Virgem, Escorpião, Capricórnio e Peixes. (www.jornaldeuberaba.com.br/?go=noticia&noticia=1341&tipo=23; acesso em 06/04/05) = *gagner le gros lot*

tirar do sério "inflamar alguém" Ele tem o dom de me perturbar, de me *tirar do sério* e acabar com a minha paz, e é incrível a facilidade com que ele faz isso. (mendigadoamor.zip.net/; acesso em 02/02/06) = *chauffer à blanc*

tirar o corpo fora (tirar o seu da reta [vulgar]) "livrar-se de ser envolvido em uma situação delicada" Logo após o início da crise alguém sugerira que a Johnson & Johnson deveria simplesmente *tirar o corpo fora* e jogar toda a culpa do sucedido em cima de sua subsidiária, a pouco poderosa McNeil Consumer Products Company, que teria menos a perder. (www.portal-rp.com.br/bibliotecavirtual/relacoespublicas/administracaodecrises/0089.htm; acesso em 02/11/04) = *tirer son épingle du jeu*

tirar o pé da lama (sair da lama) "sair de uma situação deplorável" O salário sumiu e, como ninguém tem o hábito de fazer reservas, pedir dinheiro emprestado foi a solução [...] Mas é possível *tirar o pé da lama*, garantem especialistas. (revistaepoca.globo.com/Epoca/0,6993,EPT568081-1653,00.html; acesso em 04/11/04) = *remonter la pente*

tirar o pé do acelerador (sossegar o facho) "levar uma vida mais calma" A ordem é *tirar o pé do acelerador* e dar um tempo na correria. Senão, daqui a pouco você vai ficar no maior estresse. (www2.uol.com.br/simbolo/atrevida/0500/h_sagitario.htm; acesso em 14/04/05) = *lever le pied*

tirar o seu da reta (tirar o corpo fora [coloquial]) "livrar-se de ser envolvido em uma situação delicada" [vulgar] Sempre cabe ao leitor concluir. Há os que consideram tal fato uma forma do escritor se esconder, de submergir no texto, ou, como diriam alguns mais coloquiais, de *tirar o seu da reta*. (www.abordo.com.br/nao/anterior/3/cotgus.html; acesso em 04/11/04) = *tirer son épingle du jeu* [coloquial]

tirar sarro "zombar" O fato de Jô Soares *tirar sarro* do entrevistado não é só para o divertimento do público: é uma forma de provocar o aparecimento de alguma coisa interessante. (www.inf.ufsc.br/barata/entrevist27.html; acesso em 04/11/04) = *faire des gorges chaudes; foutre* [*se*] *de la gueule*

tirar uma pestana "tirar uma soneca" Na hora em que foram trocar os lençóis aproveitei e deitei aí no colchão dela pra *tirar uma pestana*! (www.fotodog.com.br/v2/postviewer.(cfm?postid=725A4509300B0019; acesso em 09/01/06) = *piquer un roupillon*

titica de galinha (café pequeno) "pessoa ou coisa sem importância, sem valor" Isso é *titica de galinha* comparado ao necessário para uma megaconspiração como essa. (www.toxicity.com.br/forum/forum_posts.asp?TID=2550&PN=41; acesso em 03/03/05) = *petite bière; pipi de chat*

tocar a vida (pra frente) "seguir seus objetivos sem muita ansiedade" O que vocês acham dessa exaltação ao passado? Tem gente que não concorda e acha que temos que *tocar a vida pra frente*, sem olhar para trás. (www.osoprododragao.com.br/site/mat020.htm; acesso em 04/11/04) = *aller son bonhomme de chemin; continuer son bonhomme de chemin; suivre son bonhomme de chemin*

tocar no ponto fraco (pegar no ponto fraco) "falar algo para magoar, ofender alguém" Todos devemos ter muito cuidado pra não *tocar no ponto fraco* das pessoas quando somos de extrema sinceridade ou não queremos ser hipócritas. (ninaconfusao.zip.net; acesso em 03/03/05) = *piquer au vif*

tocar o barco (tocar para (pra) frente) "continuar a fazer [algo]" A morte trágica e inesperada do melhor amigo tirou Du Peixe do ar durante meses seguidos. Muito lentamente, ele e seus companheiros de banda juntaram as forças necessárias para *tocar o barco*. (carlota.cesar.org.br/mabuse/newstorm.notitia.apresentacao.ServletDeNoticia?codigoDaNoticia=22374997&d...; acesso em 04/11/04) = *tourner la boutique*

tocar o bonde (tocar o barco) "dar prosseguimento, continuar" É a vez da Justiça de *tocar o bonde* e apurar as denúncias levantadas pela CPI e as recomendações do relatório. (observatorio.ultimosegundo.ig.com.br/artigos/asp121220011.htm; acesso em 02/10/05) = *tourner la boutique*

tocar siririca "masturbar-se" [vulgar; sujeito: mulher] Ela gosta de *tocar siririca* com o cacete de plástico, apenas roçando-o no grelinho. (www.achesexo.com.br/ver_conto.php?autonum=249; acesso em 24/06/05) = *taquiner [se] le bouton*

toma lá, dá cá "ação de dar algo esperando retorno" Às vezes, a recompensa não é o dinheiro, mas sim as nomeações a cargos públicos, a troca de favores institucionais, ou, trocando em miúdos, o *toma-lá-dá-cá* mais vil e ordinário. (www.diariodecuiaba.com.br/detalhe.php?cod=197675&edicao=11047&anterior=1; acesso em 04/11/04) = *donnant donnant*

tomar chá de sumiço "desaparecer" Ontem, o deputado *tomou chá de sumiço*. Até mesmo os jornais de Mossoró tiveram dificuldades para falar com ele. (www.tribunadonorte.com.br/anteriores/2004/05/22/colunas/notasecoment.html; acesso em 05/11/04) = *disparaître dans la nature; prendre la poudre d'escampette*

tomar o bonde errado "enganar-se quanto ao encaminhamento dado a um assunto" Os de agora, velados ou não, podem *tomar o bonde errado* pensando que se darão bem apostando numa derrocada do governo Lula. (www.gazetadooeste.com.br/17_julho/opiniao.htm; acesso em 02/10/05) = *faire fausse route*

tomar outro rumo "mudar seu modo de agir" Como a vida da gente de repente pode querer mudar tanto, né? Dar meia volta e *tomar outro rumo*. (makoto.compline.com.br/2002_03_17_archives.html; acesso em 05/11/04) = *renverser la vapeur*

tomar todas (encher a cara; encher a lata; entortar o caneco; estar alto; estar chumbado; estar mamado) "beber muita bebida alcóolica" Tenho certeza que a vigésima edição da festa do ridículo será inesquecível, pretendo *tomar todas* e concorrer ao prêmio de mais ridícula. (www.ridiculo.com.br/email02.htm; acesso em 14/05/05) = *avoir la dalle en pente; avoir le gosier en pente; boire comme un trou; lever le coude; prendre une cuite*

tomar um chá de cadeira "não ser chamado a participar de uma atividade ou discussão coletiva e ficar esperando por isso" Por milagre, o lugar estava vazio – ao contrário do dia em que fui tirá-lo, quando *tomei um chá de cadeira* de mais de duas horas [...]. (www.aninkmarink.blogger.com.br/2004_06_01_archive.html; acesso em 05/11/04) = *faire tapisserie*

torcer o nariz "desaprovar" Acostumado a *torcer o nariz* para todos os namorados da filha – especialmente para Michael Wincott, 20 anos mais velho que a moça –, o rolling stone Mick Jagger deve fazer muito gosto no mais novo eleito de Elizabeth Jagger, 20 anos. (www.terra.com.br/istoe/1805/1805_gente.htm; acesso em 05/11/04) = *tordre le nez*

torre de marfim "local ou situação afastada das coisas práticas e concretas" Cobranças do alto da *torre de marfim* conseguem tão somente aumentar o grau de frustração social. (www.jornaldaciencia.org.br/Detalhe.jsp?id=11006; acesso em 11/06/05) = *tour d'ivoire*

tortura chinesa "tortura física ou moral com requintes de crueldade" É que a espera é uma espécie de *tortura chinesa*, vai minando a gente devagar até que a gente se vê com uma tremenda vontade de gritar e não grita. (anamangeon.mus.br/2004_03_01_macabeah_archive.html; acesso em 06/11/04) = *supplice chinois*

trabalho de formiga "trabalho longo e minucioso" É nesse conhecimento que as principais vinícolas investirão no inverno de 2004. É certo que, à medida que esse *"trabalho de formiga"*, que demora vários invernos para dar frutos, começa a ser feito, a cultura de vinho do consumidor o leva a procurar outras categorias de produtos. (www.abrasnet.com.br/super/abril_2004_capa.asp; acesso em 06 /11/04) = *travail de fourmi*

trabalho de Hércules "trabalho que exige grandes esforços" Outros concursos esporádicos serão veiculados em News, como até hoje vem acontecendo. Este será um *trabalho de Hércules*, de muita pesquisa e que, obviamente, só terá sucesso com a colaboração dos realizadores dos ditos concursos. (www.movimento.com/concursos.asp; acesso em 06/11/04) = *travail d'Hercule*

tratar na palma da mão "cuidar de alguém com diligência" Nesse setor, *tratar* os clientes *na palma da mão* é uma questão de sobrevivência [...]. (vocesa.abril.uol.com.br/edi5/isto.html; acesso em 23/05/04) = *être aux premières loges*

trazer à baila (trazer à tona; trazer à luz) "dar a conhecer" A pergunta que urgentemente precisamos fazer é: que esforços podem ser empreendidos de imediato a fim de *trazer à baila* os interesses ocultos e escusos que podem eventualmente estar por trás das propostas políticas e descortinar as conseqüências longínquas de adotarmos esta ou aquela política no momento atual. (www.comciencia.br/reportagens/linguagem/ling10.htm; acesso em 06/11/04) = *mettre au jour; mettre en lumière*

trazer à luz 1. (trazer à baila [coloquial]; trazer à tona [coloquial]) "dar a conhecer" [culto] Ainda que a pesquisa arqueológica na região seja recente, ela *trouxe à luz* peças essenciais para o entendimento da Mesopotâmia e da própria humanidade. (www.historiageral.hpgvip.com.br/bercivili.htm; acesso em 29/07/05) = *mettre au jour* [coloquial]*; mettre en lumière* [1] [coloquial]. **2.** "elucidar" [culto] *Trazer à luz* aquilo que está encoberto e se apresenta ao homem como enigma é a missão essencial da Filosofia [...] (www.internewwws.eti.br/2000/mt001021.shtml; acesso em 11/05/05) = *mettre en lumière* [2] [coloquial]. **3.** (dar à luz; pôr no mundo; trazer ao mundo) "gerar" Dona Terezinha engravidou logo nos primeiros meses de casamento e veio a falecer durante o parto que *trouxe à luz* o pequeno Jonathan. (www.orecifeassombrado.com.br/new/_vozes_do_alem/jlmun-bio.asp; acesso em 29/07/05) = *donner le jour; mettre au monde*

trazer à tona (trazer à baila; trazer à luz) "dar a conhecer" Estes impulsos são capazes de *trazer à tona* necessidades básicas do ser humano que foram reprimidas, como por exemplo, o instinto sexual. (www.psicologiacomanda.hpg.ig.com.br/freud.htm; acesso em 14/05/05) = *mettre au jour; mettre en lumière*

troca de gentilezas "serviços prestados em relação mútua" Durante a semana passada, entre elogios e *trocaram gentilezas*, o secretário do Tesouro Nacional, Fábio Barbosa, e o secretário de Fazenda do Estado, Antônio Carlos Vieira, lembraram que a dívida deve ser paga. (www.an.com.br/1999/jul/28/0anb.htm; acesso em 11/11/04) = *échange de bons procédés*

trocar as bolas "confundir-se, não dominar uma tarefa complexa" Pior mesmo é quando, muitas vezes sem perceber, o profissional fica tão envolvido com aquele grupo de amigos do trabalho que começa a *trocar as bolas*. (www.crossing.com.br/clipp/matnew/sg040521.htm; acesso em 10/05/05) = *mélanger les pétales; mélanger les pinceaux*

trazer ao mundo (dar à luz; pôr no mundo; trazer à luz [3]) "gerar" Foi o médico desta grande família e *trouxe ao mundo* todos os seus sobrinhos, sobrinhas e netos, pelos quais sempre teve um amor muito grande. (www.centrus.com.br/infonews.htm; acesso em 29/07/05) = *donner le jour; mettre au monde*

u | U

última cartada (último cartucho) "último recurso, última tentativa" É o começo da corrida para ver no que vai dar a *última cartada* do gênio alemão. Cada uma de suas cartadas mudou conceitos e até a nossa capacidade de imaginar aonde é que o conhecimento humano pode chegar. (www.arzy.kit.net/a_ultima_cartada_de_einsten.htm; acesso em 17/09/05) = *dernière carte; dernière cartouche*

última moda "o que há de mais moderno" A *última moda* para os homens moderninhos é uma jaqueta eletrônica que toca música no formato MP3 e se conecta a celulares. (www1.estadao.com.br/tecnologia/informatica/2004/ago/04/29.htm; acesso em 11/11/04) = *dernier cri*

última morada "o túmulo" Seus restos foram carregados até a *última morada* por seus amigos e admiradores, acompanhados por incalculável multidão. (www1.uol.com.br/folha/almanaque/lobato2.htm; acesso em 11/11/04) = *dernière demeure*

última palavra 1. "a opinião que prevalece sobre todas" Além de tagarela, gostava de ter sempre a *última palavra* numa discussão. (www2.uol.com.br/cienciahoje/chc/chc141h1.htm; acesso em 11/11/04) = *dernier mot*. **2.** "o que há de mais novo sobre algo" Integrar a qualidade ambiental nos planos futuros é a *última palavra* em desenvolvimento socioeconômico para a humanidade. (www.manna.com.br/manna.swf; acesso em 11/11/04) = *dernier cri*

último cartucho (última cartada) "último recurso, última tentativa" O *último cartucho* para o povo brasileiro era o Lula, mas bastaram 2 anos de governo para conhecermos quem realmente são estas pessoas que mandam no Brasil. (www.reservaer.com.br/megafone/respostas.php?paginaAtual=27&qtosPagina=10&pPergunta=73; acesso em 17/09/05) = *dernière carte; dernière cartouche*

último sono (sono eterno) "a morte" Chão dos meus avós e dos meus pais! Chão do meu nascimento e da minha infância! Chão que, um dia, me receberá para o *último sono*. (www.secrel.com.br/jpoesia/wal01.html; acesso em 11/11/04) = *dernier sommeil; sommeil éternel*

últimos momentos "momentos antes da morte" O esposo, de 87 anos, a acompanhou nos *últimos momentos*. (www.cuidadospaliativos.com.br/artigo.php?cdTexto; acesso em 17/09/05) = *dernière heure*

utilizar as mesmas armas "ter as mesmas condições que os adversários" Desta forma, a saída das empresas nacionais é *utilizar as mesmas "armas"* que as empresas estrangeiras (inovações em design) para continuar competindo [...] (www.spdesign.sp.gov.br/embala/embala4.htm; acesso em 29/03/05) = *battre [se] à armes égales*

v | V

vai ou racha "ou se acaba bem, ou se acaba mal" Gente, esta notícia é pra quem é fã de Tequila. Eles já gravaram o novo cd, agora *vai ou racha*, ou eles voltam à origem ou se detonam de vez. (odeiomeuvizinho.blogger.com.br/ - 31k - Resultado Adicional; acesso em 11/11/04) = *ça passe ou ça casse*

valer quanto pesa "ter o seu devido valor" Numa sociedade democrática, para ter verbas, é preciso mostrar à sociedade que você *vale quanto pesa*. E este ponto está levando a universidade a sair do casulo. (www.agencia.fapesp.br/boletim_dentro.php?data%5Bid_materia_boletim%5D=386; acesso em 12/11/04) = *valoir son pesant d'or*

velho de guerra (macaco velho) "aquele que tem grande experiência em determinado domínio" Eu não vou estrear o carro novo ainda, pois ele está sendo montado. Então eu e o Alexandre resolvemos correr com o Passat *velho de guerra*, que na última corrida agüentou o tranco [...] (www.primeiramao.com.br/editorial/superauto/editorial_foradeestrada21.asp; acesso em 12/11/04) = *vieux routier*

verdade nua e crua "a pura realidade" Um site que, além de nos fazer refletir sobre as notícias mastigadas (e as vezes, deturpadas) da imprensa, nos mostra a *verdade nua e crua* sem maquiagens. (www.sobresites.com/publicidade/criacao.htm; acesso em 12/11/04) = *vérité toute nue*

vencer pelo cansaço "conseguir convencer alguém por insistência" E não se deixar *vencer pelo cansaço*. Tem de manter o ritmo, não pode deixar cair. Você tem uma meta e tem de correr atrás. (www.etapa.com.br/dicas/dic_index.php?page=administracao_04.html; acesso em 06/02/06) = *avoir à l'usure*

ver o que é bom pra tosse "sofrer algo penoso ou doloroso" E torça para que eu não tenha percebido nenhuma falha de caráter da sua parte, senão você vai *ver o que é bom pra tosse*. (www.alefelix.com.br/archives/000948.html; acesso em 13/11/04) = *la sentir passer*

ver tudo azul "ver apenas os aspectos positivos das coisas" Eu acho que não podemos é enxergar tudo com lupas maniqueístas. Se sou contra, só vejo desgraça. Se sou a favor, *vejo tudo azul*. (oglobo.globo.com/online/blogs/tereza/default.asp?periodo=200408; acesso em 10/03/06) = *voir la vie en rose; voir tout rose*

ver estrelas "estar atordoado por um golpe, sentir muita dor" Ele veio e tum na minha cara, um soco certeiro, *vi estrelas*. Meu nariz começou a sangrar na hora. (copodeleite.rits.org.br/apc-aa-patriciagalvao/home/noticias.shtml?x=31?; acesso em 10/03/06) = *voir trente-six chandelles*

vestir o pijama de madeira (bater as botas; comer capim pela raiz; comer grama pela raiz; descer ao túmulo; esticar as canelas; ir desta para melhor; passar desta para melhor; virar presunto) "morrer" Já repararam que o primeiro membro que dá nome às duplas sempre acaba *vestindo o pijama de madeira*? Sigam o meu raciocínio: [...] (www.leitedepato.com.br/arquivos/2002_07.html; acesso em 03/10/05) = *casser sa pipe; descendre au tombeau; passer l'arme à gauche*

viga mestra "aquilo de que depende a existência, o equilíbrio de algo ou de alguém" A tecnologia da informação aparece como uma grande aliada, representando a *viga mestra* para o tratamento adequado da informação de forma a transformá-la em [...]. (www.cgi.unicamp.br/zope/database/pdf/CTC-GestaoDeDados.pdf; acesso em 13/11/04) = *clé de voûte*

vinho da mesma pipa (do mesmo barro; do mesmo estofo; farinha do mesmo saco) "da mesma natureza" Vale uma associação de idéias: os cartolas do futebol mundial são todos *vinho da mesma pipa*. (an.uol.com.br/2002/jul/28/0arm.htm; acesso em 17/09/05) = *de la même eau; de la même étoffe; du même tabac; du même tonneau*

virar a cabeça de "influenciar o comportamento de alguém" Quando o perfume que exalava lhe chegou às narinas, o advogado sentiu que estava diante de uma mulher de *virar a cabeça de* qualquer vivente. (www.secrel.com.br/jpoesia/eneasathanazio13.html; acesso em 02/10/05) = *faire tourner la tête*

virar (a) casaca "mudar de partido, de opinião, renegando suas idéias por oportunismo" Os políticos arrivistas costumam vergar-se a qualquer governo, aceitar qualquer política, porque não estão aí para servir ao País e sim para dele se servir. Não têm o menor constrangimento de *virar a casaca* sempre que for conveniente para seus interesses mesquinhos. (www.pdt.org.br/partido/exenal.asp; acesso em 13/11/04) = *retourner sa veste; tourner casaque*

virar a página "mudar de assunto, de situação" As pessoas diluem com mais ou menos facilidade suas angústias e cada indivíduo tem seu tempo próprio para *virar a página* e recomeçar. (www.gazetadelimeira.com.br/jornaldamulher/ver_noticias.php?codigo=24; acesso em 13/11/04) = *tourner la page*

virar as costas (cair no mundo; dar no pé; dar o fora [1]; puxar o carro) "ir embora" A Vigilância Sanitária veio aqui, trancou a saída, mas foi *virar as costas* e eles já estavam jogando esgoto de novo [...] (an.uol.com.br/ancapital/2003/fev/19 ; acesso em 17/06/05) = *faire [se] malle; ficher le camp; foutre le camp; mettre les bouts; mettre les voiles; prendre la clef des champs; tourner les talons*

virar as costas para "deixar de dar atenção a algo ou alguém" Não podemos apenas *virar as costas* para a política e ficar criticando o sistema, mas, sim, dar a nossa opinião [...] (www.mundodosfilosofos.com.br/rosana12.htm; acesso em 13/11/04) = *tourner le dos à*

virar o bicho (perder a esportiva; perder as estribeiras) "irritar-se ao extremo" A doméstica [...] *virou o bicho* depois que avistou a sua irmã sendo espancada pelo vizinho e partiu para cima dele. (www.arteciencia.com/modules.php?name=News&file=article&sid=1471; acesso em 11/06/05) = *sortir de ses gonds*

virar o disco (mudar o disco) "mudar o discurso, já por muitas vezes repetido" Temos que *virar o disco*, mudar o discurso... quantos formadores de opinião, quantos empresários, representantes de instituições quanta gente, está confuso [...]. (listas.cipsga.org.br/pipermail/sl-empresas/2004-September/000121.html; acesso em 13/11/04) = *changer de disque*

virar o jogo "tornar favorável uma situação ruim" E ela não aceita conselhos, manda e desmanda, insiste em continuar comandando a sua tropa em direção ao abismo. A prefeita vai refugar, mas a cúpula nacional do PT fará uma intervenção para fazer uma última tentativa de *virar o jogo*. (www.radareletronico.com.br/opiniao/not16t1n272.asp; acesso em 13/11/04) = *renverser le jeu*

virar pó "desaparecer completamente" A oportunidade dos sonhos pode *virar pó* quando descobrirem que você não é ou não fez exatamente o que está relatado no seu currículo. (carreiras.empregos.com.br/carreira/administracao/ge/curriculo/modelos/seucv_papel.shtm; acesso em 13/11/04) = *tomber en poussière*

virar presunto (bater as botas; comer capim pela raiz; comer grama pela raiz; descer ao túmulo; esticar as canelas; ir desta para melhor; passar desta para melhor; vestir o pijama de madeira) "morrer" Havia três pessoas no carro, só ele *virou presunto*. Então o que podemos concluir disso? Não importa como: se chegar a sua hora [...] (www.mitcha.com.br/2004/07/e-adianta.html; acesso em 03/10/05) = *casser sa pipe; descendre au tombeau; passer l'arme à gauche*

vir à tona "manifestar-se, aparecer" O caso *veio à tona* após o dono do sítio encontrar a ave morta e achar que ela podia ter morrido por causa da gripe aviária. (200.130.9.6/index.php?action=/content/view&cod_objeto=30753; acesso em 10/03/06) = *venir à jour*

vitória suada "vitória difícil de se conseguir" Estou bastante satisfeito com o rendimento do meu time. Foi uma *vitória suada* e que será muito festejada. (www.voleirio.com.br/base.asp?pag=noticia_integra.asp&IDNoticia=377; acesso em 13/11/04) = *victoire à la Pyrrhus*

viver com a cabeça nas nuvens (viver nas nuvens; viver no mundo da lua) "ser sonhador, distraído, viver longe da realidade" Longe do estereótipo do poeta que *vive com a cabeça nas nuvens*, sem ligação com a realidade, Pablo Neruda sempre se envolveu com a política chilena. (an.uol.com.br/2004/jul/17/0tev.htm; acesso em 27/08/04) = *avoir la tête ailleurs; avoir la tête dans les nuages; être dans la lune; être dans les nuages*

viver de brisa "não se preocupar com nada material para garantir sua subsistência" É claro que não podemos simplesmente largar tudo e *viver de brisa*, nem deixar de lado as preocupações do dia-a-dia, ou os problemas do trabalho. (leandrodosanjos.sites.uol.com.br; acesso em 13/11/04) = *vivre de l'air du temps*

viver nas nuvens (viver com a cabeça nas nuvens; viver no mundo da lua) "ser sonhador, distraído, viver longe da realidade" Há uma crença quase generalizada entre a população de que o poeta é apenas um sonhador, que *vive nas nuvens*, alheio aos problemas que envolvem a sociedade [...]. (www.diariopopular.com.br/31_10_02/artigo.html; acesso em 01/11/04) = *avoir la tête ailleurs; avoir la tête dans les nuages; être dans la lune; être dans les nuages*

viver no mundo da lua (viver com a cabeça nas nuvens; viver nas nuvens) "ser sonhador, distraído, viver longe da realidade" Quem *vive no mundo da lua* cultiva a ilusão e não fica atento ao que acontece ao seu redor, pode ser surpreendido de calças curtas a qualquer momento. (delas.ig.com.br/materias/324501325000/324814/324814_1.html; acesso em 22/05/05) = *avoir la tête ailleurs; avoir la tête dans les nuages; être dans la lune; être dans les nuages*

viver num outro mundo "parecer muito diferente, estranho, incomum" Ele parece que *vive num outro mundo*, sua única religião é a cerveja dos finais de semana, de que ele não abre mão em hipótese alguma. (www.panoramaespirita.com.br/colunas/lygia_barbiere/artigos/nossa_familia_ tamanha_ familia.html; acesso em 09/09/05) = *vivre dans un autre monde*

voar com as próprias asas (andar com as próprias pernas; caminhar com as próprias pernas) "agir sem a proteção de alguém" Libere a pessoa que você ama para que ela possa *voar com as próprias asas*. (www.academianovak.com.br/comunidade/modules.php?name=Forums&file=viewtopic&t=675; acesso em 23/02/06) = *voler de ses propres ailes*

voltar à baila (voltar à cena) "ser novamente comentado nas rodas" Sim, na época isso foi muito comentado, especialmente na Ásia, até porque há uma velada competição política entre Cingapura e Tailândia. Depois o assunto esfriou, embora recentemente o tema tenha *voltado à baila*: Não é segredo que a Skyteam, por exemplo, teria muito a ganhar com novas parceiras na Ásia. (www.jetsite.com.br/mostra_gente.asp?codi=39; acesso em 15/11/04) = *revenir sur le tapis*

voltar à cena (voltar à baila) "ser novamente comentado nas rodas" Eu acho que a proposta inicial do punk tem que *voltar à cena* hoje em dia. (www.portaldorock.com.br/entrevistainvasores.htm; acesso em 05/05/05) = *revenir sur le tapis*

voltar à vaca fria "retomar o assunto inicial após uma digressão" Lembra da música "Aprender a ser só"? Acabei aceitando que aprender a ser só é uma necessidade, pois é assim que somos desde que abandonamos o útero e nos cortaram o cordão umbilical. Mas, *voltando à vaca fria*, este "imbroglio" todo foi só para dizer que eu estou aqui. (www.infonet.com.br/cgi-bin/link.pl?link=0207007201.htm; acesso em 15/11/04) = *retourner à ses moutons; revenir à ses moutons*

voltar ao ponto de partida (recomeçar da estaca zero) "retornar a uma situação que se acreditava já ultrapassada" Caminhamos ora alegres, ora carregando um fardo pesado, que nos deixa desanimados, cansados, com uma enorme vontade de retroceder, de *voltar ao ponto de partida*. (keckinha.zip.net; acesso em 15/11/04) = *remettre les compteurs à zéro; repartir à zero; revenir à la case départ*

voltar atrás "desistir de continuar e voltar à situação anterior" Não estou a fim de ninguém. Sinto falta de um companheiro, mas tenho plena certeza de que não quero *voltar atrás* na minha decisão. (www.vaidarcerto.com.br/enviar.php?depcod=3678; acesso em 15/11/04) = *faire machine arrière*

voltar de mãos abanando "voltar sem ter conseguido nada do que se queria" Sandy ganhou o prêmio de Rainha do Festival na votação feita na internet e era a mais cotada para ganhar o prêmio oficial, mas não foi dessa vez. De qualquer forma, a cantora não *voltou de mãos abanando*: ela ganhou o prêmio de Miss Simpatia, devido a sua educação com os jornalistas e carinho com os fãs. (especialsandy.zip.net; acesso em 15/11/04) = *revenir bredouille*

voz da consciência "diretrizes da consciência relativas às ações de cada um" Constata-se, pelo filme, que nem mesmo os que buscam o crescimento espiritual estão livres da prática de atrocidades. Sob o domínio da paixão, a *voz da consciência* fica obscurecida e, de repente, despreza-se o que antes era tido como valioso. (divirta-se.correioweb.com.br/cinema.htm?filme=1281; acesso em 15/11/ 04) = *voix de la conscience*

voz do coração "os sentimentos mais íntimos" Torne-se responsável pela própria vida e identifique o que precisa ser realmente modificado; e o que pode efetivamente fazer para ir em busca daquilo que acredita e ser mais feliz. Ouvir a *voz do coração* é uma boa dica. Mudar implica enfrentar medos, perdas, desafios, mas também é sinal de vida e crescimento. (www1.uol.com.br/vyaestelar/pascoa.htm; acesso em 15/11/04) = *cri du coeur*

z | Z

zero à esquerda "alguém que não faz diferença alguma em seu meio, que não serve para nada" Também estudou na Escola Muniz Freire, onde se destacou em Português. Em Matemática, era um *zero à esquerda*. A paixão sempre foi a música. (www.marica.com.br/2001/robertocarlosvida.htm; acesso em 15/11/04) = *cinquième roue du carrosse*

PALAVRÕES

INTRODUÇÃO

Apresentamos, nesta terceira parte do dicionário, outro tipo de linguagem especial, pertencente ao campo dos tabus lingüísticos: os palavrões eróticos e obscenos.

Dizemos que o palavrão, seja o palavrão da injúria, seja o palavrão da obscenidade, pertence aos tabus lingüísticos porque são estereótipos lingüísticos condenados culturalmente, embora sua aceitabilidade seja incontestável, sobretudo com a desmitificação sexual por que estamos passando (MAIOR, 1990).

A sociedade é que delimita a linguagem conforme o grau de aceitabilidade do povo e a tradição de uma hipotética "boa linguagem". E é nessa delimitação que entram os tabus lingüísticos.

O tabu isola tudo o que não é sagrado, tudo o que é proibido ou impuro, e estabelece reservas, proibições e restrições. Desse modo, existem objetos-tabus, lugares-tabus, ações-tabus, pessoas-tabus, estados-tabus e palavras-tabus (GUÉRIOS, 1979). As palavras-tabus são unidades lexicais que indicam uma relação do homem com suas necessidades naturais intermediada pela cultura, a qual imprime nela suas próprias concepções e preconceitos.

Quanto ao tabu lingüístico, ainda segundo Guérios, notamos dois tipos: o próprio e o impróprio. Propriamente, o tabu lingüístico é a proibição de dizer certo nome ou certa palavra a que se atribui poder sobrenatural e cuja infração causa infelicidade. Impropriamente, o tabu lingüístico é a proibição de dizer qualquer expressão imoral ou grosseira: vulgarismos sexuais e escatológicos. Contudo, trata-se de um fenômeno universal, cuja freqüência está ligada diretamente à mentalidade e às concepções espirituais de um povo.

Em relação aos tabus lingüísticos morais, temos o estudo da linguagem *erótica*, que revela a ideologia sexual de nossa sociedade, para a qual palavras referentes à genitália e à atividade sexual são consideradas imorais. Todas as culturas se preocupam com as manifestações sexuais, coibindo-as ou estimulando-as. Além disso, o indivíduo assume o comportamento ideal segundo seu papel sexual. Portanto, o sexo associa-se fortemente ao social.

O vocabulário que serve à expressão do erotismo, então, numa afrodisíaca atitude de rebeldia contra a repressão e a hipocrisia de uma sociedade, que determina o que não deve ser visto ou ouvido, é, tal como a injúria, utilizado por todos os grupos sociais, cotidianamente. Seja para liberar as emoções e os sentimentos libidinosos, sempre presentes na alma, pois inerentes à natureza humana, seja para servir como desabafo, interjeição ou mera figura de linguagem, sem força ofensiva. Muitas vezes, é justamente a freqüência de seu uso a responsável por seu enfraquecimento semântico. Assim sendo, alguns desses vocábulos, considerados chulos antigamente, hoje estão incorporados ao léxico geral, ganhando o estatuto de palavra comum (GOMES, 1990). Nesse caso, trata-se de palavras alusivas sobretudo à genitália, à atividade sexual – relações sexuais normais e anormais – e a outras funções orgânicas (*saco, tesão, orgasmo*).

Apesar de tratar de temas relacionados aos sexo, porém, a linguagem *erótica* não emprega termos vulgares e grosseiros. Além disso, às vezes o sexo relaciona-se de forma direta com a sensualidade e com o amor, estando presente em nossa vida desde o nascimento, pois sabe-se hoje que a capacidade erótica de uma criança, no seu primeiro ano de vida, é ativa.

Já a linguagem *obscena* propriamente dita, na maioria das vezes, vem associada à classe de falantes menos cultos e constitui as formas vulgares, desagradáveis e sem pudor. Os termos obscenos são empregados de forma grosseira e coincidem com um tom de voz mais forte. Sua função é a expressão de sentimentos, muito mais do que a comunicação.

Enquanto o vocabulário "bem comportado" apresenta o espírito liberto de tudo o que é inerente ao animal, rejeitando toda referência ao corpo e às suas funções e aconselhando substitutos eufemísticos, com termos neutros e imotivados (*fazer amor*), o vocabulário grosseiro evoca o corpo sob as formas mais pitorescas e cheias de imagens, chegando a animalizar as formas mais concretas da atividade corporal (*trepar*).

O palavrão erótico e obsceno confunde-se ainda, por vezes, com a gíria comum que, sendo proveniente de grupos sociais restritos (estudantes, prisioneiros, prostitutas etc.), de uso fechado como mecanismo de autodefesa, agressão ou coesão grupal, expande-se no uso geral, designando formas distensas, coloquiais, grosseiras etc. (*cafetão, levar fumo, rodar a bolsinha*) de um vocabulário já existente, para efeitos de originalidade ou ironia (PRETI, 1984). Entretanto, ao contrário da gíria comum, se atentarmos para a efemeridade dessa linguagem, as palavras-tabus mantêm-se relativamente fixas através dos tempos, quase sem alterações.

Retomando Rodrigues, que, já em 1975, assinalava que os palavrões erótico-obscenos são de tal forma correntes que ninguém pode ignorá-los social, psicológica e lingüisticamente, e Fernandes (2005), que declara que os palavrões "são recursos extremamente válidos e criativos para prover nosso vocabulário de expressões que traduzem com a maior fidelidade nossos mais fortes e genuínos sentimentos", procuramos neste dicionário representar mais uma voz em prol da liberdade contra a coação psíquica do tabu lingüístico.

ESTE DICIONÁRIO

Propusemo-nos, pois, a organizar em campos semânticos um inventário de 542 palavrões erótico-obscenos em francês e outro de 643 em português, todos em atual uso corrente, precedidos de classificações alfabéticas dos termos e expressões inventariados, uma com as entradas em francês e a outra, em português, sempre seguidas da indicação dos respectivos campos.

Todas as entradas têm sua frequência atestada na web, de onde foram escolhidos os contextos-exemplos. Assim, acreditamos oferecer um suporte indispensável para tradutores, ou curiosos, dessa área. Referimo-nos tanto ao vocabulário atual e efetivamente em uso, regionais ou não, quanto aos vocábulos ou expressões apenas sugestivos, isto é, os que não apresentam necessariamente nuança imprópria quando fora do contexto, mas fornecem um significado implícito intencional que permite insinuações licenciosas. Esses vocábulos, na verdade, constituem a linguagem da malícia, sendo considerados obscenos por metáfora, pois há uma contínua necessidade de expressões novas para designar os limitados conceitos e atos amorosos e denominar sempre aqueles mesmos órgãos que participam diretamente das práticas eróticas.

Este vocabulário não inclui, no entanto, as áreas dos afrodisíacos, do fetiche ou fobias sexuais, da prática sadomasoquista, das doenças venéreas e da zoofilia, porque são campos semânticos recobertos por vocábulos da fraseologia de especialidade, principalmente dos domínios biológico, químico e médico (ginecológico, urológico, psicológico ou psiquiátrico). Não recobrimos, tampouco, as áreas da virgindade, do casamento ou da gravidez, porque, embora correlatas, não apresentam erotismo e/ou obscenidade propriamente ditos. Também a infidelidade ou traição foram preteridas em função de esses campos serem na verdade considerados injuriosos.

BIBLIOGRAFIA

Livros

ALMEIDA, H. *Dicionário de termos eróticos e afins*. 2. ed. Rio de Janeiro: Civilização Brasileira, 1981.
ARANGO, A. C. *Os palavrões*. Tradução de Jasper Lopes Bastos. São Paulo: Brasiliense, 1991, 181p.
AUGRAS, M. *O que é tabu*. Col. Primeiros Passos, 223. São Paulo: Brasiliense, 1989, 75p.
COULTHARD, M. *Linguagem e sexo*. Trad. Carmen R. Caldas-Coulthard. Série Princípios. São Paulo: Ática, 1991. 87p.
CUNHA, C. F. "Em torno dos conceitos de gíria e calão". *In*: *Miscelânea de estudos em honra de Antenor Nascentes*. Rio de Janeiro: 1991. p. 65-97,
DUBOIS, J. *et al*. *Dicionário de lingüística*. 9 ed. São Paulo: Cultrix, 1993. 653p.
FERNANDES, M. *Liberdade, igualdade, fraternidade e foda-se*. 2005. Acessível em http://www.lainsignia.org/2005/julio/cul_021.htm ; 27/08/07.
GOLDENSON, R. M., ANDERSON, K. N. *Dicionário de sexo*. Trad. Cláudia R. Aratangy e Milla Ragusa. São Paulo: Ática, 1989. 286p.
GUÉRIOS, R. F. *Tabus lingüísticos*. 2. ed. São Paulo: Nacional/UFP, 1979, 184p.
GUIRAUD, P. *Dictionnaire érotique*. 3. ed. Paris: Payot & Rivages, 1993.
______. *Les gros mots*. 2. ed. Col. "Que sais-je?", 1597. Paris: PUF, 1976, 127p.
HOLANDA FERREIRA, A. B. *Novo dicionário da língua portuguesa*. Rio de Janeiro: Nova Fronteira, s.d. 687p.
LAPA, A. *Dicionário de calão*. 2. ed. Lisboa: Presença, 1974.
LE NOUVEAU *Petit Robert*. Dictionnaire alphabétique et analogique de la langue française. Paris: Robert, 1994. 2489p.
MAIOR, M. S. *Dicionário de palavrão e termos afins*. 2. ed. Recife: Guararapes, 1980, 166p.
MATTOSO, G. *Dicionarinho do palavrão e correlatos inglês-português / português-inglês*. Rio de Janeiro: Record, 1990, 184p.
PRETI, D. *A gíria e outros temas*. São Paulo: EDUSP, 1984.
______. *A linguagem proibida:* um estudo sobre a linguagem erótica. São Paulo: Queiroz, 1984.
RODRIGUES, J. C. *Tabu do corpo*. 2. ed. Rio de Janeiro: Achiamé, 1980, 173p.
VÁRIOS. *2500 Palavrões*. São Paulo: Flash, 1990.
VAT SYAYANA. *Os Kama Sutra*. 4. ed. Trad. Marcos Santarrita. Brasília: Coordenada, 1974.216p.

Revistas

Fugues. Montréal: Groupe HOM.
G magazine. São Paulo: Fractal
Homens. Rio de Janeiro: SG-Press.
Illico. Paris: Groupe Illico.
Le nouveau HH: le magazine gai des rencontres. Paris: Éditions NSP.
Lettres Gay. Paris: Publications Nouvelles.
Lord's. Paris: Opale.
RG: le mensuel gai des québécois. Montréal: HMX Inc.
Sui generis. Rio de Janeiro: SG-Press.
ZIP. Montréal: Groupe HOM.

Site

www.doctissimo.fr/html/sexualite/sexualite.htm

SUMÁRIO ESPECÍFICO RELATIVO AOS PALAVRÕES

Todos os termos em português e em francês podem ser consultados nas listagens da Seção 1, que apontam para os seus respectivos campos semânticos. A Seção 2 compreende os campos semânticos do vocabulário erótico-obsceno e, conforme explicado na introdução desta última seção do *NOVO PIP*, os termos relacionados em cada campo apresentam traços de semelhança, embora possam pertencer a normas ou registros diferentes.

REMARQUE: *Les mots ou expressions suivis d'astérisque (*) concernant le coït anal (hétérosexuel) sont relatifs spécialement à la femme.*

OBSERVAÇÃO: As palavras ou expressões seguidas de asterisco (*) concernentes ao coito anal (heterossexual) são relativas especialmente à mulher.

Seção 1

VOCABULÁRIOS ERÓTICO-OBSCENOS

VOCABULAIRE ÉROTIQUE-OBSCÈNE DU FRANÇAIS

Abreviaturas

clit.: clitóris
cunil.: cunilíngua
defl.: defloramento
excit.: excitação
expl.: explorador
fel.: felação
frig.: frigidez
heter.: heterossexual
impot.: impotência
inter.: interrompido
lesb.: lesbianismo
libert.: libertinagem
mast.: masturbação
nád.: nádegas
org.: orgasmo
ped.: pederastia
prost.: prostituta
prostíb.: prostíbulo
rel.: relação
sed.: sedução
testíc.: testículos

12 POSIÇÕES
69 POSIÇÕES
à quatre pattes POSIÇÕES
à voile et à vapeur PED.
abricot VULVA
abricots TESTÍC.
accolade POSIÇÕES
accroupi POSIÇÕES
accroupie POSIÇÕES
active POSIÇÕES
aiguille PÊNIS
aller au cul COITO ANAL(heter.)
aller-et-retour POSIÇÕES
allumelle PÊNIS
allumer EXCIT.
amant CLIENTE
amazone POSIÇÕES
anchois PÊNIS
andouille PÊNIS
andouille(tte) à col roulé PÊNIS
andromaque POSIÇÕES
anguille de calecif PÊNIS
animelles TESTÍC.
anneau ÂNUS.
antre VULVA
appareilleuse EXPL.
arbalète PÊNIS
arbre défendu POSIÇÕES
ardillon PÊNIS
arme PÊNIS
arnaqueur HOMEM
arrière-boutique ÂNUS.
arrière-train ÂNUS.
arrière-train NÁD.
asperge PÊNIS
assaillir REL. SEXUAL
assaut REL. SEXUAL
asticot PÊNIS
astiquer REL. SEXUAL
astiquer [s'] le bouton MAST.
auvergnate LESB.
avaler la fumée FEL.
aventurière PROST.
avoir la gaule EXCIT.
avoir la trique EXCIT.
avoir le cul chaud EXCIT.
avoir un bon doigté SED.
baba ÂNUS.
babines VULVA
babiole PÊNIS
bagasse PROST.
bague ÂNUS.
baguette PÊNIS
baisable MULHER
baise REL. SEXUAL
baiser REL. SEXUAL
baiseur HOMEM
baladeuse PROST.
balançoire POSIÇÕES
balloches TESTÍC.
ballons SEIOS
banane PÊNIS
bandage PÊNIS
bander EXCIT.
bander mou IMPOT.

bandeur HOMEM
baraqué HOMEM
barbeau EXPL.
bardache PED.
bâton PÊNIS
bâton de chair PÊNIS
bazar PROSTÍB.
belle au bois dormant POSIÇÕES
béquille PÊNIS
berlingot CLIT.
berlingot PÊNIS
bessons SEIOS
bibelots TESTÍC.
bibi PED.
bibite PÊNIS
bichon PED.
bien membré HOMEM
bijou PÊNIS
bijoux de famille TESTÍC.
billes TESTÍC.
biroute PÊNIS
bite PÊNIS
bite REL. SEXUAL
bobinard PROSTÍB.
bonbon CLIT.
boudin MULHER
boudin PÊNIS
bouffer REL. SEXUAL
bouffer la chatte CUNIL.
bouffer le cul CUNIL.
bougre PED.
boulangère PROST.
boules TESTÍC.
boulettes TESTÍC.
bourrer REL. SEXUAL
bout PÊNIS
bouton CLIT.
bouton VULVA
boutons (de rose) SEIOS
boxon PROSTÍB.
boyau PÊNIS
brandon PÊNIS
branlade MAST.
branlage SED.
branle MAST.
branler [se] MAST.
branlette MAST.
branlette espagnole SED.
braquemard PÊNIS
brasier VULVA
bretteur HOMEM
brouette POSIÇÕES
buisson PÚBIS
burnes TESTÍC.
cache-cache SED.
call-girl PROST.
canne PÊNIS
carogne PROST.
carotte PÊNIS
cascadeuse PROST.
casser le pot COITO ANAL (heter.)
castor PED.
catin PROST.
caverne VULVA
chair PÊNIS
champignon PÊNIS
chandelle PÊNIS
charette POSIÇÕES
chat VULVA
chatte VULVA
chatte MULHER
chaud comme un lapin EXCIT.
chaud de la pince HOMEM
chaud lapin HOMEM
chauve PÊNIS
chevauchée REL. SEXUAL
chevauchement POSIÇÕES
chevaucher REL. SEXUAL
chibre PÊNIS
chienne PROST.
chochotte PED.
choune VULVA
cinq contre un MAST.
cliquette CLIT.
cochonne PROST.
cocotte PROST.
coller [se] REL. SEXUAL
collier de Vénus POSIÇÕES
con VULVA
connasse PROST.
connaude MULHER
conne MULHER
conque VULVA
consommable MULHER
coquillage VULVA
coquine PED.
coquine PROST.
cornichon PÊNIS
coucheuse PROST.
couille-molle IMPOT.

couilles TESTÍC.
coureur HOMEM
coureuse MULHER
courir la gueuse LIBERT.
courtisane PROST.
crabe POSIÇÕES
cramouille VULVA
craquette VULVA
croquer REL. SEXUAL
croupe NÁD.
croupière PROST.
croupion ÂNUS.
croupion NÁD.
cul ÂNUS.
cul NÁD.
culbuter REL. SEXUAL
cyclope PÊNIS
dame aux camélias PROST.
dard PÊNIS
darder REL. SEXUAL
daronne EXPL.
dculer COITO INTER.
débander IMPOT.
debout POSIÇÕES
décharge ORG.
décharger ORG.
déconner COITO INTER.
défoncer REL. SEXUAL
derche ÂNUS.
derche NÁD.
dernière faveur COITO ANAL (heter.)
derrière ÂNUS.
derrière NÁD.
désarçonné IMPOT.
descendre à la cave CUNIL.
dessus POSIÇÕES
détumescence IMPOT.
dévergondée PROST.
dévierger DEFL.
doigt de cour MAST.
doigt du milieu PÊNIS
dondon PROST.
du monde au balcon SEIOS
écartée POSIÇÕES
effeuiller MAST.
emmanché PED.
emmancher COITO ANAL (heter.)
empaffé PED.
empapaouter PED.
enchanteresse PROST.
enculade COITO ANAL (heter.)
enculé PED.
enculer COITO ANAL (heter.)
enculeur COITO ANAL (heter.)
endauffer COITO ANAL (heter.)
enfilade COITO ANAL (heter.)
enfiler REL. SEXUAL
enfourcher REL. SEXUAL
enfourner REL. SEXUAL
engin PÊNIS
enjamber REL. SEXUAL
entre-cuisse VULVA
entrée VULVA
entrées des artistes ÂNUS.
entre-jambe VULVA
entremetteur EXPL.
entremetteuse EXPL.
entreteneur CLIENTE
entrouducuter PED.
équilibre avec caresses POSIÇÕES
étalon HOMEM
être allumé EXCIT.
être en chaleur EXCIT.
être en rut EXCIT.
eunuque (à canne) IMPOT.
faire [se] croquer FEL.
faire [se] dorer PED.
faire [se] emmancher PED.
faire [se] endosser PED.
faire bander EXCIT.
faire du rentre dedans SED.
faire la pipe FEL.
faire le tapin LIBERT.
faire le trottoir LIBERT.
faire minette FEL.
faire sa fête REL. SEXUAL
faire un pompier FEL.
farfouiller REL. SEXUAL
fatma MULHER
femme de mauvaise vie PROST.
femme galante PROST.
fente VULVA
fessier NÁD.
feu au cul EXCIT.
fiasco IMPOT.
filer un coup de main REL. SEXUAL
fille de joie PROST.
fille publique PROST.
fille soumise PROST.
fion ÂNUS.

fion NÁD.
fleur VULVA
flûte PÊNIS
fouiller la chatte SED.
fourche VULVA
fournaise VULVA
fourrager REL. SEXUAL
fourré PÚBIS
fourrer REL. SEXUAL
foutre ORG.
foutre REL. SEXUAL
fraise CLIT.
fraises SEIOS
frangine MULHER
frangine PROST.
frétiller EXCIT.
froide FRIG.
fumelle MULHER
garage VULVA
garce PROST.
garçonnière PROST.
gars (à poil) HOMEM
gaule PÊNIS
gazon PÚBIS
globes TESTÍC.
godemiché PÊNIS
gonzesse MULHER
gorge profonde POSIÇÕES
goudou LESB.
gougnotte LESB.
gouinasse LESB.
gouine LESB.
goupillon PÊNIS
gourdin PÊNIS
gourgandine PROST.
gouvernail PÊNIS
grand écart POSIÇÕES
greluche MULHER
greluche PROST.
grenouille POSIÇÕES
grenouille à la nage POSIÇÕES
grimper REL. SEXUAL
grisette MULHER
grognasse MULHER
grognasse PROST.
grotte VULVA
grue PROST.
guenon PROST.
gueuse PROST.
guimauve PÊNIS
gymnaste POSIÇÕES
hampe PÊNIS
haricot CLIT.
harponner REL. SEXUAL
hôtel de passe PROSTÍB.
impure PROST.
instrument PÊNIS
jouer SED.
joujou PÊNIS
jules CLIENTE
julot EXPL.
jumelles TESTÍC.
jus d'homme ORG.
laitue PROST.
levrette POSIÇÕES
libertine PROST.
limace PÊNIS
limer SED.
lolos SEIOS
lope PED.
lopette PED.
lorette PROST.
louve PROST.
lubrique MULHER
lucarne ÂNUS.
lune NÁD.
lupanar PROSTÍB.
machin PÊNIS
machine PÊNIS
macho HOMEM
maison close PROSTÍB.
maison de passe PROSTÍB.
maison de tolérance PROSTÍB.
maman et papa POSIÇÕES
manche PÊNIS
mandarines SEIOS
mandrin PÊNIS
mappemonde NÁD.
maquereau EXPL.
maquerelle EXPL.
marcheuse PROST.
marlou EXPL.
marteau piqueur POSIÇÕES
marteler REL. SEXUAL
membre PÊNIS
miché CLIENTE
miches NÁD.
micheton CLIENTE
michetonner LIBERT.
minette VULVA

minou VULVA
missionnaire POSIÇÕES
moignon PÊNIS
mollir IMPOT.
mont de Vénus PÚBIS
monté HOMEM
montgolfières SEIOS
morceau de viande PÊNIS
morue MULHER
morue PROST.
motte PÚBIS
motte VULVA
moule VULVA
mousmé MULHER
musardine PROST.
nageur POSIÇÕES
nénets SEIOS
nénette MULHER
nerf PÊNIS
nichons SEIOS
niquer REL. *SEXUAL*
noisette CLIT.
noix TESTÍC.
objet PÊNIS
oeil de bronze ÂNUS.
oeillet ÂNUS.
oeufs sur le plat SEIOS
oignon ÂNUS.
oranges SEIOS
outil PÊNIS
par-derrière POSIÇÕES
par-devant POSIÇÕES
partouze LIBERT.
passe LIBERT.
passif PED.
pastille ÂNUS.
patrimoine TESTÍC.
pédé PED.
perdre sa fleur DEFL.
perdre son pucelage DEFL.
perforer DEFL.
perle CLIT.
persilleuse PED.
pétard NÁD.
pétasse PROST.
petit trou ÂNUS.
petit ventre VULVA
petites cueillères POSIÇÕES
phénomène HOMEM
pierreuse PROST.
pieu PÊNIS
pignole MAST.
pignouf CLIENTE
pillasse PROST.
pine PÊNIS
piner REL. SEXUAL
pintade PROST.
pin-up PROST.
pipe PÊNIS
pique PÊNIS
pistolet PÊNIS
piston PÊNIS
pistonner REL. SEXUAL
planter REL. SEXUAL
pogner [se] MAST.
poires SEIOS
polir [se] le chinois MAST.
pommes SEIOS
pomper FEL.
pomper le dard FEL.
pomper le gland FEL.
pomper le noeud FEL.
popotin NÁD.
porte de derrière ÂNUS.
pouffiasse PROST.
poule PROST.
poupée MULHER
premier baiser DEFL.
prendre REL. SEXUAL
prendre le cul COITO ANAL (heter.)
prendre par-derrière COITO ANAL (heter.)
prendre un coup REL. SEXUAL
prêter son cul LIBERT.
profondeur anale POSIÇÕES
pruneaux TESTÍC.
puits d'amour VULVA
punaise PROST.
putain PROST.
pute PROST.
pyramide PÊNIS
quartier chaud PROSTÍB.
quequette PÊNIS
queue PÊNIS
queutard HOMEM
racoleuse PROST.
raide EXCIT.
raidir EXCIT.
ramoner REL. SEXUAL
remuer REL. SEXUAL
retirer[se] à temps COITO INTER.

ribaude PROST.
roberts SEIOS
rombière MULHER
rombière PROST.
rondelle ÂNUS.
rosette ÂNUS.
roubignolles TESTÍC.
roulure MULHER
roulure PROST.
roupettes TESTÍC.
roustons TESTÍC.
sabre PÊNIS
salope PROST.
saphiste LESB.
saucisse PÊNIS
sceptre PÊNIS
secouer le chibre MAST.
sérail PROSTÍB.
servante maîtresse MULHER
service trois pièces PÊNIS
sirène PROST.
socratiser PED.
soeur MULHER
souillon PROST.
souteneur EXPL.
succube PED.
sucer CUNIL.
sucer FEL.
sucette FEL.
suceuse FEL.
sucre d'orge PÊNIS
sur le côté POSIÇÕES
sur le dos POSIÇÕES
sur le ventre POSIÇÕES
tablier de sapeur PÚBIS
tailler une plume FEL.
tambouriner REL. SEXUAL
tante PED.
tantine PROST.
tantouse PED.
tapette PED.
tapin PROST.
tapiner LIBERT.
tapineuse PROST.
taule PROSTÍB.
taulière EXPL.
tête-bêche POSIÇÕES
tétins SEIOS
tétons SEIOS
tirer son (un) coup REL. SEXUAL
tirer une pipe FEL.
torcher REL. SEXUAL
touffe PÚBIS
toupet PÚBIS
travailleuse du sexe PROST.
trémousser [se] REL. SEXUAL
tribade LESB.
tringler REL. SEXUAL
trognon ÂNUS.
troisième sexe PED.
troison PÚBIS
tromper la nature MAST.
troncher REL. SEXUAL
trou de balle ÂNUS.
trousser REL. SEXUAL
turbine à chocolat ÂNUS.
typesse MULHER
union suspendue POSIÇÕES
va-et-vient REL. SEXUAL
valseur NÁD.
valseuses TESTÍC.
veuve poignet MAST.
vider ses couilles ORG.
zèbre PÊNIS
zeub PÊNIS
zezette VULVA
zob PÊNIS

VOCABULÁRIO ERÓTICO-OBSCENO DO PORTUGUÊS

Abréviations

clit.: clitoris
cunnil.: cunnilinctus
dépuc.: dépucelage
excit.: excitation
expl.: exploiteur
fell.: fellation
frig.: frigidité
hétéro.: hétérosexuel
impuis.: impuissance
inter.: interrompu
lesb.: lesbianisme
libert.: libertinage
mast.: masturbation
org.: orgasme
parten.: partenaire
pédé.: pédérastie
posit.: position
prost.: prostituée
rel.: relation
séd.: séduction
testic.: testicules

abusada FEMME
abusado HOMME
acavalado HOMME
aceso EXCIT.
afeminado PEDE.
afogar o ganso REL. SEXUELLE
afrescalhado PEDE.
agasalhar a rola SÉD.
agasalhar o croquete PEDE.
agenciador EXPL.
agenciador PROST.
agente EXPL.
agente PROST.
air-bag SEINS
alcoviteiro EXPL.
alcoviteiro PROST.
amásio CLIENT
amásio PROST.
amolecer IMPUIS.
andorinha PROST.
anel ANUS
anel-de-couro ANUS
anelzinho rosado ANUS
apertada FEMME
apetitosa FEMME
apimentada FEMME
aproveitador HOMME
aranha VULVE
arisca FEMME
arma PÉNIS
armar a barraca EXCIT.
aro ANUS
arregaçar o cu COÏT ANAL (hétéro.)
arrobada DÉPUC.
arrobar DÉPUC.
arrombar o cu COÏT ANAL (hétéro.)
assanhada FEMME
assanhado HOMME
assumido PEDE.
ativo PEDE.
atleta sexual FEMME
atleta sexual HOMME
atrasada FEMME
aveadado PEDE.
avião FEMME
bagageiro FESSES
bago TESTIC.
baitola PEDE.
bálano PÉNIS
bâmbi PEDE.
banana PÉNIS
bandeiroso PEDE.
bandida PROST.
baranga FEMME
barba-azul HOMME
barca PROST.
baronesa PROST.
barraca armada EXCIT.
bastão PÉNIS
bate-estaca REL. SEXUELLE
bater punheta MAST.
bdc (bom de cama) HOMME
bela adormecida MAST.
bem-dotado HOMME
benga PÉNIS
biba PEDE.

bicha PEDE.
bicha-louca PEDE.
bichana VULVE
bicharoca PEDE.
bichice PEDE.
bichona PEDE.
bichoso PEDE.
bico SEINS
bimba PÉNIS
bimba REL. SEXUELLE
bimbada REL. SEXUELLE
bimbar REL. SEXUELLE
binga PÉNIS
bisca PROST.
biscate PROST.
biscoito PÉNIS
boa FEMME
boa de cama FEMME
boazuda FEMME
boceta VULVE
bofe PEDE.
boga ANUS
boiola PEDE.
bolas TESTIC.
bolinagem SÉD.
bolinar SÉD.
bombar REL. SEXUELLE
boneca PEDE.
boquete FELL.
borboleta PEDE.
borboleta PROST.
bordel BORDEL
botão ANUS
botão CLIT.
botão rosa SEINS
botar REL. SEXUELLE
botar na bunda COÏT ANAL (hétéro.)
bozó ANUS
bráulio PÉNIS
brincar de casinha SÉD.
brincar de médico SÉD.
brioco ANUS
bronha MAST.
broxa IMPUIS.
broxada IMPUIS.
broxante IMPUIS.
broxar IMPUIS.
broxura IMPUIS.
bruaca PROST.
buça VULVE
buçanha VULVE
bulida DÉPUC.
bulir DÉPUC.
bunda FESSES
bundeiro PEDE.
buraco ANUS
buraco VULVE
cabaré BORDEL
cabaré PROST.
cabeça PÉNIS
cacete PÉNIS
cacetudo HOMME
cachorra PROST.
cachorrinho POSIT.
cadela PROST.
cafetina EXPL.
cafetina PROST.
cafetinagem EXPL.
cafetinagem PROST.
cafifa EXPL.
cafifa PROST.
cáften EXPL.
cáften PROST.
caminhoneira LESB.
cano PÉNIS
canudo PÉNIS
capão IMPUIS.
caralho PÉNIS
caralhudo HOMME
caranguejo POSIT.
carne-mijada VULVE
casa da luz vermelha BORDEL
casa da luz vermelha PROST.
casa de massagem BORDEL
casa de massagem PROST.
casa de puta BORDEL
casa de puta PROST.
casa de tolerância BORDEL
casa de tolerância PROST.
casanova HOMME
cata-cavaco POSIT.
catraia PROST.
cavala FEMME
cavalgar POSIT.
cavalinho POSIT.
cavalo HOMME
chabu IMPUIS.
chapeleta PÉNIS
chavasca VULVE
chibata PÉNIS

chouriço	PÉNIS
chupada	FELL.
chupador	CUNNIL.
chupadora	FELL.
chupão	CUNNIL.
chupão	HOMME
chupa-pau	PEDE.
chupa-pica	PEDE.
chupar	CUNNIL.
chupar	FELL.
chupa-rola	PEDE.
chupeta	FELL.
chupeta	PÉNIS
cinco-contra-um	MAST.
circo armado	EXCIT.
clarineta(e)	PÉNIS
cliente	CLIENT
cobertor-de-orelha	FEMME
cobertor-de-orelha	HOMME
cobra	PÉNIS
cocos	TESTIC.
cocote	PROST.
colhões	TESTIC.
colhudo	HOMME
colírio	FEMME
colírio	HOMME
coluna-do-meio	PEDE.
comedor	HOMME
comedor de rabo	COÏT ANAL (hétéro.)
come-quieto	HOMME
comer	REL. SEXUELLE
comer merenda antes	DÉPUC.
comer o cu	COÏT ANAL (hétéro.)
comer por trás	COÏT ANAL (hétéro.)
comida	FEMME
comida	REL. SEXUELLE
comível	FEMME
cona	VULVE
consolador	PÉNIS
cortesã	PROST.
cu	ANUS
cunete	CUNNIL.
curra	COÏT ANAL (hétéro.)
currar	COÏT ANAL (hétéro.)
dadeira	PROST.
dama das camélias	PROST.
dar	REL. SEXUELLE
dar a bunda	COÏT ANAL (hétéro.)
dar chabu	IMPUIS.
dar o cu	COÏT ANAL (hétéro.)
dar o cu	PEDE.
dar o fiofó	COÏT ANAL (hétéro.)
dar o rabo	COÏT ANAL (hétéro.)
dar o rabo	PEDE.
dar por trás	COÏT ANAL (hétéro.)
dar ré no quibe	PEDE.
de cama-e-mesa	FEMME
de lado	POSIT.
de pé	POSIT.
de ponta-cabeça	POSIT.
de quatro	POSIT.
degenerado	HOMME
descabaçada	DÉPUC.
descabaçar	DÉPUC.
descabaçar	DÉPUC.
descabelar o palhaço	MAST.
desflorada	DÉPUC.
desflorar	DÉPUC.
desfrutada	FEMME
desmunhecado	PEDE.
desmunhecar	PEDE.
despudorado	HOMME
desvirginar	DÉPUC.
devasso	HOMME
dobrar o cabo (da boa esperança)	IMPUIS.
domador-de-cobra	PEDE.
don juan	HOMME
dupla penetração	REL. SEXUELLE
duvidoso	PEDE.
efebo	PEDE.
efeminado	PEDE.
égua	FEMME
égua	PROST.
encoxada	SÉD.
engolir cobra	FELL.
engolir espada	PEDE.
enrabação	PEDE.
enrabada	COÏT ANAL (hétéro.)
enrabador	PEDE.
enrabar	COÏT ANAL (hétéro.)
enrabar	PEDE.
enrustida	LESB.
enrustido	PEDE.
enrustimento	PEDE.
entendido	PEDE.
escancarada	POSIT.
escolada	PROST.
escorregar no quiabo	PEDE.
escrachada	PROST.

esguicho PÉNIS
espada PÉNIS
espanhola POSIT.
esporrada ORG.
esporrar ORG.
esporro ORG.
estaca PÉNIS
estar como ferro em brasa EXCIT.
estar no cio EXCIT.
estepe FEMME
estrovenga PÉNIS
facho PÉNIS
falada PROST.
fanchono PEDE.
fazer sabão LESB.
fazer troca-troca PEDE.
fazer uma chupeta FELL.
fechação PEDE.
fedegoso ANUS
fêmea FEMME
femeeiro HOMME
fenda VULVE
ferrada FEMME
ferramenta PÉNIS
ferrão PÉNIS
filé FEMME
fiofó ANUS
foda REL. SEXUELLE
fodedor HOMME
foder REL. SEXUELLE
fogo no rabo EXCIT.
fogosa FEMME
fogoso HOMME
frango-assado POSIT.
freguês CLIENT
freguês PROST.
fresco PEDE.
fresco PEDE.
frescuragem PEDE.
fria FRIG.
frouxo IMPUIS.
fruta PEDE.
furada DÉPUC.
furão PÉNIS
furico ANUS
furo ANUS
gaiteira FEMME
gaiteiro HOMME
galinha PROST.
galo HOMME
gandaieira FEMME
gandaieiro HOMME
gansa PROST.
garanhão HOMME
garanhona FEMME
garganta profunda FELL.
garota de programa PROST.
garupa FESSES
gata FEMME
gatão HOMME
gatinha FEMME
gato HOMME
geladeira FRIG.
gerente EXPL.
gerente PROST.
gigolô EXPL.
gigolô PROST.
giletão PEDE.
gilete PEDE.
gomos FESSES
gostosa FEMME
gostosão HOMME
gostosona FEMME
gozar fora COÏT INTER.
grelo CLIT.
gruta VULVE
guasca PÉNIS
homão HOMME
inaugurar DÉPUC.
incubado PEDE.
inferninho BORDEL
inferninho PROST.
instrumento (de trabalho) PÉNIS
introduzir REL. SEXUELLE
jeba PÉNIS
jibóia PÉNIS
lado a lado POSIT.
lady LESB.
lambedor CUNNIL.
leiteria SEINS
levantar o pau EXCIT.
levar ferro COÏT ANAL (hétéro.)
levar no cu PEDE.
levar no rabo COÏT ANAL(hétéro.)
levar por trás COÏT ANAL (hétéro.)
levar por trás PEDE.
limão SEINS
lingüiça PÉNIS

loba FEMME
loló ANUS
lupanar BORDEL
lupanar PROST.
maçã SEINS
machão HOMME
macho-fêmea LESB.
machona LESB.
mamãe-e-papai POSIT.
mandioca PÉNIS
manguaça PÉNIS
mangueira PÉNIS
manjuba PÉNIS
manteúda FEMME
maria-sapatão LESB.
marica PEDE.
maricagem PEDE.
maricão PEDE.
maricona PEDE.
marida LESB.
mariquinhas PEDE.
marombeiro HOMME
marreca PEDE.
marreco PEDE.
martelo PÉNIS
mastro PÉNIS
mata PUBIS
meia-nove POSIT.
meio-a-meio PEDE.
melancia SEINS
membro PÉNIS
meretriz PROST.
messalina PROST.
meteção LIBERT.
meteção REL. SEXUELLE
meter REL. SEXUELLE
meter no rabo COÏT ANAL (hétéro.)
metida REL. SEXUELLE
michê HOMME
minete CUNNIL.
missionário POSIT.
molhar o biscoito REL. SEXUELLE
montar REL. SEXUELLE
montaria POSIT.
monte-de-vênus PUBIS
montes SEINS
mulher da rua PROST.
mulher da vida PROST.
mulher da zona PROST.
mulher de programa PROST.
mulher fatal FEMME
mulher perdida PROST.
mulher pública PROST.
mulher vampiro FEMME
mulherão FEMME
mulher-à-toa PROST.
mulher-dama PROST.
mulherengo HOMME
mulher-macho LESB.
mundana PROST.
nabo PÉNIS
não dar no couro IMPUIS.
nhanhar REL. SEXUELLE
oferecida FEMME
oiti ANUS
olho-cego ANUS
olho-do-cu ANUS
olhota ANUS
orgia LIBERT.
padaria FESSES
pandeiro FESSES
pantera FEMME
papa-anjo FEMME
papai-e-mamãe POSIT.
pau PÉNIS
pau duro EXCIT.
pau mole IMPUIS.
pedaço FEMME
pedaço-de-mau-caminho FEMME
pé-de-mesa HOMME
pegação LIBERT.
pegar por trás COÏT ANAL (hétéro.)
peitaria SEINS
peito SEINS
peito de pombo SEINS
peixão FEMME
penduricalho PÉNIS
pentelho PUBIS
pepino PÉNIS
perder as pregas COÏT ANAL (hétéro.)
perder o cabaço DÉPUC.
perereca VULVE
periquita VULVE
perseguida VULVE
peru PÉNIS
perua FEMME
pica PÉNIS
pica dura EXCIT.
pica-doce HOMME

picão PÉNIS
picolé PÉNIS
picudo HOMME
pifar IMPUIS.
pila PÉNIS
pilão PÉNIS
pincel PÉNIS
pincelar SÉD.
pingola PÉNIS
pinguelo CLIT.
pinguelo PÉNIS
pinto PÉNIS
pinto mole IMPUIS.
piranha PROST.
piranhuda PROST.
piroca PÉNIS
pirulito PÉNIS
piscante ANUS
pistola PÉNIS
pistoleira PROST.
pito CLIT.
polaca PROST.
pomo SEINS
popó FESSES
popô FESSES
por cima POSIT.
pôr só a cabeça SÉD.
por trás POSIT.
porra ORG.
porrete PÉNIS
porta dos fundos ANUS
porta-malas FESSES
potranca FEMME
poupança FESSES
pregas ANUS
prexeca VULVE
pudim SEINS
punheta MAST.
punheteiro MAST.
puta PROST.
puta velha PROST.
putana PROST.
putanheiro CLIENT
putanheiro PROST.
putaria LIBERT.
putedo BORDEL
putedo PROST.
puteiro BORDEL
puteiro PROST.
putona PROST.
quenga PROST.
quente FEMME
quente HOMME
rabada ANUS
rabada FESSES
rabo ANUS
rabo FESSES
rabo-de-saia FEMME
rabuda FEMME
racha VULVE
raimunda FEMME
rameira PROST.
rampeira PROST.
rapariga PROST.
rapidinha REL. SEXUELLE
redondo ANUS
regateira FEMME
roçadinho LESB.
roça-roça LESB.
roça-roça SÉD.
rodar bolsinha LIBERT.
rodinha ANUS
rola PÉNIS
roludo HOMME
rosca ANUS
roseta ANUS
rosquinha ANUS
rufião EXPL.
rufião PROST.
saboeira LESB.
sabugo PÉNIS
sacana LIBERT.
sacanagem LIBERT.
saco (de ovos) TESTIC.
safada FEMME
safadeza LIBERT.
safado HOMME
salame PÉNIS
sandália LESB.
sandalinha LESB.
sapa LESB.
sapata LESB.
sapatão LESB.
sapataria LESB.
sapatilha LESB.
sarrafo PÉNIS
sarrar SÉD.
sarro SÉD.
sem-vergonha HOMME
sem-vergonha PROST.

sentar na vara COÏT ANAL (hétéro.)
sentar no quibe COÏT ANAL (hétéro.)
sessenta-e-nove POSIT.
sirigaita PROST.
siririca MAST.
socar REL. SEXUELLE
socar no rabo COÏT ANAL (hétéro.)
solta FEMME
subir pelas paredes EXCIT.
suruba LIBERT.
tabaca VULVE
taco PÉNIS
talo PÉNIS
taludo HOMME
tanajura FEMME
tarada FEMME
tarado HOMME
tarraqueta ANUS
tenda armada EXCIT.
tesão EXCIT.
tesão FEMME
tesão HOMME
tesuda FEMME
tesudo HOMME
tetas SEINS
tigrão HOMME
tigresa FEMME
tirar de dentro COÏT INTER.
tirar o cabaço DÉPUC.
toba ANUS

Seção 2

CAMPOS SEMÂNTICOS DO VOCABULÁRIO ERÓTICO-OBSCENO

1. LA RELATION SEXUELLE

assaillir: *La salope se fait alors assaillir par deux énormes bites qu'elle dévore simultanément. (www.monsieurvideox.com/recherche-huile-1.php; accès le 02/09/2007)*

assaut: *Le mec se lance donc à l'assaut, pillonnant le sexe de la fille sans retenu, faisant crier son adversaire qui le défi d'aller plus vite, plus fort. (www.videos-actrices-porno.com/Jada-Fire-videos-1.html; accès le 02/09/2007)*

astiquer: *Il se fait astiquer le manche jusqu'à éjaculer sur la fille de 18 ans! (www.sexeautop.com/cat1-4.htm; accès le 02/07/2007)*

baise: *Baise sans limite pour ces cochonnes infidèles et vicieuses. (www.buzzporno.com; accès le 03/09/2007)*

baiser: *Vidéos de salopes avec des gros seins qui se font lécher la chatte et baiser comme des bêtes! (www.annuairesexegratuit.com; accès le 03/09/2007)*

ballotter: *Elle faisait ballotter mes couilles d'avant en arrière, avec son nez, avec sa langue. (etrevivant.canalblog.com/archives/livre_classe_x/p10-0.html; accès le 03/07/2007)*

bite: *Elle se fait brouter le minou et bouffe la bite de son copain en se la collant dans l'arrière gorge. (www.teensalope.com/0/pg50.html; accès le 03/09/2007)*

bouffer: *L'étudiante se laisse bouffer la chatte sous sa petite jupe avec beaucoup de plaisir et de perversité. (www.claraetmorgane.com/stars/lesbiennes-004.html; accès le 03/09/2007)*

bourrer: *Elles adorent se faire bourrer par les deux trous en même temps. (www.accrosexe.com/photos-partouze; accès le 03/09/2007)*

chevauchée: *Cris et gémissements accompagnent la chevauchée de la belle qui se fait baiser dans tous les sens. (www.video-sexe-a-telecharger.com/video-mature/video-fellation-_3.html; accès le 05/09/2007)*

chevaucher: *En selle sur son gros dard, elle le chevauche sans peine en se pinçant le bout de ses gros seins. (www.sexeautop.com/cat3-6.htm; accès le 05/09/2007)*

coller [se]: *Elle a encore l'occasion de lécher du trou de balle mais aussi l'occasion de tenter de se coller dans le bec les deux queues. (www.monsieurvideox.com/Stars-Porno/index.php; accès le 05/09/2007)*

croquer: *Voici les vidéos amateurs de 3 jeunes lesbiennes qui partouzent: 3 belles blondes aux gros seins qu'on a bien envie de croquer... (www.llsexe.com/ll/video; accès le 05/09/2007)*

culbuter: *Le mec se met ensuite à la culbuter sur le sofa, il baise tout d'abord la chatte et ensuite il s'attaque à son anus! (www.webcam-xxx.be/mb/videos-de-sexe-104-.html; accès le 05/09/2007)*

darder: *C'est un angle de vue étrange, son cul énorme d'où s'échappent les cuisses rondes, je la lèche, ma langue bataille avec ses doigts, je darde dans son vagin, je salive sur son anus, une main toute puissante sur chacune des fesses, elle est à moi. (www.vassilia.net/vassilia/histoires/viewstory.php?sid=1420; accès le 05/07/2007)*

défoncer: *Elle sera l'heureuse victime d'un traitement de faveur de la part de deux mecs qui ne demandent qu'à lui défoncer ces orifices. (/mb.smartmovies.net/pdp.php?id_document=60688&npage=15&section=27; accès le 05/09/2007)*

embrocher: *La bonasse est assise dans une drôle de chaise suspendue, et la vieille salope l'oblige à s'embrocher avec un gode collé sur la chaise! (www.ta-video-porno.com/allopass_maitresse-et-son-esclave_toute_page_1.php; accès le 05/09/2007)*

enfiler: *Par la suite, il la retourne sur le canapé et la baise comme un objet sexuel avant de l'enfiler dans l'anus. (www.sexedenfer.com/mb.php?catg= blonde&wref=1586&tpl=videosporno&link=&first=230; accès le 06/09/2007)*

enfourcher: *Elle va se mettre à le sucer avant de s'enfourcher sur cette belle teub bien raide! (www.fbi-fr.net/video-porno/zone-verte-15.php; accès le 06/09/2007)*

enfourner: *Sous sa mini jupe se cache un joli cul bombé qui apprécie bien se faire lécher et enfourner. (www.starsnsex.com/recherche-hug-16.html; accès le 06/09/2007)*

enjamber: *Puis, une fois son cul bien détendu, son mec l'enjambe et l'enfile facilement. (www.sexe-big.com/videos-de-sexe/fr-gay/muscles/videos-5.html; accès le 06/09/2007)*

faire sa fête: *Les grosses bites lui procurent des sensations irréelles et elle mouille comme une folle si bien que les types décident de lui faire sa fête. (www.fract.org/porno/video-coquine-en-lingerie/video-54.htm; accès le 06/09/2007)*

farfouiller: *Elle commence par le lécher abondament pour ensuite se farfouiller les entrailles et s'éclater un max... (gay-amateurland.partie-privee.com/index.php?gab_liste=0&gab_desc=0&total=&categ=stripchic&partXP=&source; accès le 06/09/2007)*

filer un coup de main: *La gonzesse va ensuite lui filer un coup de main au jeune homme pour tailler une pipe à Will. (sexedenfer.com/videos-sexe-1-bisexual.html; accès le 06/09/2007)*

fourrager: *Son cul est calé et je vois très bien la langue de son prisonnier fourrager là dedans et lui tamponner la rondelle. (www.cyrillo-xxl.com/histoire/toscane.html; accès le 06/09/2007)*

fourrer: *Elle lui grimpe alors dessus comme une chienne pour se faire fourrer la chatte. (www.videos-amateur-x.com/videos_pornos_page-2.html; accès le 06/09/2007)*

foutre: *Un peu d'alcool et c'est toutes des salopes qui ne pensent qu'à sucer des couilles et des bites pour en avaler tout le foutre bien chaud! (free.sexes.free.fr; accès le 06/09/2007)*

grimper: *La jolie blonde grimpe à l'envers sur la bite de son partenaire sexuel puis elle revient pour lui humidifer le sexe encore un peu avec sa bouche. (www.video-2-cul.com/moteur.php?type=m&recherche=sexe-gratuit; accès le 06/09/2007)*

harponner: *Bien sûr, elle savoure aussi le fait de se faire harponner de tous les côtés par le chibre dégourdi de son mec. (teen-en-chaleur.com/videos-hard-chatte-fraiche-rasee.php?p=19; accès le 06/09/2007)*

marteler: *Tout d'abord une jolie blonde, puis une brunette sexy, toutes deux vêtues de leurs uniformes, se feront marteler la chatte en ce bel après-midi suivant leurs cours ennuyeux. (www.video-pornox.com/video-porno-6.htm; accès le 08/09/2007)*

niquer: *Elles payent de jeunes mâles qui ont une folle envie de niquer, pour se faire déchirer les orifices comme de jeunes salopes. (www.maxdedvd.com/fr/produit/3189/vieilles_pour_jeunes_baiseurs_5.html; accès le 08/09/2007)*

piner: *Deux filles blanches en chaleur se font piner sauvagement par 6 blacks vicieux montés comme des ânes. (www.mstx.com/mb/index.php?login=superpj&l=fra&mb=31&cat=1; accès le 08/09/2007)*

pistonner: *Aussitôt, le mec l'empoigne et commence a pistonner sa petite chatte tout humide. (www.videos-hards.biz/videos-xxx/videos-xxx.php?p=70; accès le 08/09/2007)*

planter: *Je dois le chevaucher en me planter ça bite dans la chatte. (www.missglad.com/histoires-erotiques/434-trompe-et-punie; accès le 17/09/07)*

prendre: *Elle hurle aussi pour encourager le mec à la prendre toujours plus fort et toujours plus profond. (www.grosses-queues.org; accès le 02/09/07)*

prendre un coup: *La mouille de chine présente un contenu de qualité avec des photos et des vidéos de belles asiatiques, fans de sodomie, c'est peut-être votre voisine ou votre collègue de bureau qui vous mate et qui aimerait se prendre un coup de queue dans l'anus. (www.lamouilledechine.com/fr/index.html?id=41932; accès le 09/09/2007)*

racoler: *Un mec se fait racoler par une pute qu'on l'on découvre toute jeunette dans cette ruelle où les néons tamise l'obscure. (www.pornosexevideos.eu/Fellation-11; accès le 09/09/2007)*

ramoner: *Dans toutes les positions possibles le mec va lui ramoner le fion. (www.llsexe.com/ll/sodomie; accès le 09/09/2007)*

remuer: *C'est la suite qui est la plus intéressante, j'adore voir les seins de cette chienne remuer au rythme des coups de reins du mec, et pour ce qui est de bouger, ils vont carrément être écartelé par la puissance de la pénétration. (www.ecoliere.com/gros-nichons/bigtits.html; accès le 09/09/2007)*

tambouriner: *La belle gémit de plaisir et de douleur et le mec la tambourine à toute allure! (videoscoquines.com/rechercher/gros-nichon-25.html; accès le 09/09/2007)*

tirer son (un) coup: *La vidéo continue, le mec a envie de tirer son coup, il enfonce sa grosse queue au fond de la gorge de sa pute et la fout à 4 pattes pour éviter de voir* *sa tête de salope et l'encule à toute vitesse! (www.annuaire-du-net.net/xxx/catg-hardcore.html; accès le 09/09/2007)*

torcher: *Après s'être fait torché le cul brutalement, elle s'allonge pour se faire asperger de sperme ses gros mamelons! (www.sexeautop.com/cat5-4.htm; accès le 09/09/2007)*

trémousser [se]: *Elle se fait jouir et la sentir se trémousser pousse le mec à juter à gros jets sur son ventre... (www.truie.fr/fellation-6.htm; accès le 09/09/2007)*

tringler: *Lorsque sa queue est bien raide, il pénètre le vagin de la fille qui soulève une jambe pour lui permettre de la tringler bien en profondeur. (www.wozzor.com/videox/koocash/video/jeune/vieux-7.html; accès le 09/09/2007)*

troncher: *Mattez moi cette bombasse, méga bien foutue et dur à croire mais elle nous explique qu'elle a une envie folle de sucer de la bite et de se faire troncher! (www.totale-defonce.com/catg_sexe_gonzo.php?catg=gonzo&wref=1551&tpl=default&link=; accès le 09/09/2007)*

trousser: *Une salope à la chatte poilue se fait trousser le fion. (www.extraits-xxx.com/hosted-video-161-Escalve-sexuel.html?page=46&cat=; accès le 09/09/2007)*

va-et-vient: *Elle réussit très vite en l'insérant dans sa bouche et en faisant des va-et-vient pour bien la faire durcir. (www.sexeautop.com/cat42-9.htm; accès le 09/09/2007)*

1. A RELAÇÃO SEXUAL

abrir as pernas: Outros diziam que mulher só servia pra abrir as pernas e pra cozinhar, e eles diziam isso segurando o próprio "pau" toda hora!!!! (ladyfiennesbutler.clickblog.com.br/2006/12; acesso em 05/09/07)

afogar o ganso: Todos os casais são antiecológicos? Resposta: Sim, pois adoram afogar o ganso. (www.netmarkt.com.br/aprendendo/apre97.html; acesso em 14/08/07)

bate-estaca: Sim, é impossível compreender qual o raciocínio tortuoso que pode conduzir muitos homens a resumir o sexo a um sexo de penetração tipo bate-estaca... (inforum.insite.com.br/clube-namoro-ou-amizade/3352196.html; acesso em 28/07/07)

bimba: E como eu já havia considerado um discernimento entre a bimba com penetração, a bimba lewinskyana e a bimba sem bimba propriamente dita, aproveitei e separei as namoradas. (www.felipetazzo.com.br/blog/blogjun07.html; acesso em 30/08/07)

bimbada: A primeira bimbada na boceta veio logo em seguida. Ela gritou de dor no começo, mas foi incrível como a xoxotinha apertada agasalhou meu cacete. (www.lol.com.br/~acidade/rochelle2.htm; acesso em 15/08/07)

bimbar: Devia ser a maior baranga porque você, como bom machista, tinha que ir lá bimbar a moça e mostrar que é macho! (www.overmundo.com.br/rss/rss_produto.php?titulo=o-fim-do-baile-soul-e-o-comeco-da-patifaria-texto-de-leiteiro-parte-2; acesso em 15/08/07)

bombar: O cu dela alargou e eu pude bombar com mais força... aí meu pau já entrou até a metade e foi só bombar mais pra entrar todo... (www.casadoscontos.com.br/texto.pl?texto=200412274; acesso 15/08/07)

botar:... eu nunca tinha conseguido botar o caralho todo dentro de uma buceta... Você agora é minha putinha... (www.teu.com.br/portal/canais/sites/voyeur/contos_eroticos/conto65.html; acesso em 15/08/07)

comer: De repente senti uma encoxada e uma voz bem baixinho no meu cangote, babando meu pescoço, dizendo que sabia que ia me comer porque conhecia uma puta pelo cheiro. (www.maskate.com.br/articulistas.php?cod_materia=36; acesso em 16/08/07)

comida: Ricardo sentou na poltrona e mandou que eu e Carla chupássemos seu cacete e disse em italiano para os sobrinhos meterem na gente enquanto estávamos de 4 chupando a sua rola. Foi demais, pela primeira vez na minha vida eu estava sendo comida e estava chupando outro ao mesmo tempo. (contosex.weblogger.terra.com.br/index.htm; acesso em 16/08/07)

dar: Ele, além de supereducado, é boa pinta... um negão pra ninguém botar defeito... até minha querida e amada esposa gosta de dar pra ele... (www.suaveswing.com.br/fotos_videos/novo/festas_privadas_fotos.htm; acesso em 05/09/07)

dupla penetração: Ato sexual que, geralmente, envolve dois homens penetrando uma mulher no ânus e/ou na vagina ao mesmo tempo. Pode ser realizado com acessórios ou até legumes, como cenouras e pepinos (www.ig.com.br/sexo/home/Sexpedia.html; acesso em 17/09/07)

foda: Foi quando sentei naquele cacetão e comecei uma foda enlouquecedora. (www.anasafada.weblogger.terra.com.br/index.htm; acesso em 16/08/07)

foder: Nunca pensara em ter um perfil bissexual até aquele instante, entretanto, foder outra mulher e ser fodida por uma houvera sido excitante demais, mas para seu aniversário queria homem, ou melhor, homens. (brinquedodeadulto.com.br/textos_eroticos/grupal_0-aniversario.htm; acesso em 16/08/07)

introduzir: Ela disse que no começo, quando comecei a introduzir nela, doía muito, mas depois passou... Então quando estava prestes a gozar, eu tirei o meu pau... (www.cido.com.br/contos.asp?id=1798; acesso em 05/09/07)

meteção: E esta meteção foi pelo resto do dia e noite, enquanto minha esposa era comida pelos três, eu ficava apenas apreciando e me masturbando, já havia até perdido a conta de quantas punhetas havia batido, meus bagos já estavam até doloridos. (www.sexofree.com.br/contos-eroticos/conto282.php; acesso em 16/08/07)

meter: Ela me beijou muito, abraçada, agarrada em mim... e assim comecei a meter nela bem devagar, tirava um pouquinho e metia de novo, devagar, ela gemia, sorria, ria, chorava.... (virosedobob.weblogger.terra.com.br/200408_virosedobob_arquivo.htm; acesso em 16/08/07)

metida: Era apenas o primeiro dedo e na metida ele soltou um gemido de susto, levantando a cabeça, desviando o olhar para a frente e em seguida um gemido de relaxamento, soltando o ar, baixando o olhar, me deixando à vontade em seu cuzinho. (www.glx.com.br/contos/wmview.php?ArtID=1154; acesso em 16/08/07)

molhar o biscoito: (...) os dois estão a fim, mas ela está com medo. Esta é a hora do papo. Eu sei que você está com tesão, está querendo molhar o biscoito logo, mas, nesse caso, apressar as coisas só vai atrapalhar. (www.dicasdesexo.com.br/padrao.asp?materia=mulheres; acesso em 17/08/07)

montar: Não preciso dizer que eu me sentia no paraíso. Em seguida gozou e não deixou que nosso amigo gozasse, pois queria montar nele e cavalgar no seu pau. (megasex.com.br/contos/artigotemplate.php?id=5903; acesso em 17/08/07)

nhanhar: Será possível "nhanhar" com tantas mulheres (bem rodadas por sinal) e ainda sem camisinha e não contrair o vírus da Aids??? (forum.outerspace.com.br/showthread.php?t=72078; acesso em 17/08/07)

rapidinha: Fizemos uma rapidinha selvagem. Uia, ainda sinto as suas mãos sobre minha bunda e "que bunda", posso dizer que se um estrangeiro me visse reconheceria que sou Brasileira apenas olhando pro meu traseiro. (www.contosquentes.com/contos_view.php?indice=3490; acesso em 17/08/07)

socar: Depois peguei ela de quatro e soquei na sua bucetinha. Meu, que visual, que bunda deliciosa. (www.forumsd.com.br/phpBB/viewtopic.php?p=243162&sid=ba198596e60214f71dbc2b73509dece4; acesso em 05/09/07)

traçar: Confesso que aquele cu tão apertadinho mexia com meus instintos de macho, mas eu procurava afastar a idéia de traçar aquela bunda. (www.contosquentes.com.br/parceiros/parceria_c.php?indice=3315; acesso em 17/08/07)

trepada: Já de volta ao hotel, fiz um boquete em meu marido que estava com tesão reprimido, engoli toda a porra dele e agradeci pela trepada maravilhosa que ele incentivou que eu tivesse. (www.nossoprazer.com.br/prazer/index.php?option=com_content&task=view&id=121&Itemid=28; acesso em 17/08/07)

trepar: Sabia que saía pela noite e trepava com estranhos em lugares públicos, que dava a buceta e o cu sem qualquer preocupação (...) (www.contosquentes.com.br/parceiros/parceria_c.php?indice=3335; acesso em 17/08/07)

1.1. LE DÉPUCELAGE

dévierger: *Jeunes pucelles se font dévierger par de grosses bites en vidéo porno. (www.accrosexe.com/photos-jeune-femme; accès le 28/08/07)*

perdre sa fleur: *Y est vierge et souhaite absolument perdre sa fleur avec J. Pourquoi? Parce que ses deux sœurs ont perdu leur virginité dans un viol. Voilà pourquoi elle tient tant à être à l'origine de sa première fois. (www.cinetrange.com/export/153.htm; accès le 28/08/07)*

perdre son pucelage: *Autrefois il était fréquent et admis qu'un jeune homme fût au bordel y perdre son pucelage. (nosmoutons.canalblog.com/archives/2006/07/17/2303181.html; accès le 29/08/07)*

perforer: *Notre gars est bien chaud, il la fout à 4 pattes sur le banc et commence à lui perforer la chatte. (lagrossepute.com/grosseins/pg150.html; accès le 29/08/07)*

premier baiser: *Comme toutes les grosses salopes, ces deux nanas n'aiment que les grosses bites. La brune veut payer en nature quand elle voit la taille de l'engin du caissier et la blonde examine le chibre du mâle avant de décider s'il lui mettra dans le cul ou pas. La première fois est toujours un événement. Le premier flirt, le premier baiser, la première pipe, la première pénétration et puis... (www.llsexe.com/ll/search.php?what=grosse+queue &type=2; accès le 30/08/07)*

1.1. O DEFLORAMENTO

arrobada: A mulher gosta é do pau entrando e saindo, do pau duro no seu cu sumindo.... E quando está acordada, deseja um pau, ser arrobada qualquer hora do dia. (www.tipos.com.br/arquivo/2003/03/22/post-11133?pagina=4; acesso em 30/08/07)

arrobar: Já nasceu puta essa menina, que delícia!... tu quer a pomadinha pra passar no teu cu que eu arrobei ontem! (www.casadoscontos.com.br/texto.pl?texto=200602906; acesso em: 30/08/07)

bulida: Seu Jeremias, eu sou um homem respeitado ao redor de vinte léguas desse sertão e o seu filho aproveitou-se da inocência dessa minha cabrita e a deixou bulida. (recantodasletras.uol.com.br/visualizar.php?idt=598120; acesso em 31/08/07)

bulir: É, mais tem uma diferença! — retrucou Marleide. — Ninguém casava buchuda não, visse? E é por isso que a gente casava cedo, pra evitar que embuchasse antes. Era difici uma mulé casar bulida. (www.camarabrasileira.com/cs05.htm; acesso em 31/08/07)

comer a merenda antes: "Antigamente era assim, se você estragava a moça tinha que casar". Segundo ela, "comeu a merenda antes da hora" e teve que casar. (www.parriot2004.blogger.com.br; acesso em 31/08/07)

descabaçada: Sempre toquei siriricas com esse tipo de fotos e vídeos e não via a hora de ser descabaçada por algum macho, mas nunca apareceu oportunidade, eu só ficava com alguns meninos, mas nada além de uns amassos. (www.galinhas.com.br/contos/nogi.htm; acesso em 10/09/2007)

descabaçar: Largue de ficar no computador 10 horas por dia e contrate uma puta pra se descabaçar. (forum.cifraclub.terra.com.br/forum/11/121699; acesso em 31/087/07)

desflorada: E num delírio de arrepio, prazer e tesão, senti seu orgasmo florar em seus olhinhos, comecei a meter mais forte e mais fundo, enfiando tudo o que tinha direito, sentia meu pinto pulsar bem no fundo de sua bocetinha desflorada. (www.contosquentes.com.br/contos_view.php?indice=49; acesso em 31/08/07)

desflorar: Tirou minha bermuda, minha cueca!!! E me chupou, sugando minha pica com força e com vontade. Ele abriu minhas pernas e começou a passar a língua pelas minhas bolas, eu já estava prevendo o pior, era um passo para ele me desflorar com aquela língua. (mimyrouge.uniblog.com.br/226001/nem-tao-macho-assim.html; acesso em 31/08/07)

desvirginar: Eu cá tenho os meus métodos para os desvirginar com jeitinho, em foda lenta, carinhosa. (tapornumporco.blogspot.com/2004_09_12_archive.html; acesso em 10/09/2007)

furada: A pobrezinha caiu no conto do doutor e agora está aí, furada para os gaviões da terra se aproveitarem da carniça. (www.usinadeletras.com.br/exibelotexto.phtml?cod=11326&cat=Contos; acesso em 27/08/07)

inaugurar: Meu cacete parecia explodir de tão duro. Pedi que ficasse de quatro, pois pretendia inaugurar também seu rabinho. (z001.ig.com.br/ig/50/22/933014/blig/historiaspicantes; acesso em 31/08/07)

perder o cabaço: Roberto, só tem uma coisa, eu sou virgem e não quero perder meu cabaço, mas você pode comer meu cuzinho. (www.contosfemininos.com.br/contos/4140.html, acesso em 01/09/07)

tirar o cabaço: Era chamado para todas as festas, pegava todas as garotas que eu queria, tive o privilégio de tirar muito cabaço, afinal eu era o cara, e elas queriam dar para mim. (largado.futeboltotal.com.br/?p=877; acesso em 01/09/07)

2. *LES PHASES DE LA RELATION SEXUELLE* / AS FASES DA RELAÇÃO SEXUAL

2.1. L'EXCITATION

***allumer un homme**: Sexy, sensuelle, regard de braise, elle sait bouger pour allumer un homme, ses gestes sont calculés pour attiser le désir. (shadowgirl.centerblog.net/rub-SIGNES-ZODIAQUE-femmes.html; accès le 01/09/07)*

***avoir le cul chaud**: Les nanas qui ont le cul chaud et qui piquent le mec des autres, je ne peux pas les sentir... (forum.aufeminin.com/forum/f534/__f125_f534-Benjamin-castaldi-a-vos-news.html; accès le 01/09/07)*

***avoir la gaule**: Je pensais que j'allais avoir la gaule en voyant toutes ces filles nues et bien non, rien du tout. (www.forum-auto.com/les-clubs/section7/sujet166605.htm; accès le 01/09/07)*

***avoir la trique**: Fou de rage, le sergent l'entraîne dans les bois à côté du campement et l'oblige à faire des séries de pompes complètement à poil. Bien qu'humilié et extenué, Seb commence à avoir la trique et cela n'échappe pas au gradé qui reluque avec envie le gland tendu à l'extrême. Il finit par lui intimer l'ordre de se mettre à quatre pattes et d'écarter ses fesses. (www.rire.tv/sex/fr-homo/news/videos-1.html; accès le 01/09/07)*

***bander**: Elle le fait bander à fond et coince sa bite entre ses seins pour le branler. (www.xtapas.com/FR/all/066; accès le 01/09/07)*

***chaud comme un lapin**: Elle est excitée la coquine, sa chatte est lisse, le mec la baise à toute vitesse sur le côté. Il est chaud comme un lapin, elle est obligée de s'accrocher à un tronc d'arbre pour ne pas tomber! (www.sexedenfer.com/mb.php?catg=all&wref=1586&tpl=videosporno&link=&first=500; accès le 01/09/07)*

***être allumé**: Étudiante bien salope est allumée au vibro puis baisée. (www.sites-gratuits.com/resultats-recherches/clips%20chauds.php?mots_cles=277; accès le 01/08/07)*

***être en chaleur**: Une grosse salope est en chaleur et se fait baiser comme une chienne lubrique par deux mecs bien chauds. (www.wozzor.com/videox/koocash/video/hard-45.html; accès le 01/09/07)*

***être en rut**: Oh! Jean-Edouard, je suis en rut, enfilez-moi comme une pute. (bmarcore.club.fr/paillardes/P303.html; accès le 01/09/07)*

***faire bander**: Pour inaugurer leur nouvelle cuisine amenagée, cette chaudasse brune entraîne son mari dans la cuisine, elle s'assoie sur la machine à laver, les cuisses ouvertes et invite son partenaire à lui donner du plaisir avec sa langue. Il s'éxecute, puis il lui colle son sexe dans la bouche, elle le fait bander et suce sa queue sur toute sa longueur. (www.video-sexex.com/sexe/Stars-du-porno-49-4.htm; accès le 01/09/07)*

***feu au cul**: Une belle brune vient chauffer son mec qui mate la télé pépère, elle a vraiment le feu au cul et décide de se fourrer sa grosse queue black au fond de la gorge!! (iframe.cinehard.com/mb.htm?page=21&aff=126&mb=Lechepieds&cat=talons; accès le 01/09/07)*

***frétiller**: Ma bite en frétille d'excitation tellement la coquine est bandante. (jolie.enculee.biz/putasse-qui-ejacule.html:11k; accès le 06/09/2007)*

***raide**: Je me suis réveillé ce matin en pleine forme, une bite bien raide, épaisse et tendue avec des couilles bien gonglées. Excité par mon sexe, je me suis branlé dès le réveil. (debocass.over-blog.com/archive-06-2007.html; accès le 01/09/07)*

raidir: *Ma bite dans sa bouche lui fait raidir encore plus sa bite qu'il agite d'une main, puis sa langue se perd tout lentement vers mon cul en écartant bien mes fesses. (debocass.over-blog.com/archive-06-2007.html; accès le 01/09/07)*

2.1. A EXCITAÇÃO

aceso: Puta que pariu! Outra vantagem desse cara: ter o pau torto pra baixo é bom, porque você já pode acordar aceso e mijar sem dó de molhar o teto!!! (www.vaultbr.com.br/viewtopic.php?p=28738&sid=26f2384984f71dae8c4c98935fcdbc66; acesso em 01/09/07)

a (em) ponto de bala: Nós ficamos ali por quase uma hora, e é claro o tesão veio novamente, só que dessa vez ela quem tomou a iniciativa. Enquanto estava me beijando, ela foi acariciando o meu pau que já estava a ponto de bala... (www.ribersex.com.br/conto28.htm; acesso em 01/09/07)

armar a barraca: Transei todos os dias com minha namorada, um sexo diferente, com uma vontade que não acabava, o tempo todo fantasiando que estava com ela....... (...) Quando ela chegou, me deu o mesmo abraço de sempre, mas eu já armei barraca, mal consegui trabalhar aquele dia. (megasex.com.br/contos/artigotemplate.php?id=11104; acesso em 01/09/07)

barraca armada: Essa história estava mexendo muito comigo e meu pau já estava enorme. Não tinha mais como disfarçar, pois eu estava com a barraca armada. (www.sexyhot.com.br/SHot/0,,IIP1551-4551,00.html; acesso em 01/09/07)

circo armado: O cara era sacana e se exibia pra mim, aos poucos seus movimentos começaram a acelerar e ele passou a bater uma belíssima punheta. Vi que o pinto que antes era pequeno se tornou um puta caralhão, grande e grosso. Minha mulher chamou do quarto. Cacete, como eu iria disfarçar o circo armado no meu *short*? (supersacana.cww.com.br/adulto/modules/news/article.php?storyid=45; acesso em 01/09/07)

estar como ferro em brasa: Elas tiraram a roupa uma da outra, começaram a se chupar, então vieram em direção à cama e se deitaram e continuaram a se acariciar, até que chegaram em mim e foram direto ao meu pau, que a essa altura já estava duro como um ferro em brasa, pronto pra estourar a minha cueca. (www.desireeclub.com.br/contos/index.php?id=172; acesso em 01/09/07)

estar no cio: Quase não deu tempo para me ajeitar; seu pau, por trás, se encaixou na boceta, já ensopada, úmida, forçou a entrada e escorregou vagarosamente para dentro... me abrindo, doendo, ardendo... Que gostosa... que gostosa... apertada... miúda... tá no cio, cadelinha, tá no cio?.... Começou a bombear, forte, me dando solavancos para trás e para a frente a cada estocada, parecia que não ia parar nunca... (www.contosfemininos.com.br/contos/3730.html; acesso em 20/08/07))

fogo no rabo: Elas têm um jeitinho meigo de ser, mas, quando o tesão enrustido explode, transformam-se em biscatinhas com fogo no rabo. (www.erotikacenter.com.br/erotikacenter/produto.asp?ID=13058&tipo=&DepID=DVD&catID=216; acesso em 01/09/07)

levantar o pau: Mas eu sei que Kiko sente muito tesão por mim, eu sinto isso, acho que o fato de ele não levantar o pau é algo físico, e não psicológico. (z002.ig.com.br/ig/55/34/126434/blig/mydirtypearls/2003_45.html; acesso em 01/09/07)

pau duro: Ele ficou atrás de mim e só passava seu pau duro na entrada do meu cuzinho, adiando a penetração. (www.casal-insane.theblog.com.br/20050126-20050201.html; acesso em 01/09/07)

pica dura: Gosto muito quando os homens ficam de pica dura para me comer, eu adoro ver os caras querendo me foder. (www.searchnow.com.br/busca/pica_dura; 01/09/07)

subir pelas parede: Acontece que eu estava já subindo pelas paredes de vontade de transar com minha esposa, mas não havia oportunidade. (www.contosquentes.com.br/parceiros/parceria_c.php?indice=2229; acesso em 01/09/07)

tenda armada: O Patrik me admirava e veio me abraçando por trás, com uma bela tenda armada em sua sunga. Que loira mais gostosa que você é! suspirou-me no ouvido. Rebolei a bunda em seu pau e disse: Hum, acho que tem alguém precisando de abrigo e ainda mais nesse quarto, com tantas memórias boas. (www.kontoseroticos.hpg.ig.com.br/troca%20de%20namorados0201.htm; acesso em 01/09/07)

tesão: Minha pica estava explodindo de tanto tesão, dura que nem uma pedra. (www.sexyhot.com.br/SHot/0,,IO0-4549,00.html; acesso em 01/09/07)

2.2. LA SÉDUCTION

avoir un bon doigté: *Elle le suce avec un bon doigté avant qu'il ne l'encule bien profond cette grosse salope. (www.kazaroumba.com/keskispass; accès le 02/09/07)*

branlage: *Une très belle et jeune blonde plutôt salope aime une chose par-dessus tout: branler un mec avec ses pieds! Elle ne se fait pas prier, et coince même la queue du mec entre ses pieds pour mieux le sucer. elle a des doigts de pieds experts en branlage. (www.superhot.fr/sexe-fetiche.html; accès le 02/09/07)*

branlette espagnole: *Deux galeries de photos gratuites d'une jolie nature, tout juste la quarantaine, avec une énorme paire de seins. Elle se tape un jeune mec, son amant, bien montés sur le canapé du salon. Elle lui fait une branlette espagnole entre ses deux gros nichons. (www.buzzporno.com/branlette-espagnole-t-4355.html; accès le 02/09/07)*

cache-cache: *C'est tout un art de se déshabiller ou de déshabiller l'autre. Le strip-tease peut être l'occasion de préliminaires tendres. (www.doctissimo.fr/html/kamasutra; accès le 16/09/07)*

faire du rentre dedans: *La coquine lui fait du rentre dedans en remontant sa jupe pour lui montrer ses belles fesses, le vieux prend donc rapidement les choses en main et lui* *saisit la tête pour lui donner la cadence de la fellation. (www.sexedenfer.com/mb.php?catg=all&wref=732&tpl=videopornosexe&link=&first=280; accès le 02/09/07)*

fouiller la chatte: *Elle va se faire fouiller la chatte pendant qu'elle va déguster le jus de son homme. (blog.extraits-amateurs.com/index.php?Videos-amateurs; accès le 16/09/07)*

jouer: *Sans être lesbienne, j'avais envie de jouer avec elle, comme une vilaine fille. (charly222001.unblog.fr/2007/09/01/coralie-ma-colocataire; accès le 10/09/2007)*

limer: *Puis je sentis ses mains agriper mes hanches et son sexe me pénétrer. Il commençait à me limer. Son sexe énorme me laminait le ventre. (www.histoires-de-sexe.net/histoires-sexy/x-histoires-confessions-sexe-erotiques-hds; accès le 10/09/2007)*

2.2 A SEDUÇÃO

agasalhar a rola: Eu engolia e mamava cada vez mais gostoso, deixava a boca frouxa e molhadinha para agasalhar a rola do Léo, que não agüentando começou a gozar! (wwwborasda.blogspot.com/; acesso em 08/09/07)

bolinagem: Estávamos sentados no tapete do quarto, e a conversa só encerrou quando começamos a sessão bolinagem da tarde. Como sempre, começamos a nos beijar e, logo em seguida, estávamos nos mamando. (recantodasletras.uol.com.br/visualizar.php?idt=623295; acesso em 01/09/07)

bolinar: Não, amor, quero você nuazinha e na cama, ficamos mais à vontade, bolinei-a mais um pouco, ela já sentia na bundinha meu pau aumentando de volume. (www.cido.com.br/contos.asp?id=1246; acesso em 01/09/07)

brincar de casinha: Seu sexo está mais pra "Huguinho quer brincar de casinha" do que pra selvagem. (www.ig.com.br/paginas/especiais/sexo_selvagem/teste/index.html; acesso em 28/08/07)

brincar de médico: (...) Só em pensar no pau dele, ele se emociona e pede pra levá-la ao motel pra brincar de médico... (forum.cifraclub.terra.com.br/forum/11/74677/p3)

encoxada: Nossa....não tem coisa melhor do que ser encoxada por um pau bem duro e gostoso. (www.casadoscontos.com.br/texto.pl?texto=20031255; acesso em 01/09/07)

pincelar: Ele começou a pincelar o pau na entradinha da minha bocetinha e senti a glande enorme. (www.bhportalsexo.com.br/conto.php?id=204; acesso em 01/09/07)

pôr só a cabeça: Ela falou pra ele prometer pôr só a cabecinha; ele prometeu, mas não agüentou e pôs tudo... (www.ligamagic.com.br/index.php?view=fotolog/view&nick=magusdraconum&fid=13145; acesso em 01/09/07)

roça-roça: Sentia sua xana melada. Ela já começava a me ajudar no roça-roça empurrando a bunda pra trás. Me acabei e voltei pra cama. (www.casadoscontos.com.br/texto.pl?texto=200606513; acesso em 01/09/07)

sarrar: E desci todo molhado e com o pau superduro. Quando eu cheguei na casa da minha noiva, ela estava com um shorte curto e largo (sem calcinha) e sem falar nada peguei ela e dei-lhe um beijo e a levei para trás da casa dela para ninguém nos ver. E comecei a sarrar ela e ela correspondia com gemidos deliciosos. (www.dicasdesexo.com.br/padrao3.asp?codigo=628; acesso em 01/09/07)

sarro: A gata espalhou toda a porra pelo corpo todo enquanto me olhava nos olhos. Depois tomamos um banho juntos e rolou mais esfregação, mais sarro e ganhei outro boquete. (www.sexyhot.com.br/SHot/0,,IIP1625-4550,00.html; acesso em 01/09/07)

2.3. L'ORGASME

décharge: *Elle aimait me sucer après avoir eu ma bite dans son cul pour me montrer qu'elle était une vraie petite salope. Je l'ai donc bien baisée pendant un long moment avant d'envoyer ma décharge toute chaude sur son anus excité. (videos.pommebanane.com/videos-Salope-sodomisee.html; accès le 02/09/07)*

décharger: *Pour finir, elle le suce encore et elle le branle comme une furie pour qu'il lui décharge massivement son foutre dans la gueule. (www.grosses-queues.org; accès le 02/09/07)*

foutre: *Elle se laisse baiser à fond la cochonne... La baise se termine en beauté puisqu'elle avale tout le foutre qu'il gicle! (www.film-sexy.eu/grosse-salope.htm; accès le 02/09/07)*

jus d'homme: *Une réelle salope qui adore le sperme chaud va se prendre une grosse dose de foutre dans la tête. Une bonne grosse décharge de jus d'homme. (www.accrosexe.com/videos-ejaculation; accès le 02/09/07)*

vider ses couilles: *Une pétasse se fait limer en levrette, elle suce ensuite la queue du mec qui la reprend en levrette avant de vider ses couilles sur sa gueule. (www.sexetube.fr/tag/brune; accès le 19/09/07)*

2.3. O ORGASMO

esporrada: Ela, com os olhos regalados, estava fixa no meu pau, com ar de medo; segurei a cabeça dela com mais força pelos cabelos e soltei o primeiro jato de porra direcionado para o olho direito dela, na segunda esporrada foi para o olho esquerdo... Uma visão linda! (www.contosquentes.com.br/parceiros/parceria_c.php?indice=3921; acesso em 01/09/07)

esporrar: Cavalguei o caralho até deixar o cara maluco, enquanto eu batia punheta por cima. Bem na hora que eu ia gozar, saí de cima da pica do cara e esporrei em cima do caralho. (kbricks.zip.net/; acesso em 01/09/07)

esporro: Eu esporro, você engole. O que é meu, o que é seu. (www.rota66.com.br/skylab/cd4.htm; acesso em 01/09/07)

porra: Mal abocanhei o pau de César e ele soltou um jato de porra direto na minha garganta. (www.sexyhot.com.br/SHot/0,,IO0-4549,00.html; acesso em 01/09/07)

2.4. LE COÏT INTERROMPU

***déconner**: Mais un homme, ça ce fait pas déconner le cul, non-non. Même dans la bible, pourtant ouvrage épais s'il en est, ça ne se voit pas. Et c'est interdit même! (ericremes. free.fr/fenetre.php?editoID=12; accès le 20/08/2007)*

***déculer**: Et, n'en pouvant plus, je fis déculer le besogneur car j'avais très mal. (forum.fluctuat.net/sexefun/gay-lesbienne-homo/heteto-mais-fantasme-sujet_68_1.htm; accès le 10/09/2007)*

***retirer [se] à temps**: Il y a aussi le risque qu'un jour tu n'as pas le temps de te retirer à temps!!! (www.sortirensemble.com/baiser-preservatif; accès 20/08/2007)*

2.4. O COITO INTERROMPIDO

gozar fora: Dessa vez ele tirou antes o pau e gozou nos meus peitos, foi muito excitante, acho que ele tem tara de gozar fora e ver seu leite jorrando. (erotismoparamulheres.blogspot.com; acesso em 20/08/07)

tirar de dentro: Olá, Doutor... O coito interrompido, se eu realmente tirar de dentro antes de ejacular.... há pouco tempo tomo Diane 35, mas faço sexo sem camisinha. (www.corumba.com.br/sexologia.php; acesso em 20/08/07).

2.5. L'IMPUISSANCE ET LA FRIGIDITÉ

***bander mou**: Lorsque je suis avec mon amie (c'est une histoire assez récente) je me retrouve à bander mou, voire pas du tout! (forum.aufeminin.com/forum/sante33/__f268_sante33-Jh-en-detresse-pb-d-erection.html; 19/09/07)*

***couille-molle**: Pour bafouer votre couille molle de mari (...) il se relève, et détache les deux demi-coques brûlantes de son sexe d'acier. (www.0m1.com/Les_trois_voies_du_recit; accès le 21/08/2007)*

***débander**: J'ai essayé de débander un peu en pensant à des mamies, des cadavres à des trucs dégueulasses mais je n'y arrive pas. L'excitation prime sur le dégout. (www.comlive.net/Ma-verge-a-du-mal-y-debander,38559.htm; accès le 21/08/2007)*

***désarçonné**: Mais bon, il sait que la vie est dure, que le sexe d'une femme ne s'offre pas... Gentil comme tout, mais largement désarçonné, Paul-Henri fait son maximum.... (ecrits.free.fr/pages/erreur.htm; accès le 21/08/2007)*

***détumescence**: La détumescence n'est là que pour rappeler la limite du principe dit du plaisir. (www.gaogoa.free.fr/Seminaires; accès le 21/08/2007)*

***eunuque (à canne)**: (Vishnou, comme un eunuque qui avouerait son impuissance à une femme, dit la vérité et confessa son échec. (www. jp.pazzoni.chez-alice.fr/ ramayana.htm; accès le 22/08/2007)*

***fiasco**: Quelles sont les raisons du fiasco de la vie sexuelle de certains? (eric.freidhe.over-blog.com/article-11655959-6.html; accès le 10/09/2007)*

***froide**: La frigidité signe l'absence de désir et de sensualité (...) Je me suis toujours vue froide, pas aimable, raconte Sonia. (www.psychologies.com/cfml/dossier/c_dossier.cfm? id=1303; accès le 22/08/2007)*

***mollir**: On a remarqué qu'un nombre sensiblement égal de poinçonneurs de tickets appartenant à ce même métro sont victimes d'une autre sorte de castration. Celle-ci se produit de préférence le soir d'une pénible journée de labeur, lorsque les organes sexuels du poinçonneur ont tendance à mollir et à s'allonger vers le sol et qu'en même temps la pince cruelle pend de plus en plus bas au bout du bras recru de fatigue. (www.membres. lycos.fr/nicolem/imp2.htm; accès le 22/08/2007)*

2.5. A IMPOTÊNCIA E A FRIGIDEZ

amolecer: Você tem aquele novo comprimido para impotência?... O pinto amolece O saco desce. A mulher oferece. A gente agradece. Ai, se eu pudesse. (kromiz.v10. com.br/piada1.htm; acesso em 20/08/07)

broxa: Será a vida mais zen para um broxa, que opta por não se entusiasmar já sabiamente prevendo a fugacidade do valor das coisas? (quer-namorar-comigo.blogspot.com/2007/07/imponente-impotncia.html; acesso em 20/08/07)

broxada: A broxada deles não chega nem perto do desastre quase-nuclear que é um superdotado falhar. Na boa: pau grande impressiona na mesma proporção que DECEPCIONA quando fica murcho. É horrível, é constrangedor, dá uma deprê! E logo achamos que a culpa é nossa. (www.geocities.com/botekim/sex5.html; acesso em 20.08.07)

broxante: Mulher insegura é broxante, mulher baixo astral é broxante, mulher que fica o tempo todo pegando no pé é broxante, mulher que reclama da vida o tempo todo é broxante, mulher que vive no mundo cor-de-rosa e fala com aquela vozinha de menininha (aquela que nós odiamos, mas vocês pensam que nos deixam excitados), tudo isto é broxante. (www.revistaandros.com.br/conflito.html; acesso em 16/08/07)

broxar: Broxar é algo que pode acontecer com qualquer ser humano,... Pode parecer ridículo, mas broxar é humano. (www.zel.com.br/deliciascremosas/nopub/ 81597019.html; acesso em 20/08/07)

broxura: Tenhamos consideração uns pelos outros, incluindo o respeito pelos diferentes ritmos do prazer de cada um. E evitemos sempre qualquer atitude que possa levar ao estresse, porque daí à broxura é um pulinho. (www.menagea3.blogger.com.br/ 2005_03_01_archive.html; acesso em 16/08/07)

capão: O impotente é capão. (ilove.terra.com.br/edna/amigos/arrente.asp; acesso em 27/08/07)

chabu: Garanta a saúde do amigo lá de baixo. Deixe seu aparelho reprodutor à prova de chabu. (menshealth.abril.com.br/revista/junho07.shtml\; acesso em 27/08/07)

dar chabu: Deu chabu, fiquei sem ele, sem dança, sem gozo, só o Botafogo no coração. (www.escritorassuicidas.com.br/edicao7_2.htm; acesso em 27/08/07)

dobrar o cabo (da Boa Esperança):Sabe como é? Aquele povo que tá mais pra lá do que pra cá, já virou o cabo da Boa Esperança, mas não vai de jeito nenhum. (www.alefelix.com.br/arquivo/2005/04/lengalenga_papal.html; acesso em 27/08/07)

fria: Esse desinteresse sexual é mais um relato; ela conta que não tem vontade, que não se desempenha, que o marido reclama que ela é fria, é pouco interessada, existem outras, mas a mais comum é esta. (www.fundacaounimed.org.br/atualizacao/entrevista/index.php?anoPublicacao=2003&mesPublicacao=03; acesso em 27/08/07)

frouxo: Idiota! Você é um frouxo. Um broxa! (salome.tipos.com.br/arquivo/2006/03; acesso em 27/08/07)

geladeira: Tem muitas mulheres que se deitam imóveis na cama e ficam esperando que só o homem faça sua parte! Mulher tábua, mulher geladeira tem de monte. (www.revistaandros.com.br/sacocheio2.html; acesso em 27/08/07)

não dar no couro: Tenho frustrações sexuais e meu marido não dá no couro há anos. (blog.estadao.com.br/blog/revista/?title=a_tia_do_sexo&more=1&c=1&tb=1&pb=1; acesso em 27/08/07)

pau mole: Toda mulher gosta de trepar com homem de pau grande e bem duro, com virilidade, e não de fumante broxa com pau mole e fedorento a cigarro. (www.cigarro.med.br/forum/messages/1/75.html?TercaFeira10deAbrilde20070346pm; acesso em 27/08/07)

pifar: Eu não tenho nenhuma obrigação de ficar de pau duro e além do mais não há homem neste mundo que não tenha pifado uma vez ou outra, e, se não pifou, um dia vai. (www.ibrasexo.com.br/portugues/livro.pdf; acesso em 27/08/07)

pinto mole: Iolanda impacientou-se e chamou Reinaldo de broxa, meia-bomba e pinto mole. Reinaldo não gostou. Irritou-se e agarrou Iolanda pelo pescoço. (www.screamyell.com.br/pms_cnts/freusdtracao.html; acesso em 27/08/07)

3. *LES PARTENAIRES* / OS PARCEIROS

3.1. LA FEMME

baisable: *Alors, rien que pour vérifier que les apparences sont trompeuses, je dirais que OUI, elle est baisable. (www.aufeminin.com/__f1292_homobi_Qui_trouve_que_a_moresmo_est_baisable_.html; accès le 24/08/2007)*

boudin: *Vous êtes dégoûté car votre femme est un boudin qui ne partouze pas, normal c'est un boudin, n'ayant pas une tune, donc pas libre donc pas épanouie, donc limite frigide, ne soyez pas dégoûté, ne croyez pas qu'elle est comme cela car c'est son caractère, non. (www.lemague.net/dyn/spip.php?article730; accès le 24/08/2007)*

chatte: *Avec plus de 2000 photos et 17 filles, ce site est le portaille des belles chattes. (www.netpass.tv/trackpartner.php?wref=48&partner=59&site=627; accès le 24/08/2007)*

conne: *Tu me manques, petite conne. J'avais fini par m'attacher à toi. Mine de rien, je pensais à toi en permanence. (www.piments.net/2006/06/08/tu-me-manques-petite-conne; accès le 27/08/2007)*

connaude: *Petite connaude, tu crois pas qu'il va te dépuceler parce que je le branlerai sur ta moniche sans poil!:Non, mais prends bien garde. (www.eros-thanatos.com/Dialogues-des-masturbeuses.html; accès le 24/08/2007)*

consommable: *Jeune, elle avait estimé qu'après cinquante ans une femme n'est plus consommable. (www.luxiotte.net/liseurs/livres2007a/bartelt01.htm; accès le 24/08/2007)*

coureuse: *Je n'ai jamais été une coureuse d'hommes mais le nombre ridicule d'amants que j'ai eu m'a bien fait comprendre ce point. (www.remka.net/blog/2006/07/26/ou-il-est-question-des-complexes-des-nippons; accès le 10/09/2007)*

fatma: *Quand tu veux baiser, tu vas dans la chambre avec la fatma et tu la fais se déshabiller! (www.kkneo.com/blagues/Sexe-b30.html; accès le 27/08/2007)*

frangine: *Surpris par ma frangine (bisex): j'entends soudain un bruit... Je passe un bras sous Greg et le masturbe lentement, son sexe est bien dur et épais. (forum.doctissimo.fr/doctissimo/recits-erotiques/surpris-frangine-bisex-sujet_4810_1.htm; accès le 27/08/2007)*

fumelle: *Ma Sonja à moi (prononcer Sonia, merci) est une sacrée cavale et la glace, elle la fait fondre. En guise de petite fée, c'est une fumelle d'1m80 que j'aborde indifféremment par la face nord ou sud avec rétablissement à mi-parcours. (www.phare-a-mineux.com/tza.html; accès le 27/08/2007)*

gonzesse: *La gonzesse, rien qu'avec les yeux elle t'arrache la chemise.... Non, ce que je voulais dire, c'est que le sexe n'est pas une maladie. (michbuze.club.fr/lavache/coluche_si_j_ai_bien_tout_lu_freud.htm; accès le 27/08/2007)*

greluche: *Ma greluche est pas mal frileuse, ce qui l'amène à faire preuve d'une possessivité maladive à l'égard de tous les moyens de se réchauffer (blog.zwav.org/index.php/Ma-greluche-est-formidable; accès le 27/08/2007)*

grisette: *C'était une grisette de Paris, mais la grisette dans toute sa splendeur. (ancilla.unice.fr/~brunet/balzac/Fe/Fe367993.htm; accès le 27/08/2007)*

grognasse: *J'oublierai pas, la douce façon que t'as de m'appeller grognasse quand tu sais plus quoi dire. (lesborgnesonrois.canalblog.com/archives/2007/07/29/5755521.html; accès le 27/08/2007)*

lubrique: *Mater une lubrique qui se caresse? Alors viens vite découvrir mes 90 photos gratuites ou je me caresse la chatte sans complexe! (www.yatrou.com/jeune-femme.html; accès le 10/09/2007)*

morue: *L'intervalle de temps entre le moment où vous rencontrez une jolie femme et celui où vous découvrez que c'est une morue. (suspension.hautetfort.com/archive/2005/09/25/mots-valises-2.html; accès le 10/09/2007)*

mousmé: *La mousmé japonaise, littéralement, c'est la femme bien, convenable (correcteurs.blog.lemonde.fr/2005/03/02/2005_03_compltement_les; accès le 27/08/2007)*

nénette: *Règles de base des relations hommes/femmes. Question de nénette désarmée. J'ai rencontré quelqu'un dans un club de sport... (www.aufeminin.com/__e5272-Regles-de-base-des-relations-hommes-femmes.html; accès le 27/08/2007)*

poupée: *La femme devient poupée et c'est l'homme qui joue à la poupée. (www.crdp-toulouse.fr/docenligne/article.php3?id_article=358; accès le 28/08/2007)*

rombière: *Oh, vous, la vieille rombière, on vous a pas demandé votre avis. (www.radiofrance.fr/chaines/france-culture2/emissions/rollin/fiche.php?diffusion_id=51338; accès le 28/08/2007)*

roulure: *Ah, celle-là, quelle roulure c'était. (...) Il se mit alors à frotter son sexe contre l'entrejambe de la jeune femme... (rernould.club.fr/p1Sexefa.htlm; accès le 28/08/2007)*

servante maîtresse: *La mondialisation des industries du sexe... relations ambigües que nous entretenons avec cette servante maîtresse, irrésistible et perfide... (www.editions-imago.fr/IMAGO/accueil_faits_de_societe.php; accès le 28/08/2007)*

soeur: *Une bonne soeur baise une grosse bite de black dans le jardin! olalahhh (www.video-2-cul.com/video-out.php?id=13929; accès le 28/08/2007)*

typesse: *Typesse du mois, elle est là! Elle est belle, elle sent bon le sable chaud... (asmforum.fr/index.php?showtopic=10360&st=15; accès le 28/08/2007)*

3.1. A MULHER

abusada: Quando a mulher é criativa, abusada e surpreendente na cama, eles se assustam. Mas pode ser um susto bom. (revistacriativa.globo.com/Criativa/0,19125,ETT802926-2245,00.html; acesso em 26/08/2007)

apertada: Meus amigos, deixem de ser tapados e parem de pensar besteiras! Se a mulher estiver "apertada" e a penetração ocorrer com dificuldade, causando dor na parceira, é porque você, apesar de se julgar um *expert* em sexo, não está sendo capaz de lhe proporcionar prazer! (www.revistaandros.com.br/lendas.html; acesso em 26/08/07)

apetitosa: Seu livro não está indo a lugar nenhum e sua mulher o abandonou. Então, ele conhece uma jovem apetitosa chamada Cecilia, que só quer saber de fazer sexo. (www.zerozen.com.br/video/tedio.htm; acesso em 26/08/07)

apimentada: Ele leva e busca a esposa, todas as quartas-feiras, no mesmo horário, e tem sempre um sorriso complacente para com a personalidade apimentada da mulher. (www.anjosdeprata.com.br/aatemas/2001/015mentira/015anapeluso.htm; acesso em 26/08/07)

arisca: Em alguns casos, a mulher fica arisca, evita ter relação sexual com o parceiro, às vezes se irrita fácil e está sempre na defensiva. (blogger.centralunica.com.br/2005/07/banque-o-detetive-e-descubra-se-est.htm; acesso em 26/08/07)

assanhada: Roberta era do tipo assanhada. Não, assanhada é pouco, a mulher era safada, a devassidão em pessoa. (casadoscontos.com.br/texto.pl?texto=20070192; acesso em 26/08/07)

atleta sexual: O João Ubaldo me avisou que, a partir do momento em que me envolvesse com o texto, as pessoas iam começar a me tratar como se eu fosse uma atleta sexual. (veja.abril.com.br/vejarj/310304/capa.html; acesso em 26/08/07)

atrasada: A menina, Celeste, consegue estar mais atrasada que eu... Quase 2 anos sem transar, acreditam? (www.vendesepasteldekeijo.blogger.com.br/2003_06_01_archive.html; acesso em 11/09/07)

avião: E ele, decepcionado, percebe que foi enganado, que aquele "avião" dos primeiros tempos não passa de um calhambeque com motor falhando. (www.wmulher.com.br/template.asp?canal=sexo&id_mater=2780; acesso em 26/08/07)

baranga: Na nossa época, baranga era uma mulher gorda, pelancuda, desdentada e, ocasionalmente, também feia. Se é que isso não é redundância. (www.rebelo.org/rebolantes/archives/15; acesso em 26/08/07)

boa: Mulher boa é da Ásia: elas fazem tudo que os homens gostam... (www.linkk.com.br/search.php?page=7&search=sexo&tag=true&from=1157686440; acesso em 11/09/07)

boa de cama: Escrevi sobre mulher boa de cama, relatando tudo o que vivi de uma mulher, tudo o que aprendi a querer de uma mulher. (www.proibido emelhor.weblogger.terra.com.br/200405_proibido emelhor_arquivo.htm; acesso em 26.08.07)

boazuda: A mulata gostosa e sensual, a "boazuda" da cultura sexual brasileira, obsessivamente invocada por Gilberto Freyre e cantada por Jorge Amado, ainda seduz os jovens brasileiros, de classe média, baixa ou alta? (www.unicamp.br/unicamp/unicamp_hoje/ju/mar2001/pagina4a7-Ju159.html; acesso em 26/08/07)

cavala: Uma "cavala" de mulher, que sempre me deixava doido de tesão nas vezes em que nos encontrávamos. (www.casadoscontos.com.br/texto.pl?texto=20040429; acesso em 26/08/07)

cobertor-de-orelha: Se ele resolve a vida de muita pequena e média empresa por aí, por que não pode ajudar a descolar um cobertor-de-orelha para o Zizou? (www.ocio2007.com.br/Default.aspx?tabid=74&EntryID=103; acesso em 26/08/07)

colírio: Essa sim parece ser uma mulher de verdade, tomara que a cabecinha dela pense... Colírio mesmo, moça! Vamos ver se o enlatado americano é tão bom quanto ela! (blog.estadao.com.br/blog/palavra/?title=a_ mulher_mais_bonita_de_2007&more=1&c=1&tb=1&pb=1; acesso em 26/08/07)

comida: Eu sei que você aprendeu que uma mulher bem-amada é uma mulher bem-comida, mas nem sempre é assim. (www.revistaandros.com.br/arroz_feijao.html; acesso em 26/08/07)

comível: Uma delas era até comível, já a outra era uma gordinha feia pra caralho.... E tem mulher que adora homem filho da puta. O Pezão é foda. (www.pindavale.com.br/juliofantasma/nandoepezao.asp; acesso em 26/08/07)

de cama-e-mesa: Um homem até pode ficar com uma destas "Patroas", boa de cama-e-mesa, mas nunca vai amá-la. (www.revistaandros.com.br/depressiva1104.html; acesso em 26/08/07)

desfrutada: Qualquer mulher que tenha sido desfrutada por cinco homens é pessoa adequada a ser desfrutada. (www.ideiasbizarras.com.br/img/biz16.pdf; acesso em 26/08/07)

égua: Uma porque ela é uma égua. Como é ela? Sabe, aquela mulher tipo égua, tesudona mesmo, coxuda, peitão, bunda. (megasex.com.br/contos/artigotemplate.php?id=8202; acesso em 26/08/07)

estepe: Oras, mas é exatamente por isso que elas são as amantes! Sim, na imensa maioria, homens que curtem uma amante: desses que criam vínculos e se dividem entre a esposa certinha e o estepe, cheia de fogo na cama, dificilmente não são uns machistas!! (www.revistaandros.com.br/fogo.html; acesso em 26/08/07)

fêmea: Álvaro não acreditava na fêmea que estava comendo. (www.cido.com.br/contos.asp?id=1253; acesso em 01/09/07)

ferrada: O desejo da minha mina é ver a amiga dela virgem sendo ferrada por dois ou mais homens. (www.difusorafm.com.br/fuzue/ja-te-pediram-algo-estranho-na-hora-do-sexo; acesso em 11/09/07)

filé: Dizem as entendidas que Maria Rita é um filé, mas a mãe é que não deixava pedra sobre pedra e reduzia tudo ao pó. (www.jornaldacana.zip.net; acesso em 11/09/07)

fogosa: Hoje ela ficou viúva aos sessenta anos, arrumou um namorado de vinte anos e voltou a dançar nos forrós no mesmo clube de outrora, êta véia fogosa! (www.overmundo.com.br/banco/eta-muie-fogosa; acesso em 26/08/07)

gaiteira: Como a minha mulher não sabe o número do meu ramal, caso a gaiteira telefonasse eu poderia descartar a hipótese de que era a mando dela. (www.contrainformacao.blogger.com.br; acesso em 26/08/07)

gandaieira: Sexta levamos a Rose pra conhecer o que é ser gandaieira. Foi níver dela e a (es)tamos integrando nas gandaias. (www.gandaieiras.weblogger.terra.com.br/200501_gandaieiras_arquivo.htm acesso em 26/08/07)

garanhona: Dulce Maria é a grande garanhona da turma. A menina de cabelos vermelhos já namorou com Alfonso e depois de namorar um jogador de futebol surgem boatos de que ela está tendo un *affaire* com Christopher. (www.opovo.com.br/opovo/buchicho/631658.html; acesso em 26/08/07)

gata: As gatas que farão parte deste time serão selecionadas a dedo e ainda concorrerão a prêmios pra lá de interessantes. Aguardem! (www.gatasdomes.com.br; acesso em 26/08/07)

gatinha: "Gatinha" pode ser uma forma carinhosa de o homem se reportar a uma mulher que não tem muitos dotes estéticos. Já o termo "pantera" é aplicado às mulheres que têm todas as qualidades estéticas e um pouco mais. (www.portrasdasletras.com.br/pdtl2/sub.php?op=polemica/docs/machismonalingua; acesso em 26/08/07)

gostosa: Só um outro assunto é mais recorrente que o corpo da modelo mais gostosa: qual a modelo que tem mais celulite (sim, é chocante, mas até elas têm celulite). (www.katatudo.com.br/pesquisa/sensual/bunda_gostosa; acesso em 26/08/07)

gostosona: Meu medo era acabar estigmatizada como a 'gostosona' e ser apontada pelo público apenas como uma mocinha bonita. (www.correiodatarde.com.br/colunistas/nelio_jr_-13311; acesso em 26/08/07)

loba: Ela é uma bela loira de aproximandamente 35 anos e dona de um olhar que me enlouqueceu de tesão. Uma verdadeira loba. (www.andrezavirtual.hpg.ig.com.br/paginarelatos08.htm; acesso em 02/09/07)

manteúda: Puta teúda e manteúda, o homem ou os homens a quem se entregou não a deixaram na miséria ao fim. Ela é dona da quitinete onde mora, à beira-mar. (urarianoms.blog.uol.com.br/arch2007-03-04_2007-03-10.html; acesso em 26/08/07)

mulherão: Peça para um homem descrever um mulherão. Ele imediatamente vai falar no tamanho dos seios, na medida da cintura, no volume dos lábios, nas pernas... (www.brazzilport.com/viewtopic.php?t=544; acesso em 26/08/07)

mulher fatal: Nunca me considerei uma mulher fatal, porque nunca seduzi alguém e depois arruinei sua vida. (ofuxico.uol.com.br/Materias/Noticias/noticia_26651.htm; acesso em 26/08/07)

mulher vampiro: Mas o mundo das trevas cria personagens sedutores, a mulher vampiro é uma mulher fatal, literalmente. (www.bolsademulher.com/familia/materia/vampiromania/2153/1; acesso em 27/08/07)

oferecida: E a mulher oferecida homem não dá valor. (www.obidos.com.br/cronistas/roberto_faro/roberto2.htm; acesso em 26/08/07)

pantera: "Gatinha" pode ser uma forma carinhosa de o homem se reportar a uma mulher que não tem muitos dotes estéticos. Já o termo "pantera" é aplicado às mulheres que têm todas as qualidades estéticas e um pouco mais. (www.portrasdasletras.com.br/pdtl2/sub.php?op=polemica/docs/machismo nalingua; acesso em 26/08/07)

papa-anjo: Em resumo: a mulher é uma papa-anjo de marca. Notaram que ela já comeu também um outro aluno na sala de aula e no apê dela? Pô, e esse agora foi só no carro! (vaca.tipos.com.br/arquivo/2006/03/29/feita-a-justica; acesso em 11/09/07)

pedaço: O único problema desse pedaço de mulher são os cabelos em forma de serpente. (recantodasletras.uol.com.br/contosdefantasia/144158; acesso em 27/08/07)

pedaço-de-mau-caminho: A morena é um pedaço-de-mau-caminho. Como é que eu fui esquecer dela na minha lista das Top 10 do ano passado? Ela é tão bonita que só falta falar. (blog.estadao.com.br/...? title=um_pedaco_de_mau_caminho_ como_se_dizia&more=1&c=1&tb=1&pb=1; acesso em 26/08/07)

peixão: Uma mulher daquelas pode ser um pouco magrinha demais, mas é um peixão. (academia.org.br/abl/cgi/cgilua.exe/sysstart. htm?from_info_ index=11&infoid=2599&sid=417; acesso em 26/08/07)

perua: Bem, o filme conta a história de Laura, uma mulher produto dos tempos modernos:... Outra é a típica executiva viciada em trabalho, e a última, uma perua no melhor estilo boutique-academia-clínica estética. (www.digestivocultural.com/colunistas/coluna.asp?codigo= 425; acesso em 26/08/07)

potranca: Acontece que uma de suas filhas, uma potranca de 19 anos, é minha aluna. (recantodasletras.uol.com.br/visualizar.php?idt=55731; acesso em 26/08/07)

quente: Ela se torna uma mulher quente, voluptuosa, sedutora e quase perversa. (www1.uol.com.br/vyaestelar/fogosas_santinhas.htm; acesso em 26/08/07)

rabo-de-saia: É que vocês não podem ver um rabo-de-saia e já ficam doidos.... Sexo! Vocês só pensam nisso. Só pensam em conversar com uma mulher quando querem fazer sexo. (www.cronistas reunidos.com.br/cronistasleitores/2006/06/mulher-desesperada; acesso em 26/08/07)

rabuda: Era uma estudante peituda e rabuda, caindo na gargalhada e flertando com o cobrador, falava com a boca mole, parecia ter a língua maior do que a boca. (www.cronopios.com.br/site/prosa.asp?id=1798; acesso em 26/08/07)

raimunda: Prefiro uma Raimunda a uma patricinha de rosto bonito e couro e osso. Gosto de carne para segurar enquanto como uma vagabunda. (www.casadoscontos.com.br/texto.pl?texto=200501101; acesso em 27/08/07)

regateira: Sempre quis ser uma velhinha regateira, daquelas que usam *rouge*, batom e bebem *vodka* jogando *bridge* com as amigas. (www.lucianopires.com.br/idealbb/view.asp?forumID=40&topicID=5466; acesso em 27/08/07)

safada: Sempre gostei de mulher safada, daquelas que curtem uma boa sacanagem e não têm vergonha de sentir ou dar prazer. (www.2explicitos.blogger.com.br/2004_02_01_archive.html; acesso em 27/08/07)

solta: Se você é uma mulher solta, do tipo que gosta de sexo, mas não aceita certas coisas, digamos, mais pervertidas, nada de entrar em crise existencial. (www.revistaandros.com.br/desabafo.html; acesso em 27/08/07)

tanajura: Que bunda deliciosa... vou atolar toda minha piroca nesse rabo, sua tanajura gostosa! (www.swingclubne.com/wmnews/wmview.php?ArtID=290; acesso em 21/08/07)

tarada: As próprias mulheres não sabem bem o que é uma ninfomaníaca. "Ué, não é uma mulher tarada?", pergunta a professora (...). (www.bolsademulher.com/estilo/materia/fome_sexual/529/1; acesso em 27/08/07)

tesão: Sem a menor dúvida,minha mulher é um tesão. Sempre fomos muito felizes na cama e fora dela. (libertyhouse.com.br/website/index. php?option=com_content&task=view&id=53&Itemid=32&PHPSES; acesso em 27/08/07)

tesuda: Dali a pouco ela me olha toda manhosa de novo (quando ela fica manhosa é porque tá ficando tesuda). (www.sexyhot.com.br/SHot/0,,OCC356-4550,00. html; acesso em 27/08/07)

tigresa: E que tal soltar essa tigresa num clube noturno, dançando sem parar? (delas.ig.com.br/materias/332501-333000/332736/332736_1.html; acesso em 27/08/07)

violão: Mulher brasileira não quer parecer gordinha e desde cedo já se preocupa com quadris e culotes: já nascemos com eles no país da 'mulher violão', não? (www.oficinadeestilo.com.br/blog/category/notinhas/page/2; acesso em 27/08/07)

3.2. L'HOMME

***arnaqueur**: Il a le sexe légèrement coudé, tu le préfères coudé ou droit?... T'es un arnaqueur, t'arrives à faire croire que t'es plus beau et ça c'est passionnant.... (cinephoto.free.fr/sexiscomedy.html; accès le 30/08/2007)*

baiseur: *Cette fois-ci c'est l'inverse qui se produit et le baiseur devient baisé. Faut dire que le jeune frisé a de la ressource entre les jambes. (www.gay-video-x.com/film/video-gay-Baiseur-baise-144.htm; accès le 30/08/2007)*

bandeur: *Je suis un bandeur dur, fort, hardi, résistant... (forum.aufeminin.com/forum/texteseros/__f7467_texteseros-Masturbation.html; accès le30/08/2007)*

baraqué: *Beau mec baraqué pour rencontre torride. (forum.doctissimo.fr/doctissimo/rencontres-ville/Lyon/beau-rencontre-torride-sujet_16345_1.htm; accès le 30/08/2007)*

bien membré: *Beau brun de 24 ans bien membré pour femme 18-50 ans (...) (forum.doctissimo.fr/doctissimo/rencontres-ville/Lyon/beau-rencontre-torride-sujet_16345_1.htm; accès le 30/08/2007)*

bretteur: *Il est si désirable dans son rôle de bretteur à l'immaculé pantalon serré, soo sexy dans son t-shirt gris, peau dorée bras et mollets. (nosanctuary.canalblog.com/archives/2006/10/index.html; accès le 11/09/07)*

chaud de la pince: *Ce volume contient ainsi plusieurs discrètes (mais évidentes) allusions au sexe car le mandarin Tân est un chaud de la pince (...) (tvtn.free.fr/mauvais_genres/trannhut.htm; accès le 30/08/2007)*

chaud lapin: *Cet ami, chaud lapin au demeurant, s'est tapé une nana. (histoires-de-sexe.net/histoires/histoire-lire.php?VARhistoiresID=4106; accès le 30/08/2007)*

coureur: *A travers de multiples aventures amoureuses, il va chercher la femme idéale.... C'est l'histoire d'un mec coureur de jupons dans toute sa splendeur... (www.nord-cinema.com/fiches/film,723.html; accès le 30/08/2007)*

étalon: *Deux belles salopes se font déchirer par un étalon? (sexe.druuna.net/video-cul/videos-cul-3.htm; accès le 30/08/2007)*

gars (à poil): *Des filles qui foutent des gars à poil passe encore, mais de leur mettre une bougie dans l'anus,là je trouve qu'on est pas loin du viol!!!!!! (forum.doctissimo.fr/doctissimo/fantasmes/devant-tout-monde-sujet_153854_5.htm; accès le 30/08/2007)*

macho: *On voudrait presque retrouver le macho, celui qui se croyait supérieur et qui deployait des talents de bêtise et d'energie à nous le prouver.... (www.grioo.com/blogs/lecoindesfilles/index.php; accès le 30/08/2007)*

monté: *Joli couple cherche bel homme bien monté bi ou homo. (forum.doctissimo.fr/doctissimo/rencontres-ville/91/joli-couple-cherche-sujet_14163_1.htm; accès le 30/08/2007)*

phénomène: *Comme tous le monde je peux dire qu'il doit être un phénomène au lit, mais je suis sur que gégé est à la hauteur. (perso0.free.fr/cgi-bin/guestbook.pl?login=gegemiche; accès le 31/08/2007)*

queutard: *Toi t'es un queutard. Tu veux voir les blondes les rousses les brunes livides... (www.parodiesdechansons.com/chauffard.html; accès le 31/08/2007)*

3.2. O HOMEM

abusado: Homem abusado! (nem te conheço e vem pegando no braço, na cintura, encostando... eu hein!) (afugitiva.weblogger.terra.com.br; acesso em 28/08/07)

acavalado: O rei dos filmes de sacanagem já foi o ator John Holmes, que se transformou numa lenda por conta dos seus 35 cm de pênis. Hoje, quem reina nessa área é Rocco Siffredi, bem menos acavalado, mas mesmo assim muito bem-dotado: 27 cm de pênis. (www2.uol.com.br/JC/_2000/0201/bai0201.htm; acesso em 28/08/07)

aproveitador: Aos olhos de alguns, o rapaz pode ter agido como um canalha aproveitador, que te usou já sabendo que você tinha uma queda por ele. (delas.ig.com.br/materias/391501-392000/391682/391682_1.html; acesso em 28/08/07)

assanhado: Se está dançando, o velho é um assanhado. Se está namorando, gosta de uma safadeza. (www2.uol.com.br/JC/_1998/1204/cd1204c.htm; acesso em 28/08/07)

atleta sexual: Essa é uma idéia que vigora até hoje: a mulher que transa muito é uma prostituta, o homem que transa muito é um atleta sexual. (www.record.com.br/entrevista. asp?entrevista=76; acesso em 28/08/07)

barba-azul: Outros informavam que se tratava de um "barba-azul", levando diversas mulheres pra bacanais. (www.saopaulominhacidade.com.br/list.asp?ID=574; acesso em 28/08/07)

bdc (bom de cama): O homem quer ser o 'bdc' e não procura conhecer a mulher. O mesmo acontece com a mulher, atualmente. (www.acessa.com/xiis/namorados/2007/yogadoamor; acesso em 28/08/07)

bem-dotado: Meu nome é Marco, tenho 23 anos, 1,86, 85 kg, moreno não muito forte e sou um bem-dotado, mas bem mais dotado que o normal. (www.casadoscontos.com.br/texto.pl?texto=20031254; acesso em 28/08/07)

cacetudo: Enfia esse pau gostoso na minha bulacha.... mete, cacetudo gostoso!! Enquanto Saulo metia, ela gemia alto, falava palavrões, rebolava como uma puta. (www.sexyhot.com.br/SHot/0,,OCC360-4550,00.html; acesso em 28/08/07)

caralhudo: Vai, gostoso, fode essa vadia, que eu vou comer sua bunda, vou enfiar a língua e depois colocar três dedos lá dentro, como você gosta, meu caralhudo! (recantodasletras.uol.com.br/visualizar.php?idt=624783; acesso em 28/08/07)

casanova: Muitos homens são "casanovas" no sonho e na prática. O mito de Casanova significa um ideal discutível de masculinidade: a auto-afirmação por meio da conquista sexual. (www.leveiumpenabunda.com.br/m-historia-da-conquista-sexual.html; acesso em 28/08/07)

cavalo: Se você for um cavalo na cama e um mamute fora dela, tratando-a sem carinho e amor, nada vai dar certo. (joselitando.blogspot.com/2007_01_01_archive.html; acesso em 28/08/07)

chupão: O sujeito é um chupão nojento! E ele estarrecendo a todos... Quer dizer que ele está começando por onde todos nós vamos terminar, não é? (www.fatoseletras.com.br/causos.html; acesso em 28/08/07)

cobertor-de-orelha: Para ter um bom cobertor-de-orelha, o Virgulando selecionou alguns belos rapazes que seriam ótimos pra nos aquecer nesta estação do ano. (www.virgula.com.br/virgulando/galeria/index.php?id=11152; acesso e, 28/08/07)

colhudo: Lá, procura até hoje um peão colhudo para lhe pagar as contas e lhe satisfazer as vontades de mulher. (recantodasletras.uol.com.br/contosinsolitos/52974; acesso em 278/08/07)

colírio: Além de simpático, ele é um colírio. Como estou de férias na cidade, não podia perder esta oportunidade. (www.saovicente.sp.gov.br/noticias/visualizardestaque.asp?ID=3744&EOF=3744; acesso em 28/08/07)

comedor: Ele se diz resolvido, mas na verdade ele é um comedor de mulheres de salas de bate-papo. CUIDADO!!!!!! (www.naosaiacomele.com/Presentation/Home.aspx?numPagina=8; acesso em 28/08/07)

come-quieto: Ele dava em cima de todas as atrizes, era um come-quieto. (www.heco.com.br/nelson/depoimentos/04_04.php; acesso em 28/08/07)

degenerado: Chegaram até a affirmar que D'Annunzio nunca passou de um degenerado sexual, de um errado, orgulhoso da própria aberração! (almanaque.folha.uol.com.br/ilustrada2_03mar1938.htm; acesso em 28/08/07)

despudorado: Este despudorado deixa seus cães treparem em via pública e tudo bem.... (rv.cnt.br/viewtopic.php?t=7391&view=previous&sid=a306929154d946df423e4e771bd4db67; acesso em 11/09/07)

devasso: Aquele homem era um devasso; um Dom João de pacotilha, e ela, Lenita, não passava de uma das suas muitas amantes. (www.ig.com.br/PAGINAS/NOVOIGLER/livros/carne_julio_ribeiro/cap17.html; acesso em 28/08/07)

don juan: O primeiro grande passo pra você se tornar um Don Juan é saber um pouco sobre as mulheres. Aí você vai me perguntar: como? (xaveco.zip.net; acesso em 28/08/07)

femeeiro: Femeeiro, ele transava com qualquer raça e classe, alvinegra ou não. (www.arquibancada.blog.br/index.php?m=04&y=07; acesso em 28/08/07)

fodedor: Ela me disse que ia encontrar um homem que fosse dentro dos meus padrões um bom fodedor. Quando? (www.escritorassuicidas.com.br/edicao4_4.htm; acesso em 28/08/07)

fogoso: Rodolfo a possuía sim com a virilidade de um homem fogoso, mas a olhava nos olhos como se a acariciasse, seu olhar a abraçava. (www.interney.net/blogs/hedonismos/2007/05/21/abandono; acesso em 28/08/07)

gaiteiro: Velho gaiteiro e libertino! Ignóbil maluco, que acabava de transformar em fel todo o encanto e toda a poesia da minha existência! (www.bibvirt.futuro.usp.br/content/view/full/1126; acesso em 28/08/07)

galo: Tem um que falou uma vez que a esposa não queria fazer sexo com ele. Mas ele é um "galo", muito rapidinho, como ela vai gostar? (www.belezapura. org.br/publique/cgi/cgilua.exe/sys/start.htm? infoid= 632&sid=5; acesso em 28/08/07)

gandaieiro: Sempre fui gandaieiro. Mas chega uma hora que o homem tem de ter uma família. (www.terra.com.br/istoegente/79/reportagem/rep_o_ amor_proibido_de_simony.htm; acesso em 28/08/07)

garanhão: Como todo garanhão é cafajeste e todo cafajeste é um garanhão, eis a legislação vigente e atual que poderia ser considerada a Bíblia do Cafajestismo. (www.geocities.com/temisthonjr/garanhaoprincipal.htm; acesso em 28/08/07)

gatão: No cinema, o gatão de meia-idade vai ser vivido por Alexandre Borges. No mundo das celebridades, quem se encaixa nesse perfil? (globovox.globo.com/posts/list/5402.page; acesso em 28/08/07)

gato: Se você quer a paquera, vá em frente. Ninguém encontra um gato de verdade todo dia. (vejaonline.abril.com.br/notitia/servlet/newstorm.ns.presentation.NavigationServlet?publicationCode=1&; acesso em 28/08/07)

gostosão: Gostosão eliminado do BBB6 não quer posar nu. (ofuxico.uol.com.br/Materias/Noticias/noticia_12808.htm; acesso em 28/08/07)

homão: Dona Tequinha será a mulher que está nua na cama pegando o telefone de um homão parado na frente dela? (www.vigna.com.br/livseis.htm; acesso em 28/08/07)

machão: Ter opção é tudo. Três mulheres cometem uma pequena indiscrição e contam suas experiências na cama com tipos bem diferentes de homem: o machão, o metrossexual, o intelectual, o feminino, o gringo, o rústico, o jovem e o maduro. (revistacriativa.globo.com/Criativa/0,19125,ETT868972-2245,00.html; acesso em 29/08/07)

marombeiro: Não sou marombeiro de academia, não tenho vícios, sou casado, e ela não sabe e não participa, o que me obriga a ser discreto e praticar o sexo seguro. (www.amantesecia.com.br/relacionamentos/mainrel.htm; acesso em 29/08/07)

michê: Fiquei pensando em fazer coisa semelhante, ou seja, narrar o que aconteceu em cada uma das vezes em que saí com um michê. (www. levandolero.blogs. sapo.pt/tag/gay; acesso em 09/09/07)

mulherengo: Ainda mais agora que vive o irresistível Alberto, um executivo mulherengo, que se apaixona pela empregada doméstica Mônica (Camila Pitanga) em *Belíssima*, escrita por Sílvio de Abreu. (revistauma.uol.com.br/Edicoes/67/artigo15977-1.asp; acesso em 29/08/07)

pé-de-mesa: Pé-de-mesa é aquele cara que tem o bilau muito grande. (www.casadoscontos.com.br/texto.pl?texto=200503205; acesso em 29/08/07)

pica-doce: Resumo da novela: podem variar as "genéricas" donzelas desencamin-hadas, podem variar os "teores" romanescos da TV Globo, porém o princípio ativo de JK é sempre o mesmo: pica-doce. (www.usinadeletras.com.br/exibelotexto.phtml?cod=20275&cat=Humor; acesso em 29/08/07)

picudo: Picudo só pensa em cuzinho apertado e xereca de podo tipo e cor. (jiohf6myfy02.uolk.uol.com.br; acesso em 11/09/07)

quente: Ele é "quente". Ele é solteiro. E suas calças de couro apertadas se tornaram tão legendárias quanto seus milhões de álbuns vendidos. (fotolog.terra.com.br/rickymiamor:120; acesso em 29/08/07)

roludo: O amigo é daquele tipo másculo: alto, forte e peludo (muito peludo) e muito roludo. (mixbrasil.uol.com.br/mp/upload/noticia/9_80_46664.shtml; acesso em 29/08/07)

safado: Assim como o meu casamento é maravilhoso, você também poderá encontrar alguém que esteja a fim de ser feliz. Você é nova, não sofra na mâo de homem safado. (www.bolsademulher.com/feed/forum/4881.xml; acesso em 29/08/07)

sem-vergonha: Um homem que fica saindo com uma divorciada com filhos só pode ser um sem-vergonha, um aproveitador! (www.alodag.com.br/Divorcio.htm; acesso em 29/08/07)

taludo: O menino era taludo, mas meio bocó. (www.releituras.com/itarare_olobisomem.asp; acesso em 29/08/07)

tarado: Fomos recebidos por Jorge, que não conseguiu disfarçar o tesão por Daniela, olhando-a com uma cara de tarado. (www.casadoscontos.com.br/texto.pl?texto=20030618; acesso em 29/08/07)

tesão: Parecia bastante conversador e eu o achei um tesão de homem. Usava um cavanhaque e disse ter 28 anos. (www.cido.com.br/contos.asp?id=1784; acesso em 29/08/07)

tesudo: O Rafa era um homem bem tesudo que contratava os meus serviços. Bem, realmente ele é muito tesudo. Isso não é ficção. (nosnacama.zip.net; acesso em 29/08/07)

tigrão: Alemão é mais que um gato, ele é um tigrão! (globovox.globo.com/user/profile/4748.page; acesso em 29/08/07)

trepador: O homem, para ser homem, tem que ser um bom trepador (www.soparahomem.com.br/soparahomem/index2.php?texto=parteIII; acesso em 29/08/07)

três-pernas: Levantamos e acompanhamos o dito cujo de três pernas. (www.casadoscontos.com.br/texto.pl?texto=200512413; acesso em 29/08/07)

tripé: Era chamado de pata de elefante, tripé, jumento, e as prostitutas, quando procuradas, queriam pagamento em dobro. (www.paralerepensar.com.br/luizcfrivera_obemdotado.htm; acesso em 29/08/07)

vadio: Tem muito homem vadio, safado, podemos dizer ordinário e que não faz nada o dia inteiro, a vida inteira, a não ser perturbar a vida alheia. (speretta.blog.uol.com.br; acesso em 29/08/07)

4. LES ORGANES GÉNITAUX / OS ÓRGÃOS GENITAIS

4.1. LA VULVE

abricot: *L'excitation était tel que je lui léchais à mon tour son abricot tout doux et tout lisse (...) (feeline31.over-blog.com/categorie-873666.html; accès le 05/09/07)*

antre: *Les genoux je me laisse glissé au sol, elle était accroupie au-dessus de ma tête, qui ne cessait de fouiller de la langue son antre humide et chaud. (www.erotica51.com/amis/erotisme-cuisine.htm; accès le 05/09/07)*

babines: *Elle avait un clitoris très long, comme un pénis, qui pendait de façon obscène entre ses babines. Etourdie de désir, je m'agenouillai devant la belle (...). (revebebe.free.fr/hishtml/rvb080/reve08021.html; accès le 05/09/07)*

bouton: *Il la voit se caresser, de plus en plus vite, tournant son doigt sur son bouton humide de plaisir. (www.erotica51.com/erotisme/histoire-ciel.htm; accès le 05/09/07)*

brasier: *De tous ses efforts pour se retenir, il était trop excité pour faire durer le plaisir et il se sentit exploser presque aussitôt dans le brasier humide (...). (www.blogsexe.org/blog/htmls/1500/1987.html; accès le 05/09/07)*

caverne: *Yoko est nue sur le dos, la bouche entrouverte, et le front humide de transpiration.... tandis que mon doigt s'introduit dans sa caverne serrée. (revebebe.free.fr/hishtml/rvb017/reve01779.html; accès le 05/09/07)*

choune: *Elle adore sentir une bonne grosse bite dans sa chatte! (www.top-video-sexe.com/de-552.html; accès le 07/09/07)*

chat: *Notre homme était ainsi chargé pour obtenir son nu et pour obtenir à intérieur profond son chat humide doux. Elle a pris tout son grand robinet noir (...). (lesexe-site.net/black.php; accès le 07/09/07)*

chatte: *Sa chatte se rempli de jus et gonfle!!! La petite pute à l'air d'aimer ca, elle commence à lécher la chatte humide avec ardeur (...). (www.sexeautop.com/cat31-11.htm; accès le 07/09/07)*

con: *Par intermittence je donne un coup de langue dans ce sexe qui me nargue. Son con a un fort goût, un mélange de sueur, de mouille (...) (revebebe.free.fr/hishtml/rvb097/reve09790.html; accès le 06/09/07)*

conque: *J'imaginais ces lèvres gorgées de plaisir, ouvertes sur l'entrée de sa conque humide, prête à recevoir la poussée de mon sexe tendu vers elle. (forum.doctissimo.fr/doctissimo/recits-erotiques/onanisme-onirique-sujet_444_ 1.htm; accès le 06/09/07)*

coquillage: *Son coquillage vient se frotter à mon sexe qui s'est finalement affranchi de l'élastique, mais qui reste prisonnier du mini slip. (www.blogdefolie.com/30-categorie-631548.html; acesso 06/09/07)*

cramouille: *Je me plaçais alors au-dessus d'elle et je posais mon sexe sur sa cramouille la pénétrant le plus lentement possible. (jeunes-minets.com/jeuns-gars-manequins.html; accès le 10/09/07)*

craquette: *Hannah est dans un état second et se paluche la craquette à coups de doigts. Il lui nettoie la chatte et le cul à coup de jet d'eau avant de la baiser. (...) (www.pornofever.net/index.php/p40; accès le 8 de setembro de 2007)*

entrée: *Puis je m'enfonce puissamment dans son sexe, l'entrée humide est étroite et le frottement voluptueux. Elle se met à jouir ondulant de tout son corps (...) (forum.doctissimo.fr/doctissimo/recits-erotiques/joue-bouton-sujet_315_1.htm; accès le 09/09/07)*

entre-jambe: *Qu'est-ce qu'elle mouillait, tout son entre-jambe était inondé de désir. Son sexe sentait fort, toute la journée il avait dû attendre de se faire lécher. (www.histoires-de-sexe.net/histoires-sexy/x-histoires-confessions-sexe-erotiques-hds-1020.htm; accès le 09/09/07)*

entre-cuisse: *Elle aime la pénétration d'un membre dur dans son entre-cuisse chaud et humide. (www.video-sexex.com/sexe/Blonde-10-18.htm; accès le 09/09/07)*

fente: *Il approcha sa bouche de sa chatte palpitante, dégoulinante de cyprine. En souriant, il fit glisser son doigt, sur sa fente humide, la faisant frémir. (www.erotica51.com/erotisme/histoire-illusionniste.htm; accès le 09/09/07)*

fleur: *Elle réserve sa fleur à son petit ami! Mais les lurons ne l'entendent pas de cette oreille, et se vident les couilles sur sa gueule de pétasse. (www.sexatom.com/rousse.html; accès le 09/09/07)*

fourche: *De mon côté, je lui mis ma main entre les cuisses, qu'elle écarta fort obligeamment pour faciliter l'accès libre et total à sa fourche humide. (www.infosjeunes.com/Relation-d-affaire_a10009.html; accès le 09/09/07)*

fournaise: *Il ne tarda pas à se rendre compte qu'il éprouvait un certain plaisir à sentir son membre naviguer dans cette fournaise humide (...). (revebebe.free.fr/hishtml/rvb042/reve04271.html; accès le 09/09/07)*

garage: *Ejac, Double pénétrations, 2 godes dans la chatte, pipe, on peut dire qu'elle a vraiment tout pris dans son garage à bites. (vidsatomix.archives-videos.net/Gode/page-8.php; accès le 12/09/07)*

grotte: *La dernière enfin, introduit un de ses doigts dans la grotte humide et imprime un mouvement de va et viens. (forum.doctissimo.fr/doctissimo/rencontres-ville/NiceCannes Menton/fellation-poetique-sujet_21936_2.htm; accès le 09/09/07)*

minette: *Elle s'exécuta et là Chris fit entrer toute la longueur de son gros membre dans ma minette ouverte. (www.amourlibertin.com/histoires/ histoires-erotiques-182.html; accès le 10/09/07)*

minou: *Elle se fait caresser sa petite chatte qui trempe à la vitesse de l'éclair. On lui fourre un, deux puis trois doigts dans son minou humide (...). (www.beurette-vicieuse.com/videos/triolisme-arabe.html; accès le 09/09/07)*

moule: *La mignonne, ses genoux sur une petite serviette blanche, se laisse dilater sa petite moule humide par la grosse verge du patron. (www.lapine.fr/sodomie-62.htm; accès le 09/09/07)*

motte: *Quand la queue de l'homme buta contre sa motte humide, Esméralda faillit défaillir. La queue de l'homme lui parut monstrueuse. Jamais elle ne rentrerait! (www.erotica51.com/erotisme/histoire-quasimodo.htm; accès le 09/09/07)*

petit ventre: *En plein ramonage, le mec sent son sperme monter au bout de sa queue et juge bon de le balancer sur le petit ventre sexy de sa femme. (www.gigasexe.net/tag/couple; accès le 09/09/07)*

puits d'amour: *Je sens des doigts se diriger vers mon puits d'amour, qui est déjà bien humide. (histoires-de-sexe.net/histoires/histoire-lire.php?VARhistoiresID=2517; accès le 09/09/07)*

zezette: *Un après-midi, je me suis mis, nu, sur elle, nue, et j'ai commencé à frotter mon zizi contre sa zezette. Nous sommes partis quelques jours en vacances (...) (journal.gayattitude.com/-diabolito-/20040611201015; accès le 10/09/07)*

4.1. A VULVA

aranha: E tirei a calcinha quando vi que ela estava entregue; abri suas pernas e passei a mão na aranha dela, ela gemeu baixinho (...). (www.megasex.com.br/contos/artigotemplate.php?id=8593; acesso em 02/09/07)

bichana: A bichana (*pussy*) dela é realística ao toque, pois é Cyberskin de marca. A experiência final na estimulação sexual. (www.broinha.com.br/CRONICAS/livro_15/e-mail_sumidouro_delegado_calcado.htm; acesso em 30/08/07)

boceta: Eu e Adriana ficamos num meia nove enquanto César metia na minha boceta. (www.cido.com.br/contos.asp?id=15; acesso em 12/09/07)

buça: Depois abri bem as pernas dela e esfreguei meu pau algumas vezes nos grandes lábios da buça dela, que gemia de prazer. (www.casadoscontos.com.br/texto.pl?texto=200702408; acesso em 02/09/07)

buçanha: Coloquei suas pernas em meu ombro e deliciei-me com aquela buçanha vermelha e.... puts a mina não tá a fim, mas se deixa comer. (www.planettatami.com.br/forum/viewtopic.php?p=239038&highlight=&sid=a39fa2e6054517eb640aedfb006427a2; acesso em 02/09/07)

buraco: Ela segurou o meu cacete e o esfregou na entrada da buceta. Depois foi descendo e mexendo o quadril até a minha vara entrar inteira em seu buraco. (www.sexyhot.com.br/SHot/0,,OCC1539-4551,00.html; acesso em 03/09/07)

carne-mijada: Nunca sentiu as delicas de comer uma carne mijada, ou seja, nunca comeu uma buceta? (www.fotolog.com/serfeiobom/28407961; acesso em 03/09/07)

chavasca: A mulher gosta que qualquer um chupe sua chavasca, mas não gosta de chupar a rola de qualquer um. (www.sitedoescritor.com.br/sitedoescritor_erotico_00011_contradicoes_sexo.html; 12/09/07)

cona: Já lhe meti dois dedos dentro da cona, mas não é suficiente para uma cadela tão tesuda como esta minha puta. (www.casadoscontos.com.br/texto.pl?texto=20031152; acesso em 03/09/07)

fenda: Fui abrindo aquela fenda como quem abre um tesouro, para vir, entrar e sair, e nossos movimentos eram ritmados, como se sempre fizéssemos sexo juntos. (www.casadoscontos.com.br/texto.pl?texto=2006016; acesso em 03/09/07)

gruta: Mas a argentina não estava a fim de me perder para a reserva e logo deu um jeito de encaixar a sua gruta no meu sexo. (www.purodesejo.com.br/relatos/relato.phtml?id=173; acesso em 03/09/07)

perseguida: E pra finalizar: pensei na perseguida, vulva ou vagina, como queiram,... estou autorizado a falar deste tipo de coisas. (www.magicoamador.com.br/forum/viewtopic.php?t=11018; acesso em 03/09/07)

perereca: Ele me chamou várias vezes de bucetuda, de gostosa e sussurrava o tempo todo o quanto eu era suculenta, que queria ver os pêlos da minha perereca lambuzada (...). (www.andrezavirtual.hpg.ig.com.br/paginarelatos08.htm; acesso em 03/09/07)

periquita: E quando o sexo não foi tão bom? Bem... aí ele diz que deu umazinha... O que ele quer dizer é que você tem uma periquita enorme, isto sim! (www.revistaandros.com.br/dicionario.html; acesso em 03/09/07)

prexeca: A loira entrou na faculdade e já foi chupando todas as picas que viu na frente e dando a prexeca pra todos os machos que queriam comer. Além disso, ela não sabia nem escrever o nome dela, pois era burra e só sabia fazer sexo. (www.hynx.com.br; acesso em 02/09/07)

racha: Disse suavemente, enfiando dois dos dedos na sua racha e esfregando, de leve, o clitóris excitado. (3-hamantes.blogspot.com; acesso em 02/09/07)

tabaca: Os caras que chuparam a minha tabaca e tentaram beber a minha porra não gostaram. (www.marrakesh.com.br/comport/forum/index.php?a=view_thread&tid=119; acesso em 12/09/07)

xana: Maria puxou minha camiseta e começou a lamber minha xana. Abri bem as pernas e deixei a língua dela me penetrar. (www.sexyhot.com.br/SHot/0,,OCC1517-4553,00.html; acesso em 02/09/07)

xereca: O pau escorreu macio naquela xereca encharcada de Letícia, que sussurrava: Fode minha boceta seu putão, me fode gostoso. (comedordecuzinhorj.vipflog.com.br/?802860; acesso em 03/09/07)

xexeca: Pergunta: como posso limpar minha xexeca de modo que não tenha odores insuportáveis a ponto de meu namorado desmaiar. (www.unipovacca.com.br/todasperguntas.php; acesso em 03/09/07)

xibiu: Veio por cima de mim, abriu as pernas e montou no meu rosto, esfregando alucinadamente seu xibiu na minha barba. (megasex.com.br/contos/artigotemplate.php?id=9819; acesso em 03/09/07)

xoxota: Carlinha puxou carinhosamente a minha cabeça em direção à sua xoxota. (www.sexyhot.com.br/SHot/0,,OCC18-4553,00.html; acesso em 02/09/07)

xota: Colocou suas mãos em meu membro, que já estava duro feito uma pedra, ao mesmo tempo eu já estava com minhas mãos em sua xota, que estava toda molhada. (fmodia.terra.com.br/sexo/contoseroticos/campeao.html; acesso em 02/09/07)

4.2. LE PÉNIS

***aiguille**: Quand elle a vu mon aiguille qui marquait midi, elle a dit qu'elle en ferait bien son quatre heures. (www.echolalie.org/wiki/index.php?ListeDeBite; accès le 13/08/07)*

***allumelle**: Jamais mon allumelle n'enfila de con si puant que le sien. (www.languefrancaise.net/glossaire/detail.php?id=27268&PHPSESSID= 5adc25408fccc6b867ad38642; accès le 13/08/07)*

***anchois**: Aussitôt mon drille tira un anchois des plus mâles et des mieux faits, puis, levant ma jupe, il m'enconna sans me donner seulement le temps de crier gare!. (www.languefrancaise.net/glossaire/detail.php?id=26594&PHPSESSID=bcb579994656e393df02b8d882a7dc4d; accès le 13/08/07)*

***andouille**: Tout savoir sur le sexe et la sexualité.... oh oui montre moi ton andouille!! (forum.doctissimo.fr/doctissimo/ados-sexo/avec-bonheuuuuuuur-vive-sujet_173368_26.htm; accès le 12/09/07)*

andouille(tte) à col roulé: *Je suis là pour te pomper, t'imposer mes vices sans répit et sans repos. pour te sucer ton andouille à col roulé. (www.lamethodecochon.com/comments/feed; accès le 3/08/07)*

anguille de calecif: *Je suis là pour te pomper, t'imposer mes vices sans répit et sans repos, pour te sucer ton anguille de calcif. (www.lamethodecochon.com/comments/feed; accès le 13/08/07)*

arbalète: *Bandez votre arbalète, mon doux ami, et visez-moi dans le noir. (fr.wikisource.org/wiki/Dictionnaire_%C3%A9rotique_moderne_-_A; accès le 13/08/07)*

ardillon: *Au lieu de sentir lever son ardillon, il se sentait plus froid qu'à l'ordinaire. (fr.wikisource.org/wiki/Dictionnaire_%C3%A9rotique_moderne_-_A; accès le 13/08/07)*

arme: *Le pénis est souvent représenté comme dangereux dans l'imaginaire collectif. On le compare ainsi à une arme, objet agressif s'il en est! Il pénètre, déchire (l'hymen), blesse (une fille peut saigner la première fois), viole, etc. (www.esante.be/be/magazine_sante/sante_psychologie_sexologie/penis_mignon-4081-986-art.htm; accès le 13/08/07)*

asperge: *La jouissance à attend le summum, le mec en peu plus, il dégaine son armes et l'asperge partout sur la figure, la poitrine et dans la bouche. (www.sexeautop.com/cat15-10.htm; accès le 13/08/07)*

asticot: *Tu écorches mon asticot, salope! (fr.wikisource.org/wiki/Dictionnaire_%C3%A9rotique_moderne_-_A; accès le 13/08/07)*

babiole: *Est-ce que toutes les babioles pour simuler une fellation, penetration... marchaient??? quelqu'un a eu l'occasion d'essayer??? (forum.doctissimo.fr/doctissimo/ados-sexo/toutes-les-babioles-sujet_160758_1.htm; accès le 13/08/07)*

baguette: *C'est à ce moment qu'un solide étalon l'interrompt et saisis sa baguette afin de lui démontrer à quel point il manie parfaitement la verge. (www.plaisirsexuel.com/videos-gays/gay-24.html; accès le 13/08/07)*

banane: *La belle gosse rentrait sa banane dans sa bouche. J´ai alors imaginé que j´introduisais mon pénis dans sa bouche en le menaçant d´un couteau sous la gorge. (forum.doctissimo.fr/doctissimo/recits-erotiques/betise-cantine-sujet_4070_1.htm; accès le 12/09/07)*

bandage: *J'savais même pas ce qu'était un bandage mou avant ce soir. (www.comlive.net/Tous-Les-Gros-Penis-Bandent-Mou,138729,0.htm; accès le 13/08/07)*

bâton: *Tout de suite il fourre son bâton dur dans le fion de Martin et le nique sans capote. (www.eurogaystore.eu/catalog/product_info.php?ref=1&products_id=90&language=fr&osCsid=ecd260aa; accès le 13/08/07)*

bâton de chair: *Tout en tirant elle-même son plaisir de son bâton de chair. (www.divin-marquis.com/lectures/lecture1.html; accès le 13/08/07)*

béquille: *Un mec m'explique comment il va enfoncer sa béquille dans la chatte de ma mère (...) (www.tourgueniev.com/archives/2002_09_01_index.htm; accès le 13/08/07)*

berlingot: *Tu deviendras le meilleur amant du monde, même avec un petit berlingot entre les jambes. (forum.doctissimo.fr/doctissimo/erection/honte-petit-sexe-sujet_151869_2.htm; accès le 12/09/07)*

bibite: *Ta pine n'est plus qu'une humble bibite, indigne d'entrer dans mon entonnoir. (fr.wikisource.org/wiki/Dictionnaire_%C3%A9rotique_moderne_-_B; accès le 13/08/07)*

bijou: *Saissant sa colonne de chair dressée, s'en est servi pour caresser son bijou humide. (20six.fr/fleur1/rss; accès le 12/09/08)*

biroute: *Son ex a une biroute de 24 cm. Les blacks, c'est pas une légende. Et moi j'arrive ensuite, avec mes 13 cm. (forum.doctissimo.fr/doctissimo/taille-sexe/pour-rassurer-plus-sujet_207_2.htm; accès le 12/09/07)*

bite: *Pour les hommes, la bite est le centre du monde. Pour les femmes, c'est surtout un objet de plaisanterie. (sexe.fluctuat.net/blog/tag-bite.html; accès le 13/08/07)*

boudin: *Allez viens, viens, viens voir mon boudin qu'tu prends qu'tu suces et qu'tu te mets dans l'nus. (www.adoskuat.com/forum/index.php?showtopic=19407; accès le 12/09/07)*

bout: *Je pouvais seulement passer ma langue sur son bout rouge. Je lui caressais les couilles. (www.billet-avion-direct.com/annuaire/x-charme-sexe-p42-13.html; accès le 12/09/07)*

boyau: *tu veux que je te mette ma pine directement dans le boyau ou alors en premier dans la chatte? (www.comlive.net/Toujours-puceau-y-26-ans,71373.htm; accès le 16/08/07)*

brandon: *Levant mes jupes, il me fit voir un superbe brandon... qu'il fit agir avec toute l'impétuosité qu'un long jeûne de mer pouvait lui fournir. (fr.wikipedia.org/wiki/Manche_%C3%A0_air; accès le 16/08/07)*

braquemard: *(...)Pour masturber un tel braquemard il faut lever ses manches, cracher dans ses mains et utiliser les deux. (forum.doctissimo.fr/doctissimo/erection/taille-moyen-penis-sujet_148226_2.htm; accès le 16/08/07)*

canne: *Une spécialiste disait que les crèmes ne faisaient pas grandir la canne et que c'était n'importe quoi, aussi, l'espèce de machine à "pomper" (mdr) la canne pour la faire grandir! (forum.doctissimo.fr/doctissimo/ados-sexo/veux-penis-grand-sujet_148414_1.htm; accès le 16/08/07)*

carotte: *je crois que ton mec veut dynamiser sa carotte et comme tout mâle qui se respecte il veut bien trouver le moyen par le viagra! (forum.doctissimo.fr/doctissimo/erection/viagra-cachette-sujet_150741_1.htm; accès le 12/09/07)*

chair: *Sa chair semblait en proie à une surexcitation qui le transportait comme l'amour. (rernould.club.fr/e1SexObj.html; accès le 12/09/07)*

champignon: *Ha ce champignon, il en a de la chance, encore une jolie nenette qui ne demande qu'à gouter son gros gland!!! (rudy.maxannuaire.com/sites_papy-salaud_ 10308.html; accès le 12/09/07)*

chandelle: *Je suis sincèrement heureux que tu ailles toi aussi de mieux en mieux, ta chandelle surtout, avec ou sans piqûres miracles. (forum.doctissimo.fr/doctissimo/erection/avez-piquer-penis-sujet_151361_1.htm;acesso em 16/08/07)*

chauve: *C'est depuis ce jour que cette belle fleur transsexuelle joui lorsque que quelqu'un lui turbinne sa rondelle d'amour. Même si le chauve sué à toutes gouttes lors de la pénétration. (www.accrosexe.com/videos-transsexuelle; accès le 16/08/07)*

chibre: *Mais là, mon sexe rempli par le chibre de mon homme, plus les caresses de Serge, qui s'accroupit pour me lécher, me suffisent pour atteindre le septième ciel, une nouvelle fois. (www.infos-du-net.com/forum/418-35-lubrifian; accès le 16/08/07)*

cornichon: *En principe le monsieur n'a pas de poil sur le cornichon; à la base des oignons oui (ce doit être les racines). (www.infos-du-net.com/forum/301-35-pour-filles-preferez-sexe-homme-rasee-poilu; accès le 18/08/07)*

cyclope: *Parfois quand je regarde mon pénis de près j'ai l'impression que c'est un cyclope qui me regarde et c'est moche. (www.infos-du-net.com/forum/page-123_35_40.html; accès le 18/08/07)*

dard: *Cette jeune beurette de 20 ans suce la bite du mec, ensuite elle se retourne en position du 69 pour qu'il puisse lui lécher la chatte pendant qu'elle continue de pomper son dard! (www.sexeautop.com/cat5-10.htm; accès le 12/09/07)*

doigt du milieu: *Il cherche le temps et le lieu pour mettre le doigt du milieu dans la bague de ta nature. (fr.wikisource.org/wiki/Dictionnaire_%C3%A9rotique_moderne_-_C; accès le 18/08/07)*

engin: *Dans les films pornos vous remarquez que les acteurs ont des engins inclinés vers le haut. (www.frenchtouchseduction.com/board/probleme-au-niveau-du-penis-vt12790.html; accès le 18/08/07)*

flûte: *S'enfiler une flûte dans la bouche est pour elle un vrai plaisir, de même que se faire ensuite pénétrer sans la moindre délicatesse. Les seins et la chatte à l'air, elle crie comme une folle et se retrouve par terre, toujours aussi contente de se faire ramoner. (xml.creasexe.com/generate.php?idw=1000; accès le 12/09/07)*

gaule: *Dans les vestiaires, tu dois pas faire le fier mais avec une bonne gaule. (forum.doctissimo.fr/doctissimo/Masturbation/sondage-taille-penis-sujet_4718_3.htm; accès le 12/09/07)*

godemiché: *Il prolonge votre verge, votre godemiché ou vibromasseur pour amplifier le plaisir. (www.twenga.fr/dir-Zone-Adulte,Gadget-Adulte,Prolongateur-de-penis; accès le 12/09/07)*

goupillon: *La totalité du goupillon disparaît, englouti entre les lèvres vaginales. (www.latelierweb.com/idees-coquines/phorum-3.2.11/read.php?f=9&i=3838&t=3838; accès le 18/08/07)*

gourdin: *Enfilés à la base du gourdin du bonheur, ces 3 petits cercles en silicone ont été LA solution pour moi qui me lâchait un peu trop rapidement. (www.erozone.fr/cockrings-f1.html; accès le 18/08/07)*

gouvernail: *Vous les hommes, avec votre pénis, vous me rendez toute petite, toute menue et potelée (...) J'ose pas imaginer "l'état de son gouvernail". (bellaciao.org/fr/article.php3?id_article=42673; accès le 18/08/07)*

guimauve: *J'aurai l'air de quoi avec une grosse guimauve entre les jambes? (forum.doctissimo.fr/doctissimo/erection/petit-penis-complex-sujet_151214_1.htm;acesso em 18/08/07)*

hampe: *Je sens quelle contracte son vagin et je lui réponds en contractant ma hampe (...) (forum.aufeminin.com/forum/texteseros/__f8499_texteseros-Initiation-4-sexe-et-champagne.html; accès le 12/09/07)*

instrument: *Pénètrant ses mains de sa verge, le rythme augmente, son instrument est poussé avec violence au fond de ses mains. (sensuelleroxie.unblog.fr/2006/12; accès le 12/09/07)*

joujou: *J'ai un homme à petit sexe (12cm, mais je l'aime son joujou) et j'ai un vagin très étroit! (sante-az.aufeminin.com/forum/f941/__f12_f941-Marre-de-ces-vagins-larges-comme-des-bouches-de-metro.html; accès le 12/09/07)*

limace: *Bien qu'en toi sa limace ait été dégorgée, pour toi je bande encore... (fr.wikisource.org/wiki/Dictionnaire_%C3%A9rotique_moderne_-_C; accès le 18/08/07)*

machin: *Voyez mon petit machin d'à peine 3 cm au repos; complexe d'inférieurité (...) (urologia-fr.com/article.php3?id_article=42; accès le 18/08/07)*

machine: *Pour le reste il n'est pas certain qu'à 13 ans la machine soit en marche. (forum.doctissimo.fr/doctissimo/taille-sexe/probleme-niveau-penis-sujet_1534_1.htm; accès le 12/09/07)*

manche: *Je l'empoignai par le manche et le menai au pied du lit, où je me couchai à la renverse, l'attirant dessus moi: je m'en cognai moi-même son vit dans mon con jusque aux gardes. (fr.wikisource.org/wiki/Dictionnaire_%C3%A9rotique_moderne_-_C; accès le 18/08/07)*

mandrin: *Pourquoi je n'aurais pas un gros mandrin de camionneur moi? (forum.fluctuat.net/sexefun/sexe-live-blog/penis-est-petit-sujet_94_7.htm; accès le 18/08/07)*

membre: *Jouis-tu, cochon? Ah! le beau membre! (fr.wikisource.org/wiki/Dictionnaire_%C3%A9rotique_moderne_-_C; accès le 18/08/07)*

moignon: *Chérie, j'ai une grosse surprise pour toi et ce disant, il prend sa main et la place sur son moignon. (www.humour.tv/index2,p,blagues_voir,cat,sexe,numeropage,20.html; accès le 12/09/07)*

morceau de viande: *Physiquement, je dirais que avoir un gros morceau de viande dure au fond du gosier, ce n'est pas très agréable. (forum.aufeminin.com/forum/f348/__f226_f348-Les-filles-que-ressentez-vous-lorsque-vous-avez-le-sexe-d-un-g...; accès le 12/09/07)*

nerf: *Il me troussa incontinent et, sans parler, me renversa sur le lit, me le fit sur-le-champ et me fit tater son gros nerf, qui était extrêmement dur... (fr.wikisource.org/wiki/Dictionnaire_%C3%A9rotique_moderne_-_C; accès le 18/08/07)*

objet: *Nous irons au bal ce soir et tu me montreras ton objet. (fr.wikisource.org/wiki/Dictionnaire_%C3%A9rotique_moderne_-_C; accès le 18/08/07)*

outil: *Même endormi, un mec baraqué sait toujours faire gonfler son outil de travail pour l'introduire dans un petit cul accueillant. (www.max2gay.com/recherches/69-gay.html; accès le 18/08/07)*

pieu: *Je m'assis sur le sexe raide et m'empala sur le pieu d'un coup sec. Le pénis glissa dans mon vagin humide de désir. (lysia.canalblog.com/archives/2007/06/16/index.html; accès le 12/09/07)*

pine: *Le mec jouit de plus en plus et la blondasse est soulevée par cette euphorie et continue à lui pomper sa pine comme une déesse. (www.sexeautop.com/cat15-13.htm; accès le 12/09/07)*

pipe: *Il gémit de plus en plus fort à la fois par ma pipe et par mon doigtage. (forum.doctissimo.fr/doctissimo/recits-erotiques/surpris-frangine-bisex-sujet_4810_1.htm; accès le 18/08/07)*

pique: *Elle passa et repassa par les piques de neuf amoureux. (fr.wikisource.org/wiki/Dictionnaire_%C3%A9rotique_moderne_-_C; accès le 18/08/07)*

pistolet: *Je lui ai donnay mon pistolet, qu'elle a mis comme relique dans le tronc de sa boutique. (fr.wikisource.org/wiki/Dictionnaire_%C3%A9rotique_moderne_-_C; accès le 18/08/07)*

piston: *Le nombre moyen de coups de piston durant le coït est approximativement de 9 par minute, ce qui donne une moyenne de 63 coups de piston par rapport sexuel. (www.memoclic.com/forum/bistrot/230301/avoscalculsmesdames.html; accès le 18/08/07)*

pyramide: *Oh oui!!! Fais-moi voir ta grosse pyramide! (absolutelyscandalous.spaces.live.com/Blog/cns!CC04D442F6325DE9!349.entry; accès le 18/08/07)*

quequette: *C'est pas de la faute des noirs si les blancs ont une petite quequette molle et inactive... (www.grioo.com/blogs/mtlnews/index.php/2007/03/07/1811-le-penis-des-noirs-est-responsable-de-la-misere-en-afrique; accès le 18/08/07)*

queue: *Mademoiselle, ma queue est assez levée pour votre service. (fr.wikisource.org/wiki/Dictionnaire_%C3%A9rotique_moderne_-_C; accès le 18/08/07)*

***sabre**: Je vais t'enfoncer mon sabre jeudi dans la chatte... Tu vas voir. (revebebe.free.fr/hishtml/rvb026/reve02658.html; accès le 12/09/07)*

***saucisse**: Sa saucisse toute molle, flasque, se métamorphosa. (forum.doctissimo.fr/doctissimo/recits-erotiques/paire-famille-obcedes-sujet_5283_1.htm; accès le 12/09/07)*

***sceptre**: Voyez mon sceptre, jolie damoiselle! Et il présentait fièrement son pénis dressé (...) (palafleur.canalblog.com/archives/2007/05/index.html; accès le 12/09/07)*

***service trois pièces**: Allan Length est l'un des interpètes du spectacle Les marionnettes du pénis (the ancient art of genital origami). Il utilise son service trois pièces pour façonner des motifs tels que la tour Eiffel, un hamburger ou le monstre du Loch Ness. (olivierbonnet.canalblog.com/archives/insolite/p20-0.html; accès le 12/09/07)*

***sucre d'orge**: Une série de mains surgissent d'un corps informe pour écarter les lèvres d'un vagin/bouche dans lequel s'enfonce un long sucre d'orge. (www.cairn.info/article.php?ID_REVUE=RFP&ID_NUMPUBLIE=RFP_655&ID_ARTICLE=RFP_655_1625; accès le 12/09/07)*

***zèbre**: Leila, tu le dis faible et ce grand point j'ignore. Je connais le moyen de rendre un zèbr'hardi. (fr.wikisource.org/wiki/Dictionnaire_%C3%A9rotique_moderne_-_C; accès le 18/08/07)*

***zeub**: Mon zeub mesure 24cm: voilà, j'ai répondu à ta question chère océane! (forum.doctissimo.fr/doctissimo/desir-plaisir/zeub-mesure-24cm-sujet_162296_1.htm; accès le 18/08/07)*

***zob**: Ce site est un bonheur pour ton zob qui aime être branlé sur du porno gay spécial sodomie! (www.sexeautop.com/gays; accès le 19/02/07)*

4.2. O PÊNIS

arma: Nem só do teu silêncio direi raiva /Nem de todo o meu corpo direi vício/ nem de todo o pénis direi arma/ e apenas do teu direi ter sido. (citador.pt/forum/viewtopic.php?t=1216; acesso em 19/08/07)

bálano: O bálano de alguns homens é menos marcante. (www.penisplus.com/por/perguntas_respostas.html; acesso em 19/08/07)

banana: O cara mandou a mulher pegar na banana dele. (www.dicionarioinformal.com.br/buscar.php?palavra=banana; acesso em 19/08/07)

bastão: Segundo relatos das suas esposas, ele teve cinco, seu pênis parecia os últimos 30 cm de um bastão de beisebol. (www.syntony.com.br/pedrosa/printart.asp?artMes=nov2004b.asp; acesso em 19/08/07)

benga: O rapaz bebeu umas cervejas a mais e saiu mostrando a benga para as mulheres. (www.dicionarioinformal.com.br/buscar.php?palavra=benga; acesso em 19/08/07)

bimba: Não há remédio que seja capaz de transformar uma bimba numa jeba. (br.answers.yahoo.com/question/index?qid=20061226163511AAQrRJ2; acesso em 19/08/07)

binga: Então, com um pênis pequeno o sexo fica ruim, pois a binga fica saindo toda a hora (...). (br.answers.yahoo.com/question/index?qid=20070809101432AAFZtmz; acesso em 19/08/07)

biscoito: Mauro, mostra o biscoito para ela ver o tamanho. (pt.wikipedia.org/wiki/Biscoito; acesso em 19/08/07)

bráulio: Mas sabia que quanto mais gordura menor fica o seu bráulio? (www.exgordo.blogger.com.br/2004_04_01_archive.html; acesso em 12/09/07)

cabeça: Estou com uma queimação na cabeça do pênis... (br.answers.yahoo.com/question/index?qid=20070816052422AATAFHz; acesso em 19/08/07)

cacete: Afinal, um cacete chama muito mais atenção do que um saco com 2 bolas. (cecgb.blogspot.com/2007/06/os-vizinhos-do-cacete.html; acesso em 19/08/07)

cano: Beeeeem grosso... tipo o cano do rolo de papel higiênico. (br.answers.yahoo.com/question/index?qid=20070716105058AANQNwa&show=7;acesso em 19/08/07)

canudo: Toda mulher costuma apelidar o pênis do namorado (marido) ficante (...) Uma outra chamava ele de "canudo". (br.answers.yahoo.com/question/index?qid=20060818211806AAICFQX; acesso em 19/08/07)

caralho: Mas nada mais natural que o homem use o "caralho" e a mulher use a "buceta", certo? (cronicasdeelevador.blogspot.com/2007/01/o-pnis-e-suas-figuras-de-linguagem.html; acesso em 19/08/07)

chapeleta: A piroca até que não é grande, mas minha chapeleta é de doer! (www. dicionarioinformal.com.br/definicao.php?palavra=chapeleta&id=2405; acesso em 19/08/07)

chibata: Supondo que o pênis tem 15 centímetros, significa que a mulher recebe em media 6.300 centímetros de ''chibata'', ou seja, 63 metros de pênis a cada relação. (ruben.zevallos.com.br/2007/5/12/Pagina2832.htm; acesso em 19/08/07)

chouriço: Levamos chouriço no cuzinho. (www.casadoscontos.com.br/termo.html; acesso em 19/08/07)

chupeta: Sossegado o caralho, tire-lhe a chupeta do cu e logo. (www.nossolazer.com.br/piadas.htm; acesso em 19/08/07)

clarineta(e): Agora pega aqui e toca um clarinete, anda – e levou minha mão até o seu pênis, duríssimo. (www.seductionsexy.com/contos/senhorio.php; acesso em 19/08/07)

cobra: Sua cobra em riste e, na falta dela, a gruta úmida e aconchegante (...) (www.secrel.com.br/jpoesia/ag10borges.htm; acesso em 12/09/07)

consolador: Tinha o romântico nome de "consolador", ou seja, um "consolo" para damas solitárias, uma nostalgia, uma saudade. (www.gazetadosul.com.br/default.php?arquivo=_noticia.php&intIdConteudo=68786&intIdEdicao=1064; acesso em 19/08/07)

esguicho: Senti um esguicho quente encher-me a boca e escorrer-me pela garganta. (afroditexxi.blogspot.com/2007/04/revelao-final.html; acesso em 19/08/07)

espada: Todos gostam da minha espada, minha cobra e minha banana. (www.takuya.weblogger.terra.com.br/index.htm; acesso em 12/09/07)

estaca: Tu me chamavas, tu me exigias e imploravas a penetração da estaca. (www.lainsignia.org/2005/agosto/cul_023.htm; acesso em 19/08/07)

estrovenga: Ela ia se entregando ao prazer de ter aquela estrovenga dentro das suas entranhas. (eroticoesensual.blogs.sapo.pt/arquivo/790256.html; acesso em 19/08/07)

facho: Putz, nessa idade e não sossega o facho nunca? (www.revistaandros.com.br/crazy_world.html; acesso em 19/08/07)

ferramenta: E por coincidência meu marido é negro e posso dizer com certeza: os negões foram abençoados quanto a sua ferramenta. (www.casadoscontos.com.br/termo.html; acesso em 19/08/07)

ferrão: Mas por que essa preocupação excessiva com o tamanho do ferrão? (mr-hyde-blog.blogspot.com/2007/06/o-pinto.html; acesso em 19/08/07)

furão: Quando o furão bota a cabecinha pra fora e pede pra sair, ninguém segura! (www.chongas.net/chongas/wp-commentsrss2.php?p=789; acesso em 19/08/07)

guasca: Conheci um gaúcho nestas férias, que guasca tinha o bagual! (mamaezinhaquerida.blogspot.com; acesso em 19/08/07)

instrumento (de trabalho): Em seguida, percorria com a língua toda a extensão do pênis dele (....) não perdia um detalhe sequer e fiquei maravilhada com seu instrumento de trabalho. (shu.zip.net; acesso em 20/08/07)

jeba: Sonhei que tinha uma enorme duma jeba, de fazer Long Dong cair de joelhos (se bem que ele é um tripé, ia ser difícil, mas.... uerever) (rachasonline.blogspot.com/2007/06/inveja-do-pnis.html; acesso em 20/08/07)

jibóia: Por isso a minha pergunta é se o tamanho da jibóia conta para vocês (mulheres)? (forum.chupa-mos.com/archive/index.php; acesso em 20/08/07)

lingüiça: Aí, você se abaixa, eu ponho a lingüiça pra fora, você começa a chupar (...) (www.via-rs.com.br/pessoais/eduardofilho/piadas.html; acesso em 20/08/07)

mandioca: Estou ansiosa para ver o tamanho da mandioca do meu novo namorado. (www.dicionarioinformal.com.br/definicao.php?palavra=mandioca&id=531; acesso em 20/08/07)

manguaça: Fazendo com que a manguaça do matuto entre com tudo no cuzão da bicha. (glaucofrias.vilabol.uol.com.br/piadas_de_bichas.htm; acesso em 20/08/07)

mangueira: Só sei que eu queria meter a minha mangueira nela! (istoe.terra.com.br/gentedinamica/comente/lista_respostas.asp?forum_id=1198; acesso em 12/09/07)

manjuba: Antonio viu que gozei e começou a tirar a manjuba da minha bunda. (www.casadoscontos.com.br/termo.html; acesso em 20/08/07)

martelo: E sei que tenho um martelo normal ou talvez um pouco acima da média. (forum.chupa-mos.com/archive/index.php; acesso em 20/08/07)

mastro: Eles tiraram seu mastro do meu rabinho e começaram a se masturbar (...) (www.casadoscontos.com.br/termo.html; acesso em 20/08/07)

membro: Posso ter o membro rígido e duro durante o tempo que desejo e nunca vou demasiado. (www.ventausa.com/theproducts.cfm?master=5570; acesso em 20/08/07)

nabo: Mal entramos, minha mulher suplicou-me para receber o avantajado nabo. (www.casadamaite.com/index.php?option=com_content& task=view&id=4652&Itemid=319; acesso em 20/08/07)

pau: Eu recebo muitos e-mails de homens insatisfeitos com o tamanho do pau. (blogblogs.com.br/tag/pênis%20grande; acesso em 12/09/07)

penduricalho: Será que os homens andam obcecados pelo penduricalho? (charquinho.weblog.com.pt/arquivo/2005/06/index0; acesso em 20/08/07)

pepino: A mensagem no final até que não é tão grotesca: que as mulheres preferem sujeitos que conversem com elas do que necessariamente com grandes negócios. Tamanho não é documento etc. É um recado tão inédito e eficaz que convenceu um dos personagens do filme a entregar seu pepino. (www.lost.art.br/lola_eurogigolo.htm; acesso em 12/09/07)

peru: Botou a mão no peru para não saberem que é transex. (portal.rpc.com.br/gazetadopovo/impressa/parana/conteudo.phtml?id=686780&tit=Video-mostra-brincadeira-em-presidio; acesso em 20/08/07)

pica: O melhor é que o cachorro quando me vê já fica taradão, de pica dura. (www.casadoscontos.com.br/termo.html; acesso em 20/08/07)

picão: A amor, com P escrevo paixão, com B escrevo buceta em cima do meu picão. (briguet.tipos.com.br/arquivo/2005/02/02/poema-da-buceta; acesso em 20/08/07)

picolé: Faço e ele pede para que enfie todo o picolé na boca. (casadoscontos.com.br/termo.html; acesso em 20/08/07)

pila: Tenho pila de 14 cm e tenho 13 anos. É normal???? (br.answers. yahoo.com/question/index?qid=20070618062900AAW JnUz&show=7; acesso em 20/08/07)

pilão: Enquanto o saco do fofo não for o alvo principal, chupe o membro ereto e brinque com as bolas do saco com a ponta dos dedos da mão esquerda. A mão direita estará socando o pilão. (www.zel.com.br/deliciascremosas/archives/2002_01_01_deliciascremosas_archives.html; acesso em 12/09/07)

pincel: Vem pegar no meu pincel, vem sua putinha! Só de ler isso já gozei! (www.casadoscontos.com.br/texto.pl?texto=20031142; acesso em 12/09/07)

pingola: Quem tem isso ate hj deve ter pingola minúscula... (forum.hardmob.com.br/archive/index.php/t-130924.html; acesso em 20/08/07)

pinguelo: Hoje eu vou lavar o pinguelo bem lavado, porque a noite promete! (www. dicionarioinformal.com.br/definicao.php?palavra=pinguelo&id=4890; acesso em 20/08/07)

pinto: É verdade que os homens ficam comparando tamanho de pinto? (liliana.com.br/wp/2007/05/20/tamanho-de-penis; acesso em 20/08/07)

piroca: O pai falou pro menino que ele deve segurar a piroca na hora de urinar, se não ele mijaria fora do vaso. (www.dicionarioinformal.com.br/definicao.php?palavra=piroca&id=4845; acesso em 20/08/07)

pirulito: Sim, estava comprovado que meu pirulito estava preso ao zíper. (entreobemeomauro.zip.net/arch2007-01-28_2007-02-03.html; acesso em 12/09/07)

pistola: É mais apetitoso para qualquer garota que queira deliciar dos testículos até a pistola. (br.answers.yahoo.com/question/index?qid=20060729105623AAI5cb5; acesso em 20/08/07)

porrete: Ele tirava aquele porrete e socava novamente (...) (www.casadoscontos.com.br/termo.html; acesso em 20/08/07)

rola: O homem metia tanto a rola na buceta da mulher que ela gritava feito louca. (www.dicionarioinformal.com.br/buscar.php?palavra=rola; acesso em 20/08/07)

sabugo: É superior que se faz de coitado, mas não consegue tirar o sabugo do cu. (forum.pokeland.net/b/viewtopic.php?t=17083&postdays=0&postorder=asc&start=20&sid=d867570866bef21b542af31c968cb23e; acesso em 20/08/07)

salame: Depois senti como se um salame fosse depositado no meio de minha bunda! (www.casadoscontos.com.br/termo.html; acesso em 20/08/07)

sarrafo: Mas os caras lá do Frangos, né, têm um sarrafo muito maior que o meu, né? (frangosparafora.blogspot.com/2005_10_01_archive.html; acesso em 20/08/07)

taco: Voltei a puxá-la; penetrei-lhe o taco na coninha macia e suculenta, ao mesmo tempo que lhe beijava as mamas, que bamboleavam como gelatina. (www.contosquentes.com/contos_view.php?indice=370; acesso em 20/08/07)

talo: Eles adoram meter até o talo na bunda destas gostosas. (www.siteg.com.br/prt/dvd-sonhos-perversos-de-rocco-3; acesso em 20/08/07)

tora: Cheirando a virilha, me apeguei ao seu pênis que já estava avantajado, sentindo-o em minhas mãos. Mais parecia uma tora de tão duro. (www.cido.com.br/contos.asp?id=281; acesso em 20/08/07)

trabuco: Massageei seu pênis com minhas mãos pequeninas que mal conseguia circundá-lo (...), ainda por cima, virgem, não aguentaria um trabuco de 25 cm no reto. (www.casadoscontos.com.br/termo.html; acesso em 20/08/07)

tromba: Qualquer homem inteligente sabe que nunca conseguiria ter uma vida sexual saudável se tivesse um tromba no meio das pernas. (www.revistaandros.com.br/tamanho.html; acesso em 12/09/07)

vara: Mulher gosta mesmo é de vara grande e grossa. (br.answers.yahoo.com/question/index?qid=20070802134512AAz4Mq4&show=7; acesso em 20/08/07)

verga: Danilo me puxava para cima dele e eu fui sentando na sua verga (...) (www.sexyhot.com.br/SHot/0,,OCC161-4552,00.html; acesso em 12/09/07)

5. *LES PRINCIPALES ZONES ÉROGÈNES* / AS PRINCIPAIS ZONAS ERÓGENAS

5.1. LES FESSES

***arrière-train**: Montrez vos fesses! (...) Bon personne ne verra mon splendide arriere train dans ce cas. (www.jeuxvideo.fr/forum/hors-sujet/hs-du-hs/allez-montrez-vos-fesses-id183044-page1.html; accès le 14/09/07)*

***croupe**: Pour ceux qui les ont réclamés, voilà mes fesses! (...) Ca faisait longtemps que j'attendais une belle photo de ta superbe croupe. (www.blogg.org/blog-53788-billet-voila_mes_fessesprocent-657977.html; accès le 14/09/07)*

***croupion**: Tous les deux alors se remuaient le croupion pour mieux m'exciter. (www.plaisirpartage.com/2007/01/19/r-comme-rouge-a-levres-2; accès le 14/09/07)*

***cul**: "Gros cul et petit sein ou petite fesse et gros sein? (fr.answers.yahoo.com/question/index?qid=20061007161359AAdIOIj; accès le 21/08/07)*

***derche**: Je sens une caresse au niveau de mon derche. (forum.doctissimo.fr/psychologie/celibat/mains-fesses-sujet_152536_1.htm; accès le 21/08/07)*

***derrière**: Maintenant laisse moi voir ce derrière. La fessée ne commencera pas tant qu'il ne sera pas à nu comme d'habitude. (fesrouge.free.fr/ouisvp.htm; accès le 21/08/07)*

***fessier**: Marcher en serrant les fesses muscle les fessier est-ce vrai??? (fr.answers.yahoo.com/question/index?qid=20070707191628AAVLNZu; accès le 21/08/07)*

***fion**: Martin commence par se faire prendre les fesses par David sur son canapé, il est en levrette alors que son copain lui rentre sa bite dans le fion. (www.accrosexe.com/search.php?what=fesses+blacks&type=2; accès le 21/08/07)*

lune: *Non, montre d'abord ta lune, histoire de contrôler qu'elle vaut bien un balle! (menagesadroits.blogspot.com/2007/05/sex-vrit-et-internet.html; acesso 21/08/07)*

mappemonde: *Parler ainsi d'une belle paire de fesses.(...) C'est la mappemonde du bonheur. C'est vraiment lui le cul de mon cœur. (forums.france2.fr/france2/On-n-est-pas-couche/paroles-chansons-sujet_6831_110.htm; accès le 21/08/07)*

miches: *Election des plus belles fesses des mecs du forum: Alors pour faire plaisir j'ouvre le bal des miches! (www.forum-auto.com/les-clubs/section7/sujet85407.htm; accès le 14/09/07)*

pétard: *Wahou, ce pétard, il n'y a plus qu'à mettre ma mèche pour le faire sauter. (www.yatahonga.com/image-montee,des,marches,1,42078,1.html; accès le 14/09/07)*

popotin: *Pour s'inscrire il faut bien sur oser montrer son popotin en string très petit petit. (emmalabulle.canalblog.com/archives/2007/08/27/6009922.html; accès le 14/09/07)*

valseur: *Alors moi Néo, je profite le plus souvent possible des fesses de ma prof (...) Lui glisser l'accordéon dans le valseur. (champsdesbougies.over-blog.net; accès le 14/09/07)*

5.1. AS NÁDEGAS

bagageiro: Ah, posso confirmar que ela obteve sucesso em chamar atenção, possuía um bagageiro lindo de se ver. (salizzar.blogspot.com/2005_01_01_archive.html; acesso em 21/08/07)

bunda: Ordem e progresso, sua bunda é um sucesso. (wporfirio.blogspot.com/2007/05/trocando-de-roupa-mas-no-trocando-mente_28.html; acesso em 21/08/07)

garupa: Segundo eles, todos querem "pegar no volume da fartura", "montar na garupa" ou então possuir uma "bunda exata". (www.digestivocultural.com/arquivo/digestivo.asp?codigo=134; acesso em 14/09/07)

gomos: Num desses agarrei ela por trás e meu pau se encaixou no meio da sua bundinha, entre seus gomos macios e, embora não procurasse, senti um tesão enorme. (www.apimentado.com.br/contos/lerconto.php? categoria=Heterosexuais &conto=876; acesso em 14/09/07)

padaria: Particularmente um tapinha na bunda dá um tesão absurdo! (...) Posso dizer que a sua padaria também é uma delícia! (www.casalcats.com.br/wp/2007/03/fotos/bunda-a-eterna-preferencia-nacional; acesso em 14/09/07)

pandeiro: Passava a mão pelo pandeiro perfumado das desprevenidas criaditas (...) (vodka7.blogspot.com/2004/01/ndegas-ancestrais.html; acesso em 21/08/07)

popó: Eia putona, ficou rox, heim? Escolheu bem a foto. (...) Com você é firmeza beijo no seu popó e braso por trás e um aperto na bunda. (fotolog.terra.com.br/kaimvamp; acesso em 14/09/07)

popô: Vó, olha só o Minhocão no meu popô, dizia ele, enquanto sacudia o pobre Minhocão entre as nádegas. (flip2007.wordpress.com/veronica-stigger; acesso em 21/08/07)

porta-malas: Fui virada de bruços, ele mandou que eu empinasse as nádegas, me tomava por trás... e acomodava a pequena bagagem no porta-malas (...) (www.contosbdsm.com/mi_view_contos.php?codigo=1050; acesso em 21/08/07)

poupança: Adriana gozou feito doida e abriu as nádegas para exibir sua rosquinha... quando novamente pude fazer uma aplicação naquela maravilhosa poupança. (www.lol.com.br/~acidade/rochelle2.htm; acesso em 21/08/07)

rabada: Se me permite dizer, você tem uma bunda muito bem feita! Lucas, isso é que é uma boa rabada. (rodlac.fotoblog.uol.com.br/photo20041012235624.html; acesso em 14/09/07)

rabo: Não parava de elogiar minha bunda, ele dizia que eu tinha um belo rabo (...) (www.nossoprazer.com.br/prazer/index.php?option=com_content&task=view&id=54&Itemid=28; acesso em 14/09/07)

5.2. L'ANUS

***anneau**: Du bout de l'ongle elle écarte l'entrée de son anus. Tout mouillé, le doigt pénètre, est aspiré par le boyau culier. Elle sent autour de son doigt l'anneau... (www.revebebe.free.fr/hishtml/rvb081/reve08154.html; accès le 21/08/07)*

***arrière-boutique**: Il tente une pénétration dans son anus, ce qu'elle accepte avec plaisir!... Il croit qu'il y a exactement sa taille dans l'arrière boutique (...) (www.sexeautop.com/cat33-11.htm; accès le 21/08/07)*

***arrière-train**: Il suffit simplement de foutre un gode dans l'arrière train de sa copine. (www.infos-du-net.com/forum/757-35-comment-bien-reussir-fellation; accès le 21/08/07)*

***baba**: Elle se consume de plaisir en regardant les mâles qui pourraient bien lui réchauffer son baba.... Explose-moi le cul. (www.cinesnap.com/detail_film.php?num=36596; accès le 19/09/07)*

***bague**: Elle se cambra, me laissant deviner son anus et écartant un peu ses lèvres.... Je vis alors sa bague, aussi brillante qu'épaisse. "Allez-y...!!!" (ww.blogg.org/blog-27246-date-2006-03-24.html; accès le 14/09/07)*

***croupion**: Sous l'effet de la douleur, les traits de mon visage se crispèrent et malgré mes efforts, je ne parvins pas à détendre mon croupion que son pieu immense défonçait autoritairement. (forum.doctissimo.fr/doctissimo/ados-sexo/lecture-erotique-chapitre-sujet_155987_1.htm; accès le 14/09/07)*

***cul**: C'est gratuit, des femmes bien salope veut se faire sodomiser et trouer le cul par de la grosse bite. (www.trous-du-cul.net/trouer-cul-femmes.html; accès le 21/08/07)*

derche: *Et oui, il lui arrive souvent de se prendre des doigts dans le derche mais pas par n'importe qui... (www.helmutzgeg.com/profils/gimeli.html; accès le 21/08/07)*

derrière: *Mais trop, c'est trop: j'ai dû me résoudre à ressortir l'objet de mon derrière. (blog.lesperlesduchat.com/perles.php/2004/10/30/sexo_masturbation_et_sodomie_temoignage; accès le 21/08/07)*

entrées des artistes: *Vous êtes un peu obsédés par l'entrée des artistes, les mecs! Venez faire un petit reportage dans mon cabinet médical la prochaine fois. (www.ougl.net/article/la-coloscopie; accès le 21/08/07)*

fion: *Bon petit fion de pute se fait prendre bien comme il faut!... Bon gros cul de chienne qui enléve son string pour se faire. (www.amatcam.com/out-2156-bon-fion-de-pute.html;*

lucarne: *Il était terriblement excité quand la femme robot plaqua son sexe sur sa lucarne crispée. (www.erotica51.com/fantasti/plaisir.htm; accès le 21/08/07)*

oeil de bronze: *Quelle envie de mettre un coup de langue sur l'oeil de bronze de sa copine. (forum.doctissimo.fr/doctissimo/fantasmes/analungus-entre-nana-sujet_164295_1.htm; accès le 21/08/07)*

oeillet: *J'ai aussi remarqué que ma femme adore que je lui caresse l'anus lors de la pénétration vaginale. Plus exactement je commence à masser son oeillet (...) (forum.doctissimo.fr/doctissimo/kamasutra/doigt-rapport-sexuel-sujet_83106_1.htm; accès le 21/08/07)*

oignon: *Les hommes se partagent ensuite le moule et l'oignon de la mignonne minette. (www.sexeautop.com/cat2.htm; accès le 19/09/07)*

pastille: *Je sentais sa queue raide contre ma pastille, il m'enfonça avec violence la verge. (lysia.canalblog.com/archives/2007/06/12/index.html; accès le 21/08/07)*

petit trou: *Elle se fait limer la chatte et le petit trou dans une longue double pénétration qui la fait jouir un max. Le black va éjaculer dans son anus (...) (africa-sexe.xtapas.com/FR/Blacks/038; accès le 12/09/07)*

porte de derrière: *Une ou deux fois anus et j'ai deteste, j'ai trouve ça dégueulasse(...) maintenant j'aime bien qu'on me rentre par la porte de derrière (...) (forum.aufeminin.com/forum/couple2/__f137682_couple2-La-duree-d-une-sodomie.html; accès le 21/08/07)*

rondelle: *Moi aussi j'adore caresser et pénétrer mes doigt dans l'anus de ma femme; surtout pendant un cuni... Et quelque fois j'ai le droit de penetrer sa rondelle. (forums.voissa.com/lofiversion/index.php/t93648.html; accès le 21/08/07)*

rosette: *Des 69 endiablés où j'avais la langue sur son clito, le nez dans sa vulve et les yeux sur sa rosette. (forum.doctissimo.fr/doctissimo/kamasutra/aime-sodomie-sujet_149888_2.htm; accès le 21/08/07)*

trognon: *Le bâton dans ton trognon. (plaiethore.cowblog.fr/le-baton-dans-ton-trognon-1555280.html; accès le 21/08/07)*

trou de balle*: Après avoir été copieusement ramonée par tous les trous, elle sent son anus se remplir de sperme chaud avec une éjac puissante au fond de son trou de balle. (www.jevaistecasser.com/FR/2/28; accès le 21/08/07)*

turbine à chocolat*: Il lui emplâtra sa pine dans la turbine à chocolat. (ragexworld.deltaanime.net/blog/?p=214; accès le 21/08/07)*

5.2. O ÂNUS

anel: Coloco um dedo à entrada de seu anel e forço um pouco. (...) Seu cu era apertado, mas, como meu pau estava bem lubrificado, lentamente foi entrando. (ww.glx.com.br/contos/contos.php?ArtID=3345; acesso em 21/08/07)

anel-de-couro: Passou a alisar meu rego e a forçar um dedo em meu anel de couro. (www.casadamaite.com/index.php?option=com_content&task=view&id=8759&Itemid=361; acesso em 21/08/07)

anelzinho rosado: Ana ao mesmo tempo espantada mas se deliciando pelas carícias que eu, sua bela patroa, fazia-lhe naquela bunda maravilhosa, rebolava mansamente, enquanto eu enfiava meu rosto entre suas carnudas nádegas procurando-lhe o cobiçado anelzinho rosado com minha língua, como se fosse um saca-rolha!! (www.glx.com.br/contos/contos.php? ArtID=863; acesso em 07/09/07)

aro: Entrava e saía, até eu sentir o saco peludo dele roçar na "porta" do meu aro. (www.glx.com.br/contos/wmview.php?ArtID=1854; acesso em 140907)

boga: Ela curte mais fazer anal do que vaginal. É, a mina é boa de boga mesmo. (forum.hardmob.com.br/archive/index.php/t-148470.html; acesso em 14/09/07)

botão: Vai, bicharada, vai, bicharada, vai dar o seu botão!!! (www.lance.com.br/blogs_colunistas/massimod/comentarios.asp?idpost=8153; acesso em 14/09/07)

bozó: Mas tem muita mina que dá o bozó, tem o hímen só na "vulva"... hehehe... mas já perdeu o "hímen" da mão, da boca, do cu, da orelha, umbigo (...) (forum.cifraclub.terra.com.br/forum/11/158582/p1; acesso em 14/09/07)

brioco: Ela ficou de quatro na frente dos dois e abriu as nádegas, mostrando o brioco lindo que possuía. (www.sexyhot.com.br/SHot/0,,IIP1219-4552,00.html; acesso em 21/08/07)

buraco: Júlio tirou o dedo, encheu o meu cu de cuspe e começou a enfiar dois dedos no meu buraco. (www.sexyhot.com.br/SHot/0,,IIP1512-4550,00.html; acesso em 21/08/07)

cu: Alain enfia com tudo no meu rabinho e segura no fundo do meu reto e começa a gozar dentro do meu cu. (www.casadoscontos.com.br/termo.html; acesso em 22/08/07)

fedegoso: Você ainda tem dúvida sobre qual é o fedegoso mais virgem do mundo? (br.answers.yahoo.com/question/index?qid=20061007135738AAU71zH; acesso em 22/08/07)

fiofó: Casado há três anos, não conseguia de maneira alguma comer o "fiofó" da mulher. (www.cosmo.com.br/humor/2007/09/12/materia_hmr_207704.shtm; acesso em 22/08/07)

furico: Ficam ariscas e com o furico coçando, doidinhas prá levar rola dos machos (....) (jc.uol.com.br/noticias/comentarios.php?codigo=100081&canal=186; acesso em 14/09/07)

furo: Ele começou a lamber minha bunda de novo e depois deu uma cuspida em meu ânus e apoiou suas mãos sobre minhas costas. Então senti sua pica tocar no meu furo. (www.casadoscontos.com.br/termo.html; acesso em 22/08/07)

loló: Virou-a de costas com a bunda para cima e abriu suas nádegas, deixando o cuzinho à mostra (...) e fazia carícias e beijinhos no loló dela. (www.cido.com.br/contos.asp?id=685; acesso em 21/08/07)

oiti: Assim não tem oiti que agüente! Lei aumenta chances de ganharmos um ânus novo. (www.greia.com.br/chore/listafioflog.php; acesso em 22/08/07)

olho-cego: A jovem pôs-se a lamber com afinco o olho-cego que se oferecia... Por fim, deu uma cusparada no ânus que latejava e passou a meter a língua com fúria. (www.contosbdsm.com/mi_view_contos.php?codigo=255; acesso em 22/08/07)

olho-do-cu: Eu sei que ela também adora tomar no olho do cu. (www.flogcam.net/robervaldo2/8303; acesso em 14/09/07)

olhota: Por isso, não sou desses que saem por aí dizendo que tomar na bunda é "doce e maravilhoso". Dar a olhota é coisa pra macho! (www.glx.com.br/contos/wmview.php?ArtID=2516; acesso em 22/08/07)

piscante: Encostei meu cassete no piscante dela (...) (www.casadoscontos.com.br/texto.pl?texto=20050356; acesso em 14/09/07)

porta dos fundos: Agora pela porta dos fundos, como dizia uma antiga patroa minha! E de joelhos seguraram seu rosto contra a cama, levantando sua bunda, expondo seu ânus. (www.swingclubne.com/wmnews/wmview.php?ArtID=120; acesso em 22/08/07)

pregas: Ouvíamos os caras urrando e o barulho do saco batendo nas pregas do outro cara. (www.gatusdiary.weblogger.com.br; acesso em 14/09/07)

rabada: Cabeçorra do meu caralho que já desprendia aquele meladinho de prazer em seu ânus... pervertida e dona de uma rabada suculenta de tarar até um monge. (www.abusado.com.br/novocontos/contos.php?conto=1686; acesso em 22/08/07)

rabo: Estava tão relaxado com o dedinho no rabo que meu ânus ficou aberto, agasalhando aquela rola enorme na marra (...) (www.casadoscontos.com.br/termo.html; acesso em 22/08/07)

redondo: Falando em Nanau, vale lembrar que ele prometeu que ia dar o redondo pra gente. (www.morroida.com.br/page/120; acesso em 22/08/07)

rodinha: Entre um *show* e outro, eu sempre dou um jeito de queimar a rodinha. (www.greia.com.br/greia6.html; acesso em 22/08/07)

rosca: Meu cu pisca tanto de tesão que só sossega quando ele arromba a rosca (...) (www.casadoscontos.com.br/texto.pl?texto=200601716; acesso em 22/08/07)

roseta: (...) a pica e enfiei na sua roseta arrombada. O pau entrou fácil. Comecei a castigá-la com vontade. (www.casadoscontos.com.br/texto.pl?texto=20020717; acesso em 14/09/07)

rosquinha: Forcei e a rosquinha ansiosa cedeu, engolindo vorazmente a cabeça. (www.casadoscontos.com.br/termo.html; acesso em 22/08/07)

toba: Molhe o dedo na buça dela e insira no toba da sua digníssima parceira. (forum.hardmob.com.br/showthread.php?t=252340; acesso em 14/09/07)

tarraqueta: A grande esmagadora maioria da população mundial é *ultra-cool sexy* afudê. Mas ainda assim rola tensão-sexual não consumada, ou seja, as menininhas demoram pra soltar a tarraqueta. Ah, mas a espera só aumenta o tesão, não é mesmo? (www.prostitutasvietnamitas.blogger.com.br/2003_10_01_archive.html; acesso em 14/09/07)

5.3. LE CLITORIS

berlingot: *Je me glisse dans ton berlingot pour te lécher l'abricot (....) le clitoris alors découvert appelle la rondeur de ma langue (...) (www.vivelesrondes.com/forum/viewtopic.php?t=672; accès le 25/08/07)*

bonbon: *Madame m'a demandé de t'apprendre à masser son clitoris. (...) la jeune fille tétait maintenant inlassablement son petit bonbon. (vassilia.net/vassilia/histoires/viewstory.php?sid=1171; accès le 25/08/07)*

bouton: *Faites tourner la pointe de votre langue autour du bouton. Reprenez-le du plat de la langue encore une fois. Laissez votre langue posée sur son clitoris. (www.amourlove.org/sexualite/cunnilingus.shtml; accès le 25/08/07)*

cliquette: *Aujourd'hui, pas question de me doubler, je lui klaxonne le clitoris. (...) Elle se fait gonfler la mouflette pour lui bricoler la cliquette. (perso.orange.fr/c.thomas/page12.html; accès le 25/08/07)*

fraise: *Gabrielle dégusta sa fraise, fière d'avoir pu rendre la pareille à son aimée. (www.guerriereamazone.com/elisa.html; accès le 14/09/07)*

haricot: *La combinaison des sensations remontant de ton clitoris et de ton vagin (...) Tu pars en m'emportant, mes doigts se fixent sur ton haricot bombé, tendu (...) (forum.aufeminin.com/forum/texteseros/__f7257_texteseros-Dans-les-bras-de-morphee. html; accès le 14/09/07)*

noisette: *Je voudrais un truc pour faire grossir mon clito, transformer ma noisette en pois-chiche! (forum.aufeminin.com/forum/f654/__f1810_f654-Un-truc.html; accès le 14/09/07)*

perle: *Je sais de quelle façon faire monter mon plaisir et comment le contrôler pour l'entretenir longtemps et j'adore sentir ma perle durcir sous mes doigts. (forum.doctissimo.fr/doctissimo/Clitoridienne-ou-vaginale/masturbation-clitoridienne-sujet_2_1.htm; accès le 14/09/07)*

5.3. O CLITÓRIS

botão: Lembre-se: a chave está em manter a haste do pênis em ligação direta com o clitóris. Assim, seu botão do amor será acariciado num movimento contínuo. (nova.abril.com.br/solteira/perola.shtml; acesso em 25/08/07)

grelo: Nossa, aquela vadia tinha o grelo fedido. (www.dicionarioinformal.com.br/buscar.php?palavra=grelo; acesso em 25/08/07)

pinguelo: Toda vez que vou transar com ele, sinto uma pressão enorme no meu clitóris, mesmo depois de ele enfiar algumas vezes! É muito gostoso, porque fica pressionando com força o meu pinguelo, já que é muito grosso!! (www.teu.com.br/portal/canais/sites/voyeur/contos_eroticos/contovip10.html; acesso em 14/09/07)

pito: Ana ficou de cócoras com a cona em cima da Rosa para que esta a comesse, e assim veio na boca da amiga; depois trocamos de posições, foi a minha mulher comer aquela cona gostosa e a amiga a pôr o pito na boca da Ana. (omeupontog.blogspot.com/2005_11_01_archive.html; acesso em 14/09/07)

5.4. LE PUBIS

buisson: *Vous avez un joli 'buisson', elle souriait. Déjà taillé. Elle s'agenouilla et commença à éliminer les poils de mon pubis. (latachan.free.fr/hbarber.htm; accès le 14/09/07)*

fourré: *Il plongea délicatement sa tête dans son fourré.... avalant au passage, ses gouttes de nectar qui s'échappaient par son pubis aux poils roux. (www.harissa.com/discus/messages/1276/7314.html?1148316930; accès le 14/09/07)*

gazon: *Tonds ton gazon!... Pour le pubis et les aisselles j'utilise les ciseaux. (www.tasante.com/sous_rubrique/bien_etre/beaute/Pages/epil_mecs.php; accès le 14/09/07)*

mont de Vénus: *Ton mont de vénus n'est qu'un élément de paysage.... Je pose toujours la paume de main main sur le pubis de ma femme pour caresser ses petites lèvres (...) (forum.aufeminin.com/forum/f353/__f379_f353-Mont-de-venus.html; accès le 14/09/07)*

motte: *Mes yeux se portent sur sa motte intégralement épilée sauf une petite touffe laissée intacte en haut du pubis. (www.vassilia.net/vassilia/histoires/viewstory.php? sid=293; accès le 14/09/07)*

tablier de sapeur: *J'ai un tablier de sapeur que je garde aussi jusqu'au nombril. (forum.doctissimo.fr/forme-beaute/epilation-poils/poilue-18-sujet_146984_1.htm; accès le 25/08/07)*

troison: *Vous avez raison d'associer une belle toison avec l'idée de " vraie femme ". (www.psychomedia.qc.ca/forums/messages/sexo3/407.html; accès le 25/08/07)*

touffe: *J'aime le contact de ma touffe sur la touffe de ma copine, pas vous? (forum.aufeminin.com/forum/couple2/__f119378_couple2-Pubis-epile.html; accès le 25/08/07)*

toupet: *Ces mecs ont un toupet monstre!!! même si on les trouvait au lit avec l'autre,... Tu lui as posé la question de pourquoi il se rasait le pubis? (forum.aufeminin.com/forum/f788/__f821_f788-Qu-en-pensez-vous.html; accès le 25/08/07)*

5.4. O PÚBIS

mata: Conta-me que é fulva a mata do teu púbis. (br.geocities.com/jerusalem_13/drummonderotico.html; acesso em 25/08/07)

monte-de-vênus: Primeiro vem aquele casaco de pêlos, os pentelhos, protegendo o monte-de-vênus, ou púbis, uma parte geralmente gordinha e macia. (www.blogvidaearte.weblogger.terra.com.br/200511_blogvidaearte_arquivo.htm; acesso em 25/08/07)

pentelho: Parece que existe preconceito contra homem que "barbeia" o pau ou o púbis.... Porque pentelho na garganta e fio dental de pentelho preto, nós não aprovamos... (drispaca.blogspot.com/2002/10/servio-de-utilidade-pblica-tem-coisas.html; acesso em 25/08/07)

triângulo: Mas Júlia era virgem, e eu não poderia desfrutar as delicias do seu triângulo. (...) O seu púbis se contraía e era possível ver a virilha se movimentar. (www.casadoscontos.com.br/texto.pl?texto=20040416; acesso em 14/09/07)

tufo: Apesar da posição, os pêlos de seu púbis projectam-se num tufo escuro e denso. (leiturapartilhada.blogspot.com/2005/04/os-sonhos-el-sueo-de-la-razn-produce.html; acesso em 25/08/07)

5.5. LES SEINS

ballons: *Fous ta tête entre mes deux gros ballons. Cette blondasse a une paire de seins plus que surgonflée (...) (www.bestofhard.com; accès le 14/09/07)*

bessons: *On dit aussi (vulg et pop) "les deux bessons" pour les deux seins! (correcteurs.blog.lemonde.fr/2007/04/24/le-besson-trahit-toujours-deux-fois; accès le 25/08/07)*

boutons (de rose): *Elle commença à se caresser les seins, l'excitation montant d'un cran quand il vint plaquer sa bouche contre son bouton de rose (...) (fr.blog.360.yahoo.com/blog-fsXGBwUjfqjwTKFMS2xz1A—?cq=1; accès le 25/08/07)*

du monde au balcon: *Il me reste de ce complexe une adoration pour les seins. Alors, si un jour je vire ma cutie, elle a intérêt à avoir du monde au balcon!! (touteatoi.canalblog.com/archives/2007/07/06/5543281.html; accès le 14/09/07)*

fraises: *A 14 ans, j'ai commencé par avoir des fraises (si si), peu après j'ai eu des pommes, qui sont très vite devenues des poires:gravité oblige. (sexe.fluctuat.net/blog/8622-seins-pomme-ou-poire-.html; accès le 15/09/07)*

lolos: *Si de gros lolos la nature t'a doté, prends-en soin, bichonne-les (...) (olivierbonnet.canalblog.com/archives/2007/07/11/5581707.html; accès le 25/08/07)*

mandarines: *Elle le secondait de tous ses efforts, donnant des coups de cul et offrant à baiser au prince ses petits seins ronds comme des mandarines. (www.eros-thanatos.com/Les-onze-mille-verges-chapitre-9.html; accès le 25/08/07)*

montgolfières: *C'est probablement une des plus grosses paires de seins que j'ai vu de ma vie!... Le mec termine la baise en jouissant sur les montgolfières. (de.hentai-powa.com/videos,xxx,2,allcats,51.html; accès le 14/09/07)*

nénets: *Je voulais couper mon lait mais mes nénets font de la résistance... alors je continue! (forum.doctissimo.fr/grossesse-bebe/bebes_annee/Bebesdenovembre2005/mamallaitantes-sujet_94681_1.htm; accès le 25/08/07)*

nichons: *Des jolis nanas avec de très gros seins naturels, des superbes grosses poitrines très pulpeuses, des gros nichons vraiment incroyable et décolletés (...) (grosseinschauds.netpass.tv/gros-seins-chauds.html; accès le 25/08/07)*

oeufs sur le plat: *Vite, viens voir ses seins. Deux œufs au plat! (babetauvray.free.fr/Allegati/extraits.pdf; accès le 25/08/07)*

oranges: *Les femmes qui ont des seins comme des oranges sont les plus pénibles. (forum.doctissimo.fr/grossesse-bebe/Mamans-au-foyer/determine-notre-caractere-sujet_181_1.htm; accès le 15/09/07)*

poires: *Tu as de plus jolies seins que ma dinde".... ils sont comme des poires, encore beaux, mais un peu pendants. (www.top-blagues.fr/sexy.php; accès le 15/09/07)*

pommes: *À 14 ans, j'ai commencé par avoir des fraises (si si), peu après j'ai eu des pommes, qui sont très vite devenues des poires:gravité oblige. (sexe.fluctuat.net/blog/8622-seins-pomme-ou-poire-.html; accès le 15/09/07)*

roberts: *On parlait hier du popotin d'Angela, mais qu'en est-il des roberts de Claire? (correcteurs.blog.lemonde.fr/2006/06/15/2006_06_la_vie_des_sein; accès le 25/08/07)*

tétins: *Ses propres tétins durcissent. (elvir.univ-poitiers.fr/telecharger.php3?id_article=636; accès le 25/08/07)*

tétons: *Dans ce casting film porno, place aux femmes qui ont des formes, des formes sexy avec des gros seins et si possible des gros tétons bien dilatés... (www.plan-cul.net/porno-casting.php/gros-seins-gros-tetons-dans-ce-casting-film-porno-special-gros-nibard; accès le 25/08/07)*

5.5. OS SEIOS

air-bag: Mas se você ainda não está com os seios dos sonhos (...), o que pode fazer para dar um "*up*" no seu *airbag* e deixá-lo sedutoramente à mostra (...)? (plasticaebeleza.terra.com.br/71/plastica/biquini_plastica.htm; acesso em 25/08/07)

bico: Ele logo caiu de boca, os bicos dela estavam duros e enormes (...) (z002.ig.com.br/ig/58/02/159362/blig/sexoperfeicao; acesso em 15/09/07)

botão rosa: Minhas mãos começaram a explorar seus seios e logo achei seus bicos intumescidos e (...) até chegar no botão rosa, que ao toque da língua retraiu-se. (www.casadoscontos.com.br/texto.pl?texto=200504302; acesso em 25/08/07)

leiteria: (...) passei a lamber aquele bundão, enquanto Rui cuidava da leiteria. (www.sitesdacapital.curitibasex.com.br/sex/contos/c01.html; acesso em 25/08/07)

limão: Seus seios, antes tão fartos e altivos, e hoje vazios, não maiores do que dois limões. (www.revistapiaui.com.br/upload/Todosjulho.pdf; acesso em 15/09/07)

maçã: Surgem como duas rosadas maçãs seus seios macios envolvidos em minhas mãos e sugados por meus lábios (...) (www.momentosdeamor.com/poemas/mensagem_de_amor.php; acesso em 25/08/07)

melancia: A mulher dona dos maiores seios siliconados do Brasil passará por uma nova cirurgia.... Nossa! nem melão é, é melancia, e das grandes. (procurandovagas2.blogspot. com/2007/03/dona-de-maior-silicone-do-brasil.html; acesso em 25/08/07)

montes: Depois, se enveredaram por dentro da saia e encontraram os dois montes gêmeos macios. (victoriadiangelis.vilabol.uol.com.br/miragem4.htm; acesso em 15/09/07)

peitaria: Verdade! Em vez de tirar a peitaria, tinha que perder um pouco da barriga, aí sim cairia bem um ensaio! (www.orfaosdoexclusivo.com/forum/index.php?; acesso em 25/08/07)

peito: Esta garota curte foder nos peitos e adora lamber a cabeça do cacete entanto ele mete nos seus seios. (www.erotikacenter.com.br/erotikacenter/produto.asp?ID=9150&tipo=&DepID=DVD&catID=212; acesso em 25/08/07)

peito de pombo: Fora os meninos, anabolizados, com um peito de pombo, que só faltam ciscar o chão (...) (br.geocities.com/esquinadaliteratura/leitor/fl01.html; acesso em 25/08/07)

pomo: Teus seios... quando os sinto, quando os beijo, na ânsia febril de amante incontentado... tem um rubro botão em cada pomo, como duas cerejas sobre a areia. (poemas-eroticos.blogspot.com/2007/04/teus-seios.html; acesso em 25/08/07)

pudim: Foto infeliz, essa! Será que os seios dela são do tipo pudim como parecem... tinha uns peitinhos tipo quindim, aos 26, talvez pelo uso, já eram meio pudim. (blog.estadao.com.br/blog/palavra/?title=flagrantes_para_os_homens &more=1&c=1&tb=1&pb=1; acesso em 25/08/07)

tetas: Muito, muito, muito tesão em gordinhas com tetas grandes e rabudinhas (...) (adult.inforum.insite.com.br/gordinhas-seios-grandes-e-muito-sexo; acesso em 15/09/07)

5.6. *LES TESTICULES*

abricots: *J'ai horreur des poils sur les boules et en général de la maxi touffe qui te laisse des poils entre les dents! Les petites boules genre litchis dessechés j'aime pas, je préfère les abricots ronds et fermes. (forum.aufeminin.com/forum/couple1/__f292363_couple1-Question-aux-filles-concernant-nos-petites-boules.html; accès le 16/09/07)*

animelles: *Un bon exemple en est le projet de valorisation des testicules, ou animelles, de chien d'ours de Carélie initié par la plus grande épicerie fine de Helsinki... (www.transcript-review.org/sub.cfm?lan=fr&id=2432; accès le 25/08/07)*

balloches: *Effectivement on ne mesure pas la virilité à la taille des balloches (...) (forum.doctissimo.fr/forme-beaute/chirurgie-esthetique/chirurgie-testicules-sujet_166978_1.htm; accès le 25/08/07)*

bijoux de famille: *Comment vous épilez-vous les testicules? (...) J'imaginais ces messieurs s'épilant leurs bijoux de famille, je n'ai pas pu m'empêcher de rire toute seule! (www.comlive.net/Epilation-Des-Testicules-Quel-Moyen,105577,38.htm; accès le 16/09/07)*

billes: *Mieux vaut grosse et lourdes testicules ou resorbée et mignonne petites billes? (www.glamourparis.com/forums/amour/sexe-38/comment-preferez-vous-nos-testicules—315/1.html; accès le 16/09/07)*

boules: *Les filles: préférez-vous nos petites boules (nos testicules quoi!) plutôt naturelles et donc un peu poilues... ou bien les préférez-vous bien entretenues, toutes lisses et douces? (forum.aufeminin.com/forum/couple1/__f292363_couple1-Question-aux-filles-concernant-nos-petites-boules.html; accès le 16/09/07)*

boulettes: *Tu veux que je te montre les blessures que j'ai aux testicules à cause de tes ongles? (....) Et elle ne s'éxcuse meme pas d'avoir souillé mes boulettes. (www.forumlol.com/viewtopic_10398.html; accès le 25/08/07)*

burnes: *Vous imaginez la frime avec une énorme paire de burnes comme ça! ça c'est un homme un vrai! impressionnant! (www.da-kolkoz.com/internet/les-testicules-de-cisco-adler/feed; accès le 25/08/07)*

couilles: *Non, je confirme, il y a aucun rapport entre la taille des couilles et la fertilité. (forum.doctissimo.fr/doctissimo/taille-sexe/taille-testicules-fertilite-sujet_7_1.htm; accès le 25/08/07)*

bibelots: *Donne-moi tes deux bibelots, mon chéri, que je les pelote. (fr.wikisource.org/wiki/Dictionnaire_%C3%A9rotique_moderne_-_D; accès le 25/08/07)*

globes: *J'écartai ses globes et sa rondelle m'apparut. (...) Je lui caressai son sexe, ses testicules, et l'entre jambe pendant que je le pistonnai rapidement. (charly 222001.unblog.fr/2007/09/15/le-copain-de-mon-frere; accès le 16/09/07)*

jumelles: *On ne joue pas avec les jumelles car on en a que deux, en perdre une c'est pas trop grave. (www.google.fr/search?q=testicules+%22boulettes%22&hl=fr&cr=country FR&start=10&sa=N; accès le 16/09/07)*

noix: *Jouer avec les testicules (...): apprends à découvrir les sensations que te donneront tes noix. (chezonan.free.fr/viewtopic.php?t=95&sid=4a65864d30aa08c5ab306ec78 288ccb7; accès le 16/09/07)*

patrimoine: *Il n'y a pas de honte à protéger son "patrimoine". (forum.doctissimo.fr/doctissimo/sexologie-sexotherapie/enorme-douleur-testicule-sujet_147011_1.htm; accès le 25/08/07)*

pruneaux: *Quand ses pruneaux furent entièrement enduits de salive, je me mis enfin à les gober goulûment, l'un après l'autre, en faisant sensuellement tanguer leur noyau sous la houle de ma langue déchaînée. (www.google.fr/search?q=testicules+% 22boulettes %22&hl=fr&cr=country FR&start=10&sa=N; accès le 16/09/07)*

roubignolles: *(...) il y a bien plus épineux comme " problème " que la taille des roubignolles. (forums.voissa.com/lofiversion/index.php/t43462.html; accès le 25/08/07)*

roupettes: *Bonjour, connaissez-vous une solution pour faire grossir les testicules. (...) C'est moche aussi des petites roupettes comme ça! (forum.doctissimo.fr/doctissimo/taille-sexe/grossir-testicules-sujet_15_1.htm; accès le 25/08/07)*

roustons: *À tour de rôle, il échange de insère jusqu'à ce que les types sentent leurs sauces monter alors ils se vident les roustons sur la figure de cette dernière qui une fois bien arrosé, souris à ses deux compères. (www.archives-porno.com/arabe-12.html; accès le 16/09/07)*

valseuses: *Pour toute douleur dans les valseuses va voir un médecin car on ne sais jamais. (forum.doctissimo.fr/doctissimo/sexologie-sexotherapie/douleur-testicule-sujet_145632_1.htm; accès le 25/08/07)*

5.6. OS TESTÍCULOS

bago: O cara tá reclamando de um leve incômodo nos testículos (...) sem contar os bagos, que irão ficar atrofiados como já estão de fato. (www.marombapura.com.br/forum/viewtopic.php?p=1625&sid=bef152b2d53c49d526f86ff6b6daa516; acesso em 26/08/07)

bolas: O rapaz riu e disse-nos que o cavalo só tirou para mijar porque aquele cavalo era castrado, ou seja, que arrancaram as bolas dele. (www.casadoscontos.com.br/termo.html; acesso em 26/08/07)

cocos: Chegou lá, fez um montinho, subiu, abaixou as calças, e meteu até os cocos. (www.morroida.com.br/2007/05/15/darwin-awards-2; acesso em 26/08/07)

colhões: O doutor examina-o e observa que, efectivamente, o homem tem um grande calo nos dois testículos. Diz o médico: Mas que grande calo o Sr. tem nos colhões! (www2.vo.lu/homepages/jfaria/varias.htm; acesso em 26/08/07)

saco (de ovos): Normalmente, um homem tem um saco e dois ovos... (br.answers.yahoo.com/question/index?qid=20060808111339AAYh94T; acesso em 26/08/07)

tomates: Por beijos no meu corpo ele chegou aos meus tomates e ao meu pênis... (www.contosquentes.com.br/parceiros/parceria_c.php?indice=2994; acesso em 16/09/07)

6. LES POSITIONS

***à quatre pattes**: Elle se place à quatre pattes et elle offre sa belle croupe au mec pour être lèchée. (www.wozzor.com/videox/koocash/video/seins/petits-4.html accès le16/09/07)*

***accolade**: Une douce accolade sur ton cul, puisque c'est celui qu'elles veulent baiser? (l-anarchiste.blog.mongenie.com; accès le 26/08/07)*

***accroupi**: Dans cette posture sexuelle orale, c'est lui qui s'accroupit pour que sa verge atterrisse dans la bouche de sa partenaire. De l'angle d'attaque du pénis dépendra la sensation de friction, les mouvements de va-et-vient en changeant l'angle d'entrée procureront un intense plaisir à l'homme. Les amants peuvent aussi se mettre dans cette position si elle désire juste lécher les testicules de son compagnon sans avaler son membre. (www.positions desexe.com; accès le 16/09/07)*

***accroupie:** Dans cette position, la femme domine la situation et peut demander quoique ce soit de son partenaire: étant donné que la position accroupie n'est pas la plus confortable, elle peut lui suggérer qu'il lui maintienne les fesses tandis qu'elle effectue des oscillations verticales. (www.positionsdesexe.com/gratuit—l—accroupie-anale.html; accès le16/09/07)*

***active**: La position active permet à chaque partenaire d'être actif et passif dans une position confortable sans difficulté physique. (www.pathol08.com/louportail/portail/NPD/article.php?sid=754; accès le 26/08/07)*

***aller-et-retour**: Quand vous arrivez à faire des aller et retour continus dans cette position sans trop de soucis, écarter légèrement les baguettes l'une de l'autre. (fr.wikipedia.org/wiki/B%C3%A2ton_du_diable; accès le 26/08/07)*

***amazone**: L'homme est assis sur une chaise. La femme s'assoit en amazone sur l'une des cuisses de son partenaire et guide le pénis jusqu'à l'ouverture du vagin. Une fois le* *pénis introduit, elle pourra contracter ses muscles vaginaux pour garder la pénétration, et éviter les sorties inopinées. (www.x-elle.fr/kamasutra.html; accès le 16/09/07)*

andromaque: *L'homme est couché sur le dos, sa partenaire se place au dessus de lui, en position accroupie ou agenouillée, le buste complètement redressé. Elle contrôle parfaitement la profondeur et le rythme de la pénétration et peut laisser libre cours à ses fantasmes de domination. (www.x-elle.fr/kamasutra.html; accès le16/09/07)*

arbre défendu: *Qui n'a jamais rêvé de manger le fruit de l'arbre défendu? Si l'un des membres du couple sait faire le poirier, il peut offrir à son partenaire une position inédite pour goûter à ce fruit secret. (www.doctissimo.fr/html/kamasutra; accès le 16/09/07)*

balançoire: *La femme tourne le dos à son partenaire et peut au choix s'asseoir sur lui, les pieds servant d'appui, ou bien s'agenouiller de part et d'autre des hanches de son partenaire, cette dernière position favorisant une plus grande amplitude de stimulation (www.x-elle.fr/kamasutra.html; accès le16/09/07)*

belle au bois dormant: *"La Belle au Bois Dormant" ou comment se réveiller de manière rêvée dans une atmosphère romantique. Endormie sur le ventre, la femme n'entend pas l'homme se réveiller, cependant elle commence à ressentir la chaleur de ses mains puis la douceur de sa langue sur son clitoris. Elle s'éveille doucement, et commence sa journée de manière idéale. Mettre le réveil quelques minutes avant et avoir envie de donner un immense plaisir matinal à votre compagne sont les ingrédients principaux pour réaliser cette position. (www.positionsdesexe.com; accès le 16/09/07)brouette: Bien entendu, ne choisissez pas, pour l'essayer, un jour où vous êtes fatigué: la brouette exige une participation active des deux partenaires. Pour commencer, la femme pose ses avant-bras sur des coussins de part et d'autre de la tête. A quatre pattes sur le tapis ou le carrelage, elle offre au regard de l'homme le spectacle affriolant de sa croupe redressée. Debout derrière elle, il se saisit alors de ses chevilles, soulève ses fesses et serre les cuisses de sa partenaire contre ses hanches; puis, se fléchissant autant que nécessaire, il la pénètre vigoureusement; la femme a maintenant le buste soulevé, les jambes repliées sous elle, genoux sur la poitrine. La particularité de cette posture acrobatique, est de combiner efforts gymniques et sensations. (www.doctissimo.fr/html/kamasutra; accès le 16/09/07)*

charette: *Dans cette position en charrettte, c'est elle qui travaille ses abdominaux tandis que lui s'affaire à lui procurer du plaisir avec sa langue et ses lèvres. L'homme reste immobile et doit caresser le clitoris de sa compagne de manière continue et, bien évidemment, douce. (www.positionsdesexe.com; accès le 16/09/07)chevauchement: La position du chevauchement:L'homme s'allonge sur le dos tandis que sa partenaire s'agenouille au dessus de lui et entoure ses cuisses avec les siennes. Elle contrôle l'amplitude du mouvement verticalement et horizontalement pour maximiser les sensations sur son clitoris et ses parois vaginales ou pour mener rapidement l'homme à l'orgasme. (www.x-elle.fr/kamasutra.html; accès le16/09/07)*

collier de Vénus: *Le collier de Vénus:avoir autour du cou les jambes de sa partenaire et pouvoir plonger le regard entre ses cuisses écartées donne une dimension presque magique à un banal accouplement. (www.doctissimo.fr/html/kamasutra; accès le 16/09/07)*

crabe: *Tandis qu'elle s'installe très confortablement sur le dos, les mains derrière la tête, lui essaie de s'infiltrer entre les jambes de sa compagne. Dans la position de sexe orale* *du "Crabe", l'accès aux organes génitaux de la femme est assez limité, mais il n'est pas nécessaire de se (www.positionsdesexe.com/gratuit-le-nageur.html; contortionner pour parvenir. accès le16/09/07*

debout: *Malgré son inconfort et sa faible pénétration, la position debout reste tout de même très chargée de fantasme. (sante-az.aufeminin.com/w/sante/s352/sexualite/position-sexuelle-debout.html; accès le 26/08/07)*

dessus: *Aujourd'hui les positions où la femme est dessus ne choquent plus comme ce fut le cas pendant des siècles. (www.doctissimo.fr/html/kamasutra/kamasutra_niv2.htm; accès le 26/08/07)*

12: *Le '12' est une position de sexe oral (fellation) vieille comme la pratique du sexe elle-même. Très peu d'imagination est nécessaire, et ne requiert d'aucun partenaire qu'il fasse des acrobaties. L'astuce de cette position est que l'homme doit, en guidant la tête de sa partenaire d'avant en arrière avec sa main, adapter le rythme de va-et-vient de ses lèvres. Quant à elle, elle peut comme toujours utiliser tous les stratagèmes pour donner plus de plaisir à son compagnon; par exemple en pressant la verge avec ses lèvres, ou en jouant avec sa langue. Dans cette positions, elle peut donner libre cours à ses dons artistiques. (www.positionsdesexe.com; accès le 16/09/07)*

écartée: *La technique de cette position. C'est la simplicité même, la femme allongée sur le dos, les cuisses écartées, l'homme se place en face de la vulve (...) (www.pathol08.com/louportail/portail/NPD/article.php?sid=480; accès le 26/08/07)*

équilibre avec caresses: *Dire qu'il faut être équilibriste pour supporter une fellation (ou pipe) avec une jambe levée n'est en aucun cas un euphémisme... Si elle exécute bien la tâche qui lui est impartie, il peut la récompenser en lui caressant les seins, tout en se soutenant pour rester en équilibre. Au final, le jeu des positions sexuelles est une question d'imagination; fertilisez-la pour varier les plaisirs. (www.positionsdesexe.com; accès le 16/09/07)gorge profonde: La posture de la "gorge profonde", ou coït inter mammaire, restaure aux seins féminins leur valeur érotique: car, si la première chose que regarde un homme chez une femme, c'est, en général, sa poitrine, celle-ci est souvent négligée ensuite, au profit du sexe. (www.doctissimo.fr/html/kamasutra; accès le 16/09/07)*

grand écart: *En amour, la posture du grand écart requiert de la souplesse, mais pas d'entraînement particulier! (...) La femme monte debout sur deux chaises, un pied sur chaque siège. Evidemment, il faut prendre soin de choisir des chaises stables et solides, qui ne risquent pas de se renverser en plein exercice amoureux! La femme, face aux dossiers, y pose ses mains. Son amant, auquel elle tourne le dos, écarte lentement les deux chaises l'une de l'autre, de sorte que les jambes de sa maîtresse s'écartent doucement, elles aussi, et forment le plus grand angle possible: plus grand est l'écart, plus accessible se trouve la vulve, à la fois par sa hauteur, par rapport à la hauteur du sexe de l'homme, et par sa position et son ouverture. Car, le sexe ainsi écartelé, la dame offre un passage facile au pénis de son amant. (www.doctissimo.fr/html/kamasutra/se_5800_grand_ecart_42.htm; accès le16/09/07)*

grenouille: *L'homme est allongé sur le dos, les jambes entrouvertes. La femme vient s'allonger sur lui de sorte que la plante de ses pieds prenne appui sur le dessus des pieds de son partenaire. Elle peut alors utiliser cet appui pour mouvoir son corps* *d'avant en arrière. L'homme peut simultanément stabiliser la position (forum.aufeminin.com/forum/f347/__f67_f347-Grenouille.html; accès le16/09/07)*

gymnaste: *Lui, couché sur le dos (par terre ou sur le lit) guide les mouvements en maintenant les hanches de sa partenaire qui travaille à la fois ses cuisses et ses abdominaux en réalisant la posture de sexe anal appelée "La Gymnaste". (www.positionsdesexe.com; accès le 16/09/ 07)levrette: La levrette est l'une des positions les plus chargées de fantasmes, car elle est celle des mammifères quadrupèdes (...) Les femmes aimeront être à quatre pattes ou à genoux, le buste ou seulement la tête appui sur le lit, s'il est à bonne hauteur, sur le canapé ou tout autre meuble adéquat si on se permet des excursions hors de la chambre... Elles goûteront le plaisir de rester passives ou, au contraire, s'abandonneront au balancement de tout leur corps, joueront avec les mouvements de reins en accompagnant le va-et-vient du partenaire et renforçant son effet. Elles apprécieront aussi que leur clitoris soit librement accessible à sa main. (www.doctissimo.fr/html/kamasutra/se_ 6000_grenouille_44.htm; accès le16/09/07)*

grenouille à la nage: *Dans la posture de la "grenouille à la nage", la femme tourne le dos à l'homme comme dans la levrette. Prenant appui sur ses coudes, les mains croisées derrière la nuque, les seins en contact avec le matelas, la femme dresse ses fesses. Son dos se cambre naturellement. Ses cuisses sont largement écartées, ses jambes reposent à plat sur la couche. L'homme s'agenouille entre ses cuisses, guide son pénis dans le vagin et appuie fortement ses mains sur les omoplates de sa compagne. (www.doctissimo.fr/html/kamasutra; accès le 16/09/07)*

maman et papa: *Les positions maman et papa sont liées à des attitudes, comportements et conduites de type gratifiant, oblatif ou comblant pour les parents. (www. psychologies.com/cfml/chroniqueur/c_chroniqueur.cfm?id=62; accès le 26/08/07)*

marteau piqueur: *Une des positions qui contrarie le plus la position naturelle en érection de la verge, donc qui offre les frottements les plus puissants, est celle du "marteau piqueur". Comme d'habitude, on n'a rien sans effort, et les excitations obtenues dans cette position doivent se mériter.*

missionnaire: *C'est la position la plus connue, universellement appréciée des débutants comme des plus expérimentés, l'homme s'allongeant entre les jambes de sa partenaire. (www.x-elle.fr/kamasutra.html; accès le16/09/07)*

nageur: *Le secret de cette position de sexe anal réside dans le fait que l'homme doit parvenir à trouver le meilleur angle pour placer son pénis dans l'anus de sa partenaire, elle l'aide toutefois en levant une des deux jambes et en ouvrant davantage son entrejambe. (www.positionsdesexe.com; accès le 16/09/07)*

par-derrière: *Bonjour, quand je fais l'amour et que je me fais prendre par-derrière (debout), j'ai extrêmement mal au ventre. (forum.doctissimo.fr/doctissimo/kamasutra/faire-prendre-derriere-sujet_151052_1.htm; accès le 26/08/07)*

par-devant: *Dans ces cas-là, il faut qu'on me prenne par devant, me lèche les seins, et du bout du gland me carressiez chaudement le sexe. (www.abcsexe.com/anouchka/anouchka_6.html; accès le16/09/07)*

petites cueillères: *La femme et l'homme s'allongent sur le côté, l'homme dans le dos de la femme, qu'il pénètre vaginalement. Si l'homme se plaque contre le dos de sa compagne, l'image de deux petites cuillères emboîtées est évidente. (www.doctissimo.fr/html/kamasutra; accès le 16/09/07)*

profondeur anale: *Encore une variante d'une position vaginale, et encore une fois les fesses de la partenaire doivent être davantage levées pour permettre une introduction plus profonde du pénis de l'homme dans son anus. Ce dernier contrôle la totalité des mouvements, cependant la femme peut contribuer à augmenter le plaisir commun en oscillant légèrement sur le côté, et en intensifiant les frottements du membre de son compagnon dans son intimité. (www.doctissimo.fr/html/kamasutra; accès le 16/09/07)69: Une des positions sexuelles les plus populaires, sinon LA plus populaire: l'homme est couché sur le dos, et la femme s'allonge sur lui, mais en sens inverse (la femme peut bien évidemment se retrouver au-dessous aussi). Contrairement à toutes les autres positions de sexe oral, le 69 est la seule pendant laquelle le plaisir des partenaires est mutuel et simultané. (www.positionsdesexe.com; accès le 16/09/07)*

sur le côté: *Mais si la gêne persiste, il reste à la femme à se mettre sur le côté ou à quatre pattes. (www.doctissimo.fr/html/kamasutra/se_3500_sexualite_grossesse_19.htm; accès le16/09/07)*

sur le dos: *Privilégiez la position couchée sur le côté, en feotus, sinon sur le dos et non sur le ventre, et alternez les positions qui vous conviennent. (www.google. com.br/search? q=sur+le+dos+positions&hl=fr&start=10&sa=N; accès le 27/08/07)*

sur le ventre: *La position sur le ventre: relaxante et bien adaptée aux débutantes. (etmoi.free.fr/index.php?rub=point_g&p=ventre-cl; accès le 27/08/07)*

tête-bêche: *Variations en tête-bêche:Le 69, décidément, est une source infinie de variations. (...) L'homme et la femme se mettent à genoux, cuisses écartées, l'homme dans le dos de la femme, à un petit mètre environ. La femme s'assied sur ses talons et renverse son buste en arrière. Quand elle est bien renversée, l'homme se penche au-dessus d'elle et adapte sa position jusqu'à avoir la bouche sur son sexe. La femme s'accroche aux hanches de l'homme et a tout le loisir d'embrasser sa verge selon les mille façons que son imagination lui suggérera. (www.doctissimo.fr/html/kamasutra/se_3400_tete_beche_18.htm; accès le16/09/07)*

union suspendue: *L'union suspendue: Le couple debout, la femme s'agrippe au dos de l'homme puis enlace fermement ses jambes autour de sa taille tandis qu'il la retient par les fesses et le dos. La femme peut aussi se placer dos à un mur, qui peut lui fournir un appui et une portance supplémentaire. (www.x-elle.fr/kamasutra,l-union-suspendue,33.html; accès le16/09/07)*

6. AS POSIÇÕES

cachorrinho: Uma variante é pedir a ele que estimule o clitóris quando praticam a posição cachorrinho. (nova.abril.com.br/solteira/perola.shtml; acesso em 28/08/07)

caranguejo: Nesta posição muito agradável, que contrai a vagina ao redor do pênis, a mulher encolhe as pernas e descansa as coxas no estômago dele, como um caranguejo... (br.geocities.com/itajubatotal/kama_sutra5.html; acesso em 28/08/07)

cata-cavaco: Uma sensação estranha e diferente tomou conta de mim naquele momento, eu estava gostando de ficar naquela posição de cata-cavaco, olhando para a calcinha... (www.casadoscontos.com.br/texto.pl?texto=200510400; acesso em 28/08/07)

cavalgar: Adoro cavalgar como uma amazona! (obsidiana.cidadeinternet.com.br/forum/display_topic_threads.asp?ForumID=11&TopicID=14&PagePosition=1; acesso em 28/08/07)

cavalinho: Posição de "cavalinho" é adequada para mulheres com mamas grandes. (www.clinicamartinsvara.com.br/am.htm; acesso em 28/08/07)

de lado: A posição de lado pode ser mais confortável, no entanto, use gel KY, ou compre em *sex shops* o creme amaparys, que é anestésico leve. (br.answers.yahoo.com/question/index?qid=20060912130308AA1tgZT&show=7; acesso em 28/08/07)

de pé: Ambos de pé e a mulher encostada na parede, ela eleva as pernas e senta no colo dele, se encaixando no pênis. (www.atelierdenoivas.com.br/mostra.asp?cod=3161; acesso em 28/08/07)

de ponta-cabeça: Posição de ponta-cabeça:a revista *Screw* oferece esta sugestão para um casal gordo: "Deitado de lado, gire seu corpo de modo que a cabeça de sua parceira esteja junto a seus pés e vice-versa. Então, movam-se até que seus genitais estejam alinhados. Desse modo, vocês podem evitar o contato barriga com barriga totalmente.". (www.magnuscorpus.org; acesso em 16/09/07)

de quatro: Estudiosos afirmam que o principal motivo que levou a "posição de quatro" a entrar em desuso foi a introdução do sexo anal nas práticas de acasalamento. (kamasutra.blogs.sapo.pt/arquivo/137840.html; acesso em 28/08/07)

escancarada: Ela agarrou suas pernas e trouxe ao ombro, ficando na posição frango assado, totalmente escancarada para mim. (www.cido.com.br/contos.asp?id=1867; acesso em 28/08/07)

espanhola: Ato sexual onde o homem aloja o pênis entre os seios da parceira. (www.ibest.com.br/site/home/1.1286.html; acesso em 28/08/07)

frango-assado: Frango-assado:Posição sexual onde a mulher fica deitada de barriga para cima com as pernas dobradas sobre o abdome. (www.ig.com.br/sexo/home/Sexpedia.html; acesso em 16/09/07)

lado a lado: Lado a lado: nessa posição, você pode deitar-se ao lado de seu parceiro em qualquer direção. (www.siteg.com.br/ver_art.php?codigo=10; acesso em 28/08/07)

mamãe-e-papai: Eu sentei no pau dele e começei a fazer um mamãe-e-papai gostoso. (sitedesexo.ws/sendo-comida-pelo-jardineiro; acesso em 28/08/07)

meia-nove: O famoso meia-nove é uma das posições mais excitantes para muitos casais, pois há uma estimulação simultânea de ambos os parceiros. (kamasutra.blogs.sapo.pt/arquivo/138654.html; acesso em 28/08/07)

missionário: Diga adeus à monótona posição do Missionário e descubra posições que farão você ir e vir da lua. (www.pinkylotus.com/posicoes-sexuais.php; acesso em 28/08/07)

montaria: Ela estava de costas pra tela, sentada na posição de montaria. (pensamentos sacanas.blogspot.com/2006_03_01_archive.html; acesso em 28/08/07)

papai-e-mamãe: Sou virgem e nunca vi como se faz sexo papai e mamãe. (br.answers.yahoo.com/question/index?qid=20070129051750AAKJnDx&show=7; acesso em 28/08/07)

por cima: Com o homem sentado, a mulher se encaixa por cima dele para que ocorra uma penetração profunda. (www.atelierdenoivas.com.br/mostra. asp?cod=3161; acesso em 28/08/07)

por trás: Entrada por trás (homem entrando na mulher por trás) pode também depositar os espermatozóides próximos do colo e ajudar na concepção. (www.fertilidade online.com.br/latam_brazil/concern/Maximise_Your_Fertility/Sexual_Positions.jsp; acesso em 28/08/07)

sessenta-e-nove: E a que posições se referia a gatinha? Seria o tradicional papai-e-mamãe, uma foda selvagem de quatro, um sessenta-e-nove grupal de dez casais (....) (upassos.wordpress.com/tag/narrativas; acesso em 28/08/07)

7. *D'AUTRES PRATIQUES SEXUELLES* / OUTRAS PRÁTICAS SEXUAIS

7.1. LA MASTURBATION

***astiquer [s'] le bouton**: J'ai passé des nuits à m'astiquer le bouton, à m'épuiser à tenter de revivre nos étreintes, sans parvenir à retrouver le plaisir que me procurait quand même un seul de ses orgasmes maladroits. (beltegeux.free.fr/Litterature/LettrePerdue.html. netpass.tv/mairie-5.php; accès le 16/09/07)*

***branlade**: Quelle sont les risques de la masturbation? (...) Aucun, c'est une soupape de sécurité... à condition de ne pas y prendre goût. Bonne branlade!! (fr.answers. yahoo.com/question/index?qid=20070718085317AAaTEq0; accès le 27/08/07)*

***branle**: Branle-moi: pas de baise torride dans les cartons ou une partie de jambes en l'air bruyante qui risquerait de faire venir le patron, juste une masturbation en bonne et due forme. (www.top-series.fr/branle-moi.htm; accès le 27/08/07)*

***branler [se]**: Une bourgeoise se branle dans sa cuisine!!! Nous retrouvons notre perverse arsitocrate (www.truie.fr/masturbation-dl-1816.htm; accès le 27/08/07)*

***branlette**: J'ai commencé la branlette à 12 ans, est-ce grave? Parce que mon sperme est déjà tout blanc et j'ai 15 ans! Je me branle au moins une fois par jour! (forum.doctissimo.fr/doctissimo/ados-sexo/branlette-masturbation-sujet_157840_1.htm; accès le 28/08/07)*

cinq contre un: *Il existe le cinq contre un et à mon avis cela devrait te calmer. (www.americasarmy-fr.com/viewtopic.php?t=2543&view=previous &sid=32d2db22071 e28637c4cfd125646d028; accès le 28/07/08)*

doigt de cour: *On pratiquera le doigt de cour:cet exercice de séduction verbale requérant mille et une précautions oratoires -, ou on aura recours à la main baladeuse, (...) (www.jlconstant.be/metaf02.php; accès le 27/08/07)*

effeuiller: *Le jour, je travaillais dans un magasin de cosmétique, et la nuit, j'allais m'effeuiller dans une boîte de strip-tease. (jetsociety.wordpress.com/en-savoir; accès le 27/08/07)*

pignole: *Elle agace et pignole à trois doigts son gros clitoris congestionné, en forme de petite pine. (www.asstr.org/files//Collections/Histoires_Fr/www/txt2004/le_bb_fille_de_ma_cliente.02.txt; accès le 28/08/07)*

pogner [se]: *Et je me mettrai à me pogner en la regardant (...) (www.irclogs.ws/freenode/bashfr/18Nov2005/17.html; accès le 28/08/07)*

polir [se] le chinois: *Comment voulez vous faire preuve d'autorité sur une personne quand vous l'imaginez vous polir le chinois? (lony.blogs.psychologies.com/tes_toi_quand_tu_parles/2006/11/submerg_par_la_.html; accès le 26/08/07)*

secouer le chibre: *Il fallait bien que quelqu'un te secoue le chibre pour te sortir de ton sommeil... (www.forumpsg.com/lofiversion/index.php?t3347.html; accès le 28/08/07)*

tromper la nature: *Pour remédier à tout cela, il faut tromper la nature et ne pas éjaculer. (forum.doctissimo.fr/doctissimo/orgasme/retenir-ejaculation-sujet_136846_1.htm; accès le 28/08/07)*

veuve poignet: *Une vie de couple normale (sans divorce) et pas homo (je n'ais rien contre), par contre depuis longtemps je me féminise seul et utilise la veuve poignet de temps en temps. (www.comlive.net/Masturbation-Entre-Mec,67783,80.htm; accès le 28/08/07)*

7.1. A MASTURBAÇÃO

bater punheta: Eu ainda era virgem, só batia punheta. Logo nesta primeira noite eu acordei com a vizinha me chupando. (www.todaformadeamor.com.br/v1/artigos/ler.php?cd_artigo=1032; acesso em 27/08/07)

bela adormecida: A bela adormecida é uma técnica de masturbação onde o homem senta sobre a própria mão para deixá-la dormente, então ao se masturbar, não sente a mão e tem a sensação de estar sendo excitado por outra pessoa. (www.curiosidadesdabarbara.globolog.com.br/archive_2005_07_25_31.html; acesso em 27/08/07)

bronha: Desde moleque fui viciado em bater uma bronha, eram 2, 3 por dia ou até mais, dependendo da empolgação, mas, de uns anos pra cá, depois que transei pela primeira vez, percebo que esqueci a punhetinha básica, passo semanas sem lembrar da minha mão, isso é normal? (forum.cifraclub.terra.com.br/forum/11/127686; acesso em 27/08/07)

cinco-contra-um: Eu vou é assumir o meu lado 'cinco contra um'. Bem, nesse caso, então, o melhor a fazer é colocar um daqueles avisos de não pertube na maçaneta do banheiro. (www.cucaracha.com.br/palavras/20000429pedroivo001.html; acesso em 27/08/07)

descabelar o palhaço: Juan fez interessante observação: homem quando se masturba diz que vai "descabelar o palhaço"... Eles são bem mais palhaços do que a gente pensa. (tudopalhaco.blogspot.com/2002_03_01_tudopalhaco_archive.html; acesso em 28/07/07)

punheta: Se você não quer pagar as putas, existe a punheta. (fodecasting.blogspot.com/2007/04/bonca-inflvel.html; acesso em 28/08/07)

punheteiro: Quando as mulheres vão entender que no fundo, bem no fundo, nenhum homem deixa de ser um adolescente punheteiro? (www.rafael.galvao.org/2007/02/resposta_a_vivien.php; acesso em 28/08/07)

siririca: Tenho 30 anos, solteira e desde novinha curto demais uma gostosa siririca. Não perco a oportunidade de, quando estou sozinha em casa, dar umas duas ou três. (www.verbeat.org/blogs/bereteando/arquivos/003848.html; acesso em 28/08/07)

tocar bronha: Ela tocou bronha pra mim... gozei. (ube-164.pop.com.br/repositorio/28727/meusite/hitz.html; acesso em 28/08/07)

tocar punheta: Ele ia para um canto meio escondido e tocava punheta vendo as ilustrações. Aconteceu várias vezes, mas ele sempre disfarçava bem quando alguém chegava perto. (blogdatinalopes.zip.net/arch2007-06-01_2007-06-15.html; acesso em 27/08/09)

tocar siririca: Vídeo amador que mostra um lindo peitão sendo auto-acariciado. A gata não se contém e começa a tocar siririca. (www.seuporno.com/busca/so-na-siririca.php; 28/08/07)

tocar uma: Chegando,dei uns pegas, ela tocou uma pra mim (sim, ele subiu, não nega fogo hehe) puxei a calcinha de lado e quando fui meter, adivinha? (www.umhomemsincero.blogger.com.br; acesso em 28/08/07)

7.2. LE COÏT BUCCAL / O COITO ORAL

7.2.1. *La fellation*

avaler la fumée: *Alors pour survivre, il me faudra ouvrir la bouche, et avaler la fumée, la boire. (www.blogg.org/blog-6642-offset-480.html; accès le 31/08/07)*

faire [se] croquer *Tout le monde n'a pas le malheur de se faire croquer le sexe et d'être laissé sans nouvelles de sa maîtresse. (www.fluctuat.net/livres/chroniques01/doublevie.htm; accès le 31/08;07)*

faire la pipe: *La magnifique trans se penche et commence à lui faire la pipe de ses rêves! www.lapine.fr/transexuel.htm; accès le 16/09/07)*

faire minette: *Il est vrai que cette approche est facilitée par le fait que mon amie est surtout fontaine quand je lui fais minette. Depuis peu, nous parvenons à jouir ensemble lorsque nous sommes tête-bêche. (forum.aufeminin.com/forum/f349/__f1071_p2_f349-Je-suis-une-femme-fontaine.html; accès le 31/08/07)*

faire un pompier: *Et après, je me prépare, je lui fait péter les cordes vocales et elle me fait un pompier près de la piscine. (www.cbsc.ca/francais/decisions/decisions/1997/971017.htm; accès le 31/08/07)*

pomper: *L'ayant faite jouir, il lui redonne sa queue à pomper, il se branle et lui éjacule sur le visage. (www.video-sexex.com/film-x-69.htm; accès le 30/08/07)*

pomper le dard: *Il va lui pomper le dard, le mettre en condition avant de monter dans l'appartement et réellement commencer la petite sauterie. (gayxx.lemoncast.com; accès le 31/08/07)*

pomper le gland: *Quand elle est bien excitée, elle se saisit de sa bite pour lui pomper le gland et le branler jusqu'à ce qu'il bande bien dur. (www.google.fr/search?hl=pt-BR&q=%22pomper+le+gland%22&meta=cr%3DcountryFR; accès le 31/08/07)*

pomper le noeud: *Notre blanc bec la culbute à peu près dans tous les sens après s'être copieusement fait pomper le noeud et suite à une dernière pipe de mémé. (www.video-mature.tv/index.php?pa=6&p=14; accès le 31/08/07)*

sucer: *Je ne résiste pas à l'envie de m'approcher et de lui présenter ma bite à sucer, je suis tellement excité que je ne tarde pas à jouir dans sa bouche. (www.histoires-de-sexe.net/histoires-v3/histoire-lire.php?ID=4624; accès le 31/08/07)*

sucette: *Une jolie brune dévore une sucette qu'elle fait glisser sur son clítoris et dans sa chatte. (www.jejouis.com; accès le 31/08/07)*

suceuse: *Vu dans le post où tu es, t'es pas un boudin, t'es une suceuse (avec tout le respect que j'ai pour toi). (forum.bestofchat.com/rencontres/rencontres-sexy/suis-suceuse-sujet_404_1.htm; accès le 30/08/07)*

tailler une plume: *Cornabœux, dont le bras commençait à être fatigué, se tourna vers Culculine qui essayait de tailler une plume à la Chaloupe. (fr.wikisource.org/wiki/Les_Onze_Mille_Verges_ou_les_Amours_d%E2%80%99un_Hospodar?match=es; accès le 31/08/07)*

tirer une pipe: *C'est l'histoire de la jeune femme qui décide de tirer une pipe à son mari. (quebechisme.blog.com/2006/1; accès le 31/08/07)*

7.2.1. A felação

boquete: Recebendo um boquete muito gostoso, ele fatalmente vai ter vontade de gozar. Então, ou ele vai gozar de imediato, ou vai pedir pra você parar e ele gozar. (pequenosdelitos.wordpress.com/2007/05/28/fala-garota; acesso em 31/08/07)

chupada: Chamei ela até o banheiro e coloquei minha pica pra fora, onde ela já caiu de boca, chupando a porra toda até os gomos (Puxa que chupada gostosa!...) (fmodia.terra.com.br/sexo/contoseroticos/amigaamante.html; acesso em 31/08/07)

chupadora: Talita era uma morena lindíssima, olhos verdes, seios fartos, bunda grande e, além de tudo, ela era uma exímia chupadora. (httpd3.flogao.com.br/tdantas/news/131912; acesso em 30/08/07)

chupar: Corajoso por ter chupado uma prostituta ou corajoso por chupar buceta? (madamebela.blogspot.com/2006/09/chupar-ou-no-chupar.html; acesso em 31/08/07)

chupeta: Nossa, que chupeta foi aquela, uma delícia, quase gozei ali mesmo dentro da boquinha dela. (sexofotos.ws/pulando-o-muro-da-vizinha; acesso em 31/08/07)

engolir cobra: Tô fora... esse negocio de engolir cobra não é comigo não, hein... q papo torto esse, hein, editor!? (editordouoltabloide.fotoblog.uol.com.br/photo20050421140429.html; acesso em 31/08/07)

fazer uma chupeta: Oi, meu nome é Gisele. Eu perdi a carteira, se alguém encontrar, eu faço uma chupeta." (hal.tipos.com.br/arquivo/2003/10; acesso em 31/08/07)

garganta profunda: Uma "garganta profunda" é garantia de sucesso, mas vá com calma. Poucas mulheres conseguem engolir um pênis de bom tamanho (com mais de 18 cm, por exemplo). (www.rededosexo.com/siterededosexo/textosexooralnohomem.php; acesso em 30/08/07)

7.2.2. *Le cunnilinctus*

bouffer la chatte: *Une libertine qui aime se faire bouffer la chatte. Une femme libertine est en train de faire son show dans un salon privé d'un club de baise. (www.pdeuxp.com/sexe; accès le 31/08/07)*

bouffer le cul: *Oui, j'aime me faire bouffer le cul mais par un mec de préférence ou alors avec un gode si c'est une meuf, à condition que ce soit pas des thons. (forum.doctissimo.fr/doctissimo/rencontres/souvent-bouffer-filles-sujet_3959_1.htm; accès le 31/08/07)*

descendre à la cave: *Je suis tombé sur un mec qui n'aimait pas la fellation, (...) descendre à la cave, et elles mêmes avait du mal à y aller. (forum.bestofchat.com/sexualite/sexe/sous-la-couette/cunni-jusqu-orgasme-sujet_303_2.htm; accès le 16/09/07)*

sucer: *Lui sucer le cul pendant des jours entier dans le but de l'élargir à outrance, et recueillir le jus de sa chatte pour lui reverser dans le fion. (zazoum.com/wp/hardcore/1044/eva-angelina-first-anal; accès le 03/09/07)*

7.2.2. O cunilíngua

chupador: Eu não vou ficar com um chupador de cu, cheira bunda, querendo lamber meus pés, sem que eu tenha conforto. Você sabe que pode arrumar outro emprego. (br.geocities.com/tualisi/conto30.htm; acesso em 31/08/07)

chupão: Se essa mulher fosse minha eu deixava chupão no cu dela todo dia; (www.nerdgames.net/blog/fani-do-bbb-7-pelada-na-playboy-%E2%80%93-veja-aqui-as-fotos/; acesso em 03/09/07)

chupar: Jazz aproveita e lambe o cu das meninas com muita vontade, ele adora chupar o rabo destas vadias. (cineminha.uol.com.br/filme.cfm?id=97868; acesso em 03/09/07)

cunete: Quando recebi um cunete, entrei em estado de êxtase, um transe em que todo o mundo, todos os meus problemas, todos os meus medos, tudo não mais existia. (complexodeanjo2.blogspot.com/2006/07/cunilngua.html; acesso em 31/08/07)

lambedor: (...) sou ótimo chupador de buceta e lambedor de cuzinhos. Se você é de BH e gosta disto, entre em contato. (www.leitedepato.com.br/?comments_popup=1014; acesso em 31/08/07)

minete: É óbvio que não, quem não gosta de fazer um bom minete com a boca bem molhada? (explicito.blogs.sapo.pt/arquivo/2004_05.html; acesso em 03/09/07)

7.3. LE COÏT ANAL (HÉTÉROSEXUEL)

aller au cul: *Il faut plus souvent aller au cul, ta copine ou ta femme ne doit pas bien te sucer. (www.chez.com/jacky/book.html; accès le 07/09/07)*

casser le pot: *Votre main reste coincé: plus qu'une seule solution: casser le pot. Un doigt dans la bouche, l'autre dans le cul. (pnt.titi.free.fr/index.php/feed/tag/humour/rss2; accès le 16/09/07)*

dernière faveur: *Mais la surprise de Camilla est un doux guet-apens, une dernière faveur qu'elle offre à Diane, un dernier moment intime, privilégié. (perso.orange.fr/forban/md/index.htm; accès le 07/09/07)*

emmancher: *Qui n'a jamais rêvé de balancer une jolie nana, nue et les jambes écartées de préférence, et qu'elle vienne s'emmancher sur ton membre surexcité à l'idée de pouvoir enfin assouvir ce fantasme. (www.plaisir-feminin.com/product_info.php?cPath=10_102&products_id=2123&osCsid=2297328e12fcd1c792f05aa683e633 e2; accès le 07/09/07)*

enculade: *Vraiment très bandant et ça glisse tellement bien! Dis, tu nous mets une photo de ton anus dilaté après une telle enculade? (blog.voissa.com/natt/index.php?showentry=96929; accès le 07/09/07)*

enculer: *Il encule sa copine pour la première fois au bord d'une rivière. (www.quotisexe.com/encule-copine-pour-premiere-fois-bord-dune-riviere-s-320.html; accès le 07/09/07)*

enculeur: *L'enculeur avait été remplacé par un autre derrière moi, au sexe moins long mais plus large, qui me chauffait délicieusement le cul. (etrevivant.canalblog.com/archives/2007/03/21/4381685.html; accès le 16/09/07)*

endauffer: *A peine arrivée, la garce disparaît pour se faire endauffer par deux gars inconnus! (www.extraits2amateurs.com/recherches/pemetration-d-homme_15.html; accès le 07/09/07)*

enfilade: *Et puis la vie amoureuse ne se résume pas à une longue enfilade de bites (...) (forum.doctissimo.fr/doctissimo/desir-plaisir/seduire-vieille-succes-sujet_174020_3.htm; accès le 07/09/07)*

prendre le cul: *Elle a l'air d'apprécier de se faire prendre le cul ainsi, les deux ne vont pas la lâcher et vont l'enculer de toute leur force! (www.sexeautop.com/cat1-14.htm; accès le 02/09/07)*

prendre par-derrière: *Bonjour, Quand je fais l'amour et que je me fais prendre par-derrière (debout), j'ai extrêmement mal au ventre. (forum.doctissimo.fr/doctissimo/kamasutra/faire-prendre-derriere-sujet_151052_1.htm; accès le 07/09/07)*

7.3. O COITO ANAL (HETEROSSEXUAL)

arregaçar o cu: Vou arregaçar o cu dessa vagabunda, vou te foder, sua puta arrombada. (www.relatoseroticos.com.br/read_a/39572/0/550; acesso em 07/09/07)

arrombar o cu: Ela gozou tanto que chegou a desmaiar, naquele dia ela viciou em dar o cu, e a partir daquele dia nossas transas não são completas se eu não arrombo o cu da Dona Marico pelo menos duas vezes. (megasex.com.br/contos/artigotemplate.php?id=10122; acesso em 07/09/07)

botar na bunda: Ela com meu dedo enfiado no cu pegava-me a piroca, que dizia ser muito grossa, senão, deixaria eu botar na bunda dela (...) (www.casadoscontos.com.br/termo.html; acesso em 07/09/07)

comedor de rabo: Dar o rabicó também depende de quem vai comer, se você achar um bom comedor de rabo, vai ser show, caso contrário não vai rolar e se rolar não vai ser legal. (www.bolsademulher.com/feed/forum/4119.xml; acesso em 07/09/07)

comer o cu: Certa vez tentei comer o cu de uma namorada. Tentamos várias vezes... Se o cara não conseguia comer o cu da garota, ao menos deflorava o próprio ânus. (maobranca.br.tripod.com/contos/cu.htm; acesso em 07/09/07)

comer por trás: Me chamando de puta safada bem baixinho dentro do meu ouvido, ele me comeu por trás com uma violência maravilhosa enquanto seus dedos brincavam com meu grelo. (www.fry.blog.br/2007/01/26/darla/; acesso em 07/09/07)

curra: Ele já estava bastante excitado e meteu com força, enquanto Felipe enxugava seu pinto em meus lábios, André uivava de tanto prazer assistindo à minha curra; (www.classimodels.com.br/conto.aspx?Codigo=2186; acesso em 07/09/07)

currar: Babo, gemo, ameaço um leve grito que não sai, gemo novamente, babo na cama, e ele continua firme a me currar o cu. (cadelaisdr.zip.net; acesso em 07/09/07)

dar a bunda: A primeira coisa que me chamou a atenção nela foi sem dúvida a bunda, tanto que com o passar do tempo eu a ensinei a gostar de dar a bunda, coisa que ela nunca tinha feito. (www.sexytotal.com.br/contos/traicao_002.htm; acesso em 16/08/07)

dar o cu: Dei o cu aos 16 anos! e gozei como nunca esperei. Eu era virgem e o cu era a única maneira de ter prazer e não perder a virgindade. (meandmysecretlife.wordpress.com/2007/01/28/o-cu-dor-e-prazer; acesso em 07/09/07)

dar o fiofó: Como eu te disse, eu não gostava muito de dar o fiofó, mas a gente se apega, né? Acostuma... (mesapratres.zip.net/arch2007-06-01_2007-06-30.html; acesso em 09/09/07)

dar o rabo: Um dia, as mocinhas davam o rabo pra permanecerem virgens, hoje, fazem por diversão. (esbococubista.blogspot.com/2007_03_01_archive.html; acesso em 07/09/07)

dar por trás: Se quisesse carne, tinha que dar por trás. Eu estava com fome. Eu fui vendida por minha irmã. Eu fui obrigada a deitar com o polícia. (piratacurupira.blogspot.com/2007_04_01_archive.html; acesso em 07/09/07)

enrabada: Você que ser enrabada, não quer? Quer dar o cuzinho, não é Diana? (www.mrmalas.com/contoseroticos/heterossexuais/diana_iii.htm; acesso em 07/09/07)

enrabar: Já refeita, Sílvia engatinhou na direção de Andréa e começou a percorrer o corpo dela com a língua, no momento em que Paulo passava a enrabar Vera. Esta gritava de dor, mas não parava de rebolar. (www.contosquentes.com/contos_view.php?indice=4; acesso em 16/08/07)

levar ferro: É hora de levar ferro no cu, na frente do maridão ; adoro comer a bunda de mulher casada (...) (www.casadoscontos.com.br/termo.html; acesso em 07/09/07)

levar no rabo: Ele perguntou se eu estava preparada pra levar no rabo, eu apenas balancei a cabeça, ele então me deu um tapa na minha bunda e mandou eu ficar de quatro. (www.cido.com.br/contos.asp?id=1678; acesso em 09/09/07)

levar por trás: Ela deu um sorriso e disse: Quero levar por trás também, mamãe, estou louca de vontade de dar o cuzinho. (www.casadoscontos.com.br/termo.html; acesso em 07/09/07)

meter no rabo: Você quer meter no rabo dela, né?... vem cá... bota na minha boca... quero ele duro de novo... (www.casadamaite.com/index.php?option=com_content&task=view&id=4393&Itemid=319; acesso em 07/09/07)

pegar por trás: Me pega por trás! Por favor! Já quase gozando (...) (fmodia.terra.com.br/sexo/contoseroticos/louco.html; acesso em 07/09/07)

perder as pregas: E eu não queria perder as pregas do meu cu com um cliente. Masm, se quer saber, eu admiro pra caramba essas mulheres que fazem tudo, que não têm frescura para dar o cuzinho. (terapeutasexual.blogspot.com/2005/11/sexo-anal.html; acesso em 07/09/07)

sentar na vara: As brazucas provam que gostam mesmo é de sentar na vara. Elas também adoram pau na bunda, pau na xota e chupadas. (www.siteg.com.br/prt/dvd-3-horas-so-gostosas-do-brasil-vol-5; acesso em 07/09/07)

sentar no quibe: "Vai sentar no kibe hoje, Gisele?", alguém grita do fundo da casa. Ela ri sob o véu – uma espécie de tela de mosquito azul. "Gosta de charutinho, *baby*?" (revistatrip.uol.com.br/143/especial/ilegal1.htm; acesso em 07/09/07)

socar no rabo: Completíssima, mandou socar no rabo dela com toda a força que eu conseguisse (...) (forum.forum-hot.com/insufficient_permission.asp; acesso em 07/09/07)

tomar na bunda: Mas amava, também, tomar na bunda. E tanta era a vontade, que a rainha, que nunca numa foda se aquietava, um caralho maior sempre buscava. (pintolibertino.blogspot.com/2006_02_01_archive.html; acesso em 07/09/07)

tomar no cu: Essa mulher é uma coroa quarentona que diz que não gosta de tomar no cu, porque ela sente dores. (mr.private.rssfotoblog.nafoto.net; acesso em 07/09/07)

tomar no rabo: Então deixa esse cuzão tomar no rabo bem gostoso, aí ele vai ver o que é bom (...) (forum.portaldovt.com.br/forum/lofiversion/index.php/t29831.html; acesso em 07/09/07)

virar o disco: Ao vê-lo desnudo, a moça assombrou-se: o homenzinho tinha um membro desproporcional, uma enorme ferramenta. Ao final das atividades corriqueiras, o baixinho exigiu: "Hora de virar o disco. Agora eu quero o lado B". Para Bárbara, uma prática sexual detestável. (homembaile.blogspot.com/2005_03_01_archive.html; acesso em 07/09/07)

7.4. *L'HOMOSEXUALITÉ* / O HOMOSSEXUALISMO

7.4.1. La pédérastie

à voile et à vapeur: *Epliquez-lui mieux que vous êtes partisan de relations à voile et à vapeur. (www.echolalie.org/wiki/index.php?ListedeBlasphemes; accès le 17/09/07)*

bardache: *Dans presque tous les peuples américains, il y avait des travestis qui assumaient un rôle sexuel passif. D'abord appelés à tort "hermaphrodites", on les* *désigna ensuite sous le nom de "bardaches". (et-alors.net/articles/infos/reflexions-conseils/165/_Article_De_l_homosexualite_a_l_homophobie.html; accès le 08/09/07)*

bibi: *c'est encore bibi qui va se faire admonester par votre enculé de contremaître. (www.fluctuat.net/livres/plumes/nouvelles/HALLALI.rtf; accès le 17/09/07)*

bichon: *Godemichet anal pour un jeune gay qui veux connaître la sensation d'un teub de vieux mâle dans son petit cul serré. il va être servi le beau gosse, il va prendre sévère dans son cul de bichon. (salope.sexyref.com/sites_site-porno-gay_1973_0.html; accès le 08/09/07)*

bougre: *Le bougre en braille de plaisir et en profite pour un redemander encore un coup. (www.gay-video-x.com/gay/Beau-Cul-7-1.htm; accès le 08/09/07)*

castor: *Moi je mets pas les pieds au marais, avec ma dégaine de pd à tous les coups (...) Qui pose la vraie question qui t'intéresse: castor ou pas castor? (nicolin.over-blog.com/article-1000222-6.html; accès le 17/09/07)*

chochotte: *Rémy est une vraie chochotte. Il ne ferait pas de mal à une mouche..... il est pédé comme un phoque. On le voit trémousser du cul à deux kilomètres. (jc.deveney.free.fr/level2/Post%20Mortem%20Sc3-4.htm; accès le 17/09/07)*

coquine: *Le shorty string épouse parfaitement ses formes à cette coquine au bon cul. (pt.missglad.com/sexe; accès le 08/09/07)*

emmanché: *Celui-ci épuisé par les va-et-viens se reposa toujours emmanché par Harry. (forum.doctissimo.fr/doctissimo/recits-erotiques/harry-potter-sujet_1398_1.htm; accès le 17/09/07)*

empaffé: *Le mot "empaffé" signifie dans le langage courant une façon "polie" de dire enculé. (www.forum-auto.com/automobile-pratique/section16/sujet228554.htm; accès le 08/08/07)*

empapaouter: *Le vieux a promis de me foutre un rapport au cul et, moi, je lui ai dit qu'il aille se faire empapaouter. (www.languefrancaise.net/glossaire/detail.php?id=14639&PHPSESSID=5adc25408fccc6b867ad38642; accès le 17/09/07)*

enculé: *Transsexuel enculé profond dans le fion. Baise des transsexuels par le trou du cul, fais-toi sucer la bite bien profond dans la gorge (...) (www.sexeautop.com/site_1424.htm (sodomie.destination-porno.com/sodomie.php; accès le 17/09/07)*

entrouducuter: *J'ai mis un "entrouducuter"...Je trouve ça tellement mimi...lol non plus sérieusement j'en ai rien à cirer de comment le disent les autres pour moi ce qui compte c'est que je sais ce que je suis! (gayland.forumactif.com/ftopic1546.Alors-Gay-Pede-ou-Tante.htm; accès le 08/08/07)*

faire [se] dorer: *La quéquette, on se fait dorer (...) Ça nous rend tout gay. (stevos.teen.free.fr/html/paroles.htm; accès le 08/08/07)*

faire [se] emmancher: *Bon, bref, il se fait emmancher sévère. Les 3 jours suivants, le même scénario se reproduit (...) (www.xxltv.fr/chaine/histoire/histoire.asp?page=102; accès le 08/08/07)*

faire [se] endosser: *ces grosses salopes ont décidé de se faire endosser par de grosses queues. Ça s'encule dans tous les sens et ça prend son pied sans complexe. (www.twenga.fr/dir-Zone-Adulte,Video-Adulte,Video-Gay; accès le 08/08/07)*

lope: *Photo video sexe gay. Vous visionnez. C'est une lope! (www.les-videos-gay.net/videos-detail-766-C'est+une+lope+!.html)*

lopette: *Je peux vous dire que vous n'êtes pas un homme mais une lopette. (1libertaire.free.fr/LaFrancedelaHaine.html; accès le 17/09/07)*

passif: *Salut, je suis un homme totalement actif, je cherche un homme qui se travesti ou aime se travestir en femme (met de la lingerie féminine et se maquille),à condition d'avoir un beau visage, beau cul sexy, doux et totalement passif pour relation discrète et durable. (www.burkinaonline.bf/annonces/rencontres/display.asp?type=homme homme&debut=30; accès le 08/08/07)*

pédé: *Pédé ou pas, marié ou pas, Michel Berger vivait avec son temps et était sensible aux courants humains qui ont traversé son époque. (www.pederama.net/spip.php?article260; accès le 08/08/07)*

persilleuse: *Nancy fuit et, travestie, mène une vie de "persilleuse", avant d'être entraînée dans le luxe des adeptes de Lesbos du gratin londonien. (www.chapitre.com/CHAPITRE/fr/NEUF/product/waters-sarah/caresser-le-velours,9782207252444.aspx; accès le 08/08/07)*

socratiser: *Il se relève, baise encore la petite fille, lui expose un gros vilain cul sale qu'il lui ordonne de secouer et de socratiser (...). (http://socratiser.20six.fr/; accès le 26/06/08)*

succube: *La succube me rejète! Le Fellguard est trop moche! Le marcheur quand il me voit arriver par-derrière, il se delete! (forums.wow-europe.com/thread.html;jsessionid=9090CCDB52BE945F362FEEF35A67557B.app03_05?topicId=286909238&sid=2; accès le 08/08/07)*

tante: *Oui: ce sont les memes codes qui sont utilisés au travers le monde et au travers des âges par les gays, les queers, les pédérastes, les uraniens, les homosexuels, les arcadiens, les bougres, les tantes... (remi.over-blog.com/archive-04-2006.html; accès le 08/08/07)*

tantouse: *J'suis une mégateuf de tantouse anale parce que je préfère le regard à un décolleté. (forums.doyoulookgood.com/viewtopic.php?p=3989304&highlight=; accès le 07/09/07)*

tapette: *Ah la tapette, il se fait mettre des doigts dans le cul! (...) Ah, t'es homo, c'est sal et c'est interdit! (www.infos-du-net.com/forum/261932-27-comment-aborder-inconnu; accès le 17/09/07)*

troisième sexe: *Il se fait sucer et enculer par cette belle créature du troisième sexe. (www.ll-fr.com/cul-k-21.html; accès le 17/09/07)*

7.4.1. A pederastia

afeminado: No meu caso, não teria qualquer afinidade com um *gay* assumido e afeminado, o que dificultaria o nascimento da amizade. (br.answers.yahoo.com/question/index?qid=20060822070251AAobJgd; acesso em 08/09/07)

afrescalhado: Os caras têm um goleiro todo afrescalhado, que ainda por cima GOSTA de ser chamado de "*Superboy*" e vem falar da gente... (www.forum motorhome.com.br/index.php?s=13e4bff6c89e544564e07b8c3f 65abf5& showtopic=1353&st=120&p=40682&#entry40682; acesso em 08/09/07)

agasalhar o croquete: Agasalhar o croquete? Pedro, a casa caiu!!! Agora sabemos o que tu tanto vem aqui encher o saco! Tá na busca por vara, né, seu doente mental! (www.brazzilbrief.com/viewtopic.php?t=4290; acesso em 08/09/07)

assumido: Ele é assumido, diz que já curtiu mulher, mas hoje só fica com homens. Infelizmente, no Orkut dele, tá cheio de caras da região que são esplanados, viadinhos mesmo, e eu não curto isso. (caraimperfeito.blogspot.com/2006_12_01_archive.html; acesso em 08/09/07)

ativo: Josias, ele é ativo, tem um pau de 24 cm, beija muito bem. (www.overmundo.com.br/overblog/minha-vida-parte-2-13; acesso em 08/09/07)

aveadado: Porra, pegar na mangueira do traveco é foda, ou então ele é meio aveadado mesmo. Lamentável. (forum.portaldovt.com.br/forum/lofiversion/index.php/t39132.html; acesso em 17/09/07)

bâmbi: Veado realmente tem em todos os segmentos, porém pros bâmbis se aplica o ditado: "nem todo veado é bâmbi, porém todo bâmbi é veado"; (forum.portaldovt.com.br/forum/lofiversion/index.php/t60028.html; acesso em 09/09/07)

baitola: O cabelereiro baitola ficou dando em cima do rapaz que foi cortar o cabelo. (conversacruzada.blogspot.com/2007/07/dana-do-siri-coisa-de-baitola.html; acesso em 08/09/07)

bandeiroso: Pra começar, porque ser *gay* é muito mais bandeiroso que ser lésbica. Depois, também há aquela velha mentalidade de que as mulheres são por natureza um bocado "desmioladas" e os homens não podem ser. (www.ex-aequo.web.pt/forum/index.php?topic=5345.msg%25msg_id%25; acesso em 09/08/07)

biba: A biba começa a puxar assunto com Dieguinho na fila. Ele fica se sentindo mal naquela situação, mas não consegue simplesmente mandar o veado tomar no cu (...) (www.mbbforum.com/mbb/viewtopic.php?t=3852; acesso em 17/09/07)

bicha: Sou bicha, sim. Bicha, veado, paneleiro, tresloucada, entrevada e pau no cu! Sou tudo isso, mas não sou mais *gay*. Não, não sou. (psicopataenrustido.blogspot.com/2006/01/o-crepusculo-da-bicha.html; acesso em 08/09/07)

bicha-louca: Nero era uma bicha-louca, não sei se mais bicha que louca ou mais louca que bicha; e mau que nem pica-pau. (www.pacamanca.com/?m=200405; acesso em 08/09/07)

bicharoca: Quarta eu assumo meu lado bicharoca. Vou colocar uma saia, peruca e vou torcer pros bâmbis. (www.t4e.com.br/forum/viewtopic.php?p=187&sid=2c7a5a8b3f2a4e3393289af69f0836b2; acesso em 17/09/07)

bichice: Quando ele é cafajeste, todos o reprimem pela falta de consideração; quando ele é sensível, dizem que é bichice. (gravataimerengue.com/?comments_popup=95492282; acesso em 08/09/07)

bichona: Pessoal, dá pena ver esta bichona solitária abandonar o seu orgulho e vergonha na cara, se expondo ao ridículo e pagando micos sucessivos; (globovox.globo.com/posts/list/25919.page; acesso em 08/09/07)

bichoso: Essa do Dieguim de chamar o Lucas de safadim foi bem bichoso. (tools.hpg.ig.com.br/.../guest_read.php?guest_user=crunai&pag=1025 &tampag=25&bExibicaoHorizontal=; acesso em 17/09/07)

bofe: Mas hoje poucos se lembrarão deste significado, especialmente na comunidade *gay*. Bofe é um homem bonito, másculo e possivelmente *gay*. (lobbygay. biwoo.com/ story /ber-bofe-bombeiro-extingue-calendrio-dos-bombeiros-do-nypd; acesso em 08/09/07)

boiola: Ele senta; esse cara tem um certo brilho no olhar, boiola, bâmbi. (forum.cifraclub.terra.com.br/forum/11/131160/p1; acesso em 09/09/07)

boneca: Grupo *gay* pede explicações a Tasso sobre uso da expressão "boneca" em bate-boca. (noticias.bol.uol.com.br/brasil/2007/08/31/ult4728u2970.jhtm; acesso em 08/09/07)

borboleta: Segundo o que nos declarou um dirigente da Opus Gay, Crisálida Esvoaçante, os homossexuais são a maior comunidade de borboletas existente em Portugal. (pazehumor.blogspot.com/2006/11/comunidade-gay-manifesta-se-em-exposio.html; acesso em 08/09/07)

bundeiro: Não sei por que, mas todo bundeiro adora Paris. Macho que é macho veste-se como se estivesse em Miami. (www. musadecaminhoneiro. blogspot.com/feeds/6887790967480175396/comments/default; acesso em 08/09/07)

chupa-pau: Este é o site do Vescovi, o Chupa-Pau, conhecido pelo Brasil inteiro como Lambedor de pinto... (www.rg3.net/rg3busca/categorias?row=53&min=245&max=249&categoria=Noticias; acesso em 17/09/07)

chupa-pica: E desculpa, doutor, por tê-lo chamado de Doutor chupa-pica... É que eu estava um pouco nervoso (...) (peixe-cuzeiro.blogspot.com/2006/06/amor-de-pica-quando-bate-fica_24.html; acesso em 09/09/07)

chupa-rola: Fora o chupa-rola do Blair, Londres é a melhor cidade do mundo! (www.carne crua.com.br/archives/2007/04/vai_um_sanduba.htm; acesso em 17/09/07)

coluna-do-meio: "Ele não está nem para lá nem cá, ele é coluna do meio", explicou. (mixbrasil.uol.com.br/mp/upload/noticia/11_101_62885.shtml; acesso em 17/09/07)

dar o cu: Ele dava o cu só em agosto. Ele era violento feito Lasier. Ele morava perto do Carrefour. (www.nao-til.com.br/nao-58/textics.htm; acesso em 09/09/07)

dar o rabo: De verdade, ele gosta de dar o rabo e faturar um pouco de coca. É a vida que ele pediu a deus, mesmo sendo esta uma questão bastante relativa; (balelisergico.blogspot.com/2006/06/03-benflogin.html; acesso em 09/09/07)

dar ré no quibe: Se Gustavo dá ré no quibe, problema dele, ele tá dando o dele. (globovox.globo.com/posts/list/1470/4254.page; acesso em 09/09/07)

desmunhecado: Quanto a Oscar Wilde, que provavelmente era o mais desmunhecado dos 3, não era homossexual. (www.revista.agulha.nom.br/r2souza 12c.html; acesso em 09/09/07)

desmunhecar: Bom mesmo é desmunhecar e tomar no cu por outro afrescurado. (forum.portaldovt.com.br/forum/lofiversion/index.php/t31408.html; acesso em 17/09/07)

domador-de-cobra: Domador de cobra!!!!!! Nunca duvide desse rapaz, depois de tomar umas, ele vira tudo!!!!! (videolog.uol.com.ar/busca.php?parametro =domador; acesso em 09/09/07)

duvidoso: Creio que emo é a pessoa que apresenta um jeito assim meio duvidoso e não aceita ser *gay*. (br.answers.yahoo.com/question/index?qid=20060831134348 AAhM2v9; acesso em 09/09/07)

efebo: Um "efebo" do tipo daqueles que os nobres da Grécia antiga diziam que era a coisa mais fofa e gostosa para amar e foder. (www.midiasemmascara.com.br/ artigo.php?sid=5899&language=pt; acesso em 09/09/07)

efeminado: O alvo predileto das investidas preconceituosas é o efeminado. O efeminado é aquele sujeito que tem traços delicados (...) (mixbrasil.uol.com.br/ farofadigital/abafe_efeminados.htm; acesso em 09/09/07)

engolir espada: Eles não vão se apresentar para o Papa porque todo mundo sabe que o Júnior engole espada e a igreja é contra o homossexualismo! (odia.terra.com.br/ blog/mauroferreira/admin_dir/rx_display.asp?id=1174320364001&bid=001; acesso em 09/09/07)

enrabação: Porque o crescimento assustador da enrabação moderninha "homem x homem" já é notícia tão batida que não entra em pauta nem na redação dos "jornalísticos"; (www.cocadaboa.com/arquivos/009437.php; acesso em 09/09/07)

enrabador: O corpo do enrabador que relaxa. Esporrou-se dentro, e eu imagino o lago, o úmido, o que escorre, o murchar do caralho dentro do cu do Armando. (100vergonhas.blogspot.com/2004/08/armando.html; acesso em 09/09/07)

enrabar: Feito pra enrabar. É difícil resistir a um cu de macho. Às vezes, meu interesse pelo cara é só dar pra ele, mas se vejo sua bundinha dando sopa... (cheirodemacho.blogspot.com/2007/08/feito-pra-enrabar.html; acesso em 09/09/07)

enrustido: Qual o problema de ser enrustido? A escolha é minha, optei por não assumir a minha natureza. (pesadelonoturno.blogspot.com/2006/12/enrustido.html; acesso em 09/09/07)

enrustimento: Um dos reflexos da discriminação e da violência a que são submetidos os homossexuais é a omissão da sua sexualidade, ou enrustimento, como conhecemos. (www.zonamix.com.br/2007/main.php?pagina=colunas&acao=exibir&coluna=19&id=151; acesso em 09/09/07)

entendido: O personagem que simboliza esse sistema é o "entendido", análogo ao "*gay*" norte-americano. (www.artnet.com.br/~marko/resenhafry.htm; acesso em 09/09/07)

escorregar no quiabo: Diz que Bambam escorrega no quiabo e tava agarrando todos os bilaus que via no banheiro. (jameslog.blogspot.com/2007/02/da-srie-porque-o-diarinho-o-melhor.html; acesso em 09/09/07)

fanchono: Concretizando, a ameaça *gay* está aí, qual tsunami fanchono, com toda a sua pujança e arreganho pederasta, mais assanhada que nunca. (overdadeiroportugues.blogspot.com/; acesso em 09/09/07)

fazer troca-troca Estou muito a fim de fazer um troca troca bem gostoso.... E desejo de dar o cuzinho, chupar um pau até o fim, acariciar o seu pau e o cu ser acariciado. (procuro-gay.vivastreet.com.br/procurar-gay/quero-fazer-um-troca-troca; acesso em 09/09/07)

fechação: E a fechação *gay* reinou na cidade no fim de semana inteiro, com muito *footing* na orla, leques por todos os lados. (mixbrasil.uol.com.br/roteirao/cidadesmix/cabo_frio/cabo_frio.shtm; acesso em 09/09/07)

fresco: Na minha terra, biba é a mesma coisa que fresco, *gay*, homossexual e por aí vai!! (br.answers.yahoo.com/question/index?qid=20070427155440AAUYNsk; acesso em 09/09/07)

frescuragem: Parada do Orgulho Gay, que ocorreu no último domingo, em Salvador, com seis trios elétricos e muita frescuragem no trecho do Campo Grande à Praça Castro Alves. (forum.ubbi.com.br/topic.asp?topic_id=13856&pagina=7&id_partner=1; acesso em 09/09/07)

fruta: O Tomé descobriu que ele é fruta e vai fazer a operação! (www.bpolar.blogspot.com/feeds/posts/default; acesso em 09/09/07)

gilete: Será que ele é gilete? *Gay*? Ajudem-me! Tenho medo de ficar louca! Amo esse homem e, apesar de tudo o que ele me fez, o quero de volta. (gazetaweb.globo.com/Canais/Diva/Desabafos.php?c=792; acesso em 09/09/07)

giletão: Então tem duas opções: ele não é realmente *gay*, ele é giletão e só está descobrindo agora, ou ele quer ter certeza da opção que escolheu. (br.answers. yahoo.com/question /index?qid=20070512115805AAD0hzt&show=7; acesso em 09/09/07)

incubado: Você tem que ser *gay*, é bom. Você é incubado, é enrustido. (ww.cabroboonline. com.br/?lamp=7,4,95; acesso em 17/09/07)

fresco: Homem fresco, do tipo maricona sensível e estressada, que vive tendo chiliques. (www.revistaandros.com.br/maricota.html; acesso em 17/09/07)

levar no cu: Quer dizer, agora, naquela de experimentar outras formas de prazer até podemos levar no cu uns dos outros, não? (www.chupamos.com/forum/ showthread.php?t=132253&page=8; acesso em 09/09/07)

levar por trás: Se ele leva por trás, não tem como levar atrás de mim. (forum.jogosonline.com.br/showthread.php?t=27571&page=3; acesso em 09/ 09/07)

marica: Você diz que trata pivetes como eu, no tapa, que coisa mais *gay*, seu marica, também tá explicado, todo mundo que gosta de Guns é marica mesmo. (mtv.uol.com. br/blogosfera/entry.php?postid=2342&b=yadog&offset=20; acesso em 09/09/07)

maricagem: Mais parece uma máfia, de tão bem organizada que está esta onda de maricagem, este tsunami *gay* que afoga o mundo... (opunknaoevermelho. blogspot.com/2005/11/rdio-gay-em-84-pases.html; acesso em 09/09/07)

maricão: Porra, botar foto de homem sem camisa, fala sério, isso é coisa de maricão!! (fotolog.terra.com.br/betor10:14; acesso em 09/09/07)

maricona: Outra maricona afetada é aquela que não gosta que toquem em seus cabelos. (www.revistaandros.com.br/maricota.html; acesso em 09/09/07)

mariquinhas: Meu flho não pode ser *gay*! Não tem comportamentos de "mariquinhas"... (www. meufilhogay.blogs.sapo.pt/arquivo/593074.html; acesso em 09/09/07)

marreca: Porque você tem uns papos muito sinistros... parece uma marreca. (forum.cifraclub.terra.com.br/forum/11/85353/p1; acesso em 17/09/07)

marreco: É. Será mesmo que existe algum *gay* que vai entrar numa marmota dessa?... O Joey poderia ter arrumado um marreco um pouquinho maior... (www.dasher.beta.nom.br/?s=emais; acesso em 17/09/07)

meio-a-meio: Noix parece nome de boate *gay*. Vai ver não é homem nem mulher, é meio a meio. Ou tá dando xilique aqui porque não tem dinheiro pra fazer a troca de sexo (...) (culpadela.blogspot.com/2007/06/vernica-parte-i.html; acesso em 17/09/07)

mona: Após saber de seu corte, Mona, um excelente atleta, indaga se ele havia sido cortado por ser *gay*. (www.lazer.eefd.ufrj.br/cronica/Resenha_Damas_Ferro_2006.pdf; acesso em 17/09/07)

morder a fronha: Um cara *gay*... Mas por quê você pergunta? Falaram que você morde a fronha? (br.answers.yahoo.com/question/index?qid=20061203163721AA4SCVe& show=7; acesso em 09/09/07)

ninfeto: Esse ninfeto já me ligou, mas confesso que foi só um lance, uma curtição. (dandarapivetinha.zip.net/arch2007-05-13_2007-05-19.html; acesso em 09/09/07)

P.A.M.: E ele sempre foi P.A.M. (Passivo Até a Morte), ele dizer que ia te comer te desestabilizou! (portrasdoespelho.blogspot.com/2007/04/honestidade.html; acesso em 09/09/07)

paneleiro: Ainda mal podia acreditar que enfiara aquele pênis gigantesco no cu do paneleiro (...) (www.relatoseroticos.com.br/gay/103802_currado_no_cinema_iicont/2/0p2; acesso em 17/09/07)

passivo: Sou um jovem *gay* passivo e queria iniciar a minha vida sexual, só que tenho dúvidas. (br.answers.yahoo.com/question/index?qid=20070829183412AAhnKJ5; acesso em 09/09/07)

perobo: A grande final do campeonato "Perobo mais Sensível" estava para ser realizada numa boate *gay* de Campinas. (www.piadasonline.com.br/MostraPiadas. asp?Campeonato%20gay; acesso em 17/09/07)

pintosa: Pintosa é *gay* que chama atenção. (gchannel.com.br/noticias/ler.asp?Ref=3&canal=DivaTrash&NT=682; acesso em 09/09/07)

qualira: O site da Globo (bbb7) chamou o Alemão de qualira? Ou estou enganado? (betulino.blogspot.com/2007_02_01_archive.html; acesso em 09/09/07)

queimar a rodinha: Todo mundo pôde queimar a rodinha à vontade, sem ninguém pra ficar dando pitaco. (www.greia.com.br/greia6.html; acesso em 09/09/07)

queima-rosca: Esses caras devem ser os maiores queima-roscas pra falar uma asneira deste tamanho. (papodehomem.nominimo.com.br/?comments_popup=218; acesso em 27/08/07)

queimar a rosca: Naquela época, tínhamos 17-18 anos, Marcelo já queimava a rosca. (bemvindoboaviagem.blogspot.com/2007/01/qualquer-semelhana-com-fico-mera.html; acesso em 09/09/07)

sair do armário: O ator norte-americano Neil Patrick Harris, 33, saiu do armário ao rebater uma acusação de nepotismo. (www1.folha.uol.com.br/folha/ilustrada/ult90u67161.shtml; acesso em 09/09/07)

sentar na vara: Ameaçava arrombar de vez o seu buraquinho, contar para todo mundo que ele gosta de sentar numa vara. (www.portalnet.net/straponline/contos/conto72.htm; acesso em 09/09/07)

sentar no croquete: Bibaiada fica cansada de querer sentar no croquete e se autopromover com isso. (www.zaz.com.br/forum/dnewsweb.cgi?cmd=article&group=estilodevida.gay&item=17&utag=; acesso em 09/09/07)

sentar no quibe: Ou seja: se alguém "senta no quibe" e alardeia que continua muito macho, é melhor a gente fingir que acredita e seguir em frente. (www.arcoweb.com.br/forum/discute.asp?forum_id=2461&offset=30; acesso em 09/09/07)

soltar a franga: O irmão daquela socialaite barraqueira que adora uma mídia solta a franga com os amiguinhos toda quinta, é só conferir! Gente, e como a bicha dança feio. (www.portalaz.com.br/xico_pitomba; acesso em 09/09/07)

transviado: Aceitar outro transviado era inadmissível para o "senhor" Reginaldo. Ele sempre repetia durante as reuniões. (www.moasterio.com/pag_artigos_boneca.htm; acesso em 09/09/07)

traveco: Manco não é traveco, é *cross-dresser*. Não é a mesma coisa, mas é quase. (vaca.tipos.com.br/arquivo/2003/12/03/post-17339; acesso em 09/09/07)

travesti: Penso que a bicha brasileira nunca faria travesti, acho que isso seria impossível. (www.unicamp.br/~ottonix/LAMPIAOdaesquina.htm; acesso em 09/09/07)

tricha: Tricha: *gay* que já é mais que bicha, que dá muita pinta. (mixbrasil.uol.com.br/id/glossar.htm; acesso em 09/09/07)

veadagem: O próprio Bruce Willis, um machão notório, fez veadagem no filme do Chacal. (baudejogos.vetorialnet.com.br/jogo.php?id=10210&bl=3&bl=1; acesso em 09/09/07)

veado: "Se você é artista, tem que aprender a ser veado. É o meu caso: eu sou aprendiz." Gilberto Gil pode não ser *gay*, como ele mesmo diz, mas simpatizante. (www.mgm.org. br/portal/modules.php?name=News&file= print&sid=155; acesso em 09/09/07)

7.4.2. Le lesbianisme

auvergnate: *Enfin, des fois ça m'arrive aussi d'être auvergnate! et oui, et je l'assume (...) (forums-gays-lesbiens.monchoix.net/ftopic240-45.html; accès le 06/09/2007)*

goudou: *Petite hétéro restera hétéro au grand daim de la goudou qui aura couché avec elle. (www.cleargay.com/clear.forum/10/Bavardages/4888/Pas-toucher-aux-heteros accès le 06/09/2007)*

gougnotte: *Une gougnotte préfère Sapho à Phaon, le clitoris de sa voisine à la pine de son voisin. (www.tronche-de-bite.com/blog/index.php/2006/03/08; accès le 17/09/07)*

gouinasse: *Photos dans cette galerie "Gouinasse Pute Photo" Quand elles sont entre filles, les lesbiennes adorent faire l'amour comme des putes... (www.gouine-lesbienne.net/entre-fille-amour-putes.html; accès le 06/09/2007)*

gouine: *Fentes bien ouvertes de gouines excitées se léchant la chatte. Ces lesbiennes perverses s'enfoncent des godes de toutes les tailles jusqu'à l orgasme. (www.sexe-gouine.com; accès le 06/09/2007)*

saphiste: *Je comprends qu'on puisse devenir lesbienne suite à des traumatismes (...) Je ne sais pas, je ne suis pas saphiste et spécialisée sur ce sujet. (forum.doctissimo.fr/doctissimo/transsexualite/transexualite-femme-homme-sujet_785_1.htm; accès le 06/09/2007)*

tribade: *Une tribade est une femme qui a de la passion pour une autre femme (...) (clio.revues.org/document254.html; accès le 06/09/2007)*

7.4.2. O lesbianismo

caminhoneira: Para mim, uma mulher q fica com uma caminhoneira cata um homem facilmente! (www.umoutroolhar.com.br/entrevistabutch2.htm; acesso em 07/09/07)

enrustida: Já Ana Carolina, que admitiu publicamente ser bissexual no fim de 2005, se nega a cantar em boate GLS e apoiar a parada *gay*. Algumas lésbicas famosas dizem que a cantora é enrustida. (centralfloripa.ddns.com.br:77/jornalfloripa/agenciagls/vien.asp?NewsID=4068; acesso em 07/09/07)

fazer sabão: Filme de Rita Cadilac "fazendo sabão" com Antonela chega às locadoras amanhã. (geraldofreire.uol.com.br/conteudoPrimeirapagina1202.4.htm; acesso em 07/09/07)

lady: A classificação mais conhecida de lésbica é a que divide as "caminhoneiras", que seriam as lésbicas que se vestem e têm posturas mais masculinas, e as "sapatilhas" (ou *ladies*), aquelas extremamente femininas. (mixbrasil.uol.com.br/mp/upload/noticia/3_45_50106.shtml; acesso em 07/09/07)

macho-fêmea: O casamento d'uma moça macho-fêmea com um rapaz fêmea-macho: o hibridismo das identidades de gênero da literatura de cordel. (www.fazendogenero7.ufsc.br/st_16.html; acesso em 07/09/07)

machona: Colocada na Febem por sua prima, lá aprende a ser "machona", adotando um dos dois papéis possíveis naquela instituição: só se podia ser "machona" ou "mulher". (www.umoutroolhar.com.br/Vera,%20o%20filme.htm; acesso em 07/09/07)

maria-sapatão: Numa praia só de mulher, aí sim que a mulherada vai só pra olhar as celulites da outra. Vão fugir dos "Latin Lovers" e vão cair na teia das maria-sapatão. (www.uhull.com.br/2007/06/28/praia-pra-mulheres/feed; acesso em 07/09/07)

marida: [...] entre mim e minha "marida", que agora me trai permanentemente e com meu consentimento! Hehehe. Gostei de mim nessa foto! Não fiquei bem bonitinha, pessoas??? (marixavier.blogger.com.br/2003_12_01_archive.html; acesso em 07/09/07)

mulher-macho: Pequena, delicada, bonita e vaidosa, Fernanda também está ajudando a desmistificar a imagem da mulher-macho que, verdade seja dita, ela mesma alimentava. (www.textovivo.com.br/narrativas/jan5101.htm; acesso em 07/09/07)

roçadinho: Nas lésbicas, a masturbação mútua e o tribadismo (roçadinho) são mais comuns do que a penetração vaginal com um falus artificial. (www.vinho esexualidade.com.br/paginas.php?s=13&p=educacao &vinhoesexualidade= 310523d277492d8f29d89d1e1fbac8bc; acesso em 01/09/07)

roça-roça: Algumas lésbicas dizem que chegam a penetrar suas parceiras, mas a maioria afirma que gosta mesmo é de fazer um roça-roça, uma luta de adagas com a namorada. (mixbrasil.uol.com.br/cio2000/grrrls/pumping/pumping.shl; acesso em 07/09/07)

saboeira: Saboeira é lésbica, mulher-macho. Saboeiras fazem sabão, só não me pergunte se de coco ou de andiroba. Pelo que aqui abunda, diria de coco babaçu. (www.claraonline.com.br/coluna.php?id_coluna=354; acesso em 07/09/07)

sandália: Sandália: a mulher da lésbica masculinizada. (www1.folha.uol.com.br/folha/turismo/noticias/ult338u5113.shtml; acesso em 07/09/07)

sandalinha: A lésbica de Manaus pode ser uma *lady* (lésbica fina) ou uma "sandalinha" (lésbica jovem) e ter uma maravilhosa chiri ou xéri (vagina). (glsplanet.terra.com.br/especial/manaus02.shtml; acesso em 07/09/07)

sapa: Aqui nós chamamos as lésbicas masculinas, as butches, de caminhão, caminhoneira, por exemplo: (...) viu aquela sapa amiga da Lee, bem caminhão, mas é gostosa! (amariadaianaabloggar.blogspot.com/2006/08/perguntar-no-ofende.html; acesso em 07/09/07)

sapata: Olhei para trás e vi uma lésbica rastafari, que se estapeava com outra sapata. (www.leisdemurphy.blogger.com.br/2004_03_01_archive.html; acesso em 07/09/07)

sapatão: Tendo logo descoberto por meio de uma escrita deixada na porta da geladeira que ela teria ido embora morar maritalmente com a sapatão. (forum.cifraclub.terra.com.br/forum/11/168324; acesso em 07/09/07)

sapataria: "A sapataria começa o Ano Novo com o pezão direito", brinca a promoter Bruna Angrisani sobre a sexta edição da festa "Tête-à-Tête" desta sexta-feira (15), a partir das 23h. O lugar mudou. (www1.folha.uol.com.br/folha/ilustrada/ult90u66924.shtml; acesso em 07/09/07)

sapatilha: A classificação mais conhecida de lésbica é a que divide as "caminhoneiras", que seriam as lésbicas que se vestem e têm posturas mais masculinas, e as "sapatilhas" (ou *ladies*), aquelas extremamente femininas. (mixbrasil.uol.com.br/mp/upload/noticia/3_45_50106.shtml; acesso em 07/09/07)

8. LA PROSTITUTION / A PROSTITUIÇÃO

8.1. LE LIBERTINAGE

courir la gueuse: *Autre paradoxe troublant: La Fontaine est un libertin qui court la gueuse avec assiduité. Pourtant, on relève chez lui une veine pieuse, voire austère. (www.lire.fr/enquete.asp/idC=30566/idTC=15/idR=200/idG=8; accès le 07/09/07)*

faire le tapin: *Consommer une peripat' mineure est un délit mais faire le tapin à 17 ans, c'est légal? Y'a quelque chose de pourri au royaume de France ou alors c'est moi qui ne comprends rien... (www.forum-auto.com/les-clubs/section7/sujet183731.htm; accès le 07/09/07)*

faire le trottoir: *Ces orphelins se retrouvent entraînés vers le commerce du sexe. Non seulement ils ont perdu leurs parents, mais ils vivent dans une pauvreté encore plus grande, sans possibilité de scolarisation, et ils sont recrutés pour faire le trottoir ou pour le travail forcé. (blog.domarkito.gayattitude.com/2005/08//; accès le 07/09/07)*

michetonner: *La guerre des chaînes: «TF 1 et France 2 me font penser à deux prostituées dont l'une, outrageusement maquillée et vêtue d'un string, interpelle grossièrement le client, et l'autre fait croire qu'elle est étudiante, que c'est la première fois et qu'elle ne michetonne que pour payer ses études.» (www.maxi-realtv.com/index.php?showtopic=16845; accès le 07/09/07)*

partouze: *La mémé de 60 ans se fait ici super plaisir en se livrant à une partouze avec cinq mecs pour elle seule. (www.wozzor.com/videox/mature/video/double/penetration.html; accès le 09/09/07)*

passe: *Ce que je lui ai répondu un peu plus haut concerne les tarifs des filles de rues ici: 30 euros la fellation en voiture; 50 la passe en voiture et 100 euros la demie heure chez elle ou en hôtel (là prévoir 50 euros de plus). Et pour 100 euros les prestations varient, soit une passe plus longue, soit acceptation de la fille du cunni, la sodomie étant toujours en supplément. (forum.doctissimo.fr/doctissimo/prostitution/cherche-renseignements-tarifs-sujet_144557_1.htm; accès le 09/09/07)*

prêter son cul: *Dans cette vidéo tournée clandestinement vous trouvez la fan absolue qui prête son cul gratuitement et se fait baiser comme une chienne par ses 2 idoles. (www.sex-fans.com/sexe/videos/jeunes_filles_teens/98.html; accès le 09/09/07)*

tapiner: *Nous estimons insupportable qu'une femme ait à tapiner pour subvenir à ses besoins (...) (www.c-e-r-f.org/association; accès le 17/09/07)*

8.1. A LIBERTINAGEM

meteção: Cena com boas chupadas, muita meteção nas bucetinhas e no cuzinho das garotas. (www.allcenter.com.br/adulto/produto.asp?ID=5616&tipo=&DepID=DVD; acesso em 10/09/2007)

orgia: Em orgia, ninguém é de ninguém e se alguém comeu alguém, o comido não pode reclamar pro juiz, delegado e nem pro bispo. (www.seculodiario.com.br/arquivo/2004/julho/26/colunistas/oswaldo/index.asp; acesso em 10/09/2007)

pegação: Trata-se do circuito "maldito" da pegação sexual *gay*. *Cruising bars*, clubes de sexo, pontos de pegação, ainda associados a algo marginal. (www.xxy.com.br/sexo/materia.asp?id=2574; acesso em 09/09/07)

putaria: Sou da época em que, para conversar com amigos e descolar uma putaria com alguma gatinha solitária no meio da madrugada, era preciso usar IRC e, posteriormente, o ICQ. (www.cocadaboa.com/archives/004357.php; acesso em 10/09/2007)

rodar bolsinha: Um traveco, cansado de tanto rodar bolsinha na esquina após as 23h, decide mudar de profissão. (desciclo.pedia.ws/wiki/Negative; acesso em 10/09/2007)

sacana: Eu sou safada, tesuda e adoro um homem sacana e com bastante erotismo, adoro chupar um pau, rebolar gostoso, fazer massagem erótica, tudinho de gostoso. (sites.uol.com.br/temas/sexo/homem/index8.html; acesso em 09/09/2007)

sacanagem: Nós três passamos a conversar mais sobre sexo e sobre muita sacanagem, a ponto de o meu pau e do pau de Jonas ficarem duros e aparecer aquele volume na calça *jeans*. (www.todaformadeamor.com.br/v1/artigos/ler.php?sinopse=Liberdade,%20sexo%20e%20felicidade%20; acesso em 10/09/2007)

safadeza: Fiquei de quatro de frente para ele e fiz sexo oral, nem sei de onde saiu tanta safadeza, não senti vergonha do que estava fazendo, interpretava realmente uma prostituta. (vip.abril.com.br/nova_vip/puraverdade/ed_250.shtml; acesso em 09/09/2007)

suruba: Descobri que sou supertarada em sexo, adoro suruba e não consigo passar muito tempo sem ter dois ou mais homens a meter em mim. (www.sexyhot.com.br/SHot/0,,OCC379-4550,00.html; acesso em 09/09/2007)

trepação: Ela por cima colocou o pau na xana e iniciou a trepação dizendo palavras de incentivo (seu pau está me comendo toda, está entrando tudo, como está gostoso....), até eu gozar abundantemente. (www.forumsd.com.br/phpBB/viewtopic.php?p=201988&sid=aa46662bf54a0e79b2cdf8e796b25090; acesso em 09/09/200

8.2. LA PROSTITUÉE

aventurière: *Le même homme se verra un jour avec une femme d'une extrême réserve, quasi asexuelle et le lendemain avec une autre, plus chaude et aventurière. (forum.doctissimo.fr/psychologie/celibat/connaitre-attentes-femmes-sujet_148692_1.htm; accès le 28/08/07)*

bagasse: *Jamais, monsieur Aymar, je ne me permettrai que le sang chrétien des Rochegude se mêle au sang impur d'une Bohémienne! D'une basse hérétique! D'une bagasse! (atilf.atilf.fr/dendien/scripts/tlfiv5/visusel.exe?12;s=3710020245;r=1;nat=;sol=1; accès le 29/08/07)*

baladeuse: *Elle t'a trahi sans te trahir. C'est une baladeuse, et voilà tout. (abu.cnam.fr/DICO/excent/b.html; accès le 29/08/07)*

boulangère: *Brigitte est une boulangère en rut. Après son travail, elle reçoit des clients. (www.buzzporno.com/gratuit-k-331.html; accès le 17/09/07)*

call-girl: *Euh, une call-girl, ce n'est pas une prostituée hein. Même en raquant des centaines d'euros, c'est pas sûr que t'aies quoi que ce soit. (www.comlive.net/Call-girl,109074.htm; accès le 31/08/07)*

carogne: *Pauvre de moi il fallait que je la punisse. Je pensais la mettre en prison mais cette carogne en serait ressortit avec un passe-partout. (www.vaucanson.org/lettres/travauxeleves/exercicesdestyle/cadrebarbouille.htm; accès le 31/08/07)*

cascadeuse: *En plus d'être cascadeuse, Kim est une as de la conduite. Armée d'un fort caractère comme la majorité de ses copines, elle a une attirance pour les hommes déjà pris. (lemming-fou.blogs.allocine.fr/?blog=lemming-fou&tool=&page=9&f=1; accès le 31/08/07)*

catin: *Mais bon, j'suis pas près de la revoir cette catin de ville. (www.google.fr/search?q=catin+putain&hl=fr&cr=countryFR&start=40&sa=N; accès le 31/08/07)*

chienne: *Quelle belle chienne! t'es meilleure que toute les putes que j'ai essayé!!!" (www.histoires-de-sexe.net/histoires-sexy/x-histoires-confessions-sexe-erotiques-hds-771.htm; accès le 17/09/07)*

cochonne: *Vieille cochonne qui se fait sodomiser par un jeune. (www.vieille-cochonne.net; accès le 17/09/07)*

cocotte: *Les cocottes peuvent se définir ainsi: Les bohèmes du sentiment... Les misérables de la galanterie... Les prolétaires de l'amour. (legrumph.org/wiki/index.php?title=Petit_glossaire_de_la_prostitution; accès le 31/08/07)*

connasse: *Quand une fille est une folle, une conne ou se comporte comme une salope ou une connasse, je n'ai pas de respect pour elle. (www.miss34.com/index.php?feuille=lire&sujet_id=28785&SearchPage=7; accès le 17/09/07)*

coquine: *Je suis une petite coquine à la grosse chatte poilue et au tempérament de feu. (annuaire.audiencestv.com/video-coquine-k1-8863437.html; accès le 31/08/07)*

coucheuse: *Après, tu auras un meilleur coucheur que je n'aurai été bonne coucheuse. (perso.orange.fr/saphisme/s17/chorier.html; accès le 31/08/07)*

courtisane: *Attention Virginie n'est pas courtisane, juste une fille qui aime le sexe et elle aime changer de partenaires très très souvent casés donc infidèles. (stefani.blogspace.fr/40798/Presentation-Sex-and-Relationship-theme-numero-1-l-infidelite/; accès le 31/08/07)*

croupière: *Suçage de bites sur le tapis de carte, levrette sur les jetons et éjaculation puissante sur la belle croupe de la croupière en formation. (www.film-x-gratuit.com/levrette-x.html; accès le 31/08/07)*

dame aux camélias: *Je suis une dame aux camélias en moins jolie et sans grand amour, je ne suis pas tuberculeuse. Je joue les dépravées. Je n'existe pas. (www.blogg.org/blog-25913-offset-15.html; accès le 17/09/07)*

dévergondée: *Par une chaude journée d'été, cette jolie demoiselle joue la dévergondée! Son mec commence à la cajoler pour ensuite la baiser dans le hall d'hôtel. (www.film-sexy.eu/pute-61.htm; accès le 17/09/07)*

dondon: *Je me suis tapé, quand j'étais jeune, Jessica, la dondon à gros nichons (...) Je suis trop chaud, j'ai envie d'être pénétrer à fond mon cul comme les putes. (www.freakydoll.com/blog/index.php?p=262; accès le 01/09/07)*

enchanteresse: *La femme devenue sirène est une séduisante enchanteresse et les fantasmes des amants s'accordent volontiers aux caresses dans l'eau. (www.doctissimo.fr/html/kamasutra/se_5400_les_nageurs_38.htm; accès le 01/09/07)*

femme de mauvaise vie: *Le verset n'entend donc pas permettre le mariage avec une femme de mauvaise vie. (www.maison-islam.com/article.php?id=99; accès le 03/09/07)*

femme galante: *Si elle circule seule la nuit, elle est suspecte, elle passe pour une prostituée ou pour une femme galante. (www.urbanisme.fr/archives/ancien/320/Ide/invite_frameset_inextenso.html; accès le 03/09/07)*

fille de joie: *Fille de joie à 20 ans, Khadija est tombée enceinte. En mettant au monde une petite fille, fruit de la prostitution, elle l'a tuée en l'étouffant avec une serviette. (www.lamarocaine.com/affichage-news.asp?v=56; accès le 03/09/07)*

fille publique: *Dès lors, ne disposant plus des moyens de payer ses créanciers, elle se fait fille publique. (www.humanite.fr/2003-09-05_Tribune-libre_-Travailleuses-du-sexe-et-faineants-de-la-lutte-Par; accès le 03/09/07)*

fille soumise: *C'est par l'inscription, obligatoire depuis le règlement de 1802, qu'une femme pénètre dans le monde officiel de la prostitution et devient fille soumise. (www.historia.presse.fr/data/thematique/102/10204801.html; accès le 03/09/07)*

frangine: *Son univers s'assombrit lorsqu'il se rend compte que la frangine se prostitue. (www.lemonde.fr/web/imprimer_element/0,40-0@2-766360,50-913820,0.html; accès le 17/09/07)*

garce: *Je voulais me comporter comme une petite garce. (forum.doctissimo.fr/doctissimo/recits-erotiques/inceste-lesbien-accouplement-sujet_1390_1.htm; accès le 03/09/07)*

garçonnière: *Elle se décrit comme "garçonnière" parce qu'elle n'observe pas la réserve qui convient aux petites filles. (www.marievictoirelouis.net/document.php?id=496&themeid=; accès le 03/09/07)*

gourgandine: *Revenue un soir tard de la bibliothèque, après s'être promenée dans Paris, sa mère lui interdit d'y retourner et l'accuse d'être une gourgandine, sur le fondement du 'raisonnement' suivant: "Quand une jeune fille sort sans ses parents, c'est qu'elle a un amant". (www.marievictoirelouis.net/document.php?id=496&themeid=; accès le 04/109/07)*

greluche: *Qu'est-ce que tu trouves que tu parles comme une princesse, toi, espèce de greluche? (forum.ados.fr/actu/discussions/comment-reagie-aider-sujet_226 26_1.htm; accès le 19/09/07)*

grognasse: *Ouais moi je me permets de te traiter de sale pute. Je peux aussi te traiter de sombre conne, de décérébrée, de salope, de grognasse, de gourdasse même. (zone.apinc.org/articles/374.html; accès le 17/09/07)*

grue: *Pendue à une grue à l'âge de 16 ans pour des relations sexuelles avec un homme non marié. (blog.france2.fr/revolution/index.php/Colere/2006/07; accès le 04/09/07)*

guenon: *C'est une guenon que de délicates voilettes transforment en ange à peine sexué. (gaadjou.joueb.com/news/gare-a-ton-cul; accès le 04/09/07)*

gueuse: *Il revient le lendemain. La gueuse est la, seule. Il prend son courage à deux mains et l'aborde.:Est-ce vrai que vous êtes une prostituée? (www.umour.com/blague/page_blaguebis.php3?var=3&name=Adultes&pa=9; accès le 04/09/07)*

impure: *Symbolisant la femme impure et lascive, la sirène était considérée comme une prostituée dans l'Angleterre elisabéthaine. (gothic.centerblog.net/rub-CREATURES-MERVEILLEUSES.html; accès le 04/09/07)*

laitue: *En argot de la prostitution, laitue signifie "nouvelle dans le métier". (www.echolalie.org/wiki/index.php?ListeDeSalades; accès le 27/08/2007)*

libertine: *Ce site montre des photos amateur de jeunes femmes libertines nues. (www.amateur libertine.com; accès le 27/08/2007)*

lorette: *La musardine était l'équivalent d'une lorette, c'est-à-dire d'une femme entretenue... (www.clubdessens.fr/discussions/curiosites-erotiques-t1135.html; accès le 04/09/07)*

louve: *Je me verrai bien faire l'amour avec une louve... je suis tombé sur le cul..... Avec qui aimeriez-vous avoir une aventure?? avec une pute (...) (forum.animeka.com/viewtopic.php?t=759&start=0&sid=ff68058dc992ac55c943f8b6ddbc4700; accès le 04/09/07)*

marcheuse: *Il parait qu'il y a de plus en plus de marcheuses dans les rues, elles sont habillées "comme tout le monde" et le truc c'est qu'elles regardent les mecs droit dans les yeux... (forum.doctissimo.fr/doctissimo/prostitution/comment-trouvez-escorts-sujet_147663_1.htm; accès le 04/09/07)*

morue: *Vieille poufiasse et sa morue de copine dans la piscine.... d'appétit pour recevoir sa petite récompense: une grosse giclée de sperme sur sa face de pute! (www.sexe-video-porno.net/Videos_Fetish_BDSM/Videos_Chattes-Poilues.html; accès le 17/09/07)*

musardine: *Du franc "putain" au 12e siècle, à la "travailleuse sexuelle" de nos jours, en passant par "musardine". (www.memoireonline.com/02/07/363/le-politiquement-correct-entre-splendeur-et-trahison.html; accès le 04/09/07)*

paillasse: *Elle est femme de mauvaise vie, femme à soldat, femme de réconfort. Elle est appelée sale pute, chienne, poubelle, paillasse. (libertin78.unblog.fr/07/04/21/; accès le 04/09/07)*

pétasse: *Photos et vidéo de pétasse amatrice que j'ai filmée avec mon pote. Ces pétasses sont trop connes mais trop bonnes. (petasse.webmaster-cash.biz/; accès le 28/08/2007)*

pierreuse: *Ce couplet aborde la question de la prostitution qui semble être surveillée de près par la police qui ne laisse pas la pierreuse gagner son argent librement. (jcraymond.free.fr/Terroir/Chansons/2766/024-Delimitation.php; accès le 04/09/07)*

pintade: *Je t'assure que les mecs ne peuvent pas resister à une pintade qui les allume et qui sens le sexe... (forum.doctissimo.fr/doctissimo/fidelite-infidelite/tentation-sujet_157167_1.htm; accès le 04/09/07)*

pin-up: *Ma tante m'avait habillée et maquillée comme une pin-up. (www.afrik.com/article7219.html; accès le 04/09/07)*

pouffiasse: *Pourquoi Sara Forestier est-elle une star, alors qu'elle est comme n'importe quelle pouffiasse de lycéenne? Vulgaire, inculte, fière d'elle... (1mec1fille.over-blog.org/article-2004167.html; accès le 10/09/2007)*

poule: *Soeurs africaines, attention à la prostitution. (...) Je n'ai pas rencontré parmi elles une seule poule de luxe. (fr.excelafrica.com/archive/index.php/t-1901.html; accès le 17/09/07)*

punaise: *Ils ont afaire à une punaise dite de 3ème et de 4ème degré. (www.elwatan.com/spip.php?article68921; accès le 17/09/07)*

putain: *Une véritable bourgeoise amatrice le jour se transforme en putain la nuit. (www.expressio.fr/expressions/en-ecraser.php; accès le 04/09/07)*

pute: *Y a une pute dans l'hotel:et elle baise bien. (www.je-rigole.com/inc/click.php?id=344; accès le 04/09/07)*

racoleuse: *Arrêtons ces paroles dédaigneuses contre ces racoleuses, c'est une injustice monstrueuse. (www.ouestfrance-ecole.comComprActu3.asp?IdArt=1997&IdThe=&IdCla=4-3449&NomCla=_Ethique%2C+droits+et+devoirs_La+citoyennet%E9+%E0+l'%E9cole&PageCour=1&PageTot=2; accès le 04/09/07)*

ribaude: *Quand les Anglais apprennent, en 1429, qu'une femme a rejoint l'armée royale qui se porte au secours d'Orléans, ils ont beau jeu de se gausser et de la traiter de "ribaude", ou plus poétiquement, de "putain des armagnacs". (www.historia.presse.fr/data/thematique/102/10203401.html; accès le 04/09/07)*

rombière: *Evidement la dedans on va trouver quelques vieille rombière qui se prostitue librement. (forum21.aceboard.fr/1130-5939-58444-0-Prostitution-legale.htm; accès le 04/09/07)*

roulure: *Ceci étant, la putain se prostitue souvent par nécessité, mais l'homme le fait aussi quand il a la clientèle. (...) Une roulure c'est une pute. (forum. doctissimo.fr/doctissimo/prostitution/semantique-sujet_147219_1.htm; accès le 17/09/07)*

salope: *Femmes sexy et bcbg en tailleur, riches cochonnes ou vieilles bourgeoises, ces salopes en tailleur s'exhibent nues... (www.atoomic.com/adulte/salope.php; accès le 28/08/2007)*

sirène: *Symbolisant la femme impure et lascive, la sirène était considérée comme une prostituée dans l'Angleterre elisabéthaine. (gothic.centerblog.net/rub-CREATURES-MERVEILLEUSES.html; accès le 04/09/07)*

souillon: *Le cabaret dévoile la personnalité forte de la souillon de la rue (...) (nezumi.dumousseau.free.fr/film/lamome.htm; accès le 17/09/07)*

tantine: *Putain, tantine, quel cul! félicitai-je. Écarte bien tes cuisses, cambre-toi pour bien dégager ta chatte! commandai-je. (revebebe.free.fr/hishtml/rvb107/reve10711. html; accès le 17/09/07)*

tapin: *Nicole prostituée et ses copines de tapin. elles ne se gênent pas pour se taper des jeunes puceau en direct. (annuairesexe.sexyplaisirs.com/Annuaire%20Sexe%20Hardcore/Annuaire%20sexe%20Hardcore%20Matures2.htm; accès le 04/09/07)*

tapineuse: *La Tapineuse. Elle marche dans la rue. Son p'tit sac à la main. Sourit aux inconnus. (bokay.over-blog.org/article-772338.html; accès le 04/09/07)*

travailleuse du sexe: *Une travailleuse du sexe qui avait planifié de cesser avec cette activité a été obligée de continuer afin de payer ses arriérés. (www.genreenaction.net/spip.php?page=imprimer&id_article=5640; accès le 17/09/07)*

8.2. A PROSTITUTA

andorinha: Mas interessante é que andorinha também se traduz como prostituta. Aquela meretriz que anda de cidade em cidade. (www.jornalpequeno.com.br/2005/6/26/Pagina16905.htm; acesso em 04/09/07)

bandida: Mulher bandida é pior do que mulher vadia, pois a vadia deixa transparecer o que realmente é, a bandida não. (br.answers.yahoo.com/question/index?qid=070720181815AAdeBPv&show=7; acesso em 01/09/07)

barca: Velha do cacete, narigão torto... é barca. Feiticeira?.... comia e gozava na boca dessa vadia. (forum.portaldovt.com.br/forum/lofiversion/index.php/t15934-150.html; acesso em 01/09/07)

baronesa: Entre os clientes da famosa baronesa do sexo, há empresários conhecidos, executivos de multinacionais e políticos. (www.band.com.br/jornaldaband/conteudo.asp?ID=41213&CNL=1; acesso em 001/09/07)

bisca: O foda é que a maioria das fotos que eu tiro é com alguma bisca que eu peguei no momento. (forum.darkside.com.br/vb/showthread.php?t=14817; acesso em 01/09/07)

biscate: Ele me chamou de puta, vagabunda, biscate e disse que nunca tinha comido um cu tão gostoso. (www.sexyhot.com.br/SHot/0,,OCC184-4555,00.html; acesso em 01/09/07)

borboleta: Me faz tua borboleta, tua menina querida, Tua rainha e tua puta bendita, (...). (recantodasletras.uol.com.br/visualizar.php?idt=410226; acesso em 01/09/07)

bruaca: Mulher da vida é quenga. Se ficar velha, é bruaca. (ilove.terra.com.br/edna/amigos/arrente.asp; acesso em 01/09/07)

cachorra: Amor profano. Puta, vadia, cadela, lá vem ela, estou a te desejar... Vaca, cachorra, piranha! Quero jogar, usar-te. (www.sirganon.com/aapoe28.html; acesso em 01/09/07)

cadela: Ela rebolava, mexia, gemia com o pau de Quim enterrado na boca. Os homens riam, chamavam ela de puta, cadela, vadia, piranha, e ela rebolava mais. (www.andrezavirtual.hpg.ig.com.br/paginarelatos12.htm; acesso em 01/09/07)

catraia: De elogio o povo gosta, então, vou elogiando e comendo as catraias aqui da roça. (www.simio.blogger.com.br/2004_04_01_archive.html; acesso em 01/09/07)

cocote: Pombinha deixa aflorar o desejo sexual reprimido ao ser seduzida pela cocote Leónie. (www.letras.ufrj.br/ciencialit/garrafa7/10.html; acesso em 01/09/07)

cortesã: Uma cortesã é menos que uma amante e mais que uma prostituta. (archive.operainfo.org/broadcast/operaBackground.cgi?id=62& language= 4&bid=350; acesso em 01/09/07)

dadeira: Pode ter alguém que se encarregue de espalhar o babado e te chamar de putinha chupadora e dadeira, mesmo sem a senhora ter feito abslotumente NADA! (simplesmentegretchen.blogger.com.br/2005_04_01_archive.html; acesso em 01/09/07)

dama das camélias: Eu é que era incorrigivelmente romântica, e a tinha, para mim, como uma pequena dama das camélias, não tísica, mas viciada naquilo tudo. (www.leialivro.sp.gov.br/texto.php?uid=9215; acesso em 01/09/07)

égua: Foi tão grande a atração que por ela eu sentia que me tornei um escravo daquela égua vadia. (cseabra.utopia.com.br/poesia/poesias/0262.html; acesso em 01/09/07)

escolada: Os infindáveis desejos se misturavam em minha consciência de puta escolada. (www.betinha.com.br/contos/101_150/odalisca.htm; acesso em 26/08/07)

escrachada: No início, a peça começa bem-humorada, revelando uma imagem de prostituta à qual estamos acostumados, que é a "mulher da vida", escrachada, desbocada, que fala abertamente de suas aventuras sexuais. (www.unicamp.br/unicamp/canal_aberto/clipping/setembro2006/clipping 060914_correiopop.html; acesso em 01/09/07)

falada: Havia uma senhora que os vizinhos chamavam de "mulher de vida fácil" ou "mulher falada". Acho que era mais pela maneira como se vestia, com roupas justas e decotadas e pelas cores fortes que usava para pintar seu rosto. (www.saopaulominhacidade.com.br/list.asp?ID=972; acesso em 26/08/07)

galinha: Entretanto um jogador bem-sucedido é tão bem pago que nem se importa com a torcida gritando que a mãe dele é puta, biscate, galinha, vaca leiteira. (www.balandronada.blogger.com.br/2003_05_01_archive.html; acesso em 02/09/07)

gansa: A gansa ficou louca. Quer cobrar duzentos reais pelo programa. (www.dicionarioinformal.com.br/definicao.php?palavra=gansa&id=1781; acesso em 02/09/07)

garota de programa: Londrinense que ganha a vida como garota de programa diz que os ambientes de luxo mostrados na telinha estão longe da sua realidade. (www.bonde.com.br/folha/folhad.php?id=303LINKCHMdt=20060903; acesso em 02/09/07)

meretriz: Materialmente, o ato conjugal e o ato de um homem qualquer com uma meretriz são iguais. Entretanto, esses dois atos se diferenciam formalmente. (montfort.org.br/index.php?secao=cartas&subsecao=doutrina&artigo=20040817202500&lang=bra; acesso em 18/09/07)

messalina: Ela não é como muitos pensam, uma messalina louca por sexo. Na verdade, Marly sonha é com um príncipe encantado, um grande amor. Coitada! (www.revistaclass.com.br/entrevista.asp?codEntrevista=5; acesso em 18/09/07)

mulher-à-toa: Passa de "mulher-à-toa" a mulher-guerreira, de prostituta a esposa de Orósio, que agora compartilha com ela "a condição jagunça" no mesmo bando. (www.soniavandijck.com/sonia_ramalho.htm; acesso em 02/09/07)

mulher-dama: Para chegar no *status* de cidade, muitos acontecimentos ocorreram, sendo presenciados pelos seus habitantes, principalmente pelas mulheres-damas. (www.urutagua.uem.br//006/06aragao.htm; acesso em 02/09/07)

mulher da rua: A outra categoria é a da mulher não controlada, a mulher da rua, a prostituta, a puta, que carrega em si o espírito de malícia, destruição e esterilidade. (www.fundamentalpsychopathology.org/anais2006/4.45.3.1.htm; acesso em 02/09/07)

mulher da vida: É exatamente isso que vocês estão pensando, eu sou mulher da vida, sim, mulher da vida. Vulgo prostituta, puta, piranha, rapariga, quenga, destruidora de lares, cortesã (...) (www.lenitinha.weblogger.terra.com.br/200604_lenitinha_arquivo.htm; acesso em 02/09/07)

mulher da zona: Passei sete dias fora da marinha por causa de uma mulher, me apaixonei por uma mulher da zona. (www.damiaoexperienca.net/livro.htm; acesso em 02/09/07)

mulher de programa: É preferível o cara ir pra cadeia, onde ele tem mais segurança, pega mulher de programa, tem celular, tem comida de graça e tudo o mais. (www.jovempanfm.com.br/entrevistas/datena2.php; acesso em 18/09/07)

mulher perdida: Para elas, alimentar a imagem da prostituta como "mulher perdida", indigna e pervertida, representava uma forma de auto-valorização: seu papel de mães dedicadas e dóceis esposas tornava-se mais precioso se posto em contraste com aquela plebe impura que perambulava pelas ruas. (www.carcasse.com/revista/anfiguri/bellocq/index.php; acesso em 02/09/07)

mulher pública: Assim, o retrato da mulher pública é construído em oposição ao (...) da mulher honesta, casada e boa mãe, laboriosa, fiel e dessexualizada. (www.monjolinho.co.uk/monj/Lazer.htm; acesso em 02/09/07)

mundana: Mesmo incorrendo em contínuos erros de tentar ser beata, puta, a outra, a mesma, o que sou, todas e nenhuma delas, mais humana me torno, menos mundana me faço. (lumevagante.blogspot.com/2006/12/sujidades-um-dia-o-anjo-tosco-da.html; acesso em 02/09/07)

piranha: Uma vez, peguei uma vadia tão magra que ouvia o estalar dos ossos da piranha durante a "curra". (forum.cifraclub.terra.com.br/forum/11/101183/p1; acesso em 02/09/07)

piranhuda: Numa época de total libertação, tentei até fazer um estilo piranhuda, daquelas que se oferecem, mas não convenci. (maniadepensar.blogspot.com/07_02_01_archive.html; acesso em 02/09/07)

pistoleira: Pistoleira vagabunda! Queria ver se, quando ele era reserva do São Cristóvão (ou outro desses times de merda do Rio), essa vadia iria dar ponto... (www.disqueteira.com.br/namoita/2004_06_01_arquivonamoita.htm; acesso em 02/09/07)

polaca: Junto à prostituta, à polaca, estava sempre presente a figura do cáften, o explorador da prostituição e o responsável pelo tráfico de mulheres. (blog.estadao.com.br/blog/guterman/?title=ferias_no_espaco &more=1 &c=1&tb=1&pb=1; acesso em 18/09/07)

puta: Você não é a puta gostosa que eu comi ontem naquele puteiro? (viagemliteraria.blogspot.com/2006_11_01_archive.html; acesso em 02/09/07)

puta velha: O negão chegou meio ressabiado, achando que ia ter que comer aquela puta velha, mas logo viu que o negócio era mais embaixo. (www.pinmeup.com.br/colunas/artigo.asp?cda=30; acesso em 02/09/07)

putana: Talvez você seja mesmo uma putana à espera de um cliente que a salve do martírio, (indiecool.livejournal.com/; acesso 02/09/07)

putona: Ela é bonitinha e tudo, mas é uma putona, e eu não sei se pegaria. Você pegaria? (theputzfactory.blogspot.com/07_05_01_archive.html; acesso em 03/09/07)

quenga: Se arreganha quenga safada, mexe mais, puta sem-vergonha, engole meu pau (...) (megasex.com.br/contos/artigotemplate.php?id=10161; acesso em 03/09/07)

rameira: Um verdadeiro festival de lambanças em Brasília, que envergonharia a prostituta mais rameira. (www.linkk.com.br/search.php?search=prostituta&tag=true; acesso em 03/09/07)

rampeira: Eu não sabia se seria prostituta para o resto da vida, não sabia se iria me tornar uma puta rampeira ou se o meu futuro seria ficar rodando bolsinha na esquina em troca de alguns trocados. (www.brunasurfistinha.com/blogs/index.php?title=title_259&more=1&c=1 &tb=1&pb=1; acesso em 03/09/07)

rapariga: Por trás da sala dianteira de cimento, o bordel degenera ainda mais num barracão dividido em minúsculos cubículos onde as raparigas vivem e trabalham. (exploracaodohomem.blogspot.com/07/06/tailndia-porque-ela-parece-uma-criana.html; acesso em 03/09/07)

sem-vergonha: Ah! porque já não é mais moça, porque é uma sem-vergonha, é o que dizem. (www.bibvirt.futuro.usp.br/content/view/full/1099, acesso em 11/09/07)

sirigaita: Olha, meio-dia, a 50 metros vem uma mulher toda sirigaita, com aquele decote, de minissaia, rodando a bolsinha e se requebrando. (piadas.terra.com.br/0,1909,p6140,00.html; acesso em 03/09/07)

trepadeira: A dona Marta prostituta, trepadeira, mal sabe que meu gozo não é mais intenso. (100vida.blogger.com.br/; acesso em 03/09/07)

vaca: A vaca fez de propósito, mas eu adorei levar aquela vara gostosa... e agora ela tem que dividir aquele caralhudo comigo. (www.sabrinasex.net/safadatransando.htm; acesso em 03/09/07)

vagabunda: Ahhhhhhhh, goza, sou sua vagabunda! Me enche de porra! (ube-164.pop.com.br/repositorio/21905/meusite/monjas.html; acesso em 03/09/07)

8.3. LES EXPLOITEURS

***appareilleuse**: Il faut vous rappeler que c'est ainsi qu'à la cour, où tout se peint en beau, on qualifie Madame Gourdan, la fameuse appareilleuse. Elle avait avec elle une nymphe très bien mise, très jolie, très jeune; c'était encore une enfant. (www.eros-thanatos.com/Confession-de-Mlle-Sapho-1.html; accès le 02/09/2007)*

***barbeau**: En un mot, la mode est, au musette, de passer pour un barbeau, alors que les barbeaux authentiques, dont le métier est de vivre des femmes, ne s'affichent pas aussi aisément et s'efforcent de masquer sous des dehors corrects leur goût instinctif de la violence et du risque. (perso.orange.fr/musette.info/FRHM-Cita1Danse.htm; accès le 18/09/2007)*

***daronne**: Il est question d'argent facile, de violence, de prostitution, etc....... Au bout des rêves, je veux de l'oseil et peu importe si la daronne veut faire le tour du monde. (www.jbouteiller.net/Booba,-Booba,-mon-petit-blaireau_a84.html?voir_commentaire=oui; accès le 02/09/2007)*

entremetteur: *Ainsi dans l'Inde, la prostitution revêt un caractère en quelque sorte sacré. (...) Cela s'explique. Dans ces pays la femme sort peu; elle ne peut aller elle-même à la recherche du client; elle en charge un entremetteur. (www.eros-thanatos.com/La-prostitution-dans-l-Inde.html; accès le 02/09/2007)*

entremetteuse: *Elle sert d'entremetteuse entre l'aînée et les prétendants. (www.cairn.info/article.php?ID_REVUE=RDM&ID_NUMPUBLIE=RDM_021&ID_ARTICLE=RDM_021_0336; accès le 18/09/2007)*

julot: *Evidemment, sur les trois ou quatre femmes qu'un julot avait en même temps, il n'y en avait bien souvent qu'une de bonne. Les autres étaient des vaches. (forum.doctissimo.fr/doctissimo/prostitution/allons-faire-tour-sujet_143739_1.htm; accès le 02/09/2007)*

maquereau: *Karima Seddiki, transsexuelle de 36 ans, prostituée dès l'âge de 18 ans, était venue de Limoges pour participer à ce défilé. Mon banquier est un maquereau... (www.agla.info/site/item.php?l=FR&sr=4&id=426; accès le 02/09/2007)*

maquerelle: *La tenancière des établissements de prostitution est dénommée mère maquerelle. (www.mouvementdunid.org/Prostitution-des-mots-pour-le-dire; accès le 02/09/2007)*

marlou: *"Lui, c'est un marlou!", "Dans ce monde de marlous, comme tu veux t'en sortir!" (...) Depuis quelques années la prostitution est évoquée ouvertement. (jc_latil.club.fr/DMesclum/Francitan%20PDF/Francitan%20A.pdf; accès le 02/09/2007)*

souteneur: *De nos jours, la prostitution est encore l'objet d'une grave désinformation. (...) la prostituée qui a un souteneur n'est pas seule. (www.chiennesdegarde.org/imprimersans.php3?id_article=92; accès le 03/09/2007)*

taulière: *Au coin d'une ruelle sombre, il n'est pas rare de voir quelques filles alignées par une taulière devant le regard gourmand de clients potentiels, mais ce commerce est généralement plus discret. (chine.blog.lemonde.fr/2007/07/11/lady-bar; accès le 02/09/2007)*

8.3. OS EXPLORADORES

agenciador: Em geral, quem trabalha na rua mantém estreitas relações com os cáftens. Estes, muitas vezes, funcionam como seguranças e agenciadores de programas rentáveis e ilegais. Para isso, cobram, chantageiam e, não poucas vezes, praticamente escravizam as mulheres. (us2.uol.com.br/doutrina/texto.asp?id=7356&p=2; acesso em 30/08/07)

agente: E isso inclui a difícil tarefa de ser um cafetão/agente de sucesso. Estatele-se em seu sofá de oncinha na cobertura de seu mega-apartamento no trigésimo quinto andar e coloque as meninas pra trabalhar pra você e ai delas se voltarem sem nada pro papai. Cruzes! (www.bananagames.com.br/Editorial/Materias/2005/09/200509131802000843.aspx; acesso em 30/08/07)

alcoviteiro: Na caçada pelo provável agressor dela, um *gay* alcoviteiro chamado "A Tênia", os dois acabam num clube S&M marginal chamado "Rectum". (www.zetafilmes.com.br/interview/gasparnoe.asp?pag=gasparnoe; acesso em 30/08/07)

cafetina: A Polícia Federal prendeu na manhã de hoje, em São Paulo, a cafetina Giselda Oliveira, conhecida também como "Gigi", auto-intitulada "a maior cafetina do Brasil" e acusada de comandar uma rede internacional de tráfico de prostitutas. (noticias.terra.com.br/brasil/interna/0,,OI1300518-EI5030,00.html; acesso em 30/08/07)

cafetinagem: A Justiça da Itália condenou à prisão quatro brasileiros e um italiano por favorecimento à imigração ilegal, formação de quadrilha, extorsão e cafetinagem. (comunitaitaliana.com/site//index.php?option=com_content&task=view&id=2929&Itemid=94&date=2007-09-01; acesso em 30/08/07)

cafifa: Mulher bonita, explorada parte da vida por um cafifa, sempre procurando um grande homem que a amasse e protegesse (...) (hps.infolink.com.br/paulofrancis/pf4g92.htm; acesso em 18/09/07)

cáften: Por exemplo, a vítima é um cáften (cafetão). Eu tenho casos assim, de mulher que matou o cáften. Quem é que a sociedade perdeu? (www.terra.com.br/istoe/materias_online/paulo_jose_da_costa_jr.htm; acesso em 30/08/07)

gerente: A imaginação do gerente de putas fervilhou. Não pensou duas vezes em empresariar o astro do pau-de-sebo. (proteus.limeira.com.br/tiroequeda/noticia.php?nnot=732; acesso em 30/08/07)

gigolô: Escolhe uma prostituta-mirim que não deseja ser libertada e assassina seu gigolô (o da menina, bem entendido) a sangue frio. Vira herói imediatamente. (www.lost.art.br/lolataxi.htm; acesso em 19/09/07)

rufião: No caso acima constatamos alguns fatores vitimizantes, tais como a violência praticada pelo acusado rufião contra a prostituta. (www.neofito.com.br/artigos/art01/penal68.htm; acesso em 30/08/07)

8.4. LE CLIENT

***amant**: Il est plus normal d'avoir un amant qu'un vibromasseur (media-g.net/detail.php?id=0NGCUGCUMB; accès le 01/09/2007)*

***entreteneur**: Peut-elle aimer son entreteneur, l'entreteneur aimer sa femme entretenue? (joseph.dejacque.free.fr/libertaire/n21/lib08.htm; accès le 02/09/2007)*

***jules**: Comme j'ai de gros seins mon jules veut me faire une branlette espagnole. (forum.aufeminin.com/forum/f347/__f520_f347-Comme-j-ai-de-gros-seins-mon-jules-veut-me-faire-une-branlette; accès le 02/09/2007)*

***miché**: Les filles appellent "bon miché" celui qui paye bien (...) (www.eros-thanatos.com/Confession-de-Mlle-Sapho-3.html; accès le 02/09/2007)*

***micheton**: Bien sûr, il peut arriver que l'on refuse un client. Pour attirer le micheton, j'ai vite appris à me faire aguichante: appeler avec l'index (...) (sandylapute.unblog.fr/2007/08/12/comment-je-suis-devenue-une-pute-en-vitrine; accès le 18/09/2007)*

pignouf: *Elle sanglote sur le rythme que la main de son pignouf impose au lit et je ne peux rien empêcher de cette musique:et il se remet à bander:il bande une bite énorme (www.artistasalfaix.com/revue/spip.php?article992; accès le 19/09/2007)*

8.4. O CLIENTE

amásio: E depois deste primeiro amante, seguem-se outros equivalentes, e "sorte grande" o amásio rico e gastador constante. (www.spectroeditora.com.br/fonjic/barreto/marginalia/39.php; acesso em 01/09/07)

freguês: A prostituta escolhe um freguês cheio de dinheiro, convida-o para beber e depois para manter relações sexuais. (www.internetpm.mg.gov.br/12bpm/dicaspm/contos.htm; acesso em 25/08/07)

putanheiro: Como ele era um notório putanheiro, não se sentiu bem em manter um relacionamento. Culpou a sogra, é claro. (www.madcap.com.br/2007/amour/carta-para-por-fim-em-relacionamento; acesso em 01/09/07)

8.5. LE BORDEL

bazar: *Je suis la patronne de ce bazar, la mère de dix-huit petites dames. (fr.wikisource.org/wiki/Dictionnaire_%C3%A9rotique_moderne_-_B; accès le 29/08/07)*

bobinard: *On peut dire aussi Bobinard, Lupanar, Bordel, en fait, le vrai nom c'est "Maison de Tolérance"!!! (www.forum-emp.com/lofiversion/index.php/t7336-50.html; accès le 29/08/07)*

boxon: *(...) chaque boxon a une petite lanterne rouge au dessus de la porte, toujours ouverte. (www.ciao.fr/Batam_Java__Avis_247875; accès le 19/09/07)*

hôtel de passe: *Il s'agit de la vie au quotidien d'un hôtel de passe dont les femmes de joies sont des hommes. (www.nanarland.com/acteurs/Main.php?id_acteur=alphonsebeni; accès le 03/09/07)*

lupanar: *On arrive doc au cœur de mon idée qui est la restauration des maisons closes (ou lupanar).(www.cybersdf.org/2006/04/01/187-reouverture-maison-closes; accès le 03/09/07)*

maison close: *L'exemple de cette maison close géante est trop beau pour ne pas souligner la généralisation du processus de marchandisation qui trouve ici un aboutissement spectaculaire. (www.humanite.fr/2006-03-18_Tribune-libre_Un-record-de-prostitution-pour-la-Coupe-du-monde-de; accès le 03/09/07)*

maison de passe: *Je dois vous avertir tout d'abord que cet oiseau a vécu dans une maison de passe. (humour-blague.com/blague/sex-p5.php; accès le 03/09/07)*

maison de tolérance: *D'un autre côté, la gestion d'une maison de tolérance n'était accordée qu'à une femme déjà d'un âge canonique et sans casier judiciaire. (www.edition-grasset.fr/chapitres/ch_boudard.htm; accès le 19/09/07)*

quartier chaud: *Cela se passe dans un quartier chaud où il y a une prostituée avec un T-shirt portant l'inscription Jésus. (www.blagues.org/humour/prostitue.php; accès le 03/09/07)*

sérail: *Il avait établi une maison de débauche où il faisait effrontément dépouiller, à son profit, tous ceux que pouvaient attirer dans son sérail les charmantes créatures dont il l'avait rempli. (209.85.165.104/search?q=cache:oFhhKC6oRl4J:www.sade-ecrivain.com/juliette/1.htm+%22s%C3%A9rail%22+bordel+sexe+prostitu%C3%A9e&hl=fr&ct=clnk&cd=39&gl=fr&lr=lang_fr; accès le 19/09/07)*

8.5. O PROSTÍBULO

bordel: Esse *menu* [de um bordel *gay* japonês], em uma escala de perversão japa, na verdade é praticamente bobo e talvez seja uma boa idéia, a ser adotada em outros bordéis (...) (speakorama.com/2007/08/21/menu-de-bordel-japones; acesso em 01/09/07)

cabaré: Os dois se cansaram do pebolim e saíram para o cabaré – onde tinham a mania de fazer sexo com a mesma prostituta. (www.piratininga.org.br/2006/87-faerman.html; acesso em 01/09/07)

casa da luz vermelha: O seu erotismo não tem quase nada a ver com o sexo. (...) somente as garotas de vida fácil moradoras e trabalhadoras da Casa da Luz Vermelha. (fcom.altavoz.net/prontus_fcom/site/artic/20070416/asocfile/20070416090408/08_paulo_fernando.pdf; acesso em 03/09/07)

casa de massagem: No caso dos prostitutos de sauna, bordel, casa de massagem, o acesso é facilitado por se tratar de um local fixo de trabalho: basta dirigir-se ao local para aí achar os prostitutos. (diariodeummiche.zip.net/arch2005-05-15_2005-05-21.html; acesso em 03/09/07)

casa de puta: Mas é o que agrada; em qualquer zona e casa de puta de cidade pequena do interior do Brasil se ouve Nelson Gonçalves. (www.sambachoro.com.br/s-c/tribuna/samba-choro.0408/0483.html; acesso em 03/09/07)

casa de tolerância: (...) Max é levado pelos amigos da Chinfra a uma casa de tolerância. E se prepara para perder a virgindade (...) com uma meretriz de nome Luana. (www.mundosimio.com/mat_ler.asp?mat_ID=366; acesso em 03/09/07)

inferninho: Apesar da minha idade, confesso que jamais havia entrado num inferninho. Jamais havia visto um *strip* na minha vida. (www.digestivocultural.com.br/colunistas/coluna.asp?codigo=272; acesso em 19/09/07)

lupanar: (...) pôs uma cafetina de nome Iracema para tomar conta do lupanar. (...) uma casa de *shows* de sexo explícito (...). (desciclo.pedia.ws/wiki/Fortaleza; acesso em 03/09/07)

putedo: É só a policia ir na boate (melhor... putedo), dar cana em todo mundo por tráfico de drogas, prostituição, e, com certeza, várias pessoas por desacato à autoridade. (forum.jogosonline.com.br/archive/index.php/t-17551.html; acesso em 04/09/07)

puteiro: Aquele rapaz do interior era doido pra ir ao puteiro perder a virgindade, mas morria de medo de pegar alguma doença venérea. (www.portaldohumor.com.br/cont/piadas/2955/Sexo-com-limao.html; acesso em 04/09/07)

zona: Não liga não, minha gente, que zona é assim mesmo, puta velha e puta nova. (piadas.terra.com.br/0,1909,p3472,00.html; acesso em 04/09/07)

SOBRE AS AUTORAS

Claudia Maria Xatara, líder do Grupo de Pesquisa do CNPq "Lexicologia e Lexicografia contrastiva" (http://www.ibilce.unesp.br/pesquisa/grupo/lexico), possui graduação em Bacharelado em Letras com Habilitação de Tradutor pela Universidade Estadual Paulista (Unesp) de São José do Rio Preto (1983), mestrado (1994) e doutorado (1998) em Lingüística e Língua Portuguesa pela Unesp-Araraquara e pós-doutorado pela Université de Nancy 2, França (2005). É tradutora juramentada de francês e assistente-doutor da Unesp-SJRP, lecionando Língua Francesa, Prática de Redação em Francês e Estágio de Tradução no curso de Tradutor e Lexicologia e Lexicografia na Pós-Graduação em Estudos Lingüísticos. Seus campos de atuação principais são a expressão idiomática, a fraseologia da língua comum, a tradução e os dicionários especiais.

Para detalhes de sua produção científica
http://lattes.cnpq.br/5491216178053615

Sugestões e comentários
xatara@ibilce.unesp.br

Wanda Aparecida Leonardo de Oliveira possui graduação em Licenciatura em Letras pela Universidade Estadual Paulista (Unesp) de São José do Rio Preto (1976), especialização em Estágio de Aperfeiçoamento para Professores de Francês na Université Laval (1984), especialização em Estágio de Aperfeiçoamento pelo Centre International D'Études Pédagogiques (1981), mestrado em Literatura Brasileira (1985) e doutorado em Teoria da Literatura (1999), ambos pela Unesp-SJRP. Aposentou-se como Assistente Doutor do Ibilce-Unesp, tendo lecionado Língua Francesa e Estágio de Tradução nos cursos de Letras e Tradutor, atuado na Lexicografia bilíngüe especial e pesquisado os seguintes temas: Maupassant, Lobato, Lispector, conto francês, conto brasileiro, literatura comparada e isotopia.

Para detalhes de sua produção científica
http://lattes.cnpq.br/8016900346881554

Direção editorial
MIRIAN PAGLIA COSTA

Coordenação de produção
HELENA MARIA ALVES

Preparação de texto e revisão de provas
M .P. COSTA / PAGLIACOSTA EDITORIAL

Capa, Projeto gráfico e execução
YVES RIBEIRO, FILHO

CTP, Impressão e Acabamento
ASSAHI

Impresso no Brasil
Printed in Brazil

Formato	*16 x 23 cm*
Mancha	*11,5 x 19 cm*
Tipologia	*New Age 10/13*
Papel	*Capa Cartão Carolina 250gr/m²*
	Miolo Prima Press 75gr/m²
Páginas	*672*